휠록 라틴어 문법

THE WHEELOCK'S LATIN SERIES

Wheelock's Latin
Frederic M. Wheelock, revised by Richard A. LaFleur

Workbook for Wheelock's Latin
Paul Comeau, revised by Richard A. LaFleur

Wheelock's Latin Reader: Selections from Latin Literature
Frederic M. Wheelock, revised by Richard A. LaFleur

Scribblers, Scvlptors, and Scribes
Richard A. LaFleur

휠록 라틴어 문법

프레드릭 M. 휠록 지음

리차드 A. 라플뢰르 개정

제7판

이 영 근 옮김

비블리카 아카데미아
2020

휠록 라틴어 문법

Korean translation copyright © 2020 by Biblica Academia

114 Guangjang-Dong, Guangjin-Gu, Seoul, Korea

ISBN 979-11-956637-3-6

Translated from the 7th Edition of

Wheelock's Latin

and Published by arrangement with

HarperResource, an Imprint of HarperCollins

Publishers Inc.

WHEELOCK'S LATIN

Frederic M. Wheelock

Revised by

Richard A. LaFleur

7th Edition

COLLINS REFERENCE
An Imprint of HarperCollins*Publishers*
www.harpercollins.com

Editorial consultant: Prof. Ward Briggs, University of South Carolina

WHEELOCK'S™ is a trademark of Martha Wheelock and Deborah Wheelock Taylor.
WHEELOCK'S LATIN (SEVENTH EDITION). Copyright © 2011 by Frederic M. Wheelock, Martha
Wheelock, and Deborah Wheelock Taylor. Revision text copyright © 2011 by Richard A. LaFleur.
All rights reserved. Printed in the United States of America. No part of this book may be used
or reproduced in any manner whatsoever without written permission except in the case of brief
quotations embodied in critical articles and reviews. For information, address HarperCollins
Publishers, 10 East 53rd Street, New York, NY 10022.

HarperCollins books may be purchased for educational, business, or sales promotional use. For
information, please write: Special Markets Department, HarperCollins Publishers, 10 East 53rd
Street, New York, NY 10022.

SEVENTH EDITION

Library of Congress Cataloging-in-Publication data is available upon request.

ISBN 978-0-06-199722-8 (pbk.)
     13 14 15 GC/RRD 10 9 8 7 6

ISBN 978-0-06-199721-1
   12 13 14 15 GC/RRD 10 9 8 7 6 5 4 3

목 차

역자 서문

라틴어는 대학에서 서양 고전문학을 연구하는 극히 제한된 수의 학생들이나 신학을 공부하는 학생들에게만 배울 수 있는 기회가 주어져 있을 뿐, 일반인들에게 있어서는 그 언어에 관심을 가지고 있다 하더라도 배우기가 용이하지 않았던 것이 사실이다. 따라서 라틴어에 대한 일반적인 인식은 그것이 현학적인 언어라든가 또는 이미 그 생동감을 잃은 사장된 언어라는 선입관에 묶여있는 것이 우리의 형편이기도 하다. 하지만 여러 학술 분야에서, 더욱이 가장 생생하고 강한 이미지를 전달코자 하는 상품명이나 광고 문안에서조차, 라틴어가 널리 사용되고 있는 현상은 그러한 일반적인 통념이 그릇된 것임을 입증하는 좋은 일례일 것이다. 또한 프랑스어와 스페인어 및 이탈리아어 등을 포괄하는 로망스 언어들이 라틴어에 뿌리를 두고 있고, 영어 역시 라틴어의 양자라고 일컬어질 만큼 그것에 많은 영향을 받고 있음을 상기할 때, 라틴어 교육은 우리나라의 외국어 교육에 필수적인 부분으로서 올바로 인식되어야 마땅할 것이다. 그러나 최근 외국어 교육이 듣고 말하는 능력 배양에 치중하는 마당에, 들리지 않고 말해지지 않는 라틴어의 중요성을 과연 얼마나 생각할 수 있을런지는 미지수이나, 서구 문화의 토착화라는 과제를 감안하면, 그 문화의 열매를 단순히 모방하고 향유하기보다는 그 뿌리를 캐어내는 보이지 않는 노력이 절실하다 할 것이다. 이러한 관점에서 라틴어 고전을 읽고 연구하기 위한 디딤돌로서 라틴어 문법을 배우고자 하는 학생들을 위해 이 책을 번역하였다.

지금까지 출간된 많은 라틴어 문법서들 중에서 특히 이 책을 택한 이유는 그 내용이 미국 대학의 고전학부 학생들을 대상으로 한 만큼 기초 문법의 해설에만 그치는 것이 아니라 키케로와 같은 걸출한 작가들이 지은 고급 문장을 읽는 데 요구되는 문법 수준까지 다루고 있으며, 게다가 풍부한 예문들과 폼페이 유적에서 발견된 다양한 장르의 그래피티(graffiti)를 통해서 고대 로마인들의 문화와 적나라한 생활상을 엿볼 수 있는 흥미로운 이점을 제공하고 있기 때문이다. 또한 이 책은 라틴어 번역 성서인 불가타(Vulgata) 및 라틴 교부(敎父)들의 작품들을 읽기 위한 교회 라틴어 문법 지식을 습득하는 데에도 전혀 모자람이 없으며, 더욱이 대학 강의를 통해 라틴어를 배울 기회를 얻지 못한 일반인들을 위해서도 좋은 교재가 될 수 있을 것으로 생각한다. 왜냐하면 이 책은 패러다임을 단순히 나열한 것에 그치지 않고 단어의 굴절 형태와 구문론 등을 자세히 설명해 놓았으므로 혼자서도 충분히 자습할 수 있도록 만들어졌을 뿐만 아니라, 이 책을 펼치는 순간 마치 강의실 문을 열고 들어가는 듯한 착각을 일으키게 할 만큼 독자들을 수강생처럼 대하고 라틴어를 강의하듯 책을 썼기 때문이다. 바로 이 점이 이 책의 또 하나의 장점이라는 사실을 지적하고 싶다.

끝으로 이 책의 번역과 출간에는 비블리카 아카데미아에서 함께 일하는 조미경 목사님의 도움이 있었다는 사실을 말하지 않을 수 없다. 그는 힘들고 고된 교정 작업을 기꺼이 맡아 주었는데, 혹시라도 그의 형안의 빛을 용케 피해간 오자가 있다면 그것은 분명 나의 태만의 그늘에서 발견될 것이다. 요즈음에는 경제성이라는 말(logos)이 모든 일의 근본 원인(causa prima)인 것 같은 착각을 일으킨다. 이러한 상황에서 너무나도 비경제적인 한가함(schola)을 향유하면서 책을 낼 수 있도록 도와준 이두경 집사님에게 하나님 나라의 평강이 항상 충만하기를 기원한다. 이들에게 진 사랑의 빚은 이 책이 많은 독자들에게 유익을 끼침으로써만이 다소나마 가벼워질 수 있으리라.

이 영 근

2020년 12월
비블리카 아카데미아

머리말

휠록 라틴어 문법은 제2차 세계대전의 참전 용사들이 퇴역 후에 대학 교육을 받을 수 있게 해주는 1946년 미국 병사 교육법(G. I. Education bill)에 의해 고무되어 탄생하였다. 당시 브루클린 대학의 고전학부 교수였던 우리 아버지는 "왜 유럽과 아시아의 전쟁터에서 학창 시절을 보낸 퇴역 병사들이 라틴어를 배우고 싶어하는가?"라고 물었다. 이미 세상 물정을 다 알아버린 사람들에게 이 언어가 무슨 소용이 있단 말인가? 어떤 선생이 "죽은" 언어를 무슨 방법으로 되살려서 쓸모 있는 활기찬 말로 만들 수 있단 말인가? 어떤 식으로 가르쳐야 라틴어가 소멸해 버린 전달 수단이 아니고 생생한 문화와 철학을 반영하는 것으로 받아들여지겠는가? 바로 이것이 우리 아버지가 당면했던 과제였다.

프레드릭 휠록은 학생들에게 생각할 거리를 줄 수 있고 또한 언어학적으로나 철학적으로 학생들에게 인문학적 영양분을 공급할 수 있는 라틴어 교재를 만들어 내려고 많은 노력을 기울였다. 그 책은 브루클린 대학의 학생들을 위해서 그가 특별히 고안한 교재들에서 비롯되었다. 어렸을 때 우리는 늘 젤라틴판 복사기 잉크의 자극적인 냄새를 맡으며 지냈다. 그는 이 복사기로 자신이 고안한 책의 훌들을 한 페이지씩 젤라틴 판 위에 놓아가면서 힘겹게 복사했으며, 더욱이 학생 수만큼 그 작업을 반복하였다. 1950년에 프레드릭은 6개월 간의 안식 휴가를 갖게 되어 온 가족들과 함께 멕시코의 외딴 시골인 San Miguel De Allende로 여행을 갔는데, 여기서 프레드릭은 주야로 교재를 집필하였다. 그리고 부지런한 우리 어머니 도로시(Dorothy)는 낡은 휴대용 타자기로 꼼꼼하게 타이핑을 하였다. 어린아이들이었던 우리는 맨발로 천방지축 뛰어 다니면서 현지 아이들과 당나귀를 데리고 놀았다.

그 교재는 우리 아버지의 강의실에서 12년에 걸쳐 실제로 사용되면서 다듬어지고 수정되었으며, 그 결과 이 책의 첫 번째 판이 되었다. 학생들이 문법을 배워야 할 때는 각 훌의 설명과 함께 그 문법을 의미있는 문맥에서 사용했던 고대의 위대한 작가들의 글을 읽었다. 우리 아버지는 기본 골격인 형태론과 구문론과 어휘에다가 로마인들의 경험과 사고라는 생생한 살과 피를 입히려고 하였다. 그는 학생들이 흥미를 갖고 깊이 연구할 수 있는 문학적이고 철학적인 글들을 제시함으로써 라틴어를 현학적으로 공부하는 단순한 차원을 그들이 넘어설 수 있기를 원하였다.

우리의 기억이 미칠 수 있는 가장 오래 전부터 우리 집은 고전적인 유산으로 가득 차 있었다. 어떤 단어의 어원은 장시간의 토론을 촉발시키곤 했는데, 그러한 토론은 청년들이었던 우리에게 지겨웠던 적이 자주 있었음에도, 우리가 어른이 될 때까지 지속적으로 벌어졌었다. 우리는 라틴어를 알면 영어를 더 잘 배우게 된다는 말을 끊임없이 듣곤 하였다; 적어도 영어 단어의 60%가 라틴어에서 나왔다. 라틴어를 익힌 학생은 보다 능숙하게 영어를 구사하여 SAT 구술 시험에서 더 높은 점수를 받는다. 사업 분야에서도 이미 오래 전부터 풍부한 어휘의 중요성을 인식하게 되어, 어휘력을 경영 능력과 성공의 증거로 높이 평가하고 있다. 어떤 단어의 어원론적 역사를 이해하게 되면 그 단어의 생동감, 색깔, 그리고 명쾌하고 정확한 의미를 보다 잘 파악하게 된다. 또한 우리의 언어 표현들이 보다 명확하고 보다 풍성하게 될수록 우리의 지적 능력도 커지게 된다. 휠록 라틴어 문법은 영어의 어원론적 연구와 어휘력 향상을 위한 많은 내용을 담고 있다. 우리 자신의 경험으로 보더라도 학생들이 어원을 이해하게 되면 단어를 더 오래 그리고 더 잘 기억할 수 있을 뿐만 아니라, 그 단어들의 의미와 뉘앙스를 보다 예리하게 살려서 사용할 수 있다.

그러면 우리는 왜 라틴어를 실제로 번역해 보는 연습을 해야 하는가? "라틴어를 냉철하게 정확히 번역함으로써 그 언어를 관찰하고 분석하며 판단하고 평가하는 훈련을 할 수 있으며, 그 언어의 형태와 명료성 및 아름다움을 느낄 수 있고, 이는 또한 자신의 영어 표현을 가다듬을 수 있는 탁월한 훈련 방법이다"고 프레드릭 휠록은 주장하였다. 라틴어 번역 과정에서 습득된 절제와 정확성은 예컨대 수학자들이 사용하는 것과 같은 어떤 사고나 추론 과정에도 전용될 수 있다. 실제로, 아버지가 좋아했던 Barnes and Noble 출판사의 편집자인 Gladys Walterhouse 박사는 수학 분야를 담당했음에도, 라틴어와 그 언어의 정밀성을 극찬한 분이다.

우리 아버지는 고전 작가들과 사상가들의 인문학적 전통을 사랑하였다. 그는 이러한 자신의 애정을 라틴어 교재의 *Sententiae Antīquae* 단락들을 통해서 학생들과 공유했을 뿐만 아니라, 일상 생활에서도 가족이나 친구들과도 함께 나누었다. 어린 소녀 시절에 철학적인 힘이 담긴 고전의 구절들은 우리에게 활기를 불어넣었고, 아버지는 그 진리와 교훈이 어떻게 오늘날에도 생동감 있게 유효한지를 보여주곤 했는데, 라틴어 학생들이 이 책에서 발견하게 될 주옥 같은 몇몇 철학적 글귀들은 다음과 같다: *carpe diem*, "오늘을 거두어라"; *aurea mediocritās*, "중용"; *summum bonum*, "最高善"; 그리고 "morality"가 파생된 *mōrēs*(아버지가 우리에게 늘 말했듯이 "좋은 버릇이 좋은 성격을 형성한다").

라틴어와 그 번역 방법을 배우는 것도 중요하지만, 이에 못지 않게 호라티우스, 오비디우스, 베르길리우스 등과 같은 로마 작가들의 문학적 메시지들을 깨닫게 되는 것도 중요하다. 따라서 휠록은 이러한 고전 작가들이 계몽적인 주제들, 즉 미래를 위한 삶, 미덕의 달성, 노년, 우정 등에 관해 쓴 글들을 제시하였다. 프레드릭 휠록에 따르면, 라틴어 공부의 *summum bonum*은 "우리 문명이 깊이 뿌리 내리고 있을 뿐만 아니라 현세기를 사는 우리에게도 말해 줄 것들을 많이 갖고 있는 고대의 참다운 인문주의적 라틴 문학을 읽고 분석하고 감상하는 것이다."

프레드릭 휠록은 라틴어 교수로 지냈던 45년 동안 그의 학생들이 언어와 문학으로서 라틴어를 사랑하도록 일깨워 주었는데, 항상 유머와 겸손함으로 그렇게 하였다. 그는 자신이 가르친 것에 관해 열광적이었으므로, 가르치기를 끔찍이도 좋아했다. 그는 학생들을 마음속으로부터 변함없이 존중하였으며 그들이 높은 수준에 이르도록 훈련시켰다. 그는 자신이 그렇게 살았던 것처럼 라틴어가 사랑을 받고 배워져서, 마치 여러 세대를 통해 전해 내려온 횃불처럼, 오늘날 우리의 길을 밝히는 데 도움이 되기를 원하였다.

1987년에 프레드릭 휠록은 85세까지 장수하고 생을 마쳤는데, 그때에도 호머와 호라티우스와 에밀리 딕킨슨의 글을 암송하였다. 그는 옛 사람들처럼 배움에 대한 사랑을 유산으로 남겼으며, 우리는 옛 사람들의 어깨 위에 서있다는 믿음을 물려 주었다. 그는 자신이 사랑했던 라틴어에 열광하고 탐닉하는 적극적이고 열심인 학생들이 여전히 있다는 사실을 알면 무척 기뻐할 것이다.

마르타 휠록(Martha Wheelock),
드보라 휠록 테일러(Deborah Wheelock Taylor)
Fīliae amantissimae

제7판에 대하여

휠록 라틴어 문법 제7판의 출간을 환영한다! 우리 아버지의 사후 거의 4반세기가 지나서도 휠록 라틴어 문법과 그 고전적 전통은 여전히 살아서 널리 알려져 있다. 이 교과서를 펴낸 프레드릭 휠록의 원래 의도는 로마 작가들의 글을 통해 라틴어를 가르치는 것이었다. 이러한 구상이 담긴 고전 본문에 개정판 저자인 리차드 A. 라플뢰르는 새롭지만 오래된 그리고 생생한 자료들을 사용함으로써 현대적 감각과 활기를 불어넣었다. 그는 또한 휠록 라틴어 문법을 현대적 매체 수단이 판치는 무대로 이끌고 갔다. 우리는 릭 라플뢰르의 진취성과 지성 그리고 성실성에 진심어린 감사를 표한다.

휠록 라틴어 문법은 라틴어와 고대 로마인들이 지닌 보편타당한 기질 덕택에 세월을 견디고 있다. 철학자들과 시인들 및 심리학자들은 옛 사람들의 지혜를 인정하고 있다: *"Ut amēris, amābilis estō!"*(오비디우스, *Ars Amātōria*, II, 107), "사랑받으려면, 사랑스러워져라!" 그리고 벤 프랭클린은 이 진리를 빌려서, "당신이 사랑받으려면, 사랑하고 사랑스러워져라!"고 말했다. 또한 오늘날에도 자조(自助)를 위한 책들, 치료사들, 그리고 심지어는 작사가들조차 이러한 통찰력을 계속 보여주고 있다. 휠록 라틴어 문법도 역시 거기에서 운위된 옛 사람들처럼 시간을 초월하게 되었고, 그 책으로 공부한 수많은 사람들에게 사랑받고 있다.

오늘날 휠록 라틴어 문법은 우리 아버지가 전혀 예견할 수 없었던 최근에 개발된 매체 수단들을 통해서도 독자들에게 다가갔다. 하지만 그가 이러한 상황을 보더라도 미소를 지으리라 생각한다: 잘 정리된 흥미롭고 유용한 보조자료들을 풍부하게 제공하는 웹사이트 www.wheelockslatin.com; 유창하게 낭독한 라틴어를 담은 Bolchazy-Carducci의 오디오 CD 같은 학습 보조 도구들의 확산; 페이스북의 어떤 페이지; 어휘와 문법을 취급한 스마트폰 앱들; 그리고 마지막으로 전자책의 도래. 이제 휠록 라틴어 문법은 이 7판으로 인해 그 어느 때보다 더 유익하고 재미있으며 부담 없이 가까이 할 수 있게 되었다! *Gaudēte!*

마르타와 드보라, *semper amantissimae fīliae*

서 문

초보자를 위한 라틴어 책이 이미 많이 나와 있는데, 새로운 책은 무엇 때문인가? 이러한 질문은 마땅히 제기될 만하며 정당하다고 인정할 수 있다.

라틴어를 모르는 채로 대학에 진학하는 학생들의 수는 해마다 늘어나고 있다; 그리고 그들은 결국 대학 과정에서 라틴어를 시작해야 하는데, 그렇더라도 일반적으로는 선택 과목으로서, 또는 외국어 학점을 채우기 위해서 그 언어를 수강하게 된다. 대학에서 처음 배우는 사람들 중에 일부는 라틴어 공부를 이 년 이상 용케 지속하기도 하지만, 유감스럽게도 많은 학생들이 단지 두세 학기만으로 만족하고 있다. 이들 가운데는 주로 로망스어 전공자들, 영어 전공자들, 약간의 라틴어라도 그것의 문화적이고 실제적인 가치를 확신하는 다른 많은 분야들의 대학생들이 있다. 또한 라틴어를 얼마큼은 알아야 할 필요를 깨닫고 그것을 독학하기 원하는 대학원생들도 있는데, 이는 내가 멕시코 여행을 결정했을 때 E.V.그린필드의 스페인語 문법책으로 스페인語를 자습했던 경우와 매우 유사하다고 할 수 있다. 그리고 정규 학사 과정과는 상관 없이 라틴어를 어느 정도 배우기 원하는 성인들도 있다. 그런데 이처럼 성숙한 학생들의 손에 학습 진도와 생각하는 것이 훨씬 못미치는 나이 어린 학생들에게나 맞는 교과서가 놓인다는 것은 잘 배울 기회를 잃게 하는 안쓰러운 일이다. 반면에, 라틴어의 모든 것을 실제로 망라하려고 시도함으로써 성숙한 학생들조차 기가 꺾이게 될 만큼 입문자들을 위한 책이 너무 수준 높고 너무 까다로운 정반대의 극단적인 경우도 고전적인 중용 정신으로 회피해야 했다.

따라서, 필자는 완성도 높고 인문주의적이며 도전적이고 교육적인 동시에 그 요구 수준에 잘 맞는 라틴어 입문서를 펴내려고 애써왔다. 확실히 라틴어를 노력하지 않고 쉽게 배울 수 있다고는 주장할 수 없다. 그러나 이 책이 출판되기 전 여러 해에 걸쳐서 그 단원들을 유인물로나마 가르쳤던 필자는 라틴어가 어렵기는 해도 흥미롭게 될 수 있다는 것을 경험으로 알게 되었다; 그것은 단지 일 년 만 배우는 학생이나 일학년 학생에게조차 즐거움과 유익을 줄 수 있다; 그것은 예를 들면 로망스 언어들을 공부하는 학생들에 의해 달성된 것에 더 가깝게 상응하는 문학적 진보감과 성취감을 느끼게 할 수 있을 정도로 가르쳐질 수 있다. 그러므로 이 책의 목표는 모든 학력에서 라틴어를 단지 일 년 정도만 할애하려는 자들에게 충실한 라틴어 경험의 뿌리들과 아울러 적어도 어떤 문학적 열매들을 제공하는 동시에, 그 분야의 공부를 계속하려는 자들을 잘 이끌어주고 격려하는 것이었다. 이러한 목표를 달성하기 위해 이 책에서 사용된 독특한 학습 도구들을 해설과 함께 아래에 열거하였다.

1. SENTENTIAE ANTĪQVAE와 LOCĪ ANTĪQVĪ

고대 라틴어에 접근하는 가장 유익하고 가장 고무적인 경로는 다름아닌 고대 저자들로부터 유래한 라틴어 문장들과 구절들이라는 지적에는 이론의 여지가 거의 없다. 이러한 확신을 갖고 필자는 이에 알맞는 고대의 많은 작품들을 정독하면서 이 책으로 라틴어에 입문하려는 자들을 염두에 두고 그들이 읽을 만한 문장들과 구절들을 발췌하였는데, 그 읽을거리는 그 자체로 재미있어야 하며 단순히 형태와 구문을 잘 설명해 준다는 이유만으로 채택되지 않아야 한다는 것을 제일 중요한 조건으로 삼았다. 라틴 문학의 훌륭한 단면을 보여주는 이 광범위한 발췌문들은 이 책에서 다루어진 형태들과 구문 및 어휘가 선택된 터전이었다. 각 章마다 독해 연습을 규칙적으로 할 수 있도록 *Sententiae Antīquae* ("옛 문장들")라는 제목 하에 여러 문장들을 실어 놓았는데, 이들은 모두 라틴어 원전에서 나온 것들로, 각 문장 뒤에 제시된 고대 저자의 이름이 이 사실을 입증하고 있다. 이는 章들에서뿐만 아니라 *Locī Antīquī* ("옛 구절들")라는 표제가 붙은 단락에서도 볼 수 있는 연속된 독해 구절들에도 적용된다. 정식으로 편성된 章들의 공부를 일단 마치고 나면, 고대 작가들이 실제로 쓴 라틴어 구절들을 추가로 읽는 과정으로 들어가는 최고의 경험을 할 수 있다; 그 글들은 사랑, 전기(傳記), 철학, 종교, 윤리, 우정, 박애, 경기, 병법, 일화, 재치, 풍자 등과 같은 흥미로운 주제들을 광범위하게 다루고 있다. 한편 몇몇 발췌문들은 후대 라틴어와 중세 작가들에게서 인용했는데, 이는 무엇보다도 중세 시대까지 이어지는 라틴어의 연속성을 보여주기 위해서였다. 읽을 본문들은 단어나 문구를 생략하거나 문장 구조를 어떤 식으로든 단순화시킴으로써 편집된 경우가 많았지만, 그렇더라도 그 모든 본문들은 고대 작가의 사상과 근본적인 표현을 반영하고 있으며, 그 내용의 성격으로 인해 로마 체험을 위한 어떤 안내서 같은 것을 구성하고 있다. 그 글들은 어휘와 형태들 및 문법을 예시하기 위해서 단순히 작문된 "만들어진" 라틴어가 아니다—하지만 그것들에도 이렇게 하려는 의도가 담겨 있다.

2. 어휘들(VOCABULARIES)

각각의 휴에는 철저히 익혀야 할 새로운 라틴어 어휘 목록이 항상 제시되어 있다. 어휘 항목마다 다음과 같은 것들이 포함되어 있다: 하나 또는 그 이상의 형태들을 겸한 라틴어 단어(예컨대, 동사의 경우에는 모든 기본어들); 필수적인 문법 정보(예컨대, 명사의 성, 전치사가 지배하는 격); 뜻풀이(보통은 기본적인 의미가 맨 먼저 제시되어 있다); 그리고 괄호 안에는 파생된 대표적인 영어 단어들. 어휘 표제어는 각 항목마다 통채로 암기해야 한다; 학생들은 진도가 한 장 한 장 나아갈 때마다 계속 나오는 어휘 목록을 공책이나 컴퓨터 파일에 기록해 두거나 또는 어휘 카드들을 사용하는 것이 도움이 됨을 알게 될 것이다 (한쪽에는 라틴어 단어를 적고 다른 쪽에는 나머지 내용을 기입하는 식으로 작성하라). 한편 *Repetītiō māter memoriae*("반복은 암기의 어머니이다")라는 격언을 염두에 두고, 각 휴의 어휘에 실린 단어들은 바로 이어지는 휴들의 문장들과 독해 구절들뿐만 아니라 이 책의 다른 곳에서도 수시로 반복되도록 하였다.

　각 장의 정식 어휘에 과부하가 걸리는 것을 피하기 위해, 라틴어에서 일반적으로 덜 흔하거나 또는 이 책에서 드물게(가끔은 단 한 번) 나오는 단어들은 *Sententiae Antīquae*와 독해 구절들에 이어진 괄호 안에 뜻을 풀어 놓았다. 이러한 뜻풀이들은 일반적으로 정식 어휘의 표제어들만큼 상세하지는 않고, 앞 휴에서 뒷 휴으로 갈수록 더욱 더 짧아졌지만, 그러나 당면한 본문을 번역하는 데 충분한 정보는 당연히 제공하고 있다; 영어 파생어로부터 그 뜻을 쉽사리 알 수 있는 단어들은 뜻풀이를 대체로 생략하였다. 강사들에 따라서는 이러한 어휘 항목들에 대해 요구하는 정도가 각기 다르겠지만, 그러나 일반적으로 학생들이 최소한 "소극적"으로나마 단어들을 습득하기를 당연히 기대할 것이다. 다시 말하면, 그 단어들을 예를 들면 뒷 휴의 유사한 문맥이나 시험 문제에서 보게 되면, 그것들을 반드시 인식할 수 있어야 한다는 것이다. 이러한 "인식" 항목들 대부분에 대한 완전한 표제어들은 권말에 있는 어휘에서도 발견될 것이다.

3. 구문론(SYNTAX)

위에 언급된 발췌문들 전체가 이 책에서 소개되어야 할 구문론적인 범주들로 이끄는 논리적인 길잡이가 된다고 하더라도, 너무 덜하지도 너무 과하지도 않은 상식적으로 적당한 선을 지키도록 하였다. 소개된 그 범주들은 *Locī Antīquī*와 같은 원숙한 문장들을 읽는 데 전혀 모자람이 없다는 것이 판명되었으며, 또한 첫 해 이후로도 라틴어 공부를 계속하기 원하는 자들에게 튼튼한 기초를 제공하고 있다. 사실상 이 원숙한 라틴어 문장들을 다루면서 습득한 기술과 부록에 실린 보충 구문론의 지식을 갖추면, 학생들은 매우 다양한 고전 작가들과 후기 작가들의 작품들을 직접 읽을 수 있게 될 것이다. 구문론은 가능한 한 간단하고 쉽게 설명하였으며, 이를 입증하는 많은 예문들을 인용하였다. 마지막으로, 대학의 영어 전공자들조차도 충분한 문법 지식을 못 갖추고 있다는 서글픈 현실을 감안하여, 문법 용어들은 거의 다 설명을 덧붙였는데, 대개는 어원론의 도움을 받았다; 그러나 이 설명들을 따로 분류하여 어떤 한 단락으로 총괄하지는 않았고(그런 것을 학생들은 통상 기피한다!), 그 용어들이 이 책에 처음으로 나올 때마다 으레 설명을 달아 놓았다.

4. 형태들의 제시 방법

여기에 제시된 굴절되거나 굴절되지 않은 다양한 형태들은 초급 문법책에는 늘 나오는 것들이지만, 이 책은 그 형태들을 제시하기 위해 명사 또는 형용사 형태들을 다루는 단원들과 동사 형태들을 다루는 단원들을 갈마들게 하는 방식을 통상 사용하였다. 이는 한 가지를 한 번에 너무 많이 함으로써 야기되는 지루함을 감소시키는 데 분명 도움이 될 것이다. 이러한 배려로 인해 처소격과 부사들 및 거의 모든 불규칙 동사들이 이 책의 뒷부분으로 미뤄졌으며, 가정법들과 기타 까다로운 구문론을 소개하는 단원들이 갈마들게 되었다. 다소 유사한 형태들의 패러다임들은 눈으로 쉽게 상호 참조할 수 있도록 같은 章 안에 나란히 배치되고, 또한 새로운 형태들은 (제3곡용 형용사들이 **i**-어간 명사들 다음에 오듯이) 그와 밀접하게 연관된 것들에 대체로 자연스럽게 이어지도록 상당한 노력을 기울였다.

  구문론과 형태들이 얼마큼 잘 습득될 수 있는지는 분명히 그 학급의 자질과 역량에 좌우될 것인바, 가르치는 자는 상황에 맞게 학습량을 조절해야 할 것이다. 각 章이 논리적인 한 단위를 이루고 있다 하더라도, 분량이 보다 많은 장들 중 다수는 적어도 다음과 같이 두 부분으로 나누어 학습해야 한다는 것을 알게 되었다: 첫 번째는 새로 나온 문법, 패러다임, 어휘, "연습문제" 문장들(최신판에서는 *Exercitātiōnēs*로 명칭이 바뀌었다) 및 *Sententiae Antīquae*의 일부를 다루는 것이다; 두 번째로 해야 할 것은 복습, *Sententiae*의 완결, 독해 구절(들), 때때로 나오는 어원론 단락이다. 이렇게 나눠진 부분들은 둘 다 그 자체로 자연스러운 학습 단위들을 이루며, 이러한 이중적 접근 방식은 반복 학습에서 나오는 확실한 이득을 보게 한다.

5. 연습문제 / EXERCITĀTIŌNĒS

"연습 문제"의 문장들(Exercitātiōnēs)은 형태들과 구문 및 어휘를 추가로 반복 학습할 수 있도록 도입되었는데, 이는 어떤 언어를 배우는 데 있어서 매우 필수적인 것이다. 만일 어떤 교과서의 저자가 예를 들어 어휘와 구문의 순서를 미리 정한 후에 쓰기 시작할 수 있고, 고전 자료를 토대로 문장들을 자유롭게 짓는다면, 특히 그 문장들의 지적 내용이 일차적 관심사가 아니라면, 후속 단원들의 문장들이 이전의 몇몇 단원들에서 배웠던 것들을 반복하게 만드는 것은 꽤 수월한 일일 것이다. 하지만 그 대신에 전적으로 고대 본문들에 근거하여 읽을거리들을 제공하려는 시도는 보다 더욱 중요하다; 그래서 어떤 章에서 배운 것들 대부분이 후속된 章들의 *Sententiae Antīquae*에 다시 나오도록 하는 동시에, 저자는 솔직히 말해 "연습문제"의 문장들(그들 중 고전 자료들에서 영감을 받은 것들은 소수에 불과하다)을 조작하여 모자란 부분을 보완하되, 어떤 다른 방법보다도 더 확실히 반복하게 하며, 지속적 복습을 위한 문제들을 제공하였다. 각 章에 나오는 영어를 라틴어로 옮기는 소수의 문제들은 라틴어를 독해하는 것과는 그 언어에 대한 전혀 다른 접근 방식을 제시하므로, 항상 빠뜨리지 말고 풀어봐야 하지만, 보통은 따로 예습할 부분으로 배정할 필요가 없다. 그 문제들은 시간만 허용된다면 수업 중에 보는 즉시 풀 수 있을 만큼 쉬운 것들이다. 더욱이 그것들은, 복습 과정들을 정식으로 마련하는 대신에, 네 번째나 다섯 번째 章을 마칠 때마다 그 章들을 복습하기 위한 자료로 사용할 수 있을 것이다.

6. 어원론(ETYMOLOGIES)

라틴어 단어들을 학생들에게 인식시키는 데 도움이 되도록, 영어가 라틴어에 직간접적으로 신세를 졌음을 확실히 보여주기 위해서, 그리고 학생들 자신의 어휘력을 길러 주기 위해서, 어휘에 실린 라틴어 단어들 바로 뒤에 그로부터 파생된 영어 단어들의 목록을 괄호로 묶어 제시하였다. 때때로 어근을 공유하는(cognate) 영어 단어들이 추가되었다. 어떤 章들의 끝머리에 있는 "어원론" 단락(제7판에서는 *Etymologia*로 제목을 바꾸었다)은 라틴어에서 파생된 영어 단어들 및 로망스語 단어들뿐만 아니라, 어휘에서는 쉽게 다룰 수 없었던 여타 흥미로운 점들 또한 추가로 소개하고 있다. 학생들은 처음부터 "어원론 보충 자료"라는 표제가 붙은 부록에 제시된 접두사들과 접미사들의 목록을 수시로 참조해야 할 것이다.

7. 개관 / INTRŌDVCTIŌ

개관에서는 로마의 알파벳과 발음에 관한 설명 외에, 라틴어의 언어학적, 문학적, 古문헌학적 배경을 대략적으로 소개하고 있다. 이러한 배경 지식과 아울러 *Sententiae Antīquae*와 *Locī Antīquī*에 나타난 실제적인 라틴어를 통해서 학생들은 로마인들의 문학, 사상, 표현, 경험 등에 대한 상당한 통찰력을 얻을 수 있으며, 우리 시대에까지 이어져 내려온 로마 전통의 연속성을 확실히 알게 될 것이다. 이 *Intrōductiō*와 특히 모든 章들에 일관된 基調로 인해, 이 책이 단지 또 하나의 라틴어 문법책으로만 머물기보다는 진정한 라틴 문학을 읽기 위한 인문학적 입문서로 확립되기를 바란다.

이 책은 서문의 冒頭에서 표출된 바와 같은 불만족 때문에 내가 수업 중에 고안하고 시험해 봤던 타이핑된 교재들을 모아놓은 것에서 비롯되었다. 처음에 만들었던 그 교재들은 나 자신과 비평에 관대했던 동료들일지라도 곧바로 발견할 수 있었던 결함들을 지녔음에도 불구하고 효과가 좋았다. 타이프 원고를 꼼꼼히 검토하고 제안도 해 준 헌터(Hunter) 대학의 로울러(Lillian B. Lawler) 교수에게 감사한다. 또한 타이핑된 자료들과 씨름했던 브루클린(Brooklyn) 대학의 동료들과 학생들의 인내, 그리고 그들이 본문에서 느끼는 자신들의 생각을 개진하면서 보여준 도움과 격려에 대해 사의를 표명하고 싶다. 그 결과 이 시험적인 교재는 경험에 비추어 완전히 개정되고 다시 쓰여졌다. 개정된 40章들의 원고를 성심성의껏 검토하고 많은 유익한 案들을 제시해 준 브루클린 대학의 펄(Joseph Pearl) 교수에게 은혜를 입었다. 개정된 원고에 대한 유익한 평가와 격려를 해 준 보스턴 대학의 마릭 신부(Joseph M.-F. Marique, S.J.)에게 이 자리를 빌어 감사의 뜻을 전한다. 고전학부 대학 시절 이래로 가장 절친한 나의 분신(*alter īdem amīcissimus*)이며 유능한 인사인 노스이스트 대학교의 레스터(Thomas S. Lester)가 매우 자주 그리고 매우 끈기 있게 나의 문제들에 귀를 기울이면서 공감하고 강건한 마음과 낙천적인 정신을 갖게 해 준 것에 대해 진심으로 감사한다. 나의 사랑하는 아내 도로시(Dorothy)에게 나의 애정 어린 한결같은 감사의 마음을 바친다; 그녀는 매우 어려운 원고를 타이핑하는 데 정성을 쏟았으며, 어떤 판단을 요청받을 때도 자주 있었고, 그 과정에서 학생들의 입장을 고려하여 명료하게 해주기를 바라는 유익한 주장을 많이 하였다. 끝으로, 반즈 앤 노블(Barnes & Noble)의 편집부에서 일하는 월터하우스(Gladys Walterhouse) 박사와 그녀의 동료들이 많은 일들에서 친절하고 유능하며 종종 결정적인 도움을 준 것에 대해 감사드린다. 만약 어떤 결함들이 아직 남아 있다면 이는 전적으로 저자 자신의 책임이라는 것은 굳이 더 말할 필요가 없다.

제2판과 3판

*Locī Antīquī*에 수록된 것보다 더 많은 읽을거리들이 필요했던 독자들의 요구에 따라, 저자는 제2판을 마련하면서 *Locī Immūtātī*("바뀌지 않은 구절들")라는 표제가 붙은 새로운 단락으로 그 책을 보완하였다. 여기에 선정된 글들에는 고전 라틴어 원문이, 예외적으로 생략된 곳들이 있기는 하지만, 전혀 바뀌지 않고 그대로 담겨 있으며, *Locī Antīquī*에서처럼 각주들이 제시되어 있다. 이 읽을거리들은 이 책의 40章들을 모두 마친 학급에 충분하고도 광범위한 교재를 제공하는 것으로 입증되고, 독학생들에게 흥미로운 도전을 가하며, 통상적인 주석이 달린 고전 작가들의 글들을 직접 다룰 수 있는 길을 터주는 것이 되기를 바란다.

반사적인 언어 능력을 키우는 데 있어서 반복 학습의 가치는 이론의 여지가 없으므로, 제3판에서는 형태론과 구문론에 관한 문제들 및 번역을 위한 문장들로 구성된 "자습문제"(Self-Tutorial Exercises) 단락을 새로 추가하였다. 그리고 해답편에는 번역을 포함한 모든 문제들에 대한 답을 제시하였다.

제2판과 3판이 잘 마무리되려면, 여러 모로 친절하게 격려해 주고, 제안을 해주고, 수정해야 할 것들을 지적해 준 많은 분들에게 깊은 감사의 말을 전해야 할 것이다. 필자가 특히 신세진 분들은 Albertus Magnus College의 Josephine Bree, Oakland City College의 Ben L. Charney, Yeshiva College의 Louis H. Feldman, Indiana University의 Robert. J. Leslie 교수님들, Northeastern University의 Thomas S. Lester, Glenmary Home Missioners의 James R. Murdock 신부, University of Washington의 Paul Pascal, Harvard University의 Robert Renehan, Colgate University의 John E. Rexine, Moravian College의 George Tyler, Hunter College의 Ralph L. Ward 교수님들, 그리고 Barnes & Noble의 편집 책임자인 Gladys Walterhouse 박사이며, 또한 마지막으로 나의 아내 Dorothy를 다시 한 번 특별히 언급하지 않을 수 없다.

프레드릭 M. 휠록

개 정 판

프레드릭 휠록 교수의 라틴어(*Latin*)가 1956년에 처음 출현했을 때, 여러 서평들은 본서의 완벽성, 짜임새, 그리고 간명함에 대해 찬사를 보냈다; 한 평론가는 예견하기를, 본서는 대학생들과 그 밖의 성인 학습자들에게 초급 라틴어를 소개하는 "표준적인 교과서가 될 것은 당연지사"라고 하였다. 이제 반세기가 훨씬 지난 지금 그 예언은 정확히 맞았음이 입증되었다. 1960년에 제2판이 출간되면서 제목은 라틴어: 고대 저자들에 근거한 입문 과정(*Latin: An Introductory Course Based on Ancient Authors*)으로 바뀌었고, 라틴어 문헌들에서 직접 추려내어 모아놓은 독해 구절들(*Locī Immūtātī*)이 풍성하게 추가되었다. 1963년에 나온 제3판은 40章 전체에 걸쳐서 각 章마다 자습 문제와 그 해답을 추가하였고, 이로써 강의실의 학생들뿐만 아니라 독학으로 그 언어를 공부하고자 하는 자들 모두에게 그 책의 유용성을 크게 향상시켰다. 저자가 작고하기 3년 전인 1984년에는 *Sententiae Antīquae*에 인용된 구절들의 목록이 첨가되어, 선생들과 학생들은 자신들이 특히 흥미를 느끼는 발췌글들의 문맥을 보다 쉽게 찾아서 탐구할 수 있게 되었다. 그리고 1992년에는 이 책의 새로운 출판사인 하퍼콜린스(HarperCollins)의 후원 하에 제4판이 나왔는데, 그 판에서는 본문이 다시 배치되고 가다듬어졌다.

1995년에 휠록 라틴어(*Wheelock's Latin*)라는 적절한 제목으로 바뀌어 출간된 제5판은 삼십여 년 만에 처음으로 그 본문을 실질적으로 개정한 것이었다. 나는 그 본문의 기본 개념을 변경하기보다는 오히려 더욱 확고하게 하려는 의도로 개정하였다. 사실상 가장 중요한 변화들 중 다수는 휠록 교수 자신이 생각해냈던 것들에 근거하였는데, 이는 그의 유족들이 본 개정 작업을 위해 이용할 수 있게 해 준 그의 유고에 담겨 있었다. 그리고 그 밖에 달라진 것들에는 전국에 퍼져있는 동료들의 경험들이 반영되었다; 그들 중 다수는(나 자신을 포함하여) 이십여 년 동안 또는 그보다 더 오래 본서를 사용하면서 찬사를 아끼지 않았고, 그 과정에서 새로운 세대의 학생들을 위해서는 기본적으로 어떻게 개선되어야 하는가에 대해 모종의 합의에 도달하게 되었다.

제5판에서 가장 두드러진 변화는 나 자신은 물론이고 수년에 걸쳐 본서를 사용했던 대부분의 사람들도 의심의 여지 없이 공유했던 바, 휠록 자신의 가장 간절한 바람이 반영된 것인데, 이는 40章들 모두에 고대 작가들에게서 나온 끊김 없는 라틴어 구절들을 추가하는 것이었다. 이 구절들은 앞부분의 章들에서는 간략하고 손질이 많이 가해졌으나, 뒤로 갈수록 범위가 더욱 넓어지고 산문과 운문 저자들의 다양한 글들에서 종종 문자 그대로 발췌되기도 하였다; 어떤 것들은 이전 판들의 *Locī Antīquī*와 *Locī Immūtātī*에 나타났었지만, 제5판에서 처음으로 포함된 것들도 많았다. "연습문제"(*Exercitātiōnēs*)의 문장들 중 일부는 손질되거나 대체되었는데, *Sententiae Antīquae*의 꽤 많은 문장들도 마찬가지였으며(어떤 글들은 더 길어졌다), 이 또한 부분적으로는 휠록 교수 자신이 생각했던 대로였다.

각 章의 어휘들이 너무 빈약하다는 견해가 일반적이어서 대부분의 경우에 단어들을 대략 20-25개로 늘렸다. 어렵지 않게 다룰 수 있는 이 목록에는 새로운 단어들과 이전에 *Sententiae Antīquae*의 側註에서 보았던 많은 단어들이 포함되었다. 전국에 퍼져있는 동료들이 동의했던 방식대로, 처음부터 모든 동사들에 대해 그 기본어들이 전부 제시되었으므로, 학생들은 이전 판들의 12章에서부터 나왔던 다소 꺼림칙한 목록과 마주칠 필요가 없어졌다.

문법 설명의 수정은 최소한에 그쳤지만, 특히 미완료 시제가 5, 8, 10章에서 미래 시제와 함께 소개되어, 과거 시제를 훨씬 더 이른 단계에서 독해 글들에 사용할 수 있게 되었다. 수사와 그 관련 내용들은 본디 40章에서 다루어졌으나 이제 15章에서 소개되었다. 이전에는 보충구문론 편에서 제시되었던 얼추 여섯 가지 정도의 중요한 문법적 문장 구조들이 40章 및 그 전의 여러 章들에서 소개되었다. 많은 문법 설명들이 다시 기술되었다; 각주에 실렸던 필수적인 정보는 본문 안으로 합체된 반면에, 그리 중요하지 않은 각주들은 삭제되었다.

마지막으로, 나는 각 章의 말미에 *Latīna Est Gaudium—et Ūtilis*라는 제목이 붙은 단락을 포함시켰는데, 이 단락에서는 라틴어가 참으로 즐겁고 유익한 것임을 가벼운 주제를 통해 보여주기 위하여 잡다한 라틴어 표어들, 잘 알려진 인용구들, 친숙한 약어들, 흥미로운 어원들, 교실에서 하는 대화들, 어떤 경우의 익살스런 잡담들, 그리고 심지어는 실소를 자아내는 적잖은 라틴어 말장난들 따위를 일부러 구어체로 기술하였다.

제5판의 성공은 휠록 교수의 두 딸들인 마르타 휠록과 드보라 휠록 테일러, 우리 편집자인 하퍼콜린스의 그레그 차퓌와 그의 팀원들, 그리고 나 자신을 포함한 우리 모두를 고무시켜 나의 제안대로 새로운 제6판을 위한 개정작업에 착수토록 했으며, 이는 2000년에 출간되었다. 여기에는 다음과 같은 것들이 포함되었다: 멋진 새로운 표지 그림(튀니지에서 발굴된 로마 시대의 모자이크로서, 베르길리우스를 중심으로 그의 무릎 위에는 아이네이스 사본이 놓여있고, 그의 작품에 스며든 영감을 의인화한 두 명의 뮤즈들이 곁에 서 있는 장면); 고대 이탈리아와 그리스 및 에게 해 지역과 지중해를 보여주는, 특히 그 무엇보다도 이 책의 독해 글들과 註記들에 언급된 모든 지명들을 포함하도록 고안된 지도들(로마 제국의 변방에 위치한 몇몇 곳은 제외되었다); 해당 章들에 나오는 고전 문화와 신화의 문학적 내지는 역사적 인물들의 모습을 보여주기 위해서 고전 시대 및 그 이후의 유럽 미술에서 주로 골라낸 여러 작품들의 사진들; 각 章의 어휘에서 최근에 새로 소개한 단어들의 개념을 보다 명확히 하고 각인시키기 위해 개정된 독해 글들; 각 章의 어휘에 실린 증보된 파생어 목록들 및 다른 章들에 나오는 관련 단어들과의 확장된 상호 참조; 권말에 있는 영어-라틴어 어휘의 증가. 2005년에 나온 "개정된 제6판"에서는 *Intrōductiō* 및 독해 글들과 그에 딸린 註들을 일부 개정하는 데 그치지 않고, 영어-라틴어 어휘도 더 늘려서 *Workbook for Wheelock's Latin*(폴 코모와 내가 펴낸 개정된 제3판)을 더 잘 보완토록 하였다. 또한 개정된 6판은 수년 만에 처음으로 관행적인 종이 커버와 함께 하드커버로도 출간되었다. 모든 章들의 어휘들을 소리내어 읽은 것이 포함된 오디오 파일들이 제작되어 온라인에 올려졌다; 게다가 처음으로 교사용 지침서가 만들어졌으며, 이것을 교사들이나 집에서 가르치는 학부모들 그리고 독학생들이 온라인으로도 활용할 수 있게 하였다.

새로 나온 제7판

2011년에 출간된 가장 최신 판인 제7판은 휠록 라틴어(*Wheelock's Latin*)를 더욱 더 효과적이고 재밌고 사용자 친화적으로 만들려는 의도로 개정된 것들이 매우 많다는 특징을 지니고 있다. 본문을 전체적으로 다시 편집함으로써, 각 章의 구성을 명확하게 하고 새로운 사진들과 그림들을 첨가하여 본서가 좀더 시각적인 흡인력을 지니게 하도록 포맷과 디자인을 바꿀 수 있는 계기를 제공하였다. 새로운 중요한 문법 용어들과 그 밖의 전문 용어들을 부각시키기 위하여 **작고 굵은 대문자체**를 사용하였다. 교실에서의 적극적인 라틴어 사용을 권장하기 위해 章 타이틀 및 단락 제목을 라틴어로 표기하였다("연습문제"는 *Exercitātiōnēs*, "어휘"는 *Vocābula*로, 등등). 각주의 내용은 본문 안으로 합체되거나 삭제되었다. 지도들이 새롭게 고쳐졌고, 그 사용을 권장하기 위해 본문에서 더 자주 참조되었으며, 색인이 보강되었다.

　각 章의 문법 설명 단락(새 題名은 *Grammatica*)에서 의미 깊은 개정 작업이 행해졌는데, 그 일환으로 품사들을 체계적으로 소개하고 정의하였으며, 동사 일람표를 더 일찍 제시하였고, 다수의 문법적 요점들을 명확히 하였다. 각 章의 *Vocābula*는 여러 면에서 개정되었다; 모든 형용사들의 주격 형태들을 빠짐

없이, 그리고 모든 명사들의 속격들 및 모든 동사들의 기본어들, 심지어는 규칙적인 제1활용 동사들의 기본어들까지 완전한 철자로 표기하였으며, 따라서 새로운 어휘 항목들을 처음으로 배우려는 학생들을 혼란스럽게 할 여지가 있는 약어들이 제거되었다. 각 목록 위에는 마주치게 될 새롭거나 예외적인 단어 유형들에 대한 간단한 설명과 아울러 어휘를 완전히 습득하려면 어떻게 해야 하는지에 대한 일반적인 조언들이 기술되었다.

마찬가지로, 각 장의 *Lēctiō et Trānslātiō*("읽기와 번역") 단락 역시 읽고 번역하는 능력을 키우는 것을 겨냥한 다양한 요령들을 제시함으로써 시작한다. *Sententiae Antīquae*와 독해 구절들의 註에 실린 라틴어 단어들의 의미를 익히고 기억하는 데 도움이 되도록 그로부터 파생된 영어 단어들이 제시되었다. 기존의 독해 글들 중 일부는 최근의 새로운 어휘와 문법을 더욱 확실히 각인시키기 위해 약간 수정되었다. 각 章에는 실제 그대로의 몇몇 독해 글들이 새로 추가되었다; 특히 폼페이에서 나온 벽서(壁書)들 중에서 추려내어 *Scrīpta In Parietibus*("담벼락들에 쓴 것들")라는 제목을 붙인 글들이 더해졌는데, 여기에는 그림들이나 사진들이 첨부되었으며, 고대 로마인 남녀들의 삶과 문학적 교양을 흥미롭게 들여다보게 하려는 의도가 담겨 있다. 이 벽서들(graffiti)과 각 章의 문학적 구절들에는 자세한 소개와 더불어 그 주제와 문체의 요점들에 독자가 관심을 갖고 집중하도록 글의 의미를 파악하고 토론할 수 있는 몇 가지 *Quaestiōnēs*가 제시되었다.

Etymologia 단락들은 어떤 경우에는 짧아진 반면에, 특히 더 많은 로망스語의 파생어들을 추가한 경우에는 확장되기도 했다. 그리고 *Latīna Est Gaudium* 단락들에서도 마찬가지로 바뀐 것들이 꽤 있다.

마지막으로, 웹사이트 www.wheelockslatin.com과 온라인 교사용 지침서, 어휘 카드들, 그리고 Bolchazy-Carducci 출판사(www.bolchazy.com)에서 나온 그 밖의 보조 교재들이 이 교과서의 바뀐 것들을 반영하도록 업데이트되었다.

학생들과 강사들의 유의 사항

이 개정판의 *Lēctiō et Trānslātiō*는 한 章을 공부하는 데 대학의 한 학기 과정에서는 보통 이틀이나 사흘을, 고등학교에서는 한 주 정도를 잡고 내주는 숙제에 요구될 만한 분량보다 더 많은 읽고 번역하는 자료들을 의도적으로 담아냈다. 강사들 자신이 선택하기를 권하지만 나의 제안은 다음과 같다: 처음 하루 이틀 동안에는 새로운 문법과 패러다임 및 어휘를 공부하고, *Exercitātiōnēs*와 *Sententiae Antīquae*에서 소수의 문장들만을 뽑아서 숙제를 내주는 한편, 나머지는 수업 중에 보면서 번역할 것들로 남겨 놓는다(일부는 미리 신중하게 골라야 한다); 둘째 또는 셋째 날의 학습에는 *Sententiae Antīquae*의 바로 뒤에 나오는 독해 구절들과 벽서들이 포함되어야 하며, 이를 통해 학생들은 긴 글을 다루는 데 필요한 경험을 얻게 될 것이다. 나는 날마다 영어를 라틴어로 옮기는 *Exercitātiōnēs* 중에서 한두 문제를 학생들에게 할당해 주거나, 때로는 학생들을 소그룹으로 나누어 그들에게 5분 정도를 주고 그 문장들 중 하나를 함께 풀어 보도록 한 후에 각 그룹의 일원이 자기들의 문장을 칠판에 적고 검토하게 할 것이다. 학생들에게 통상 권장해야 할 일은 집에서 이 책 뒷부분에 있는 자습문제들을 풀면서 새로운 내용을 학습하고, 자신의 답을 뒤에 붙은 해답집과 맞춰 보는 것이다. 또한 이 자습문제의 문장들을 의도적으로 미리 선택하여 수업 중에 보면서 번역함으로 새로운 개념을 터득하는 데 이를 사용할 수 있다.

자매 독본인 *Scribblers, Scvlptors, and Scribes*는 전혀 손대지 않은 원래 그대로의 고전시대 라틴어 본문들을 한데 모아 제시하였는데, 그 어휘와 문법은 *Wheelock's Latin*의 40章들에 나오는 것들과 상호관련되어 있다. 다방면에 걸친 벽서들과 그 밖의 새긴 글들, 격언들 및 문학적 본문들을 포함하는 이 독해 글들은 로마의 유력자들—정치인들과 장군들, 철학자들과 시인들—의 생각들뿐만 아니라 로마 평민들의 일상생활까지도 들여다볼 수 있게 한다. 각 章에 대한 공부 마지막 날에는 이 독해 글들에서 추려낸 것을 학생들에게 과제로 내주어야 한다.

대부분의 강사들 또한 자신들의 학생들이 *Workbook for Wheelock's Latin*을 사용하기를 원한다. 이 책에는 다양한 연습문제들이 추가되어 있고, 각 章에서 알아야 할 일단의 세부적인 *Intellegenda*(학습할 것들), 새로 소개된 문법에 직접적으로 초점이 맞춰지도록 고안된 일련의 문제들, 어형을 다양하게 변화시키는 연습, 단어, 구 및 문장 번역들, 어원론, 동의어, 반의어, 새로운 어휘 항목들과 유사한 단어들, 그리고 학생들이 각 章에서 읽은 구절들을 잘 이해했는지를 테스트하기 위한 독해 문제들이 포함되어 있다.

각 章에 대해 마련된 *Workbook*의 많은 항목들을 모두 소화할 만한 시간이 없는 자들은 적어도 *Intellegenda*만큼은 들여다보기를 권하며, *Grammatica*에 관한 질문들에 답하고, *Vīs Verbōrum*(어휘력)을 위한 모든 어원론 항목들, *Lēctiō*(독해) A 단락에서 라틴어를 영어로 옮기는 한두 문장들, 그리고 *Lēctiō* B(각 章의 문학적 구절들에 대한 질문들)의 모든 항목들은 철저히 공부해야 한다.

또한 *Wheelock's Latin, Workbook for Wheelock's Latin* 및 *Scribblers, Scvlptors, and Scribes*를 보완하도록 고안된 수많은 다른 자료들이 있는데,

여기에는 오디오 CD, 컴퓨터 소프트웨어, 어휘 카드 및 풍부한 인터넷 자료들이 포함되어 있으며, 그 대부분은 휠록을 통해 라틴어를 가르치고 배우는 데 유익한 추가적인 제안들과 함께 공식적인 휠록 라틴어 시리즈 웹사이트 www.wheelockslatin에서 접할 수 있고, (피어슨 출판사에서 펴낸) 나의 저서 *Latin for the 21st Century: From Concept to Classroom*에 기술되어 있다.

MĪLLE GRĀTIĀS ...

*Wheelock's Latin*에 대한 나의 일을 도와 준 많은 분들에게 이 자리를 빌어서 감사의 마음을 전하고 싶다: 제일 먼저 나의 소중한 아내이며 신실한 동반자인 Alice와 나의 자녀들, Jean-Paul, Laura Caroline, Kimberley Ellen의 변함 없는 사랑에 감사한다; 저명한 인구어 학자인 나의 동료 Jared Klein은 *Intrō-ductiō*와 개개의 章들에 대해 내가 개정한 것들을 읽고 현명한 조언을 해 주었다; 대학원 조교들인 Derek Bast, David Driscoll, Cleve Fisher, Marshall Lloyd, Sean Mathis, Matthew Payne, Jim Yavenditti는 다방면의 일들을 도와주면서 열정과 능력을 발휘했다; 나의 오랜 친구이자 *Classical Outlook*의 수석 부편집인이었던 Mary Wells Ricks는 편집과 관련된 제반 문제들에 관해서 전문가적 조언을 해 주었다; 우리 부서의 비서들인 JoAnn Pulliam과 Connie Russell은 사무적인 일들을 흔쾌히 보조하였으며, 그래픽 디자이너인 Kay Stanton은 벽서들(graffiti)을 그려주고 삽화 작업도 전반적으로 도와주었다; HarperCollins에서 내 일을 맡은 편집자들인 Erica Spaberg, Patricia Leasure, Greg Chaput, Stephanie Meyers는 각기 개정판들을 위한 나의 제안들을 열정적으로 지지하였다; 뉴욕에 있는 Art Resource의 Tim McCarthy, Michael Slade, Alison Strum뿐만 아니라, 동료들인 Jim Anderson, Bob Curtis, 고인이 된 Timothy Gantz, Frances Van Keuren은 그래픽 작업을 도와주었으며, Amélia Hutchinson, Mihai Spariosu, Sallie Spence는 로망스어 파생어들에 관해 조언해 주었다; Tom Elliott과 Brian Turner는 Ancient World Mapping Center와 함께 그 방면의 전문가로서 지도들을 디자인하는 데 참여하였다; 조지아 대학교의 학생들과 동료들은 새로운 내용을 실제로 시험해 보고 유익한 도움을 주었는데, 그들 중에는 Bob Harris와 Richard Shedenhelm이 있다; 전국에 있는 동료들, 특히 South Carolina 대학교의 Ward Briggs(그가 쓴 휠록 교수의 전기는 그의 책, *A Biographical Dictionary of American Classicists,* Westport CT: Greenwood Press, 1994와 *Classical Outlook,* 2003년 겨울 호에 실려 있다), Rob Latousek, John Lautermilch,

John McChesney-Young, Braden Mechley, Betty Rose Nagle, Krzysztof Odyniec, John Ramsey, Joseph Riegsecker, Cliff Roti, Les Sheridan, David Sider, Alden Smith, Brad Tillery, Cliff Weber, Stephen Westergan, 그리고 Stephen Wheeler는 세부적인 개정작업들에 대해 제안을 내놓았다; Wyatt Anderson 학장은 나의 연구와 고전학부에 속한 우리 모두의 노력을 격려해 주었다; 나의 "라틴어로 맺어진 누이들"인 Martha Wheelock과 Deborah Wheelock Taylor는 개정판들을 펴내는 나의 일을 변함없이 지지해 주었고, 그들 아버지의 유고들을 흔쾌히 제공해 주었다; 그리고 마지막으로 프레드릭 M. 휠록 교수 자신은 그 자체로 당연히 고전이 된 교과서를 만들었는바, 그것을 개정하는 일은 나에게 *labor amōris*가 되었다.

1999년 가을
조지아 대학교에서
리차드 A. 라플뢰르

나는 그 언어를 사랑한다. 부드러운 變種 라틴어
그는 여인의 입맞춤처럼 녹아내린다.
　　　조지 노엘 고든, 바이런 경
　　　Beppo (여기서 그는 라틴어의 맏딸 격인 이탈리어를 사용했다)

나는 그들 모두에게 영어를 배우게 하겠다: 그런 후에 총명한 자들에게는
라틴어를 자랑스러운 것으로, 그리스어를 즐거운 것으로 배우게 하겠다.
　　　윈스턴 처칠 경
　　　Roving Commission: My Early Life

그는 라틴어를 좋아해서 그것을 바이올린처럼 공부했다.
　　　로버트 프로스트
　　　The Death of the Hired Man

INTRŌDVCTIŌ

Wer fremde Sprachen nicht kennt, weiss nichts von seiner eigenen.
(외국어를 알지 못하는 자는 자신의 언어에 관해서도 아무것도 모른다)

Apprendre une langue, c'est vivre de nouveau.
(언어를 배우는 일, 그것은 새로운 삶이다)

이 *Intrōdvctiō*에 대강 언급된 라틴어의 배경에 관한 제한된 지식을 통해서도 여러분은 라틴어를 훨씬 더 이해할 수 있게 될 것이다. 라틴어가 인구어(印歐語, Indo-European language)에서 차지하는 위치에 관해 논한 단락들은 라틴어 뿐만 아니라 로망스 언어들과 영어 또한 어떤 언어학적 관점에서 바라보게 한다. 라틴 문학의 간략한 개관은 이 책의 *Sententiae Antīquae*와 *Locī Antīquī* 및 *Locī Immūtātī*의 전거가 된 작품들의 저자들을 소개하고 있으며, 학생들이 다른 식으로는 결코 얻을 수 없는 문학적인 관점을 갖게 해 준다. 그리고 라틴어에 대한 개관은 그 언어의 알파벳과 발음에 관한 설명이 없다면 완전할 수 없음은 두말 할 것도 없다.

언어 역사에서 라틴어가 차지하는 위치

여러분이 흔히 하는 말들, "I," "me," "is," "mother," "brother," "ten" 등은 유럽인들과 아시아인들이 이런 저런 형태로 수천 년 동안 사용해 온 단어들이다. 사실상, 우리는 이 단어들이 실제로 얼마나 오래 되었는지 알 수 없다. 비록 이들의 철자와 발음이 시대에 따라, 그리고 장소에 따라 다소 변했다 하더라도 이는 별로 놀랄 일이 아니다; 상상력을 정말 자극하는 것은 인간의 생각을 표상하는 이러한 단어들의 기본요소들이 갖는 활력이 그러한 시간과 공간을 가로질러 이 대륙의 지금 이 순간까지 미치고 있다는 사실이다. 그 점은 다음 페이지에 실린 상당히 축약되고 단순화된 표에 명시되어 있다.

영어	*I*	*me*	*is*	*mother*	*brother*	*ten*
산스크리트어[1]	aham	mā	asti	mātar-	bhrātar-	daśam
그리스어	egō	me	esti	mētēr	phrātēr[2]	deka
라틴어	ego	mē	est	māter	frāter	decem
앵글로-색슨어[3]	ic	mē	is	mōdor	brōthor	tīen
아일랜드古語[4]		mé	is	máthir	bráthir	deich
리투아니아어[5]	aš	manè	esti	motė	broterèlis	dešimtis
러시아어[6]	ja	menja	jest'	mat'	brat	desjat'

세로 행들의 단어들을 살펴보면 열거된 언어들이 상호 관련되어 있음을 알 수 있을 것이다. 그러나 앵글로-색슨어로부터 영어가 궁극적으로 파생된 경우를 제외하면, 이 언어들 중에 어느 것도 목록에 있는 다른 언어에서 직접 유래하지는 않았다. 오히려 그것들은 모두 중간 단계들을 거쳐서, 지금은 사라졌지만 그러나 언어적 흔적을 토대로 단정할 수 있는 하나의 공통 조상으로 거슬러 올라간다. 그러한 언어를 언어학자들은 **동족어(COGNATE**; "관련된"을 뜻하는 라틴어에서 나온 용어로, 보다 문자적으로는 같은 조상으로부터 "함께 태어난"이란 뜻이다)라고 일컫는다. 이러한 모든 "관련된 언어들" 또는 동족어들의 지금은 사라진 조상에 가장 흔히 주어지는 명칭은 **인구어(INDO-EUROPEAN)**이다; 왜냐하면 그 후손들이 인도 및 그 주변뿐만 아니라(산스크리트어, 이란어), 유럽에서도 발견되기 때문이다(그리스어, 라틴어, 게르만어, 켈트어, 슬라브어, 발트어).[7] 현존하는 매우 오래된 문서들에서 발견되는 인구어들은 산스크리트어, 이란어, 그리스어, 라틴어이며, 이 문서들은 그리스도 시대보다 수세기 전으로 거슬러 올라간다. 위의 표에 예시된 어휘의 상호 관련성 이외에도, 이 큰 어족에

---

1. 고대 인도의 성문서들에 쓰인 언어로, 인구어족에 속하는 현대 인도 방언들의 모체이다.

2. 이 세로 행의 다른 단어들과 뿌리는 같지만, 고전 그리스어에서 **phrātēr**는 "씨족의 일원"을 의미했다.

3. 게르만 언어들의 한 예이며, 그 외에도 고트어(Gothic), 독일어, 네덜란드어, 덴마크어, 노르웨이어, 스웨덴어, 아이슬란드어, 영어가 있다.

4. 켈트 언어들의 한 예이며, 그 외에도 웨일스어, 갈리아어, 브리타니어, 스코틀랜드어(게일어)가 있다. 이 표에서 아일랜드 고어 **mé**는 사실상 주격이므로, 의미와 용법은 "I"와 다르지 않지만, 형태상으로는 "me"와 같다.

5. 발트 어군의 한 예이며, 그 외에도 라트비아語와 프러시아 古語가 있다.

6. 슬라브 어군의 한 예이며, 그 외에도 폴란드어, 불가리아어, 체코語가 있다.

7. 세상에는 인구어족에 속하지 않는 많은 언어들(예를 들면, 셈어, 이집트어, 바스크어, 중국어, 아프리카와 아메리카 대륙의 원주민 언어들)이 있다는 사실에 유의하라.

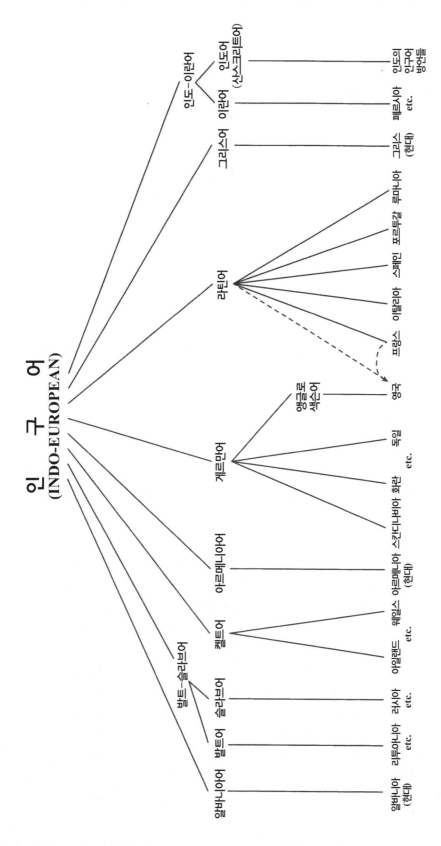

위 도표를 단순화시키기 위해, 많은 언어들과 중간 단계들을 생략하였다. 예를 들면 라틴어는 이탈리아의 여러 방언들 중 하나에 불과한 것으로, 그 방언들 중에는 오스카어(Oscan)와 움브리아語(Umbrian)도 있었지만, 이들은 라틴어의 세에 눌려 얼마 뒤에는 사장되었다. 그리스어 안에도 마찬가지로 몇몇 방언들이 있었다(아이올리스語, 아티카語, 이오니아語, 도리스語). 인구어족의 두 갈래인 아나톨리아語(Anatolian)와 토카리아語(Tocharian)는 지금은 사멸되었으며, 위 도표에도 나오지 않았다.

속한 언어들은 많은 **굴절형태들(INFLECTIONS)**이나 어미들을 공유한다. **굴절어 (INFLECTED LANGUAGE)**는 명사, 대명사, 형용사, 동사들이 한 문장 안에 있는 단어들의 상호관련성을 가리키는 가변적인 어미들을 지니는 언어이다. 특히 앵글로-색슨어는 라틴어와 마찬가지로 굴절어였으나, 그 후손인 영어는 굴절형태들을 거의 다 상실하였다(하지만 몇몇은 아직 남아있는데, 예를 들면, "who," "he," "she"는 주어를, "whom," "him," "her"는 목적어를 나타내고, 인칭과 수에 따라서도 "she loves," "I love," "you love" 등으로 변한다).

파생된(DERIVED; 한 원천"으로부터 흘러내려온") 언어들과 **동족(COGNATE)** 언어들의 차이는 로망스어들이 라틴어에 대해, 그리고 서로에 대해 갖는 관련성에서 명확히 인식될 수 있다. 우리는 이제 기록된 역사의 영역 안에 있으므로, 갈리아(프랑스), 스페인, 다키아(루마니아)와 같은 지역들에 대한 로마의 정치적인 정복에 수반하여, 로마의 언어적인 정복 또한 발생했었다는 사실을 알 수 있다. 이 승리한 고대 라틴어를 일반 사람들(**vulgus;** 이로부터 "vulgar"[통속] 라틴어가 나왔다)이 사용하게 되면서, 로망스 언어들, 즉 프랑스어, 스페인어, 포르투갈어, 루마니아어, 오크語(또는 프로방스語), 그리고 물론 이탈리아어와 같은 언어들이 자라났다. 이 모든 언어들은 라틴어로부터 "파생된" 것들이며, 따라서 서로 간에 "동족"이다.

모체	동족 로망스어의 파생어들				
라틴어	이탈리아어	스페인어	프랑스어	포르투갈	영어(고전라틴어) 뜻
amīcus	amico	amigo	ami	amigo	friend
liber	libro	libro	livre	livro	book
tempus	tempo	tiempo	temps	tempo	time
manus	mano	mano	main	mão	hand
bucca	bocca	boca	bouche	boca(입)	mouth (*cheek*)
caballus	cavallo	caballo	cheval	cavalo	horse
fīlius	figlio	hijo	fils	filho	son
ille	il	el	le	o	the (*that*)
illa	la	la	la	a	the (*that*)
quattuor	quattro	cuatro	quatre	quatro	four
bonus	buono	bueno	bon	bom	good
bene	bene	bien	bien	bem	well [부사]
facere	fare	hacer	faire	fazer	make, do
dīcere	dire	decir	dire	dizer	say
legere	leggere	leer	lire	ler	read

영어의 궁극적인 기원이 라틴어와 동족인 앵글로-색슨어라는 사실은 위에서 이미 살펴보았지만, 영어에 대해서는 할 이야기가 이보다 훨씬 많다. 초기에는 앵글로-색슨어 자체가 라틴어에서 차용한 단어들은 소수에 불과했다. 그러나 7세기에 이르러 교황 그레고리 1세가 앵글족(Angles)을 기독교화시키기 위해서 파송한 성 어거스틴(켄터베리 초대 대감독; *Civitas Dei*를 지은 어거스틴이 아니다—역주)의 선교 사역의 결과로 보다 많은 라틴어 단어들(제롬의 "불가타" 번역 성경에서 나온 라틴어화된 그리스어와 히브리어 단어들도 포함되었다)이 유입되었다. 그리고 1066년 정복자 윌리엄의 승리 이후에는 노르만 프랑스어(Norman French)가 교양 있는 언어가 되었고, 앵글로-색슨어는 피지배자들과 농노들의 말로서 천하게 여겨졌다. 따라서 앵글로-색슨어는 더 이상 문학적인 언어가 아니었으며, 거친 일상 생활에서 쓰이는 말에 불과하게 되었다. 하지만 두 세기 정도가 지난 후에는 노르만인들의 후손들이 영국 토박이들과 결국 섞이게 되었으므로, 앵글로-색슨 언어는 자신의 존재를 다시 천명하기에 이르렀다; 그러나 그 자체로는 빈약했기 때문에 (문학적, 지적, 문화적 분야에서) 수백 개의 프랑스어 단어들을 차용하고 나서야 비로소 문학적인 언어가 될 수 있었다. 차용된 어휘는 실로 엄청났으며, 13세기와 14세기에는 이러한 발전의 결과로 중세 영어(Middle English)라고 일컬어지는 것이 탄생되었는데, 특히 1400년에 사망한 초서(Chaucer)의 작품에 잘 드러나 있다. 라틴어에 뿌리를 둔 이 프랑스어 단어들의 차용과 아울러, 라틴어 자체에서 직접 빌려오기도 했는데, 이러한 추세는 르네상스의 특징인 고전들에 대한 새로워진 관심으로 인해 16세기와 17세기 어간에 자연스럽게 강화되었다.[8] 그 때부터 오늘날까지 라틴어는 항상 새로운 단어들의 원천이 되고 있으며, 과학자들의 경우에 특히 그렇지만, 이러한 사정은 상품명을 지어내는 광고업계와 마케팅 종사자들에게도 마찬가지다!

---

8. Thomas Wilson(16세기)은 다음과 같이 말했다: "단지 배운 냄새만 풍기는, 배우지 못한 자들이나 어리석은 공상가들(그 당시에는 유식한 사람들이었던 그런 자들)은 순진한 사람들이 그들의 말에 놀라며 그들이 어떤 계시를 받아 말하고 있다고 생각할 수밖에 없을 정도로, 라틴어를 자기 말로 사용하려고 한다." Sir Thomas Browne(17세기)은 다음과 같이 말했다: "만약 고상한 말이 여전히 나오고, 영국의 작가들이, 우리가 최근에 관찰한 바, 많은 사람들로부터 흘러나오는 그 풍조를 유지한다면, 수년 내에 우리는 영어를 이해하기 위해 라틴어를 기꺼이 배울 것이며, 일은 어쨌거나 똑같이 쉽다고 판명될 것이다." 이 말들은 다음 책에서 허가를 받고 인용했다: "Brief History of the English Language" by Hadley & Kittredge in Webster's *New International Dictionary,* 2nd. ed., copyright, 1934, 1939, 1945, 1950, 1953, 1954, by G. & C. Merriam Co.

결과적으로, 앵글로-색슨어를 거쳐 내려온 영어는 라틴어와 동족이지만, 그럼에도 불구하고 직·간접적으로 매우 많은 단어들을 라틴어로부터 빌려왔으므로, 우리 자신의 어휘에는 라틴어 단어들과 뿌리를 공유하는 수천 개의 단어들(cognates)과 그들로부터 직접 파생된 수천 개의 단어들(derivatives)이 포함되어 있다. 일례로, 영어 "brother"는 라틴어 **frāter**와 동족이지만, "fraternal"은 명백히 **frāter**로부터 파생된 것이다. **그림의 법칙(GRIMM'S LAW)**이라고 알려진, 게르만 언어들의 진화 과정에서 일어난 발음 변화에 관한 중요한 언어학적 법칙은 자음 p는 f로, 경음 c(k)는 h로, d는 t로 바뀌는 현상을 기술하고 있는데, 이는 **pēs/ped-**/"foot" 또는 **cor/cord-**/"heart"와 같은 라틴어-영어 단어들이 하나의 뿌리에서 나온 동족이라는 사실을 설명해 준다. 아래는 라틴어와 동족인 단어들과 라틴어에서 파생된 단어들의 다양한 예들이다.

라틴어	영어 파생어	영어 동족어
māter	maternal	mother
duo	dual, duet	two
dēns, 어간 dent-	dental	tooth
pēs, 어간 ped-	pedal	foot
cor, 어간 cord-	cordial	heart
ferō	fertile	bear

여기에서 여러분은 영어 어휘가 풍부하게 된 이유들 중 하나를 볼 수 있을 것이며, 라틴어를 오래 공부하면 할수록, 라틴어 요소가 없었더라면 영어가 얼마나 많은 제약을 받았을지를 더욱 뼈저리게 깨달을 것이다. 이처럼 간략한 개관에도 불구하고, 유럽 언어 역사에서 라틴어가 차지하는 일반적인 위치와 오늘날 우리에게까지 그것이 지속적으로 미치는 어떤 중요성을 파악할 수 있을 것이다. 라틴어는 많은 언어들과 동족인 동시에, 또한 많은 언어들의 모체이기도 하며, 영어에 대해서는 양모(養母)라고도 일컬어질 수 있다.

라틴 문학 개관

이 책 전체에 걸쳐, 여러분은 라틴 문학에서 발췌된 문장들과 구절들을 읽게 될 것인바, 이 위대한 문학 작품들 총체의 특성과 범위에 대한 개요를 제공하기 위해서 간략한 윤곽을 여기에 스케치하였다. 아래는 라틴 문학에 대한 전통적인 시대 구분이다:

I. 초기 공화정 시대를 지나온 고대 (주전 약 80년까지)
II. 후기 공화정 시대와 아우구스투스 시대 ("황금기": 주전 80–주후 14)
    A. 키케로 시대 (주전 80–43)
    B. 아우구스투스 시대 (주전 43–주후 14)
III. 아우구스투스 이후 시대 ("백은기": 주후 14–138)
IV. 교부 시대 (2세기 말엽–5세기)
 V. 중세 시대 (6–14세기)
VI. 르네상스(15세기)부터 현재까지

초기 공화정 시대를 지나온 고대 (주전 약 80년까지)

그리스 문화는 최고로 발달된 장려한 문학과 미술을 포함하여 주전 5세기와 4세기 동안에 정점에 도달했다. 그에 비해 로마는 그 기간 동안 내놓을 만한 것이 거의 없었다. 우리에게 남아 있는 단편적인 증거는 Saturnian이라고 일컬어지는 거칠고 강세가 있는 토착 운율과, 몇몇 토착 해학(諧謔)들, 그리고 기록들과 담화들에서 실제 사용된 단순한 산문(散文)만을 보여줄 뿐이다.

하지만 주전 3세기에 로마 세력이 확장됨으로써 로마인들은 그리스 문명과 접촉하게 되었다. 여하튼 냉철한 머리와 정치적이며 합리적인 의식 구조를 지닌 로마인들은 자신들이 발견한 것에 매혹되었으며, 그들 중 여러 작가들이 그리스 문학을 배우러 학교에 다녔다. 이 때부터, 로마 문학도 여러 가지 훌륭한 방식으로 자신들만의 특성과 독창성을 발전시키기는 했지만, 그리스 문학의 형식들, 운율들, 수사적 기법들, 주제들, 사상들이 로마 문학에 막대하고 지속적인 영향을 끼쳤다.

사실상, 로마인들 자신도 그렇게 받아들이는 데 전혀 주저하지 않았다. 이제 로마인들이 서사시들과 비극들과 풍자들과 담화문들을 지었다 할지라도, 그리스 전형들을 충실하게 본받았으며, 이 시기의 현존하는 가장 위대한 업적들은 플라우투스(Plautus, 주전 254-184년경)와 테렌티우스(Terentius, 주전 185-159년)의 희극들이다. 이 작품들은 특정 사회 계층의 세태를 풍자하는 희극인 New Comedy로 알려진 유형의 그리스 희곡들에 근거하였으며, 오늘날에도 걸작으로 읽혀지고 있다. 더욱이 이러한 여러 희곡들은 근대 극작가들에게도 영향을 끼쳤는데, 일례로 플라우투스의 *Menaechmi*는 셰익스피어의 *Comedy of Errors*에 영감을 불어넣었다.

후기 공화정 시대와 아우구스투스 시대 (주전 80–주후 14)

그리스도 이전 1세기 동안, 로마의 작가들은 자신들의 문학적 매체들을 완성하였으며, 라틴 문학을 세상에서 가장 위대한 것들 중 하나로 만들었다. 특히 그것은 우리가 "고전"(classic)으로 여기는 그 아름답고 절제된 형식뿐만 아니라, 그 사실적 내용 때문에도 유명하다. 루크레티우스(Lucretius)가 라틴 어휘의 빈곤을 불평했다면, 키케로는 라틴어의 어휘와 그들의 일반적인 용례를 만들어냄으로, 라틴어가 천삼백 년 이상 유연하고 정교한 언어적 도구로 남게 되었다.

키케로 시대 (주전 80–43). 키케로 시대의 문학 작품들은 로마 공화정 말년 무렵에 나왔다. 이 때는 잦은 내전과 함께 독재자들이 출현함으로써, 헌법적 정의를 거스르는 군부 세력이 판치고, 이기주의와 위세를 과시하는 허례허식이 만연했으며, 윤리의식과 신앙심이 해이해졌던 시대였다. 여러분의 손에 들려 있는 이 책에서 큰 비중을 차지하는 걸출한 저자들은 다음과 같다:

루크레티우스(Titus Lūcrētius Cārus, 주전 약 98–55): 에피쿠로스 철학을 통해 성취된 행복에 관한 설득력 있는 교훈적 詩인 *Dē Rērum Nātūrā*의 저자. 이 철학은 쾌락, 또는 오히려 고통과 고난의 부재를 근간으로 하였으며, 우주를 신의 섭리가 아닌 자연 법칙의 영역에 가둠으로써, 루크레티우스가 사람들의 행복을 파괴한다고 믿었던 것들, 즉 신들에 대한 두려움과 종교의 억압을 제거한 원자론을 버팀목으로 삼았다.

카툴루스(Gāius Valerius Catullus, 주전 약 84–54): 로마 문학의 로버트 번즈(Robert Burns)라고 칭할 만한 서정 시인. 열정적이고 감수성이 강한 북부 이태리 출신의 시골 청년으로, 도시에서 닳고 닳은 여인인 레스비아(이는 문학 작품에서 사용된 가명이고, 실제 이름은 클로디아)의 매력에 완전히 빠졌으나 결국은 미혹에서 깨어나 비통한 심정으로 그녀에게서 벗어난다; 그의 시 113편이 남아 있다.

키케로(Mārcus Tullius Cicerō, 주전 106–43): 가장 위대한 로마의 웅변가. 주전 63년에 그의 열변은 파산한 귀족인 카틸리나의 공모를 저지하였으며, 그로부터 20년 후에는 안토니우스의 전횡에 맞서서 애국적인 저항에 나섰다가 자신의 목숨을 희생하였다. 또한 그는 다음과 같은 면에서도 칭송을 받았다: 로마 수사학의 권위자로서, 그의 동포들에게 그리스 철학을 풀어 준 해석자로서; 우정(*Dē Amīcitiā*)과 노년(*Dē Senectūte*)에 관해 글을 쓴 수필가로서, 그리고 비교적 틀에 얽매이지 않은 문체로 쓴 자기 고백적인 서한들의 저자로서. 한편 라틴어 자체에 대한 키케로의 엄청난 공헌은 앞에서 이미 살펴보았다.

카이사르(Gāius Iūlius Caesar, 주전 102 또는 100–44): 웅변가, 정치가, 장군, 행정가, 독재자, 작가; 그의 군사 회고록인 *Bellum Gallicum*과 *Bellum Cīvīle*로 잘 알려져 있다.

네포스(Cornēlius Nepōs, 주전 110–24): 카툴루스와 카이사르의 친구이며, 전기 작가; 그가 저술한 전기들은 역사 기록물로서의 중요성보다는 오히려 비교적 쉽고 대중적인 문체로 인해 더 주목을 받는다.

쉬루스 (Pūblilius Syrus, 주전 43년경에 활약): 로마로 끌려와 거기서 익살극으로 유명해진 노예; 오늘날 그의 익살극들은 그가 말한 경구(警句)들을 모은 문헌에 의해서만 그려볼 수 있다.

아우구스투스 시대(주전 43–주후 14). 이 시기는 첫 번째 로마 황제의 이름을 따라 명명되었다. 아우구스투스는 당시의 악들을 교정하고, 안정된 정부에 의해 시민의 평화를 확립하며, 자신의 새로운 정권에 대한 로마인들의 지지를 얻고자 했다. 이를 염두에 두고, 그와 그의 비공식적 총리 대신이었던 마이케나스는 문학이 국가에 공헌하도록 유도하였다. 그들의 후원 아래, 베르길리우스와 호라티우스는 우리가 일컫는 소위 계관 시인들이 되었다. 어떤 현대 비평가들은 이러한 사실이 이 시인들의 고상한 정서들을 손상시키고 있음을 감지한다; 그러나 다른 이들은 호라티우스에게서는 독립 정신과 진정한 도덕적 관심을 보고, 베르길리우스는 자신의 서사시에 등장하는 영웅 아이네아스(Aeneas)라는 인물을 통해 아우구스투스를 그저 칭송하는 것이 아니라 국가의 우두머리로서 그에게 기대되는 것을 그 황제에게 사실상 제안하고 있다고 주장한다.

베르길리우스(Pūblius Vergilius Marō, 주전 70–19): 이탈리아 북부의 서민 출신; 자연을 사랑한 자; 인간에 대해 연구한 감수성이 강한 자; 쾌락주의자(Epicurean)이며 신비주의자; 엄격하고 가혹한 自我비평가, 뛰어난 匠人, 어학과 문학의 건설자, "언어의 지배자"; 목가적인 시편(*Eclogae*)과 농촌 생활에 관한 아름다운 교훈시(*Geōrgica*)의 저자로 유명한 자; 세상의 위대한 서사시들 중 하나인 아이네이스(*Aenēis*)의 저자로 가장 잘 알려져 있다—이 詩는 건국 서사시로서 분명히 당시의 정치적 상황을 반영하고 있기는 하지만, 그러나 보편적이고 인간적인 호소 또한 충분히 담고 있어 우리 시대에도 읽힐 만큼 영향력이 있다.

호라티우스(Quīntus Horātius Flaccus, 주전 65–8): 노예 신분에서 해방된 자유인의 아들이며, 그의 아버지의 비젼과 그 자신의 소질 덕분에 계관 시인이라는 높은 위치에까지 올랐다; 유쾌하고 자기 계시적인 풍자시들의 저자; 가벼

우면서도 진지한 뛰어난 서정시들의 작가; 그의 언어적 기교의 운 좋은 결과들 (**cūriōsa fēlīcitās**, "공들인 행운")로 유명해진 매우 세심한 문장가; 쾌락주의의 **carpe diem**("오늘을 거두어라")과 스토아 철학의 **virtūs**("덕")를 종합한 자; **aurea mediocritās**("중용")을 가르치고 실천했던 자.

리비우스(Titus Līvius, 주전 59–주후 17): 아우구스투스의 친구였지만 공화정과 옛 덕목들을 숭모했던 자; 서사시적인 영감이 깃든 불후의 작품 "로마 역사"를 쓴 작가이며, 로마인의 품성을 그가 판단하는 한 가장 좋게 묘사한 자.

프로페르티우스(Sextus Propertius, 주전 약 50–주후 약 2): 네 권의 낭만적 애가의 저자이며, 오비디우스가 극찬한 자.

오비디우스(Pūblius Ovidius Nāsō, 주전 43–주후 17): 아우구스투스의 계획들과는 조화되기 힘든 연애시를 여러 권 지은 작가; 오늘날에는 "변형들" (*Metamorphōsēs*)이라는 표제가 붙은 신화에 관한 길고 재치 넘치는 6步格 (hexameter)으로 구성된 작품의 저자로 가장 잘 알려져 있으며, 그 작품은 이후의 시인들을 위한 일종의 보고(thesaurus)로 인정 받았다. 오비디우스는 포프처럼 타고난 시인이었다("lisped in numbers, for the numbers came"[9]).

아우구스투스 이후 시대(주후 14–138)

아우구스투스 이후 시대에도 훌륭한 걸작들이 많이 나왔다. 그러나 또 한편으로는 작위적이고 과장된 표현들, 효과를 위한 억지, 풍자시들(epigrams)에 대한 열광이 흔했었는데, 이러한 것들은 신뢰성이 덜한 문학적 감각과 능력을 시사하는 특징들이다. 따라서 다소 무리가 있기는 하지만 전통적으로 후기 공화정과 아우구스투스 시대를 아우르는 "황금기"와 소위 이러한 "백은기"를 구별 짓게 되었다. 적지 않은 황제들의 성미들 또한 이 시기의 문학을 제한하거나 시들게 하는 영향을 끼쳤다.

세네카(Lūcius Annaeus Seneca, 주전 4–주후 65): 스페인 출신의 스토아 철학자; 네로의 개인교사; 스토아 정신에 기초한 도덕적 수필들과 (장황한 수사와 지나치게 많은 과장된 표현들을 사용한 것이 흠이기는 하지만, 유럽의 초기

---

9 [역주] 18세기 영국 시인 포프(Alexander Pope)의 유명한 말로, 직역하면 "(어릴 적) 발음이 서툴렀어도 운율(the numbers)이 떠오르니 운율을 따라(in numbers) 말했다" 인데, 이는 오비디우스에게서 그 연원을 찾을 수 있다(*Trīstia*.IV.x.25-6, sponte suā carmen numerōs veniēbat ad aptōs, et quod temptābam dīcere versus erat. 노래가 알맞은 운율을 따라 저절로 나왔고, 내가 말하려고 했던 것은 무엇이나 詩였다).

근대 희곡에 상당한 영향을 끼친) 비극들, 그리고 클라우디우스 황제의 죽음과 신격화를 현란한 해학과 신랄한 풍자로 조롱한 *Apocolocyntōsis*[10]("Pumpki-nification")를 저술한 작가.

페트로니우스(정확한 신분과 생존 시기는 불확실하지만, 아마도 주후 66년에 사망한 Titus Petrōnius Arbiter인 것 같다): 네로의 신하이며 집정관; 산문과 운문이 뒤섞인 일종의 풍자 소설인 *Satyricon*의 저자. 그 작품은 노예 출신 자유인으로 졸부가 된 트리말키오(Trimalchio)와 그의 호사스런 만찬 연회를 묘사한 것으로 유명하다.

퀸틸리아누스(Mārcus Fabius Quīntiliānus, 주후 약 35–95): 웅변가가 될 사람의 교육 전반을 논하고 있는 유명한 교육적 작품인 *Īnstitūtiō Ōrātōria*의 작가이며 교사; 키케로의 문체를 격찬하고, 자기 시대의 지나친 수사들을 비판한 자.

마르티알리스(Mārcus Valerius Mārtiālis, 주후 45–104): 1500개가 넘는 재치 있는 경구들과 거기에 자주 더해진 신랄하게 비꼬는 표현으로 인해 명성을 얻었다. 그 자신의 말에 따르면, 그의 작품이 위대한 문학은 아닐지 몰라도 사람들은 그것을 분명 즐기고 있다.

플리니우스(Gāius Plīnius Caecilius Secundus, 주후 약 62–113): 帝政 로마 시대 로마인의 삶의 밝은 면과 어두운 면을 모두 보여주는 편지들인 *Epistulae*로 가장 잘 알려진 양심적인 公人.

타키투스(Pūblius Cornēlius Tacitus, 주후 55-117): 아우구스투스 사망부터 도미티아누스 사망까지의 시대를 풍자적으로 기술한, 원로원 정치 지향적인 역사가로서 매우 유명한 자.

유베날리스(Decimus Iūnius Iuvenālis, 주후 약 55–127 이후): 자기 시대의 악들을 격정적인 수사(修辭)로 가차없이 비난한 풍자 작가; 그는 사람이 바랄 수 있는 유일한 것은 **mēns sāna in corpore sānō**("건전한 몸에 깃든 건전한 마음")라고 결론지었다. 그의 풍자들은 사무엘 존슨 박사의 *London*과 *The Vanity of Human Wishes* 및 신랄한 "유베날리스式" 풍자로 구상된 모든 것에 영감을 불어넣었다.

---

10 [역주] 이 단어는 神格化(deification)를 뜻하는 그리스어 ἀποθέωσις를 패러디한 것으로, 부연하면 ἀποθέωσις에서 神(θεός)과 관련된 -θεωσις를 호박(κολοκύνθη)과 관련된 -κολοκύντωσις로 치환한 것이다; 따라서 ἀποκολοκύντωσις는 박 瓠(호) 字를 써서 瓠格化(호격화)라고 옮길 수 있다.

복고조(復古調) 시대. 주후 2세기 중엽에서 말엽까지의 기간은 복고조 시대로 구별될 수 있는데, 이 시기에는 초기 라틴어의 문체와 어휘를 선호하면서 통속적 라틴어 표현법을 혼합시키려는 경향이 등장했다; 이 시대를 대표할 만한 작가로는 웅변가 프론토와 수필집 *Noctēs Atticae*("아티카에서 보낸 밤들")로 잘 알려진 골동품 수집가 아울루스 겔리우스를 들 수 있다.

교부 시대 (2세기 말엽–5세기)

교부 시대라는 이름은 대부분의 중요한 문헌이 기독교 지도자들이나 교부들의 작품이었다는 사실에 기인하는데, 이들 중에는 테르툴리아누스, 키프리아누스, 락탄티우스, 히에로니무스, 암브로시우스, 아우구스티누스 등이 있다. 이 사람들은 교육을 잘 받은 자들이었다; 그들은 걸출한 고전 작가들을 익히 알았고, 흔히 좋아했다; 그들 중 다수는 교회를 섬기기 전에는 교사나 법률가였다. 때때로 고전적인 문체가 불신자들을 감화시키기 위해서 신중하게 사용되었으나, 점점 더 그 관심은 일반인들(**vulgus**)에게 그리스도의 메시지를 전하는 데 쏠렸다. 따라서 통속 라틴어가 그 시대의 문학에 재등장한 것은 놀라운 일이 아니다. 사실 일반인들이 사용한 그 언어의 연원은 초기 공화정 시대로까지 거슬러 올라가는데, 특히 플라우투스의 언어는 후대의 이 통속 라틴어와 많은 공통점을 지니고 있다. 후기 공화정과 아우구스투스 이후 시대에 걸쳐서 통속 라틴어는 사람들의 일상 언어로서 살아 있었지만, 당대의 세련된 대화와 문학적인 글에서 사용된 말과는 현격히 달랐다. 성 히에로니무스의 문체는 그의 편지들을 살펴보면 본질적으로 키케로 스타일이지만, 그의 라틴어 번역 성경인 "불가타"(Vulgata, 주후 383–405)에서는 대중의 언어를 사용했다. 마찬가지로 성 아우구스티누스는 이전에 로마 고전들의 애호가이면서 교사였지만, 대중들에게 통하는 말투는 어느 것이라도 기꺼이 사용했으며, 야만인들일지라도 기독교인이기만 하다면 그들이 로마를 정복하더라도 상관없다고 말했다.

중세 시대 (6세기–14세기)

중세 시대의 처음 3세기들 동안에, 통속 라틴어는 빠른 변화들—예를 들면, 대다수 곡용 어미들의 소멸, 전치사 사용 증가, 조동사들의 광범위한 이용, 가정법과 직설법의 매우 가변적인 사용—을 겪었으며, 그것은 더 이상 라틴어로 불릴 수 없는 형편에까지 이르러, 이제는 지역에 따라서 이런 저런 로망스 언어들로 되어버렸다.

　다른 한편으로, 불가타와 기타 영향들에 의해 다소 변경된 문학적 말씨인 라틴어가 중세 전체에 걸쳐 교회와 지식 세계의 日常語로서 존속되었다. 비록 성격이나 질적으로 상당한 편차는 보였지만, 그것은 국제적인 언어였으며, 중세 라틴 문학은 때로는 그 이전의 "national Roman"과 대비되어 "European"이라고 일컬어진다. 이러한 중세 라틴어로 다양하고 생생한 문학(종교적 작품들, 역사들, 일화들, 소설들, 희곡들, 성스럽거나 세속적인 詩들)이 저술되었는데, 그 예들을 이 책에서는 7세기 작가인 세빌리아의 이시도레(29章) 및 *Locī Antīquī*에 실린 다른 작가들로부터 발췌된 글들에서 볼 수 있다. 라틴어의 긴 수명은 14세기 초의 다음과 같은 사실들에 의해 입증된다: 단테는 정치 논문인 *Dē Monarchiā*를 라틴어로 작성했으며, 그가 문학에 자국어인 이탈리아어를 사용한 것을 정당화시키기 위해 *Dē Vulgārī Ēloquentiā*를 라틴어로 썼고, 라틴어 牧歌詩들에서 그는 *Divina Commedia*에 쓰고 있었던 자국어를 포기하라는 권면을 거절하면서도 어떤 것은 라틴어로 지었다. 이와 동시에, 단테의 성공과 자국 방언들을 사용한 다른 사람들의 성공은 라틴어가 승산 없는 싸움을 하기 시작했다는 징조로 받아들여야 한다.

르네상스(15세기경)부터 현재까지

페트라르카에 의해 키케로의 탄복할 만한 가치가 새롭게 발견됨으로써, 르네상스 학자들은 중세 라틴어를 경시하게 되었고, 특히 키케로를 완벽한 전범(典範)으로 받아들였다. 우아한 키케로式 말씨로 되돌아가는 이 추세는 열렬한 호응에 의해 촉진되었고 눈부신 결과들을 낳았다. 그럼에도 불구하고 중세 시대에 자연스럽게 살아 있었던 라틴어를 어딘가 흉내 낸 듯한 정적인 언어로 만들어 버린 것도 이러한 인위적인 운동이었다. 하지만 라틴어는 현대에 이르기까지—16세기에는 에라스무스와 토마스 모어 경에 의해서, 17세기에는 밀턴, 베이컨, 뉴턴에 의해서, 그리고 이후 세기들에서는 식물학자들, 고전 학자들, 시인들에 의해서—중단 없이 효과적으로 잘 사용되고 있으며, 로마 가톨릭 교회와 신학교들에서 쓰이는 언어로서 (1960년대 초에 그 중요성이 약화되기는 했지만) 그 교회적인 기질은 여전히 매우 활발하게 살아 있다. 더욱이 고대 라틴과 그리스 문학들에 내재된 참된 인문주의적 정신의 재발견과, 고전들에서 찾아낸 문학적 절제와 형식에 대한 신선한 관심은 새로운 시대의 토착 문학에 매우 유익한 것으로 판명되었다.

이 간략한 개관의 목적은 주전 3세기부터 우리 시대에 이르기까지 라틴 문학이 중단 없이 뻗어 왔다는 사실을 어느 정도 깨닫게 하는 데 있다. 라틴 문학은, 그 자신의 장엄한 오랜 역사를 향유할 뿐만 아니라, 쉽게 측량할 수 없을 정도로 영문학 및 기타 서양 문학들에 영감을 불어넣었으며, 그것들을 가르치고 풍요롭게 만들었다. 이뿐만 아니라 위에서 대강 살펴본 바와 같은 라틴 언어 자체의 광범위한 영향도 함께 고려해 본다면, 다음과 같은 결론을 피할 수 없을 것이다: 라틴어가 죽은 언어라는 것은 그 말의 협소한 전문적인 의미에서만 그러하며, 라틴어에 관한 제한된 지식조차도 영어와 로망스 언어들 및 문학들을 연구하거나 그것들에 관심을 갖는 자라면 그 누구에게나, 더욱이 정확성과 폭넓은 문화적 시각으로 읽고 쓰고 생각하려고 작정한 교육받은 사람이라면 그 누구에게나 위대한 자산이다.

알파벳과 발음

독자들이 이 인쇄된 지면에서 보고 있는 알파벳 형태들은 수백 년 된 것들이다. 그것들은 15세기에 이탈리아에서 맨 처음 인쇄된 책들을 거쳐,[11] 12세기와 11세기의 매우 정미(精美)한 필사본들을 지나, 카롤링 왕조의 르네상스 정신에 영향을 받은 프랑스 투르(Tours)에 있는 성 마르탱(Martin) 수도원의 修士들에 의해 9세기에 완성된 딱딱하고 선명한 카롤링 서체로 거슬러 올라간다. 이 수사들은 로마 제국의 방형(方形) 대문자들과 언셜체(uncial)에서 유래한 아름답고 선명한 半언셜체(semi-uncial)들로부터 소문자들을 발전시켰다—로마인의 흘림체에서 발전된 언셜 문자들은 각진 문자들의 뾰족한 모서리들이 둥글게 다듬어져 더욱 빠른 속도로 써질 수 있다는 것 외에는 방형 대문자들과 유사했다. 오늘날 우리는 로마 문자와 그리스 문자를 구별하는 습성이 있다. 그러나 사실은 로마인들이 에트루리아인들로부터 쓰는 것을 배웠고, 후자는 그보다 먼저 주전 8세기에 나폴리 인근을 식민지로 삼아 그곳에 이주한 그리스인들로부터 쓰는 것을 배웠었다. 그러므로 실제에 있어서 로마 문자는 단지 그리스 문자의 한 형태일 뿐이다. 그러나 그리스인들 자신도 이 문제에 있어서는 빚진 자들인데, 그들도 훨씬 전에 셈족어를 사용하는 페니키아인들로부터 문자를 받아들였기 때문이다. 한편 애굽 상형문자의 영향을 받은 페니키아의 22개 문자들은 단

---

11. 그 책들은 인쇄의 "요람기"에 만들어졌기 때문에 "incunabula"(역주: 애기 옷, 강보[襁褓], 요람, 유아기 등을 뜻하는 라틴어)라고 일컫는다. 그 서체는 북유럽에서 사용된 "black-letter"(역주: "고딕체"라고도 한다; 참조: 게르만 서체)와 구별하기 위해서 "Roman"이라고 불린다. 이탈리아의 인쇄 기술자들은 그 시대의 가장 훌륭한 필사본들, 즉 부유하고 예술을 애호하는 엄격한 르네상스 후원자들을 위해 手記된 것들의 글꼴을 토대로 자신들의 로마 서체(Roman type)를 만들었다. 그 필사본들의 기록자들은 그러한 후원자들을 기쁘게 할 만한 가장 매력적인 글씨체를 추구했는데, 바로 그것을 가장 탁월한 카롤링 서체로 쓴 필사본들에서 발견했다.

지 자음만을 나타냈지만, 그리스인들은 그 문자들 중 일부는 모음을 표기하는 데 사용하는 독창성을 발휘했다. 오늘날 우리 책들에서 보는 문자 형태들에 대한 이 역사는 우리가 고대의 유럽과 근동 및 북아프리카인들로부터 받은 혜택을 예증해 주는 또 하나의 자료이다.

로마 알파벳은 **j**와 **w** 글자들이 결여되어 있다는 점을 제외하고는 영어 알파벳과 유사했다. 더욱이 **v** 글자는 원래 홀소리 **u**와 닿소리 **w**(원래는 문자 그대로 "double u," 즉 vv) 둘 다를 나타냈었다. 주후 2세기까지는 자음과 모음을 구별하기 위한 둥근 모양의 **u**가 나타나지 않지만, 대부분의 현대판 라틴어 본문들에서는 편의상 **v**와 **u**가 둘 다 사용된다. 글자 **k**는 드물게 사용되었는데, 이 때도 극히 소수의 단어들에서만 **a** 앞에서만 쓰였다. 글자 **y**(그리스어 윕실론, **Y**)와 **z**(그리스어 제타, **Z**)는 그리스어에서 기원한 단어들의 철자에 사용하기 위해 공화정 말엽에 도입되었다.

아래 표들은 라틴어 발음 및 고전 시대의 로마인들이 그 소리들을 표현하기 위해서 그 문자들을 어떻게 사용했는지를 보여주고 있다(중세와 교회 라틴어에서의 발음과는 다소 차이가 있다).

모음(vowel)

라틴어의 모음은 장모음과 단모음 두 가지로만 발음될 수 있었다. 장모음은 대체로 단모음의 두 배 정도의 길이로 발음되었다(음악의 이분음표 對 사분음표의 比를 참조하라). 본서에서 장모음은 다른 대부분의 입문서들에서와 마찬가지로 **장음부**(MACRON)로 표시하였다(예: **ā**); 장음부가 없으면 단모음이다. 학생들은 장음부를 단어 철자의 일부처럼 여겨야 한다. 왜냐하면 그 부호가 지시하는 발음의 차이는 의미에 있어서 종종 결정적이기 때문이다(일례로, **liber**는 명사로서 "책"을, **līber**는 형용사로서 "자유로운"을 뜻한다). 로마인들도 그러한 차이의 중요성을 인식하였으며, (항상은 아니지만, 경우에 따라서는) 장모음을 다양한 방식으로 표기하였는데, 장모음을 단모음보다 크게 쓰거나(**LIBER**), 두 번 쓰기도 했고(**LIIBER**), 또는 더 일반적으로는 사적인 편지들이나 벽서들에서도 라틴어로 **APEX**라고 불리는 高강세(acute accent) 표시와 닮은 부호를 모음 위에 덧붙임으로써(**LÍBER**) 장모음을 나타냈다. 각 사람마다 차이가 없을 수는 없겠지만, 장모음과 단모음의 발음들은 거의 다음과 같다. 이 단어들과 *Introdvctio*에 나오는 모든 라틴어들의 발음을 오디오 CD로 만든 *Readings from Wheelock's Latin*이나 온라인에서는 www.wheelockslatin.com을 통해서 반드시 잘 들어보라.

장모음	단모음
ā (cf. *father*): **dās, cārā**	**a** (cf. *Dinah*): **dat, casa**
ē (cf. *they*): **mē, sēdēs**	**e** (cf. *pet*): **et, sed**
ī (cf. *machine*): **hīc, sīca**	**i** (cf. *pin*): **hic, sicca**
ō (cf. *clover*): **ōs, mōrēs**	**o** (cf. *orb, off*): **os, mora**
ū (cf. *rude*): **tū, sūmō**	**u** (cf. *put*): **tum, sum**

y, 단모음이든 장모음이든 **u**와 **i**의 중간 소리를 지닌 모음으로, 프랑스어 **tu** 또는 독일어 **über**에서 나는 소리와 같다; 고전 라틴어에는 있지만 현대 영어에는 없는 소수에 불과한 소리들 중 하나이다.

이중모음(Diphthong)

라틴어에는 아래와 같은 여섯 개의 이중모음이 있는데, 그것은 두 개의 모음이 결합해서 하나의 음절로 어우러져 소리나는 모음을 말한다:

ae *aisle*에서의 *ai*와 같다: **cārae, saepe**

au *house*에서의 *ou*와 같다: **aut, laudō**

ei *reign*에서의 *ei*와 같다: **deinde**

eu 라틴어 모음 **e**와 **u**가 연이어 단음절처럼 급하게 발음되는 모음: **seu**. 이 소리는 영어에 존재하지 않으며, 라틴어에서도 드물다.

oe *oil*에서의 *oi*와 같다: **coepit, proelium**

ui 라틴어 모음 **u**와 **i**가 연이어 단음절처럼 소리나는 것으로, 스페인어 **muy**(또는 단음절처럼 급히 발음되는 영어 단어 *gooey*)에서 들리는 홀소리와 같다. 이 이중 모음은 **huius, cuius, huic, cui, hui**에서만 나타나며, 다른 곳에서 이 두 문자들은 다음과 같이 따로 발음된다: **fu-it, frūctu-ī**.

자음(Consonant)

라틴어 자음들은 아래의 사항들을 제외하면 영어 자음들과 본질적으로 똑같은 소리들을 지니고 있었다:

bs와 **bt**는 *ps*와 *pt*로 발음되었다(예를 들면 **urbs, obtineō**); 이러한 결합이 아니면 라틴어 **b**는 영어 문자와 똑같은 소리를 지녔다(예: **bibēbant**).

c는 *can*에서처럼 항상 경음(硬音)이며, *city*에서처럼 연음(軟音)인 경우는 절대로 없었다: **cum, cīvis, facilis**.

g는 *get*에서처럼 항상 경음이며, *gem*에서처럼 연음인 경우는 절대로 없었다: **glōria, gerō**. 만일 **n** 앞에 놓이면, 자음자 **g**는 *hangnail*에서의 *ng*와 같은 비음화된 소리를 나타냈다: **magnus**.

h는 영어에서처럼 숨소리, 즉 **기음**(ASPIRATE)이었으며, 덜 거칠게 발음되었을 뿐이다: **hic, haec**.

i(모음을 나타내기도 했다)는 단어의 첫머리에서 모음 앞에 위치하면, 대개는 자음으로 기능했는데, 그 소리는 *yes*의 *y*와 같았다(**iūstus** = yustus). 그러나 한 단어 안에서 두 모음들 사이에 위치하면, 그것은 다음과 같은 이중적인 역할을 했다: 선행 모음과 함께 이중모음을 형성하는 모음 *i*와 자음 *y*로서(예를 들면, **reiectus** = rei-yectus; **maior** = mai-yor[여기서 ai는 *aisle*의 *ai*처럼 발음된다]; **cuius** = cui-yus). 이러한 경우들을 제외하면, 그것은 으레 하나의 모음이었다. **자음 i**(CONSONANTAL i)라고 일컬어지는 이것은 영어 파생어에서는 통상 *j*(이 글자는 중세 시대에 알파벳에 추가되었다)로 나타난다; 따라서 **maior** = *major*, **Iūlius** = *Julius*.

m은 영어에서와 같은 소리를 지닌 것으로 아래위 입술들을 붙이고 발음하였다: **monet**. 그러나 적어도 어떤 경우들에서는 단어의 끝머리에 붙은 **-m**은 바로 앞에 모음이 있으면 입술들을 떼고 발음하여 그 모음을 비음화시켰다는 증거가 다소 있는데, 이는 영어에는 없고 고전 라틴어에만 있는 몇몇 소리들 중 또 다른 것이다: **tum, etiam**.

q는 영어에서와 같이 자음 **u**가 항상 뒤따르므로, 그 결합은 *kw*로 소리난다: **quid, quoque**.

r은 혀를 굴려서 내는 소리(trill)였다; 로마인들은 이 자음을 **littera canīna**라고 불렀는데, 그 발음이 개가 으르렁거리는 소리를 연상시켰기 때문이다: **Rōma, cūrāre**.

s는 *see*에서처럼 항상 무성음이었다; 절대로 영어의 *ease*에서처럼 소리나지 않았다: **sed, posuissēs, mīsistis**.

t는 항상 *tired*의 *t*와 같은 소리를 지녔으며, *nation*의 *t* 또는 *Christian*의 *t*처럼 *sh* 또는 *ch*로 발음되는 일은 결코 없었다: **taciturnitās, nātiōnem, mentiōnem**.

v는 영어의 *w* 소리를 지녔다: **vīvō** = wīwō, **vīnum** = wīnum.

x는 *axle*에서처럼 *ks* 소리를 지녔으며, *exert*에서처럼 *gz*로 발음되지 않았다: **mixtum, exerceō**.

ch는 그리스어의 *chi*(χ)를 나타냈으므로, *blockhead*의 *ckh*에서 나는 소리를 지녔고, *church*의 *ch*처럼 발음되지 않았다: **chorus, Archilochus**.

ph는 그리스어의 *phi*(φ)를 나타냈으므로, *uphill*의 *ph*에서 나는 소리를 지녔고, *philosophy*의 영어식 발음에서 들리는 *f* 소리가 아니었다(역주: 만일 그랬다면 φιλοσοφία는 라틴어에서 "filosofia"로 철자되었을 것이다): **philosophia.**

th는 그리스어의 *theta*(θ)를 나타냈으므로, *hothouse*의 *th*와 같은 소리를 지녔고, *thin* 또는 *the*의 *th*처럼 발음되지 않았다: **theātrum.**

로마인들은 이중자음을 별개의 두 자음들로 아주 적절하게 발음했다. 반면에 우리들은 그것들을 단자음으로 급히 처리해버리는 경우가 보통이다. 예를 들면, 라틴어 **currunt**의 **rr**은 *watch the cur run*에서의 두 *r*들처럼 발음되었다(단, 라틴어에서는 각각의 **r**을 일일이 혀를 굴려 발음했다); 그리고 **admittent**의 **tt**는 *admit ten*에서의 두 *t*들처럼 발음되었다.

음절(Syllable)

라틴어 단어는 영어와 마찬가지로 그것에 포함된 單모음들이나 二重모음들의 개수만큼의 음절들을 지닌다.

분철법(分綴法, *syllabification*): 단어는 다음과 같은 방식으로 분철된다:

1. 바로 접한 두 개의 모음들, 또는 單모음과 이중모음은 분리된다: **dea, de-a**; **deae, de-ae.**

2. 두 모음들 사이에 위치한 單자음은 (함께 발음되는) 두 번째 모음에 붙는다: **amīcus, a-mī-cus.**

3. 둘 또는 그 이상의 자음들이 두 모음들 사이에 놓이면, 대개 마지막 자음만 두 번째 모음에 붙는다: **mittō, mit-tō; servāre, ser-vā-re; cōnsūmptus, cōn-sūmp-tus.** 그러나 폐쇄음(p, b, t, d, c, g)과 유음(l, r)이 결합된 것은 대개 單자음으로 취급되며, 바로 뒤에 있는 모음에 붙는다(그러나 詩에서는 예외적으로 두 개의 자음으로 세는 때가 흔하다): **patrem, pa-trem; castra, cas-tra.** 또한 qu와 기음 ch, ph, th도 單자음으로 계수된다(이들은 분철할 때 결코 떼어놓아서는 안된다): **architectus, ar-chi-tec-tus; loquācem, lo-quā-cem.**

음절의 양(*Syllable quantity*): 어떤 음절이 장모음이나 이중모음을 지니면, 그것은 **원래부터 길다**(**LONG BY NATURE**); 어떤 음절이 둘 이상의 자음들이나 이중자음인 x(= ks)가 바로 뒤따르는 短모음을 지니면, 그것은 **위치상으로 길다**(**LONG BY POSITION**). 이러한 경우들에 속하지 않는 음절은 짧다; 또다시 그 차이는 악보에 쓰이는 이분음표와 사분음표 사이의 차이와 오히려 비슷하다고 하겠다. 이 법칙들을 적용하는 데 있어서, **qu**와 기음 **ch, ph, th**뿐만 아니라, 폐쇄음과 유음의 결합도 대개는 단자음으로 계수된다는 사실을 기억하라: 일례로, **pa-trem**, **quo-que**, **phi-lo-so-phi-a**.

원래부터 긴 음절(밑줄 친 것): **lau-dō**, **Rō-ma**, **a-mī-cus**.
위치상으로 긴 음절(밑줄 친 것): **ser-vat**, **sa-pi-en-ti-a**, **ax-is**(= ak-sis).
원래부터든 위치상으로든 모두 긴 음절(밑줄 친 것)을 지닌 예들: **lau-dā-te**, **mo-ne-ō**, **sae-pe**, **cōn-ser-vā-tis**, **pu-el-lā-rum**.

영어에서도, 음절들은 이런 종류의 시간적인 양을 지니고 있다; 즉, 어떤 음절들은 다른 음절들보다 더 길게 발음된다(예컨대, 영어 단어 "enough"에서 첫 음절은 매우 짧게 발음되는 반면에 둘째 음절은 훨씬 길게 발음된다는 사실을 생각해 보라). 그러나 우리는 이러한 현상을 대단하게 생각하지 않는다. 그렇지만 라틴어에서는 이 문제가 매우 중요한데, 여기에는 적어도 두 가지 이유가 있다: 우선, 음절의 양은, 여러분이 라틴어를 공부하다 보면 알게 되겠지만, 라틴어 詩에서 운율을 결정하는 주된 요소였다; 그리고 보다 직접적이고 중요한 이유는 음절의 양이 아래에서 설명하겠지만 셋 이상의 음절들을 지닌 단어의 강세 위치를 결정지었기 때문이다.

강세(Accent)

라틴어 단어들은 영어에서와 마찬가지로 어떤 한 음절(또는 매우 긴 단어인 경우에는 하나 이상의 음절)을 특별히 강조하여 발음한다; 라틴어에서 이러한 **강세 악센트**(STRESS ACCENT)의 위치는 영어에서와는 달리 다음과 같은 엄격하고 단순한 법칙들에 따라 정해진다:

1. 두 개의 음절들을 지닌 단어는 항상 그 첫 번째 음절에 강세가 온다: **sér-vō**, **saé-pe**, **ní-hil**.
2. 셋 또는 그 이상의 음절들을 지닌 단어에서, (a) 끝에서 두 번째 음절(종종 **제2말음절**[PENULT]이라고 일컫는다)이 길면, 강세는 바로 그 음절에 놓인다 (**ser-vắ-re**, **cōn-sér-vat**, **for-tú-na**); (b) 그렇지 않으면, 강세는 **제3말음절** (ANTEPENULT)에 놓인다(**mó-ne-ō**, **pá-tri-a**, **pe-cú-ni-a**, **vó-lu-cris**).

이러한 강세 법칙들은 매우 규칙적으로 적용되므로, 라틴어를 쓸 때 강세 표시는 (장모음 표시와는 달리) 넣지 않는 것이 보통이다; 그러나 본서에서는 정확한 발음을 도와주기 위해서 **패러다임**(PARADIGM: 표본적인 곡용과 활용)과 각 章의 어휘들에는 모두 다 강세를 표기하였다.

언어는 말하기다(LANGUAGE IS SPEECH): 발음과 낭독의 중요성

입과 귀를 통한 의사소통과 회화 실력은 간혹—그리고 불행하게도—라틴어 교실에서는 별로 대수롭지 않게 받아들여진다 하더라도, 상당히 정확하고 일관성 있는 발음은 다른 어떤 언어에서도 마찬가지겠지만 라틴어를 습득하는 데 필수적인 것이다. 이 *Intrōdvctiō*에 제시된 소수의 단순한 법칙들에 따라서 단어들을 발음하고 문장들과 더 긴 본문들을 큰 소리로 읽을 수 있는 능력이 있어야 마음속으로도 정확히 "발음"할 수 있고, 여러분이 떠올리는 어떤 단어의 철자를 정확히 쓸 수 있을 것이다. 이러한 능력이 없으면 그 말을 잘 알아듣지 못할 뿐만 아니라 그 단어들의 철자와 때로는 그 의미들 역시 헷갈릴 것이다.

그러나 다행히도 위의 발음 설명에서 여러분이 보았던 것처럼, **prōnūntiātiō Latīna est facilis**("라틴어 발음은 쉽다"); 쉬워도 영어 또는 내가 아는 어떤 다른 언어의 발음보다도 훨씬 더 쉽다. 모음들은 단지 두 가지 소리들만 지닐 수 있을 뿐이다. 거의 모든 자음들은 단지 한 가지 소리만 지닌다. 강세 법칙들은 여러분이 매번 쉽게 적용할 수 있는 것들뿐이다. 더욱이 고전 라틴어에 존재했던 거의 모든 소리는 영어에서도 들린다(중요한 예외들을 들자면, 모음에서는 **y**와 이중모음 **eu**인데, 둘 다 흔치 않았던 것들이었고, 자음에서는 혀를 굴리는 **r**과 단어의 끝소리 **-m**이다). 그리고 라틴어에서는 "what you see is what you get"(보이는 대로 나온다; 역주: WYSIWYG—"위지위그"라는 인쇄 용어를 참조하라), 그보다는 오히려 "what you see is what you hear"(보이는 대로 들린다)라고 해야 할 것이다. 따라서 라틴어에는 묵음이 되는 **e**가 없으며, 더욱이 철자와 발음이 괴상하게 연결되어, 영어에서는 "ghoti"가("enough"의 gh-, "women"의 -o-, 그리고 "nation"의 -ti처럼) "fish"로 발음될 수 있다는 식의 우스개 소리를 들을 만한 경우도 전혀 없었다.

여러분이 라틴어 공부를 시작할 때는 그것이 단순히 기록된 본문들로만 이루어져 인쇄된 지면을 통해 눈으로만 읽혀지는 것이 아니라 천 년 이상 말해진 언어였다는 사실을 반드시 기억하라. 사실상 여러분이 모국어를 어릴 적에 스스로 습득하여 말했던 것처럼, 로마의 소년들과 소녀들도 배우고 말했던 언어였다; 그것은 유명한 웅변가들이나 시인들 및 정치가들뿐만이 아니라 로마의 평범한 남녀들도 읽고 말했던 일상 언어였다. 그리고 놀랄 만한 사실은 로마인들 스스로도 글을 눈으로만 읽는 경우는 결코 없었고, 항상 소리 내어 읽었다는 것이다. 그들은 언어를 말하기와 듣기로 간주하였으며, 글쓰기는 말하고 들으면서 소통했던 것들을 기록하는 단지 편리한 수단일 뿐이었다.

고전적이고 (반복되는 굴절들로 인해) 낭랑한 이 언어를 공부할 때 여러분이 그것을 완전히 마스터하기 위해서는 언어 학습의 모든 기량들을 발휘해야 하고,

매일 적어도 몇 분 동안은 듣고 말하는 데 할애해야 하며, 그냥 눈으로 읽고 쓰기만 해서는 안된다. 강의실에서는 여러분은 그 말을 들을 수 있는 충분한 기회를 가질 것이다. 하지만 그렇더라도, 또는 혼자서 공부한다면, CD로 제작된 *Readings from Wheelock's Latin*과 www.wheelockslatin.com에 있는 온라인 오디오는 반드시 활용해야 할 자료들이다. 항상 그것들을 잘 듣고 큰 소리로 읽으면서 패러다임과 어휘를 연습하고 복습하라. 특히 무엇보다도 진짜 로마인처럼 여러분 앞에 놓인 모든 라틴어 문장들과 구절들을 일일이 큰 소리로 읽어라. 그리고 이 책이 라틴어를 영어로 번역하는 여러분의 기량을 키우는 데 확실한 도움이 된다고 해도, 여러분은 영어로 번역하려고 하기 전에 우선 의미 파악을 위해 각각의 라틴어 본문을 큰 소리로 읽으면서 그 본문이 말하고 있는 것을 알아듣고 생각해야 한다.[12]

Carpe diem—carpe Latīnam!

---

12 [역주] 고전 라틴어 발음과 차이가 나는 중세 교회 라틴어 발음들은 다음과 같다:

ae : *say*의 *a:* **caecus**

oe : *say*의 *a:* **coepit**

c : **e, i, ae, oe** 앞에서는 *cherry*의 *ch:* **excelsis**, **cīvis**, **caelum**, **coepit**.

g : **e, i** 앞에서는 *gentle*의 *g:* **genus**, **regīna** (단, **gn**은 *canyon*의 *ny:* **dignus**).

s : 두 모음들 사이에 위치하거나(예: **miser**), 단어의 끝글자이면서 그 바로 앞에 유성 자음이 있으면(예: **mors**) *dozen*의 *z*처럼 발음한다.

v : 영어에서와 같이 발음한다.

x : **ex-**로 시작되는 단어에서 **ex-** 바로 다음에 모음이나 *h* 또는 *s*가 이어지면(예: **exaudī**, **exhālō**, **exsolvō**), *exhaust*의 *x(= gz)*처럼 발음한다.

bs : *obsession*의 *bs;* 그러나 끝머리에서는(예: **urbs**) *observe*의 *bs*처럼 발음한다.

bt : *obtain*의 *bt:* **obtinēre**.

cc : **e, i** 앞에서는 *catch*의 *tch:* **ecce**, **occīdō**.

gg : **e, i** 앞에서는 *adjourn*의 *dj:* **agger**.

ph : *phoenix*의 *ph:* **philosophia**.

sc : **e, i** 앞에서는 *shin*의 *sh:* **ascendō**, **sciō**.

ti : 강세가 없고, 모음에 선행하며, **s**나 **t** 또는 **x**를 제외한 모든 문자 바로 뒤에 위치하는 경우에는 *ritzy*의 *tzy*처럼 발음한다: **nātiō**, **pretium**.

이상에서 언급된 경우들을 제외하고는 모두 고전 라틴어와 동일하게 발음한다.

(차제에, 라틴어 알파벳 명칭들도 알아두기 바란다: A, *a;* B, *be;* C, *ce;* D, *de;* E, *e;* F, *ef;* G, *ge;* H, *ha;* I, *i;* K, *ka;* L, *el;* M, *em;* N, *en;* O, *o;* P, *pe;* Q, *qu;* R, *er;* S, *es;* T, *te;* V, *u;* X, *ix;* Y, *ü;* Z, *zeta*).

Map 1: ANCIENT ITALY

Map by Richard A. LaFleur and Thomas R. Elliott, revised by Brian Turner, with materials
provided by the Ancient World Mapping Center, www.unc.edu/awmc

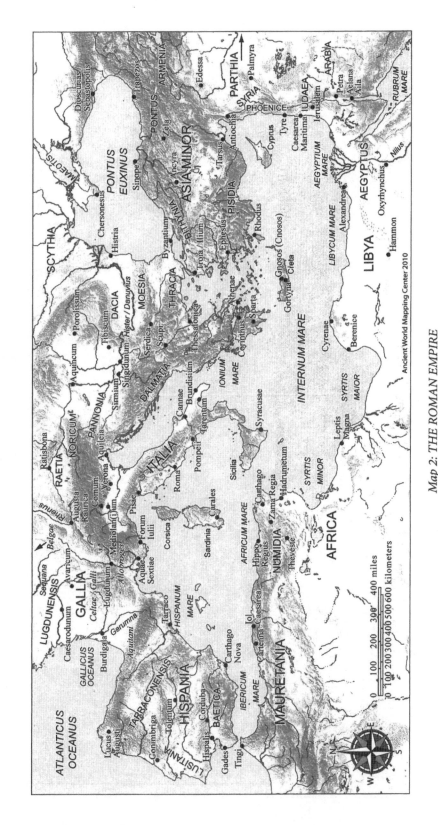

Map 2: THE ROMAN EMPIRE

Map by Richard A. LaFleur and Thomas R. Elliott, revised by Brian Turner, with materials provided by the Ancient World Mapping Center,
www.unc.edu/awmc

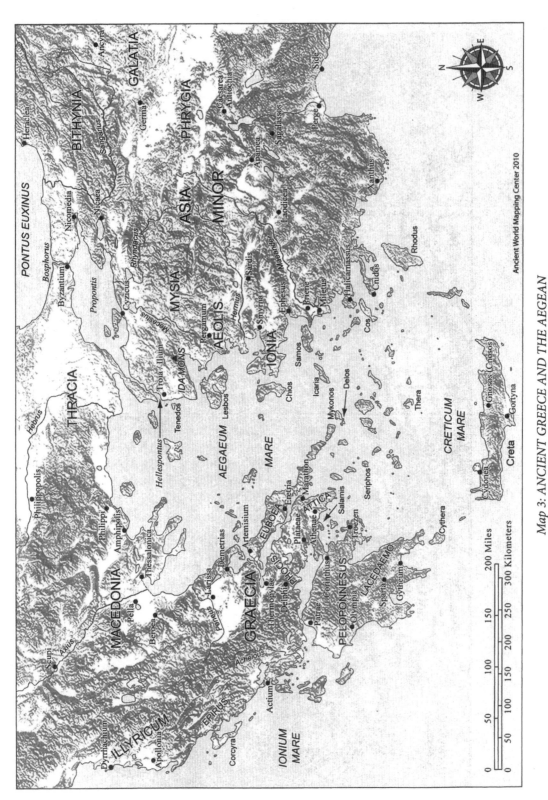

Map 3: ANCIENT GREECE AND THE AEGEAN

Map by Richard A. LaFleur and Thomas R. Elliott, revised by Brian Turner, with materials provided by the Ancient World Mapping Center,
www.unc.edu/awmc

CAPVT I

동사; 제1활용과 제2활용;
부사; 읽기와 번역

Salvē ("안녕하세요")! 고전 라틴어, 또는 내가 애정으로 일컫는 "母語" 수업에 잘 오셨습니다. 여러분은 머리말과 **Intrōductiō**를 읽으면서 이 책의 의도와 목적에 관하여 이미 많은 것을 아셨고, 이로써 단순히 그 언어에만 그치지 않고 고대 로마의 문학과 문화로 나아가는 환상적인 여행에 어느덧 첫발을 내딛고 있음을 느끼실 것입니다. 사실 그 과업은 도전적일 것이나, 보상은 몇 배나 더 클 것이므로, 여러분을 위해 비노니 **bonam fortūnam!** (이 말의 뜻은 문맥과 파생된 영어 단어들로부터 추정할 수 있을 것이다. 만일 그렇지 않다면 이 책 뒷부분에 수록된 라틴어-영어 **Vocābula**에서 이 두 단어들을 찾아보라...)

GRAMMATICA (문법 주제들)

이 책의 각 章들(chapters)은 라틴어를 익히는 데 필수적인 문법적 논제들을 맨 먼저 다루고 있는데, 여기에는 **어형론(MORPHOLOGY)** 및 그 형태들이 문장을 구성하는 방법인 **구문론(SYNTAX)**이 주로 포함된다. 각 장 전체에 걸쳐 여기에서도 보는 "어형론"이나 "구문론"과 같은 중요한 새로운 용어들은 대개는 이 책에서 처음 몇 번 나올 때 여러분들이 잘 알아야 하는 것임을 상기시키기 위해 이런 식의 **작지만 진한 고딕체**로 항상 표기하였다.

동사(단수 verbum, 복수 verba)

일반적으로 문장에서 가장 중요한 단어는 주어의 동작이나 상태를 나타내는 **동사**(VERB: 기본적 의미가 "말"인 라틴어 **verbum**에서 나왔다)라고 할 수 있으므로, 우리의 라틴어 학습은 우선 이 품사를 살펴봄으로써 시작하는 것이 가장 좋을 것이다(라틴어 **품사**에는 영어와 마찬가지로, 동사 이외에 **명사, 대명사, 형용사, 부사, 전치사, 접속사, 간투사**가 있는데, 그 각각은 이 책에 체계적으로 소개되어 있다).

라틴어 동사는 영어와 마찬가지로 다음과 같은 다섯 가지 특성을 나타낸다.

인칭 (PERSON: 라틴어 persōna): 누가 주어인가, 즉, 화자의 관점에서 동작을 수행하는(수동태에서는 동작을 받는) 자가 누구인가에 따라 다음과 같이 셋으로 나뉜다: 1인칭 = 말하는 자(*I, we*); 2인칭 = 말을 듣는 상대방(*you*); 3인칭 = 언급되는 대상(*he, she, it, they*).

수 (NUMBER: numerus): 주어의 수에 따라서, 단수와 복수로 나누어진다.

시제 (TENSE: tempus, 시간): 동작이 일어난 시간을 나타낸다; 라틴어 시제는 여섯 가지로 분류된다: 현재(present), 미래(future), 미완료(imperfect), 완료(perfect), 미래 완료(future perfect), 과거 완료(pluperfect).

서법 (MOOD: modus, 방법): 움직임이나 상태를 표현하는 방법으로 라틴어도 영어와 마찬가지로 본 章에서 소개될 **직설법**(INDICATIVE— 사실을 "직설하다"[indicate]에서 나온 용어)과 **명령법**(IMPERATIVE— 행동을 명령하는 법), 및 28章에서 소개될 **가정법**(SUBJUNCTIVE—특히 가설적이거나 잠재적인 일들을 기술하는 법)을 지닌다.

태 (VOICE: vōx): 직접목적어를 취할 수 있는 타동사는 주어가 동작을 행하는지 또는 동작을 받는지에 따라 **능동태**(ACTIVE VOICE)와 **수동태**(PASSIVE VOICE)로 나누어진다.

활용(conjugation: *coniugātiō*)

정동사(FINITE VERB: 위에 제시된 특성들을 나타내는 동사; 이에 반해 부정사는 인칭과 수가 결여되어 있다)를 **활용한다**(CONJUGATE: *coniugāre*, 한데 묶다)는 것은 인칭·수·시제·서법·태의 변화에 따른 모든 형태들을 열거하는 것이다. 예를 들어 영어의 동사 *praise*를 현재 시제와 직설법 능동태에서 활용해 보라고 한다면, 여러분은 아래와 같이 말할 것이다:

	단수	복수
1인칭	I praise	we praise
2인칭	you praise	you praise
3인칭	he (she, it) praises	they praise

이들 여섯 형태들 중에서, 단수 3인칭을 제외한 나머지 다섯 형태들의 인칭과 수는 대명사 *I, you, we, they*의 도움 없이는 결정될 수 없다. 그러나 단수 3인칭은 대명사 *he(she, it)*를 덧붙이지 않아도 되는데, 이는 그 동사의 독특한 어미에 의해서 *praises*가 단수 3인칭이라는 것을 분명히 나타낼 수 있기 때문이다.

인칭 어미

영어의 동사는 그 여섯 가지 형태들 중 단지 하나에서만 인칭과 수가 규정될 수 있지만, 라틴어의 동사는 그 모든 형태들에서 각각의 인칭과 수, 그리고 태까지도 분명히 나타낼 수 있는 **인칭 어미들**(PERSONAL ENDINGS)을 포함하고 있다. 이러한 인칭 어미들은 라틴어 문장에서 매번 마주치게 될 것이므로, 여러분은 지금 그것들을 암기해 둘 필요가 있는데, 이는 쉽게 끝낼 수 있는 일이다. 능동태에서 그 어미들은 아래와 같다:

단 수

1인칭 **-ō** 또는 **-m**, *I*에 해당됨.
2인칭 **-s**, *you*(단수)에 해당됨.
3인칭 **-t**, *he, she, it*에 해당됨.

복 수

1인칭 **-mus**, *we*에 해당됨.
2인칭 **-tis**, *you*(복수)에 해당됨.
3인칭 **-nt**, *they*에 해당됨.

다음 단계는 이 어미들이 붙을 수 있는 동사 **어간**(STEM)을 찾는 것이다.

현재 능동 부정사와 현재 어간

부정사(INFINITIVE)는 흔한 동사 형태로 영어에서는 대체로 "to"가 앞에 붙는다("to err is human, to forgive divine"). 이 책에서 제1활용과 제2활용의 본보기로 사용된 동사들의 현재 능동 부정사들은 아래와 같다:

laudāre, *to praise*   **monēre**, *to advise*

어간 모음(STEM VOWEL) **-ā-**를 지닌 어미 **-āre**는 제1활용의 특징을, 그리고 **-ēre**와 **-ē-**는 제2활용의 특징을 나타낸다(라틴어에는 모두 네 가지 활용이 있는데, 그 각각은 상이한 어간 모음으로 식별된다—제3활용과 제4활용은 8章과 10章에서 소개될 것이다). 이제 그 부정사들에서 실제적인 부정사 어미 **-re**를 제거하면 **현재 어간**(PRESENT STEM)을 얻게 되는데, 제1활용은 **ā**로, 제2활용은 **ē**로 끝난다:

laudā-   **monē-**

이러한 현재 어간에 (밑에서 지적한 약간의 변형을 적용하여) 인칭 어미들을 붙여 보라. 그러면 이제 여러분은 라틴어로 현재 일어나고 있는 어떤 일을 말하거나 읽을 수 있는 준비가 된 것이다. 예를 들면, **laudā + s > laudās**, *you praise*; **monēmus**, *we advise*.

이로써 우리는 이 책에 제시된 많은 패러다임들 중에 첫 번째 것을 보게 되었다. **패러다임들**(PARADIGMS: 양식, 본보기를 뜻하는 그리스어 **paradeigma**에서 나온 말)은 모든 章들과 부록(**Summārium Fōrmārum**, 577-91쪽을 보라)에서 여러 형태들을 정리하여 일목요연하게 보여주는 데 편리하게 사용되고 있다. 물론 고대 로마인들은, 우리가 어렸을 적에 우리 자신의 모국어를 배웠던 것처럼, 그들의 부모, 선생님들 및 라틴어를 하는 다른 사람들과의 일상적인 접촉을 통해서 많은 **굴절 형태들**(INFLECTIONS)을 직접 습득했었다(영미인들도 "they"와 "them" 또는 "see"와 "sees" 같은 굴절 형태들을 그런 식으로 습득한다). 그러나 우리에게는 라틴어를 그처럼 자연스럽게 익힐 수 있는 환경이 결여되어 있고, 더욱이 라틴어 공부를 비교적 늦은 나이에 급히 서둘러 시작하는 것이 통례이므로, (로마인들조차 배워야 했던) 패러다임을 통하여 분석적으로 "문법-번역"에 접근하는 것이 고등학생들이나 대학생들 및 그 밖에 나이들어 배우는 자들에게 매우 효과적인 방법으로 널리 받아들여지고 있다.

패러다임을 암기할 때는 그것을 반드시 "큰 소리로" 발음하도록 하라. 라틴어를 말하고 들을 뿐만 아니라 그 기본적인 소리와 리듬에 귀를 기울이는 것은 라틴어를 습득하는 데 필수적이다. 만일 여러분이 *Readings from Wheelock's Latin* 오디오 패키지를 갖고 있다면, 거기에 녹음된 이 책의 모든 패러다임들(뿐만 아니라 1章부터 40章까지에 나오는 어휘들과 라틴어 문장들)의 발음을 들을 수 있을 것이다.

Laudō와 Moneō의 직설법 현재 능동태

단수

1. laúdō, *I praise, am praising,*   móneō, *I advise,* etc.
    do praise

2. laúdās, *you praise, are praising,*   mónēs, *you advise,* etc.
    do praise

3. laúdat, *he(she, it) praises,*   mónet, *he(she,it) advises,*
    is praising, does praise   etc.

복수

1. laudámus, *we praise, are praising,*   monémus, *we advise,* etc.
    do praise

2. laudátis, *you praise, are praising,*   monétis, *you advise,* etc.
    do praise

3. laúdant, *they praise, are praising,*   mónent, *they advise, etc.*
         do praise

직설법 현재 능동에서 라틴어가 취할 수 있는 형태들은 단지 이것들뿐이다. 즉, **단순한 현재(SIMPLE PRESENT)**와 **현재 진행(PROGRESSIVE PRESENT)** 그리고 **강조적 현재(EMPHATIC PRESENT)**가 영어처럼 구분되지 않고 하나의 형태로 표현된다. 따라서 그것을 어떻게 번역해야 할지는 문맥에 좌우될 수밖에 없다; 일례로, **mē laudant**는 문맥에 따라 *they praise me*, 또는 *they are praising me* 또는 *they do praise me*로 옮겨질 수 있다.

패러다임과 어휘에서 사용된 **악센트** 표시들은 강세절을 나타내기 위한 장치에 불과하다. 그 표시들은 개관에서 설명한 강세 법칙을 엄격히 따르므로, 독자들이 라틴어 동사를 활용할 때는 (가르치는 자가 요구하지 않는 한) 표기할 필요가 없다.

그러나 **장음부**(長音符, **MACRON**)는 반드시 포함되어야 한다. 로마인들조차도 장모음들을 다양한 방식으로 자주 표시했었다. 또한 패러다임을 소리내어 외우거나 여타 동사들을 활용할 때도 장음부로 표시된 장모음 소리들을 꼭 염두에 두어야 한다. 한편 어떤 형태들에서는 어간의 모음에 장음부가 표시되어 있지 않다(예: **moneō, laudant**). 이와 관련하여 다음과 같은 법칙을 알면, 장음부가 마치 임의대로 사라지고 다시 나타나는 것처럼 보이는 현상을 쉽게 이해할 수 있을 것이다:

장모음 바로 다음에 어떤 모음이 이어지면, 그 모음은 통상 짧아진다(따라서 *__monēō__ 대신에 **moneō**로 된다); 단어 끝에 위치한 **-m, -r, -t** 앞에 놓인 장모음이나, **nt** 또는 **nd**가 어떤 위치에 있든 그 앞에 놓인 장모음은 짧아지는 것이 보통이다(일례로 *__laudāt__가 아니라 **laudat**이며, 또한 *__laudānt__가 아니라 **laudant**이다: 여기와 이 책의 다른 곳에 표기된 별표는 사실상 고전 라틴어에서는 안 나타나는 추정된 형태를 가리키는 것이다).

제1활용 또는 **-ā-**동사(이에 대해, 제2활용은 **-ē-**동사)의 경우에는 단수 1인칭에서 어간의 모음이 단순히 짧아지는 데 그치지 않고, 인칭 어미 **-ō**와 단축되어 완전히 사라져 버린다(즉, *__laudāō__가 아니라 **laudō**이다).

명령법 현재 능동태

명령법(IMPERATIVE MOOD)은 말 그대로 명령할 때 사용되는 서법(敍法)이다. 명령법 단수 형태는 현재 어간과 동일하며, (둘 이상의 사람들에게 말할 때 사용되는) 명령법 복수 형태는 그 어간에 **-te**를 붙여서 만든다:

단수 2인칭	laúdā, *praise!*	mónē, *advise!*
복수 2인칭	laudáte, *praise!*	monéte, *advise!*

예를 들면, **Monē mē!** *Advise me!* **Servāte mē!** *Save me!*

부사 (단수 adverbium, 복수 adverbia)

라틴어와 영어에서, **부사(ADVERB)**는 동사나 형용사 또는 다른 부사를 꾸미는 말이며, 보통은 꾸며지는 말 앞에(**ad + verbum**, 그 말 옆에/가까이에) 놓인다; 아래 어휘에 나오는 **nōn**과 **saepe** 및 그 밖의 많은 부사들이 이후의 휼들에서 소개될 것이다.

> **Nōn valet.** *She* (or *he*) *is not well.* **Mē saepe laudant.** *They often praise me.* **Mē nōn saepe monēs.** *You do not often advise me.*

VOCĀBVLA (어휘)

각 휼에서 **어휘**를 외울 때는 그 의미들뿐만 아니라 *Intrōductiō*에서 배운 법칙들에 따라 표기된 장음부들을 잘 살피면서 라틴어 단어들을 하나하나 주의깊게 발음하라(**prōnūntiā!**). 그리고 *Readings from Wheelock's Latin* CD 또는 www.wheelockslatin.com에서 각 장의 어휘 발음을 잘 들어보라. 어휘를 철저히 암기하는 것은 어떤 언어를 습득하는 데 절대 필수적인 요건, 즉 **sine quā nōn**(*without which not*)이며, 다른 지름길은 없다. 따라서 한 휼의 새로운 어휘를 공부하고 이전 휼들에 소개된 단어들을 복습하는 데 적어도 하루에 5-10분을 사용하라. 어휘의 표제어들 대부분은 종종 품사(부사, 접속사 등)가 표기되어 있고 각 단어의 뜻풀이 끝에는 영어 파생어들을 추려서 괄호 안에 기재해 놓는 등 꼭 알아야 할 추가 정보를 담고 있다. 영어의 동사와 마찬가지로 라틴어 동사도 그것을 완전히 활용하기 위해서는 반드시 암기해야 할 **기본어**들을 지니고 있다(영어는 "go, went, gone"처럼 세 개인데 반해 라틴어는 네 개가 보통이다). 여러분이 아래 목록을 보면 알 수 있듯이 첫 번째 기본어는 직설법 현재 능동 1인칭 단수이고, 두 번째 기본어는 현재 능동 부정사이다. 그리고 나머지 기본어들의 기능은 몇 휼 더 지난 후에 설명하겠다. 이 목록에 나오는 동사들 중 두세 개를 활용해 보고, 명령법 단수와 복수 형태들도 제시하라.

mē [대명사], 나를, 나 자신을, *me, myself.*
quid [대명사], 무엇, *what* (quid pro quo, quiddity)

níhil [명사], 無, *nothing* (nil, nihilism, annihilate)

nōn [부사], 아니, *not*

saépe [부사], 자주, *often*

sī [접속사], 만약, *if*

ámō, amắre, amắvī, amắtum, 좋아하다, 사랑하다; **amắbō tē**, 제발, 부디, *please* (문자적으로는 *I will love you*) (amorous, amatory, Amanda)

cṓgitō, cōgitắre, cōgitắvī, cōgitắtum, 생각하다, 숙고하다, 고려하다, 계획하다 (cogitate, cogitation, cogitative)

débeō, dēbḗre, débuī, débitum, 빚지다, *owe*; 해야한다, *ought, must, should* (debt, debit, due, duty)

dō, dáre, dédī, dátum, 주다, *give, offer* (date, data, dative); 다른 제1활용 동사들과는 별도로 **dō**의 어간 모음은 직설법 2인칭 단수(**dās**)와 명령법 단수(**dā**)에서만 길다.

érrō, errắre, errắvī, errắtum, 헤매다, 빗나가다, 틀리다, 잘못하다, 잘못되다 (erratic, errant, erroneous, error, aberration)

laúdō, laudắre, laudắvī, laudắtum, 찬양하다, 칭찬하다, 좋게 말하다 (laud, laudable, laudatory)

móneō, monḗre, mónuī, mónitum, 알리다, 조언하다, 경고하다, 충고하다 (admonish, admonition, monitor, monument, monster, premonition)

sálveō, salvḗre, 잘 지내다, 건강하다; **sálvē, salvḗte**, 안녕, *hello, greetings!* (salvation, salver, salvage)

sérvō, servắre, servắvī, servắtum, 보호하다, 구하다, 지키다, 간수하다 (observe, preserve, reserve, reservoir)

cōnsérvō, cōnservắre, cōnservắvī, cōnservắtum (**con-servō**), **servō**의 강조형, 보존(보호)하다, 유지하다 (conservative, conservation, conservator)

térreō, terrḗre, térruī, térritum, 두렵게 하다, 놀라게 하다 (terrible, terrific, terrify, terror, terrorist, deter)

váleō, valḗre, váluī, valitắrum, 강하다, 힘세다, 잘 있다; **válē(valḗte)**, 안녕, 잘 있어, *good-bye, farewell!* (valid, invalidate, valedictory, prevail, prevalent)

vídeō, vidḗre, vídī, vísum, 보다, 주목하다, 이해하다 (provide, evident, view, review, revise, revision, television)

vócō, vocắre, vocắvī, vocắtum, 부르다, 불러들이다 (vocation, advocate, vocabulary, convoke, evoke, invoke, provoke, revoke)

LĒCTIŌ ET TRĀNSLĀTIŌ (읽기와 번역)

아래 문장들과 구절들(이들 모두는 고대 문헌 자료들에서 발췌하였는데, 그러나 자구에 얽매이지는 않았다)을 읽으려고 하기 전에 반드시 패러다임들과 어휘를 암기하고 그 목록에 있는 동사들 중 몇몇의 활용을 익혀야 한다. 또한 여러분은 우선 이 책 뒤(491-524쪽)에 있는 자습 문제들을 풀어봄으로써 각 章에서 설명된 문법들을 얼마나 잘 터득했는지 평가해야 한다. 문법 문제들의 답과 적어도 몇몇 문장들의 번역을 먼저 써 놓고 나서 525-62쪽의 해답과 맞춰 보라. 만일 틀린 게 있다면, 왜 틀렸는지 분석해보고 그 결과를 검토한 다음에 독해로 들어가라.

아래의 간단한 법칙은 읽고 번역하는 일에 도움을 줄 것이다. 첫째, 그 CD를 갖고 있다면 그것을 듣고, 각각의 문장을 항상 (로마인들이 그랬던 것처럼) 큰 소리로 읽어라. 독해를 위해 각 단어와 구절의 뜻을 염두에 두고 문장 전체의 의미를 어림 짐작하면서 읽어라. 라틴어 문장에서는 동사가 마지막에 오는 경우가 자주 있다. 만일 그 어미가 1인칭이나 2인칭이라면, 그 주어는 이미 알려져 있으므로 ("I," "we," 또는 "you"), 이로부터 번역을 바로 시작할 수 있다. 그러나 동사가 3인칭이라면(즉 어미가 **-t** 또는 **-nt**), 주어가 될 만한 명사를 찾아야 하는데 문장의 첫 번째 단어인 경우가 흔하다. 라틴어에서는 주어-목적어-동사(SOV)가 일반적인 어순이다(한편 영어에서는 SVO).

SENTENTIAE (문장들)

1. Labor mē vocat. (어순 SOV에 주목하라—**labor**; laboratory, elaborate; 철자가 변하지 않고 영어로 유입된 많은 라틴어 단어들 중 하나로서 명사다. 이러한 단어들은 그 뜻을 쉽게 알아챌 수 있으므로 구태여 주석을 붙이지는 않았지만, 600-18쪽의 라틴어—영어 어휘에서는 볼 수 있을 것이다.)
2. Monē mē, sī errō—amābō tē!
3. Festīnā lentē. (황제 아우구스투스가 즐겨 쓴 말.—**festīnō, festīnāre**, 서두르다, 재촉하다.—**lentē**[부사], 천천히.)
4. Laudās mē; culpant mē. (**culpō, culpāre**, 책망하다, 비난하다; culpable, culprit.)
5. Saepe peccāmus. (**peccō, peccāre**, 죄를 짓다; peccadillo, impeccable.)
6. Quid dēbēmus cōgitāre?
7. Cōnservāte mē!
8. Rūmor volat. (**volō, volāre**, 날다; volatile, volley.)
9. Mē nōn amat.

10. Nihil mē terret. (SOV어순이 다시 나왔다.)

11. Apollō mē saepe servat.

12. Salvēte!—quid vidētis? Nihil vidēmus.

13. Saepe nihil cōgitās.

14. Bis dās, sī cito dās. (**bis**[부사], 두 배, 두 번; bisect, bicycle.—**cito**[부사], 빨리; citation, incite.—이 옛 속담의 의미가 무엇인지 알 것이다.)

15. Sī valēs, valeō. (로마인들이 편지 서두에 자주 썼던 우정 어린 말이다.)

작문

각 장은 영어를 라틴어로 옮기는 네다섯 개 문장들을 담고 있다; 여러분을 어느 덧 고대 로마인처럼 생각하게 만드는 이러한 작문 문제들을 즐겨 풀기 바란다! 먼저 영어 문장을 주의깊게 분석할 필요가 있는데, 예를 들면 동사의 인칭과 수에 대해 잘 생각해야 함은 물론이다. 그리고 이 장에서 배운 어순에 관한 법칙들을 사용하라.

16. What does he see?

17. They are giving nothing.

18. You ought not to praise me.

19. If I err, he often warns me.

20. If you love me, save me, please!

시인 호라티우스는 초대를 받고 고민에 빠졌다

Maecēnas et Vergilius mē hodiē vocant. Quid cōgitāre dēbeō? Quid dēbeō respondēre? Sī errō, mē saepe monent et culpant; sī nōn errō, mē laudant. Quid hodiē cōgitāre dēbeō?

호라티우스(Quintus Horatius Flaccus, 주전 65-8년)는 명망이 높은 라틴 고전 작가들 중 하나이다. 그는 젊은 시절에 두 권의 풍자시들을 지었지만, 아마도 그를 더 유명하게 만든 것은 *Odes* 또는 *Carmina*라는 서정시집일 것이다. 바로 여기에서 그 시인이 다급하게 외친 격언 "오늘을 거두어라"(**carpe diem!**)가 나왔다. 호라티우스 및 각 章의 독해 자료로 수록된 글의 저자들에 관해 더 자세히 알려면 서문 xxxix-xl쪽을 보라. 그의 부요한 문학 후견인 마이케나스와 로마의 大 서사시 아이네이스의 저자인 시인 베르길리우스는 둘 다 호라티우스의 친구들이었다. 이 짤막한 글은 그의 詩에 들어있는 자서전적인 언급에서 발췌하여 자유롭게 변형시킨 것이다.—**et**[접속사], 그리고.—**hodiē**[부사], 오늘; hodiernal.—**respondeō, respondēre**, 답하다, 응하다; response, correspond.

QVAESTIŌNĒS: 호라티우스는 초대를 받고 왜 망설이고 있는가? 세 사람의 이해관계를 감안하면, 추측컨대 마이케나스와 베르길리우스가 가끔은 비판했던 것을 호라티우스가 했지 않았을까?

SCRĪPTA IN PARIETIBVS (담벼락들에 쓴 것들)

오늘날 미국인들처럼—그리고 글을 아는 사람들은 어디서든 그렇듯이!—고대 로마인들도 벽에 낙서하는 것을 좋아했는바, 폼페이 유적에서도 그들의 낙서가 엄청나게 많이 보존되어 있다. 폼페이는 주후 79년에 베수비우스 화산의 처참한 대폭발로 인해 완전히 파괴되었지만 화산재에 묻혀 보존된 고고학적으로 중요한 의미를 지닌 도시로서 이탈리아 남부 나폴리 근처에 있다(앞에서 지도 1을 보라). 거기서 발굴된 낙서들을 고대 이탈리아에서 있었던 삶의 이런저런 측면들을 통찰하고 그에 대한 관심을 환기시키기 위해 이 책 곳곳에 예시하였다. 한편 로마 제국 전역에서 나온 더 많은 수십 개의 낙서들과 그 밖에 새긴 글들은 이 책의 동반서로 하퍼콜린스에서 발간한 *Scribblers, Scvlptors, and Scribes*에 실려 있다.

Horace, Virgil, and Varius at the House of Maecenas.
Oil on canvas. Charles Francois Jalabert (1819-1901).
Musée des Beaux-Artes, Nimes, France

폼페이에서 나온 낙서들 중 많은 것들이 손상되어 글자들이나 단어들 전체가 판독이 어려운 경우가 종종 있으며, 또 어떤 것들은—당신도 그들처럼 공중목욕탕 벽에 비친 당신 자신을 아마도 보았을 것이다!—글쓰기의 다양한 수준들을 반영하는 흥미로운 철자오류들이나 이상한 말들, 다양한 발음들, 그리고 언어구사능력을 대충 가늠할 수 있는 증거를 담고 있다. 이 교재를 통해 진도를 나아가다 보면 철자와 문법에 관한 많은 법칙들(라틴어가 매우 "규칙적인" 언어로서 따르려고 하는 법칙들[**rēgulae**])을 익히게 될 것이다. 그러나 반드시 유념해야 할 점은 이것들은 고대 이탈리아 인들 가운데 중요하지만 제한된 한 부류, 즉 주전 1세기부터 주후 1세기 어간에 교육을 잘 받고 학식이 뛰어난 로마인들을 반영하고 있다는 것이다. 한편 다른 많은 로마인들도 읽고 쓸 줄 알았고, 비록 문학적 걸작품들을 만들어내지는 못했다 할지라도, 그들이 우리에게 —그들 자신의 필적으로—남겨준 "담벼락들에 쓴 것들"(**scrīpta in parietibus**)은 고대 세계의 가치 있는 유산이다. 이 낙서들을 편집하는 데 있어서는 아래와 같은 통상적인 기호들이 위에서 언급한 여러 종류의 오기(誤記)들과 누락(漏落)들뿐만 아니라 공식적인 글과 비공식적인 글에서 통용되었던 약어들을 지시하는 데 일관성 있게 사용되었다.

(abc)　　편집자가 풀어 쓴 약어

[abc]　　손상되어 지워졌지만 편집자가 채워넣은 글자들

<abc>　　실수에 의해서 또는 낙서자의 발음이 반영된 탓으로 누락되었지만 편집자가 채워넣은 글자들

Av<ē>,  pu<e>l<l>a!

Corpus Inscriptionum Latinarum (*CIL*) 4.10040: 폼페이, II 지역, 1 구역 (Reg. II, Ins. 1, = Region II, Insula 1)에 있는 한 숙소의 다락방에서 발견된 낙서; 고고학자들은 그 고대 도시를 지역들(**regiōnēs**)과 구역들(**īnsulae**)로 분할하였는데, 그 번호들이 이 책에서 일반적으로 제시되었다; 각 구역 안에 있는 개별적인 집들과 상점들에도 주로 번호가 부여되었지만, 가끔은 이름이 붙여지기도 했다. 자신의 연인을 향해 이 낙서를 휘갈겨 쓴 사내는 학식이 높지는 않았다; 이 그림에서 볼 수 있듯이, 그는 여기에서 **salvē**와 본래 똑같은 의미를 지닌 **avē** = **AVE**를 줄여 **AV**라고 썼고, 2장에서 나오는 단어로 "여자" 또는 "여자 친구"를 뜻하는 **puella**의 철자를 **PVLA**로 잘못 썼다. 위의 그림과 이후의 章들에 나오는 그림들은 圖畫家 스탠튼(Kay Stanton)이 *CIL*을 직접 보고 모사한 것들이다.

LATĪNA EST GAVDIVM—ET VTILIS! (라틴어는 재밌고 유용하다!)

Salvēte! 이곳과 이후 각 章의 말미에서, 여러분의 재미와 교양을 위한 라틴어 **miscellānea**(여러분은 이 용어의 의미를 쉽게 추정할 수 있을 것이다—그것은 또한 영어 단어가 되었는데 철자도 정확히 일치한다!)의 寶庫를 발견하게 될 것이다! 이 단락의 제목에 있는 **gaudium**은 "기쁨" 또는 단순히 "재미"를 뜻하는 명사이며, "유용한"을 뜻하는 형용사(**adiectīvum**) **ūtilis**는 그 자체로 라틴어의 놀라운 유용성(utility)을 환기시켜주는데, 라틴어를 잘 공부하면 일상생활에서 유용하게 쓸(utilize) 수 있는 귀중한 지식을 얻을 것이다! 맨 먼저 라틴어 수업 "첫째 날"에 나눌 수 있는 대화 몇 마디를 여기에 소개하겠다:

> **Salvē, discipula** 또는 **discipule!** 학생, 안녕하세요! (어미를 **-a/-e**로 바꾸어 여학생과 남학생을 구별한다.)
> **Salvēte, discipulae et discipulī!** 학생들, 안녕하세요! (**-ae/-ī**는 각각 복수 여성과 남성을 나타내는 어미이다. 즉, 여학생들과 남학생들.)
> **Salvē, magister** 또는 **magistra!** 선생님, 인사드립니다! (전자는 남성이고 후자는 여성이다.)
> **Valēte, discipulī et discipulae!** 학생들, 잘 있어요!
> **Valē, masgister (magistra)!** 선생님, 안녕히 계세요!
> **Quid est nōmen tibi?** 당신의 이름은 무엇입니까?
> **Nōmen mihi est "Mark."** 내 이름은 Mark입니다. (또는 라틴어 이름으로 답하는 것이 더 낫지 않을까 싶다: **nōmen mihi est "Mārcus."**)

여러분의 강사는 문법을 가르칠 때 아마도 전통적인 "교실 라틴어"를 사용할 것이다. 몇몇 라틴어 문법 용어들이 위에서 소개되었는데, 예를 들면 **adverbium**, **verbum**, **coniugāre** 등이다. 만일 강사가 여러분에게 **Coniugā verbum "amō, amāre"**라고 말했다면, 여러분은 어떻게 답해야 할지 알 것이다(그는 여기에 **in tempore praesentī**를 덧붙일지도 모르는데, 영어 문법 용어들 대부분이 라틴어에서 나왔기 때문에 여러분은 이 말이 *in the present tense*를 의미한다는 것을 쉽게 알아챌 수 있을 것이다). 만일 선생이 2장에서 배우게 될 *is*를 뜻하는 **est**를 사용하여, **Quid est "saepe"—verbum aut**(또는) **adverbium?**이라고 묻는다면, 여러분은 어떻게 답하겠는가? 여러분은 그것을 알기 전에 로마인처럼 말하고 생각하고 있을 것이다!

앞의 1번 문장에 나오는 **labor**는 철자가 전혀 변하지 않고 바로 영어로 유입된 수많은 라틴어 단어들 중 하나라는 것을 알겠는가? 8번 문장의 **rūmor**도 그렇고 어휘에 있는 **videō**도 마찬가지다. 그러나 **amō**는 "bullets"("ammo"!!)를 뜻하지 않고, amat도 "a small rug"가 아니다.[1] 그러므로 **...iocī terribilēs**(지독한 농담들)를 조심하라: **valēte!**

마이케나스의 접견실(foyer)
캔버스에 유화, *1890*
Stefan Bakalowicz (1857-1947)
Tretyakov Gallery, 모스크바, 러시아

---

1 [역주] ammo(탄알)와 mat(깔개)처럼 라틴어와 발음은 비슷하지만 뜻은 전혀 다른 영어 단어들이 많으므로, 이를 이용한 언어유희(paronomasia)를 알아채야 한다.

CAPVT II

제1곡용 명사와 형용사;
전치사, 접속사, 간투사

GRAMMATICA

명사 (단수 nōmen, 복수 nōmina)와 격

명사(**nōmen** 이름)는 사람이나 장소 또는 사물을 "이름"짓거나 확인시켜 주는 단어로, **poēta** 시인, **urbs** 도시, **liber** 책과 같은 **보통 명사**(**COMMON NOUN**)가 있고, **Vergilius** 베르길리우스, **Rōma** 로마, **Aenēis** 아이네이스와 같은 **고유 명사** (**PROPER NOUN**)가 있다. 또한 명사들은 **īra** 진노와 같은 **추상**(**ABSTRACT**) 명사와 **porta** 문과 같은 **구상**(**CONCRETE**) 명사로 분류된다. 라틴어 동사가 의미를 특정짓는 다양한 **굴절들**(**INFLECTIONS**)이나 어미들을 지니고 있는 것과 마찬가지로, 라틴어 명사 역시 동사의 주어나 목적어로 기능하는지 또는 소유 등을 지시하는지를 나타내는 다양한 어미들을 지니고 있다. 명사의 굴절된 형태들은 **격**(**CASE**)이라고 일컫는데, 좀더 일반적인 格의 용법들과 의미들은 아래에 정리해 놓았다. 이 외에도 격의 여러 가지 용법들을 이후의 章들에서 마주치게 될 터인데, 여러분은 반드시 그 모든 용법들을 확인하고 이름을 붙일 수 있어야 한다. 따라서 이제부터는 각각의 격에 대한 정의와 용례들을 목록으로 만들어 공책이나 컴퓨터 파일에 잘 보관하는 일을 시작하기 바란다. 예문을 통한 정확한 이해를 위해, 1章과 2章에서 접할 수 있는 내용에서 벗어나지 않는 아래의 단순한 영어 문장들을 참조하면서 문법을 설명하고, 나중에는 이 문장들을 라틴어로 옮겨 놓고 좀더 심도 있게 분석할 것이다.

    A. The poet is giving the girl large roses (또는 is giving large roses to the girl).

    B. The girls are giving the poet's roses to the sailors.

    C. Without money the girls' country (또는 the country of the girls) is not strong.

주격(Nominative Case)

로마인들은 정동사의 **주어(SUBJECT)**를 나타내기 위해서 **주격(NOMINATIVE CASE)**을 사용한 경우가 가장 흔하다. 예를 들면, A 문장의 "poet"와 B 문장의 "girls" 같은 것들이다. 또한 여러분이 4章에서 보게 되겠지만, 주격은 *to be* (**sum, esse**) 및 다른 계사들과 함께 **서술적 주격(PREDICATE NOMINATIVE)** 으로 사용된다: **Puella est poēta**, *the girl is a poet*; **Patria est antīqua**, *the country is ancient.*

속격(Genitive Case)

어떤 명사가 다른 명사를 수식하기[1] 위해서 사용될 때, 로마인들은 B 문장의 *poet's*와 C 문장의 *girls'*처럼, 수식 또는 제한하는 명사를 **속격(GENITIVE CASE)**으로 하였다. 속격에 의해서 흔히 전달되는 의미는 **소유(POSSESSION)** 이다. 이 외에도 다양한 용법들이 식별되지만, 속격은 일반적으로 전치사 "of" 로, 또는 부호를 사용하여(*'s* 또는 *s'*) 옮길 수 있다. 속격 명사는 대체로 그 수식을 받는 명사 뒤에 놓인다.

여격(Dative Case)

로마인들은 A 문장의 *(to) the girl*과 B 문장의 *to the sailors*처럼, 동사가 표현하는 동작에 의해 간접적으로 영향을 받는 사람이나 사물을 나타내기 위해서 **여격(DATIVE CASE)**을 사용하였는데, 이러한 명사들을 **간접 목적어(INDIRECT OBJECT)**라고 하며, 여격의 가장 흔한 용법이다. 여격을 옮길 때는 "to" 또는 "for"를 쓰는 경우가 가장 흔하다.

대격(Accusative Case)

로마인들은 동사가 표현하는 동작에 의해서 직접적으로 영향을 받는 사람이나 사물, 즉 **직접 목적어(DIRECT OBJECT)**를 나타내기 위해서 **대격(ACCUSATIVE CASE)**을 사용하였다. A와 B의 문장에서는 *roses*가 *is (are) giving*의 직접 목적어이다.

또한 (전부는 아니지만) 어떤 전치사들에서 대격은 **전치사의 목적어**로 사용될 수 있다: e.g., **ad**, *to/at*; **in**, *into*; **post**, *after, behind*. **전치사(PREPOSITION: praepositiō**, 앞에 놓음; 복수 **praepositiōnēs)**는 대체로 명사 또는 대명사(그것

---

1. "수식하다"를 뜻하는 modify는 "한정"을 뜻하는 라틴어 **modus**에서 나왔다.

의 "목적어") "앞에 놓는다." 그리고 그 목적어와 함께 명사나 동사 또는 문장 안에 있는 어떤 다른 말을 수식하는 **전치사구**(PREPOSITIONAL PHRASE)를 형성한다: e.g., **agricola ad portam est vir bonus,** *the farmer at the gate is a good man* (이 문장에서 **ad portam**은 "어떤 농부인가?"라는 물음에 답하는 형용구이다); **agricola ad portam ambulat,** *the farmer is walking toward the gate* (여기서 **ad portam**은 부사구로서 "어디로"라는 물음에 대한 답이다). 대부분의 전치사들은 탈격이나 대격으로 된 목적어를 지배한다. 그러나 탈격과 대격을 모두 취할 수 있는 전치사들도 꽤 있는데, 어떤 격을 취하느냐에 따라 의미와 뉘앙스가 달라진다.

탈격(Ablative Case)

탈격(ABLATIVE CASE)은 가끔 "부사격"이라고 일컬어지기도 하는데, 이 格은 로마인들이 수단(by/with what, 일례로 **pecūniā,** *with money*), 행위자(by whom: **ab puellā,** *by the girl*), 동반(with whom: **cum poētā,** *with the poet*), 방법(how: **cum īrā,** *with anger, angrily*), 장소(where/from which: **in/ex patriā,** *in/from the country*), 시간(when/within which: **ūnā hōrā,** *in one hour*)과 같은 의미들을 동사에 보태어 동사를 수식하거나 한정하기 위해 사용했기 때문이다. 또한 전치사도 탈격을 목적어로 취하는 경우가 자주 있다. 그러나 탈격이 전치사의 지배를 받지 않고 단독으로 쓰일 수도 있는데, 이러한 탈격을 영어로 옮길 때는 주로 "by," "with," 또는 "from"과 같은 전치사를 덧붙인다.

호격(Vocative Case)

로마인들은 사람이나 사물의 이름을 직접 부를 때는 **호격**(VOCATIVE CASE: **vocāre,** 부르다)을 사용하였다; 예를 들면, **Salvē, nauta,** *Greetings, sailor.* 가끔은 **간투사**(INTERJECTION: **interiectiō,** 투입; pl. **interiectiōnēs**) **Ō**가 사용되었다; **Ō puella, servā mē,** *O (oh) girl, save me!*—간투사는 문장 안에 "투입되어" 어떤 감정을 표출시키는 외치는 말이다; 예를 들면, "오," "아하," "우와," "이크!" 현대의 구두법에서, 호격(또는 **직접 호명**[DIRECT ADDRESS] 이라고도 한다)의 명사/대명사는 반점에 의해 문장의 나머지 부분과 분리된다. 3章에서 배우게 될 중요한 예외가 있기는 하지만, 호격은 주격과 동일한 형태를 지닌다. 따라서 그것은 패러다임 목록에 올리지 않는 것이 통례이다.

제1곡용 명사와 형용사

명사 또는 형용사를 격에 맞게 굴절시키는 것을 **곡용**(DECLENSION: 이 용어는 "구부러지게 하다" 또는 "형태나 방향 따위를 바꾸다"를 뜻하는 **dēclīnāre**에서 나왔다)이라고 일컫는다. 우리가 동사를 활용할 때 어간에 어미를 덧붙이는 것과 마찬가지로, 명사와 형용사를 곡용할 때도 **어간**(BASE)에 어미를 첨가한다. 명사를 어휘에 올릴 때는 단수 주격과 속격 형태들을 명시한다. 왜냐하면, 그 어간은 "속격 어미를 제거함으로써" 얻어질 수 있기 때문이다. 따라서 명사에서는 이 두 가지 형태들을 모두 외어야 한다. 어휘에 실리는 형용사 표제어는 남성과 여성과 중성의 단수 주격 형태들을 포함하며, 그 어간을 추출하는 가장 확실한 방법은 "여성 어미를 제거하는 것"이다. 아래 패러다임은 명사와 형용사가 연결된 말인 **porta magna**, *the large gate*의 곡용을 예시한 것으로 반드시 암기하기 바란다(그리고 큰 소리로 연습해야 한다는 것을 명심하라!). 주의할 점은 라틴어에서는 영어의 "a"나 "an" 또는 "the"와 같은 **관사**(ARTICLE)에 정확히 상응하는 단어가 결여되어 있으므로 번역할 때는 문맥을 감안하여 적절한 관사를 덧붙여야 한다는 것이다.

porta, *gate*   **magna**, *large*
어간: **port-**   어간: **magn-**

			단 수	**어미**
주격	pórta	mágna	*the(a) large gate*	**-a**
속격	pórtae	mágnae	*of the large gate*	**-ae**
여격	pórtae	mágnae	*to/for the large gate*	**-ae**
대격	pórtam	mágnam	*the large gate*	**-am**
탈격	pórtā	mágnā	*by/with/from/... the large gate*	**-ā**
호격	pórta	mágna	*O large gate*	**-a**

			복 수	
주격	pórtae	mágnae	*the large gates* 또는 *large gates*	**-ae**
속격	portárum	magnárum	*of the large gates*	**-ārum**
여격	pórtīs	mágnīs	*to/for the large gates*	**-īs**
대격	pórtās	mágnās	*the large gates*	**-ās**
탈격	pórtīs	mágnīs	*by/with/from/... the large gates*	**-īs**
호격	pórtae	mágnae	*O large gates*	**-ae**

성(Gender)

독일어처럼, 라틴어도 세 가지 **성(GENDER)**을 식별한다: 남성, 여성, 중성. 라틴어에서 수컷을 가리키는 명사는 당연히 남성이고, 암컷을 가리키는 명사는 여성이다. 하지만 그 밖의 명사들은 대부분 자연적인 성이 아니라 문법적인 성을 지니므로, 명사의 성은 어휘의 일부로서 반드시 암기해야 한다.

제1곡용의 명사들은 대개가 여성이다; 예를 들면, **puella**, *girl*; **rosa**, *rose*; **pecūnia**, *money*. 한편 로마인들 사이에서 전통적으로 남자들이 맡아왔던 일에 종사하는 개인들을 가리키는 몇몇 명사들은 남성으로 분류되었다; 예를 들면, **poēta**, *poet*; **nauta**, *sailor*; **agricola**, *farmer* (이 책에 나오지 않는 다른 단어들을 예로 들면, **aurīga**, *charioteer*; **incola**, *inhabitant*; **pīrāta**, *pirate*).

형용사, 일치, 그리고 어순

형용사(ADJECTIVE: sg. **adiectīvum**, pl. **adiectīva**, 옆에 놓인, 첨가된)는 명사 또는 대명사에 관한 정보를 "첨가"하거나 그것을 "수식"한다; 일례로, **magna porta**, *the large gate*; **patria antīqua**, *the ancient country*. 여기서 "large"와 "ancient"는 명사들의 "속성"을 기술하는데, 이처럼 단순한 수식어로 사용된 형용사는 **관형적 형용사(ATTRIBUTIVE ADJECTIVE)**라고 일컬어진다. 명사처럼 형용사도 곡용되며, "그 수식을 받는 명사와 성, 수, 격이 일치한다." 또한 형용사도 명사처럼 단수 또는 복수 형태가 있고 똑같은 격들을 지닌다. 그러나 형용사는 해당 명사의 성과 일치되도록 그 형태를 바꾼다(서로 다른 성을 지닌 둘 이상의 명사들을 수식하는 형용사는 가장 근접한 명사의 성에 일치한다. 하지만 남성이 우선하는 경우도 가끔 있다). 형용사, 즉 "adjective"의 라틴어 어근에 담긴 의미가 시사하는 바와 같이 형용사는 통상 그 관련된 명사 옆에 위치한다(어순이 매우 자유로운 詩에서는 예외이다). 형용사는 명사 뒤에 오는 경우가 가장 흔하다. 언급된 사람이나 사물은 일반적으로 그 꾸밈말보다 더 중요하므로 그러한 어순이 논리적일 것이다. 그러나 지시사들(**hic**, *this*; **ille**, *that*)과 크기나 수효를 나타내는 형용사들은 예외인 경우가 흔한데, 이들은 일반적으로 명사 앞에 온다. 또한 화자나 저자가 강조하기를 원하는 형용사들은 어떤 것이든 당연히 명사보다 선행한다.

문법: 어형론과 구문론

언어의 **문법(GRAMMAR)**에서 중요한 두 분야는 어형론과 구문론이다. **어형론**

(**MORPHOLOGY**)은 동사의 활용과 명사나 형용사의 곡용과 같은 단어들의 형태들을 다루는 것이다. 그리고 **구문(론)**으로 옮겨지는 **SYNTAX**는 "배열하다"를 뜻하는 그리스語 동사 **syntattein**에서 나온 용어로서, 의미를 지닌 구(句)와 절(節), 그리고 문장들을 형성하는 단어들의 배열과 상호관계를 다룬다. 주어진 명사나 형용사의 구문을 설명하려면, 그것의 형태 및 그것과 가장 밀접하게 연관된 단어, 그리고 그 형태를 취하게 된 이유(즉, 문장 내에서 그것의 문법적 **용도** 또는 **기능**)를 알아야 한다. 이 章 앞부분에 제시된 예문들을 라틴어로 옮긴 아래 문장들은 좋은 본보기가 될 것이다. 주어와 동사 어미들에서, "동사는 인칭과 수에 있어서 그 주어와 일치해야 한다"는 법칙에 유의하라. 또한 명사 어미가 **-ae**와 같이 하나 이상의 격을 나타낼 수 있어서 형태가 애매하게 된 경우에는 어순과 문맥이 글의 의미를 파악하는 데 필수적인 단서를 제공한다(따라서 **puellae**는 A에서는 간접목적어이고, B에서는 주어이다).

> A. **Poēta puellae magnās rosās dat.**
> B. **Puellae nautīs rosās poētae dant.**
> C. **Patria puellārum sine pecūniā nōn valet.**

여기서 사용된 몇몇 단어들을 구문적으로 배열하면 아래와 같다:

단어	형태	연결	용법/기능
A 문장			
poēta	단수 주격	dat	주어
puellae	단수 여격	dat	간접목적어
magnās	복수 대격	rosās	명사와 일치된 수식어
B 문장			
puellae	복수 주격	dant	주어
nautīs	복수 여격	dant	간접목적어
rosās	복수 대격	dant	직접목적어
poētae	단수 속격	rosās	소유
C 문장			
pecūniā	단수 탈격	sine	전치사의 목적어

아래의 단문들과 토막글에 나오는 모든 명사들과 형용사들의 구문을 반드시 설명할 수 있도록 하라.

VOCĀBVLA

이 새로운 어휘 목록에는 무엇보다도(**inter alia**) 여러 명사들과 형용사들을 우선적으로 올려 놓았다. 각각의 명사 표제어는 영어 의미들과 (괄호 안에 있는) 파생어들 외에도 단수 주격과 속격 형태들을 포함하고 있어서 명사의 어간과 그 성을 확인할 수 있을 것이다. 형용사 표제어는 모든 세 가지 성들의 주격 형태들, 즉 **magnus, magna, magnum**(이 책의 註記에서는 종종 축약된 형태로 표기된다: **magnus, -a, -um**)을 포함한다. 여기서 주격 형태 **magna**는 제1곡용 형용사임을 확인시켜주므로, 단수 속격 형태는 **magnae**, 그 어간은 **magn-**이라는 것을 알 수 있다. 남성(**magnus**)과 중성(**magnum**) 형용사들의 모든 곡용들은 이어지는 두 章들에서 소개되겠지만, 그러나 지금 바로 모든 세 가지 성들의 주격 형태들을 미리 익혀두면 매우 편할 것이다. 새로운 제1곡용 명사들과 형용사들이 나오면, 그들 중 두셋 단어들을 곡용해 보라.

또한 이 목록에는 두 개의 새로운 **접속사**(CONJUNCTION: 1章에서 **sī**, *if*를 배웠다), **et**와 **sed**가 포함되어 있다. 접속사 "conjunction"(단수 **coniūnctiō**, 복수 **coniūnctiōnēs**, 연결)은 둘 또는 그 이상의 문장 요소들, 예를 들면, 명사들(**fāma et fortūna**, *fame and fortune*) 또는 절들(**puella mē laudat sed nauta mē monet**, *the girl praises me but the sailor warns me*)을 연결하는 단어이다. 이 중에서 **등위접속사**(COORDINATING CONJUNCTION)는 대등한 요소들을 연결하며(**poētam amāmus et laudāmus**, *we love and praise the poet*), **종속접속사**(SUBORDINATING CONJUNCTION)는 종속절을 인도하고 그것을 주절에 연결시킨다(**sī errō, mē monēs**, *if I make a mistake, you advise me*).

고대어든 현대어든 어떤 언어를 공부할 때는 인쇄된 글을 단지 눈으로만 읽어서는 안되고, "듣기"와 "말하기"를 통해서 배워야 한다. 따라서 각 章의 어휘를 학습할 때는 CD 또는 www.wheelockslatin.com에서 온라인으로 제공되는 오디오들을 활용하면서(그 사이트에서는 어휘 카드들과 어휘 목록집도 찾을 수 있다), 각각의 라틴어 단어들과 그 의미들을 듣고(**audī!**) 큰 소리로 발음하라(**prōnūntiā!**). 발음뿐만 아니라 의미에서도 중요한 차이를 종종 나타내는 장음부호에 유의하라. 라틴어 발음은 쉽다—**prōnūntiātiō Latīna est facilis!**—일반적으로는 "보이는 대로(즉, 철자 그대로)" 발음하면 된다. 그러나 겹자음 **-gn-**은 예외인데 h**a**ng**n**ail에서의 **-ngn-** 소리를 표현한다. 따라서 **magna**는 마치 ***mangna**처럼 소리난다: 웹사이트 또는 CD에서 이 단어의 발음을 주의 깊게 들어보라.

fáma, **fámae**, f., 소문, 보고; 평판, 명성 (famous, defame, infamy)

fórma, **fórmae**, f., 형태, 모양; 아름다움(formal, format, formula, formless, deform, inform, etc.; 그러나 formic, formidable은 아니다)

fortúna, **-ae**, f., 운, 행운, 운명 (fortunate, misfortune, unfortunate)

íra, **írae**, f., 화, 분노 (irate, irascible; cf. **īráscor**, 분노하다; 그러나 irritate 는 다른 어근에서 파생되었다; cf. **irrītáre**, 자극하다)

naúta, **naútae**, m., 선원 (nautical, nautilus, argonaut)

pátria, **pátriae**, f., 조국, 모국, (자기)나라 (patriotic, expatriate, repatriate)

pecúnia, **pecúniae**, f., 돈 (pecuniary, impecunious; cf. peculation)

philosóphia, **philosóphiae**, f. (그리스語 **philosophia**, 지혜 사랑), 철학

poéna, **poénae**, f., 벌금, 형벌; **poénās dáre**, 벌금을 물다 (penal, penalize, penalty, pain, subpoena)

poéta, **poétae**, m., 시인, 작가 (poetry)

pórta, **pórtae**, f., 문, 입구 (portal, portico, porch, porthole)

puélla, **puéllae**, f., 소녀

rósa, **rósae**, f., 장미 (rosary, roseate, rosette)

senténtia, **senténtiae**, f., 느낌, 생각, 견해, 투표, 판결 (sententious, sentencing; cf. **sentiō**, 느끼다)

víta, **vítae**, f., 삶; 생활 양식 (vital, vitals, vitality, vitamin, vitalize, devitalize, revitalize)

antíquus, **antíqua**, **antíquum**, adj., 고대의, 옛날의, 오래된 (antique, antiquities, antiquated, antiquarian)

mágnus, **mágna**, **mágnum**, adj., 큰, 거대한; 중요한 (magnify, magnificent, magnate, magnitude, magnanimous)

méus, **méa**, **méum**, adj., 나의, *my*

múltus, **múlta**, **múltum**, adj., 많은, *much, many* (multitude, multiply, multiple; multimillionaire와 같은 단어들의 접두사 multi-)

túus, **túa**,**túum** [형용사], 너의, *your* (단수)

et [접속사], 그리고, *and*; 조차, *even*; **et…et**, *both…and*

sed [접속사], 그러나, *but*

Ō [간투사], 오!, 아하! (보통 호격 앞에 놓인다)

síne [전치사], + 탈격, ~ 없이, *without* (sinecure, sans)

est, 이다, *is*

LĒCTIŌ ET TRĀNSLĀTIŌ

항상 그렇듯이, 여러분은 아래 문장들을 읽으려고 하기 전에, 반드시 패러다임 들과 어휘들을 암기하고, 본 단원에 해당하는 자습문제들(492-93쪽)에 있는 문법문제와 몇몇 문장들의 번역문제에 대한 답을 쓰고나서, 자신의 답과 해답 (525-26쪽)을 비교하고 검토함으로써, 여러분이 얼마나 잘 알고 있는지를 평 가해 보라. 그리고 아래 문장들에서 처음 나오는 새로운 명사 형태들 몇몇의 性과 數와 格 및 용도(기능)를 맞춰봄으로써 그것들을 식별하는 여러분의 능 력을 점검해 보라. 예를 들면, 세 번째 문장에서 **veniam**은 여성 단수 대격이 며 직접 목적어이다. 형용사들에 관해서는 그 수식을 받는 명사들을 확인하라. 만일 CD를 갖고 있다면, 그것을 들으면서 각각의 **Sententia**를 큰 소리로 읽 고, 번역을 하기 전에 그 의미를 생각해 보라. Catullus 단락도 마찬가지로 큰 소리로 읽고, 독해를 위해서 그 글의 전체적인 의미를 파악하려고 하라. S.A.4 에서처럼 주어-목적어-동사의 어순(SOV)이 일반적인 패턴임을 기억하라. 그 러나 라틴어에서 어순은 꽤 다양하므로, 명사의 경우에는 의미전달에 필수적 인 수와 격/용도의 차이들을 나타내는 어미들에 세심한 주의를 기울여야 한다. 한편 명사-형용사의 일치는 형용사들의 어미들을, 그리고 인칭과 수의 차이들 은 동사들의 어미들을 또한 살펴야 한다. 번역할 때는 문맥에 적절한 **관사**, 즉 "a"나 "an" 또는 "the"를 관례대로 덧붙여야 한다는 것도 기억하라. 영어에서 라틴어로 옮길 때는 SOV 어순을 사용하고, 문장 내에서의 각 단어의 용도를 주의 깊게 분석하라. 예를 들면, S.A.16에서 "life"는 직접 목적어이며 단수이 므로, 반드시 그에 맞는 **vīta**의 정확한 형태를 선택하라.

이 책의 **Sententiae Antīquae**와 읽을거리들은 모두 다 고대 로마의 문헌들 에서 뽑아낸 것들이며, 저자의 이름은 괄호 안에 기재하였다. 처음 章들에 나 오는 글들 대부분은 "개작"되었다. 즉, 여러분이 배운 제한된 문법과 어휘에서 벗어나지 않도록 단순화시켰다. 그러나 원문을 그대로 실은 경우에는 저자의 이름 앞에 별표를 붙였다. 읽을거리의 출전(出典)은 일일이 註記에 밝혀놓았다. 각 **Sententiae**의 출전은 641-43쪽에 제시하여, 그 문맥에 관심을 갖고 전후 문장을 좀더 읽어보려는 학생들에게 도움이 되도록 하였다.

SENTENTIAE ANTĪQVAE

1. Salvē, Ō patria! (Plautus.)
2. Fāma et sententia volant. (Virgil.—**volāre**, 날다, 빨리 움직이다, 잽싸 다; *volatile*.)

3. Dā veniam puellae, amābō tē. (Terence.—**venia, -ae**, 호의, 용서; *venial, veniality.*)

4. Clēmentia tua multās vītās servat. (Cicero.—**clēmentia, -ae**, 자비; *clement, inclement.*)

5. Multam pecūniam dēportat. (Cicero.—**dēportāre**, 가져가다; *deport, deportation.*)

6. Fortūnam et vītam antīquae patriae saepe laudās sed recūsās. (Horace.—**recūsāre**, 거절하다, 거부하다; *recusation, recuse.*)

7. Mē vītāre turbam iubēs. (*Seneca.—**vītāre**, 피하다; 명사 **vīta**와 혼동하지 말라; *inevitable.*—**turba, -ae**, 소동, 군중, 무리; *turbid, turbulent.*—**iubēre**, 명하다, 지시하다; *jussive.*)

8. Mē philosophiae dō. (Seneca.)

9. Philosophia est ars vītae. (*Cicero.—**ars** [단수 주격], 기술, 예술; *artifice, artistry.*)

10. Sānam fōrmam vītae cōnservāte (Seneca.—**sāna, -ae**, 건전한, 분별있는; *sanitary, sanatorium.*)

11. Immodica īra creat īnsāniam. (Seneca.—**immodica, -ae**, 무절제한, 과도한.—**creāre**, 창조하다; *creation, creature.*—**īnsānia, -ae**, 불건전, 정신이상; *insane.*)

12. Quid cōgitās?—dēbēmus īram vītāre. (Seneca.)

13. Nūlla avāritia sine poenā est. (*Seneca.—**nūllus, -a, -um**, 아닌, 없는; *nullify, annul.*—**avāritia, -ae**, 탐욕; *avaricious.*)

14. Mē saevīs catēnīs onerat. (Horace.—**saevus, saeva, saevum**, 잔혹한.—**catēna, -ae**, 사슬; *catenary.*—**onerāre**, 짐을 지우다, 억압하다; *onerous, exonerate.*)

15. Rotam fortūnae nōn timent. (Cicero.—**rota, -ae**, 바퀴; *rotary, rotate.*—**timēre**, 두려워하다; *timid, intimidate.*)

작문

16. The girls save the poet's life.

17. Without philosophy we often go astray and pay the penalty.

18. If your land is strong, nothing terrifies the sailors and you(sg.) ought to praise your great fortune.

19. You(pl.) often see the penalty of my anger and warn me.

20. The ancient gate is large.

카툴루스는 그의 애인에게 작별을 고한다

Puella mea mē nōn amat. Valē, puella! Catullus obdūrat: poēta puellam nōn amat, puellam nōn vocat, fōrmam puellae nōn laudat, puellae rosās nōn dat, et puellam nōn bāsiat! Īra mea est magna! Obdūrō, mea puella —sed sine tē nōn valeō.

Catullus *Carm.* 8 산문체로 바꿔서 인용함: 카툴루스(Gaius Valerius Catullus, 주전 약 84-54년)가 지은 113편의 세련된 우아한 시들이 오늘날까지 남아있다. 그 시들은 문학적 수준이 높으면서도 동시에 격정적이다. 또한 시저나 키케로 또는 폼페이우스와 같은 동시대인들을 대놓고 풍자한 시들도 몇 편 있으나, 대부분은 연애시들이다. 연정을 담은 그 시들 중에서 약 스물 대여섯 편은 그가 "레스비아"(Lesbia)라고 일컬은 여인과의 관계—순진한 사랑에서 시작하여 열렬한 로맨스를 거쳐 결국은 비통한 파국으로 치닫는 일련의 과정을 극적으로 표현하고 있다. 사실 레스비아는 우리가 확신하건대 로마 원로원 의원이었던 Quintus Caecilius Metellus Celer의 부인으로 본명은 클로디아(Clodia)였다. 그 詩를 원문 그대로 발췌한 것은 아래 19장에서 볼 수 있다. —**obdūrāre**, 확고하다, 거칠다; *durable, endure.*—**bāsiāre**, 입맞추다.—**tē**, 너를.

레스비아의 집에서 자신의 시를 낭송하는 카툴루스. 캔버스에 유화, *1870.*
Sir Lawrence Alma-Tadema (1836-1912). 개인 소장품

QVAESTIŌNĒS: 이 짧은 글을 세 장면으로 구성된 "단막극(短幕劇)"으로 생각해 보라. 각 장면은 어디에서 시작하고 끝나는가? 각 장면의 주인공이 일인칭에서 삼인칭으로 다시 일인칭으로 바뀌므로, 이 연극에서는 두 명의 카툴루스가 등장한다고 말할 수 있을 것이다. 그러나 인칭의 전환은 각각 어디에서 일어나는지, 그로써 어떤 효과를 의도했는지, 첫 번째와 세 번째 장면의 카툴루스는 그가 상상한 두 번째 장면의 인물과 얼마나 다른 감정을 지니고 있는지를 생각해 보라. 이러한 극적인 구성에서, "진짜" 카툴루스로 추정될 만한 인물은 누구겠는가?

SCRĪPTA IN PARIETIBVS

Fortūna.

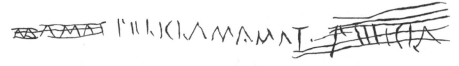

CIL 4.5371(IX 지역, 8구역 근처): 낙서한 자는 이 단어를 배 모양을 대충 본따서 썼는데, T는 돛대를, F와 R과 A의 꼬리는 노를 나타낸다. 이와 같은 기발한 장난기는 폼페이의 다른 낙서들에서도 엿볼 수 있다(3장을 참조하라). 그는 이 낙서를 하면서 행운을 기원했거나, 아니면 행운의 여신을 큰 소리로 불렀거나(로마에는 그 여신을 섬기는 신전이 있었고, 배의 키를 쥐고 있는 모습으로 종종 묘사되었다), 아니면 둘 다였을 것이다.

Fēlī<u>lam amat.

CIL 4.8917(III 지역, 6구역): 한 여인숙의 출입구 근처에 이 낙서를 갈긴 폼페이 사람은 글씨가 잘 써지지 않아서 애를 먹었다: 그는 이 문장을 세 번 써 보고 나서, 첫 번째와 마지막에 쓴 것들은 박박 그어버렸고, 두 번째로 시도한 것만 남겨놓았다(여러분도 어떤 문장을 손으로 쓸 때 이러한 경우가 있었을 것이다). 한편 그가 마음에 간직한 여자 이름의 정확한 철자는 "Felicula"(라틴어 *fēlīx*, *lucky*에서 나온 **지소어**[DIMINUTIVE])인데, 비록 그와 같은 변형, 즉 "Felicla"

를 그 도시 다른 곳에서도 발견할 수 있다 하더라도, 그 낙서자에게는 철자법 또한 문제가 있었다. 사실상 이는 中音생략(SYNCOPE)이라고 일컬어지는 축약의 한 유형으로, 여기서는 속어(俗語)에서 나타나는 일반적인 경향, 즉, 한 단어의 제2말음절에서 강세가 없는 짧은 모음은 탈락되는 현상을 반영하고 있다.

ETYMOLOGIA(어원론)

어원론으로 옮겨진 영어 ETYMOLOGY는 그리스語 etymos(*true, real*)와 logos(*word, meaning*)가 결합되어 생긴 용어이다. 그러므로 어떤 단어에 대한 어원론은 그 단어의 유래를 추적하고 그 원래 의미를 밝히는 것이다. 이 제목 아래에서는 어휘에 열거된 파생어들만으로는 미진했던 여러 항목들이 소개될 터인데, 여기에는 이탈리아어, 스페인어 및 다른 로망스어에서 발견되는 파생어들도 종종 포함될 것이다.

Pecūnia는, 영어 *fee*가 독일어 Vieh(가축)와 관련이 있는 것과 마찬가지로, pecus(가축)에서 나온 말이다. Fortūna는 fors(기회, 우연)에서 파생된 말이다. 아래에 열거한 영어 단어들의 의미를 번호의 문장들에서 그 뿌리가 되는 라틴어 단어들을 찾아내어 그것들을 근거로 설명하라. 도움이 더 필요하다면, 사전을 참조해도 좋을 것이다; 어원론 연구에 특히 도움이 되는 사전은 *Webster's New World Dictionary*와 *American Heritage Dictionary*이다. 또한 그밖의 유용한 자료들을 온라인에서도 얻을 수 있다.

volatile(2)	insane(10)	concatenation(14)	rotary, rotate(15)
venial(3)	nullify(13)	onerous(14)	obdurate("Catullus")
turbulent(7)	creature(11)		

LATĪNA EST GAVDIVM—ET VTILIS!

Salvēte, discipulī et discipulae! Vocābula에 있는 단어들 중에서, sub rosā는 "은밀히, 비밀로"를 뜻하는 숙어이다(옛날에 장미는 비밀의 상징이었다); aqua vītae, 문자적으로는 "생명의 물"이지만, 옛 라틴어에서는 "독한 술" 또는 "위스키"를 가리키는 관용어이다; 아무런 책임도 지지 않는 직책이나 지위를 뜻하는 "sinecure"는 sine(없이)와 cūra(걱정)가 결합되어 생긴 단어이다. 자, 이제 간단한 라틴어 회화를 좀더 배워 보자:

Quid hodiē agis? 요즘 어떻게 지내십니까?

Optimē! 아주 잘 지냅니다.   **Pessimē!** 아주 나쁩니다.

Bene! 좋습니다.   **Satis bene.** 그럭저럭 지냅니다.

Nōn bene. 좋지 않습니다.   **Et tū?** 당신은 어떻습니까?

Discipulae et discipulī, valēte!

벽에 낙서하는 폼페이인
캔버스에 유화
Stefan Bakalowicz (1857-1947)

CAPVT III

제2곡용: 남성 명사와 형용사; 동격; 어순

GRAMMATICA

제2곡용

제2곡용은 제1곡용에서 배운 법칙을 따른다: 어간 + 어미. 하지만 그 어미들은, 복수 여격과 탈격의 경우를 제외하면, 제1곡용의 어미들과 다르다. 그리고 제2곡용 명사들은 일반적으로 남성 아니면 중성이다. 아래에서는 그 남성 명사들과 형용사들을 소개하고, 중성 명사들은 4장에서 다루겠다. 제2곡용 남성 명사들은 대부분 **-us**로 된 단수 주격 어미를 갖는다. 한편 소수이지만 그 어미가 **-er**인 것들도 있다.

기본형이 -us인 남성 명사

amīcus(어간, **amīc-**), *friend;*   **magnus**(어간, **magn-**), *great*

			단수	어미
주격	amícus	mágnus	*a/the great friend*	**-us**
속격	amícī	mágnī	*of a great friend*	**-ī**
여격	amícō	mágnō	*to/for a great friend*	**-ō**
대격	amícum	mágnum	*a great friend*	**-um**
탈격	amícō	mágnō	*by/with/from a great friend*	**-ō**
호격	amíce	mágne	*O great friend*	**-e**
			복수	
주격	amícī	mágnī	*great friends*	**-ī**
속격	amīcórum	magnórum	*of great friends*	**-ōrum**
여격	amícīs	mágnīs	*to/for great friends*	**-īs**
대격	amícōs	mágnōs	*great friends*	**-ōs**
탈격	amícīs	mágnīs	*by/with/from great friends*	**-īs**
호격	amícī	mágnī	*O great friends*	**-ī**

기본형이 -er인 남성 명사

제2곡용에 속한 남성 명사들 중에는 단수 주격 형태가 **-er**로 끝나는 것들이 있는데, **puer**와 같은 명사들은 어간에서 **-e-**를 그대로 유지하지만, **ager**와 같은 명사들은 어간에서 **-e-**가 탈락된다. 그러므로 속격 형태도 어휘 표제어의 일부로서 반드시 외어야 할 만큼 매우 중요하다("puerile"과 "agriculture"와 같은 파생어들을 알면, 어간을 파악하는 데 도움이 될 것이다). 또한 기본형이 **-ir**인 독특한 남성 명사도 마찬가지다: **vir, virī**, *man*. 아래의 밑줄 친 형태들은 특별히 주의를 요하는 것들이며, 비교해 볼 수 있도록 형용사 **magnus**를 덧붙였다: 예를 들어, **puer magnus**, *a big boy*와 **Ō puer magne**, *O big boy*를 비교해 보면 **-us**와 **-er** 명사들의 차이를 잘 알 수 있을 것이다.

puer (어간, **puer-**), *boy;*   **ager** (어간, **agr-**), *field*

	단 수			어미
주격	<u>púer</u>	<u>áger</u>	mágnus	**-er/-us**
속격	<u>púerī</u>	<u>ágrī</u>	mágnī	**-ī**
여격	púerō	ágrō	mágnō	**-ō**
대격	púerum	ágrum	mágnum	**-um**
탈격	púerō	ágrō	mágnō	**-ō**
호격	<u>púer</u>	<u>áger</u>	mágne	**-er/-e**
	복 수			
주격	púerī	ágrī	mágnī	**-ī**
속격	puerṓrum	agrṓrum	magnṓrum	**-ōrum**
여격	púerīs	ágrīs	mágnīs	**-īs**
대격	púerōs	ágrōs	mágnōs	**-ōs**
탈격	púerīs	ágrīs	mágnīs	**-īs**
호격	púerī	ágrī	mágnī	**-ī**

격어미들과 호격에 대한 부연 설명

제2곡용과 제1곡용의 격어미들이 서로 일치하는 경우들이 있고(어미가 **-īs**인 복수 여격과 탈격), 또 어떤 격어미들은 생김새가 비슷한 것들도 있다(예를 들면, 단수 대격 **-am/-um**, 복수 속격 **-ārum/-ōrum**, 그리고 복수 대격 **-ās/-ōs**가 그러하다). 제1곡용에서처럼, 제2곡용의 어떤 어미들은 한 가지 이상의 格

들에서 사용될 수 있다(일례로 **amīcī, amīcō, amīcīs**가 나타낼 수 있는 격들을 모두 열거해 보라); 이처럼 형태만 보아서는 격을 확정짓기 애매한 경우에는 또다시 어순과 문맥이 독해와 번역에 결정적인 도움이 될 것이다. 여러분은 형용사는 그 수식을 받는 명사와 성·수·격이 일치해야 한다는 법칙이 생각날 것이다. 그러나 **ager magnus**와 **puer magne**를 살펴보면 그 어미들의 형태는 똑같지 않을 뿐만 아니라, 예를 들면 **agricola Rōmānus**에서 보듯이 서로 동일한 곡용에 속해 있지 않을 수도 있는데, 이는 "농부"를 뜻하는 명사는 제1곡용이더라도 남성이므로, 남성(제2곡용) 형용사를 요구하기 때문이다.

또한 유의해야 할 중요한 사실은 제2곡용의 **-us** 명사들과 형용사들의 단수에서만 호격은 주격과 철자상으로 차이가 난다는 것이다: 단수 **amīcus, amīce**; 그러나 복수는 **amīcī, amīcī**. 한편 **-ius** 명사들(예를 들면 **fīlius**, *son*, **Vergilius**, *Virgil*)과 형용사 **meus**, *my*는 단수 호격에서 **-ī** 하나만 갖는다: **mī fīlī**, 내 아들아; **Ō Vergilī**, 오! 베르길리우스여.

동격(Apposition)

동격어는 다른 명사 옆에 놓여서 그것을 설명하는 "격이 같은" 명사이다. 동격어는 영어로 **APPOSITIVE**라고 하는데, 이는 라틴어 **ad** (*at/next to*)와 **positus** (*position*: **pōnō**, *to set*)가 결합된 용어로 "옆에 놓인 것"이라는 뜻이다.

Gāium, fīlium meum, in agrō videō. *I see Gaius, my son, in the field.*

이 문장에서 **fīlium**은 **Gāium**과 "동격이다"라고 말한다. 동격 관계에 있는 명사들 사이에서 格은 항상, 그리고 數는 통상 일치하며, 性도 마찬가지로 종종 일치한다. 그리고 동격어는 반점(comma)에 의해 앞의 명사와 보통 분리되어 있다.

어순(Word Order)

단순한 라틴어 문장이나 절의 전형적인 어순은 다음과 같다: (1) 주어와 그 수식어들, (2) 간접 목적어와 수식어들, (3) 직접 목적어와 수식어들, (4) 부사 또는 부사구, (5) 동사. 또한 형용사와 속격 명사들은 일반적으로 자신들이 수식하는 단어들 뒤에 놓는다는 것을 기억하라. 이러한 패턴은 반드시 염두에 두어야 하겠지만, 고전 라틴어에서는 특히 다양한 표현과 강조를 위해서 이 법칙을 지키지 않는 예외적인 경우가 흔하였다. 사실상 라틴어처럼 굴절이 심한 언어들에서는 어떤 문장의 기본적 의미는 어순에 그다지 좌우되지 않는다. 왜냐하면 단어들이 문장 내에서 맺고 있는 상호 관련은 굴절 어미들에 의해 밝혀지기 때문이다.

반면에 굴절된 형태들이 비교적 적은 영어에서는 문장의 의미가 언어관습상 엄격하게 지켜온 어순에 달려 있는 것이 보통이다. 일례로, 아래의 영어 문장과 그에 대한 네 가지 라틴어 번역들을 비교해 보라. 후자는 어순의 차이에도 불구하고 모두가 본질적으로 똑같은 의미를 나타낸다:

(1) *The boy is giving the pretty girl a rose.*
(2) Puer puellae bellae rosam dat.
(3) Bellae puellae puer rosam dat.
(4) Bellae puellae rosam dat puer.
(5) Rosam puer puellae bellae dat.

라틴어 문장에서는 어순이 어떻든지 간에 그 의미는 항상 동일하다(하지만 강조점은 달라지는데, 가장 강조하고자 하는 단어는 주로 첫 번째와 마지막에 배치한다). 또한 **bellae**와 **puellae**는 문장 어디에 위치하든지 간에 그 어미로 인하여 전자는 반드시 후자를 수식한다는 것도 알 수 있다. 그러나 영어 문장에서는 어순이 바뀌면 그 의미도 달라진다:

(1) *The boy is giving the pretty girl a rose.*
(2) *The pretty girl is giving the boy a rose.*
(3) *The girl is giving the boy a pretty rose.*
(4) *The girl is giving the pretty boy a rose.*
(5) *The rose is giving the boy a pretty girl.*

이 모든 문장들에서 동일한 단어들이 동일한 철자들로 쓰여졌지만, 각 문장의 의미는 어순에 따라 다르다. 더욱이 다섯 번째 영어 문장은 의미가 통하지 않지만, 그와 동일한 어순으로 된 마지막 라틴어 문장은 의미가 완벽하게 잘 통한다 —그리고 직접 목적어가 강조되어 있다: 소년이 주고 있는 선물은 다름 아닌 장미다.

VOCĀBVLA

이 章의 어휘 목록에는 제2곡용 남성 명사들이 여럿 소개되어 있다. 그리고 예를 들면 **ager, agrī**와 같은 단어에서 분명히 알 수 있듯이, 명사의 어간은 그 속격 어미를 제거하여 추출하는 것이 가장 좋은 방법이다. 한편 형용사의 어간을 확인하는 가장 확실한 방법은 그 여성 형태에서 주격 어미를 제거하는 것이다. 명사의 성은 정해져 있지만—명사들은 보통 하나의 性만 갖는다(남성이나 여성일 수도 있는 "시민"을 뜻하는 라틴어 단어처럼 분명한 예외들 또한 어느 정도 있다)—이에 반해 형용사들은 세 가지 性을 모두 지닌다. 여러분이 이 새로운 단어들을 배울 때는 **vir avārus** 또는 **populus Rōmānus**처럼 명사와 형용사를 짝지어서 곡용하고, 여러분이 곡용한 것과 패러다임을 대조하여 자신의 실력을 점검해 보라.

명사들과 형용사들의 어휘는 일반적으로 이 책에 기술된 패턴들을 따라 제시된다. 그러나 아래 목록에 있는 이 단어들처럼 예외적인 것들도 가끔 있다: **fīlia**, *daughter*는 복수 여격과 탈격 형태인 **fīliābus**가 표제어에 포함되는데, 이는 **fīlius**, *son*의 여격과 탈격 **fīliīs**와 전혀 다른 모습이다; 또한 형용사 **paucī, paucae, pauca**, *few*는 복수를 뜻하므로 복수 형태만 제시된다.

항상 그렇듯이, 새로운 단어들이 나올 때마다 그 표제어를 모두 암기하고, 앞의 두 章들에서 배운 단어들도 복습하라. 어휘 카드들이나 어휘 목록집을 사용하면 포괄적인 복습에 도움이 될 것이다. 그러나 가장 이상적인 방법은 CD 또는 www.wheelockslatin.com에 올려져 있는 오디오들을 들으면서 자신이 공부한 章들에 나온 모든 어휘들을 복습하고 익히는 것이다. 온라인 오디오를 활용할 때는 각 단어의 철자를 장음 부호에도 유의하면서 자세히 살펴본 다음에, 그것을 클릭하여 듣고, 그 단어를 큰 소리로 말하고, 그 뜻을 읽고 생각하라(그 웹페이지에는 완전한 라틴어 표제어와 함께 뜻풀이가 실려 있다). 그리고 나서 또다시 보고 클릭하고 듣고 큰 소리로 반복하라. 여러분이 모국어를 익히거나 또는 아마도 현대어를 어느 것이든 공부할 때 그랬던 것처럼, 즉 눈과 귀와 입으로 배웠듯이, 라틴어도 그런 식으로 배워라; 그리고 어휘를 공부할 때는 **semper audī et prōnūntiā!**

áger, **ágrī**, m., 들, 밭 (agrarian, agriculture, agronomy)

agrícola, **agrícolae**, m., 농부 (cf. **ager**)

amícus, **amícī**, m., **amíca**, **amícae**, f., 친구(amicable, amiable, amity; cf. amō)

fémina, **féminae**, f., 여인 (female, feminine, femininity)

fīlia, **fíliae**, f., 복수 여격과 탈격 **fīliábus**, 딸 (filiation, affiliation, affiliate, filial, hidalgo)

fīlius, **fíliī**, m., 아들 (파생어로서 **fīlia**를 보라)

númerus, **númerī**, m., 수 (numeral, innumerable, enumerate)

pópulus, pópulī, m., 사람들, 백성, 나라 (populace, population, popularity, popularize, populous)

púer, púerī, m., 소년; pl. 소년들, 아이들 (puerile, puerility)

sapiéntia, sapiéntiae, f., 지혜 (sapience, sapient, sage, savant)

vir, vírī, m., 남자, 위인 (virtue, virile, triumvirate; virulent는 아님)

avárus, avára, avárum, 탐욕스러운, 욕심 많은 (avarice, avid)

paúcī, paúcae, paúca, (보통은 복수 형태로), 소수, 약간, 얼마쯤, *few, a few* (paucity)

Rōmắnus, Rōmắna, Rōmắnum, 로마의 (Romance, romance, romantic, romanticism, Romanesque, Roumania)

dē [전치사 + 탈격], ~의 아래로, 부터; ~에 관하여; 접두사로 사용된 **dē**-는 "아래로, 멀리, 옆으로, 밖에, 떨어져, 벗어나"를 뜻한다 (demote: **dē-moveō**; decline, descend)

in [전치사 + 탈격], ~에, 안에, *in, on*; 접두사로도 쓰인다 (induce, inscribe, invoke; **dē**-와 **in-** 및 다른 접두사들에 관해서는 부록 564-69쪽을 보라)

hódiē [부사], 오늘 (hodiernal)

sémper [부사], 항상 (sempiternal)

hábeō, habére, hábuī, hábitum, 갖다, 잡다, 소유하다; 고려하다, 간주하다 (in-habit & in-hibit, "hold in"; ex-hibit, "hold forth"; habit, habitat)

sátiō, satiáre, satiávī, satiátum, 만족시키다, 배부르게 하다, 물리게 하다 (satiate, insatiable, satiety, satisfaction)

LĒCTIŌ ET TRĀNSLĀTIŌ

패러다임과 어휘를 암기하고 자습문제로 자신의 실력을 점검한 후에, 아래 독해 문장들에 있는 제2곡용 명사들을 일일이 찾아서 그 格과 數와 기능을 확인하라. 특히 동격으로 사용된 명사들을 식별하라(그것들에는 쉼표가 찍혀 있어서 쉽게 눈에 띌 것이다). 번역을 시도하기 전에, 큰 소리로 읽으면서 의미를 파악해야 한다는 것을 항상 기억하라. 어순에 대한 본 단원의 설명을 잘 생각하면서, 언제나처럼 어미들에 세심한 주의를 기울여라. 영어에서는 보통 사용되는 **소유 대명사들(POSSESSIVES)**이 라틴어에서는 자주 생략되므로, 번역할 때는 관사(冠詞)와 마찬가지로 그것들을 으레 덧붙여야 한다; 예를 들면, 바로 아래 Ex. 7번의 **fīliābus**에는 "his"를, S.A.10번의 **amīcōs**에는 "your"를 덧붙여야 자연스런 영어 표현이 된다.

EXERCITĀTIŌNĒS

1. Fīlium nautae Rōmānī in agrīs vidēmus.
2. Puerī puellās hodiē vocant.
3. Sapientiam amīcārum tuārum, Ō fīlia mea, semper laudat.
4. Multī virī et fēminae philosophiam antīquam cōnservant.
5. Sī īra valet, Ō mī fīlī, saepe errāmus et poenās damus.
6. Fortūna virōs magnōs amat.
7. Agricola fīliābus pecūniam dat.

작문

8. Without a few friends life is not strong.
9. Today you have much fame in your country.
10. We see great fortune in your daughters' lives, my friend.
11. He always gives my daughters and sons roses.

SENTENTIAE ANTĪQVAE

1. Dēbētis, amīcī, dē populō Rōmānō cōgitāre. (Cicero.)
2. Maecēnās, amīcus Augustī, mē in numerō amīcōrum habet. (Horace. —**Maecēnās**, 人名[단수 주격]; 1章의 독해 문장을 보라.—**Augustus, -ī**.)
3. Libellus meus et sententiae meae vītās virōrum monent. (Phaedrus. —**libellus, -ī**, m, 작은 책; *libel, libelous*.)
4. Paucī virī sapientiae student. (Cicero.—**studēre**+여격, 열중하다, *student, studious*.)

가이우스 마이케나스.
Palazzo dei Conservatori
로마, 이탈리아

5. Fortūna adversa virum magnae sapientiae nōn terret. (Horace.—**adversus**, **-a**, **-um**, 거슬리는, 불운한; *adversary*, *adversity*.)

6. Cimōn, vir magnae fāmae, magnam benevolentiam habet. (Nepos. —**Cimōn**, 人名[단수 주격].—**benevolentia**, **-ae**, f.)

7. Semper avārus eget. (*Horace.—**avārus**는 명사로 쓰였으므로 **avārus vir**를 뜻한다.—**egēre**, 궁핍하다.)

8. Nūlla cōpia pecūniae avārum virum satiat. (Seneca.—**nūllus**, **-a**, **-um**, 아닌; *null*, *annulment*.—**cōpia**, **-ae**, f. 풍부; *copious*, *cornucopia*.)

9. Pecūnia avārum irrītat, nōn satiat. (Publilius Syrus.—**irrītāre**, 자극하다, 격앙시키다; *irritable*, *irritate*.)

10. Sēcrētē amīcōs admonē; laudā palam. (*Publilius. Syrus.—**sēcrēte**, 몰래, 은밀히; *secret*, *discrete*.—**admonē** = **monē**.—**palam**, 공개적으로.)

11. Modum tenēre dēbēmus. (*Seneca.—**modus**, **-ī**, m. 중용; mode, modify.—**tenēre**, 붙잡다, 지키다; *tenable*, *tenant*.)

그 풀밭이 항상 더 푸르다

Agricola et vītam et fortūnam nautae saepe laudat; nauta magnam fortūnam et vītam poētae saepe laudat; et poēta vītam et agrōs agricolae laudat. Sine philosophiā avārī virī dē pecūniā semper cōgitant: multam pecūniam habent, sed nihil virum avārum satiat.

Horace *Sat.* 1.1; 호라티우스의 초기 풍자시들(그가 붙인 표제는 **Sermōnēs**, 대화집) 가운데 하나를 산문체로 자유로이 바꾸어 인용한 이 글은 바로 앞에 있는 **Sententiae Antīquae**의 몇몇 문장에서 들려진 테마를 잘 마무르고 있다.— **et . . . et**: 여러분은 첫 번째 **et**를 "그리고"로 번역하려고 할지도 모르겠으나, 하지만 그 **et**는 등위접속사로서 대등한 문장 요소들을 연결해야 하므로, 주격인 **agricola**와 대격인 **vītam**을 연결할 수는 없고, 대신에 두 직접목적어들인 **vītam**과 **fortūnam**을 이어주는 것으로 읽어야 한다.

QVAESTIŌNĒS: 여기서 호라티우스는 사람에게 흔한 못된 성향을 언급하고 있다. 그 결함은 무엇인가? 그 풍자시인은 그 원인이 무엇이라고 생각하는가? —여러분은 원인과 결과에 대한 그의 판단에 동의하는가?

SCRĪPTA IN PARIETIBVS

G. Iūlius Trophimus

Venustus

CIL 4.7309b (I 지역, 8 구역에 위치한 **caupōna**, 여인숙, 주막) 그리고 8020 (I 지역, 6 구역): 현대인들과 마찬가지로 고대 로마인들도 자신들과 다른 사람들의 이름들을 벽에 쓰거나 그리기를 좋아했고, 가끔은 "초상화"도 곁들였다. 여기에 보이는 그림으로 판단컨대, 가이우스 율리우스 트로피무스(Gaius Julius Trophimus)는 멋진 청년으로 제의 행렬에 등장한 몇몇 인물들 중 하나였다; 그의 완전한 이름은 로마 남성 시민들의 전형적인 작명법을 보여주고 있는데, 이는 다음과 같이 구성된다: 첫 번째는 주어진 이름 또는 **PRAENOMEN**(여기서는 "Gaius"인데, 보통은 "G" 또는 더 흔하게는 "C"로 줄여 썼다), 두 번째는 가문(**gēns**) 이름 또는 **NOMEN**(여기서는 "Julius"; 처음에는 "Juliaus"로 철자를 잘못 썼다가 이를 수정하려고 군더더기 A를 그어 버렸다), 그리고 마지막 세 번째는 일종의 별명인 **COGNOMEN**인데, 어떤 신체적 또는 정신적 특징과 종종 관련되었고, 가끔은 가문의 한 분파를 표명하였다("Trophimus"는 그리스語로서 "수양 아들"을 뜻하는바, 이 젊은이는 율리우스 가문에서 해방된 **lībertīnus** 또는 "자유인"이었던 것으로 추측된다). **Venustus**는 비교적 흔한 별명(cognomen)으로 비너스 여신의 이름과 관련이 있고, "예쁜" 또는 "매력적인"을 뜻한다; 배를 주제로 한 그림은 2章의 Fortuna 낙서를 포함한 폼페이의 다른 여러 낙서들에 나타난다.

ETYMOLOGIA

아래는 본 단원의 어휘를 공부한 여러분의 실력으로 그 뜻을 알아챌 수 있는 로망스語 계열의 낱말들이다.

라틴어	이탈리아어	스페인어	프랑스어	포르투갈어
amīcus	amico	amigo	ami	amigo
fīlius	figlio	hijo	fils	filho
numerus	numero	número	numéro	número
populus	popolo	pueblo	peuple	povo
paucī	poco	poco	peu	pouco
semper	sempre	siempre		sempre
habēre	avere	haber	avoir	haver
dē	di	de	de	de

옥시타니아語(오크語)는 또 다른 로망스語로서, 단지 프랑스 남부(프로방스 방언이라고 알려져 있다)와 모나코 및 스페인 북부와 이탈리아 알프스의 일부 지역들에서만 주로 제2언어로 사용된다; 여러분은 또한 옥시타니아어, 또는 적어도 옛 오크語(11-12세기 음유 시인들의 작품에 쓰여진 언어)에서 나온 이 단어들을 해독할 수 있을 것이다: **amic, filh, nọmbre, pople, pauc, sẹmpre, de, avẹr**(맨 앞의 h가 소실되고 b가 v로 바뀌는 것은 라틴어에서 로망스어로 변하는 과정에서 흔히 나타나는 현상이다). 그리고 이들과 같은 뿌리에서 나온 루마니아語(롬語) 단어들도 여기에 열거하였는데, 여러분은 어느 것이 어느 것과 짝을 이루는지 쉽게 확인할 수 있을 것이다: **amic, fiu, numǎr, popor, de, avea**.

LATĪNA EST GAVDIVM—ET VTILIS!

Salvēte, amīcae et amīcī! Quid hodiē agitis? 여러분이 미국 연안 경비대에 있다면, 여러분은 **semper parātus** 항상 준비되어 있고, 만일 미 해병대원이라면 **semper fidēlis** 항상 충성스럽다(忠犬의 이름인 "Fido" 역시 동일한 라틴어 語根에서 나왔다). 여기서는 이 章의 **Vocābula**에서 문득 생각난 예를 둘만 들었지만, 현대의 다양한 분야의 기관들과 단체들을 대표하는 라틴어 표어들은 셀 수 없이 많다. **Valēte et habēte fortūnam bonam!**

CAPVT IV

제2곡용 중성 명사;
형용사; Sum의 직설법 현재;
서술적 명사와 형용사; 실체사

GRAMMATICA

제2곡용의 중성 명사

제1곡용에는 중성 명사들이 하나도 없지만 제2곡용에는 많이 있다. 그 중성명사들은 아래와 같이 곡용되며, 이들 역시 어간에 어미를 덧붙인다:

	dōnum, *gift*	**cōnsilium**, *plan*	**magnum**, *great*	
어간	**dōn-**	**cōnsili-**	**magn-**	**어미**
단수				
주격	dónum	cōnsílium	mágnum	**-um**
속격	dónī	cōnsíliī (cōnsílī)	mágnī	**-ī**
여격	dónō	cōnsíliō	mágnō	**-ō**
대격	dónum	cōnsílium	mágnum	**-um**
탈격	dónō	cōnsíliō	mágnō	**-ō**
복수				
주격	dóna	cōnsília	mágna	**-a**
속격	dōnórum	cōnsiliórum	magnórum	**-ōrum**
여격	dónīs	cōnsíliīs	mágnīs	**-īs**
대격	dóna	cōnsília	mágna	**-a**
탈격	dónīs	cōnsíliīs	mágnīs	**-īs**

제2곡용의 중성 어미들은 그 남성 어미들과 형태가 거의 똑같다. 단, 중성에서 주격과 대격과 호격 어미들은 서로 동일한 형태를 지닌다(이는 모든 곡용의 모든 중성 단어들에 일괄적으로 적용되는 현상이다): 단수에서는 **-um**이고, 복수에서는 **-a**이다. 따라서 중성 명사가 어떤 문장에서 주어로 사용되었는지, 아니면 목적어로 사용되었는지는 어순과 문맥으로 판단해야 한다(물론 호격은 일

반적으로 문장의 나머지 부분과 반점에 의해 분리되어 있기 때문에 훨씬 쉽게 식별될 수 있다). 한편 복수 어미 **-a**는 제1곡용의 단수 주격 어미와 혼동하기 쉽다. 그러므로 모든 명사 어휘들은 그 性까지 철저히 암기하는 것이 얼마나 중요한지를 다시금 깨달을 수 있을 것이다. 로마인들은 어간이 **-i-**로 끝나는 중성(과 남성) 명사들의 단수 속격을 철자할 때 그 모음을 생략하는 경우가 종종 있었다. 예를 들면 **cōnsiliī** 대신에 **cōnsilī**, 또는 **fīliī** 대신에 **fīlī**로 기록하였다. 그러나 이 책에서는 그 어간 모음을 빠뜨리지 않는 것을 원칙으로 하였다. 제2곡용 중성 명사들은 註記에서 다음과 같이 단축된 형태로 제시될 것이다: **dónum, -ī** (= **dónum, dónī**), n.

형용사의 곡용과 일치

2-4章에 여러 번 인용된 **magnus**의 패러다임을 보면, 어간은 불변인 채로 남아 있지만, 그 수식을 받는 명사의 性에 따라서 남성이나 여성 또는 중성 어미를 취하며, 數와 格에서도 마찬가지로 그 명사와 일치한다. 제1·2곡용들을 전체적으로 살펴볼 수 있도록, **magnus**의 모든 곡용을 아래에 열거하였다.

	남성	여성	중성
단수			
주격	mágnus	mágna	mágnum
속격	mágnī	mágnae	mágnī
여격	mágnō	mágnae	mágnō
대격	mágnum	mágnam	mágnum
탈격	mágnō	mágnā	mágnō
호격	mágne	mágna	mágnum
복수			
주격	mágnī	mágnae	mágna
속격	magnórum	magnárum	magnórum
여격	mágnīs	mágnīs	mágnīs
대격	mágnōs	mágnās	mágna
탈격	mágnīs	mágnīs	mágnīs
호격	mágnī	mágnae	mágna

이러한 제1·2곡용 형용사들은 註記에서 다음과 같이 단축된 형태로 표기될 것이다: **magnus, -a, -um** 또는 **meus, -a, -um** 등등.

Sum의 현재 부정사와 직설법

영어의 *be* 동사와 마찬가지로, 중요한 라틴어 동사인 **sum**도 불규칙하게 변한다. 그 인칭 어미들을 익히 알고 있다 하더라도, 현재 시제에서 그 어간은 심하게 변하므로, 그 형태들은 주어진 대로 암기해야 한다. 한편 **sum**은 자동사적인 계사(즉, 주어와 술어로 쓰인 명사나 형용사를 연결하는 말)이므로, 그 태를 능동이나 수동으로 구분하지 않는다는 것에 유의하라.

현재 부정사: esse, *to be*

직설법 현재

단수	복수
1. sum, *I am*	súmus, *we are*
2. es, *you are*	éstis, *you are*
3. est, *he(she, it) is, there is*	sunt, *they are, there are*

예문을 몇 개 들면 다음과 같다: **Fīlia tua est bona,** *Your daughter is good.* **Amīcī meī estis,** *You are my friends.* **Sunt multī agricolae in agrīs,** *there are many farmers (many farmers are) in the fields.*

서술적 명사와 형용사.

Sum은 자동사와 마찬가지로 직접 목적어를 취할 수 없다. 대신에 나중에 소개될 다른 계사(繫辭)들처럼 어떤 절의 주어와 그것을 서술하는 명사 또는 형용사를 연결시켜주는 역할을 한다(문장은 주어와 그 수식어, 그리고 동사와 그에 종속된 모든 語句들로 이루어진 서술어로 크게 나누어진다). 그와 같은 서술적 명사들과 형용사들—또는 **서술적 주격**(PREDICATE NOMINATIVE)이라고 종종 일컬어진다—은 계사에 의해 주어와 연결되거나 혹은 대등하게도 되므로, 그것들은 당연히 주어의 數와 格(물론 주격이 일반적이다)을 그대로 따르고, 가능하기만 하면 性도 마찬가지로 따른다. 만일 주어가 性이 다른 단어들로 혼합되어 있으면, 그 서술적 형용사는 가장 가까이 위치한 단어의 性과 일치하는 것이 보통이지만, 남성을 우선적으로 취하는 경우도 종종 있다. 이와 관련하여 아래의 예문들을 잘 살펴보고, 주어와 서술적 명사/형용사들 사이의 性과 數의 일치도 확인하라:

Vergilius est amīcus Augustī, *Virgil is the friend of Augustus.*

Vergilius est poēta, *Virgil is a poet.*

Vergilius est magnus, *Virgil is great.*

Fāma Vergiliī est magna, *the fame of Virgil is great.*

Amīcae sunt bonae, *the girl-friends are good.*

Puerī dēbent esse bonī, *the boys ought to be good.*

Puer et puella sunt bonī, *the boy and girl are good.*

Dōnum est magnum, *the gift is large.*

Dōna sunt magna, *the gifts are large.*

Sumus Rōmānī, *we are Romans(Roman men).*

Sumus Rōmānae, *we are Roman women.*

실체적 형용사

제2장에서 여러분은 **관형적 형용사**를 배웠고(일례로 **vir Rōmānus** 또는 **fēmina bona**), 바로 앞에서는 **서술적 형용사**가 소개되었다(**porta est antīqua**). 로마인들은 또한 명사 대신에 형용사를 **실체사**(SUBSTANTIVE)로 사용한 경우가 자주 있었는데, 이는 영어에서도 마찬가지이다("The meek shall inherit the earth"—즉, "the meek *people*"). 그와 같은 형용사들은 가끔 영어의 실체사로 옮길 수 있지만, 그러나 자연스러운 말이 되기 위해서는 그 단어의 性과 數에 따라 *man* 또는 *men*, *woman* 또는 *women*, *thing* 또는 *things*를 덧붙일 필요가 종종 있다. 아래 예문들을 참조하라:

Bonās saepe laudant. *they often praise the good women.*

Multī sunt stultī. *many(men) are foolish.*

Puerī mala nōn amant. *the boys do not love bad things.*

Paucī dē perīculō cōgitant. *few(men) are thinking about the danger.*

VOCĀBVLA

본 단원의 어휘에서는 몇몇 중성 명사들을 소개하고 있는데, 이들은 주격 어미 **-um**으로, 또한 그 性의 약어인 "n."으로도 물론 쉽게 식별된다. 이들 중에서 중성 명사인 **nihil**은 곡용되지 않는다; 즉, 하나의 형태가 주어나 목적어 등으로 사용될 수 있다는 뜻이다(1장에서 나온 단어지만, 곡용과 성의 개념에 비추어 보도록 이를 다시 소개하였다). **Vocābula** 자체는 그러니까 원래는 사람이나 사물을 "부르다" 또는 "일컫다"를 뜻하는 **vocāre**에서 나온 중성 명사 **vocā-bulum**의 복수 형태로서, 어휘를 뜻하는 "vocabulary"는 결국 여기에서 파생된 단어이다. 중성 명사들을 완전히 익히기 위해, 아래 어휘 목록에서 명사와 형용사를 짝지워 곡용하고(예를 들면 **remedium bonum**), 여러분이 곡용한 것들을 위에 제시된 패러다임과 대조해 보라. 새로 나오는 각 단어들의 표제어들은 모두 암기하고, 앞의 세 훼들에서 나온 단어들도 복습하라. 이때 CD 또는 www.wheelockslatin.com에 있는 오디오 목록들을 경청하는 것이 가장 이상적이다.

básium, básiī, n., 입맞춤, *kiss* (basiate)

béllum, béllī, n., 전쟁, 싸움 (bellicose, belligerent, rebel, rebellion, revel)

cōnsílium, cōnsíliī, n., 계획, 목적, 조언, 상담, 판단, 지혜 (counsel, counselor, consiliate, reconcile)

cúra, cúrae, f., 걱정, 주의, 조심, 근심 (cure, curator, curious, curiosity, curio, curettage, sinecure)

dónum, dónī, n., 선물 (donate, donation, condone; **dō**를 참조하라)

exítium, exítiī, n., 파괴, 파멸 (exit)

magíster, magístrī, m., & **magístra, -ae**, f., 교장, 선생, 주인 (magistrate, magistracy, magisterial, maestro, mastery, mister, miss; magnus를 참조하라)

móra, mórae, f., 지연 (moratorium, demur)

níhil [곡용되지 않음], n., 無, *nothing* (nihilist, annihilate)

óculus, óculī, m., 눈 (ocular, oculist, binoculars, monocle)

offícium, offíciī, n., 임무, 봉사 (office, officer, official, officious)

ótium, ótiī, n., 여가, 한가, 평온 (otiose, negotiate)

perículum, perículī, n., 위험, 모험 (peril, perilous, imperil, parlous)

remédium, remédiī, n., 치료, 처방 (remedial, irremediable, remediation)

béllus, bélla, béllum, 예쁜, 멋진, 매력적인 (belle, beau, beauty, embellish, belladonna, belles-lettres). "전쟁"을 뜻하는 **bellum**과 혼동하지 말라.

bónus, bóna, bónum, 좋은, 친절한 (bonus, bonanza, bonny, bounty, bona fide)

hūmánus, hūmána, hūmánum, 인간에 관한, 인간적인; 인도적인, 친절한; 세련된, 교양있는 (humanity, humanitarian, humanism, humanist, the humanities, inhuman, superhuman)

málus, mála, málum, 나쁜, 악한, 흉한 (malice, malicious, malign, malignant, malaria, malady, malefactor, malfeasance, malevolent; 접두사 mal-: maladjustment, malnutrition, maltreat, malapropos)

párvus, párva, párvum, 작은, 적은 (parvovirus, parvule, parvicellular)

stúltus, stúlta, stúltum, 어리석은; **stúltus, stúltī**, m., 바보 (stultify, stultification)

vérus, véra, vérum, 진실한, 참된, 옳은, 정당한 (verify, verisimilitude, very, veracity)

iúvō(또는 **ádiuvō**), **iuváre, iúvī, iútum**, 돕다, 도와주다; 기쁘게 하다 (adjutant, coadjutant, aid, aide-de-camp)

sum, ésse, fúī, futúrum, 이다, 있다, *be, exist* (essence, essential, future, futurity)

LĒCTIŌ ET TRĀNSLĀTIŌ

아래 글들을 읽으려고 하기 전에, 반드시 패러다임과 **Vocābula**를 암기하고, 새로 나온 몇몇 중성 명사들과 형용사들의 곡용을 연습하고, 자습문제들을 철저히 풀어보라. 문장에서 제2곡용 명사들을 찾아내고, 그들의 性과 數와 格, 그리고 그 기능을 확인하라. 이때 어미가 **-a**인 중성 명사들을 조심하라; 물론 그 명사들은 복수이지만, 학생들은 어미가 **-a**인 제1곡용 단수 명사들과 혼동하는 경우가 자주 있다. 또한 아래 글들에서 **sum, esse**의 모든 형태들 및 서술적 주격들과 실체사들을 낱낱이 식별하라. 끝으로, 여러분이 그 문장들과 키케로의 글(만일 CD를 갖고 있다면, 이것이 녹음된 부분을 잘 들어라) 및 담벼락 낙서 (graffito)를 읽을 때는 번역하기 전에 큰 소리로 읽으면서 의미를 파악하라. 그리고 문맥에 가장 적합한 단어의 뜻을 선택하라; 예를 들면, 연습문제 5번에서 **cūrīs**는 "주의" 또는 "조심"보다는 "걱정/근심/염려"가 더 나은 선택이고, 연습문제 6번에서 **cōnsiliō**는 "지혜"보다는 "계획"이 더 뜻이 통한다.

EXERCITĀTIŌNĒS

1. Ōtium est bonum, sed ōtium multōrum est parvum.
2. Bella(< **bellum, -ī,** n.) sunt mala et multa perīcula habent.
3. Officium nautam dē ōtiō hodiē vocat.
4. Paucī virī multās fōrmās perīculī in pecūniā vident–nōn dēbēmus esse avārī!.

5. Sī multam pecūniam habētis, saepe nōn estis sine cūrīs.

6. Puellae magistram dē cōnsiliō malō sine morā monent.

7. Ō magne poēta, sumus vērī amīcī; mē iuvā, amābō tē!

8. Fēmina et agrōs et portam agricolae videt.

작문

9. You(단수) are in great danger.

10. My son's opinions are often foolish.

11. The daughters and sons of great men and women are not always great.

12. Without wisdom the sailors' good fortune is nothing and they are paying the penalty.

SENTENTIAE ANTĪQVAE

1. Fortūna caeca est. (*Cicero.—**caecus, -a, -um**, 눈먼; *Cecil.*)

2. Sī perīcula sunt vēra, īnfortūnātus es. (Terence.—**īnfortūnātus, -a, -um**, 불운한.)

3. Salvē, Ō amīce; vir bonus es. (Terence.)

4. Nōn bella est fāma fīliī tuī. (Horace.)

5. Errāre est hūmānum. (Seneca.—부정사가 동사의 주어로 사용될 수 있는데, 이 때 그 부정사는 곡용되지 않는 중성 명사로 취급된다.)

6. Nihil est omnīnō beātum. (Horace.—**omnīnō**, 완전히.—**beātus, -a, -um**, 행복한, 운좋은; *beatify, beatitude.*)

7. Remedium īrae est mora. (Seneca.)

8. Bonus Daphnis, amīcus meus, ōtium et vītam agricolae amat. (Virgil.—Daphnis는 목가적인 인물이다.)

9. Magistrī parvīs puerīs crūstula et dōna saepe dant. (Horace.—**crūstulum, -ī**, 과자; *crouton, crustacean.*)

10. Amīcam meam magis quam oculōs meōs amō. (Terence.—**magis quam**, *more than.*)

11. Salvē, mea bella puella—dā mihi multa bāsia, amābō tē! (Catullus.—**mihi**[여격], 나에게.)

12. Īnfīnītus est numerus stultōrum. (Ecclesiastes.—**īnfīnītus, -a, -um**, 무한한; *infinity.*)

13. Officium mē vocat. (Persius.)

14. Malī sunt in nostrō numerō et dē exitiō bonōrum virōrum cōgitant.
　　Bonōs adiuvāte; cōnservāte patriam et populum Rōmānum. (Cicero.
　　—**nostrō**, 우리; *nostrum, paternoster*.)

키케로
카피톨리니 박물관
로마, 이탈리아

우정의 소중함

Paucī virī vērōs amīcōs habent, et paucī sunt dignī. Amīcitia vēra est
praeclāra, et omnia praeclāra sunt rāra. Multī virī stultī dē pecūniā sem-
per cōgitant, paucī dē amīcīs; sed errant: possumus valēre sine multā
pecūniā, sed sine amīcitiā nōn valēmus et vīta est nihil.

Cicero, *Amīc.* 21.79-80: 로마의 법률가이자 정치가인 키케로(Marcus Tullius
Cicero, 주전 106-43)는 정치적인 그리고 개인적인 일들에 관한 수백 개의 서
신들과 정치와 법정에서 행한 수십 편의 연설들 및 여러 철학 논문들을 포함한
엄청난 수의 저술들을 남겼으며, 이에 크게 힘입어 그는 고대 세계에서 나온
가장 잘 알려진 인물들 중 하나가 되었다. 키케로가 그의 나이 60대 초였을 때
인 주전 45년에 저술한 **Dē Amīcitiā**("우정에 관하여")는 그의 철학 작품들
중에서 가장 널리 읽히고 영향력 있는 것들 중 하나로 남아 있다.— **dignus, -a,**
-um, 가치있는, 합당한; *deign, dignify*. **amīcitia, -ae**, f., 우정.— **omnia**, 모
든(것들); *omnipotent, omniscient*.— **praeclārus, -a, -um**, 찬란한, 빛나는,
두드러진; *clarity*.— **rārus, -a, -um**, 드문; *rarefy, rarity*.— **possumus**, 우리
는 할 수 있다; *posse, possible*.

QVAESTIŌNĒS: 우정의 소중함에 관하여 키케로가 여기서 주목한 것은 무엇
인가? 그리고 그의 관점은 여러분이 앞 장에서 읽은 호라티우스의 풍자시들에
서 나온 글에 담긴 그의 관점과 얼마나 유사한가?

SCRĪPTA IN PARIETIBVS

Prīme, av<ē>, valē.

CIL 4.8615: 폼페이의 II 지역에 소재한 원형 극장 근처의 큰 훈련장을 둘러싸고 있는 기둥들 중 하나에 새겨진 낙서로서, 로마인에게 흔한 별명인 "Primus"라는 이름의 친구에게 보내는 인사말; 1章에 실린 담벼락 글에서 우리는 **avē**를 줄여서 쓴 **av'**를 보았다; 그리고 **avē et valē**는 만날 때와 헤어질 때의 인사말로 널리 사용되었는데, 이 말은 시인 카툴루스가 형의 죽음을 슬퍼하면서 지은 애가(101번 詩)를 통해서 오늘날에도 잘 알려져 있다: **frāter, avē atque(= et) valē**. 한편 이 그림에서 문자 E를 ‖로 표기했던 일반적인 용례를 엿볼 수 있다.

ETYMOLOGIA

라틴어에서 파생된 로망스어 단어들:

라틴어	이탈리아어	스페인어	프랑스어	포르투갈어
oculus	occhio	ojo	œil	olho
ōtium	ozio	ocio	oisiveté	ócio
perīculum	pericolo	peligro	péril	perigo
officium	officio	oficio	office	ofício
bonus	buono	bueno	bon	bom
vērus	vero	verdadero	vrai	vero
magister	maestro	maestro	maître	mestre
bellus	bello	bello	belle	belo
hūmānus	umano	humano	humain	humano
beātus	beato	beato	béat	beato
bāsium	bacio	beso	baiser	beijo
rārus	raro	raro	rare	raro

다음은 옛 오크語 파생 단어들이다: **perilh, ofíci, bos, ver, maïstre, bel, umaṇ, beat, bais, rar.** 또한 루마니아語를 참조하라: **ochi, pericol, oficiu, bun, magistru, uman, beat**(그 언어에서 이것의 실제 의미는 "술 취한"이다!), **rar.**

LATĪNA EST GAVDIVM—ET VTILIS!

Salvē, amīce(또는 **amīca**)! 오늘날 사용되고 있는 영어에는 라틴어 표현들이 무수히 많다(일례로 **sub rosā**를 기억하는가?); 그들 중에서 본 단원에 나오는 형용사와 관련된 것을 하나 들면 **rāra avis**이다. 이 말은 직역하면 "희귀조"지만, 실제로는 예외적이거나 특이한 사람 또는 진귀한 것에 사용된다. 1960년대와 70년대 초에 미국에서는 라틴어를 배우는 학생이 **rāra avis**가 되어 있었으나, 그 이후로 라틴어에 대한 관심이 괄목할 만하게 다시 분출하였다. 건축학에서 둥근 지붕 꼭대기에 뚫린 원형 구멍이나 둥그런 창문을 뜻하는 전문 용어인 "oculus"는 라틴어에서 철자가 하나도 안 변하고 영어로 직접 들어온 수천 개 단어들 중 하나다. 이 파생어에는 상상력이 깃들어 있는데, 본 章의 **Vocābula**에서도 보았듯이, 라틴어 **oculus**는 "눈"을 뜻하기 때문이다. **Ergō**(*therefore*)는 영어로 곧바로 들어온 또 다른 라틴어이다; 그러므로(ergo), 데카르트가 자신의 "방법 서설"(*Discours de la méthode*)에서 주장한 **cōgitō ergō sum**의 의미를 이제 알 수 있을 것이다. **Semper cōgitā, amīce, et valē!**

CAPVT V

제1·2활용: 미래와 미완료;
기본형이 -er 형태인 형용사

GRAMMATICA

미래와 미완료 시제

로마인들은 첫 번째 두 가지 활용들(즉, 제1활용과 제2활용)에서 미래 시간을 나타내는 방법으로, 현재 어간과 인칭 어미들 사이에 미래 **시제 표지**(TENSE SIGN)를 삽입하였는데, 대부분의 형태들에서 **-bi-**가 쓰였다. 또한, 영어의 과거 진행과 대체로 엇비슷한 미완료 시제를 위해서는 (모든 네 가지 활용들에서) 그 시제 표지로서 **-bā-**를 똑같은 방식으로(현재 어간과 인칭 어미들 사이에) 끼워 넣었다. 그리고 이 미래와 미완료는 현재 시제와 더불어 **현재 체계**(PRESENT SYSTEM)를 구성하며, 그 체계에 속한 모든 형태들은 아래에 제시된 패러다임에서 보듯이 현재 어간에 기반을 두고 있다.

Laudō와 Moneō의 직설법 미래와 미완료

미래	미완료
단수	
1. laudā́-bō, *I will/shall praise*	laudā́-ba-m, *I was/kept praising, used to praise, (often/always/ usually) praised*
2. laudā́-bi-s, *you will praise*	laudā́-bā-s, *you were praising,* etc.
3. laudā́-bi-t, *he/she/it will praise*	laudā́-ba-t, *he was praising,* etc.
복수	
1. laudā́bimus, *we will/shall praise*	laudābā́mus, *we were praising,* etc.
2. laudā́bitis, *you will praise*	laudābā́tis, *you were praising,* etc.
3. laudā́bunt, *they will praise*	laudā́bant, *they were praising,* etc.

단수

1. monḗ-bō, *I will/shall advise*

1. monḗ-ba-m, *I was/kept advising, used to advise, (often/always/ usually) advised*

2. monḗ-bi-s, *you will advise*

2. monḗ-bā-s, *you were advising,* etc.

3. monḗ-bi-t, *he/she/it will advise*

3. monḗ-ba-t, *he was advising,* etc.

복수

1. monēbímus, *we will/shall advise*

1. monēbā́mus, *we were advising,* etc.

2. monēbítis, *you will advise*

2. monēbā́tis, *you were advising,* etc.

3. monḗbunt, *they will advise*

3. monḗbant, *they were advising,* etc.

미래 시제의 단수 1인칭부터 복수 3인칭까지 그 표지의 모음이 어떻게 변하는 지 주의 깊게 살펴보라(마치 아기가 옹알이 하듯이 **bō/bi/bi/bi/bi/bu**를 큰 소리로 흥얼거려라!). 그리고 미완료 단수 1인칭과 3인칭 및 복수 3인칭에서 짧아진 **-a-**에 유의하라(장모음은 단어 끝에 위치한 **-m, -r, -t** 앞에서, 그리고 위치에 상관 없이 **nt** 또는 다른 모음 앞에서 통상 짧아진다는 것을 기억하라).

　　삽입소(INFIX) -bi-와 **-bā-**에서, 그 특징적인 모음들 **-i-**와 **-ā-**는 그 시제들을 번역할 때 주로 사용하는 영어의 조동사 "will"의 *-i-*와 "was"의 *-a-*에 빗대어 생각하면 그것들이 미래와 미완료 시제 표지라는 것을 쉽게 기억할 수 있을 것이다. 영어에서는 *he will praise* 또는 *he was praising*이라는 생각을 표현하려면 보다시피 별개의 세 단어들이 필요하지만, 라틴어는 세 가지 요소들, 즉 어간 + 시제표지 + 인칭어미로 구성된 한 단어만으로도 족하다(**laudā** + **bi** + **t** = *praise-will-he* 또는 **laudā-ba-t** = *praising-was-he*).

미래와 미완료에 대한 번역

미래 시제의 번역은 으레 *will*을 사용하며(요즘 영어에서 *shall*을 쓰는 경우는 흔치 않다), 어려울 것이 전혀 없다: **dē amīcō cōgitābō**, *I will think about my friend;* **multam sapientiam habēbunt**, *they will have much wisdom.* 미완료 시제는 그 용어 "imperfect"(< **imperfectum**, 완성되지 않은)가 시사하는 바와 같이, 보통은 과거에 지속되었거나 진행 중이었던 동작을 나타내는 것으로, 여기에는 끊임없이 행해졌거나 반복적 또는 습관적으로 행해졌던 동작 내지는 시도되었던 또는 방금 시작된 동작도 포함된다. 따라서 아래와 같은 번역들이 모두 가능한데, 어느 것이 더 타당한지는 그 문장이 속한 컨텍스트에 좌우될 수밖에 없다:

Nautam monēbam, *I was warning (kept warning, used to warn, tried to warn, was beginning to warn) the sailor.*

Poētae vītam agricolae laudābant, *poets used to praise the farmer's life.*

Magister puerōs vocābat, *the teacher kept calling (was calling) the boys.*

때때로, 미완료는 단순한 과거 시제로 번역될 수도 있는데, 특히 그 자체로 계속적인 동작을 나타내는 부사와 함께 사용된 경우에 그러하다: **nautam saepe monēbam**, *I often warned (kept warning) the sailor;* **magister puellās semper laudābat**, *the teacher always praised (used to praise) the girls.*

기본형이 -er 형태인 제1·2곡용 형용사들

제1·2곡용 형용사들에는 남성 단수 주격이 **-us**보다는 오히려 **-er**로 끝나는 것들이 더러 있다. 그 중 어떤 것들은 명사 **puer**처럼 어간에 **-e-**가 그대로 유지되고, 또 어떤 것들은 명사 **ager**처럼 **-e-**가 떨어져나간다. 그렇다고 해도 어려울게 전혀 없는데, 왜냐하면 아래의 예들에서 보는 바와 같이, **-e-**가 있든 없든, 모든 형용사들과 마찬가지로, 여성과 중성 주격 형태들에서 어간의 모습이 확연히 드러나기 때문이다. 또한 **-er** 명사들에서처럼, 그 형용사들로부터 파생된 영어 단어들을 잘 알고 있으면, 그 어간을 파악하는 데 도움을 받을 수 있다; 일례로 **līber**에서 *liberal*, **pulcher**에서 *pulchritude*, **miser**에서 *miserable*이 파생되었다는 사실을 알면, 어간에 **e**가 포함되는지 여부를 쉽게 판단할 수 있다.

līber	līber-a	līber-um	*free*
pulcher	pulchr-a	pulchr-um	*beautiful*

나머지 패러다임에서 그 어간은 일관되게 유지되며, 어미들도 규칙적으로 붙는다:

	남성	여성	중성	남성	여성	중성
주격	líber	líbera	líberum	púlcher	púlchra	púlchrum
속격	líberī	líberae	líberī	púlchrī	púlchrae	púlchrī
여격	líberō	líberae	líberō	púlchrō	púlchrae	púlchrō
		(etc.)			(etc.)	

본보기로 든 이 단어들의 모든 단수 형태들은 **Summārium Fōrmārum**, 578쪽을 보라. 그리고 곡용과 활용을 복습할 때는 언제든지 부록의 이 단락을 잊지 말고 참조하라.

VOCĀBVLA

이 章의 어휘 목록은, 늘 그렇듯이, 대부분의 표제어들의 말미에 라틴어에서 파생된 다수의 영어 단어들을 괄호로 묶어 제시하고 있다. 여러분은 자신의 영어 단어 실력(!)을 드높이기 위해, 이 파생어들을 항상 유심히 보면서, 생각할 수 있는 다른 단어들도 떠올려 보라. 거의 모든 라틴어 명사들은 "어간 + 어미"라는 원칙에 따라 곡용되지만, 그러나 아래 목록에 있는 **satis**, *enough*처럼 곡용되지 않는 것들도 꽤 있다. 이에 관해서는 앞 章의 어휘에 있는 **nihil**과 관련해서 언급한 바 있다. **Satis**는 사실상 용도가 현저히 다양한데, **satis pecūniae**, *enough (of) money*에서처럼, 종종 속격과 결합된 때는 명사로 기능할 뿐만 아니라, *sufficient*를 뜻하는 형용사로, 게다가 *sufficiently*를 뜻하는 부사로도 쓰인다. 접속사 **igitur**, *therefore*는 통상 문장의 첫 번째 단어로 나타나지 않고, 첫 번째 단어나 문구 뒤에(**post**) 놓여(**positum**) 있다는 뜻으로, 아래에서 **후치사(POSTPOSITIVE)**로 식별되었다. **Tē**는 **mē**(1章)처럼 대격과 탈격 형태이다; 이 인칭대명사들의 다른 형태들은 11章에 소개되어 있다. 새로 나온 동사들을 배울 때는 그 중 한두 개를 **현재 체계**의 모든 세 가지 시제들로 활용해 본 다음에, 여러분이 한 것을 패러다임과 비교해 보면서 그 활용을 완전히 습득했는지 점검해 보라. 그리고 **animus noster** 또는 **caelum pulchrum**과 같이 명사와 형용사를 짝지어 곡용하는 연습도 하라.

adulēscéntia, adulēscéntiae, f., 젊음, 청년기, 청춘(adolescence, adolescent)

ánimus, ánimī, m., 영혼, 정신, 마음; **ánimī, animórum**, 기백, 긍지, 용기 (animus, animosity, magnanimous, unanimous, pusillanimous)

caélum, caélī, n., 하늘, 천당 (ceiling, celestial, Celeste, cerulean)

cúlpa, cúlpae, f., 잘못, 허물 (아래 **culpō**를 참조하라; culpable, culprit, ex-culpate, inculpate)

glória, glóriae, f., 영광, 명성 (glorify, glorification, glorious, inglorious)

vérbum, vérbī, n., 말 (verb, adverb, verbal, verbiage, verbose, proverb)

tē [단수 대격과 탈격], *you; yourself;* **mē**를 참조하라

líber, líbera, líberum, 자유로운, 해방된 (liberal, liberality, libertine)

nóster, nóstra, nóstrum, *our, ours* (nostrum, paternoster)

púlcher, púlchra, púlchrum, 아름다운, 멋진; 훌륭한 (pulchritude, pulchri-tudinous)

sánus, sána, sánum, 건전한, 건강한, 제정신인 (sanity, sanitary, sanitation, sanitarium, insane)

ígitur [접속사/후치사], 그러므로, 따라서

-ne, 문장의 첫 번째 단어(주로 동사 또는 의문의 초점이 되는 단어)에 덧붙는 의문 접미사로서, 모르는 것을 묻는 의문문을 인도한다(다른 유형의 직접 의문문들에 대해서는 40章에서 **nōnne**와 **num**을 보라.)

própter [전치사+대격], ~ 때문에, *on account of, because of* (post hoc, ergo propter hoc, "이 후로는 그러므로 이 때문에"—앞에서 일어난 일이 곧 원인이라는 잘못된 논증의 한 유형을 일컫는 말이다)

crās [부사], 내일 (procrastinate, procrastination)

heri [부사], 어제

quándō [의문사/관계부사/접속사], *when*; **sī quándō**, *if ever*

sátis [곡용되지 않는 명사/형용사/부사], 충분, 충분한, 충분히 (**satiō**를 보라; satisfy, satisfactory, satiate, insatiable, sate; assets = **ad**, *up to* + **satis**)

tum [부사], 그 때, 그 당시에, *then*; 그래서, 그 다음에, *thereupon*

cénō, cēnáre, cēnávī, cēnátum, 만찬을 들다 (cenacle)

cúlpō, culpáre, culpávī, culpátum, 책망하다, 비난하다 (앞에 나온 **culpa**를 참조하라)

máneō, manére, mánsī, mánsum 또는 **remáneō, remanére, remánsī, remánsum**, 남다, 머물다, 뒤에 남다, 체류하다, 지속하다 (mansion, manor, permanent, remnant, immanent—"imminent"와 혼동하지 말라)

súperō, superáre, superávī, superátum, 위에 있다(cf. **super** [부사/전치사+탈격 또는 대격], *above*), 능가하다, 우세하다; 극복하다, 이기다 (superable, insuperable)

LĒCTIŌ ET TRĀNSLĀTIŌ

이 **읽기와 번역** 단락들에서 반드시 해야 할 일은 먼저 큰 소리로 읽고, 의미 파악을 위해 다시 읽은 다음에, (만일 CD를 갖고 있다면, 그 라틴어를 들으면서) 번역하는 것이다. 그러나 연습을 위해서는 처음 소개한 동사 형태들을 확실하게 알고, 읽을거리들에 들어있는 모든 동사들을 훑어내어, 그것들의 시제와 인칭과 數와 態와 서법을 확인하고, 그 동사가 제1활용인지 아니면 제2활용인지를 분별해야 한다. 번역에서 중요한 요령은 항상 "문맥에 가장 적합한 '단어의 의미'를 골라내는 것"이다; 예를 들면, 아래 Thermopylae 구절에서 **animīs**의 의미는 전투하는 상황을 감안할 때 "마음"이나 "긍지"보다는 "용기"가 더 나은 선택일 것이다.

EXERCITĀTIŌNĒS

1. Officium līberōs virōs semper vocābat.
2. Habēbimusne multōs virōs et fēminās magnōrum animōrum?
3. Perīcula bellī nōn sunt parva, sed patria tua tē vocābit et agricolae adiuvābunt.
4. Propter culpās malōrum patria nostra nōn valēbit.
5. Mora animōs nostrōs superābat et remedium nōn habēbāmus.
6. Multī in agrīs heri manēbant et Rōmānōs iuvābant.
7. Paucī virī dē cūrā animī cōgitābant.
8. Propter īram in culpā estis et crās poenās dabitis.
9. Vērum ōtium nōn habēs, vir stultē!
10. Nihil est sine culpā; sumus bonī, sī paucās habēmus.
11. Poēta amīcae multās rosās, dōna pulchra, et bāsia dabat.

작문

12. Will war and destruction always remain in our land?
13. Does money satisfy the greedy man?
14. Therefore, you(단수) will save the reputation of our foolish boys.
15. Money and glory were conquering the soul of a good man.

SENTENTIAE ANTĪQVAE

1. Invidiam populī Rōmānī crās nōn sustinēbis. (Cicero.—**invidia, -ae**, f., 미움; *invidious, envious.*—**sustinēre**, 참다, 견디다; *sustenance*)
2. Perīculumne igitur heri remanēbat? (Cicero.)
3. Angustus animus pecūniam amat. (Cicero.—**angustus, -a, -um**, 좁은, 편협한; *anguish, anxious.*)
4. Superā animōs et īram tuam. (Ovid.)
5. Culpa est mea, Ō amīcī. (Cicero.)
6. Dā veniam fīliō et fīliābus nostrīs. (Terence.—**venia, -ae**, f., 호의, 용서; *venial, veniality*)
7. Propter adulēscentiam, fīliī meī, mala vītae nōn vidēbātis. (Terence.)
8. Amābō tē, cūrā fīliam meam. (Cicero.—**cūrāre**, 돌보다; *curative, curator.*)
9. Vīta hūmāna est supplicium. (Seneca.—**supplicium, -iī**, n., 형벌; *suppliant, supplicate.*)

10. Satisne sānus es? (Terence.)

11. Sī quandō satis pecūniae habēbō, tum mē cōnsiliō et philosophiae dabō. (Seneca.—**pecūniae**, 속격.)

12. Semper glōria et fāma tua manēbunt. (Virgil.)

13. Vir bonus et perītus aspera verba poētārum culpābit. (Horace.—**perītus, -a, -um** 노련한; *experiment, expert.*—**asper, aspera, asperum**, 거친, 험한; *asperate, exasperate.*)

그의 유일한 손님은 멧돼지였다!

> Nōn cēnat sine aprō noster, Tite, Caeciliānus:
>   bellum convīvam Caeciliānus habet!

*Martial *Epig.* 7.59: 오늘날 가장 잘 알려진 로마 작가들 중 한 사람으로 남아 있는 마르티알리스(Marcus Valerius Martialis, 주후 45-104)의 **Epigrammata**(풍자시들)에서 여러 편을 뽑아 이 책에 실어놓았는데, 이 글은 그 첫 번째 것이다. 무려 1500편에 이르는 그의 풍자시들 대부분은 이 哀歌調의 二行詩처럼 상당히 짧지만 끝머리에는 의표를 찌르는 해학이 담겨 있으며, 특정한 그러나 보통은 가공적인 인물(여기서는 탐욕스런 Caecilianus)을 타깃으로 삼고 있다.—**Titus**, 이 詩를 받아보는 자이며 풍자의 대상이 아니다.—**aper, aprī**, (멧)돼지.—**convīva, -ae**, m., 제1곡용에 속한 소수의 남성 명사들 중에 하나; 만찬 손님; *convive, convivial.*

QVAESTIŌNĒS: 이 풍자시의 첫 행에서 주어를 문장의 끝에 놓음으로써 마르티알리스는 어떤 효과를 거두었는가? 로마에서는 "일곱 가지 죽을 죄들" 중 하나인 탐식이 인색함과 마찬가지로 자주 조롱거리가 되었다. 여기에서는 누가 (또는 무엇이) 카이킬리아누스의 유일한 만찬 손님였던 것 같은가? 어떤 모습이 우스꽝스러운가?

Thermopylae: 한 군인의 유머

"Exercitus noster est magnus," Persicus inquit, "et propter numerum sagittārum nostrārum caelum nōn vidēbitis!" Tum Lacedaemonius respondet: "In umbrā, igitur, pugnābimus!" Et Leōnidās, rēx Lacedaemoniōrum, exclāmat: "Pugnāte cum animīs, Lacedaemoniī; hodiē apud īnferōs fortasse cēnābimus!"

Cicero, *Tusc.* 1.42.101; 이 글은 키케로의 또 다른 철학 논문인 **Tusculānae Disputātiōnēs**에서 발췌하여 개작한 것으로, 주전 480년 테르모필라이(3번 지도를 보라) 전투에 관한 일화를 전하고 있다. 그 전투에서 크세르크세스 왕이 이끄는 페르샤 침략군은 레오니다스가 통솔하는 300명의 용감한 스파르타 군대를 격파하였다. 그 결과 300명의 스파르타人이 모두 전사하였지만, 그러나 수천 명의 적군을 죽이고 난 후였고, 더욱이 그들의 진군을 지연시켜 다른 그리스 군대가 전열을 가다듬기에 충분한 시간을 벌어줌으로써, 그 해 말엽에 치러졌던 살라미스(3번 지도) 전투에서 결정적인 승리를 거둘 수 있는 계기를 마련해 주었다.—**exercitus**, 군대; *exercise.*—**Persicus, -ī**, m., 페르샤人.—**inquit**, 그가 말한다.—**sagitta, -ae**, f., 화살; *Sagittarius, sagittate.*—**Lacedaemonius, -ī**, m., 스파르타人.—**respondēre**, 대답하다.—**umbra, -ae**, f., 그늘, 그림자; 유령; *umbrage, umbrella*(**지소** 접미사 "-ella"가 붙은 형태로, 문자적 의미는 "작은 그늘/그림자"다).—**pugnāre**, 싸우다; *pugilist, pugnacious.*—**rēx**, 왕; *regal, regalia.*—**exclāmāre**, 외치다; *exclaim, exclamation.*—**cum**+탈격, with.—**apud**+대격, among.—**īnferī, -ōrum**, m. pl., 밑에 있는 자들, 죽은 자들; *inferior, inferiority.*—**fortasse**[부사], 아마도.

QVAESTIŌ: 레오니다스 왕과 그의 군인들—페르샤의 그리스 침략을 저지하기 위해 싸우다 죽은 저 유명한 "300인"—은 누가 보아도 용감했을 뿐만 아니라 재치도 또한 날카로웠다; 여기서 키케로가 전해 주는 그들의 말에 담긴 유머에 대해 여러분의 생각을 말해 보라.

스파르타 전사 (레오니다스?)
주전 490-480년경
Athena Chalkiokos의
성소 근처에서 발굴
고고학 박물관, 스파르타, 그리스

SCRĪPTA IN PARIETIBVS

Aureus est, Danaē

CIL 4.5303: 폼페이에서 나온 낙서들은 문학적인 텍스트들을 반영하거나, 아니면 그리스-로마 신화들을 암시하고 있는데, 그것들 중 일부는 어린 학생들이 한 것들이고(일례로, 벽의 바닥에서 낙서까지의 높이로 짐작할 수 있다), 그 모든 것들은 우리가 로마 세계의 문학적 수준과 자질을 이해하는 데 중요하다. 이 낙서는 IX 지역, 8 구역에 있는 한 가옥의 문간 근처에서 발견된 것으로, 다나에(Danaē) 신화를 암시하고 있다. 전설적인 그리스 공주인 그녀는 황금빛 소나기로 변신한 주피터와 신비롭게 조우하여 임신을 하였고, 그 결과 영웅 페르세우스를 낳았다. 어떤 학자들은 여기에 낙서한 자가 오비디우스의 *Met.* 6.113에서 나온 한 글귀를 염두에 두었을 것으로 생각한다.—**aureus, -a, -um**, 금의 형용사(golden); "Au"(라틴어 명사 **aurum**에서 나온 금의 원소 기호), *auriferous*.—**est:** 물론 그 주어는 "주피터"이다.—**Danaē:** 그리스式 이름의 호격 형태.

LATĪNA EST GAVDIVM—ET VTILIS!

Salvēte, et amīcī et amīcae meae! Quid hodiē agitis? 사실상 나는 여러분이 영육 간에 강건하기를(**sānī et sānae**) 바란다; 만일 그렇다면, 여러분은 주후 1세기 로마의 풍자 시인 유베날리스가 다음 구절에서 제안한 바, 인생에 있어서 最高의 善이라는 것을 이미 얻었다: **mēns sāna in corpore sānō**, 건전한 몸 안에 깃든 건전한 마음(**mēn**와 **corpus**는 제3곡용 명사로서 나중에 다시 보게 될 것이다. 하지만 그 동안에 이 유명한 인용구를 **in mente** 마음에 담아둘 수는 있을 것이다). 한편 스포츠 상품명인 ASICS가 **animus sānus in corpore sānō**의 첫 글자들을 모아 만들어졌다는 것은 널리 알려진 소문이다; 여러분도 어휘를 잠시 되돌아보면 이를 이해할 수 있을 것이다. ASICS의 경쟁자인 NIKE는 "승리"를 뜻하는 헬라어에서 빌려온 이름이고, 이에 해당하는 라틴어는 **victōria**인데, 이는 강한 여인이나 여왕에게 붙여지는 매력적인 이름이기도 하다(그것에 대응하는 남성 칭호는 당연히 라틴어 **victor**에서 유래한 "Victor"이다).

여러분은 예전에 **verbum sap**와 **mea culpa**라는 표현을 아마도 보았을 것인데, 본 적이 없었더라도, 언젠가는 보게 될 것이다. 이를 설명하자면, 전자는 **verbum satis sapientī est**를 줄인 말로서, **sapientī**는 제3곡용 형용사 **sapiēns** 지혜로운의 여격이며, 여기에서는 명사로 사용되었다(4장에 나온 실체적 형용사를 기억하는가?). 따라서 그 말은 지혜로운 자에게는 한 마디 말로 충분하다(*a word to the wise is sufficient*)는 뜻임을 벌써 알아챘을 것이다. 만일 그러한 뜻을 생각해내지 못했다면, "**mea culpa!**"라고 소리치고(여기에 **verbum sap** 이 있다) 처음으로 되돌아가서 1-5장에 나오는 어휘들을 복습하라. **Valēte!**

CAPVT VI

Sum과 Possum; 보완 부정사

GRAMMATICA

Sum의 직설법 미래와 미완료

4章에서 소개된 현재 시제와 마찬가지로, **sum, esse**의 미래와 미완료 시제들을 습득하기 위한 최선의 방법은 (오디오 CD를 갖고 있다면, 그것을 들으면서) 아래 패러다임을 단순히 암기하는 것이다. 이 형태들은 현재 시제의 것들보다는 규칙적이다. 하지만 그것들은 모두가 다 어간 **er-**를 토대로 형성되며, 인칭어미들은 현재 체계에서 익히 보아왔던 것들이다(**-ō/-m, -s, -t, -mus, -tis, -nt**).

	직설법 미래	직설법 미완료
단수	1. érō, *I shall be*	éram, *I was*
	2. éris, *you will be*	érās, *you were*
	3. érit, *he (she, it, there) will be*	érat, *he (she, it, there) was*
복수	1. érimus, *we shall be*	erámus, *we were*
	2. éritis, *you will be*	erátis, *you were*
	3. érunt, *they (there) will be*	érant, *they (there) were*

불규칙 동사 Possum, Posse, Potuī, *to be able, can, could*

매우 자주 사용되는 동사 **possum, posse, potuī**는 불규칙 형용사 **potis**(*able, capable*; "potent" 또는 "potential"을 참조하라)에서 나온 **pot-**와 **sum**이 단순하게 결합된 것이다. 여기서 유의해야 할 현상은 자음 동화이다. 즉, **s-**로 시작하는 **sum** 앞에 놓인 **-t-**는 **-s-**로 **동화된다**(ASSIMILATED; 따라서 *potsum이 **possum**으로 바뀐다); 그 외의 형태들에서는 **-t-**가 변하지 않고 항상 유지된다. 한편 현재 부정사는 원래 **pot-**와 **esse**가 그대로 결합된 **potesse**였는데, 나중에는 이것이 **posse**로 줄어들었다.

	직설법 현재	직설법 미래	직설법 미완료
	I am able, can	*I shall be able*	*I was able, could*
단수	1. pós-sum	pót-erō	pót-eram
	2. pót-es	pót-eris	pót-erās
	3. pót-est	pót-erit	pót-erat
복수	1. possérimus	potérimus	poterámus
	2. potéstis	potéritis	poterátis
	3. póssunt	póterunt	póterant

앞 장에서 소개된 규칙적인 제1·2활용의 미래와 미완료 어미들, 즉 **-bō/-bis/-bit/**⋯와 **-bam/-bās/-bat/**⋯에 대한 **sum**과 **possum**의 미래와 미완료 어미들, 즉 **-ō/-is/-it/**⋯와 **-am/-ās/-at/**⋯의 유사성을 눈여겨 보면, 그 형태들을 익히는 데 도움이 될 것이다.

보완 부정사

영어 *to be able*과 마찬가지로 **possum**도 그 의미를 "보완"하는 부정사를 필요로 한다. 이런 까닭에 **보완 부정사**라는 용어가 생겼는데,[1] 이는 단순히 "보완하는" 부정사라는 뜻이다. 여러분은 이와 같은 보완 부정사의 예를 **dēbeō**에서 이미 보았으며, **audeo**, **audēre**, *to dare*에서도 그것을 발견할 것이다.

> *Our friends were able to (could) overcome many dangers.*
> **Amīcī nostrī poterant superāre multa perīcula.**

> *My friend is not able to remain (cannot remain).*
> **Amīcus meus remanēre nōn potest.**

> *You ought to save your money.*
> **Dēbēs cōnservāre pecūniam tuam.**

보완 부정사는 그 자체의 주어를 따로 갖지 않으며, 그 주어는 그 부정사가 의존하고 있는 동사의 주어와 동일하다는 사실에 유의하라.

---

1. **보완 부정사**는 COMPLEMENTARY(compl*i*mentary가 아님) INFINITIVE를 옮긴 용어이다; 즉 "completing" infinitive(보완하는 부정사)이다. [역주] 6판에서는 이를 "보족" 부정사라고 옮겼지만, 7판에서는 "보완" 부정사로 바꾸었다.

VOCĀBVLA

거의 모든 명사들은 어간 + 어미로 구성된다. 그러나 아래 목록에 있는 **dea**와 **deus**(그리고 3장의 **fīlia**)처럼 하나 또는 그 이상의 불규칙한 형태들을 지니는 명사들도 더러 있다; **īnsidiae**도 형태는 복수지만 의미는 단수라는 점에서 예외적이다. 어느 章에서든지 **Vocābula**에서 그런 명사들을 보게 되면, 이런 저런 유형의 불규칙성들에 대해 세심한 주의를 기울여라. 또한 이 章의 어휘 공부를 위해 좀더 일러주고 싶은 것은 다음과 같다: 여러분은 **ibi**와 **ubi**를 혼동하기 쉬울 텐데, 알파벳 순으로 **ibi**가 **ubi**보다 앞서는 것처럼, *there*가 *where*보다 앞선다는 것을 생각하면 그렇지 않을 것이다; "알파벳 순"을 감안하면, **noster**/*our*와 **vester**/*your*를 식별하는 데도 분명 도움이 될 것이다; 그리고 단어 끝머리에 붙는 **-que**는 단어 앞에 놓이는 **et**와 대체로 동일하다. 장음부호를 단어 철자와 발음의 한 요소로 습득하는 것의 중요성은 이 章의 어휘에 나오는 "책"을 뜻하는 명사 **liber**("LIH-ber로 발음함")의 경우에서도 또다시 볼 수 있는데, 이는 5장에서 소개된 형용사 **līber**("LEE-ber"), "자유로운"과 여러분은 원치 않겠지만 혼동하기가 쉽다. 모든 새로운 어휘를 공부할 때는 눈으로만 보지 말고 각 단어를 일일이 들으면서 큰 소리로 발음해야 한다: **vocābula semper audī et prōnūntiā!**

déus, -ī, m., 단수 호격, deus; 복수 주격 **dī**, 복수 여격과 탈격 **dīs** (아우구스투스 시대에 보편화된 복수 형태들은 **deī**와 **deīs**), 신, 하느님; **déa, déae**, f., 복수 여격과 탈격은 **deābus**, 여신 (adieu, deify, deity)

discípulus, discípulī, m., **discípula, discípulae**, f., 배우는 자, 제자, 학생 (disciple, discipline, disciplinary)

īnsídiae, īnsidiárum,[2] f. pl., 매복, 음모, 배반 (insidious)

líber, líbrī, m., 책(library, librarian, libretto); 자유로운을 뜻하는 **līber**와 혼동하지 말라.

tyránnus, tyránnī, m., 독재자, 폭군 (tyrannical, tyrannous, tyrannicide)

vítium, vítiī, n., 잘못, 죄, 악(vitiate, vicious, vituperate; 그러나 vice versa의 vice는 아니다)

Graécus, Graéca, Graécum, *Greek*; **Graécus, Graécī**, m., 그리스人

perpétuus, perpétua, perpétuum, 영구한, 끊임없는, 계속되는, 지속적인 (per-

---

2 [역주] 이처럼 복수 형태로만 쓰이는 단어들을 "**plūrālia tantum**"이라고 일컫는다(예: **Athēnae** 아테네, **Olympia** *the Olympic Games*, **arma** 무기).

petuate, perpetuity)

plḗnus, plḗna, plḗnum, 가득찬, 풍부한, 후한 (plenary, plenteous, plentiful, plenitude, plenty, replenish, plenipotentiary)

sálvus, sálva, sálvum, 안전한, 무사한, 건강한 (cf. **salveō**)

secúndus, secúnda, secúndum, 두 번째; 호의적인 (secondary)

véster, véstra, véstrum, 너희의, *your* (상대방이 한 사람 이상일 때 사용되는 복수 형태; **tuus, -a, -um**과 비교하라), *yours*

-que [전접 접속사], 그리고, *and*; 연결되는 두 단어들 중에서 두 번째 것에 부착된다: **fāma glōriaque**,[3] 명성과 영광.

sed [접속사], 그러나, *but*

úbi: (1) [관계부사/접속사] *where, when*; (2) [의문부사/접속사] *where?* (ubiquitous, ubiquity)

íbi [부사], 거기에, *there* (ib. 또는 ibid.)

nunc [부사], 지금, 현재 (quidnunc)

quā́rē [부사], 문자적으로는 *because of which thing* (**quā rē**), 그러나 일반적으로는 *therefore, wherefore, why.*

póssum, pósse, pótuī, 할 수 있다, 가능하다, *to be able, can, could, have power* (posse, possible, potent, potentate, potential, omnipotent)

tólerō, tolerā́re, tolerā́vī, tolerā́tum, 견디다, 참다 (tolerate, toleration, tolerable, intolerable, intolerance)

LĒCTIŌ ET TRĀNSLĀTIŌ

이제 여러분은 이상적인 학습법을 알고 있다: 이 글들을 읽으려고 하기 전에 패러다임과 어휘를 암기하고, 자습문제를 풀어봄으로써 자신의 실력을 평가하라. 만일 CD를 갖고 있다면, 이 글들의 낭독을 잘 듣고, 큰 소리로 여러 번 읽으면서 의미를 파악한 후에 여러분의 번역을 써라. 그것은 항상 문자적이어야 하지만, 억지스럽거나 자연스런 어법에서 벗어나서는 안된다. 새로운 문법의 연습을 위해, 이 글들을 훑어가면서 (1) 눈에 띄는 **sum**과 **possum**의 모든 형태들의 시제와 인칭과 수, 그리고 (2) 모든 보완 부정사들을 확인하라.

---

3 [역주] 전접(어)으로 옮겨진 영어 단어 enclitic은 "(앞 단어에)기대는"이라는 뜻의 라틴어 **encliticus**(=그리스어 ἐγκλιτικός)에서 파생되었다. 한편 전접어가 붙은 단어의 악센트는 전접어 바로 앞의 음절에 위치하는 것이 통례이다(일례로, glōriáque; 일반적인 강세 법칙에 따른 glōríaque가 아니다).

EXERCITĀTIŌNĒS

1. Oculī nostrī nōn valēbant; quārē agrōs bellōs vidēre nōn poterāmus.
2. Sine multā pecūniā et multīs dōnīs tyrannus stultus satiāre populum Rōmānum nōn poterit.
3. Nōn poterant, igitur, tē dē poenā amīcōrum tuōrum heri monēre.
4. Parvus numerus Graecōrum crās ibi remanēre et amīcōs adiuvāre poterit.
5. Magister discipulōs malōs sine morā vocābit.
6. Discipulae vestrae dē librīs magnī poētae saepe cōgitābant.
7. Quandō satis sapientiae habēbimus?
8. Multī librī antīquī propter sapientiam cōnsiliumque erant magnī.
9. Glōria bonōrum librōrum semper manēbit.
10. Possuntne pecūnia ōtiumque cūrās vītae hūmānae superāre?

작문

11. Therefore, we cannot always see the real vices of a tyrant.
12. Few free men will be able to tolerate an absolute ruler.
13. Many Romans used to praise the words of the ancient Greeks.
14. Where can glory and(**-que**를 사용하라) fame be perpetual?

SENTENTIAE ANTĪQVAE

1. Dionȳsius tum erat tyrannus Syrācūsānōrum. (Cicero.—**Dionȳsius, -iī**, 그리스人 이름.—**Syrācūsānus, -ī**, 시라쿠사人.)
2. Optāsne meam vītam fortūnamque gustāre? (Cicero.—**optāre**, 원하다; *optative, adopt.*—**gustāre**, 맛보다; *gustatory, disgust.*)
3. Possumusne, Ō dī, in malīs īnsidiīs et magnō exitiō esse salvī? (Cicero.—여기에서 복수 주격인 **salvī**가 사용된 이유를 설명해 보라.)
4. Propter cūram meam in perpetuō perīculō nōn eritis. (Cicero.)
5. Propter vitia tua multī tē culpant et nihil tē in patriā tuā dēlectāre nunc potest. (Cicero.—**dēlectāre**, 기쁘게 하다; *delectable, delectation.*)
6. Fortūna Pūnicī bellī secundī varia erat. (Livy.—**Pūnicus, -a, -um**, 카르타고의.—**varius, -a, -um**, 다양한, 변화무쌍한; *variety, various.*)
7. Patria Rōmānōrum erat plēna Graecōrum librōrum statuārumque pulchrārum. (Cicero.—**statua, -ae**, f., 조각물; *statuary, statuesque.*)

8. Sine dīs et deābus in caelō animus nōn potest sānus esse. (Seneca.)
9. Sī animus īnfīrmus est, nōn poterit bonam fortūnam tolerāre. (Publilius Syrus.—**īnfīrmus, -a, -um**, 강하지 않은, 약한; *infirm, infirmary.*)
10. Ubi lēgēs valent, ibi populus līber potest valēre. (Publilius Syrus.—**lēgēs**는 제3곡용[7장 참조] 복수 주격으로 단수는 **lex, lēgis**, f., 법; *legal, legislature.*)

"펠 박사님, 나는 당신을 좋아하지 않습니다"

Nōn amo tē, Sabidī, nec possum dīcere quāre.
　Hoc tantum possum dīcere: nōn amo tē.

*Martial *Epig.* 1.32: 마르티알리스의 풍자시(Epigram)에 관해서는 5章에 나오는 "그의 유일한 손님"에 대한 註를 보라. 이 글의 표제 "펠 박사님"은 두 사람에 관한 아마도 지어낸 것 같은 한 일화에서 유래되었다. 한 사람은 이름이 톰 브라운(Tom Brown)이라는 17세기 옥스퍼드 대학교 학생이고(그는 후에 번역가와 풍자작가로서 상당한 명성을 얻었다), 또 한 사람은 존 펠(John Fell) 박사로 라틴어 학자이며 Christ Church의 학장과 옥스퍼드의 감독(bishop)을 겸직했는데, 그 청년에게 퇴학시키겠다고 위협했었다. 펠은 브라운에게 네가 이 풍자시를 똑바로 옮길 수 있다면, 퇴학을 보류해 주겠다고 말하자, 브라운은 즉시 다음과 같은 번역을 제시하였다: "펠 박사님, 나는 당신을 좋아하지 않습니다. 그 이유는 말할 수 없습니다; 그러나 이것만은 내가 알고 있고, 또 너무나 잘 알고 있습니다: 펠 박사님, 나는 당신을 좋아하지 않습니다." 운율: 哀歌調의 二行詩.—**amo**: 라틴어 詩에서는 운율 때문에 끝머리의 **-ō**가 종종 짧아졌는데, 그러나 실제 발음 관습이 반영된 탓이기도 하다.—**Sabidius, -iī**: 아마도 마르티알리스가 꾸며 낸 타깃의 이름인 것 같다.—**nec = et nōn.—dīcere**, 말하다; *dictate, diction.*—**hoc** [대격], 이것; *ad hoc.*—**tantum** [부사], *only.*

QVAESTIŌNĒS: 이 짤막한 풍자시는 상당히 간결하지만 논지가 분명하고 문체도 깔끔하게 다듬어져 있다. 이 詩의 **어법**(DICTION: 단어의 선택과 사용)에서 여러분에게 가장 인상 깊은 것은 무엇이라고 생각하는가? 다음으로 그 詩의 구조를 보라; 2행 4절로 구성되었고, 그 절들은 역행하는 ABBA 순으로 배치되었다. 이러한 어순은 **교차대구법**(CHIASMUS)이라고 알려진 것으로 일종의 강조 효과를 거두기 위해서 라틴어 운문에서 흔히 사용되었다; 때로는 상반되는 생각들을 명확히 대조시키기 위해서도 이 수사법이 종종 사용되었다. 여러분은 이 글에서 무엇을 그 효과로 보는가?

역사가 리비우스는 로마의 도덕적 타락을 슬퍼하였다

Populus Rōmānus magnōs animōs et paucās culpās habēbat. Dē offi-ciīs nostrīs cōgitābāmus et glōriam bellī semper laudābāmus. Sed nunc multum ōtium habēmus, et multī sunt avārī. Nec vitia nostra nec reme-dia tolerāre possumus.

Livy *Urbe Cond.* 서문: 아우구스투스 시대의 작가 리비우스(Titus Livius, 주전 59–주후 17)는 주전 753년 전설적인 로마 건국부터 아우구스투스 황제의 치세에 이르기까지의 역사인 **Ab Urbe Condita**(그 도시가 설립된 이래로)라는 기념비적인 작품을 저술하였다; 원래는 142권이었으나 현재는 35권만 남아있다. 여기에 인용된 구절은 그 작품의 서문에서 따온 것이다.—**nec...nec**, [접속사], *neither...nor.*

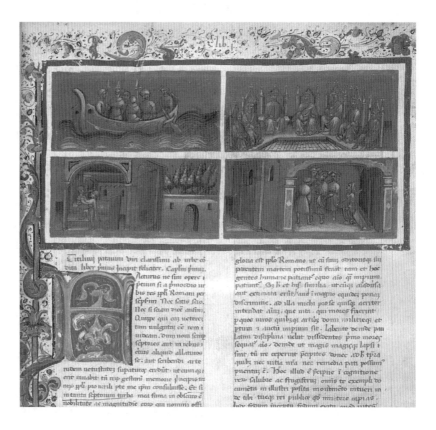

리비우스의 Ab Urbe Condita의 서문을 필사한 페이지(윗부분은 루크레티아와 로마 왕들이 포함된 네 장면의 세밀화). Burney가 수집한 필사본 198번. 주후 약 1400년 작품으로 테두리 그림은 1471-1474년에 추가됨. 영국도서관 소장.

QVAESTIŌNĒS: 그 저자는 초기 로마와 그의 당대 사회가 어떻게 차이나는지를 꼬집기 위해 대조법을 사용하고 있다; 여러분은 이렇게 고안된 예들을 모두 확인할 수 있겠는가? 그 글의 전반적인 어조의 특징을 어떻게 규정하겠는가?

SCRĪPTA IN PARIETIBVS

Amīculus

CIL 4.8269: I 지역, 10 구역에서 출토된 이 미려한 낙서는 두 검투사들을 묘사한 투박한 그림 위에 아로새겨져 있다. 남성 명사 **amīculus, -ī**는 **amīcus**의 指小(diminutive)형태로서 작거나 사랑스럽거나 귀엽다는 의미를 부여한다; 指小접미사 **-ulus/-olus/-ula/-ola** 등은 라틴어에서 작은 것(**saxum** 바위; **saxulum** 작은 바위)을 가리키거나 애정을 담아 일컫기 위해서(**fīlia** 딸; **fīliola** 귀여운[자그마한] 딸) 흔히 사용되었다.

ETYMOLOGIA

영어 단어 "library"는 분명히 **liber**와 연관되어 있다. 그러나 많은 유럽 언어들에서 그 동의어들은 **bibliothēca**로부터 파생되었는데, 이는 헬라어에서 기원한 라틴어 단어로 영어 단어와 본질적으로 동일한 것을 뜻한다. 그러면 **biblos**는 그리스어에서 무슨 뜻이겠는가?—*Bible*을 참조하라. 프랑스어에서 흔히 쓰는 말인 **il y a** (*there is*)의 **y**는 **ibi**에서 유래하였다. 또한 다음에 열거한 프랑스어 단어들도 라틴어에서 나왔다: **êtes = estis; nôtre = noster; vôtre = vester; goûter = gustāre**. 그러면 프랑스어의 曲강세(circumflex)가 가리키고 있는 것은 무엇인가?

LATĪNA EST GAVDIVM—ET VTILIS!

Salvēte, discipulī et discipulae! Quid hodiē agitis, Ō amīcī? Cōgitātisne dē linguā Latīnā? 자, 이제는 내가 단언하건데 여러분의 어원론적 감각으로 **lingua Latīna**가 여러분이 좋아하는 과목인 "라틴어"(*the Latin language*)를

뜻한다는 것을 간파할 것이다. 이제 여러분은 그 언어의 맛에 빠져들게 되었으므로, 큰 "흥미"(gusto)를 갖고 공부할 것이다!(만일 여러분이 gusto의 어원을 파악할 수 있는 실마리를 잃어버렸다면, 위의 S.A. 2번을 보라). 새로운 어휘 항목인 **deus**는 (드라마와 그 밖의 컨텍스트에서) 절망적으로 보이는 어떤 딜레마를 놀랍게 반전시키는 인물이나 기법을 가리키는 표현인 **deus ex machinā**, *god from a machine*에 나오는 단어이다.

여러분은 **sub**가 "subterranean"(**sub**, *under* + **terra**, *the earth*)에서 보듯이 *under*를 의미하는 전치사라는 것을 알고 있는가? 그렇다면, 예전에 즐겨 썼던 이 말에 웃을 수 있을 것이다: **semper ubi sub ubi!**(위생에도 좋고 경박스럽지 않다!).[4] 그리고 **ubi**에 대해 말하자면, 이는 **ibi**로 답할 수 있는 것을 묻는 말이다; 후자에 *the same*을 뜻하는 강조 접미사 **-dem**(이와 유사한 **-dem**의 용법에 대해 11章을 보라)이 결합된 형태 **ibidem**은 **ibid.**로 줄여 쓰는데, 이는 "같은 곳에"를 뜻하는 말로서, 흔히 사용되는 많은 라틴어 약어들 중에 하나다. 여기에 다른 예들을 몇 개 들면,

> cf. = **cōnfer**, 참조하라
>
> cp. = **comparā**, 비교하라
>
> e.g. = **exemplī grātiā**, 예를 들면, *for the sake of example*
>
> et al. = **et aliī/aliae**, 그리고 다른 이들
>
> etc. = **et cētera**, 기타 등등
>
> i.e. = **id est**, 즉, *that is*
>
> n.b. = **nōtā bene**, 유의하라 (즉, 세심한 주의를 기울여라)
>
> v.i. = **vidē īnfrā**, 아래를 보라; v.s. = **vidē suprā**, 위를 보라

Semper ubi sub ubi와 학문적인 **ibid.**를 모두 이해했는가? 이래서 라틴어는 재미있고 유용하다! (**Latīna est gaudium—et ūtilis!**) **Valēte!**

---

4 [역주] 이 라틴어를 영어로 직역하면, *always where under where*인데, 이것의 발음이 *always wear underwear*(항상 속옷을 입어라!)와 똑같은 데서 유래한, 일종의 "언어유희"(paronomasia)이다.

CAPVT VII

제3곡용 명사들

GRAMMATICA

제3곡용 명사들

라틴어의 다섯 가지 곡용들 중에 세 번째 곡용에는 남성, 여성, 중성 명사들이 포함되어 있으며, 그들의 단수 주격 어미들은 매우 다양하다. 그러나 단수 속격에서는 모두가 특징적인 어미 **-is**를 지닌다. 이처럼 제3곡용 명사들은 性과 주격 형태가 다양하므로, 그 어휘의 표제어들은 모두 암기하는 것이 특히 중요하다. 그 곡용 자체는 앞에서 이미 배운 제1·2곡용에 적용되는 법칙을 똑같이 따른다: (단수 속격 어미 **-is**를 제거하여) 어간을 추출하고, 여기에 어미들을 붙인다. 호격은 주격과 동일하기 때문에(유일한 예외는 단수 주격 형태가 **-us/-ius**인 제2곡용 단어들이다), 앞으로는 어떠한 패러다임에도 호격을 따로 제시하지 않겠다.

어간/뜻	**rēx**, m. rēg-/왕	**virtūs**, f. virtūt-/덕	**homō**, m. homin-/사람	**corpus**, n. corpor-/몸	격어미 남/여	중성
단수						
주격	rēx(rēg-s)	vírtūs	hómō	córpus	—	—
속격	rég-is	virtútis	hóminis	córporis	-is	-is
여격	rég-ī	virtútī	hóminī	córporī	-ī	-ī
대격	rég-em	virtútem	hóminem	córpus	-em	—
탈격	rég-e	virtúte	hómine	córpore	-e	-e
복수						
주격	rég-ēs	virtútēs	hóminēs	córpora	-ēs	-a
속격	rég-um	virtútum	hóminum	córporum	-um	-um
여격	rég-ibus	virtútibus	homínibus	corpóribus	-ibus	-ibus
대격	rég-ēs	virtútēs	hóminēs	córpora	-ēs	-a
탈격	rég-ibus	virtútibus	homínibus	corpóribus	-ibus	-ibus

성(Gender)

제3곡용의 범주에는 세 가지 性의 명사들이 다 들어있기 때문에, 性을 어휘 표제어의 일부로 반드시 암기해야 한다. 그러나 사람을 가리키는 명사들은 그 의미로 인해 남성인지 또는 여성인지를 상식적으로 알 수 있다. 예를 들면, "왕"을 뜻하는 **rēx**는 "남성"이고, "부인"을 뜻하는 **uxor**는 "여성"이다. 또한 아래와 같이 성을 구별할 수 있는, 예외가 전혀 없거나 있어도 매우 드문 법칙들이 있다:

<u>남성</u> (어떤 일들을 수행하는 사람들을 일컫는 많은 명사들[AGENT NOUNS]을 포함한다. 예를 들면 **actor**, 실행하는 자, 배우; **amātor**, 사랑하는 자, 연인)

> **-or, -ōris** (amor, -ōris; labor, -ōris; victor, -tōris; scrīptor, -tōris; 어간의 장모음 **ō**는 끝머리의 **-r** 앞에서는 으레 그렇듯이 주격에서는 짧아진다)

<u>여성</u> (추상적 개념들을 표현하는 많은 명사들[ABSTRACT NOUNS]을 포함한다)

> **-tās, -tātis** (vēritās, -tātis; lībertās, -tātis)
> **-tūs, -tūtis** (virtūs, -tūtis; senectūs, -tūtis)
> **-tūdō, -tūdinis** (multitūdō, -tūdinis; pulchritūdō, -tūdinis)
> **-tiō, -tiōnis** (nātiō, -tiōnis; ōrātiō, -tiōnis)

<u>중성</u>

> **-us** (genus, generis; corpus, corporis; tempus, temporis: 어간이 **or**로 끝나는 중성 명사들은 남성 명사들과 달리 그 **o**가 짧다; **corporis↔amōris**)
> **-e, -al, -ar** (mare, maris; animal, -mālis; exemplar, -plāris)
> **-men** (carmen, -minis; nōmen, -minis)

명사-형용사의 일치

곡용을 하다보면, 제3곡용 명사가 제1곡용이나 제2곡용 형용사에 의해 수식될 수 있다는 사실에 유의하기 바란다. 예를 들어 *great king*은 라틴어로 **magnus rēx, magnī rēgis** 등이며, *true peace*는 **pāx vēra, pācis vērae** 등이다. 부연하면, 형용사와 명사는 性·數·格에 있어서 일치해야 하지만, 그 어미들의 철자까지 서로 똑같을 필요는 없다; 앞에서 **agricola bonus**와 같이 명사-형용사로 짝지어진 말에서 본 바와 같다.

VOCĀBVLA

새로운 단어들의 목록을 들여다 보면, 명사의 곡용을 확인하기 위해서는 주격이 아니라 속격 어미를 유심히 살피는 것이 얼마나 필수적인지를 알 수 있을 것이다. 그렇지 않으면, 예를 들어 **corpus**와 **tempus**처럼 형태가 -us인 명사들을 제2곡용으로 오인하기 쉬울 것이다. 또한 명사의 어간은 속격 형태에서 가장 잘 드러난다는 것도 기억하라. 이는 특히 제3곡용 명사들에 맞는 말인데, 본 단원의 패러다임 명사들 **rēx/rēgis, virtūs/virtūtis, homō/hominis, corpus/corporis**에서 보듯이, 그 주격 형태들은 어간을 드러내지 않는 경우가 흔하다. 한편 라틴어에서 파생된 영어 단어들은 명사의 어간을 기억하는 데 도움이 될 수 있다; 예를 들면, **iter, itineris**, 여행: itinerary; **cor, cordis**, 마음: cordial; **custōs, custōdis**, 호위: custodian. 제3곡용은 모든 性들의 명사들을 포함하므로, 性을 어휘 표제어의 일부로 반드시 암기해야 한다. 이 단어 목록을 공부할 때는 예를 들면 **amor novus, carmen nostrum, uxor bona**처럼 명사와 형용사를 임의로 짝지어서 곡용해 보라. 이 목록에 있는 두 단어들(**mōs**와 **littera**)은 복수에서 특별한 숙어적 의미들을 지니고 있다. 전에도 우리는 이와 유사한 경우를 **animus**에서 본 적이 있는데, 이는 주의를 기울여야 할 중요한 것이다.

　이 새로운 어휘를 공부할 때는 1-6장에서 배운 단어들도 또한 복습해야 한다 ("章"으로 옮겨진 라틴어는 **caput, capitis**, n., 머리, 표제; **capita**, pl.). 복습을 위해서 여러분은 (www.wheelockslatin.com에서 구하거나 여러분 자신이 만든) 어휘 카드들이나 어휘 목록집을 사용할 수 있겠지만, 그러나 이 새로운 목록을 외우기 위해서는 반드시 CD 또는 온라인 오디오를 활용하라. 그리고 **audī prōnūntiāque**—그런데 동사 **prōnūntiō**는 1장에서 소개된 "nt 바로 앞의 모음은 대체로 짧다"라는 일반 법칙에서 벗어나 있으므로, 여러분은 그것을 정확히 발음하도록 하라!

ámor, amṓris, m., 사랑 (amorous, enamored; **amō, amīcus**를 참조하라)

cármen, cárminis, n., 노래, 詩 (charm)

cívitās, cīvitátis, f., 국가, 시민권 (city)

córpus, córporis, n., 몸 (corps, corpse, corpuscle, corpulent, corporal, corporeal, corporate, corporation, incorporate, corsage, corset)

hómō, hóminis, m., 인간, 사람 (homicide, homage; homo sapiens, 그러나 접두사 homo-는 아니다; **hūmānus**와 **vir**를 참조하라)

lábor, labóris, m., 일, 노동, 노고; 성과 (laboratory, belabor, laborious, collaborate, elaborate)

líttera, lítterae, f., 문자; **lítterae, litterárum**, pl., 편지, 문학 (literal, letters, belles-lettres, illiterate, alliteration)

mōs, mṓris, m., 버릇, 관습, 태도; **mṓrēs, mṓrum**, pl., 행실, 품행, 도덕, 성격 (mores, moral, immoral, immorality, morale, morose)

nṓmen, nṓminis, n., 이름 (nomenclature, nominate, nominative, nominal, noun, pronoun, renown, denomination, ignominy, misnomer)

pāx, pácis, f., 평화 (pacify, pacific, pacifist, appease, pay)

rēgína, regínae, f., 여왕 (Regina, regina, reginal)

rēx, rḗgis, m., 왕 (regal, regalia, regicide, royal; rajah를 참조하라)

témpus, témporis, n., 시간; 기회, 호기 (tempo, temporary, contemporary, temporal, temporize, extempore, [동사의] tense)

térra, térrae, f., 땅, 흙, 뭍, 육지, 지역 (terrestrial, terrace, terrier, territory, inter[동사], parterre, subterranean, terra cotta)

úxor, uxṓris, f., 아내 (uxorial, uxorious, uxoricide)

vírgō, vírginis, f., 소녀, 처녀 (virgin, virginal, virginity, Virginia)

vírtūs, virtū́tis, f., 남자다움, 용기; 탁월함, 인품, 가치, 미덕 (virtuoso, virtuosity, virtual; **vir**를 참조하라)

nóvus, nóva, nóvum, 새로운; 낯선 (novel, novelty, novice, innovate)

post [전치사 + 대격], 후에, 뒤에 (posterity, posterior, posthumous, post mortem, P.M.= post meridiem, preposterous, 접두사 post-, postgraduate, postlude, postpositive, postwar, etc.)

sub [전치사; 정지의 동사와 결합되면 탈격을, 움직임의 동사와 결합되면 대격을 지배], 아래에, 아래쪽에, 가까이에; 밑으로, 자락에/으로 (sub- 또는 **동화**로 인한 suc-, suf-, sug-, sup-, sus-가 덧붙은 많은 복합어들: subterranean, suburb, succeed, suffix, suggest, support, sustain)

áudeō, audḗre, áusus sum (이와 같은 "반-이태" 동사의 특이한 세 번째 기본어는 34章에 설명되어 있다), 감히 하다 (audacious, audacity)

nécō, necā́re, necā́vī, necā́tum, 죽이다, 살해하다 (internecine; **nocēre**, 해치다를 참조하라)

LĒCTIŌ ET TRĀNSLĀTIŌ

독해와 번역에서 새롭게 맞닥뜨린 문제는 제3곡용의 어떤 격어미들은 다른 곡용에 속한 상이한 격들의 어미들과 닮았다는 것이다. 예를 들면, **-ī**는 제3곡용의 단수 여격 어미도 되고, 또는 제2곡용의 단수 속격이나 남성 복수 주격/호격 어미도 될 수 있다; **-us**는 제2곡용의 남성 주격도 되고 제3곡용의 중성 대격도 될 수 있으며, 이외에도 여러 예들이 있다. 이러한 문제를 해결하기 위해서는, 어순과 문맥도 애매한 어미들을 다루는 데 도움을 줄 수 있지만, 최우선적으로 는 어휘 공부를 꼼꼼하게 해야 한다. 연습을 위해서 이 章에 해당하는 자습문 제들을 풀어보는 것은 물론이고, 다른 한편으로는 아래 글들을 쭉 훑어보면서 모든 제3곡용 명사들의 性과 數와 격/용도를 확인하라. 그리고 (영어로) 번역 할 때는 관사들과 소유대명사들을 덧붙이고, 문맥에 가장 적합한 뜻을 지닌 단 어들을 선택하는 한편, 자연스런 어법의 범위 내에서 가능한 한 정확하고 무리 없는 문자적 번역을 추구해야 한다는 것을 잊지 말아라.

EXERCITĀTIŌNĒS

1. Secundās litterās discipulae heri vidēbās et dē verbīs tum cōgitābās.
2. Fēminae sine morā cīvitātem dē īnsidiīs et exitiō malō monēbunt.
3. Rēx et rēgīna igitur crās nōn audēbunt ibi remanēre.
4. Mōrēs Graecōrum nōn erant sine culpīs vitiīsque.
5. Quandō hominēs satis virtūtis habēbunt?
6. Corpora vestra sunt sāna et animī sunt plēnī sapientiae.
7. Propter mōrēs hūmānōs pācem vēram nōn habēbimus.
8. Poteritne cīvitās perīcula temporum nostrōrum superāre?
9. Post bellum multōs librōs dē pāce et remediīs bellī vidēbant.
10. Officia sapientiamque oculīs animī poterāmus vidēre.

작문

11. Without sound character we cannot have peace.
12. Many students used to have little time for Greek literature.
13. After bad times true virtue and much labor will help the state.
14. The daughters of your friends were dining there yesterday.

SENTENTIAE ANTĪQVAE

1. Homō sum. (*Terence.)
2. Nihil sub sōle novum. (*Ecclesiastes.—**sōl, sōlis**, m., 해, 태양; solar, solstice.—**novum: est**가 생략됨.)

3. Carmina nova dē adulēscentiā virginibus puerīsque nunc cantō. (Horace.—**cantāre**, 노래하다; *canto, chant, recant.*)

4. Laudās fortūnam et mōrēs antīquae plēbis. (*Horace.—**plēbs, plēbis**, f., 대중, 서민; *plebe, plebeian, plebiscite.*)

5. Bonī propter amōrem virtūtis peccāre ōdērunt. (Horace.—**peccāre**, 죄짓다; *peccadillo, impeccable.*—**ōdērunt**, (그들은) 미워한다; *odious, odium.*)

6. Sub prīncipe dūrō temporibusque malīs audēs esse bonus. (Martial.—**prīnceps, -cipis**, m., 우두머리, 군주; *principal, principality.*—**dūrus, -a, -um**, 굳은, 거친; *durable, endure, obdurate.*)

7. Populus stultus virīs indignīs honōrēs saepe dat. (Horace.—**honor, -nōris**, m., 명예, 직책; *honorable, honorary.*—**indignus, -a, -um**, 무가치한; *indignant, indignation.*)

8. Nōmina stultōrum in parietibus et portīs semper vidēmus. (Cicero.—이 책에 실린 담벼락 낙서들이 그 증거다!—**pariēs, -etis**, m., 건물의 벽; *parietal.*)

9. Ōtium sine litterīs mors est. (*Seneca.—**mors, mortis**, f., 죽음; *mortal, mortuary.*)

10. Multae nātiōnēs servitūtem tolerāre possunt; nostra cīvitās nōn potest. Praeclāra est recuperātiō lībertātis. (Cicero.—**nātiō, -ōnis**, f., 나라, 영어의 "nation"과 같다; *nationalism, nationality.*—**servitūs, -tūtis**, f., 노예 상태; *service.*—**praeclārus, -a, -um**, 고귀한, 명백한; *clarity.*—**recuperātiō, -ōnis**, 회복; *recuperate.*—**lībertās, -tātis**, 자유; *liberate, libertine.*)

11. Nihil sine magnō labōre vīta mortālibus dat. (Horace.—**mortālis, -tālis**, 죽을 수밖에 없는 존재; *mortality.*)

12. Quōmodo in perpetuā pāce salvī et līberī esse poterimus? (Cicero.—**quōmodo**, 어떻게.)

13. Glōria in altissimīs Deō et in terrā pāx in hominibus bonae voluntātis. (*Luke.—**altissimīs**, pl. abl., 지극히 높은 곳에서; *altimeter, altitude.*—**voluntās, -tātis**, 뜻, 의지; *voluntary, volunteer.*)

폭행당한 루크레티아

Tarquinius Superbus erat rēx Rōmānōrum, et Sextus Tarquinius erat fīlius malus tyrannī. Sextus Lucrētiam, uxōrem Collātīnī, rapuit, et fēmina bona, propter magnum amōrem virtūtis, sē necāvit. Rōmānī antīquī virtūtem animōsque Lucrētiae semper laudābant et Tarquiniōs culpābant.

Livy *Urbe Cond.* 1.58: 리비우스의 로마 역사에 관해서는 6장에 있는 "역사가 리비우스는 로마의 도덕적 타락을 슬퍼하였다"를 보라. Lucius Tarquinius Superbus는 로마의 마지막 왕으로 에트루리아人이었고, Collatinus는 로마의 귀족이었다. 설화에 따르면, Lucretia가 폭행당한 사건은 Tarquin 왕조의 전복, 에트루리아人의 지배와 군주제 자체의 종말, 그리고 주전 509년 로마 공화정이 수립되는 일련의 과정을 촉진시킨 계기가 되었다.—**rapuit**, 폭행하였다; *rapacious*, *rapture*.—**sē**, 그 자신을.—**necāvit:** 과거시제 형태.—**Tarquiniōs:** 그 왕족 전체를 뜻함.

QVAESTIŌNĒS: 리비우스의 교훈적 어조는 여러분이 바로 이전 章에서 읽었던 그의 역사서 머리말에서 발췌한 글에 분명히 드러나 있다. 그리고 그는 그 작품 전체에 걸쳐 사실들을 전하는 것뿐만 아니라 도덕적 교훈들을 이끌어내는 데도 관심이 있었던 것 같다. 그의 역사서에서 따온 이 간략한 글을 감안할 때, 로마인들이 가장 높이 치켜세웠던 미덕은 어떤 것이었는가? 루크레티아의 자살과 이 글에 비춰진 로마인들의 반응에 대해 여러분은 개인적으로 어떻게 생각하는가? 아래 피체렐리의 그림과 64쪽의 필사본 삽화를 비교하라.

폭행당하는 루크레티아, *Felice Ficherelli,* 1605-1660.
Oil on tinned copper. 월리스 소장품, *London, Great Britain*

카툴루스는 자신의 시집을 헌정하였다

Cornēliō, virō magnae sapientiae, dabō pulchrum librum novum. Cornēlī, mī amīce, librōs meōs semper laudābās, et es magister doctus litterārum! Quārē habē novum labōrem meum: fāma librī (et tua fāma) erit perpetua.

Catullus *Carm.* 1: 이 章의 읽을거리들에 나오는 카툴루스와 코르넬리우스 네포스 및 기타 로마 작가들에 관해서는 "라틴 문학 개관"(xxxvi-xliv쪽)을 필히 다시 보라. 그리고 2章에 실린 "카툴루스는 그의 애인에게 작별을 고한다"를 참조하라. 카툴루스의 시집을 열면 맨 처음에 역사가이며 전기 작가인 코르넬리우스 네포스에게 헌정한다는 내용의 詩가 실려 있는데, 위 글은 이 詩를 산문체로 바꾸어 인용한 것이다; 이 책 뒷부분(**Locī Im**. I, 442-43쪽)에서 그 詩 전체를 원문 그대로 볼 수 있다.—**doctus, -a, -um**, 유식한, 박학한; *doctor, indoctrinate.*)

QVAESTIŌNĒS: 코르넬리우스 네포스(주전 약 110-24)는 유명한 그리스인들과 로마인들의 전기를 400편 가량 저술하였으나, 오늘날에는 걸출한 로마 고전 작가들 중 한 사람으로 간주되지는 않는다. 하지만 그는 카툴루스가 존경한 작가였다. 그 헌정시에서 인용한 이 산문체 글에 따르면, 그 젊은 시인이 가장 감탄했던 네포스의 자질은 무엇인가?—그리고 그 전기 작가는 또 무엇을 했기에 카툴루스가 헌정하는 영광을 얻었는가?

SCRĪPTA IN PARIETIBVS

Perārī, fūr es!

CIL 4.4764 (VII 지역, 7 구역): Cissonius家의 집에서 나온 이와 같은 사사로운 욕설들은 오늘날에도 그렇듯이 고대의 낙서들에서 흔히 볼 수 있다. **Perārī**는 무슨 格이어야 하는가?—그러면 그의 이름, 즉 주격 형태는 무엇이었는가?—**fūr, fūris**, m., 도둑; *furtive, furtively.*

Mulviu\<s\>

CIL 4.4885: VIII 지역, 2 구역에 있는 한 집에서 발견된 이 낙서를 책임져야 할 폼페이 사람은 글씨뿐만 아니라 그림에도 그럭저럭 소질이 있었던 것 같다: 그는 **MVLVIVS**(?)를 쓰려고 두 번 시도해 봤지만 실패했다. 사실 **Mulvius**는 라틴어 단어로서 로마인 가문(**gēns**) 이름이지만, 이 그림을 보면 그는 멀리 날 수 있는 포식자로 로마인들에게 잘 알려진 흔한 맹금류인 **mīluus** 또는 **mīlvus** ("솔개")라는 라벨을 자신의 새에게 붙이려고 했을 개연성이 더 크다. 하지만 예쁜 깃털이 달린 우리 화가의 친구는 불쌍하게도 솔개라기보다는 오리 아니면 거위에 더 가깝게 보인다!

ETYMOLOGIA

다음 단어들은 어떤 라틴어에서 파생되었는지 생각해 보라: 이탈리아어 **uomo**, 스페인어 **hombre**, 프랑스어 **homme**와 **on**, 포르투갈어 **homem**, 루마니아어 **om**, 옛 오크語 **ome**.

동사의 "시간"을 의미하는 "tense"(시제)는 **tempus**에서 옛 프랑스어 **tens** 를 거쳐 형성된 말이다. 그러나 "꽉 조여진"을 뜻하는 "tense"의 어원은 다음과 같다: **tendō**, **tendere**, **tetendī**, **tēnsum**, 당기다.

후대 라틴어에서 **cīvitās**는 "나라"보다는 오히려 "도시"를 의미하게 되었다. 따라서 그것은 도시를 뜻하는 로망스語 단어들의 어원이 되었다: 이탈리아어 **città**, 스페인어 **ciudad**, 프랑스어 **cité**, 포르투갈어 **cidade**, 오크語 **ciutat**.

이 章에서 소개된, 라틴어에 흔한 세 접미사들에서 나온 어미들을 지닌 로망 스語와 영어 단어들은 아래와 같다:

라틴어	이탈리아어	스페인어	프랑스어	영어
-tās, -tātis	-tà	-dad	-té	-ty
vēritās	verità	verdad	vérité	verity (truth)
antīquitās	antichità	antigüedad	antiquité	antiquity
-tiō, -tiōnis	-zione	-ción	-tion	-tion

nātiō	nazione	nación	nation	nation
ratiō	razione	ración	ration	ration
-tor, -tōris	-tore	-tor	-teur	-tor
inventor	inventore	inventor	inventeur	inventor
actor	attore	actor	acteur	actor

Cf. 포르투갈어 **-dade** (**verdade**, **antiguidade**), **-ção/-zão** (**nação**, **razão**), **-tor** (**inventor**, **actor/ator**); 루마니아어 **antichitate**, **naţie/naţiune**, **raţiune**, **inventator**, **actor**; 옛 오크語 **veṛ**, **antiquitat**, **naciọn**, **raziọn**, **autor**.

LATĪNA EST GAVDIVM—ET VTILIS!

Salvēte, et discipulī et discipulae! Quid nunc agitis? 이제 여러분은 라틴어가 우리 언어 곳곳에 살아있음을 깨닫기 시작하였다. 사실상 요즘에는 라틴어를 死語로 간주하는 자가 **rāra avis**이다. 그런 사람들은 다음과 같은 말로 비꼴 수 있다: **quot hominēs, tot sententiae—** 이 속담은 주전 2세기 희극 작가 테렌스로부터 유래되었는데, 자유롭게 풀면 "各人各設"이라는 뜻이다. 어휘에서 **terra**에 주목하라: 우리는 바로 앞 章에서 "subterranean"을 알았는데, 지금은 ET를 생각해 보자. 1980년대에 그 조그만 녀석은 모든 사람들이 다 좋아하는 *Extra-Terrestrial*(**extrā**[전치사+대격] *beyond*+**terra**)이었다. 이 땅(terrain)이 그에게 친밀해지기 전까지는 그는 **terra incognita** 안에 있었다; 그러나 일단 그 지역(territory)에 익숙해지자 그는 **terra fīrma** 위에 있음을 느꼈다(필요하다면, Funk & Wagnall 사전에서 땅과 관련된 이러한 단어들을 모두 찾아보라!). 또한 영화를 말하다보니 Tyrannosaurus rex가 등장하는 스티븐 스틸버그의 힛트작 "쥬라기 공원"이 생각난다. 거기에서 그 공룡은 정말로 "포학자"(tyrant)인 동시에 "왕"이었다. 한편 스필버그의 "velociraptors"는 정말이지 무서운 "민첩한 날치기들"이었는데, 이 명칭은 "velocity"의 어원인 라틴어 형용사 **vēlōx**(빠른)와 동사 **rapere**(붙잡다, 낚아채다, 쥐다)에서 나온 제3곡용 명사 **raptor**가 결합된 것이다. **Latīnam semper amābitis—valēte!**

CAPVT VIII

제3활용: 현재 체계

GRAMMATICA

제3활용 동사들

제3활용은 그 현재 체계의 시제들(현재, 미래, 미완료)에서 다른 활용들보다 다소 불규칙하다. 왜냐하면 그 幹音母은 짧으므로(-e-), 그것의 발음과 철자는 고전 시대에 이르기 전에 이미 많은 변화를 겪었기 때문이다. 반면에 나머지 세 활용들의 간모음들은 모두가 길다(제1활용은 **-ā-**, 제2활용은 **-ē-**, 10章에서 소개될 제4활용은 **-ī-**이다; **laudāre**, **monēre**, **audīre**와 **ágere**를 비교하라). 이 활용을 습득하는 가장 확실한 방법은, 늘 그렇듯이, 아래의 패러다임을 (CD를 갖고 있다면 그것을 잘 들으면서) 그대로 암기하는 것이다; 특히 현재 시제 어미들의 모음 변화와 새로운 미래 시제 어미들을 주목하라.

직설법 현재 능동

단수	1. ág-ō	(*I lead*)
	2. ág-is	(*you lead*)
	3. ág-it	(*he, she, it leads*)
복수	1. ág-imus	(*we lead*)
	2. ág-itis	(*you lead*)
	3. ág-unt	(*they lead*)

직설법 미래 능동

단수	1. ág-am	(*I will lead*)
	2. ág-ēs	(*you will lead*)
	3. ág-et	(*he, she, it will lead*)
복수	1. ag-émus	(*we will lead*)
	2. ag-étis	(*you will lead*)
	3. ág-ent	(*they will lead*)

직설법 미완료 능동

단수	1. ag-ébam	(*I was leading, used to lead,* etc.)
	2. ag-ébās	(*you were leading,* etc.)
	3. ag-ébat	(*he, she, it was leading,* etc.)
복수	1. ag-ēbámus	(*we were leading,* etc.)
	2. ag-ēbátis	(*you were leading,* etc.)
	3. ag-ébant	(*they were leading,* etc.)

명령법 현재 능동

단수 2. áge (*lead!*)   복수 2. ágite (*lead!*)

현재 부정사

부정사 어미 **-āre**와 **-ēre**가 각각 제1활용과 제2활용을 나타냈듯이, **-ere**는 제3 활용을 나타낸다. 따라서 어휘를 공부할 때 모음의 장단까지 꼼꼼히 따지는 것이 얼마나 중요한지를 다시 한 번 깨달을 수 있다. 특히 부정사 형태가 **-ēre**인 제2활용과 **-ere**인 제3활용을 분간하는 데 주의를 기울여야 한다. 여러분은 지금 바로 이 章의 **Vocābula**를 미리 훑어보면서 이를 연습해도 좋다.

현재 어간과 직설법 현재

현재 어간을 추출하는 일반 법칙에 따라, **agere**에서 부정사 어미 **-re**를 제거하고 남은 **age-**가 현재 어간이 된다. 여기에 인칭어미들을 붙이면 직설법 현재가 만들어질 것이라고 예상하겠지만, 그러나 강세가 없는 그 짧은 간모음은 단수 1인칭에서는 완전히 사라져버리고, 단수 2·3인칭과 복수 1·2인칭에서는 **-i**-로 바뀌며, 복수 3인칭에서는 **-u**-로 나타난다. 이 활용을 익히기 위한 가장 실용적인 방법은 인칭어미들이 덧붙은 변환된 간모음들에 세심한 주의를 기울이면서 현재 시제 패러다임을 암기하는 것이다. 또한 **ō/is/it/imus/itis/unt**로 맨 앞의 모음이 바뀌는 현상은 제1·2활용 동사들의 미래 어미들에서 나타나는 것과 정확히 일치한다는 사실을 알아두면 분명 도움이 된다(**-bō, -bis, -bit, -bimus, -bitis, -bunt**).

직설법 미래

제3활용(그리고 10章에서 소개될 제4활용)의 미래 시제에서 두드러진 특징은 제1·2활용에서 볼 수 있는 시제 표지인 **-bi-**가 보이지 않는다는 것이다. 여기에서는 **-ē-**가 단수 1인칭을 제외한 모든 형태들의 미래 표지이며, 그 간모음 자체는 단축되어 나타나지 않는다.

직설법 미완료

미완료 시제는 제1·2활용들에서 배웠던 법칙을 그대로 따라서 형성된다(현재어간 + **-bam**, **-bās**, etc.); 단, 그 간모음은 **-ē-**로 길어지므로, 제2활용의 미완료와 형태가 일치하게 된다.

명령법 현재

이미 배운 법칙에 따라, 명령법 현재의 단수 2인칭은 단순히 현재 어간과 동일하다; 예를 들면, **mitte** (**mittere**, *to send*), **pōne** (**pōne-re**, *to put*). 그러나 명령법 복수에서는 짧고 강세가 없는 간모음 **-e-**가 **-i-**로 변하는 현상이 다시 나타난다; 따라서, **mittite**, **pōnite** (***mittete** 또는 ***pōnete**가 아니다).

불규칙 형태들: **dūcere**의 명령법 단수는 원래 **dūce**였으며, 이 형태는 초기 작가인 플라우투스의 작품에 나타난다. 하지만 나중에 그 **-e**는 **dūce**에서 떨어져 나갔는데, 이러한 현상은 제3활용 동사들 중에 흔히 쓰이는 다른 세 동사들에서도 볼 수 있다: **dīc** (**dīcere**, *to say*), **fac** (**facere**, *to do*), **fer** (**ferre**, *to bear*). 그 밖의 제3활용 동사들은 **age**, **mitte**, **pōne**가 예시하는 법칙을 따른다. 그러므로 불규칙한 네 형태들, **dīc**, **dūc**, **fac**, **fer**는 단순히 암기하기 바란다.

VOCĀBVLA

장음부(macron)는 매우 중요하다고 할 수 있다: **-ēre** 동사는 제2활용인 반면에, 짧은 간모음을 지닌 **-ere** 동사는 제3활용이므로 매우 많은 상이한 형태들을 갖는다. 따라서 새로운 어휘가 나올 때마다 장음부를 단어 철자의 한 부분으로 받아들이고 그 부호에 세심한 주의를 기울이면서 암기해야 한다. 또한 CD나 온라인 오디오에서 그 발음을 주의 깊게 듣고, 처음부터 여러분 스스로 단어를 반복해서 정확히 발음해 보라. 여러분이 우선 의식적으로 **docēre**를 간모음에 강세를 주면서 길게 큰 소리로 발음하고나서, **dūcere**는 간모음에 강세를 주지 않고 짧게 큰 소리로 발음하면, 어느 것이 제2활용이고 어느 것이 제3활용인지를 못 알아볼 리가 없을 것이다. 여러분이 어휘를 공부하고 복습할 때마다 최우선으로 기억해야 할 전제: **semper audī et prōnūntiā!** 그리고 아래 목록에 있는 제1, 제2, 제3활용 동사들을 활용하는 연습을 반드시 하라; 세 가지 시제들의 모든 형태들을 쓰고, 583쪽 **Summārium Fōrmārum**의 패러다임들과 대조함으로 그것들이 맞는지 확인해 보면서 큰 소리로 읽어라.

Cícerō, Cicerónis, m., (*Marcus Tullius*) 키케로 (Ciceronian, cicerone)

cópia, cốpiae, f., 풍부, 공급; **cốpiae, cōpiắrum**, pl., 보급품, 군대, 병력 (copious, copy, cornucopia)

fráter, frắtris, m., 兄, 弟 (fraternal, fraternity, fraternize, fratricide)

laus, laúdis, f., 칭찬, 찬양, 영예, 공적 (laud, laudable, laudation, laudatory, magna cum laude; laudō를 참조하라)

lībértās, lībertátis, f., 자유 (**līber**를 참조하라)

rátiō, ratiónis, f., 헤아림, 계산; 이유, 판단, 고려; 체계; 방법, 방식 (ratio, ration, rational, irrational, ratiocination)

scríptor, scríptóris, m., 저자, 필자 (scriptorium; 아래 **scríbō**를 보라)

sóror, soróris, f., 姉, 妹 (sororal, sororicide, sorority)

victória, victóriae, f., 승리 (victorious; 5章의 **Latīna Est Gaudium**과 아래 **vincō**를 보라)

dum [접속사], 하는 동안, 동시에, *while, as long as, at the same time that;* [+ 가정법], 까지, *until*

ad [전치사 + 대격], 으로, 가까이로, *to, up to, near to,* 行動詞와[1] 함께 "가는 곳"(place to which)을 나타낸다; 역시 "to"로 번역되지만 다른 의미를 갖는 간접 목적어의 여격과 비교하라 (administer, ad hoc, ad hominem). 복합어에서 **d**는 바로 뒤에 있는 자음으로 종종 동화되므로, **ad**는 다음과 같이 나타날 수 있다: **ac- (accipiō: ad-capiō), ap- (appellō: ad-pellō), a- (aspiciō: ad-spiciō)**; 부록 565쪽을 보라.

ex 또는 **ē** [전치사 + 탈격], ~으로부터, *out of, from, from within;* 때문에, *by reason of, on account of;* (基數 뒤에서) *of* (exact, except, exhibit, evict). **ex**는 자음이나 모음 앞에서, **ē**는 자음 앞에서만 쓰였다(영어의 부정관사 "a"와 "an"도 비슷한 경우이다). 위의 **ad**와 그 밖의 많은 전치사들처럼, **ex/ē**도 복합어의 접두사로 자주 사용되는데, 이때 **x**는 바로 뒤의 자음으로 종종 동화되기도 한다; 일례로, **excipiō, ēdūcō, ēventus, efficiō (ex + faciō)**, etc.; 부록 566쪽을 보라. 상태

---

1 [역주] 동사는 일반적으로 自동사와 他동사로 나누지만, 움직임을 나타내는 "行동사"(action verb)와 상태를 나타내는 "態동사"(stative verb)로 분류하기도 한다.

númquam [부사], 결코 아니다, *never.*

támen [부사], 그럼에도 불구하고, 그렇지만, *nevertheless, still*

ágō, ágere, égī, áctum, 몰다, 이끌다, 하다, 행하다; (인생이나 시간을) 보내다, 지내다; **grátiās ágere** + 여격, ~에게 감사하다 (agent, agenda, agile, agitate, active, actor, action, actual, actuate)

dēmṓnstrō, dēmōnstrā́re, dēmōnstrā́vī, dēmōnstrā́tum, 지적하다, 지시하다, 보여주다, 표명하다 (demonstrable, demonstration, demonstrative)

díscō, díscere, dídicī, 배우다 (disciple, disciplinary, **discipulus, discipula**를 참조하라)

dóceō, docḗre, dócuī, dóctum, 가르치다 (docent, docile, document, doctor, doctrine, indoctrinate)

dū́cō, dū́cere, dū́xī, dúctum, 이끌다; 고려하다, 감안하다; 늘이다 (ductile, abduct, adduce, deduce, educe, induce, produce, reduce, seduce)

gérō, gérere, géssī, géstum, 지니다, 나르다; 실행하다, 관리하다, 처신하다, 수행하다, 완수하다 (gerund, gesture, gesticulate, jest, belligerent, congeries, digest, suggest, exaggerate, register, registry)

scrī́bō, scrī́bere, scrī́psī, scrī́ptum, 쓰다, 작문하다 (ascribe, circumscribe, conscript, describe, inscribe, proscribe, postscript, rescript, scripture, subscribe, transcribe, scribble, scrivener, shrive)

tráhō, tráhere, trā́xī, tráctum, 당기다, 끌다; 이끌어내다, 얻다 (attract, contract, retract, subtract, tractor, etc.)

víncō, víncere, vī́cī, víctum, 이기다, 정복하다 (convince, convict, evince, evict, invincible, Vincent, victor, Victoria, vanquish)

LḖCTIŌ ET TRĀNSLĀTIŌ

늘 그렇듯이, 아래 글들을 읽으려고 하기 전에 패러다임들과 어휘를 암기하고, 자습문제들을 풀어봄으로써 자신의 실력을 점검해 보라. 만일 CD를 갖고 있다면, 이 글들의 낭독을 잘 듣고, 큰 소리로 읽으면서 의미를 파악하고 자신의 번역을 써보라. 새로 배운 문법을 연습하기 위해, 이 글들에 나오는 모든 제3활용 동사들의 시제와 인칭과 수를 일일이 확인하라. 번역에서 흔히 범하는 실수는 아래 S.A.1에 나오는 **aget**과 같은 제3활용의 미래 시제 형태들을 현재 시제로 오인함으로 초래되는데, 이는 **monet, dēbet** 등과 같은 제2활용 현재 형태들과 닮았기 때문이다. 이러한 문제들을 피하기 위해서는 어휘 공부를 빈틈없이 해야 한다. 또 다른 흔한 실수는 영어를 라틴어로 옮기는 연습문제들에서 "to"를 오인함으로 발생한다; 행동사에 연결될 때는 새로 소개된 전치사 **ad**를 사용하고, "to"가 간접목적어를 지시할 때는 여격을 사용하라. 아래 S.A.6에 나오는 명사 **error**는 그 의미가 파생된 영어 단어들에서 쉽게 파악되는 수많은 라틴어 단어들 중 하나다; 이러한 경우에는 괄호 註에서 뜻풀이를 생략하든가, 아니면 "= Eng."라고 표기할 터인데, 여러분은 그 뜻을 잘 유추해 내리라 생각한다.

EXERCITĀTIŌNĒS

1. Tempora nostra nunc sunt mala; vitia nostra, magna.
2. Quārē soror mea uxōrī tuae litterās scrībit (scrībet, scrībēbat)?
3. Tyrannus populum stultum ē terrā vestrā dūcet (dūcit, dūcēbat).
4. Ubi satis ratiōnis animōrumque in hominibus erit?
5. Cōpia vērae virtūtis multās culpās superāre poterat.
6. In līberā cīvitāte adulēscentiam agēbāmus.
7. Rēgem malum tolerāre numquam dēbēmus.
8. Post parvam moram multa verba dē īnsidiīs scrīptōrum stultōrum scrībēmus.

작문

9. The body will remain there under the ground.
10. Write (sg., pl.) many things in your (sg., pl.) books about the glory of our state.
11. Does reason always lead your (pl.) queen to virtue?
12. We shall always see many Greek names there.

SENTENTIAE ANTĪQVAE

1. Frāter meus vītam in ōtiō semper aget. (Terence.)
2. Age, age! Iuvā mē! Dūc mē ad secundum fīlium meum. (Terence. —**age**, **age**, 자, 봐라!)
3. Ō amīcī, lībertātem perdimus. (Laberius.—**perdere**, 파괴하다)
4. Nova Perīcula populō Rōmānō expōnam sine morā. (Cicero.—**expōnere**, 보이다, 밝히다, 설명하다; *exponent*, *exposition*.)
5. Numquam perīculum sine perīculō vincēmus. (Publilius Syrus.)
6. Ex meīs errōribus hominibus rēctum iter dēmōnstrāre possum. (Se-

neca.—**error, -rōris**, m.,=Eng.; *erroneous*, *unerring*.—**rēctus, -a, -um**, 옳은; rectangle, rectify; 영어 "right"와 어근이 같다.—**iter, itineris**, n., 도로, 길; *itinerant, itinerary*.)

7. Catullus Mārcō Tulliō Cicerōnī magnās grātiās agit. (Catullus.—27 章의 "툴리우스여, 매우 고맙소!"를 보라.)

8. Eximia fōrma virginis oculōs hominum convertit. (Livy.—**eximius, -a, -um**, 특출한, 비범한; *example*, *exempt*.—**convertere**, 돌리다, 끌다; *converse, convert*.)

9. Agamemnon magnās cōpiās ē terrā Graecā ad Trōiam dūcet, ubi multōs virōs necābit. (Cicero.—**Agamemnon, -nonis**, m.)

"아가멤논"의 장례용 황금 마스크
미케네, 주전 16세기
국립 고고학 박물관
아테네, 그리스

10. Amor laudis hominēs trahit. (Cicero.)

11. Auctōrēs pācis Caesar cōnservābit. (Cicero.—**auctor, -tōris**, m., 작가; *authority, authorize*.—**Caesar, -saris**, m.; *kaiser, czar*.)

12. Inter multās cūrās labōrēsque carmina scrībere nōn possum. (Horace. —**inter** [전치사 + 대격], 사이에, 중간에; *interlude, interval*.)

13. Dum in magnā urbe dēclāmās, mī amīce, scrīptōrem Trōiānī bellī in ōtiō relegō. (Horace.—**urbs, urbis**, f., 도시; *urban, urbane*.—**dēclāmāre**, 외치다; *declamation, declamatory*.—**Trōiānus, -a, -um**.—**relegere**, 다시 읽다.)

14. Nōn vītae, sed scholae, discimus. (*Seneca.—**vītae**와 **scholae**는 목적을 표현하는 여격이다; 보충구문론 573-74쪽을 보라.—**schola, -ae**, f., 학교; "school"은 "여가(leisure)"를 뜻하는 그리스어 **scholē**에서 라틴어 **schola**를 거쳐 파생되었다; *scholar, scholastic*.)

15. Hominēs, dum docent, discunt. (*Seneca.)
16. Ratiō mē dūcet, nōn fortūna. (Livy.)

키케로가 내세우는 전쟁의 명분

Cīvitās bellum sine causā bonā aut propter īram gerere nōn dēbet. Sī fortūnās et agrōs vītāsque populī nostrī sine bellō dēfendere poterimus, tum pācem cōnservāre dēbēbimus; sī, autem, nōn poterimus esse salvī et servāre pātriam lībertātemque nostram sine bellō, bellum erit necessā-rium. Semper dēbēmus dēmōnstrāre, tamen, magnum officium in bellō, et magnam clēmentiam post victōriam.

Cicero, *Off.* 1.11.34-36 그리고 *Rep.* 3.23.34-35(더 완전한 인용은 **Locī Ant. VII**을 보라): 여기에 표명된 키케로의 견해들은 Cilicia 총독으로 부임하기 전, 주전 50년대 후반에 쓴 이상적 국가에 관한 정치논설인 **Dē Rē Pūblicā** (*On the Republic*) 및 율리우스 카이사르의 독재 기간과 그 직후에 스스로 망명 생활을 하면서 정치에서 한 발 물러나 있었던 주전 45-44년에 쓴 그의 또 다른 철학적 작품인 **Dē Officiīs**(*On Moral Responsibilities*)에서 인용한 것이다(같은 시기에 그는 Tusculānae Disputātiōnēs와 Dē Amīcitiā를 저술했으며, 거기서 뽑은 글들을 여러분은 4장과 5장에서 읽었다).—**causa, -ae**, f.; *causal, accuse.*—**aut** [접속사], 또는.—**dēfendere**: =Eng.; *defendant, defensive.*—**poterimus... dēbēbimus**: 전제절의 미래 시제 또는 조건문의 "if-절"은 현재 시제로 번역할 수 있는데, 이는 "if" 자체가 미래 일을 시사하는바, 영어는 그러한 조건문들에서 주로 현재를 사용하기 때문이다; 또한 영어에서는 조동사 "ought"가 종종 미래를 암시하므로, **dēbēre**의 미래도 종종 현재로 옮길 수 있지만, 그렇더라도 여기서 **dēbēbimus**는 엄밀히 말하면 미래적 의미를 지니고 있다: *we will have an obligation (to).*—**autem** [접속사], 그러나, *however.*—**necessārius, -a, -um**: =Eng.; *necessity.*—**clēmentia, -ae**, f., 부드러움, 친절, 자비; *clemency, inclement.*

QVAESTIŌNĒS: 전쟁 수행의 명분에 대한 독특한 견해들이 이 글에 제시되어 있는데, 여러분은 이에 동의하는가? 그리고 그 견해들은 현대 미국의 입장과 관행에 견주어 볼 때 어떻게 차이가 나는가? 이 글에 근거하면, 여러분이 보기에 키케로는 매파였는가 비둘기파였는가 아니면 실용주의자였는가?

SCRĪPTA IN PARIETIBVS

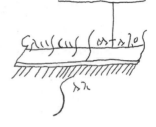

Crēscē<n>s Spatalō sal(ūtem)!

CIL 4.4742: VII 지역, 7 구역, Cissonii의 집에서 발굴. 로마인들은 종종 친구들에게 하는 인사말을 단골집의 낙서하기 편리한 담벼락이나 이 경우에는 기둥에 흘겨 썼다; 배 모양에 관해서는 앞의 2-3장에 있는 낙서들을 참조하라. "Crescens"(원래는 **Crēscēns, Crēscentis**, m., 그러나 여기서 보듯이 철자에서 종종 **-n-**이 누락되었고, 따라서 **-n-**은 물론 발음되지 않았다)와 "Spatalus"는 둘 다 별명이다.—**salūs, salūtis**, f., 건강, 안전; 인사; *salutation, salute*; 여기서 보듯이, 이 단어는 새긴 글들에서는 흔히 약어로 표기되었다; 이 문맥에서 **salūtem**은 감정을 나타내는 **외침의 대격**(ACCUSATIVE OF EXCLAMATION)으로, 이것은 함축되어 있다고 이해할 만한 어떤 타동사(예를 들면 여기에서는 **dīcō**)의 목적어인 경우가 보통이다.

LATĪNA EST GAVDIVM—ET VTILIS!

Salvēte! 이 단원에 새로 등장하는 많은 어휘들을 접하면서, 여러분은 라틴어 덕분에 진정한 언어적 풍요(cornucopia)를[2] 누리고 있음을 다시 한 번 깨달을 수 있을 것이다. **Scrīptor**는 동사의 네 번째 기본어의 **-um**이 본래 "그 동사가 표현하는 행위를 하는 자"를 뜻하는 접미사인 **-or**로 바뀌어 형성된 큰 그룹의 제3곡용 남성 명사들 중 하나다. 따라서 **monitor, -tōris**, *one who advises*, 즉 *an advisor*; **amātor**, *one who loves*, 즉 *a lover*; etc. 그러면 **docēre**와 **agō**에서 이와 똑같은 방식으로 명사들을 만들면 어떻게 되겠는가? 이 章에서 소개된 다른 동사들과 이전 章들의 어휘들을 잘 살펴보라; 이러한 **-or** 명사들을 만들거나 식별할 수 있겠는가? 요컨대, 뿌리가 되는 라틴어 단어를 일단 알고 나면, 그로부터 파생된 단어들의 의미를 발견하거나 유추할 수 있는 경우가 흔하다. 예를 들면, 동사 **discere**는 당연히 **discipulus**와 **discipula** 및 **disciplīna**와도 관련되어 있다. 이와 관련하여 "discipline"은 "징계"가 아니라 "배움"이

---

2. "풍요"로 번역된 cornucopia는 **cornū**, *horn*과 **cōpia**, *plenty*가 결합된 단어로, 직역하면 "horn of plenty"이다; 전자는 "cornet"과 어근이 같다.

라는 것을 지적하고 싶다. 한편 1993년에 흥행했던 영화 *Man Without a Face*를 관람했다면, 라틴어를 많이 들었을 것이다. 그 중에는 요즘도 즐겨 쓰는 옛 경고이면서, 또한 영국 윈체스터 대학의 표어인 것도 포함되어 있다: **aut disce aut discēde** "배우든가 아니면 떠나든가 하라"(내 연구실 문에도 이 글을 붙여 놓았다). 여러분은 지금 당장은 떠나지 않고 배우려고 할 것은 의심의 여지가 없는데..., **valēte, discipulī et discipulae!**

CAPVT IX

지시사 Hic, Ille, Iste;
단수 속격이 -īus인 형용사들

GRAMMATICA

지시 대명사와 형용사

라틴어의 **지시사**(DEMONSTRATIVE: dēmōnstrāre, 가리키다)는 말하는 자 또는 듣는 자로부터 비교적 가깝거나 멀리 떨어져 있는 사람이나 사물을 일반적으로 가리키는 형용사와 대명사이다. 라틴어 지시사인 **hic, iste, ille**는 여러 면으로 영어의 "this/these"와 "that/those"에 상응한다; 그 곡용은 **magnus, -a, -um** 의 그것(4章)을 일반적으로 따르는데, 아래 패러다임에서 밑줄이 그어진 형태 들은 예외이다(패러다임을 익힐 때는 여느 때와 마찬가지로 그 형태들을 왼쪽 에서 오른쪽 방향으로 크게 소리내어 반복해서 읽어야 한다: **hic, haec, hoc**; **huius, huius, huius**; etc.).

	ille, *that, those*			**hic**, *this, these*		
	남성	여성	중성	남성	여성	중성
단수						
주격	<u>ílle</u>	ílla	<u>íllud</u>	<u>hic</u>	<u>haec</u>	<u>hoc</u>
속격	<u>illíus</u>	<u>illíus</u>	<u>illíus</u>	<u>húius</u>	<u>húius</u>	<u>húius</u>
여격	<u>íllī</u>	<u>íllī</u>	<u>íllī</u>	<u>huic</u>	<u>huic</u>	<u>huic</u>
대격	íllum	íllam	<u>íllud</u>	hunc	hanc	<u>hoc</u>
탈격	íllō	íllā	íllō	hōc	hāc	hōc
복수						
주격	íllī	íllae	ílla	hī	hae	<u>haec</u>
속격	illórum	illárum	illórum	hórum	hárum	hórum
여격	íllīs	íllīs	íllīs	hīs	hīs	hīs
대격	íllōs	íllās	ílla	hōs	hās	<u>haec</u>
탈격	íllīs	íllīs	íllīs	hīs	hīs	hīs

Iste, *that* (네게 가깝거나 네게 속한 것), **ille**의 곡용을 따른다:

	남성	여성	중성
단수			
주격	íste	ísta	ístud
속격	istíus	istíus	istíus
여격	ístī	ístī	ístī
대격	ístum	ístam	ístud
탈격	ístō	ístā	ístō
복수			
주격	ístī	ístae	ísta
	etc.		

곡용(Declension)

다시 말하자면 세 가지 지시사들은 모두가 **magnus, -a, -um**의 곡용 패턴을 꽤 정확하게 따르는데, 특히 복수에서는 중성 **haec**만 제외하면 완전히 일치한다. 한편 가장 두드러진 차이점들은 (아래에서 다루어질 다른 아홉 개의 특수한 형용사들에 의해서도 공유되는) 단수 속격과 여격의 형태들, 그리고 지시적 전접어 **-ce**가 짧아진 형태인 **-c**가 붙은 **hic**의 몇몇 형태들에서 볼 수 있다: **huius**와 **huic**은 **ui**가 이중모음으로 발음되는 소수의 낱말들에 속한다는 사실에 유의하라; **huius**의 독특한 발음(= **huí-yus**)에 대해서는 *Intrōdvctiō* xlvi쪽을 보라 (그리고 CD를 갖고 있다면, 그것을 잘 들어라).

용법과 번역 및 어순

일반적으로 그 지시사들은 사람이나 사물을 가리키는데, 말하는 자와 가깝거나 (**hic liber**, 이 책 = 나의 이 책, 여기 이 책), 듣는 자에게 가깝거나(**iste liber**, 그 책 = 너의 그 책, 네 옆의 그 책), 또는 양자로부터 멀 수도 있다(**ille liber**, 저 책 = 저기 저 책, 그의 저 책). **Ille**와 **hic**이 각각 "전자"(the former)와 "후자"(the latter)를 의미하는 때도 종종 있으며, 경우에 따라서는 영어의 인칭 대명사 *he, she, it, they*보다 좀더 강한 의미를 지닌다; 또한 **ille**는 "유명한"을 의미할 수도 있으며(**ille rēx Philippus**, 저 유명한 필립 왕), **iste**는 "(네가 말한/언급한) 그런"으로 옮기는 것이 가장 좋을 때가 종종 있는데, 경우에 따라서는 경멸의 뜻을 지니기도 한다; **ista īra**, 그런 끔찍한 분노, **iste tyrannus**, 그런 비열한 폭군.

지시사가 명사를 수식할 때는 형용사와 같은 기능을 지닌다; 지시사는 본래 강조하는 말이므로, 수식받는 명사 앞에 위치하는 것이 통례이다. 아래의 예들은 몇몇 다양한 형태들이 실제로 어떻게 사용되는지를 보여주고 있다:

hic liber, *this book*   **hanc cīvitātem**, *this state*

ille liber, *that book*   **huic cīvitātī**, *to this state*

illīus librī, *of that book*   **illī cīvitātī**, *to that state*

illī librī, *those books*   **illae cīvitātēs**, *those states*

illī librō, *to that book*   **haec cīvitās**, *this state*

illō librō, *by that book*   **haec cōnsilia**, *these plans*

istīus amīcī, *of that friend* (*of yours*)   **hoc cōnsilium**, *this plan*

istī amīcī, *those friends* (*of yours*)   **hōc cōnsiliō**, *by this plan*

istī amīcō, *to that friend* (*of yours*)   **huic cōnsiliō**, *to this plan*

지시사가 단독으로 사용될 때는 **대명사(PRONOUN)**와[1] 같은 역할을 하며, 그 性과 數와 문맥에 따라 *this man, that woman, these things* 등과 같이 번역하는 것이 최선인 경우가 자주 있다. 한편 중성 지시사는 일반적으로 주격과 대격에서만 대명사로 사용되었고, 다른 격들에서는 "thing"을 뜻하는 명사를 수식하는 형용사로 보통 사용되었다; 예를 들면 **huius reī**, *of this thing*.

hic, *this man*   **ille**, *that man*

hanc, *this woman*   **illa**, *that woman*

hunc, *this man*   **illa**, *those things*

haec, *this woman*   **huius**, *of this man/woman*

haec, *these things*   **illī**, *to that man/woman*

istum, *that man*   **illī**, *those men*

istārum, *of those women*

단수 속격이 -īus인 형용사들

제1곡용과 제2곡용에 속한 흔히 쓰이는 아홉 개 형용사들은 **illīus**와 **illī**의 패턴에 따라, 단수 속격 어미는 **-īus**이고, 단수 여격 어미는 **-ī**이다. 그 밖의 단수 형태들과 모든 복수 형태들에서, 이들은 **magnus, -a, -um**의 패턴을 따르는 규

---

1. Pronoun(代名詞)은 **prō nōmine**, 즉 "명사 대신에" 사용되는 말로서 사람이나 장소 또는 사물을 가리키는 데, 명사보다는 그다지 명시적이지는 않다.

칙적인 형용사이다; 단, 중성 단수 **aliud** (cf. **illud**)와 **alterīus**는 예외인데, 후자는 **alter**에서 빌려온 것으로 **alius, alia, aliud**의 규칙적인 단수 속격 **alīus**를 대신하여 흔히 사용된다.

	sōlus, -a, -um, *alone, only*			**alius, alia, aliud**, *another, other*		
단수						
주격	sōlus	sōla	sōlum	álius	ália	áliud
속격	sōlíus	sōlíus	sōlíus	alteríus	alteríus	alteríus
여격	sōlī	sōlī	sōlī	áliī	áliī	áliī
대격	sōlum	sōlam	sōlum	álium	áliam	áliud
탈격	sōlō	sōlā	sōlō	áliō	áliā	áliō
복수						
주격	sōlī	sōlae	sōla	áliī	áliae	ália
		etc.		etc.		

이 부류의 아홉 개 형용사들은 각각의 첫 번째 문자들을 모두 엮어서 만든 말인 UNUS NAUTA를 알면 쉽게 외울 수 있을 것이다(여기에는 그 아홉 개 단어들 가운데 하나인 **ūnus**가 마침 포함되어 있을 뿐만 아니라, **nauta**가 제1곡용에 속하는 명사임에도, 남성 형태인 **ūnus**와 일치되어 있으므로, 남성이라는 것을 다시 상기시켜 주는 효과도 있다). 또한 그 아홉 개 단어들은 각각 數的인 어떤 양상을 가리킨다는 사실에 유의하라:

U	**ūnus, -a, -um** (**ūnīus**, etc.), *one*
N	**nūllus, -a, -um** (**nūllīus**, etc.), *no, none*
U	**ūllus, -a, -um**, *any*
S	**sōlus, -a, -um**, *alone, only*
N	**neuter, neutra, neutrum**, *neither*
A	**alius, -a, -ud**, *another, other*
U	**uter, utra, utrum**, *either, which* (*of two*)
T	**tōtus, -a, -um**, *whole, entire*
A	**alter, altera, alterum**, *the other* (*of two*)

VOCĀBVLA

우리는 변형된 어미들 또는 복수에서 독특한 의미를 지니는 따위의 불규칙적인 라틴어 명사들을 적잖이 보았다; 아래 목록에 있는 **locus**는 복수에서 남성과 중성 어미들을 둘 다 갖는데, 각 性에 따라 의미가 사뭇 다르므로 주의를 요한다. 또한 **illud, istud, aliud**에서 본 예외적인 중성 어미 **-ud**에도 주의를 기울여라. 부사 **nimis**는 본질적으로 정반대인 두 가지 의미들을 지니는 특이한 단어이다: 부정적 함의(含意)를 지니는 "지나치게"(excessively)와 형용사나 다른 부사를 수식할 때는 으레 긍정적인 함의를 지닐 수 있는 "매우" (exceedingly)를 뜻하므로, 문맥에 맞는 것을 택하라. **In**은 **sub**와 마찬가지로 행동사와 함께 쓰이면 대격을 취하고(**virōs in hunc locum dūcēbās**, *you were leading the men into this place*), 태동사와 함께 쓰이면 탈격을 취한다(**illī in agrō sunt**, *those men are in the field*).

항상 그렇듯이, 새로운 단어들을 학습할 때는 듣고 큰 소리로 읽어라—**audī et prōnūntiā!** 그리고 이전 章들에 있는 어휘도 지속적으로 복습하라. 새로운 형태들을 연습할 때는 명사-형용사 구(句)를 性을 달리하여 몇 개 만들어 곡용해 보라; 예를 들면, **ille rēx alius, ista soror sōla, hoc studium tōtum.**

lócus, lócī, m., 장소; 글의 구절; pl., **lóca, locórum**, n., 장소들, 지방; **lócī, locórum**, m., 글의 구절들 (allocate, dislocate, locality, locomotion)

mórbus, mórbī, m., 병, 질병 (morbid, morbidity, morbidness, morbose)

stúdium, stúdiī, n., 열심, 열정, 추구, 정진, 공부 (studio, studious; **studēre**, 추구하다, 공부하다를 참조하라)

hic, haec, hoc, *this;* 후자, *the latter;* 때로는 *he, she, it, they*의 뜻으로 약해진다 (ad hoc)

ílle, ílla, íllud, *that;* 전자, *the former;* 유명한 자(것), *the famous; he, she, it, they*

íste, ísta, ístud, *that, that of yours;* 그러한, *such (as you have, as you speak of);* 가끔은 경멸적인 의미로 예를 들면, 그런 야비한, 그런 비열한

álius, ália, áliud, *other, another;* **álií…álií**, *some…others* (alias, alibi, alien)

álter, áltera, álterum, *the other (of two),* 두 번째 (alter, alteration, alternate, alternative, altercation, altruism, adulterate, adultery)

neúter, neútra, neútrum, *not either, neither* (neutrality, neutron)

núllus, núlla, núllum, *not any, no, none* (null, nullify, annul)

sólus, sóla, sólum, 단독의, 유일한, *alone, only, the only;* **nōn sólum . . . sed étiam**, ~뿐만 아니라 ~도 역시, *not only…but also* (sole, solitary, soliloquy, solo, desolate, sullen)

tŏtus, **tŏta**, **tŏtum**, 모든, 전부 (total, totality, factotum, in toto)

ŭllus, **ŭlla**, **ŭllum**, *any*

ŭnus, **ŭna**, **ŭnum**, 하나의, 유일한, 다만 ~뿐인 (unit, unite, union, onion, unanimous, unicorn, uniform, unique, unison, universal, university)

úter, **útra**, **útrum**, *either, which* (*of two*)

énim [후치 접속사], ~이므로(*for*), 사실상, 참으로

in [전치사＋대격], *into, toward; against* (또한 **in** ＋ 탈격, *in, on*, 3章을 보라); 복합어에서 **in**-은 **il**-, **ir**-, **im**-으로 바뀔 수도 있다; 접두사로 사용될 때, 그것은 전치사의 문자적 의미와 같거나 또는 단순히 강의적 효과를 나타낼 수 있다(intend, invade, impugn); *not, un-, in*-과 같은 부정적 의미를 지닌 비분리 접두사 **in**-과 비교하라. 그리고 이들 및 다른 접두사들은 부록 564-69쪽을 보라.)

nímis 또는 **nímium** [부사], 너무, 대단히, 지나치게; (긍정적 의미로, 특히 형용사나 부사와 함께 쓰일 때) 매우, 아주 (nimiety)

LĒCTIŌ ET TRĀNSLĀTIŌ

자습문제를 어느 정도 마친 후에는 새로 소개된 지시사들과 **-īus** 형용사들의 性과 數와 格 및 용법을 본 단원의 읽을거리들에서 확인함으로써 여러분이 그것들을 완전히 숙지했는지를 점검해 보라. 주의할 점: **hic**, **iste**, **ille**가 수식하는 명사가 없다면, 모호함을 피하기 위해서, "man/men," "woman/women," 또는 "thing(s)"를 그 지시사의 性과 數에 맞춰 덧붙이는 것이 필요한 경우가 종종 있다. 그러므로 S.A.2에서 **hic...dūcet**은 *this will lead*가 아니라 *this man will lead*로 번역해야 한다.

EXERCITĀTIŌNĒS

1. Hic tōtus liber multōs locōs litterārum Rōmānārum laudat.
2. Hī igitur illīs deābus heri grātiās agēbant.
3. Illud dē vitiīs istīus rēgīnae nunc scrībam, et ista poenās dabit.
4. Neuter alterī plēnam cōpiam pecūniae tum dabit.
5. Potestne laus ūllīus terrae esse perpetua?
6. Labor ūnīus numquam poterit hās cōpiās vincere.
7. Mōrēs istīus scrīptōris erant nimis malī.

8. Nūllī magistrī, tamen, sub istō vēra docēre audēbant.

9. Valēbuntne pāx et lībertās in patriā nostrā post hanc victōriam?

10. Dum illī ibi remanent, aliī nihil agunt, aliī discunt.

작문

11. Cicero was writing about the glory of the other man and his wife.

12 The whole state was thanking this man's brother alone.

13. On account of that courage of yours those(men) will lead no troops into these places tomorrow.

14. Will either new book be able to point out and overcome the faults of these times?

SENTENTIAE ANTĪQVAE

1. Ubi illās nunc vidēre possum? (Terence.)

2. Hic illam virginem in mātrimōnium dūcet. (Terence.—**mātrimōnium, -iī**, n.)

3. Huic cōnsiliō palmam dō. (Terence.—**palma, -ae**, 승리를 상징하는 종려나무 가지; *palmetto, impalm*.)

4. Virtūtem enim illīus virī amāmus. (Cicero.)

5. Sōlus hunc iuvāre potes. (Terence.)

6. Poena istīus ūnīus hunc morbum cīvitātis relevābit sed perīculum semper remanēbit. (Cicero.—**relevāre**, 덜다, 줄이다; *relevant, relief*.)

7. Hī enim dē exitiō huius cīvitātis et tōtīus orbis terrārum cōgitant. (Cicero.—**orbis, -is**, m., 범위, 원; *orbicular, orbit*. **orbis terrārum** 세상.)

8. Est nūllus locus utrī hominī in hāc terrā. (Martial.)

9. Nōn sōlum ēventus hoc docet—iste est magister stultōrum!—sed etiam ratiō. (Livy.—**ēventus**, 일어난 일, 결과: *event, eventual*.)

족한 줄 알라!

Habet Āfricānus mīliēns, tamen captat.

Fortūna multīs dat nimis, satis nūllī.

*Martial *Epig*. 12.10: 이 풍자시는 고대 로마에서 **captātōrēs**라고 알려진 모리배들 중 하나를 타깃으로 삼고 있는데, 이 명칭은 문자적으로 옮기면 "붙잡는 자들"이지만, 실제적으로는 부유한 후원자들—특히 늙거나 병든 자들—의 환

심을 사서 그들의 유산 상속을 노리는 데 이력이 난 남자들을 말한다. 이 글에서 풍자된 아프리카누스는 유산 사냥꾼(legacy-hunter)으로 이미 백만장자였지만, 그럼에도 상속받을 수 있는 재산들을 여전히 찾고 있었다; 마르티알리스는 첫 번째 행에 상반되는 동사들을 끼워 넣음으로써(라틴어 詩에서 흔히 볼 수 있는 수사법이다) 역설적인 면이 더욱 부각되도록 하였다. 운율: 파행단장격 (choliambic).—**mīliēns**는 "천"을 뜻하는 라틴어 단어 **mīlle**에서 나왔지만, 여기서처럼 말을 과장할 때 종종 사용되었다; 의역하면, 수만 배로, 어마어마하게; *millennium, millipede*.—**captāre**, 유산을 노리다; *captive, captor*.—**Fortūna:** 여기서는 **의인화**(PERSONIFICATION)되었다; 그리스의 여신 Tyche와 마찬가지로, Fortuna는 로마 제국 전역의 사원에서 신격화되고 경배되었다.

QVAESTIŌNĒS: 두 번째 행에서 **교차대구법**(CHIASMUS)을 확인하라(그 용어의 의미가 생각나지 않으면, 앞의 6장에서 "펠 박사"에 대한 註를 보라); 어떤 효과를 의도하였는가?

Sī vīs studēre philosophiae animōque, hoc studium nōn potest valēre sine frūgālitāte. Haec frūgālitās est paupertās voluntāria. Tolle, igitur, istās excūsātiōnēs: "Nōndum satis pecūniae habeō. Sī quandō illud 'satis' habēbō, tum mē tōtum philosophiae dabō." Incipe nunc philosophiae, nōn pecūniae, studēre.

Seneca *Ep.* 17.5: "小"세네카(Lucius Annaeus Seneca, 주전 4년경–주후 65년), 스토아 철학자, 젊은 네로의 스승, 많은 교훈적 수필들과 편지들 및 비극 작품들을 쓴 작가인 그는 이 글에서 자신의 독자에게 정신적 삶을 추구하라고 권고한다; 네로를 축출하려는 역모에 그가 연루되었다고 고발당하자, 그 황제는 그가 자결하도록 강요하였다.—**vīs**[불규칙 동사], 너는 원한다.—**studēre:** 여격 목적어를 취하는 여러 라틴어 동사들 중 하나(35章에서 정식으로 소개될 것이다), 열망하다, 몰두하다, 추구하다; 위의 **Vocābula**에 있는 **studium**과 관련됨; 여러분은 "student"가 배움을 "열망하는" 者라는 사실을 알게 되어 기쁠 것이다!—**frūgālitās, -tātis,** f.: 라틴어의 제3곡용에 속한 많은 **-tās** 명사들은 **lībertās**에서 "liberty"가 나오듯이, 영어에서는 "-ty" 명사들로 된다는 것을 기억하라.—**paupertās, -tātis,** f., 궁핍, 빈곤; *pauper, impoverish*.—**voluntārius, -a, -um**:=Eng.; *volunteer, involuntary*.—**tollere**, 제거하다; *extol, extolment*.—**excūsātiō, -ōnis,** f., 변명; *excusable*.—**nōndum** [부사], 아직 ~ 않다, *not yet*.—**tōtum:** 영어에서는 부사가 사용되는 곳에 라틴어에서는 관형적 형용사가 종종 나타난다; 따라서 entirely가 여기서는 적절한 선택인데, 좀더 문자적인 번역은 무엇이겠는가?—**incipe**[명령법] 시작하라; *incipient, inception.*

Seneca (the Younger)
국립 고고학 박물관
나폴리, 이탈리아

QVAESTIŌNĒS: 세네카는 철학적으로 건전한 삶의 방식을 영위하는 데 종종 방해가 되는 것이 무엇이라고 생각하는가? 그가 제안하는 해결책은 무엇인가? 이 글에서 **istās**에 함축된 특별한 의미는 무엇인가?

SCRĪPTA IN PARIETIBVS

P. Cornēlius Faventīnus, tōnsor.

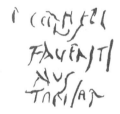

CIL 4.8741: 원형 경기장(II 지역) 근처에 있는 큰 체육관의 기둥에 갈겨 쓴 낙서이다. 폼페이의 유적에서는 건축을 비롯하여 재단, 향료판매, 세탁 등 여러 가지 유용한 서비스들을 광고하는 이와 같은 낙서들을 많이 볼 수 있다. 낙서들에서는(다른 유형의 새긴 글들에서도 마찬가지인데), 특히 면적에 제약이 있으면, 한 단어를 줄을 바꿔서 계속 쓰는 경우도 흔했는데, 이 낙서가 바로 그렇다: CORNELI/VS FAVENTI/NUS.—**P.**=**Pūblius:** 전에도 언급했듯이, 주어진 이름(praenomen)은 한 글자로 줄여 쓰는 것이 보통이다.—**tōnsor, -sōris**, m., 이발사, *tonsorial*; 이발사는 오늘날과 마찬가지로 로마 제국에서는 꼭 필요한

직업인이었다. 더욱이 고고학자들은 선호하는 정치인 후보에 대한 이발사 협회의 지지를 공표하는 색칠한 선거 게시물을 폼페이에서 발견하였다.

ETYMOLOGIA

전치사 **in**이 접두사로 사용된 예들을 조금 들면 다음과 같다: invoke, induce, induct, inscribe, inhibit, indebted. 한편 부정의 뜻을 지닌 비분리 접두사 **in-**이 붙은 몇몇 예들: invalid, innumerable, insane, insuperable, intolerant, inanimate, infamous, inglorious, impecunious, illiberal, irrational. 이 두 접두사들에 관해서는 부록 566-67쪽을 보라.

라틴어 **ille**에서 로망스 언어들의 정관사와 3인칭 대명사들이 나왔고, 라틴어 **ūnus**에서는 이 언어들의 부정관사가 나왔다. 이것들의 몇몇 형태들과 소수의 다른 파생어들이 아래 일람표에 제시되어 있다:

라틴어	이탈리아어	스페인어	포르투갈어	프랑스어	옛오크어	루마니아어
ille, illa	il, la	el, la	o, a	le, la	lo, la	ăla, aia
ille, illa	egli, ella	él, ella	ele, ela	il, elle	el, ela	el, ea
ūnus,	un(o),	un(o),	um,	un,	uns,	un
ūna	una	una	uma	une	una	
tōtus	tutto	todo	todo	tout	totz	tot
sōlus	solo	solo	só	seul	sols	solo
alter	altro	otro	outro	autre	autre	alt

프랑스語 **là**(거기에)는 거기(그 길로)를 의미하는 부사 형태인 **illāc(viā)**로부터 파생되었다; 이탈리아語 **là**, 스페인語 **allá**, 포르투갈語 **lá/acolá/ali**, 옛 오크語 **lai/la**, 루마니아語 **acolo**도 마찬가지이다.

LATĪNA EST GAVDIVM—ET VTILIS!

Salvēte! Dodge City의 서쪽 외곽에 말뚝이 하나 박혀있는데, 여기에는 다음과 같은 이상한 말이 옛날부터 새겨져 있다:

TOTI
EMUL
ESTO

아하!—첫 번째 단어는 새로 배운 **tōtus**의 여격인 듯싶고, 그 다음 **emul**은 "동시에"를 뜻하는 **simul**과 같은 건가? 그리고 마지막은 아마도 **sum, es, est**의 특이한 미래 명령법이 아닐까? (전혀 그렇지 않다!—그 오래된 말뚝은 노새들을 묶어 놓기 위한 것으로, 그 팻말은 단지 "to tie mules to"이다!)[2]

　　라틴어 회화 및 기타 학급 활동에서 잘 쓰이는 어휘들을 여기에 좀더 실어 놓았다: **surgere**, 일어나다, 일어서다 (surge, resurgence, insurgence): **cōnsīdere**, 앉다 (sedentary); **ambulāre**, 걷다 (ambulatory, amble, ambulance); **aperīre**(제4활용) 열다 (aperture); **claudere**, 닫다 (clause, closet); **dēclīnāre**: **coniugāre**: **crēta, -ae**, 백묵 (cretaceous): **ērāsūra, -ae**, 지우개: **stilus, -ī**, 펜 또는 연필 (정확히 말하면 "첨필"이다): **tabula, -ae**, 칠판 (tabular, tabulate): **tabella, -ae**, 공책, 서판, **tabula**의 指小形 (tablet): **iānua, -ae**, 門 (janitor, Janus, January): **fenestra, -ae**, 창문: **cella, -ae**, 방 (cell): **sella, -ae**, 의자; **mēnsa, -ae**, 상, 탁자; **podium, -iī**. 자, 이제 여러분은 강사에게서 다음과 같은 말을 들으면 무엇을 해야 할지를 알 것이다: **Salvē, discipula**(또는 **discipule**)! **Quid hodiē agis? Surge ex sellā tuā, ambulā ad tabulam, et dēclīnā "hic, haec, hoc."** 어느 틈엔가 여러분은 라틴어를 말하고 있는 자신을 발견할 것이다—그것도 아무 어려움 없이(로마의 어린아이들도 그랬다!): **semper valēte, amīcae amīcīque!**

The Large Palaestra, Pompeii, Italy

---

2 [역주] 라틴어를 조금 아는 자들은 이 팻말을 라틴어로 오해하고 그 뜻을 해독하느라 무척 고생했던 것 같다. 그러나 실상은 오래 전 미국에 이민 온 한 중국인이 자신의 대장간 입구 말뚝에 띄어쓰기를 무시하고 새긴 글이다.

CAPVT X

제4활용과 제3활용의 -iō 동사들

GRAMMATICA

제4활용과 제3활용의 -iō 동사들

이 章에서는 규칙적인 활용들 중에서 마지막으로 분류되는 제4활용(예: **audiō, audīre, audīvī, audītum**, 듣다)과 제3활용의 **-iō** 동사들(예: **capiō, capere, cēpī, captum**, 잡다, 쥐다)의 능동태를 소개하겠다. 첫 번째 두 활용들과 마찬가지로, 제4활용도 간모음이 길다는 특징을 지닌다; 아래의 패러다임에서 보듯이, **-ī**-가 모음 또는 끝머리의 **-t** 앞에서 짧아지는 경우를 제외하고는 현재 체계의 시제들(현재, 미래, 미완료) 전체에 걸쳐 유지되고 있다. 제3활용의 어떤 동사들은 현재 체계에서 제4활용과 동일한 방식으로 형성되기는 하지만, 그 **-i**-는 어디에서든 항상 짧으며, 명령법 단수(**cape**)와 현재 능동 부정사(**capere**)에서는 e가 幹모음으로 나타난다는 예외가 있다. 이 새로운 패러다임들 바로 옆에는 비교하고 복습할 수 있도록 **agō**의 해당 형태들을 병기하였다(8章을 보라).

직설법 현재 능동태

	1. ágō	aúdi-ō	cápi-ō	(*I hear, take*)
단수	2. ágis	aúdī-s	cápi-s	(*you hear, take*)
	3. ágit	aúdi-t	cápi-t	(*he/she/it hears, takes*)
	1. ágimus	audí-mus	cápi-mus	(*we hear, take*)
복수	2. ágitis	audí-tis	cápi-tis	(*you hear, take*)
	3. águnt	aúdi-unt	cápi-unt	(*they hear, take*)

직설법 미래 능동태

	1. ágam	aúdi-am	cápi-am	(*I shall hear, take*)
단수	2. ágēs	aúdi-ēs	cápi-ēs	(*you will hear, take*)
	3. áget	aúdi-et	cápi-et	(*he/she/it will hear, take*)

		1. agémus	audi-émus	capi-émus	*(we shall hear, take)*
복수	2. agétis	audi-étis	capi-étis	*(you will hear, take)*
	3. ágent	aúdi-ent	cápi-ent	*(they will hear, take)*

직설법 미완료 능동태

		1. agébam	audi-ébam	capi-ébam	*(I was hearing, taking)*
단수	2. agébās	audi-ébās	capi-ébās	*(you were hearing, taking)*
	3. agébat	audi-ébat	capi-ébat	*(he/she/it was hearing, taking)*

		1. agēbámus	audi-ēbámus	capi-ēbámus	*(you were hearing, taking)*
복수	2. agēbátis	audi-ēbátis	capi-ēbátis	*(you were hearing, taking)*
	3. agébant	audi-ébant	capi-ébant	*(they were hearing, taking)*

명령법 현재 능동태

단수	2. áge	aúdī	cápe	*(hear, take!)*
복수	2. ágite	audí-te	cápi-te	*(hear, take!)*

Audiō의 활용

제4활용의 부정사는 **-īre**에 의해서 다른 활용들의 부정사들과 구별된다(**laud-áre**, **mon-ére**, **ág-ere**, **aud-íre**, **cáp-ere**).

첫 번째 두 활용들의 경우와 마찬가지로, 직설법 현재 형태들을 만드는 법칙은 현재 어간(**audī-**)에 인칭 어미들을 덧붙이는 것이다. 이 법칙에 따르면, 복수 3인칭은 *audi-nt가 되어야 할 것이나 실제로는 **águnt**의 어미를 생각나게 하는 **audi-unt**이다.

Audiō의 미래를 만드는 손쉬운 방법은 다음과 같다: 현재 어간 **audī-**의 **ī**를 단축시킨 **audi-**를 토대로 **agō**의 미래 어미들(**-am, -ēs, -et, -ēmus, -ētis, -ent**)을 덧붙여라. 이 또한 제3활용에서처럼 **-ē-**가 미래의 특징적인 모음이다.

미완료는 시제 표지인 **-bā-**가 제1활용과 제2활용에서처럼 단순히 현재 어간 **audī-**에 바로 붙지 않고, **ī**가 짧아진 **audi-**에 **-ē-**가 첨가된 **audiē-**에 붙으므로, 그 형태들은 **audiēbam, audiēbās** 등으로 된다(얼핏 예상할 수 있는 *audībam 등이 아니다).

그러나 명령법은 제1·2활용의 패턴을 정확히 따른다. 즉, 단수는 현재 어간과 동일하며(**audī**), 복수는 **-te**를 덧붙이면 된다(**audīte**).

Capiō의 활용

짧은 간모음 **e**에서 보듯이, **capere**는 제4활용이 아니라 명백히 제3활용의 부정사이다. 또한 그 명령법 형태들도 이것이 제3활용 동사임을 알게 해준다.

Capiō의 직설법 현재, 미래, 미완료는 **audiō**의 패턴을 따른다; 단, **capiō**는 **agō**와 마찬가지로 **cápis, cápimus, cápitis**에서 단모음 **-i-**를 갖는다.

다시 말하거니와 제4활용 동사들과 제3활용의 **-iō** 동사들에서 현재 체계의 모든 직설법 능동 형태들은 **-i-**를 취한다는 사실에 유의하라. 그리고 미완료의 **-bā-** 앞에는 두 개의 모음 **-iē-**가 나타난다는 것을 꼭 기억하라.

VOCĀBVLA

어휘를 공부할 때 주의를 기울이지 않으면, 제3활용의 **-iō** 동사들과 제4활용의 동사들을 혼동하기 쉬운데, 그러나 두 번째 기본어로 확실히 구별된다. 여러분이 보고 "듣고 말할" 때(**semper audī et prōnūntiā!**), 그 간모음이 길고 강세가 있으면, 여러분은 그 동사가 제4활용임을 알 것이다. 그밖에 혼동하지 않도록 조심해야 할 단어들을 몇 개 들면 다음과 같다: **via**와 **vīta**, **dīcō**와 **dūcō** (또한 **dīc, dūc, fac, fer**와 같은 불규칙한 명령법 형태들도 잊지 말아라).

전치사 **cum**, *with*가 접두사로 쓰이면 여러 형태로 자주 바뀌는 것을 아래 목록에서 보게 될 것이다. 이것을 비롯해서 라틴어 단어들 및 그로부터 파생된 영어 단어들에 흔히 나타나는 여러 접두사들과 접미사들에 관해서는 지금 바로 부록 564-72쪽에 있는 "어원론 보충 자료"를 자세히 들여다보라. 이 章의 새로운 어휘를 암기한 후에는 **vīvō, fugiō, veniō**의 활용을 여러분이 배웠던 세 가지 시제들과 명령법으로 써보면서 연습하라. 그리고 여러분이 쓴 것을 583쪽의 **Summārium Fōrmārum**에 있는 패러다임과 대조해 보고, 그 모든 형태들을 큰 소리로 낭독하라.

amīcítia, amīcítiae, f., 우정 (amicable, amity; cf. **amō, amīca, amīcus**)
cupíditās, cupiditátis, f., 간구, 열망, 격정; 욕망, 탐욕 (Cupid)
hṓra, hṓrae, f., 時, 시간, 때 (horoscope: 라틴어에서 프랑스어를 거쳐 유래된 것이지만, 궁극적으로는 그리스어가 기원이다)
nātū́ra, nātū́rae, f., 자연 (natural, preternatural, supernatural)
senéctūs, senectū́tis, f., 노년 (senescent, senility)
tímor, timṓris, m., 두려움 (timorous, timid)
vḗritās, vḗritátis, f., 진리 (verify, veritable, verity)

vía, **víae**, f., 길, 도로, 거리 (via, viaduct, deviate, devious, obvious, pervious, impervious, previous, trivial, voyage, envoy)

volúptās, **voluptátis**, f., 기쁨 (voluptuary, voluptuous, voluptuosity)

beátus, **beáta**, **beátum**, 행복한, 운 좋은, 복된 (beatific, beatify, beatitude, Beatrice)

quóniam [접속사], 때문에, 이므로, *since, inasmuch as*

cum [전치사+탈격], 함께, *with*; 접두사로서의 **cum**은 **com-**, **con-**, **cor-**, **col-**, **co-**로 변하며, "함께, 다같이, 완전히"를 뜻하거나, 단순히 강의적 효과를 지닌다 (complete, connect, corroborate, collaborate; 부록 565쪽을 보라).

aúdiō, **audíre**, **audívī**, **audítum**, 듣다, 경청하다 (audible, audience, audit, audition, auditory; obey는 라틴어 **obēdīre** = **ob** + **audīre**에서 프랑스어 **obéir**를 거쳐 파생되었다)

cápiō, **cápere**, **cépī**, **cáptum**, 잡다, 붙잡다, 쥐다, 얻다. 복합어에서는 **-a-**가 **-i-**로 변해 **-cipiō**로 된다(부록 563-64쪽을 보라): **ac-cipiō**, **ex-cipiō**, **in-cipiō**, **re-cipiō**, etc. (capable, capacious, capsule, caption, captious, captive, captor)

dícō, **dícere**, **díxī**, **díctum**, 말하다, 이야기하다, 연설하다; 일컫다, 이름짓다 (dictate, dictum, diction, dictionary, dight, ditto, contradict, indict, edict, verdict)

fáciō, **fácere**, **fécī**, **fáctum**, 만들다, 행하다, 이루다. 복합어에서는 **-a-**가 **-i-**로 변해서 **-ficiō**로 된다(부록 564쪽을 보라): **cōn-ficiō**, **per-ficiō**, etc. (facile, fact, faction, factotum, facsimile, faculty, fashion, feasible, feat; cf. **officium**)

fúgiō, **fúgere**, **fúgī**, **fugitúrum**, 달아나다, 황급히 사라지다; 벗어나다; 망명하다; 피하다, 기피하다 (fugacious, fugitive, fugue, centrifugal, refuge, subterfuge)

véniō, **veníre**, **vénī**, **véntum**, 오다 (advent, adventure, avenue, convene, contravene, covenant, event, inconvenient, intervene, parvenu, prevent, provenience, venue)

invéniō, **inveníre**, **invénī**, **invéntum**, 마주치다, 찾다, 발견하다 (invent, inventor, inventive, inventory)

vívō, **vívere**, **víxī**, **víctum**, 살다 (convivial, revive, survive, vivacity, vivid, vivify, viviparous, vivisection, victual, vittle; cf. **vīta**)

LĒCTIŌ ET TRĀNSLĀTIŌ

패러다임과 어휘를 암기하고 자습문제로 학습한 다음에, 아래 글들에서 **-iō** 동사들을 모두 찾아라. 그리고 그 동사들의 인칭과 數 및 시제와 법(직설법 또는 명령법)을 확인하면서 제3활용인지 제4활용인지를 식별하라. 각 문장과 구절을 소리내어 읽고 그 라틴어가 무엇을 말하고 있는지를 생각한 후에, 정확하면서도 관용적인 말로 번역하고 그것을 적어 보라.

EXERCITĀTIŌNĒS

1. Quid discipulae hodiē discere dēbent?
2. Frātrēs nihil cum ratiōne heri gerēbant.
3. Ille magnam virtūtem labōris et studiī docēre saepe audet.
4. Hic dē senectūte scrībēbat; ille, dē amōre; et alius, dē lībertāte.
5. Ex librīs ūnīus virī nātūram hārum īnsidiārum dēmōnstrābimus.
6. Istī sōlī victōriam nimis amant; neuter dē pāce cōgitat.
7. Ubi cīvitās ūllōs virōs magnae sapientiae audiet?
8. Ex illīs terrīs in haec loca cum amīcīs vestrīs venīte.
9. Tamen post paucās hōrās sorōrem illīus invenīre poterāmus.
10. Cōpiae vestrae utrum virum ibi numquam capient.
11. Alter Graecus remedium huius morbī inveniēbat.
12. Carmina illīus scrīptōris sunt plēna nōn sōlum vēritātis sed etiam virtūtis.

작문

13. We shall then come to your land without any friends.
14. While he was living in that place, nevertheless, we were able to have no peace.
15. The whole state now shuns and will always shun these vices.
16. He will, therefore, thank the queen and the whole people.

SENTENTIAE ANTĪQVAE

1. Cupiditātem pecūniae glōriaeque fugite. (Cicero.)
2. Officium meum faciam. (*Terence.)
3. Fāma tua et vīta fīliae tuae in perīculum crās venient. (Terence.)

4. Vīta nōn est vīvere sed valēre. (Martial.)

5. Semper magnō cum timōre incipiō dīcere. (Cicero.—**incipiō, -ere,** 시작하다; *incipient, inception.*)

6. Sī mē dūcēs, Mūsa, corōnam magnā cum laude capiam. (Lucretius. —**Mūsa, -ae,** f., 뮤즈; *museum, music.*—corōna, -ae, f., 冠, crown; *coronation, coronary.*)

Marble statue of Calliope,
Muse of epic poetry. Hadrianic copy,
probably of a 2nd cent. B.C.
original by Philiskos of Rhodes
Museo Nazionale Romano
(Palazzo Altemps), Rome, Italy

7. Vīve memor mortis; fugit hōra. (Persius.—**memor** [형용사 단수 주격], 염두에 두는; *memorial, commemorate.*—**mors, mortis,** f., 죽음; *mortify, postmortem.*)

8. Rapite, amīcī, occāsiōnem dē hōrā. (Horace.—**rapiō, -ere,** 낚아 채다, 잡다; *rapid, rapture, ravage.*—**occāsiō, -ōnis,** f., 기회; *occasion, occasional.*)

9. Paucī veniunt ad senectūtem. (*Cicero.)

10. Sed fugit, intereā, fugit tempus. (Virgil.—**intereā** [부사], 그 사이에.— 동사가 왜 반복되었는가?)

11. Fāta viam invenient. (*Virgil.—**fātum, -ī,** n., 운명; *fatal, fateful.*)

12. Bonum virum nātūra, nōn ōrdō, facit. (*Publilius Syrus.—**ōrdō, -dinis,** m., 계급, 신분; *ordain, ordinary.*)

13. Obsequium parit amīcōs; vēritās parit odium. (Cicero.—**obsequium, -ī**, n., 순종, 유순함; *obsequent, obsequious.*—**pariō, -ere**, 낳다, 생산하다; *parent, postpartum.*—**odium, -ī**, n., 미움; *odious, annoy.*)

비할 데 없는 우정의 가치

Nihil cum amīcitiā possum comparāre; dī hominibus nihil melius dant. Pecūniam aliī mālunt; aliī, corpora sāna; aliī, fāmam glōriamque; aliī, voluptātēs—sed hī virī nimium errant, quoniam illa sunt incerta et ex fortūnā veniunt, nōn ex sapientiā. Amīcitia enim ex sapientiā et amōre et mōribus bonīs et virtūte venit; sine virtūte amīcitia nōn potest esse. Sī nūllōs amīcōs habēs, habēs vītam tyrannī; sī inveniēs amīcum vērum, vīta tua erit beāta.

Cicero *Amīc.* (좀더 확장된 발췌문은 **Locī Ant.** VI을 보라): 이 글을 읽기 전에 4장에서 소개한 "우정에 관하여"에서 나온 글을 다시 읽어 보라. 그러면 여러분이 불과 몇 장 정도만 나아갔는데도 라틴어 실력이 얼마나 많이 향상되었는지를 깨달을 것이다.—**comparāre**: = Eng.; *comparable, comparison.* 첫 번째 절은 "nothing can compare with..."로 오역하기 쉽다: 여러분은 이러한 실수를 하기 전에 **possum**의 인칭어미를 잘 살펴보라.—**melius**, 더 좋은; *ameliorate.*—**mālunt**, 선호하다.—**incertus, -a, -um**, 불분명한; *certitude.*—**inveniēs**: 전에도 언급했듯이, 조건문의 "if-절" 또는 "전제절"에 있는 동사의 미래 시제는 영어의 관용적인 어법을 따르자면 현재 시제로 옮길 수 있다.

QVAESTIŌNĒS: 키케로가 여기서 주장하고 있는 요점은 무엇인가? 우정의 토대를 형성하는 개인적 속성(**amīcitia...venit**)에 관한 그의 언급에 전적으로 함축되어 있는 의미는 무엇인가? 진정한 우정은 이러한 기질들이 없으면 참으로 존재할 수 없다는 고대 스토아 철학자의 견해에 동의하는가? 키케로는 어떤 의도로 친구 없는 존재를 **vīta tyrannī**와 비교하고 있는가? 이 글의 문체에서 가장 인상적인 한두 가지 기교를 확인하고, 그 수사적 효과에 대해 논평하라.

SCRĪPTA IN PARIETIBVS

Pompeiānīs ubique sal(ūtem)!

CIL 4.9143: Fabius Rufus 집(VII 지역, 16 구역)의 안뜰에 이 낙서를 휘갈긴 사람은 아주 너그럽게 모든 사람에게 평안을 기원하였다. **POMPEIANIS**와 **VBIQVE** 사이에 표기한 부호는 구두점인 것 같다. 두 단어들의 구분을 나타내는 구두점이 낙서에서 사용된 경우는 예외적이지만, 그러나 다른 유형의 새긴 글들에서는 자주 나타난다. 20세기 초에 활동한 작곡가 볼프강 힐데만은 이 낙서에 담긴 따뜻한 마음에 영감을 받아, 플루트와 목소리를 위한 악보의 표제를 "Pompeianis Ubique Salutem"이라고 지었다.—**Pompeiānus, -a, -um**, 폼페이의/에서, *Pompeian*.—**ubique** [부사], 어디든지; 곳곳에; *ubiquitous*.—**salūtem**: 여러분은 **salūs**의 의미를 기억하는가? 왜 여기서 대격이 사용되었는가? 8장의 낙서에 대한 註를 참조하라. 이 단어는 **salveō**와 관련이 있다.

LATĪNA EST GAVDIVM—ET VTILIS!

Salvēte! 여러분은 8장에서 동사의 네 번째 기본어를 토대로 형성된 **-or** 남성 명사에 대해 배웠던 것을 기억하고 있는가? 이 장에 새로 나온 동사들에서도 그와 같은 명사들이 많이 파생되었는데, 그 중에 하나가 **audītor**, 듣는 자, 청중이다. 다른 단어들도 찾아보라. 부록 570-71쪽의 어원론 보충 자료에서 관련 단락을 들여다보면, 단어들의 계보에 관해 더 많은 지식을 얻을 것이다. 일례로, 동일한 네 번째 기본어에 접미사 **-iō**(**-iōnis, -iōnī**, etc.)를 붙이면 또 다른 부류의 제3곡용 명사들이 형성되는데, 이들은 대부분 여성이다. 이와 같은 명사들은 일반적으로 어떤 동작의 실행이나 결과를 가리키며(예: **audītiō, audītiōnis**, f., 듣기, 청취), *-ion*으로 끝나는 많은 영어 단어들이 이로부터 파생되었다(예: audition). 이 장의 **Vocābula**에서 찾을 수 있는 또 다른 예는 **dictiō**(말하기, 연설)인데, 여기서 파생된 영어 단어들은 "diction"(말이나 글의 표현 방식, 말투 또는 문체), "dictionary," "benediction," "contradiction" 등이다. 그 밖에 이 장의 새로운 동사들에서 나온 라틴어 명사들과 영어 파생어들을 아는 대로 말해 보라. 낱말 찾기를 즐기는 동안 **tempus fugit**, 이제 작별 인사를 해야겠다: **velēte!**

CAPVT XI

인칭 대명사 Ego, Tū, Is;
지시 대명사 Is, Īdem

GRAMMATICA

인칭 대명사

인칭 대명사(PERSONAL PRONOUN)는 話者의 관점에서 어떤 특정한 사람/것을 가리키기 위해 "명사 대신에"(**prōnōmen**의 문자적 의미) 사용되는 말이다: 1 인칭 대명사는 話者 자신을 가리킨다(**ego/nōs**, *I/me, we/us*); 2인칭 대명사는 話者의 상대방을 가리킨다(**tū/vōs**, *you*); 3인칭 대명사는 화자가 말하고 있는 사람(들)이나 사물(들)을 가리킨다(**is, ea, id** 및 그 복수 형태들, *he/him, she/her, it, they/them*). 9章에서 소개된 지시사들 **hic, iste, ille**를 포함하여 여러분이 배운 여러 가지 대명사들의 목록을 갖고 있어야 한다.

1·2인칭 대명사들 Ego/Nōs, Tū/Vōs

1인칭과 2인칭 대명사들은 형태가 불규칙하지만, 그것들의 곡용 패턴은 서로 비슷하며 외우기도 쉽다; 복수 속격에는 상이한 두 가지 형태가 있다는 사실에 유의하라.

1인칭—**Ego**, *I/we*

단수			복수		
주격	égo	(*I*)	nōs	(*we*)
속격	méī	(*of me*)	nóstrum	(*of us*)
			nóstrī	(*of us*)
여격	míhi	(*to/for me*)	nṓbīs	(*to/for us*)
대격	mē	(*me*)	nōs	(*us*)
탈격	mē	(*by/with/from me*)	nṓbīs	(*by/with/from us*)

2인칭—Tū, *you*

단수			복수	
주격	tū	(*you*)	vōs	(*you*)
속격	túī	(*of you*)	véstrum	(*of you*)
			véstrī	(*of you*)
여격	tíbi	(*to/for you*)	vṓbīs	(*to/for you*)
대격	tē	(*you*)	vōs	(*you*)
탈격	tē	(*by/with/from you*)	vṓbīs	(*by/with/from you*)

3인칭 대명사 Is, Ea, Id

대명사 **is**, **ea**, **id**의 곡용은 **hic**과 **ille**(9章)의 그것과 비교될 수 있다. 즉, 그 곡용은 기본적으로 **magnus**, **-a**, **-um**(4章)의 패턴을 따르지만, 아래에서 밑줄이 쳐진 열 형태들은 예외이다; 아래 (복수 주격의 또 다른 iī를 포함하여) 밑줄 쳐진 굵은 글씨의 네 형태들을 제외하면, 그 어간은 모두 **e-**라는 것에 유의하라. 한편 **eius**는 "ei-yus"처럼 발음되는데, 이에 관해서는 서론에서 자음 i를 논한 부분을 참조하라(또한 CD를 갖고 있다면, 11장의 대명사 곡용이 녹음된 트랙을 잘 들어보라).

	남 성		여 성		중 성	
단수						
주.	**is**	(*he, this man*)	éa	(*she, this woman*)	**id**	(*it, this thing*)
속.	<u>éius</u>	(*of him, his*)	<u>éius</u>	(*of her, her*)	<u>éius</u>	(*of it, its*)
여.	<u>éī</u>	(*to/for him*)	<u>éī</u>	(*to/for her*)	<u>éī</u>	(*to/for it*)
대.	éum	(*him*)	éam	(*her*)	**id**	(*it*)
탈.	éō	(*by/with/from him*)	éā	(*by/with/from her*)	éō	(*by/with/from it*)
복수						
주.	éī, **íī**	(*they, m.*)	éae	(*they, f.*)	éa	(*they, n.*)
속.	eṓrum	(*of them, their*)	eárum	(*of them, their*)	eṓrum	(*of them, their*)
여.	éīs	(*to/for them*)	éīs	(*to/for them*)	éīs	(*to/for them*)
대.	éōs	(*them*)	éās	(*them*)	éa	(*them*)
탈.	éīs	(*by/with/from them*)	éīs	(*by/with/from them*)	éīs	(*by/with/from them*)

용법과 번역

이 대명사들은 명사들을 대신하는 것이므로, 그에 상응하는 명사들이 그렇듯이 일반적으로 주어, 직접목적어, 간접목적어, 전치사의 목적어 등으로 사용된다.

> **Ego tibi (vōbīs) librōs dabō**. *I shall give the books to you.*
> **Ego eī (eīs) librōs dabō**. *I shall give the books to him/her (to them).*
> **Tū mē (nōs) nōn capiēs**. *you will not capture me (us).*
> **Eī id ad nōs mittent**. *they*(m.) *will send it (this thing) to us.*
> **Vōs eōs(eās, ea) nōn capiētis**. *you will not seize them(those men/women/*
>   *things).*
> **Eae ea ad tē mittent**. *they*(f.) *will send them (those things) to you.*

그러나 로마인들은 주어를 강조하고 싶을 때만 그 대명사들의 주격(**ego, tū**, 등)을 사용했다는 사실에 유의하라. 일반적인 경우에 라틴어 동사의 대명사 주어는 그 인칭 어미로 표현된다.

> **Eīs pecūniam dabō**. *I shall give them money.*
> **Ego eīs pecūniam dabō; quid tū dabis?** *I shall give them money; what*
>   *will **you** give?*

또 하나 유의할 용법은, **cum**이 인칭 대명사의 탈격과 함께 사용될 경우에는 그 것은 대명사 앞에 따로 놓이기보다는 보통 그 뒤에 부착된다: **eōs nōbīscum ibi inveniēs,** *you will find them there with us.*

Ego와 **tū**의 속격들(즉, **meī, nostrum, nostrī; tuī, vestrum, vestrī**)은 소유를 나타내는 데 사용되지 않았다는 사실에도 유의하라.[1] 소유의 의미를 전달하기 위해서는 여러분이 이미 배웠던 **소유 형용사**(POSSESSIVE ADJECTIVE)들을 로마인들은 선호하였다:

meus, -a, -um, *my*	**tuus, -a, -um,** *your*
noster, -tra, -trum, *our*	**vester, -tra, -trum,** *your*

이와 관련하여 영어의 용법을 참조할 만하다: 라틴어에서 "나의 책"은 **liber meī**가 아니라 **liber meus**로 표현하듯이, 영어에서도 *the book of me*가 아니라 *my book*이라고 한다.

---

1 [역주] **Meī**와 **tuī**는 목적어의 속격(예: **timor tuī**, *fear of you*; 보충 구문론 573 쪽을 보라)과 부분적 속격(예: **pars meī**, *part of me*; 15章을 보라)으로, **nostrī**와 **vestrī**는 목적어의 속격으로, **nostrum**과 **vestrum**은 부분적 속격으로 사용되었다.

한편 **is, ea, id**의 속격들은 소유를 나타내는 데 흔히 사용되었다. 그러므로 **eius**는 가끔은 *of him/of her/of it*으로 번역될 수 있지만, *his/her/its*로 번역하는 것이 가장 좋을 때가 자주 있다; 마찬가지로, **eōrum/eārum/ eōrum**도 *of them*으로 옮겨질 수 있지만, 소유를 나타내는 일반적인 경우는 *their*로 번역되어야 한다. 아래의 예문들에서 대명사의 소유적 용법을 공부하라; 여기서 명사들은 모두가 **mittam**의 직접 목적어이다:

> **Mittam** (*I shall send*)
> **pecūniam meam** (*my money*).　　　**amīcōs meōs** (*my friends*).
> **pecūniam nostram** (*our money*).　　**amīcōs nostrōs** (*our friends*).
> **pecūniam tuam** (*your money*).　　　**amīcōs tuōs** (*your friends*).
> **pecūniam vestram** (*your money*).　　**amīcōs vestrōs** (*your friends*).
> **pecūniam eius** (*his/her money*).　　 **amīcōs eius** (*his/her friends*).
> **pecūniam eōrum** (*their money*).　　 **amīcōs eōrum** (*their friends*).
> **pecūniam eārum** (*their money*).　　 **amīcōs eārum** (*their friends*).

모든 형용사들이 그렇듯이, 1인칭과 2인칭의 형용사적 소유 대명사들은 당연히 그들이 수식하는 명사의 性, 數, 格을 따른다. 그러나 소유의 속격인 **eius**, **eōrum, eārum**은 그 자체가 대명사이기 때문에 이들과 연결되어 있는 명사의 性·數·格에 전혀 영향을 받지 않고 형태가 그대로 유지된다.

　끝으로, 소유 대명사들에 관해 유념해야 할 중요한 점은 라틴어는 모호함을 피하거나 강조하기 위한 경우가 아니라면 그것들을 으레 생략한다는 사실이다. 반면에 영어는 소유 대명사들을 사용하는 것이 통례이다. 따라서 라틴어를 자연스럽게 번역하기 위해서는 (부정관사 "a" 또는 "an" 정관사 "the"와 마찬가지로) 그것들을 덧붙일 필요가 자주 발생할 것이다; 예를 들면 **patriam amāmus**, *we love our country.*

지시사 Is, Ea, Id

라틴어의 3인칭 대명사로 흔히 쓰이는 **is/ea/id**는 지시사로도 사용되는데, **hic**이나 **ille**보다는 의미가 다소 약하고 *this/these* 또는 *that/those*로 번역될 수 있다. 특히 그 지시사가 수식하는 명사, 즉 性·數·格이 일치하는 명사 바로 앞에 놓인 경우에는 그렇게 번역하는 것이 보통이다; 아래 예문들을 참조하라:

> **Is est bonus.** *He is good.*
> **Is amīcus est vir bonus.** *This friend is a good man.*

Vidēsne eam. *do you see her?*
Vidēsne eam puellam. *do you see that girl?*

지시사 Īdem, Eadem, Idem

흔히 쓰이는 지시사 **īdem**, **eadem**, **idem**, *the same (man, woman, thing)*은 **is, ea, id**의 형태에 **-dem**을 바로 덧붙이면 간단하게 만들어진다. 예를 들면, 속격 **eiusdem**, 여격 **eīdem**, etc. 그러나 단수 주격에서 남성과 중성 형태들을 이러한 방식으로 만들면 각각 *isdem과 *iddem이 되어야 마땅할 것이나, 음성학적인 변화과정을 거쳐 결국에는 **īdem**과 **idem**으로 되었다. 또한 아래에서 보듯이 접미사 **-dem** 바로 앞에 위치한 **-m**도 발음의 편의상 **-n**으로 변화되었다 (**īdem**의 모든 곡용 형태들은 **Summārium Fōrmārum**, 580쪽을 보라).

		남성	여성	중성
단수	대격	eúndem	eándem	ídem
복수	속격	eōrúndem	eārúndem	eōrúndem

다른 지시사들과 마찬가지로, **īdem**도 역시 형용사나 대명사와 같은 기능을 지닐 수 있다: **eōsdem mittō**, *I am sending the same men;* **dē eādem ratiōne cōgitābāmus**, *we were thinking about the same plan.*

VOCĀBVLA

이 목록에서 특이한 단어는 명사 **nēmō**인데, 이는 *no one*을 뜻하는바 논리상 단수로만 사용될 수밖에 없다. 더욱이 이 단어에서 예상되는 형태인 **nēminis**와 **nēmine** 대신에 **nūllus, -a, -um**(9장)에서 나온 **nūllīus**와 **nūllō** 또는 **nūllā**가 통상 사용된다는 것도 그 특이성을 더하고 있다. 이처럼 어떤 단어가 곡용되거나 활용될 때 어근이 전혀 다른 단어에서 나온 형태를 빌려쓰는 경우가 있는데, 이는 언어학적으로 **보충법**(SUPPLETION)이라 일컫는 현상으로, 영어에서 예를 찾자면, "go, went, gone"("went"는 원래 "to wend"의 과거 시제다), 그리고 "good, better, best"와 같은 형용사의 불규칙 비교급들이 있다. 또한 접속사 **autem**도 예외적인데, 이는 (9장의 **Vocābula**에서 논의된 **nimis**처럼) 전혀 상반된 두 가지 의미들―"그러나"와 "더욱이"―을 지닌다. 따라서 이 단어로 접속되는 말이 앞의 말에서 예상될 수 있는 것과 어긋난다 싶으면 전자를, 뒷말이

앞말을 강조하면 후자를 택하라. 이 章에 새로 나온 단어들 중 몇몇은 **id caput** 또는 **īdem cōnsul**처럼 지시대명사가 붙은 곡용 형태들을 나름대로 써 보고, 이를 **Summārium Fōrmārum** 580쪽에 있는 패러다임과 대조하면서 지시 대명사들의 곡용을 연습하라.

cáput, **cápitis**, n., 머리; 우두머리; 처음; 생명; 제목; 章 (cape = headland, capital, capitol, capitulate, captain, chief, chieftain, chef, cattle, chattels, cadet, cad, achieve, decapitate, recapitulate, precipice, occiput, sinciput, kerchief)

cŏ́nsul, **cŏ́nsulis**, m., 집정관 (consular, consulate, consulship; cf. **cōnsilium**)

nĕ́mō, **nūllī́us**, **nĕ́minī**, **nĕ́minem**, **nŭ́llō** 또는 **nŭ́llā**, m./f., *no one, nobody* (쥘 베른의 "Nemo 선장," nullify; cf. **nūllus**)

égo, **méī**, 나 (ego, egoism, egotism, egotistical; cf. **meus**, **noster**)

tū, **túī**, 너, 당신 (cf. **tuus**, **vester**)

is, **éa**, **id**, *this, that; he, she, it* (i.e. = **id est**, *that is*)

ī́dem, **éadem**, **ídem**, *the same* (글을 인용할 때 사용하는 약어 id. = **idem**, identical, identity, identify)

amī́cus, **amī́ca**, **amī́cum**, 친한 (amicable, amiable, amiably—**amō**와 명사 **amīcus**, **amīca**, **amīcitia**를 참조하라)

cắrus, **cắra**, **cắrum**, 소중한, 친애하는 (caress, charity, charitable, cherish)

quod [접속사], 때문에, *because*

néque, **nec** [접속사], *and not, nor;* **néque…néque** 또는 **nec…nec**, *neither …nor*

aútem [後置 접속사], 그러나, *however;* 더욱이, *moreover*

béne [**bonus**의 부사], 잘, 만족하게, 상당히 (benediction, benefit, benefactor, beneficent, benevolent)

étiam [부사], *even, also*

intĕ́llegō, **intellégere**, **intellĕ́xī**, **intellĕ́ctum**, 이해하다 (intelligent, intellegentsia, intelligible, intellect, intellectual)

mĭ́ttō, **mĭ́ttere**, **mĭ́sī**, **mĭ́ssum**, 보내다, 가게 하다 (admit, commit, emit, omit, permit, promise, remit, submit, transmit, compromise, demise)

séntiō, **sentī́re**, **sĕ́nsī**, **sĕ́nsum**, 느끼다, 감지하다, 생각하다, 경험하다 (assent, consent, dissent, presentiment, resent, sentient, sentimental, scent)

LĒCTIŌ ET TRĀNSLĀTIŌ

번역하기 전에 아래 글들을 훑어보면서 새로 소개된 인칭 대명사들과 지시사들을 추려내고, 각각의 性과 數와 格 및 그 용법을 확인하라. 유의할 점: **is, ea, id**의 어떤 형태가 명사 앞에 놓여 있고 그것의 性·數·格과 일치할 때는 지시사로서 기능하므로 "this" 또는 "that"으로 번역되어야 한다(예를 들면, 아래 Ex.5에 있는 **eam discipulam**); 그 외에는 Ex.1에서 보듯이 대명사로서 기능한다. 그리고 **cum tē** 또는 **cum nōbīs** 같은 표현은 으레 **tēcum, nōbīscum**과 같이 붙여 쓴다는 것도 유념하기 바란다. 번역을 시도하기 전에 큰 소리로 읽으면서 의미를 파악해야 한다는 것을 잊지 말라.

EXERCITĀTIŌNĒS

1. Eum ad eam cum aliō agricolā heri mittēbant.
2. Tū autem fīliam beātam eius nunc amās.
3. Propter amīcitiam, ego hoc faciō. Quid tū faciēs, mī amīce?
4. Vōsne eāsdem litterās ad eum mittere crās audēbitis?
5. Venī, mī amīce, et dūc mē ad eius discipulam (ad eam discipulam), amābō tē.
6. Post labōrem eius grātiās magnās eī agēmus.
7. Tūne vēritātem in eō librō dēmōnstrās?
8. Audē, igitur, esse semper īdem.
9. Venitne nātūra mōrum nostrōrum ex nōbīs sōlīs?
10. Dum ratiō nōs dūcet, valēbimus et multa bene gerēmus.
11. Illum timōrem in hōc virō ūnō invenīmus.
12. Sine labōre enim nūlla pāx in cīvitātem eōrum veniet.
13. Studium nōn sōlum pecūniae sed etiam voluptātis hominēs nimium trahit; aliī eās cupiditātēs vincere possunt, aliī nōn possunt.

작문

14. His life was always dear to the whole people.
15. You will often find them and their friends with me in the same place.
16. We, however, shall now capture their forces on this road.
17. Since I was saying the same things to him about you and his other sisters, your brother was not listening.

SENTENTIAE ANTĪQVAE

1. Virtūs tua mē amīcum tibi facit. (Horace.)
2. Id sōlum est cārum mihi. (Terence.—**cārus**와 같이 관계나 태도를 나타 내는 형용사들은 *to* 또는 *for*로 번역되는 여격을 취하는 경우가 흔하다; 35 章을 보라)
3. Sī valēs, bene est; ego valeō. (Pliny.—**bene est**, *it's good/that's good*.)
4. Bene est mihi quod tibi bene est. (Pliny.)
5. "Valē." "Et tū bene valē." (Terence.)
6. Quid hī dē tē nunc sentiunt? (Cicero.)
7. Omnēs idem sentiunt. (*Cicero.—**omnēs** [복수 주격], 모든 사람들; *omni-farious, omnivore*.)
8. Videō nēminem ex eīs hodiē esse amīcum tibi. (Cicero.—부정사의 주어는 일반적으로 대격을 취하는바, 여기서는 **nēminem**이 그러하다; 대격 용법들의 목록에 이것을 추가하고, 25章을 보라.)
9. Hominēs vidēre caput eius in Rōstrīs poterant. (Livy.—**eius**: 안토니 우스는 키케로를 죄인으로 공표하고 그 위대한 웅변가의 머리를 잘라 로스 트라에 전시하도록 하였다!—**rōstra**, **-ōrum**; 아래 **Etymologia**를 보라.)
10. Nōn omnēs eadem amant aut eāsdem cupiditātēs studiaque habent. (Horace.)
11. Nec tēcum possum vīvere nec sine tē (*Martial.)
12. Vērus amīcus est alter īdem. (Cicero.—**alter īdem**이 어떻게 "또 다른 나"를 의미할 수 있는지 설명해 보라.)

키케로가 원로원에서 카틸리나를 비난하다

Quid facis, Catilīna? Quid cōgitās? Sentīmus magna vitia īnsidiāsque tuās. Ō tempora! Ō mōrēs! Senātus haec intellegit, cōnsul videt. Hic tamen vīvit. Vīvit? Etiam in senātum venit; etiam nunc cōnsilia agere audet; oculīs dēsignat ad mortem nōs! Et nōs, bonī virī, nihil facimus! Ad mortem tē, Catilīna, cōnsul et senātus dūcere dēbent. Cōnsilium ha-bēmus et agere dēbēmus; sī nunc nōn agimus, nōs, nōs—apertē dīcō— errāmus! Fuge nunc, Catilīna, et dūc tēcum amīcōs tuōs. Nōbīscum re-manēre nōn potes; nōn tē, nōn istōs, nōn cōnsilia vestra tolerābō!

로마 원로원에서 카틸리나를 공박하는 키케로. *Wall painting.*
Cesare Maccari, 19th century. Palazzo Madama, Rome, Italy

Cicero *Cat.*1.1.ff: 흔히 "Catiline"이라 불리는 Lucius Sergius Catilina는 키케로가 집정관일 때 정치적 음모를 주도하였다; 카틸리나는 군대를 소집하여, 폭력적인 정권 인수와 키케로 암살을 기도하였다; 이 본문은 그의 계략이 발각된 후 주전 63년 10월에 긴급 소집된 원로원 회의에서 "카틸리나를 공박하는" 키케로의 첫 번째 연설(**In Catilīnam** I)에서 발췌한 것이다. 카틸리나도 로마 원로원의 일원으로서 직접 참석하였으므로, 키케로는 여기에 발췌된 연설을 다른 의원들과 그를 번갈아 보면서 행하였다. 카틸리나에 대한 키케로의 연설문은 모두 넷인데, 그로부터 발췌된 글들을 14章과 20章에서 더 많이 읽게 될 것이다. 또한 **Locī Im.** V-VI, 445-53쪽에서는 원문을 바꾸지 않고 많이 발췌한 글들을 볼 수 있다.—**senātus:** 원로원; *senescence, senility.*—**dēsignāre:** = Eng.; *design, designation.*—**mors, mortis,** f., 죽음; *postmortem, rigor mortis.*—**apertē** [부사], 솔직히, 터놓고; *aperture, overt.*

QVAESTIŌNĒS: 키케로는 원로원과 자신이 궁극적으로 어떤 조치를 취해야 한다고 믿는가? 또한 그는 카틸리나에게 무엇을 하도록 촉구하고 있는가? 그는 원로원 동료들에게 어떤 감정을 부추기려고 하는가? 카틸리나에게는? 여기서 키케로가 전반적으로 사용한 수사법은 강조를 위해 단어나 구(句)를 반복하는 **ANAPHORA**이다; 이 수사법의 여러 예들을 식별하고 그 효과에 대해 논하라. 그가 청중들을 격동시키기 위해 여기에 사용한 다른 수사적 전략들은 무엇인가?

SCRĪPTA IN PARIETIBVS

Hecticē, pūpe, "va(lē)" Mercātor tibi dīcit.

CIL 4.4485 (VI 지역, 13구역, Sextus Pompeius Axiochus의 집): Mercator 는 여자 친구인 Hectice에게 보내는 이 글을 4인치 높이의 큰 문자로 정성들여 썼으며, 각 단어들을 구두점으로 분리하였다(10章의 CIL 4.9143을 보라): 이 두 이름들은 (**mercātor**가 *merchant*와 같고, *mercantile*과 *merchandise*가 파생된 단순한 일반 명사가 아니라면) 아마도 별명인 듯싶다; 호격인 **Hecticē** 는 그리스인 이름으로, 그 여인은 노예였거나 또는 자유케 된 여종이었지 않았 을까 하는 추측을 하게 한다.—**pūpe**: = **pūpa**; **pūpa**, **-ae**, f., 소녀, 인형; *pupa*, *pupal*.

ETYMOLOGIA

이 章의 **Vocābula**에 나오는 **cārus**는 영어의 "dear" 또는 불어의 **cher**처럼 "비싼"을 의미할 때도 종종 있다. S.A.9에 언급된 **rōstra**는 원래 주전 338년 Antium(Anzio) 해전에서 포획한 적함들의 뱃머리에 붙어 있던 충각(衝角)들 이었는데, 그 해전에서의 승리를 과시하기 위해 로마 광장(Roman Forum)의 연단에 부착한 까닭에, 결국 그 연단의 이름이 되었다. 영어에서도 "rostrum" 과 "rostra"는 둘 다 공적인 집회의 연단이나 설교단을 가리키는 용어로 오늘날 까지 사용되고 있다.

아래의 로망스어 단어들은 라틴어의 인칭 대명사에서 파생된 것들이다:

라틴어	이탈리아어	스페인어	포르투갈어	프랑스어
ego, tū	io, tu	yo, tu	eu, tu	je, tu
mihi, tibi	mi, ti		me/mim, te/ti	
mē, tē	me, te	me, te	me, te	me, moi, te, toi
nōs, vōs[주격]	noi, voi	nosotros, vosotros	nós, vós	nous, vous
nōs, vōs[대격]		nos, os	nos, vos	nous, vous

프랑스어 **moi, toi**는 강세를 지닌 라틴어 **mē, tē**에서, 그리고 **me, te**는 강세가 없는 라틴어 **mē, tē**에서 나왔다. 한편 스페인어의 접미사 **-otros**는 **alterōs**에서 나왔다. Cf. 옛 오크語 **eu; me; me; nos/nǫs, vos/vǫs; nos; vos;** 그리고 루마니아語 **eu, tu; mie, ţie; mie, ţie; noi, voi; noi, voi.**

LATĪNA EST GAVDIVM—ET VTILIS!

Salvēte, discipulī et discipulae cārae! 이 인사말에서 형용사 **cārae**의 격어미에 주목하라. 형용사가 性이 다른 두 개의 명사를 수식하는 경우에, 고전 라틴어가 취한 해결책은 그 형용사에 좀더 가까이 위치한 명사의 性을 따르게 하는 것이었다. 자, 이제 여러분은 프로이드가 말한 **ego**와 **id**의 기원과 인사말인 **pāx vōbīscum/pāx tēcum**을 알게 되었을 것이다. 그리고 카이사르의 팬들이여, 당신들은 다음 구절들이 모두 똑같이 번역된다는 것을 믿을 수 있을런지 (글쎄… 어느 정도는!): **Caesar, Caesar! Caesar eam videt. Caesar, cape eam! Caesaris convulsiō**(마지막 말은 다소 억지스럽다는 것을 인정하겠다: "카이사르의 발작!")[2] 전승에 따르면, 카이사르는 암살자 브루투스의 칼에 죽으면서 다음과 같은 마지막 말을 내뱉었다고 한다: **et tū, Brūte?**—이 말에 대해, 고인이 된 유명한 코미디언인 Brother Dave Gardner에 따르면, 브루투스는 "Nah, I ain't even et one yet!"이라고 게걸스럽게 대답했다. **Vocābula**에서 약어 **i.e.**와 **id.**의 본딧말을 알았을 것이다. 이처럼 라틴어에 기원을 둔 수많은 약어들이 통용되고 있다; 다른 약어들에 관해서는 6장 끝머리와 620-21쪽의 목록을 훑어보라. 단수 주격이 **-or/-iō**인 명사들을 기억하는가? 이 章의 **Vocābula**에 있는 **mittō**에서 파생된 그러한 명사들은 다음과 같다: **missor, missōris,** m., *a shooter* (of "missiles"—문자적으로는 *a sender*); **missiō, missiōnis,** f. 문자적으로는 "내보냄"인데, 고전 라틴어에서는 석방이나 해방 (liberation: **līberāre** 풀어주다), 또는 (병역)면제, 해임, 및 사명(mission)도 물론 의미하였다; **mittō**의 복합어들에서도 많은 라틴어 명사들이 나왔는데, 그들로부터 "admission," "commission," "emission," "permission" 등과 같은 영어 단어들도 파생되었다. 그 밖에 **mittō**에서 파생된 라틴어 명사들과 영어 단어들을 생각나는 대로 말해 보라. 그리고 **sentiō**는 어떤가? 그런데 **tempus fugit**, 그러니 **pāx vōbīscum et valēte!**

---

2 [역주] 동음이의어(同音異意語)에 근거한 일종의 "언어유희"(paronomasia)이다. **Caesar eam videt:** *Caesar sees her;* **Caesar, cape eam!:** *Caesar, seize her!;* **Caesaris convulsiō:** *Caesar's seizure.* 여기서는 Caesar를 "시저"로 발음하라.

CAPVT XII

완료 능동 체계; 일람표(Synopsis)

GRAMMATICA

완료 능동 체계

라틴어 동사들의 현재, 미래, 미완료 시제들의 형태들을 만들고 그것들을 번역하는 일은 이미 익숙해져 있을 것이다. 이러한 세 가지 시제들은 모두가 현재 어간을 토대로 형성되며, 현재를 절대적 기준으로 삼고 바라본 시간들이기 때문에, 이들을 함께 묶어서 현재 체계라고 일컫는다. 또한 라틴어는 영어와 마찬가지로 세 가지 다른 시제들, 즉 완료, 미래 완료, 과거 완료로 구성되는 "완료 체계"를 지니는데, 이들은 완료 (능동 또는 수동) 어간을 토대로 형성되기 때문에 그렇게 일컬어지며 다소 다른 관점에서 바라본 시간들을 나타낸다.

이 세 가지 시제들의 능동 형태들(완료 수동 체계는 19章에서 다루어진다)을 익히는 것은 비교적 쉬운 일이다. 왜냐하면 동사들은 어떠한 활용에 속하든지 간에 하나의 단순한 법칙을 똑같이 따르기 때문이다: 완료 능동 어간 + 어미.

기본어들

어떤 라틴어 동사의 완료 능동 어간을 확인하기 위해서는 먼저 그 동사의 기본 어들을 알아야 하는데, 이는 영어를 바르게 사용하려면 영어 동사의 기본어들을 알아야 하는 것과 똑같은 이치이다. 어휘 공부에서 보아왔듯이, 규칙적인 라틴어 동사들은 대부분 네 개의 기본어들을 갖는다. 이를 **laudō**로 예시하면 아래 패러다임과 같다:

1. 직설법 현재 능동: **laúdō**, *I praise*
2. 부정사 현재 능동: **laudā́re**, *to praise*
3. 직설법 완료 능동: **laudā́vī**, *I praised, have praised*
4. 분 사 완료 수동: **laudā́tum**, *praised, having been praised*

지금까지 패러다임에 사용되었던 다른 동사들의 기본어들은 아래와 같다:

직설법 현재	부정사 현재	직설법 완료	분사 완료 수동
móneō	monḗre	mónuī, *I advised*	mónitum, (*having been*) *advised*
ágō	ágere	ḗgī, *I led*	áctum, (*having been*) *led*
cápiō	cápere	cḗpī, *I took*	cáptum, (*having been*) *taken*
aúdiō	audíre	audī́vī, *I heard*	audī́tum, (*having been*) *heard*
sum	ésse	fúī, *I was*	futū́rum, *about to be*
póssum	pósse	pótuī, *I was able*	———

현재 체계에서 동사를 활용하는 데 필요한 첫 번째 두 기본어들은 이미 상세하게 다루었다. 동사의 첫 번째 기본어가 통상 **-ō**로 끝나는 직설법 현재 능동 단수 1인칭인 것과 유사하게, 그 세 번째 기본어도 항상 **-ī**로 끝나는 직설법 완료 능동 단수 1인칭이다. 이 책에서 중성 형태로 제시되는 네 번째 기본어는 규칙적인 타동사들의 경우에는 완료 수동 분사로서 세 가지 性의 형태(**-us/-a/-um**)를 지닌 완벽한 제1·2곡용 형용사이며 동사적 기능을 지닌다(**laudātus, -a, -um,** etc.—분사의 용법에 관해서는 19章과 23-24章에서 설명하겠다). 완료 수동 분사가 결여된 동사들은 의존 동명사의 대격을(38章을 보라), **sum**과 같은 동사들 및 기타 자동사들은 미래 능동 분사를 네 번째 기본어로 사용한다(일례로, **futūrum = futūrus, -a, -um**). 한편 **possum**처럼 네 번째 기본어가 아예 없는 동사들도 있다.

규칙적인 동사들의 첫 번째와 두 번째 기본어들은 매우 일관된 패턴을 따르지만, 세 번째와 네 번째 기본어들은 다양한 형태들을 취하기 때문에 그것들을 모두 포괄할 수 있는 간단한 법칙은 없다(하지만 우리가 보아온 대로 대부분의 제1활용 동사들은 **laudō**의 **-ō/-āre/ -āvī/-ātum**의 패턴을, 그리고 제2활용과 제4활용의 많은 동사들은 각각 **moneō**와 **audiō**의 패턴을 따른다). 따라서 일찍이 지적한 대로, 각 동사들은 어휘에 수록된 모든 기본어들을 큰 소리로 읽고 쓰면서 외우는 것이 매우 중요하다. 이러한 단어 암기에는 영어 지식이 많은 도움이 된다. 왜냐하면, 우리가 이미 알아낸 바대로, 영어에는 라틴어 동사의 현재 어간과 완료 분사 어간에서 파생된 단어들이 많이 있기 때문이다(예를 들면 "docile"과 "doctor," "agent"와 "action," etc.).

완료 능동 어간

동사의 기본어들을 일단 알고 나면, **완료 능동 어간**(PERFECT ACTIVE STEM)을 찾는 것은 쉬운 일이다: 모든 동사의 세 번째 기본어에서 특징적으로 나타나는 인칭 어미 **-ī**를 그냥 없애버려라. 앞의 목록에 있는 샘플 동사들의 그 어간은 다음과 같다: **laudāv-, monu-, ēg-, cēp-, audīv-, fu-, potu-**. 아래 패러다임은 완료 체계의 세 가지 시제들에 붙는 어미들을 보여 준다.

직설법 완료 능동

	I praised, have praised	*I led, have led*	*I was, have been*	어미
	1. laudā́v-ī	ḗg-ī	fú-ī	-ī
단수	2. laudāv-ístī	ēg-ístī	fu-ístī	-istī
	3. laudā́v-it	ḗg-it	fú-it	-it
	1. laudā́v-imus	ḗg-imus	fú-imus	-imus
복수	2. laudāv-ístis	ēg-ístis	fu-ístis	-istis
	3. laudāv-ḗrunt	ēg-ḗrunt	fu-ḗrunt	-ērunt, -ēre

직설법 과거완료 능동 · 직설법 미래완료 능동

	I had praised,	*I had been*	*I shall have praised*	*I shall have been*
	1. laudā́v-eram	fú-eram	laudā́v-erō	fú-erō
단수	2. laudā́v-erās	fú-erās	laudā́v-eris	fú-eris
	3. laudā́v-erat	fú-erat	laudā́v-erit	fú-erit
	1. laudāv-erā́mus	fu-erā́mus	laudāv-érimus	fu-érimus
복수	2. laudāv-erā́tis	fu-erā́tis	laudāv-éritis	fu-éritis
	3. laudā́v-erant	fú-erant	laudā́v-erint	fú-erint

완료 어미들(**-ī, -istī, -it**, etc.)은 아주 생소한 것들이므로 반드시 외워야 한다. 그리고 어미 **-ērunt** 대신에 **-ēre**가 사용된 경우도 꽤 흔한데(즉, **laudāvēre, ēgēre, fuēre**) 특히 라틴 詩文에서 자주 볼 수 있다. 그러나 이 책에서는 한두 차례만 나타난다. 과거 완료는 사실상 완료 어간에 **sum**의 미완료 **eram**을, 미래 완료는 완료 어간에 **sum**의 미래 **erō**를 덧붙인 것이다; 단, 후자에서 복수 3인칭은 **-erunt**가 아니라 **-erint**이다.

용법과 번역, 그리고 미완료와 다른 점

시간에는 단지 과거·현재·미래만 있는데, 이 세 가지 시제들 외에 다른 것이 왜 있어야 하는지 의아스러울 것이다. 이에 간단히 말하면, 완료 체계는 어떤 주어진 시점에서 "완료된"(**perfectum: perficiō, perficere, perfēcī, perfectum,**

완전히 하다, 완성하다) 행위에 촛점을 맞추고 시간을 바라보는 방식으로서, 완료된 행위의 "결과"를 염두에 두는 것이 특징이다. 영어에서는 조동사 had, has, will have (to have의 과거, 현재, 미래 시제)를 사용하여 행위가 완료된 의미를 전달하는데, 라틴어의 완료 개념과 비교될 수 있는 이것이 어떻게 작동하는지 아래 차트를 통해 알아보겠다:

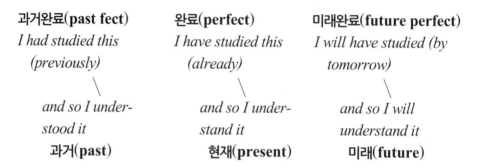

과거완료(past fect)
I had studied this (previously)

and so I understood it
과거(past)

완료(perfect)
I have studied this (already)

and so I understand it
현재(present)

미래완료(future perfect)
I will have studied (by tomorrow)

and so I will understand it
미래(future)

先완료(**plūperfectum = plūs quam perfectum**, *more than complete*)라고도 칭할 수 있는 **과거 완료**(PAST PERFECT)는 먼 과거에 완료되었지만 그 결과가 보다 가까운 과거에까지 영향을 미치는 행위를 나타낸다: 너는 전에 그 과제를 "공부했었고"(had studied), 따라서 지난 금요일까지는 이미 그것을 잘 "이해했다"(understood). 미래 완료(**futūrum perfectum**)는 미래의 어느 시점에서 완료되고 그 결과가 보다 먼 미래에 영향을 미치는 행위를 나타낸다: 이번 주말까지 너는 그 과제를 "공부할 것이고"(will have studied), 따라서 월요일쯤 시험 때까지는 그것을 완전히 "이해할 것이다"(will understand). 완료 시제는 그 결과가 현재에 영향을 미치는 완결된 행위를 묘사한다(따라서 가끔은 "현재 완료"라고 일컬어지기도 한다): 지금까지 너는 이 단원을 철저히 "공부했고"(have studied), 따라서 그 개념들을 "이해하고 있다"(understand). 이러한 예문들에서 여러분은 완료 체계의 세 가지 시제들이 현재 체계의 세 가지 시제들과 어떻게 상응하는지를 알 수 있을 것이다; 후자에서는 과거, 현재, 또는 미래의 일들을 단순히 바라보는 반면에, 전자에서는 과거, 현재, 또는 미래의 차후 시점에 미치는 그 결과의 영향에 주시하면서 완료된 행위를 바라보는 것이다.

완료 시제는 순전한 **현재 완료**로 기능하는 경우가 자주 있지만, 가끔은 **단순 과거 시제**와 같은 역할을 한다. 따라서 **puer amīcum monuit**는 그 행위의 결과에 대해 별달리 신경을 쓰지 않는 어떤 문맥들에서는 (*has warned*로 하지 않고) 단순히 *the boy warned his friend*로 번역할 수 있다. 한편 미완료 시제

(**imperfectum**, "완료되지 않은", 즉, 지속되고 있는)가 과거의 동영상 같다면, 완료 시제는 스틸 사진에 더 가깝다: 미완료는 과거의 일을 진행 중이거나 반복적 내지는 습관적인 것으로 표현하므로, **puer amīcum monēbat**를 보다 정확히 옮기면 문맥에 따라 *the boy was warning/kept warning/ used to warn his friend*가 될 것이다. 반면에, 보다 정태적인 완료 시제는 어떤 행위를 끝나버린 한 번의 사건(*he warned his friend once*), 또는 이미 끝났지만 현재에도 영향을 미치는 사건으로 되돌아 본다; 이러한 경우에는 조동사 "has/have"를 사용해서 번역해야 한다(*he has warned his friend, and so his friend is now prepared*).

일람표(SYNOPSIS)

여러분이 어떤 라틴어 동사를 완전히 활용할 수 있는지 테스트하기 위해서, 그 동사의 모든 형태들을 써보라고 하는 대신에 특정 인칭과 수에 맞는 동사 형태들의 **일람표(SYNOPSIS)**를 제시하라고 요구할 수 있다. 아래는 샘플로 만든 **agō**의 직설법 능동태 3인칭 단수 형태들의 일람표이다:

	현재	미래	미완료	완료	미래완료	과거완료
라틴어	ágit	áget	agébat	égit	égerit	égerat
영 어	*he drives*	*he will drive*	*he was driving*	*he has driven*	*he will have driven*	*he had driven*

VOCĀBVLA

아래 새 목록에 있는 **pater**, *father*와 이전에 배운 **patria**, *fatherland*를 확실히 구별하라. 그리고 **Caesar**의 **s**를 영어에서처럼 [z]로 발음하지 말라. 이 휘의 새로운 어휘를 공부하면서, 1-11휘에서 배운 단어들도 완전히 습득했는지 점검해 보라. 복습을 위해서 여러분은 (www.wheelockslatin.com에서 구하거나 자신이 만든) 어휘 카드들이나 어휘 목록집을 사용할 수 있겠지만, 그러나 이 새로운 목록을 외우기 위해서는 반드시 CD 또는 온라인 오디오를 경청하라. 그리고 **audī et prōnūntiā!** 아래 단어들을 외운 후에는, 새로 접한 세 개의 동사들 각각에 대해 인칭과 수를 달리하여 활용한 형태들의 일람표를 작성해 보고, **Summārium Fōrmārum**, 583쪽의 패러다임과 대조함으로써 여러분이 작성한 것이 맞는지 확인해 보라.

aduléscēns, **adulēscéntis**, m./f., 젊은이, 청년 (adolescent, adolescence, adult; cf. **adulēscentia**)

ánnus, **ánnī**, m., 年, 해 (annals, anniversary, annuity, annual, biennial, perennial, centennial, millennium, superannuated)

Ásia, **Ásiae**, f., 아시아 (보통은 소아시아를 지칭한다; 3번 지도를 보라)

Caésar, **Caésaris**, m., 시저 (Caesarian, Caesarism, kaiser, czar, tsar)

máter, **mátris**, f., 어머니 (maternal, maternity, matriarchy, matrimony, matricide, matriculate, matrilineal, matrix, matron)

médicus, **médicī**, m., **médica**, **médicae**, f., 의사, 내과 의사 (medic, medical, medicate, medicine, medicinal)

páter, **pátris**, m., 아버지 (paternal, paternity, patrician, patrimony, patron, patronage, patronize, patter, padre, père; cf. **patria**)

patiéntia, **patiéntiae**, f., 수난, 인내, 끈기 (patient, impatient)

prīncípium, **prīncípiī**, n., 시초, 처음 (principal, principle)

acérbus, **acérba**, **acérbum**, 거친, 쓰라린, 가혹한 (acerbic, exacerbate)

prō [전치사 + 탈격], *in front of, before, on behalf of, for the sake of, in return for, instead of, for, as*; 또한 접두사로 쓰인다 (pros and cons; 접두사 pro-에 관해서는 부록 568쪽을 보라)

díū [부사], 오래, 오랫동안

núper [부사], 최근에, 요즘

āmíttō, **āmíttere**, **āmísī**, **āmíssum**, 보내 버리다; 잃다, 가게 하다 (amissible; cf. omit, omission)

cádō, **cádere**, **cécidī**, **cāsúrum**, 떨어지다 (cadence, case, casual, cascade, chance, accident, incident, decadence, decay, deciduous)

créō, **creáre**, **creávī**, **creátum**, 창조하다, 만들다 (creation, creativity, creature, procreate)

LĒCTIŌ ET TRĀNSLĀTIŌ

새로운 패러다임과 어휘를 공부하고, 자습문제들을 풀어봄으로써 자신의 실력을 테스트한 후에는, 아래 글들을 쭉 훑어보면서 완료 체계 동사들이 사용된 예들을 가려내고 각각의 시제와 인칭과 수를 확인하라. 여러분이 CD를 갖고 있다면 그것을 잘 듣고 각 문장과 구절을 큰 소리로 읽어라. 완료 시제를 옮길 때는 옵션이 있다는 것을 기억하라: 예를 들면, 발췌문 "플리니우스는 마르켈리누스에게 편지를 썼다"에서, **āmīsit**는 단순 과거 시제인 "lost"와 순전한 현재 완료인 "has lost" 중에서 어느 것이 더 나은 선택인가? 그리고 이유는 무엇인가?

EXERCITĀTIŌNĒS

1. Vōs nōbīs dē voluptātibus adulēscentiae tum scrīpseritis.
2. Ratiōnēs alterīus fīliae heri nōn fuērunt eaedem.
3. Nēmō in hanc viam ex utrā portā fūgerat.
4. Illī autem ad nōs cum medicā eius nūper vēnērunt.
5. Illī adulēscentēs ad tē propter amīcitiam saepe veniēbant.
6. Eundem timōrem nec in istō cōnsule nec in amīcō eius sēnsimus.
7. Post paucās hōrās Caesar Asiam cēpit.
8. Illa fēmina beāta sōla magnam cupiditātem pācis sēnsit.
9. Potuistisne bonam vītam sine ūllā lībertāte agere?
10. Vēritās igitur fuit tōtī populō cāra.
11. Neuter medicus nōmen patris audīverat.

작문

12. That friendly queen did not remain there a long time.
13. Our mothers had not understood the nature of that place.
14. However, we had found no fault in the head of our country.
15. They kept sending her to him with me.

SENTENTIAE ANTĪQVAE

1. In prīncipiō Deus creāvit caelum et terram; et Deus creāvit hominem. (Genesis.)
2. In triumphō Caesar praetulit hunc titulum: "Vēnī, vīdī, vīcī." (Suetonius.—**triumphus, -ī**, m., 승리의 행진; 여기서는 주전 47년 소아시아의 Zela에서 단시간에 거둔 승리를 기념한 행진이다.—**praeferō, -ferre, -tulī, -lātum**, 과시하다; *prefer, prelate*.—**titulus, -ī**, m., 현수막; *title, titular*)
3. Vīxit, dum vīxit, bene. (*Terence.)
4. Adulēscēns vult diū vīvere; senex diū vīxit. (Cicero.—**vult** [불규칙 동사], 원하다.—**senex, senis**, m., 노인; *senator, senior*.)
5. Nōn ille diū vīxit, sed diū fuit. (*Seneca.)
6. Hui, dīxistī pulchrē! (*Terence.—**hui** [감탄사], 와아!—**pulchrē** [부사],

이는 **pulcher**에서 파생되었다; 이런 방식으로 형용사에서 나온 부사가 흔하다: 일례로 **vērus** > **vērē**, **līber** > **līberē**, 그리고 다소 불규칙하지만 **bonus** > **bene**. 이와 관련하여 26-27章을 보라.)

7. Sophoclēs ad summam senectūtem tragoediās fēcit. (*Cicero.—**Sophoclēs, -clis**, m., 아테네의 유명한 극작가.—**summus, -a, -um**, 최고의; *summary, summit*.—**tragoedia, -ae**, f., 비극; *tragedian, tragic*.)

8. Illī nōn sōlum pecūniam sed etiam vītam prō patriā prōfūdērunt. (Cicero.—**prōfundō, -ere, -fūdī, -fūsum**, 쏟아내다; *profuse, refuse*.)

9. Rēgēs Rōmam ā prīncipiō habuēre; lībertātem Lūcius Brūtus Rōmānīs dedit. (Tacitus.—**ā** + 탈격, *from*.—**habuēre**: 형태가 부정사를 닮았지만, 이는 위에서 소개된 완료 어미 **-ērunt** 대신에 **-ēre**가 붙은 것이다.)

10. Sub Caesare autem lībertātem perdidimus. (Laberius.—**perdō, -ere, -didī, -ditum**, 파괴하다, 잃다; *perdition, perdue*.)

11. Quandō lībertās ceciderit, nēmō līberē dīcere audēbit. (Publilius Syrus.)

플리니우스는 마르켈리누스에게 푼다누스의 딸의 죽음을 알리는 편지를 썼다

Salvē, Marcellīne! Haec tibi scrībō dē Fundānō, amīcō nostrō, quod is fīliam cāram et bellam āmīsit. Illa puella nōn XIII annōs vīxerat, sed nātūra eī multam sapientiam dederat. Mātrem patremque, frātrem sorōremque, nōs et aliōs amīcōs, magistrōs magistrāsque semper amābat, et nōs eam amābāmus laudābāmusque. Medicī eam adiuvāre nōn poterant. Quoniam illa autem magnōs animōs habuit, morbum nimis malum cum patientiā tolerāvit. Nunc, mī amīce, mitte Fundānō nostrō litterās dē fortūnā acerbā fīliae eius. Valē.

Pliny, *Ep.* 5.16 (원문을 바꾸지 않고 발췌한 보다 긴 글은 **Locī Im.** XL을 보라): 小 플리니우스(Gaius Plinius Caecilius Secundus, 주후 약 61-112년)는 원로원 의원, 집정관, 그리고 지방 총독을 역임하였으며, 도미티안, 네르바, 트라얀 통치 기간에 걸출한 문학가였다. 현재 남아있는 그의 작품들 중에는 당대 사회와 정치를 들여다볼 수 있는 매우 귀중한 정보들을 우리에게 제공하는 10권의 서신들이 있다.—**XIII annōs**, 13년 동안 (이 대격은 37章에서 정식으로 소개될 "동안의 대격"이다). 주후 107년에 Minicius Fundanus는 집정관이었다; 그 딸의 납골함이 로마 변두리에 있는 그의 가족 묘지에서 발견되었는데,

다음과 같은 글이 새겨져 있다(괄호 안의 글자들은 생략된 것들로서 원래부터 새겨지지 않았다): **D(īs) M(ānibus) Miniciae Marcellae Fundānī f(īliae); v(īxit) a(nnōs) XII m(ēnsēs) XI d(iēs) VII.**—이 비문이 바쳐진 **dī mānēs**는 죽은 자들을 지킨다는 "귀신들"이다.—**mēnsēs**, *months*; semester, trimester. —**diēs**, *days*; diary, meridian, carpe diem.

QVAESTIŌNĒS: 플리니우스가 마르켈리누스에게 편지를 쓴 특별한 목적은 무엇인가? 플리니우스는 푼다누스의 딸인 미니키아의 어떤 미덕을 특히 칭송하였는가?

page from manuscript of Pliny's Epistulae *(Ep. 3.4.8-9 and 3.5.1-3) 6th cent. A.D., Italy The Pierpont Morgan Library New York*

디아울루스는 고객들의 장례를 늘 치렀다

Nūper erat medicus, nunc est vespillo Diaulus.
    Quod vespillo facit, fēcerat et medicus.

*Martial *Epig.* 1.47; 운율: 哀歌調의 二行詩.—**vespillō, -lōnis**, m., 장의사; 운문에서는 마지막 **-ō**가 운율을 맞추기 위해서, 그리고 대화체 라틴어의 실제 발음 관습의 반영으로서 짧아진 경우가 자주 있었다.—**quod**, *what*.—**et**는 여기서 종종 그렇듯이 **etiam**과 같다.

QVAESTIŌNĒS: 디아울루스의 전직(轉職)이 무엇 때문에 (서글픈) 웃음거리가 되었는가?-그의 두 가지 직업들이 현저히 다르면서도 비슷했던 이유는 무엇인가? 각 행에서 서로 다른 어순을 사용한 수법에 대해 논하라. 첫 행의 배열에서 무엇이 "띄워져" 있는가? 두 번째 행의 배열을 어떠한가? 특히 **facit/fēcerat**이 병렬된 것은 마르티알리스가 묘사하는 상황에 어울리는 배열이다. 여러분은 두 행을 구성하는 네 절의 전반에 걸친 어순에서 교차대구법이 눈에 띄는가?

SCRĪPTA IN PARIETIBVS

Lūcius pīnxit

CIL 4.7535: 폼페이에서 나온 수천 점의 벽화들 중에서, 화가의 서명이 있는 것은 웅장하고 화려하게 장식된 옥타비우스 콰르티오 집의 야외 식당(II 지역, 5.2 구역, Via dell'Abbondanza에 위치)에 있는 벽화들뿐이다; 루키우스는 한 쪽 벽면에는 나르시스를, 다른 쪽 벽면에는 피라무스와 티스베를, 그리고 그 근처에 위치한 긴 의자에 자신의 서명을 약 5인치 폭으로 빨간 색 바탕에 굵은 흰색 글씨로 칠해 놓았다.—**pingō**, **-ere**, **pīnxī**, **pictum**, 그리다, 칠하다, 채색하다; *picture, depict.*

ETYMOLOGIA

라틴어 동사들의 기본어들의 습득과 여러분의 영어 단어 지식이 서로 간에 얼마나 도움이 될 수 있는지를 보여주는 예들을 좀더 열거하면 아래와 같다:

라틴어 동사	현재 어간의 영어 단어	완료 분사 어간의 영어 단어
videō	provide (vidēre)	provision (vīsum)
maneō	permanent (manēre)	mansion (mānsum)
vīvō	revive (vīvere)	victuals (vīctum)
sentiō	sentiment (sentīre)	sense (sēnsum)
veniō	intervene (venīre)	intervention (ventum)
faciō	facile (facere)	fact (factum)

라틴어 **pater**와 **patria**(조국)는 분명히 서로 연관되어 있다. 이 라틴어 단어들을 아는 자에게는 영어 "patriarch," "patriot," "patronymic"은 의미 있는 어간 **patr-**를 포함하고 있겠지만, 그러나 사실을 말하자면, 이 영어 단어들과 라틴어 단어들은 모두 그리스語에서 나왔으며, 따라서 양자의 어간 **patr-**의 뿌리는 같다; cf. 그리스語 **patér**(πατήρ), 아버지; **pátrā**(πάτρα) 또는 **patrís**(πατρίς), 조국; **patriá**(πατριά), 혈통.

　　S.A.8에서 나온 **prōfundere**의 기본 동사 **fundere**에서 파생된 몇몇 단어들을 여기에 추가로 열거하였다: confound, confuse, effuse, effusive, fuse, fusion, refund, transfusion.

LATĪNA EST GAVDIVM—ET VTILIS!

Salvēte, discipulae discipulīque cārī! 위의 S.A. 2에서 보았듯이, 시저는 Zela에서 거둔 승리를 선포하면서 **vēnī, vīdī, vīcī**라고 외쳤다. 이 말은 시저가 강조하고자 했던 속전속결의 "스냅 사진"으로서 완료 시제의 좋은 예이다. 오늘날에도 이러한 자랑을 패러디한 말들이 종종 사용된다. 예를 들면, 상가 주인들은 **VENI, VIDI, VISA,** "I came, I saw, I shopped!"; 채식주의자들은 **VENI, VIDI, VEGI,** "I came, I saw, I had a salad"; 또 이런 말은 어떨까? **VENI, VIDI, VELCRO,** "I came, I saw, I stuck around." 여러분은 고통 중에 있는가?!!—그러나 앞으로 더 어려운 일들이 닥칠지도 모르니 **patientia est virtūs**를 기억하라. 아무튼 **rīdēte**(**rīdēre**, 웃다) **et valēte!**

CAPVT XIII

재귀 대명사와 소유사; 강의 대명사

GRAMMATICA

재귀 대명사

재귀 대명사(REFLEXIVE PRONOUN)는 으레 술어에서만 사용되고 주어를 가리킨다는 점에서 다른 대명사들과 차이가 난다. "Reflexive"(再歸)는 **reflectō, -ere, -flexī, -flexum**(뒤로 휘어지다)에서 파생된 용어이다. 따라서 재귀 대명사는 주어로 "휘어진다." 즉, 주어를 "반영한다" 또는 가리킨다. 영어에서 인칭 대명사와 대비시켜 예를 들면 아래와 같다:

재귀 대명사	인칭 대명사
I praised *myself*	You praised *me.*
Cicero praised *himself.*	Cicero praised *him* (Caesar).

재귀 대명사의 곡용

재귀 대명사는 주어를 가리키므로, 그것은 주어가 될 수 없으며(단, 영어 문장 "He considered *himself to be* a good student"와 같이 부정사구의 대격 주어는 될 수 있다; 이에 관해서는 25장에서 자세히 다루겠다), 따라서 재귀 대명사에는 주격이 없다. 이러한 점을 제외하면, 1인칭과 2인칭 재귀 대명사들의 곡용은 그에 상응하는 인칭 대명사들의 곡용과 동일하다.

하지만 3인칭 재귀 대명사는 그 자체의 독특한 형태들을 지닌다. 이들은 아래 표에서 보듯이 **tū**의 단수에서 주격은 물론 제외하고 그 나머지 형태들의 첫 글자 **t-**를 **s-**로 바꾼 것과 동일하기 때문에 알아보기가 어렵지 않다. 또한 그 단수와 복수는 형태상으로 차이가 없다. 달리 말하면, 단수와 복수는 구별되지 않았는데, 재귀 대명사는 사실상 주어의 (性뿐만 아니라) 數도 "반영하기" 때문에 그럴 필요가 없었던 것이다. 예를 들면, **fēmina dē sē cōgitābat**(*the woman was thinking about herself*)에서 **sē**는 *herself*를, **virī dē sē cōgitābant**(*the men were thinking about themselves*)에서 **sē**는 *themselves*를 의미한다는 것을 쉽게 이해할 수 있다.

	1인칭	2인칭	3인칭
단수			
주격	—	—	—
속격	méī (*of myself*)	túī	súī (*of himself, herself, itself*)
여격	míhi (*to/for myself*)	tíbi	síbi (*to/for himself, etc.*)
대격	mē (*myself*)	tē	sē (*himself, herself, itself*)
탈격	mē (*by/with/from myself*)	tē	sē (*by/wih/from himself, etc.*)
복수			
주격	—	—	—
속격	nóstrī (*of ourselves*)	véstrī	súī (*of themselves*)
여격	nṓbīs (*to/for ourselves*)	vṓbīs	síbi (*to/for themselves*)
대격	nōs (*ourselves*)	vōs	sē (*themselves*)
탈격	nṓbīs (*by/with/from ourselves*)	vṓbīs	sē (*by/with/from themselves*)

1·2인칭 재귀 대명사와 인칭 대명사의 비교

1. **Tū *tē* laudāvistī.** *You praised **yourself**.*
2. **Cicerō *tē* laudāvit.** *Cicero praised **you**.*
3. **Nōs laudāvimus *nōs*.** *We praised **ourselves**.*
4. **Cicerō *nōs* laudāvit.** *Cicero praised **us**.*
5. **Egō *mihi* litterās scrīpsī.** *I wrote a letter to **myself**.*
6. **Cicerō *mihi* litterās scrīpsit.** *Cicero wrote a letter to **me**.*

3인칭 재귀 대명사와 인칭 대명사의 비교

1. **Cicerō *sē* laudāvit.** *Cicero praised **himself**.*
2. **Cicerō *eum* laudāvit.** *Cicero praised **him*** (e.g., Caesar).
3. **Rōmānī *sē* laudāvērunt.** *The Romans praised **themselves**.*
4. **Rōmānī *eōs* laudāvērunt.** *The Romans praised **them*** (e.g., the Greeks)
5. **Puella *sē* servāvit.** *The girl saved **herself**.*
6. **Puella *eam* servāvit.** *The girl saved **her*** (i.e., another girl).

재귀 소유 형용사

1인칭과 2인칭의 **재귀 소유 형용사**들은 이미 여러분에게 친숙한 통상적인 소유사

들과 동일하다: **meus, tuus, noster, vester** (*my, my own; your, your own;* etc.): **Meum librum habēs**; *you have my book.* **Meum librum habeō**; *I have my own book.*

그러나 3인칭 재귀 소유사는 새로운 단어로 다음과 같다: **suus, sua, suum,** *his (own), her (own), its (own), their (own).* 그 형태들 자체는 규칙적인 제 1·2곡용 형용사인 **tuus, -a, -um**과 같은 패턴으로 곡용되기 때문에 그다지 어려울 것이 없으나, 그 용법과 번역에 관해서는 유념해야 할 몇 가지 중요한 점들이 있다. 첫째, 모든 형용사들이 그렇듯이, **suus, -a, -um**도 그것이 수식하는 명사와 性·數·格이 일치해야 한다. 하지만 그것의 영어 번역에서는 재귀 대명사의 경우와 마찬가지로 그것이 가리키는 주어의 性과 數를 당연히 반영해야 한다; 일례로, **vir fīlium suum laudat**, *the man praises his (own) son,* vs. **fēmina fīlium suum laudat**, *the woman praises her (own) son,* 그리고 **virī patriam suam laudant**, *the men praise their (own) country.* 끝으로, 재귀 소유 형용사 **suus, -a, -um**은 주어가 아닌 어떤 사람(들)을 가리키는, 즉 주어로 재귀되지 않는 소유사 속격인 **eius, eōrum, eārum** (*his/her, their:* 11장을 보라)과 주의 깊게 구별되어야 한다.

1. **Cicerō amīcum *suum* laudāvit.** *Cicero praised his (own) friend.*
2. **Cicerō amīcum *eius* laudāvit.** *Cicerō praised his* (Caesar's) *friend.*
3. **Rōmānī amīcum *suum* laudāvērunt.** *The Romans praised their (own) friend.*
4. **Rōmānī amīcum *eōrum* laudāvērunt.** *The Romans praised their* (the Greeks') *friend.*
5. **Fēmina amīcīs *suīs* litterās scrīpsit.** *The woman wrote a letter to her (own) friends.*
6. **Fēmina amīcīs *eius* litterās scrīpsit.** *The woman wrote a letter to his* (또는 *her,* 즉 someone else's) *friends.*
7. **Fēmina amīcīs *eōrum* litterās scrīpsit.** *The woman wrote a letter to their* (some other persons') *friends.*

강의 대명사 Ipse, Ipsa, Ipsum

강의 대명사(INTENSIVE PRONOUN) **ipse, ipsa, ipsum**은 단수 속격과 여격에서 지시사들의 곡용 패턴을 따르며(즉, 속격 **ipsīus, ipsīus, ipsīus,** 여격 **ipsī, ipsī, ipsī:** 부록 579쪽을 보라), 그 외에는 **magnus, -a, -um**처럼 곡용된다.

로마인들은 문장의 주어 또는 술어에서 명사나 대명사를 강조하기 위해 강의 대명사를 사용하였다. 따라서 그 의미를 살릴 수 있는 번역을 하다 보면 다음과 같은 말들이 쓰이게 된다: *myself/ourselves*(1인칭), *yourself/yourselves*(2인칭), *himself/herself/itself/themselves*(3인칭), 또는 *the very, the actual*.

Cicerō *ipse* mē laudāvit. *Cicero himself praised me.*
Cicerō mē *ipsum* laudāvit. *Cicero praised me myself* (i.e., *actually praised me*).
***Ipse* amīcum eius laudāvī.** *I myself praised his friend.*
Fīlia vōbīs *ipsīs* litterās scrīpsit. *your daughter wrote a letter to you yourselves.*
Cicerō litterās *ipsās* Caesaris vīdit. *Cicero saw Caesar's letter itself* (i.e., *Caesar's actual letter*).

VOCĀBVLA

이 章의 어휘 목록에 나오는 명사 **dīvitiae**는 6章에 나온 **īnsidiae**와 후에 여러분이 보게 될 다른 명사들처럼 형태는 복수이지만 본질적으로는 단수의 의미를 지닌다. 그러나 이 단어의 뜻이 단수인 "富"(wealth)일지라도, 이는 "집합적인" 것으로 축적된 재물들(riches)을 암시한다. 이처럼 언어는 많은 우여곡절을 내포하고 있으며, 바로 이것이 흥미를 유발하는 요소이다. 여러분이 보게 될 **per**는 라틴어 단어들 및 perfect, perspire, pellucid와 같은 영어 파생어들에서 다양한 형태의 접두사로 자주 나타나는 또 다른 전치사이다. 부록 564-69쪽의 "어원론 보충 자료"에 열거된, 흔히 볼 수 있는 몇몇 라틴어 접두사들과 접미사들을 다시 복습하라. **Ōlim**은 "오래 전"과 "(미래의) 어느 날"이라는 상반되는 것 같은 의미들을 동시에 지니는데, 이 단어는 **ille**와 연관된 것으로, 그 대명사처럼 멀리 있는 어떤 것, 즉 먼 과거나 먼 훗날 중 어느 한 시점을 가리킨다. 새로운 어휘를 일단 암기한 후에는 **ipsum factum**의 곡용을 쓰고, 새로 나온 동사들 중 하나의 일람표를 작성해 보라. 그리고 그 결과물을 **Summārium Fōrmārum**, 579쪽과 583쪽에 있는 패러다임과 대조해 보라.

dīvítiae, dīvitiárum, f. pl., 富, 재산
fáctum, fáctī, n., 되어진 일, 행동, 행위, 업적 (fact, factual, faction, feat; cf. **faciō**)
sígnum, sígnī, n., 표시, 신호, 징후; 印章 (assign, consign, countersign, design, ensign, insignia, resign, seal, signet)

ípse, ípsa, ípsum [강의 대명사], *myself, yourself, himself, herself, itself,* etc., *the very, the actual* (ipso facto, solipsistic)

quísque, quídque(속격 **cuiúsque**, 여격 **cuíque**) [부정대명사], 각자, *each one, each person, each thing*

súī [3인칭 재귀대명사], *himself, herself, itself, themselves* (suicide, per se)

dóctus, dócta, dóctum, 배운, 유식한, 숙련된 (doctor, doctorate, doctrine, indoctrinate; cf. **doceō**)

fortūnátus, fortūnáta, fortūnátum, 운 좋은, 다행스런, 행복한 (unfortunate; cf. **fortūna**)

súus, súa, súum [3인칭 재귀적 소유 형용사], *his own, her own, its own, their own* (sui generis)

nam [접속사], 왜냐하면, *for*

ánte [전치사 + 대격], (시간이나 장소에서) 앞에, 전에; [부사], 이전에; 그리스어 **anti**, *against*와 구별하라 (antebellum, antedate, ante-room, anterior, antediluvian, A.M. = **ante merīdiem**/"before midday," advance, advantage)

per [전치사 + 대격], *through;* (재귀 대명사와 함께) *by;* **per-** [접두사], *through, through and through = thoroughly, completely, very* (perchance, perforce, perhaps, perceive, perfect, perspire, percolate, percussion, perchloride; **l-**로 시작되는 단어 앞에서는 **pel-**로 동화된다: pellucid)

ṓlim [부사], 그 당시, 한 때, 예전에; 어느 날, 훗날, 미래에

álō, álere, áluī, áltum, 먹이다, 부양하다, 유지하다, 키우다; 돌보다 (aliment, alimentary, alimony, coalesce, adolescence; 형용사 **altus, -a, -um**, 크다, 높다; 왜냐하면 잘 먹인 것은 자라기 때문에)

dī́ligō, dīlígere, dīléxī, dīléctum, 존중하다, 사랑하다 (diligent, diligence)

iúngō, iúngere, iúnxī, iúnctum, 잇다 (join, joint, junction, juncture, adjunct, conjunction, enjoin, injunction, subjunctive)

stō, stā́re, stétī, státum, 서다, 서 있다, 굳게 서다 (stable, state, station, statue, stature, statute, establish, instant, instate, reinstate, stay)

LĒCTIŌ ET TRĀNSLĀTIŌ

아래 글들을 읽으려고 하기 전에 자습문제(500-01쪽)를 풀고 번역을 포함한 여러분의 답을 적은 후에 해답(534쪽)과 맞춰봄으로써 새로운 내용을 완전히 습득했는지를 테스트해 보라. 그 다음에는 여러분이 CD를 갖고 있다면 이 글

들의 녹음을 잘 듣고, 큰 소리로 한두 번 읽으면서 의미를 파악한 후에 여러분이 번역한 것을 적어라; 새로 배운 문법을 연습하기 위해서 이 글들을 훑어보면서 모든 재귀 대명사들과 강의 대명사들을 추려내고, 각각의 性·數·格 및 용법을 확인하라. 번역을 위한 요령: 강의사가 명사나 대명사를 수식하는 경우에는 단순히 그대로 번역하라(일례로, Ex. 3에서 **mē ipsum**은 *me myself*를 뜻한다); 그러나 수식을 받는 명사/대명사가 없으면, "he, she, they" 따위를 채워 넣어야 한다(일례로, Ex. 6에서 **ipsī**는 분명히 남성 복수 주격이고 당연히 주어이므로 *they themselves* 또는 *the men themselves*를 뜻한다). 재귀 소유사는 문맥상 선행사가 분명하고 특별히 강조하려는 의도가 없다면, 영어 번역에서는 "own"을 생략하는 것이 보다 자연스러울 때가 종종 있다(예를 들면, Ex. 10에서 **litterās suās**는 단순히 *her letter*로 번역해도 좋은데, 이는 물론 다른 사람이 아닌 그녀 자신의 편지를 가리키는 것이 분명하기 때문이다).

EXERCITĀTIŌNĒS

1. Cōnsulēs sē nec tēcum nec cum illīs aliīs iungēbant.
2. Tōtus populus Rōmānus lībertātem āmīsit.
3. Rēx malus enim mē ipsum capere numquam potuit.
4. Ad patrem mātremque eōrum per illum locum tum fūgistis.
5. Dī animōs creant et eōs in corpora hominum ē caelō mittunt.
6. Ipsī per sē eum in Asiā nūper vīcērunt.
7. In hāc viā Cicerō medicum eius vīdit, nōn suum.
8. Nēmō fīliam acerbam cōnsulis ipsīus diū dīligere potuit.
9. Hī Cicerōnem ipsum sēcum iūnxērunt, nam eum semper dīlēxerant.
10. Fēmina amīca vōbīs ante illam hōram litterās suās mīserit.
11. Ille bonam senectūtem habuit, nam per annōs bene vīxerat.
12. Māter fīlium bene intellēxit et īram sēnserat, et adulēscēns eī prō patientiā grātiās ēgit.
13. Mē cum istīs et capite eōrum nōn iungam, nec tū autem tē eīscum iungere dēbēs.

작문

14. However, those young men came to Caesar himself yesterday.
15. Cicero, therefore, will never join his (Caesar's) name with his own.
16. Cicero always esteemed himself and even you esteem yourself.

17. Cicero used to praise his own books and I now praise my own books.

18. The consul Cicero himself had never seen his (Caesar's) book.

SENTENTIAE ANTĪQVAE

1. Ipse ad eōs contendēbat equitēsque ante sē mīsit. (Caesar.—**contendō**, **-ere**, 서두르다, 애쓰다; *contender, contention*.—**eques, equitis**, m., 기마병; *equestrian*; cf. **equus**, 말.)

2. Ipsī nihil per sē sine eō facere potuērunt. (Cicero.)

3. Ipse signum suum et litterās suās ā prīncipiō recognōvit. (Cicero.—**recognōscō, -ere, -cognōvī, -cognitum**, 알아보다; *recognizance, reconnaissance*.)

4. Quisque ipse sē dīligit, quod quisque per sē sibi cārus est. (Cicero.)

5. Ex vitiō alterīus sapiēns ēmendat suum. (*Publilius Syrus.—**sapiēns**, **-entis**, m., 현자, 철학자; *savant, homo sapiens*.—**ēmendāre**, 고치다; *amend, emend, mend*.)

6. Recēde in tē ipsum. (*Seneca.—**recēdō, -ere**, 물러나다; *recede, recess*.)

7. Animus sē ipse alit. (*Seneca.)

8. Homō doctus in sē semper dīvitiās habet. (Phaedrus.)

펜은 칼보다 강하다

Magnus ille Alexander multōs scrīptōrēs factōrum suōrum sēcum semper habēbat. Is enim ante tumulum Achillis ōlim stetit et dīxit haec verba: "Fuistī fortūnātus, Ō adulēscēns, quod Homērum laudātōrem virtūtis tuae invēnistī." Et vērē! Nam, sine *Īliade* illā, īdem tumulus et corpus eius et nōmen obruere potuit. Nihil corpus hūmānum cōnservāre potest; sed litterae magnae nōmen virī magnī saepe cōnservāre possunt.

Cicero, *Arch.* 10.24: **Prō Archiā** ("아르키아스를 위한 변론")는 현재 남아 있는 수십 편의 키케로 연설문들 중에서 가장 잘 알려진 것들에 속한다; 그 연설에서 키케로는 친구인 그리스 시인 아르키아스의 로마 시민권을 부정하는 법적인 공격에 대해 변론하였다. 재판관들을 설득하는 유일한 수단으로서 키케로는 시인들과 詩들이 지배 계급을 포함한 시민 사회에 끼쳤던 공익에 관하여 유창하게 설파하였다. 마케도니아 왕 필립의 아들인 알렉산더 대왕은 주전 336년에

Alexander the Great. Detail of marble Roman statue, 1st cent. A.D.
Found in the Baths of Trajan at Cyrene. Museum, Cyrene, Libya

그의 아버지가 사망하자 곧바로 왕위에 오른 후, 주전 323년 33세의 나이로 요절할 때까지 그의 마케도니아 군대를 이끌고 그리스와 대부분의 근동 지방 및 이집트를 정복하였으며, 인도에까지 원정하였다. 그는 아리스토텔레스에게 교육을 받았으며, 이 일화에서 잘 알 수 있듯이, 그는 詩와 기록된 말의 보편적인 영향력을 확실히 이해하고 있었다.—**ille:** 이 지시사의 어떤 의미가 이 문맥에 딱 들어맞는가? 아래 *Īliade* **illā**에서도 그와 같은 의미로 썼다.—**tumulus, -ī**, m., 무덤, 묘; *tumulus, tumular*.—**sē:** 여기에서는 재귀적 의미가 문맥에서 분명히 드러나 있으므로, 영어로 번역할 때는 종종 그렇듯이 좀더 자연스런 표현을 위해서 "-self"를 생략할 수 있다.—**Achillēs, -lis,** m.—**Homērus, -ī,** m.—**laudātor, -tōris,** m., 문자적으로는 "찬양하는 자"(**-or**로 끝나는 명사들의 기본적 의미에 관해 8장의 **Latīna Est Gaudium**을 보라), 예찬자, 史官; *laud, laudatory*.—**vērē:** **vērus**의 부사; *verify, verity*.—**Īlias, -adis,** f., 일리아드—**et … et:** 여기서 이 접속사로 연결된 말이 무엇인지 잘 살펴보라; 번역 오류의 가능성은 **corpus**의 형태가 애매하다는 사실에 기인하는데, 그 모호성은 단수 동사인 **potuit**가 해결해 준다.—**obruō, -ere,** 뒤덮다, 파묻다; *ruin, ruination*.

QVAESTIŌNĒS: 전설에 따르면 아킬레스는 일찍 죽었음에도 불구하고, 알렉산더는 그가 매우 운이 좋았다고 했는데 무엇 때문에 그렇게 생각하게 되었는지 설명하라. 이 일화에서 키케로가 이끌어낸 요지는 무엇이며, 그것이 그 자신의 정치적 입장과 어떻게 부합했는가? 오늘날 이에 동의하는 미국의 상원의원이 혹여라도 있을까?

스승의 견해가 지닌 권위

Magistrī bonī discipulīs sententiās suās nōn semper dīcere dēbent. Discipulī Pȳthagorae in disputātiōnibus saepe dīcēbant: "Ipse dīxit!" Pȳthagorās, eōrum magister philosophiae, erat "ipse": sententiae eius etiam sine ratiōne valuērunt. In philosophiā autem ratiō sōla, nōn sententia, valēre dēbet.

Cicero *Nat. D.* 1.5.10: **Dē Nātūrā Deōrum**(여러분은 이 라틴어 제목을 쉽게 번역할 수 있을 것이다)은 키케로가 주전 45-44년에 저술한 세 편의 종교적 논문들(다른 두 편은 **Dē Fātō**, 운명에 관하여; **Dē Dīvinātiōne**, 주술에 관하여) 가운데 하나로서, 신들의 실재에 관해 그 당시 만연되어 있던 주된 견해들(키케로 자신도 신적인 것이 존재한다고 믿었다)과 주술의 효력(그는 이를 부정했다), 그리고 자유의지와 결정론에 관한 논쟁(그는 전자를 주장했다)을 다루고 있다. 이 글에서 키케로는 독단주의 및 어떤 "대가(大家)의" 권위에 근거한 주장들의 오류에 관해 언급하고 있다.—**Pȳthagorās**, -ae, m.; 피타고라스는 주전 6세기의 그리스 과학자, 수학자, 철학자, 그리고 피타고라스 법칙과 음악적 조화 이론의 발견뿐만 아니라, 영혼이 다른 사람이나 동물 및 식물로 유전(流轉)된다는 그의 교리로 잘 알려진 종교지도자였다.—**disputātiō**, -ōnis, f., 토론, 논쟁; *disputable, disputation.*—**ipse dīxit:** 직접목적어가 **id**라고 할 수 있다.

QVAESTIŌNĒS: 어떤 근거로 키케로는 피타고라스와 덜 직접적이긴 하지만 그의 추종자들 또한 비판하고 있는가? 여러분은 선생의 "권위"가 그의 가르침의 진정한 효력을 다소 떨어뜨리는 그러한 선생을 만난 적이 있는가?

SCRĪPTA IN PARIETIBVS

"Vēnimus hōc cupidī!" Scrībit{t} Cornēlius Mārtiālis.

CIL 4.8891 (III 지역, 5 구역): 가게 입구 근처에 쓰여진 이 낙서의 첫 번째 문장은 폼페이의 몇몇 다른 장소들에서도 발견된 성애시(性愛詩)의 첫 구절이다(예를 들면, *CIL* 4.1227과 6697); 그 시의 운율은 두 행이 짝을 이루는 애가조(**ELEGIAC COUPLET**)이므로, 그 동사는 **venīmus**가 아니라 **vēnimus**로 읽어야 한다: 이들의 시제는 어떻게 다른가? 그 낙서자는 이 반절(半節)을 기억하고 쓴 것이 매우 흐뭇하여 자신의 작품에 서명하였는데, 그러나 불행하게도 동사 **scrībit**의 철자를 틀리게 썼다: 괄호 {...}는 단어의 철자에 잘못 덧붙은 글자들을 지적하기 위해 통상 사용된다는 것을 기억하라.—**hōc**(이보다는 **hūc**이 더 흔히 쓰인다), 이곳으로, 여기로(**hic, haec, hoc**과 연관됨).—**cupidus, -a, -um**, 탐하는, 열망하는, 좋아하는; *Cupid, cupidity.*

Aephēbus Successō patrī suō salūt(em).

CIL 4.4753: L. Cissonius Secundus의 집 기둥에 한 소년이 아버지에게 쓴 글이다(VII 지역, 7 구역); 두 이름들은 모두 별명들(cognomina)이거나, 아니면 **aephēbus**(-ī, m.)는 소년, 젊은이를 뜻하는 보통 명사에 지나지 않을 수도 있다(**ephēbus**로 철자되는 경우가 더 잦다).—**Successō**: 이름의 끝 부분은 읽기가 상당히 힘드는데, 이는 낙서들을 다루는 편집자들이 부딪치는 난관의 한 유형을 잘 보여주고 있다; *CIL*의 편집자들은 그 낙서자가 처음에는 엉뚱하게도 **-N**으로 잘못 쓰고나서, 그것을 **-O**로 수정했을 것으로 생각한다; 또 다른 추정은 마지막 세 글자들이 한데 뭉쳐 있는 것으로 보고, **Successor**(이 또한 로마인의 별명들 중 하나이다)의 여격인 **SVCCESSORI**로 읽어야 정확하다는 것이다.—**salūtem**: 이 말의 뜻이 생각나지 않으면, 8장에 있는 *CIL* 4.4742를 보라. 그 어린 녀석은 아버지 이름을 좀 엉성하게 쓰긴 했지만, 글자 T의 꼬리를 휘둘러서 멋스럽게 꾸몄다—여러분도 어버이날 카드와 같은 어떤 인사장에 이름을 그런 식으로 썼던 적이 있었을 것이다.

LATĪNA EST GAVDIVM—ET VTILIS!

Salvēte! 만일 여러분이 법정에서 많은 시간을 보낸 적이 있거나, 존 그리샴의 소설들을 많이 읽었다면, 라틴어로 된 몇몇 법률 용어들에 틀림없이 마주쳤을 것이다. **Ipse**는 법률 사전에 여러 번 나온다: **ipsō factō**, 바로 그 사실로써; **ipsō jūre**(고전어 표기로는 **iūre**), 그 법 자체로써; **rēs ipsa loquitur**, 그 일은 자명하다.

그리고 3인칭 재귀 소유사에서 나온 용어로, **suī jūris (iūris)**, 문자적으로는 *of his own right,* 즉, 자신의 일을 스스로 처리할 수 있는 법적 자격을 지니고 있다는 말이다. 한편 법률 용어는 아니지만 그 재귀사에서 유래된 것으로 영어에서 자주 쓰이는 말은 **suī generis**인데, 이를 문자적으로 옮기면 *of his/her/ its own kind*이며, 독특한 사람이나 사물에 대해 사용된다(18章 어휘에 있는 **genus, generis**를 보라). 피타고라스에 관한 글에 나오는 **ipse dīxit**도 영어에서 흔히 쓰이는 말로서 강압적이거나 독단적인 주장을 펼 때 사용된다. 또한 강의 대명사에서 다음과 같은 관용구가 나왔다: **ipsissima verba** (인용된 어떤 사람의) 바로 그 말들; 의학 용어로 신체의 同側性을 뜻하는 "ipsilateral"(**ipse** +**latus, lateris**, n., 측면); 자신만이 유일한 실재라든가 실재에 대한 우리의 인식을 조절한다는 철학적 이론을 가리키는 "solipsism." 이제 여러분은 콘스탄티누스에게서 유래된 저 유명한 말을 번역하는 데 필요한 모든 어휘를 갖게 되었다: **in hōc signō vincēs** (이 표지—즉, 십자가—아래서 네가 승리하리라). 이 말은 최근 몇십 년 간 잘 알려진 담배 상표에서도 쓰였는데, 여기서는 "당신은 이 상표 덕에 잘 될 것이다"라고 제멋대로 해석했다(하지만 이 말에 동의할 외과 의사가 있겠는가?). 자, 이제 **tempus iterum fūgit: valēte!**

CAPVT XIV

제3곡용 i-어간 명사;
탈격의 용법: 수단, 동반, 방법

GRAMMATICA

제3곡용 i-어간 명사

제3곡용의 일부 명사들은 몇몇 격어미들에서 특징적인 **i**가 나타나므로 **i-어간 명사**라고 일컬어지며, 이들은 7章에서 소개된 때로는 **자음-어간 명사**라고 불리는 것들과 구분된다. 그러나 모든 **i**-어간 명사들이 공유하는 새로운 어미는, 아래 패러다임에서도 볼 수 있듯이, 복수 속격의 **-ium**뿐이다(자음-어간에서는 단순히 **-um**이다). 더욱이 중성 명사들에서는 그 특징을 더 많이 나타내는데, 단수 탈격은 **-e**가 아니라 **-ī**이며, 복수 주격과 대격과 호격은 **-a**가 아니라 **-ia**이다. 자주 쓰이는 **vīs**는 불규칙한 i-어간 명사이기 때문에 따로 외워두는 것이 좋다 (괄호 안에 기재된 단수 속격과 여격은 드물게 사용된다).

	자음 어간 **rēx, rēgis,** m., 왕	同음절어 **cīvis, -is,** m., 시민	**nūbēs, -is,** f., 구름	重자음 어간 **urbs, -is,** f., 도시	중성(-e/al/ar) **mare, -is,** n., 바다	불규칙 **vīs, vīs,** f., 힘
주.	rēx	cī́vis	nū́bēs	úrbs	máre	vīs
속.	rḗgis	cī́vis	nū́bis	úrbis	máris	(vīs)
여.	rḗgī	cī́vī	nū́bī	úrbī	márī	(vī)
대.	rḗgem	cī́vem	nū́bem	úrbem	máre	**vim**
탈.	rḗge	cī́ve	nū́be	úrbe	márī	**vī**
주.	rḗgēs	cī́vēs	nū́bēs	úrbēs	**mária**	vī́rēs
속.	rḗgum	cī́v**ium**	nū́b**ium**	úrb**ium**	már**ium**	vī́r**ium**
여.	rḗgibus	cī́vibus	nū́bibus	úrbibus	máribus	vī́ribus
대.	rḗgēs	cī́vēs	nū́bēs	úrbēs	**mária**	vī́rēs
탈.	rḗgibus	cī́vibus	nū́bibus	úrbibus	máribus	vī́ribus

한편 남성과 여성의 복수 대격 어미에서 **-ēs** 대신에 **-īs**가 붙는 경우도 있는데 (예를 들면, **cīvēs** 대신에 **cīvīs**), 이러한 형태는 이 책에서는 드물게 나타나지만, 공화정을 거쳐 아우구스투스 시대에 이르는 기간에 출현했던 문학 작품들에서는 자주 사용되었으므로 반드시 기억해 두어야 한다.

　이러한 소수의 새로운 어미들을 익히는 것 이외에, 어휘 목록이나 읽을 거리에서 여러분이 마주치는 **i**-어간 명사를 알아보는 것 또한 매우 중요하다. 이를 위해서는 아래의 세 가지 법칙이 큰 도움이 되므로 반드시 외워두기 바란다.

남성과 여성 i-어간 명사

1. 단수에서, 주격 형태가 **-is** 또는 **-ēs**로 되어 있고, 주격과 속격의 음절 수가 같은 명사들은 대부분 남성과 여성이다; 따라서 이러한 명사들은 "同음절어" (parisyllabic: **pār** 같은 + **syllaba**)라고 일컬어진다.

> **hostis, hostis**, m.; 복수 속격 **hostium**; *enemy*
> **nāvis, nāvis**, f.; **nāvium**; *ship*
> **mōlēs, mōlis**, f.; **mōlium**; *mass, structure*
> **cīvis, cīvis** 그리고 **nūbēs, nūbis**는 앞의 패러다임을 보라.

2. 단수 주격 형태가 **-s** 또는 **-x**이고, 어간의 끝이 두 개의 자음으로 구성된 남성과 (주로) 여성 명사들; 아래의 예들에서 보듯이, 그 주격은 대부분 단음절이다.

> **ars, art-is**, f.; **artium**; *art, skill*
> **dēns, dent-is**, m.; **dentium**; *tooth*
> **nox, noct-is**, f.; **noctium**; *night*
> **urbs, urb-is**, 앞의 패러다임을 보라

더욱이 이러한 남성과 여성 명사들을 자음-어간 명사들과 구별되게 하는 유일한 어미는 복수 속격의 **-ium**이다.

중성 i-어간

3. 단수 주격 형태가 **-al, -ar**, 또는 **-e**로 끝나는 중성 명사들은 그 특징적인 **i**를 복수 속격의 **-ium**에서뿐만 아니라, 단수 탈격의 **-ī**와 복수 주격/대격/호격의 **-ia**에서도 지니고 있다.

> **animal, animālis**, n., *animal*
> **exemplar, exemplāris**, n., *model, pattern, original*
> **mare, maris**, 앞의 패러다임을 보라.

불규칙 명사 Vīs

자주 쓰이는 불규칙한 **i**-어간 명사 **vīs**는 철저히 암기해야 하고, **vir**와 혼동하지 않도록 주의해야 한다; **vīs**에서는 그 특징적인 장모음 **ī**가 거의 모든 형태들에서 나타나는 반면에, **vir**에서는 단모음 **i**가 나타난다. 다음 형태들을 식별해 보라: **virī, virōs, vīrēs, virīs, vīrium, virum, vīribus**.

탈격의 용법들

여태까지 여러분이 라틴어 문장을 독해하면서 자주 마주쳤던 탈격 명사들과 전치사들은 단순히 전치사의 목적어로 사용된 것들이었다. 그러나 탈격에서는 보다 독특한 용법들이 여럿 있는데, 더러는 전치사를 필요로 하고, 더러는 단독으로 쓰인다. 우선 가장 흔한 세 가지 용법을 아래에 제시하고, 그밖의 것들은 이후의 章들에서 소개하겠으니, 여러분은 공책이나 컴퓨터 파일에 탈격 용법들의 목록을 각각의 명칭과 정의 및 예문들과 함께 기록해 두기를 바란다(다른 모든 격들에 대해서도 그와 같은 목록들을 갖고 있어야 한다).

수단(Means) 또는 도구(Instrument)의 탈격

여러분은 새로운 문장 구조들을 배울 때마다 다음 세 가지 사항을 항상 염두에 두어야 한다: 정의(Definition: 그것은 무엇인가?), 인지(Recognition: 문장에서 그것을 어떻게 인지할 수 있는가?), 번역(Translation: 그것을 영어로 어떻게 번역할 수 있는가?). **수단/도구의 탈격**은 사실상 여러분이 독해자료들에서 이미 여러 번 마주쳤던 용법으로, 이는 아래와 같이 단순한 것이다:

정의: 그 동사가 표현하는 동작이 "어떤 수단(도구)으로/무엇으로/무엇을 갖고 행해졌는지"를 묻는 말에 답이 되는 명사 또는 대명사.

인지: 전치사가 없는 탈격 명사/대명사

번역: 영어로 옮길 때는 전치사 *by (means of), with*를 첨가하라.

Litterās stilō scrīpsit. *He wrote the letter with a pencil* (**stilus, -ī**).
Cīvēs pecūniā vīcit. *He conquered the citizens with/by money.*
Id meīs oculīs vīdī. *I saw it with my own eyes.*
Suīs labōribus urbem cōnservāvit. *By his own labors he saved the city.*

동반(Accompaniment)과 방법(Manner)의 탈격

또한 여러분은 **동반의 탈격**(정의: "누구를 데리고/누구와 함께 그 동작이 행해 졌는지"를 묻는 말의 답으로서 통상 사람을 가리키는 탈격 명사/대명사; 인지: 전치사 **cum**과 결합된 탈격; 번역: 예를 들면, **cum agricolā labōrat**, *he is working with the farmer*에서 보듯이, 명사/대명사에 붙은 "with"처럼 **cum** 을 번역하라)과 **방법의 탈격**(정의: "어떻게/어떤 방법으로 그 동작이 행해졌는지 를 묻는 말의 답이 되는 명사; 인지: 대개는 추상 명사의 탈격에 **cum**이 붙는다; 번역: 예를 들면, **cum cūrā labōrat**, *she works with care/carefully*)을 앞에 서 이미 본 적이 있다.

Cum amīcīs vēnērunt. *They came with friends* (= with whom?).
Cum celeritāte vēnērunt. *They came with speed* (= how?; *speedily.—* celeritās, -tātis).
Id cum eīs fēcit. *he did it with them* (= with whom?).
Id cum virtūte fēcit. *He did it with courage* (= how?; *courageously*).

이러한 세 가지 용법들(수단, 동반, 방법)은 다양하게 번역할 수 있지만, 대개는 전치사 "with"를 사용한다. 그러나 그 용법들 각각에 내포된 의미들은 상이하 므로 주의깊게 식별해야 한다. 탈격은 일반적으로 부사적 기능을 수행하므로, 동사가 나타내는 동작에 관한 어떤 정보를 제공한다; 이 세 경우들에서, 그 탈 격들은 각각 그 동작이 어떤 수단으로 행해지는지, 누구와 함께 행해지는지, 어떤 방법으로 행해지는지를 말해준다. 유일한 난관은 영어를 라틴어로 번역할 때 봉착하게 된다. 이를 위한 일반적인 지침은 다음과 같다: 만일 *with*가 동반 이나 방법을 표현하는 것이라면, **cum** + 탈격을 사용하라; 만일 *with*가 수단 이나 도구를 표현하는 것이라면, 전치사 없이 탈격만을 사용하라.

VOCĀBVLA

이 章의 어휘를 학습할 때는(듣고 큰 소리로 반복해야겠죠?—**semper audī et prōnūntiā!**) 제3곡용의 **i-**어간 명사들을 식별하는 법칙들을 염두에 두고 아래 목록에서 그 명사들을 확인하라; 적어도 각 性에서 한 개의 곡용은 연습해 보라 —또는 **animal ipsum**이나 **urbs sōla**와 같이 명사-형용사로 짝을 지어 곡용하 는 것이 더 좋다—그리고 패러다임과 대조해 보라. 몇몇 명사들은 특별한 주의 를 요한다: **cīvis**("시민")은 당연히 여성이나 남성이 될 수 있다(이러한 명사들 이 더러 있는데, 다른 예를 들면, **canis**는 "개" 또는 "암캐"를 뜻한다); 그리고

mors를 **mora** 또는 **mōs**와 혼동하지 말고, **vīs**와 **vir**도 혼동하지 않도록 주의하라. 여기에 소개된 새로운 전치사들, **ā/ab**와 **trāns**는 접두사로도 흔히 사용된다: 부록의 어원론 보충 자료, 564-69쪽을 보라.

ánimal, animālis, n., 생물, 동물 (**anima**[숨, 공기, 영, 혼], **animus**와 관련 있다; animate, animation)

áqua, -ae, f., 물 (aquatic, aquarium, Aquarius, aqueduct, subaqueous, ewer, sewer, sewage, sewerage)

ars, ártis, f., 예술, 기술 (artifact, artifice, artificial, artisan, artist, inert)

aúris, aúris, f., 귀 (aural, auricle, auricular, auriform; 한편 철자상으로 혼동하기 쉬운 auric과 auriferous는 **aurum**[金]에서 파생되었다)

cívis, cívis, m./f., 시민 (civic, civil, civilian, civility, civilize; cf. **cīvitās**)

iūs, iúris, n., 정의, 법, 권리 (jurisdiction, jurisprudence, juridical, jurist, juror, jury, just, justice, injury)

máre, máris, n., 바다 (marine, mariner, marinate, maritime, submarine, cormorant, rosemary, mere = 뿌리가 같은 영어 단어로서 "작은 호수"를 뜻하는 古語이다.)

mors, mórtis, f., 죽음 (mortal, immortal, mortify, mortgage; murder = 뿌리가 같은 영어 단어)

nŭbēs, nŭbis, f., 구름 (nubilous, nubilose, nuance)

ōs, óris, n., 입, 얼굴 (oral, orifice, orator; cf. **ōrāre**, 말하다, 간구하다)

pars, pártis, f., 부분, 몫; 방면 (party, partial, partake, participate, participle, particle, particular, partisan, partition, apart, apartment, depart)

Rŏma, Rŏmae, f., 로마 (romance, romantic, romanticism; cf. **Rōmānus**)

túrba, túrbae, f., 소동, 혼란; 군중, 무리, 다수 (cf. **turbāre**, 어지럽히다, 혼란에 빠뜨리다; turbid, turbulent, turbine, turbo, disturb, perturb, imperturbable, trouble)

urbs, úrbis, f., 도시 (urban, urbane, urbanity, suburb, suburban)

vīs, vīs, f., 힘, 세력, 폭력; **vírēs, vírium**, pl., 군대 (vim, violate, violent; **vir**와 혼동하지 말라)

ā (자음 앞에서; cf. 영어의 부정관사 a와 an), **ab** (모음 또는 자음 앞에서), 전치사 + 탈격, *away from, from; by*(행위자가 사람일 때); 접두사로 자주 사용된다(aberration, abject, abrasive, absolve, abstract, abundant, abuse)

trāns[전치사 + 대격], *across;* 접두사로도 쓰인다 (transport, transmit, transfer)

appéllō, appelláre, appellávī, appellátum, ~에게 말을 건네다, 부르다, 칭하다 (appellation, appellative, appeal, appellant, appellate)

cúrrō, cúrrere, cucúrrī, cúrsum, 달리다, 돌진하다, 빨리 움직이다 (current, cursive, cursory, course, coarse, discursive, incur, occur, recur)

mū́tō, mūtáre, mūtávī, mūtátum, 바꾸다, 변경하다; 교환하다 (mutable, immutable, mutual, commute, permutation, transmutation, molt)

téneō, tenére, ténuī, téntum, 잡다, 지키다, 소유하다; 억제하다; 복합어에서 **-tineō, -ēre, -tinuī, -tentum,** 예를 들면 **contineō** (tenable, tenacious, tenant, tenet, tenure, tentacle, tenor, continue, content, continent, pertinent, pertinacity, lieutenant, appertain, detain, retain, sustain)

vī́tō, vītáre, vītávī, vītátum, 피하다, 비키다; **vīvō**와 혼동하지 말라 (inevitable)

LĒCTIŌ ET TRĀNSLĀTIŌ

패러다임과 어휘를 암기하고 자습문제들을 풀어본 후에, 만일 CD를 갖고 있다면, 이 글들의 낭독을 잘 듣고, 큰 소리로 읽으면서 의미를 파악한 다음에, 여러분의 번역을 써 보라. 새로 배운 문법을 익히기 위해, 이 글들을 훑으면서 우선 **i-**어간 명사들을 모두 찾아라; 다음에는 탈격 명사들과 대명사들을 모두 찾아내고 각각의 용법(수단이나 방법 또는 동반인지 아니면 단순히 전치사의 목적어인지)을 확인하라.

EXERCITĀTIŌNĒS

1. Magnam partem illārum urbium post multōs annōs vī et cōnsiliō capiēbat.
2. Ante Caesaris ipsīus oculōs trāns viam cucurrimus et cum amīcīs fūgimus.
3. Nēmō vitia sua videt, sed quisque illa alterīus.
4. Monuitne nūper eōs dē vīribus illārum urbium in Asiā?
5. Ipsī autem lībertātem cīvium suōrum magnā cum cūrā aluerant.
6. Nōmina multārum urbium ab nōminibus urbium antīquārum trāximus.
7. Pars cīvium dīvitiās cēpit et per urbem ad mare cucurrit.
8. Hodiē multae nūbēs in caelō sunt signum īrae acerbae deōrum.
9. Illud animal heri ibi cecidit et sē trāns terram ab agrō trahēbat.

작문

10. That wicked tyrant did not long preserve the rights of these citizens.

11. Great is the force of the arts.

12. His wife was standing there with her (own) friends and doing that with patience.

13. Cicero felt and said the same thing concerning his own life and the nature of death.

SENTENTIAE ANTĪQVAE

1. Et Deus aquās maria in prīncipiō appellāvit. (창세기; **aquās**는 직접 목적어, **maria**는 목적 보어이다. 이러한 구문은 **appellō**[무엇을 무엇이라고 "부르다"]와 **faciō**[무엇을 무엇으로 "만들다"] 같은 동사들에서 자주 볼 수 있다.)

2. Terra ipsa hominēs et animālia ōlim creāvit. (Lucretius.)

3. Pān servat ovēs et magistrōs fortūnātōs ovium. (Virgil.—Pān은 牧神의 이름이다.—**ovis, -is**, f., 양; *ovine*.)

4. Parva formīca onera magna ōre trahit. (Horace.—**formīca, -ae**, f., 개미; *formic acid, formaldehyde*.—**onus, oneris**, n., 짐; *onerous, exonerate*.)

5. Auribus teneō lupum. (*Terence.—궁지를 회화적으로 묘사한 속담으로, "호랑이 꼬리를 잡다"라는 말과 같다.—**lupus, -ī**, 늑대; *lupus*[病名], *lupine*.)

6. Ille magnam turbam clientium sēcum habet. (Horace.—**cliēns, -entis**, m., 피보호민, 딸린 자; *clientage, clientele*.)

7. Hunc nēmō vī neque pecūniā superāre potuit. (Ennius.)

8. Animus eius erat ignārus artium malārum. (Sallust.—**ignārus, -a, -um**, 모르는; *ignorance, ignore*.)

9. Magna pars meī mortem vītābit. (Horace.—**meī**, 부분적 속격, 15章.)

10. Vōs, amīcī doctī, exemplāria Graeca semper cum cūrā versāte. (Horace.—**exemplar, -plāris**, n., 모델, 원형; *exemplary, example*.—**versāre**, 돌리다; 연구하다; *versatile, verse*.)

11. Nōn vīribus et celeritāte corporum magna gerimus, sed sapientiā et sententiā et arte. (Cicero.—**celeritās, -tātis**, 신속; *celerity, accelerate*.)

12. Istī caelum, nōn animum suum, mūtant, sī trāns mare currunt. (Horace.)

의치(義齒)

Thāis habet nigrōs, niveōs Laecānia dentēs.
　Quae ratiō est? Ēmptōs haec habet, illa suōs.

*Martial *Epig.* 5.43: 그렇다, 로마인들은 상아나 나무, 또 어떤 때는 쇠로도 만든 가짜 이빨을 했었다! 운율: 哀歌調의 二行詩.—**Thāis**와 **Laecānia**는 여자 이름이며, **habet…dentēs**의 주어이다.—**niger, -gra, -grum**, 검은(여기서는 "썩어서 변색된"); *denigrate*.—**niveus, -a, -um**, 눈 같은; *nivation, niveal*. —**dēns, dentis**, m., 치아; *dental, trident*.—**quae**(**ratiō**를 꾸미는 의문형용사), 무슨?—**ēmptōs**(**dentēs**)[완료 수동 분사], 사들인, 구입한; *exempt, preempt*.

고대 로마와
에트루리아의
보철 장치

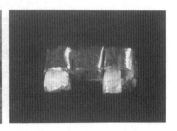

QVAESTIŌNĒS: 이 이행시의 두 절은 교차대구법(chiasmus)의 예를 보여주고 있는데, 여러분은 그것을 일일이 확인하고, 그 의도한 효과에 대해 언급할 수 있겠는가? 그 여자들 중에서 **haec**과 **illa**는 각각 누구를 가리키는가?—필요하다면, 9章 어휘에서 이 지시사들의 의미 범주를 참조하라. 여러분이 여자 친구들을 치아로 평가한다면, 이 둘 가운데 누구와 더 사귀고 싶겠는가?

키케로는 로마가 카틸리나의 공모자들을 처벌하도록 자신을 다그친다고 생각한다

M. Tullī Cicerō, quid agis? Istī prō multīs factīs malīs poenās dare nunc dēbent; eōs enim ad mortem dūcere dēbēs, quod Rōmam in multa perīcula trāxērunt. Saepe Rōmānī in hāc cīvitāte etiam cīvēs morte multāvērunt. Sed nōn dēbēs cōgitāre hōs malōs esse cīvēs, nam numquam in hāc urbe prōditōrēs patriae iūra cīvium tenuērunt; hī iūra sua āmīsērunt. Populus Rōmānus tibi magnās grātiās aget, M. Tullī, sī istōs cum virtūte nunc multābis.

Cicero *Cat.* 1.11.27-28: 카틸리나에 대한 키케로의 첫 번째 웅변의 연속 (11章에서 "키케로가 카틸리나를 비난하다"에 붙인 註를 보라); 키케로는 연극을 하듯이 의인화된 로마市의 역할을 맡고 음모자들을 징벌할 것을 자신에게 촉구한다.—**M.: Mārcus**라는 주어진 이름(praenomen)의 일반적인 약자이다(로마인의 명명법 체계에 관해서는 3장의 담벼락 낙서에 관한 註를 보라).—**multāre**, 처벌하다.—**prōditor, -tōris**, m., 배신자.

QVAESTIŌNĒS: 로마 시민을 재판 없이 처형하는 것은 불법이었다. 열변을 토하는 극적인 순간에, 키케로는 카틸리나의 지지자들을 즉각 처형할 수 있는(사실상 그는 결국 그렇게 했다) 합리적 이유를 촉구하는 로마 국가를 상상하고 있다; 그 요지는 정확히 무엇인가?—그것은 오늘날 미국 법정에서도 비중을 차지할 수 있겠는가?

SCRĪPTA IN PARIETIBVS

Ars Urbicī ub(i)q(ue)!

CIL 4.4722-4723: Cissonius家 집 마당에 있는 담에서 나왔다(VII 지역, 7 구역: 같은 집에서 나온 다른 낙서는 8장에 실린 *CIL* 4.4742를 보라); 그 담에는 사슴과 멧돼지(?)의 그림들과 두 토막의 낙서들이 함께 새겨져 있는데, 아마도 우르비쿠스 자신의 작품인 것 같다. 여기에서 보는 낙서는 그 중 두 번째 토막으로, 그가 여기저기에 낙서하고 돌아다닌 자신의 행적을 자화자찬한 내용인 듯싶다!—**Ars…ubique:** 물론 **est**가 생략되었다.—**ubique**[부사], 어디든지, 곳곳에; 새긴 글에서는 보통은 "**ubiq.**"처럼 종종 줄여 쓴다; *ubiquity*.

ETYMOLOGIA

숲과 들에 거하는 그리스 神 Pan(3번 문장)은 사람들에게 갑작스런 공포를 불러 일으키는 힘을 지녔다. 따라서 "panic"이란 단어는 그리스어에서 나온 것이다(그러나 "Pan-American"에서 볼 수 있는 "pan-"은 "모든"을 뜻하는 다른 그리스語, πᾶς, παντός에서 나왔다). "의치"에 나오는 **dēns, dentis**에서 파생된 단어들을 좀더 열거하면 다음과 같다: dentist, dentifrice, dentil, indent, dandelion(프랑스어 **dent de lion**의 줄임말이다); 영어 "tooth"는 치열을 "똑바로"(그리스어 ὀρθός의 어간 ὀρθο-) 만들어주는 치과의사 "orthodontist"의 철자에 포함된 "치아"를 뜻하는 그리스語 단어 ὀδούς의 어간 δοντ-와 기원이 같다(cognate).

아래는 라틴어에서 파생된 로망스語 단어들이다:

Latin	It.	Sp.	Port.	Fr.
ars, artis; artem	arte	arte	arte	art
mors, mortis; mortem	morte	muerte	morte	mort
pars, partis; partem	parte	parte	parte	parti
pēs, pedis; pedem	piede	pie	pé	pied
dēns, dentis; dentem	dente	diente	dente	dent
nāvis, nāvis; nāvem	nave	nave	nave	navire, nef(*nave*)
nox, noctis; noctem	notte	noche	noite	nuit

(註: It. 이탈리아어; Sp. 스페인어; Port. 포르투갈어; Fr. 프랑스어)

Cf. 루마니아語 **arta**, **moarte**, **parte**, (pes의 指小語 **pediculus**에서) **picior**, **dinte**, **nava**, **noapte**; 그리고 옛 오크語 **art**, **mọrt**, **part**, **pę**, **dẹn**, **nau**, **nọch**. 분명히 이러한 로망스 파생어들 대부분은 라틴어 단어들의 주격 형태에서 나오지 않았다. 라틴어를 기원으로 하는 로망스어의 명사들과 형용사들은 대격 형태에서 파생되는 것이 일반적인 법칙인데, 이 과정에서 마지막 음절의 일부가 종종 소실된다. 이와 관련하여 여태까지 이 책에서 본 유일한 예외는 **fīlius**에서 나온 프랑스어 **fils**(아들)이다. 참고로 이것의 옛 프랑스어는 **fiz**이고, 여기에서 나온 영어가 예를 들면 Fitzgerald와 같은 이름에 붙은 "Fitz-"(~의 친자)이다.

LATĪNA EST GAVDIVM—ET VTILIS!

Quid agitis, amīcī et amīcae! 이참에 바라기는 **mēns sāna in corpore sānō** 를 그 모든 **partēs**에서 여러분이 소유하는 것이다. 자, 이제 여러분은 몇몇 신체 기관들의 라틴어 명칭들을 알고 있을 것이다: **oculus, auris, ōs, dēns** (Thais 와 Laecania를 기억하는가?). 다음은 **caput**에 속한 다른 기관들의 명칭들인데, 그로부터 파생된 영어 단어들을 감안하면 쉽게 외울 수 있을 것이다: **collum, -ī**, 목 (collar); **nāsus, -ī**, 코 (nasal); **supercilium, -ī**, 눈썹 (친구를 향해 눈썹을 거만하게[superciliously] 치켜 세우는 일이 없도록 하자); **coma, -ae**, 머리털(천문학 매니아들은 별자리 이름인 **Coma Berenīcēs** "베레니케스의 머리털"을 알고 있을 텐데, 미안하지만 여기서 **coma**는 "comb"과는 아무런 상관이 없고, "comet"가 관련이 있다); **lingua, -ae**는 "혀"뿐만 아니라 "언어"도 뜻한다 (multilingual, lingo, 그리고 혀처럼 길고 납작한 linguine까지도 여기서 나왔다!). 그 밖에 더 많은 **partēs corporis**에 관해서는 20장을 보라. 언어는 반드시 "입과 귀로"(oral-aural) 배워야 하며, 읽고 쓰는 것만으로는 안된다. 따라서 곡용들과 활용들을 큰 소리로 연습해야 한다는 것을 명심하기 바란다. 그리고 날마다 이웃에게 **salvē** 또는 **tē amō**라고 말하라. 한편 **Vocābula**와 새로 나온 **i**-어간들을 돌이켜보니 영화 제작사 M.G.M.의 모토인 **ars grātiā artis** (*art for the sake of art*)와 여러분이 이미 취득했거나 간절히 원하는 學位인 **Baccalaureus Artium**과 **Magister Artium**의 약자인 **B.A.**와 **M.A.**가 생각난다. 그리고 잘 알려진 라틴어로서 **mare nostrum**이 있는데, 이는 로마인들이 지중해("우리 바다")를 일컫는 데 사용했던 말이기도 하고, 또는 행여 그럴리는 거의 없겠지만, 카이사르가 음악에 소질이 없는 자신의 말(馬)을 혹평하면서 내뱉은 말일지도 모른다("내 말은 기타를 어설프게나마 칠 줄도 모르는구나" ─쯧쯧!!!).[1] **Valēte!**

---

1 [역주] mare nostrum을 "mare no strum"으로 띄어쓰고, 이를 영어로 읽은 패러디이다.

CAPVT XV

수사; 전체의 속격;
수사에 연결된 탈격과 시간의 탈격

GRAMMATICA

수사(Numeral)

영어와 마찬가지로, 라틴어에도 "**기수**(基數)"와 "**서수**(序數)"가 있다. 참고로, 기수로 옮겨진 **CARDINAL**은 **cardō**(속격 **cardinis**, m., 돌쩌귀)에서 파생된 용어로서 "하나, 둘, 셋 ..."처럼 계수할 때 사용되는 "기축(基軸)" 수이며, 서수 **ORDINAL**은 **ōrdō**(속격 **ōrdinis**, m., 열, 순서)에서 파생된 것으로 "첫째, 둘째 ..."처럼 일어난 "순서"를 가리키는 수이다.

기수(Cardinal Numeral)

라틴어에서 100까지의 기수들은 대부분 곡용되지 않는 형용사들이다. 부연하면, 하나의 형태가 모든 格과 性에서 사용된다는 것이다. 그러나 아래의 수들은 보이는 바와 같이 곡용된다.

únus, úna, únum, 하나 (이것의 곡용은 9章을 보라)

	duo, 둘			**trēs**, 셋		**mīlle**, 천	**mīlia**, 수천
	M.	**F.**	**N.**	**M.F.**	**N.**	**M.F.N.**	**N.**
주.	dúo	dúae	dúo	trēs	tría	mílle	mília
속.	duórum	duárum	duórum	tríum	tríum	mílle	mílium
여.	duóbus	duábus	duóbus	tríbus	tríbus	mílle	mílibus
대.	dúōs	dúās	dúo	trēs	tría	mílle	mília
탈.	duóbus	duábus	duóbus	tríbus	tríbus	mílle	mílibus

200에서 900까지 백의 倍數들을 나타내는 기수들은 제1·2곡용의 복수 형용사들처럼 곡용된다; 예를 들면, **ducentī, -ae, -a**, 이백.

Mīlle, "천"은 단수에서는 곡용되지 않는 형용사이다; 그러나 복수에서는 제 3곡용의 **i**-어간 중성 명사처럼 사용된다(예를 들면 **mīlle virī**, 남자 천 명; **mīlia virōrum**, 수천 명의 남자들).

Ūnus부터 **vīgintī quīnque**까지의 기수들은 반드시 외워두어야 한다(부록 582쪽의 목록을 보라). 이와 함께 **centum**(100)과 **mīlle**도 외우기 바란다. 아래 문장들은 기수의 다양한 형태들과 용법들을 예시해 주고 있다:

Trēs puerī duābus puellīs rosās dedērunt. *Three boys gave roses to two girls.*

Octō puerī decem puellīs librōs dedērunt. *Eight boys gave books to ten girls.*

Ūnus vir cum quattuor amīcīs vēnit. *One man came with four friends.*

Cōnsul cum centum virīs vēnit. *The consul came with 100 men.*

Cōnsul cum ducentīs virīs vēnit. *The consul came with 200 men.*

Cōnsul cum mīlle virīs vēnit. *The consul came with 1,000 men.*

Cōnsul cum sex mīlibus virōrum vēnit. *The consul came with six thousand(s) (of) men.*

서수(Ordinal Numeral)

순서를 나타내는 서수는 규칙적인 제1·2곡용 형용사들이다(**prīmus, -a, -um**; **secundus, -a, -um**; 부록 582쪽을 보라). 특히 **prīmus**부터 **duodecimus**까지의 서수들은 반드시 익히도록 하라.

전체의 속격

어떤 사물이나 집단의 전체를 가리키는 단어의 속격은 그 일부를 나타내는 말에 이어진다.

pars urbis, *part of the city* (city = 전체)
nēmō amīcōrum meōrum, *no one of my friends*

이것은 **전체의 속격**(GENITIVE OF THE WHOLE) 또는 **부분적 속격**(PARTITIVE GENITIVE)이라고도 일컬어지는데, 이러한 속격은 **mīlia**뿐만 아니라 다음과 같은 대명사들과 형용사들의 중성 주격과 대격 뒤에서도 사용될 수 있다: **aliquid, quid, multum, plūs, minus, satis, nihil, tantum, quantum:**

nihil temporis, *no time* (*nothing of time*)

quid cōnsiliī? *what plan?*

satis ēloquentiae, *sufficient eloquence*

decem mīlia virōrum, *10,000 men* (한편 **mīlle virī**, *1,000 men*)

제2곡용 형용사의 중성 단수 속격이 그 자체로 전체를 나타낼 수 있다.

multum bonī, *much good* (문자적으로는 *of good*)

Quid novī? *what (is) new?*

nihil certī, *nothing certain*

기수에 연결된 탈격

Mīlia를 제외한 기수들과 **quīdam**(*a certain one*) 및 때때로 **paucī**에 연결되는 전체의 의미는 **ex** 또는 **dē**와 탈격으로 표현된다:

trēs ex amīcīs meīs, *three of my friends* (한편 **trēs amīcī**, *three friends*)

quīnque ex eīs, *five of them*

centum ex virīs, *100 of the men*

quīdam ex eīs, *a certain one of them*

paucī ex amīcīs, *a few of the friends*

시점 또는 시간의 탈격

라틴어는 어떤 일이 생긴 **시점**(TIME WHEN)이나 **시간**(TIME WITHIN WHICH)을 표현할 때 전치사 없이 탈격만을 사용하였다. 이를 영어로 번역할 때는 관용적인 어법에 따라 *at, on, in, within* 따위를 사용하는 것이 일반적이다. 그러나 전치사 "for"는 선택의 대상에서 제외되는데, 이것은 37章에서 소개되는 **동안**(DURATION OF TIME)을 나타내는 대격을 옮길 때 주로 사용된다.

Eō tempore nōn poteram id facere. *At that time I could not do it.*

Agricolae bonīs annīs valēbant. *In good years the farmers flourished.*

Eōdem diē vēnērunt. *They came (on) the same day* (**diē**는 **diēs**, *day*의 탈격이다).

Aestāte lūdēbant. *In the summer they used to play* (**aestāte**는 **aestās**, *summer*의 탈격이다).

Paucīs hōrīs id faciet. *In (within) a few hours he will do it.*

이러한 구문은 시간의 단위를 나타내는 어떤 명사를 항상 포함하고 있으므로, 전치사가 사용되지 않았더라도, 지금까지 배웠던 다른 탈격 용법들(즉, 특정 전치사들의 목적어, 수단, 방법, 동반, 기수에 연결된 탈격)과 쉽게 구별할 수 있을 것이다. 이제 여러분은 이러한 여섯 가지 탈격 용법들을 식별하고 번역할 수 있어야 하므로, 각각에 대해 다음 사항들을 반드시 기억하라: 정의, 인지, 번역 (141쪽을 보라).

VOCĀBVLA

라틴어에는 **-ia**로 끝나는 많은 명사들이 있는데, 이들이 영어로 유입되면 -y로 끝나는 명사들로 변한다. 이러한 예로 5章에서 나온 **glōria**와 이 목록에 있는 **Italia**와 **memoria**를 들 수 있다(571쪽의 "어원론 보충 자료"를 보라). 만일 **tempestās**가 i-어간인지 아닌지 확실치 않다면, 14章에 언급된 법칙들을 다시 보라. 어떤 동사들은 네 번째 기본어가 결여되어 있다; 이 章의 **timeō**와 8章의 **discō**가 그러한 예들이다. 이 章에서 특별히 극복해야 할 과제는 **ūnus**(1)부터 **vīgintī quīnque**(25)까지, 그리고 **prīmus**(1st)부터 **duodecimus**(12th)까지 셀 수 있도록 하는 것이다. 이 數들의 정확한 발음들을 여러분이 갖고 있는 CD 또는 www.wheelockslatin.com에서 잘 들어보고, 어린 시절 자국어로 세는 법을 배울 때 했던 것처럼, 큰 소리로 세는 연습을 하라: "하나, 둘, 셋...," "**ūnus, duo, trēs**..." "첫째, 둘째, 셋째...," "**prīmus, secundus, tertius**." 일단 이 어휘와 새로운 곡용들을 학습하고 나서, **duae memoriae** 또는 **trēs tempestātēs**처럼 새로 나온 단어들을 사용하여 명사-형용사로 (물론 둘 다 복수로만) 짝지어진 말을 만들어 곡용해 보라.

Itália, Itáliae, f., 이탈리아 (italics, italicize)

memória, memóriae, f., 기억, 회상 (memoir, memorial, memorize, memorandum, commemorate)

tempéstās, tempestátis, f., 시기, 계절; 기후, 폭풍 (tempest, tempestuous; cf. **tempus**)

únus부터 **vīgíntī quínque**까지의 기수들 (부록 582쪽)

prímus부터 **duodécimus**까지의 서수들 (부록 582쪽)

céntum [곡용되지 않는 형용사], 백 (cent, centenary, centennial, centigrade, centimeter, centipede, centurion, century, bicentennial, sesquicentennial, tercentenary)

mílle [곡용되지 않는 형용사 단수], 천; **mília, mílium** [i-어간 명사 복수], 수천 (millennium, mile, milligram, millimeter, millipede, million, mill = 1/10 cent, bimillenary, millefiore)

míser, mísera, míserum, 가엾은, 불쌍한, 불행한 (misery, commiserate)

ínter [전치사 + 대격], *between, among* (intern, internal; 영어에서 접두사로 자주 쓰인다: interact, intercept, interdict; 부록 567쪽을 보라)

ítaque [부사], 그래서, 그러므로, *and so, therefore*

commíttō, commíttere, commísī, commíssum, 맡기다, 위임하다; 저지르다 (committee, commission, commissary, commitment, noncom, non-commissioned)

exspéctō, exspectáre, exspectávī, exspectátum, 예상하다, 기대하다, 기다리다 (expectant, expectation)

iáciō, iácere, iḗcī, iáctum, 던지다. 복합어에서는 **-iciō, -icere, -iēcī, -iectum** 으로 나타난다: 예를 들면, **ēiciō, ēicere, ēiēcī, ēiectum**, 내던지다, 내쫓다 (abject, adjective, conjecture, dejected, eject, inject, interject, object, project, reject, subject, trajectory)

tímeō, timḗre, tímuī, 두려워하다, 무서워하다 (timid, timorous, intimidate; cf. **timor**)

LĒCTIŌ ET TRĀNSLĀTIŌ

새로운 패러다임과 어휘를 학습하고 자습문제를 풀어봄으로써 자신의 실력을 점검한 후에, 아래 글들을 쭉 훑어보면서 탈격과 속격 형태들을 모두 식별해 내고 각각의 용법을 확인하라. 시간의 탈격을 번역하는 요령은 "at," "on," "in," 또는 "within" 중의 어느 하나를 영어의 관용적인 어법에 맞게 선택하여 채워 넣는 것이다. 예를 들면, 4번 문제에서 **ūnō annō**는 *at* 또는 *on one year*가 아니라 *in* 또는 *within one year*이다. 여러분에게 이 글들을 녹음한 CD가 있다면, 그것을 잘 듣고, 번역하기 전에 큰 소리로 읽어라.

EXERCITĀTIŌNĒS

1. Illae quīnque fēminae inter ea animālia mortem nōn timēbant.
2. Duo ex fīliīs ā portā per agrōs cum patre suō heri currēbant et in aquam cecidērunt.

3. Prīmus rēx dīvitiās in mare iēcit, nam magnam īram et vim turbae timuit.

4. Nēmō eandem partem Asiae ūnō annō vincet.

5. Rōmānī quattuor ex eīs urbibus prīmā viā iūnxērunt.

6. Itaque mīlia librōrum eius ab urbe trāns Italiam mīsistis.

7. Lībertātem et iūra hārum urbium artibus bellī cōnservāvimus.

8. Dī Graecī sē inter hominēs cum virtūte saepe nōn gerēbant.

9. Cicerō mīlia Rōmānōrum vī sententiārum suārum dūcēbat.

10. Sententiae medicī eum cārum mihi numquam fēcērunt.

작문

11. The tyrant used to entrust his life to those three friends.

12. The greedy man never has enough wealth.

13. At that time we saved their mother with those six letters.

14. Through their friends they conquered the citizens of the ten cities.

SENTENTIAE ANTĪQVAE

1. Diū in istā nāve fuī et propter tempestātem nūbēsque semper mortem exspectābam. (Terence.—**nāvis**, **nāvis**, f., 배; *naval, navigate*.)

2. Septem hōrīs ad eam urbem vēnimus. (Cicero.)

3. Italia illīs temporibus erat plēna Graecārum artium, et multī Rōmānī ipsī hās artēs colēbant. (Cicero.—**artēs**, 학문적인 것, 예를 들면, 문학, 철학.—**colō, -ere**, 갈다, 추구하다; *culture, agriculture*.)

4. Inter bellum et pācem dubitābant. (Tacitus.—**dubitāre**, 망설이다, 흔들리다; *doubtful, dubious*.)

5. Eō tempore istum ex urbe ēiciēbam. (Cicero.)

6. Dīcēbat quisque miser: "Cīvis Rōmānus sum." (Cicero.)

7. Mea puella passerem suum amābat, et passer ad eam sōlam semper pīpiābat nec sē ex gremiō movēbat. (Catullus.—**passer, -seris**, m., 참새, 애완조; *passeriform, passerine*.—**pīpiāre**, 지저귀다; *peep, piper*.—**gremium, -iī**, n., 무릎.—**movēre**; *movement, motor*.)

8. Fīliī meī frātrem meum dīligēbant, mē vītābant; mē patrem acerbum appellābant et meam mortem exspectābant. Nunc autem mōrēs meōs mūtāvī et duōs fīliōs ad mē crās traham. (Terence.)

9. Dionȳsius tyrannus, quoniam tōnsōrī caput committere timēbat, fī-
liās suās barbam et capillum tondēre docuit; itaque virginēs tondē-
bant barbam et capillum patris. (Cicero.—**tōnsor**, **-sōris**, m., 이발사;
tonsorial, tonsure.—**barba**, **-ae**, f., 수염; *barb, barber.*—**capillus**, **-ī**,
m., 머리털, 모발; *capillary.*—**tondēre**, 깎다, 자르다.)

불멸에 관한 키루스의 유언

Ō meī fīliī trēs, nōn dēbētis esse miserī. Ad mortem enim nunc veniō,
sed pars meī, animus meus, semper remanēbit. Dum eram vōbīscum,
animum nōn vidēbātis, sed ex factīs meīs intellegēbātis eum esse in hōc
corpore. Crēdite igitur animum esse eundem post mortem, etiam sī eum
nōn vidēbitis, et semper cōnservāte mē in memoriā vestrā.

Cicero, *Sen.* 22.79-81: 이 구절과 다음 구절은 둘 다 율리우스 카이사르의 암
살 직전에 키케로가 저술한 논설인 **Dē Senectūte**에서 발췌한 것들이다. 키케
로가 여기에 인용한 유언을 한 키루스 대왕은 주전 6세기의 페르샤 왕이었으
며, 아케메네스 제국의 건설자였다.—**crēdō**, **-ere**, 믿다; *credible, credulity,
creed.*

QVAESTIŌNĒS: 이 글은 어떤 내세관을 표명하고 있는가? 영혼의 존재에 관한
키루스의 주장에 대해 논하라.

키루스 대왕의 능
주전 6세기
Pasargadae, Iran

파비우스의 계략

Etiam in senectūte Quīntus Fabius Maximus erat vir vērae virtūtis et bella cum animīs adulēscentis gerēbat. Dē eō amīcus noster Ennius, doctus ille poēta, haec verba ōlim scrīpsit: "Ūnus homō cīvitātem fortūnātam nōbīs cūnctātiōne cōnservāvit. Rūmōrēs et fāmam nōn pōnēbat ante salūtem Rōmae. Glōria eius, igitur, nunc bene valet et semper valēbit."

Cicero *Sen.* 4.10: Quintus Fabius Maximus는 제2차 포에니 전쟁(주전 218-201)에서 지연 작전으로 한니발을 무찌르는 대단한 성공을 거두었는바, 그는 **Cūnctātor**(미루는 자)라는 별명을 얻었다.—**Ennius:** 라틴 문학 초창기의 시인, 때로는 "라틴 문학의 아버지"라고 불리는 Quintus Ennius(주전 239-169)는 많은 희곡들과 **Annālēs**라는 제목의 영향력 있는 서사시를 지었다.—**cūnctātiō, -ōnis,** m., 지연; *cunctation.*—**rūmor, -mōris,** m., 소문, 풍문.—**pōnō, -ere,** 놓다, 두다; *posit, exponent.*—**salūs, salūtis,** f., 안전; *salutary, salutation;* cf. **salvēre.**—**valet:** 여기서는 널리 퍼지다(파생어 prevail) 또는 오래 가다, 오래 남다를 뜻한다.

QVAESTIŌNĒS: 키케로가 퀸투스 파비우스 막시무스의 성품에서 발견한 특별히 찬양할 만한 것은 무엇인가? 파비우스와 같은 시대에 살았던 시인 엔니우스가 딱 하나 골라낸 미덕은 무엇인가?

SCRĪPTA IN PARIETIBVS

CIL 4.5081(XI 지역, 5 구역)과 6856(VI 지역, 16 구역): 자신들이 사는 집에 이처럼 현란한 벽화를 새겨 넣은 폼페이 사람들은 그 당시 애국심을 느끼고

있었음이 분명하다! 그 글자들은 여기에 굳이 옮겨 적지 않았는데, 집 안마당에서 뒤뜰로 이어지는 복도 벽에 새겨진 6856번의 낙서는 여러분이 확실히 읽을 수 있기 때문이다. 그리고 다른 집의 부엌 문 가까이에 새겨진 5081번 낙서의 마지막 여섯 글자들이 **CAESAR**인 것을 안다면, 첫 번째 단어의 네 글자들은 당연히 쉽게 해독되는바(그 중 두 글자들은 두 번째 단어에서도 보인다), 여러분은 글쓴이가 여기서 상기시키고자 선택한 로마 황제는 악명이 높았다는 결론을 내릴 수밖에 없을 것이다(註: 첫 글자와 두 번째 글자는 각각 **A**와 **C**이다).

ETYMOLOGIA

다음은 2부터 12까지의 라틴어 기수와 서수에서 파생된 영어 단어들이다: (2) dual, duel, duet, double (cf. doubt, dubious), duplicity; second; (3) trio, triple, trivial; (4) quart, quarter, quartet, quatrain; (5) quinquennium, quintet, quintuplets, quincunx; (6) sextet, sextant; (7) September; (8) October, octave, octavo; (9) November, noon; (10) December, decimal, decimate, dime, dean; (12) duodecimal, dozen.

아래 목록은 라틴어에서 파생된 몇몇 로망스語 기수들을 열거한 것이다.

Latin	It.	Sp.	Port.	Fr.	Old Occ.	Rom.
ūnus	un(o)	un(o)	um	un	un	unu
duo	due	dos	dois	deux	dǫs	doi
trēs	tre	tres	três	trois	trẹs	trei
quattuor	quattro	cuatro	quatro	quatre	catre	patru
quīnque	cinque	cinco	cinco	cinq	cinc	cinci
sex	sei	seis	seis	six	sẹis	şase
septem	sette	siete	sete	sept	sẹt	sapte
octō	otto	ocho	oito	huit	ǫch	opt
novem	nove	nueve	nove	neuf	nǫu	nouă
decem	dieci	diez	dez	dix	dẹtz	zece
ūndecim	undici	once	onze	onze	ǫnge	unsprezece
duodecim	dodici	doce	doze	douze	dǫtze	doisprezece
centum	cento	ciento	cem	cent	cẹn	o sută
mīlle	mille	mil	mil	mille	mil	o mie

(註: Old Occ. 옛 오크語; Rom. 루마니아語)

LATĪNA EST GAVDIVM—ET VTILIS!

Salvēte! Quid novī, meī amīcī amīcaeque? 라틴어에는 기수와 서수 이외에 다른 유형의 숫자들이 있다. 그것들은 라틴어를 공부하는 과정에서 마주치게 될 터인데, 그 중에는 이미 친숙한 것들이 많이 있다. "로마 숫자들"은 손가락으로 세는 것에서 발전되었다: I = 손가락 하나, II = 손가락 둘 . . . , V = 다섯 (엄지와 검지로 "V"가 되게 활짝 펼친 손), VI = 다섯 손가락 손에 하나를 더한 것 . . . , X = 두 개의 V를 上下로 대칭이 되게 합친 것, 등등. 또한 **배분적** 수사들도 있다: **singulī, -ae, -a** (하나씩), **bīnī, -ae, -a** (둘씩), **ternī, -ae, -a**, 등등; 그리고 **배수사, simplex, simplicis** (*single*), **duplex** (*double*), **triplex**, 등등; 이와 함께 수와 관련된 부사들도 있다: **semel** (*once*), **bis** (*twice*), **ter** (*three times*), 등등. 이 모든 단어들에서 파생된 영어 단어들이 많다는 것은 언급할 필요조차 없다! 연습을 위해, 교실 안이나 밖에서 계산도 약간 해 보라: **duo et trēs sunt quīnque.** 그리고 여러분은 강사로부터 의문사 **quot** (*how many?*)가 사용된 질문을 받을 수 있다; 일례로, **quot oculōs habēs?**—답할 때는 정확한 性과 格으로, 즉 **duōs** 또는 **duōs oculōs habeō**라고 해야 함을 잊지 말라—또는 **quot discipulae hodiē sunt in classe?—quot discipulī in classe sunt? —quot discipulae et discipulī sunt?** 여러분의 주치의가 써 준 처방전에는 "t.i.d."라는 일반적인 의학 약어가 포함될 수 있는데, 이는 **ter in diē,** "하루에 세 번"을 줄여 쓴 것이다. 이제 여러분의 지적 건강을 위한 이 의사의 처방은 "t.i.d. 라틴어 공부를 하라"—**et valēte!**

CAPVT XVI

제3곡용 형용사

GRAMMATICA

제3곡용 형용사

라틴어 형용사들은 두 가지 범주들로 크게 나누어진다. 첫 번째 범주는 여러분에게 이미 친숙한 제1/2곡용 형용사들로 구성되는데, 이들은 대부분 **magnus, -a, -um**처럼 굴절되지만(4章), 단수 속격과 여격이 각각 **- īus**와 **-ī**로 끝나는 일단의 몇몇 형용사들도 여기에 포함된다(9章). 두 번째 범주의 형용사들은 일반적으로 제3곡용의 **i-**어간 형태들을 지니며, (중성뿐만 아니라) 모든 성들의 단수 탈격 어미가 **ī**라는 것만 제외하면 제3곡용의 **i-**어간 명사들과 똑같이 굴절된다. 이 그룹에 속한 형용사들은 다시 세 가지 하위 범주로 나눌 수 있는데, 이들은 단순히 한 가지 점에서만 서로 차이가 난다. 즉, 어떤 형용사들은 **magnus, magna, magnum**처럼 세 가지 성이 각각 다르게 나타나는 단수 주격 형태들을 지니므로, 이들은 "세 語尾 형용사"라고 일컫는다(예를 들면, **ācer** 남성, **ācris** 여성, **ācre** 중성); 제3곡용 형용사들을 가장 많이 아우르는 범주인 "두 語尾 형용사"는 단수 주격에서 남성과 여성이 같고, 중성은 다르다(예를 들면, **fortis** 남/여성, **forte** 중성); 그리고 "한 語尾 형용사"는 단수 주격에서 모든 성들이 똑같은 형태이다(예를 들면, **potēns**는 남성과 여성 및 중성의 단수 주격 형태이다). 그 밖의 모든 면에서, 이러한 세 범주의 형용사들은 모두가 똑같은 패턴으로 굴절되는데, 남성과 여성 어미들이 중성과 차이 나는 곳은 단수 대격 및 복수 주격(=호격)과 대격뿐이다.[1]

---

1 [역주] **magnus, -a, -um**과 같이, 하나의 형용사가 두 가지 곡용 패턴(즉, 제1·2곡용)을 갖는 경우는 남성과 중성(제2곡용)이 여성(제1곡용)과 매우 다른 형태들을 나타내지만, **acer, fortis, potens**와 같은 형용사들은 한 가지 곡용 패턴(즉, 제3곡용)을 지니므로 성에 따른 변화가 심하지 않고, 오히려 제3곡용의 특성에 따라, 斜格에서 남성과 여성의 어미들이 동일하고, 중성이 다르다. 하지만 남/여성과 중성의 차이도 따지고 보면 그렇게 심한 것은 아니고, 중성은 주격과 대격이 동일한 형태를 취하는 데서 그 이유를 찾을 수 있다.

아래에 제시된 패러다임에서 특징적인 **i-**어간 어미들은 굵은 글씨로 표기하였다; 바로 옆에는 명사 **cīvis**와 **mare**를 나란히 배치했으니, 이것들과 대조해 보면 제3곡용 형용사를 습득하기 위해서는 새로 배워야 할 것이 거의 없음을 깨달을 것이다(필요하면 14章을 복습하라):

| | **제3곡용 i-어간 명사**
cīvis와 mare 복습 | | **두 어미 형용사**
fortis, forte, *strong, brave* | |
	M./F.	**N.**	**M./F.**	**N.**
주.	cívis	máre	fórtis	fórte
속.	cívis	máris	fórtis	fórtis
여.	cívī	márī	fórtī	fórtī
대.	cívem	máre	fórtem	fórte
탈.	cíve	márī	fórtī	fórtī
주.	cívēs	már**ia**	fórtēs	fórt**ia**
속.	cív**ium**	már**ium**	fórt**ium**	fórt**ium**
여.	cívibus	máribus	fórtibus	fórtibus
대.	cívēs	már**ia**	fórtēs	fórt**ia**
탈.	cívibus	máribus	fórtibus	fórtibus

| | **세 어미 형용사**
ācer, ācris, ācre, *keen* | | **한 어미 형용사**
potēns, potentis, *powerful* | |
	M./F.	**N.**	**M./F.**	**N.**
주.	ácer, ácris	ácre	pótēns	pótēns
속.	ácris	ácris	poténtis	poténtis
여.	ácrī	ácrī	poténtī	poténtī
대.	ácrem	ácre	poténtem	pótēns
탈.	ácrī	ácrī	poténtī	poténtī
주.	ácrēs	ácr**ia**	poténtēs	potént**ia**
속.	ácr**ium**	ácr**ium**	potént**ium**	potént**ium**
여.	ácribus	ácribus	poténtibus	poténtibus
대.	ácrēs	ácr**ia**	poténtēs	potént**ia**
탈.	ácribus	ácribus	poténtibus	poténtibus

위의 패러다임에서 굵은 글씨로 표기된, 특징적인 **i**가 나타나는 형태들을 주의 깊게 살펴보라:

(1) 모든 성들의 단수 탈격에서 **-ī**.
(2) 모든 성들의 복수 속격에서 **-ium**.
(3) 중성 복수 주격과 대격에서 **-ia**.

한편 **i-**어간 명사들과 마찬가지로, 제3곡용 형용사들도 복수 대격에서 어미가 **-īs**로 교체될 수 있는데, 그러나 이 책에서는 드물게 사용될 것이다.

제3곡용 형용사는 제1/2곡용 형용사가 그렇듯이 어떤 곡용의 명사에도 쓰일 수 있다. 이와 관련하여, 두 어미 형용사인 **omnis**, **-e**, *every*, *all*을 사용한 아래의 예들을 참조하라:

omnis amīcus/homō	ācer amīcus/homō	potēns amīcus/homō
omnis rēgīna/māter	ācris rēgīna/māter	potēns rēgīna/māter
omne bellum/animal	ācre bellum/animal	potēns bellum/animal

아래 구문들에 나타난 형태들을 분석해 보라:

omnī fōrmae	in omnī fōrmā	omnium fōrmārum
omnī animō	in omnī animō	omnium animōrum
omnī hominī	in omnī homine	omnium hominum
omnī urbī	in omnī urbe	omnium urbium
omnī marī	in omnī marī	omnium marium

용법과 어순

제3곡용 형용사들의 용법에는 제1/2곡용 형용사들과 똑같이 아래와 같은 네 가지 방식이 있다(첫 번째 세 가지는 이미 소개되었다):

관형적 형용사: vir fortēs, *the brave men* (단순한 꾸밈말)

서술적 형용사: virī sunt fortēs, *the men are brave* (**sum**의 한 형태 또는 다른 어떤 계사와 함께 주어를 서술한다)

실체적 형용사: fortūna fortēs adiuvat, *fortune helps the brave* (명사로 사용되었다)

목적 보어: virtūs fēcit virōs fortēs, *virtue made the men brave* (동사로 표현된 동작이 목적어에 미치는 결과를 기술한다; 예를 들면, "she painted

the house yellow"는 집을 칠했는데, 그 결과 "집이 노랗게 되었다"는 것이
고, "she painted the yellow house"는 "노란 집"을 칠했다는 것이니, 이
러한 관형적 용법과는 사뭇 다르다)

어순에 있어서 관형적 형용사는 그 수식을 받는 명사 뒤에 위치하는 경우가 일
반적이지만, 크기나 양을 나타내는 것들이나 지시사 또는 강조하고 싶은 말들
은 예외이다.

VOCĀBVLA

제3곡용 형용사들을 눈여겨 보라: 두 어미와 세 어미 형용사들은 식별하기 쉽다;
한 어미 형용사의 표제어에는 속격 형태가 제시되어 있으므로, 어간을 확인할
수 있다. 이 형용사들은 통상 **i**-어간이지만, 제3곡용의 **i**-어간 명사는 쉽게 식별
되지 않는데 이를 아래 목록에서 찾을 수 있겠는가? 만일 자신이 없다면, 14章을
복습하라. 그리고 이 목록에서 **satura ācris** 또는 **mēns celeris**처럼 명사-형용
사로 짝지워진 말을 적어도 한두 마디 만들어 곡용하고, 이를 패러다임과 대조
해 보라. 새로운 단어들을 배울 때는 CD 또는 www.wheelockslatin.com에
올려진 온라인 오디오를 활용하는 것을 잊지 말고, **semper audī et prōnūntiā!**

어 휘

aétās, **aetátis**, f., 생애, 삶, 나이, 세대, 시간 (eternal, eternity, sempiternal)

audítor, **audītóris**, m., 듣는 자, 경청자, 청중의 일원 (auditor, auditory, audi-
torium; cf. **audiō**)

clēméntia, **clēméntiae**, f., 온화, 관대, 인자 (clement, clemency, inclement,
Clement, Clementine)

mēns, **méntis**, f., 정신, 생각, 의도 (mental, mentality, mention, demented;
"mind"와 어근이 같다)

sátura, **sáturae**, f., 풍자 (satirist, satirical, satirize)

ácer, **ácris**, **ácre**, 날카로운, 예리한, 열렬한; 엄한, 격심한 (acrid, acrimony,
acrimonious, eager, vinegar)

brévis, **bréve**, 짧은, 작은, 간결한 (brevity, breviary, abbreviate, abridge)

céler, **céleris**, **célere**, 빠른, 신속한, 급한 (celerity, accelerate, acceleration,
decelerate)

difficilis, **difficile**, 어려운, 곤란한, 골치 아픈 (difficulty)

dúlcis, **dúlce**, 달콤한; 즐거운, 유쾌한 (dulcify, dulcet, dulcimer)

fácilis, **fácile**, 쉬운, 편한 (facile, facility, facilitate; cf. **faciō**)

fórtis, **fórte**, 강한, 용감한 (fort, forte, fortify, fortitude, force, comfort)

íngēns, 속격 **ingéntis**, 거대한

iūcúndus, **iūcúnda**, **iūcúndum**, 즐거운, 기쁜, 흡족한, 유쾌한 (jocund)

lóngus, **lónga**, **lóngum**, 긴 (longitude, longevity, elongate, oblong, pro-long; 영어 "long"과 어근이 같다)

ómnis, **ómne**, 모든, *all*, *every* (omnibus, bus, omnipresent, omnipotent, omniscient, omnivorous)

pótēns, 속격 **poténtis**, 형용사로서 **possum**의 현재분사, 유능한, 힘센, 강력한 (potent, impotent, omnipotent, potentate, potential)

sénex, 속격 **sénis**, 늙은, 나이든; 노인 (senate, senator, senescent, senile, senior, seniority, sir, sire; cf. **senectūs**)

quam [부사], 얼마나, *how*

régō, **régere**, **réxī**, **réctum**, 다스리다, 인도하다, 지시하다 (regent, regime, regiment, regular, regulate, correct, direction, rectitude; cf. **rēx**, **rēgīna**)

LĒCTIŌ ET TRĀNSLĀTIŌ

패러다임들과 어휘를 익히고 자습문제들을 풀어본 후에, 아래 글들을 쭉 훑으면서 제3곡용 형용사들을 추려내고, 각각의 형태와 용법을 확인하라. 항상 그렇듯이, 번역하기 전에 큰 소리로 읽어라.

EXERCITĀTIŌNĒS

1. Fortēs virī et fēminae ante aetātem nostram vīvēbant.

2. Eōs centum senēs miserōs ab Italiā trāns maria difficilia heri mittēbat.

3. Illī duo virī omnēs cupiditātēs ex sē ēiēcērunt, nam nātūram corporis timuērunt.

4. Potēns rēgīna, quoniam sē dīlēxit, istōs trēs vītāvit et sē cum eīs numquam iūnxit.

5. Itaque inter eōs ibi stābam et signum cum animō fortī diū exspectābam.

6. Celer rūmor per ōra aurēsque omnium sine morā currēbat.

7. Vīs bellī acerbī autem vītam eius paucīs hōrīs mūtāvit.

8. Quīnque ex nautīs sē ex aquā trāxērunt sēque Caesarī potentī commīsērunt.

9. Caesar nōn poterat suās cōpiās cum celeribus cōpiīs rēgis iungere.

10. Themistoclēs omnēs cīvēs ōlim appellābat et nōmina eōrum ācrī memoriā tenēbat.

11. In caelō sunt multae nūbēs et animālia agricolae tempestāte malā nōn valent.

작문

12. The father and mother often used to come to the city with their two sweet daughters.

13. The souls of brave men and women will never fear difficult times.

14. Does he now understand all the rights of these four men?

15. The doctor could not help the brave girl, for death was swift.

SENTENTIAE ANTĪQVAE

1. Quam dulcis est lībertās! (Phaedrus.)

2. Labor omnia vīcit. (*Virgil.)

3. Fortūna fortēs adiuvat. (Terence.)

4. Quam celeris et ācris est mēns! (Cicero.)

5. Polyphēmus erat mōnstrum horrendum, īnfōrme, ingēns. (Virgil.— **mōnstrum, -ī**, n.,=Eng.; *monstrosity, monstrous.*—**horrendus, -a, -um**, = Eng.; *horrid, abhorrent.*—**īnfōrmis, -e**, 볼품없는, 흉측한; *informal*.)

The blinding of Polyphemus
Hydria from Cerveteri, 525 B.C.
Museo Nazionale di Villa Giulia, Rome, Italy

6. Varium et mūtābile semper fēmina. (*Vergil.—어순: **fēmina semper [est] varium et mūtābile.—varius, -a, -um**, 변하는, 변덕스러운; *variegate, variety.*—**mūtābilis, -e**, 변하기 쉬운; *immutable, transmute.* 중성 **varium**과 **mūtābile**는 "변덕스럽고 변하기 쉬운 *것*"을 의미한다.)

7. Facile est epigrammata bellē scrībere, sed librum scrībere difficile est. (*Martial.—**epigramma, -matis**, n., 짧은(풍자)詩; *epigrammatist.*—**bellē**는 **bellus, -a, -um**에서 나온 부사.)

8. Īra furor brevis est; animum rege. (*Horace.—**furor, -rōris**, m., 광기, 실성; *furious, infuriate.*)

9. Ars poētica est nōn omnia dīcere. (*Servius.—**poēticus, -a, -um**, 시적인; *poetaster, poetical.*)

10. Nihil est ab omnī parte beātum. (*Horace.)

11. Liber meus hominēs prūdentī cōnsiliō alit. (Phaedrus.—**prūdēns**, 속격 **-dentis**, = Eng.; *prudence, imprudent*; 이 단어는 **prō-vidēns**, *provident*가 단축된 형태이다.)

12. Māter omnium bonārum artium sapientia est. (*Cicero.)

13. Clēmentia rēgem salvum facit; nam amor omnium cīvium est inexpugnābile mūnīmentum rēgis. (Seneca.—**inexpugnābilis, -e**, 난공불락의.—**mūnīmentum, -ī**, n., 요새, 방어; *muniment.*)

14. Vīta est brevis; ars, longa. (Hippocrates, 세네카의 글에 인용됨.)

15. Breve tempus aetātis autem satis longum est ad bene vīvendum. (Cicero.—**vīvendum**은 동사적 명사로서 **ad**의 목적어: "for living.")

16. Vīvit et vīvet per omnium saeculōrum memoriam. (*Velleius Paterculus.—**saeculum, -ī**, n., 世紀, 세대; *secular, secularize.*)

유베날리스가 풍자시를 쓸 수밖에 없는 이유

Semper ego audītor erō? Est turba poētārum in hāc urbe—ego igitur erō poēta! Sunt mīlia vitiōrum in urbe—dē istīs vitiīs scrībam! Difficile est saturam nōn scrībere. Sī nātūra mē adiuvāre nōn potest, facit indignātiō versum. In librō meō erunt omnia facta hominum—timor, īra, voluptās, culpa, cupiditās, īnsidiae. Nunc est plēna cōpia vitiōrum in hāc miserā urbe Rōmae!

Jubenal *Sat.* 1.1ff: 풍자시인 유베날리스(Decimus Junius Juvenalis, 주후

60-130년경)는 수세기에 걸쳐 가장 널리 읽히고 영향력 있는 로마 작가들 중 하나이다. 여섯 권으로 발표된 그의 16편의 풍자시들은 격렬한 분노의 기조가 주된 특징을 이루고 있는데, 이는 그보다 앞서 아우구스투스 시대에 살았던 호라티우스의 보다 온건한 풍자시들과 현저히 대비되었다(그가 지은 **Sermōnēs** 에서 발췌한 글을 여러분은 3章에서 읽었다). 서두의 첫 번째 풍자시를 시작하는 이 구절에서, 유베날리스는 **satura**—로마인들이 자신들의 창안이라고 주장하는 문학 장르—를 쓰는 이유를 천명하고 있다. 유베날리스와 동시대에 살았고 로마의 교육과 수사학에 관한 중요한 작품을 저술한 퀸틸리아누스는 다음과 같이 단언하였다: **satura quidem**(참으로) **tōta nostra est.—audītor:** 로마에서 풍자시는 다른 장르에 속한 시들과 마찬가지로 독자들뿐만 아니라 청중에게 낭독해 주기 위해 지어졌다는 것을 상기시킨다.—**turba poētārum:** 다소 과장된 표현이지만, 비슷한 불만을 그 당시 다른 작가들에게서도 들을 수 있다.—**nātūra:** 즉, 시인으로서 그가 지닌 타고난 재능.—**indignātiō, -ōnis,** f.;＝Eng.; *indignant, indignity.*—**versus,** 구절, 시; *versify, version.*

QVAESTIŌNĒS: 유베날리스는 풍자시를 짓겠다는 결단을 하게 된 두 가지 이유를 여기서 제시하고 있는데, 첫 번째는 비꼬는 투이고, 두 번째는 아주 심각하다—그 이유들은 무엇인가? 유베날리스의 (말을 정확히 옮긴) **difficile est saturam nōn scrībere**는 만일 그가 **nōn difficile est saturam scrībere**라고 달리 썼더라도 이보다 훨씬 더 냉소적인 표현이 되는 까닭은 무엇인가? 이 풍자시인은 자신의 책이 **omnia facta hominum**을 자세히 살필 것이라고 주장한다: 그러면 열거한 행위들과 바로 이어지는 맺는 문장은 무엇을 암시하는가?

변덕스런 친구에 대해

Difficilis facilis, iūcundus acerbus—es īdem:
　　nec tēcum possum vīvere nec sine tē.

*Martial *Epig.* 12.46: 마르티알리스는 유베날리스의 친구였고, 그의 글에 많은 영향을 끼쳤다. 엄밀한 형식적 의미로 따지면 그 자신은 풍자시인이 아님에도 불구하고—즉, 그는 짧은 경구들을 지었을 뿐, 로마 풍자시의 특징인 장단단 육보격(六步格)에 맞춰 시를 길게 쓰지는 않았다—그의 글들은 우리가 본 바와 같이 매우 풍자적이었다. 운율: 哀歌調의 二行詩.

QVAESTIŌNĒS: 여기서 마르티알리스의 상대방은 남자인가 여자인가?—어떻게 알 수 있는가? 이 사람의 성격을 마르티알리스가 어떻게 묘사하고 있는지 자

세히 말해 보라. 여러분도 이와 비슷한 사람과 사귀었던 적이 있는가? 이 경구의 가장 두드러진 문체적 특징은 두 행에 세 쌍의 상반되는 단어들과 句들을 재치있게 사용한 **대조법**이다; 그것들을 식별하라. **Difficilis facilis, iūcundus acerbus**는 교차 대구법뿐만 아니라, 으레 있어야 할 접속사를 고의로 생략하는 **ASYNDETON**이라고 알려진 수사법의 일례이다. 여기서 이러한 두 가지 수사법으로 의도한 효과는 무엇인가? 두 번째 행은 일련의 세 句들로 짜여져 있다: 그것들은 무엇이고, 그것들의 배열은 그 행의 의미에 어떻게 부합하는가?

SCRĪPTA IN PARIETIBVS

CIL 4.6787: 이 낙서도 또한 글자를 여기에 옮겨 쓰지 않아도 알아볼 수 있을 것이다. 만일 여러분이 이것만 갖고 해독할 수 없으면, 이 章의 **Vocābula**에서 일치된 단어를 찾아보라. 여러분은 어떤 담벼락 한 곳에 자신의 이름을 그저 써 본 적이 있었을 텐데, 로마인들도 종종 그랬던바, 위는 그러한 낙서의 전형적인 것으로 형용사도 되지만 낙서자의 별명이다. 그는 (V지역, 4구역에 위치한 집 안뜰에 있는) 동일한 벽에 다른 낙서(4.6786)를 하면서 자신의 이름을 또다시 남겼고, 바로 뒤에는 **Grāt<a>e salūtem**, 즉, 그의 여자 친구인 Grata("기쁜" 또는 "맘에 드는"을 뜻하는 이름)에게 "안녕"이라고 썼다. 그 이름들은 둘 다 어떤 사람의 긍정적인 별난 성격이나 매력적인 신체적 특징을 묘사하는 수백 가지 로마인 별명들 중에 대표적인 것이다; 그밖에 흔한 예들을 들면 다음과 같다: 3장에서 나온 **Venustus**는 "예쁜," **Audēns**는 "대담한/용감한," **Fēlīx**는 "운 좋은," **Magnus**는 "위대한," **Caesar**는 아마도 "머리털이 긴/숱이 많은"을 뜻한다. 반면에 로마인들은 부정적 특징이나 신체적 결함으로 여겨질 만한 것을 드러내는 이름도 부끄러워하지 않았으므로, 다음과 같은 별명들도 마찬가지로 흔했다: **Paetus**와 **Strabō**는 둘 다 "사팔뜨기"를 뜻하며, **Scaurus**는 "퉁퉁한 발목," **Valgus**는 "휜 다리," 게다가 **Cicerō**는 "병아리 콩"인데, 고대 그리스의 전기작가인 플루타르크는 Marcus Tullius Cicero의 조상들 중 하나가 병아리 콩을 닮은 기형적인 코를 지녔기 때문에 그에게 붙여졌던 별명이 키케로에게까지 이어졌다고 주장하였다.

LATĪNA EST GAVDIVM—ET VTILIS!

Salvēte! Quid agitis? Quid hodiē est tempestās? 이에 대한 답으로 다음과 같은 말들이 나올 수 있는데, 그들 중 대부분은 파생된 영어 단어들로부터 쉽게 알아볼 수 있다: **frīgida** (**tempestās**는 15장의 어휘에서 보았듯이 여성 명사이므로, **frīgidus, -a, -um**의 여성 형태가 사용된다); **calida** ("scald"가 파생어); **nimbōsa** (**nūbēs**의 동의어인 **nimbus**에 "가득한"을 뜻하는 접미사 **-ōsus, -a, -um**이 결합된 말로서 "구름이 가득 낀" 날씨를 뜻한다—cf. "cumulonimbus clouds"); **ventōsa**(이 또한 **ventus**, 바람에서 위와 동일한 방식으로 형성되었다); **sōl lūcet**, *the sun is shining* (cf., "solar," "translucent"); **pluit**, *it's raining* ("pluvial," "pluviometer"); **ningit**, *it's snowing* (라틴어 **niveus, -a, -um**에서 나온 영어 "niveous"와 연관이 있다).

자, 날씨에 대해서는 이 정도로 하고, **omni-**가 붙은 말들을 살펴보는 것도 흥미로울 것이다: 만일 여러분이 "omnific"(< **facere**)이면서 "omnipresent" (-*sent* < **sum**)이고, 입맛은 "omnivorous"(**vorāre**, 먹다; cf. "carnivorous," "herbivorous"), 시야는 "omnidirectional"(위의 **Vocābula**에서 **regō**를 보라)이라면, 여러분은 아마도 "omnipotent"거나 "omniscient"(**scīre**, *to know*)일 가능성이 있다. 그러나 우리는 다음과 같은 베르길리우스의 잠언을 기억해야 한다: **nōn omnia possumus omnēs.** 한편 (사람이나 사물의) "잡동사니 집합"을 가리키는, 라틴어와 영어를 섞어서 만든 "omnium-gatherum"이란 단어도 있다—이것은 말도 안될 성싶은 데도 옥스퍼드 영어 사전에 따르면 일찌기 16세기의 영국 지식인들에 의해 사용되었다! 자 이제, 어이없는 말이지만, 위에 언급된 **regō**는 "to go again"을 의미하지 않고, **regit**는 "leave, y'all, and this time I mean it!"이라고 번역되어서는 안된다. 이것으로도 충분하다: **Valēte, omnēs amīcī et amīcae meae, et semper amāte Latīnam!**

CAPVT XVII

관계 대명사

GRAMMATICA

관계 대명사

라틴어의 **관계 대명사**(RELATIVE PRONOUN) **quī, quae, quod**는 그에 상응하는 영어의 *who/which/that*와 마찬가지로 종속절을 인도하는 경우가 보통이며, **선행사**(ANTECEDENT)라고 일컫는 명사나 대명사를 가리킨다; **관계절** 자체는 선행사에 관한 묘사적 정보를 제공하는 형용사적 기능을 지닌다(일례로, "the man who was from Italy" = "the Italian man").

　관계 대명사의 형태들은 매우 다양하므로, 실제적인 유일한 조치는 그것들을 암기하는 것이다. 하지만 속격인 **cuius**와 여격인 **cui**의 어미들은 **huius/huic**과 **illīus/illī**의 어미들과 닮았고, 나머지 대부분의 형태들에서도, 제1/2/3 곡용의 여러 어미들과의 유사성을 근거로, 性과 數 및 때로는 格 또한 식별하는 일이 어렵지 않을 것이다.

Quī, Quae, Quod, *who, which, that*

| 단수 | | | 복수 | | |
M.	F.	N.	M.	F.	N.
quī	quae	quod	quī	quae	quae
cuíus	cuíus	cuíus	quốrum	quắrum	quốrum
cui	cui	cui	quíbus	quíbus	quíbus
quem	quam	quod	quōs	quās	quae
quō	quā	quō	quíbus	quíbus	quíbus

여기서 **cuius**(마치 *cui-yus*로 철자된 것처럼 발음하라)와 **cui**에 있는 **ui**의 발음이 독특한데, 이에 관해서는 **huius**와 **huic**(9章) 그리고 *Intrōdvctiō*의 xlvi 쪽을 참조하라(CD를 갖고 있다면, 그것을 잘 들어라).

용법과 일치

관계(relative: **referō**, **referre**, **rettulī**, **relātum**에서 나왔다) 대명사는 선행사 (antecedent: 통상 앞 절에서 발견되므로, "앞서 가다"를 뜻하는 **antecēdere** 에서 나온 용어이다)를 가리키고, 그것과 본질적으로 상응하므로, 그 두 단어들 의 性과 數는 당연히 일치한다. 그러나 관계 대명사의 格은, 명사나 대명사의 경우처럼, 그것이 위치한 절 안에서의 용도에 따라 결정된다. 이러한 논리적 관 계는 아래 문장을 분석하고 번역해 보면 잘 이해할 수 있을 것이다:

The woman whom you are praising is wise.

1. 이 문장의 주절은 *The woman . . . is wise.* **Fēmina . . . est sapiēns**.
2. *Whom*은 *woman*을 수식하는 종속적 관계절을 이끌고 있다.
3. 관계사 *whom* 앞에 위치한 *woman*(**fēmina**)은 그것의 선행사이다.
4. *Whom*은 이중적 기능을 지닌다: 선행사 **fēmina**를 지시하는 동시에, 자신 이 속한 종속절의 한 요소(즉, 목적어)이다.

a. 선행사 **fēmina**는 여성 단수이므로, *whom*에 해당하는 라틴어도 여성 단수 이어야 한다.
b. 종속절에서 *whom*은 *(you) are praising*(**laudās**)의 직접 목적어이므로, 라 틴어에서 그것은 대격이어야 한다.
c. 따라서, 그 라틴어 형태는 여성 단수 대격이어야 한다: **quam.**

이러한 이유로, 완전한 라틴어 문장은 다음과 같이 된다:

Fēmina quam laudās est sapiēns.

다시 요약하자면, 그 법칙은 이렇다: 관계사의 性과 數는 그것의 선행사에 의해 결정되고, 관계사의 格은 그것이 속한 절에서의 용도에 따라 결정된다. 아래 문 장들에서 관계사들의 性·數·格 및 용도와 선행사를 확인하라:

1. **Dīligō puellam** *quae* **ex Italiā vēnit.** *I admire the girl who came from Italy.*
2. **Homō dē** *quō* **dīcēbās est amīcus cārus.** *The man about whom you were speaking is a dear friend.*
3. **Puella** *cui* **librum dat est fortūnāta.** *The girl to whom he is giving the book is fortunate.*

4. **Puer *cuius* patrem iuvābāmus est fortis.** *The boy whose father we used to help is brave.*
5. **Vītam meam committam eīs virīs *quōrum* virtūtēs laudābās.** *I shall entrust my life to those men whose virtues you were praising.*
6. **Timeō idem perīculum *quod* timētis.** *I fear the same danger which you fear.*

번역할 때, 관계절에 속한 단어들이 主節로 유입된다든가 또는 그 반대로 되지 않도록 주의하라; 예를 들면, 위의 세 번째 문장에서 **puella**를 **dat**의 주어로 잘못 취급해서는 안된다. 관계절은 그 자체로 완비된 단위로서, 대개는 관계대명사로 시작되고 첫 번째로 등장하는 동사로 마무리된다(세 번째 예문에서는 **cui . . . dat**); 아래 S.A.3과 같은 유형의 복합 문장을 다룰 때는 관계절을 우선 확인하고 게다가 그것을 괄호로 묶어 놓으면 많은 도움이 될 것이다:

Multī cīvēs aut ea perīcula [quae imminent] nōn vident aut ea [quae vident] neglegunt.

이러한 문장을 읽고 번역할 때는 관계 대명사의 선행사(위의 예문에서처럼 관계 대명사 바로 앞에 위치하는 경우가 매우 흔하다)를 옮기자마자 곧바로 관계절을 번역하라.[1]

VOCĀBVLA

아래 목록은 흔히 쓰이는 몇몇 동사들을 포함하고 있다: 각각의 활용을 적어 보면서 **-iō** 동사들의 법칙을 상기하라. 현재 체계에 속한 직설법 능동태의 세 가지 시제들 각각의 단수 형태에서 특징적인 **-i-**를 발견할 것이다. **Coepī**는 **결여 동사**(DEFECTIVE VERB), 즉 대다수의 활용 형태들이 거의 쓰이지 않는 동사의 한 예이다. **Aut . . . aut**는 여러분에게 **et . . . et**를 생각나게 할 텐데, 둘 다 **상관 접속사**(CORRELATIVE CONJUNCTION)의 쓰임새를 잘 보여 주고 있다. 최근에 소개된 문법을 새로 나온 몇몇 단어들을 사용하여 연습하라; 예를 들면, **libellus levis**를 곡용하고, **dēsīderō** 또는 **dēleō**의 일람표를 작성하라. 그리고 여러분이 연습한 것을 577-87쪽의 **Summārium Fōrmārum**에 있는 패러다임들과 대조해 보라.

---

1 [역주] 저자의 입장에서는 당연히 라틴어를 영어로 번역하는 것을 염두에 두고 설명하고 있다. 그러나 우리말로 옮길 때는 오히려 선행사보다 관계절을 먼저 번역하는 것이 보통이다.

libéllus, -ī, m., 작은 책 (libel, libelous; **liber**의 지소사)

quī, quae, quod [관계 대명사], *who, which, what, that* (qui vive, quorum)

caécus, caéca, caéum, 눈먼 (caecum, caecal, caecilian)

lévis, léve, 가벼운; 쉬운; 사소한, 하찮은(levity, lever, levy, levee, Levant, leaven, legerdemain, alleviate, elevate, relevant, irrelevant, relieve)

aut [접속사], *or;* **aut . . . aut**, *either . . . or*

cíto [부사], 빨리 (excite, incite, recite; 아래 **recitō**를 보라)

quóque [부사], 또한, 역시, *also, too*

admíttō, admíttere, admísī, admíssum, 받아들이다, 허용하다, 들이다 (admission, admissible, inadmissible, admittedly)

coépī, coepísse, coéptum, 시작했다 (완료 체계에서만 사용되는 결여 동사; 현재 체계에서는 아래에 나오는 **incipiō**가 쓰인다)

cúpiō, cúpere, cupívī, cupítum, 원하다, 바라다, 탐하다, 열망하다 (Cupid, cupidity, concupiscence, covet, covetous, Kewpie doll; cf. **cupiditās**)

déleō, dēlére, dēlévī, dēlétum, 파괴하다, 없애버리다, 지워버리다 (delete, indelible)

dēsíderō, dēsīderáre, dēsīderávī, dēsīderátum, 바라다, 열망하다, 그리워하다, 상실하다 (desiderate, desideratum, desiderative, desire, desirous)

incípiō, incípere, incépī, incéptum, 시작하다, 시작되다 (incipient, inception; cf. **capiō**)

návigō, nāvigáre, nāvigávī, nāvigátum, 항해하다, 운항하다 (navigation, navigable; cf. nauta)

néglegō, neglégere, negléxī, negléctum, 무시하다, 간과하다 (negligent, negligee, negligible)

récitō, recitáre, recitávī, recitátum, 낭독하다, 낭송하다(recital, recitation, recitative)

LĒCTIŌ ET TRĀNSLĀTIŌ

관계절이 들어있는 문장을 읽고 번역하는 것은 어렵지 않다. 아래 S.A.3을 앞에서 다룰 때 언급했던 것처럼, 관계절을 괄호로 묶어 놓으면, 종속절에 속한 단어들을 주절에 섞어넣는 오류를 피하는 데 도움이 될 수 있다; 자습문제들에 있는 여러 문장들을 갖고 연습해 보라. 5번 문제의 부사 **quam** (이것은 선행사를 갖고 있지 않기 때문에 관계 대명사일 수가 없다)과 "because"를 뜻하는 접속사 **quod**처럼 생긴 **qu-** 단어들을 조심하라; **quod**가 어떤 중성 단수 단어 바로 뒤에 오면, 그것은 거의 항상 관계 대명사이고, 만일 명백한 선행사가 없다면, 그것은 접속사일 가능성이 더 높다. 그리고 또 하나 주의해야 할 사항: 아래 마르티알리스의 풍자에서도 보듯이, 선행사가 항상 앞에 오는 것은 아니다!

EXERCITĀTIŌNĒS

1. Potēns quoque est vīs artium, quae nōs semper alunt.
2. Miserōs hominēs, autem, sēcum iungere coeperant.
3. Nam illā aetāte pars populī in Italiā iūra cīvium numquam tenuit.
4. Incipimus vēritātem intellegere, quae mentēs nostrās semper regere dēbet et sine quā valēre nōn possumus.
5. Quam difficile est bona aut dulcia ex bellō trahere!
6. Centum ex virīs mortem diū timēbant et nihil clēmentiae exspectābant.
7. Puer mātrem timēbat, quae eum saepe neglegēbat.
8. Inter omnia perīcula fēmina fortis sē cum sapientiā gessit.
9. Itaque celer rūmor mortis ācris per ingentēs urbēs cucurrit.
10. Quoniam memoria factōrum nostrōrum dulcis est, beātī nunc sumus et senectūtem facilem agēmus.
11. Multī audītōrēs saturās ācrēs timēbant quās poēta recitābat.

작문

12. They feared the powerful men whose city they were ruling by force.
13. We began to help those three pleasant women to whom we had given our friendship.
14. We fear that book with which he is beginning to destroy our liberty.

SENTENTIAE ANTĪQVAE

1. Salvē, bone amīce, cui fīlium meum heri commīsī. (Terence.)
2. Dionȳsius, dē quō ante dīxī, ā Graeciā ad Siciliam per tempestātem brevem sed potentem nāvigābat. (Cicero.—**Sicilia, -ae,** f., 시실리.)
3. Multī cīvēs aut ea perīcula quae imminent nōn vident aut ea quae vident neglegunt. (Cicero.—**imminēre,** 임박하다, 위급하다; *imminence, imminent.*)

4. Bis dat quī cito dat. (Publilius Syrus.—**bis**[부사], 두 배로; *biped, bipolar.*)

5. Quī coepit, dīmidium factī habet. Incipe! (Horace.—**dīmidium, -ī**, n., 절반.)

6. Levis est fortūna: id cito reposcit quod dedit. (Publilius Syrus.—**reposcō, -ere**, 다시 요구하다.)

7. Fortūna eum stultum facit quem nimium amat. (Publilius Syrus.)

8. Nōn sōlum fortūna ipsa est caeca sed etiam eōs caecōs facit quōs semper adiuvat. (Cicero.)

9. Bis vincit quī sē vincit in victōriā. (*Publilius Syrus.)

10. Simulātiō dēlet vēritātem, sine quā nōmen amīcitiae valēre nōn potest. (Cicero.—**simulātiō, -ōnis**, f., 위장, 시늉; *simulate, simulation.*)

11. Virtūtem enim illīus virī amāvī, quae cum corpore nōn periit. (Cicero.—**pereō, -īre, -iī, -itum**, 망하다; *perish, perishable.*)

12. Turbam vītā. Cum hīs vīve quī tē meliōrem facere possunt; illōs admitte quōs tū potes facere meliōrēs. (Seneca.—**melior**, 더 좋게; *meliorate, ameliorate.*)

노년의 즐거움에 대하여

Estne amor in senectūte? Voluptās enim minor est, sed minor quoque est cupiditās. Nihil autem est cūra nōbīs, sī nōn cupimus, et nōn caret is quī nōn dēsīderat. Adulēscentēs nimis dēsīderant; senēs satis amōris saepe habent et multum sapientiae. Cōgitō, igitur, hoc tempus vītae esse iūcundum.

Cicero *Sen*. 14.47-48: 앞의 15章에도 키케로의 **Dē Senectūte**에서 발췌한 글 두 토막이 실려 있는데, 각각에 대한 註를 보라.—**minor**, 더 적은; *minority, minus.*—**carēre**, 결핍하다, 부족하다; *caret.*—**is quī:** 관계 대명사 바로 앞에는 **is, ea, id**의 형태가 선행사로서 위치하는 경우가 자주 있다; 또 다른 흔한 예는 **id quod**, *that which*이다.

QVAESTIŌNĒS: 노년에 수반될 수 있는 로맨틱한 열정이 식는 것은 염려할 필요가 없다는 견해를 키케로가 피력한 이유는 무엇인가? 두 번째 문장의 어순 및 그것이 그 주장의 취지에 어떻게 딱 맞는지에 대해 논하라.

A Reading from Homer, *Sir Lawrence Alma-Tadema, 1885*
Philadelphia Museum of Art: The George W. Elkins Collection

전달이 전부다

Quem recitās meus est, ō Fīdentīne, libellus;
    sed male cum recitās, incipit esse tuus!

*Martial *Epig.* 1.38: 고대 로마에서 詩는 공연되었으므로, 제일 먼저 청중을 염두에 두고 지어졌다; 적절한 전달(**āctiō**)과 낭송(**recitātiō**)은 학교에서 가르치는 기예였고, **recitātiōnēs**는 교육받은 로마인들 사이에서 인기가 높은 오락이었다. 시인들은 자신의 시를 직접 낭송하였고, 가끔은 다른 사람들이 낭송하기도 하였다—그러나 항상 좋은 효과를 거둔 것은 아니었다. 유베날리스는 앞 章에서 읽었듯이 로마에서 활동하는 **turba poētārum**을 못마땅하게 여겼고, 마르티알리스 또한 자신의 풍자시들 일부를 낭송했던 피덴티누스에 대한 불쾌한 심정을 여기에서 토로하고 있다: **nōn bene!** 운율: 哀歌調의 二行詩.—**libellus**는 **quem**의 선행사임에도 그보다 훨씬 뒤에 놓였다; 산문의 어순으로 바꾸면 **libellus quem recitās est meus**.—**male**[부사], **malus**에서 나왔다.—**cum**[접속사], *when*.

QVAESTIŌNĒS: 이 풍자시는 글을 서투르게 낭독하면 그 결과는 어떻게 된다고 말하는가?—의미에 영향을 끼칠 수 있는 어떤 전달 방식들을 구체적으로 말해 보라. 첫 행에서 **meus**를 그것과 연관된 주어 앞에 위치시키고 **tuus**를 詩의 맨 끝으로 미뤄 놓은 어순의 효과에 대해 상술하라.

SCRĪPTA IN PARIETIBVS

Omnēs lūserō: sum Max(imus)!

CIL 4.9008: 폼페이의 한 가옥에 있는 기둥에 새겨진 것이다(VII 지역, 6 구역). 문맥이 완전히 확실치는 않지만, 막시무스는 익살극의 배우였을 가능성이 꽤 큰데, 그것은 풍자적이고 활기차며 때로는 외설적인 춤과 틀에 박힌 익살스런 동작들을 특징으로 하는 인기 있는 로마 코메디의 한 형태로서, 한 명의 배우가 다양한 가면들을 바꿔 쓰면서 모든 배역을 소화해 내었다. 군인으로 분장한 "자화상"에서 **sum**의 **S-**는 헬멧의 콧잔등처럼, **lūserō**의 **-SERO**는 그것의 정수리 깃털처럼 표현한 것을 보면, 이것을 새긴 사람은 유머 감각이 있었음에 틀림없다.—**omnēs**: 공연에서 맡은 역할들이나 등장 인물들?—**lūdō, lūdere, lūsī, lūsum**, 놀다, 장난하다; ~의 역할을 하다, 흉내내다; *ludicrous, delude, illusion*.

ETYMOLOGIA

라틴어의 관계 대명사는 다음과 같은 로망스어 형태들의 기원이 되었다: 이탈리아어 **chi, che**; 스페인어 **que**; 포르투갈어 **que** 또는 사람을 가리키면 **quem**; 프랑스어 **qui, que**; 옛 오크語 **qui**; 루마니아語 **care, ce**. 한편 라틴어 **aut**에서 유래한 단어들: 이탈리아어 **o**; 스페인어 **o**; 포르투갈어 **ou**; 프랑스어 **ou**; 옛 오크어 **o̧**; 루마니아어 **ou**(지금은 거의 쓰이지 않는다).

　　어떤 라틴어 동사에 붙은 접미사 **-scō**는 그 동사가 "起動相"(inceptive)이라는 것을 보여주는데, 그렇다면 이 어미가 동사에 어떤 효과나 의미를 부여하는가?—**tremō**, *tremble*; **tremēscō** = ? 중세 사본들의 많은 본문들이 "incipit"로 시작한다; 예를 들면, **liber prīmus Epistulārum Plīniī incipit.**

LATĪNA EST GAVDIVM—ET VTILIS!

Iterum salvēte! 영어의 줄임말에는 **quī, quae, quod**에서 나온 것들이 많이 있는데, 여러분들도 본 적이 있을 것이다: **q.v.** = **quod vidē**, *which see* (즉, "이

항목을 보라"), **Q.E.D.** = **quod erat dēmōnstrandum**, *that which was to be proved* (수학의 증명에서 그 예를 볼 수 있다―이 동사 형태는 24장에 나오는 "우회적 수동태"이다). 또한 흔치는 않지만 **q.e.** = **quod est**, *which is*, 그리고 **Q.E.F.** = **quod erat faciendum**, *which was to be done*이 있다. 진정한 교양 인들에게 라틴어는 **sine quā nōn**(*indispensable*, 문자적으로는 something *without which* one can *not* manage)이라는 것을 여러분은 알기 시작했으며, 바로 이 점에 대해서는 우리가 강변할 필요가 없다("강변하다"를 뜻하는 영어 *quibble*은 법적 문서들에 자주 사용되는 **quibus**에서 파생된 指小語이다). 한편 **recitāre**의 근본 의미는 "다시 일으키다"인 것을 감안할 때(cf. "excite," "incite"), 우리가 어떤 본문을 "낭독"(recite)하는 행위는, 문자적으로 해석하면, 그것에 생명을 "불어넣는"(reviving) 또는 다시 되살리는 것이라고 말할 수 있다. 이 점이 바로 우리가 문학 작품, 그 중에서도 특히 詩를 읽을 때―마치 로마인들처럼―항상 소리내어 읽어야 하는 이유이다! 그리고 한 마디 조언하자면, 여러분이 번역할 때는 **semper scrībe sententiās in tabellā tuā**(*your note-book*). 그 이유는 다음과 같은 고대의 격언이 잘 말해주고 있다: **quī scrībit, bis discit!** 또한 **Vocābula**에 새로 나온 단어 **cito**와 관련된 속담도 새겨 두기 바란다: **cito matūrum, cito putridum**, "빨리 익으면, 빨리 썩는다." 그러니 너무 빨리 가지 말자: **valēte!**

CAPVT XVIII

제1활용과 제2활용:
현재 체계의 수동태;
동작주를 나타내는 탈격

GRAMMATICA

제1활용과 제2활용: 현재 체계의 수동태

라틴어에도 영어에서와 마찬가지로 **수동태**(PASSIVE VOICE) 동사와 수동문 형식이 있으며, 그러한 구문에서 주어는 동작을 (능동태에서처럼 "능동적으로 수행"하기보다는) "수동적으로 받아들이는" 입장에 있다. 제1·2활용 현재 체계의 수동태(즉, 현재, 미래, 미완료 시제들의 수동태)를 만드는 법칙은 그다지 어렵지 않다: 1章에서 배운 능동태 어미들(**-ō/-m, -s, -t; -mus, -tis, -nt**)을 수동태 어미들(**-r, -ris, -tur; -mur, -minī, -ntur**)로 바꾸어 놓기만 하면 된다. 그러나 이 법칙에도 아주 드문 예외들이 있는데, 그것들은 아래 패러다임에서 굵은 글씨로 부각시켰다.

Laudō와 Moneō의 직설법 현재 수동태

수동 어미

1. -r	laúd-**or**	móne**or**	*I am (being) praised, warned*
2. -ris	laudá-ris	monéris	*you are (being) praised, warned*
3. -tur	laudá-tur	monétur	*he is (being) praised, warned*
1. -mur	laudá-mur	monémur	*we are (being) praised, warned*
2. -minī	laudá-minī	monéminī	*you are (being) praised, warned*
3. -ntur	laudá-ntur	monéntur	*they are (being) praised, warned*

직설법 미완료 수동태

I was (being) praised,
used to be praised, etc.

1. laudá-ba-r
2. laudā-bá-ris
3. laudā-bá-tur

1. laudā-bá-mur
2. laudā-bá-minī
3. laudā-bá-ntur

I was (being) warned,
used to be warned, etc.

monébar
monēbáris
monēbátur

monēbámur
monēbámini
monēbántur

직설법 미래 수동태

I will be praised

1. laudá-**b-or**
2. laudá-**be**-ris
3. laudá-bi-tur

1. laudá-bi-mur
2. laudā-bí-minī
3. laudā-bú-ntur

I will be warned

moné**bor**
moné**be**ris
monébitur

monébimur
monēbíminī
monēbúntur

위에 굵은 글씨로 부각된 예외적인 형태들은 소수에 불과하다: 현재와 미래의 단수 1인칭에서, 능동 어미 **-ō**가 짧아지고, **-r**는 그것을 대체하기보다는 그것에 직접 덧붙는다; 미래 단수 2인칭에서 **-bi-**는 **-be-**로 바뀐다. 또한 어간의 모음은 **laudantur/monentur**에서는 짧지만, **laudātur/monētur**에서는 길다는 것에 주목하라(1章에 언급된 관련 법칙을 복습하라: **nt**가 어떤 위치에 있든 간에 그 앞의 모음은 대체로 짧아지나, **-m, -r, -t**는 끝머리에 있을 때만 그 앞의 모음이 짧아진다; **laudat**와 **laudātur**를 비교하라). 한편 수동태 단수 2인칭 어미는 **-re**로 교체될 수 있다(예를 들면, **laudāberis** 대신에 **laudābere**); 이 책에서는 그 어미가 쓰이지 않았지만, 나중에 라틴어를 읽다보면 반드시 마주치게 될 것이다.

현재 수동태 부정사

제1활용과 제2활용의 현재 수동태 부정사를 만들기 위해서는 능동태의 마지막 **-e**를 단순히 **-ī**로 바꾸기만 하면 된다.

laudāre, *to praise*
laudārī, *to be praised*

monēre, *to warn*
monērī, *to be warned*

용법

동사가 "능동태"(active: **agō**, **agere**, **ēgī**, **āctum**, *to act*)일 때, 주어는 동사가 표현하는 동작을 수행한다. 반면에 동사가 "수동태"(passive: **patior**, **patī**, **passus sum**, *to undergo, experience*)일 때는 주어에 동작이 가해진다. 대개는 타동사들만 수동태로 사용된다. 그리고 타동사의 (동작을 받아들이는) 목적어였던 것이 이제는 수동태 동사의 (동작을 여전히 받아들이는) 주어로 된다. 영어에서는 동사를 수동태로 만들려면 "be-동사"를 사용해야 한다.

Caesarem admonet. *He warns Caesar.*
Caesar admonētur. *Caesar is (being) warned.*

Urbem dēlēbant. *They were destroying the city.*
Urbs dēlēbātur. *The city was being destroyed.*

Patriam cōnservābit. *He will save the country.*
Patria cōnservābitur. *The country will be saved.*

인격적 동작주를 나타내는 탈격

수동태 동사가 나타내는 동작이 인격적 존재에 의해 행해지면, 그 행위자는 전치사 **ā/ab**와 動作主의 탈격(ABLATIVE OF AGENT)으로 표현된다. 한편 그 동작이 어떤 수단에 의해 이루어지면, 그것은 14章에서 이미 배웠듯이 전치사가 붙지 않는 **수단의 탈격**(ABLATIVE OF MEANS)으로 표현된다. 이러한 탈격들은 아래 예문들에서 보듯이 수동태 동사들과 함께 흔히 사용된다:

Dī Caesarem admonent. *The gods are warning Caesar.*
Caesar ā dīs admonētur. *Caesar is warned by the gods.* (동작주)
Caesar hīs prōdigiīs admonētur. *Caesar is warned by these omens.* (**prōdigium, -iī**). (수단)
Malī virī urbem dēlēbant. *Evil men were destroying the city.*
Urbs ab malīs virīs dēlēbātur. *The city was being destroyed by evil men.* (동작주)
Urbs flammīs dēlēbātur. *The city was being destroyed by flames* (**flamma, -ae**). (수단)
Hī cīvēs patriam cōnservābunt. *These citizens will save the country.*
Patria ab hīs cīvibus cōnservābitur. *The country will be saved by these citizens.* (동작주)

Patria armīs et vēritāte cōnservābitur. *The country will be saved by arms and truth.* (수단)

이 예문들에서 보듯이, 능동문의 구조는 수동문의 구조로 바뀔 수 있다: 직접 목적어였던 것은 주어로 된다; 주어였던 것은 만일 사람이라면 라틴어에서는 동작주의 탈격으로 되며, 사물이라면 수단의 탈격으로 된다; 그리고 능동태 동사를 대체한 수동태 동사는 구문에 맞는 인칭과 수와 시제를 취해야 한다.

VOCĀBVLA

Genus는 철자가 전혀 바뀌지 않고 영어로 유입된 (**oculus**와 **corpus** 같은) 수천 개 라틴어 단어들 중 하나이다. **Hostis**, (나라의) *enemy*는 복수에서는 적 한 사람이 아닌 적 전체를 가리키는 *the enemy*를 뜻한다; 이처럼 라틴어 명사들 중에는 복수에서 영어의 **집합 명사**(COLLECTIVE NOUN)에 상응하는 특별한 의미를 갖는 것들이 있다. 한편 **clārus**와 **cārus**, **moveō**와 **moneō**를 혼동하지 말라. 또한 수동태 **videor, vidērī**는 물론 *to be seen*을 의미할 수 있겠지만, 그러나 *to seem, appear*를 의미할 때가 매우 자주 있다는 사실에도 특히 유의하라; 연습을 위해서 이 동사를 여러분이 배운 여섯 가지 시제의 능동태와 세 가지 시제의 수동태로 활용해 보고, **Summārium Fōrmārum**에 있는 **moneō**의 모든 활용과 비교하라.

flū́men, flū́minis, n., 강, 하천 (flume, fluminous; 아래 **fluō**를 보라)

génus, géneris, n., 기원; 종족, 종류, 양식, 계급 (genus, generic, genitive, gender, general, generous, genuine, degenerate, genre, congenial)

hóstis, hóstis, m., (나라의) 적; **hóstēs, -ium**, 적군 (hostile, hostility, host)

lū́dus, lū́dī, m., 놀이, 경기; 학교 (ludicrous, delude, elude, elusive, allude, allusion, illusion, collusion, interlude, prelude, postlude)

próbitās, probitā́tis, f., 곧음, 정직 (probity, probation)

sciéntia, sciéntiae, f., 지식 (science, scientific, scientist, prescience; cf. **scíre**, 알다)

clā́rus, clā́ra, clā́rum, 맑은, 밝은; 알려진, 유명한, 뛰어난 (clarify, clarity, claret, clarinet, clarion, declare, Clara, Clarissa, Claribel)

mortā́lis, mortā́le, 죽게 되는 (mortality, immortal, immortality; cf. mors)

cūr [부사], 왜, *why*

deínde [부사], 거기로부터; 그런 후에, 그 다음에, 그리고 나서

flúō, flúere, flū́xī, flū́xum, 흐르다 (fluid, fluent, flux, influx, affluence, influence, confluence, influenza, flu, mellifluous, superfluous)

légō, **légere**, **légī**, **léctum**, 뽑아내다, 선택하다; 읽다 (elect, elegant, eligible, lecture, legend, legible, intellect; cf. **dīligō**, **intellegō**, **neglegō**)

mísceō, **miscére**, **míscuī**, **míxtum**, 섞다, 합치다, 휘젓다, 어지럽히다 (miscellaneous, miscible, meddle, medley, melee, promiscuous)

móveō, **movére**, **mṓvī**, **mótum**, 움직이다; 일깨우다, 감동시키다 (mobile, motion, motive, motor, commotion, emotion, remote, locomotive, mutiny)

vídeor, **vidérī**, **vísus sum**, (**videō**의 수동태) 보이다, 여겨지다, ~ 인 것 같다

LĒCTIŌ ET TRĀNSLĀTIŌ

늘 그렇듯이 자습문제들을 먼저 풀어보고, CD를 갖고 있다면 그것을 들으면서 아래 글들을 큰 소리로 읽어라. 그리고 읽을 때는 처음부터 독해를 염두에 두라. 동작주와 수단의 탈격들을 모두 찾고, 아울러 수동태 동사 형태들도 모두 찾아서 각각의 인칭과 수와 시제를 확인하라.

EXERCITĀTIŌNĒS

1. Multī morte etiam facilī nimis terrentur.
2. Beāta memoria amīcitiārum dulcium numquam dēlēbitur.
3. Illa fēmina caeca omnia genera artium quoque intellēxit et ab amīcīs iūcundīs semper laudābātur.
4. Pater senex vester, ā quō saepe iuvābāmur, multa dē celeribus perīculīs ingentis maris heri dīcere coepit.
5. Mentēs nostrae memoriā potentī illōrum duōrum factōrum cito moventur.
6. Cōnsilia hostium illō tertiō bellō longō et difficilī dēlēbantur.
7. Itaque māter mortem quārtī fīliī exspectābat, quī nōn valēbat et cuius aetās erat brevis.
8. Bella difficilia sine cōnsiliō et clēmentiā numquam gerēbāmus.
9. Tē cum novem ex aliīs miserīs ad Caesarem crās trahent.
10. Rēgem ācrem, quī officia neglegere incēperat, ex urbe suā ēiēcērunt.
11. Ille poēta in tertiō libellō saturārum scrīpsit dē hominibus avārīs quī ad centum terrās aliās nāvigāre cupiunt quod pecūniam nimis dēsīderant.

작문

12. Mercy will be given by them even to the citizens of other cities which they rule.

13. Many are moved too often by money but not by truth.

14. The state will be destroyed by the powerful king, whom they are beginning to fear.

15. Those ten women were not frightened by plans of that trivial sort.

SENTENTIAE ANTĪQVAE

1. Possunt quia posse videntur. (*Virgil.—**quia** [접속사], *because*.)

2. Etiam fortēs virī subitīs perīculīs saepe terrentur. (Tacitus.—**subitus, -a, -um**, 갑작스런.)

3. Tua cōnsilia sunt clāra nōbīs; tenēris scientiā hōrum cīvium omnium. (Cicero.)

4. Malum est cōnsilium quod mūtārī nōn potest. (*Publilius Syrus.)

5. Fās est ab hoste docērī. (Ovid.—**fās est**, *it is right*.)

6. Eō tempore erant circēnsēs lūdī, quō genere levī spectāculī numquam teneor. (Pliny.—**circēnsēs lūdī**, 원형 경기장에서의 시합; *circa, circle*; *ludicrous, interlude*.—**quō genere:** by which kind=a kind...by which; 여기서처럼 선행사가 관계절로 편입된 경우가 가끔 있다.—**spectāculum, -ī**, n.; *spectacular, spectator*.)

Marble funerary relief of circus scene, 1st-2nd cent. A.D.
Museo Gregoriano Profano, Vatican Museums, Vatican State

7. Haec est nunc vīta mea: admittō et salūtō bonōs virōs quī ad mē veniunt; deinde aut scrībō aut legō; post haec omne tempus corporī datur. (Cicero.—**salūtāre**, 아침 접대에서 인사하다, 문안하다; *salutation, salutatorian*.)

8. Nihil igitur mors est, quoniam nātūra animī habētur mortālis. (Lucretius.)

9. Amor miscērī cum timōre nōn potest. (*Publilius Syrus.)

10. Numquam enim temeritās cum sapientiā commiscētur. (*Cicero.—**temeritās, -tātis**, f., 경솔함; *temerarious, temerity*.—**commiscētur**: = **miscētur** + 흔히 강조의 효과를 지닌 접두사 **com-**)

11. Dīligēmus eum quī pecūniā nōn movētur. (Cicero.)

12. Laudātur ab hīs; culpātur ab illīs. (*Horace.)

13. Probitās laudātur—et alget. (*Juvenal.—**algēre**, 차다, 무시되다; *algid*.)

죽음과 변형에 대해

Ō genus hūmānum, quod mortem nimium timet! Cūr perīcula mortis timētis? Omnia mūtantur, omnia fluunt, nihil ad vēram mortem venit. Animus errat et in alia corpora miscētur; nec manet, nec eāsdem fōrmās servat, sed in fōrmās novās mūtātur. Vīta est flūmen; tempora nostra fugiunt et nova sunt semper. Nostra corpora semper mūtantur; id quod fuimus aut sumus, nōn crās erimus.

Ovid *Met.* 15.153-216: 오비디우스(Publius Ovidius Naso, 주전 43-주후 17)는 여러 권의 연애 시집과 **Metamorphōsēs**로 인해 2000년 동안 엄청난 인기를 누려왔다: 전자에는 외설적인 **Ars Amātōria**, "사랑의 기술"이 포함되어 있는데, 이 시집은 그의 전성기인 주후 8년에 아우구스투스가 그를 로마에서 추방하게 된 이유들 중 하나였던 것 같다; 그리고 후자는 서사시와 유사한 250편의 상호연결된 변형 신화들을 15권으로 집대성한 영향력이 매우 큰 작품이다. 여기에 실린 글은 그 시의 마지막 책에서 발췌하여 산문체로 바꾼 것으로, 왜 사람들이 죽음을 두려워해서는 안되는가에 대해 논하는 맥락에서, 영혼들의 윤회에 관해 상상에 근거한 견해들을 제시하고 있다(위의 S.A. 8에 담긴 루크레티우스의 소견과 비교할 만하다).

QVAESTIŌNĒS: 죽음의 두려움을 가라앉히기 위해 이 글에서 특별히 내세운 주장은 무엇인가? 고대나 현대의 독자들에게 (여러분 자신을 포함하여) 그러

한 주장이 설득력 있고 위로를 줄 수 있을까? 아니면 오히려 불안을 느끼게 하는 것은 아닐까?

SCRĪPTA IN PARIETIBVS

M. Lucrētius Frontō, vir fortis et ho<nestus>.

CIL 4.6796: V 지역, 4 구역에 있는 집 안마당의 벽에 그려진 낙서이다. 누가 이것을 썼든지 간에, Fronto 자신이든 아니면 그를 흠모한 자든 간에, 두 번째 줄에 **ET**와 (추측컨대) **HONESTVS**("존경할 만한"—이러한 새김글들에서 흔히 볼 수 있는 칭호)를 추가하기 시작했다가 무슨 이유에선지 쓰기를 멈추고 아직 완성되지 않은 문구를 지우려고 하였다. 여러분은 단어들을 분리시키기 위해 사용된 점을 지칭하는 용어가 생각나는가?—그렇지 않다면, 10-11 휠의 낙서들을 보라.—**M.:** 이 약칭이 기억나지 않으면, 14 휠의 "키케로는... 생각한다"를 보라.

LATĪNA EST GAVDIVM—ET VTILIS!

Salvēte! 동사 **legere**는 의아스럽다—어떻게 똑같은 말이 "수집하다"와 "읽다"라는 전혀 다른 의미를 동시에 나타낼 수 있는가? 그러나 읽는 과정은 본문의 단어들을 거두어 모으는 것과 유사하기 때문이다. 한 가지 좋은 예를 들자면, 우리(특히 라틴어를 배우는 학생들)는 모두가 "단어 수집가들"이다! "예쁜 꽃들은 기회 있을 때 따서 모아라"... 언어의 즐거움도 역시. 위의 **Vocābula**에 소개된 수동태 **videor**의 독특한 의미에 유의하라; 다음은 이 단원에서 또한 처음 나온 현재 수동태 부정사를 포함한 구문으로, North Carolina 州의 표어이다: **esse quam vidērī**, *to be rather than to seem*. 한편 **scientia**도 여러 표어들에서 볼 수 있다: **scientia est potentia**, "아는 것이 힘이다"는 우리도 아주 즐겨 쓰는 것이고, 또 다른 예로 **scientia sōl mentis est**, *knowledge is the sun of the mind*(Delaware 대학교의 표어)가 있다. **Valēte, discipulae discipulīque!**

CAPVT XIX

완료 수동태 체계; 의문 대명사와 의문 형용사

GRAMMATICA

완료 수동태 체계

완료 수동태 체계에 속한 형태들의 구조는 매우 단순하다: 동사의 완료 수동태 분사(네 번째 기본어)가 **sum, erō, eram**과 결합하면, 각각 완료, 미래완료, 과거완료 수동태가 된다. 이러한 패턴은 동사가 어떤 활용에 속하든지 간에 똑같이 적용된다; 그러므로 아래 패러다임에서 **monitus, āctus, audītus, captus** 또는 그 밖의 완료 수동태 분사들은 무엇이든 **laudātus**를 대신할 수 있다.

직설법 완료 수동태

1. laudátus, -a, -um sum — *I was praised, have been praised*
2. laudátus, -a, -um es — *you were praised, have been praised*
3. laudátus, -a, -um est — *he/she/it was praised, has been praised*

1. laudátī, -ae, -a súmus — *we were praised, have been praised*
2. laudátī, -ae, -a éstis — *you were praised, have been praised*
3. laudátī, -ae, -a sunt — *they were praised, have been praised*

직설법 미래완료 수동태

I shall have been praised, etc.
1. laudátus, -a, -um érō
2. laudátus, -a, -um éris
3. laudátus, -a, -um érit

1. laudátī, -ae, -a érimus
2. laudátī, -ae, -a éritis
3. laudátī, -ae, -a érunt

직설법 과거완료 수동태

I had been praised, etc.
1. laudátus, -a, -um éram
2. laudátus, -a, -um érās
3. laudátus, -a, -um érat

1. laudátī, -ae, -a erámus
2. laudátī, -ae, -a erátis
3. laudátī, -ae, -a érant

용법과 번역

라틴어에서 분사는 **sum**과 결합되어 한 단위의 동사로 기능한다고 할지라도, 그 분사는 본질적으로 서술적 형용사와 같은 것이다; 즉, **puella laudāta est** = **puella est laudāta** (cf. **puella est bona**). 따라서 그 분사는 주어의 性·數·格 에 일치하는 것이 논리적으로 합당하다.

라틴어에서 완료 체계의 수동태 동사들을 만들 때 **sum, esse**의 현재, 미래, 미완료를 사용하는 것처럼, 영어에서는 완료 체계(능동과 수동)의 조동사로서 *have*의 현재, 미래, 과거 시제를 사용한다: **laudātus est**, *he **has** been praised* (또는 단순 과거, *was praised*); **laudātus erit**, *he **will have** been praised*; **laudātus erat**, *he **had** been praised*. 여기서 한 가지 유의할 사항은 **laudātus est**를 *is praised*로, **laudātus erat**를 *was praised*로 흔히 번역하는 오류를 범하지 말아야 한다는 것이다(이는 **esse**와 분사를 한 단위로 취급하지 않고 별개로 본 데서 비롯된 잘못이라 하겠다). 아래의 예문들은 형태와 용법 및 번역에 관한 이러한 법칙들을 잘 보여주고 있다:

Puella laudāta est. *The girl has been (was) praised.*
Puellae laudātae erant. *The girls had been praised.*
Puellae laudātae erunt. *The girls will have been praised.*
Puerī monitī sunt. *The boys have been (were) warned.*
Perīculum nōn vīsum erat. *The danger had not been seen.*
Perīcula nōn vīsa sunt. *The dangers were not seen.*
Litterae scrīptae erunt. *The letter will have been written.*

일람표

이제 여러분은 제1활용과 제2활용 동사들의 직설법 능동태와 수동태를 모든 여섯 가지 시제들로 일람할 수 있는 목록을 작성할 수 있을 것이다; 아래는 그 일례이다:

현재	미래	미완료	완료	미래완료	과거완료
능동태					
amat	amābit	amābat	amāvit	amāverit	amāverat
수동태					
amātur	amābitur	amābātur	amātus est	amātus erit	amātus erat

의문 대명사

영어의 의문 대명사(who?/whose?/whom?/what?/which?)와 마찬가지로 라틴어의 의문 대명사 **quis, quid**는 사람이나 사물의 정체에 대해 묻는 말이다: 예를 들면, **quid vidēs?** *what do you see?* **quis cōnsilium habet?** *who has a plan?* 라틴어 의문 대명사의 복수 형태들은 관계 대명사의 그것들과 동일하다; 단수에서도 다음 두 경우들을 제외하면 관계 대명사의 패턴을 그대로 따른다: (1) 남성과 여성은 동일한 형태를 취한다; (2) 주격 형태들은 **quis, quid**이다(물론 **quid**는 중성 대격 형태이기도 하다).

| | 단수 | | 복수 | | |
	M. & F.	N.	M.	F.	N.
주격	quis	quid	quī	quae	quae
속격	cuíus	cuíus	quốrum	quárum	quốrum
여격	cui	cui	quíbus	quíbus	quíbus
대격	quem	quid	quōs	quās	quae
탈격	quō	quō	quíbus	quíbus	quíbus

의문 형용사

영어의 의문 형용사(which…?/what…?/what kind of…?)와 마찬가지로, 라틴어의 의문 형용사 **quī, quae, quod**도 사람이나 사물을 보다 잘 알려고 물을 때 사용하는 말이다: 예를 들면, **quod signum vidēs?** *what sign do you see?* **quae fēmina cōnsilium habet?** *which woman has a plan?* **in quā urbe vīvimus?** *in what kind of city are we living?* 이 의문사는 감탄사와 같은 효과를 지니는 때가 가끔 있다: **quōs mōrēs malōs istī habent!** *what terrible morals those men have!* 의문 형용사의 형태들은 단수와 복수에서 모두 관계 대명사의 형태들과 동일하다.

의문사와 관계사의 식별

Quis와 **quid**는 그 형태만 보아도 의문 대명사인 것을 쉽게 간파할 수 있다. 하지만 그 밖의 의문 대명사 및 의문 형용사와 관계 대명사는 형태에 의해서가 아니라, 단지 그 기능과 문맥에 의해서만 식별될 수 있다. 아래의 요점들은 그러한 식별을 용이하게 해 줄 것이다:

1. **의문 대명사**는 사람이나 사물의 정체에 관해 묻는 말이며, 선행사를 갖지 않고, 끝에 의문 부호가 붙은 문장을 종종 인도한다(30장에서 소개될 "간접 의문문"은 예외이다): **quid legis?** *what are you reading?*

2. **의문 형용사**는 사람이나 사물에 관해 좀더 자세히 알기 위해 묻는 말이며, 의문 대명사와 마찬가지로 질문의 대상이 되는 명사보다 앞에 위치하고 그것의 性·數·格을 따른다: **quem librum legis?** *which book are you reading?*

3. **관계 대명사**는 일반적으로 종속절을 이끌고, 선행사를 가지며, 묻는 말이 아니다(사실상 관계절은 선행사에 관한 좀더 자세한 정보를 제공하는 꾸밈말 같은 것으로서 오히려 질문에 대한 답변의 성격을 지닌다): **liber quem legis est meus**, *the book which you are reading is mine.*

아래 예문들에서 관계 대명사와 의문 대명사 그리고 의문 형용사 중에 어떤 것이 사용되었는지 식별하라.

Quis librum tibi dedit? *Who gave the book to you?*

Vir quī librum tibi dedit tē laudāvit. *The man who gave you the book praised you.*

Quem librum tibi dedit? *Which book did he give you?*

Cuius librum Cicerō tibi dedit? *Whose book did Cicero give to you?*

Cuius librī fuit Cicerō auctor? *Of which book was Cicero the author?*

Vir cuius librum Cicerō tibi dedit tē laudāvit. *The man whose book Cicero gave to you praised you.*

Cui amīcō librum dedistī? *To which friend did you give the book?*

Cui librum Cicerō dedit? *To whom did Cicero give the book?*

Vir cui Cicerō librum dedit tē laudāvit. *The man to whom Cicero gave the book praised you.*

Quid dedit? *What did he give?*

Quod praemium dedit? *What reward did he give?* (**praemium, -iī.**)

Praemium quod dedit erat magnum. *The reward which he gave was large.*

Ā quō praemium datum est? *By whom was the reward given?*

Vir ā quō praemium datum est tē laudāvit. *The man by whom the reward was given praised you.*

Quō praemiō ille mōtus est? *By which reward was that man motivated?*

VOCĀBVLA

아래 **Vocābula**에서 **iūdex**와 **iūdicium**처럼 비슷하게 보이는 단어들을 혼동하지 않도록 유의하라. 또한 전에 배웠던 **et**와 아래 목록에 있는 **at**도 혼동하기 쉬운 접속사들이다. 이 어휘에는 처음 보는 동사들이 세 개 있는데, 그들 중 하나를 활용하여 일람표를 만들고, 이를 583-85쪽의 **Summārium Fōrmārum**에 있는 **laudāre**의 모든 활용 형태들과 비교해 보라. 또한 이 목록에 새로 나온 명사들 중 하나를 의문 형용사와 결합시켜 곡용하라; 예를 들면, **quī auctor**, *which author?* 또는 **quod scelus**, *what crime?*

argūméntum, argūméntī, n., 증거, 논증; 주제, 내용 (argumentation, argumentative)

aúctor, auctóris, m., 늘리는 자; 작가, 창시자 (authority, authorize)

benefícium, benefíciī, n., 선행, 은혜, 친절; 특전 (beneficence, beneficial, beneficiary; cf. **faciō**)

família, famíliae, f., 가족, 식구 (familial, familiar, familiarity)

Graécia, Graéciae, f., 그리스

iúdex, iúdicis, m., 재판관, 심사원 (judge, judgment; 바로 아래 **iūdicium**과 14章의 **iūs**를 참조하라)

iūdícium, iūdíciī, n., 판단, 결정, 견해; 재판 (adjudge, adjudicate, judicial, judicious, injudicious, misjudge, prejudge, prejudice)

scélus, scéleris, n., 악행, 죄, 범죄, 불경한 짓; 불행, 재난

quis? quid? [의문 대명사], 누구? 무엇? 어느 것? (quiddity, quidnunc, quip; cf. **quisque**)

quī? quae? quod? [의문 형용사], 무슨? 어느? 어떤?; 때로는 감탄사처럼 쓰인다 (quo jure)

cértus, cérta, cértum, 명확한, 확실한, 틀림없는, 믿음직한 (ascertain, certify, certificate)

grávis, gráve, 무거운, 육중한; 신중한, 중요한; 심한, 가혹한 (aggravate, grief, grievance, grieve, grave, gravity)

immortális, immortále, 죽지 않는, 불멸의 (cf. **mors**)

at [접속사], 그러나; 그게 아니고; 그러나 말이야; 대체로 **sed**보다 상반된 의미를 더 강하게 표출한다

nísi [접속사], 아니라면, *if . . . not, unless*; 이외에, *except* (nisi prius)

cóntrā [전치사 +대격], 反하여, *against* ("contra-"가 붙은 복합어: contradict, contrast, contravene, contrapuntal, 그리고 "어원론 보충 자료" 566쪽을 보라; contrary, counter, encounter, country, pro and con)

iam [부사], 지금, 이제, 이미, 벌써, 곧

dēléctō, dēlectắre, dēlectắvī, dēlectắtum, 기쁘게 하다, 즐겁게 하다, 호감을 주다 (delectable, delectation)

líberō, līberắre, līberắvī, līberắtum, 자유케 하다, 해방하다 (liberate, liberation, liberal, deliver; cf. **līber, lībertās**)

párō, parắre, parắvī, parắtum, 준비/예비하다, 마련하다; 얻다, 획득하다 (apparatus, compare, parachute, parapet, parasol, pare, parry, repair, reparation, separate, several)

LĒCTIŌ ET TRĀNSLĀTIŌ

아래 글들을 자세히 살펴보면서 완료 체계의 수동태들 및 의문 대명사들과 의문 형용사들을 확인하라. 그리고 **qu-** 단어들을 혼동하지 않도록, 위에서 말한 "의문사와 관계사의 식별" 방법을 반드시 복습하라. 완료 체계의 수동태들을 다룰 때, **esse**의 형태들에 잘못 초점을 맞춤으로써 그것들을 단순히 현재, 미래, 미완료로 번역하지 않도록 유의하라: 예를 들면, 2번 문제에서 **dēlēta est**는 *is destroyed*가 아니라 *has been/was destroyed*이다.

EXERCITĀTIŌNĒS

1. Quis lībertātem eōrum eō tempore dēlēre coepit?
2. Cuius lībertās ab istō auctōre deinde dēlēta est?
3. Quōs librōs bonōs poēta caecus heri recitāvit?
4. Fēminae librōs difficilēs crās legent quōs mīsistī.
5. Omnia flūmina in mare fluunt et cum eō miscentur.
6. Itaque id genus lūdōrum levium, quod ā multīs familiīs laudābātur, nōs ipsī numquam cupimus.
7. Puerī et puellae propter facta bona ā mātribus patribusque quoque laudātae erunt.
8. Cūr istī vēritātem timēbant, quā multī adiūtī erant?
9. Hostēs trāns ingēns flūmen in Graeciā deinde cito nāvigāre incēpērunt.
10. Quī vir fortis clārusque, dē quō lēgistī, aetātem brevem mortemque celerem exspectābat?

11. Quae studia gravia tē semper dēlectant, aut quae nunc dēsīderās?
작문

12. Who saw the six men who had prepared this?

13. What was neglected by the second student yesterday?

14. We were helped by the knowledge which had been neglected by him.

15. Whose plans did the old men of all those cities fear? Which plans did they esteem?

SENTENTIAE ANTĪQVAE

1. Quae est nātūra animī? Est mortālis. (Lucretius.)

2. Illa argūmenta vīsa sunt et gravia et certa. (Cicero.)

3. Quid nōs facere contrā istōs et scelera eōrum dēbēmus? (Cicero.)

4. Quid ego ēgī? In quod perīculum iactus sum? (Terence.)

5. Ō dī immortālēs! In quā urbe vīvimus? Quam cīvitātem habēmus? Quae scelera vidēmus? (Cicero.)

6. Quī sunt bonī cīvēs nisi eī quī officiō moventur et beneficia patriae memoriā tenent? (Cicero.)

7. Alia, quae pecūniā parantur, ab eō stultō parāta sunt; at mōrēs eius vērōs amīcōs parāre nōn potuērunt. (Cicero.)

극작가 소포클레스는 늙어서도 여전하였다

Quam multa senēs in mentibus tenent! Sī studium grave et labor et probitās in senectūte remanent, saepe manent etiam memoria, scientia, sapientiaque. Sophoclēs, scrīptor ille Graecus, ad summam senectūtem tragoediās fēcit; sed propter hoc studium familiam neglegere vidēbātur et ā fīliīs in iūdicium vocātus est. Tum auctor eam tragoediam quam sē-cum habuit et quam proximē scrīpserat, "Oedipum Colōnēum," iūdicibus recitāvit. Ubi haec tragoedia recitāta est, senex sententiīs iūdicum est līberātus.

Cicero *Sen.* 7.22: **Dē Senectūte**에서 발췌한 이 글에서(여러분은 15장과 17장에 있는 다른 글들도 다시 읽어보기 바란다), 키케로는 그리스의 비극 작가 소포클레스(주전 약 496-406년)에 관한 일화를 전하고 있는데, 그는 긴 생애를 지나면서 120편도 넘는 희곡을 지었고, 그들 중 많은 작품들이 상을 받았다.— **summam**, 극단의, 최고의; *summary, summit.*—**tragoedia, -ae**, f.; 이중모음

oe는 영어 단어에서 **e**로 되었다; *tragedian, tragic.*—**proximē** [부사], 바로 전; *proximity, approximate.*—**Oedipum Colōnēum:** 소포클레스는 그의 말년에 희곡 "콜로노스의 오이디푸스"를 마지막으로 썼고, 이 작품은 그가 죽은 후 주전 401년에 그의 손자에 의해 경연대회에 올려져 일등을 차지했다.

QVAESTIŌNĒS: 키케로가 자신의 논설 **Dē Senectūte**에서 소포클레스에 관한 이 일화를 전하는 목적은 무엇인가? 소포클레스의 아들들이 그에 대해 제기한 비난들은 그에게 죄가 되지 않는다고 법정이 판결한 이유는 무엇인가?

소포클레스의 대리석 立像
주전 4세기 그리스에서 만들어진 原作을
로마에서 복제한 模作
Museo Gregoriano Profano
Vatican Museums, Vatican State

카툴루스는 레스비아에게 쓰라린 작별을 고한다

Valē, puella—iam Catullus obdūrat.
. . . .

15 Scelesta, vae tē! Quae tibī manet vīta?
Quis nunc tē adībit? Cui vidēberis bella?
Quem nunc amābis? Cuius esse dīcēris?
Quem bāsiābis? Cui labella mordēbis?
At tū, Catulle, dēstinātus obdūrā.

*Catullus *Carm.* 8.12, 15-19; 이 글은 카툴루스 詩의 몇 구절을 그대로 발

췌한 것인데, 2장에서 여러분은 매우 단순한 산문체로 바꾼 이 詩의 한 대목을 읽었을 것이다 (또한 Locī Ant. I, 430-31쪽에는 이 詩가 거의 완전한 형태로 실려 있다); 운율: 跛行短長格(choliambic). **obdūrāre**, 굳다, 거칠다, 견디다; *obdurate.*—**scelestus, -a, -um**, 사악한, 저주받은; *scelerat.*—**vae tē**, 네게 화로다.—**quae**는 **vīta**에 연결된다.—**tibī**: 운문에서는 마지막 장모음이나 단모음이 짧아지거나 길어지는 경우가 가끔 있다.—**adībit**: 만나겠느냐?—**dīcēris**: 네가 말해지겠느냐?—**bāsiāre**, 입맞추다.—**cui**: 여기서는 **cuius**와 같은 뜻이다 (이처럼 여격이 소유를 나타내는 때가 종종 있다).—**labellum, -ī**, n., 입술; *labial.*—**mordēre**, 깨물다, 씹다; *mordant, morsel, remorse.*—**dēstinātus, -a, -um**, 단호한, 굳은; *destination, destiny.*

QVAESTIŌNĒS: 이 발췌문에서 가장 두드러진 문체적 특징은 무엇인가?—리듬과 음향 효과까지도 음미해 보라. 카툴루스의 어조는 기소 검사의 그것과 어떻게 닮았는가?—그의 물음들은 어떻게 점점 더 격해지는가? 카툴루스가 자신을 삼인칭으로 묘사하고 시를 마무리 짓는 행에서는 자신을 향해 훈계하는 것은 어떤 심리상태에 기인하는가?

책장에서 나온 메시지

Sēlectōs nisi dās mihī libellōs,
admittam tineās trucēsque blattās!

*Martial *Epig.* 14.37: 마르티알리스가 쓴 첫 번째 책들 중 하나는, XIV권으로 분류된 필사본에 실려있기는 하지만, 별도로 **Apophorēta**라는 표제가 붙여졌는데, 이는 그리스어로서 그 문자적 의미는 "(손님들이)가져가는 것들"이며, 우리에게는 "파티 선물들"과 같은 것이다. 이 짧은 시들은 선물들과 함께 증정되었고, 각각의 시에는 그 물건의 이름이 붙여졌다(여기서는 **scrīnium**, 책들을 보관하는 원통형 용기). 그렇게 선사된 시는 대체로 읽는 자를 대상으로 한다—이 경우는 위협적이다! 운율: 11마디律(hendecasyllabic).—**sēlectus, -a, -um**, 뽑힌, 정선된; *selection, selective.*—**tinea, -ae**, 구더기, 책벌레; *tineal.*—**trux, trucis**, 사나운, 야만적인; *truculent.*—**blatta, -ae**, 좀벌레.

QVAESTIŌNĒS: 우리가 보았듯이, 운문에서 어순은 산문의 그것보다 훨씬 자유롭다; 여러분이 첫 번째 행의 단어들을 표준적인 산문 어순으로 재배열한다면 어떻게 하겠는가? 특히 어떤 단어가 책장에 해를 끼칠 것이라는 조롱섞인 협박을 더욱 강조하는가?

SCRĪPTA IN PARIETIBVS

Casta sum māter, et omnīnō alō quod mercās.

CIL 4.8842: 이 낙서는 III 지역, 3 구역에 있는 한 건물에서 발견되었다. *CIL* 의 편집자들은 그 건물이 폼페이 청년들을 위한 학교(**schola iūventūtis**)라고 확정지었는데, 이는 봄에 꽃을 피우고 생명을 소생시키는 로마의 여신 플로라 와 연관이 있었던 것 같다. 또한 그의 이름은 인근에 있는 낙서(4.8840)에도 두 번 등장하는바, 아마도 그 학교의 수호신이었을 것이다. *CIL* 의 편집자들은 그 여신이 젊은 숭배자에게 전하는 말을 담고 있는 찬가에서 이 낙서가 나온 것으 로 간주한다.—**castus, -a, -um**, 흠없는, 거룩한, 순결한; *chaste, chastity.*— **casta . . . māter**: 풍요의 여신인 플로라에게 적합한 묘사이다; 해마다 그녀를 기념했던 축제인 **Flōrālia**는 매춘부들에게 자신들만을 위한 특별한 휴일로 받 아들여졌다.—**omnīnō** [부사], 모두, 완전히, 전부; *omnipotent, omniscient.* —**mercāre**, 사다, 장사하다; 취급하다, 거래하다 (이 글에서의 의미와 유사한 영어 숙어로서, cf. "in all your dealings"너의 모든 거래들에서 = "all that you deal with"네가 거래하는 것은 모두 다); *mercantile, merchant.*

LATĪNA EST GAVDIVM—ET VTILIS!

Salvēte!—quid agitis? 2章부터 나오는 이 인사말에서 우리는 **quid**를 줄곧 보아 왔다(*what are you doing?*이 아니라 *how are you doing?*이다). 그리 고 15章에서 전체의 속격을 설명할 때 언급한 **quid novī**, *what's new?*를 기 억하는가? 여러분은 라틴어 공부를 시작하기 전에도 다음과 같은 흔한 말들과 마주친 적이 있을 것이다: **quid prō quō**, *one thing in return for another* (= "tit for tat"—**quid**는 부정대명사 *something*과 같은 의미로 종종 사용되었 다); **quidnunc**, "매사에 참견하는 사람"(문자적으로는 "뭐야 지금?!"). 의문 형용사도 영어 안으로 들어왔다: **quō jūre** (고전에서는 **iūre**), *by what (legal)* *right*, **quō animō**, *with what intention*, **quō modō**, *in what manner*. 여러분은 15章에서 **iaciō, iacere, iēcī, iactum**을 배웠으므로, 율리우스 카이사르의 저 유명한 말에서 완료 수동태를 이제는 알아볼 수 있을 것이다: **alea iacta est**, *the die has been cast*.—주전 49년에 大폼페이와 내전을 벌이기 위해 이탈리아 북부의 루비콘 강(지도 1을 보라)을 건너면서 외친 말이다. **Discipulī discipulaeque, valēte!**

CAPVT XX

제4곡용; 출처와 분리의 탈격들

GRAMMATICA

제4곡용

제4곡용은 배우기 쉬울 뿐만 아니라, 여기에 속한 명사들의 수도 비교적 적은데, 대부분이 남성으로서 단수 주격이 **-us**로 되어 있다. 그러나 여성 명사들도 다소 포함하고 있으며, 이들 또한 **-us**의 형태를 지닌다. 한편 단수 주격이 **-ū**인 중성 명사들도 조금 발견된다. 다른 모든 명사들의 경우와 마찬가지로, 곡용을 하기 위해서는 아래에 제시된 새로운 어미들을 어간에 단순히 덧붙이기만 하면 된다; 복수 여격과 탈격을 제외하면(간혹 **-ibus** 대신에 **-ubus**를 갖는 명사들도 있다), 모든 어미들에는 특징적인 모음 **u**가 나타나고, 모든 **-us** 어미들 중에 남성과 여성의 단수 주격만이 단모음 **-u-**를 지닌다는 사실에 유의하라.

| | **frūctus, -ūs, m.** | **cornū, -ūs, n.** | 어미 | |
	fruit	*horn*	**M./F.**	**N.**
주격	frūctus	córnū	-us	-ū
속격	frūctūs	córnūs	-ūs	-ūs
여격	frūctuī	córnū	-uī	-ū
대격	frūctum	córnū	-um	-ū
탈격	frūctū	córnū	-ū	-ū
주격	frūctūs	córnua	-ūs	-ua
속격	frūctuum	córnuum	-uum	-uum
여격	frūctibus	córnibus	-ibus	-ibus
대격	frūctūs	córnua	-ūs	-ua
탈격	frūctibus	córnibus	-ibus	-ibus

제2곡용과 제3곡용에서도 **-us** 명사들(예: **amīcus**와 **corpus**)이 있다는 사실을 기억하라; 어떤 명사의 곡용을 결정짓는 요소는 주격이 아니라 속격의 어미이

므로, 새로운 단어와 마주칠 때마다, 주격뿐만 아니라 속격 형태도 반드시 숙지해야 한다. 또한 명사와 꾸미는 형용사 간에 性·數·格이 일치해야 한다고 해서 어미까지 똑같을 필요는 전혀 없다; 그러므로 **frūctus dulcis**, **frūctūs dulcis**, etc., *sweet fruit;* **manus mea**, **manūs meae**, etc., *my hand;* **cornū longum**, **cornūs longī**, etc., *a long horn;* etc.

출처와 분리의 탈격들

출처와 분리를 나타내는 탈격들은 흔히 사용되는 것으로서, 그 둘은 구문론적으로 밀접하게 연관되어 있다(탈격 용법들의 목록에 지금 바로 추가해 놓아라). 양자 간의 기본적인 차이를 말하자면, 여러분이 읽은 글들에서 이미 마주친 적이 있는 **출처의 탈격**(ABLATIVE OF PLACE FROM WHICH)은 한 곳에서 다른 곳으로 움직이는 동작을 나타내는 동사와 으레 결부된다; 또한 그 탈격은 전치사 **ab**, **dē**, **ex** (*away from, down from, out of*) 중에서 어느 하나의 지배를 받는 것이 보통이다:

> **Graecī ā patriā suā ad Italiam nāvigāvērunt.** *The Greeks sailed from their (own) country to Italy.*
> **Flūmen dē montibus in mare flūxit.** *The river flowed down from the mountains into the sea.*
> **Multī ex agrīs in urbem venient.** *Many will come from the country into the city.*
> **Cicerō hostēs ab urbe mīsit.** *Cicero sent the enemy away from the city.*

분리의 탈격(ABLATIVE OF SEPARATION)은, 그 용어가 암시하듯이, 어떤 사람이나 사물이 다른 데로부터 단지 분리되어 있음을 뜻한다; 여기에는 한 곳에서 다른 곳으로 이동하는 적극적인 움직임이 없다; 그리고 가끔은 전치사의 지배를 받지 않는데, 특히 "풀어주다"(*to free*), "결하다"(*to lack*), "빼앗다"(*to deprive*)를 의미하는 동사들에 연결될 때 그러하며, 이러한 동사들은 당연히 분리의 탈격을 흔히 취한다:

> **Cicerō hostēs ab urbe prohibuit.** *Cicero kept the enemy away from the city* (위의 유사한 예문과 비교하라).
> **Eōs timōre līberāvit.** *He freed them from fear.*
> **Agricolae pecūniā saepe carēbant.** *The farmers often lacked money.*

VOCĀBVLA

제4곡용에서만이 아니라, 제2곡용과 제3곡용에서도 -us 명사들이 있다(예를 들면, amīcus와 corpus)는 사실을 상기하라. 명사의 곡용을 확인시켜주는 것은 주격 어미가 아니라 속격 어미이므로, 새로운 명사가 나올 때마다 어휘 표제어를 전부 암기해야 한다. Coniūrātī는 복수 형태로만 나타나는데, 이는 당연한 현상이다—여러분은 그 이유를 설명할 수 있겠는가? 한편 frūctus와 frūctūs 같은 형태들을 비교해 보면, 장음부호로 인해 종종 단어의 뜻과 쓰임새가 사뭇 달라지므로 그 부호는 단어의 철자와 발음의 한 부분으로 반드시 외워야 한다는 말이 새삼 기억날 것이다. 새로운 패러다임들과 어휘를 익힐 때는 강사의 발음이나 온라인 오디오, 그리고 CD를 갖고 있다면, 그것 또한 경청하면서 큰 소리로 따라 읽어라: semper audī prōnūntiāque! 어휘를 공부할 때 새로운 명사들과 형용사들이 나오면, 그것들을 짝지워서 곡용해 보라; 예를 들면, sēnsus commūnis, manus dextra, genū sinistrum.

coniūrā́tī, coniūrātṓrum, m. pl., 공모자들 (conjure, conjurer; cf. **coniū-rātiō**, 공모, conjuration)

córnū, córnūs, n., 뿔 (corn—곡물이 아니라 굳은 살; cornea, corner, cornet, cornucopia, unicorn)

frū́ctus, frū́ctūs, m., 열매; 소득, 이익, 즐거움 (fructify, fructose, frugal)

génū, génūs, n., 무릎 (genuflect, genuflection, genual; 영어 "knee"와 어근이 같다)

mánus, mánūs, f., 손; 手記; 단체 (manual, manufacture, manumit, manuscript, emancipate, manacle, manage, manicle, maneuver)

métus, métūs, m., 두려움, 무서움, 염려 (meticulous; cf. metuere, 두려워하다, 무서워하다)

mōns, móntis, m., 산 (mount, mountainous, Montana, amount, catamount, paramount, surmount, tantamount)

senátus, senátūs, m., 원로원 (senator, senatorial; senex에서 나온 단어로 "원로들"의 협의체였다)

sḗnsus, sḗnsūs, m., 느낌, 감각 (sensation, sensory, sensual, sensuous, insensate, senseless, sensible, sensitive; cf. **sentiō**)

sérvitūs, servitū́tis, f., 노예 상태, 예속 (service; cf. **servō**)

spíritus, spíritūs, m., 숨, 호흡; 영, 혼 (spiritual, spiritous, conspire, inspire, expire, respiratory, transpire; cf. **spīrāre**, 숨쉬다)

vérsus, vérsūs, m., 詩의 行 (versify, versification)

commúnis, commúne, 공유된, 일반적, 공동체적 (communal, commune, communicate, communicable, communion, communism, community, excommunicate)

déxter, déxtra, déxtrum, 오른, 우측의 (dexterity, dextrous, ambidextrous)

siníster, sinístra, sinístrum, 왼, 좌측의; 해로운, 불길한 (sinister, sinistral, sinistrodextral)

cáreō, carére, cáruī, caritúrum [+분리의 탈격], 없다, 빼앗기다, 부족하다, 결하다; 자유롭다 (caret—carat은 아니다)

dēféndō, dēféndere, dēféndī, dēfénsum, 물리치다; 방어하다, 보호하다 (defendant, defense, defensible, defensive, fence, fencing, fend, fender, offend)

discédō, discédere, discéssī, discéssum, 가버리다, 떠나다 (proceed, secede; **discō**와 혼동하지 말라)

ódī, ōdísse, ósum (현재적 의미를 지닌 완료 체계의 형태들이 대부분인 결여 동사; 17章에서 **coepī**에 대한 코멘트를 보라), 미워하다 (odium, odious)

prohíbeō, prohibére, prohíbuī, prohíbitum, 막다, 금하다, 제지하다, 방해하다 (prohibitive, prohibition, prohibitory; cf. **habeō**)

prōnúntiō, prōnūntiáre, prōnūntiávī, prōnūntiátum, 선포하다, 알리다; 연설하다; 발음하다 (pronouncement, pronunciation; cf. **nūntius**, 메신저, 메시지)

LĒCTIŌ ET TRĀNSLĀTIŌ

아래 글들을 훑어보면서 제4곡용 명사들을 모두 찾아내고, 각각의 性·數·格 및 용도를 확인하라. 또한 출처의 탈격과 분리의 탈격이 등장하는 모든 구문들도 잘 살펴보라. CD를 갖고 있다면, 그것을 잘 듣고 큰 소리로 읽으면서, 번역하기 전에 의미를 먼저 파악하라.

EXERCITĀTIŌNĒS

1. Etiam senēs frūctibus sapientiae et cōnsiliīs argūmentīsque certī saepe carēre videntur.

2. Aut ingentēs montēs aut flūmina celeria quae dē montibus fluēbant hostēs ab urbe prohibēbant.

3. Quoniam nimis fortia facta faciēbat, aetās eius erat brevis.

4. Illa medica facere poterat multa manū dextrā sed sinistrā manū pauca.

5. At vēritās nōs metū gravī iam līberābit quō diū territī sumus.

6. Quibus generibus scelerum sinistrōrum illae duae cīvitātēs dēlētae erunt?

7. Quī mortālis sine amīcitiā et probitāte et beneficiō in aliōs potest esse beātus?

8. Pater pecūniam ex Graeciā in suam patriam movēre coeperat, nam familia discēdere cupīvit.

9. Ā quibus studium difficilium artium eō tempore neglēctum est?

10. Ubi versūs illīus auctōris clārī lēctī sunt, audītōrēs dēlectātī sunt.

11. Sē cito iēcērunt ad genua iūdicum, quī autem nūllam clēmentiam dēmōnstrāvērunt.

12. Istī coniūrātī ab urbe prohibērī nōn possunt.

작문

13. We cannot have the fruits of peace, unless we ourselves free our families from heavy dread.

14. Those bands of unfortunate men and women will come to us from other countries in which they are deprived of the benefits of citizenship.

15. The old men lacked neither games nor serious pursuits.

16. Who began to perceive our common fears of serious crime?

SENTENTIAE ANTĪQVAE

1. Cornua cervum ā perīculīs dēfendunt. (Martial.—**cervus, -ī**, m., 사슴.)

2. Oedipūs duōbus oculīs sē prīvāvit. (Cicero.—**prīvāre**, 빼앗다; *privation, privative.*)

3. Themistoclēs bellō Persicō Graeciam servitūte līberāvit. (Cicero.—**Persicus, -a, -um**, 페르샤의; *peach* < **Persica**, 복숭아 나무: 로마인들은 복숭아를 **Persicum mālum**, "페르샤 사과"라고 일컬었다.)

4. Dēmosthenēs multōs versūs ūnō spīritū prōnūntiābat. (Cicero.)

5. Persicōs apparātūs ōdī. (Horace.—**apparātus, -ūs**, m., 장비, 과시.)

6. Iste commūnī sēnsū caret. (Horace.)

7. Senectūs nōs prīvat omnibus voluptātibus neque longē abest ā morte. (Cicero.—**longē**는 **longus**의 부사.—**absum**, 떨어져 있다; *absence, absentee.*)

8. Nūllus accūsātor caret culpā; omnēs peccāvimus. (Seneca.—**accūsātor, -tōris**, m., 고발인; *accusative, accusatory.*—**peccāre**, 죄짓다; *peccant, impeccable.*)

9. Nūlla pars vītae vacāre officiō potest. (Cicero.—**vacāre**, 비어있다, 자유롭다; *vacate, evacuate.*)

10. Prīma virtūs est vitiō carēre. (Quintilian.)

11. Vir scelere vacuus nōn eget iaculīs neque arcū. (Horace.—**vacuus, -a, -um**, 없는, 벗어난; *vacuum, vacant.*—**egēre**, 필요하다; *indigence, indigent.*—**iaculum, -ī**, n., 창; *projectile.*—**arcus, -ūs**, m., 활; *arc, archer.*)

12. Magnī tumultūs urbem eō tempore miscēbant. (Cicero.—**tumultus, -ūs**, m.; *tumult, tumultuous.*)

13. Litterae senātuī populōque Allobrogum manibus coniūrātōrum ipsōrum erant scrīptae. (Cicero.—**Allobrogēs, -gum**, m. pl., 로마에 대항한 카틸리나의 공모자들이 자신들 편에 가담시키려고 했던 갈리아의 한 부족.)

키케로는 카틸리나에게 로마를 떠나도록 다그쳤다

Habēmus senātūs cōnsultum contrā tē, Catilīna, vehemēns et grave; ācre iūdicium habēmus, et vīrēs et cōnsilium cīvitās nostra habet. Quid est, Catilīna? Cūr remanēs? Ō dī immortālēs! Discēde nunc ex hāc urbe cum malā manū scelerātōrum; magnō metū mē līberābis, sī omnēs istōs coniūrātōs tēcum ēdūcēs. Nisi nunc discēdēs, tē cito ēiciēmus. Nihil in cīvitāte nostrā tē dēlectāre potest. Age, age! Deinde curre ad Manlium, istum amīcum malum; tē diū dēsīderāvit. Incipe nunc; parā cōpiās et gere bellum in cīvitātem! Brevī tempore tē omnēsque tuōs, hostēs patriae, vincēmus, et omnēs vōs poenās gravēs semper dabitis.

Cicero *Cat.*1.1.3ff: 카틸리나를 공박하는 키케로의 첫 번째 연설에서 발췌하여 (학습 진도에 맞게) 다듬은 또 다른 글이다; 11章과 14章에 실린 다른 발췌

Lucius Sergius Catilina
Bronze sculpture, 1889
Thomas Vincotte (1850-1925)
Nationalgalerie, Staatliche Museen
Berlin, Germany

문들과 덧붙여진 해설들을 꼭 다시 읽어 보라(여기에 제시된 단락은 11章에서 발췌한 연설문 바로 뒤에 이어진 것이다).—**cōnsultum, -ī,** n., 판결; *consult, consultant.*—**vehemēns,** 속격 **vehementis.**—**scelerātus, -a, -um,** 사악한, 죄지은, 더럽혀진; **scelus**에서 나온 형용사.—**Manlium:** Manlius는 카틸리나의 최측근으로서 공모자들 중 한 사람이었다.)

QVAESTIŌNĒS: 카틸리나가 그 도시를 떠나도록 부추기기 위해 키케로가 그에게 설파한 여러 이유들은 무엇인가? 추호도 반박의 여지가 없는 이유는 무엇이고, 다소 설득력이 부족하거나 오히려 우스꽝스럽기까지 한 이유는 무엇인가? 문장 서두에서 형용사들이 어떻게 독특하고 효과적으로 배치되어 있는가?

SCRĪPTA IN PARIETIBVS

Habitus Issae sal(ūtem)!

CIL 4.8954: III 지역, 7 구역에 위치한 한 가게의 입구 근처에 하비투스는 여자 친구에게 전하는 이 쪽글을 휘갈겨 썼다. 그녀의 이름, 즉, 주격 형태는 무엇인가? 그리고 여기에는 무슨 격이 사용되었는가?—**salūtem:** 이 단어의 의미와 격의 용도가 생각나지 않으면, 8章과 10章에 있는 낙서들을 보라; 다른 낙서들에서도 종종 그렇듯이, 여기 이 단어는 줄여서 썼으나, 여러분은 가능한 한 비슷하게 하비투스의 필체를 본따서 생략된 글자를 채워넣음으로 약간의 "위조"

를 실습해 볼 수 있을 것이다: 마지막 글자 **-m**에서는 여러분이 창의성을 발휘해야 하지만, 다른 세 글자들의 본보기는 첫 번째 두 단어들에 나타나 있다. 여하튼 "고대" 낙서들을 사실적으로 위조하는 것은 드문 일이 아니다; 비교적 근래에는 폼페이를 뒤지고 다니는 사람들이 그 도시 곳곳에 널려 있는 무너진 벽들에 그들 자신들의 라틴어 메시지들을 휘갈겨 놓거나 또는 진짜 고대 낙서들 옆이나 아래에 단어들이나 문구들을 첨가하였는데, 그것들 중 상당 수가 *CIL* 4 의 부록으로 출판되었고, **Falsae vel** (= **aut**) **Suspectae**라는 표제가 붙여졌다.

LATĪNA EST GAVDIVM—ET ŪTILIS!

Salvēte! 본 단원의 **Vocābula**에는 "손"과 관련된 몇몇 항목들이 들어 있다. 다음 단어들의 어원을 설명해 보라: manumit, manuscript, manufacture. 라틴어에서 파생된 "manual"은 독일어 "Handbuch"에 해당하는 말이다. 그리고 손과 관련된 로마의 옛 속담 하나를 들면, **manus manum lavat** (**lavāre**, 씻다; 여기에서 "lavatory"가 파생되었다), *one hand washes the other*. 한편 "dexterity"와 "sinister"의 어원은 오른손잡이를 선호하는 경향을 잘 보여 준다(불길한 징조는 왼편에서 나타난다는 고대의 미신도 이를 반영한다); 또한 "ambidextrous"의 어원에서도 그러한 편견을 엿볼 수 있다(ambi-의 어원은 **ambō**, *both, two*; 왼손이 둘 있는 것보다는 "오른손이 둘" 있는 것이 더 낫지 않을까?). 그리고 손에 관한 말이 나왔으니, 기왕이면 손가락에 대해서도 알아보자. 그것을 뜻하는 라틴어 단어는 **digitus, -ī**이며, 여기에서 다음과 같은 단어들이 파생되었다: digit, digital, prestidigitation(마술사의 재빠른 손가락 동작을 표현하는 말로서, 요술이나 속임수도 뜻한다), digitalis(꽃이 손가락 모양인 식물에서 추출한 강심제). 또한 손가락은 수를 세는(**numerāre**) 데도 매우 편리하다: **prīmus digitus, secundus digitus, tertius . . .** etc. (**Potestisne numerāre omnēs digitōs vestrōs, discipulī et discipulae?** 만일 그렇지 않다면, 15章을 돌아보고 **numerī**를 복습하라!) 로마인들은 각각의 손가락에 독특한 이름을 붙였는데, 엄지부터 순서대로 말하면 다음과 같다: **pollex, index** (**indicāre**, 가리키다), **medius**(가운데) 또는 **īnfāmis**(치욕적인, 나쁜—우리의 신체 언어가 전혀 새롭지 않다!), **quārtus** 또는 **ānulārius**(그들은 이 손가락에 반지들[**ānulī**]을 끼었다: cf. 31章 "링고"), **minimus**(가장 작은) 또는 **auriculārius** (**aurēs**를 긁거나 청소하기에 아주 편리한 **parvus digitus**이다!). **Valēte!**

CAPVT XXI

제3활용과 제4활용: 현재 체계의 수동태

GRAMMATICA

제3활용과 제4활용
현재 체계의 수동태

제1·2활용 동사들의 현재 체계 수동태를 만들기 위해서는 여러분이 18章에서 배웠듯이 능동 어미들을 수동 어미들로 바꾸는데, 이러한 방식은 제3·4활용 동사들에서도 일반적으로 적용된다; 단, 현재 시제의 2인칭 단수(아래 패러다임에서 진한 글씨로 표기된 부분)와 제3활용 동사들의 현재 부정사에서는 예외가 존재한다.

직설법 현재 수동태

1. ágor	aúdior	cápior
2. ág**eris**	audíris	cáp**eris**
3. ágitur	audítur	cápitur
1. ágimur	audímur	cápimur
2. agíminī	audíminī	capíminī
3. agúntur	audiúntur	capiúntur

직설법 미래 수동태

1. ágar	aúdiar	cápiar
2. agḗris	audiḗris	capiḗris
3. agḗtur	audiḗtur	capiḗtur
1. agḗmur	audiḗmur	capiḗmur
2. agḗminī	audiḗminī	capiḗminī
3. agéntur	audiéntur	capiéntur

직설법 미완료 수동태

1. agébar	audiébar	capiébar
2. agēbáris	audiēbáris	capiēbáris
3. agēbátur	audiēbátur	capiēbátur
1. agēbámur	audiēbámur	capiēbámur
2. agēbáminī	audiēbáminī	capiēbáminī
3. agēbántur	audiēbántur	capiēbántur

제3활용의 2인칭 단수에서 현재와 미래 형태들을 혼동하지 않도록 주의하라; 이들은 단지 모음의 장단에 의해서만 구별된다(ageris↔agēris). 그리고 **capiō**와 **audiō**는 현재 체계의 능동과 수동에서 서로 동일한 형태를 취하고 있는 것에 주목하라; 단, 현재 시제에서만 **-i-**와 **-ī-**의 차이를 볼 수 있으며 수동태 2인칭 단수에서는 **caperis**와 **audīris**로 확연히 구분된다. 한편 제3활용과 제4활용 동사들의 완료 수동태 체계는 19章에서 소개한 보편적 패턴을 그대로 따른다.

현재 부정사 수동태

제4활용의 현재 수동태 부정사는 첫 번째 두 활용들에서처럼 마지막 **-e**를 **-ī**로 바꾸기만 하면 그 형태가 바로 나온다; 그러나 **-iō** 동사를 포함한 제3활용에서는 **-ere**가 몽땅 **-ī**로 바뀐다.

audíre, *to hear*   audírī, *to be heard* (cf. laudárī, monérī)
ágere, *to lead*   ágī, *to be led*
cápere, *to take*   cápī, *to be taken*

일람표(synopsis)

어떤 라틴어 동사를 완전히 활용할 수 있는지 알아보려면, 그 동사의 수많은 굴절 형태들을 일일이 쓰는 것보다는, 정해진 數와 인칭에서 나올 수 있는 형태들의 일람표를 작성해 보는 것이 더 효율적인데, 이제 여러분은 직설법에서 모든 네 가지 활용들의 규칙 동사들의 일람표를 마련할 수 있을 것이다; 다음은 **agō**의 3인칭 복수를 샘플로 만든 일람표이다:

	현재	미래	미완료	완료	미래완료	과거완료
능동	águnt	ágent	agébant	ēgérunt	égerint	égerant
수동	agúntur	agéntur	agēbántur	áctī sunt	áctī érunt	áctī érant

VOCĀBVLA

Āh(영어의 *ah* 또는 *aha*)!—이 목록에는 아주 흡사한 것이 있다: **casa**와 **causa**. 그러나 큰 소리로 발음해 보라—**prōnūntiā**—그리고 잘 들으면서 그 차이를 익혀라. 주의: 탈격 **causā**는 앞에 놓인 속격을 지배하는 경우가 흔하다; 예를 들면, **pecūniae causā**, *for the sake of money*, 또는 **virtūtis causā**, *on account of virtue*. 여기에는 새로운 제3곡용 명사들이 여러 개 나온다; 만일 어느 것이 **i**-어간 명사인지 식별하지 못하면 14장을 복습하라. 그리고 제3활용과 제4활용 동사들 두어 개의 일람표들을 만들어 보라—그런 후에 여러분이 만든 것을 **Summārium Fōrmārum**에 있는 패러다임들과 비교해 보라.

cása, cásae, f., 집, 오두막, 초막, 막사 (casino)

caúsa, caúsae, f., 원인, 이유; 경우, 사정; **caúsā** (앞에 놓인 속격과 연결되는 탈격), *for the sake of, on account of* (accuse, because, excuse)

fenéstra, fenéstrae, f., 창, 창문 (fenestrated, fenestration, fenestella, defenestration)

fínis, fínis, m., 끝, 한계, 경계; 목적; **fínēs, fínium**, 범위, 영역 (affinity, confine, define, final, finale, finance, fine, finesse, finial, finicky, finish, finite, infinite, paraffin, refine)

gēns, géntis, f., 씨족, 종족, 민족, 백성 (gentile, gentle, genteel, gentry; cf. **genus**)

múndus, múndī, m., 세상, 우주 (mundane, extramundane, demimonde)

nǎvis, nǎvis, f., 배, 선박 (naval, navy, navigate, nave; cf. nāvigāre, nauta)

sálūs, salútis, f., 건강, 안전; 인사, 문안 (salubrious, salutary, salutation, salute, salutatorian, salutatory; cf. **salveō, salvus**)

Tróia, Tróiae, f., 트로이 (Trojan)

vīcínus, vīcínī, m., **vīcína, vīcínae**, f., 이웃 (vicinity, vicinal, vicinage)

vúlgus, vúlgī, n.(남성일 때도 있다), 평민, 서민, 군중, 오합지졸 (vulgar, vulgarity, vulgarize, vulgate, divulge)

ásper, áspera, ásperum, 거친, 사나운 (asperity, exasperate, exasperation)

átque 또는 **ac** (접속사: 자음 앞에서는 두 형태들이 모두 쓰이고, 모음이나 h 앞에서는 대체로 **atque**가 쓰인다), 그리고, 또한, 더욱이, 게다가

íterum [부사], 다시, 재차 (iterate, iterative, reiterate, reiteration)

contíneō, continére, contínuī, conténtum, 포함하다, 담다, 붙잡다, 가두다,

억제하다 (content, discontent, malcontent, continual; cf. **teneō**)

iúbeō, **iubére**, **iússī**, **iússum**, 명하다, 지시하다, 명령하다 (jussive)

labőrō, **labōráre**, **labōrắvī**, **labōrátum**, 일하다, 수고하다; 고생하다 (laboratory, laborer, belabor; cf. **labor**)

rápiō, **rápere**, **rápuī**, **ráptum**, 붙잡다, 잡아채다, 앗아가다 (rapacious, rapid, rapine, rapture, ravage, ravish; cf. **ēripere**, 낚아채다)

relínquō, **relínquere**, **relíquī**, **relíctum**, 남겨 놓다, 두고 떠나다, 버리다, 포기하다 (relinquish, reliquary, relict, relic, delinquent, dereliction)

scíō, **scíre**, **scívī**, **scítum**, 알다 (science, scientific, conscience, conscious, prescience, scilicet; cf. **scientia**, **nescíre**, 모르다, 무지하다)

tángō, **tángere**, **tétigī**, **táctum**, 만지다 (tangent, tangible, tact, tactile, contact, contagious, contiguous, contingent, integer, taste, tax)

LĒCTIŌ ET TRĀNSLĀTIŌ

새로운 패러다임들과 어휘를 익히고 자습문제들을 다소 풀어봄으로써 자신의 실력을 테스트한 후에, 아래 글들에서 제3활용과 제4활용의 현재 체계 수동태 동사들이 사용된 예들을 찾아내고, 그 각각의 시제와 인칭과 수를 확인하라.

EXERCITĀTIŌNĒS

1. Laus autem nimis saepe est neque certa neque magna.
2. Senēs in gente nostrā ab fīliīs numquam neglegēbantur.
3. Quis tum iussus erat Graeciam metū gravī līberāre, familiās dēfendere, atque hostēs ā fīnibus prohibēre?
4. Salūtis commūnis causā eōs coniūrātōs ex urbe discēdere ac trāns flūmen ad montēs dūcī iussit.
5. Aliī auctōrēs coepērunt spīritūs nostrōs contrā iūdicium atque argūmenta senātūs iterum movēre, quod omnēs metū novō territī erant.
6. Omnia genera servitūtis nōbīs videntur aspera.
7. Rapiēturne igitur Cicerō ex manibus istōrum?
8. Quī fīnis metūs atque servitūtis in eā cīvitāte nunc potest vidērī?
9. At senectūtis bonae causā iam bene vīvere dēbēmus.
10. In familiā eōrum erant duae fīliae atque quattuor fīliī.
11. Casa vīcīnae nostrae habuit paucās fenestrās per quās vidēre potuit.

12. Quandō cornū audīvit, senex in genua cecidit et deīs immortālibus grātiās prōnūntiābat.

13. Propter beneficia et sēnsum commūnem tyrannī, paucī eum ōdērunt.

작문

14. The truth will not be found without great labor.

15. Many nations which lack true peace are being destroyed by wars.

16. Their fears can now be conquered because our deeds are understood by all.

17. Unless serious pursuits delight us, they are often neglected for the sake of money or praise.

SENTENTIAE ANTĪQVAE

1. Numquam perīculum sine perīculō vincitur. (Publilius Syrus.)

2. Novius est vīcīnus meus et manū dextrā tangī dē fenestrīs meīs potest. (Martial.—**Novius**: 人名.)

3. Nōnne iūdicēs iubēbunt hunc propter scelera in vincula dūcī et ad mortem rapī? (Cicero.—**nōnne**는 "예"라는 답을 예상하고 묻는 말을 이끈다; 40章을 보라.—**vinculum, -ī**, n., 사슬; *vinculum*.)

4. Altera aetās bellīs cīvīlibus teritur et Rōma ipsa suīs vīribus dēlētur. (Horace.—**cīvīlis, -e**,=Eng.; cf. **cīvis, cīvitās**; *civilian, civilize*.—**terō, -ere, trīvī, trītum**, 문지르다, 피폐시키다; *trite, contrite, detriment*.)

5. At amīcitia nūllō locō exclūditur; numquam est intempestīva aut sinistra; multa beneficia continet. (Cicero.—**exclūdō, -ere**, 배척하다; *exclude, exclusion*.—**intempestīvus, -a, -um**, 시의에 맞지 않는.)

6. Futūra scīrī nōn possunt. (Cicero.—**futūrus, -a, -um**,=Eng.; *futuristic*.)

7. Prīncipiō ipse mundus deōrum hominumque causā factus est, et quae in eō sunt, ea parāta sunt ad frūctum hominum. (Cicero.)

8. Quam cōpiōsē ā Xenophonte agrīcultūra laudātur in eō librō quī "Oeconomicus" īnscrībitur. (Cicero.—**cōpiōsē** [부사], 충분히, 풍부하게; cf. **cōpia**.—**Xenophōn, -phontis**, m., 저명한 그리스인 역사가의 이름.—**agrīcultūra, -ae**, f.; *agriculture*.—**īnscrībō, -ere**, 표제를 달다; *inscribe, inscription*.)

9. Vulgus vult dēcipī. (*Phaedrus.—**vult**: 원하다; *volition, volunteer*.—**dēcipiō, -ere**, 속이다; *deceiver, deception*.)

10. Ubi scientia ac sapientia inveniuntur? (욥기.)
11. Vēritās nimis saepe labōrat; exstinguitur numquam. (Livy.—**exstinguō**, **-ere**; *extinguish, extinct.*)

베르길리우스의 묵시적 牧歌

Venit iam magna aetās nova; dē caelō mittitur puer, quī vītam deōrum habēbit deōsque vidēbit et ipse vidēbitur ab illīs. Hic puer reget mundum cui virtūtēs patris pācem dedērunt. Pauca mala, autem, remanēbunt, quae hominēs iubēbunt labōrāre atque bellum asperum gerere. Erunt etiam altera bella atque iterum ad Trōiam magnus mittētur Achillēs. Tum, puer, ubi iam longa aetās tē virum fēcerit, erunt nūllī labōrēs, nūlla bella; nautae ex nāvibus discēdent, agricolae quoque iam agrōs relinquent, terra ipsa omnibus hominibus omnia parābit. Currite, aetātēs; incipe, parve puer, scīre mātrem, et erit satis spīritūs mihi tua dīcere facta.

Virgil *Ecl.* 4: 베르길리우스(Publius Vergilius Maro, 주전 70-19)는 서사시 **Aenēis**의 작가로 가장 잘 알려져 있지만, 그 전에도 농사를 예찬한 거의 교훈시라 할 수 있는 **Georgica**와 목동의 삶을 칭송한 10편의 짧은 목가적인 시들로 짜여진 **Eclogae**를 지었다. 이 시집에 속한 주전 40년경에 지은 네 번째 **Ecloga**는 신적인 어린 소년의 탄생과 함께 도래할 세상의 재탄생과 고통에서 해방된 평화의 황금 시대를 예고했으므로 다른 것들보다 특이한 작품이었다;

Marble portrait bust of Vergil
Imperial Roman
Museo Gregoriano Profano
Vatican Museums, Vatican State

고대와 현대의 독자들은 그 아이의 정체에 대해 여러모로 추측한바, 어떤 이는 옥타비아누스 그리고/또는 안토니우스의 가족들을 가리키는 것으로 추정하기도 했으나, 많은 초대 기독교인들이 그리스도의 탄생에 대한 예언으로 보았던 그 詩의 희망적이고 묵시적인 메시지는 로마 내전이 끝나기를 바라는 그 당시 갈망을 반영하려는 의도를 보다 전반적으로 담고 있는 것 같다.—**altera bella:** 여기서는 "반복되는 똑같은 전쟁들".—**scīre mātrem:** 의역하면 "태어나다"; 문자적으로 옮기면?—**spīritūs:** 여기서는 "영적 감동"을 뜻한다.

QVAESTIŌNĒS: 이 예언의 어떤 면이 여러분에게 매우 신비로운 느낌을 갖게 하는가? 내레이터는 이 詩의 어디에서 그 소년에게 직접 말하고 있는가? 여러분은 그 의도된 효과가 무엇이라고 생각하는가?

SCRĪPTA IN PARIETIBVS

Crēscēns Crȳsērōtī salūtem! Quid agit tibi dexter ocellus?

CIL 4.8347: 메난더의 집(I 지역, 10 구역) 주방 입구 근처에서 발견된 낙서. 우리는 전에도 **Crēscēns**라는 별명을 본 적이 있는데, 이는 흔한 이름으로 아마도 다른 사람인 것 같다. *CIL*의 편집자들은 그 이름이 현관 앞뜰(**vestibulum**)에서도 발견되는 것을 감안하여 아마도 그 집의 문지기(**ōstiārius**)였던 것으로 추측한다. 정확한 맥락은 불분명하지만, 크레스켄스는 크뤼세로스에게 한 친구나 연인에 관해 물어보고 있는 것 같다. 그리고 두 번째 문장의 운율은 장단단격(dactylic meter: ˘˘/-˘˘/-˘˘/--)으로, 어떤 연애시의 한 구절을 따온 듯싶다.—**Crȳsērōs**(또는 **Chrȳsērōs**), **Crȳsērōtis**, m., 그리스인 별명으로 "황금"을 의미하며, 아마도 노예 또는 자유케 된 자의 이름인 것 같다.—**salūtem:** 8章과 10章 및 19章의 낙서들을 보라.—**quid:** 흔히 **agis/agit**와 연결되어 "how?"를 뜻한다; 예를 들면, 회화에서 **quid agis**, *how are you (doing)?*—**tibi:** 여기서 이 여격은 종종 그렇듯이 소유의 의미를 지닌다.—**ocellus:** 문자적으로는 "작은

눈”으로 **oculus**의 指小語(diminutive), 그러나 연애의 맥락에서는 “내 사랑” (darling)과 같은 말이며, 영어의 “apple of my eye”(소중한 사람)라는 표현과 견줄 만하다. 이러한 의미로 쓰인 **ocellus**를 꾸미는 **dexter**의 본뜻은 **cārus**와 같다(이 표현은 현대 이탈리아어에 아직 남아 있다: **occhio destro**). 그 뜻을 인위적으로 새기지 않으면 단순히 안과학적(ophthalmological) 표현에 불과할 것이다!—만일 그렇다면, 크레스켄스는 문자 그대로 무엇을 묻고 있겠는가?

메난더의 집, 기둥으로 둘러싸인 정원을
안마당을 통해 바라본 전경,
폼페이, 이탈리아

ETYMOLOGIA

다음은 **Vocābula**에 수록된 몇몇 단어들에서 파생된 로망스語들이다:

Latin	It.	Sp.	Port.	Fr.
causa	cosa	cosa	causa	chose
fīnis	fine	fin	fim	fin
gēns	gente	gente	gente	gent; gens (pl.)
continēre	continere	contener	conter	contenir
mundus	mondo	mundo	mundo	monde

Cf. 루마니아語 **cauza**, **fine**, **ginte**(폐어廢語), **conţine**; 옛 오크語 **cauza**, **fịn**, **gẹn**, **contener**, **mọn**.

LATĪNA EST GAVDIVM—ET VTILIS!

Salvēte, discipulae atque discipulī! Quid novī? 자, 이제 본 章의 **Vocābula**에 있는 **verba nova**와 관련하여 보다 잘 알려진 라틴어 상용구들과 표어들에 대해 알아 보자. 맨 먼저 영화 *Godfather*의 팬들에게는 **causa nostra**에서 나온 이탈리아어 **cosa nostra**가 있다. **Vestra causa tōta nostra est**는 라틴어와 그

리스어 및 고전 인문학 선생들을 위한 전국적 규모의 동업자 조직인 American Classical League의 표어이다. 조지아 대학교(The University of Georgia)의 표어는 **et docēre et rērum exquīrere causās**, "가르치면서 사물의 이치를 탐구하는 것"(즉, 강의와 연구—**rērum**에 대해서는 다음 章을 보라)이다. 이 외에도 다음과 같은 말들이 있다: **fīnis corōnat opus**, *the end crowns the work* (有終의 美); **gēns togāta**, "토가를 걸친 백성"(베르길리우스가 로마에 적용한 말인데, 로마에서 토가는 남자의 정식 복장이었다); **tangere ulcus**, "아픈 데 (직역하면 '종기')를 건드리다"; **sīc trānsit glōria mundī**, "세상의 영화는 그렇게 지나간다" (세상사의 덧없음에 대해 Thomas à Kempis가 한 말이다.—영구히 익명으로 남게 될 어떤 코미디언은 다음과 같은 번역을 대안으로 제시하였다: "Gloria always gets sick on the subway at the beginning of the week"!!!); 본문에는 빠졌지만 쉽게 알 수 있는 어떤 것을 "넣어라"는 의미로 사용하는 약어 **sc.**는 **scīre licet**(문자적으로 옮기면, *it is permitted for you to understand*)이 단축된 **scīlicet**에서 나온 말이다. **Hic est fīnis: valēte!**

CAPVT XXII

제5곡용; 장소의 탈격; 탈격 용법들의 요약

GRAMMATICA

제5곡용

이 단원에서는 라틴어의 명사 곡용들 중에 마지막인 제5곡용을 소개하겠다. 제5곡용 명사의 특징적인 모음은 **-ē-**이며, 속격과 여격 어미는 **-ēī** 또는 **-eī**이다 (속/여격 **-e-**는 모음이 바로 앞에 있으면 길고, 자음이 바로 앞에 있으면 짧다; 아래 **diēī**와 **reī**를 참조하라); 이 곡용에 속한 명사들은 모두 여성이지만, 예외로 **diēs**(*day*)와 그 복합어 **merīdiēs**(*midday*)는 남성이다. 곡용은 어간에 어미들을 덧붙이는 일반적인 패턴을 따른다.

	rēs, reī, f. *thing*	**diēs, diēī**, m. *day*	격어미
주격	rēs	díēs	-ēs
속격	réī	diéī	-eī, -ēī
여격	réī	diéī	-eī, -ēī
대격	rem	díem	-em
탈격	rē	díē	-ē
주격	rēs	díēs	-ēs
속격	rérum	diérum	-ērum
여격	rébus	diébus	-ēbus
대격	rēs	díēs	-ēs
탈격	rébus	diébus	-ēbus

유의할 점

단수에서 속격과 여격은 동일하다(제1곡용에서도 마찬가지다). 또한 단수 주격 및 복수 주격과 대격이 같으며(물론 호격도 포함된다), 복수 여격과 탈격이 같다(어느 곡용에서나 그 둘은 같다); 하지만 어순과 문맥 그리고 주어-동사의 일치 등과 같은 단서들이 문장에서 그것들을 식별할 수 있도록 도움을 줄 것이다.

장소의 탈격과
탈격 용법들의 요약

지금까지 소개된 탈격 용법들은 다음과 같다: 전치사의 목적어(2章), 수단과 방법과 동반(14章), 기수에 연결된 탈격과 시간의 탈격(15章), 동작주(18章), 출처와 분리(20章). 또한 **장소의 탈격**(ABLATIVE OF PLACE WHERE)도 마주친 적이 있는데, 그 탈격은 어떤 사람이나 사물이 위치해 있거나 어떤 일이 행해지고 있는 장소를 표현하는 것으로, 그것은 일반적으로 전치사 **in**(*in/on*) 또는 **sub**(*under*)의 지배를 받는다:

> **In magnā casā vīvunt.** *They live in a large house.*
> **Nāvis sub aquā fuit.** *The ship was under water.*

라틴어에서 이러한 탈격 용법들 중에는 전치사를 요구하는 것들이 있고 그렇지 않은 것들이 있으며, 어떤 경우들에서는 전치사의 사용 여부가 가변적이다. 이와 관련하여 주목해야 할 한 가지 實例를 들면, 방법의 탈격 구문에서 명사가 형용사에 의해 수식될 때는 **cum**이 생략되는 경우가 흔하지만, 만일 **cum**이 사용되면, 형용사는 대체로 그 앞에 위치한다(일례로, **id magnā cūrā fēcit**과 **id magnā cum cūrā fēcit**은 둘 다 *he did it with great care*를 뜻한다). 아래는 여태까지 공부했던 탈격 용법들을 일일이 되짚어 보고 요약한 것이다:

전치사가 붙는 탈격

탈격은 전치사의 목적어로 사용되기도 하는데, 특히 다음과 같은 전치사들에서 그러하다:

1. **동반**(accompaniment)을 가리키는 **cum**
   Cum amīcō id scrīpsit. *He wrote it with his friend.*
2. **방법**(manner)을 가리키는 **cum** (형용사의 사용과 무관)
   Cum cūrā id scrīpsit. *He wrote it with care.*
   Magnā cum cūrā id scrīpsit. *He wrote it with great care.*
3. **장소**(place where)를 가리키는 **in**과 **sub**
   In urbe id scrīpsit. *He wrote it in the city.*
4. **출처**(place from which)를 가리키는 **ab**, **dē**, **ex**
   Ex urbe id mīsit. *He sent it from the city.*
5. **분리**(separation)를 가리키는 **ab**, **dē**, **ex**
   Ab urbe eōs prohibuit. *He kept them from the city.*

6. **인격적 동작주**(personal agent)를 가리키는 **ab**

   Ab amīcō id scrīptum est. *It was written by his friend.*

7. **기수**(cardinal numeral)에 이어진 계수된 부분이 속한 집단을 가리키는 **ex** 또는 **dē**

   Trēs ex nāvibus discessērunt. *Three of the ships departed.*

전치사가 안 붙는 탈격

탈격이 다음과 같은 의미를 나타낼 때는 전치사가 사용되지 않는다:

1. **수단/도구**(means/instrument)

   Suā manū id scrīpsit. *He wrote it with his own hand.*

2. **방법**(manner), 형용사가 사용될 때

   Magnā cūrā id scrīpsit. *He wrote it with great care.*

3. **시점**(time when) 또는 **시간**(time within which)

   Eō tempore 또는 **ūnā hōrā id scrīpsit.** *He wrote it at that time* 또는 *in one hour.*

4. **분리**(separation), 특히 풀어주거나 결여하거나 빼앗는 의미를 나타낼 때

   Metū eōs līberāvit. *He freed them from fear.*

VOCĀBVLA

제5곡용의 단수 속격과 여격 어미는 어떤 명사들에서는 **-ēī**이고, 또 어떤 명사들에서는 **-eī**라는 것을 기억하라. 그리고 다른 모든 어휘들과 마찬가지로, 이 새로운 명사들을 익힐 때는 그 철자들을 장음부호도 포함해서 면밀히 살펴보고, www.wheelockslatin.com(또는 CD)으로 그것들의 발음을 잘 들은 후에 각각의 단어들을 반복해서 큰 소리로 정확히 읽어라. 또한 **diēs**와 **deus**를 혼동하지 말라—그러나 *day/daylight*과 *god*을 뜻하는 이 두 단어들은 인구어의 동일한 어근에서 나왔으며, 이 같은 사실은 하늘 신 **Zeus**와 **Iuppiter**(이것은 **diēs**와 **pater**를 뜻하는 원조 라틴어의 두 단어가 합쳐진 형태이다)의 이름들에도 반영되어 있다. 한편 **ignis**에서 **-gn-**은 비음화되어야 한다는 것을 잊지 말라; 다시 말하면, 마치 *ingnis로 철자된 것처럼 **prōnūntiā!** 새로 나온 단어들의 연습은 **fidēs incerta**와 **fēlīx spēs**의 곡용으로 대신하라; 그리고 여러분이 곡용한 형태들을 577-78쪽의 **Summārium Fōrmārum**에 있는 패러다임과 대조해 보라.

díēs, diéī, m., 날 (diary, dial, dismal, diurnal, journal, adjourn, journey, meridian, sojourn)

férrum, férrī, n., 철; 칼 (ferric, ferrite, ferro-; Fe, 철의 화학 기호)

fídēs, fídeī, f., 믿음, 신뢰, 신실함, 충실; 약속, 보장, 보호 (confide, diffident, infidel, perfidy, fealty)

ígnis, ígnis, m., 불 (igneous, ignite, ignition)

módus, módī, m., 정도, 범위, 한계; 방식, 방법, 양식, 양태 (model, moderate, modern, modest, modicum, modify, mood)

rēs, réī, f., 사물, 일, 재산, 볼일, 사정 (real, realistic, realize, reality, real estate, rebus)

rēs pública, réī públicae (또는 종종 붙여 쓴다: **rēspública, reīpúblicae**), f., 국가, 공화국, 사회 (Republican)

spēs, spéī, f., 소망, 희망 (despair, desperate; cf. **spērāre**, 바라다)

aéquus, aéqua, aéquum, 고른, 평평한; 평탄한, 평온한; 동등한, 공정한; 호의적인 (equable, equanimity, equation, equator, equilateral, equilibrium, equinox, equity, equivalent, equivocal, inequity, iniquity, adequate)

félīx, fēlícis, 운 좋은, 행운의, 행복한 (felicitate, felicitation, felicitous, infelicitous, felicity, infelicity, Felix)

incértus, incérta, incértum (**in-certus**), 불확실한, 의심스러운 (incertitude)

Latínus, Latína, Latínum, *Latin* (Latinate, Latinist, Latinity, Latinize)

médius, média, médium, 가운데; (部分辭로 사용되어) ~ 의 가운데: **media urbs**, 도시의 중앙 (mediterranean, medium, median, mediate, mean, medieval, meridian, immediate, intermediary)

quóndam [부사], 이전에, 언젠가 (quondam)

últrā [부사 & 전치사 + 대격], 다른 쪽에, 너머에 (ultra, ultrasonic, ultrasound, ultraviolet, outrage, outrageous)

prótinus [부사], 즉시

cérnō, cérnere, crévī, crétum, 구별하다, 식별하다, 인식하다 (discernible, discreet, discrete, discretion)

ērípiō, erípere, ērípuī, ēréptum (**ē+rapiō**), 낚아채다, 가져가다; 구출하다 (**rapiō**가 복합어에서 **-ripiō**로 모음이 약해지는 현상에 대해서는 563-64쪽의 "음성학적 두 법칙들"을 보라)

ínquit [결여 동사], 그가 말한다/말했다 (직접 인용문의 하나 또는 그 이상의 단어들 뒤에 위치하지만, 번역에서는 대체로 따옴표 앞에 온다)

tóllō, tóllere, sústulī, sublátum, 일으키다, 들어올리다; 가져가다, 치우다, 파괴하다 (extol, sublate, sublation; cf. **tolerō**; 이 기본어들은 **보충법**의 또 다른 본보기이다: 110쪽을 보라)

LĒCTIŌ ET TRĀNSLĀTIŌ

번역하기 전에, 아래 글들을 잘 살펴보면서 모든 제5곡용 명사들의 性·數·格 및 용법을 확인하고, 탈격의 명사와 대명사가 어떤 용도로 쓰였는지도 일일이 식별하라.

EXERCITĀTIŌNĒS

1. Vīcīnī nostrī sē in genua prōtinus iēcērunt et omnēs deōs in mundō laudāvērunt.
2. Gentēs Graeciae ingentibus montibus et parvīs fīnibus continēbantur.
3. Quis iussit illam rem pūblicam servitūte asperā līberārī?
4. "Iste," inquit, "sceleribus suīs brevī tempore tollētur."
5. Contrā aliās manūs malōrum cīvium eaedem rēs iterum parābuntur; senātus rem pūblicam dēfendent et istī ex fīnibus nostrīs cito discēdent.
6. Senectūs senēs ā mediīs rēbus saepe prohibet.
7. At rēs gravēs neque vī neque spē geruntur sed cōnsiliō.
8. Sī versūs hōrum duōrum poētārum neglegētis, magnā parte Rōmānārum litterārum carēbitis.
9. Eōdem tempore nostrae spēs salūtis commūnis vestrā fidē altae sunt, spīritūs sublātī sunt, et timōrēs relictī sunt.
10. Nova genera scelerum in hāc urbe inveniuntur quod multī etiam nunc bonīs mōribus et sēnsū commūnī carent ac nātūram sinistram habent.
11. Vulgus multa ex fenestrīs casārum ēiciēbat.

작문

12. Great fidelity can now be found in this commonwealth.
13. His new hopes had been destroyed by the common fear(**metus**와 **timor** 중에서 무엇이 이 문맥에 맞는가?) of uncertain things.
14. On that day the courage and the faith of the brave Roman men and women were seen by all.

15. The tyrant knew the enemy's plans, and with great hope he ordered those ships to be destroyed.

16. He could not defend himself with his left hand or his right.

SENTENTIAE ANTĪQVAE

1. Dum vīta est, spēs est. (Cicero.)

2. Aequum animum in rēbus difficilibus servā. (Horace.)

3. Ubi tyrannus est, ibi plānē est nūlla rēs pūblica. (*Cicero.—**plānē** [부사], 분명히; *plain, explain.*)

4. Fuērunt quondam in hāc rē pūblicā virī magnae virtūtis et antīquae fideī. (Cicero.)

5. Hanc rem pūblicam salvam esse volumus. (*Cicero.—**volumus:** 우리는 바란다; *volition, malevolent.*)

6. Spēs coniūrātōrum mollibus sententiīs multōrum cīvium alitur. (Cicero.—**mollis, -e**, 부드러운, 순한, 유약한; *mollify, emollient.*)

7. Rēs pūblica cōnsiliīs meīs eō diē ex igne atque ferrō ērepta est. (Cicero.)

8. Quod bellum ōdērunt, prō pāce cum fidē labōrābant. (Livy.)

9. Dīc mihi bonā fidē: tū eam pecūniam ex eius manū dextrā nōn ēripuistī? (Plautus.)

10. Amīcus certus in rē incertā cernitur. (Ennius.)

11. Homērus audītōrem in mediās rēs rapit. (Horace.)

12. Fēlīx est quī potest causās rērum intellegere; et fortūnātus ille quī deōs antīquōs dīligit. (Virgil.)

13. Stōicus noster, "Vitium," inquit, "nōn est in rēbus sed in animō ipsō." (Seneca.—**Stōicus, -ī**, m., 스토아 철학자; *stoic, stoical.*)

14. Et mihi rēs subiungam, nōn mē rēbus. (Horace.—**subiungō, -ere**, 종속시키다; *subjoin, subjunctive.*)

15. Est modus in rēbus; sunt certī fīnēs ultrā quōs virtūs invenīrī nōn potest. (Horace.)

16. Hoc, Fortūna, tibi vidētur aequum? (*Martial.)

젊은 인턴들의 왕진

Languēbam: sed tū comitātus prōtinus ad mē
  vēnistī centum, Symmache, discipulīs.
Centum mē tetigēre manūs aquilōne gelātae:
  nōn habuī febrem, Symmache, nunc habeō!

Martial *Epig.* 5.9: 의과 대학의 건강 센터에서 검진을 받아본 적이 있는 사람은 이 불평에 충분히 공감할 수 있을 것이다!—여러분이 그곳에 갔을 때는 아픈 데가 없었는데, 떠날 때는 당연히 아픈 데가 있을 것이다! 운율: 哀歌調의 二行詩.—**languēre**, 약하다, 아프다, 병들다; *languid, languish.*—**comitātus, -a, -um**, 동반한; *concomitance, concomitant.*—**Symmachus**, 의술을 가르치는 학교의 "교수"인 이 의사의 이름이 그리스式인 것에서, 인종비하적인 의도가 작품에 가미되어 있음을 엿볼 수 있는데, 이는 로마 풍자시에서 드문 일이 아니다.—**centum...discipulīs**: 동작주를 나타내는 탈격으로 **comitātus**에 연결된다; 운문에서는 전치사가 자주 생략된다.—**tetigēre**:= **tetigērunt**: 이러한 대체 어미에 관해서는 12章을 보라.—**aquilō, -lōnis**, m., 北風.—**gelātus, -a, -um**, 차가워진, **centum...manūs**를 수식한다; *gel, gelatin.*—**febris, febris**, f., 열; *febrile, feverish.*

QVAESTIŌNĒS: 서로 연결된 단어들인 **comitātus...centum...discipulīs**와 **centum...manūs...gelātae**를 일부러 멀리 띄워 놓았다; 어떤 단어 짝들이 강조되었으며 그 의도는 무엇인가? 마지막 절에 부사—동사로 짜여진 두 글귀의 배치에 대해, 그리고 그 어순이 핵심을 찌르는 데 어떻게 도움이 되는지에 대해 논하라(여러분이 보았듯이, 마르티알리스의 풍자시는 거의 항상 끝맺는 절에서 재치가 번득인다!).

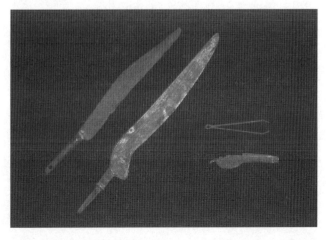

주후 3세기, 청동과
철로 만든 수술 도구
개인 소장품

그리스-라틴 문학과 야망

Poētae per litterās hominibus magnam perpetuamque fāmam dare possunt; multī virī, igitur, litterās dē suīs rēbus scrībī cupiunt. Trahimur omnēs studiō laudis et multī glōriā dūcuntur, quae aut in litterīs Graecīs aut Latīnīs invenīrī potest. Quī, autem, videt multum frūctum glōriae in versibus Latīnīs sed nōn in Graecīs, nimium errat, quod litterae Graecae leguntur in omnibus ferē gentibus, sed Latīnae in fīnibus suīs continentur.

Cicero *Arch.* 11.26, 10.23: 13章에서 읽었던 같은 연설문에서 발췌한 알렉산더 대왕에 관한 글을 다시 보고, 그 연설이 그리스 시인 아르키아스를 변호한 것임을 상기하라.—ferē[부사], 거의, *almost*.

QVAESTIŌNĒS: 문학이 야망을 품은 사람에게 끼칠 수 있는 유익에 관해 키케로가 처음 주목한 것은 무엇인가?—그 연설의 다른 대목에서 전해 준 알렉산더에 관한 일화와 윗글은 어떻게 비교되는가? 저자가 그리스와 라틴 문학의 이점들을 비교하면서 내세운 요지를 설명하라: 그의 견해가 여러분에게 의외인가?—"예" 또는 "아니오"로 답한 이유는? 다음 두 구절들, 즉 **trahimur omnēs… multī…dūcuntur**와 **leguntur in omnibus ferē gentibus…in fīnibus suīs continentur**에서 어순의 고의성을 확인하라; 이렇게 배치한 저자의 의도는?

SCRĪPTA IN PARIETIBVS

C. Iūlium Polybium
duumvir(um) [Cuculla] rog(at).

CIL 4.7841: 폼페이 거리에 줄지어 있는 건물들 벽에서 발견된 수백 개의 선거 홍보들(**programmata**, 단수 **programma**) 중 하나. 이 홍보들은 대부분 graffiti가 아니라 dipinti(단수 dipinto)였다; 즉 그것들은 새겨지지 않고 칠해졌다. Via dell'Abbondanza에 위치한 양모 가공소(IX지역, 7구역) 길가 벽에 칠해진 또 다른 홍보 바로 위에 보이는 이것(사진 상단의 두 줄)에는 폴리

*Gaius Julius Polybius*를 위한
선거 홍보가 칠해진 점포 정면 (*CIL* 4.7841)
Via dell'Abbondanza. 주후 1세기, 폼페이, 이탈리아

비우스의 여자 선거 운동원 이름인 Cuculla가 덧칠로 지워졌는데, 아마도 그 후보자 또는 그의 지지자들 중 다른 누군가가 그 서명을 반기지 않았던 탓인 것 같다.—**duumvir, -ī**, m., 두비르, 여기에서처럼 **IIVIR**로 줄여 쓴 경우가 흔하다 (= **duo + vir**); 두비르들(**duumvirī**)은 폼페이를 통치했던 두 우두머리들로서, 로마의 두 집정관들처럼 권력을 나눠가졌다(註: "두비르"는 역자가 고안한 칭호이다; 영어는 "duumvir"로 음역하였다).—**rogō** (1), 묻다, 구하다; (선거운동에서) 뽑아달라고 부탁하다, 찬성을 구하다; *interrogate, prerogative*.

ETYMOLOGIA

명사 **diēs**와 관련된 형용사는 **diurnus**(daily)이며, 이로부터 "날(day)"을 뜻하는 이탈리아어와 프랑스어 단어들이 파생되었다: It. **giorno**, Fr. **jour**, **journée**; cf. Sp. **día**; Port. **dia**, **diurno**; 옛 오크어 **jǫrn**; Rom. **ziua**. 후기 라틴어에는 접미사 **-ālis**가 붙은 **diurnālis**가 있는데, 여기에서 나온 단어들은 다음과 같다: It. **giornale**, Fr. **journal**, Port. **diurnal**, 옛 오크어 **jornal**, 영어 "journal"; cf. Sp. **diario**, Rom. **zilnic**. 영어 "dismal"도 궁극적으로는 **diēs malus**에서 그 기원을 찾을 수 있다. 한편 **fidēs**의 어간은 즉시 눈에 띄지는 않겠지만, 다음과 같은 단어들에서 발견할 수 있다: affidavit, defy, affiance, fiancé. 영어 "faith"는 라틴어 **fidem**에서 유래한 초기 프랑스 古語인 **feit**, **feid**에서 나왔다. 이 외에도 **modus**와 관련된 단어들은 다음과 같다: modulate, accommodate, commodious, discommode, incommode, à la mode, modus operandi.

LATĪNA EST GAVDIVM—ET VTILIS!

Salvēte! 이제 여러분은 **merīdiēs**라는 단어를 봤으니, **ante/post merīdiem**의 약어 **a.m.**과 **p.m.**을 잘 이해할 것이다. 의사 처방전에서는 다음과 같은 표기를 볼 수 있다: **diēbus alternīs**, 하루 걸러, **diēbus tertiīs**, 사흘마다; **b.i.d.**, **t.i.d.** 또는 **bis in diē**, **ter in diē** (만일 이 글귀를 두어 번 곱씹어 보아도 잘 모르겠으면, 15章을 되돌아 보라!). 그 밖에 여러분이 수일 내로 접할 수 있는 말들: **diem ex diē**, 나날이; **diēs fēlīx**, 운 좋은 날; 법정 용어에서 개정 중인 날들은 **diēs jūridicus**, 휴정 중인 날들은 **nōn jūridicus**; 중세 미사곡 레퀴엠의 한 대목인 **Diēs Īrae**는 "진노 날"에 관한 성가 제목이다. 여러분은 날마다 호라티우스의 조언을 꼭 따라서, **carpe diem**(농사와 관련된 은유로 **carpō, carpere**는 사실상 덩굴이나 줄기에서 과실을 따거나 추수하는 것을 의미한다. 따라서 여러분이 일단 붙잡은 날은 넘치는 풍요의 뿌리이어야 한다). 또한 여러분은 관용구

amīcus certus in rē incertā가 뜻하는 바를 이제 알 수 있을 것이다; **bonā fidē** 협약은 "신의 성실로" 맺어진 것이다(이 탈격의 용법을 알아보겠는가?); 만일 당신의 "진짜 친구"가 충성스런 개라면, 그에게 "**Fido**"라는 칭호를 수여해야 할 것이다. **Carpite omnēs diēs, discipulī discipulaeque, et valēte!**

CAPVT XXIII

분 사

GRAMMATICA

분사 (participium, -ī, n.)

라틴어는 영어와 마찬가지로 일단의 동사적 형용사들을 지니고 있다; 즉, 동사 어간에서 형성된 형용사들로서 **분사**(PARTICIPLE)라고 일컬어지는 것들이다. 라틴어에서 일반적인 타동사들은 네 개의 분사들을 갖는데, 그들 중 두 개는 (현재와 미래) 능동태이고, 나머지 둘은 (미래와 완료) 수동태이다. 현재 능동 분사들과 미래 수동 분사들은 동사의 현재 어간을 기반으로 형성되는 반면에, 완료 수동 분사들과 미래 능동 분사들은 대개는 해당 동사의 네 번째 기본어인 완료 수동 분사에서 어미를 제거하여 추출한 **분사 어간**(PARTICIPIAL STEM: 예를 들면 **laudātus**, **-a**, **-um**에서 **laudāt-**)을 기반으로 형성된다.

	능동	수동
현재	현재 어간 + **-ns** (속격 **-ntis**)	————
완료	————	분사 어간 + **-us**, **-a**, **-um**
미래	분사 어간 + **-ūrus**, **-ūra**, **-ūrum**	현재 어간 + **-ndus**, **-nda**, **-ndum**

이러한 패턴을 잊지 않기 위해서는 **agō**의 분사들을 암기하는 것이 가장 좋을 듯싶다. 왜냐하면 그 분사들에서는 현재 어간과 분사 어간의 차이가 현저하여 혼동할 우려가 전혀 없기 때문이다. 또한 현재(pres**ent**) 분사는 그 특징적 형태소가 **-nt-**이고, 미래(fut**ur**e) 능동은 **-ūr-**이며, 종종 "동형사(geru**nd**ive)"라고 일컬어지는 미래 수동은 **-nd-**라는 사실에 주목하면 많은 도움이 될 것이다.

agō, **agere**, **ēgī**, **āctum**, *drive, do, lead, act*

	능동	수동
현재	ágēns, agéntis, *doing*	————
완료	————	áctus, -a, -um, *done, having been done*
미래	āctū́rus, -a, -um, *about to do, going to do*	agéndus, -a, -um, *(about) to be done, deserving to be done*

여기서 파생된 영어 단어들은 (**āctūrus**를 제외한) 세 분사들의 의미를 산뜻하게 드러내 준다: "agent"(**agēns**), *a person doing something*; "act"(**āctus, -a, -um**), *something done*; "agenda"(**agendus, -a, -um**), *something to be done*. 아래는 전형적인 세 동사들의 분사들을 열거한 것이다:

	능동	수동	능동	수동	능동	수동
현재	laúdāns	——	aúdiēns	——	cápiēns	——
완료	——	laudắtus	——	audítus	——	cáptus
미래	laudātúrus	laudándus	audītúrus	audiéndus	captúrus	capiéndus

특별히 유의할 사항은 다음과 같다: 첫째, 제4활용 동사들과 제3활용의 **-iō** 동사들은 현재 능동 분사(**-iēns, -ientis**)와 미래 수동 분사(**-iendus, -a, -um**)에서 모두 **-ie-**를 지닌다; 둘째, 라틴어에는 현재 능동, 완료 수동, 미래 능동과 수동 분사들이 있지만(이에 상응하는 영어는 *praising, having been praised, about to praise, [about] to be praised*), 현재 수동 분사(*being praised*)와 완료 능동 분사(*having praised*)는 결여되어 있다.

분사의 곡용

네 분사들 중 셋은 **magnus, -a, -um**의 패턴을 따라 곡용된다. 나머지 현재 분사만은 제3곡용 형태들을 취하며, 기본적으로는 **potēns**(16章)의 모델을 답습하지만, 단수 탈격은 때에 따라 **-e** 또는 (특히 관형적 형용사로 사용될 때는) **-ī**로 끝난다; 단수 주격에서 **-ns** 앞의 모음은 항상 길지만, **-nt-** 앞의 모음은 (앞에서 이미 배운 법칙에 따라) 항상 짧다.

	M.& F.	N.
주격	ágēns	ágēns
속격	agéntis	agéntis
여격	agéntī	agéntī
대격	agéntem	ágēns
탈격	agéntī, agénte	agéntī, agénte
주격	agéntēs	agéntia
속격	agéntium	agéntium
여격	agéntibus	agéntibus
대격	agéntēs	agéntia
탈격	agéntibus	agéntibus

동사적 형용사로서의 분사

"분사" 즉 "participle"이란 용어는 **participere**(**pars**+**capere**: 참여/공유하다)에서 파생된 것으로, 그 어원은 분사가 형용사와 동사의 특성을 공유하고 있는 사실을 반영한다. 따라서 형용사로서 분사는 그 꾸밈을 받는 단어의 性·數·格과 당연히 일치한다. 또한 다른 형용사들과 마찬가지로 명시된 명사를 꾸미지 않고, 그 자체로 명사로서 기능할 때도 있다: **amāns**, 사랑하는 자; **sapiēns**, 지혜로운 자, 철학자; **venientēs**, 오는 자들. 동사로서 분사는 시제와 태를 지니며, 직접목적어를 취하거나 또는 해당 동사의 구문론적 특성을 그대로 유지하고, 부사 또는 부사구의 수식을 받을 수 있다:

Patrem in casā videntēs, puella et puer ad eum cucurrērunt. *Seeing their father in the house, the boy and girl ran up to him.*

라틴어는 영어와 마찬가지로 분사의 시제가 절대적이지 않고 주동사의 시제에 연관되어 있다. 예를 들면, 현재분사는 해당 절의 주동사 시제가 현재든지 과거든지 미래든지 상관하지 않고 그것과 같은 시간대의 동작을 나타낸다; 위의 예문을 보면, 아이들이 아버지를 보고 그에게 달려간 때는 과거의 어느 시점이다 (seeing him, 즉 when they saw him, they ran up to him). 완료와 미래 분사들이 가리키는 시간 또한 상대적임을 아래 목록에서 파악할 수 있을 것이다:

1. 현재 분사 = 주동사의 동작과 동시적인 것 (같은 시간).
2. 완료 분사 = 주동사의 동작보다 이른 것 (이전 시간).
3. 미래 분사 = 주동사의 동작보다 늦은 것 (이후 시간).

Graecī nautae, videntēs Polyphēmum, timent, timuērunt, timēbunt. *The Greek sailors, seeing Polyphemus, are afraid, were afraid, will be afraid.*

Graecī nautae, vīsī ā Polyphēmō, timent, timuērunt, timēbunt. *The Greek sailors, (having been) seen by Polyphemus, are afraid, were afraid, will be afraid.*

Graecī nautae, vīsūrī Polyphēmum, timent, timuērunt, timēbunt. *The Greek sailors, about to see Polyphemus, are afraid, were afraid, will be afraid.*

분사구를 절로 번역하기

분사구는 영어보다는 라틴어에서 훨씬 더 자주 사용된다; 사실상 영어는 定動사를 축으로 하는 절을 더 선호한다. 그러므로 라틴어를 영어답게 옮기기 위해서는 분사구를 종속절로 바꾸는 것이 더 나을 경우가 자주 있는데(분사구로 번역하면 그 영어 문장이 딱딱하게 될 때 특히 그렇다), 그렇게 하려면 다음 사항들을 고려할 필요가 있다: (1) 句에서 표현된 동작과 그것을 내포한 節에서 표현된 동작 사이의 관계를 잘 파악하여 적절한 종속 접속사(대개는 when이나 since 또는 although)를 선택해야 한다; (2) 분사 시제의 상대성을 감안하여 분사를 적절한 시제의 정동사로 옮길 수 있어야 한다.

따라서 앞에 제시된 예문, **patrem in casā videntēs, puella et puer ad eum cucurrērunt**는 다음과 같이 옮길 수 있다: *seeing their father in the house, the girl and boy ran up to him,* 또는 좀더 자연스럽게 옮기면, *when they saw their father in the house, the girl and boy ran up to him.* 마찬가지로 **Graecī nautae, vīsī ā Polyphēmō, timuērunt**를 옮기면, *when/since they had been seen* (주동사보다 이전 시간) *by Polyphemus, the Greek sailors were afraid*이며, 이는 문자적인 번역인 *having been seen by Polyphemus, the Greek sailors were afraid*보다 더 나은 표현이다. 아래에 열거된 예문들을 더 검토해 보라:

> **Māter, fīlium amāns, auxilium dat.** *Since she loves her son* (문자적으로는 *loving her son*), *the mother gives him assistance.*
> **Pater, fīliam vīsūrus, casam parābat.** *Since he was about to see his daughter, the father was preparing the house.*
> **Puella, in casam veniēns, gaudēbat.** *When she came into the house* (문자적으로는 *coming into the house*), *the girl was happy.*

VOCĀBVLA

이 章의 새로운 단어 목록은, **premō**에서 나온 **opprimō**에서, 복합어에 흔한 일종의 **모음 약화**(VOWEL WEAKENING)의 또 다른 예를 보여주고 있다(23章에서 **ēripiō**에 달린 註와 부록 563-64쪽을 보라). 또한 아래 목록은 **반-이태**(SEMI-DEPONENT)동사의 또 다른 예인 **gaudeō**를 소개하고 있는데, 이는 7章에 나온 **audeō, audēre, ausus sum**처럼 단지 세 개의 기본어들만 가지며, 그 완료 체계 형태들은 외관상으로는 수동이나 능동의 의미를 지닌다(이러한 동사들은 34장에서 더 배우게 될 것이다). 새로운 문법을 연습하기 위해, 이 목록에 있는 **ēducō**와 **vertō** 같은 동사들 한두 개에 대해 네 가지 분사들을 그 영어 번역과 함께 쓰고, 위의 패러다임과 비교해 보라.

arx, árcis, f., 요새, 성채 (영어 "ark"가 나온 **arca**[상자, 궤]와 관련된 듯싶다)

dux, dúcis, m., 지도자, 안내자; 사령관, 장군 (duke, ducal, ducat, duchess, duchy, doge; cf. **dūcō**)

équus, équī, m., 말 (equestrian, equine; cf. **equa**, 암말)

hásta, hástae, f., 창, 꼬챙이 (hastate)

ínsula, ínsulae, f., 섬 (insular, insulate, isolate, peninsula)

lítus, lítoris, n., 해변, 해안 (littoral, sublittoral)

míles, mílitis, m., 군인 (military, militaristic, militate, militant, militia)

ōrátor, ōrātóris, m., 웅변가, 말하는 자 (oratory, oratorio; cf. **ōs**, 입; **ōrāre**, 말하다, 간구하다)

sacérdōs, sacerdótis, m., 제사장, 사제 (sacerdotal; cf. **sacer**, 거룩한)

áliquis, áliquid ([부정대명사] 속격 **alicuíus**, 여격 **álicui**; cf. **quis, quid**의 곡용; 중성 복수 주격과 대격 **áliqua**), 어떤 사람, 어떤 것, *someone, something*

quísquis, quídquid ([부정대명사] **quis**가 반복된 형태로서 주격을 제외한 다른 격들은 잘 쓰이지 않는다), 누구든지, 무엇이든지, *whoever, whatever*

magnánimus, magnánima, magnánimum, 마음이 넓은, 관대한, 대범한, 용감한 (magnanimity)

úmquam [부사], 의문문이나 부정문에서, 이제껏, 언제고, 결코, *ever, at any time* (**numquam** = **ne** + **umquam**)

éducō, ēducáre, ēducávī, ēducátum, 기르다, 교육하다 (education, educator, educable; "끌어내다"를 뜻하는 **ēdūcere**와 혼동하지 말라)

gaúdeō, gaudére, gāvísus sum, 즐겁다, 기뻐하다 (gaudy, gaudeamus; cf. **gaudium**, 즐거움, **Latīna est gaudium!**).

osténdō, osténdere, osténdī, osténtum, 드러내다, 전시하다, 내보이다 (ostentation, ostentatious, ostensible; cf. **tendere**, 펴다, 뻗다)

pétō, pétere, petívī, petítum, 추구하다, 빌다, 간구하다 (appetite, compete, competent, impetuous, petition, petulant, repeat; cf. **perpetuus**)

prémō, prémere, préssī, préssum, 누르다, 짓누르다, 뒤쫓다; 아래 **opprimō**처럼 복합어에서는 **-primō, -primere**로 바뀐다 (compress, depress, express, impress, imprint, print, repress, reprimand, suppress) ópprimō, opprímere, oppréssī, oppréssum, 억압하다, 압도하다, 제압하다, 제지하다 (oppress, oppression, oppressive, oppressor)

vértō, vértere, vértī, vérsum, 돌리다; 바꾸다; 따라서 **āvertō**는 *turn away*, *avert*, **revertō**는 *turn back* (adverse, advertise, averse, convert, controversy, diverse, divorce, invert, pervert, revert, subvert; cf. **versus**)

LĒCTIŌ ET TRĀNSLĀTIŌ

새로운 패러다임과 어휘를 익히고, 자습문제로 자신의 실력을 평가한 다음에, 아래 글들을 쭉 훑어보면서 모든 분사들을 찾아내어 각각의 시제와 태, 그리고 性·數·格 및 수식받는 명사를 확인하라. 여러분이 CD를 갖고 있다면, 그것을 잘 듣고, 번역하기 전에 큰 소리로 읽어라.

EXERCITĀTIŌNĒS

1. Aliquid numquam ante audītum in hāc rē pūblicā cernō.
2. Illum ōrātōrem in mediō senātū iterum petentem fīnem bellōrum ac scelerum nōn adiūvistis.
3. Certī frūctūs pācis ab territō vulgō atque senātū cupiēbantur.
4. Quī vir magnanimus aliās gentēs gravī metū servitūtis līberābit?
5. Nēmō fidem neglegēns timōre umquam carēbit.
6. Illa fēmina fortūnāta haec cōnsilia contrā eōs malōs quondam aluit et salūtis commūnis causā semper labōrābat.
7. Illam gentem Latīnam oppressūrī et dīvitiās raptūrī, omnēs virōs magnae probitātis premere ac dēlēre prōtinus coepērunt.
8. Tollēturne fāma huius medicī istīs versibus novīs?
9. At vīta illīus modī aequī aliquid iūcundī atque fēlīcis continet.
10. Quō diē ex igne et ferrō atque morte certā ēreptus es?

작문

11. We gave many things to nations lacking hope.
12. Those ten men, (when) called, will come again into this territory with great eagerness.
13. Through the window they saw the second old man running out of his neighbor's house and away from the city.
14. He himself was overpowered by uncertain fear because he desired neither truth nor liberty.

SENTENTIAE ANTĪQVAE

1. Vīvēs meīs praesidiīs oppressus. (Cicero.—**praesidium, -iī**, n., 호위병; *preside, president.*)

2. Illī autem, tendentēs manūs dextrās, salūtem petēbant. (Livy.—**tendō, -ere**, 펴다, 뻗다; *tend, distend, tension.*)

3. Tantalus sitiēns flūmina ab ōre fugientia tangere dēsīderābat. (Horace. **Tantalus:** 탄탈루스의 이름과 신들을 거역한 그의 신화에서 "tantalizing" 이란 단어가 나왔다—**sitīre**, 목마르다.)

4. Signa rērum futūrārum mundō ā dīs ostenduntur. (Cicero.)

5. Graecia capta asperum victōrem cēpit. (Horace.—**victor, -tōris**, m., 여기에서는 로마인을 가리킨다)

6. Atticus Cicerōnī ex patriā fugientī multam pecūniam dedit. (Nepos. —**Atticus**, 키케로의 친구)

7. Sī mihi eum ēducandum committēs, studia eius fōrmāre ab īnfantiā incipiam. (Quintilian.—**fōrmāre**; *reform, transform.*—**īnfantia, -ae**, f.; *infantile, infanticide.*)

8. Saepe stilum verte, bonum libellum scrīptūrus. (Horace.—**stilum vertere**, 첨필을 뒤집다= 지우개를 사용하다. **Stilus**는 밀랍을 덧칠한 판에 글자를 썼던 펜으로서 다른 한 끝은 주걱 모양으로 만들어져 誤字를 긁어 내는 데 사용되었다.)

9. Cūra ōrātōris dictūrī eōs audītūrōs dēlectat. (Quintilian.)

10. Mortī Sōcratis semper illacrimō, legēns Platōnem. (Cicero.—**Sōcratēs, -cratis**. m.—**illacrīmāre**, 통곡하다; *lachrymose, lacrimal.*—**Platō, -tōnis**, m.)

11. Memoria vītae bene āctae multōrumque bene factōrum iūcunda est. (Cicero.)

12. Quī timēns vīvet, līber nōn erit umquam. (Horace.—**quī**는 **is quī**와 같은 의미로 쓰이는 때가 자주 있다.)

13. Nōn is est miser quī iussus aliquid facit, sed is quī invītus facit. (Seneca.—**invītus, -a, -um**, 억지로, 마지못해; 이 형용사는 여기에서 부사적인 기능을 갖는데, 이는 라틴어에서 흔한 현상이다.)

14. Verbum semel ēmissum volat irrevocābile. (Horace.—**semel** [부사], 한 번, *once.*—**ēmittere**; *emissary, emission.*—**volāre**, 날다, 날아가다. —**irrevocābilis, -e.**)

라오코온이 트로이 木馬에 대해 경고하다

Oppressī bellō longō et ā deīs āversī, ducēs Graecōrum, iam post decem annōs, magnum equum ligneum arte Minervae faciunt. Uterum multīs mīlitibus complent, equum in lītore relinquunt, et ultrā īnsulam proximam nāvigant. Trōiānī nūllās cōpiās aut nāvēs vident; omnis Trōia gaudet; panduntur portae. Dē equō, autem, Trōiānī sunt incertī. Aliī eum in urbem dūcī cupiunt; aliī eum Graecās īnsidiās appellant. Prīmus ibi ante omnēs, dē arce currēns, Lāocoōn, sacerdōs Trōiānus, haec verba dīcit: "Ō miserī cīvēs, nōn estis sānī! Quid cōgitātis? Nōnne intellegitis Graecōs et scītis īnsidiās eōrum? Aut inveniētis in istō equō multōs mīlitēs ācrēs, aut equus est machina bellī, facta contrā nōs, ventūra in urbem, vīsūra casās nostrās et populum. Aut aliquid latet. Equō nē crēdite, Trōiānī: quidquid id est, timeō Danaōs et dōna ferentēs!" Dīxit, et potentem hastam magnīs vīribus manūs sinistrae in uterum equī iēcit; stetit illa, tremēns.

Virgil, *Aen.* 2.13-52; 여러분은 21章에서 베르길리우스의 네 번째 **Ecloga**에서 발췌한 글을 읽었다; 여기서 그리고 25章에서는 극적인 단락들을 읽게 될 터인데, 이 또한 산문체로 다듬은 것들로서, 그의 12권으로 된 서사시 **Aenēis**의 제2권에서 발췌되었다(40章에는 장단단 육보격으로 구성된 긴 글이 원문 그대로 실려 있다). 이 장면에서 트로이의 왕자인 아이네아스는 그리스人의 계략이었던 "트로이 목마"에 관하여 카르타고의 여왕인 디도에게 이야기하고 있다; 그것은 나무로 만든 거대한 말로서 그리스인들이 그 도시를 함락시키기 위해 10년 동안 공들인 전쟁을 포기하고 배로 귀향하는 것처럼 가장한 후에 트로이 성벽 밖에 남겨두었던 것이다. 아래 사진은 고대 그리스의 항아리(amphora)에 부조된 그림으로, 그리스 군대가 말의 배(베르길리우스는 의도적으로 "자궁," **uterus**라고 일컬었다) 안에 숨겨져 있다. 트로이인들은 그 말을 어떻게 처리해야 할지를 놓고 의견이 분분하였고, 그러한 격론의 와중에 제사장 라오코온은 매우 초조한 심정으로 그 건조물은 그들을 멸하려고 꾸민 그리스人의 속임수가 틀림없다는 엄중한 경고를 조급히 쏟아 냈다.—**ligneus, -a, -um**, 나무의, 나무로 된; *ligneous, lignite.*—**Minerva, -ae**, f., 미네르바, 전쟁의 여신인 동시에 그리스人들의 수호신이다.—**uterus, -ī**, m.; *uterine, in utero.*—**complēre**, 채우다, 충족시키다; *complete, complement.*—**proximus, -a, -um**, 가까운, 근처의; *proximity, approximate.*—**Trōiānus, -a, -um**, 트로이의.—**pandō, -ere**, 열다; *expand, expansive.*—**Lāocoōn, -ontis**, m.—**nōnne**: 긍정적인 답을 예상하고 묻는 말을 인도한다; Don't you...?—**machina, -ae**, f.; = Eng.;

machination, machinery; 아이네아스는 트로이 최후의 날에 관한 그의 이야기 뒷부분(237-38행)에서 그 말을 **fātālis machina…fēta armīs**, "무기들로 꽉 찬 치명적인 기계"라고 일컫는다.—**vīsūra:** 여기에서는 정탐하다를 뜻한다.—**latēre**, 숨어 있다, 감춰져 있다; *latency, latent.*—**equō: crēdite**의 여격 "목적어"(전에 보았던 구문으로, 35章에서 정식으로 소개된다).—**nē:** = **nōn**.—**Danaōs:** = **Graecōs**.—**et: ferentēs**에 연결되고 **etiam**과 같은 뜻으로 쓰였다.—**ferentēs:** 불규칙 동사 **ferō**(나르다, 지니다)의 현재 분사; *fertile, conference.* **Quidquid…ferentēs**는 그 서사시에서 그대로 따온 육보격 행이다(제2권, 49절); 이 부분을 큰 소리로 읽으면서 장단단 리듬을 감지해 보라.—**tremō, -ere**, 떨다, 흔들리다, 진동하다; *tremor, tremulous.*

QVAESTIŌNĒS: 베르길리우스의 시를 읽노라면 영화를 보는 듯한 느낌을 받는다. 산문체로 바꾼 이 글에서도 눈에 보이듯 세밀하게 묘사된 것들은 무엇인가? 여러분이 영화 감독이라면 그것들을 촬영하는 카메라맨에게 어떤 지시를 내리겠는가? 한편 **quidquid id est, timeō Danaōs et dōna ferentēs?**에서 여러분에게 인상적으로 들리는 시적 음향 효과는 무엇인가?

트로이 목마와 그리스 군인들. 흙으로 빚은 양손잡이 항아리의 목에 부조된 그림
주전 약 640년. 미코노스, 그리스. 고고학 박물관, 미코노스, 그리스

SCRĪPTA IN PARIETIBVS

Paule ed Petre, petite prō Victōre.

이 낙서는 로마의 아피아 도로변에 위치한 바실리카 양식의 성 세바스찬 성당 지하 묘지(catacomb)에 주후 3세기 기독교인들이 매장된 구역에서 발견된 수백 개 낙서들 중 하나이다. 가족 구성원들은 이와 같이 죽은 자들을 위해 사도 바울과 베드로에게 간구하는 글을 새겨 놓았다.—**ed:** = **et.**—**Paule...Petre:** 이 명사들의 격은 무엇인가? 그리고 그 주격 형태들은 어떻게 되겠는가?—**petite:** 여기에서는 "기도해 주소서!"

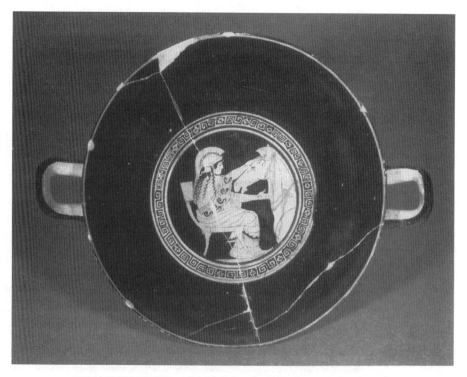

트로이 목마를 건조하는 아테나(미네르바). 붉은 색 그리스 술잔(kylix)
적색 문양 도예가(Sabouroff painter)의 작품, 주전 470-460년
고고학 박물관, 플로렌스, 이탈리아

LATĪNA EST GAVDIVM—ET ŪTILIS!

Salvēte! 이 章의 **Vocābula** 목록에는 고대 로마 문학 작품에 붙여진 제목들을 연상시킬 수 있는 몇몇 단어들이 포함되어 있다: 키케로가 저술한 수십 권의 책들 중에는 수사학을 다룬 **Dē Ōrātōre**라는 표제의 논설이 있으며, 세간에 널리 알려진 플라우투스의 희곡들 가운데 하나로 보통 "허풍쟁이 병사"로 옮겨지는 **Mīles Glōriōsus**가 있다. 한편 中世 때 학생들이 불렀던 노래에는 다음과 같은 유명한 가사가 들어 있다(대학의 라틴어 학생들에게 딱 맞는다): **gaudeāmus, igitur, iuvenēs dum sumus,** 그러니 우리가 젊을 때 즐기자! *so let us rejoice, while we are young!* "책장을 넘겨라"를 뜻하는 **verte**와 책의 왼쪽 페이지를 일컫는 **versō**(즉, 책장을 막 넘겼을 때 보이는 쪽)는 둘 다 **vertere**에서 나왔다; 인쇄업자들은 오른쪽 페이지를 **rectō**라고 부른다. "트로이 목마"라는 표현은 어떤 정부나 조직을 내부로부터 뒤엎고자 하는 사람이나 집단 또는 책략에 대해 사용된다. 그리고 아이네아스의 카르타고 체류에 관한 베르길리우스의 이야기에는 그 나라의 여왕인 디도(Dido)가 나오는데, 그녀와 관련하여 다음과 같은 말이 회자되고 있다: **dux fēmina factī,** *a woman (was) leader of the action!* **Gaudēte atque valēte!**

CAPVT XXIV

탈격 독립구; 우회적 수동태;
동작주를 나타내는 여격

GRAMMATICA

탈격 독립구

탈격 독립구(ABLATIVE ABSOLUTE)는 일반적으로 탈격으로 된 명사(또는 대명사)와 수식하는 분사로 구성된 일종의 분사구로서, 문장의 나머지 부분과 다소 느슨하게 연결되어 있으며 통상 쉼표로 구분된다(따라서 그 용어는 "풀려진" 또는 "분리된"을 의미하는 **absolūtum**에서 나왔다). 이 분사구는 주문장이 말하는 일이 어떤 상황에서 일어났는지를 대략적으로 기술한다.

   Rōmā vīsā, virī gaudēbant. *Rome having been seen, the men rejoiced.*

이 전형적인 예문에서 보듯이, 탈격 독립구는 항상 그 자체로 완비되어 있다. 즉, 분사와 그것이 수식하는 명사는 모두 동일한 句에 속해 있으며, 탈격 독립구의 명사는 연결된 절에서 전혀 언급되지 않는다. (23章에서 다루어진 것과 같은) 다른 유형의 분사구에서는 그 분사가 연결된 절 안에 있는 어떤 명사나 대명사를 수식한다; 일반적인 분사구를 포함하는 아래 예문과 위에 제시된 예문을 비교해 보라:

   Rōmam videntēs, virī gaudēbant. *Seeing Rome, the men rejoiced.*

이 예문의 분사는 주절의 주어를 수식하며, 따라서 탈격 독립구가 쓰일 수 없다.
   다른 분사구들과 마찬가지로 탈격 독립구도 문자적으로 옮길 수 있다; 예를 들면, **Rōmā vīsā,** (*with*) *Rome having been seen.* 그러나 더 자연스런 표현은 바로 앞 단원에서도 설명했듯이 분사를 적절한 시제의 정동사로 변환시키고 탈격 명사는 그 주어로 취급함으로써 구를 절로 바꾼 다음에 가장 문맥에 맞는 접속사(대개는 "when"이나 "since" 또는 "although")를 덧붙여 주절과 연결시키는 것이다; 따라서 **Rōmā vīsā, virī gaudēbant**를 좀더 자연스럽게 옮기면 다음과 같다: *since Rome was (had been) seen, the men rejoiced.* 추가로 열거한 아래 예문들을 참조하라:

***His rēbus audītīs,* coepit timēre.**

These things having been heard, he began to be afraid.

또는 좀더 자연스런 영어로 옮기면,

> *When* (문맥에 따라 *since, after,* 등) *these things had been heard, he began . . .*
>
> *When* (*since, after,* 등) *he had heard these things, he began . . .*

***Eō imperium tenente,* ēventum timeō.**

With him holding the power,
Since he holds the power,
When he holds the power,   } *I fear the outcome.*
If he holds the power,
Although he holds the power,

탈격 독립구에서는 탈격 명사/대명사가 앞에 자리잡고, 분사는 끝에 오는 것이 보통이다. 그리고 위의 예문에 들어 있는 분사의 직접 목적어(**imperium**)처럼, 분사구에 어떤 단어가 더해지면, 그것은 명사/분사 틀 속에 대체로 놓이게 된다.

아래 예문들에서 보듯이, 탈격 독립구는 두 개의 명사들이나 또는 명사와 형용사만으로도 이루어질 수 있는데, 이 경우에는 (고전 라틴어에서는 보통 생략되는) **sum**의 현재 분사가 내포된 것으로 간주한다:

***Caesare duce,* nihil timēbimus.**

Caesar being the commander,
Under Caesar's command,   } *we shall fear nothing*
With Caesar in command,
Since (*when, if,* 등) *Caesar is the commander,*

***Caesare incertō,* bellum timēbāmus.**

Since Caesar was uncertain (*with Caesar uncertain*), *we were afraid of war.*

우회적 수동태

우회적 수동태(PASSIVE PERIPHRASTIC)는 미래 수동 분사를 일컫는 일반적인 용어인 **동형사**(GERUNDIVE)와 **sum**의 형태로 구성된 일종의 수동태 동사이다

("periphrastic"이란 용어의 문자적 의미는 "둘러 말하는 방식"으로, 그와 같이 결합된 형태들을 단순히 가리킨다). 동형사는 본질적으로는 서술적 형용사이기 때문에 **sum**의 주어와 性·數·格이 일치한다; 예를 들면, **haec fēmina laudanda est**, *this woman is to be praised.*

동형사는 단순한 미래보다는 필요, 의무, 당연과 같은 의미를 종종 전달하는데, 우회적 수동태 구문이 바로 그러한 경우이다. 그러므로 **id faciendum est**는 단순히 *this is (about) to be done*이 아니라, *this has to be (must/should be) done*을 뜻하는 말이다; cf. **id faciendum erat**, *this had to be done*; **id faciendum erit**, *this will have to be done.* 라틴어가 이러한 구문에서 다양한 시제의 **sum**을 조동사로 사용하는 것처럼, 영어도 또한 이 예문들에서 보듯이 "has to be/had to be/will have to be"와 같은 표현들을 일반적으로 사용한다; 우회적 수동태를 옮길 때 보통 쓰이는 또 다른 조동사로 "should/ought/must"가 있다(앞에서 이미 배운 **dēbeō** 또한 의무를 나타내는 데 사용된다).

동작주를 나타내는 여격

우회적 수동태에서는 동작주를 나타내는 데 탈격 대신에 여격이 사용된다. 우회적 수동태와 **여격 동작주**(DATIVE OF AGENT)가 결합된 구문을 문자적으로 번역하면 종종 어색하게 들린다. 따라서 그러한 절은 으레 능동태 구문으로 바꾸는 것이 가장 좋다:

> **Hic liber mihi cum cūrā legendus erit.** *this book will have to be read by me with care* 또는(좀더 낫게 옮기면) *I will have to (ought to, must, should) read this book with care.*

> **Illa fēmina omnibus laudanda est.** *That woman should be praised by all* 또는 *everyone should praise that woman.*

> **Pāx ducibus nostrīs petenda erat.** *Peace had to be sought by our leaders* 또는 *our leaders had to seek peace.*

VOCĀBVLA

이 휘에 새로 나온 단어들 중에는 **복합 동사들**(COMPOUND VERBS)이 여러 개 있는데, 여기에는 **capiō**에서 형성된 **accipiō, excipiō, recipiō**가 포함되어 있다(이 단어들은 우리가 전에 보았던 일종의 모음 약화를 잘 드러내고 있다). **Re-**는 **비분리 접두사**(INSEPARABLE PREFIX), 즉 **ad, ex** 등과 같이 따로 분리되어

홀로 설 수 있는 단어가 아니다. 이러한 접두사들의 또 다른 예들을 들면 다음과 같다: **sē-**, *apart, aside* (**sēdūcō**, *to lead aside*); 부정을 뜻하는 **in-** (**im-, il-, ir-**) *not, un-* (**incertus**, *uncertain*); **dis-** (**dif-, dī-**), *apart, away, not* (**discēdō**, *to go away*; **difficilis**, *not easy*). 그런데 **difficilis**(dis- + facilis)와 **accipiō**(ad + capiō)는 **동화**(ASSIMILATION)라고 알려진 음성학적 변화의 또 다른 흔한 유형을 잘 보여주고 있는데, 이는 접두사의 끝 자음이 발음의 편의를 위해 기본어의 첫 자음과 잘 어울리도록 변화되는 현상이다(부록 564쪽).

Carthágō, Cartháginis, f., 카르타고 (북아프리카에 있는 도시)

fábula, fábulae, f., 이야기, 설화; 연극 (fable, fabulous, confabulate; cf. **fāma**)

imperátor, imperātóris, m., 장군, 사령관, 황제 (cf. **imperium**과 **imperāre**, 명령하다)

impérium, impériī, n., 명령권, 통수권, 권한, 명령, 지배 (imperial, imperialism, imperious, empire)

perfúgium, perfúgiī, n., 피난처, 은신처 (cf. **fugiō**)

sérvus, sérvī, m., **sérva, sérvae**, f., 종, 노예 (serf, servant, servile, service)

sōlácium, sōláciī, n., 위로, 완화 (solace, consolation, inconsolable)

vúlnus, vúlneris, n., 상처 (vulnerable, vulnerability, invulnerable)

re- 또는 (**d**로 시작하는 단어 앞에서) **red-** [비분리 접두사], 다시, 뒤로 (recede, receive, remit, repeat, repel, revert)

ut [접속사 + 직설법], *as, just as, when*

póstea [부사], 후에, 나중에 (cf. **post**)

accípiō, accípere, accépī, accéptum, 취하다, 얻다, 받아들이다 (acceptable, acceptance)

excípiō, excípere, excépī, excéptum, 빼내다, 제외하다; 취하다, 받다, 붙잡다 (exception, exceptionable)

recípiō, recípere, recépī, recéptum, 돌려받다, 다시 취하다, 허용하다, 받아들이다 (recipe, R$_x$, receipt, recipient, receptacle, reception)

péllō, péllere, pépulī, púlsum, 치다, 밀치다; 쫓아내다, 추방하다 (compel, compulsion, dispel, impel, propel, repel, pulsate, pulse)

expéllō, expéllere, éxpulī, expúlsum, 내몰다, 내쫓다, 추방하다 (expulsion)

nárrō, nārráre, nārrávī, nārrátum, 말하다, 알리다, 구술하다 (narration, narrative, narrator)

quaérō, **quaérere**, **quaesívī**, **quaesítum**, 찾다, 추구하다; 묻다, 문의하다, 조사하다 (acquire, conquer, exquisite, inquire, inquest, inquisition, perquisite, query, quest, question, request, require)

rídeō, **rīdére**, **rísī**, **rísum**, 웃다, 비웃다 (deride, derisive, ridicule, ridiculous, risible; cf. **rīdiculus**, 웃기는, 재밌는; 우스운)

LĒCTIŌ ET TRĀNSLĀTIŌ

아래 글들에서 탈격 독립구와 우회적 수동태 및 여격 동작주를 낱낱이 확인하라. 이들이 포함된 문장들을 번역할 때는 자연스럽고 관용적인 영어로 표현하기 위해 씨름해야 하는 과제와 부딪치게 되는데, 탈격 독립구는 접속사 "when/since/although"가 이끄는 절로 바꾸고, 우회적 수동태와 여격 동작주로 구성된 절은 능동태 구문으로 바꾸는 것이 일반적이다.

EXERCITĀTIŌNĒS

1. Igne vīsō, omnēs virī et uxōrēs territae sunt et ultrā urbem ad lītus īnsulae nāvigāvērunt, ubi perfugium inventum est.
2. Populō metū oppressō, iste imperātor nōbīs ex urbe pellendus est.
3. Ōrātor, signō ā sacerdōte datō, eō diē revēnit et nunc tōtus populus Latīnus gaudet.
4. Gēns Rōmāna versūs illīus scrīptōris magnā laude quondam recēpit.
5. Laudēs atque dōna huius modī ab ōrātōribus dēsīderābantur.
6. Imperiō acceptō, dux aequus magnanimusque fidem suam reī pūblicae ostendit.
7. Aliquis eōs quīnque equōs ex igne ēripī posteā iusserat.
8. Cernisne umquam omnia quae tibi scienda sunt?
9. Ille, ab arce urbis reventūrus, ab istīs hominibus premī coepit.
10. Cupiō tangere manum illīus mīlitis quī metū caruit atque gravia scelera contrā rem pūblicam oppressit.
11. Iste dux prōtinus expulsus est, ut imperium excipiēbat.
12. Illae servae, autem, perfugium sōlāciumque ab amīcīs quaerēbant.
13. Cornū audītō, ille mīles, incertus cōnsiliī, cōpiās ad mediam īnsulam vertit.

작문

14. When the common danger had been averted, two of our sons and all our daughters came back from Asia.

15. Our hopes must not be destroyed (**tollō**) by those three evil men.

16. Since the people of all nations are seeking peace, all leaders must conquer the passion for(= of) power. (탈격 독립구와 우회적 수동태를 사용하라.)

17. The leader, having been driven out by both the free men and the slaves, could not regain his command.

SENTENTIAE ANTĪQVAE

1. Carthāgō dēlenda est. (Cato.)

2. Asiā victā, dux Rōmānus fēlīx multōs servōs in Italiam mīsit. (Pliny the Elder.)

3. Omnibus ferrō mīlitis perterritīs, quisque sē servāre cupiēbat. (Caesar.)

4. Quidquid dīcendum est, līberē dīcam. (Cicero.—**līberē**는 **līber**의 부사.)

5. Haec omnia vulnera bellī tibi nunc sānanda sunt. (Cicero.—**sānāre**, 치료하다; *sanatorium, sane.*)

6. Nec tumultum nec hastam mīlitis nec mortem violentam timēbō, Augustō terrās tenente. (Horace.—**tumultus, -ūs**, m., 소동, 내전; *tumult, tumultuous.*—**violentus, -a, -um**; 어원은 **vīs**; *violence, nonviolent.*—**Augustus, -ī**, m.)

7. Tarquiniō expulsō, nōmen rēgis audīre nōn poterat populus Rōmānus. (Cicero.)

8. Ad ūtilitātem vītae omnia cōnsilia factaque nōbīs regenda sunt. (Tacitus.—**ūtilitās, -tātis**, f., 이익, 유리; *utility, utilitarian.*)

9. Caesarī omnia ūnō tempore erant agenda. (*Caesar.)

Dē Cupiditāte

Homō stultus, "Ō cīvēs, cīvēs," inquit, "pecūnia ante omnia quaerenda est; virtūs et probitās post pecūniam."

　Pecūniae autem cupiditās fugienda est. Fugienda etiam est cupiditās glōriae; ēripit enim lībertātem. Neque imperia semper petenda sunt neque semper accipienda; etiam dēpōnenda nōn numquam.

Horace *Epist.* 1.1.53과 Cicero Off. 1.20.68: 호라티우스는 두 권의 풍자시들(3章을 보라)을 펴낸 후에, 운문체 "書簡文들"(**Epistulae**)과 서정시들을 쓰는 쪽으로 나아갔다. 그의 풍자시들과 마찬가지로, 그 **Epitulae**는 대체로 도덕적 주제들을 다루었는데, 위의 글은 거기에 포함된 시에서 발췌한 글에 (8章에서 소개된) 키케로의 "도적적 의무들에 관하여"(**Dē Officiīs**)에서 나온 짤막한 글을 보태어 다듬은 것이다.—**imperia**: 특히 카이사르를 포함한 몇몇 동시대인들은 "군 지휘권"을 넘기지 않았는데, 그때는 키케로의 견해에 따르면 그들이 장악해야 했다.—**dēpōnō, -ere**, 내내려놓다, 이양하다; *depose, deposition.*—**nōn numquam:** 이 이중 부정은 라틴어에서 자주 쓰이는 "가끔"을 뜻하는 숙어이다(역주: **numquam nōn**은 "항상"을 뜻한다).

Caelō receptus propter virtūtem, Herculēs multōs deōs salūtāvit; sed Plūtō veniente, quī Fortūnae est fīlius, āvertit oculōs. Tum, causā quae-sītā, "Ōdī," inquit, "illum, quod malīs amīcus est atque omnia corrumpit lucrī causā."

Phaedrus *Fab.*4.12: 아우구스투스 황제의 해방된 노예였던 파이드루스(Gaius Julius Phaedrus, 주전 15년-주후 50년경)는 운문체로 된 도덕적 우화들을 다섯 권 지었는데, 그것들 대다수가 동물들을 소재로 한 우화들로서 예전의 다소 전설적인 그리스 작가인 이솝의 우화들에 뿌리를 둔 것들이었다. 여기서 그는 헤라클레스가 신이 되어 하늘로 들어가 플루투스와 조우하는 장면을 상상하고 있다.—**Herculēs, -lis**, m.; *Herculean.*—**salūtāre**, 인사하다; *salutation, salutatorian.*—**Plūtus, -ī**, m., 富의 神; *plutocracy*(원래는 라틴어가 아니라

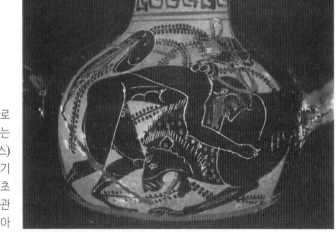

12가지 과제들 중 하나로
네메아 사자와 싸우는
헤라클레스(헤르쿨레스)
아티카식 흑색 문양 도기
주전 5세기 초
미술사 박물관
비엔나, 오스트리아

그리스어에서 나왔다)—**Fortūnae:** 마르티알리스의 글 "족한 줄 알라!"(9章)에서처럼 여기서도 인격화되었다.—**corrumpō, -ere,** 더럽히다; *corruptible, corruption.*—**lucrum, -ī,** n., 벌이, 이득; *lucrative, lucre.*

QVAESTIŌNĒS: 이 세 작가들에 따르면, 부에 대한 탐욕은 어떠한 비도덕적인 결과들을 초래하는가? 명예욕의 결과 또한 키케로는 어떻게 생각하는가? 여러분은 키케로의 **ēripit...lībertātem?**이 의미하는 바가 무엇이라고 추측하는가? 플루투스는 일반적으로 곡물의 여신 데메테르(Demeter)와 사람 또는 半神이었던 이아시온(Iasion) 사이에서 태어난 아들로 알려졌다; 그런데 파이드루스는 어떤 논리로 그를 **fīlius Fortūnae**라고 일컫는가?

풍자시인의 일하는 방식

Rīdēns saturās meās percurram, et cūr nōn? Quid vetat mē rīdentem dīcere vērum, ut puerīs ēducandīs saepe dant crūstula magistrī? Quaerō rēs gravēs iūcundō lūdō et, nōminibus fictīs, dē multīs culpīs vitiīsque nārrō. Sed quid rīdēs? Mūtātō nōmine, dē tē fābula nārrātur!

Horace *Sat.* 1.1.23-27, 69-70: 그의 계획이 표명된 첫 번째 풍자시에서 발췌하여 산문체로 바꾼 이 글에서(같은 詩에서 나온 3章의 "그 풀밭이 항상 더 푸르다" 또한 개작된 것이다), 호라티우스는 풍자시인으로서 자신이 일하는 방식(modus operandi)에 관한 것을 우리에게 말하고 있다.—**per + currō.**—**vetāre,** 금하다; *veto.*—**puerīs...magistrī:** 효과를 위해서 명사들의 어순을 바꾸었다: 간접목적어, 직접목적어, 주어.—**crūstulum, -ī,** n., 과자, 패스트리; *crouton, crust.*—**fingō, -ere, fīnxī, fictum,** 형성하다, 지어내다, 꾸미다; *feign, fiction.*

QVAESTIŌNĒS: 로마 풍자시에서 이름 짓기는 그 장르가 태동할 때부터 풍자시의 조짐을 보이는 특징이었다. 그 장르의 창시자로 인정받는 주전 2세기 풍자시인 루킬리우스(Lucilius)는 살아있는 거만한 권력자들을 비난하는 이름 짓기로 잘 알려졌다: 호라티우스가 그러한 전통을 따라 한 것은 무엇인가?—다른 한편으로 그가 독자에게 훈계를 끝내면서 지적한 것은 무엇인가? 그가 독자를 자신의 맺는 말에 몰입시키는 특별한 방법은 무엇인가? 여기 호라티우스가 자신의 프로그램을 밝힌 소견들과 16장에 있는 유베날리스의 프로그램 詩에 내포된 그것들 사이에 눈에 띄는 목적과 어조의 차이점들은 무엇인가?—양쪽 본문들에서 특별한 단어들과 구절들을 참조하면 답을 얻는 데 도움이 될 것이다. 두 풍자시인들 중에 누가 더 교육에, 누가 더 비난에 관심을 쏟은 것 같은가?

SCRĪPTA IN PARIETIBVS

Vīnum acceptum ab dominō VII Īdūs Aprīlēs

CIL 4.10565: 상품 인수를 알리는 것으로 날짜가 표기되어 있으며, 아마도 종이 기록한 것 같다; 헤르쿨라네움에 있는 매우 잘 보존된 집들 중 하나인 "넵투누스와 암피트리테의 집"(바다의 신과 그의 아내인 바다의 요정이 그려진 화려한 모자이크 장식이 돋보여서 붙여진 이름이다) 안마당에 있는 벽에서 나왔다 (5 구역).—**vīnum, -ī**, n., 와인; *vineyard, viniferous.*—**dominus, -ī**, m., 주인; *dominate, dominion.*—**Īdūs, Īduum**, f. pl.: 로마 제국 달력의 열두 달에는[1] 달마다 이름이 붙여진 세 날들이 있었는데, **Kalendae**는 매월 첫 번째 날, **Nōnae**는 3/5/7/10월의 일곱 번째 날, 나머지 달들에서는 다섯 번째 날, **Īdūs**는 3/5/7/10월의 열다섯 번째 날, 나머지 달들에서는 열세 번째 날이었다. 한편 그 외의 날들은 이 세 날들 중 어느 한 날을 기준으로 해서 그 날보다 며칠 전이라는 식으로 식별하였다. 그런데 로마의 계수 방식은 기준도 포함하므로, **VII Īdūs Aprīlēs**("4월 13일에서 7일 전")는 4월의 **Īdūs**인 13일을 포함하여 일곱 날들을 앞으로 계수한(7-8-9-10-11-12-13) 4월 7일이 된다.—**Aprīlis, -lis**, m., 4월(April).

LATĪNA EST GAVDIVM—ET VTILIS!

Salvēte, amīcae amīcīque! Quid agitis hodiē? 단언컨대 여러분은 R_x와 "recipe"가 같은 단어(어휘에서 **recipiō**를 보라)에서 나왔다는 것을 몰랐겠지만, 이제는 라틴어 덕분에 알았을 것이다! 또한 앞에서도 이미 보았듯이 **capiō** 계열에서 나온 수많은 파생어들이 있다. 특히 **excipere**에서 나온 "의외로" 친

---

1 [역주] 로마인들에게 현대의 3월은 한 해의 첫 번째 달이었으므로, 그들에게 다섯 번째 달인 7월은 원래 **Quīntīlis**라고 일컬었지만, 카이사르는 그 달에 자기가 태어났으므로 그 이름을 **Iūlius**로 바꾸었다. 그 후 로마의 원로원은 카이사르의 후계자인 옥타비아누스에게 "아우구스투스"(존귀한 자)라는 칭호를 주고, 현대의 8월에 해당하는 여섯 번째 달의 이름도 **Sextīlis**에서 **Augustus**로 개칭하였다.

숙한 관용어들이 꽤 있다: **exceptiō probat regulam**, *the exception proves the rule*; **exceptīs excipiendīs**, *with all the necessary exceptions* (문자적으로는 *with things excepted that should be excepted*: 여기서 동형사를 알아보겠는가?). 그리고 바로 이것에 우리가 흔히 쓰는 말인 **mūtātīs mūtandīs**를 빗대어 보면, 그 관용적 의미와 문자적 의미는 무엇이겠는가? (만일 잘 모르겠거든 웹스터 사전을 찾아보라. 그 사전에는 영어에서 통용되고 있는 라틴어 관용구, 표어, 단어, 약어 등이 수백 개 수록되어 있다!) 그 밖에 영어에서 자주 나오는 동형사들을 몇 개 열거하면, **agenda**(*things to be done*), **corrigenda**(*things to be corrected,* 즉 **errāta** 목록). 또한 우회적 수동태도 자주 나온다: **dē gustibus nōn disputandum est** (*you shouldn't argue about taste*), 단순히 **dē gustibus**로 줄여 쓰는 경우도 있다; 수학적 증명의 끝머리에서 쓰이는 **quod erat dēmōnstrandum** (*which we've seen before*), 또는 줄여서 **Q.E.D.** 이 章의 Vocābula에 실린 단어 **servus**는 교황의 칭호들 중 하나에서도 볼 수 있다: **servus servōrum Deī** (또 다른 칭호인 **pontifex**는 고대 로마의 제사장 직책의 이름으로서 원래는 *bridge-builder*를 의미했던 것 같다—제사장은 사람들과 신들 사이의 틈에 다리를 놓기 때문이다). 그리고 **quaere**는 정보를 더 요구하는 표시로 사용된다. **Nunc est satis: valēte atque semper rīdēte!**

넵투누스와 암피트리테의 집 안마당, 헤르쿨라네움, 이탈리아

CAPVT XXV

부정사; 간접 서술

GRAMMATICA

부정사

바로 이전의 두 휴들에서는 "분사"라고 하는 동사적 형용사의 형태와 용법을 살펴보았으므로, 이제는 다양한 방식으로 흔히 쓰이는 동사적 명사인 "부정사" (**INFINITIVE**)에 대해서 설명하겠다.[1] 대부분의 타동사들은 시제(현재/미래/완료)와 태(능동/수동)에 따라 모두 여섯 개의 부정사를 갖는데, 자동사에는 대체로 수동 부정사가 없다. 여러분은 현재 시제의 능동과 수동 부정사들은 이미 잘 알고 있을 것이다. 그 형태들은 네 가지 활용 방식들 각각에 따라 다르다. 완료와 미래 부정사들은 활용 방식과 상관 없이 모두가 아래와 같은 패턴으로 형성된다:

	능동	수동
현재	**-āre, -ēre, -ere, -īre**	**-ārī, -ērī, -ī, -īrī**
완료	완료 어간 + **-isse**	완료 수동 분사 + **esse**
미래	미래 능동 분사 + **esse**	[의존사 **-um** + **īrī**]

미래 수동 부정사는 거의 쓰이지 않고 이 책에서도 나타나지 않으므로 괄호로 묶어 놓았다. (38장에서 정식으로 소개되는) 어미가 **-um**인 **의존사**(SUPINE)는 완료 수동 분사의 중성 단수 주격과 철자가 같다.[2] 아래 표는 **agō, agere, ēgī, āctum** (몰다, 하다, 이끌다, 행하다)의 부정사들을 열거한 것이다:

---

1 [역주] 동사적 명사는 여러 가지가 있는데, 그 중에서 부정사가 가장 흔하고, 이 외에 38-39장에서 소개될 의존사와 동명사가 있다.

2 [역주] "의존사"로 옮긴 supine은 "뒤로 누운"을 뜻하는 라틴어 **supīnus, -a, -um** (cf. **supīno, -āre**, 얼굴을 위로 놓다, 뒤로 눕히다)에서 파생된 용어이다; 옛 문법학자들은 그것이 실체사의 격어미들을 지니고는 있지만, 해당 동사에 아직 "기대어 있다"고 생각해서 그러한 이름을 붙인 것 같다.

능동	수동
현재 ágere, *to lead*	ágī, *to be led*
완료 ēgísse, *to have led*	áctus, -a, -um ésse, *to have been led*
미래 āctúrus, -a, -um ésse, *to be about to lead, to be going to lead*	áctum írī, *to be about to be led, to be going to be led*

이들 중 세 부정사들의 구성 요소로 사용된 분사들은 당연히 서술적 형용사들이며(일례로, "to be active"와 "to be" + "about to act"를 참조하라), 따라서 **esse**의 주어와 性·數·格이 일치한다. 위에 제시된 문자적 번역은 형식적인 것으로, 실제에서는(특히 아래에 설명된 바와 같이 간접 서술에서는) 완료 부정사와 그 중에서도 미래 부정사는 문자적으로 번역되는 경우가 매우 드물다.

다른 표본 동사들의 부정사들은 아래와 같다:

능동

현재	laudáre	monére	audíre	cápere
완료	laudāvísse	monuísse	audīvísse	cēpísse
미래	laudātúrus, -a, -um ésse	monitúrus, -a, -um ésse	audītúrus, -a, -um ésse	captúrus, -a -um ésse

수동

현재	laudárī	monérī	audírī	cápī
완료	laudátus, -a, -um ésse	mónitus, -a, -um ésse	audítus, -a, -um ésse	cáptus, -a, -um ésse
미래	laudátum írī	mónitum írī	audítum írī	cáptum írī

용법

부정사는 동사적 명사로서 다양한 기능을 지니고 있다. 우리는 그것이 주어로(**errāre est humānum**, *to err is human*) 또는 **possum**이나 **dēbeō** 같은 동사의 보족어로(**discēdere nunc possunt**, *they can leave now*: cf. 6章) 사용된 경우들을 본 적이 있다. 또한 부정사는 그 자신의 대격 주어와 함께 직접 목적어의 역할을 할 수 있다(**iussit eōs venīre**, *he ordered them to come*: 보충구문론 576쪽을 보라). 그러나 부정사의 가장 흔한 용법들 중 하나는 "간접 서술"(indirect statement)이라고 알려진 구문에서 볼 수 있다.

간접 서술

간접 서술(INDIRECT STATEMENT)이란 어떤 사람의 말이나 생각 또는 느낌 등을 단순히 간접적으로(즉, 직접 인용하지 않고) 전달하는 것이다. 일례로, 어떤 선생이 다음과 같이 "직접" 말했다고 하자:

Julia is a good student.

여기서 선생의 이 말을 직접 전달하거나 인용하면 아래와 같다:

"Julia is a good student," says the teacher.
The teacher said, "Julia is a good student."

라틴어도 **inquit**을 포함한 發話 동사 따위로 직접 인용할 수 있다:

"Iūlia," magister inquit, "est discipula bona."

하지만 라틴어나 영어나 어떤 사람의 말(또는 생각이나 느낌)을 간접적으로 전달하는 경우도 자주 있다. 영어에서는 그러한 간접 서술을 "that"가 이끄는 종속절로 처리하는 것이 보통이다:

The teacher says that Julia is a good student.
The teacher said that Julia was a good student.

한편 라틴어는 "that"와 같은 접속사를 사용하지 않고, 節(clause) 대신에 대격 주어를 취하는 부정사 句(phrase)로 표현한다:

Magister dīcit Iūliam esse discipulam bonam.
Magister dīxit Iūliam esse discipulam bonam.

라틴어에서 이러한 부정사구는 "發話," "정신 활동," 또는 "감각 인식"을 나타내는 동사(즉, 말하다, 생각하다, 알다, 인식하다, 느끼다, 보다, 듣다 等: 이 章의 **Vocābula** 아래에 그와 같은 라틴어 동사들이 열거되어 있다)— 때로는 "本동사"(head verb)라고 일컫는다— 뒤에서 쓰여지는 것이 보통이다. 영어에서도 이러한 유형의 몇몇 동사들 다음에 목적격과 부정사로 구성된 비슷한 구문을 볼 수 있다(예를 들면, "the teacher considers *her to be* a good student"). 그러나 고전 라틴어에서는 이러한 패턴이 항상 지켜지며, 더욱이 saying 등과 같은 동사의 주어가 부정사의 주어와 같을지라도 대격 주어가 항상 표현되는데, 이러한 경우에 그 주어는 일반적으로 재귀 대명사이다:

Iūlia putat sē esse bonam discipulam. *Julia thinks that she (herself)*
is a good student.

간접 서술은 쉽게 식별할 수 있다: 대격 + 부정사구가 이어지는 發話, 정신
활동, 또는 감각 인식 등을 표현하는 주동사를 찾아라. 그러나 번역하는 일은
그리 간단치가 않은데, 문자적인 번역이 영어답지 못하면(일례로, *the teacher*
says Julia to be a good student 또는 *Julia thinks herself to be a good*
student) 위의 예문들에서 보듯이 대개는 접속사 "that"를 사용하여 그 부정사
구를 일반적인 節로 바꿔야 하기 때문이다. 그리고 that를 넣어 대격 주어를 주
격으로 보고 옮긴 후에는 부정사를 "정확한 시제"의 定동사로 변환해야 하는
데, 이때 주의할 점은 부정사의 시제는 분사의 시제와 마찬가지로 절대적이 아
니라 상대적이라는 사실이다.

간접 서술에서 부정사의 시제

세 그룹으로 나눠진 아래 문장들에서 시제들을 주의 깊게 살펴보라:

1. **Dīcunt**—*They say*
   A. **eum *iuvāre* eam.**   *that he **is helping** her.*
   B. **eum *iūvisse* eam.**   *that he **helped/was helping** her.*
   C. **eum *iūtūrum esse* eam.** *that he **will help** her.*

2. **Dīxērunt**—*They said*
   A. **eum *iuvāre* eam.**   *that he **was helping** her.*
   B. **eum *iūvisse* eam.**   *that he **had helped** her.*
   C. **eum *iūtūrum esse* eam.** *that he **would help** her.*

3. **Dīcent**—*They will say*
   A. **eum *iuvāre* eam.**   *that he **is helping** her.*
   B. **eum *iūvisse* eam.**   *that he **helped/was helping** her.*
   C. **eum *iūtūrum esse* eam.** *that he **will help** her.*

위의 예문들에서 주동사(dīcunt, dīxērunt, dīcent)가 어떤 시제든지 간에, 그
뒤에는 현재나 완료 또는 미래 시제의 부정사가 사용될 수 있다는 것에 주목하
라. 다시 말하면, 부정사들의 시제는 분사들이 그렇듯이 절대적이지 않고 상대
적이라는 것으로, 이를 이해하기 쉽게 정리하면 아래와 같다:

1. 현재 부정사는 주동사와 같은 시간대에 속해 있음을 나타낸다.
2. 완료 부정사는 주동사에 앞선 시간대에 속해 있음을 나타낸다.
3. 미래 부정사는 주동사에 뒤진 시간대에 속해 있음을 나타낸다.

아래 예문들에서 시제들의 번역, 재귀대명사들의 용법, 대격 주어들과 분사 어미들의 일치, 우회적 수동태 부정사(동형사 + **esse**: 의무를 나타낸다)의 용례를 주의 깊게 관찰하라:

Gāius dīcit *sē* iūvisse eam.
> *Gaius says that he* (Gaius) ***helped*** *her.*

Gāius dīxit *eum* iūvisse eam.
> *Gaius said that he* (예를 들면 Marcus) ***had helped*** *her.*

Gāius dīcit litterās ā sē scrīptās esse.
> *Gaius says that the letter was written by him* (Gaius).

Gāius dīcit litterās tibi scrībendās esse.
> *Gaius says that the letter ought to be written by you* (또는 더 낫게 옮기면, *that you ought to write the letter*).

Discipulī putant *sē* linguam Latīnam amātūrōs esse.
> *The* (male) *students think that they will love the Latin language.*

Magistra scīvit discipulās Latīnam amātūrās esse.
> *The teacher knew that the* (female) *students would love Latin.*

VOCĀBVLA

Āit와 **āiunt**는 결여 동사인 **āiō**에서 나온 매우 자주 쓰이는 형태들이다. 일인칭 형태인 **āiō**는 그 자체로 *I say so, I agree, yes*를 뜻하는 경우가 종종 있었다. 새로 배운 문법을 연습하기 위해, 아래 목록에 있는 **crēdō**와 **nūntiō** 같은 몇몇 동사들의 여섯 가지 부정사들을 영어 번역과 함께 쓰고, 위의 패러다임들과 비교해 보라.

língua, línguae, f., 혀; 언어 (linguist, linguistics, bilingual, lingo, linguine: 14章의 **Latīna Est Gaudium**을 보라)
férōx, ferócis, 사나운, 야만적인 (ferocious, ferocity; cf. **ferus, -ī**, 짐승)

fidélis, fidéle, 신실한, 충성스러운 (fidelity, infidelity, infidel; cf. **fidēs**)

géminus, gémina, géminum, 쌍둥이의 (geminate, gemination, Gemini)

sápiēns, sapiéntis, [형용사] 지혜로운, 현명한; [명사] 지혜로운 자, 철학자(homo sapiens, sapience, insipience, insipid, verbum sapienti, savant, sage; cf. **sapientia**)

últimus, última, últimum, (거리에서) 가장 먼, 극단의; (시간이나 순서에서) 마지막, 맨끝; (등급에서) 가장 높은/큰/낮은 (ultimate, ultimatum, pen-ultimate, antepenult)

déhinc [부사], 그 때부터, 이후

hīc [부사], 여기에 (cf. hic, haec, hoc)

áit, áiunt [잠언이나 일화에서 흔히 사용되는 결여 동사], 그가 말한다, 그들이 말한다, 단언한다 (adage)

crédō, crédere, crédidī, créditum + 대격 또는 여격(cf. 35章), 믿다, 신뢰하다 (credence, credentials, credible, incredible, credulity, credulous, creed, credo, credit, creditable, accreditation)

iáceō, iacére, iácuī, 누워 있다, 엎드리다, 죽어 있다 (adjacent, adjacency, interjacent, subjacent, gist, joist; **iaciō, iacere**와 혼동하지 말라)

négō, negáre, negávī, negátum, 부정하다, 아니라고 말하다 (negate, negative, abnegate, renegade, renege, denial)

néscíō, nescíre, nescívī, néscítum, 모르다 (nice, nescient; cf. **sciō**)

núntiō, nūntiáre, nūntiávī, nūntiátum, 알리다, 전하다, 보고하다, 이야기하다 (denounce, enunciate, pronounce, renounce, nuncio; cf. **prōnūntiō, nūntius**, 메신저)

patefáciō, patefácere, patefécī, patefáctum, 열어 놓다, 열다; 나타내다, 드러내다 (patent; cf. **patēre**, 열려 있다)

pútō, putáre, putávī, putátum, 깨끗이하다, 정돈하다; 헤아리다, 추측하다, 판단하다, 생각하다, 상상하다 (compute, count, account, dispute, impute, putative, repute)

spérō, speráre, sperávī, sperátum, (좋은 일을) 희망하다, 바라다, 기대하다; (나쁜 일을) 예상하다, 예감하다 (despair, desperado, desperate, desperation, prosper; cf. **spēs**)

suscípiō, suscípere, suscépī, suscéptum (**sub + capiō**), 떠맡다, 받아들이다, 지지하다 (susceptible, susceptibility)

간접 서술을 이끌 수 있는 동사들

1. 말하다: dī́cō, négō, ā́it, nū́ntiō, prōnū́ntiō, nárrō, scrī́bō, dóceō, os-téndō, dēmṓnstrō, móneō, pétō
2. 알다: scíō, néscio, intéllegō, memóriā téneō, díscō
3. 생각하다: cérnō, cṓgitō, crḗdō, hábeō, pútō, spḗrō
4. 知覺하다/느끼다: aúdiō, vídeō, séntiō, gaúdeō

나중에 소개 될 다른 동사들은 다음과 같다: **respondeō**, 답하다; **cognōscō**, 배우다, 알다; **arbitror**, 생각하다; **opīnor**, 생각하다, 추측하다; **prōmittō**, 약속하다; **dēcernō**, 결정하다; **doleō**, 슬퍼하다.

LĒCTIŌ ET TRĀNSLĀTIŌ

탈격 독립구들과 마찬가지로, 간접 서술문들의 번역에서 부딪치는 난제는 영어 표현이 자연스럽게 되도록 대개는 句를 節로 바꿔야 한다는 것이다; 부연하면, 대격 주어를 취하는 부정사구를 "that"가 이끄는 종속절로 변환시켜야 한다는 것인데, 이때 그 대격은 일반적인 주어로, 부정사는 정확한 시제의 정동사로 바꿔야 한다. 이와 관련하여 249-50쪽에 있는 예문들을 복습하고, 자습문제들에서 번역을 연습하라. 여러분이 간접 서술문들을 식별할 수 있는지를 테스트하기 위해, 아래 글들을 전부 훑어보면서 대격 + 부정사가 뒤따르는 "본동사"(head verb)를 찾아보라.

EXERCITĀTIŌNĒS

1. "Quisque," inquit, "semper putat suās rēs esse magnās."
2. Posteā audīvimus servōs dōnōrum causā labōrāvisse, ut mīlitēs fidēlēs heri nārrāverant.
3. Vīcīnī nostrī vim ignis magnā virtūte dehinc āvertērunt, quod laudem atque dōna cupīvērunt.
4. Hoc signum perīculī tōtam gentem nostram tanget, nisi hostem ex urbe excipere ac ab Italiā pellere poterimus.
5. Duce ferōcī Carthāginis expulsō, spēs fidēsque virōrum magnanimōrum rem pūblicam continēbunt.
6. Cūr iūcundus Horātius culpās hūmānās in saturīs semper ostendēbat atque rīdēbat?

7. Crēdimus fidem antīquam omnibus gentibus iterum alendam esse.

8. Dux, officium susceptūrus, imperium accēpit et imperātor factus est.

9. Rēs pūblica, ut āit, libellīs huius modī tollī potest.

10. Aliquī negant hostēs victōs servitūte umquam opprimendōs esse.

11. Crēdunt magistram sapientem vēritātem patefactūram esse.

12. Quisquis vēritātem quaeret atque recipiet bene ēducābitur.

작문

13. We thought that your sisters were writing the letter.

14. They will show that the letter was written by the brave slavegirl.

15. The orator said that the book had never been written.

16. We hope that the judge's wife will write those two letters tomorrow.

SENTENTIAE ANTĪQVAE

1. Id factum esse tum nōn negāvit. (Terence.)

2. Hīs rēbus prōnūntiātīs, igitur, eum esse hostem scīvistī. (Cicero.)

3. Eum ab hostibus exspectārī nunc sentīs. (Cicero.)

4. Vīdī eōs in urbe remānsisse et nōbīscum esse. (Cicero.)

5. Itaque aeternum bellum cum malīs cīvibus ā mē susceptum esse cernō. (Cicero.)

6. Idem crēdō tibi faciendum esse. (Cicero.)

7. Tē enim esse fidēlem mihi sciēbam. (Terence.)

8. Hostibus sē in cīvitātem vertentibus, senātus Cincinnātō nūntiāvit eum factum esse dictātōrem. (Cicero.—**Cincinnātus, -ī**, m.; *Cincinnati.* —**dictātor, -tōris**, m.; *dictation, dictatorship.*)

9. Dīcō tē, Pyrrhe, Rōmānōs posse vincere. (Ennius.—**Pyrrhus, -ī**, m.; 그리스의 장군으로 로마와 두 번 싸워 모두 승리했지만, 인명 손실이 너무 커서 결국은 그가 실패한 전쟁이었다; 이로 인해 "피로스의 승리"라는 용어가 나왔다.)

10. Dīc, hospes, Spartae tē nōs hīc iacentēs vīdisse, patriae fidēlēs. (Cicero; Thermopylae에서 전사한 스파르타人들을 기리는 비문.—**hospes, -pitis**, m., 낯선 자; *hospice, hospital.*—**Sparta, -ae**, f., 스파르타市)

11. Sōcratēs putābat sē esse cīvem tōtīus mundī. (Cicero.)

12. Illī magistrī negant quemquam virum esse bonum nisi sapientem. (Cicero.—**quisquam, quidquam**, *anyone, anything*; *any.*)

13. Negāvī, autem, mortem timendam esse. (Cicero.)

14. Crēdō deōs immortālēs sparsisse spīritūs in corpora hūmāna. (Cicero. —**spargō, -ere, sparsī, sparsum**, 흩뜨리다, 뿌리다; *sparse, intersperse.*)

15. Adulēscēns spērat sē diū vīctūrum esse; senex potest dīcere sē diū vīxisse. (Cicero.—**vīvō**에서 나온 **vīctūrum**과 **vincō**에서 나온 **victūrum**을 혼동하지 말라.)

16. Āiunt enim multum legendum esse, nōn multa. (*Pliny.)

라오코온의 죽음 . . . 그리고 트로이

Hīc alius magnus timor (Ō fābula misera!) animōs caecōs nostrōs terret. Lāocoōn, sacerdōs Neptūnī fortūnā factus, ācrem taurum ad āram in lītore mactābat. Tum geminī serpentēs potentēs, mare prementēs, ab īnsulā ad lītora currunt. Iamque agrōs tenēbant et, oculīs igne ardentibus, ōra linguīs sībilīs lambēbant.

Nōs omnēs fugimus; illī viā certā Lāocoonta fīliōsque eius petunt. Prīmum parva corpora duōrum puerōrum capiunt et lacerant necantque dēvōrantque. Tum patrem fortem, ad fīliōs miserōs currentem, rapiunt et magnīs spīrīs tenent et superant. Nec sē ā vulneribus dēfendere nec fugere potest, et ipse, ut taurus saucius ad āram, clāmōrēs horrendōs ad caelum tollit. Eōdem tempore serpentēs fugiunt, petuntque perfugium in arce Minervae ācris.

Quod Lāocoōn in equum Minervae hastam iēcerat, nōs putāvimus eum errāvisse et poenās dedisse; vēritātem acerbam nescīvimus. Portās patefacimus et admittimus istum equum in urbem; ac puerī puellaeque—Ō patria, Ō dī magnī, Ō Trōia!—eum tangere gaudent. Et quoque gaudēmus nōs miserī, quibus ille diēs fuit ultimus ac quibus numquam erit ūllum sōlācium.

Virgil *Aen*. 2.199-249: 이 글은 아이네이스 제2권에서 발췌한 라오코온에 관한 이야기를 산문체로 바꾼 것인데, 23장에서는 이 앞 부분을 읽었다. 제사장 라오코온이 자신의 동족들에게 엄중히 경고한 일이 있고 난 후에, 시논(Sinon) 이라 이름하는 그리스인 첩자가 일부러 포로로 잡혀, 트로이인들이 미네르바의 은총을 덧입어 그리스인들로부터 자신들을 지키려면 그 거대한 목마를 도시 안으로 들여와야 한다고 그들을 현혹하는 거짓말을 지어서 퍼뜨렸다. 이에 트로이인들이 어찌 해야 좋을지 허둥대고 있을 때 트로이의 운명을 끝장내려고 거대한 뱀 두 마리가 테네도스(그리스 군대가 숨어 있는 섬: 지도 3) 쪽에서 바다 위를 가로질러 해변에 기어 올라와 라오코온과 그의 아들들에게 달려들었다.— **Lāocoōn, -ontis**, m.—**Neptūnus, -ī**, m.: 바다의 神으로 트로이 전쟁에서 그리스 편에 섰다.—**fortūnā factus**: 넵투누스의 이전 제사장이 살해되자 그 신에게 제물을 바치기 위해 서둘러 라오코온을 제비 뽑아 선출하였다.—**taurus, -ī**, m., 황소; *taurine, toreador*.—**āra, -ae**, f., 제단.—**mactāre**, 제물을 바치다, 제물을 잡다.—**serpēns, -pentis**, m., = Eng.; *serpentine*.—**ardēre**, 불타오르다; *ardent, arson*.—**sībilus, -a, -um**, 쉿 소리를 내는; *sibilant, sibilate*.— **lambō, -ere**, 핥다; *lambent, lap*.—**Lāocoonta**, 그리스語 이름인 라오코온의 대격.—**prīmum, prīmus**의 부사.—**lacerāre**, 갈기갈기 찢다, 토막 내다; *lacerate, laceration*.—**dēvōrāre**, 먹어치우다, 삼켜버리다; *carnivore, voracious*. —**spīra, -ae**, f., 둘둘 감은 것, 똬리; *spire, spiral*.—**saucius, -a, -um**, 부상당한.—**clāmor, -mōris**, m., 외침, 부르짖음; *clamor, exclaim*.—**horrendus, -a, -um**, = Eng.; *horrid, abhorrent*.)

QVAESTIŌNĒS: 여러분은 23章의. 라오코온 이야기에서 영화 같은 표현에 관해 의견을 나누었다; 이 글에서도 시각적 효과가 큰 몇몇 요소들에 대해 논하라. 그 제사장의 절규를 묘사하기 위해 베르길리우스가 사용한 **직유법(SIMILE)**을 확인하고, 그것의 아이러니를 설명하라. 이 글에서 극도의 연민의 정을 자아내는 모멘트는 무엇인가? 그리고 베르길리우스가 우리의 격정적인 반응을 불러일으키기 위해 사용한 핵심 단어들과 구절들 및 이미지들은 무엇인가?

라오코온 群像,
아마도 주전 1세기 로도스 섬의
*Agesander, Athenodorus,
Polydorus*의 조각품을 본따
로마에서 만든 模作
*Museo Pio Clementino,
Vatican Museums, Vatican, State*

SCRĪPTA IN PARIETIBVS

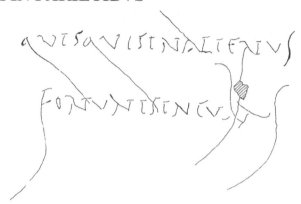

Quisquis in alterīus fortūnīs incubās

CIL 4.5087: 폼페이의 한 집(IX 지역, 5 구역)의 부엌문 근처에서 발견된 낙서; 경각심을 일깨우는 속담으로 탐욕스런 자들을 질책하는 글이다.—**quisquis:** 이 인칭 동사에 연결되어, = *you, who(ever)*....—**incubāre**, 눕다, 기대다; 부릅 뜨고 지켜보다, 몰두하다, (~에 마음이) 사로잡히다; *incubate, incubus.*

LATĪNA EST GAVDIVM—ET VTILIS!

Quid agitis hodiē, amīcī et amīcae? 묘비에 자주 새겨지는 구절인 **hīc iacet**, "여기에 눕다"는 이 章의 **Vocābula**에 실린 **iacēre**에서 나온 말이다(가끔은 **hic jacket**으로 철자되는 경우도 있어서 "시골 소년의 웃도리"로 잘못 읽을 수 있다!). 다음은 잘 알려진 격언들과 표어들이다: **dum spīrō, spērō,** *while I breathe, I hope* (南켈리포니아州의 표어—동사 **spīrāre**는 20章의 **spīritus**와 관련이 있으며, 여기서 conspire, expire, inspire, perspire, respiratory, trans-pire 등과 같은 단어들이 파생되었다.); **crēde Deō,** "하나님을 믿어라"(여격 을 취하는 **crēdere**에 관해서는 35章을 보라); 그리고 서로 다른 문화들 간에 의사 소통을 위해 사용되는 혼성어를 뜻하는 이탈리아語 **lingua franca,** 문자 적으로 옮기면 *Frankish language.* **Spīrāte, spērāte, rīdēte, atque valēte!**

CAPVT XXVI

형용사의 등급; 비교의 탈격

GRAMMATICA

형용사의 등급

지금까지 배운 형용사의 형태들은 그 꾸밈을 받는 명사의 성질(quality)이나 양(quantity)과 같은 기본적인 특성을 나타낸다; 일례로 **vir beātus**, *a happy man*. 이러한 형태는 형용사의 **원급(POSITIVE DEGREE)**이라고 일컬어진다.

영어와 마찬가지로 라틴어에서도 묘사되는 어떤 사람이나 사물이 다른 사람(들)이나 사물(들)보다, 또는 통상적인 경우보다 어떤 특성을 지닌 정도가 크거나 작다는 것을 나타내기 위해서 형용사는 등급에 따라 형태가 달라질 수 있다. 어떤 사람이나 사물과 비교되는 대상이 단 하나일 때는 **비교급(COMPARATIVE DEGREE)**이 사용된다: **vir beātior**, *the happier man*. 그러나 비교되는 대상이 둘 이상일 때는 **최상급(SUPERLATIVE DEGREE)**이 사용된다: **vir beātissimus**, *the happiest man*.

비교급과 최상급의 형성

원급의 형태는 어휘에서 알 수 있다. 규칙적인 형용사들의 비교급과 최상급 형태들은 원급의 어간에 접미사를 덧붙여 만든다.

> **비교급:** 원급의 어간 + **-ior**(남/여성), **-ius**(중성); **-iōris**(속격)
> **최상급:** 원급의 어간 + **-issimus, -issima, -issimum**

원급	비교급	최상급
cắrus, -a, -um	cắrior, -ius	cāríssimus, -a, -um
(*dear*)	(*dearer*)	(*dearest*)
lóngus, -a, -um	lóngior, -ius	longíssimus, -a, -um
(*long*)	(*longer*)	(*longest*)
fórtis, -e	fórtior, -ius	fortíssimus, -a, -um
(*brave*)	(*braver*)	(*bravest*)

fēlīx, fēlīcis	fēlīcior, -ius	fēlīcíssimus, -a, -um
(*happy*)	(*happier*)	(*happiest*)
pótēns, poténtis	poténtior, -ius	potentíssimus, -a, -um
(*powerful*)	(*more powerful*)	(*most powerful*)
sápiēns, sapiéntis	sapiéntior, -ius	sapientíssimus, -a, -um
(*wise*)	(*wiser*)	(*wisest*)

어떤 형용사들은 원급에 **magis**(*more*)와 **maximē**(*most*)를 첨가하여 비교급과 최상급을 만드는데, 특히 어간이 모음으로 끝나는 **idōneus, -a, -um** (*suitable*) 과 같은 형용사들에서 이와 같은 방식이 통용된다: **magis idōneus, maximē idōneus.**

비교급의 곡용

최상급의 곡용은 **magnus, -a, -um**의 패턴을 그대로 따른다. 그러나 비교급은 제3곡용의 두 語尾 형용사임에도, **i**-어간 곡용이 아니다(즉, 16章에서 보았듯이 제3곡용 형용사들의 특징적 어미들인 단수 탈격의 **-ī**, 복수 속격의 **-ium**, 또는 중성 복수 주격/대격의 **-ia**가 비교급 형용사에는 나타나지 않는다). 아래 패러 다임을 암기하면서 굵은 글씨로 표기된 어미들을 눈여겨 보라:

	단수		복수	
	M. & F.	**N.**	**M. & F.**	**N.**
주격	fórtior	fórtius	fortiórēs	fortióra
속격	fortióris	fortióris	fortiórum	fortiórum
여격	fortiórī	fortiórī	fortióribus	fortióribus
대격	fortiórem	fórtius	fortiórēs	fortióra
탈격	fortióre	fortióre	fortióribus	fortióribus

용법과 번역

영어에서 비교급 형용사들은 *more* 또는 접미사 -*er*로, 최상급은 *most* 또는 -*est* 로 옮겨지는 것이 보통이다(물론 문맥이나 어법에 거슬리지 않아야 한다): 예를 들면, **fēmina sapientior,** *the wiser woman;* **urbs antīquior,** *a more ancient city;* **tempus incertissimum,** *a most uncertain time;* **lūx clārissima,** *the brightest light.* 그 형태들 사이에 직접적인 관련은 없더라도, 라틴어 비교급 표시인 **-ōr**-과 영어의 "m*ore*"/"-*er*", 그리고 최상급 표시인 **-ss**-와 영어의 "mo*st*/-*est*"를 연관시켜서 기억하면 도움이 될 것이다.

비교급은 *rather* 또는 *too*의 의미로 사용될 때도 있는데, 전자는 어떤 성질이 통상적인 경우보다 더 심한 것을(**lūx clārior**, *a rather bright light*), 후자는 예상보다 더 심한 것을(**vīta eius erat brevior**, *his/her life was too short*) 나타낸다. 최상급은 *very*로 번역되기도 하는데, 특히 어떤 사람이나 사물을 통상적이거나 전형적인 경우와 비교할 때 그러하다: **vīta eius erat brevissima**, *his/her life was very short.*

비교급과 최상급에 연결되는 quam

비교급 형용사 뒤에 위치한 **quam**은 비교되는 두 대상을 이어주는 "than"과 같은 등위 접속사의 역할을 한다; **quam** 앞뒤에 있는 두 비교 대상의 格이나 문법적 구조는 서로 동일하다:

> **Hī librī sunt clāriōrēs quam illī.** *These books are more famous than those.*
> **Dīcit hōs librōs esse clāriōrēs quam illōs.** *He says that these books are more famous than those.*

한편 **quam**이 최상급 앞에 놓이면 부사적으로 기능하며, 수식받는 사람이나 사물이 가능한 한 최대한도의 특성을 지니고 있다는 것을 나타낸다:

> **Amīcus meus erat vir quam iūcundissimus.** *My friend was the pleasantest man possible* 또는 *as pleasant as can be.*

비교의 탈격

비교되는 첫 번째 요소가 주격이나 대격이면, **quam**은 자주 생략되고, 그 뒤에 위치한 두 번째 요소는 탈격을 취하게 되는데, 이를 **비교의 탈격**(ABLATIVE OF COMPARISON)이라고 일컫는다(여러분이 지금까지 배운 탈격 용법들을 모아 놓은 목록에 이것도 추가하기 바란다).

> **Cōnsilia tua sunt clāriōra lūce.** *Your plans are clearer than light.* (같은 뜻을 지닌 **cōnsilia tua sunt clāriōra quam lūx**와 비교하라.)
> **Quis in Italiā erat clārior Cicerōne?** *Who in Italy was more famous than Cicero?*
> **Paucōs fēlīciōres patre tuō vīdī.** *I have seen few men happier than your father.*

VOCĀBVLA

여러분은 아래 목록을 살펴보면서, **superbus**와 **trīstis**와 같은 형용사들을 여러 개 택하여, 그 비교급과 최상급 형태들을 性·數·格에 따라 만들고, 그 영어 의미들도 함께 적어봄으로써 새로 배운 문법을 연습하라. 그리고 여러분이 쓴 것이 맞는지 257-58쪽에 실린 차트의 샘플들과 대조해 보라. 항상 그렇듯이—**ut semper**—새로운 단어들을 익힐 때는 철자에 주의를 집중하면서, 온라인 (또는 CD)에서 그것들을 잘 듣고, 큰 소리로 여러 번 따라서 발음하라: **audī atque prōnūntiā!**

cḗna, cḗnae, f., 만찬 (cenacle; cf. **cēnō**)

fórum, fórī, n., 시장터, 광장, 포럼 (forensic)

lēx, lḗgis, f, 법, 법규; 권리와 정의를 강조하는 **iūs**와 비교하라 (legal, legislator, legitimate, loyal, colleague, college, privilege)

lī́men, lī́minis, n., 문지방 (liminality, subliminal, eliminate, preliminary)

lūx, lū́cis, f., 빛 (lucid, elucidate, translucent, illustrate, illuminate)

mḗnsa, mḗnsae, f., 테이블; 식사; 요리, 코스; **mḗnsa secúnda**, 디저트, 後食 (Mensa 星座)

nox, nóctis, f., 밤 (nocturnal, nocturne, equinox, noctiluca, noctuid)

sómnus, sómnī, m., 잠 (somnambulate, somnambulist, somniferous, somniloquist, somnolent, insomnia, Sominex)

quídam, quaédam, quíddam [대명사] 또는 **quóddam** [형용사], 부정 대명사와 형용사; 대명사로서, 어떤 사람, 어떤 것, *someone, something*; 형용사로서, 어떤, a certain, some (속격 **cuiúsdam**, 여격 **cuídam**, etc.)

pudícus, pudíca, pudícum, 겸손한, 정숙한, 단정한 (impudent, pudency, pudendum; cf. **pudīcitia**, 겸손, 정숙)

supérbus, supérba, supérbum, 교만한, 건방진, 오만한, 우쭐대는 (superb; cf. **superāre**)

trī́stis, trī́ste, 슬픈, 비통한; 재미없는, 모진, 엄한 (tristful; cf. **trīstitia** 슬픔)

túrpis, túrpe, 추한; 부끄러운, 천한, 수치스러운 (turpitude, turpitudinous)

urbā́nus, urbā́na, urbā́num, 도시의, 도시적인; 도시풍의, 세련된 (urbanity, urbanization, suburban; cf. **urbs**)

prae [전치사 + 탈격] 앞, 이전 (부록 568쪽에서 보듯이 흔히 접두사로도 쓰인다; **praepōnere**, 앞에 놓다, 선호하다; 때로는 의미를 강조, **praeclārus, praeclāra, praeclārum**, 특히 유명한, 탁월한; precede, prepare, preposition) quam [비교급 뒤에서 접속사] *than*; [최상급 앞에서 부사] *as…as possible*: **quam fortissimus**, *as brave as possible* (*how*를 뜻하는 부사 **quam** 및 관계 대명사 또는 의문 형용사의 여성 단수 대격과 혼동하지 말라)

tántum [부사] 오직, *only* (tantamount)

invī́tō, invītā́re, invītā́vī, invītā́tum, 환대하다, 초청하다, 부르다 (invitation, invitational, vie)

LĒCTIŌ ET TRĀNSLĀTIŌ

새로운 문법과 어휘를 면밀히 공부한 후에, 아래 글들을 훑어보면서 비교급과 최상급 형용사들 및 비교의 탈격을 모두 찾아라. 여러분이 CD를 갖고 있다면 그것을 잘 듣고, 번역하기 전에 큰 소리로 읽어라.

EXERCITĀTIŌNĒS

1. Ille dux nescīvit cōnsilium nūntiātum esse et sē imperium prōtinus susceptūrum esse.
2. "Quīdam," inquit, "imperium quondam petēbant et līberōs virōs opprimere cupiēbant."
3. Eōdem diē decem mīlia hostium ab duce fidēlissimō āversa ac pulsa sunt; multī mīlitēs vulnera recēperant et in agrīs iacēbant.
4. Morte tyrannī ferōcis nūntiātā, quisque sē ad ōrātōrem potentissimum magnā spē vertit.
5. Rīdēns, scrīptor illīus fābulae sapiēns aliquid iūcundius dehinc nārrāvit.
6. Hīs rēbus audītīs, adulēscentēs geminī propter pecūniae cupiditātem studium litterārum relinquent.
7. Rēgīna fortissima Carthāginis posteā ostendit fidem semper esse sibi cāriōrem dīvitiīs.
8. Negāvit sē umquam vīdisse servam fidēliōrem quam hanc.
9. Iūcundior modus vītae hominibus nunc quaerendus est.
10. Crēdimus illōs vīgintī līberōs virōs fēmināsque vītam quam iūcundissimam agere.
11. Imperātor centum mīlitēs fortissimōs prae sē herī mīsit.
12. Lūx in illā casā nōn fuit clārissima, quod familia paucās fenestrās patefēcerat.

13. Amīcōs trīstēs excēpit, ad mēnsam invītāvit, et eīs perfugium ac sōlā-
cium hīc dedit.

작문

14. What is sweeter than a very pleasant life?

15. Certain men, however, say that death is sweeter than life.

16. When these three very sure signs had been reported, we sought ad-
vice and comfort from the most powerful leader.

17. In that story the author says that all men seek as happy lives as possible.

18. This light is always brighter than the other.

SENTENTIAE ANTĪQVAE

1. Senectūs est loquācior. (Cicero.—**loquāx**, **loquācis**, 수다스러운; *loqua-
cious, loquacity.*)

2. Tua cōnsilia omnia nōbīs clāriōra sunt quam lūx. (Cicero.)

3. Quaedam remedia graviōra sunt quam ipsa perīcula. (Seneca.)

4. Eō diē virōs fortissimōs atque amantissimōs reī pūblicae ad mē vocāvī.
(Cicero.—**amāns reī pūblicae**, 나라를 사랑하는, 애국적인.)

5. Quī imperia libēns accēpit, partem acerbissimam servitūtis vītat. (Se-
neca.—**libēns**, **libentis**, 자발적인; *ad lib.*; 흔히 그렇듯이 여기서 이 형용
사는 부사적 효력을 지닌다).

6. Iūcundissima dōna, ut āiunt, semper sunt ea quae auctor ipse cāra
facit. (Ovid.)

7. Beātus sapiēnsque vir forum vītat et superba līmina potentiōrum
cīvium. (Horace.)

8. Quid est turpius quam ab aliquō illūdī? (Cicero.—**illūdō**, **-ere**, 속이다;
illude, illusion.)

9. Quid enim est stultius quam incerta prō certīs habēre, falsa prō vērīs?
(*Cicero.—**falsus**, **-a**, **-um**; *falsify, fault.*)

10. Saepe mihi dīcis, cārissime amīce: "Scrībe aliquid magnum; dēsidiō-
sissimus homō es." (Martial.—**dēsidiōsus**, **-a**, **-um**, 게으른; *desidiose.*)

11. Verba currunt; at manus notāriī est vēlōcior illīs; nōn lingua mea,
sed manus eius, labōrem perfēcit. (Martial.—**notārius**, **-ī**, m., 속기사;
notary, note.—**vēlōx**, **vēlōcis**, 신속한; *velocity.*—**perficiō**, **-ere**, **-fēcī**,
-fectum, 완성하다; *perfect, perfection.*)

12. Multī putant rēs bellicās graviōrēs esse quam rēs urbānās; sed haec sententia mūtanda est, nam multae rēs urbānae sunt graviōrēs clāriōrēsque quam bellicae. (Cicero.—**bellicus, -a, -um: bellum**의 형용사; *bellicose.*)

13. Invītātus ad cēnam, manū sinistrā lintea neglegentiōrum sustulistī. Hoc salsum esse putās? Rēs sordidissima est! Itaque mihi linteum remitte. (Catullus.—**linteum, -ī,** n., 아마포, 손수건; *lint.*—**neglegēns, -gentis,** 부주의한; *neglect, negligent.*—**salsus, -a, -um,** 짠; 재치있는; *sauce, saucy, sausage.*—**sordidus, -a, -um,** 더러운, 천한; *sordid.*)

갈리아 부족들

Gallia est omnis dīvīsa in partēs trēs, quārum ūnam incolunt Belgae, aliam Aquītānī, tertiam quī ipsōrum linguā Celtae, nostrā Gallī appellantur. Hī omnēs linguā, īnstitūtīs, lēgibus inter sē differunt. Gallōs ab Aquītānīs Garumna flūmen, ā Belgīs Matrona et Sequana dīvidit. Hōrum omnium fortissimī sunt Belgae.

*Caesar *B. Gall.* 1.1: 가장 잘 알려져 있는 고대 로마인들 중 한 사람인 가이우스 율리우스 카이사르(주전 100-44년)는 정치가이자 작가이고 군 지휘관인 동시에 궁극적으로는 웅변가였다. 특히 로마의 관할 지역이었던 갈리아의 총독으로서 그가 치렀던 전쟁들을 회고한 **Bellum Gallicum**과 그 이후에 로마 내전

율리우스 카이사르의 흉상
Museo Pio Clementino,
Vatican Museums, Vatican State

에서 폼페이와 그의 지지자들에 맞서 싸운 전투를 회고한 **Bellum Cīvīle**라는 작품들의 저자로도 유명하다. 그 초기 작품의 서두에는 갈리아 부족들의 인종적 특성과 관습 및 지리에 관한 것들이 기술되어 있는데, 여기에 실린 글은 그 대목에서 직접 인용한 것이다.—언급된 지역들과 민족들은 Gaul, the Belgae, the Aquitani, the Celts 또는 Gauls, 그리고 江은 Garonne, Marne, Seine (2번 지도를 보라).—**dīvidō, -ere, -vīsī, -vīsum**, 나누다, 분리하다; *dividend, divisible.*—**incolō, -ere**, ~에 살다, 거주하다; **Belgae, Aquītānī, (eī) quī**는 모두 **incolunt**의 주어.—**ipsōrum linguā = linguā suā**.—**nostrā: linguā**가 생략되었다.—**īnstitūtum, -ī**, n., 관습, 제도; *institute, institutionalize.*—**linguā, īnstitūtīs, lēgibus: 관점/상세의 탈격**(ABLATIVE OF RESPECT OR SPECIFICATION), 즉, in (respect to their) language,...—**differō:** = Eng.; *difference, differential.*

QVAESTIŌ: 카이사르의 글은 종종 직설적인 언어와 간결한 표현으로 그 특징을 드러냈다. 이 인용문은 그의 문체의 전형적인 양상들을 어떻게 드러내고 있는가?

행복한 인생

Haec sunt, amīce iūcundissime, quae vītam faciunt beātiōrem: rēs nōn facta labōre sed ā patre relicta, ager fēlīx, parvum forī et satis ōtiī, mēns aequa, vīrēs et corpus sānum, sapientia, amīcī vērī, sine arte mēnsa, nox nōn ebria sed solūta cūrīs, nōn trīstis torus et tamen pudīcus, somnus facilis. Dēsīderā tantum quod habēs, cupe nihil; nōlī timēre ultimum diem aut spērāre.

Martial *Epig.* 10.47: 마르티알리스가 길게 쓴 풍자시들(Epigrams) 중 하나에서 발췌하여 산문체로 바꾼 이 글에서, 그는 무엇이 인생을 행복하게 만드는가에 대한 자신의 생각을 한 친구와 나누고 있다.—**rēs:** 여기서는 "재산" 또는 "富"를 뜻한다.—**ā patre relicta:** 즉, 상속 재산.—**forī:** 광장에서 벌어지는 야단법석; 즉, 시끄럽고 정신 사나운 세상 일 (위의 S.A. 7번에서도 같은 뜻으로 쓰였다); **parvum**에 연결된 전체의 속격.—**sine arte:** 꾸밈없는, 소박한, 검소한.—**ebrius, -a, -um**, 술취한; *inebriated.*—**solvō, -ere, solvī, solūtum**, 풀어주다, 벗어나게 하다; *solve, absolve.*—**torus, -ī**, 침대; *torus.*—**nōlī:** 부정사와 함께 부정 명령("~하지 말라")을 하는 데 사용된다.

QVAESTIŌNĒS: 문자적 번역은 저자의 의도를 전하지 못하는 경우가 종종 있다; 마르티알리스가 뜻하는 바를 분명하게 전달하려면, 여러분은 그의 희망 목록을 어떻게 의역해야 하는가? 그의 목표들 중 어느 것이 미국의 전통적 "근로 윤리"와 상충하는가?

SCRĪPTA IN PARIETIBVS

Prīma, domina.　*[handwritten inscription]*

CIL 4.8241: I 지역, 10 구역에 있는 한 작은 집 근처에 위치한 이 여인숙 또는 주막(**caupōna**)의 경우처럼, 상점들에는 그 주인의 이름이 종종 써져 있었다.— **Prīma:** 태어난 순서를 종종 가리키는 서수는 특히 여자 이름에서는 주어진 이름(**praenomen**)으로도 그리고 별명(**cognomen**)으로도 사용되었다; 예를 들면, **Secunda, Tertia, Quārta**, 등등.—**domina, -ae**, f., 여주인(한 집안의 우두머리 여자); *dominate, prima donna.*

ETYMOLOGIA

(위의 "행복한 인생"에서 보았던) 동사 **solvō**에서 많은 영어 단어들이 파생되었는데, 그 중 여러 개를 더 열거하면 다음과 같다: absolution, dissolve, dissolute, resolve, resolution, solution, ablative absolute.

　스페인어에서 형용사의 비교급은 영어의 *more*를 뜻하는 라틴어 **magis**에서 파생된 **más**를 형용사 앞에 연결시켜 만드는 것이 보통이다: **más caro, más alto**. 포르투갈어도 같은 방식으로 **mais**를 사용한다: **mais caro**. 이탈리아어와 스페인어 및 포르투갈어는 라틴어의 최상급 어미 **-issimus**의 흔적을 유지하고는 있지만, 그것은 일반적으로 *very, exceedingly*와 같이 의미를 강조하는 기능을 지닌다:

라틴어	이탈리아어	스페인어	포르투갈어	
cārissimus	carissimo	carisimo	caríssimo	*very dear*
clārissimus	chiarissimo	clarisimo	claríssimo	*very clear*
altissimus	altissimo	altisimo	altíssimo	*very high*

LATĪNA EST GAVDIVM—ET VTILIS!

Salvēte! 여기에 열거된 친숙한 표어들, 글귀들, 유명한 인용어들, 그리고 어원론적 토막말들은 **ex vocābulīs huius capitis** 나왔다(사실 **vocābula**는 **vocāre**에서 파생된 단어로, 이를 문자적으로 옮기면 "당신이 무엇이라고 부르는 것들"이다): **auctor ignōtus**는 알려지지 않은 저자, 즉 "저자 불명"을 뜻한다; **cēna Dominī**, 主님의 만찬; **dūra lēx sed lēx**, 惡法도 法이다; **lēx nōn scrīpta**, 불문법(이것의 반대는 **lēx scrīpta**—문자적 의미는 무엇인가?—여러분은 **lēx locī**의 뜻도 헤아릴 수 있을 것이다); 외톨이들에게 주는 오비디우스의 충고는 **trīstis eris sī sōlus eris**, 그리고 플라우투스가 지은 희극에 등장하는 한 인물의 소망은 **lēx eadem uxōrī et virō**; 법원 판결인 **ā mēnsā et torō**, *from table and bed*(**torus, -ī**)는 부부가 별거할 것을 명하는 말이다. 명사 **lūx**와 그 관련 동사 **lūceō, lūcēre**, "밝게 빛나다"를 알면, 이 말들의 의미가 다소 밝아질 것이다: **lūx et vēritās**(예일 대학교의 모토); **lūx et lēx**(Chapel Hill에 있는 北캘리포니아 대학교의 모토); pellucid explanations, 아주 명확한 설명 (**per + lūc-**); translucent materials, 빛을 투과시키는 물질들; Lux 비누는 당신을 빛처럼 반짝이게 할 것이다! **Lūcēte, discipulae discipulīque, et valēte!**

CAPVT XXVII

불규칙한 등급 형용사들

GRAMMATICA

불규칙한 등급 형용사들

어떤 형용사들의 등급은 26章에서 소개된 규칙적인 패턴들을 따르지 않는다.

최상급 형태가 *-er* 또는 *-lis*인 형용사들

아래에 제시된 두 그룹의 형용사들은, 다른 굴절은 규칙적이지만, 최상급에서는
독특한 형태들을 취한다. 철자가 **-lis**로 끝나는 여섯 개의 형용사들은 어간에
-limus, -lima, -limum을 덧붙여서 최상급을 만든다:

원급	비교급	최상급
fácilis, -e	facílior, -ius	facíllimus, -a, -um
diffícilis, -e	difficílior, -ius	difficíllimus, -a, -um
símilis, -e	simílior, -ius	simíllimus, -a, -um

또한 **dissimilis**(*unlike, dissimilar*), **gracilis**(*slender, thin*), **humilis**(*low,
humble*)도 위와 같은 패턴을 따른다; 그 밖에 **-lis**로 끝나는 형용사들은 모두
가 규칙적인 최상급 형태들을 취한다(예: **fidēlissimus, ūtilissimus**, etc.).

　남성 형태가 **-er**인 형용사는, 곡용에 상관 없이, 어간이 아니라 그 남성 형태
-er에 **-rimus**를 바로 덧붙여 최상급을 만든다; 한편 그러한 형용사들의 비교
급은 규칙적으로 어간에 **-ior, -ius**를 덧붙여서 만든다(이때 **-er**의 모음 **-e-**는
여러분도 보다시피 유지되거나 탈락된다):

원급	비교급	최상급
líber, -bera, -berum	lībérior, -ius	lībérrimus, -a, -um
púlcher, -chra, -chrum	púlchrior, -ius	pulchérrimus, -a, -um
ácer, ácris, ácre	ácrior, ácrius	ācérrimus, -a, -um

그밖에 불규칙한 등급 형용사들

흔히 쓰이는 몇몇 형용사들은 비교급과 최상급 형태들이 매우 불규칙하여 그것들은 단순히 외우는 수밖에 별 도리가 없다. 그 불규칙 형태들 중 다수는 영어의 "good, better, best"와 "bad, worse, worst"처럼 비교급과 최상급 형태들이 원급과 뿌리가 전혀 다른 단어들에서 파생되었는데, 이는 11章에서 소개된 **보충법**(SUPPLETION)의 실례를 잘 보여준다. 아래는 여러분이 반드시 외어야 할 가장 중요한 것들이다(그 불규칙 형태들에서 파생된 영어 단어들이 외우는 데 많은 도움을 줄 수 있을 것이다: 아래 **Etymologia** 단락을 보라):

원급	비교급	최상급
bónus, -a, -um (*good*)	mélior, -ius (*better*)	óptimus, -a, -um (*best*)
mágnus, -a, -um (*great*)	máior, -ius (*greater*)	máximus, -a, -um (*greatest*)
málus, -a, -um (*bad*)	péior, -ius (*worse*)	péssimus, -a, -um (*worst*)
múltus, -a, -um (*much*)	—, plūs (*more*)	plúrimus, -a, -um (*most*)
párvus, -a, -um (*small*)	mínor, mínus (*smaller*)	mínimus, -a, -um (*smallest*)
(prae, prō) (*in front of, before*)	príor, -ius (*former*)	prīmus, -a, -um (*first*)

súperus, -a, -um
  (*that above*)
	supérior, -ius (*higher*)	súmmus, -a, -um
		  (*highest, furthest*)
		suprēmus, -a, -um
		  (*highest, last*)

Prior와 **prīmus**에 상응하는 원급 형용사는 없다. 왜냐하면 이 단어들은 "우선" 또는 "우월"의 의미를 내포하는바, 하나 또는 그 이상의 사람들이나 사물들과의 비교를 이미 전제하고 있기 때문이다; 하지만 전치사 **prae**와 **prō**가 관련이 있다.

Plūs의 곡용

불규칙 형태들 중에서 **plūs**를 제외하면 그 어느 것도 곡용이 어렵지 않다. 복수에서 **plūs**는 형용사와 같은 기능을 지니지만(예를 들면, **plūrēs amīcī**), 그러나 **i**-어간과 자음-어간 형태들이 섞여 있다(복수 속격에서는 **-ium**이지만, 중성 주격과 대격에서는 **-ia**가 아니라 **-a**이다); 단수에서는 형용사의 기능을 전혀 갖지 않고 중성 명사처럼 쓰이며, 전체의 속격이 이어지는 경우가 보통이다(일례로, **plūs pecūniae**, *more money*, 문자적으로 옮기면 *more of money*—15章을 보라).

	단수 M./F.	N.	복수 M./F.	N.
주격	——	plūs	plŭrēs	plŭra
속격	——	plŭris	plŭrium	plŭrium
여격	——	——	plŭribus	plŭribus
대격	——	plūs	plŭrēs	plŭra
탈격	——	plŭre	plŭribus	plŭribus

VOCĀBVLA

아래 단어들을 공부할 때 다음 사항들에 유의하라: **sōl**과 **sōlus, -a, -um**을 혼동하지 말라; *Intrōdvctiō*, xlvii쪽에서 자음가를 지니는 **i**에 대한 설명을 다시 보고, **maior, maius**처럼 모음 사이에 **i**가 철자된 단어들의 발음("mai-yor," "mai-yus," etc.)을 온라인으로 주의 깊게 들어라; 복수 **superī**와 **maiōrēs**의 독특한 의미들에 주목하라(후자는 로마인들이 선조들의 관습, **mōs maiōrum**을 상기시키는 관용어에서 종종 사용하였다); 위의 표에 열거된 불규칙한 비교급과 최상급 형용사들의 형태들을 모두 습득해야 한다.

dēlectấtiō, dēlectātiốnis, f. 기쁨, 즐거움, 향락 (delectation, delectable, delicious, dilettante; cf. **dēlectō**)

népōs, nepốtis, m., 손자, 후손 (nephew, nepotism, niece)

sōl, sốlis, m., 해, 태양 (solar, solarium, solstice, parasol)

dīligēns, dīligéntis, 근면한, 주의 깊은 (diligence, diligently)

dissímilis, dissímile, 같지 않은, 다른 (dissimilar, dissimilarity, dissemble)

grácilis, grácile, 마른, 가냘픈 (gracile, gracility)

húmilis, húmile, 낮은, 천한 (humility, humiliate, humiliation)

máior, máius [형용사 비교급], 더 큰; 더 오랜, 더 늙은; **maiốrēs, maiốrum**, m. pl., 선조들 (즉, 더 오랜 자들; major, majority, etc.—아래 **Etymologia**를 보라).

prímus, príma, prímum, 첫째, 맨 앞, 주요한, 으뜸가는 (primary, primate, prime, primeval, primer, premier, primitive, prim, primogeniture, prima facie, primordial, primrose)

quot [곡용되지 않는 형용사] 얼마나 많은, ~만큼 많은 (quota, quotation, quotient)

símilis, símile [+ 속격 또는 여격], 유사한, 비슷한, 닮은 (simile, assimilate, simulate, dissimulate, verisimilitude, assemble, resemble, simultaneous; "same"도 같은 어근에서 나왔다)

súperus, súpera, súperum, 위의, 높은; **súperī, superṓrum**, m. pl., 신들
(superior, etc.; **superō**와 아래 **Etymologia**를 참조하라)

útilis, útile, 유용한, 유익한 (여러분에게 라틴어가 바로 그렇다!—utilitarian,
utilization, utilize; **ūtilitās, -tātis**에서 나온 utility)

pṓnō, pṓnere, pósuī, pósitum, 놓다, 두다, 앉히다 (아래 **Etymologia**를 보라)

próbō, probáre, probávī, probátum, 승인하다, 권하다; 시험하다 (probe, pro-
bate, probable, approbation, proof, prove, approval, improve, reprobate;
cf. **probitās**)

위의 267-69쪽에 열거된 모든 불규칙한 형용사 형태들도 이 목록에 포함시켜라.

LĒCTIŌ ET TRĀNSLĀTIŌ

Lēctiō et Trānslātiō에서 가장 중요한 일은 큰 소리로 여러 번 읽으면서 의미
를 파악하고 난 다음에 번역하는 것이다(CD를 갖고 있으면 그것을 잘 들어
라); 그리고 새로 배운 문법을 익히기 위해, 아래 글들을 훑어보면서 비교급과
최상급 형태들을 찾아내고, 규칙적인 것들과 불규칙적인 것들을 구분하라.

EXERCITĀTIŌNĒS

1. Quisque cupit quam pulcherrima atque ūtilissima dōna dare.
2. Quīdam turpēs habent plūrima sed etiam plūra petunt.
3. Ille ōrātor, ab tyrannō superbissimō expulsus, ducem iūcundiōrem
   et lēgēs aequiōrēs dehinc quaesīvit.
4. Summum imperium optimīs virīs semper petendum est.
5. Senex nepōtibus trīstibus casam patefēcit et eōs trāns līmen invītāvit.
6. Ostendit ultimum signum lūce clārissimā ab hostibus illā nocte datum
   esse.
7. Iste tyrannus pessimus negāvit sē virōs līberōs umquam oppressisse.
8. Fidēlissimus servus plūs cēnae ad mēnsam accipiēbat quam trēs pēiōrēs.
9. Āiunt hunc auctōrem vītam humillimam hīc agere.
10. Cūr dī superī oculōs ā rēbus hūmānīs eō tempore āvertērunt?
11. Habēsne pecūniam et rēs tuās prae rē pūblicā?
12. Sōlem post paucās nūbēs gracillimās in caelō hodiē vidēre possumus.

작문

13. Some believe that very large cities are worse than very small ones.

14. In return for the three rather small gifts, the young man gave even more and prettier ones to his very sad mother.

15. Those very large mountains were higher than these.

SENTENTIAE ANTĪQVAE

1. Trahit mē nova vīs: videō meliōra probōque, sed pēiōra tantum faciō et nesciō cūr. (Ovid.)

2. Quaedam carmina sunt bona; plūra sunt mala. (Martial.)

3. Optimum est. Nihil melius, nihil pulchrius hōc vīdī. (Terence.)

4. Spērō tē et hunc nātālem et plūrimōs aliōs quam fēlīcissimōs āctūrum esse. (Pliny.—**nātālis [diēs]**, 생일; *natal, Natalie.*)

5. Quoniam cōnsilium et ratiō sunt in senibus, maiōrēs nostrī summum concilium appellāvērunt "senātum." (Cicero.—**concilium**, **-ī**, n., 평의회; conciliate, reconcile; 다음 단어들을 혼동하지 않도록 유의하라: **concilium, cōnsilium, cōnsul**.)

6. Plūs operae studiīque in rēbus domesticīs nōbīs nunc pōnendum est etiam quam in rēbus mīlitāribus. (Cicero.—**opera, -ae**, f., 일, 수고, 작품; *opera, operation, cooperate.*—**domesticus, -a, -um**; *domesticate, domesticity.*—**mīlitāris, -e**; *militarism, demilitarize*; cf. **mīles**.)

7. Neque enim perīculum in rē pūblicā fuit gravius umquam neque ōtium maius. (Cicero.)

8. Sumus sapientiōrēs illīs, quod nōs nātūram esse optimam ducem scīmus. (Cicero.—**optimam**: 여성 형태를 취한 이유는 **nātūram**의 性으로 이끌렸기 때문이다.)

9. Nātūra minimum petit; nātūrae autem sē sapiēns accommodat. (*Seneca.—**accommodāre**, 적응시키다; *accommodation.*)

10. Maximum remedium īrae mora est. (*Seneca.)

11. Quī animum vincit et īram continet, eum cum summīs virīs nōn comparō sed eum esse simillimum deō dīcō. (Cicero.—**comparāre**, 비교하다; *comparable, comparison.*)

12. Dionȳsius, tyrannus urbis pulcherrimae, erat vir summae in vīctū temperantiae et in omnibus rēbus dīligentissimus et ācerrimus. Īdem tamen erat ferōx ac iniūstus. Quā ex rē, sī vērum dīcimus, vidēbātur miserrimus. (Cicero.—디오니시우스는 주전 4세기 시라쿠사의 통치자였

다.—**vīctus, -ūs**, m., 생활 양식; *victual, vittles.*—**temperantia, -ae**, f.; *temperate, intemperance.*—**iniūstus, -a, -um**, 불의; injustice.—**quā ex rē: ex illā rē**.)

13. Nisi superōs vertere possum, Acheronta movēbō. (Vergil.—**Acheronta:** 지하세계의 강을 일컫는 그리스어 *Acheron*의 대격; 여기서는 환유적으로 "죽은 자들의 땅"을 뜻한다.)

골목 고양이

Caelī, Lesbia nostra, Lesbia illa,
illa Lesbia, quam Catullus ūnam
plūs quam sē atque suōs amāvit omnēs,
nunc in quadriviīs et angiportīs
5   glūbit magnanimī Remī nepōtēs.

*Catullus *Carm.* 58: 한 문장으로 된 이 詩는 예전에 레스비아의 사랑을 놓고 경쟁했던 카일리우스에게 빈정거리면서 보낸 것으로, 카툴루스와 레스비아의 관계가 여러분이 19章에서 읽었던(그리고 지금 다시 읽고 싶을 듯한) 그의 **Carmen 8**에 드러난 것보다 더더욱 식었을 때 지어졌음에 틀림없다; 운율: 11마디律(hendecasyllabic).—**quadrivium, -iī**, n., 사거리.—**angiportum, -ī**, n., 골목길.—**glūbō, -ere**, 까다, 벗기다; 나무 껍질이나 동물의 가죽을 벗기는 것을 의미하는 말이지만, 여기서는 외설적인 뜻으로 쓰였다.—**Remus:** 레무스는 그와 형제간인 로물루스에 의해 살해되었다; 전설에 따르면 로물루스는 로마를 세우고 그 도시의 첫 번째 왕이 되었다; 그의 **nepōtēs**는 카툴루스 시대에 그가 상상한 후손들(로마의 귀족)이다.

QVAESTIŌNĒS: 원로원의 방탕한 젊은 의원이었던 마르쿠스 카일리우스 루푸스는 레스비아와 저지른 자신의 불륜으로 인해 카툴루스의 원한을 샀다(여러분이 2章을 떠올리면 알겠지만, 레스비아는 가명으로 본명은 클로디아였으며, 또다른 원로원 의원의 부인이었다: 이것은 정말 로마의 멜로 드라마였다!); 카툴루스가 그에게 말을 걸면서 사용한 **nostra**에 담긴 아이러니에 대해 논하라. 지시사가 "꼭 찍는 말"이라고 돌이켜 생각하면, 여기 **illa**에서 감지되는 효과는 무엇이고, 카툴루스는 그 단어를 어떤 방식으로 강조하는가?—또한 **Lesbia illa, illa Lesbia**로 배열된 어순에 대해서도 논하라. 카툴루스는 레스비아가 로물루스의 후손들보다는 오히려 레무스의 후손들과 골목길에서 농탕치는 것으로 상정했는데, 여러분은 그 이유가 무엇이라고 생각하는가?

매우 고맙소, 툴리!

Dīsertissime Rōmulī nepōtum,
quot sunt quotque fuēre, Mārce Tullī,
quotque post aliīs erunt in annīs,
grātiās tibi maximās Catullus
5 agit, pessimus omnium poēta,
tantō pessimus omnium poēta
quantō tū optimus omnium patrōnus.

*Catullus *Carm.* 49: 시인은 웅변가요 정치가인 마르쿠스 툴리우스 키케로에게 謝意를 전하고 있는데, 그 語調가 비꼬는 투냐 아니냐는 학자들 사이에 논란이 많은 문제이다. 그러나 키케로는 때때로 연애시를 경멸하는 태도를 보였을 뿐만 아니라, 카툴루스 58의 당사자인 카일리우스 루푸스가 고발당한 재판에서 그 고발은 클로디아/레스비아에 의해 부추겨진 것이라고 주장하면서 그를 변호했다는 사실은 여기서 주목할 만한 가치가 있다. 위의 카툴루스 58과 마찬가지로 이 詩는 하나의 긴 문장으로 짜여졌으며, 그 운율도 11마디律이다.—**dīsertus, -a, -um**, 능변의, 학식 있는; *dissertation.*—**fuēre**: = **fuērunt**, 12장을 보라.—**post**: = **posteā.**—**tantō…quantō**, *just as much…as.*—**tū: es**가 생략되었다.

QVAESTIŌNĒS: 비꼼은 말하는 사람이나 자신의 詩를 낭독하는 시인의 억양에 의해 종종 감지되지만, 그러나 때로는 글로만 보아서는 그것을 알아채기가 쉽지 않다. 여러분이 이 詩의 (사실상 行마다 나타나는) 가장 현저한 문체적 특징으로 보는 것은 무엇인가? 그리고 카툴루스가 활달하게 "고맙소"라고 한 말이 여기서는 사실상 비꼬는 것임을 어떻게 암시하고 있는가? **본문의 상호성 (INTERTEXTUALITY)**, 즉 서로 다른 문학적 본문들의 상호작용은 종종 저자의 의도를 파악하는 실마리가 될 수 있다. 여러분은 이 詩의 첫 행과 詩 58의 마지막 절 사이에 어떤 연관이 있다고 보는가? 그리고 곰곰이 생각해 보면, 그 목적은 무엇이겠는가?

조카를 양자로 삼은 삼촌의 사랑

Adulēscēns est cārior mihi quam ego ipse! Atque hic nōn est fīlius meus sed ex frātre meō. Studia frātris iam diū sunt dissimillima meīs. Ego vītam urbānam ēgī et ōtium petīvī et, id quod quīdam fortūnātius putant, uxōrem numquam habuī. Ille, autem, haec omnia fēcit: nōn in forō sed in agrīs vītam ēgit, parvum pecūniae accēpit, uxōrem pudīcam dūxit, duōs fīliōs habuit. Ex illō ego hunc maiōrem adoptāvī mihi, ēdūxī ā parvō puerō, amāvī prō meō. In eō adulēscente est dēlectātiō mea; sōlum id est cārum mihi.

Terence *Ad.* 39-49: 카르타고에서 노예로 로마에 잡혀온 테렌티우스(Publius Terentius Afer, 주전 185-159년경)는 나중에 풀려나서 희극 작가와 프로듀서로서 경력을 쌓아 갔다. 그의 여섯 희극들 중 마지막 작품인 **Adelphoe**(형제들)는 젊은 아들들을 교육하는 철학이 상당히 다른 두 아버지들의 행실을 희화한 코미디로서 현대의 "시트콤"과 같은 것이다. 보다 관대한 아버지인 미키오(Micio)는 자신의 동생으로부터 입양한 아들에 관한 애정을 여기서 말하고 있다.—**iam diū:** 과거에 시작되었지만 현재에도 지속되는 것을 현재 시제의 동사로 표현할 때 흔히 사용된다; 이 경우 영어에서는 완료 시제를 사용하고 따라서 그렇게 옮겨지는 편이다.—**dūxit:** 여기서는 "결혼했다"는 뜻이다.—**adoptāre**, = Eng.; *adoption, adoptive.*—**ēdūxī:** 길렀다.—**id:** 이것, 즉 그들의 관계.

QVAESTIŌNĒS: 그리스-로마 세계에서 성인 남자는 남성 상속인을 두는 것이 매우 중요한 문제였다; 왜 미키오는 입양을 해야 했는가? 결혼에 관한 유머는 오늘날과 마찬가지로 고대에도 코미디의 단골 소재였다; 여기서 어떤 말이 그러한 농담인가?

테렌티우스 희극, *Andria*의 한 장면을 표현한 부조(bas-relief), 주후 1세기
국립 고고학 박물관, 나폴리, 이탈리아

SCRĪPTA IN PARIETIBVS

Liquāmen optimum!

CIL 4.9415: 정확히 말하면 낙서라기보다는 상품을 선전하는 글이다. 오늘날 식품 가공업자들이 캔이나 병에 라벨을 붙이듯이, 고대의 식품 생산자들도 식품을 담아서 운반하는 용기들에 라벨을 새기거나 칠하였는데, 그 용기들은 I 지역, 8 구역에 있는 한 집의 안마당에서 출토된 이 글이 새겨진 항아리(**urceus**)처럼 대개는 도기였다.—**liquāmen, -minis**, n., 액체, 즙, 소스; 젓; **liquāmen** 이외에도 **garum**이라 불리는 흔한 젓갈이 있었는데, 이들은 생선으로 만든 소스들로서 양념 재료로 널리 사용되었다—또한 이 항아리에는 **SCOMBR**가 다른 필체로 새겨졌는데, 이는 그 소스들을 만드는 데 대표적으로 사용되었던 생선인 "고등어"를 뜻하는 **scomber**의 철자를 줄인 것이다.—**optimum**: 조금은 과장된 광고로서, 오늘날 우리에게도 친숙한 마케팅의 한 양상이다!

ETYMOLOGIA

라틴어 형용사의 불규칙한 등급 형태들은 그로부터 파생된 영어 단어들을 통해서 쉽게 익힐 수 있는 경우가 많이 있다:

bonus	**melior:** ameliorate
	optimus: optimist, optimum, optimal
magnus	**maior:** major, majority, mayor
	maximus: maximum
malus	**peior:** pejorative
	pessimus: pessimist
multus	**plūs:** plus, plural, plurality, nonplus
parvus	**minor:** minority, minus, minute, minuet, minister, minstrel
	minimus: minimum, minimize
(prō)	**prior:** prior, priority
	prīmus: prime, primacy, primary, primeval, primitive
superus	**superior:** superior, superiority
	summus: summit, sum, consummate
	suprēmus: supreme, supremacy

라틴어 **plūs**로부터 프랑스어 **plus**와 이탈리아어 **più**, 그리고 옛 오크語 **plus** 또는 **pus**가 파생되었는데, 이러한 로망스 언어들에서는 이 단어들이 형용사 앞에 놓이면 비교급이 된다. 프랑스어와 이탈리아어에서 이러한 비교급에 정관사를 붙이면 최상급으로 바뀐다:

라틴어	프랑스어	이탈리아어
longior	plus long	più lungo
longissimus	le plus long	il più lungo
cārior	plus cher	più caro
cārissimus	le plus cher	il più caro

루마니아語에서 비교급은 포르투갈어 **mais**와 스페인어 **más**처럼 형용사 앞에 **mai**를 사용해서 만든다(모두 라틴어 **magis**에서 나왔다): 예를 들면, **mai lung**, *longer;* 그리고 프랑스어, 이탈리아어, 포르투갈어처럼 정관사를 덧붙이면 최상급이 된다: **cel mai lung**, *longest.* 라틴어의 최상급이 종종 부여하는 의미의 강조는 루마니아語에서는 "매우"를 뜻하는 **foarte**(라틴어 **forte**에서 나왔다)를 형용사 앞에 덧붙여 표현한다: 예를 들면, **foarte clar**, *very clear.* 오크語에서 최상급을 만드는 관례적인 방법은 다양하다; 그러나 일례로 **carisme**를 참조하라.

　Pōnō에서 수많은 단어들이 파생되었다: apposite, apposition, component, composite, compost, compound, deponent, deposit, deposition, depot, exponent, exposition, expound, imposition, impost, impostor, juxtaposition, opponent, opposite, positive, post, postpone, preposition, proposition, propound, repository, supposition, transposition. 그러나 영어에서 "-pose"로 끝나는 어떤 복합어들(예를 들면 repose)은 그리스語 **pausis**(멈춤)와 **pauein**(멈추다)에서 유래한 후기 라틴어 **pausāre**에서 나온 프랑스어 **poser**를 거쳐서 형성되었다는 사실에 유의하라.

LATĪNA EST GAVDIVM—ET VTILIS!

Salvē! Quid hodiē agis? Spīrāsne? Spērāsne? Rīdēsne? Valēsne? Sī tū valēs, ego valeō! 여러분에게 **mēns sāna**를 줄 수 있는 좀더 많은 **rēs Latīnae**가 여기에 있다: 첫째, 여러분이 이제는 읽을 수 있어야 하는 오래된 라틴어 격언, **sapiēns nihil affīrmat quod nōn probat.** 이것 역시 호라티우스의 글에서 인용하였다(*Epist.* 1.1.106), **sapiēns ūnō minor est Iove**, 그리고 Jesuit 교

단의 좌우명, **ad maiōrem glōriam Deī.** 지금 **quid est tempestās? Pluitne? Estne frīgida? Nimbōsa?** 그런데 이 잠언이 생각난다면 사실상 문제될 것이 없겠다: **sōl lūcet omnibus!** (바로 앞 章에서 나온 **lūcēre**를 기억하는가?) 類類相從에 해당하는 오래된 라틴어 속담, **similis in similī gaudet.** 여러분이 바로 전에 배웠던 불규칙한 비교급들과 최상급들에서 나온 말들을 좀더 열거하면 다음과 같다: **meliōrēs priōrēs,** (의역하면)좋을수록 좋다; **maximā cum laude** 와 **summā cum laude** (여러분이 다음에 받을 졸업장에 기록되어야 할 문구, **sī es dīligēns in studiō Latīnae!**); **peior bellō est timor ipse bellī** (비교의 탈격에 유의하라); **ē plūribus ūnum,** 미합중국의 모토, 여럿으로부터 하나, 즉 여러 州로 구성된 단일체; **nē plūs ultrā,** (이 지점을) 더 이상 넘지 못한다—즉, "극한"; **prīmus inter parēs,** 군계일학; **prīmā faciē,** 처음 보면; 이제 마지막 으로 **summum bonum,** 최고선(最高善)—이것은 물론 라틴어 공부에서 나올 수 있다: **valē!**

CAPVT XXVIII

가정법; 현재 가정법;
지시법과 목적절

GRAMMATICA

가정법

제1章에서 **서법**(**MOOD: modus**에서 나온 용어)은 동작이나 상태를 표현하는 "방식"이라고 한 말을 여러분은 기억할 것이다. 그리고 라틴어 동사의 세 가지 서법들 중에서 두 가지 서법, 즉 **직설법**(**INDICATIVE**)과 **명령법**(**IMPERATIVE**)을 이미 잘 알고 있을 것이다: 명령법은 아직 행해지지 않은 일을 떠맡을 것을 누군가에게 단호히 "명령"(**imperāre**)하는 말이고, 직설법은 과거에 확실히 일어난(또는 일어나지 않은) 일들이나, 현재에 일어나는(또는 일어나지 않는) 일들, 또는 장래에 일어날(또는 일어나지 않을) 듯한 일들을 "直說"(**indicāre**)하는 말이다.

　사실적이고 실제적인 서법인 직설법과는 반대로, **가정법**(**SUBJUNCTIVE**)은 (항상은 아니지만) 일반적으로 잠재적, 임시적, 가설적, 이상적, 또는 비현실적인 일까지도 나타내는 서법이다. 영어에서 일례를 들면, "If the other student were here, he would be taking notes"; 이 조건문에서는 실제 사실과는 반대인 일을 마음에 그리고 있는데, 영어에서는 조동사 "were"와 "would"를 사용하여 서술한 일이 가정에 지나지 않은 것임을 표현하고 있다. 이처럼 잠재적인 또는 상상한 일들을 서술하기 위해 사용되는 영어의 조동사들에는 이외에도 "may," "might," "should," "would," "may have," "would have" 등등이 있다.

　라틴어는 가정법을 영어보다 훨씬 더 빈번하게 사용하며, 절(clause)의 유형도 매우 다양하다. 그리고 라틴어는 조동사보다는 독특한 가정법 형태들을 사용한다. 가정법을 완전히 습득하기 위해서는 두 가지 과업을 수행해야 한다: 첫째, 새로운 형태들을 익혀야 하는데, 이는 비교적 간단한 형태론적 문제이다; 둘째, 가정법이 사용된 절의 다양한 구문론적 유형들을 식별하고 번역하는 것을 익히는 일인데, 이 또한 체계적으로 접근하면 상당히 쉽게 달성될 수 있다.

가정법 현재

가정법에는 단지 네 가지 시제만 있다. 그 중에서 가정법 현재가 이 章에서 소개될 것인데, 이것의 형성 법칙은 네 가지 활용들 간에 조금씩 다르다; 그러나 가정법 미완료, 완료, 과거완료의 형성 법칙들(29-30章)은 네 가지 활용들뿐만 아니라 불규칙 동사들에도 똑같이 적용된다.

1. laúdem	móneam	ágam	aúdiam	cápiam
2. laúdēs	móneās	ágās	aúdiās	cápiās
3. laúdet	móneat	ágat	aúdiat	cápiat
1. laudḗmus	moneāmus	agāmus	audiāmus	capiāmus
2. laudḗtis	moneātis	agātis	audiātis	capiātis
3. laúdent	móneant	ágant	aúdiant	cápiant

제1활용에서 특징적인 어간 모음은 직설법 현재에서는 **-ā-**이나, 가정법 현재에서는 **-ē-**로 바뀐다. 그 밖에 다른 활용들에서 가정법 현재의 징표는 한결같이 **-ā-**로 나타나지만, 그 실제적인 어간 모음들에는 약간의 변화가 있다(제2활용에서는 **-e-**로 짧아지고, 제3활용에서는 **-ā-**로 흡수되며, 제4활용과 제3활용 **-io**에서는 단모음 **-i-**로 변한다); 따라서 제1/2/3활용 및 제4/3(**-iō**) 활용들 각각에서 인칭 어미들 바로 앞에 나타나는 모음들은 **-ē-**, **-eā-**, **-ā-**, **-iā-**가 되므로, "**we fear a liar**"라는 말을 지어서 외워두면 이러한 모음들을 기억하는 데 도움이 될 것이다. 만일 동사의 활용을 식별하는 일을 소홀히 하면 가정법을 직설법으로 오해하기 쉬우니(일례로 **agat**과 **amat**, 그리고 **amet**과 **monet**을 비교해 보라), 어휘를 외울 때는 활용을 반드시 숙지하라.

가정법 현재 수동태는 능동 어미들을 수동 어미들로 바꾸는 통상적인 패턴을 따른다:

laúder, laudḗris (어미 **-ris**는 **-re**로 대체될 수 있다; cf. 18章), laudḗtur; laudḗmur, laudḗminī, laudéntur

mónear, moneāris, moneātur; moneāmur, moneāminī, moneántur

ágar, agāris, agātur; agāmur, agāminī, agántur

aúdiar, audiāris, audiātur; audiāmur, audiāminī, audiántur

cápiar, capiāris, capiātur; capiāmur, capiāminī, capiántur

번 역

가정법 현재를 옮기기 위해서는 "may"를 사용하는 때가 있지만(예를 들면 목적절에서), 모든 가정법 시제들의 번역은 사실상 절의 유형에 따라 달라지는데, 이는 각각의 시제가 소개될 때 자세히 설명하겠다.

지시적 가정법

이 章 및 후속되는 章들에서는 가정법이 사용된 절의 여러 가지 유형들이 소개될 것이다: 지시적 가정법과 목적절(28章), 결과절(29章), 간접 의문문(30章), cum이 이끄는 절(31章), 전제절(32章), 조건문(33章), 지시법 명사절(36章), 성격의 관계절(38章), 및 우려의 명사절(40章). 여러분은 이러한 유형들의 목록을 공책이나 컴퓨터 파일에 잘 정리해 놓고, 각각에 대하여 다음 세 항목들을 체계적으로 익히기 바란다: (1) 그것의 정의, (2) 라틴어 문장에서 그것을 식별하는 방법, (3) 그것을 영어로 번역하는 방법.

"가정법"으로 옮겨진 "subjunctive"(덧붙이다, 종속시키다를 뜻하는 라틴어 **subiungere**에서 파생되었다)라는 용어 자체가 시사하듯이, 그것은 주로 **종속절(SUBORDINATE CLAUSE)**에서 사용되었다.[1] 그러나 가정법은 특정 유형의 **주절(MAIN CLAUSE)**이나 **독립절(INDEPENDENT CLAUSE)**에서도 쓰였는데, 이러한 독립적 용법들 중에서 **지시적 가정법(JUSSIVE SUBJUNCTIVE)**은 가장 중요한 것들에 속하며, 이 책에서 정식으로 소개된 유일한 것이다.

정의: 지시적 가정법 또는 지시법은 그 용어가 암시하듯이[2] 명령이나 권고를 나타내는 데, 특히 1인칭이나 3인칭에서 사용된다(2인칭에서는 명령법이 보통이다). **인지**: 그러한 유형의 節은 (종종 하나뿐인) 主동사가 가정법이므로 쉽게 식별할 수 있다; 부정 명령은 **nē**가 이끈다. **번역**: 지시법을 옮길 때는 "may" 또는 "should"가 가끔 쓰이기는 하지만(특히 2인칭에서: **semper spērēs**, *you should always hope*), "let"이 가장 자주 사용되는 조동사이며, 명사 또는 대명사 주어 앞에 위치한다(이때 그 주어는 목적격이 된다; 즉, me, us, him, her, them):

---

1 [역주] 따라서 프랑스어와 같은 로망스어 및 독일어 등에서는 subjunctive를 "가정법"이라 하지 않고 "접속법"이라고 한다. 사실상 그 용어의 문자적 뜻을 새기면 후자가 전자보다 더 설득력이 있겠지만, 독자들은 대부분 영문법의 용어에 익숙하리라 생각되어 (그 기능적인 면이 부각된) 가정법으로 옮겼음을 이해해 주기 바란다.

2 [역주] "지시법" 또는 "지시적"으로 옮겨진 jussive는 명하다, 지시하다를 뜻하는 라틴어 **iubeo**(**iubēre**, **iūssi**, **iūssum**)에서 나온 말이다. 이 용어는 문법책마다 다르게 옮겨지고 있는데, 여기서는 원래의 의미를 살려 "지시법"으로 하였다(참고로, 우리말의 "지시"가 jussive의 발음을 연상시킬 수 있다는 사실도 이 명칭을 택한 이유들 중에 하나이다).

Cōgitem nunc dē hāc rē, et tum nōn errābō. *Let me now think about this matter, and then I will not make a mistake.*

Discipulus discat aut discēdat. *Let the student either learn or leave.*

Doceāmus magnā cum dēlectātiōne linguam Latīnam. *Let us teach the Latin language with great delight.*

Nē id faciāmus. *Let us (let's) not do this.*

Audeant illī virī et fēminae esse fortēs. *Let those men and women dare to be brave.*

목적절

정의: 목적절(PURPOSE CLAUSE)은 주절에서 표현된 행위의 목적을 서술하는 종속절이다; 예를 들면, "we study Latin *so that we may learn more about ancient Rome*" 또는 "we study Latin *to improve our English*." 영어에서는, 두 번째 예문에서 보듯이, 목적을 표현하기 위해 부정사를 사용하는 경우가 흔하다. 그러나 고전 라틴어 산문(散文)에서는 그와 같은 부정사 용법은 찾아보기 힘든데, 그 대신에 가정법 동사를 지닌 종속절을 사용하였다. **인지**: 주절에서 말한 행위의 목적을 기술하는, **ut** 또는 부정적 목적에서는 **nē**가 이끄는 가정법 절을 찾아라. **번역**: 목적절에서 현재 시제를 번역할 때는 조동사 "may"가 종종 사용된다. 그러나 목적절과 주절의 주어가 똑같으면, 부정사("to" 또는 "in order to")로 옮기는 편이 대개는 더 자연스럽다. 아래 예문들을 잘 살펴보라:

Hoc dīcit *ut* eōs *iuvet*.

He says this to help them.
> *in order to help them.*
> *that he may help them.*
> *so that he may help them.*
> *in order that he may help them.*

위에 제시된 여러 번역들 중에서, 첫 번째 두 번역들은 구어체를 따른 것이고, 그 나머지는 형식적 틀에 맞춘 것이다.

Discēdit *nē* id *audiat*.

He is leaving in order not to hear this.
> *so that he may not hear this.*

Cum cūrā docet *ut* discipulī bene *discant*.

He teaches with care so (that) his students may learn well.

Hoc facit *nē capiātur.*

He does this in order not to be captured.

Librōs legimus *ut* multa *discāmus.*

We read books (in order) to learn many things.

Bonōs librōs nōbīs dent *nē* malōs *legāmus.*

Let them give us good books so that we may not read bad ones.

VOCĀBVLA

이 목록에 처음 나오는 동사들을 익힐 때는 가정법 현재 형태들을 만들어 보라. **Parēns/parentis**(원래는 "낳다"를 뜻하는 동사의 현재 분사)는 당연한 이유로 여성도 되고 남성도 될 수 있는 또 다른 명사이다; 이 단어의 철자는 **ns** 앞의 모음은 대체로 길고, **nt** 앞의 모음은 대체로 짧다는 것을 생각나게 한다. 로마인은 **vesper**를 제2곡용 또는 제3곡용으로 일관성 없이 취급하였으므로(제1곡용 형태인 **vespera**까지도 볼 수 있다), 어미들이 다양한 현상을 그냥 받아들여라.

árma, **armṓrum**, n. pl., 무기, 병기 (army, armament, armada, armistice, armadillo, gendarme; alarm의 유래는 이탈리아어 **all'arme**, *to arms*, 라틴어 **ad illa arma**)

cúrsus, **cúrsūs**, m., 달리기, 경주; 코스 (courser, cursor, cursory, cursive, concourse, discourse, recourse, precursor, excursion; cf. **currō**)

lúna, **lúnae**, f., 달 (lunar, lunacy, lunate, lunatic, interlunar)

occásiō, **occāsiṓnis**, f., 기회, 호기 (occasional)

párēns, **paréntis**, m./f., 낳은 자, 父 또는 母 (parental, parenting; cf. **pariō**, **parere**, 낳다)

stélla, **stéllae**, f., 별, 행성 (stellar, constellation, interstellar)

vésper, **vésperis** 또는 **vésperī**, m., 저녁; 금성, 샛별 (vesper, vesperal)

mórtuus, **mórtua**, **mórtuum**, 죽은 (mortuary)

prínceps, **príncipis**, 주요한, 맨 먼저; [명사] m./f., 지도자, 황제 (prince, principal, principality; cf. **prīmus**, **prīncipium**)

ut [접속사 +가정법], *in order that, so that, that, in order to, so as to, to*; [+ 직설법], *as, when*

nē [부사; 지시와 목적의 가정법을 이끄는 접속사], *not; in order that…not, that… not, in order not to*

cédō, cédere, céssī, céssum, 가다, 물러나다; 양보하다, 허락하다, 굴복하다 (accede, access, antecedent, ancestor, cede, concede, deceased, exceed, intercede, precede, proceed, recede, secede; cf. **discēdō**)

dédicō, dēdicáre, dēdicávī, dēdicátum, 바치다 (dedication, dedicatory)

égeō, egére, éguī [+ 탈격 또는 속격], 필요하다, 없다, 원하다 (indigence, indigent; **agō**에서 나온 **ēgī**와 혼동하지 말라)

éxpleō, explére, explévī, explétum, 채우다, 가득 채우다, 완성하다 (expletive, deplete, replete; cf. **plēnus, pleō**, 채우다)

praéstō, praestáre, praéstitī, praéstitum, 뛰어나다; 전시하다, 보이다, 주다, 제공하다, 공급하다 (presto; **prae + stō**, 문자적인 의미는 "앞에 서다")

táceō, tacére, tácuī, tácitum, 침묵하다, 잠자코 있다 (tacit, taciturn, taciturnity, reticence, reticent)

LĒCTIŌ ET TRĀNSLĀTIŌ

새로운 패러다임과 어휘를 외우고 자습문제로 여러분의 실력을 평가한 다음에, 아래 글들을 훑어보면서 가정법 현재 동사들을 모두 추려내고, 그들 중 어느 것이 지시법인지 그리고 어느 것이 목적절에 사용되었는지를 확인하라. 각각의 문장과 구절을 번역하기 전에 큰 소리로 읽으면서 의미를 파악하라.

EXERCITĀTIŌNĒS

1. Auctor sapiēns et dīligēns turpia vītet et tantum plūra bona probet.
2. Itaque prō patriā etiam maiōra meliōraque nunc faciāmus.
3. Nepōs tuus ā mēnsā discēdat nē ista verba acerba audiat.
4. Nē imperātor superbus crēdat sē esse fēlīciōrem quam virum humillimum
5. Quisque petit quam fēlīcissimum et urbānissimum modum vītae.
6. Quīdam dēlectātiōnēs et beneficia aliīs praestant ut beneficia similia recipiant.
7. Multī medicī lūcem sōlis fuisse prīmum remedium putant.
8. Imperium ducī potentiōrī dabunt ut hostēs ācerrimōs āvertat.
9. Hīs verbīs trīstibus nūntiātīs, pars hostium duōs prīncipēs suōs relīquit.

10. Maiōrēs putābant deōs superōs habēre corpora hūmāna pulcherrima et fortissima.

11. Uxor pudīca eius haec decem ūtilissima tum probāvit.

작문

12. Let him not think that those dissimilar laws are worse than the others (**quam**의 有無에 따른 두 가지 방식으로 작문하라).

13. They will send only twenty men to do this very easy thing in the forum.

14. They said: "Let us call the arrogant emperor a most illustrious man in order not to be expelled from the country."

15. Therefore, let them not order this very wise and very good woman to depart from the dinner.

SENTENTIAE ANTĪQVAE

1. Ratiō dūcat, nōn fortūna. (*Livy.)

2. Arma togae cēdant. (Cicero.—**toga**, **-ae**, f., 토가, 전시가 아닌 평화로울 때 입는 시민들의 겉옷.)

3. Ex urbe nunc discēde nē metū et armīs opprimar. (Cicero.)

4 Nunc ūna rēs mihi prōtinus est facienda ut maximum ōtium et sōlācium habeam. (Terence.)

5. Rapiāmus, amīcī, occāsiōnem dē diē. (*Horace.)

6. Corpus enim somnō et multīs aliīs rēbus eget ut valeat; animus ipse sē alit. (Seneca.)

7. Quī beneficium dedit, taceat; nārret quī accēpit. (*Seneca.)

8. Dē mortuīs nihil nisi bonum dīcāmus. (Diogenes Laertius.)

9. Parēns ipse nec habeat vitia nec toleret. (Quintilian.)

10. In hāc rē ratiō habenda est ut monitiō acerbitāte careat. (Cicero.—**monitiō**, **-ōnis**, f., 경고; *admonish.*—**acerbitās**, **-tātis**, f., **acerbus**의 명사; *acerbity.*)

11. Fēminae ad lūdōs semper veniunt ut videant—et ut ipsae videantur. (Ovid.)

12. Arma virumque canō quī prīmus ā lītoribus Trōiae ad Italiam vēnit. (Vergil.—**canō**, **-ere**, 노래하다; *cantor, accent.*)

당신의 주소록에서 내 이름을 지워 다오!

> Cūr nōn mitto meōs tibi, Pontiliāne, libellōs?—
> 　nē mihi tū mittās, Pontiliāne, tuōs!

*Martial *Epig.* 7.3: 로마의 시인들은 미국의 작가들과 마찬가지로 흔히들 자기 작품의 사본들을 서로 주고 받곤 하였다; 그러나 폰틸리아누스의 詩들은 마르티알리스의 취향에 맞지 않았다! 운율: 哀歌調의 二行詩.—**mitto:** 전에도 본 적이 있듯이 운문에서는 끝머리의 **-ō**가 종종 짧아진다.—**nē...mittās:** 지시법이 아니고, 목적절로서 "나는 당신에게 나의 것을 보내지 않는다"라는 말이 뒤에 함축되어 있다.

QVAESTIŌ: 어순 및 대명사들의 쓰임새가 어떻게 두 번째 행의 모욕적인 표현을 강조하는가?

친구를 얻으려면 먼저 친구가 되어라

> Ut praestem Pyladēn, aliquis mihi praestet Orestēn.
> 　Hoc nōn fit verbīs, Mārce; ut amēris, amā.

*Martial *Epig.* 6.11.9-10: 아가멤논의 아들 오레스테스, 그리고 포키스의 왕 스트로피우스와 아가멤논의 누이 아낙시비아 사이에서 태어난 아들 필라데스는 그리스 신화에서 돈독한 우정의 모범을 보여주었다; 운율: 哀歌調의 二行詩. —**Pyladēn...Orestēn:** 둘 다 그리스語 이름으로 단수 대격 형태들이다.—**fit:** 성취된다; *fiat.*

QVAESTIŌ: 두 번째 행의 **ut**-절＋명령법이 첫 번째 행의 의도 및 구조와 어떻게 대구를 이루는지 설명하라.

한 주간의 날들

Diēs dictī sunt ā deīs quōrum nōmina Rōmānī quibusdam stēllīs dēdicāvērunt. Prīmum enim diem ā Sōle appellāvērunt, quī prīnceps est omnium stēllārum ut īdem diēs est prae omnibus diēbus aliīs. Secundum diem ā Lūnā appellāvērunt, quae ex Sōle lūcem accēpit. Tertium ab stēllā Mārtis, quae Vesper appellātur. Quārtum ab stēllā Mercuriī. Quīntum ab stēllā Iovis. Sextum ā Veneris stēllā, quam Lūciferum appellāvērunt, quae inter omnēs stēllās plūrimum lūcis habet. Septimum ab stēllā Sāturnī, quae dīcitur cursum suum trīgintā annīs explēre. Apud Hebraeōs autem diēs prīmus dīcitur ūnus diēs sabbatī, quī inter nōs diēs dominicus est, quem pāgānī Sōlī dēdicāvērunt. Sabbatum autem septimus diēs ā dominicō est, quem pāgānī Sāturnō dēdicāvērunt.

Isidore *Orig.* 5.30: 스페인 작가이며 세비야의 주교, 뽈 이시도루스(주후 약 560-636년)는 고전 시대에 관해 알 만한 가치가 있는 모든 것들을 담으려는 의도로 편찬한 20권으로 된 **Orīginēs** 또는 **Etymologiae**라는 일종의 백과사전으로 가장 잘 알려진 박학다식한 사람이었다; 주후 1세기 폼페이 유적에서 나온 아래 낙서와 반드시 비교해 보아야 할 이 글에서, 그는 한 주의 요일들을 일컫는 그리스-로마식 이름들을 유대-기독교 체계와 간단히 대조하면서 논하고 있다. 게르만의 초기 달력은 로마 체계를 채용했지만, 요일 이름들은 토요일만 제외하고 모두 게르만 신들의 이름들(Tiu, Woden, Thor, Freya 등)로 대체하였다.—**Mārs, Mārtis**, m.; *March, martial.*—**Mercurius, -ī**, m.; *mercury, mercurial.*—**Iuppiter, Iovis**, m.; *jovial, Jovian.*—**Venus, Veneris**, f.; *Venusian, venereal.*—**Lūciferus, -ī** (**lūx** 빛 + **ferō** 지니다, 가져오다), m., 루시퍼, 빛나는 것, 금성, 샛별; *luciferous.*—**Sāturnus, -ī**, m.; *Saturday, saturnine.*—**trīgintā:** 30.—**Hebraeus, -ī**, m., 히브리인.—**sabbatum, -ī**, n., 안식일; **ūnus diēs sabbatī:** 안식일 후 첫째 날.—**dominicus, -a, -um**, 주님의; *Dominic, dominican.*—**pāgānus, -ī**, m., 촌뜨기, 농부; 이교도, 불신자; *paganism.*

QVAESTIŌNĒS: 여기서 **stēlla**가 가리키는 세 유형의 천체들은 무엇인가? 이시도루스는 어떤 그룹을 특히 염두에 두고 **inter nōs**라는 말을 사용했는가?

SCRĪPTA IN PARIETIBVS

Diēs:
Sat(urnī)
Sōl(is)
Lūn(ae)
Mār(tis)
Mer(curiī)
Iov(is)
Ven(eris)

CIL 4.8863: III 지역, 4구역에 위치한 폼페이스의 가게에서 나온, 네 단(段)으로 된 낙서를 재현한 그림이다. 글쓴이는 이를 포함하여 모두 여덟 단으로 된 기록을 남겼는데, 이웃 여러 도시들에서 매주 각각 장이 서는 날들(**nūndinae**)과 함께 다른 특별한 어떤 날들도 표기하면서 여기서 보는 바와 같이 요일 이름들을 열거하고 달의 날짜들에 1부터 30까지(I-XXX) 번호를 매겼다. 로마인들은 대체로 요일(과 달)의 이름들을 우리처럼 줄여서 썼다; 여기서는 IX를 VIIII로, XIX를 XVIIII로, XXIX를 XXVIIII로 표기했는데, 당시에는 이런 식으로 다르게 쓴 경우가 흔하였다(**Summārium Fōrmārum**, 582쪽의 숫자표를 보라).

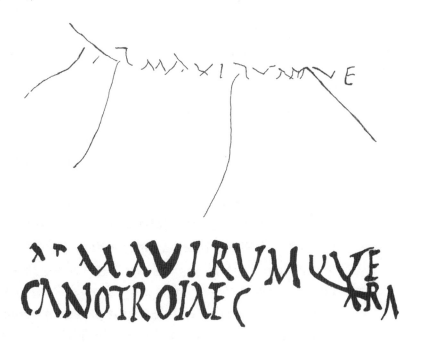

CIL 4.5002와 7131: 고대 폼페이인들의 교육수준과 문학적 취미를 놀랍게 입증해 주는 자료로, 베르길리우스의 아이네이스가 시작되는 절(위의 **S.A.**12를 보라)에서 따온 글이다; 이 외에도 첫 행 전체 또는 일부가 기록된 십여 개가 넘는 낙서들이 그 도시 곳곳에서 발견된다. 이처럼 당시에 이미 "고전"이 된 어떤 로마 시인들의 작품들에서 나온 짧은 글귀들을 열광적인 팬들이나 학생들이 담벼락에 종종 기록하였다. 마르쿠스 카셀리우스 마르켈루스의 집(IX 지역, 2구역) 안뜰에서 나온 맨 위의 낙서에는 그 절의 첫 번째 두 단어들, 즉 **ARMA VIRVMQVE**만 표기되어 있는 반면에, Via dell'Abbondanza에 위치한 대장장이(**ferrārius**) 티르수스의 가게 정면에 붙은 선거 홍보물 중앙에 두 줄로

칠한 다른 낙서(dipinto)에는 **CANO TROIAE**가 더해졌으며, 둘째 줄 끝에 휘어진 획은 **QVI**의 첫 글자 Q를 쓰기 시작했던 흔적이다(또한 **ARM**이 **-QVE** 밑에 유리되어 있는데, 원래는 거기서부터 그 절을 쓰려고 했다가 중단한 것 아닐까?); 이 낙서에 나타난 그 시의 원래 어순 **Arma virumque canō Trōiae quī…**는 S.A.12에서 **Trōiae**를 구문상으로 그것이 속해 있는 관계절 안에 재배치하여 단순화시켰다.

LATĪNA EST GAVDIVM—ET VTILIS!

Salvēte! 새로운 **Vocābula**부터 나온 관용구들: **in locō parentis**, 선생들과 후견인들이 봉사하는 자세; **mortuī nōn mordent**, "죽은 자는 말이 없다"(문자적으로는, 죽은 자들은 물지 않는다!); **occāsiō fūrem facit**, 빈틈이 도둑을 만든다; 워터게이트 사건에 관해 잘 아는 자들은 당시 회자되었던 말인 "expletives deleted"(천박하고 무식한 사람들의 문장을 "채우는" 욕설들!)의 어원을 이제 인식할 것이다; **ēditiō prīnceps**는 첫 번째 판(*first edition*)이다; **tacet**, 성악가나 악기 연주자에게 소리내지 말라고 지시하는 악보 표시; **cursus**와 관련된 단어, **curriculum**, *running, course, course of action,* 따라서 **curriculum vītae**는 이력서가 된다; 뉴욕 대학교의 모토는 라틴어 학생들에게도 좋은 말로서 **perstāre et praestāre**, *to persevere and to excel.*

자, 이제 지시법에 초점을 맞춰보자: 제일 먼저 와이오밍州에 있는 나의 모든 학생들은 그 州의 모토인 **arma togae cēdant**를 알았으리라 믿는다; 이 새로운 동사 **cēdere**의 지시법보다 명령법이 사용된 모토는 베르길리우스의 **nē cēde malīs**, 불행에 굴복하지 말라; 고대의 군사 전문가인 베게티우스는 우리에게 다음과 같이 충고하였다: **quī dēsīderat pācem, praeparet bellum.** 여러분에게 안녕을 고하기 전에 위에서 읽은 필라데스와 같은 요지의 (목적절과 지시법으로 구성된) 속담을 하나 더 보태자면, **ut amīcum habeās, sīs amīcus**, 친구를 가지려면 친구가 되어라(**sis**는 다음 章에 나오는 **es**의 가정법이다). 그건 그렇고, 지시법 1인칭 복수는 번역할 때 항상 "let us"를 사용하므로 나는 그것을 "샐러드 가정법"이라고 부른다(VENI, VIDI, VEGI를 기억하는가?) —신혼부부들이 가장 많이 주문하는 샐러드, "lettuce alone!"을 상기시킨다.[3] 신소리 그만 하고 우리 작별 인사나 하자: **amīcī amīcaeque meae, semper valeātis!**

---

3 [역주] lettuce alone은 let us alone에 대한 언어유희(paronomasia)이다— 전자에는 "with no dressing"이 생략되어 있다.

CAPVT XXIX

가정법 미완료; Sum과 Possum의 가정법 현재와 미완료; 결과절

GRAMMATICA

가정법 미완료

가정법 미완료는 그 형태를 알아보거나 만들기가 가장 쉽다. 즉, 현재 능동 부정사에 현재 체계의 인칭 어미들을 덧붙이면, 가정법 미완료가 간단히 만들어진다; 물론 태에 따라서 능동 어미와 수동 어미를 사용한다; 그리고 부정사의 끝머리에 붙은 모음은 **-ē-**로 길어진다(단, 어미 **-m**, **-r**, **-t**, 그리고 끝이나 중간에 위치한 **-nt/-nt-** 앞에서는 예외이다). 아래 패러다임에는 견본들만 제시하였다; 그 모든 활용들은 **Summārium Fōrmārum**, 584-85쪽을 보라.

1. laudáre-m	laudáre-r	ágerer	audírem	cáperem
2. laudárē-s	laudárḗ-ris	agerḗris	audírēs	cáperēs
3. laudáre-t	laudárḗ-tur	agerḗtur	audíret	cáperet
1. laudárḗ-mus	laudárḗ-mur	agerḗmur	audīrḗmus	caperḗmus
2. laudárḗ-tis	laudárḗ-minī	agerḗminī	audīrḗtis	caperḗtis
3. laudáre-nt	laudárḗ-ntur	ageréntur	audírent	cáperent

Sum과 Possum의 가정법 현재와 미완료

Sum과 **possum**의 가정법 현재는 불규칙하지만, 일관된 패턴을 따른다; 그러나 가정법 미완료는 위에서 언급한 법칙을 따른다.

	가정법 현재		가정법 미완료	
1.	sim	póssim	éssem	póssem
2.	sīs	póssīs	éssēs	póssēs
3.	sit	póssit	ésset	pósset
1.	símus	possímus	essḗmus	possḗmus
2.	sítis	possítis	essḗtis	possḗtis
3.	sint	póssint	éssent	póssent

가정법 미완료의 용법과 번역

가정법 미완료는, 主동사가 과거 시제일 때, 다양한 유형의 절에서 사용된다. 모든 가정법의 번역은 절의 유형에 좌우되는데, 미완료에서 종종 사용되는 조동사들에는 "were," "would," 그리고 목적절인 경우에는 "might"(현재 시제에서는 "may")가 있다. 목적절이 들어있는 아래의 예문들을 자세히 살펴보라:

Hoc dīcit *ut* eōs *iuvet*.
He says this (in order) to help them.
　　*so that he **may** help them.*

Hoc dīxit (dīcēbat) *ut* eōs *iuvāret*.
He said (kept saying) this (in order) to help them.
　　*so that he **might** help them.*

Hoc facit *nē* urbs *capiātur*.
*He does this so that the city **may** not be captured.*

Hoc fēcit (faciēbat) *nē* urbs *caperētur*.
*He did (was doing) this so that the city **might** not be captured.*

가정법을 습득하기 위해서 (목적절은 알아보겠는가?) 다음 사항들을 명심하라: 1) 절의 유형들 각각에 대한 정의를 숙지해야 한다; 2) 각 유형을 인지할 수 있어야 한다; 3) 각 유형에서 사용된 가정법 동사를 적절히 번역할 줄 알아야 한다. 이 세 가지 요점들—정의, 식별, 번역—을 항상 염두에 두고, 아래에서 논의되는 결과절과 이 책의 다음 휴들을 공부하라.

결과절

정의: **결과절**(RESULT CLAUSE)은 주절에서 표현된 동작의 결과를 나타내는 종속절이다; 목적절은 "그것을 왜 하고 있(었)지?"라는 물음에 답하는 것이지만, 결과절은 "그 결과가 무엇이(었느)냐?"라는 물음에 답하는 것이다. 영어에서 예를 든다면, "it is raining so hard *that the streets are flooding*"과 "she studied Latin so diligently *that she knew it like a Roman*." 주의할 점은 영어는 그러한 절을 "that"로 이끌고, 보통은 조동사 없이 직설법을 사용한다는 것이다(즉, *may* 또는 *might*가 없다).

인지: 라틴어의 결과절은 **ut**로 시작되고, 가정법 동사를 포함한다(대체로 끝에 위치한다). 결과절은 의미와 문맥으로 쉽게 알아볼 수 있고 목적절과도 잘 구별된다; 또한 주절에는 정도를 나타내는 부사(**ita, tam, sīc,** *so*) 또는 형용사

(**tantus**, *so much, so great*)가 통상 들어 있어서 결과절이 곧 이어질 것이라는 신호를 보내므로 인지가 매우 용이하다. 게다가 그 절이 부정적 결과를 기술한 다면, **ut**가 여전히 이끌고는 있지만, 그 안에는 **nōn**, **nihil**, **nēmō**, **numquam** 또는 **nūllus**와 같은 부정어가 들어가게 된다(한편 부정 목적절은 **nē**가 이끈다).

   번역: 결과절에서 (목적절과는 달리) 가정법 동사는 으레 조동사 없이 "직설법으로" 번역된다; 그러나 "may" 또는 "might"가 사용될 때도 있는데, 실제적인 결과보다는 이상적이거나 가능성 있는 결과를 기술하는 경우에만 그러하다. 아래 예문들을 분석하라:

> *Tanta* **fēcit** *ut* urbem *servāret.* *He did* **such great** *things* **that** *he* **saved** *the city.* (결과)

> **Haec fēcit** *ut* urbem *servāret.* *He did these things* **so that** *he* **might save** *the city.* (목적)

> *Tam* strēnuē labōrat *ut* multa *perficiat.* *He works* **so energetically** **that** *he* **accomplishes** *many things.* (결과)

> **Strēnuē labōrat** *ut* multa *perficiat.* *He works energetically* **so that** *he* **may accomplish** *many things.* (목적)

> Hoc *tantā* benevolentiā dīxit *ut* eōs *nōn offenderet.* *He said this with* **such great** *kindness* **that** *he* **did not offend** *them.* (결과)

> Hoc magnā benevolentiā dīxit *nē* eōs *offenderet.* *He said this with great kindness* **in order that** *he* **might not offend** *them.* (목적)

> **Saltus erat angustus,** *ut* paucī Graecī multōs mīlitēs prohibēre *possent.* *The pass was narrow,* **so that** *a few Greeks* **were able** *to stop many soldiers.* (결과)

이 마지막 예문은 주절에 **ita** 또는 **tam**과 같은 "신호 말"이 없다. 그럼에도 **ut** 절은 골짜기가 좁은 목적이 아니라, 결과를 나타낸다는 것이 문맥상 분명하다.

VOCĀBVLA

이 새로운 목록에 특이한 것은 없다: **moenia**는 일반적으로 복수로만 사용되는데, 영어에서도 방어 요새로서의 도시 성벽을 말할 때는 "wall"이라 하지 않고 "walls"라고 하는 것과 같은 맥락이다; 한편 집의 담벼락을 가리키는 한 단어는 **mūrus**이고, 여기서 영어의 "mural"이 나왔다. 아래 목록에 있는 몇몇 동사들을 새로 배운 가정법 미완료로 활용해 보라—내친김에 가정법 현재도 연습하라!

fátum, fátī, n., 운명; 죽음 (fatal, fatalism, fatality, fateful, fairy; **fābula**
와 **fāma**는 같은 어간에서 나왔다)

ingénium, ingéniī, n., 천성, 천부적 재능 (ingenuity, genius, genial, con-
genial; cf. **genus**, **gēns**, 그리고 **gignere**, 창조하다, 낳다)

moénia, moénium, n. pl., 도시 성벽 (munitions, ammunition; cf. **mūnīre**,
성벽을 쌓다)

nắta, nắtae, f., 딸 (prenatal, postnatal, Natalie; cf. **nātūra**)

ósculum, ósculī, n., 입맞춤 (osculate, osculation; cf. **ōs**)

sídus, síderis, n., 성좌, 별 (sidereal, consider, desire)

dígnus, dígna, dígnum + 탈격, 가치있는, 적합한 (dignify, dignity< **dignitās**,
indignation < **indignātiō**, deign, disdain, dainty)

dŭrus, dŭra, dŭrum, 단단한, 거친, 거슬리는, 엄한, 무감각한, 강인한, 어려운
(dour, durable, duration, during, duress, endure, obdurate)

tántus, tánta, tántum, 매우 넓은, 매우 큰, 그러한 규모의 (tantamount; *only*
를 뜻하는 부사 **tantum**과 혼동하지 말라)

dénique [부사], 마침내, 드디어, 결국

íta [형용사/동사/부사와 함께 쓰이는 부사], *so, thus*

quídem [後置부사], 정말로, 확실히, 적어도, *even*; **nē…quídem**, *not…even*
("어떤"을 뜻하는 **quīdam**과 혼동하지 말라)

síc [주로 동사에 연결되는 부사], *so, thus* (sic)

tam [형용사/부사에 연결되는 부사], 그렇게, 그런 정도로; **tam…quam**, *so…as*;
tamquam, 말하자면, 이를테면, 마치 ~처럼

vérō [부사], 진실로, 사실상, 확실히, 하지만 (very, verily; cf. **vērus**, **vēritās**)

cóndō, cóndere, cóndidī, cónditum, 엮다, 짜다, 저장하다; 세우다, 설립하다
(= **con-** + **dō**, **dare**; condiment, abscond, recondite)

conténdō, conténdere, conténdī, conténtum, 애쓰다, 싸우다, 경쟁하다; 재
촉하다 (contender, contentious; cf. **tendō**, 뻗치다, 늘리다)

móllió, mollíre, mollívī, mollítum, 부드럽게 하다; 누그러뜨리다, 가라앉히
다 (mollescent, mollify, mollusk, emollient; cf. **mollis**, 유연한, 온화한)

púgnō, pugnắre, pugnắvī, pugnắtum, 싸우다 (pugnacious, impugn, pugilist)

respóndeō, respondére, respóndī, respónsum, 답하다 (respond, response,
responsive, responsibility, correspond)

súrgō, súrgere, surréxī, surréctum, 일어나다 (surge, resurgent, resur-
rection, insurgent, insurrection, source, resource)

LĒCTIŌ ET TRĀNSLĀTIŌ

아래 글들에서 당면한 과제는 목적절과 결과절을 식별하는 것이다. 이 두 절들은 대개 **ut**가 이끄는데, 만일 주절에 **tam**, **tantus**, **ita**, 또는 **sīc**이 들어 있으면, 그 **ut**-절은 결과를 가리킨다. 한편 **nōn**, **numquam**, 또는 **nēmō**를 포함하는 **ut**-절은 부정적 결과절인 반면에, 부정적 목적절은 **nē**가 이끈다. 결과절의 동사는 일반적으로 "may" 또는 "might"를 사용하지 않고 번역한다는 것을 기억하라. 영어에서 이 조동사들은 결과보다는 목적을 드러내는 데 흔히 사용된다.

EXERCITĀTIŌNĒS

1. Prīnceps arma meliōra in manibus mīlitum posuit, ut hostēs terrērent.
2. Hostēs quidem negāvērunt sē arma dissimilia habēre.
3. Pars mīlitum lūcem diēī vītāvit nē hīc vidērentur.
4. Sōlem prīmam lūcem caelī superī, lūnam prīmam lūcem vesperī, et stēllās oculōs noctis appellābant.
5. Illī adulēscentēs sapientiae dēnique cēdant ut fēlīciōrēs hīs sint.
6. Sapientēs putant beneficia esse potentiōra quam verba acerba et turpia.
7. Quīdam magister verba tam dūra discipulīs dīxit ut essent trīstēs atque discēderent.
8. Respondērunt auctōrem hōrum novem remediōrum esse medicam potentissimam.
9. Nihil vērō tam facile est ut sine labōre id facere possīmus.
10. Prō labōre studiōque patria nostra nōbīs plūrimās occāsiōnēs bonās praestat.
11. Parentēs plūrima ōscula dedērunt nātae pulcherrimae gracilīque, in quā maximam dēlectātiōnem semper inveniēbant.

작문

12. The words of the philosopher were very difficult, so that those listening were unable to learn them.
13. The two women wished to understand these things so that they might not live base lives.
14. Those four wives were so pleasant that they received very many kindnesses.
15. He said that the writer's third poem was so beautiful that it delighted the minds of thousands of citizens.

SENTENTIAE ANTĪQVAE

1. Omnia vincit Amor; et nōs cēdāmus Amōrī. (Virgil.)
2. Urbem clārissimam condidī; mea moenia vīdī; explēvī cursum quem Fāta dederant. (Virgil.)
3. Ita dūrus erās ut neque amōre neque precibus mollīrī possēs. (Terence. —**prex**, **precis**, f., 기도; *precarious, imprecation, pray.*)
4. Nēmō quidem tam ferōx est ut nōn mollīrī possit, cultūrā datā. (Horace.—**cultūra**, **-ae**, f.; *agriculture, horticulture.*)
5. Difficile est saturam nōn scrībere; nam quis est tam patiēns malae urbis ut sē teneat? (Juvenal.—**patiēns**, **-entis**, 참는; *patience.*)
6. Fuit quondam in hāc rē pūblicā tanta virtūs ut virī fortēs cīvem perniciōsum ācriōribus poenīs quam acerbissimum hostem reprimerent. (Cicero.—**perniciōsus**, **-a**, **-um**, 파괴적인.—**reprimō**, cf. **opprimō**; *repress, reprimand.*)
7. Ita praeclāra est recuperātiō lībertātis ut nē mors quidem in hāc rē sit fugienda. (Cicero.—**recuperātiō**, **-ōnis**, f., 회복; *recuperate.*)
8. Nē ratiōnēs meōrum perīculōrum ūtilitātem reī pūblicae vincant. (Cicero.—**ūtilitās**, **-tātis**, 유익; cf. **ūtilis**; *utilitarian, utility.*)
9. Eō tempore Athēniēnsēs tantam virtūtem praestitērunt ut decemplicem numerum hostium superārent, et hōs sīc perterruērunt ut in Asiam refugerent. (Nepos.—**Athēniēnsēs**, **-ium**, 아테네人들.—**decemplex**, **-plicis**, 열 배.—**per** + **terreō**.)
10. Ōrātor exemplum dignum petat ab Dēmosthene illō, in quō tantum studium tantusque labor fuisse dīcuntur ut impedīmenta nātūrae dīligentiā industriāque superāret. (Cicero.—**exemplum**, **-ī**, n., 예, 본보기; *exemplify, sample.*—**Dēmosthenēs**, **-thenis**, m., 그리스의 유명한 웅변가.—**impedīmentum**, **-ī**, n.; *impede.*—**dīligentia**, **-ae**, f.; *diligently.*—**industria**, **-ae**, f.; *industrious.*)
11. Praecepta tua sint brevia ut cito mentēs plūrium discipulōrum ea discant teneantque memoriā fidēlī. (Horace.—**praeceptum**, **-ī**, n., 훈계, 가르침; *preceptor.*)
12. Nihil tam difficile est ut nōn possit studiō invēstīgārī. (Terence.—**invēstīgāre**, 추적하다, 조사하다; *investigation, vestige.*)

13. Bellum autem ita suscipiātur ut nihil nisi pāx quaesīta esse videātur. (Cicero.)

14. Tanta est vīs probitātis ut eam etiam in hoste dīligāmus. (Cicero.)

데모스테네스의 대리석 두상
주전 3세기 Polyeuktos가 조각한
청동상을 로마인이 복제한 것
루브르, 파리, 프랑스

키스를 얼마나 해줘야 만족하겠는가?

Quaeris, Lesbia, quot bāsia tua sint mihi satis? Tam multa bāsia quam magnus numerus Libyssae harēnae aut quam sīdera multa quae, ubi tacet nox, furtīvōs amōrēs hominum vident—tam bāsia multa (nēmō numerum scīre potest) sunt satis Catullō īnsānō!

Catullus *Carm.* 7: 좀더 일찍 지은 詩(31章에 전문이 실린 *Carm.* 5)에서는 카툴루스가 레스비아에게 수백, 수천 번의 입맞춤과 사랑에 빠져 살기를 애원했다; *Carm.* 7의 일부를 산문체로 바꿔서 인용한 이 글에서(그 운문체는 **Locī Im.** II를 보라), 시인은 도대체 얼마나 많은 입맞춤을 원하는지를 그의 연인이 냉담하게 묻고 있는 장면을 마음 속에 그리고 있다.—**quot...sint:** 간접 의문문으로, 30章에서 정식으로 소개되겠지만 여기에서도 쉽게 이해되는 구문이다.—**Libyssus, -a, -um**, 리비아의, 아프리카의.—**harēna, -ae**, f., 모래, (여기서는)모래알들; *arena.*—**furtīvus, -a, -um**, 훔친, 은밀한; *furtive.*—**īnsānus, -a, -um:** = Eng.; *insanity.*

QVAESTIŌNĒS: 카툴루스 또한 레스비아의 질문처럼 셈으로 답하고 있다; 그의 유사점들은 어떻게 비슷하면서도 다른가?—그 둘을 상상해 보라—그들의 겉모습과 감정은 어떻게 다른가?

위대한 웅변가도 초조하였다!

Ego dehinc ut respondērem surrēxī. Quā sollicitūdine animī surgēbam —dī immortālēs—et quō timōre! Semper quidem magnō cum metū incipiō dīcere. Quotiēnscumque dīcō, mihi videor in iūdicium venīre nōn sōlum ingeniī sed etiam virtūtis atque officiī. Tum vērō ita sum perturbātus ut omnia timērem. Dēnique mē collēgī et sīc pugnāvī, sīc omnī ratiōne contendī ut nēmō mē neglēxisse illam causam putāret.

Cicero, *Cluent.* 51: 클루엔티우스를 변호하는 키케로의 연설, **Prō Cluentiō** 는 의붓아버지를 독살했다고 어머니로부터 고발당한 한 남자의 무죄 판결을 이끌어 내었다. 이 글은 가장 위대한 웅변가조차도 떨쳐 버릴 수 없는 두려움을 보여주는 흥미로운 것이다.—**sollicitūdō, -dinis**, f., 걱정; *solicit, solicitous.*—**quotiēnscumque** [부사], ~할 때마다.—**ingeniī…virtūtis…officiī**: 모두 **iūdicium**을 수식한다.—**perturbāre**, 휘젓다, 혼란시키다; *perturbation, imperturbable.*—**colligō, -ere, -lēgī, -lēctum**, 모으다, 몰아넣다, 제한하다, 추스르다, 용기를 내다; *collection, recollect.*

QVAESTIŌNĒS: 사람들의 평가에 대한 관심이 키케로가 불안에 휩싸이게 된 요인이었다; 부족하다는 판단을 받을까봐 그가 두려워했던 세 분야들을 여러분 자신의 말로 설명하라. 이 경우에 그가 불안을 극복하고 자신이 맡은 소송에서 이길 수 있었던 여러 수단들은 무엇인가?

너희들은 모두 다 훌륭하다!

Nē laudet dignōs, laudat Callistratus omnēs:
cui malus est nēmō, quis bonus esse potest?

*Martial *Epig.* 12.80: 운율: 哀歌調의 二行詩.—**dignōs**: 즉, 합당한 자들만.— **Callistratus**: 그리스人 이름으로, 이전에는 아마도 노예였음을 암시해 준다— **quis…potest**: **cui**의 선행사로 **eī**를 넣어서 읽어라(*to a man to whom*).

QVAESTIŌNĒS: 2행에서 마르티알리스가 제기한 질문에 함축된 윤리적 의미를 설명하라; 왜 칼리스트라투스 같은 사람과 친구가 되는 것이 궁극적으로는 무의미할까?—여러분도 그러한 사람을 사귄 적이 있는가?

SCRĪPTA IN PARIETIBVS

Fēlīcem Aufidium, fēlīcem, semper deus faciat!

CIL 4.6815: 공동주택의 한 집에 설치된 두 문들 사이에 화려한 서체로 기록된 이 기도의 목적이 이루어졌다면, 아우피디우스는 정말 행운아였을 것이다!— **Fēlīcem:** 강조하기 위해 같은 말을 반복하는 수사법(**ANAPHORA**)을 사용하였다; 또는 어떤 편집자들의 추정을 따르면, 두 번째 것은 그 남자의 별명일 수도 있는바, 그렇다면 그의 이름은 Aufidius Felix였고, 글쓴이는 이름을 소재로 약간의 언어유희를 한 셈인데, 이는 로마인들이 즐겼던 유머의 한 유형이다.

ETYMOLOGIA

로망스 언어들에서 매우 흔히 나타나는 부사 어미 **-mente** 또는 **-ment**는 원래는 방법의 탈격으로 사용되었지만 부사 접미사로 퇴화된 라틴어 **mente**(**mēns**의 탈격)에서 나온 것이다. 아래의 예들은 어휘들에 이미 수록된 라틴어 형용사들을 토대로 형성된 단어들이다:

라틴어 낱말들	이탈리아어 부사	스페인어 부사	프랑스어 부사
dūrā mente	duramente	duramente	durement
clārā mente	chiaramente	claramente	clairement
sōlā mente	solamente	solamente	seulement
certā mente	certamente	certamente	certainement
dulcī mente	dolcemente	dulcemente	doucement
brevī mente	brevemente	brevemente	brèvement
facilī mente	facilmente	fácilmente	facilement

Cf. 포르투갈어 **duramente, claramente, somente, certamente, docemente, brevemente, facilmente**; 옛 오크語 **solamẹn, certamẹn, breumẹn**.

LATĪNA EST GAVDIVM—ET VTILIS!

Salvē! Sunt multae dēlectātiōnēs in novō vocābulāriō nostrō: 예를 들면, 버지니아州의 모토, **sīc semper tyrannīs**, 폭군에게는 항상 그렇게 (즉, 죽음을!); 그리고 **ingenium:** 이것의 실제적인 의미는 로마 남자의 **genius**(남자가 태어날 때부터 지켜준다는 신령; 한편 여자의 수호신은 **iūnō**인데, 여신 Juno로 숭앙되고 신격화되었다)처럼 "타고난 것"이다; **moenia**와 **mūnīre**가 관련 있다는 것은 성벽이 고대에서는 최선의 방어수단이었음을 우리에게 상기시켜 주며, **praemonitus, praemūnītus,** *forewarned (is) forearmed*라는 옛 속담이 있다(즉, 조짐이 보이면 무장하라); **sīc**은 편집자가 인용된 본문에서 발견한 오류나 이상한 점을 지적하기 위해 사용하는 덧말로서, 그 의미는 *thus* (*it was written*)이며, 또한 이것에서 이탈리아어 **sì**, 스페인어 **sí**, 포르투갈어 **sim**, 프랑스어 **si**, 옛 오크어 **si**가 파생되었는데, 이들은 모두 "yes"를 뜻한다. 그리고 다음은 이 課의 어휘 목록에서 가장 멋진 말에 대한 짧은 "kissertation"이다(역주: "연구보고서"를 뜻하는 dissertation의 패러디): **ōsculum**은 *kiss*를 뜻하는 토착어였다(이에 반해 **bāsium**은 시인 카툴루스가 북방에서 도입한 말인 것 같다); 사실상 이 단어는 **ōs, ōris**의 指小語이며, 따라서 문자적으로는 "조그만 입"을 의미한다—이로써 로마인들은 입술을 "오므리고" 키스했음이 거의 분명하다! 더욱이 카툴루스는 새로운 낱말을 고안하는 것을 좋아했는데, **bāsiātiō**가 그 중 하나로 *kissification* 또는 *smooch-making*을 뜻한다(그러나 "smooch"는 라틴어에서 나온 단어가 아니라, 아뿔싸! 게르만語로서 "Smucker's" 쨈을 바른 토스트 조각이나 입맞춤을 즐기기 전에 할 만한 동작인 "to smack one's lips"에 있는 "smack"과 관련이 있다!). **Rīdēte et valēte!**

CAPVT XXX

가정법 완료와 과거완료;
간접 의문문; 시제의 순서

GRAMMATICA

가정법 완료와 과거완료

가정법 완료 체계의 모든 동사들은, 직설법 완료 체계처럼, 그들이 속한 활용과 상관 없이 동일한 기본적 형성 법칙을 따른다. 가정법 완료 능동태는 완료 어간에 **-erī-**와 인칭어미를 덧붙인다(**-m, -t, -nt** 앞에서는 **-i**-로 짧아진다); 과거완료 능동태는 완료 어간에 **-issē-**와 인칭어미를 덧붙인다(**-m, -t, -nt** 앞에서는 **-e**-로 짧아진다). 수동태에서는 직설법의 **sum**과 **eram**을 이에 상응하는 가정법의 **sim**과 **essem**으로 교체한다. 아래에 **laudō**의 형태들을 열거하였다; 다른 표본 동사들에 대한 것들은 부록에 실어 놓았다(584-86쪽; 이들도 똑같은 패턴을 따른다).

가정법 완료 능동태

단수	laudáv-erim,	laudáverīs,	laudáverit
복수	laudāverímus,	laudāverítis,	laudáverint

이 형태들은 단수 일인칭 및 장모음 **-ī**-를 지닌 것들을 제외하면 직설법 미래완료 형태들과 동일하다(cf. **laudāverō, laudāveris**); 형태가 같은 것들은 문맥에 의거해서 직설법인지 또는 가정법인지를 식별할 수 있다.

가정법 과거완료 능동태

단수	laudāv-íssem	laudāvíssēs	laudāvísset
복수	laudāvissémus	laudāvissétis	laudāvíssent

이 형태들은 완료 능동 부정사 **laudāvisse**에 어미를 덧붙인 것과 유사하다(단, **-m, -t, -nt**를 제외한 어미들 앞에서 **-isse**-는 **-issē**-로 길어진다; 현재 능동 부정사에 어미가 붙은 꼴인 가정법 미완료와 비교하라).

가정법 완료 수동태

단수	laudátus, -a, -um sim	laudátus sīs	laudátus sit
복수	laudátī, -ae, -a símus	laudátī sítis	laudátī sint

가정법 과거완료 수동태

단수	laudátus, -a, -um éssem	laudátus éssēs	laudátus ésset
복수	laudátī, -ae, -a essémus	laudátī essétis	laudátī éssent

번역과 용법

가정법 현재와 미완료의 경우와 마찬가지로, (아래에서 논의될 시제의 순서에 맞춰서) 가정법 완료와 과거완료도 여러 종류의 절들에서 사용되며, 그 번역 또한 다양하다. 현재와 미완료를 번역할 때, 각각 "may"와 "might/would"가 수시로 사용되는 것처럼, 완료와 과거완료에서는 "may have"와 "might have/would have"가 수시로 사용된다; 또한 그것들은 단순히 직설법으로 번역되는 경우도 자주 있다. 따라서 최선의 조치는 절의 유형들 각각에 대한 번역 법칙들을 익히는 것이다.

일람표(synopsis)

지금까지 여러분은 서법과 시제와 태, 그리고 수와 인칭에 따른 정동사의 모든 활용 형태들을 전부 다 배웠다; 아래는 **agō**, **agere**, **ēgī**, **āctum**의 단수 삼인칭 형태들을 모두 담은 일람표이다:

직설법

	현재	미래	미완료	완료	미래완료	과거완료
능동	ágit	áget	agébat	égit	égerit	égerat
수동	ágitur	agétur	agēbátur	áctus est	áctus érit	áctus érat

가정법

	현재	미래	미완료	완료	미래완료	과거완료
능동	ágat	—	ágeret	égerit	—	ēgísset
수동	agátur	—	agerétur	áctus sit	—	áctus ésset

간접 의문문

정의: 간접 의문문(INDIRECT QUESTION)은 묻는 말을 직접 인용하지 않고 간접적으로 전달하는 종속절이다(일례로, "they asked what Gaius was doing"과 "they asked, 'what is Gaius doing?'"을 대조하라); 이러한 성격을 감안할 때, 그것은 물음이 아닌 서술을 간접적으로 전달하는 간접 서술과 개념적으로는 별로 다르지 않을 수 있다(25章을 보라). **인지:** 간접 서술은 부정사를 사용하지만, 간접 의문문은 가정법을 사용하며, **quis/quid**, **quī/quae/quod** (의문 형용사), **quam**, **quandō**, **cūr**, **ubi**, **unde**, **uter**, **utrum…an** (*whether… or*), **-ne**(절의 첫 번째 단어에 덧붙인다 = *whether*)와 같은 의문사에 의해 인도되므로, 다른 가정법 절들과 쉽게 구별된다; 더욱이 주절의 동사는 일반적으로 發話나 정신 활동 또는 감각 인식을 나타낸다(또한 25章에 열거된 간접 서술을 이끄는 동사들 가운데 상당수가 여기에 포함된다). **번역:** 간접 의문문에서 가정법 동사는 대체로 동일 시제의 직설법처럼 번역된다; 즉, "may" 또는 "might" 같은 조동사를 사용하지 않는다. 아래에 제시된 첫 번째 세 예문들(직접 의문문)과 나머지 세 예문들(간접 의문문)을 비교해 보라:

Quid Gāius facit?	*What is Gaius doing?*
Quid Gāius fēcit?	*What did Gaius do?*
Quid Gāius faciet?	*What will Gaius do?*
Rogant quid Gāius faciat.	*They ask what Gaius is doing.*
Rogant quid Gāius fēcerit.	*They ask what Gaius did.*
Rogant quid Gāius factūrus sit.	*They ask what Gaius will do* (문자적으로는 *is about to do*).

이 마지막 예문에서 **factūrus sit**는 때때로 **우회적 미래 능동태**(FUTURE ACTIVE PERIPHRASTIC)라고도 일컬어지는 형태이다; 가정법 미래는 사실상 존재하지 않기 때문에 **sum**과 미래 능동 분사가 결합된 이러한 형태가 간접 의문문을 포함한 어떤 유형의 절들에서는 명백히 미래 시간을 나타내기 위해 종종 사용되었다(24章에서 **sum**과 미래 수동 분사로 구성된 우회적 수동태를 참조하라). 만일 이 마지막 예문에서 주동사가 과거 시제였다면, 그 문장은 (시제의 순서에 관한 법칙에 따라) **rogāvērunt quid Gaius factūrus esset**, *they asked what Gaius would do (was about to do, was going to do)*로 되었을 것이다.

시제의 순서

영어와 마찬가지로 라틴어에서도 말이나 글이 주절에서 종속절로 이어질 때 시제의 순서가 논리적이어야 하는데, 라틴어에서 그 법칙은 단순하다: 아래 도표에 명시된 대로, 직설법의 **일차적 시제**(PRIMARY TENSE)에는 가정법의 일차적 시제가 이어져야 하며, 직설법의 **역사적** 또는 **이차적 시제**(HISTORICAL 또는 SECONDARY TENSE)에는 가정법의 역사적 시제가 이어져야 한다:

분류	주동사	종속절의 가정법
일차적	현재 또는 미래	현재 (= 동시 또는 이후 동작) 완료 (= 이전 동작)
역사적	과거 시제	미완료 (= 동시 또는 이후 동작) 과거완료 (= 이전 동작)

일차적 시제의 주동사 다음에 오는 가정법 현재는 주동사가 나타내는 동작과 같은 시간에 또는 그 이후에 일어나는 동작을 가리킨다. 가정법 완료는 주동사가 나타내는 동작 이전에 일어난 동작을 가리킨다. 마찬가지로, 역사적 시제의 주동사 다음에 오는 가정법 미완료는 주동사가 나타내는 동작과 같은 시간에 또는 그 이후에 일어나는 동작을 가리킨다. 그리고 가정법 과거완료는 주동사가 나타내는 동작 이전에 일어난 동작을 가리킨다. 직설법의 일차적 시제들인 현재와 미래는 둘 다 미완성의 동작(즉, 현재에 진행 중인 동작이거나, 단지 미래에 시작될 동작)을 나타내는 반면에, 역사적 시제들은 그 용어가 시사하듯이 과거의 동작을 가리킨다.

시제의 순서에 관한 이러한 법칙들이 적용되는 절들은 목적절, 결과절, 간접의문문, 그리고 이어지는 휴들에서 소개될 유사한 구문들이다; 아래에 열거된 각각의 예문들에서 그 순서를 주의 깊게 분석하라:

Id *facit* (**faciet**) **ut mē iuvet.** *He does (will do) it to help me.*
Id *fēcit* (**faciēbat**) **ut mē iuvāret.** *He did (kept doing) it to help me.*

Tam dūrus *est* **ut eum vītem.** *He is so harsh that I avoid him.*
Tam dūrus *fuit* (**erat**) **ut eum vītārem.** *He was so harsh that I avoided him.*

Rogant, rogābunt—*They ask, will ask*
　　quid faciat. *what he is doing.*
　　quid fēcerit. *what he did.*
　　quid factūrus sit. *what he will (is about to) do.*

Rogāvērunt, rogābant—*They asked, kept asking*

  quid faceret. *what he was doing.*

  quid fēcisset. *what he had done.*

  quid factūrus esset. *what he would (was about to) do.*

시제의 순서에 관한 법칙들에는 흔히 보이는 예외가 둘 있다: 주동사가 **역사적 현재**(HISTORICAL PRESENT: 과거 사건들을 생생하게 전달하기 위해서 사용된 현재 시제로, 예를 들면 "I'm sitting in my room last night, when suddenly I hear a knock at the door")로 되어 있으면, 역사적 시제의 가정법을 종종 취하며, 과거 동작이 현재에 미치는 결과들에 초점을 맞추고자 하는 경우에는, 완료 시제의 주동사에 가정법의 일차적 시제가 이어질 수 있다(아래 Ex. 8번을 보라). 또한 목적절과 결과절은 주동사가 나타내는 동작에 뒤따르는 동작을 논리적으로 기술하기 때문에, 그 절들에는 이전 동작을 가리키는 완료나 과거완료 시제의 동사들이 대개는 사용되지 않는다는 것에 유의하라.

VOCĀBVLA

여기에는 특이한 단어들이 다수 포함되어 있다: **cētērī**는 **paucī**와 똑같은 이유로, 즉 그 의미에는 본질적으로 복수성이 함축되어 있으므로 복수 형태만을 취한다; **tantus...quantus**는 서로 결합되어, 소위 **상관 형용사**(CORRELATIVE ADJECTIVE)를 이루는데, 이는 **et...et** 또는 **aut...aut** 같은 상관 접속사에 비견될 수 있다. 동사 **cognōscō/nōscō**의 완료는 "나는 배웠다(*I have learned*)"를 뜻한다; 그런데 여러분이 어떤 것을 일단 배웠으면, 여러분은 그것을 "알고 있는(*know*)" 상태이므로, 그 단어의 완료 시제는 종종 현재적 의미로 번역된다; 예를 들면, **cognōvit** = *she has learned* 또는 *she knows*, 그리고 마찬가지로 **nōverant** = *they had learned/they knew*. 이 목록에 있는 동사들을 익힐 때는, 그들 중 몇 개를 택하여 가정법 완료와 과거완료로 활용하는 연습을 하고, 더불어 한두 단어의 일람표를 작성한 다음에, 그 표를 패러다임과 대조해 보라.

hónor, **honṓris**, m., 명예, 존경; 공직 (honorable, honorary, honorific, dishonor, honest)

cḗterī, **cḗterae**, **cḗtera**, pl., 남은 것(자)들, 나머지, 다른 것(자)들, 그 밖의 모든 것(자)들; cf. **alius**, *another, other* (etc. = et cetera)

quántus, **quánta**, **quántum**, 얼마나 큰/넓은/많은 (quantify, quantity, quantitative, quantum); **tántus...quántus**, *just as much (many)...as*

rīdículus, rīdícula, rīdículm, 우스운, 어리석은 (ridicule; cf. **rīdeō**)

vívus, víva, vívum, 살아 있는, 생생한 (vivid, vivify, convivial; cf. **vīvō**, **vīta**)

fúrtim [부사], 몰래, 은밀히 (furtively, ferret; cf. **fūrtīvus, -a, -um**, 비밀스런, 은밀한; **fūr, fūris**, m./f., 도둑)

mox [부사], 곧, 빨리

prīmō [부사], 맨 먼저, 처음에 (cf. **prīmus, -a, -um**)

repénte [부사], 갑자기

únde [부사], 어디로부터, 어느 곳으로부터; 무엇(누구)으로부터

útrum … an [접속사], *whether … or*

bíbō, bíbere, bíbī, 마시다 (bib, bibulous, imbibe, wine-bibber, beverage)

cognóscō, cognóscere, cognóvī, cognitum; (기본형) **nóscō, nóscere, nóvī, nótum**, 잘 알게 되다, 배우다, 알아보다; (완료 시제에서) 알다 (cognizance, cognition, connoisseur, incognito, reconnaissance, reconnoiter, notice, notify, notion, notorious)

comprehéndō, comprehéndere, comprehéndī, comprehénsum, 잡다, 붙들다, 붙잡다; 파악하다, 이해하다 (comprehensive, comprehensible)

cōnsúmō, cōnsúmere, cōnsúmpsī, cōnsúmptum, 소비하다, 써버리다 (consumer, consumption, assume, assumption, presume, presumption, presumptuous, resume, resumption; cf. **sūmere**, 취하다)

dúbitō, dubitáre, dubitávī, dubitátum, 의심하다, 주저하다 (dubious, dubitable, doubtful, doubtless, indubitable, undoubtedly)

expónō, expónere, expósuī, expósitum, 내놓다, 설명하다, 드러내다, 밝히다 (exponent, exposition, expository, expound)

mínuō, minúere, mínuī, minútum, 줄이다, 감소시키다 (cf. **minor, minus, minimus**; diminish, diminutive, minuet, minute, minutiae, menu)

rógō, rogáre, rogávī, rogátum, 묻다 (interrogate, abrogate, arrogant, derogatory, prerogative, surrogate)

LĒCTIŌ ET TRĀNSLĀTIŌ

아래의 정선된 글들을 읽기 전에, 반드시 패러다임과 **Vocābula**를 외우고, 이 章에 해당하는 자습 문제들(515-16쪽)에서 문법과 번역 문제들을 풀어 봄으로써 여러분의 실력을 평가하라; 그리고 여러분이 내린 답들을 해답(550-51쪽)

과 맞춰 보고, 답이 틀렸으면 그 이유를 분석함과 아울러 관련된 내용을 복습하라. 아래 글들을 쭉 훑어보면서 모든 가정법 동사들을 추리고, 그것들 하나하나가 사용된 절의 유형을 확인하라. 목적절의 동사를 영어로 옮길 때는 "may" 또는 "might"가 으레 사용되지만, 결과절이나 간접 의문문의 가정법은 통상 조동사 없이 단순히 직설법으로 번역된다는 것을 기억하라.

EXERCITĀTIŌNĒS

1. Rogāvit ubi illae duae discipulae dignae haec didicissent.
2. Vidēbit quanta fuerit vīs illōrum verbōrum fēlīcium.
3. Hās īnsidiās repente exposuit nē rēs pūblica opprimerētur.
4. Hī taceant et trēs cēterī expellantur nē occāsiōnem similem habeant.
5. Ita dūrus erat ut beneficia nē parentum quidem comprehendere posset.
6. Cēterī quidem nesciēbant quam ācris esset mēns nātae eōrum.
7. Dēnique prīnceps cognōscet cūr potentior pars mīlitum nōs vītet.
8. Iam cognōvī cūr clāra facta vērō nōn sint facillima.
9. Quīdam auctōrēs appellābant arma optimum remedium malōrum.
10. Mortuīs haec arma mox dēdicēmus nē honōre egeant.
11. Fātō duce, Rōmulus Remusque Rōmam condidērunt; et, Remō necātō, moenia urbis novae cito surrēxērunt.

작문
12. Tell me in what lands liberty is found.
13. We did not know where the sword had finally been put.
14. He does not understand the first book which they wrote about the moon, stars, and constellations.
15. They asked why you could not learn what the rest had done.
16. Let all men now seek better things than money or supreme power so that their souls may be happier.

SENTENTIAE ANTĪQVAE

1. Nunc vidētis quantum scelus contrā rem pūblicam et lēgēs nostrās vōbīs prōnūntiātum sit. (Cicero.)
2. Quam dulcis sit lībertās vōbīs prōtinus dīcam. (Phaedrus.)
3. Rogābat dēnique cūr umquam ex urbe cessissent. (Horace.)

4. Nunc sciō quid sit amor. (*Virgil.)

5. Videāmus uter hīc in mediō forō plūs scrībere possit. (Horace.)

6. Multī dubitābant quid optimum esset. (*Cicero)

7. Incipiam expōnere unde nātūra omnēs rēs creet alatque. (Lucretius.)

8. Dulce est vidēre quibus malīs ipse careās. (Lucretius.)

9. Auctōrem Trōiānī bellī relēgī, quī dīcit quid sit pulchrum, quid turpe, quid ūtile, quid nōn. (Horace.—**Trōiānus, -a, -um**, 트로이의.)

10. Doctōs rogābis quā ratiōne bene agere cursum vītae possīs, utrum virtūtem doctrīna paret an nātūra ingeniumque dent, quid minuat cūrās, quid tē amīcum tibi faciat. (Horace.—**doctrīna, -ae**, f. 가르침; *doctrine, indoctrinate.*)

11. Istī autem rogant tantum quid habeās, nōn cūr et unde. (Seneca.)

12. Errat, quī fīnem vēsānī quaerit amōris: vērus amor nūllum nōvit habēre modum. (*Propertius.—**vēsānus, -a, -um**, 미친.)

13. Sed tempus est iam mē discēdere ut cicūtam bibam, et vōs discēdere ut vītam agātis. Utrum autem sit melius, dī immortālēs sciunt; hominem quidem nēminem scīre crēdō. (Cicero.—소크라테스가 자신에게 사형을 선고한 배심원들에게 말한 고별사.—**cicūta, -ae**, f., 독초; *cicutoxin.* —**nēminem**: = **nūllum**.)

소크라테스의 죽음. 샤를 알퐁스 뒤프레누아. 캔버스에 그린 유화, 17세기
Galleria Palatina, Palazzo Pitti, 플로렌스, 이탈리아

증거와 자백

Sit dēnique scrīptum in fronte ūnīus cuiusque quid dē rē pūblicā sentiat; nam rem pūblicam labōribus cōnsiliīsque meīs ex igne atque ferrō ēreptam esse vidētis. Haec iam expōnam breviter ut scīre possītis quā ratiōne comprehēnsa sint. Semper prōvīdī quō modō in tantīs īnsidiīs salvī esse possēmus. Omnēs diēs cōnsūmpsī ut vidērem quid coniūrātī āctūrī essent. Dēnique litterās intercipere potuī quae ad Catilīnam ā Lentulō aliīsque coniūrātīs missae erant. Tum, coniūrātīs comprehēnsīs et senātū convocātō, contendī in senātum, ostendī litterās Lentulō, quaesīvī cognōsceretne signum. Dīxit sē cognōscere; sed prīmō dubitāvit et negāvit sē dē hīs rēbus respōnsūrum esse. Mox autem ostendit quanta esset vīs cōnscientiae; nam repente mollītus est atque omnem rem nārrāvit. Tum cēterī coniūrātī tam fūrtim inter sē aspiciēbant ut nōn ab aliīs indicārī sed indicāre sē ipsī vidērentur.

Cicero *Cat.* 1과 3: 키케로는 마침내 카틸리나를 로마로부터 몰아내는 데 성공하였으나, 카틸리나의 부관들 일부는 로마에 아직 남아 있었고 키케로는 그들의 죄를 입증할 만한 구체적인 증거를 여전히 잡지 못했다; 카틸리나를 공격하는 그의 첫 번째와 세 번째 연설들에서 발췌한 문장들을 다듬은 이 글에서 키케로는 그 증거를 마침내 어떻게 확보했는지 그리고 파면당한 전 집정관이자 카틸리나의 부사령관인 푸블리우스 코르넬리우스 렌툴루스 수라의 자백까지도 어떻게 얻어냈는지를 보여주고 있다. 제11/14/20장에 있는 카틸리나의 음모에 관한 글들과 해설들을 반드시 복습하라; 36장에는 "공모자들에 대한 증거"라는 제목의 글이 마지막으로 실려 있다.—**frōns, frontis**, f., 이마, 얼굴; *frontal, affront.*—**breviter: brevis**의 부사.—**prōvideō**, 미리 보다, 주의하다; *provide, provident.*—**intercipiō, -ere, -cēpī, -ceptum**,= Eng.; *interception, interceptor.*—**cognōsceretne**: 끝에 붙은 **-ne**가 간접 의문문을 이끌면 "whether"와 같다.—**cōnscientia, -ae**, f., 함께 앎, 양심; *conscientious, unconscionable.*—**inter sē aspiciō, -ere**, 서로를 주시하다; *aspect.*—**indicāre**, 고발하다; *indication, indicative.*—**sē ipsī**: 문자적으로 번역하면 같은 말을 쓸데없이 반복하는 듯싶지만, 즉 *themselves… themselves,* 그러나 라틴어에서는 그 단어들이 형태뿐 아니라 기능에 있어서도 일치하지 않고, 결코 어색하게 들리지도 않을 것이다.

QVAESTIŌNĒS: 공모자들에 대해 키케로가 확보한 유죄의 증거는 무엇이고, 그것은 어떻게 렌툴루스의 자백을 이끌어내었는가?

덮인 만찬 접시

Mēnsās, Ōle, bonās pōnis, sed pōnis opertās.
　　Rīdiculum est: possum sīc ego habēre bonās.

*Martial *Epig.* 10.54: 올루스는 로마의 풍자시에서 종종 표적이 되었던 구두쇠 부류의 연회 주인이었다—손님들은 차라리 집에서 식사하는 편이 나으리라! 운율: 哀歌調의 二行詩.—**mēnsās:** 여기서는 종종 그렇듯이 "식탁들"이 아니라 "접시들," 부연하면 만찬 식탁에 올려진 음식을 담은 커다란 접시들을 가리킨다.—**opertus, -a, -um**, 감춰진, 덮인; *coverlet, covert.*—**sīc:** 여기서는 단순히 "그렇게" 또는 "그래서"보다는 "그런 식으로 (차린)"로 옮기는 것이 더 낫다.—**ego:** 즉, 나처럼 "가난한" 녀석일지라도 겉만 화려한 만찬 연회는 열 수 있다!

QVAESTIŌNĒS: 첫 번째 행에서 話者가 불평하고 있는 감질나는 상황을 정확히 설명하라; 어순이 어떻게 그 행의 요점을 강조하고, 다음 절에서도 또한 그것이 울려 나오게 하는가?

유산을 노리는 자가 원하는 것

Nīl mihi dās vīvus; dīcis post fāta datūrum:
　　sī nōn es stultus, scīs, Maro, quid cupiam!

*Martial *Epig.* 11.67: 話者는 마로가 살아생전에는 그에게 절대 주려고 하지 않는 어떤 것을 원한다! 로마의 **captātōrēs**에 관해서는 9章의 "족한 줄 알라"를 보라. 운율: 哀歌調의 二行詩.—**nīl:** = nihil.—**fāta:** 詩的 복수로서 의미는 단수, = mortem.—**datūrum:** = tē datūrum esse.

QVAESTIŌNĒS: 화자가 받을 수 있으려면 이제 그는 무엇을 원해야 하는가? 제1행에서 교차대구법을 확인하고, 그것의 목적을 설명하라.

카툴루스의 *Carmina* 사본에 붙여진 촌평

Tantum magna suō dēbet Vērōna Catullō
　　quantum parva suō Mantua Vergiliō.

*Martial *Epig.* 14.195: 이 글은 **Apophorēta**(19章의 "책장에서 나온 메시지"를 보라)에서 발췌한 獻詞로서, 마르티알리스가 좋아하고 그의 풍자시에 많은 영향을 끼친 카툴루스를 높이는 찬사이다; 운율: 哀歌調의 二行詩. **Vērōna**

...**Mantua**: 베로나와 만투아는 둘 다 이탈리아 북부에 위치한 도읍들로서(1번 지도를 보라), 카툴루스와 베르길리우스가 각기 태어난 고향들이었다.—**magna suō...Vērōna Catullō**: 소위 **맞물린 어순(INTERLOCKED WORD ORDER)**이라고 알려진, 단어들이 ABAB(형용사 A... 형용사 B... 명사 A... 명사 B)와 같은 식으로 연결된 이러한 배열은 라틴어 운문에서 흔히 볼 수 있다.

QVAESTIŌNĒS: 두 번째 행의 어순에 대해, 그리고 두 절들 사이에 짝지워진 對句에 대해 논하라. 그 대구법은 마르티알리스가 지적한 요점에 어떻게 잘 어울리는가?

SCRĪPTA IN PARIETIBVS

Sīc [t]i[b]i contingat semper flōrēre, Sabīna,
contingat fōrmae, sīsque puella diū.

CIL 4.9171: 폼페이의 Porta Vesuviana 외곽에서 발견된 이 낙서는 글쓴이가 자신의 여자 친구인 사비나에게 직접 지어서 바친 詩인 것 같다(그러나 어떤 학자들은 네로 황제의 아내, 포파이아 사비나를 언급한 것으로 본다); 운율: 哀歌調의 二行詩.—**contingō, -tingere, -tigī, -tāctum**, 만지다, 닿다, 닥치다; [+ 여격 + 부정사] ~에게 ~이 (운명적으로) 일어나다, ~에게 ~하는 것이 허락되다; *contingent, contact*; **tibi contingat...contingat fōrmae** = 교차 대구법 (여격^A-동사^B = 동사^B-여격^A).—**flōrēre**, 꽃 피다, 만개하다; 빛나다, 뛰어나다; *floral, flourish*.

QVAESTIŌNĒS: 글쓴이는 사비나를 위해 구체적으로 무엇을 기원하였는가? 여기서 그는 **puella**를 어떤 의미로 썼는가? *CIL* 편집자들은 **fōrmae**를 **fōrma**의 주격이 잘못 철자된 것으로 여겼다; 말음절이 짧은 주격 형태는 그 운율에 맞지 않았겠지만, 그러나 **fōrmae**를 있는 그대로 읽는 것을 옹호할 수 있는 다른 논거는 무엇인가?

LATĪNA EST GAVDIVM—ET VTILIS!

Salvēte, amīcī! 이 휘의 **Vocābula** 목록은 여러분의 **mēnsa Latīna**를 위해서 진정한 **cēna verbōrum**을 가져온다; 자, 그럼 메인 코스부터 시작하자: 영어에서 친숙한 관용구인 **cursus honōrum**은 로마에서 행정 관직을 차지하는 전통적 과정이었다; 일반적으로 처음에는 **quaestor**(재무관)로 일하고 나서 **praetor**(법무관)가 되고, 그 후에 비로소 **cōnsul**(집정관)이라는 직책에 오르게 된다. 집정관직은 요즘의 대통령직과 비슷하지만, 그 임기는 일 년이었고, 두 사람이 그 직책을 맡았는데, 서로에 대해 거부권을 행사할 수 있었다(여러분이 기억하듯이 키케로는 주전 63년에 집정관들 중 한 사람이었으며, 그 때에 카틸리나의 음모를 밝혀냈다).

다음은 **mēnsa secunda**를 위한 것들이다: 첫째, **carpe diem**처럼 여러분 가까이서 섬길 옛 속담: **occāsiōnem cognōsce!** 또한 극히 사소한 죄일지라도 여러분을 그 유혹에서 구해낼 수 있는 말: **nēmō repente fuit turpissimus**, 어느 누구도 갑자기 극악한 자가 되지는 않는다(Juvenal 2.83: 아무리 극악한 범죄자일지라도 악행이 점점 쌓여서 그런 상태에 이른다는 풍자시인의 말로서, "바늘도둑이 소도둑 된다"는 뜻이다). 명예 학위가 주어지는 이유는 **honōris causā**; 자고로 **honōrēs mūtant mōrēs**는 자명한 사실이다; **cēterī**에서 나온 말에는 **et cētera**(*etc.*) 이외에 **cētera dēsunt**, 나머지가 없다(본문의 누락된 단락에 대한 편집적 표기); **quantus**에서 많은 양의 관용구들이 나왔는데, 그들 중 하나만 인용해도 여기에서는 충분할 것이다: **quantum satis**, 충분한 만큼 (만족스럽지 못하면 32장과 34장에서 더 많은 **quantum** 관용구들을 찾아보라); 그리고 날이 저물면 외칠 수 있는 말: **mox nox, in rem,** 곧 밤이 되니, 일에 매진하자. **Valēte!**

CAPVT XXXI

Cum이 이끄는 절; Ferō

GRAMMATICA

Cum이 이끄는 절

여러분은 **cum**이 "with"를 뜻하는 전치사로 사용되는 것에 대해서는 이미 잘 알고 있을 것이다. 또한 이 단어는 주절과 어떤 식으로든 연결된 일을 기술하는 종속적인 **Cum 절**(*CUM CLAUSE*)을 이끄는 접속사로도 쓰일 수 있으며, 이 경우에는 *when, since,* 또는 *although*와 같은 의미를 지닌다. 이러한 종속절에 사용되는 동사는 때때로 직설법을 취하는데, 특히 동작의 정확한 시간을 기술할 때 그렇다. 이러한 소위 **Cum 시간절**(*CUM TEMPORAL CLAUSE*)에서, **cum**은 "when"(또는 "while")으로 번역되며, 주절에서는 **tum**이 발견되기도 한다. 그리고 **cum...tum**은 한데 묶어서 "not only...but also"로 번역할 수 있다:

> **Cum eum vidēbis, eum cognōscēs.** *When you (will) see him* [즉, *at that very moment*], *you will recognize him.*

> **Cum vincimus, tum pācem spērās.** *When (while) we are winning, you are (at the same time) hoping for peace.*

> **Cum ad illum locum vēnerant, tum amīcōs contulerant.** *When they had come to that place, they had brought their friends* 또는 *not only had they come to that place, but they had also brought their friends.*

그러나 **cum**이 이끄는 절의 동사는 종종 가정법을 취하는데, 그것이 주동작이 일어났을 때의 (정확한 시간보다는) 일반적인 상황을 기술하거나(종종 **Cum 상황절** [*CUM* CIRCUMSTANTIAL CLAUSE]이라고 일컫는다), 주동작의 원인을 설명하거나(**Cum 원인절** [*CUM* CAUSAL CLAUSE]), 또는 주동작에 방해가 되었거나 다른 어떤 방식으로든 그것에 상반되었던 상황을 기술하는(**Cum 반의절** 또는 **양보절** [*CUM* ADVERSATIVE 또는 CONCESSIVE CLAUSE]) 경우에 특히 그러하다:

Cum hoc fēcisset, ad tē fūgit.
When *he had done this, he fled to you.* (상황)

Cum hoc scīret, potuit eōs iuvāre.
Since *he knew this, he was able to help them.* (원인)

Cum hoc scīret, *tamen* mīlitēs mīsit.
Although *he knew this,* ***nevertheless*** *he sent the soldiers.* (반의)

Cum Gāium dīligerēmus, nōn poterāmus eum iuvāre.
Although *we loved Gaius, we could not help him.* (반의)

인지: Cum 절의 네 가지 기본적 유형들을 식별하는 것은 그다지 어렵지 않다: 시간절은 직설법 동사를 지니며, 그 외에 세 가지 가정법 유형들은 주절과 종속 절에 기술된 동작들 사이의 관계를 분석해 보면 대개는 인지할 수 있다; 반의절 의 경우에는 부사 **tamen**을 주절에서 종종 볼 수 있다. **번역: cum** 바로 뒤에 탈 격으로 된 명사나 대명사가 이어질 때는 그것을 *with*로 번역해야 한다는 것을 기억하라. 한편 그것이 종속절을 이끌면, 그것을 *when, since, although* 등으 로 번역하라. 위의 예문들에서 보았듯이, **cum** 절의 동사는, 그 절의 유형이 무 엇이든지 간에, *may* 또는 *might* 같은 조동사를 사용하지 않고 "직설법으로" 번역하는 것이 통례이다.

불규칙 동사 Ferō, ferre, tulī, lātum

Ferō는 이 교과서 뒷부분의 章들에서도 소개되는 일련의 불규칙 동사들 중 하 나다(32章의 **volō, mālō, nōlō**; 36章의 **fīō**; 37章의 **eō**); 이 동사들은 모두가 흔히 쓰이는 것들이므로 철저하게 익혀 두어야 한다. 영어의 동사 "to bear"는 라틴어 **ferō, ferre**와 같은 뿌리에서 나왔으며, 그 단어들의 기본적이고 은유적 인 의미들(*to carry, to endure*)은 대체로 동일하다. 현재 체계에서 **ferō**는 단 순한 제3활용 동사로 **agō**와 똑같이 굴절되지만, 부정사 **ferre**를 포함한 몇몇 형태들에서 어간 모음이 나타나지 않는다는 예외가 있다. 현재 시제(직설법, 명 령법, 부정사)의 형태들을 열거한 아래의 표에서 불규칙 형태들은 굵은 글씨로 도드라지게 표기하였다; 가정법 미완료는 불규칙 부정사 **ferre**를 토대로 형성 되지만, 현재 부정사에 어미를 결합시키는 통상적인 패턴을 따른다. 한편 **tulī** (원래는 **tetulī**)와 **lātum**(원래는 *****tlātum**)은 뿌리가 전혀 다른 **tollō**와 연관된 동사에서 결국 나왔지만(11章에서 "보충법"을 보라), 그 활용은 완료 체계의

규칙적인 패턴을 따르므로 어려울 것이 전혀 없다. 명령법 단수는 **dīc, dūc, fac**
처럼 **-e**가 없다(8장을 보라).

직설법 현재

능동	수동
1. férō	féror
2. **fers** (cf. ágis)	**férris** (ágeris)
3. **fert** (cf. ágit)	**fértur** (ágitur)
1. férimus	férimur
2. **fértis** (cf. ágitis)	feríminī
3. férunt	serúntur

명령법 현재 능동: **fer** (áge), **férte** (ágite)

부정사

능동	수동
현재 **férre** (ágere)	**férrī** (ágī)
완료 tulísse	lātus ésse
미래 lātū́rus ésse	lātum ī́rī

일람표

불규칙 형태들은 굵은 글씨로 표기한 아래 일람표는 **ferō**의 3인칭 단수 형태들
을 무퇴할 수 있도록 마련되었다; 모든 활용 형태들을 확인하려면 부록을 보라
(590-91쪽).

직설법

	현재	미래	미완료	완료	미래완료	과거완료
능동	**fert**	féret	ferḗbat	túlit	túlerit	túlerat
수동	**fértur**	ferḗtur	ferēbā́tur	lā́tus est	lā́tus érit	lā́tus érat

가정법

	현재	미래	미완료	완료	미래완료	과거완료
능동	férat	—	**férret**	túlerit	—	tulísset
수동	ferā́tur	—	**ferrḗtur**	lā́tus sit	—	lā́tus ésset

VOCĀBVLA

항상 그렇듯이, 아래 목록에 있는 각 단어의 표제어를 통째로 외우고, 앞 章들의 어휘도 복습하라. 이때 CD 또는 www.wheelockslatin.com에 올려져 있는 오디오 파일들을 청취하는 것이 이상적이다. 온라인 오디오를 활용할 때는 각 단어의 철자를 장음부(macron)에도 주시하면서 면밀히 살펴본 후에 단어를 클릭하고 경청하라. 그리고 단어와 그 뜻을 큰 소리로 읽고 나서 다시 보고/클릭하고/듣고 큰 소리로 반복하라. **Semper audīās ac prōnūntiēs!**

as, **ássis**, m., 아스, 한푼에 상당하는 작은 동전 (*ace*)

auxílium, **auxíliī**, n., 도움, 원조 (auxiliary; cf. **auctor**와 **augēre**, 늘리다)

dígitus, **dígitī**, m., 손/발가락 (digit, digital, digitalis, digitalize, digitize, prestidigitation; 20章의 **Latīna Est Gaudium**을 보라)

elephántus, **elephántī**, m./f., 코끼리 (elephantiasis, elephantine)

exsílium, **exsíliī**, n., 유배, 추방 (종종 **-s-** 없이 **exilium**; exilic)

invídia, **invídiae**, f. 질시, 질투, 혐오 (invidious, envious)

rúmor, **rūmóris**, m., 소문, 잡담, 가십 (rumormonger)

vínum, **vínī**, n., 술, 포도주 (vine, vinegar, viniferous, vintage, vinyl)

medíocris, **medíocre**, 평범한, 적당한, 보통의 (mediocrity; cf. **medius**)

cum [접속사+가정법], *when, since, although*; [접속사+직설법], *when*

ápud [전치사 + 대격], ~ 사이에, ~ 앞에, ~의 집에

sémel [부사], 한 번, 단번에, 한 번만, 언젠가, 동시에

úsque [부사], ~내내, ~까지, ~도, 계속해서, 언제나

dóleō, **dolére**, **dóluī**, **dolitúrum**, 슬퍼하다, 괴로워하다; 해치다, 고통을 주다 (doleful, dolor, dolorous, Dolores, condole, condolences, indolent)

dórmiō, **dormíre**, **dormívī**, **dormítum**, 잠자다 (dormitory, dormer, dormancy, dormant, dormouse)

férō, **férre**, **túlī**, **látum**, 지니다, 나르다, 가져오다; 당하다, 견디다, 참다; 말하다, 전하다 (fertile, circumference, defer, differ, infer, prefer, proffer, suffer, transfer; cf. **tolerō**, **tollō**)

ádferō, **adférre**, **áttulī**, **allátum**, ~로 가져오다 (afferent, allative)

cónferō, **cōnférre**, **cóntulī**, **collátum**, 모으다, 비교하다; 수여/부여하다; **sē cōnférre**, 향하다, 가다, (문자적으로는) 자신을 데리고 가다 (conference, collate, collation; 약어 "cf." = **cōnfer**, "비교/참조하라")

ófferō, offérre, óbtulī, oblátum, 제공하다, 주다 (offertory, oblation)

réferō, reférre, réttulī, relátum, 다시 가져오(가)다; 반복하다, 대답하다, 보
고하다 (refer, reference, referent, referral, relate, relation, relative)

invídeō, invidére, invídī, invísum, 샘내다; +여격(35章을 보라), 질시하다,
시샘하다, 질투하다 (invidious, invidiousness)

óccidō, occídere, óccidī, occásum, 쓰러지다, 죽다; 지다, 저물다 (occident,
occidental, occasion, occasional; cf. **cadō, occásiō**)

LĒCTIŌ ET TRĀNSLĀTIŌ

아래 글들을 훑어보면서, (a) **ferō**의 형태들을 모두 추려내어, 각각의 인칭, 수,
법, 시제, 태를 확인하고, (b) **cum** 절들을 모두 찾아내어, 각 절이 어느 유형에
속하는지, 그리고 내포된 의미가 "when"인지 "since"인지 또는 "although"
인지 따져보라. 번역하기 전에 각 문장과 구절을 큰 소리로 읽으면서 의미를 파
악하고, CD가 있으면 그것을 잘 들어보라.

EXERCITĀTIŌNĒS

1. Iam vērō cognōvimus istās mentēs dūrās ferrum prō pāce offerre.
2. Nē nātae geminae discant verba tam acerba et tam dūra.
3. Cum hī decem virī dignī ex moenibus semel discessissent, alia occāsiō
   pācis numquam oblāta est.
4. Tantum auxilium nōbīs referet ut nē ācerrimī quidem mīlitēs aut pug-
   nāre aut hīc remanēre possint.
5. Rogābat cūr cēterae tantam fidem apud nōs praestārent et nōbīs
   tantam spem adferrent .
6. Cum patria nostra tanta beneficia offerat, tamen quīdam sē in īnsidiās
   fūrtim cōnferunt et contrā bonōs mox pugnābunt.
7. Dēnique audiāmus quantae sint hae īnsidiae ac quot coniūrātī contrā
   cīvitātem surgant.
8. Haec scelera repente exposuī nē alia et similia ferrētis.
9. Respondērunt plūrima arma ā mīlitibus ad lītus allāta esse et in nāvibus
   condita esse.
10. Cum parentēs essent vīvī, fēlīcēs erant; mortuī quoque sunt beātī.

11. Nesciō utrum trēs coniūrātī maneant an in exsilium contenderint.

12. Nōs cōnferāmus ad cēnam, meī amīcī, bibāmus multum vīnī, cōnsūmāmus noctem, atque omnēs cūrās nostrās minuāmus!

작문

13. When the soldiers had been arrested, they soon offered us money.

14. Although life brings very difficult things, let us endure them all and dedicate ourselves to philosophy.

15. Since you know what help is being brought by our six friends, these evils can be endured with courage.

16. Although his eyes could not see the light of the sun, nevertheless that humble man used to do very many and very difficult things.

SENTENTIAE ANTĪQVAE

1. Potestne haec lūx esse tibi iūcunda, cum sciās hōs omnēs cōnsilia tua cognōvisse? (Cicero.)

2. Themistoclēs, cum Graeciam servitūte Persicā līberāvisset et propter invidiam in exsilium expulsus esset, ingrātae patriae iniūriam nōn tulit quam ferre dēbuit. (Cicero.—**Persicus, -a, -um.**—**ingrātus, -a, -um**, 은혜를 모르는; *ingrate, ingratitude.*—**iniūria, -ae**, f., 가해, 비방; *injurious, injuriously*; cf. **iūs**.)

3. Quae cum ita sint, Catilīna, cōnfer tē in exsilium. (Cicero.—**quae cum: = et cum haec**.)

4. Ō nāvis, novī flūctūs bellī tē in mare referent! Ō quid agis? Unde erit ūllum perfugium? (Horace.—**nāvis**, 배, 군함.—**flūctus, -ūs**, m., 파도, 물결; *fluctuate, fluctuation.*)

5. Cum rēs pūblica immortālis esse dēbeat, doleō eam salūtis egēre ac in vītā ūnīus mortālis cōnsistere. (Cicero.—**cōnsistō, -ere** + **in**, 의존하다.)

6. Cum illum hominem esse servum nōvisset, eum comprehendere nōn dubitāvit. (Cicero.)

7. Ille comprehēnsus, cum prīmō impudenter respondēre coepisset, dēnique tamen nihil negāvit. (Cicero.—**impudenter** [부사], 뻔뻔스럽게; *impudence, impudent.*)

8. Milō dīcitur per stadium vēnisse cum bovem umerīs ferret. (Cicero. —**Milō, -lōnis**, m., 그리스의 유명한 경기자.—**stadium, -iī**, n.—**bōs, bovis**, m./f., 소; *bovine, beef.*—**umerus, -ī**, m., 어깨; *humerus, humeral.*)

9. Quid vesper et somnus ferant, incertum est. (Livy.)

10. Ferte miserō tantum auxilium quantum potestis. (Terence.)

11. Hoc ūnum sciō: quod fāta ferunt, id ferēmus aequō animō. (Terence.)

12. Lēgum dēnique idcircō omnēs servī sumus, ut līberī esse possīmus. (*Cicero.—**idcircō** [부사], 이런 이유로.)

나에게 수천 번 키스해 주오!

Vīvāmus, mea Lesbia, atque amēmus,
rūmōrēsque senum sevēriōrum
omnēs ūnius aestimēmus assis!
Sōlēs occidere et redīre possunt;
5   nōbīs cum semel occidit brevis lūx,
nox est perpetua ūna dormienda.
Dā mī bāsia mīlle, deinde centum;
dein mīlle altera, dein secunda centum;
deinde usque altera mīlle, deinde centum.
10 Dein, cum mīlia multa fēcerīmus—
conturbābimus illa, nē sciāmus,
aut nē quis malus invidēre possit,
cum tantum sciat esse bāsiōrum.

*Catullus *Carm.* 5: 가장 널리 읽히는 그의 **carmina** 중 하나인 이 글에서, 카툴루스는 레스비아에게 젊은 연인들을 시샘하여 그들의 정열을 비방하는 괴팍한 노인들의 험담을 무시해 버리고 사랑하면서 살라고 권면한다.—**rūmōrēs: omnēs**에 연결된다; 이처럼 詩에서는 명사와 형용사가 종종 멀리 떨어져 있으므로, 어미들에 세심한 주의를 기울이는 것이 필수적이다.—**sevērus, -a, -um**, = Eng.; *persevere.*—**ūnius…assis: 어림값의 속격**; 한 푼 정도로.—**aestimāre**, 가치를 따지다, 평가하다; *esteem, estimate.*—**sōlēs**: 복수 형태가 사용된 것은 매일 새로운 해가 뜬다는 시인의 상상 때문이다.— **redīre**, 돌아오다.—**nōbīs**: 38장에서 정식으로 소개될 용법인 **관계의 여격**인데, 그 의미는 여기서 쉽게 이해된다(역주: **nostra**와 같은 뜻으로 쓰였으며 **brevis lūx**에 연결된다).—**mī**: = **mihi.**—**dein**: = **deinde.**—**conturbāre**, 헝클다, 뒤섞다; *disturb, perturbation;*

여기서는 아마도 주판 알들을 헝클어 버리는 것을 암시한다.—**nē sciāmus**: 함축된 목적어는 **numerum**; 만일 그 수를 헤아릴 수 없다면, 그것은 무한하다는 의미이다; 고대의 사술(邪術)에서는 이를테면 이웃의 가축 수를 정확히 알면 그들에 대한 저주가 더욱 위력을 발휘한다고 여겼다.—**quis**: 여기서는 *someone*. —**invidēre**: "질시하다"와 "째려보다"를 둘 다 의미하는데, 이는 문맥상 **malus** 가 마술을 거는 행위를 가리킨다.—**tantum**은 전체의 속격인 **bāsiōrum**에 연결되어 *so many kisses*를 뜻한다.

QVAESTIŌNĒS: 이 시는 첫 행에서 동등하게 제시되어 있듯이, 사랑 만큼이나 삶—그리고 죽음—에 대해서 논하고 있다. 카툴루스가 삶과 죽음을 말하기 위해 사용한 상반된 이미지들은 무엇인가? 그리고 그 대립 구도에 우리가 주의를 기울이도록 그는 어순 및 심지어는 음향 효과까지 어떻게 조작했는가? 이 시는 사람이 겉으로나마 어떻게 죽음을 피할 수 있을 것으로 보는가? **Senēs**와 **quis malus**는 어떻게 연관되고 그들은 무엇을 상징하는가? 그 시인은 여기서 수들을—수백과 수천뿐만 아니라 "하나"라는 수 또한—어떻게 활용하는가?

로마에서 사용된 주판
로마 국립 박물관
(*Terme di Diocleziano*)
로마, 이탈리아

링고

Sēnōs Charīnus omnibus digitīs gerit
    nec nocte pōnit ānulōs,
nec cum lavātur. Causa quae sit quaeritis?
    Dactyliothēcam nōn habet!

*Martial *Epig.* 11.59: 카리누스—이 그리스語 이름은 그가 노예 출신임을 시사한다—는 자신의 많은 반지들을 자랑하고 싶어 했던 야한 녀석이었다; 운율: 교호적인 약강 삼보격과 이보격.—**sēnī, -ae, -a**, 배분 수사(DISTRIBUTIVE NUMERAL), 여섯 개씩, 각각 여섯 개; *senarii* (행마다 강약의 여섯 보격을 지닌

운문 형식).—**ānulus, -ī**, m., 반지; 여기서 나온 *annelid*(환형 벌레)와 *annular eclipse*(금환 일식)는 아마도 **annus**(年)를 닮도록 둘 다 *-nn-*으로 철자된 것 같은데, 사실상 **ānulus**는 "밑바닥"을 파고 들면 **ānus**(고리, 원, 항문)의 指小語이다; 그리고 **digitus ānulārius**에 관해서는 20章의 **Latīna Est Gaudium**을 보라.—**pōnit**: = **dēpōnit**, 치워/내려 놓다; 복합어가 예상될 만한 곳에서 단순한 동사 형태가 사용된 예를 라틴어 운문에서는 흔히 볼 수 있다.—**lavāre**, 목욕하다; *laundry, lavatory*.—**Causa…quaeritis**: 통상적인 어순은 **quaeritisne quae sit causa**.—**dactyliothēca, -ae**, 반지 상자, 보석함; 카리누스에게 어울리는 그리스어; *dactylic, pterodactyl* (둘 다 원래는 라틴어가 아니라 그리스어에서 나왔다).

QVAESTIŌNĒS: **Sēnōs**가 수식하는 명사는 어느 것인가? 명사와 형용사를 그토록 멀리 분리시킴으로써 시인은 어떤 효과가 나타나기를 기대했는가? 카리누스가 얼마나 많은 반지들을 가졌는지 세어볼 수 있겠는가? 반지 상자들이 많았을까? 그러면 조롱 삼아 한 말은 무엇인가?

Facētiae (해학)

Cum Cicerō apud Damasippum cēnāret et ille, mediocrī vīnō in mēnsā positō, dīceret, "Bibe hoc Falernum; hoc est vīnum quadrāgintā annōrum," Cicerō sīc respondit, "Bene aetātem fert!"

Augustus, cum quīdam rīdiculus eī libellum trepidē adferret, et modo prōferret manum et modo retraheret, "Putās," inquit, "tē assem elephantō dare?"

 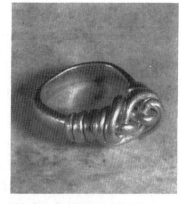

로마의 금반지들, 하나는 미네르바를 음각으로 새긴 홍옥수를 박았고,
다른 하나는 비비 꼬인 매듭으로 장식하였다.
주후 1-3세기. 미술사 박물관, 비엔나, 오스트리아

Macrobius, *Sat.* 2.3-4: 마크로비우스 암브로시우스 테오도시우스는 주후 5세기 학자로서, 그의 글들은 과거 로마 이교도에 대한 깊은 관심을 반영하고 있다; 그의 **Saturnālia**는 주후 383년 12월의 사투르날리아 축제 기간을 배경으로 각색된 대화들을 모은 것으로, 그 시기의 주요 인사들 간의 토론들을 부각시켰다: 아주 심각한 주제들을 놓고 대화에 참여한 자들은 예전의 유명한 사람들이 말했던 일련의 농담들을 주고받았다.—**Falernum, -ī**, n., 팔레르노産 포도주: 캄파니아 북부의 포도원들에서 생산된, 고대 로마에서 가장 귀했던 포도주; 키케로를 초대한 다마십푸스는 저질의 포도주를 대신 내놓았다.—**quadrāgintā** [불변사, 사십, 마흔; *quarantine.*—**trepidē** [부사], 쩔쩔매며; *trepidation, intrepid.*—**modo…modo**, *now…now.*—**prō** + **ferō**와 **re** + **trahō**: 여기서 "profer"와 "retract"가 파생되었으므로, 여러분은 이 두 복합 동사들의 의미들을 쉽게 유추할 수 있을 것이다.—**elephantō**: 곡마단의 코끼리에게 땅콩을 주는 어린 아이가 생각난다.

QVAESTIŌNĒS: 이 두 해학들 각각에 함축되어 있는 유머를 설명할 수 있겠는가? 여러분이 보기에 어느 것이 더 재치 있고, 어느 것이 퉁명스러운가?

SCRĪPTA IN PARIETIBVS

Quī vītam spernit facile contemnet deī….

CIL 4.5370: IX 지역(7 구역 근처)에 있는 한 담벼락에 이 벽글을 쓴 사람은 지나가는 사람들에게 신앙적인 충고를 하였다.—**spernō, -ere, sprēvī, sprētum**, 퇴짜놓다, 경멸하다, 멸시하다(영어 spurn은 이것의 파생어가 아니다).—**facile**: **facilis**의 부사.—**contemnō, -temnere, -tempsī, -temptum**, 업신여기다, 멸시하다; *contemn, contempt*; 이어진 글은 훼손되어 알아보기 힘들지만, 이 동사의 직접 목적어로서 **deī**의 수식을 받는, 예를 들면 **cōnsilium**과 같은 어떤 대격 명사를 분명히 포함하고 있었을 것이다; cf. 누가복음 7장 30절: **cōnsilium Deī sprēvērunt.**

LATĪNA EST GAVDIVM—ET VTILIS!

Iterum salvēte, doctae doctīque! 진도를 여기까지 따라온 여러분은 확실히 이러한 호칭을 받을 자격이 있다. 그리고 추가적인 상급으로서, **ex vocābulīs novīs huius capitis** 더 많은 토막 말들을 가르쳐 주겠는데, 이들 모두는 비열한 카틸리나와 연관되어 있다: 우선 첫째로, 카틸리나를 고발하는 키케로의 말에서, 저 유명한 **cum** 시간절을 볼 수 있다: **cum tacent, clāmant,** 그들이 조용할 때, 그들은 외치고 있다; 즉 "그들은 침묵으로 너를 규탄한다." 가련한 카틸리나는 **in vīnō vēritās**, 술에 진실이 있다("취중 진담")는 경고를 무시한 채, **usque ad nauseam**, 토하기까지 술을 진탕 마시고, 그만 비밀을 누설하고 말았다; 그가 호라티우스의 **aurea mediocritās**, 중용지덕을 지키기만 했어도, 그는 **auxilium ab altō**, 높은 데로부터 도움을 받았을 것이다. 그러나 신들은 그를 외면했던 것 같다. 따라서 그는 곧 **semel et simul**, 단번에 종말을 맞이하였다: **valē, miser Catilīna, et valeātis, vōs omnēs, amīcī vēritātis honōrisque!**

부사의 형태와 등급;
Volō, Mālō, Nōlō; 전제절

GRAMMATICA

부사의 형태와 등급

이제는 여러분과 친숙하게 된 라틴어 부사들은 (영어에서처럼) 동사나 형용사 또는 다른 부사들을 수식하는 등 폭넓게 사용되며, 대개는 그 수식을 받는 단어 들 앞에 위치한다. 많은 부사들은 그들 자신의 독특한 형태들과 어미들을 지니 고 있으며, 이들이 **Vocābula**에 처음 소개될 때는 단순히 암기할 수밖에 없다 (영어 파생어들의 도움을 받지 못하고 암기해야 하는 경우도 자주 있다): 이러 한 것들 중에는 **cūr**, **etiam**, **ita**, **tam**, 등이 있다.

원급(Positive Degree)

그러나 매우 많은 부사들은 형용사로부터 바로 만들어지며, 따라서 쉽게 알아 볼 수 있다. 제1/2곡용에 속한 많은 형용사들은 그 어간에 **-ē**를 덧붙이면 부사 의 원급이 바로 형성된다:

lóng-ē	(*far;* longus, -a, -um)
líber-ē	(*freely;* līber, lībera, līberum)
púlchr-ē	(*beautifully;* pulcher, -chra, -chrum)

제3곡용 형용사는 어간에 **-iter**를 덧붙여서 부사를 만드는 경우가 자주 있다; 만일 어간이 **-nt-**로 끝나면, **-er**만 덧붙이면 된다:

fórt-iter	(*bravely;* fortis, -e)
celér-iter	(*quickly;* celer, celeris, celere)
ácr-iter	(*keenly;* ācer, ācris, ācre)
fēlíc-iter	(*happily;* fēlīx, fēlīcis)
sapiént-er	(*wisely;* sapiēns, sapientis)

비교급과 최상급(Comparative and Superlative Degree)

대다수의 라틴어 부사들은 영어의 부사들이 그렇듯이 비교급과 최상급 형태들을 갖고 있으며, 그것들을 영어로 번역하는 방식은 형용사의 비교급과 최상급을 번역할 때와 똑같다; 예를 들면, 원급이 "quickly"면, 비교급은 "more (rather, too) quickly"이고, 최상급은 "most (very) quickly"이다.

부사의 비교급은 소수의 예외들이 있기는 하지만 앞에서 이미 형용사 비교급 중성으로 배웠던 **-ius** 형태와 일치한다: **dīligentius**, *more/rather diligently*.

부사의 최상급은 일반적으로 형용사의 최상급으로부터 형성되는데, 앞에서 제시된 제1/2곡용 형용사들을 부사로 바꾸는 법칙이 적용되어 대개는 **-ē**로 끝나게 된다: **iūcundissimē**, *most/very pleasantly*.

비교급과 최상급 부사에 연결되는 quam

Quam은 형용사에 연결될 때와 똑같은 방식으로 부사에서도 사용된다: **hic puer celerius cucurrit quam ille,** *this boy ran more quickly than that one;* **illa puella quam celerrimē cucurrit,** *that girl ran as quickly as possible.* 비교의 탈격은 비교급 부사에서는 사용되지 않는 것이 보통이다(그러나 운문에서는 예외이다).

불규칙한 부사의 등급

어떤 형용사의 등급이 불규칙하면(27장을 보라), 그로부터 나온 부사의 등급도 그 형용사의 불규칙성을 보통은 그대로 따르지만, 당연히 부사적 어미를 갖는다. 대표적인 부사들을 열거한 아래 목록을 주의 깊게 살펴보라; 형용사에서 부사를 만드는 위에서 말한 기본 법칙들을 따르지 않는 것들은 굵은 글씨로 도드라지게 표기하였다(그것들이 그 법칙에 어떻게 어긋나는지를 지적할 수 있어야 한다). 한편 호환될 수 있는 최상급의 두 형태들, 보통은 (시간상으로) 첫 번째를 뜻하는 **prīmō**와 (순서상으로) 첫 번째를 뜻하는 **prīmum**을 잘 비교해 보라; 그러나 **quam prīmum**은 숙어로서 *as soon as possible*을 뜻한다.

원급	비교급	최상급
lóngē (*far*)	lóngius (*farther, too f.*)	longíssimē (*farthest, very f.*)
līberē (*freely*)	lībérius (*more f.*)	lībérrimē (*most, very f.*)
púlchrē (*beautifully*)	púlchrius (*more b.*)	pulchérrimē (*most b.*)
fórtiter (*bravely*)	fórtius (*more b.*)	fortíssimē (*most b.*)

celériter (*quickly*)	celérius (*more q.*)	celérrimē (*most q.*)
ācriter (*keenly*)	ācrius (*more k.*)	ācérrimē (*most k.*)
fēlīciter (*happily*)	fēlīcius (*more h.*)	fēlīcíssimē (*most h.*)
sapiénter (*wisely*)	sapiéntius (*more w.*)	sapientíssimē (*most w.*)
fácile (*easily*)	facílius (*more e.*)	facíllimē (*most e.*)
béne (*well*)	mélius (*better*)	óptimē (*best*)
mále (*badly*)	peíus (*worse*)	péssimē (*worst*)
múltum (*much*)	plūs (*more*, 量)	**plūrimum** (*most, very much*)
magnópere (*greatly*)	**mágis** (*more*, 質)	máximē (*most, especially*)
párum (*little, not very* [*much*])	mínus (*less*)	mínimē (*least*)
(prō)	príus (*before, earlier*)	⎰ **prīmō** (*first, at first*) ⎱ **prīmum** (*in the first place*)
díū (*for a long time*)	**diútius** (*longer*)	**diūtíssimē** (*very long*)

불규칙 동사 Volō, velle, voluī

바로 앞 章에서 소개한 **ferō**처럼, **volō** 또한 아주 흔히 사용되는 제3활용 동사이며, 대다수의 형태들은 규칙적이지만, 현재 부정사 **velle**를 포함한 몇몇 형태들은 불규칙하다. 아래 사항들을 기억하라:

- **volō**는 수동 형태들 및 미래 능동 부정사와 분사, 그리고 명령법 형태들을 전혀 갖지 않는다;
- 완료 체계는 전부 규칙적이다;
- 불규칙 형태들은 직설법 현재(반드시 암기해야 한다)와 가정법 현재(**sim**, **sīs**, **sit**와 유비된다)에서만 발견된다;
- 가정법 미완료는 **ferō**의 그것과 비슷하다; 불규칙 부정사 **velle**를 토대로 형성된다 하더라도 현재 부정사와 인칭어미가 결합되는 통상적인 패턴을 그대로 따른다;
- **vol-**은 현재 체계 직설법 형태들의 어간이고, **vel-**은 가정법 형태들의 어간이다.

직설법 현재	가정법 현재	가정법 미완료	부정사
1. vólō	vélim	véllem	현재 vélle
2. vīs	vélīs	véllēs	완료 voluísse
3. vult	vélit	véllet	미래 ——

1. vólumus	velḗmus	vellḗmus	**분사**
2. vúltis	velítis	vellétis	현재 vólēns
3. vólunt	vélint	véllent	

일람표(synopsis)

불규칙 형태들은 굵은 글씨로 표기한 아래 일람표는 **volō**의 3인칭 단수 형태들을 무뢰할 수 있도록 마련되었다; 모든 활용 형태들을 확인하려면 부록을 보라 (589-90쪽).

직설법	현재	미래	미완료	완료	미래완료	과거완료
능동	**vult**	vólet	volḗbat	vóluit	volúerit	volúerat

가정법						
능동	**vélit**	——	**véllet**	volúerit	——	voluísset

Nōlō와 Mālō

복합어 **nōlō, nōlle, nōluī** (**nē** + **volō**), 원하지 않다, 달갑지 않다, 그리고 **mālō, mālle, māluī** (**magis** + **volō**), 더 원하다, 선호하다는 **volō**의 활용을 거의 그대로 따르지만, 그 어간에 장모음이 있으며(**nō-, mā-**), 특히 직설법 현재에서는 또 다른 특징들을 현저히 드러낸다.

Nōlō의 직설법 현재

　　단수 nṓlō, nōn vīs, nōn vult　　복수 nṓlumus, nōn vúltis, nṓlunt

Mālō의 직설법 현재

　　단수 mắlō, mắvīs, mắvult　　복수 mắlumus, māvúltis, mắlunt

불규칙 형태들은 굵은 글씨로 표기한 아래 일람표는 두 동사들 모두의 활용을 무뢰할 수 있도록 마련되었다; 모든 활용 형태들을 확인하려면 부록을 보라 (589-90쪽):

직설법	현재	미래	미완료	완료	미래완료	과거완료
능동	**nōn vult**	nṓlet	nōlḗbat	nṓluit	nōlúerit	nōlúerat

가정법						
능동	**nṓlit**	——	**nṓllet**	nōlúerit	——	nōluísset

직설법	현재	미래	미완료	완료	미래완료	과거완료
능동	**mávult**	málet	mālébat	máluit	mālúerit	mālúerat

가정법						
능동	**málit**	——	**mállet**	mālúerit	——	māluísset

Nōlō와 부정 명령

Volō와 **mālō**에는 명령법이 없지만, **nōlō**는 명령법 단수와 복수를 모두 지니며, **부정 명령**(NEGATIVE COMMAND)을 표현하기 위해 보완 부정사와 함께 흔히 사용된다:

> **Nōlī manēre, Catilīna!** *Do not remain, Catiline!*
> **Nōlīte discēdere, amīcī meī!** *Do not leave, my friends!*

전제절(Proviso Clause)

접속사 **dummodo**, *provided that, so long as*와 같이 예상되는 상황이나 "전제"(proviso)를 표현하는 어떤 단어들이 이끄는 종속절에서는 가정법이 사용된다; 그와 같은 절에서 부정어는 **nē**가 사용된다. 전제절의 동사는 단순히 직설법으로 번역된다:

> **Nōn timēbō, dummodo hīc remaneās.** *I shall not be afraid, provided that you remain here.*
> **Erimus fēlīcēs, dummodo nē discēdās.** *We shall be happy, so long as (provided that) you do not leave.*

VOCĀBVLA

여러분은 323-24쪽의 표에 실려 있는 불규칙 부사들을 모두 암기해야 한다; 만일 27장에 제시된 불규칙한 형용사 등급 형태들을 완전히 숙지했다면, 이는 여러분이 위압을 느낄 만한 일이 아니다. 그리고 이 장에서 다룬 **volō**, **nōlō**, **mālō**를 더욱 확실히 습득하기 위해서, 각 동사의 일람표를 여러 인칭과 수에 따라 여러분 스스로 일일이 작성한 다음에, 이를 **Summārium Fōrmārum**, 589-90쪽에 있는 모든 활용 형태들과 대조해 보라.

custódia, custódiae, f., 보호, 경비, 감시; pl., 감시인, 경비병 (custodian)

exércitus, exércitūs, m., 군대 (exercise)

paupértās, paupertátis, f., 빈곤, 빈궁한 처지 (아래 **pauper**를 참조하라.)

díves, dívitis 또는 **dítis**, 부유한, 유복한 (Dives; cf. **dīvitiae**)

pār, páris [+여격], 동등한, 같은 (par, pair, parity, peer, peerless, disparage, disparity, umpire, nonpareil)

paúper, paúperis, 비천한, 가난한 (pauper, poverty, impoverished)

dúmmodo [접속사 + 가정법], ~이라면, ~하는 한, *provided that, so long as* 위의 323-24쪽 목록에 기재된 모든 부사들도 이 어휘에 추가하라.

málō, málle, máluī, 더 원하다; 선호하다

nólō, nólle, nóluī, 원하지 않다, 내키지 않다 (nolo contendere, nol. pros., nolens volens)

páteō, patére, pátuī, 열려 있다; 접근할 수 있다; 명백하다 (patent, patency; cf. **patefacere**)

praébeō, praebére, praébuī, praébitum, 제공하다, 공급하다 (provender)

prōmíttō, prōmíttere, prōmísī, prōmíssum, 보내다; 약속하다 (promissory, compromise)

vólō, vélle, vóluī, 원하다, 바라다, 기꺼이 하다, 의도하다 (volition, voluntary, volunteer, volitive, voluptuous, benevolent, malevolent)

LĒCTIŌ ET TRĀNSLĀTIŌ

이 단원에 해당하는 자습문제들에 대한 여러분의 답을 적은 후에 해답과 맞춰 봄으로써 새로운 내용을 완전히 습득했는지 테스트해 보라. 그런 다음에 아래의 발췌글들을 훑어보면서, (a) **volō, nōlō, mālō**의 모든 형태들을 추려내어, 각각의 인칭과 수, 그리고 법과 시제와 태를 확인하고, (b) 전제절들을 모두 찾아보라. 끝으로, 번역하기 전에 각 문장과 구절을 큰 소리로 한두 번 읽으면서 의미를 파악하고, CD를 갖고 있으면 그것을 잘 들어라.

EXERCITĀTIŌNĒS

1. Prīmō illī trēs rīdiculī nē mediocria quidem perīcula fortiter ferre poterant et ūllum auxilium offerre nōlēbant.

2. Maximē rogāvimus quantum auxilium septem fēminae adferrent et utrum dubitārent an nōs mox adiūtūrae essent.

3. Dēnique armīs collātīs, imperātor prōmīsit decem mīlia mīlitum celerrimē discessūra esse, dummodo satis cōpiārum reciperent.

4. Paria beneficia, igitur, in omnēs dignōs cōnferre māvultis.

5. Haec mala melius expōnant nē dīvitiās minuant aut honōrēs suōs āmittant.

6. At volumus cognōscere cūr sīc invīderit et cūr verba eius tam dūra fuerint.

7. Cum cēterī hās īnsidiās cognōverint, vult in exsilium fūrtim ac quam celerrimē sē cōnferre ut rūmōrēs et invidiam vītet.

8. Multīne discipulī tantum studium usque praestant ut hās sententiās facillimē ūnō annō legere possint?

9. Cum dīvitiās āmīsisset et ūnum assem nōn habēret, tamen omnēs cīvēs ingenium mōrēsque eius maximē laudābant.

10. Plūra meliōraque lēgibus aequīs quam ferrō certē faciēmus.

11. Oculī tuī sunt pulchriōrēs sīderibus caelī, mea puella; es gracilis et bella, ac ōscula sunt dulciōra vīnō: amēmus sub lūce lūnae!

12. Iste hostis, in Italiam cum multīs elephantīs veniēns, prīmō pugnāre nōluit et plūrimōs diēs in montibus cōnsūmpsit.

13. Sī nepōs tē ad cēnam semel invītābit, mēnsam explēbit et tibi tantum vīnī offeret quantum vīs; nōlī, autem, nimium bibere.

작문

14. Do you wish to live longer and better?

15. He wishes to speak as wisely as possible so that they may yield to him very quickly.

16. When these plans had been learned, we asked why he had been unwilling to prepare the army with the greatest possible care.

17. That man, who used to be very humble, now so keenly wishes to have wealth that he is willing to lose his two best friends.

SENTENTIAE ANTĪQVAE

1. Occāsiō nōn facile praebētur sed facile ac repente āmittitur. (Publilius Syrus.)

2. Nōbīscum vīvere iam diūtius nōn potes; nōlī remanēre; id nōn ferēmus. (Cicero.)

3. Vīs rēctē vīvere? Quis nōn? (*Horace.—**rēctus, -a, -um**, 곧은, 바른; *rectify, rectilinear.*)

4. Plūs nōvistī quid faciendum sit. (Terence.)

5. Mihi vērē dīxit quid vellet. (Terence.)

6. Parēs cum paribus facillimē congregantur. (*Cicero.—**congregāre**, 무리짓게 하다; *congregate, gregarious, segregation.*)

7. Tē magis quam oculōs meōs amō. (Terence.)

8. Hominēs libenter id crēdunt quod volunt. (Caesar.—libenter [부사], 기쁘게, 즐겁게, 기꺼이; *ad lib.*)

9. Multa ēveniunt hominibus quae volunt et quae nōlunt. (Plautus.—ē + **venīre**, 문자적인 뜻은 "나오다," 일어나다, 생기다; *event, eventual.*)

10. Cōnsiliō melius contendere atque vincere possumus quam īrā. (Publilius Syrus.)

11. Optimus quisque facere **māvult** quam dīcere. (Sallust.—**māvult quam: = magis vult quam.**)

12. Omnēs sapientēs fēlīciter, perfectē, fortūnātē vīvunt. (Cicero.—**perfectē** [부사], 완전히, 충분히; *perfect, perfectly.*)

13. Maximē eum laudant quī pecūniā nōn movētur. (Cicero.)

14. Sī vīs scīre quam nihil malī in paupertāte sit, cōnfer pauperem et dīvitem: pauper saepius et fidēlius rīdet. (Seneca.)

15. Magistrī puerīs crūstula dant ut prīma elementa discere velint. (Horace.—**crūstulum, -ī**, n., 과자, 케이크; *crust.*—**elementum, -ī**, n.; *elemental, elementary.*)

16. Sī vīs mē flēre, dolendum est prīmum ipsī tibi. (*Horace.—**flēre**, 울다; *feeble.*)

키몬의 성품

Cimōn celeriter ad summōs honōrēs pervēnit. Habēbat enim satis ēloquentiae, summam līberālitātem, magnam scientiam lēgum et reī mīlitāris, quod cum patre ā puerō in exercitibus fuerat. Itaque hic populum urbānum in suā potestāte facillimē tenuit et apud exercitum valuit plūrimum auctōritāte.

Cum ille occidisset, Athēniēnsēs dē eō diū doluērunt; nōn sōlum in bellō, autem, sed etiam in pāce eum graviter dēsīderāvērunt. Fuit enim vir tantae līberālitātis ut, cum multōs hortōs habēret, numquam in hīs custōdiās pōneret; nam hortōs līberrimē patēre voluit nē populus ab hīs frūctibus prohibērētur. Saepe autem, cum aliquem minus bene vestītum vidēret, eī suum amiculum dedit. Multōs locuplētāvit; multōs pauperēs vīvōs iūvit atque mortuōs suō sūmptū extulit. Sīc minimē mīrum est sī, propter mōrēs Cimōnis, vīta eius fuit sēcūra et mors eius fuit omnibus tam acerba quam mors cuiusdam ex familiā.

Nepos, *Cim.* (발췌하여 다듬은 글): 코르넬리우스 네포스는 7章의 "카툴루스는 자신의 시집을 헌정하였다"에 대한 해설에서 언급했듯이 유명한 그리스인들과 로마인들의 짧은 傳記들을 수백 편 저술한 작가였다. 지금은 네포스의 전기들 중 이십여 편만이 남아 있는데, 여기에는 주전 5세기 아테네의 정치가였던 키몬의 생애도 포함되어 있다. 그는 출중한 경력을 지녔지만, 다른 한편으로는 아테네에서 도편추방(ostracism)을 당하여 10년 동안 유배생활을 하는 등 어려운 시절도 많이 겪었다.—**per**+**venīre**: 그 의미를 쉽게 유추할 수 있는 또 다른 복합동사이다; *parvenu.*—**ēloquentia, -ae**, f.,＝Eng.; *eloquent.*—**līberālitās, -tātis**, f.,＝Eng.; *liberal, liberalism.*—**mīlitāris, -e**,＝Eng.; *militarism, demilitarize.*—**ā puerō**: 그의 소년 시절부터.—**potestās, -tātis**, f., 힘; *potent*; cf. **possum.**—**auctōritās, -tātis**, f., 권위, 권한; *authoritative*; cf. **auctor**; 여기서는 **관점 또는 상세의 탈격**(ABLATIVE OF RESPECT OR SPECIFICATION): "권위(의 관점)에서."—**Athēniēnsis, -is**, m./f., 아테네人.—**hortus, -ī**, m., 정원; *horticulture, cohort.*—**vestītus, -a, -um**, (옷을) 입은; *vest, vestment, divest.*—**amiculum, -ī**, n., 외투.—**locuplētāre**, 부요케 하다; *complete, replete.*—**sūmptus, -ūs**, m., 비용; *sumptuous, consumption.*—**extulit: ex** + **ferō** (**efferō**), 여기서는 "파묻다"를 뜻하지만, 문자적인 의미는 무엇인가? *efferent, elation.*—**mīrus, -a, -um**, 놀라운; *miracle, admiration.*—**sēcūrus, -a, -um: sē-**, 없는, + **cūra**, 근심; *secure, security.*

QVAESTIŌNĒS: 네포스는 결코 비평적 사학자로 여겨질 수 없지만(현대의 어떤 학자는 그를 "지적인 피그미"라고[1] 혹평하였다), 그의 주인공들을 칭송하면서 도덕을 일깨우고자 하는 자신의 목적에 유용하다면 사실들을 재구성하는 경향이 있었다. 이 글에서 네포스가 키몬에게 돌린 주요 덕목들은 무엇이고, 아테네인의 삶에서 그러한 덕목이 발휘된 두 가지 영역은 무엇인가?

---

1 [역주] 여기서 말하는 피그미는 고대 그리스 신화에 나오는 "피그마이오스"이다.

너에게서 벗어났다!

> Quid mihi reddat ager quaeris, Line, Nōmentānus?
> > Hoc mihi reddit ager: tē, Line, nōn videō!

*Martial *Epig.* 2.38: 마르티알리스가 전원에서 왜 그렇게 자주 휴가를 보내는지 리누스는 정말로 의아하게 여기는 걸까?! 운율: 哀歌調의 二行詩.—**reddō, -ere**, 돌려주다, (유익으로) 돌아오다; *render, rent.*—**ager:** 여기서는 "농장"을 의미한다; 즉, 농촌에 있는 마르티알리스의 휴양지.—**Nōmentānus, -a, -um**, 포도주 산업으로 유명한 **Latium**의 한 마을인 **Nomentum**의 형용사.

QVAESTIŌNĒS: 이 풍자시에서 문체적으로 가장 두드러진 특징은 무엇이고, 그 익살스런 결과는 무엇인가?—측은한 리누스에게는 그리 재밌지는 않겠지만서도!

제발 그만둬!

> Nīl recitās et vīs, Māmerce, poēta vidērī.
> > Quidquid vīs estō, dummodo nīl recitēs!

*Martial *Epig.* 2.88: 마메르쿠스는 시인 지망생이었다.—로마에서는 그런 사람들이 많았다(16章의 "풍자시를 쓰는 이유"를 참조하라)! 운율: 哀歌調의 二行詩.—**nīl:** = **nihil.**—**estō:** **esse**의 명령법 미래로, 종교적 또는 법적인 언명처럼 엄한 어조를 종종 띤다("너는...이 될지어다!").

QVAESTIŌNĒS: 이 詩를 17章의 *Epig.* 1.38과 비교해 보라; 피덴티누스와 마메르쿠스는 한편으로는 어떻게 닮았고 다른 한편으로는 어떻게 다른가? 마르티알리스가 보기에 누가 더 골칫덩이인가? 로마 문학에서 **recitātiō**가 지닌 문화적 중요성에 대해 이 두 풍자시들이 여러분에게 무엇을 말해주는가?

SCRĪPTA IN PARIETIBVS

M. Salāriō fēlīciter!

CIL 4.6811: 살라리우스의 행운을 비는 어떤 사람이 V 지역에 있는 한 집의 벽에 휘갈겨 쓴 글이다. 마니우스 살라리우스 크로쿠스라는 자는 근처에 있는 집에 낙서된 두 개의 벽글들에서도 볼 수 있는데, 이 살라리우스와 같은 인물인 것 같다: 로마인들은 **Mārcus**는 **M**으로, **Mānius**는 **M'**으로 줄여 썼지만, 벽글에서는 구별이 안 되는 경우가 있다.—**fēlīciter**: 이 章에서 처음 소개된, 제3곡용 형용사를 토대로 형성된 부사들의 한 예이다; "…에게 모든 일들이 잘 되기를!"과 같은 의미로, **sit** 또는 그런 어떤 말을 넣어서 읽어라.

LATĪNA EST GAVDIVM—ET VTILIS!

Salvēte! 현대 올림픽 경기는 세 개의 비교급 부사들로 이루어진 표어를 내세우고 있다: **citius, altius** (**altus, -a, -um**, "높은"에서 나왔다), **fortius**. 이 章에 새로 나온 불규칙 동사들, 특히 **volō**와 **nōlō**는 라틴어에서 아주 흔히 사용되며, 영어에서도 원하든 원하지 않든 간에 그것들과 마주치게 될 것이다. 예를 들면, "나는 (소송에서) 대항하기를 원치 않는다"는 피고의 법정 답변을 **nōlō**라고 하는데, 이는 **nōlō contendere**의 준말이다; 또한 원고가 訴를 취하할 뜻이 있으면, **nol. pros.**(= **nōlle prōsequī**, "지속하기를 원치 않음")라고 한다; **nōlēns, volēns**는 "원하지 않든 원하든," 즉 영어의 "willy-nilly"("will ye, nill ye"의 줄임말)와 같다; 약어 "d.v."는 **deō volente**를 줄인 것이다; 또한 **volō, nōn valeō**, "나는 원하지만 할 수가 없다"; **nōlī mē tangere**는 "참견하지 말라"는 경고인 동시에, 봉선화 또는 "touch-me-not"의 라틴어 명칭이다; **quantum vīs**, "당신이 원하는 만큼"(이는 30章에서 언급한 **quantum satis**보다 더 많은 듯싶다!); **Deus vult**, 첫 번째 십자군 전쟁에서 군인들을 모집할 때 외쳤던 구호; **mālō morī quam foedārī**, 의역하면 "수치보다 죽음을"(직역하면, "나는 수치당하기보다 죽기를 더 원한다": 이태동사 **morior**에 관해서는 34章을 보라). 수년 전에 어떤 유식한 사람이 (장모음 표시의 중요성을 역설하면서) 다음과 같이 썼다: **mālō malō malō mālō**, *I'd rather be in an apple tree than a bad man in adversity* (고난 중에 나쁜 사람이 되느니 호사를 누리는 편이 낫다); 첫 번째 **mālō**는 **mālum, -ī** (사과, 과일나무)에서 나왔는데, 이는 호라티우스가 전채 요리에서 시작하여 디저트까지 이어지는 로마식 **cēna**의 특징을 **ab ovō** (**ovum, -ī**, 달걀) **usque ad māla**로 묘사한 사실을 생각나게 한다; 이 표현은 영어의 "from soup to nuts"와 똑같고, 나중에는 "시작부터 끝까지"를 의미하는 관용구가 되었다.

　　Et cētera ex vocābulīs novīs: cēterīs pāribus, "나머지도 똑같다면" (즉, 다른 사정이나 조건도 동일하다면); **custōdia**와 관련된 단어는 **custōs, custōdis**, "지키는 자"와 **custōdīre**, "지키다"이며, 이 단어들에서 나온 유베날리스의 풍자적 질문은 **sed quis custōdiet ipsōs custōdēs**이다. **exercitus**는 **exerceō, exercēre**, "연습하다, 훈련하다"에서 나왔으며, 명사 **exercitātiō**는 라틴어 학생들에게 매우 유익한 교훈을 준다: **exercitātiō est optimus magister.** 따라서 **valēte, discipulī/ae, et exercēte, exercēte, exercēte!**

고대 그리스의 파나테나이아(Panathenaea) 제전에서 경주하는 선수들.
승자에게 상으로 주어진 양손잡이 항아리(amphora)에 그려진 그림.
에우필레토스(Euphiletos) 作, 주전 약 530년.
메트로폴리탄 미술관, 뉴욕, 미국

CAPVT XXXIII

여러 가지 조건문들

GRAMMATICA

조건문

조건문(CONDITIONAL SENTENCE)은 "서술문"과 "의문문" 그리고 "감탄문" 과 더불어 매우 흔한 문장 유형들에 속한다. 여러분은 라틴어 본문들을 읽으면서 이미 많은 조건문들과 마주쳤으며, 그것들은 두 개의 절로 구성되어 있음을 알아챘을 것이다: 1) 조건절 또는 **전제절**(PROTASIS: 그리스어로 "전제"를 뜻하는 말이다): 접속사 **sī**, *if*, 또는 **nisi**, *if not, unless*로 통상 인도되며 가정적 동작이나 상황을 기술하는 종속절; 2) 결과절 또는 **귀결절**(APODOSIS: 그리스어로 "귀결"을 뜻하는 말이다): 전제가 사실로 되었을 경우에 예상되는 결과를 표현하는 주절.

조건문에는 여섯 가지 기본 유형들이 있다; 그 중에 셋은 동사가 직설법으로, 나머지 셋은 가정법으로 되어 있는데, 그 이유는 간단하다. 모든 조건문들은 그들 자체의 성격상 어느 정도는 가정적인 과거나 현재 또는 미래의 일들을 기술하는데, 직설법은 그 조건이 실현될 가능성이 많은 경우에, 그리고 가정법은 전제한 것이 실현될 가능성이 적거나 또는 조건과 결과 모두가 실제 상황과는 완전히 다른 경우에 사용된다. 아래 요약한 내용을 주의 깊게 연구하고, 조건문의 여섯 가지 유형들 각각의 이름들과 그것들을 식별하는 방법 및 그 표준적인 번역 방식들을 익히도록 하라.

직설법 조건문들

1. **단순한 현재 사실: Sī id facit, prūdēns est.** *If he is doing this* [*and it is quite possible that he is*], *he is wise.* 직설법 현재가 양쪽 절에서 사용된다; 동사들은 직설법 현재로 번역하라.

2. **단순한 과거 사실: Sī id fēcit, prūdēns fuit.** *If he did this* [*and quite possibly he did*], *he was wise.* 직설법 과거 시제(완료 또는 미완료)가 양쪽 절에서 사용된다; 동사들은 직설법 과거로 번역하라.

3. **단순한 미래 사실**(때로는 **더 선명한 미래**라고 한다): **Sī id faciet, prūdēns erit.** *If he does (will do) this* [*and quite possibly he will*], *he will be wise.* 직설법 미래가 양쪽 절에 사용된다; 전제절의 동사는 현재 시제로 (여기 영어에서 "if" + 현재 시제는 미래의 의미를 지니고 있다), 귀결절의 동사는 미래 시제로 번역한다. (때로는 미래 완료가 어느 한 절이나 양쪽 절에 사용되는데, 사실상 단순 미래와 동일한 의미를 지닌다: 338쪽에 있는 S.A. 8번과 "먹을 것을 가져오라"의 세 번째 행을 보라.)

가정법 조건문들

직설법 조건문들은 실현될 수 있는 사실들을 다루지만, 가정법 조건문들은 현실적이기보다는 오히려 가상적인 것으로, "덜 선명한 미래"의 경우에는 실현 가능성이 다소 낮거나 덜 선명하게 그려지는 상황들을, 그리고 "사실과 다른" 두 가지 유형들의 경우에는 실제로 일어나고 있거나 과거에 일어났던 일과는 상반되는 상황들을 기술한다.

1. **현재 사실과 반대: Sī id faceret, prūdēns esset.** *If he were doing this* [*but in fact he is not*], *he would be wise* [*but he is not*]. 가정법 미완료가 양쪽 절에 사용된다; 전제절에는 조동사 *were (…ing)*를, 귀결절에는 조동사 *would (be)*를 넣어 번역하라.

2. **과거 사실과 반대: Sī id fēcisset, prūdēns fuisset.** *If he had done this* [*but he did not*], *he would have been wise* [*but he was not*]. 양쪽 절에 가정법 과거완료가 사용된다; 전제절에는 조동사 *had*를, 귀결절에는 조동사 *would have*를 넣어 번역하라.

3. **덜 선명한 미래**(때로는 **SHOULD-WOULD**라고 칭한다): **Sī id faciat, prūdēns sit.** *If he should do this* [*and he may* 또는 *he may not*], *he would be wise.* 양쪽 절에 가정법 현재가 사용된다; 전제절에는 조동사 *should*를, 귀결절에는 조동사 *would*를 넣어 번역하라.

이러한 여섯 가지 기본 유형들은 경우에 따라서 변화되기도 한다. 즉, 귀결절에 명령법이 사용되기도 하고, 전제절과 귀결절이 상이한 시제들이나 서법들을 지니는 **혼합 조건문들**도 있으며, 다른 접속사(예를 들면, **dum**) 따위를 취하기도 하지만, 그러한 변형들은 문맥에 의거해서 쉽게 다룰 수 있다. 연습을 위해서 아래 조건문들의 유형을 일일이 확인해 보라:

1. **Sī hoc dīcet, errābit.** *If he says this, he will be wrong.*
2. **Sī hoc dīcit, errat.** *If he says this, he is wrong.*
3. **Sī hoc dīxisset, errāvisset.** *If he had said this, he would have been wrong.*
4. **Sī hoc dīcat, erret.** *If he should say this, he would be wrong.*
5. **Sī hoc dīxit, errāvit.** *If he said this, he was wrong.*
6. **Sī hoc dīceret, errāret.** *If he were saying this, he would be wrong.*
7. **Sī veniat, hoc videat.** *If he should come, he would see this.*
8. **Sī vēnit, hoc vīdit.** *If he came, he saw this.*
9. **Sī venīret, hoc vidēret.** *If he were coming, he would see this.*
10. **Sī veniet, hoc vidēbit.** *If he comes, he will see this.*
11. **Sī vēnisset, hoc vīdisset.** *If he had come, he would have seen this.*

VOCĀBVLA

다음 사항들에 유의하라: **ops**는 (여러분이 전에 배웠던 몇몇 다른 명사들, 예를 들면 **animus**와 **fīnis**처럼) 복수에서 조금 다른 의미들을 지닌다; 아래에서 보듯이 **quis, quid**는 의문사가 아닌 부정 대명사로 종종 사용된다; 끝으로 **heu**에 있는 이중모음 **eu**는 영어에는 없고 고전 라틴어에는 있는 몇 안 되는 발음들 중 하나이다(문자 **y**로 표현되는 발음도 여기에 속한다). 항상 그렇듯이, CD 또는 www.wheelockslatin.com에서 이 章의 어휘를 주의 깊게 들어라.

inítium, inítiī, n., 시작, 처음 (initial, initiate, initiation)

ops, ópis, f., 도움, 원조; **ópēs, ópum**, pl., 힘, 자원, 재산 (opulent, opulence; **con-** + **ops**에서 나온 **cōpia**를 참조하라)

philósophus, philósophī, m., **philósopha, philósophae**, f., 철학자 (philosophical; cf. **philosophia**)

plēbs, plébis, f., 보통 사람, 대중, 평민 (plebs, plebe, plebeian, plebiscite)

sāl, sális, m., 소금; 재치 (salad, salami, salary, saline, salinometer, sauce, sausage)

spéculum, spéculī, n., 거울 (speculate, speculation; cf. **spectāre**, 보다, 주시하다)

quis, quid (**sī, nisi, nē, num** 뒤에서는 부정대명사), *anyone, anything, someone, something* (cf. **quis? quid? quisque, quisquis**)

cándidus, cándida, cándidum, 빛나는, 밝은, 하얀; 아름다운 (candid, candidate, candor, incandescent, candle, chandelier)

mérus, méra, mérum, 순수한, 물타지 않은 (mere, merely)

suávis, suáve, 달콤한 (suave, suaveness, suasion, dissuade, persuade)

-ve (단어 끝에 붙는 접속사로, 단어 앞에 놓이는 **aut**와 같은 뜻이다; cf. **-que**), 또는, *or*

heu [간투사], 아!, 오호라! (탄식이나 고통의 소리; cf. "woe")

súbitō [부사], 갑자기 (sudden, suddenness)

recúsō, recūsáre, recūsávī, recūsátum, 거절하다 (recuse, recusant, recusative; cf. **causa**)

trắdō, trắdere, trắdidī, trắditum (**trāns** + **dō**), 넘겨주다, 포기하다; 건네주다, 전해주다, 가르치다 (tradition, traitor, treason)

LĒCTIŌ ET TRĀNSLĀTIŌ

각 문장과 구절을 큰 소리로 읽어라. 그리고 번역을 하기 전에 읽으면서 의미를 파악하라. 또한 각 조건문의 특정 유형을 확인하고 위에서 소개한 법칙들에 따라 번역하라.

EXERCITĀTIŌNĒS

1. Dummodo exercitus opem mox ferat, moenia urbis celeriter cōnservāre poterimus.

2. Cum cōnsilia hostium ab initiō cognōvissēs, prīmō tamen ūllum auxilium offerre aut etiam centum mīlitēs prōmittere nōluistī.

3. Sī dīvitiae et invidia nōs ab amōre et honōre usque prohibent, dīvitēsne vērē sumus?

4. Pauper quidem nōn erit pār cēterīs nisi scientiam ingeniumve habēbit; sī autem haec habeat, multī magnopere invideant.

5. Nisi īnsidiae patērent, ferrum eius maximē timērēmus.

6. Sī quis rogābit quid nunc discās, nōlī dubitāre: refer tē artem nōn mediocrem sed ūtilissimam ac difficillimam discere.

7. Lēgēs ita scrībantur ut dīvitēs et plēbs—etiam pauper sine asse—sint parēs.

8. Sī custōdiae dūriōrēs fortiōrēsque ad casam tuam contendissent, heu, numquam tanta scelera suscēpissēs et hī omnēs nōn occidissent.

9. Illa philosopha sapientissima, cum id semel cognōvisset, ad eōs celerrimē sē contulit et omnēs opēs suās praebuit.

10. Dūrum exsilium tam ācrem mentem ūnō annō mollīre nōn poterit.

11. Propter omnēs rūmōrēs pessimōs (quī nōn erant vērī), nātae suāvēs eius magnopere dolēbant et dormīre nōn poterant.

작문

12. If those philosophers should come soon, you would be happier.

13. If you had not answered very wisely, they would have hesitated to offer us peace.

14. If anyone does these three things well, he will live better.

15. If you were willing to read better books, you would most certainly learn more.

SENTENTIAE ANTĪQVAE

1. Sī vīs pācem, parā bellum. (Flavius Vegetius.—**parā:** 대비하라.)

2. Arma sunt parvī pretiī, nisi vērō cōnsilium est in patriā. (Cicero.—**pretium, -ī**, n., 가치; *precious, price, appraise.*)

3. Salūs omnium ūnā nocte certē āmissa esset, nisi illa sevēritās contrā istōs suscepta esset. (Cicero.—**sevēritās, -tātis**, f., = Eng.; *severe, persevere.*)

4. Sī quid dē mē posse agī putābis, id agēs—sī tū ipse ab istō perīculō eris līber. (Cicero.)

5. Sī essem mihi cōnscius ūllīus culpae, aequō animō hoc malum ferrem. (Phaedrus.—**cōnscius, -a, -um**, 알고 있는, 의식하는; *conscience, unconscious.*)

6. Dīcis tē vērē mālle fortūnam et mōrēs antīquae plēbis; sed sī quis ad illa subitō tē agat, illum modum vītae recūsēs. (Horace.)

7. Minus saepe errēs, sī sciās quid nesciās. (Publilius Syrus.)

8. Dīcēs "heu" sī tē in speculō vīderis. (Horace.)

9. Nīl habet īnfēlīx paupertās dūrius in sē quam quod rīdiculōs hominēs facit. (*Juvenal.—**īnfēlīx:** = **īn-**, *not,* + **fēlīx.—quod**, *the fact that.*)

먹을 것을 가져오라

Cēnābis bene, mī Fabulle, apud mē
paucīs (sī tibi dī favent) diēbus—
sī tēcum attuleris bonam atque magnam
cēnam, nōn sine candidā puellā
5   et vīnō et sale et omnibus cachinnīs;
haec sī, inquam, attuleris, venuste noster,
cēnābis bene; nam tuī Catullī
plēnus sacculus est arāneārum.
Sed contrā accipiēs merōs amōrēs,
10 seu quid suāvius ēlegantiusve est:
nam unguentum dabo, quod meae puellae
dōnārunt Venerēs Cupīdinēsque;
quod tū cum olfaciēs, deōs rogābis
tōtum ut tē faciant, Fabulle, nāsum.

*Catullus *Carm.* 13: 조건절을 다루는 章에 더할 나위 없이 알맞는 발췌글; 카툴루스의 가장 널리 읽히는 詩들 중 하나인 이 詩가 소재로 삼은 만찬 초대는 아주 까다로운 조건을 내걸고 있는데, 만일 파불루스가 받아들인다면, 그는 특별한 대접을 받게 될 것이다! 운율: 11마디律.—**favēre:** + 여격, ~에게 잘 대해 주다, 호의를 베풀다; *favorite.*—**cachinna, -ae,** f., 웃음, 大笑; *cachinnate;* 우리말의 "깔깔"처럼 원래는 **의성어**(ONOMATOPOETIC)인 듯싶다.—**venustus, -a, -um,** (용모 또는 매너가) 매력적인, 멋진, **venus/Venus**에서 나왔다; *venereal.*—**sacculus, -ī,** m., 돈가방, 지갑; *sack, satchel.*—**arānea, -ae,** f., 거미줄; *araneid,* 어근이 같은 *arachnid.*—**contrā** [여기서는 부사] 반면에, 보답으로; *contrary.*—**seu** [접속사], 또는.—**ēlegāns, ēlegantis;** *elegance, elegantly.*—**unguentum, -ī,** n., 연고, 향료; *unguent, ointment.*—**dabo:** 운문에서는 **-ō**가 종종 짧아진다.—**dōnārunt:** = **dōnāvērunt**(v와 그 바로 뒤의 모음이 탈락된 이러한 단축은 완료 체계의 형태들에서 흔히 볼 수 있다), **dōnāre,** "주다"에서 나왔다; *donation, donor.*—**Venus, -neris,** f., 그리고 **Cupīdō, -dinis,** m.; 이 詩에서 비너스와 큐피드의 복수 형태들은 사랑을 부추기는 모든 능력들을 표상한다; *venerate, cupidity;* cf. **cupiō; cupiditās.**—**quod…olfaciēs:** = **cum tū id olfaciēs.**—**olfaciō, -ere,** 냄새 맡다; *olfactory, olfactant.*—**deōs rogābis…ut…faciant:** 36章에서 정식으로 소개될 **지시법 명사절**(JUSSIVE

NOUN CLAUSE)이지만, 여기서도 쉽게 번역될 수 있다.—**nāsus, -ī**, m., 코; "nasal"과 "nasalize"는 파생어들이고, "nostril"과 "nozzle"은 어근이 같은 말이다; **tē**에 연결된 목적보어; 이처럼 형용사와 명사가 멀리 떨어져 있으므로 만화에서나 나올 것 같은 엄청나게 큰 코가 연상된다!

QVAESTIŌNĒS: 이 시는 두 부분으로 산뜻하게 나누어진다: 첫 번째는 파불루스가 이 **cēna**에서 무엇을 못 받을지, 따라서 그는 무엇을 가져와야 하는지, 그리고 왜 그런지를 서술한다; 두 번째는 그가 무엇을 받게 될 것인지, 그리고 왜 그런지를 서술한다. 카툴루스가 **cēnābis/cēnam**과 **nam**을 구문적 표지들로 사용한 것에 대해서, 그리고 이 詩의 전반부와 하반부 각각의 말미에서 의외의 결말을 그 시인은 어떻게 효과적으로 연출하는지에 대해서 논하라. 여러분은 그두 단락들 사이에서 주제들을 이어주는 다른 것들은 무엇이라고 보는가?

빈익빈 부익부

> Semper pauper eris, sī pauper es, Aemiliāne:
>   dantur opēs nūllī nunc nisi dīvitibus.

Martial Epig. 5.81: 아이밀리아누스는 마르티알리스가 자신의 詩에 등장시킨 대부분의 사람들처럼 가공의 인물이라는 것은 의심의 여지가 없지만, 그러나 당대의 어떤 유형을 대표한다. 운율: 哀歌調의 二行聯句(couplet).

QVAESTIŌ: 그 詩의 요지를 드러내는 데 도움이 되도록 시인이 사용한 반복법(anaphora)과 어순 그리고 **두운법(ALLITERATION:** 頭韻에 동일한 닿소리를 반복시키는 수사법)에 대해 논하라.

알렉산더 대왕의 가정교사, 아리스토텔레스

An Philippus, rēx Macedonum, voluisset Alexandrō, fīliō suō, prīma elementa litterārum trādī ab Aristotele, summō eius aetātis philosophō, aut hic suscēpisset illud maximum officium, nisi initia studiōrum pertinēre ad summam sapientissimē crēdidisset?

Quintilian *Inst.* 1.1.23: 퀸틸리아누스(Marcus Fabius Quintilianus, 주후 약 35-95년)는 수사학과 교육에 관한 12권으로 된 저서, **Īnstitūtiōnēs Ōrātōriae**로 매우 잘 알려져 있다. 그는 부모를 대신하여 돌봐야 한다는 선생의 역할을 규정한 잘 알려진 관용구, **in locō parentis**를 우리에게 전해 주었다. 그리고 여러분은 16장의 "유베날리스가 풍자시를..."에 붙인 해설에서 로마의 풍자시에

아리스토텔레스
그리스에서 만들어진 原作을
로마에서 복제한 模作
스파다 미술관, 로마, 이탈리아

대한 그의 단언을 들은 적이 있다. 필립 왕은 알렉산더가 열세 살 소년이었을 때 그의 가정교사로 아리스토텔레스를 고용하였다. 알렉산더 대왕의 지적인 관심들을 회상하는 또 다른 글은 13章에 있는 키케로의 **Prō Archiā**에서 다시 읽을 수 있다.—**an** [의문접속사], 혹은 ~일까?—**Macedonēs, -num**, m./f. pl., 마케도니아人들.—**Aristotelēs, -lis**, m.—**pertinēre ad:** 관련이 있다, 영향을 미치다; *pertain, pertinent.*—**summa, -ae**, f., 정상, 전체; *sum, summary.*

QVAESTIŌNĒS: 청소년들의 교육과 선생들에 관하여 퀸틸리아누스가 여기에서 표명한 견해를 여러분 자신의 말로 설명하라. 필립과 아리스토텔레스는 의견이 일치했는가? 여러분의 생각은?

네가 잃어야 내가 얻는다!

Cum Quīntus Fabius Maximus magnō cōnsiliō Tarentum fortissimē recēpisset et Salīnātor (quī in arce fuerat, urbe āmissā) dīxisset, "Meā operā, Quīnte Fabī, Tarentum recēpistī," Fabius, mē audiente, "Certē," inquit rīdēns, "nam nisi tū urbem āmīsissēs, numquam eam recēpissem."

Cicero *Sen.* 4.11: 로마인의 재치가 돋보이는 또 다른 예로서, 키케로의 논설 "노년에 대하여"에서 따온 글이다(지금 몇 분 동안만 짬을 내어, 15/17/19章에서 여러분이 읽었던 같은 작품에서 발췌한 다른 글들을 복습하라). 제2차 포에니 전쟁 중에, 이탈리아 남동부에 위치한 타렌툼(1번 지도)의 주민들은 로마인들을 배반하고 한니발의 편에 섰는데, 그럼에도 마르쿠스 리비우스 살리나토르 휘하의 로마인들은 그 요새를 전력을 다해 지켜내었다. 주전 209년 그 도시는 퀸투스 파비우스 막시무스에 의해 재탈환되었다(파비우스, 일명 "미루는 자"의 업적을 여러분은 15章에서 읽었다).—**opera, -ae**, f., 일, 도움, 노력; **meā operā**는 오히려 숙어 "thanks to me"(내 덕분에)와 같다.—**mē audiente:** 숙어 "in my presence"(내 앞에서)와 같지만, 문자적인 의미는 무엇인가? 키케로의 다른 철학적 논설들과 마찬가지로, **Dē Senectūte**도 대화체로 써졌다; 여기서 말하고 있는 "me"는 파비우스와 같은 시대에 살았던 先代 카토(Cato the Elder)였다.

QVAESTIŌ: 살리나토르의 오만과 파비우스의 재치를 설명하라.

SCRĪPTA IN PARIETIBVS

Mūnus Nōlae dē quādrīdu[ō] M(ārcī) Cōminiī Hērēdi[s]:
Prī<n>ceps Ner(ōniānus), XII, c(orōnae) X[?]; v(īcit).
Hilārus Ner(ōniānus), XIV, c(orōnae) XII; v(īcit).
Creunus, VII, c(orōnae) V; m(issus est).

CIL 4.10237: 폼페이의 포르타 디 노체라(Porta di Nocera) 외곽에 있는 공동묘지의 한 무덤에서 나온 검투 경기를 묘사한 여러 벽글들 중 하나다; 여기에 결과가 기록된 그 경기들은 지방의 행정 장관으로 보이는 마르쿠스 코미니우스 헤레스(**Hērēs, -rēdis**)가 후원하였다. 이름이 기록된 세 명의 검투사들, 프린켑

스(Princeps: 철자에서 n이 빠졌다) 및 싸우는 모습이 그려진 두 사람, 힐라루스(Hilarus)와 크레우누스(Creunus), 이들은 모두 노예들이었으며, 인상적인 우승 기록들을 지녔다: 각 검투사 이름 뒤의 첫 번째 로마 숫자는 그가 겨루었던 **pugnae**(싸움들)의 數를, 두 번째 숫자는 그가 쟁취했던 **corōnae**(冠들 또는 승리의 花冠들: 여기에서는 종종 그렇듯이 C로 짧게 줄이면서 그 글자를 Ɔ로 뒤집어서 표기하였다)의 數를 나타낸다; 아마도 경쟁자의 팬이었던 어떤 자가 힐라루스의 勝數를 두 줄로 그어 버린 것 같다; 크레우누스의 이름 밑에 기록된 글자들(TAAV?)의 뜻은 분명치 않다. 오른쪽에는 樂士들이 그려져 있다(검투 경기에는 오늘날의 미식 축구와 똑같이 밴드가 있었다!); 맨 왼쪽의 인물들은 관객들인 것 같다.—**mūnus, -neris**, n., 봉사, 구실, 임무; 공연, 경기; 예물, 선물; *munificence, munificent.*—**Nōlae:** 지역 이름인 **Nōla**의 **처소격**(LOCATIVE CASE; 37章을 보라) = *at Nola*, 폼페이 북동쪽에 있는 마을.—**quādrīduum, -ī**, n., 나흘(의 기간); **dē**가 붙어서, "... 동안"; 검투 경기 스케줄은 종종 여러 날 동안 지속되도록 짜여졌다.—**Nerōniānus, -a, -um**, (황제) 네로의, 네로에 속한; 이 호칭은 그 싸우는 자들이 카푸아에 있는 황제 소속 검투사 캠프 출신이었음을 알려준다.—**missus est:** 즉, 그는 패했지만 생명은 건졌다("훗날 다시 싸우도록 집으로 보내졌다").

LATĪNA EST GAVDIVM—ET VTILIS!

Salvēte! 다음은 조건문으로 된 잘 알려진 말들이다: **sī nātūra negat, facit indignātiō versum**, 본성이 거부하면(즉, 내 재능이 모자라면), 분노가 시를 짓는다(이렇게 말한 자는 둘 다 많이 지녔던 풍자 시인 유베날리스였다!—16章 "...풍자시를 쓸 수밖에 없는 이유"를 보라); **sī fēcistī, negā!** (변호사의 조언); **sī Deus nōbīscum, quis contrā nōs** (동사가 빠져 있지만 의미는 분명하다); **sī post fāta venit glōria, nōn properō**, 영광은 죽은 후에나 오니까 나는 바쁠 것이 없다!(마르티알리스); **sī sīc omnēs**, "모든 일이 단지 이와 같았으면"이라는 아쉬움의 표현으로 자유롭게 옮길 수도 있다(또는 그 실제 의미는 "모든 일이 엉망으로 되어버렸다"가 아닐까?!!). **Ex vocābulīs novīs quoque:** 자, "처음부터" 시작하면, 관용구 **ab initiō**는 영어에서 꽤 자주 쓰인다; 로마에서 공직에 출마하는 자들은 **toga candida**, 흰색 토가를 입었으므로, 여기에서 영어 단어 "candidate"가 나왔다. 로마인들은 희석하지 않은 포도주를 **merum**이라고 불렀다(이것은 술꾼들만 마셨다!); **ope et cōnsiliō**는 삶을 영위하는 좋은 방법이다. "가감해서"라는 영어 표현 "with a grain of salt"는 라틴어 **cum grānō**

salis에서 나왔다; 또한 "salary"도 **sāl**에서 나왔는데, 로마 군인의 봉급에는 그것을 담은 꾸러미도 포함되어 있었다(우리는 "짠 베이컨을 집에 가져오고" [생활비를 벌어오고], 로마인들은 집에 소금을 가져왔다!); 그리고 **sāl Atticum**은 냉소적인 아테네式 위트이다; 예술은 **speculum vītae**이다. 만일 여러분이 형용사에서 부사를 만드는 방법을 기억한다면, 라틴어 선생에게 바람직한 태도인 **suāviter in modō, fortiter in rē**라는 격언을 해독할 수 있을 것이다; 그리고 악보를 읽다보면 **subitō**라는 표기가 눈에 띌 터인데, 이는 "빠르게"를 의미하는 것이다.

여러분은 이 끝맺는 **miscellānea**(**miscellāneus, -a, -um**, 잡다한, 뒤섞인)를 즐기기 바라는데, 여기에는 한 가지 이유가 있다: **sī fīnis bonus est, tōtum bonum erit**: 이 옛 속담은 친숙한 어휘로 구성된 "혼합 조건문"으로, 내 나름대로 여러분에게 번역해 준다면, "(이 章을 포함해서) 끝이 좋아야 모든 것이 좋겠죠!": **et vōs omnēs, quoque valeātis!**

포르타 디 노체라 외곽에 위치한 공동 묘지, 폼페이, 이탈리아

CAPVT XXXIV

이태 동사; 탈격을 취하는 이태 동사

GRAMMATICA

이태 동사

라틴어에는 많은 **이태 동사들(DEPONENT VERBS)**이 흔히 사용되고 있는데, 이들은 수동 어미들을 갖지만 의미는 능동이다. 이 章에서 새롭게 배워야 할 형태들은 극소수이다(사실상 명령법뿐이다); 가장 결정적인 문제는 이태 동사들을 식별하고, 그것들을 능동으로 번역하는 일인데, 이는 어휘를 주의 깊게 공부함으로써 해결할 수 있다. 한편 이태 동사들의 법칙(형태는 수동/의미는 능동)에는 유념해야 할 몇 가지 예외들이 있다.

기본어들과 활용

아래의 예들에서 보듯이, 이태 동사의 기본어들은 단지 세 개뿐이며, 이들은 규칙 동사의 첫 번째 세 기본어들(1. 직설법 현재 일인칭 단수, 2. 현재 부정사, 3. 직설법 완료 일인칭 단수)의 수동 형태에 해당한다.

직설법 현재	현재 부정사	직설법 완료
hórtor, *I urge*	hortā́rī, *to urge*	hortā́tus (-a, -um) sum, *I urged*
fáteor, *I confess*	fatḗrī, *to confess*	fássus (-a, -um) sum, *I confessed*
séquor, *I follow*	séquī, *to follow*	secútus (-a, -um) sum, *I followed*
mṓlior, *I work at*	mōlī́rī, *to work at*	mōlī́tus (-a, -um) sum, *I worked at*
pátior, *I suffer*	pátī, *to suffer*	pássus (-a, -um) sum, *I suffered*

이태 동사도 역시 규칙 동사의 수동태에 적용되는 법칙들을 따라 활용된다; 아래에서는 그 활용을 개관할 수 있도록 **hortor**와 **sequor**를 본보기로 하여 대표적인 형태들만 제시하였다. 한편 위에서 예로 든 다섯 동사들 각각의 모든 활용 형태들은 부록(586-88쪽)에 실어 놓았다.

직설법 (*Indicative*)

현재

1. hórtor, *I urge*	séquor, *I follow*
2. hortáris (-re), *you urge*	séqueris (-re), *you follow*
3. hortátur, *he urges*	séquitur, *he follows*
1. hortámur, *we urge*	séquimur, *we follow*
2. hortáminī, *you urge*	sequíminī, *you follow*
3. hortántur, *they urge*	sequúntur, *they follow*

미완료

1. hortábar, *I was urging*	sequébar, *I was following*
2. hortābáris (-re), *you were urging*	sequēbáris (-re), *you were following*

미래

1. hortábor, *I shall urge*	séquar, *I shall follow*
2. hortáberis (-re), *you will urge*	sequéris (-re), *you will follow*
3. hortábitur, *he will urge*	sequétur, *he will follow*

완료

hortátus, -a, -um sum, *I urged*	secútus, -a, -um sum, *I followed*

과거완료

hortátus, -a, -um éram, *I had urged*	secútus, -a, -um éram, *I had followed*

미래완료

hortátus, -a, -um érō, *I shall have urged*	secútus, -a, -um érō, *I shall have followed*

가정법 (*Subjunctive*)

현재

hórter, hortéris, hortétur	séquar, sequáris, sequátur

미완료

hortárer, hortāréris, hortārétur	séquerer, sequeréris, sequerétur

완료

hortátus, -a, -um sim, sīs, etc.	secútus, -a, -um, sim, sīs, etc.

과거완료

hortátus, -a, -um éssem, etc.	secútus, -a, -um éssem, etc

일람표(synopsis)

아래 일람표는 이태 동사들의 활용을 개관하는 데 유용하도록 **fateor, fatērī, fassus sum**의 단수 삼인칭 형태들을 열거한 것이다; 각 형태들에 상응하는 영어는 모두가 능동태(즉, *he confesses, he will confess,* etc.)라는 사실을 기억하라.

직설법

현재	미래	미완료	완료	미래완료	과거완료
fatétur	fatébitur	fatēbắtur	fássus est	fássus érit	fássus érat

가정법

fateắtur	——	fatērḗtur	fássus sit	——	fássus ésset

분사, 부정사, 명령법

전형적인 이태 동사들의 분사들과 부정사들을 여기에 전부 제시하였는데, 그 이유는 형태들이 전혀 새롭기 때문이 아니라, "형태는 수동이지만 의미는 능동"이라는 일반 법칙에 어긋나는 것들이 있기 때문이다:

분사

현재	hórtāns, *urging*	séquēns, *following*
완료	hortátus, -a, -um, *having urged*	secútus, -a, -um, *having followed*
미래	hortātū́rus, -a, -um, *about to urge*	secūtū́rus, -a, -um, *about to follow*
미수[1]	hortándus, -a, -um, *to be urged*	sequéndus, -a, -um, *to be followed*

부정사

현재	hortắrī, *to urge*	séquī, *to follow*
완료	hortátus, -a, -um ésse, *to have urged*	secútus, -a, -um ésse, *to have followed*
미래	hortātū́rus, -a, -um ésse, *to be about to urge*	secūtū́rus, -a, -um ésse, *to be about to follow*

예외: 이태 동사들은 규칙 동사들과 마찬가지로 네 가지 분사들이 있지만, 부정사는 각 시제에 한 가지씩 셋뿐이다. 아래에 제시한 분사들 셋과 부정사 하나는 "형태는 수동이지만 의미는 능동"이라는 기본 법칙에 예외가 되는 것들이다:

---

1 [역주] "미래 수동 분사" 또는 "동형사"(gerundive)의 약어이다.

1. 현재와 미래 분사: 능동의 의미를 지니는 능동 형태들.
2. 미래 수동 분사(동형사): 수동의 의미를 지니는 수동 형태.
3. 미래 부정사: 능동의 의미를 지니는 능동 형태.

명령법

이태 동사들의 명령법 현재는 당연히 명령법 현재 수동의 형태를 취한다. 이것은 배우기가 쉬움에도 불구하고 앞에서 언급된 적이 없었는데, 이는 주로 이태 동사들에서 발견되기 때문이다: 단수 이인칭은 직설법 현재 수동태 단수 이인칭의 대체 형태와 철자가 같다; 예를 들면, **sequere**, 따르라! (cf. **sequeris**). 이것은 또한, 우연의 일치이긴 하지만, (존재하지 않는) 현재 능동 부정사와 동일한 형태인 것에 주목하라; 따라서 이태 동사의 이러한 명령법 형태를 부정사로 오인하지 않도록 조심하라. 명령법 복수는 직설법 현재 수동태 복수 이인칭과 철자가 같다; 예를 들면, **sequiminī**, 따르라! 아래의 예들을 잘 살펴보라:

hortáre, *urge!*　fatére, *confess!*　mōlíre, *work at!*　pátere, *endure!*
hortáminī, *urge!*　fatéminī, *confess!*　mōlíminī, *work at!*　patíminī, *endure!*

반-이태 동사

라틴어에는 **반-이태 동사**(SEMI-DEPONENT VERB)들이 꽤 많은데, 이들은 그 기본어들이 보여주듯이, 현재 체계에서는 정상적이지만, 완료 체계에서는 이태 동사가 된다:

aúdeō, *I dare*　　audére, *to dare*　　aúsus sum, *I dared*
gaúdeō, *I rejoice*　gaudére, *to rejoice*　gāvísus sum, *I rejoiced*

이태 동사들과 반-이태 동사들을 포함하고 있는 아래 문장들을 잘 살펴보라:

1. **Eum patientem haec mala hortātī sunt.**
   They encouraged him (as he was) suffering these evils.
2. **Eum passūrum haec mala hortātī sunt.**
   They encouraged him (as he was) about to suffer these evils.
3. **Is, haec mala passus, hortandus est.**
   This man, having suffered these evils, ought to be encouraged.
4. **Is haec mala fortiter patiētur.**
   He will suffer these evils bravely.

5. **Eum sequere et haec mōlīre.**
   Follow him and work at these things.

6. **Eum sequī et haec mōlīrī nōn ausus es.**
   You did not dare to follow him and work at these things.

7. **Eum sequeris/sequēris.**
   You are following/will follow him.

8. **Eum hortēmur et sequāmur.**
   Let us encourage and follow him.

탈격을 취하는 이태 동사

상당수의 이태 동사들이 탈격을 목적어로 취하며, 그들 중에서 **ūtor**가 (그 복합어들과 함께) 가장 흔하다. 이 외에도 **fruor**, 즐기다, **fungor**, 이행하다, **potior**, 소유하다, **vēscor**, 먹다 같은 것들이 여기에 포함되는데, 이 책에서는 사용되지 않았지만, 여러분이 라틴어를 읽다 보면 나중에라도 마주치게 될 것이다. 원래 **ūtor**, 쓰다, 즐기다는 "(~으로) 나는 이롭게 된다/나는 내 자신을 이롭게 한다"를 의미했던 것이라고 할 수 있으므로, 이태 동사가 취하는 탈격은 원래는 수단의 탈격이었던 것 같다:

> **Ūtitur stilō.** *He is using a pencil* (문자적으로, *He is benefitted/benefits himself by means of a pencil*).
> **Cicerō Graecīs litterīs ūtēbātur.** *Cicero used to enjoy Greek literature.*
> **Nōn audent ūtī nāvibus.** *They do not dare to use the ships.*
> **Nōn ausī sunt ūtī nāvibus.** *They did not dare to use the ships.*

VOCĀBVLA

아래 소개된 **anima**의 기본적 의미는 "목숨"(*life-breath*)인 데 비해, **animus**가 근본적으로 가리키는 것은 여러분이 이미 배웠듯이 육체와 상반되는 "마음"(*mind*)이다; 그러나 서로 간에 의미가 다소 겹치게 되었으므로, 두 단어 모두 "영혼"(*soul*)을 의미할 수 있었다. 여기에 소개된 이태 동사들의 기본어들을 익힐 때는 서로 다른 활용에 속한 것들을 두세 개 택해서, 여러 인칭과 수에 따라 각각의 일람표를 만들고 영어 번역을 달아 보는 연습을 하라; 그리고 **patior**를 앞에서 배운 **pateō**와 혼동하지 않도록 주의하라.

ánima, ánimae, f., 숨결, 숨; 영혼, 정신 (anima, animism, animation, animated, inanimate; cf. **animal, animus**)

remíssiō, remissiónis, f., 풀어줌, 방면; 완화, 경감 (remiss, remission; re- + **mittō**)

vōx, vócis, f., 소리, 말, 낱말 (vocal, vocalic, vocalize, vociferous, vowel; vox angelica, vox humana, vox populi; cf. **vocō**)

advérsus, advérsa, advérsum, 맞서는, 거스르는 (adversary, adversative, adversity; cf. **vertō**)

tális, tále, 그러한, 그런 종류의 (cf. **quālis**, 어떠한, 어떤 종류의)

vae [간투사; 종종 여격 또는 대격과 함께 쓰인다], 오호라, 화 있을진저

árbitror, arbitrárī, arbitrátus sum, 판단하다, 생각하다 (arbiter, arbitress, arbitration, arbitrator, arbitrary, arbitrarily)

cónor, cōnárī, cōnátus sum, 해보다, 시도하다 (conation, conative)

créscō, créscere, crévī, crétum, 증가하다 (crescent, crescendo, concrete, decrease, excrescence, increment, accretion, accrue, crew, recruit)

ēgrédior, égredī, égréssus sum, 나가다 (aggression, congress, digress, egress, ingredient, ingress, progress, regress, retrogress, transgress)

fáteor, fatérī, fássus sum, 고백하다, 용인하다 (confession, profess, profession, professor; cf. **fābula, fāma, fātum**)

hórtor, hortárī, hortátus sum, 격려하다, 촉구하다 (hortatory, exhortation)

lóquor, lóquī, locútus sum, 말하다, 이야기하다 (loquacious, circumlocution, colloquial, elocution, eloquent, obloquy, soliloquy, ventriloquist)

mólior, mōlírī, mōlítus sum, 일하다, 세우다, 떠맡다, 계획하다 (demolish, demolition; cf. **mōlēs**, 큰 덩어리, 거대한 구조물)

mórior, mórī, mórtuus sum, 미래분사능동 **moritúrus**, 죽다 (moribund, mortuary; cf. **mors, mortālis, mortuus, immortālis**)

náscor, náscī, nátus sum, 태어나다; 솟아오르다, 일어나다 (agnate, cognate, innate, nascent, natal, nation, nature, naive; cf. **nāta, nātūra**)

pátior, pátī, pássus sum, 겪다, 참다, 견디다; 허용하다 (passion, passive, compassion, compatible, impassioned, dispassionate; cf. **patientia**)

proficíscor, proficíscī, proféctus sum, 시작하다, 출발하다 (profit과 proficient가 파생된 동사는 **prōficiō**, 진행하다, 성과를 거두다)

rústicor, rūsticárī, rūsticátus sum, 시골에서 살다 (rusticate, rustic, rural; cf. **rūsticus**, 시골의, 촌스러운)

sédeō, **sedére**, **sḗdī**, **séssum**, 앉다 (sedan, sedate, sedentary, sediment, sessile, session, assess, assiduous, president, siege, subsidy)

séquor, **séquī**, **secútus sum**, 따르다 (consequent, consecutive, obsequious, persecute, sequence, sequel, subsequent; cf. **secundus**)

spéctō, **spectáre**, **spectávī**, **spectátum**, 보다, 주시하다 (spectator, spectacle, speculate, aspect, circumspect, inspect; cf. speculum)

útor, **útī**, **úsus sum** + 탈격, 사용하다; 즐기다, 겪어 보다 (abuse, disuse, per-use, usual, usurp, usury, utensil, utilize, utility, utilitarian; cf. **ūtilis**)

LĒCTIŌ ET TRĀNSLĀTIŌ

새로운 문법을 공부하고 어휘를 외우고 자습문제로 실력을 테스트한 후에, 아래 글들을 훑어보면서 (a) 모든 이태 동사들을 골라내어 각각의 법과 시제, 그리고 인칭과 수를 식별하고, (b) 이태 동사와 연결된 탈격을 확인하라. CD가 있으면 그것을 잘 듣고, 번역하기 전에 큰 소리로 읽으면서 의미를 파악하라.

EXERCITĀTIŌNĒS

1. Nisi quis plēbī opem celeriter referet auxiliumve prōmissum prae-bēbit, mīlia pauperum morientur.
2. Cum urbs plēna custōdiārum esset, nōn ausī estis suscipere scelera tam gravia quam voluerātis.
3. Dīc nunc cūr velīs tē ad istam dīvitem et candidam cōnferre. Vērē ac līberē loquere; nōlī recūsāre!
4. Dīvitiīs opibusque trāditīs, heu, illī philosophī eādem nocte subitō profectī sunt in exsilium, unde numquam ēgredī potuērunt.
5. Nē patiāmur hanc antīquissimam scientiam āmittī.
6. Fateor mē vīnō merō apud mē ūsūrum esse.
7. Ab initiō nōn comprehendistī quantus exercitus nōs sequerētur et quot elephantōs istī mīlitēs sēcum dūcerent.
8. Prīmō respondit sē nōlle sequī ducem mediocris virtūtis sapientiaeve, cum cīvitās in līmine bellī stāret.
9. Ex urbe subitō ēgressus, ferrō suō morī semel cōnātus est.
10. Cum Aristotelēs hortārētur hominēs ad virtūtem, tamen arbitrābātur virtūtem in hominibus nōn nāscī.

11. Māter paterque nunc rūsticārī plūrimum mālunt, ut ā labōribus re-missiōne suāvī fēlīcius ūtantur.

12. Dā mihi, amābō tē, multum salis et vīnum aquamve, ut cēna maximē ūtar.

작문

13. They did not permit me to speak with him at that time.

14. We kept thinking(**arbitror**) that, on account of the plebeians' poverty, he would use the office more wisely.

15. If any one should use this water even once, he would die.

16. If those four soldiers had followed us, we would not have dared to put the weapons on the ships.

17. This dinner will be good, provided that you use salt.

SENTENTIAE ANTĪQVAE

1. Cēdāmus Phoebō et, monitī, meliōra sequāmur. (*Virgil.—Phoebus Apollo는 예언의 神이었다.)

2. Nam nēmō sine vitiīs nāscitur; optimus ille est quī minima habet. (Horace.)

3. Mundus est commūnis urbs deōrum atque hominum; hī enim sōlī, ratiōne ūtentēs, iūre ac lēge vīvunt. (Cicero.)

4. Tardē sed graviter vir sapiēns īrāscitur. (*Publilius Syrus.—**tardē** [부사], 천천히; *tardy, retard.*—**īrāscor, īrāscī, īrātus sum**, 분노하다, 화나다; *irascible, irate.*)

5. Quae cum ita sint, Catilīna, ēgredere ex urbe; patent portae; profi-cīscere; nōbīscum versārī iam diūtius nōn potes; id nōn feram, nōn patiar. (Cicero.—**Quae cum:** = **Cum haec.**—**versor, -sārī, -sātus sum**, 문자적 의미는 돌려지다, [자신을] 돌리다; 관용적 의미는 [한 장소에서] 시간을 보내다, 머무르다; *versatile, converse.*)

6. Cūra pecūniam crēscentem sequitur et dīves male dormit. (Horace.)

7. Sī in Britanniam profectus essēs, nēmō in illā tantā īnsulā iūre perītior fuisset. (Cicero.—**Britannia, -ae**, f., 브리튼.—**perītus, -a, -um** + 탈격, 노련한, 능숙한; *expert, experience.*)

8. Nisi laus nova nāscitur etiam vetus laus in incertō iacet ac saepe āmit-titur. (Publilius Syrus.—**vetus, veteris**, 오래된; *veteran, inveterate.*)

9. Spērō autem mē secūtum esse in libellīs meīs tālem temperantiam ut nēmō bonus dē illīs querī possit. (Martial.—**temperantia, -ae**, f.; temperate, intemperance.—**queror, querī, questus sum**, 불평하다; *querulous, quarrel.*)

10. Hōrae quidem et diēs et annī discēdunt; nec praeteritum tempus umquam revertitur, nec quid sequātur potest scīrī. (Cicero.—**praeteritus, -a, -um**, 지나간; *preterit, praeteritio.*—**revertor, -vertī, -versus sum**, 돌아오다; *reverse, revert.*)

11. Nōvistī mōrēs mulierum: dum mōliuntur, dum cōnantur, dum in speculum spectant, annus lābitur. (Terence.—**mulier, -eris**, f., 여인; *muliebrity.*—**lābor, lābī, lāpsus sum**, 미끄러지다; *lapse, collapse.*)

12. Amīcitia rēs plūrimās continet; nōn aquā, nōn igne in plūribus locīs ūtimur quam amīcitiā. (Cicero.)

13. Homō stultus! Postquam dīvitiās habēre coepit, mortuus est! (Cicero.—**postquam** [접속사], 후에; *postscript.*)

14. Ō passī graviōra, dabit deus hīs quoque fīnem. (*Virgil.—**Ō passī** [복수 호격].—**hīs:** = **hīs rēbus gravibus.**)

클라우디우스의 임종

Et ille quidem animam ēbulliit, et ex eō dēsiit vīvere vidērī. Exspīrāvit autem dum comoedōs audit, ut sciās mē nōn sine causā illōs timēre. Ultima vōx eius haec inter hominēs audīta est, cum maiōrem sonitum ēmīsisset illā parte quā facilius loquēbātur: "Vae mē, putō, concacāvī!" Quod an fēcerit, nesciō—omnia certē concacāvit!

*Seneca, *Apoc.* 4: 여러분이 9장에서 읽은 근검을 주장한 글("족한 줄 알라!")의 저자인 주후 1세기 철학자 세네카는 클라우디우스 황제의 죽음과 신격화에 대해 풍자적이고 때로는 신랄하게 비꼰 글의 저술을 통해서도 이름을 얻었다; 이 작품의 그리스어 표제, **Apocolocyntōsis**는 "표격화"(瓢格化: Pumpkinification) 또는 "꼴통의 신격화"(Deification of a Pumpkin-Head)를 의미했던 것 같다.—**ēbulliō, -īre, ēbulliī**, 내뿜다, + **animam**, "그가 죽었다"를 코믹하게 표현한 말; *ebullient.*—**ex eō: tempore**를 넣어서 읽어라.—**dēsinō, -sinere, -siī, -situm**, 그치다.—**exspīrāre**, 숨을 내쉬다, 죽다; *expiration, expire.*—**comoedus, -ī**, m., 희극 배우, 코미디언.—**audit:** 예상된 완료 대신에 현재를

쓴 것은 구어체이다.—**vōx:** = 발언.—**sonitus, -ūs**, m., 소리; *sonic, resonate.*
—**ē/ex** + **mittere:** = Eng.; *emission, emissary.*—**illā parte: corporis**를 넣
어서 읽어라(즉, 그의 엉덩이로); 클라우디우스는 입보다는 항문으로 말하는 편
이 훨씬 더 쉬웠다는 암시는 말을 더듬는 장애로 고통받았던 황제를 생각하면
야비한 비방이었다.—**concacāre**, 배변하다.—**quod:** = **id.**—**an**, whether처럼
간접 의문문을 이끈다.

QVAESTIŌNĒS: **dēsiit vīvere vidērī**라는 말에 함축된 풍자적 의미는 무엇
인가? 풍자의 첫머리에서, 話者는 실제 사건의 진상들을 자신이 가용할 수 있
는 한정된 자료들에 근거하여 전달하려고 하는 역사가의 배역을 떠맡는다; 이
발췌글에서 그 배역이 익살스럽게 나타나는 곳은 어디인가?

클라우디우스 황제
실물 크기의 청동상에서 잘려진 頭像
Saxmundham, Suffolk, England
주후 1세기
대영 박물관, 런던, *Great Britain*

惡이 좋을 리 없다!

Mentītur quī tē vitiōsum, Zōile, dīcit:
    nōn vitiōsus homō es, Zōile, sed vitium!

*Martial *Epig.* 11.92: 운율: 哀歌調의 二行詩.—**mentior, -tīrī, -tītus sum**,
거짓말하다, 속이다.—**vitiōsus: vitium**의 형용사; *viciousness*; 접미사 **-ōsus,
-a, -um**, 영어에서는 "-ous" 또는 "-ose"로 나타난다; 어원론 보충자료 571-
72쪽을 보라.—**tē vitiōsum: esse**를 넣어서 읽어라; 이처럼 동사 **sum, esse**
는 문맥상 쉽게 이해할 수 있으면 종종 생략된다는 것을 기억하라(**ELLIPSIS**로
알려진 일종의 **생략법**이다).—**Zōilus:** 그리스人 이름.

QVAESTIŌNĒS: 조일루스에 대한 話者의 태도가 처음에는 우리에게 어떻게 보였는가? 이 풍자시의 언어유희에 대해, 그리고 반복법(anaphora)과 어순이 의외의 결말을 어떻게 부각시키는지에 대해 구체적으로 논하라.

예쁠 때 예쁘다

Bella es, nōvimus, et puella, vērum est,
et dīves—quis enim potest negāre?
Sed cum tē nimium, Fabulla, laudās,
nec dīves neque bella nec puella es!

*Martial *Epig.* 1.64: 파불라는 자랑이 너무 심하다! 운율: 11마디律.

QVAESTIŌNĒS: 파불라는 **bella**든가 **puella**든가 **dīves**라고 하지만,... 아니다! 詩의 요지를 강조하기 위하여 시인이 사용한 어순과 두운법과 **다중접속법**(**POLYSYNDETON**: 일반적인 경우보다 또는 필요 이상으로 더 많은 접속사들을 사용하는 수사법)에 대해 논하라; 이 여인에게 **nec puella**라는 말이 초래한 복합적인 파문들은 무엇인가?

레스비아의 남편에 관하여

  Ille mī pār esse deō vidētur,
  ille, sī fās est, superāre dīvōs,
  quī, sedēns adversus, identidem tē
     spectat et audit
5 dulce rīdentem, miserō quod omnīs
  ēripit sēnsūs mihi: nam simul tē,
  Lesbia, aspexī, nihil est super mī,
     [Lesbia, vōcis,]
  lingua sed torpet, tenuis sub artūs
10 flamma dēmānat, sonitū suōpte
  tintinant aurēs, geminā teguntur
     lūmina nocte.
  Ōtium, Catulle, tibi molestum est;
  ōtiō exsultās nimiumque gestīs;
15 ōtium et rēgēs prius et beātās
     perdidit urbēs.

*Catullus *Carm.* 51: 카툴루스 詩들에서 극찬을 받는 것들 중 하나인 **Carmen** 51은, 실제로 지어졌던 순서는 아니더라도 극적인 구성상, 어쨌든 레스비아를 소재로 한 연작시의 첫 번째 것으로 보통 간주된다; 주전 7세기 그리스의 여류 시인, 레스보스의 사포(그의 고향과 문학적 환경은 카툴루스가 자신의 연인에게 붙여준 가명에 영감을 불어넣었다)가 지은 육감적인 애정시를 다소 모방한 이 詩에서, 그는 레스비아와 그녀를 마주보고 앉은 (아마도 그녀의 남편인 듯싶은) 한 사내를 응시하는 중에 그녀의 미모와 감미로운 웃음 소리로 인해 그의 감정을 비롯하여 생리적 현상까지 완전히 마비되어 버린 경우를 회상하고 있다. 운율: Sapphic stanza.—**mī**: = **mihi**.—**fās est**: *it is right*; 시작하는 두 절을 큰 소리로 읽고, 각 절에서 첫 번째 네 단어들의 운(韻)을 잘 들어보라.—**dīvōs**: = **deōs**.—**identidem** [부사], 되풀이해서.—**dulce**: dulcis의 부사.—**miserō...** **mihi**: 분리의 여격(DATIVE OF SEPARATION)으로 본질상 탈격 용법과 같다; 산문이라면 어순이 다음과 같을 것이다: **quod omnīs** (= **omnēs**) **sēnsūs mihi miserō ēripit.**—**quod**: 선행사는 앞 절에서 말한 전반적인 상황이다.—**simul** [부사], 즉시; *simultaneous, ensemble.*—**aspexī**: = **spectāvī**; *aspect.*—**nihil**: 전체의 속격인 **vōcis**와 함께 "no voice"를 뜻한다.—**est super**: = **superest**, 남아 있다.—**Lesbia, vōcis**: 사본들에서 누락된 절을 편집자가 추정하여 넣은 것.—**torpēre**, 마비되다; *torpedo, torpid.*—**tenuis**(tenuis, -e, 엷은, 가느다란, 가냘픈)는 **flamma**를 수식한다; *tenuous, extenuate.*—**artus, -ūs**, m., 관절, 사지; *article, articulation.*—**flamma, -ae**, f., 화염; *flammable, inflammation.* —**dēmānāre**, 가로질러 흐르다, 貫流하다.—**suōpte**: **suō**의 강조형.—**tintināre**, 울리다; *tintinnabulation.*—**tegō, -ere**, 덮다; *protect, detect.*—**lūmen, -minis**, n., 빛; 눈; *luminary, luminous.*—**molestus, -a, -um**, 귀찮은, 성가신; *molest.* —**exsultāre**, 경축하다, 기뻐 뛰다, + **ōtiō**; *exultant, exultation.*—**gestīre**, 거침 없이 행동하다, 우쭐대다, 의기양양하다.—**perdō, -ere, -didī, -ditum**, 파괴하다; *perdition.*

QVAESTIŌNĒS: 무엇이 레스비아와 함께 앉아 있는 사내를 신처럼 보이게 만드는가?—다시 말하면, 그는 견뎌낼 수 있는 반면에 카툴루스는 압도당하는 것은 무엇인가? 두 번째와 세 번째 연(stanza)에서, 특히 11-12행에서 카툴루스에게 일어난 일을 가능한 한 정확히 기술하라. **Geminā**가 논리적으로는 카툴루스의 **lūmina**에 적용되어야 하지만, 문법적으로는 **nocte**를 수식하고 있으므로, 이는 **전이된 꾸밈말**(TRANSFERRED EPITHET)의 한 예라 할 수 있다;[2]

---

2 [역주] 일례로 "나는 고단한 길을 가고 있다"에서, "고단한"은 당연히 "나"에게 적용되지만, 문법적으로는 "길"을 수식하고 있는 이와 같은 꾸밈말을 일컫는 용어이다.

이로써 형성된 이미지는 독자에게 어떤 효과를 발휘하는가? 어떤 학자들은 주제가 갑자기 바뀌고 자책감이 담긴 네 번째 연이 원래 그 詩에 속했던 부분이었는지, 아니면 고대로부터 중세 이후로 사본이 전달되는 과정에서 필사상 오류로 인해 그 연이 여기에 잘못 끼어들었는지도 모른다는 의문을 제기하였다; 여러분이 읽었던 8번 詩(31章)와 특히 5번 詩에서 발췌한 것(19章)을 포함한 카툴루스의 다른 글들을 다시 보고, 이 문제에 대한 여러분 자신의 입장을 개진하라.

SCRĪPTA IN PARIETIBVS

Pittacius cum Prīmigeniā hīc. Prīma, sequere!
Volumnius.

CIL 4.8769: 피타키우스 볼룸니우스가 여자 친구와 내통하고 나서 또 다른 여인에게(Prima는 Primigenia를 단지 짧게 줄인 애칭이 아닐까?) 자신을 따르라고 다그치는 글을 폼페이의 큰 체육관(II 지역, 7 구역)의 한 기둥에 휘갈겨 쓴 것이다.—**sequere**: 유심히 보라—이 형태는 여러분이 이 章을 열심히 공부했으면 으레 알고 있는 그런 것처럼 보이지 않는다. 볼룸니우스는 세로로 홈이 파진 기둥에 기록했으므로(#106: 고고학자들은 이 모든 기둥들에 식별 번호를 부여했다), 각각의 줄에는 단지 몇 글자만 끼워 넣을 수 있어서, 한 줄에 **SEQ**를 쓰고 그 다음 줄에 **VERE**를 이어 썼다; 이는 일반적인 관행으로 그의 서명 **VOLV/MNIVS**에서도 다시 볼 수 있다. 하나 이상의 단어들이 들어 있는 그 줄에서 읽는 자들이 혼동을 피할 수 있도록, 그는 **PRIMA**와 **SEQ** 사이에 구두점을 찍어 놓았다.

LATĪNA EST GAVDIVM—ET VTILIS!

Salvēte, meī discipulī discipulaeque! Quid agitis? (Spērō vōs valēre.)
이제 여러분은 (앞에서 나온 마르티알리스, 세네카, 카툴루스의 작품들에서 발췌한 글들처럼) 다듬지 않은 원문 그대로의 라틴어 문학 작품을 보다 실감 나게 읽기 시작했으므로, 폴 매카트니의 말에 공감할 수 있을 것이다: "학창 시절을 돌이켜 볼 때 나는 라틴어를 정말 좋아했다. 나는 그 과목에 꽤 집착했고, 그 결과 문학에 대한 감각을 얻게 되었다." 그렇다면 라틴어를 얼마나 많이 해야 족할까?—**quantum placeat**, 즐거움을 주는 만큼 (32장 **quantum vīs**에 가깝거나, 바라건대 30장 **quantum satis**보다 더 많이 했으면 한다!).

다음은 결코 사라지지 않을 라틴어 관용구들이다: 첫째, 불길한 (그러나 다행히도 과장된!) 옛 속담, **quem dī dīligunt, adulēscēns moritur**; 죽을 수밖에 없는 사람의 운명을 일깨워 주는 말은 **mementō morī**, "(언젠가는 반드시) 죽는다는 것을 기억하라!"(어미 **-tō**가 붙은 형태는 비교적 드물게 사용되는 **명령법 미래**로서 이 책에서는 정식으로 소개되지는 않았지만, 고대의 법적 또는 종교적 본문들에서 자주 사용되었다);[3] 나라를 위해 목숨을 바치는 것에 대하여 호라티우스는 이렇게 말했다: **dulce et decōrum**(**decōrus, -a, -um**, 알맞은, 적절한) **est prō patriā morī**; 또 다른 씁쓸한 옛 속담(그러나 이태 동사를 두 개나 지니고 있으므로 이 단원에서는 필수적이다!)은 천문학자 마닐리우스의 단언에 있다: **nascentēs morimur**, "우리는 태어나면서 죽어가고 있다"; 그리고 "먹고 마시고 즐기자"라는 의미로 세네카가 한 말은 우회적 수동태로 마무리된다: **bibāmus, moriendum est**; 한편 검투사들이 죽을 각오를 하고 경기장에 입장하면서 황제에게 외친 말, **Avē, Imperātor: moritūrī tē salūtant**, 황제 만세: 죽을 자들이 당신을 숭배합니다! 패배하고도 죽지 않고 살아 있는 자들에게 사람들은 말한다: **vae, victīs,** 정복당한 자들에게 화가 있을지라! 이는 주전 390년 갈리아人들이 로마를 약탈한 사건을 기술한 리비우스의 작품에서 나온 유명한 구절이다.

우울한 말은 이제 그만 하자. **Hīc sunt alia miscellānea ex vocābulīs novīs: vōx populī; vōx clamantis in dēsertō**, 광야에서 외치는 자의 소리(마태복음 3장 3절); **crēscit amor nummī quantum ipsa pecūnia crēvit**, 재산이 많아질수록 돈을 더 사랑하게 된다(Juvenal 14.139); **sedente animō**, 마음을 가라앉히고.

---

3 [역주] **mementō**는 2인칭 단수이며(복수는 **mementōte**), 그 기본어는 **meminī, meminisse**로서, 형태는 완료지만 의미는 현재이다(cf. 17장 **coepī, coepisse**; 20장 **ōdī, ōdisse**). 명령법 현재는 2인칭 형태들만 있으나, 명령법 미래는 2인칭과 3인칭 형태들이 있고, 그 어미들은 다음과 같다: 능동태에서, 2인칭 단수 **-tō**, 복수 **-tōte**, 3인칭 단수 **-tō**, 복수 **-ntō**; 수동태에서, 2인칭 단수 **-tor**, 3인칭 단수 **-tor**, 복수 **-ntor**. 여기에서 보듯이 명령법 미래 단수에서는 2인칭과 3인칭 어미들의 형태가 똑같고, 수동태 2인칭 복수는 발견되지 않는다; 참고로 **sum**의 명령법 미래를 예로 들면, 2인칭 단수 **estō**, 복수 **estōte**; 3인칭 단수 **estō**, 복수 **su***n***tō**.

다른 이태동사들이 사용된 관용구들이 또 있다: 메릴랜드州의 모토, **crēscite et multiplicāminī**(성경의 어느 구절인지 알 수 있겠는가?); **loquitur**는 드라마 대본에서 사용되는 표기이다; 그리고 **rēs ipsa loquitur**, "사건 자체가 말해준다"라는 법적 용어를 우리가 앞에서 보았는데, 이제 그 동사 형태를 이해할 것이다. 또한 다음과 같은 용어들도 살펴 보자: **seq.**는 "아래의 것(들)"을 뜻하는 **sequēns/sequentēs**의 약어로 각주에서 흔히 사용된 적이 있다; **nōn sequitur**는 앞에서 말한 것과 논리적으로 "이어지지 않는다"라는 단평이다(**sequitur**는 물론 그 반대이다!); **sequor nōn īnferior**, 내가 못나서 따르는 게 아니다. 이 章의 흥미진진함이 다음 章에서도 계속 이어질 수 있을까? 만일 그렇지 않으면, 결과가 어떨까? 잠시 기분을 조율하고… **et valēte!**

Ave Caesar—Morituri te salutant!
캔버스에 그린 유화, 1859. 장-레옹 제롬 (1824-1904)
예일 대학교 미술관, 뉴 헤븐, 코네티컷

CAPVT XXXV

여격과 연결되는
형용사, 동사, 복합어

GRAMMATICA

여격(DATIVE CASE)

대격은 어떤 행위의 보다 직접적인 수용자나 목적을 가리키는 데 비해 여격은 대체로 어떤 행위나 상황이 "간접적으로" 적용되거나 관련되는 사람 또는 사물을 가리킬 때 사용된다. 예를 들면, 간접 목적어는 주어 + 동사에 의해 직접 목적어가 "회부되는" 사람/사물이다: "나는 그 책을[직접 목적어] 당신에게[간접 목적어] 주고 있다" = "나는 그 책을 다른 누구도 다른 어디도 아닌 바로 당신 쪽으로, 즉 당신에게로 주고 있다." 우회적 수동태 구문에서도 동작주의 여격은 어떤 행위의 책임이 누구에게 있는지를 가리키는 것이다. 그 밖의 많은 여격 용법들이 문법 학자들에 의해서 식별되었지만, 대부분은 기본적 개념인 회부 또는 지향이 응용된 것들이다.

여격과 연결되는 형용사

형용사가 여격과 연결되는 구문은 아직 정식으로 소개되지는 않았어도 여러분이 라틴어 글들을 읽을 때 이미 마주친 적이 있다. 간단히 말하자면, 많은 라틴어 형용사들(특히 태도나 성질 또는 관계를 나타내는 것들)이 여격의 명사와 함께 사용된다는 것인데, 이는 그 형용사들이 적용되는 방향을 (문자적으로 또는 은유적으로) 지시하기 위해서이다; 영어에서는 이와 같은 형용사들 다음에 일반적으로 "to," "toward" 또는 "for"가 이어진다(예를 들면, "friendly to/toward," "hostile to/toward," "suitable to/for," "useful to," "similar to," "equal to," etc.).

> **Mors est similis *somnō*.** *Death is similar to sleep.*
> **Sciēbam tē *mihi* fidēlem esse.** *I knew that you were loyal to me.*
> ***Nōbīs* est vir amīcus.** *He is a man friendly toward us.*

Quisque *sibi* cārus est. *Each person is dear to himself.*
Ille vidētur pār esse *deō*. *That man seems to be equal to a god.*

여격과 연결되는 동사

동사가 여격과 연결되는 구문도 개념상으로는 위에서 설명한 내용과 다를 것이 없다. 이러한 동사들(특히 중요한 것들은 밑에 열거해 놓았다) 중 대부분은 사실상 자동사이며, 여격 명사를 취하는 형용사들처럼 태도나 관계를 나타낸다; 예를 들면, **nocēre**, *to be injurious to,* **parcō**, *to be lenient toward,* etc. 영어 번역에서 이 동사들은 종종 타동사처럼 옮겨지고, 그것들이 지배하는 여격 명사들은 직접 목적어처럼 되지만(예를 들면, **tibi parcit**, *he spares you;* 문자적으로는 *he is lenient toward you*), 그 여격도 역시 태도나 성질이 적용되는 사람이나 사물을 가리킨다.

이러한 일반 법칙을 감안하면 여격과 연결되는 동사들은 다음과 같은 의미들을 지니는 것들이라고 할 수 있다: "(호의를) 베풀다," "돕다/해치다," "기쁘게/불쾌하게 하다," "신뢰/불신하다," "믿다," "설득하다," "명령하다," "복종하다," "섬기다," "저항하다," "시기하다," "위협하다," "용서하다," "아끼다"; 하지만 이 목록은 오히려 번거로울 뿐만 아니라, 중요한 예외들을 다소 내포하고 있으므로(일례로, **iuvō**, "돕다"와 **iubeō**, "명령/지시하다"는 대격 목적어를 취한다), 그 개념을 단순히 이해하고, 이러한 구문을 취하는 가장 흔히 쓰이는 동사들을 습득하는 것이 더 바람직하다. 아래 목록을 보면, 각 동사에 첫 번째로 제시된 보다 문자적인 번역에는 전치사 *to*가 포함되어 있어서, 이는 여격을 요구하는 동사라는 것을 일깨워 주며, 또한 각 동사는 사람이나 사물을 향한 어떤 태도를 묘사하므로 여격의 필요성을 암시하고 있다는 사실에 주목하라.

crēdō + 여격, *entrust to; trust, believe* (**crēdō tibi**, *I believe you*)

ignōscō + 여격, *grant pardon to; pardon, forgive* (**ignōscō virīs**, *I forgive the men*)

imperō + 여격, *give orders to; command* (**imperō mīlitibus**, *I command the soldiers*)

noceō + 여격, *do harm to; harm* (**noceō hostibus**, *I harm the enemy*)

nūbō + 여격, *be married to; marry* (**nūbō illī virō**, *I am marrying that man*)

parcō + 여격, *be lenient to; spare* (**parcō vōbīs**, *I spare you*)

pāreō + 여격, *be obedient to; obey* (**pāreō ducī**, *I obey the leader*)

persuādeō + 여격, *make sweet to, make agreeable to; persuade* (**persuādeō mihi**, *I persuade myself*)

placeō + 여격, *be pleasing to; please* (**placeō patrī**, *I please my father*)

serviō + 여격, *be a slave to; serve* (**serviō patriae**, *I serve my country*)

studeō + 여격, *direct one's zeal to; study* (**studeō litterīs**, *I study literature*)

Crēde amīcīs. *Believe* (*trust*) *your friends.*

Ignōsce mihi. *Pardon me* (*forgive me*).

Magistra discipulīs parcit. *The teacher spares* (*is lenient toward*) *her pupils.*

Hoc eīs nōn placet. *This does not please them.*

Nōn possum eī persuādēre. *I cannot persuade him.*

Variae rēs hominibus nocent. *Various things harm men.*

Cicerō philosophiae studēbat. *Cicero used to study philosophy.*

Philosophiae servīre est lībertās. *To serve philosophy is liberty.*

이러한 동사들 가운데 어떤 것들은 직접 목적어도 취할 수 있다는 사실에 유의해야 한다(일례로, **mātrī crēdit**, *he believes his mother*에서 **crēdō**는 믿어지는 사람을 여격으로 취하고 있지만, **id crēdit**, *he believes it*에서는 사물을 대격으로 취하고 있다); 더욱이 **imperō**와 **persuādeō** 같은 어떤 동사들은 명사절을 목적어처럼 취하기도 하는데, 이러한 구문은 다음 휘에서 보게 될 것이다.

여격과 연결되는 복합 동사

매우 유사한 여격 용법이 다음과 같은 접두사들을 지닌 복합 동사들에서 나타난다: **ad**, **ante**, **con-** (= **cum**), **in**, **inter**, **ob**, **post**, **prae**, **prō**, **sub**, **super**, 그리고 때로는 **circum**과 **re-** (*against*를 뜻한다). 이러한 용법은 자동사든지 타동사든지 간에 복합 동사의 의미가 그 단순한 형태와 상당히 다를 때 특히 자주 나타난다. 역으로, 복합 동사와 그 단순 형태가 의미상 본질적으로 차이가 없으면 여격은 보통 사용되지 않는다:

Eum sequor. *I follow him.*

Eī obsequor. *I obey him.* (직역하면 *I follow in the direction of*, 즉, *in his path*)

Sum amīcus eius. *I am his friend.*

Amīcō adsum. *I support my friend* (직역하면 *I am next to my friend*, 즉, 친구 편이다).

Ad nōs vēnit. *he came to us.*

Ad nōs advēnit. *he came to us.*

때때로 그 여격은 본질상 접두사로 사용된 전치사의 목적어처럼 기능하지만, 그 전치사가 동사로부터 분리되면 다른 격을 취할 수도 있다. 이와 관련하여 위의 **adsum amīcō**와 아래 예문들을 참조하라:

> **Aliīs praestant.** *They surpass the others* (직역하면 *they stand before the others*).
> **Exercituī praeerat.** *He was in charge of the army* (직역하면 *he was in front of/before the army*).

만일 단순 동사가 타동사라면, 그 복합 동사는 단순 동사와 마찬가지로 대격의 목적어를 취할 뿐만 아니라, 접두사로 쓰인 전치사로 인해 여격도 취할 수 있다:

> **Exercituī eum praeposuī.** *I put him in charge of the army* (직역하면 *I put him* [**posuī eum**] *in front of the army* [**prae-** + **exercituī**]).
> **Amīcitiae pecūniam praeposuī.** *I preferred money to friendship* (직역은 *I put money* [**posuī pecūniam**] *before friendship* [**prae-** + **amīcitiae**]).

특별한 동사들이나 복합어들이 여격과 연결되는 구문 법칙들에는 이러한 가변성이 있으므로, 가장 좋은 방법은 "내포된 개념들을 이해"하고 난 다음에, 문장 안에서 여격과 마주치면 가능한 여러 기능들 중에 어떤 것이 적용되는지를 파악하는 것이다; 다른 격들의 경우와 마찬가지로, 여러분이 배운 여격 용법들의 목록을(여태까지 다섯 가지를 배웠다), 각각의 정의 및 대표적인 예문들을 포함하여, 공책이나 컴퓨터 파일에 기록해 두어야 한다.

VOCĀBVLA

아래 목록에는 이전에 나온 단어들과 철자가 비슷한 단어들이 있으니 혼동하지 않도록 주의하라: **aestās**와 **aetās**(16章); **parcō, pāreō**와 **parō**(19章); **serviō**와 **servō**(1章). 새로운 단어들을 익힐 때는 지금까지 항상 그렇게 해 왔듯이 CD 또는 www.wheelockslatin.com에서 그것들의 발음을 잘 듣고, 큰 소리로 여러 번 따라 해라.

aéstās, aestátis, f., 여름 (estival, estivate, estivation; cf. **aestus, -ūs**, m., 열, 뜨거움, 끓어오름; **aestuāre**, 뜨겁다, 끓다, 타오르다)

iánua, iánuae, f., 문 (janitor, Janus, January)

péctus, péctoris, n., 가슴, 마음 (pectoral, expectorate, parapet)

praémium, -iī, n. 보상, 상급 (premium)

īrắtus, īrắta, īrắtum, 화난, 노한 (irate; cf. **īra**, **īrắscor**, 화내다, 진노하다)

antepṓnō, antepṓnere, antepṓsuī, antepṓsitum, 앞에 놓다, 선호하다

fóveō, fovḗre, fṓvī, fṓtum, 따뜻하게 하다, 돌보다, 보살피다 (foment)

ignṓscō, ignṓscere, ignṓvī, ignṓtum + 여격, 관용을 베풀다, 용서하다

ímperō, imperắre, imperắvī, imperắtum + 여격, 지시를 내리다, 명령하다 (imperative, emperor; cf. **imperātor**, **imperium**)

míror, mīrắrī, mīrắtus sum, 놀라다, 감탄하다, 기이하게 여기다 (admire, marvel, miracle, mirage, mirror; cf. **mīrāculum**, 기적)

nóceō, nocḗre, nócuī, nócitum + 여격, 해를 끼치다, 해치다, 손상시키다 (innocent, innocuous, nuisance, obnoxious; **necō**와 어근이 같다)

nū́bō, nū́bere, nū́psī, nū́ptum, 덮다, 가리다, 베일을 씌우다; (신부를 여격으로) ~와 결혼하다 (nubile, connubial, nuptials; cf. **nūptiae**, 결혼)

párcō, párcere, pepércī, parsū́rum + 여격, 너그럽게 대하다, 아끼다 (parsimonious, parsimony)

pắreō, pārḗre, pắruī + 여격, 따르다, 복종하다 (apparent, appear, apparition)

persuắdeō, persuādḗre, persuắsī, persuắsum + 여격, 설득/설복하다, 확신시키다 (assuage, dissuade, suasion; cf. **suāvis**)

plắceō, placḗre, plắcuī, plắcitum + 여격, 기쁨이 되다, 기쁘게 하다 (complacent, placable, implacable, placate, placid, plea, plead, pleasure)

sắpiō, sắpere, sapī́vī, 맛있다; 사려 깊다, 지혜롭다 (sapient, sapid, insipid, sage, savor; cf. **sapiēns**, **sapientia**)

sérviō, servī́re, servī́vī, servī́tum + 여격, 종이 되다, 섬기다 (service, disservice, subservient, servile, servility, deserve, desert = reward, dessert; cf. **servus**, **servitūs**)

stúdeō, studḗre, stúduī + 여격, 열정을 기울이다, 열망하다, 연구하다 (student; cf. **studium**, **studiōsus**, 열심인, 부지런한, 학구적인)

subrī́deō, subrīdḗre, subrī́sī, subrī́sum, 웃음 짓다 (cf. **rīdeō**, **rīdiculus**)

LĒCTIŌ ET TRĀNSLĀTIŌ

새로운 문법과 어휘를 철저히 공부한 후에, 아래 글들을 훑어보면서 여격 명사들과 대명사들을 모두 찾아내어 그들 각각의 용법을 확인하라. 그리고 나서 CD를 갖고 있으면, 그것을 잘 들으면서 각 문장과 구절을 큰 소리로 읽고 자연스런 어법에 맞춰 번역하라.

EXERCITĀTIŌNĒS

1. Minerva, fīlia Iovis, nāta est plēna scientiae et ingeniī.
2. Custōdiae sī cum duce nostrō līberē loquantur et huic tyrannum trādere cōnentur, sine perīculō ex moenibus urbis prōtinus ēgredī possint.
3. Pārēre lēgibus aequīs melius est quam tyrannō servīre.
4. Cum optimē honōribus ūsus esset et sibi cīvitātem semper antepōneret, etiam plēbs eī crēdēbat et nōn invidēbat.
5. Diū passa, māter vestra fēlīciter, sedēns apud amīcōs, mortua est.
6. Philosophī cōnsilium spectāvērunt et recūsāvērunt tālem rem suscipere mōlīrīve.
7. Cum dīves sīs atque dīvitiae crēscant, tamen opibus tuīs parcere vīs et nēminī assem offerēs.
8. Ab illā īnsulā subitō profectus, eādem nocte ad patriam nāve advēnit; tum, quaerēns remissiōnem animae, diū rūsticābātur.
9. Hic mīles, cum imperātōrī vestrō nōn placēret, heu, illa praemia prōmissa āmīsit.
10. Nisi mōrēs parēs scientiae sunt—id nōbīs fatendum est—scientia nōbīs magnopere nocēre potest.
11. Magistra tum rogāvit duōs parvōs puerōs quot digitōs habērent.
12. Māter candida nātae cārissimae subrīdet, quam maximē fovet, et eī plūrima ōscula suāvia dat.

작문

13. Why does he now wish to hurt his two friends?
14. If he does not spare the plebeians, alas, we shall neither trust him nor follow him.
15. Since you are studying Roman literature, you are serving a very difficult but a very great master.
16. If they were truly willing to please us, they would not be using their wealth thus against the state.

SENTENTIAE ANTĪQVAE

1. Nēmō līber est quī corporī servit. (Seneca.)
2. Imperium habēre vīs magnum? Imperā tibi! (Publilius Syrus.)

3. Bonīs nocet quisquis pepercit malīs. (*Id.)

4. Cum tū omnia pecūniae postpōnās, mīrāris sī nēmō tibi amōrem praestat? (Horace.—**post-pōnō**; *postponement, postpositive.*)

5. Frūstrā aut pecūniae aut imperiīs aut opibus aut glōriae student; potius studeant virtūtī et honōrī et scientiae et alicui artī. (Cicero.—**frūstrā** [부사], 헛되이; *frustrate, frustration.*—**potius** [부사], 오히려.)

6. Virtūtī melius quam Fortūnae crēdāmus; virtūs nōn nōvit calamitātī cēdere. (Publilius Syrus.—**calamitās, -tātis**; *calamitous.*)

7. Et Deus āit: "Faciāmus hominem ad imāginem nostram et praesit piscibus maris bēstiīsque terrae." (창세기.—**imāgō, -ginis**, f.; *imagery, imagination.*—**prae-sum.**—**piscis, -is**, m., 물고기; *Pisces, piscine.*—**bēstia, -ae**, f., 짐승; *bestial, bestiary.*)

8. Omnēs arbitrātī sunt tē dēbēre mihi parcere. (Cicero.)

9. Quid facere vellet, ostendit, et illī servō spē lībertātis magnīsque prae-miīs persuāsit. (Caesar.)

10. Sī cui librī Cicerōnis placent, ille sciat sē prōfēcisse. (Quintilian.—**prōficiō:** = **prō** + **faciō**, 진보하다, 유익하다; *proficiency, profit.*)

11. In urbe nostrā mihi contigit docērī quantum īrātus Achillēs Graecīs nocuisset. (Horace.—**contingō, -ere, -tigī, -tāctum**, 닿다, 다다르다, 일어나다, 닥치다; *contingent, contiguous, contact.*)

12. Alicui rogantī melius quam iubentī pārēmus. (Publilius Syrus.)

13. Vīvite fortiter fortiaque pectora rēbus adversīs oppōnite. (Horace.—**oppōnō:** = **ob** + **pōnō**, 대립시키다, 맞서게 하다; *opponent, opposite.*)

14. Nōn ignāra malī, miserīs succurrere discō. (*Virgil.—**ignārus, -a, -um**, 모르는; *ignorance, ignore*; **ignāra**는 **discō**의 주어—고국에서 탈출하여 카르타고를 세운 여왕인 디도—를 수식하므로 여성형이며, 이 글은 파선당한 아이네아스에게 그녀가 한 말이다.—**succurrō:** = **sub** + **currō**, 돕다; *succor.*)

15. Ignōsce saepe alterī, numquam tibi. (Publilius Syrus.)

16. Cum enim tē, deum meum, quaerō, vītam beātam quaerō; quaeram tē ut vīvat anima mea. (St. Augustine.)

17. Sequere hāc, mea gnāta, mē, cum dīs volentibus. (*Plautus.—**hāc** [부사], 이쪽으로, 이리로.—**gnāta:** = **nāta**.)

신들이여 내 과업에 혼을 불어넣으소서

In nova fert animus mūtātās dīcere fōrmās
corpora: dī, coeptīs—nam vōs mūtāstis et illās—
adspīrāte meīs prīmāque ab orīgine mundī
ad mea perpetuum dēdūcite tempora carmen!

*Ovid *Met.* 1.1-4: 오비디우스는 **Metamorphōsēs**를 시작하는 글에서 자신이 해야 할 일에 영감을 부어달라고 신들에게 기원하고 있다(18章에 있는 "죽음과 변형에 대해"와 그에 딸린 해설을 보라); 이 발췌글을 번역할 때 부딪치는 난제는, 라틴어 운문에서는 대개 그렇듯이, 형용사들과 그것들이 꾸미는 명사들을 연결하는 것이므로, 어미들을 주시하라!—**nova:** 이 문장에 있는 세 명사들 중에서, 이 형용사는 어느 것을 꾸미는가?—**fert:** 여기서는 (나에게) 강요한다. —**coeptum, -ī,** n., 통상 복수 형태로, 시작, 착수, 과업; *inception.*—**mūtāstis:** = **mūtāvistis**; 자음 **v**와 그에 이어지는 모음이 함께 떨어져 나가는 이러한 단축은 완료 체계 형태들에서 흔히 볼 수 있다; cf. **dōnārunt = dōnāvērunt** (33章의 "먹을 것을 가져오라"의 13행을 보라).—**et:** = **etiam.**—**adspīrāre,** 불어넣다, 영감을 주다; *aspire, aspirant.*—**orīgō, -ginis,** f., = Eng.; *originator, aboriginal.*—**mea perpetuum ...tempora carmen:** 詩에서 흔히 볼 수 있는 이러한 어순 장치를 일컫는 전문 용어가 생각나지 않으면, 30章 "카툴루스의 **Carmina...**"를 보라.—**dē + dūcō:** 파생어들에는 "deduce"와 "deduction"이 있지만, 이 글에서 그 동사는 보다 문자적인 의미를 지닌다.

QVAESTIŌNĒS: 오비디우스의 詩가 말하려고 하는 변형 이야기들은 어떤 시간대에 걸쳐 있는가? 오비디우스의 프롤로그에 함축된 신학적 의미는 무엇인가?

미안하지만, 집에 아무도 없다네!

Nāsīca ad poētam Ennium vēnit. Cum ad iānuam Ennium quaesīvisset et serva respondisset eum in casā nōn esse, sēnsit illam dominī iussū id dīxisse et Ennium vērō esse in casā. Post paucōs diēs, cum Ennius ad Nāsīcam vēnisset et eum ad iānuam quaereret, Nāsīca ipse exclāmāvit sē in casā nōn esse. Tum Ennius "Quid?" inquit, "Ego nōn cognōscō vōcem tuam?" Hīc Nāsīca merō cum sale respondit: "Vae, homō es impudēns! Ego, cum tē quaererem, servae tuae crēdidī tē nōn in casā esse; nōnne tū mihi ipsī nunc crēdis?"

Cicero *De Or.* 2.276.—주전 55년에 나온 키케로의 **Dē Ōrātōre**는 로마 지배 계급에게 중요한 웅변술과 수사학을 주제로 그가 저술한 여러 편의 논설들 중 하나였다. 그는 연설에서 사용된 해학의 잠재적 가치를 보여주는 한 예로서, 저명한 법학자인 푸블리우스 코르넬리우스 스키피오 나시카와 그의 친구이며 시인인 퀸투스 엔니우스에 관한 익살스런 일화를 이 글에서 전하고 있다.—**iussū**, 命에 따라; cf. **iubeō**.—**exclāmāre**, 외치다, 부르짖다; *exclaim, exclamation.* —**impudēns**, **-dentis**; *impudence.*

QVAESTIŌ: 이 해학을 설명하라—그리고 여러분이 이 글을 읽으면서 크게 웃었다면, 이는 여러분의 라틴어 실력이 점점 좋아지고 있다는 것을 의미한다.

"나는 한다." "나는 안한다!"

Nūbere vīs Prīscō. Nōn mīror, Paula; sapīstī.
　　Dūcere tē nōn vult Prīscus: et ille sapit!

*Martial *Epig.* 9.10: 프리스쿠스는 좋은 신랑감이었으며, 아마도 부자였던 것 같다; 파울라는 그가 좋아하는 타입이 전혀 아니었다! 운율: 哀歌調의 二行詩. —**sapīstī:** = **sapīvistī**; 이 형태에 관해서는 위의 **mūtāstis**를 보라.—**dūcere: in mātrimōnium**을 넣어서 읽어라.

QVAESTIŌNĒS: 이 두 등장인물들 중에 누가 더 똑똑한가? 그리고 마르티알리스는 그 점을 부각시키기 위해 어순을 어떻게 사용했는가?

마로닐라는 콜록거렸다

Petit Gemellus nūptiās Marōnillae
et cupit et īnstat et precātur et dōnat.
Adeōne pulchra est? Immo, foedius nīl est.
Quid ergō in illā petitur et placet? Tussit!

*Martial *Epig.* 1.10: 운율: 파행 단장격(choliambic).—**nūptiae**, **-ārum**, f. pl., 결혼; *nuptial, prenuptial*; cf. **nūbere**.—**īnstāre**, 매달리다, 우기다; *instance, instant.*—**precor**, **-cārī**, **-cātus sum**, 애걸하다, 간청하다; *deprecation, imprecate.*—**dōnat:** = **dat**; *donaton.*—**adeō:** = **tam**.—**immō** [부사], 오히려, 반대로; 여기서 **-o**는 운율을 위해서 짧아진 것이다.—**foedius:** = **turpius**.—**nīl:** = **nihil**.—**ergō:** = **igitur**.—**tussīre**, 기침하다; *tussive, pertussis.*

QVAESTIŌNĒS: 이 글에서 **다중접속법**을 확인하고, 그 효과에 대해 논하라(만일 이 용어가 기억나지 않으면, 34장의 "예쁠 때…"를 보라). 마로닐라에 대한 게멜루스의 관심을 설명하라(만일 할 수 없으면, 로마의 **captātōrēs**에 관해 여러분이 배웠던 것을 상기하라)—그리고 그의 동기는 어디에서 드러났는가?

여름 방학

Ludī magister, parce simplicī turbae:

. . .

aestāte puerī sī valent, satis discunt.

*Martial *Epig.* 10.62.1, 12: 고대 로마에서도 학생들은 여름 방학이 있었고, 7월부터 10월까지 추수 기간에는 "매를 맞지 않았다." 운율: 파행 단장격.— **simplex, -plicis**, 순수한, 꾸밈없는, (여기서는) 젊은; *simplicity, simplistic.*

SCRĪPTA IN PARIETIBVS

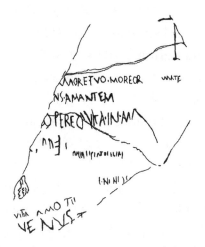

[A]mōre tuō moreor.... Pereō, vīta, in am[ōre].... Vīt<i>a, amō tē!

CIL 4.9054: 에우마키아(Eumachia: 폼페이의 부유한 여사제)의 자금으로 지어진 건물(VII 지역, 9 구역)에서 발견된 벽토 파편들 중 하나에서 나온 것으로, 오직 이 세 문장들만이 신뢰성 있게 복원되었는데, 다른 소수의 판독 가능한 단어들(**amantem, Venus:** 위 그림에서 이 단어들을 찾을 수 있겠는가?)을 감안하면, 여기에 새겨진 것들은 모두 또는 대개가 사실상 사랑에 관한 글이었던 것 같다.—**amōre:** 원인의 **탈격**(ABLATIVE OF CAUSE)으로, 탈격 구문에서 흔히 쓰이는 것인데, 여기서 그 의미는 쉽게 이해된다.—**moreor:** = **morior;** 사랑에

빠진 글쓴이는 맞춤법이 서투르기는 했지만, 적어도 그 동사가 이태(deponent)라는 것은 기억하고 있었다. 고전 라틴어의 연속성을 보여주는 흥미로운 예증은, 그것이 우연의 일치라고 할지라도, 헬레네와 막달라 마리아가 둘 다 **Amōre tuō morior**라고 외쳤다는 것이다; 부연하면, 궁극적으로는 고대 자료들에 근거하여 13세기에 씌어진 이야기 **Excidium Troie**(트로이 멸망)에서, 헬레네는 파리스에게 자신을 사랑하면 트로이로 데려가 달라고 간청하면서 그렇게 외쳤고, 이 또한 17세기 베네딕트會 수녀 키아라 마르가리타 코촐라니가 작곡한 성가 "Maria Magdalene Stabat"에서 막달라 마리아가 십자가에 못박힌 그리스도를 향해 외친 말이기도 하다.—**pereō, -īre, -iī, -itum**, 가 버리다, 파괴되다, 없어지다, 죽다; *perishable*.—**vīta**: 특히 연인들 사이에서 흔한 애칭, 때로는 **mea vīta**.

LATĪNA EST GAVDIVM—ET V̄TILIS!

Salvēte, discipulī discipulaeque! 이제 여러분은 **studēre**의 뜻을 알았고, 라틴어 공부를 여기까지 이끌어 온 것은 다름 아닌 배움에 대한 열정이므로, 여러분은 당연히 **studentēs**라고 불릴 만한 자격이 있다! 따라서 **studentēs,** 여러분의 **cēna Latīna**를 위한 보다 흔쾌한 **praemium**을 여기에 마련해 놓았는데, 이 또한 **ex novīs grammaticīs atque vocābulīs:** 여러분이 "베풀다…등등"을 의미하는 동사들은 여격을 지배한다는 것을 기억한다면, 요행히 두운법으로 된 첫 번째 말, **fortūna favet fortibus**를 이해할 수 있을 것이다; **favēte linguīs**(문자적으로 옮기면, "너희 혀들에게 호의를 베풀어라")는 로마의 종교 의식들에서 사용된 명령어로, "불길한 말을 피하려면 침묵해라"를 뜻한다; **imperō**에서 나온 말은 우리가 잘 아는 "imperative" 이외에도, **dīvide et imperā**가 있다(**dīvidere**, 나누다, 분열시키다); **placet**는 찬성 투표이고, **placitum**은 사법적 판단이며, "placebo"는 환자를 달래기 위해서 약제를 쓰지 않고 처방하는 것이다(문자적으로, 그 "약"이 보증하는 효험은 무엇일까?); 비밀 회의가 열릴 때는 **iānuīs clausīs**(**claudō, claudere, clausī, clausum**, 닫다; 파생어들은 "recluse," "closet," etc.), 그러나 여러분이 라틴어를 공부하면 **iānuae mentis**를 여는 데 도움이 될 것이다(**aperiō, aperīre, aperuī, apertum**, 열다; 파생어들 중 하나는 "aperture"). 또한 **iānua**에서 우리는 다음과 같은 단어들을 얻었다: "janitor," 문자적으로는 "문지기"; "Janus," 出入과 始終 및 門들을 관할하는 두 얼굴을 지닌 神; 그리고 January는 새해로 들어가는 관문이다. **Studēte Latīnae, aperīte mentēs, et semper valēte, studentēs!**

CAPVT XXXVI

지시법 명사절; Fīō

GRAMMATICA

지시법 명사절

지시법 명사절(JUSSIVE NOUN CLAUSE)은 일종의 간접 명령문이다: 실제 명령 (또는 요청이나 간구 따위)은 간접 서술(25章)과 간접 의문문(30章)의 경우와 마찬가지로, 主節에 명령법이나 지시적 가정법(28章)을 사용하여 축어적으로 인용하지 않고, 종속절을 통해서 간접적으로 전달한다; 즉, "he ordered them, 'Do this!'"가 아니라 "he ordered them to do this."와 같은 방식으로 표현 하는 것이다. 라틴어에서 그러한 절들은 **ut** 또는 **nē**에 의해서 인도되며, 대개는 현재나 미완료 시제의 가정법 동사를 사용한다; 반면에 영어에서는, 그리고 번 역도 따라서, 접속사 또는 "may"나 "might" 같은 조동사 없이 현재 부정사를 사용하는 것이 통례이다:

1. **Hoc facite.** *Do this!* (명령법, 직접 명령)
2. **Hoc faciant**, *Let them do this.* (지시적 가정법, 직접 명령)
3. **Imperat vōbīs ut hoc faciātis.** *He commands you to do this.*
4. **Imperāvit eīs ut hoc facerent.** *He commanded them to do this.*
5. **Persuādet eīs ut hoc faciant.** *He persuades them to do this.*
6. **Petīvit ab eīs nē hoc facerent.** *He begged (from) them not to do this.*
7. **Monuit eōs nē hoc facerent.** *He warned them not to do this.*
8. **Hortātus est eōs ut hoc facerent.** *He urged them to do this.*

이러한 절들은 목적절과 자주 혼동되는데, 외견상으로 그것들은 똑같아 보이기 때문이다. 그러나 위에 제시된 예문들을 잘 살펴보면, 그것들은 본질적으로 지 시적 성격을 드러내고 있다. 부사적 기능을 지닌 ("왜?"라는 물음에 답하는) 목적절과는 반대로, 지시법 명사절은 그것을 이끄는 주동사의 목적어와 같은 ("무엇이... 지시/요구/권고되었는가?"라는 물음에 답하는) 역할을 한다. 아래 목록은 지시법 명사절을 이끌 수 있는 보다 흔한 몇몇 동사들을 열거하면서, 무 엇을 하도록 지시나 요구를 받은 사람이 취하는 격도 제시하고 있다:

> **hortor eum ut**, *I urge him to* . . .
> **imperō eī ut**, *I order him to* . . .
> **moneō eum ut**, *I advise him to* . . .
> **ōrō eam ut**, *I beg her to* . . .
> **persuādeō eī ut**, *I persuade him to* . . . (또는 *I persuade him that* . . .)
> **petō ab eō ut**, *I beg (from) him to* . . .
> **quaerō ab eā ut**, *I request (from/of) her to* . . .
> **rogō eum ut**, *I ask him to* . . .

Volō, nōlō, mālō(32章)는 때때로 이러한 절들을 이끌기도 하지만(예를 들면 **mālō ut**, *I prefer that* . . .), 부정사가 이어지는 경우도 흔하다; **iubeō**는 거의 항상 부정사 구문을 취한다.

불규칙 동사 Fīō, fierī, factus sum

로마인들은 **faciō**의 현재 체계의 수동태 대신에 *to occur, happen*을 뜻하는 흔한 불규칙 동사인 **fīō, fierī**를 사용하였으며, 따라서 후자는 형태상으로는 능동이지만, *to be done, be made*와 같은 수동의 의미도 지닌다; 예를 들면, **facitur** 대신에 **fit**가 쓰이므로, **fit**는 *it is done/made*도 의미한다. 한편 **faciō**의 복합어들은 수동태가 서로 다르게 형성된다; 일례로, *it is completed*는 예상되는 **perfit**가 아니라 **perficitur**지만, *it is heated*는 **calefacitur**가 아니라 **calefit**이다. 역으로, **fīō**의 완료 체계는 결여되어서, 이를 **faciō**의 완료 수동태 체계로 보완하였는데, 이는 이전에 보았던 **ferō, ferre**의 완료 체계를 어근이 전혀 다른 **tulī**와 **lātum**으로 대신하는 일종의 보충법(suppletion)과 같은 것이다.

실제에 있어서 우리는 **fīō, fierī, factus sum**을 기본 요소로 지니면서, 그 의미 범주가 *occur, happen, become, be made, be done*과 관련된 복합 동사들과 마주치게 되는데, **fīō**의 현재 능동 체계에 속한 형태들은 수동 효과를 지닌 *be done, be made*를 택해서 번역하고, 완료 수동 체계에 속한 형태들인 **factus est, factus erat, factus sit** 等은 능동 효과를 지닌 *has become, had occurred* 等을 택해서 번역한다는 것을 기억하라.

새로 배워야 할 형태들은 아래에 열거된 것들뿐이다; 다음 사항에 유의하라: 어간 모음 **-ī-**는 **fit, fierī**와 가정법 미완료를 제외한 모든 형태들에서 장모음으로 나타난다; 어간 모음의 장단을 무시하면, 직설법 현재/미래/미완료와 가정법 현재 형태들은 **audiō**의 패턴을 따른다; 가정법 미완료는 부정사 **fierī**만 제시되면 예측 가능한 패턴을 따른다.

직설법			가정법	
현재	미완료	미래	현재	미완료
1. fīō	fīēbam	fīam	fīam	fīerem
2. fīs	fīēbās	fīēs	fīās	fīerēs
3. fit	fīēbat	fīet	fīat	fīeret
1. fīmus	fīēbámus	fīēmus	fīámus	fīerémus
2. fītis	fīēbátis	fīētis	fīátis	fīerétis
3. fīunt	fīēbant	fīent	fīant	fīerent

부정사	명령법
fīerī	단수 **fī** 복수 **fīte**

아래 예문들을 자세히 살펴보라:

Hoc facit (faciet). *He is doing* 또는 *making this* (*will do* 또는 *make*).
Hoc fit (fīet). *This is done* 또는 *made* (*will be done* 또는 *made*).
Hoc faciat. *Let him do* 또는 *make this.*
Hoc fīat. *Let this be done* 또는 *made.*
Dīcunt eum hoc facere. *They say that he is doing this.*
Dīcunt hoc fierī. *They say that this is being done* (*is happening*).
Perīculum fit gravius. *The danger is becoming graver.*
Mox factī sunt fēlīces. *They soon became happy.*

VOCĀBVLA

여러분이 **fīō**를 완전히 습득했는지 여부를 확인하기 위해서, 이 책을 덮고 모든 여섯 가지 시제들의 일람표를 작성한 후에, 그것을 591쪽에 있는 완전한 활용과 대조해 보라. 그리고 기억해야 할 것: 이 새로운 어휘를 암기할 때는 반드시 **audī ac prōnūntiā!**

cupīdō, cupīdinis, f., 욕망, 욕정 (cupidity, Cupid; cf. **cupiō, cupiditās**)
léctor, lēctóris, m., **léctrīx, lēctrícis,** f., 읽는 자, 독자 (**lector**; cf. **legō**, lectern, lection, lectionary, lecture)
vínculum, vínculī, n., 사슬, 족쇄, 차꼬 (vinculum; cf. **vinciō**, 묶다)

cōtī́diē [부사], 날마다, 매일 (**quot** + **diēs**; cotidian)

fortásse [부사], 아마도 (cf. **fortūna**)

accédō, accédere, accéssī, accéssum (**ad**+**cēdō**), 오다, 접근하다 (accede, access, accessible, accession, accessory; cf. **discēdō**)

cárpō, cárpere, cárpsī, cárptum, 수확하다, 따다; 움켜쥐다(carp at, excerpt, carpet, scarce; **carpe diem**: 22章의 **Latīna Est Gaudium**을 보라)

cṓgō, cṓgere, coḗgī, coáctum (**cum** + **agō**), 한곳으로 몰다, 한데 모으다, 짓 누르다, 강제하다, 강요하다 (cogent, coaction, coactive, coagulate; cf. **cōgitō: cum** + **agitō**)

contémnō, contémnere, contémpsī, contémptum, 경멸하다, 조롱하다(con-temn, contempt, contemptible, contemptuous)

contúndō, contúndere, cóntudī, contū́sum, 때리다, 치다, 때려 부수다, 뭉개 버리다 (contuse, contusion; obtuse는 "두드리다, 무디게 만들다"를 뜻하 는 **obtundō**에서 나왔다)

cū́rō, cūrā́re, cūrā́vī, cūrā́tum, 돌보다, 보살피다; 치료하다, 고치다; 조심하 다 (cure, curator, procure, proctor, accurate; cf. **cūra**)

dēcérnō, dēcérnere, dēcrḗvī, dēcrḗtum, 결정하다, 확정하다, 판결하다, 공포 하다 (decretal, decretory; cf. **cernō**)

éxigō, exígere, exḗgī, exáctum (**ex** + **agō**), 몰아내다, 밀어내다, 다그치다; 달성하다, 끝마치다, 완성하다 (exactitude, exigent, exigency)

fī́ō, fī́erī, fáctus sum, 생기다, 일어나다; 되다, 이뤄지다, 행해지다 (fiat)

obléctō, oblectā́re, oblectā́vī, oblectā́tum, 즐겁게 하다, 기쁘게 하다; 재밌 게 보내다 (oblectation; cf. **dēlectō, dēlectātiō**)

ṓrō, ōrā́re, ōrā́vī, ōrā́tum, 말하다, 변론하다; 빌다, 기도하다, 간구하다, 탄원 하다 (orator, oration, oracle, orison, adore, inexorable, peroration; cf. **ōrātor**)

récreō, recreā́re, recreā́vī, recreā́tum (**re**+**creō**), 복원하다, 되살리다; 새롭 게 하다, 기운을 돋우다 (recreate, recreation)

requī́rō, requī́rere, requīsī́vī, requīsī́tum (**re** + **quaerō**), 찾다, 구하다; 아쉬 워하다, 필요로 하다, 요청하다 (requirement, requisite, requisition, pre-requisite, request)

serḗnō, serēnā́re, serēnā́vī, serēnā́tum, 맑게 하다, 밝게 하다; 기운을 북돋 우다, 위로하다 (serene, serenity, serenade)

LĒCTIŌ ET TRĀNSLĀTIŌ

새로 배운 문법과 어휘를 공부한 후에, 자습문제를 풀고 해답을 맞춰봄으로써 자신의 실력을 점검해 보라. 그리고 아래 글들을 훑어보면서, (1) **fīō**의 형태들을 모두 찾아내어 각각의 서법·시제·인칭·수를 식별하고, (2) 지시법 명사절들을 모두 확인하라. 특히 지시법 명사절과 목적절을 혼동하지 않도록 주의하고, 전자에서 (그리고 때로는 후자에서도) 가정법 동사는 단순하게 부정사로 번역한다는 것을 기억하라. 여러분에게 CD가 있으면, 각 문장과 구절을 잘 듣고, 큰 소리로 따라 읽으면서 의미를 파악하고, 자신의 번역을 적어 보라.

EXERCITĀTIŌNĒS

1. Poterāsne etiam centum virīs persuādēre ut viam virtūtis sine praemiīs sequerentur?
2. Haec fēmina vult ex urbe ēgredī et ad illam īnsulam proficīscī ut sine morā illī agricolae nūbat et semper rūsticētur.
3. Petēbant ā nōbīs ut etiam in adversīs rēbus huic ducī pārērēmus et servīrēmus.
4. Haec ab fēminīs facta sunt nē tantam occāsiōnem āmitterent.
5. Rogāmus tē ut honōre et opibus sapientius ūtāris et hōs quīnque amīcōs semper foveās.
6. Nisi quis hoc suscipere audēbit, nōlent nōbīs crēdere et fīent īrātī.
7. Rogāvit nōs cūr neque dīvitibus neque pauperibus placēre cōnātī essēmus.
8. Arbitrābātur tālem vītam nōn ex dīvitiīs sed ex animō plēnō virtūtis nāscī.
9. Scientiam et ingenium magis quam magnās dīvitiās mīrēmur.
10. Senātus ducī imperāvit nē hostibus victīs nocēret sed eīs parceret et remissiōnem poenae daret.
11. Ille ōrātor vulgum īrātissimum vōce potentī serēnāvit atque, ut omnibus spectantibus subrīsit, eōs oblectāvit.
12. Ut parva puella per iānuam currēbat, subitō occidit et genua male contudit.
13. Dummodo sīs aequus hīs virīs, fīent tibi fidēlēs.

작문

14. That summer they urged that this be done better.

15. Provided that this is done, they will beg us to spare him.

16. That teacher wants to persuade her twenty pupils to study more good literature.

17. Since his hope is becoming very small, let him confess that he commanded (**imperō**를 사용하라) those two men not to do it.

SENTENTIAE ANTĪQVAE

1. Dīxitque Deus: "Fīat lūx." Et facta est lūx. (*창세기)

2. Fatendum est nihil dē nihilō posse fierī. (Lucretius.—**nihilum, -ī**, n.: = **nihil**.)

3. Magnae rēs nōn fīunt sine perīculō. (Terence.)

4. Hīs rēbus cognitīs, ille suōs hortātus est nē timērent. (Caesar.)

5. Omnia fīent quae fierī aequum est. (Terence.)

6. "Pater, ōrō tē ut mihi ignōscās." "Fīat." (Terence.)

7. Dum loquimur, fūgerit invida aetās: carpe diem! (*Horace.—**invidus, -a, -um**, 질투하는; *invidious, envy.*)

8. Carpāmus dulcia; post enim mortem cinis et fābula fīēs. (Persius.—**cinis, -neris**, m., 재, 잿더미; *cinerary, incinerate.*)

9. Ante senectūtem cūrāvī ut bene vīverem; in senectūte cūrō ut bene moriar. (Seneca.)

10. Solōn dīxit sē senem fierī cotīdiē aliquid addiscentem. (Cicero.—**Solōn, -lōnis**, m., 솔론: 주전 6세기 아테네의 위대한 법률가—**ad**＋**discō, -ere**.)

11. Caret pectus tuum inānī ambitiōne? Caret īrā et timōre mortis? Ignōscis amīcīs? Fīs lēnior et melior, accēdente senectūte? (Horace.—**inānis, -e**, 빈, 공허한; *inane, inanity.*—**ambitiō, -ōnis**, f.; *ambitious*; **ambi-**, 두루, ＋ **īre**, 가다: 이 단어는 표를 구하러 "두루 다녔던" 정치적 입후보자들에게 적용되었다.—**lēnis, -e**, 친절한, 온유한; *lenience, lenient.*)

12. Hoc dūrum est; sed levius fit patientiā quidquid corrigere est nefās. (Horace.—**corrigō, -ere**; *incorrigible, correct.*—**est nefās**, 잘못이다, 신의 법에 어긋난다.)

13. Sapiāmus et cēdāmus! Leve fit onus quod bene fertur. (Ovid.—**onus, oneris**, n., 짐; *onerous, exonerate.*)

14. Ego vōs hortor ut amīcitiam omnibus rēbus hūmānīs antepōnātis—vae illīs quī nūllōs amīcōs habent! (Cicero.)

15. Petō ā vōbīs ut patiāminī mē dē studiīs hūmānitātis ac litterārum loquī. (Cicero.—**hūmānitās, -tātis**, f., 교양, 문화; *humanity, the humanities*; cf. **homō, hūmānus**.)

16. Auribus frequentius quam linguā ūtere! (*Seneca.—**frequenter** [부사], 자주, 빈번히.)

17. Citius venit prīclum cum contemnitur. (*Publilius Syrus.—**perīclum:** = **perīculum**; **중음생략**[SYNCOPE]이라고 알려진 이런 식의 단축을 보여주는 또 다른 예로, 2장의 낙서 **Fēlīc<u>lam**을 보라.)

마르티알리스의 서평

Sunt bona, sunt quaedam mediocria, sunt mala plūra
    quae legis hīc; aliter nōn fit, Avīte, liber.

*Martial *Epig.* 1.16: 책을 써본 적이 있는 사람은 누구든지 마르티알리스가 아비투스에게 항변한 이와 같은 말에 공감할 것이다; 운율: 哀歌調의 二行詩.—**aliter** [부사], 달리, 그렇지 않으면.

나는 요리사를 위해 요리하지 않는다!

Lēctor et audītor nostrōs probat, Aule, libellōs,
    sed quīdam exāctōs esse poēta negat.
Nōn nimium cūrō, nam cēnae fercula nostrae
    mālim convīvīs quam placuisse cocīs!

*Martial *Epig.* 9.81: 운율: 哀歌調의 二行詩.—**probat:** 여기서 가상의 **lēctor**와 **audītor**는 아마도 동일 인물로 여겨지기는 하지만, 주어가 둘일 때 동사는 더 가까이 위치한 것에 數를 맞추는 것이 보통이다.—**esse:** 이 부정사의 주어로 **eōs**(= **libellōs**)를 넣어서 읽어라.—**ferculum, -ī**, n., (차례로 나오는) 요리.—**mālim:** 가상된 일에 흔히 쓰이는 **가능법**(POTENTIAL SUBJUNCTIVE), *I would prefer that.*—**cēnae...cocīs:** 보다 통상적인 어순으로 바꾸면, **mālim fercula cēnae nostrae placuisse convīvīs quam cocīs.—quam:** 즉 **magis quam.**—**convīva, -ae**, m., 만찬 손님; *convivial.*—**cocus, -ī**, m., 요리사; *concoction.*

QVAESTIŌNĒS: 위의 두 풍자시들에서 시인은 자신의 작품을 옹호하고 있는데, 이는 그 당시에도 오늘날과 마찬가지로 문학 비평가들이 존재했다는 것을 분명히 입증하고 있다. 마르티알리스가 두 편의 시들에서 공히 제기한 문제들에 대하여, 그리고 두 번째 시에서 요리에 빗댄 은유의 효과에 대하여 논하라.

네게 나의 시를 읽어주고 싶지만 . . . 안하겠다!

Ut recitem tibi nostra rogās epigrammata. Nōlō—
nōn audīre, Celer, sed recitāre cupis!

*Martial *Epig.* 1.63: 앞선 풍자시들에서는 비평가들이 암시되어 있는 반면에, 켈레르는 마르티알리스의 팬이었거나, 또는 적어도 그런 척이라도 했다! 운율: 哀歌調의 二行詩.—**epigramma**, **-matis**, n.; *epigrammatic, epigrammatist.*

QVAESTIŌNĒS: 켈레르에 대한 마르티알리스의 반응을 28章의 "당신의 주소록에서 내 이름을 지워 다오"에서 폰틸리아누스에 대한 그의 반응과 비교하라; 어떻게 같고, 어떻게 다른가? 그것들은 주후 1세기 로마 문학의 문화적 환경에 관하여 여러분에게 무엇을 알려주는가? 위의 글 이외에도 여러분이 이 책에서 읽었던, 마르티알리스를 비롯하여 다른 저자들 또한 글쓰기에 관해 이야기한 글들이 여럿 있는데, 어떤 것들인가?—그들은 어떤 범주의 문제들을 제기하고 있는가?

나는 그녀를 사랑한다 . . . 사랑하지 않는다

Ōdī et amō! Quārē id faciam fortasse requīris.
Nescio, sed fierī sentiō et excrucior.

*Catullus *Carm.* 85: 카툴루스의 가장 탁월한 시들 중 하나로서 짧지만 격한 감정을 표출하고 있다; 운율: 哀歌調의 二行詩.—**excruciāre**, 괴롭히다, 고문하다; *excruciate, crux;* "십자가"를 뜻하는 **crux**, **crucis**에서 나왔다; 십자가에 못박는 형벌은 로마人들이 카르타고人들에게서 빌려온 것으로, 주로 노예들에게만 사용되었다.

QVAESTIŌNĒS: 이 詩는 대조법으로 대충 짜여져 있고, 이 詩를 구성하고 있는 열 네 단어들 중에 여덟 개는 동사들이다; 사랑과 미움을 제외한 다른 여섯 개 동사들을 다음과 같은 두 그룹으로 나누어 보라: 한편으로는 물음, 앎, 행함에 관한 것들; 다른 한편으로는 느낌, 고통, 상태에 관한 것들. 이렇게 단어들을 대비시킴으로써 어떤 효과를 거두었는가?

누가 참으로 자유로운가?

Quis igitur vērō līber est? Tantum vir sapiēns, quī sibi imperat, quem ne-
que fortūna adversa neque paupertās neque mors neque vincula terrent,
quī potest cupīdinibus fortiter respondēre honōrēsque contemnere, cuius
virtūs cōtīdiē crēscit, quī in sē ipsō tōtus est.

Horace *Sat.* 2.7.83ff: 호라티우스가 나중에 지은 풍자시들 중 하나를 산문체
로 바꿔서 인용한 글이다. 여기에서 그는 본질적으로는 스토아 학파의 견해들을
따르면서, 고대 철학의 중심적 주제가 무엇이었는지에 대해 논하고 있다; 3章과
24章에서 여러분이 읽었던, **Sermōnēs**에서 발췌한 다른 글들을 복습하라.

QVAESTIŌNĒS: 지적이고 도덕적인 자유에 필수적인 조건들을 간추려 보라;
또한 그것들은 마지막 절에서 어떻게 한마디로 요약되었는지 설명하라. 지혜로
운 자들 외에는 모두가 노예라는 스토아적 도그마를 반영하는, 즉 **vir sapiēns**
만이 자유의 특권을 누릴 수 있다는 호라티우스의 주장을 포함한 그 모든 조건
들에 여러분은 동의하는가?

공모자들에 대한 증거

Senātum coēgī. Intrōdūxī Volturcium sine Gallīs. Fidem pūblicam eī
dedī. Hortātus sum ut ea quae scīret sine timōre nūntiāret. Tum ille, cum
sē ex magnō timōre recreāvisset, dīxit sē ab Lentulō habēre ad Catilīnam
mandāta ut auxiliō servōrum ūterētur et ad urbem quam prīmum cum
exercitū accēderet. Intrōductī autem Gallī dīxērunt sibi litterās ad suam
gentem ab Lentulō datās esse et hunc imperāvisse ut equitātum in Italiam
quam prīmum mitterent. Dēnique, omnibus rēbus expositīs, senātus dē-
crēvit ut coniūrātī, quī hās īnsidiās mōlītī essent, in custōdiam trāderentur.

Cicero *Cat.* 3: 카틸리나를 고발하는 그의 세 번째 연설에서 발췌하여 다듬은
글이다; 여기서 키케로는 로마 시민들에게 공모자들에 대한 증거와 원로원이 취
한 조치를 알려주고 있다. 참고로 11/ 14/ 20/30章에 실린 카틸리나에 관한 글
들을 꼭 다시 보라.—**intrō** + **dūcō, -ere**. = Eng.; *introduction, introductory.*
—**Volturcium:** 공모자들 사이에서 하찮은 인물이었던 티투스 볼투르키우스
는 혐의를 입증해주는 편지를 소지한 채 체포되었는데, 이에 관해서는 30章에
서 읽었다; 그는 여기서처럼 증언한 댓가로 사면을(**fidem pūblicam**) 받았다.
—**Gallus, -ī**, m., 갈리아人; 카틸리나 부재시 로마에서 공모를 주도한 렌툴루스

는 로마에 사절단을 둔 갈리아의 알로브로게스(Allobroges: 2번 지도 참조)의 지원을 요청하였다. 그 사절들은 호응하는 척하면서, 대신에 자신들이 입수한 정보를 키케로에게 알려주었으며, 그가 볼투르키우스를 덫에 걸리게 하여 렌툴루스의 편지를 가로채는 일을 도왔다.—**scīret:** 보통은 직설법 동사가 쓰여야 할 종속절이 간접 서술 안에 또는 여기서처럼 다른 가정법 절 안에 위치할 때는 종종 가정법 동사를 대신 취한다; 후자의 경우에 그 동사는 흔히 **견인된 가정법**(SUBJUNCTIVE BY ATTRACTION)이라고 일컬어진다.—**mandātum, -ī**, n., 명령, 지시; *mandate, command, demand.*—**quam prīmum:** 32章을 보라.—**equitātus, -ūs**, m., 기병(騎兵); *equitation, equestrian.*

QVAESTIŌ: 카틸리나의 공모 및 그것의 진압에서 키케로가 수행한 역할에 관하여 여러분이 이 책에서 읽었던 여러 구절들로부터 알게 된 것을 요약하라.

SCRĪPTA IN PARIETIBVS

Satrium quīnq(uennālem) ō(rō) v(ōs) f(aciātis).

CIL 4.7620: 폼페이의 Via dell'Abbondanza의 맞은 편에 있는 트레비우스 발렌스의 집 앞 벽에 칠해진(III 지역, 2 구역), 22章에서 보았던 것과 같은 또 다른 선거 "홍보"(**programma**). 이 게시문은 "5년 임기 두비르"(**duumvir quīnquennālis**)의 직에 사트리우스를 선출하도록 권하는 글이다; 이 직함은 대개 5년마다 시행된 인구조사 연도에 선출된 두비르들(22章을 보라)에게 주어졌으므로 "다섯"을 뜻하는 **quīnque**에서 나왔다. 우리는 그 입후보자가 유명한 폼페이 가문의 일원인 마르쿠스 사트리우스 발렌스였고, 주후 75년 그 공직 선거에 퀸투스 포스투미우스 모데스투스와 함께 출마했었다는 것을 다른 홍보들에서 보고 알고 있다. 이러한 벽화들(dipinti)에서는 단어들을 흔히 줄여 썼는데, 그럴 때는 위 사진에서 QVINQ 바로 다음에 보이는 가운뎃점과 같은 점을 찍었다; 이러한 부호는 단어 끝이나 약자를 표시하는 데도 종종 사용되었다.—**ōrō vōs: ut**를 넣어 읽어라; 이 접속사는 지시법 명사절에서 자주 생략되었다.

LATĪNA EST GAVDIVM—ET VTILIS!

Salvēte, studentēs! 여기에 **fīō**와 관련된 몇몇 항목들이 있다: 여러분이 詩보다 연설문을 쓰는 것이 더 쉽게 느껴졌다면, **nāscimur poētae, fīmus ōrātōrēs** 라는 옛말이 이해될 것이다; **fiat**(車 이름이 아니다)는 고압적인 명령어로 *let it be done!* Publilius Syrus(이 책에 실린 많은 **sententiae**의 출처)에게서 나온 말, **repente dīvēs nēmō factus est bonus** (30章에서 읽은 유베날리스의 **nēmō repente fuit turpissimus**와 비슷한 말이다); 또한 "consenting adults" 와 관련된 법적 표현, **volentī nōn fit iniūria**, 원하는 자에게는 위법 행위가 되지 않는다; 그리고 법적 청원을 받아들이는 데 사용되는 관용구 **fiat ut petitur**, 요구대로 되어라. **Et cētera ex vocābulīs novīs in hōc capite:** 먼저 **accessit** (문자적으로는, 그가 접근하다, 다가오다)는 경쟁에서 이등 한 사람을 격려하거나 그에게 경의를 표하는 말이다; **vinculum mātrimōniī**는 "혼인의 구속"이고, **ā vinculō mātrimōniī**는 "혼인의 해소"를 뜻하는 법률 용어이다; 우리에게 친숙한 또 하나의 법적 격언은 **dē minimīs nōn cūrat lēx**, 법은 사소한 일들에 무관심하다; **ōrāre**에서 나온 많은 표어들과 친숙한 말들 중에는 **ōrāre et spērāre**와 **ōrā et labōrā**가 있다; **carpe diem** 이외에도 우리가 새겨둘 말, **carpent tua pōma nepōtēs**, 후손들이 너의 열매들을 거둘 것이다. **Carpāmus omnēs diēs, lēctōrēs et lēctrīcēs!**

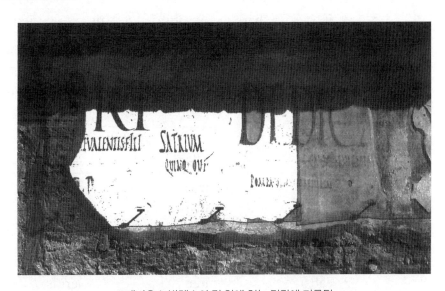

트레비우스 발렌스의 집 앞에 있는 담장에 기록된
사트리우스를 지지하는 선거 게시글과 부근의 홍보들
Via dell'Abbondanza, 폼페이, 이탈리아

CAPVT XXXVII

Eō의 활용;
장소와 시간에 관한 구문들

GRAMMATICA

불규칙 동사 Eō, īre, iī, itum

제4활용에 속한 불규칙 동사 **eō, īre, iī, itum**, *to go*의 모든 활용 형태들을 아래에 열거하였다; 라틴어에서 이 동사는 영어의 "go"만큼이나 흔하게 사용되므로, 그 활용을 철저히 익혀야 한다.

직 설 법

	현재	미완료	미래	완료	과거완료	미래완료
1.	éō	íbam	íbō	íī	íeram	íerō
2.	īs	íbās	íbis	ístī	íerās	íeris
3.	it	íbat	íbit	íit	íerat	íerit
1.	ímus	ībā́mus	íbimus	íimus	ierā́mus	iérimus
2.	ítis	ībā́tis	íbitis	ístis	ierā́tis	iéritis
3.	éunt	íbant	íbunt	iérunt	íerant	íerint

가 정 법

	현재	미완료	완료	과거완료
1.	éam	írem	íerim	íssem
2.	éās	írēs	íerīs	íssēs
3.	éat	íret	íerit	ísset
1.	eā́mus	īrḗmus	ierī́mus	īssḗmus
2.	eā́tis	īrḗtis	ierī́tis	īssḗtis
3.	éant	írent	íerint	íssent

명령법: 단수 ī   **복수** íte   **동명사:** eúndī

분사(흔히 쓰이는 것들): 현재 íēns(eúntis, eúntī, etc.) **미래** itúrus, -a, -um

부정사: 현재 íre   **미래** itúrus ésse   **완료** ísse

Eō의 현재 체계는 특별히 주의를 기울여야 할 불규칙한 형태들이 여럿 있다. 첫째, 현재 부정사에서 추출된 정상적인 어간 ī-는 **a, o, u** 앞에서 **e-**로 변하기도 하는데, 이러한 현상은 현재 직설법과 가정법에서(예를 들면, **eō, eunt, eam**), 또한 현재 분사의 단수 주격을 제외한 모든 형태들에서, 그리고 39章에서 다루어질 형태인 동명사에서(**eundī**) 나타난다. 둘째, 미래는 제1활용 또는 제2활용 동사의 시제 형태소와 어미들을 지닌다; 즉, **-am, -ēs** 등이 아니라 **-bō, -bis** 등이다. 완료 체계는 규칙적이지만, **s** 앞의 **ii-**가 대개는 **ī-**로 단축된다는 예외가 있다; 예를 들면, **īstī, īsse**. 한편 **īvī**와 같이 **-v-**로 된 형태들은 드물며, 더욱이 이 책에서는 나타나지 않는다.

여기에는 단지 능동 형태들만 제시되었다; 보기 드문 비인칭적 수동태(예를 들면, **ītur, ībātur**)와 미래 및 완료 수동 분사(**eundum, itum**)는 이 책에 나오지 않는다. 또한 **adeō**(접근하다)와 같은 복합 타동사들은 흔히 수동 어미들을 취하는데(예를 들면, **adeor, adībātur**, etc.), 그러한 형태들도 마찬가지로 이 책에서는 사용되지 않았다.

장소에 관한 구문들

여러분은 일반적인 장소 구문들에서 사용되는 전치사들과 격들을 앞에서 이미 배웠는데, 이를 정리하면 아래와 같다:

(1) **있는 곳**(PLACE WHERE): **in** 또는 **sub** + 탈격
    In illā urbe vīsus est. *He was seen in that city.*
    Nihil sub sōle est novum. *There is nothing new under the sun.*

(2) **가는 곳**(PLACE TO WHICH): **in, ad,** 또는 **sub** + 대격
    In illam urbem ībit. *He will go into that city.*
    Sub hastam hostis occidit. *He fell under the enemy's spear.*

(3) **나온 곳**(PLACE FROM WHICH): **ab, dē,** 또는 **ex** + 탈격
    Ex illā urbe iit. *He went out of that city.*

독특한 장소 구문들

라틴어에서 도시들과 마을들 및 작은 섬들의 실제 이름들, 그리고 명사 **domus**, **humus**, **rūs**는 전치사 없이 사용되었다; 그러나 영어로 번역할 때는 전치사를 덧붙이는 것이 통례이다(그렇지만 영어에서도 "he ran *to* his home"을 "he ran home"으로 표현하는 예를 참조하라).

(1) 이 단어들이 **있는 곳**을 나타내면, 라틴어에서는 **처소격(LOCATIVE)**이라는 특별한 격이 사용되었다. 처소격은 제1·2곡용의 단수 명사들에서는 "속격"과 일치하고, 그 외의 명사들에서는 대체로 "탈격"과 일치한다.

Vīsus est Rōmae, Ephesī, Athēnīs, et Carthāgine.
He was seen at Rome, Ephesus, Athens, and Carthage.

(2) **가는 곳:** 전치사 없는 대격.
Ībit Rōmam, Ephesum, Athēnās, et Carthāginem.
He will go to Rome, Ephesus, Athens, and Carthage.

(3) **나온 곳:** 전치사 없는 탈격.
Iit Rōmā, Ephesō, Athēnīs, et Carthāgine.
He went from Rome, Ephesus, Athens, and Carthage.

아래 **Vocābula**에서 보듯이, **domus**는 불규칙한 여성 명사로서, 제2곡용의 어미들을 취하는 형태들도 있고, 제4곡용의 어미들을 취하는 형태들도 있다. 장소의 구문들에서 가장 흔히 나타나는 형태들은 다음과 같다:

domī(처소격), *at home*　　　**Domī vīsus est.** *He was seen at home.*
domum(대격), *home*(= *to home*)　**Domum ībit.** *He will go home.*
domō(탈격), *from home*　　　**Domō iit.** *He went from home.*

제2곡용 여성 명사인 **humus**의 처소격도 위의 법칙을 따른다: **humī**, *on the ground*. 한편 **rūs**의 처소격(*in the country*)은 **rūrī** 또는 **rūre**이다.

시간에 관한 구문들

여러분은 **시점(TIME WHEN)**이나 **시간(TIME WITHIN WHICH)**을 나타내는 탈격에 관해 잘 알고 있을 것이다(15장); 라틴어는 어떠한 전치사도 사용하지 않지만, 영어로 번역할 때는 개개의 명사에 따라서 "in," "within," "at," "on" 등을 추가해야 한다.

> **Eōdem diē iit.** *He went on the same day.*
> **Paucīs hōrīs domum ībit.** *he will go home in/within a few hours.*

여기에 새로 소개되는 것은 **동안의 대격**(ACCUSATIVE OF DURATION OF TIME)으로, 이것은 어떤 일이 일어난 시점 또는 시간이 아니라, 그 일이 일어난 "기간이 얼마나 오래인지"를 나타낸다; 라틴어에서는 어떠한 전치사도 쓰이지 않지만, 영어 번역에서는 전치사 "for"가 사용될 때도 있고, 생략될 때도 있다. 또한 이 구문은 사람의 나이를 표현할 때도 흔히 쓰이는데, 이 경우에는 **nātus**가 더해진다.

> **Multōs annōs vīxit.** *He lived (for) many years.*
> **Paucās hōrās domī manēbit.** *He will stay at home (for) a few hours.*
> **Quīnque et vīgintī annōs nātus, imperātor factus est.** *At the age of 25* (직역하면, *having been born for 25 years), he became commander.*

VOCĀBVLA

이 목록에서 여러분은 예외적인 형태들을 적잖이 보게 될 것이다: 地名 **Athēnae**와 **Syrācūsae**는 (**īnsidiae**처럼) 의미는 단수지만 형태는 복수인 명사들이다; 로마인들은 **domus**를 때로는 제2곡용으로, 때로는 제4곡용으로 취급했으므로, 여러분은 다양한 어미들을 보게 될 것이다. **Licet**은 흔히 쓰이는 여러 **비인칭 동사들**(IMPERSONAL VERBS) 중 하나로, 그 주어는 실물이 아니라, 구(phrase) 또는 절(clause) 또는 부정칭 "it"나 "one"이며, 따라서 그것은 3인칭(과 부정사) 형태들만 갖는다; 예를 들면, **licet tibi abīre**는 문자적으로 *to leave is permitted for you*를 뜻하고, 이를 관용적인 어법으로 옮기면, *it is permissible for you to leave* 또는 보다 단순하게 *you may leave*가 된다. 한편 **eō**를 완전히 숙달하는 한 방편으로, 이 책을 덮고 일람표를 스스로 만든 다음에, 그것을 위에 제시된 완전한 활용과 대조해 보라; 새로 나온 명사 **iter**도 관련이 있으며, 문자적으로는 "a going"을 뜻한다.

Athḗnae, Athēnā́rum, f. pl., 아테네 (cf. athenaeum)

dómus, dómūs(dómī), f., 집, 가정 (domain, domicile, domestic, domesticate, dome, major-domo)

húmus, húmī, f., 땅, 대지; 흙 (humus, exhume, inhumation, posthumous; cf. humiliate, humility: **humilis,** 땅에 있는, 땅바닥으로 낮아진)

íter, itíneris, n., 여행; 길, 도로 (itinerant, itinerary; cf. **eō**)

rūs, rŭris, n., 시골, 변두리 (rustic, rusticity; cf. **rūsticor**)

Syrācŭsae, Syrācūsárum, f. pl., 시라쿠사

ábsēns, abséntis, 不在中인, 없는 (absence, absentee, absenteeism, in absentia; **absum, abesse**의 현재 분사)

grắtus, grắta, grắtum, 기쁜, 즐거운; 감사하는(gracious, gratify, gratis, gratuity, ingrate, ingratiate, congratulate)

időneus, időnea, időneum, 적절한, 적당한, 적합한

immőtus, immőta, immőtum, 움직이지 않는; 불변하는; 완고한 (immotile; cf. **moveō**)

fórīs [부사], 야외에서, 밖에서 (foreclose, foreign, forest, forfeit)

éō, íre, íī, ítum, 가다 (ambition, circuit, concomitant, preterit, sedition, transient)

ábeō, abíre, ábiī, ábitum, 가버리다, 떠나다, 물러나다

ádeō, adíre, ádiī, áditum, ~로 가다, 다가가다 (adit)

éxeō, exíre, éxiī, éxitum, 나가다 (cf. **exitium**)

íneō, iníre, íniī, ínitum, 들어가다; 시작하다 (initial, initiate, initiative)

óbeō, obíre, óbiī, óbitum, 맞서 나가다, 마주치다, 만나러 가다, 가로지르다; 죽다 (obiter dictum, obituary)

péreō, períre, périī, péritum, 사라지다, 지나가다, 소멸되다 (perish)

rédeō, redíre, rédiī, réditum, 돌아가다, 돌아오다

interfícíō, interfícere, interfḗcī, interféctum, 죽이다, 살해하다

lícet, licére, lícuit [비인칭 동사, + 여격 + 부정사], *it is permitted* (부정사로 표현된 일을 행하는 것이 허용된 자를 여격으로 취하는 경우가 일반적이다), *one may* (license, licentious, illicit, leisure; 약어 "viz."와 "sc."에 관해서는 아래 **Latīna Est Gaudium**을 보라)

peregrínor, peregrīnắrī, peregrīnắtus sum, 해외로 여행하다, 타국에 머물다, 떠돌아다니다 (peregrine, peregrinate, pilgrim, pilgrimage; **per** + **ager**에서 나왔다)

requiḗscō, requiḗscere, requiḗvī, requiḗtum, 쉬다, 안식하다, 안주하다, 영면하다 (requiescat, requiem)

sóleō, solére, sólitus sum, 늘 ~하다, 익숙하다, 습관/버릇이 있다 (insolent, obsolete)

LĒCTIŌ ET TRĀNSLĀTIŌ

새로운 문법을 공부하고 어휘를 암기하고 나서, 자습문제를 풀고 해답과 맞춰 봄으로 자신의 실력을 평가한 후에, 아래 글들을 훑어보면서 (a) **eō**의 형태들과 그 복합어들 각각의 법과 시제 및 인칭과 수를 확인하고, (b) 장소와 시간에 관한 구문들이 나타날 때마다 각각의 격과 용도를 확인하라. 여러분이 CD를 갖고 있으면, 그것을 잘 듣고, 번역하기 전에 큰 소리로 읽으면서 의미를 파악하라.

EXERCITĀTIŌNĒS

1. Dehinc petet ā frātre meō et sorōre ut occāsiōnem carpant et in urbem quam celerrimē ineant.
2. Nisi domum hāc aestāte redīssēs, in longō itinere Athēnās fortasse peregrīnātī essēmus, et nōs ibi oblectāvissēmus.
3. Nē levēs quidem timōrēs ferre poterātis; rūrī, igitur, nōn in urbe semper vīvēbātis.
4. Haec locūtī, lēctōribus et lēctrīcibus persuādēbunt nē opēs cupīdinēsque praemiīs bonae vītae antepōnant.
5. Multōs annōs eōs cīvitātī servīre coēgit, sed animōs numquam contudit.
6. At nōs, ipsī multa mala passī, cōnātī sumus eīs īrātīs persuādēre ut servōs vinculīs līberārent et nē cui nocērent.
7. Sī quis vult aliōs iuvāre, cūret ut ad eōs adeat plēnus sapientiae.
8. Philosophī cōtīdiē requīrēbant utrum illī discipulī nātūrae pārērent.
9. Contemnāmus omnia perīcula, ea ex pectoribus exigāmus, et fateāmur haec difficillima Rōmae suscipienda esse.
10. Omnēs solent mīrārī ea pulcherrima quae Athēnīs vident.
11. Nisi māvīs morī, exī Syrācūsīs, sequere alium ducem, et accēde Athēnās.
12. Fēmina candida ante speculum immōta stetit, sed sē spectāre recūsāvit et animōs recreāre nōn potuit.
13. Paucās hōrās duodecim puerī puellaeque humī sedēbant, ut magistra, subrīdēns et eōs serēnāns, plūrimās fābulās nārrābat.
14. Sī sapiēs et tibi imperāre poteris, fīēs grātior iūstiorque, parcēs miserīs ac amīcōs fovēbis.

작문

15. They commanded that this be done in Rome for three days.
16. Unless he goes to Syracuse within five days, his father's fear will become greater.

17. He thought that his brother would perhaps not go away from home that summer.

18. Nobody may (**licet**) speak freely in that country, as we all know.

SENTENTIAE ANTĪQVAE

1. Mortālia facta perībunt. (*Horace.)
2. Noctēs atque diēs patet ātrī iānua Dītis. (*Virgil.—**āter**, **ātra**, **ātrum**, 어두운, 우울한; *atrocious, atrocity.*—**Dīs**, **Dītis**, m., 지하세계의 神, 플루토의 또 다른 이름.)
3. Annī eunt mōre modōque fluentis aquae. Numquam hōra quae praeteriit potest redīre; ūtāmur aetāte. (Ovid.—**praeterīre**, 지나가다, 지나치다; *preterit, praeteritio.*)
4. Heu, obiī! Quid ego ēgī! Fīlius nōn rediit ā cēnā hāc nocte. (Terence.)
5. Frāter meus ōrat nē abeās domō. (Terence.)
6. Dīcit patrem ab urbe abīsse sed frātrem esse domī. (Terence.)
7. Tertiā hōrā forīs ībam Sacrā Viā, ut meus mōs est. (Horace.—**Sacrā Viā**: 길의 탈격(ABLATIVE OF ROUTE)으로, 통상 *by way of...*로 번역되는 흔한 구문이다. 그 "신성한 길"은 로마 광장을 통과하는 주요 도로였다; 로마의 또 다른 유명한 도로는 **Via Lāta**였다: cf. **lātus**, **-a**, **-um**, 넓은; 여러분은 그 도로의 이름을 어떻게 옮기겠는가?)

*Forum Romanum*과 그 전면의
카스토르와 폴룩스 신전 잔해들,
그리고 건너편의 *Sacra Via*,
로마, 이탈리아

8. Dēnique Dāmoclēs, cum sīc beātus esse nōn posset, ōrāvit Dionȳsium tyrannum ut abīre ā cēnā licēret. (Cicero.)

9. Eō tempore, Syrācūsīs captīs, Mārcellus multa Rōmam mīsit; Syrācūsīs autem multa atque pulcherrima relīquit. (Cicero.)

10. Diēs multōs in eā nāve fuī; ita adversā tempestāte ūsī sumus. (Terence.)

11. Īram populī ferre nōn poterō, sī in exsilium ieris. (Cicero.)

12. Caesare interfectō, Brūtus Rōmā Athēnās fūgit. (Cicero.)

13. Ipse Rōmam redīrem, sī satis cōnsiliī dē hāc rē habērem. (Cicero.)

14. Nēmō est tam senex ut nōn putet sē ūnum annum posse vīvere. (Cicero.)

15 Dum nōs fāta sinunt, oculōs satiēmus amōre; nox tibi longa venit, nec reditūra diēs. (*Propertius.—**sinō, -ere**, 허용하다; *site, desinence.*— **reditūra:** 미래 능동 **redībit**의 우회적 표현으로 **est**를 넣어서 읽어라; **diēs** 는 여성일 때가 가끔 있다.)

16. Adversus nēminī, numquam praepōnit sē aliīs. (Terence.—**praepōnō, -ere, -posuī, -positum**, 앞에 놓다; *preposition.*)

고맙긴 하지만 달갑지 않네!

Candidius nihil est tē, Caeciliāne. Notāvī:
   sī quandō ex nostrīs disticha pauca legō,
prōtinus aut Mārsī recitās aut scrīpta Catullī.
   Hoc mihi dās, tamquam dēteriōra legās,
5   ut collāta magis placeant mea? Crēdimus istud:
   mālo tamen recitēs, Caeciliāne, tua!

*Martial *Epig.* 2.71: 카이킬리아누스는 마르티알리스에게 "그만 해라!"는 말을 들은 그 당시 여러 낭송자들 중 하나다. 운율: 哀歌調의 二行詩.—**candidius:** 여기서는 더 친절한, 더 후한.—**notāre**, 표시하다, 주의/주목하다; *notary, annotate.*—**nostrīs: libellīs**를 넣어서 읽어라.—**disticha:** 그리스어 복수 대격 형태(δίστιχα); 對句들, 節들.—**Mārsī:** 도미티우스 마르수스는 아우구스투스 시대에 인기가 높았던 시인이었으며, 카툴루스와 마찬가지로 마르티알리스의 호감을 샀다; 그의 작품은 단편(斷片)들로만 남아 있다.—**scrīptum, -ī**, n., 기록, 저술; **scrībō**의 네 번째 기본어에서 나왔다; *manuscript, prescription.*—**hoc…dās**, 즉, 은혜로.—**tamquam:** 여기서는 비교의 의미를 내포한 조건문 같은 것을 이끌기 때문에 그 동사는 가정법을 취하였다.—**dēteriōra: scrīpta**를 넣

어서 읽어라; 즉, 저질의 詩들; *deteriorate.*—**collāta: mea**에 연결된다; 즉, 비교되어, 비교되면.—**mālo...(ut) recitēs:** 우리가 전에도 보았듯이, 이 접속사는 지시법 명사절 앞에서 자주 생략된다.

QVAESTIŌNĒS: 이 해학을 설명하라; 즉, 카이킬리아누스는 마르티알리스의 詩를 사실상 어떻게 더 돋보이게 할 수 있었는가? 자주 그렇듯이, 정곡을 찌르는 한 단어를 교묘하게 위치시켰다: 어떤 단어인가?

트리말키오의 비문

"Īnscrīptiō quoque vidē dīligenter sī haec satis idōnea tibi vidētur: 'C. Pompeius Trimalchiō Maecēnātiānus hīc requiēscit. Huic sēvirātus absentī dēcrētus est. Cum posset in omnibus decuriīs Rōmae esse, tamen nōluit. Pius, fortis, fidēlis, ex parvō crēvit; sestertium relīquit trecentiēs, nec umquam philosophum audīvit. Valē. Et tū.'" Haec ut dīxit Trimalchiō, flēre coepit ūbertim. Flēbat et Fortūnāta; flēbat et Habinnas; tōta dēnique familia, tamquam in fūnus rogāta, lāmentātiōne triclīnium implēvit.

Petronius, Sat. 71-72: 페트로니우스(그의 정확한 실체와 생존 기간은 확실하지 않은데, 아마도 주후 66년 네로에 의해 자살을 강요당한 티투스 페트로니우스 아르비테르인 듯싶다)는 惡人을 소재로 한 소설인 **Satyricon**의 저자였다. 그 소설의 한 에피소드에서 주인공답지 않은 인물들이 사치스럽기는 해도 전혀 세련되지 못한 만찬 파티를 자주 여는 것으로 알려진 노예 출신 자유민인 트리말키오의 초대를 받아 그의 집에 왔다; 이 장면에서 트리말키오는 손님들에게 자신이 쓴 비문에 대한 평을 요청하고 있다.—**īnscrīptiō, -ōnis,** f.,=Eng.; 보다 일반적인 어순으로 하면 다음과 같을 것이다: **quoque vidē dīligenter sī haec īnscrīptiō....**—**C.:=Gāius.**—**Maecēnātiānus:** 트리말키오는 아우구스투스의 동료이며 부와 권세를 지닌 유명한 마이케나스와 자신을 연관시키려고 이 이름을 취하였다.—**huic ... absentī:** 즉, 로마에서 떠나 있는 이 사람에게.—**sēvirātus, -ūs,** m., 황제 숭배 제사를 관리했던 6인 위원회의 구성원인 *sēvir Augustālis*의 직위.—**decūria, -ae,** f., 집단; 사업과 사회적 목적을 위해 10人 단위로 조직된 그룹.—**pius, -a, -um,** 헌신적인, 충성스러운, 경건한; *pious, expiate.*—**ex parvō:** 즉, 미천한 신분에서.—**sestertium...trecentiēs,** 은화 3천만 냥, 어마어마한 거금!—**nec...audīvit:** 즉, 그는 "학교 문턱도 밟아 보지 못했다!"—**et tū: valē**를 넣어서 읽어라; 전형적인 비문에는 이러한 "대화"가 새겨졌다: 亡者는 지나가는 행인에게 "잘 가시오"라고 인사하고, 행인은 그 비문

을 읽고 "당신도(또한 잘 가시오)"라고 답한다.—**haec ut:** = ut haec.—**flēre**, 울다; 이와 관련된 형용사 **flēbilis**(슬픈, 눈물겨운)에서 *feeble*이 파생되었다. —**ūbertim** [부사], 하염없이.—**et:** = etiam.—Fortunata(행운)와 Habinnas는 트리말키오의 아내와 손님이다.—**fūnus, -neris**, n., 장례식; *funereal, funerary.* —**lamentātiō, -ōnis**, f.; *lament, lamentable.*—**triclīnium, -iī**, n., 식당.— **impleō, -plēre, -plēvī, -plētum**, 채우다; *implement, implementation.*

QVAESTIŌ: 그 연회의 다른 장면에서, 트리말키오는 흥에 겨워 트로이 전쟁 이 야기를 모든 등장 인물들과 사건들을 헷갈리면서 엉터리로 떠들어 댔다; 그의 비문이 그의 반지성주의와 오만한 성향을 어떻게 구체적으로 반영하고 있는가?

Mārcus Quīntō Frātrī S.

Licinius, servus Aesōpī nostrī, Rōmā Athēnās fūgit. Is Athēnīs apud Patrōnem prō līberō virō fuit. Deinde in Asiam abiit. Posteā Platō, quīdam quī Athēnīs solet esse multum et quī tum Athēnīs fuerat cum Licinius Athēnās vēnisset, litterīs Aesōpī dē Liciniō acceptīs, hunc Ephesī com- prehendit et in custōdiam trādidit. Petō ā tē, frāter, ut Ephesō exiēns servum Rōmam tēcum redūcās. Aesōpus enim ita īrāscitur propter servī scelus ut nihil eī grātius possit esse quam recuperātiō fugitīvī. Valē.

Cicero *Q Fr.* 1.2.14: 일찌기 지적했듯이, 키케로가 개인적인 일들 또는 정치 적 관심사들에 관해 쓴 편지들 중에 수백 편이 남아 있다; 이것은 한 친구의 도 망친 노예에 관해 로마의 속주였던 소아시아의 그 당시 총독인 그의 형제 퀸투 스에게 쓴 편지다.—**S.:** = **salūtem dīcit**, 로마들이 편지 서두에 썼던 상투적인 인사말.—**Aesōpus:** 로마의 중견 비극 배우이며 키케로에게 연설법을 가르친 그의 친구.—**Patrō, -trōnis**, m., 키케로에 의해 쾌락주의자(Epicurean)로 밝 혀진 것 외에 달리 알려진 바가 없다.—**Platō:** 사르디스 출신의 또 다른 쾌락주 의자.—**multum** [부사].—**Ephesus, -ī**, m., 소아시아에 있는 도시.—**re**+**dūcō**; *reduce, reduction.*—**īrāscor, īrāscī, īrātus sum**, 분노하다; *irascible, irate*; cf. **īra, īrātus.**—**recuperātiō, -ōnis**, f., 회복, 회수; "recuperate"와 "recover" 는 어근이 같으며, 둘 다 **recuperō**(다시 얻다, 되찾다)에서 나왔다.—**fugitīvus, -ī**, m.; = Eng.; cf. **fugere.**

QVAESTIŌ: 그 지리적 정보를 이해할 수 있도록, 로마 제국과 그리스의 지도 들(1번과 2번 지도)을 보면서 리키니우스가 달아났던 길을 추적해 보라.

SCRĪPTA IN PARIETIBVS

Ō utinam liceat collō complexa tenēre
brāciola et tenerīs ōscula ferre labellīs.
Ī nunc, ventīs tua gaudia, pūpula, crēde;
crēde mihī, levis est nātūra virōrum.
Saepe ego, cu<m> mediā vigilāre<m> perdita nocte,   5
haec mēcum meditā<n>s—multōs Fortūna quōs supstulit altē,
hōs modo prōiectōs subitō praecipitēsque premit;
sīc Venus ut subitō co<n>iūnxit corpora amantum,
dīvidit lūx, et sē pariies quid aam. . . .

CIL 4.5296: IX 지역, 7 구역에 있는 한 가옥의 출입문 근처에서 발견된 이 공들인 벽서는 장단단 육보격(dactylic hexameter)으로 짜여진 육감적인 애정시라고 할 수 있지만, 벽에 이것을 써넣은 사람이 외워둔 본문을 완전히 생각해내지 못했거나 작문상의 결함으로 인해 운율뿐만 아니라 구문론적인 것 역시 불규칙하다. 사랑에 애타는 독백을 명확히 전달하고 있는 그 詩 자체는 확언컨대 아마도 한 여인에 의해 지어졌을 것이다; 이 작품은 사랑하는 남자 또는 사랑하는 여인에게 문전박대당한 사람이 문가에서 흐느끼면서 읊는 詩, 즉 門側哀歌(**PARACLAUSITHYRON**) 양식에 변화를 준 것이다. 공화정 말기의 시인들인 카툴루스와 루크레티우스로부터 영향을 받은 흔적이 엿보이지만, 이 詩는 분명히 창작된 것이며, 폼페이에서 발견된 교육 수준에 대한 또 다른 증거자료이다. —**utinam** [부사; 가정법으로 표현된 기원을 강조한다], 원컨대, 제발—**collum, -ī,** n., 목; *collar;* **collō:** "(나의) 목을," **tenēre brāciola**에 연결된다.—**complector, -plectī, -plexus sum,** 팔로 붙들다, 껴안다, 포옹하다; *complection, complex;* **complexa:** 이 분사는 흔히 **tenēre**와 결합되어 "부둥켜 안다"라는 의미로 사용된다.—**brāciolum:** = **brācchiolum, -ī,** n., **brācchium**의 指小語, 조그만

팔; *brace, bracelet.*—**tener, -nera, -nerum**, 부드러운, 가냘픈; *tenderness.*
—**labellum, -ī**, n., **labrum**의 指小語, (조그만) 입술; *labellum, labroid.*—
ventus, -ī, m., 바람; *vent, ventilate.*—**gaudium, -ī**, n., 즐거움, 기쁨; *gaudy,
gaudiness.*—**pūpula, -ae**, f., **pūpa**의 指小語 (11章의 *CIL* 4.4485를 보라),
작은 소녀, 작은 인형; *pupa, pupal.*—**levis:** 이 문맥에서는 "변덕스러운"으로
옮기는 것이 좋을 듯싶은데, 달리 선택할 만한 것은 무엇일까?—**virōrum:** 즉,
fēminārum과 상반된 의미로 쓰였다.—**vigilāre**, 깨어 있다, 지켜보다; *vigil,
vigilant*; 단어 끝에 위치한 **-m** 앞의 모음은 종종 비음화되었고, **-m** 자체는 거
의 소리 나지 않았으므로, 여기 글쓴이가 **cum**과 **vigilārem**에서 그랬던 것처럼
철자에서 자주 누락되었다(더욱이 **cum**의 경우에는 이어진 **mediā**의 첫글자
m-의 영향도 일부 받았다).—**perditus, -a, -um**, 파멸된, (넋을) 잃은, 절망적인;
perdition.—**meditor, -tārī, -tātus sum**, 곰곰이 생각하다, 묵상하다, 숙고하
다; *meditate, meditation*; 글쓴이는 **meditāns**의 끝부분에 있는 비음 **-n**-을 또
누락했다. 여기에는 어떤 정동사가 있어야 할 것 같은데, 실수 때문인지 아니면
극적인 **돈절법(APOSIOPESIS)** 때문인지 의미가 단절되었다.—**Fortūna quōs:**
관계절의 주어인 **Fortūna**는 산문에서라면 **quōs** 뒤에 놓였겠지만, 운문에서
는 보다시피 어순이 훨씬 더 자유롭다; 포르투나는 로마 제국 전역에 걸쳐 신
으로 섬겨졌다.—**supstulit**:＝**sustulit(substulit)**; **tollō**에서 나왔다.—**altē** [부
사], 높이, 위로; 형용사는 **altus, -a, -um**; *altitude, altimeter.*—**modo** [부사],
금방, 바로 지금; 단지, 오직.—**prōiciō, -icere, -iēcī, -iectum**, 앞으로 던지다,

"폼페이의 여류 시인"
폼페이의 *Insula Occiden-
tale*에서 출토된 프레스코화,
국립 고고학 박물관, 나폴리,
이탈리아

내던지다; *project, projectile.*—**praeceps, -cipitis**, 곤두박질치는, 내리닫는, 저돌적인; *precipitous(ly).*—**sīc…ut:** = **sīcut** [접속사], ~과 같이.—**coniungō, -ere, -iūnxī, -iūnctum**, 서로 잇다, 연결하다; *conjoin, conjunction*; 글쓴이는 **coiūnxit**에서 중간의 **-n-**을 또 빠뜨렸는데, 이것도 역시 그의 발음을 반영하는 것 같다.—**dīvidō, -ere, -vīsī, -vīsum**, 둘로 떼어놓다, 나누다; *division.*—**lūx:** 즉, 情事가 끝나고 난 새날의 여명; 그 詩의 나머지 부분은 알아볼 수가 없는데, 하나 또는 그 이상의 行들이 소실된 것 같다.

QVAESTIŌNĒS: 이 詩에서 話者가 여성이라는 분명한 증거들이 보이는 곳들은 어디인가? 2-3행에 쓰여진 指小語들의 의도된 효과로 여러분은 어떤 느낌을 받는가? 聽者가 분명히 행했을 것으로 보이는 어떤 일이 話者의 마음을 어지럽혔는가? 3-4절에서 話者는 그녀에게 무엇을 충고했는가? 포르투나와 비너스 여신들의 능력에 대해 글쓴이가 마지막으로 주목한 것들은 무엇인가? 여러분이 짐작컨대 그 詩의 마지막 절(들)은 무엇을 말했을까?—즉, 여러분이라면 그 시를 어떻게 마무리지었겠는가? 두 번째 절은 **la/la/la/llīs**로 초성이 같은 음절이 반복되어 두운이 잘 맞춰져 있다; 그 밖에 어떤 행들이 두운법으로 인해 부각되었는가?

LATĪNA EST GAVDIVM—ET VTILIS!

Salvēte! 다음에 열거한 **eō**에서 나온 친숙한 단어들과 관용구들은 틀림없이 여러분의 흥미를 자아낼 것이다(구어체의 영어에서 "go"를 조동사로 사용하여 미래를 나타내는 방법에 주목하고, 드물게 쓰이는 미래 수동 부정사 형태들에서 **īrī**가 사용되는 것과 비교하라): **exit**과 **exeunt omnēs**는 무대 연출에서 사용하는 말이다; **per + eō**에서 나온 "perish"는 "완전히 가버리다," 즉, 인생의 무대에서 마지막 "exit"을 하는 것인데, 이는 옛 묘비들에 기록된 **obiit**으로, 또는 **obiit sine prōle**(그는 후손 없이 죽었다; **prōlēs, prōlis**, f., 자녀; 여기에서 "proletariate"가 나왔다)의 약어 **O.S.P.**로 종종 표시되는 완전한 퇴장이다; **pereant quī ante nōs nostra dīxērunt**는 우리의 가장 좋은 모든 아이디어들을 우리가 갖기 전에 선취한 사람들을 저주하는 속담이다; **iter** (문자적으로는 *a going*)는 **eō**뿐만 아니라 부사 **obiter**와도 관련이 있으며, 여기서 우리가 얻은 말에는 **obiter dictum**, 부수적 의견(문자적으로는 "지나가면서 한 말")과 그 비슷한 말인 **obiter scrīptum**이 있다; Monty Python의 팬들은 영화 "Life of Brian"을 떠올리면 으레 **Rōmānī, īte domum**이란 문구가 생각날 것이다; 마지막으로 **aut bibat aut abeat**(마시든가 가버리든가 하라)는 옛 로마인들이 건배를 하면서 외친 말인데, 우리 지방 선술집도 이 말을 내걸었다!

　Et cētera: grātus와 관련된 말은 **grātia**(호의, 은혜, 친절, 감사), 그리고 여기에서 나온 말들에는 **grātiās agere**(고맙다), **Deī grātiā**(하나님의 은혜로), 또한 "감사함으로"(**grātīs**), 즉 공짜로 해 주는 것을 뜻하는 영어 "gratis"가 있다. 한편 묘비들에서 흔히 발견되는(그러나 트리말키오의 것에는 없다!) **R.I.P.**는 **requiēscat in pāce**의 줄임말이다(지시적 가정법을 기억하는가?); 마르티알리스에게서 나온 말인 **rūs in urbe**는 도시의 공원이나 정원 또는 그 밖에 시골 분위기가 나는 시설이나 광경을 가리킨다. **Vidēlicet** (*namely*)는 **vidēre licet** (문자적으로는 *it is permitted to see*, 즉 *it is plain to see*)에서 나온 말이다. 중세 사본들에서는 이 말을 종종 **vi-et**로 축약시켜서 기록했고, 게다가 **et**를 줄여서 표기한 형태가 **z**와 흡사했으므로, 이로 인해 약어 **viz.**가 생겼다. 그 외에 **licet**의 복합어에서 나온 것으로 매우 자주 사용되는 **sc.**가 있는데, 이는 **scīre licet**(*you may understand*)이 결합된 **scīlicet**(*namely, clearly*)의 약어이다; 이것은 본문에는 누락되었으나 쉽게 이해할 수 있도록 어떤 낱말이나 생각을 채워넣어서 읽으라는 지시이다("트리말키오"의 해설에서 사용된 예를 보라). 자, 오늘은 이만하면 충분하니, **nunc domum eāmus!**

CAPVT XXXVIII

성격의 관계절; 관심의 여격; 의존사

GRAMMATICA

성격의 관계절

여러분이 여태까지 마주쳤던 관계절의 유형은 그 선행사—실제적인 인물이나 사물—에 관한 어떤 사실적 묘사를 제공하므로 직설법 동사를 취한다(17章); 예를 들면, **haec est discipula quae Latīnam amat**, *this is the student who loves Latin.* 한편 **성격의 관계절**(RELATIVE CLAUSE OF CHARACTERISTIC) 은 선행사의 어떤 일반적 성질, 부연하면 대략적이거나 불분명하거나 미심쩍거나 부정적인 성질을 묘사하며, 따라서 가정법 동사를 취한다; 예를 들면, **haec est discipula quae Latīnam amet**, *this is a student* (또는 *the sort of student*) *who would love Latin.*

　인지: 성격의 관계절은 쉽게 알아볼 수 있는데, 그 동사는 가정법이고, 그 선행사는 종종 일반적이거나 부정적인 면 등을 현저히 드러내기 때문이다(대표적인 예로, **sunt quī**, *there are people who;* **quis est quī**, *who is there who;* **nēmō est quī**, *there is no one who*). **번역:** 가정법 동사를 옮길 때는 조동사 "would"가 사용되기도 하고, 선행사가 뚜렷하지 않다는 것을 분명히 하기 위해서 주절에 "the sort of" 또는 "the kind of"와 같은 말이 사용되기도 한다:

> **Quis est quī huic crēdat?** *Who is there who trusts this man* (*of such a sort that he would trust this man*)?
>
> **Nēmō erat quī hoc scīret.** *There was no one who knew this.*
>
> **Sunt quī hoc faciant.** *There are some who do this* (*of such a sort as to do this*).
>
> **Is nōn est quī hoc faciat.** *He is not a person who does* (*would do*) *this.*
>
> **Hic est liber quem omnēs legant.** *This is the kind of book that all read* (*a book that all would read*).
>
> **Hic est liber quem omnēs legunt,** *This is the book that all are reading* (사실을 말하므로 직설법이다).

어떤 관계절들은 결과절(예를 들면, 아래 S.A. 4번), 목적절(아래 "로마인 해학의 두 예들"을 보라), 원인절, 또는 反意절의 효과를 지니므로, 이들 또한 가정법 동사를 취한다(만일 관계절이 아니었다면, 보통은 **ut, cum** 등으로 인도되었을 것이다).

관심 또는 관계의 여격

여격은 어떤 말과 연관되어 있거나, 자신의 관점에서 그 말이 맞다고 생각하거나, 그것에 특별히 관심이 있는 사람(또는 사물)을 가리키기 위해 종종 사용되었다. 이러한 **관심 또는 관계의 여격**(DATIVE OF REFERENCE OR INTEREST; 35章에서 논의된 여격 용법들과 비교하라)은 가끔은 "to" 또는 "for"로 옮겨질 수 있지만, 아래 예문들에서 보듯이, 문맥에 따라 좀더 다듬어진 말이 종종 요구된다; 경우에 따라서는 (아래 두 번째 예문에서처럼) 단순히 소유적 기능을 지니는 것 같지만, 보통은 심정적인 면을 한층 더 부각시키는 효과가 있다.

> **Sī quis metuēns vīvet, līber *mihi* nōn erit umquam.**
> *If anyone lives in fear, he will not ever be free—as I see it* (**mihi**) 또는
>   *to my way of thinking* 또는 *in my opinion.*
> **Caret *tibi* pectus inānī ambitiōne?**
> *Is your breast free from vain ambition—are you sure* (**tibi**)?
> **Nūllīus culpae *mihi* cōnscius sum.**
> *In my own heart* (**mihi**), *I am conscious of no fault.*
> **Claudia est sapiēns *multīs*.**
> *To many people Claudia is wise.*

다른 여격 용법들(간접 목적어, 동작주의 여격, 형용사에 연결되는 여격, 특정 동사들과 복합어들에 연결되는 여격)을 정리해 놓은 목록에 이 용법도 추가하는 것을 잊지 말라.

의존사

의존사(SUPINE)는 결여 명사(defective noun)로서 제4곡용에 속하며 동사적 기능을 지니고 있다; 이것은 완료 수동 분사와 똑같은 어간을 토대로 형성되고, 단지 두 형태들(단수 대격과 탈격)만이 자주 사용된다. 표본 동사들에서 나온 의존사들은 다음과 같다: 대격 **laudā́tum**, 탈격 **laudā́tū**; **mónitum**, **mónitū**; **ā́ctum**, **ā́ctū**; **audī́tum**, **audī́tū**; **cáptum**, **cáptū**.

의존사의 탈격은 어떤 형용사들의 중성과 함께 사용되어, 그 형용사들로 표현된 성질이 어느 면에서 들어맞는지를 보여준다: 일례로, **mīrābile dictū**, 말하기에 놀라운, *amazing to say*(문자적으로는 *amazing in respect to saying*); **facile factū**, 하기에 쉬운, *easy to do*. 한편 그 대격(완료 수동 분사와 혼동해서는 안된다)은 움직임을 묘사하는 동사들과 함께 사용되어 목적을 나타낸다: 예를 들면, **ībant Rōmam rogātum pecūniam**, *they were going to Rome to ask for money;* **persuāsum amīcīs vēnērunt**, *they came to persuade their friends* (의존사는 그 기본 동사가 지배할 수 있는 직접 목적어, 여격, 또는 그 밖의 다른 문장 성분을 취할 수 있다).

VOCĀBVLA

"나무"를 뜻하는 **arbor**가 형태상으로는 남성인데도 불구하고(7章을 보라) 실제로는 여성 명사인 것은 이뿐만이 아니라, 나무들 각각의 이름들도 곡용에 상관 없이 여성으로 분류된다; 예를 들면, **betulla, -ae**, 자작나무; **fīcus, -ī**, 무화과 나무; **abies, -etis**, 전나무; **quercus, -ūs**, 참나무. 비슷하게 보이는 다음 단어들에 유의하라: **opus/ops, queror/quaerō, odium/ōtium**. 아래 목록에 실린 동사들을 익힐 때, (네 번째 기본어가 없는 **metuō**와 이태 동사 **queror**를 제외한) 네 개의 규칙 동사들에서 의존사들을 만들어 보고, 여러분의 강사에게 그것들이 맞는지 확인을 요청하든가, 아니면 위에 제시된 다섯 표준 동사들의 의존사들과 단순히 비교해 보라. 끝으로, **dignitās**에서 **gn**의 발음을 잊지 말라: 이것과 아울러 새로 나온 모든 단어들을 온라인이나 CD를 통해서 잘 듣고, 각 단어를 몇 번이고 큰 소리로 읽으면서 연습하라.

árbor, árboris, f., 나무 (arbor, Arbor Day, arboraceous, arboreal, arboretum, arboriculture)

dígnitās, dignitátis, f., 공적, 품위, 권위 (indignity; deign, dignify, indignant, indignation; cf. **dignus**)

dólor, dolóris, m., 고통, 슬픔 (doleful, dolorous, condole, condolences; cf. **doleō**)

ódium, ódiī, n., 증오 (odium, odious, annoy, ennui, noisome; cf. **ōdī**)

ópus, óperis, n., 일, 과업; 행한 일, 업적 (opus, opera, operate, operative, inoperative, operand, operose, co-operate, hors d'oeuvre, maneuver, manure)

ōrátiō, ōrātiốnis, f., 연설 (oration, oratory; cf. **ōrō, ōrātor**)

pēs, pédis, m., 아랫다리, 발 (pedal, pedate, pedestal, pedestrian, pedicel, pedigree, piedmont, pawn, peon, pioneer, biped, quadruped, impede, impediment, expedite, expedition, expeditious)

sátor, satốris, m., 씨뿌리는 자, 재배자; 낳은 자, 아버지; 창시자 (cf. **serere**, 심다, 파종하다; serial, series, assert, desert, exert, insert)

fírmus, fírma, fírmum, 견고한, 강한; 믿을만한 (firmament, affirm, affirmation, affirmative, confirm, confirmation, farm, farmer)

īnfírmus, īnfírma, īnfírmum, 강하지 않은, 약한, 연약한 (infirm, infirmary, infirmity)

mīrábilis, mīrábile, 놀라운, 신기한, 불가사의한 (mirabilia, admirable, marvel, miracle, mirador, mirage, mirror; cf. **mīror**)

prístinus, prístina, prístinum, 옛적의; 이전의, 앞의 (pristine)

sublímis, sublíme, 고양된, 드높은; 영웅적인, 고귀한 (sublimate, sublime, sublimity; subliminal은 **sub** + **līmen**에서 나왔다)

étsī (et + **sī)**, **sī**의 용법에 따라 직설법 또는 가정법과 함께 사용되는 접속사, *even if, although.*

érgā [전치사 + 대격], ~를 향해서, *toward.*

libénter [부사], 기꺼이, 즐겁게 (ad lib.; cf. 비인칭 동사 **libet**, *it pleases, is pleasing*; "love"와 어근이 같다)

impédiō, impedíre, impedívī, impedítum, 방해하다, 못하게 하다, 가로막다 (impediment, impedance, impeach; 위의 **pēs**와 **Lātina Est Gaudium**을 보라)

métuō, metúere, métuī, 두려워 하다, 겁내다; 불안하다 + 여격 (meticulous; cf. **metus**)

quéror, quérī, quéstus sum, 불평하다, 원망하다, 한탄하다 (querulous; cf. quarrel: **querēla, -ae**, 불평)

recognốscō, recognốscere, recognốvī, recognitum, 깨닫다, 생각해 내다; 점검하다, 조사하다 (recognition, recognizance, reconnaisance, reconnoitre; cf. **nōscō, cognōscō**)

suspéndō, suspéndere, suspéndī, suspénsum, 걸다, 매달다, 떠받치다; 중단시키다 (suspense, suspension; cf. **pendere**, 달다, pendant, pendulum)

véndō, véndere, véndidī, vénditum, 팔다 (vend, vendor)

LĒCTIŌ ET TRĀNSLĀTIŌ

본 단원에서 배운 새로운 내용을 완전히 습득했는지 자습문제로 테스트한 후에, 아래 글들을 훑어보면서 (a) 성격의 관계절, (b) 관심의 여격, (c) 의존사를 각각 확인하라; 성격의 관계절을 번역할 때는 선행사 또는 동작의 모호한 면을 드러내는 어떤 말을 종종 채워넣어야 한다는 것을 기억하라; 예를 들면, "a book that all *would* enjoy," "the *sort of* book that all enjoy." 여러분에게 CD가 있으면 그것을 잘 듣고, 번역하기 전에 큰 소리로 읽으면서 의미를 파악하라.

EXERCITĀTIŌNĒS

1. Rēgī persuāsī ut sorōrī frātrīque tuō grātiōra praemia libenter daret.
2. Deinde, ab eā īnsulā nāve profecta, vīsum amīcōs Athēnās iniit.
3. Eum hortātī sumus ut ad Caesarem sine timōre accēdere cōnārētur.
4. Solitī sunt eī crēdere quī philosophiae servīret, virtūtem sequerētur, et cupīdinēs superāret.
5. Sapiēns nōs ōrat nē virīs sententiārum adversārum noceāmus.
6. In illīs terrīs nōn licet litterīs bonīs vērīsque studēre, ut sub tyrannō saepe fit; dēbēs, igitur, exīre et peregrīnārī.
7. Cūrēmus nē cīvitātem eīs trādāmus quī sē patriae antepōnant.
8. Sunt īnfirmī quī levia opera mīrentur et semper sibi ignōscant.
9. Iste dux, diū absēns, tam stultīs cōnsiliīs cīvitātī ūtēbātur ut mīlia cīvium adversa patī cōgerentur atque multī bonī perīrent.
10. Haec locūtus, fassus est illōs, quī odium immōtum ergā cīvitātem multōs annōs habēbant, Rōmae interfectōs esse.
11. Initium operis nōs saepe impedit—inīte opus nunc!
12. Sator sublīmis hominum atque animālium omnibus nōbīs animās dedit; cum corpora obeant, animae numquam morientur.
13. Cum rūs rediimus, tum domī invēnimus—mīrābile vīsū!—plūrimōs amīcōs.

작문

14. Cicero, who was the greatest Roman orator, was a consul who would obey the senate.
15. 1 shall persuade him to become a better student and to return to Syracuse soon, I assure you.

16. We begged them not to trust a man whom a tyrant pleased.

17. Wherefore, let that man who hesitates to defend our country depart (**abeō**를 사용하라) to another land.

SENTENTIAE ANTĪQVAE

1. Sē omnēs Caesarī ad pedēs prōiēcērunt. (Caesar.—**prō-iaciō**; *project, projectile.*)

2. Hīc in nostrō numerō sunt quī lēgēs contemnant ac dē exitiō huius urbis cōtīdiē cōgitent. (Cicero.)

3. Quis est cui haec rēs pūblica atque possessiō lībertātis nōn sint cārae et dulcēs? (Id.—**possessiō, -ōnis**, f.; *possess, possessive.*)

4. Quae domus tam stabilis est, quae cīvitās tam fīrma est quae nōn odiīs, invidiā, atque īnsidiīs possit contundī? (Id.—**stabilis, -e**; *stability, establish.*—**quae...contundī:** 이 성격의 관계절은 결과절과 같다.)

5. Quārē, quid est quod tibi iam in hāc urbe placēre possit, in quā nēmō est quī tē nōn metuat? (Id.)

6. Quis enim aut eum dīligere potest quem metuat aut eum ā quō sē metuī putet? (Id.)

7. Tibi sōlī necēs multōrum cīvium impūnītae ac līberae fuērunt. (Id.—**nex, necis**, f., 살인; *internecine, pernicious*; cf. **necō.**—**impūnītus, -a, -um**, 처벌되지 않은; *impune, impunity, punitive*; cf. **poena.**)

8. Habētis autem eum cōnsulem quī exigere officium et pārēre vestrīs dēcrētīs nōn dubitet atque vōs dēfendere possit. (Id.—**dēcrētum, -ī**, n., 결정; *decretal.*)

9. Ille mihi semper deus erit. (Virgil.)

10. Nūllus dolor est quem nōn longinquitās temporis minuat ac molliat. (*Cicero.—**longinquitās, -tātis**, f., 길이; *longinquity.*)

11. Parāvisse dīvitiās fuit multīs hominibus nōn fīnis sed mūtātiō malōrum. (Seneca가 인용한 Epicurus의 말.—**mūtātiō, -ōnis**, f., 변화, 변경; *mutation, permutation.*)

12. Nihil est opere et manū factum quod tempus nōn cōnsūmat. (Cicero.)

13. Vīribus corporis dēficientibus, vigor tamen animī dūrāvit illī ad vītae fīnem. (Pliny.—**dēficiō, -ere**, 부족하다, 약해지다, 지치다; *defect, deficient, deficit.*—**vigor, -gōris**, m.—**dūrāre**, 지속되다; *durable, duration.*)

14. Nunc est bibendum; nunc pede līberō pulsanda tellūs. (*Horace; 이 집트 여왕 클레오파트라의 죽음을 경축하는 노래에서 나온 말.—양쪽의 우회적 수동태에 동작주의 여격으로서 **nōbīs**를 넣어서 읽어라.—**pulsāre**, 두들기다, 치다; **pulsanda**에는 **est**를 넣어서, *should be struck*, 즉 *danced upon*; *pulse, pulsar.*—**tellūs, -lūris**, f., = **terra**; *tellurian, tellurium.*)

15. Ē tacitō vultū scīre futūra licet. (*Ovid.—**tacitus, -a, -um**, 말 없는, 소리 없는; *tacit, taciturn.*—**vultus, -ūs**, m., 용모, 얼굴, 표정.)

16. Stultitiast, pater, vēnātum dūcere invītās canēs. (*Plautus.—**stultitia, -ae**, f.: **stultus, -a, -um**에서 나온 명사; *stultifying.*—**stultitiast: 두음생략** (PRODELISION)이라고 하는 모음 단축의 흔한 유형으로, 원래는 **stultitia est.**—**vēnor, -ārī, -ātus sum**, 잡으러 가다, 사냥하다.—**invītus, -a, -um**, 내키지 않는, 뜻에 거슬리는; cf. **volō.**—**canis, -is**, m./f., 개; *canine.*)

Lucan의 서평

Sunt quīdam quī mē dīcant nōn esse poētam;
    sed quī mē vēndit bibliopōla putat.

*Martial *Epig.* 14.194: 루칸의 시집 증정본에서 나온 이 촌평은(30章의 카툴루스 사본에 붙여진 촌평과 비교하라), 저자 자신이 말한 것으로 짐작된다; 운율: 哀歌調의 二行詩.—**bibliopōla, -ae**, m., 서적상, **quī**의 선행사; *bibliopole, bibliopolist,* cf. *bibliography, bibliophile,* 모두 그리스어에서 나왔다.

QVAESTIŌNĒS: 첫 행에 기록된 비난은 실제인가 아니면 가상인가?—여러분은 어떻게 아는가? 詩에서는 일상 언어에서처럼 말이 생략된 경우가 자주 있다; **putat** 다음에는 무슨 말이 이어져야 한다고 생각하는가?

로마인의 위트

Cum quīdam, querēns, dīxisset uxōrem suam dē fīcū suspendisse sē, amīcus illīus "Amābō tē," inquit, "dā mihi ex istā arbore surculōs quōs seram!"

Cum quīdam ōrātor sē misericordiam ōrātiōne fortasse mōvisse putāret, rogāvit Catulum vidērēturne misericordiam mōvisse. "Ac magnam quidem, mihi," inquit, "putō enim nēminem esse tam dūrum cui ōrātiō tua nōn vīsa sit digna misericordiā!"

Cicero, *De Ōr.* 2.278: 여러분은 35章에서 **Dē Ōrātōre**의 같은 단락에서 나온 또 다른 해학적인 글("미안하지만, 집에 아무도 없다네!")을 읽었다; 여기 첫 번째 이야기는 부인에게 말하면 결코 안되는 것이지만, 그러나 두 번째는 대중연설 수업에서 이야기하면 아마도 폭소를 자아낼 것이다!—**fīcus, -ūs**, f., 무화과 나무; *fícus.*—**surculus, -ī**, m., 잔가지, 어린가지; *surculose.*—**quōs:** = **ut eōs, 목적의 관계절**(RELATIVE CLAUSE OF PURPOSE), 즉 **ut** 대신에 관계 대명사가 목적절을 이끄는 구문으로, 이처럼 목적절 대신에 관계절이 쓰이는 경우가 흔하다.—**serō, -ere**, 심다, 파종하다; *season.*—**misericordia, -ae**, f., 연민, 동정; *misericord*; cf. **miser**; 고대의 웅변가들이 추구했던 중요한 목표였으며, 그들이 훈련받은 이유이기도 한 것으로, 청중을 감동시키기 위한 것이었다.—**Catulus, -ī**, m.; 퀸투스 루타티우스 카툴루스는 웅변가이며 작가이자 주전 102년에 집정관을 지낸 정치가였다.—**vidērēturne:** "whether"를 뜻하는 **-ne**는 간접 의문문을 표시한다.—**magnam: misericordiam mōvistī!**를 넣어서 읽어라.—**cui:** = **ut eī, 결과의 관계절**(RELATIVE CLAUSE OF RESULT); 목적의 관계절과 마찬가지로, 이 구문은 **ut**보다는 오히려 관계 대명사가 결과절을 이끄는 흔한 변형이다.

QVAESTIŌ: 이 해학들의 첫 번째 것은 고약스럽기는 하지만 명확히 간파할 수 있는 반면에, 두 번째 것은 다소 난해하다: 현대의 미국식 영어에서 "pitiful"은 여기서 의도된 것과 일치하는 이중적 의미를 전달할 수 있는가?—여러분은 그 해학을 설명할 수 있겠는가?

키케로에게 보낸 두 통의 편지

Gn. Magnus Prōcōnsul Salūtem Dīcit Cicerōnī Imperātōrī

Sī valēs, bene est. Tuās litterās libenter lēgī; recognōvī enim tuam prīstinam virtūtem etiam in salūte commūnī. Cōnsulēs, Rōmā abientēs, ad eum exercitum vēnērunt quem in Āpūliā habuī. Magnopere tē hortor ut occāsiōnem carpās et tē ad nōs cōnferās, ut commūnī cōnsiliō reī publicae miserae opem atque auxilium ferāmus. Moneō ut Rōmā exeās, viā Appiā iter faciās, et quam celerrimē Brundisium veniās.

Caesar Imperātor Salūtem Dīcit Cicerōnī Imperātōrī

Cum Brundisium celerius adeam atque sim in itinere, exercitū iam praemissō, dēbeō tamen ad tē scrībere et grātiās idōneās tibi agere, etsī hoc fēcī saepe et saepius factūrus videor; ita dignus es. Imprīmīs, quoniam crēdō mē celeriter ad urbem ventūrum esse, ā tē petō ut tē ibi videam ut tuō cōnsiliō, dignitāte, ope ūtī possim. Festīnātiōnī meae brevitātīque litterārum ignōscēs; cētera ex Furniō cognōscēs.

Cicero, *Atticum* 8.11c와 9.6a: 키케로가 주고 받았던 편지들은 현재까지 수백 통이 남아 있는데, 그 중에서 여럿은 그가 쓴 것들이 아니라 위의 두 편지들처럼 그에게 보내진 것들이다. 이 편지들은 그의 친구 아티쿠스에게 보낸 서신들을 모은, **Epistulae ad Atticum**에서 발췌하여 다듬은 것으로, 하나는 그나이우스 폼페이우스 마그누스, 즉 "大 폼페이"가 주전 49년 2월 20일에 써서 보낸 것이고, 다른 하나는 그로부터 약 두 주가 지난 3월 5일에 율리우스 카이사르가 보낸 것이다. 그 당시 이 두 사람은 1월 10일 카이사르가 루비콘 강을 건넌 후에 그들 사이에 발발한 내전에서 그 정치가의 지지를 서로 요청하고 있었다.—**prōcōnsul, -sulis**, m., 총독, (로마 속주의) 장관.—**salūte commūnī:** 여기서는 "민생 안정"을 뜻한다.—**Āpūliā:** 아풀리아는 이탈리아 남동부에 위치한 지역이었다.—**viā Appiā:** 길의 탈격(37章의 S.A.7을 보라); 주전 4세기에 건설된 Via Appia 또는 "아피아 가도"는 로마에서 남쪽으로 뻗어, 그리스로 떠나는 출항지인 Brundisium(1번 지도를 보라)까지 이어진 대로였다; 폼페이는 카이사르의 병력과 맞서기 위해 전열을 재정비하려고 그의 군대와 함께 그곳에 피신하고 있었다.—**commūnī cōnsiliō:** 서로 지혜를 모아, 협력하여.—**prae**+**mittō, -ere**; *premise.*—**imprīmīs** [부사], 특히.—**festīnātiō, -ōnis,** f., 서두름, 분망; *festination.*—**brevitās, -tātis,** f.; cf. **brevis**; *abbreviate.*—**Furnius:** 가이우스 푸르니우스는 평민들 중에서 선출된 호민관이었고, 키케로와 카이사르의 친구였다.

大 폼페이의 대리석 흉상
주전 1세기
고고학 박물관, 베니스, 이탈리아

QVAESTIŌNĒS: 두 장군들 모두가 키케로에게 특별히 구하고 있는 것 하나 (반복된 명사를 찾아라)는 무엇인가? 두 사람들 중 누가 더 키케로와 친했는지를 암시해 주는 어조의 차이를 두 편지들 사이에서 감지할 수 있겠는가?

나는 관심 없다

Nīl nimium studeō, Caesar, tibi velle placēre,
　　nec scīre utrum sīs albus an āter homō!

*Catullus *Carm.* 93: 앞서 언급한 바와 같이, 카툴루스는 사랑 詩들뿐만 아니라, 지체가 높은 권력자들을 겨냥한 촌철살인의 풍자시들도 썼다. 여기서 그는 율리우스 카이사르를 그의 피부색까지도 모를 만큼 전혀 알지 못하는 체하면서 그에게 더할 나위 없는 모욕을 주고 있다; 그러나 로마인들은 대체로 피부색에 대한 편견이 없었으므로 이것은 인종차별적인 언사가 아니고, 자신이 **nōbilis** 또는 "유명 인사"라는 카이사르의 자랑을 겨냥한 가시 돋친 말이다. 운율: 哀歌調의 二行詩.—**nīl:** = **nōn.**—**albus, -a, -um**, 하얀; *albino, album, albumen.* —**āter**, **ātra**, **ātrum**, 검은; *atrabilious, atrous.*

SCRĪPTA IN PARIETIBVS

Nunc est īra recēns, nunc est disc[ēdere tempus.]
　　Sī dolor āfuerit, crēde: redībit [amor]!

CIL 4.4491: 섹스투스 폼페이우스 악시오쿠스의 집 입구(VI 지역, 13 구역)에 —연인들이 싸우고 나서—써넣은 哀歌調의 二行詩. 글쓴이는 아마도 학교에서 배웠던 애가 詩人 프로페르티우스의 글(*El.* 2.5.9-10)을 그대로 베껴 썼으므로 손상된 두 절의 본문은 쉽게 복원되었다.—**recēns, -centis**, 방금 나온, 신선한, 최근의; 기억/마음이 새로운.—**absum, -esse, āfuī/āfutūrum**, 떠나 있다, 부재하다; 떨어져 있다, 멀리 있다; *absence.*

ETYMOLOGIA

아래 목록은 새 **vocābula**의 몇몇 단어들에서 나온 로망스 파생어들이다:

Latin	It.	Sp.	Port.	Fr.	Old Occ.	Rom.
dolor	dolore	dolor	dor	douleur	dolọr	durere
odium	odio	odio	ódio	odieux	ọdi	odiu
pēs, pedis	piede	pie	pé	pied	pẹs	picior

LATĪNA EST GAVDIVM—ET VTILIS!

Salvēte! 각 章의 이 단락에서는 우리가 **ad lib.** 하고 싶은 것을 여러분은 알아챘는가? **Ad libitum**(멋대로)는 **libenter**와 연관되어 있는데, 이는 라틴어를 어떻게 가르치고 배워야 하는지를 알려준다: 즐겁게! 따라서 **libenter carpite diem et hās rēs novās**: 우선 **impediō**가 **in + pēs**에서 나왔다는 것에 주목하라; "impeded"는 ("foot"와 같은 어근에서 나온 "fetters"와 마찬가지로) 발에 무언가가 걸려 있는 것인데, 이때는 반드시 podiatrist(**pod-**는 라틴어 **ped-**와 어근이 같은 그리스語이다)를 찾아가서 치료를 "expedite" 하도록 요청해야 한다(**expedīre**는 원래 "to de-fetter"를 의미하는바, 이는 **impedīre**의 반대말이다; **implicāre/explicāre**에서 나온 "implicate"와 "explicate"를 참조하라); 그렇게 안할 거면, 그냥 pedestrian ways를 포기하고, pedaling을 시작하라. **Odium**은 "증오"뿐만 아니라 "경쟁"도 의미한다; **odium medicum, odium scholasticum**, 그리고 **odium theologicum**에서는 누가 경쟁자들인지 살펴보라! 그리고 증오스러운 유형들에 대해 말하자면, 티베리우스 황제(주후 14-37)는 자신의 신하들을 평하면서 이렇게 말했다고 한다: **ōderint dum metuant**, 그들이 (나를) 겁낸다면, (나를) 증오하라고 해! 약어 **op. cit.**는 **opere citātō**, *in the work cited*에서 나왔다(우리말로는 "앞에서 언급한 글/책에서"); 그리고 **opera omnia**는 어느 한 작가의 "모든 작품들"이다. 음악 작품의 표제에 **opus**가 쓰이는 것은 잘 알려져 있다. 예를 들면, 베토벤의 "교향곡 제5번 C단조, Opus 67"; "opera"는 분명히 **opus**와 같은 어근을 지닌 **opera, -ae**(노력, 수고, 일)에서 이탈리아語를 거쳐 우리에게 온 말이다. 한편, **magnum opus**는 문학 분야에서 흔히 쓰이는 용어이다. 옛 법령에 규정되기를, **vēndēns eandem rem duōbus est falsārius**(사기치는); 그와 같은 사취는 **īnfrā dignitātem**, 품격을 떨어뜨리는 짓이다. 그러므로 기억해야 하는 잘 알려진 충고는 **caveat ēmptor**, 구매자가 조심하라! **Iterum tempus fūgit: valeātis, amīcī et amīcae!**

CAPVT XXXIX

동명사와 동형사

GRAMMATICA

동형사

여러분은 **동형사**(GERUNDIVE), 또는 미래 수동 분사에 대해 이미 잘 알고 있을 것이다. 이것은 동사적 (기능을 지닌) 형용사로서, 다음과 같은 어미들을 지닌다: **-ndus, -nda, -ndum** (23章). 동형사는 이따금 단순한 형용사로 기능할 때도 있지만(**liber legendus**, *a book to be read*), 보통은 우회적 수동태 활용에서 사용된다(24章: **hic liber legendus est**, *this book should be read*); 이외에도 추가적인 몇 가지 용법들이 있는데, 이 章에서는 그것들을 다루겠다.

동명사

동명사(GERUND)는 동형사를 닮은 동사적 명사이다; 단, 그것은 네 가지 형태들만 갖는다: 중성 단수의 속격, 여격, 대격, 탈격. 이 형태들은 동형사의 해당 격들과 동일하지만, 그 의미는 능동으로서 "-ing"로 된 영어의 동명사와 일치한다(**magnum amōrem legendī habet**, *he has a great love of reading*에서 보듯이, **legendī** = *of reading*). 아래는 대표적인 몇몇 라틴어 동사들에서 나온 동명사들의 완비된 곡용 형태들이다:

속격	laudándī	dūcéndī	sequéndī	audiéndī
	(of praising, leading, following, hearing)			
여격	laudándō	dūcéndō	sequéndō	audiéndō
	(to/for praising, etc.)			
대격	laudándum	dūcéndum	sequéndum	audiéndum
	(praising, etc.)			
탈격	laudándō	dūcéndō	sequéndō	audiéndō
	(by praising, etc.)			

동명사는 동사적 명사이므로, 그것은 동사처럼 다양한 부가어들(목적어, 부사, 전치사구 따위)을 취할 수도 있고, 명사처럼 여러 가지 격으로 사용될 수도 있다. 하지만 동명사는 주격을 갖지 않으므로 주어로는 사용되지 않았고, 라틴어의 또 다른 동사적 명사인 부정사가 그 기능을 대신하였다(즉, 라틴어는 **errāre est humānum**, *to err is human*이라고 말할 수는 있어도, *erring is human*이라고는 안한다); 또한 동명사의 대격은 일반적으로는 **ad** 및 그 밖의 어떤 전치사들의 목적어로 사용되었고, 직접 목적어로는 쓰이지 않았다(이 기능도 부정사가 담당하였다; 예를 들면, **iussit eōs venīre**, *he ordered them to come*: 부록 576쪽을 보라). 아래 예문들은 동명사의 네 가지 격들의 전형적인 용법들을 잘 보여주고 있다:

> **Studium *vīvendī* cum amīcīs habet.** *She has a fondness of (for) living with friends.*
> **Bene *vīvendō* operam dat.** *He gives attention to living well.*
> **Ad bene *vīvendum* Athēnās iit.** *He went to Athens to live well.*
> **Bene *vīvendō* fēlīciōrēs fīmus.** *We become happier by living well.*

동명사와 동형사의 차이점

동명사와 동형사의 다음과 같은 차이점들을 기억하라: (1) 동형사는 동사적 형용사이고(예: **liber legendus**, *a book to be read*), 동명사는 동사적 명사이다(예: **amor legendī**, *love of reading*); (2) 동형사는 형용사이기 때문에 남성과 여성과 중성, 단수와 복수, 그리고 모든 격들에 따라 곡용된 형태들을 완벽하게 갖추고 있지만, 동명사는 중성 단수의 속격·여격·대격·탈격 형태들, 즉 모두 합쳐서 네 가지 형태들만 갖는다; (3) 의미에 있어서 동형사는 수동이고, 동명사는 능동이다.

동명사구와 동형사구

동명사는 동사적 명사이기 때문에 해당 동사가 구문론적으로 요구하는 격을 취할 수 있다:

> **Studium legendī librōs habet.** *She has a fondness of reading books.*
> **Librōs legendō discimus.** *We learn by reading books.*

그러나 실제 관례에서는, 동명사가 대격의 명사를 직접 목적어로 취하는 경우에, 로마인들은 그 명사의 격을 동명사와 같은 격으로 바꾸고 나서, 그 명사와

(性·數·格이) 일치하는 동형사를 동명사 대신에 사용하는 것을 선호하였다. 영어에서는 동형사가 부자연스럽고 오히려 동명사 구문이 널리 쓰이므로, 라틴어가 어떤 구문을 사용했든지 간에 영어로 번역된 결과는 동일하다. 아래 예문들에서, A는 영어의 관용적인 어법에 근거하면 예상될 만한 것들이다; B는 라틴어에서 보다 일반적인 동형사구로 된 것들이다.

A. **studium legendī librōs** (그런대로 받아들여질 수 있다)
B. **studium librōrum legendōrum** (훨씬 낫다)
fondness of reading books (*fondness of books to be read*는 매우 어색하므로 쓰지 말아야 한다)

A. **Librōs legendō operam dat.**
B. **Librīs legendīs operam dat.**
He gives attention to reading books.

A. **Librōs legendō discimus.**
B. **Librīs legendīs discimus.**
We learn by reading books.

A. **Dē legendō librōs hoc locūta est.**
B. **Dē librīs legendīs hoc locūta est.**
He said this about reading books.

목적을 표현하기 위해 "전치사 **ad** + 대격 동형사(또는 동명사)구"와 "후치사 **causā** + 속격 동형사구"가 자주 사용되었다:

A. **Ad legendum librōs vēnit.**
B. **Ad librōs legendōs vēnit.**
He came to read books.

A. **Legendī librōs causā ōtium petit.**
B. **Librōrum legendōrum causā ōtium petit.**
She seeks leisure for the sake of reading books.

라틴어에서 목적은 동형사/동명사구만이 아니라, **ut/nē** + 가정법 및 움직임을 나타내는 主동사에 연결된 대격 의존사에 의해서도 표현될 수 있다는 사실을 기억하라: **venit ut hōs librōs legat**와 **hōs librōs lēctum venit**은 둘 다 *she is coming to read these books*를 의미한다.

VOCĀBVLA

라틴어에서 이중모음의 첫 번째 모음은 영어 파생어에서는 종종 탈락된다는 사실을 알면, 아래 목록에 있는 **aedificium**(*edifice, building*)과 같은 몇몇 단어들의 뜻을 기억하는 데 도움이 될 것이다. **Fēmina**는 가장 기본적인 의미로 "여자" 또는 "여성"을 뜻하는 데 비하여, 새로 나온 명사 **mulier**(여기서 스페인어 **mujer**가 나왔다)는 경험 있는 (**virgō**와 대조되는) 여자, 부인, 연인을 더 자주 암시한다. 이 목록에 새로 나온 동사들을 익힐 때는 어떤 일람표를 한두 개 정도 만들어 보아도 좋다. 여러분은 예를 들면 **ōrnō**의 동명사와 동형사 형태들을 식별할 수 있겠는가?

aedifícium, aedifíciī, n., 건물, 구조물 (edification, edifice, edify, aedile)

iniū́ria, iniū́riae, f., 불의, 가해, 잘못 (injurious; cf. **iūdex, iūdicium, iūs**)

múlier, mulíeris, f., 여자 (muliebrity)

tránsitus, tránsitūs, m., 지나감, 통과; 변천

véntus, véntī, m., 바람 (vent, ventilate, ventilation, ventilator)

cúpidus, cúpida, cúpidum, 바라는, 열망하는, 좋아하는; [+ 속격] ~을 바라는, 열망하는 (cf. **cupiō, cupiditās, cupīdō**)

līberā́lis, līberā́le, 자유인의, 자유인에 관련된; 자유인다운, 예의바른, 자유로운; 관대한 (liberal arts, liberality; cf. **līber, līberō, lībertās**)

necésse [곡용되지 않는 형용사로서 주격 또는 대격으로 쓰임], 필요한, 불가피한, 필수적인; **necesse est** + 부정사, *it is necessary (to)* (necessitate, necessitous; "가버리면/없어지면 안된다"는 의미로, **nec** + **cēdō**에서 나왔다)

vétus, véteris, 오래된, 늙은 (veteran, inveterate, veterinary, veterinarian)

quási [부사/접속사], 마치 ~처럼, 말하자면 ~와 같은 (quasi; = **quam** + **sī**)

ámbulō, ambulā́re, ambulā́vī, ambulā́tum, 걷다 (amble, ambulance, ambulate, ambulatory, preamble, somnambulist)

expérior, experī́rī, expértus sum, 해보다, 시험하다; 경험하다 (experiment, expert, inexpert, inexperience; cf. **perīculum**)

lībō, lībā́re, lībā́vī, lībā́tum, 제주(祭酒)로 붓다, 헌주(獻酒)하다; 홀짝이다, 맛보다; 살짝 건드리다 (libation)

opórtet, oportḗre, opórtuit [비인칭 동사 + 부정사], 당연/합당하다, 필요하다, 해야 한다.

oppúgnō, oppugnā́re, oppugnā́vī, oppugnā́tum, 맞서 싸우다, 공격하다, 습격하다, 엄습하다 (oppugn, impugn, pugnacious; cf. **pugnō**)

ṓrnō, ōrnā́re, ōrnā́vī, ōrnā́tum, 장치하다, 갖추다, 장식하다 (adornment, ornate, ornament, ornamental, suborn)

pernóctō, pernoctā́re, pernoctā́vī, pernoctā́tum, 밤을 지새우다, 밤샘하다 (nocturnal, nocturne; cf. **nox**)

trā́nseō, trānsī́re, trā́nsiī, trā́nsitum, 건너가다, 넘어가다; 지나가다, 지나치다, 간과하다 (transition, transitive, transitory, trance; cf. **trānsitus**)

LĒCTIŌ ET TRĀNSLĀTIŌ

새로운 문법과 어휘를 철저히 공부한 후에, 아래 글들에서 동명사들과 동형사들을 모두 확인하라. 그리고 CD를 갖고 있으면 그것을 들으면서, 각 문장과 구절을 큰 소리로 읽고, 번역하라; 자연스런 관용적인 영어가 되려면, 동형사구는 대체로 능동 구문으로 번역되어야 한다는 것을 명심하라; 일례로, 아래 Ex. 7에서 **in rē pūblicā gerendā**는 *in governing the republic*이고, *in the republic to be governed*가 아니다.

EXERCITĀTIŌNĒS

1. Caesar, bellum initūrus, eōs cōtīdiē ōrābat nē fāta adversa metuerent.
2. Etsī hoc fīat, illī mīlitēs urbem oppugnātum fortasse accēdant et multī cīvēs obeant.
3. Sī licēbit, septem diēbus domum ībimus ad nostrōs amīcōs videndōs.
4. Amīcus līberālissimus noster, quōcum pernoctābāmus, dīs vīnum ante cēnam lībāvit, et deinde mēnsam ōrnāvit.
5. Cōnsul, vir maximae dignitātis, ōtium cōnsūmere solet in operibus sublīmibus scrībendīs.
6. Sunt autem quī dolōrum vītandōrum causā, ut āiunt, semper levia opera faciant, labōrem contemnant, et dē officiīs querantur.
7. In rē pūblicā gerendā istī nōn dubitant praemia grāta sibi requīrere, officia suspendere, atque honōrem suum vēndere.
8. Lēctrīx doctissima mox surget ad tria carmina recitanda, quae omnēs audītōrēs oblectābunt atque animōs serēnābunt.
9. Nēmō est cui iniūria placeat, ut nōs omnēs recognōscimus.
10. Nisi vincula patī ac sub pedibus tyrannōrum humī contundī volumus, lībertātī semper studeāmus et eam numquam impediāmus.

11. Pauca opera mihi sedendō fīunt, multa agendō et experiendō.
12. Illa mulier mīrābilis frūctūs amōris libenter carpsit et virō grātissimō nūpsit.

작문

13. They are returning to Rome to talk about conquering the Greeks.
14. By remaining at Rome he persuaded them to become braver.
15. Who is there who has hope of doing great works without pain?
16. We urged the consul to serve the state and preserve our dignity by attacking these injustices.

SENTENTIAE ANTĪQVAE

1. Coniūrātiōnem nāscentem nōn crēdendō corrōborāvērunt. (*Cicero. —**coniūrātiō, -ōnis**, f., 음모; *conjure, conjurer*; cf. **coniūrātī.**—**corrōborāre**, 강하게 하다; corroborate, corroboration; cf. **rōbur, rōboris**, n., 참나무; 견고한 목재.)

2. Malī dēsinant īnsidiās reī pūblicae cōnsulīque parāre et ignēs ad īnflammandam urbem. (Cicero.—**dēsinō, -ere**, 중단하다.—**īnflammāre**, 불지르다; *inflame, inflammatory.*)

3. Multī autem propter glōriae cupiditātem sunt cupidī bellōrum gerendōrum. (Cicero.)

4. Veterem iniūriam ferendō invītāmus novam. (Publilius Syrus.)

5. Cūrēmus nē poena maior sit quam culpa; prohibenda autem maximē est īra in pūniendō. (Cicero.—**pūnīre**, 벌하다; *punitive, impunity*; cf. **poena**)

6. Syrācūsīs captīs, Mārcellus aedificiīs omnibus sīc pepercit—mīrābile dictū—quasi ad ea dēfendenda, nōn oppugnanda vēnisset. (Cicero.)

7. Rēgulus laudandus est in cōnservandō iūre iūrandō. (*Cicero.—카르타고人들에게 포로로 잡힌 레굴루스는 로마로 가서 그들이 맡긴 임무를 완수한 후에 카르타고로 돌아오겠다고 그들에게 맹세하였다.—**iūs iūrandum, iūris iūrandī**, n., 맹세.)

8. In ōrātiōne meā dīcam dē mōribus firmīs Sēstiī et dē studiō cōnservandae salūtis commūnis. (Cicero.—**Sēstius, -iī**, m.)

9. Trānsitus ad senectūtem nōs āvocat ā rēbus gerendīs et corpus facit īnfirmius. (Cicero.)

10. Cum recreandae vōcis īnfīrmae causā necesse esset mihi ambulāre, hās litterās dictāvī forīs ambulāns. (Cicero.—**dictāre**, 구술하다, 받아 쓰게 하다; *dictation, dictator.*)

11. Semper metuendō sapiēns vītat malum. (Publilius Syrus.)

12. Haec virtūs ex prōvidendō est appellāta "prūdentia." (Cicero.—**prō-vidēre**; *provident, provision.*—**prūdentia:** = **prō-videntia**; *prudence, jurisprudent.*)

13. Fāma vīrēs acquīrit eundō. (Vergil.—**acquīrō: ad-quaerō** "얻다"에서 나왔다; *acquirable, acquisition.*)

14. Hae vicissitūdinēs fortūnae, etsī nōbīs iūcundae in experiendō nōn fuērunt, in legendō tamen erunt iūcundae. Recordātiō enim praeteritī dolōris dēlectātiōnem nōbīs habet. (Cicero.—**vicissitūdō, -dinis**, f.; *vicissitude, vicissitudinous.*—**recordātiō, -ōnis**, f., 회상, 추억; *record, recorder.*—**praeteritus, -a, -um**, 지나간; *preterit, preteritive.*)

약속이야 하겠지만 . . .

> Nūllī sē dīcit mulier mea nūbere mālle
>   quam mihi, nōn sī sē Iuppiter ipse petat.
> Dīcit: sed mulier cupidō quod dīcit amantī,
>   in ventō et rapidā scrībere oportet aquā.

*Catullus *Carm.* 70: 여기서 레스비아가 언급되지는 않았지만, 카툴루스는 그녀를 염두에 두고 있음이 분명하다. 레스비아는 이제 더 이상 **puella**가 아니라, **virgō** 또는 **fēmina**와도 다른 **mulier**이다; 여기서 이 단어는 자주 그렇듯이 성적 경험이 있는 여자, 부인, 또는 애인을 뜻한다. 운율: 哀歌調의 二行詩.—**Nūllī …mihi:** 둘 다 **nūbere**에 연결되는 여격이고, **quam = magis quam**; 산문이면 이러한 어순일 것이다: **mulier mea dīcit sē nūllī quam mihi nūbere mālle.**—**amantī:** 사랑하는 자에게, 연인에게.—**rapidus, -a, -um**, = Eng.; *rapidity, rapacious*; cf. **rapiō**.

QVAESTIŌNĒS: 이 詩의 핵심적인 한 단어는 무엇이며, 카툴루스는 그것을 어떤 방식으로 강조하는가? 시작하는 절을 큰 소리로 읽고, 다중적인 음향 효과에 대해 논하라. 마지막 행의 비유를 매우 돋보이게 하는 것은 무엇이고, 어순이 어떻게 그것에서 받는 느낌을 강렬하게 하는가?

Paete, Nōn Dolet

Casta suō gladium cum trāderet Arria Paetō,
    quem dē vīsceribus strīnxerat ipsa suīs,
"Sī qua fidēs, vulnus quod fēcī nōn dolet," inquit,
    "sed quod tū faciēs, hoc mihi, Paete, dolet."

*Martial *Epig.* 1.13: 카이키나 파이투스(Caecina Paetus)는 클라우디우스 황제에 대한 역모에 동참했다는 이유로 주후 42년에 자결을 강요받았다; 그의 대담하고 헌신적인 아내 아르리아(Arria)는 남편과 함께 죽기로 작정하고, 그에게 칼을 건네주기 전에 스스로를 찌르면서 그 고통은 대수롭지 않다고 그를 안심시켰다. 小플리니우스는 아래 **Locī Im.** XXXIX에 인용된 그의 서신들 중 하나에서 그 이야기를 전하고 있다. 운율: 哀歌調의 二行詩.—**castus, -a, -um**, 충성스런, 순결한, 정숙한; *caste, chastity.*—**gladius, -ī**, m., 칼, 검; *gladiator, gladiola.*—**vīscera, -rum**, n. pl., 복부, 급소; *visceral, eviscerate.*—**stringō, -ere, strīnxī, strictum**, 조이다, 묶다; 끌다, 잡아당기다; *stringent, restrict.*—**sī qua** (= **quae**, 不定대명사) **fidēs:** "만일 어떤 믿음이 있다면," 풀어서 옮기면, "당신이 나를 믿으시기 바라오니," 또는 "내가 단언하오니."

아르리아와 파이투스. 피에르 르포트르(1659-1744)
루브르, 파리, 프랑스

QVAESTIŌNĒS: 첫 행에서 단어들이 의도적으로 배열된, 흔히 볼 수 있는 방식은 무엇이며, 여기에서 그 어순이 노리는 효과는 무엇인가? 3-4절에서 마르티알리스가 구사한 대명사들 및 병렬적인 어순과 단어들의 반복은 그 비애감을 어떻게 증폭시키는가?

한니발과 제2차 포에니 전쟁 초기

Hannibal, fīlius Hamilcaris, Carthāgine nātus est. In adulēscentiā prīstinum odium patris ergā Rōmānōs sīc fīrmē cōnservāvit ut numquam id dēpōneret. Cum patre exiit Carthāgine et in Hispāniam longō itinere prōfectus est; et post multōs annōs, Hamilcare interfectō, exercitus eī imperium trādidit. Sīc Hannibal, quīnque et vīgintī annōs nātus, imperātor factus est. Tribus annīs nōn requiēvit, sed omnēs gentēs Hispāniae superāvit et trēs exercitūs maximōs parāvit. Ex hīs ūnum in Āfricam mīsit, alterum cum frātre in Hispāniā relīquit, tertium in Italiam sēcum dūxit.

Ad Alpēs adiit, quās nēmō umquam ante eum cum exercitū trānsierat. Populōs cōnantēs prohibēre eum trānsitū necāvit; loca patefēcit; et cum multīs elephantīs mīlitibusque in Italiam iniit. In hōc itinere tam gravī morbō oculōrum adfectus est ut posteā numquam dextrō oculō bene ūtī posset. Multōs ducēs, tamen, exercitūsque Rōmānōs vīcit, et propter illum imperātōrem mīlia mīlitum Rōmānōrum periērunt.

Nepos *Hann.* 에서 발췌: 한니발의 일대기에서 나온 이 글에서, 네포스는 주전 218-202년, 제2차 포에니 전쟁에서 카르타고人들을 이끌고 로마인들과 싸웠던 카르타고 장군의 삶에서 일어났던 몇몇 중요한 사건들을 간략히 기술하고 있다. 더 긴 발췌글은 **Locī Ant.** VIII을 보고, 위의 32章에 실린 네포스가 쓴 키몬의 전기에서 나온 글을 참조하라.—**Hamilcar, -caris**, m.; 하밀카르 바르카는 제1차 포에니 전쟁(주전 264-241)에서 카르타고 군대를 지휘했었다.—**dē + pōnō**; *deponent, depose.*—**Hispānia, -ae**, f., 스페인; *Hispanic*; 이 글에 언급된 지역들은 지도 1-2번을 보라.—**quīnque...nātus:** 사람의 나이를 말할 때 **annōs nātus**라는 관용구를 흔히 사용하였다; 영어로는 "at the age of..."라고 말하겠는데, 문자적으로는 어떻게 번역되겠는가? 여기 **annōs**의 격에 대해서는 37章을 보라.—**Āfrica, -ae**, f.—**Alpēs, -pium**, f. pl., 알프스 산맥.—**adficiō, -ere, -fēcī, -fectum**, 영향을 주다, 괴롭히다, 약화시키다; *affection, affectionate.*

QVAESTIŌ: 한니발이 죽은 후에도—그는 군대를 이끌고 로마 문턱까지 침입했었다—여러 세대에 걸쳐 로마인들은 그를 자기 나라의 가장 잔혹하고 무서운 적들 중 하나로 여겼음에도 불구하고, 네포스는 로마인들조차 칭송할 만한 자질들을 그가 지녔다고 하였다; 이 짧은 글에서 다소 엿볼 수 있는 그 흔적들은 무엇인가?

SCRĪPTA IN PARIETIBVS

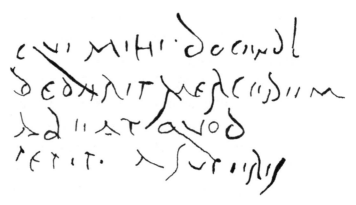

Quī mihi docendī dederit mercēdem, <h>abeat quod petit ā superīs!

CIL 4.8562: 폼페이의 원형 경기장 근처에 있는 大운동장을 둘러싼 주랑의 한 기둥에 기록된 낙서(II 지역); 여기서의 많은 활동들 중에는 선생들이 보수를 받고 학생들을 가르쳤던 일도 있었는데, 이는 로마에서와 마찬가지로 폼페이에서도 흔한 관례였다. 이 교육자는 신들에게 유료 수강생들을 축복해 달라고 빌었다!—**mercēs, -cēdis**, f., 급료, 보수; (제공된 서비스에 대한) 지불 + 속격.—**<h>abeat:** 라틴어 알파벳에서, 문자 **h**는 약한 기음을 나타냈는데, 말할 때 자주 발음되지 않았고, 가끔은 선생들조차도(!) 철자에서 빠뜨렸다.

ETYMOLOGIA

Recordātiō(S.A. 14)에서 눈에 띄는 어간은 **cor, cordis**, n., 심장: 고대인들에게 심장은 감정뿐만 아니라 지성과 기억의 자리로도 여겨졌으며, 이 믿음은 영어의 "learn by heart"라는 표현에 반영되어 있다; 파생어들에는 "record"와 "recorder" 이외에도 다음과 같은 것들이 있다: accord, concord, discord, cordial, courage.

　용어 "gerund"와 "gerundive"는 본래는 **gerō**(나르다, 행하다)에서 나온 **gerendum**의 변형이다. 동명사 gerund는 "doing"(action)을, 동형사 gerundive

는 "to be done"을 뜻한다. 후대 라틴어에서 동명사의 탈격은 점차 현재 분사에 상응하는 것으로 사용되었고, 이러한 용법으로 인해 아래와 같은 로망스어 분사들이 파생되었다:

Lat.	It.	Sp.	Port.	Rom.
dandō	dando	dando	dando	dând
faciendō	facendo	haciendo	fazendo	făcând
dīcendō	dicendo	diciendo	dizendo	zicând
pōnendō	ponendo	poniendo	pondo	punând
scrībendō	scrivendo	escribiendo	escrevendo	scriind

LATĪNA EST GAVDIVM—ET ŪTILIS!

Salvēte, discipulī discipulaeque; haec sunt discenda: 주후 1세기 교육자 퀸틸리아누스(*Īnstitūtiō Ōrātōria* 12.1.1)가 인용한, 웅변가에 대한 카토의 정의는 아주 잘 알려져 있는데, 이제 여러분은 동명사를 공부했으므로 그것을 쉽게 번역할 수 있을 것이다: **ōrātor est vir bonus dīcendī perītus (perītus, -a, -um** + 속격 = 능숙한). 이 외에도 동명사와 동형사가 사용된 다음과 같은 친숙한 말들이 있다: 뉴 멕시코 州의 표어, **crēscit eundō** (만일 이것을 이해하기 어렵거든 37章을 복습하라!); **docendō discimus**, 선생들은 모두가 동의하는 말이다; **spectēmur agendō**, *let us be judged by what we do* (문자적으로는 *by our doing*); **modus vīvendī**와 **modus operandī** ("m.o."는 탐정극 광팬들에게 친숙한 말!); **onus probandī**, 입증 책임 (문자적으로는 *of proving*); 그리고 다음과 같은 "해야 할 것들(things to be done)"이 많이 있다: **agenda, addenda, corrigenda, memorandum, referendum**.

    Et duo cētera ex vocābulīs novīs huius capitis: iniūria nōn excūsat iniūriam, *(one) injury does not excuse (another) injury*는 오래된 법적 원칙이며, **expertō crēdite**는 여전히 훌륭한 조언이다. **Habēte fēlīcem modum vīvendī, studentēs, et valēte!**

CAPVT XL

직접 의문문의 -Ne, Num, Nōnne; 우려의 명사절; 묘사의 속격과 탈격

GRAMMATICA

직접 의문문의 -Ne, Num, Nōnne

우리가 앞에서 이미 보았듯이, 로마인은 의문대명사(**quis, quid**)로 또는 **ubi**나 **cūr**와 같은 의문사로 문장을 시작하든가, 또는 문장의 첫 번째 단어(동사 또는 질문의 핵심이 되는 어떤 단어인 경우가 보통이다) 끝머리에 **-ne**를 덧붙이든가 해서 다양한 방식의 직접 의문문을 만들 수 있었다. 게다가 라틴어에서는 "유도 질문"(leading question)으로 물어볼 수도 있다: 話者가 "네"라는 답변을 기대하고 묻는 경우에는, 그 질문은 **nōnne**로 인도되었다(정식으로 논의되지는 않았지만 앞에서 이미 마주쳤던 구문이다); 그러나 부정적 답변이 나올 것으로 예상하고 물을 때는 **num**이 그 질문을 이끄는 단어였다.

> **Quis venit?** *Who is coming?*
> **Cūr venit?** *Why is he coming?*
> **Venitne?** *Is he coming?*
> **Nōnne venit?** *He is coming, isn't he?* 또는 *Isn't he coming?*
> **Num venit?** *He isn't coming, is he?*
> **Scrīpsistīne illās litterās?** *Did you write that letter?*
> **Nōnne illās litterās scrīpsistī?** *You wrote that letter, didn't you?* 또는
> *Didn't you write that letter?*
> **Num illās litterās scrīpsistī?** *You didn't write that letter, did you?*

우려의 명사절

두려움이나 걱정을 나타내는 동사들은 **nē** (*that*) 또는 **ut** (*that ... not;* 때로는 **nē nōn**이 **ut** 대신에 사용되었다)가 이끄는 가정법 명사절을 취하는 경우가 자주 있다; 이러한 **우려의 명사절**(FEAR CLAUSE)에서 접속사는 예상과는 정반대

의 것이 사용되는데, 원래 그것이 이끄는 절은 본질적으로는 독립된 지시법 절이기 때문이다(즉, **timeō nē abeās**, *I fear that you may go away*, = **Timeō. Nē abeās!**, *I'm afraid—Don't go away!*). 번역할 때 흔히 사용되는 조동사들에는 (1차적 시제에서는) "will" 또는 "may," (2차적 시제에서는) "would" 또는 "might"가 있다:

Timeō nē id crēdant. *I fear that they will (may) believe this.*
Vereor ut id crēdant. *I am afraid that they will (may) not believe this.*
Timuērunt nē amīcōs āmitterent. *They feared that they might (would) lose their friends.*
Metuistī ut mulierēs ex casā exīssent. *You were afraid that the women had not left the house.*

묘사의 속격과 탈격

탈격이나 속격의 명사에 수식하는 형용사가 더해진 구문은 또 다른 명사를 수식하는 데 사용될 수 있다; (앞에서 읽은 글들에서 이미 마주쳤던) **묘사의 탈격**(ABLATIVE OF DESCRIPTION)과 **묘사의 속격**(GENITIVE OF DESCRIPTION)은 둘 다 어떤 명사의 특성이나 성질, 또는 규격을 묘사하지만, 그 탈격은 물리적인 특징을 묘사할 때 특히 자주 사용되었다. 형용사들과 마찬가지로, 이러한 묘사적 표현들은 대체로 그 수식을 받는 명사들 뒤에 위치한다.

fēmina *magnae sapientiae*, *a woman of great intellect*
pāx in hominibus *bonae voluntātis*, *peace among men of good will*
cōnsilium *eius modī*, *a plan of this kind*
Dīligō hominem *antīquā virtūte*, *I esteem a man of old-fashioned morality.*
mīles *firmā manū*, *the soldier with the strong hand*
Es *mōribus bonīs*, *You are a person of good character.*

VOCĀBVLA

휠록의 마지막 **Vocābula**에 도달한 것을 환영한다! 1장에서 40장까지의 단어 목록들에서 정식으로 소개된 단어들은 천 개 미만이지만, 수백 개의 **Sententiae Antīquae**와 읽을거리들 및 낙서들에 달린 주석들을 통해서도 사실상 거의 천

개 이상의 단어들이 소개되었다. 또한 이제 여러분은 영어 파생어들에 근거하여, 그리고 복합어, 접두사, 접미사, 동화, 모음 단축, 및 어근이 같은 단어들(**regō**, **rēx**, **rēgina**; **cupiō**, **cupidus**, **cupiditās**) 등등, 이 모든 것들에 대한 여러분의 종합적인 지식에 근거하여, 그 외 수많은 단어들의 의미들을 쉽게 직관적으로 파악할 수 있게 되었다; 예를 들면, 아래의 **dominus**와 **domina**에서, 여러분은 **domināre**와 **dominātiō**의 의미를 짐작할 수 있을 테고, **lacrima**에서는 **lacrimāre**와 **lacrimōsus** 따위를 당연히 알 것이다. 따라서 앞으로 여러분이 라틴어 글들을 읽을 때 정식으로 배우지 않은 어떤 단어와 마주치게 되면, 그 단어 자체와 그 문맥을 더욱 꼼꼼히 들여다보라. 그러면 의미 파악에 확실한 단서를 하나 또는 그 이상 발견하는 경우가 매우 자주 있을 것이다. 마지막으로 형태가 유사한 몇몇 단어들을 주의 깊게 보라: **metus/mēta**, **vultus/vulgus/vulnus**. 그리고 아래 목록을 단지 눈으로만 드문드문 읽는 것이 아니라, 각 단어를 빠짐없이 듣고 큰 소리로 발음함으로써 이 새로운 어휘를 익히도록 CD 또는 온라인 오디오를 끝까지 잘 활용하라.

aes, **aéris**, n., 청동 (era; cf. **aerārium**, **-ī**, 국고, 금고; **aereus**, **-a**, **-um**, 청동으로 만든)

dóminus, **dóminī**, m., 주인, 家長, 다스리는 자; **dómina**, **dóminae**, f., 여주인, 주부, 귀부인 (dominate, domineer, dominion, domain, domino, don, dungeon, belladonna, madonna, dame, damsel; cf. **domus**)

lácrima, **lácrimae**, f., 눈물 (lacrimal, lacrimation, lachrymose, lacrimoso)

mḗta, **mḗtae**, f., 원뿔, 푯대, 반환점, 목표; 한계, 경계

monuméntum, **monuméntī**, n., 기념물, 기록물 (monumental; cf. **moneō**)

násus, **násī**, m., 코 (nasal, nasalize, nasogastric; 같은 어근에서 나온 단어들: nostril, nozzle)

sáxum, **sáxī**, n., 바위, 돌 (saxifrage, saxicolous; cf. **secō**, 자르다, saw)

vúltus, **vúltūs**, m., 용모, 얼굴

iústus, **iústa**, **iústum**, 올바른, 옳은, 의로운 (justice, unjust, justify, justification, adjust; cf. **iūs**, **iūdex**, **iniūria**)

tot [곡용되지 않는 형용사], 매우 많은; **tot...quot**, ~만큼 많은; cf. **totidem** [곡용되지 않는 형용사], 같은 수의; **totiēns** [부사], 그렇게 여러 번, 매우 자주)

praéter [전치사 + 대격], 외에, 제외하고; 넘어서/지나서 (preterit, preterition, pretermit, preternatural; cf. **prae**)

nónne, "긍정"의 답변을 기대하는 의문문을 이끄는 의문 부사

num, (1) "부정"의 답변을 기대하는 직접 의문문을 이끄는 의문 부사; (2) 간접
　　의문문을 이끌며, *whether*를 뜻하는 의문 부사

omnínō [부사], 모두, 전부, 통틀어; (부정어와 함께) 전혀 (cf. **omnis**)

postrḗmum [부사], 결국, 드디어; 마지막으로 (cf. **post**)

quīn [부사], 오히려, 사실상, 더욱이

éxplicō, **explicáre**, **explicávī**, **explicátum**, 펴다; 설명하다; 펼치다, 배치하다
　　(explicate, inexplicable; implicate의 어원: **implicō**, 접다, 엮다, 얽히게
　　하다)

fatígō, **fatīgáre**, **fatīgávī**, **fatīgátum**, 피곤케 하다, 지치게 하다, 귀찮게 하다
　　(fatigue, indefatigable)

for, **fắrī**, **fắtus sum**, (예언으로) 말하다, 이야기하다, 예고하다 (affable, in-
　　effable, infant, infantry, preface; cf. **fābula**, **fāma**, **fateor**, **fātum**: 누구
　　에게 "예고된" 것은 그의 "운명[fate]"이다)

opínor, **opīnárī**, **opīnátus sum**, 생각하다, 추측하다 (opine, opinion)

repériō, **reperíre**, **répperī**, **repértum**, 찾다, 발견하다, 배우다; 얻다 (reper-
　　toire, repertory; cf. **parēns**, **pariō**, 낳다)

véreor, **verḗrī**, **véritus sum**, 경의를 표하다, 존경하다; 두려워하다, 무서워하
　　다 (revere, reverend, reverent, reverential, irreverent)

LĒCTIŌ ET TRĀNSLĀTIŌ

아래 발췌글들과 여러분이 장차 읽게 될 라틴어 글들과 관련하여, 마지막으로
여러분이 명심해야 할 조언을 한마디 하자면, 번역을 시도하기 전에 항상 큰 소
리로 읽으면서 뜻을 파악하라. 본 단원의 자습문제를 풀어봄으로써 새로운 문
법을 완전히 습득했는지 테스트해 보고, 아래 문장들과 구절들을 살펴보면서,
그 안에 있는 우려의 명사절들과 묘사의 속격과 탈격 및 **-ne**, **num**, **nōnne**가
이끄는 의문문들을 모두 확인하라. 우려의 명사절을 번역할 때는 언뜻 보기에
는 변칙적인 현상, 즉 **ut** = "that not"이고 **nē** = "that"라는 사실을 상기하라;
그리고 번역할 때는 언제든지 문맥에 가장 적합한 의미를 지닌 말을 선택하라
—예를 들면, 아래 베르길리우스의 詩句에서, **excipiet**은 *will capture*보다는
*will receive/take over*가 더 나은 선택이고, **dīcet**은 *will say*보다는 *will call/
name*이 의미가 더 잘 통한다.

EXERCITĀTIŌNĒS

1. Nōnne Rōmulus, sator huius urbis, fuit vir mīrābilis virtūtis et fideī prīstinae atque quī deōs semper vereātur?
2. At postrēmum vereor, heu, ut ā virīs parvae sapientiae hoc studium vetus intellegī possit.
3. Nōn oportet nōs trānsīre haec līberālia hūmānaque studia, nam praemia eōrum certē sunt maxima.
4. Dignitās illīus ōrātiōnis fuit omnīnō idōnea occāsiōnī.
5. Equī eius, cum fatīgātī essent et ventus esset eīs adversus, ad mētam tamen quam celerrimē currēbant.
6. Vir corpore īnfīrmō id nōn facere poterat.
7. Etsī trēs fīliī sunt cupidī magnōrum operum faciendōrum, eīs nōn licet domō abīre.
8. Domina fīrma acerbē querēbātur plūrimōs servōs fuisse absentēs—vae illīs miserīs!
9. Mīrābile rogātū, num istam mulierem amās, mī amīce?
10. Nōnne timent nē et Rōmae et rūrī magnī tumultūs sint?
11. Num opīnāris tot hominēs iūstōs omnīnō errāre?
12. Recognōvistīne, ut illa aedificia vīsum ambulābās, mulierem sub arbore humī requiēscentem?

작문

13. I am afraid, in my heart, that few things can be accomplished now even by trying.
14. You do not hesitate to say this, do you?
15. They supposed that, after all, he was a man of very little faith.
16. You do recognize how great the danger is, do you not?

SENTENTIAE ANTĪQVAE

1. Quattuor causās reperiō cūr senectūs misera videātur. Videāmus quam iūsta quaeque eārum sit. (Cicero.)
2. Verērī videntur ut habeam satis praesidī. (*Cicero.—**praesidium, -iī**, n., 보초, 경계; *preside, president.*)

3. Necesse est enim sit alterum dē duōbus: aut mors sēnsūs omnīnō aufert aut animus in alium locum morte abit. Sī mors somnō similis est sēnsūsque exstinguuntur, dī bonī, quid lucrī est morī! (Cicero.— **necesse est:** 여기서는 부정사보다는 가정법이 연결되었다.—**aufert:** = **ab** + **fert;** *ablate, ablative.*—**exstinguō, -ere;** *extinct, extinction.*—**lucrum, -ī,** m., 소득, 이득; *lucrative, lucre.*)

4. Aetās semper trānsitum et aliquid novī adfert. (Terence.)

5. Nōnne ūnum exemplum luxuriae aut cupiditātis multum malī facit? (Seneca.—**luxuria, -ae,** f.; *luxury, luxuriant.*)

6. Mīror tot mīlia virōrum tam puerīliter identidem cupere currentēs equōs vidēre. (Pliny.—**puerīliter** [**puer**에서 나온 부사], 유치하게; *puerile, puerility.*—**identidem** [부사], 반복해서.—**currentēs:** 즉, 경마에서.)

7. Nōnne vidēs etiam guttās, in saxa cadendō, pertundere illa saxa? (Lucretius.—**gutta, -ae,** [물]방울; *gout, gutter, gtt.*[의학에서 "drops"를 뜻하는 **guttae**의 약어]—**pertundō, -ere,** 꿰뚫다, 침식하다)

8. Metuō nē id cōnsilī cēperīmus quod nōn facile explicāre possīmus. (*Cicero.—**cōnsilī:** 전체의 속격으로 **id**에 연결된다.)

9. Antōnius, ūnus ex inimīcīs et vir minimae clēmentiae, iussit Cicerō-nem interficī et caput eius inter duās manūs in Rōstrīs pōnī. (Livy.—**inimīcus, -ī,** m.,(사사로운)敵, **in** + **amīcus;** *inimical, enemy.*—**Rōstra, -ōrum,** n., 로마 광장에 있는 연단; *rostrum.*)

10. Omnēs quī habent aliquid nōn sōlum sapientiae sed etiam sānitātis volunt hanc rem pūblicam salvam esse. (*Cicero.—**sānitās, -tātis,** f.; *sanitary, sanity.*)

11. Salvē, nec minimō puella nāsō nec bellō pede nec nigrīs ocellīs nec longīs digitīs nec ōre siccō! (*Catullus.—**niger, -gra, -grum,** 검은, 어두운; *denigrate.*—**ocellus: oculus**의 指小語.—**siccus, -a, -um,** 마른; *desiccate, desiccation.*)

12. Homō sum; nihil hūmānī aliēnum ā mē putō. (Terence.—**aliēnus, -a, -um,** 다른 사람의/에게 속한; + **ā/ab,** 상관 없는.)

13. Amīcus animum amīcī ita cum suō miscet quasi facit ūnum ex duō-bus. (Cicero.)

14. Sex diēbus fēcit Dominus caelum et terram et mare et omnia quae in eīs sunt, et requiēvit diē septimō. (Exodus.)

15. Mīsit legātum Valerium Procillum, summā virtūte et hūmānitāte a-dulēscentem, cum imperātōre hostium colloquendī causā. (Caesar.— **legātus, -ī**, m., 使節; *legate, legation.*—Valerius Procillus.—**hūmānitās, -tātis**, f., 인간성, 교양, 인문학; *humanitarian*; cf. **hūmānus, homō.**— **colloquor, -loquī, -locūtus sum**, 이야기하다, 토론/회담하다; *colloquy, colloquium.*)

16. Num negāre audēs? Quid tacēs? Convincam, sī negās; videō enim esse hīc in senātū quōsdam quī tēcum ūnā fuērunt. Ō dī immortālēs! (*Cicero.—**quid:** 여기서의 의미는 "왜?"—**con + vincō**, 잘못을 입증하다; **tē**를 넣어서 읽어라; *convince, convict.*—**ūnā** [부사], 함께, 연합하여.)

17. Nunc timeō nē nihil tibi praeter lacrimās queam reddere. (*Cicero —**queam:** = **possim.**—**reddō, -dere**, 돌려 주다, 갚다; *render, rent.*)

주피터가 비너스에게 로마의 장래 영광에 대해 예언하다

Ollī subrīdēns hominum sator atque deōrum
255　vultū, quō caelum tempestātēsque serēnat,
　　ōscula lībāvit nātae, dehinc tālia fātur:
　　"Parce metū, Cytherēa; manent immōta tuōrum
　　fāta tibi. Cernēs urbem et prōmissa Lavīnī
　　moenia sublīmemque ferēs ad sīdera caelī
260　magnanimum Aenēan; neque mē sententia vertit.
　　. . . .
263　Bellum ingēns geret Ītaliā populōsque ferōcīs
　　contundet mōrēsque virīs et moenia pōnet.
　　. . . .
　　Rōmulus excipiet gentem et Māvortia condet
　　moenia Rōmānōsque suō dē nōmine dīcet.
　　Hīs ego nec mētās rērum nec tempora pōnō:
　　imperium sine fīne dedī. Quīn aspera Iūnō,
280　quae mare nunc terrāsque metū caelumque fatīgat,
　　cōnsilia in melius referet, mēcumque fovēbit
　　Rōmānōs, rērum dominōs gentemque togātam."

두 뮤즈들 사이에 앉아 있는 베르길리우스
모자이크화, 하드루멘툼(오늘날의 수스), 튀니지, 주후 3세기
바르도 국립 박물관, 튀니스, 튀니지

*Vergil, *Aen.* 1.254ff: 아이네이스 제1권의 이 대목에서, 트로이 왕자 아이네아스와 그의 부하들은 항상 적대적인 주노(Juno)가 일으킨 폭풍으로 인해 난파를 당했다. 그 영웅의 어머니 비너스는 그녀의 아버지(그리고 주노의 남편)인 주피터에게 와서 트로이人들에 대한 그의 생각이 바뀌었는지, 또는 아이네아스가 이탈리아에 새로운 트로이 나라를 건설하게 될 운명에 여전히 놓여있는지를 물어보았다; 본디 長短短 六步格(dactylic hexameter) 형식으로 된 이 구절은 주피터가 대답한 말의 일부이다.—**Ollī:** = **illī,** 즉, 비너스.—**vultū:** 수단의 탈격으로 **subrīdēns**에 연결된다.—**ōscula lībāvit:** 즉, 그는 그녀에게 의례적으로 키스했다.—**nātae:** 간접 목적어.—**dehinc:** 여러분이 라틴어 운율학을 공부해 왔다면, 이 단어는 여기 운율에 맞도록 단음절로 취급되었음을 알아야 할

것이다.—**metū**: 여격 **metuī**의 대체형이다.—**Cytherēa, -ae,** f., 키테라人, 비너스의 별칭으로 그녀가 태어난 곳이며 그녀를 숭배하는 중심지인 에게海에 위치한 섬 키테라에서 따왔다.—**immōta**: **manent**의 주격 보어로서 서술적 형용사이다.—**tuōrum**: 즉, 아이네아스와 그를 따르는 트로이人들.—**Lavīnium, -iī,** n., 장차 로마市가 들어설 인근 지역에 위치한 라티움에 아이네아스가 건설하도록 정해져 있는 도성.—**sublīmem**: **Aenēan**(그리스語 대격 형태)의 서술어이다; *you will carry Aeneas on high.*—**neque...vertit**: 즉, "내 마음은 바뀌지 않았다"라는 말인데, 직역하면 어떻게 되겠는가?—**geret...pōnet**: 이 세 동사들의 주어는 모두 아이네아스이다.—**Ītaliā**: **in**을 넣어서 읽어라; 산문에는 으레 나타나는 전치사들이 운문에서는 흔히 생략되었다.—**ferōcīs**: = **ferōcēs,** 복수 대격.—**pōnet**: 액어법(ZEUGMA)이라고 알려진 방식으로, 이 동사는 두 목적어들 각각에 대해 상이한 의미를 갖는다; 즉, **mōrēs**에 대해서는 "제정하다," **moenia**에 대해서는 "건축하다."—**Māvortius, -a, -um,** 마르스(Mars)의 형용사; 그 성벽은 마르스가 로마의 첫 번째 왕 로물루스의 아버지였다는 전설 때문에 그렇게 일컬어졌다.—**rērum**: "일들의," 즉, "제국의."—**tempora**: 여기서는 "시간의 제한"을 뜻한다.—**terrāsque...caelumque**: 여러분이 자주 접했던 **et...et...**보다 서사시에서는 이처럼 **-que**를 반복해서 사용하는 것이 보통이다.—**in melius**: cf. 영어의 관용구 "to change for the better"; 주노는 트로이 전쟁에서 그리스인들 편에 섰으며, 그 후로도 계속해서 아이네아스의 운명적인 사명을 방해하였다.—**togātus, -a, -um,** 토가를 입은, 토가 차림의; 토가는 자유인으로 태어난 로마 남성들이 특히 광장이나 법정 또는 입법 기관에서 공적인 일을 행할 때 격식을 갖춰 입었던 양모로 짠 겉옷이었다.

QVAESTIŌNĒS: 아이네이스에 나오는 여러 중요한 예언들 중 첫 번째인 주피터의 말은 아이네아스와 로물루스의 사명 완수를 간략히 예고할 뿐만 아니라, 로마 제국의 운명 또한 암시하고 있다; 278-282절에서, 그는 미래에 세워질 나라의 특징을 어떻게 구체적으로 묘사하고 있는가? 그리고 뚜렷이 대비되는 두 마디, **rērum dominōs**와 **gentem...togātam**에서, 그가 암시한 듯싶은 상이한 활동 영역들은 무엇인가?

문학의 가치

Sī ex hīs studiīs dēlectātiō sōla peterētur, tamen, ut opīnor, hanc animī remissiōnem hūmānissimam ac līberālissimam iūdicārētis. Nam cēterae neque temporum sunt neque aetātum omnium neque locōrum; at haec studia adulēscentiam alunt, senectūtem oblectant, rēs secundās ōrnant, adversīs perfugium ac sōlācium praebent, dēlectant domī, nōn impediunt forīs, pernoctant nōbīscum, peregrīnantur, rūsticantur.

*Cicero, *Arch.* 7.16: 이 구절과 아울러, 여러분이 전에 읽었던 키케로의 **Prō Archiā**에서 발췌한, 알렉산더 대왕의 일화(13章) 및 문학과 야망에 관한 그의 논평(22章) 등을 복습하기 바란다; 이것은 특히 인문학의 가치를 설득력 있게 옹호함으로 수세기에 걸쳐 그 웅변가의 가장 뛰어난 연설들 중 하나로 남아 있다.—**studiīs…studia**: 즉, 문학 연구; 키케로는 앞에서 문학의 "실제적" 유익에 대해 논했고, 여기서는 **remissiō animī**로서 그 가치에 주목한다.—**hanc: esse**를 넣어서 읽어라.—**iūdicāre**, 판단하다, 여기다; *judicious, adjudicate.*—**cēterae: remissiōnēs**를 넣어 읽어라.—**omnium**: 세 명사들, **temporum**, **aetātum**, **locōrum**을 모두 수식한다; 동사(**sum, esse** 등)에 이어지는 속격이 어떤 식으로든 주어를 꾸미는 구문에서, 그것은 흔히 **서술적 속격**(PREDICATE GENITIVE)이라고 일컬어진다.—**nōbīscum**: 세 동사들 각각에 연결된다.

QVAESTIŌNĒS: 형용사 **hūmānissimam**과 **līberālissimam**에 복합적으로 내포된 의미들은 무엇인가?—키케로 자신이 분명히 염두에 두었을 이 두 단어들의 근본 의미들을 생각해 보라. 이 연설문에서 나온 앞에서 읽었던 구절을 되돌아보고, 거기서 말한 문학의 유익과 여기서 기술한 그 유익을 꼼꼼히 비교하라.

청동보다 오래 남는 기념비

> Exēgī monumentum aere perennius.
> . . . . .
> Nōn omnis moriar, multaque pars meī
> vītābit Libitīnam.

*Horace, *Carm.* 3.30.1, 6-7: 그가 지은 *Odes*의 제3권을 마무리하는 詩에서 (여기서 발췌한 좀더 긴 글은 **Locī Im.** XXVIII에 실려 있다), 호라티우스는 자신이 완전히 죽지는 않을 것이라고 자랑스럽게 주장한다; 운율: 첫 번째 아스클레피아데스格.—**perennis, -e**, (여러 해 걸쳐, **per annōs**) 지속되는, 남아있는; *perennial.*—**multa**: 여기서의 의미는 **magna**.—**Libitīna, -ae**, f., 리비티나(고대 이탈리아에서 장례의 여신 이름으로, 여기서는 죽음을 상징한다).

QVAESTIŌ: 아마도 너무 뻔한 질문이겠지만, 그러나 이 책의 마지막 **quaestiō**로 꼭 맞는 것 같아 여러분에게 물으니, 호라티우스가 명확히 확인해주지는 않았더라도 그의 **monumentum**은 무엇이라고 생각하는가? 그리고 그가 여기서 불멸할 것이라고 천명한 **multa…pars meī**는 무엇인가?

SCRĪPTA IN PARIETIBVS

Catus valeat—et vōs!

CIL 4.5200: 이 낙서는 IX 지역, 6 구역에 있는 한 가옥의 벽에 아로새겨진 것이다; 근처에는 아테네의 영웅 테세우스와 크레타의 공주 아리아드네의 그림이 있다. 여기서 글쓴이는 친구로 추정되는 카투스에게뿐만 아니라 여러분에게도, 그리고 거의 이천 년 전에 익명의 낙서자가 친절하게 새겨놓은 이 메시지를 읽게 되는 모든 사람들에게 작별을 고하고 있는바, 이 새긴 글은 마지막 휘의 읽기를 마무리짓기에 적합한 것 같다. . . .

LATĪNA EST GAVDIVM—ET VTILIS!

Salvēte postrēmum, discipulī et discipulae! 여기에는 몇몇 **rēs novae ex hōc capite ultimō**가 있다: **dominus illūminātiō mea**(주님은 나의 빛이시다)는 옥스퍼드 대학교의 표어; **lacrima Christī**는 "그리스도의 눈물"을 뜻하는 잘 알려진 라틴어 관용구(그리고 감미로운 이탈리아産 포도주의 명칭이기도 하다). 베르길리우스의 아이네이스에서 자주 인용되는 절은 북아프리카에서 난파당한 영웅 아이네아스가 트로이 전쟁에서 자기 백성과 그리스人들이 겪은 불행을 그린 카르타고의 벽화를 응시하는 대목에서 나왔다: **hīc etiam ... sunt lacrimae rērum et mentem mortālia tangunt.** 라틴어 본문이 문자적인 번역(이제 여러분 혼자서도 쉽게 할 수 있을 것이다)보다 훨씬 효과적이지만, 의역하면 다음과 같다: "이 또한 눈물 나는 世上事니, 헛된 人生事 애처롭구나."

그처럼 눈물을 흘리지(lacrimose, 또 다른 철자는 "lachrymose") 않기 위해 좀더 낙관적인 항목들로 이동하자: 동사에서 남성 행위자 명사를 어떻게 만드는지 기억하는가?— 일례로, **reperiō**에서 **repertor**(발견자)가 나온다. 그런데 행위자가 여성이면 접미사 **-trīx, -trīcis**가 붙으므로("aviator"와 "aviatrix" 그리고 이전에 보았던 **lēctor/lēctrīx**를 참조하라), 이 격언을 이해할 것이다: **paupertās omnium artium repertrīx**("필요는 발명의 어머니"라는 우리 격언과 비슷한데, 문자적 의미는 무엇인가?). **Vultus est index animī**, 의역하면 "얼굴은 마음의 거울"이라는 말도 자주 사용된다. 그리고 얼굴에 대해 말하자면, 다른 사람들을 비판하거나 경멸하는 표현인 "to stick your nose up in the air"와 "to look down your nose (on someone)"는 근래에 생긴 말이 전혀 아니다. 네로 시대의 풍자 시인이었던 페르시우스는 자신의 선배인 호라티우스에 관해 찬사가 전혀 섞이지 않은 재치가 번득이는 은유로 다음과 같이 말하였다: **excussō populum suspendere nāsō** (he *hung the people from his well-blown nose*). 끝으로 아우구스투스 시대의 시인 오비디우스의 별명은 **Nāsō** 였는데, 이는 넓적한 큰 코를 지닌 사람에게 종종 붙여진 듣기 불편한 호칭이었다—16章의 **Scrīpta in Parietibus**에 대한 해설에서 언급된, 사마귀가 돋은 흉한 코를 지닌 키케로의 조상을 기억나게 한다.

　　여러분의 라틴어 사랑이 **aere perennius** 되기를! **Rīdēte, gaudēte, carpite omnēs diēs vestrōs, atque postrēmum, lēctōrēs et lēctrīcēs dulcēs, valēte!**

필기도구를 들고 있는 남자와 여자를 그린, 폼페이에서 나온 프레스코화
국립 고고학 박물관, 나폴리, 이탈리아

LOCĪ ANTĪQVĪ

고대 작가들의 글에서 뽑아낸 이 구절들은 여러분이 여태까지 라틴어를 학습하면서 쌓아올린 수준에 맞게 다듬어졌지만, 그러나 가능한 한 편집을 최소화하였으므로, 여기에 실려 있는 말과 생각들은 바로 그 고대 작가들의 것이라고 할 수 있다. 운문의 경우에는 발췌할 때마다 하나 또는 그 이상의 절들을 생략했지만, 여기에 실제로 나타난 行들은 전혀 변경되지 않은 것들이다. 한편 산문의 경우에는 몇몇 단어들이나 문장들을 생략하거나, 또는 표현 방식을 이런 저런 점에서 다소 단순화시켰을 수 있다.

여러분은 이 다채로운 **Locī Antīquī**를 읽다 보면 그 자체로 흥미를 발견할 뿐만 아니라, "母語" 공부의 초기 단계인데도 그처럼 난이도가 높은 구절들을 읽고 번역할 수 있다는 뿌듯한 만족감과 성취감을 당연히 얻게 될 것이다. 항상 그렇듯이, 각 구절을 처음에는 반드시 적어도 한두 번은 큰 소리로 읽고, 그리고 의미 파악을 위한 정독을 하면서, 저자가 말하고 있는 바를 잘 이해하려고 한 후에 번역을 시도하라.

앞의 1章부터 40章까지의 **Vocābula** 목록들에서 소개되지 않았던 낱말들이 여기에 나타나는 경우에는 적어도 처음 한두 번은 각주에 뜻을 풀어 놓았으며, 특히 중요한 단어들은 각 구절의 각주들 아래에 위치한 **Vocābula**에 열거하였다. 이들 대부분은 이 책 끝부분에 있는 라틴어-영어 **Vocābula**에도 포함시켜 쉽게 참조할 수 있도록 하였다.

I. DISILLUSIONMENT

Miser Catulle, dēsinās[1] ineptīre,[2]
et quod vidēs perīsse perditum[3] dūcās.
Fulsēre[4] quondam candidī tibī[5] sōlēs,
cum ventitābās[6] quō[7] puella dūcēbat,

I
METER: choliambic.
[1]dēsinō, -ere, -siī, -situm, cease (dēsinās = *juss. subjunct. for* dēsine)
[2]ineptiō (4), play the fool

[3]perdō, -ere, -didī, -ditum, destroy, lose
[4]fulgeō, -ēre, fulsī, shine (fulsēre = fulsērunt)
[5]*final* -ī *is long here because of meter.*
[6]ventitō (1), *frequentative form of* veniō, come often
[7]quō, *adv.*, whither, where

5   amāta nōbīs quantum amābitur nūlla.

Fulsēre vērē candidī tibī sōlēs.

Nunc iam illa nōn vult; tū quoque, impotēns,[8] nōlī;

nec quae fugit sectāre[9] nec miser vīve,

sed obstinātā[10] mente perfer,[11] obdūrā.[12]

10   Valē, puella, iam Catullus obdūrat,

nec tē requīret nec rogābit invītam[13];

at tū dolēbis, cum rogāberis nūlla.

Scelesta, vae tē! Quae tibī manet vīta![14]

Quis nunc tē adībit? Cui vidēberis bella?

15   Quem nunc amābis? Cuius esse dīcēris?

At tū, Catulle, dēstinātus obdūrā. (**Catullus 8**)

II. HOW DEMOSTHENES OVERCAME HIS HANDICAPS

Ōrātor imitētur[1] illum cui summa vīs dīcendī concēditur,[2] Dēmosthenem, in quō tantum studium fuisse dīcitur ut impedīmenta[3] nātūrae dīligentiā[4] industriāque[5] superāret. Nam cum ita balbus[6] esset ut illīus ipsīus artis[7] cui studēret prīmam litteram nōn posset dīcere, perfēcit[8] meditandō[9] ut nēmō plānius[10] loquerētur.

5   Deinde, cum spīritus eius esset angustior,[11] spīritū continendō multum perfēcit in dīcendō; et coniectīs[12] in ōs calculīs,[13] summā vōce versūs multōs ūnō spīritū prōnūntiāre cōnsuēscēbat[14]; neque id faciēbat stāns ūnō in locō sed ambulāns. (**Cicero**, *Dē Ōrātōre* 1.61.260–61)

III. THE TYRANT CAN TRUST NO ONE

Multōs annōs tyrannus Syrācūsānōrum[1] fuit Dionȳsius. Pulcherrimam urbem servitūte oppressam tenuit. At ā bonīs auctōribus cognōvimus eum fuisse hominem summae temperantiae[2] in vīctū[3] et in rēbus gerendīs ācrem et industrium,[4]

---

[8]im-potēns, *gen.* -tentis, powerless, weak, hopelessly in love

[9]sectāre, *imperat. of* sector (1), follow eagerly, pursue; *word order:* sectāre (eam) quae fugit

[10]obstinātus, -a, -um, firm

[11]per-ferō, endure

[12]obdūrō (1), *verb of adj.* dūrus

[13]invītus, -a, -um, unwilling

[14]*see notes on excerpt in Capvt XIX.*
VOCĀBVLA: perdō, quō, invītus.

II
[1]imitor, -ārī, -ātus sum
[2]con-cēdō
[3]impedīmentum, -ī
[4]dīligentia, -ae
[5]industria, -ae

[6]balbus, -a, -um, stuttering

[7]illīus . . . artis, *i.e., rhetoric*

[8]per-ficiō, do thoroughly, bring about, accomplish

[9]meditor (1), practice

[10]plānius, *compar. of adv.* plānē

[11]angustus, -a, -um, narrow, short

[12]con-iciō (iaciō)

[13]calculus, -ī, pebble

[14]cōnsuēscō, -ere, -suēvī, -suētum, become accustomed
VOCĀBVLA: concēdō, perficiō, angustus, coniciō, cōnsuēscō.

III
[1]Syrācūsānī, -ōrum, Syracusans
[2]temperantia, -ae
[3]vīctus, -ūs, mode of life
[4]industrius, -a, -um

5 eundem tamen malum et iniūstum.[5] Quārē, omnibus virīs bene vēritātem quaer-
entibus hunc vidērī miserrimum necesse est, nam nēminī crēdere audēbat. Itaque
propter iniūstam cupiditātem dominātūs[6] quasi in carcerem[7] ipse sē inclūserat.[8]
Quīn etiam,[9] nē tōnsōrī[10] collum[11] committeret, fīliās suās artem tōnsōriam do-
cuit.[12] Ita hae virginēs tondēbant[13] barbam[14] et capillum[15] patris. Et tamen ab hīs
ipsīs, cum iam essent adultae,[16] ferrum remōvit, eīsque imperāvit ut carbōnibus[17]
10 barbam et capillum sibi adūrerent.[18] (**Cicero**, *Tusculānae Disputātiōnēs* 5.20.57–58)

IV. THE SWORD OF DAMOCLES

Hic tyrannus ipse dēmōnstrāvit quam beātus esset. Nam cum quīdam ex eius
assentātōribus,[1] Dāmoclēs,[2] commemorāret[3] cōpiās eius, maiestātem[4] dominātūs,
rērum abundantiam,[5] negāretque quemquam[6] umquam beātiōrem fuisse, Dio-
nȳsius "Vīsne igitur," inquit, "Ō Dāmocle, ipse hanc vītam dēgustāre[7] et fortūnam
5 meam experīrī?" Cum ille sē cupere dīxisset, hominem in aureō[8] lectō[9] collocārī[10]
iussit mēnsāsque ōrnāvit argentō[11] aurōque.[12] Tum puerōs bellōs iussit cēnam
exquīsītissimam[13] īnferre. Fortūnātus sibi Dāmoclēs vidēbātur. Eōdem autem tem-
pore Dionȳsius gladium suprā[14] caput eius saetā equīnā[15] dēmittī[16] iussit. Dāmoclēs,
cum gladium vīdisset, timēns ōrāvit tyrannum ut eī abīre licēret, quod iam "beātus"
10 nōllet esse. Satisne Dionȳsius vidētur dēmōnstrāvisse nihil esse eī beātum cui sem-
per aliquī[17] metus impendeat?[18] (**Cicero**, *Tusculānae Disputātiōnēs* 5.20.61–62)

---

[5]**in-iūstus, -a, -um**

[6]**dominātus, -ūs,** absolute rule or power

[7]**carcer, -eris,** *m.,* prison

[8]**inclūdō, -ere, -clūsī, -clūsum,** shut in

[9]**quīn etiam,** moreover

[10]**tōnsor, -ōris,** *m.,* barber

[11]**collum, -ī,** neck

[12]**doceō** *may take two objects.*

[13]**tondeō, -ēre, totondī, tōnsum,** shear, clip

[14]**barba, -ae,** beard

[15]**capillus, -ī,** hair

[16]**adultus, -a, -um**

[17]**carbō, -ōnis,** *m.,* glowing coal

[18]**adūrō, -ere, -ussī, -ustum,** singe

VOCĀBVLA: **temperantia, iniūstus, inclūdō.**

IV

[1]**assentātor, -ōris,** *m.,* flatterer, "yes-man"

[2]**Dāmoclēs, -is,** *m.*

[3]**commemorō** (1), mention, recount

[4]**maiestās, -tātis,** *f.,* greatness

[5]**abundantia, -ae**

[6]**quisquam, quidquam,** anyone, anything

[7]**dēgustō** (1), taste, try

[8]**aureus, -a, -um,** golden

[9]**lectus, -ī,** couch

[10]**col-locō,** place

[11]**argentum, -ī,** silver

[12]**aurum, -ī,** gold

[13]**exquīsītus, -a, -um: ex-quaesītus**

[14]**suprā,** *adv. and prep.* + *acc.,* above

[15]**saetā equīnā,** by a horsehair

[16]**dēmittō,** let down

[17]**aliquī, -qua, -quod,** *adj. of* **aliquis**

[18]**impendeō, -ēre,** hang over, threaten

VOCĀBVLA: **quisquam, collocō, aurum, suprā.**

V. DERIVATION OF "PHILOSOPHUS" AND SUBJECTS OF PHILOSOPHY

Eī quī studia in contemplātiōne[1] rērum pōnēbant "sapientēs" appellābantur, et id nōmen usque ad Pȳthagorae[2] aetātem mānāvit.[3] Hunc aiunt doctē et cōpiōsē[4] quaedam cum Leonte[5] disputāvisse[6]; et Leōn, cum illīus ingenium et ēloquentiam[7] admīrātus esset,[8] quaesīvit ex eō quā arte maximē ūterētur. At ille dīxit sē artem
5 nūllam scīre sed esse philosophum. Tum Leōn, admīrātus novum nōmen, quaesīvit quī essent philosophī. Pȳthagorās respondit multōs hominēs glōriae aut pecūniae servīre sed paucōs quōsdam esse quī cētera prō nihilō[9] habērent sed nātūram rērum cognōscere cuperent; hōs sē appellāre "studiōsōs[10] sapientiae," id est enim "philosophōs."[11] Sīc Pȳthagorās huius nōminis inventor[12] fuit.
10   Ab antīquā philosophiā usque ad Sōcratem[13] philosophī numerōs et sīdera tractābant[14] et unde omnia orīrentur[15] et quō[16] discēderent. Sōcratēs autem prīmus philosophiam dēvocāvit ē caelō et in urbibus hominibusque collocāvit et coēgit eam dē vītā et mōribus rēbusque bonīs et malīs quaerere. (**Cicero,** *Tusculānae Disputātiōnēs* 5.3.8–9; 5.4.10)

VI. CICERO ON THE VALUE AND THE NATURE OF FRIENDSHIP

Ego vōs hortor ut amīcitiam omnibus rēbus hūmānīs antepōnātis. Sentiō equidem,[1] exceptā[2] sapientiā, nihil melius hominī ā deīs immortālibus datum esse. Dīvitiās aliī antepōnunt; aliī, salūtem; aliī, potestātem[3]; aliī, honōrēs; multī, etiam voluptātēs. Illa autem incerta sunt, posita nōn tam in cōnsiliīs nostrīs quam in fortūnae
5 vicissitūdinibus.[4] Quī autem in virtūte summum bonum pōnunt, bene illī quidem faciunt; sed ex ipsā virtūte amīcitia nāscitur nec sine virtūte amīcitia esse potest.
    Dēnique cēterae rēs, quae petuntur, opportūnae[5] sunt rēbus singulīs[6]: dīvitiae, ut eīs ūtāris; honōrēs, ut laudēris; salūs, ut dolōre careās et rēbus corporis ūtāris. Amīcitia rēs plūrimās continet; nūllō locō exclūditur[7]; numquam intempestīva,[8]

V
[1] contemplātiō, -ōnis, *f.*
[2] Pȳthagorās, -ae, *m.*
[3] mānō (1), flow, extend
[4] cōpiōsē, *adv.,* fully
[5] Leōn, -ontis, *m.,* ruler of Phlius
[6] disputō (1), discuss
[7] ēloquentia, -ae
[8] admīror (1), wonder at, admire
[9] nihilum, -ī, = nihil
[10] studiōsus, -a, -um, fond of
[11] philosophus: *Gk.* philos, fond of, + sophia, wisdom
[12] inventor, -ōris, *m., cf.* inveniō
[13] Sōcratēs, -is

[14] tractō (1), handle, investigate, treat
[15] orior, -īrī, ortus sum, arise, proceed, originate
[16] quō, *adv.,* where
VOCĀBVLA: admīror, orior, quō.

VI
[1] equidem, *adv.,* indeed
[2] excipiō, -ere, -cēpi, -ceptum, except
[3] potestās, -tātis, *f.,* power
[4] vicissitūdō, -inis, *f.*
[5] opportūnus, -a, -um, suitable
[6] singulus, -a, -um, single, separate
[7] exclūdō, -ere, -clūsī, -clūsum
[8] intempestīvus, -a, -um, unseasonable

10 numquam molesta[9] est. Itaque nōn aquā, nōn igne in locīs plūribus ūtimur quam
amīcitiā; nam amīcitia secundās rēs clāriōrēs facit et adversās rēs leviōrēs.

Quis est quī velit in omnium rērum abundantiā ita[10] vīvere ut neque dīligat
quemquam[11] neque ipse ab ūllō dīligātur? Haec enim est tyrannōrum vīta, in quā
nūlla fidēs, nūlla cāritās,[12] nūlla benevolentia[13] potest esse; omnia semper metuun-
15 tur, nūllus locus est amīcitiae. Quis enim aut eum dīligat[14] quem metuat aut eum ā
quō sē metuī putet? Multī autem sī cecidērunt, ut saepe fit, tum intellegunt quam
inopēs[15] amīcōrum fuerint. Quid vērō stultius quam cētera parāre quae parantur
pecūniā sed amīcōs nōn parāre, optimam et pulcherrimam quasi supellectilem[16]
vītae?

20 Quisque ipse sē dīligit nōn ut aliam mercēdem[17] ā sē ipse petat sed quod
per sē quisque sibi cārus est. Nisi idem in amīcitiam trānsferētur,[18] vērus amīcus
numquam reperiētur. Amīcus enim est is quī est tamquam alter īdem. Ipse sē
dīligit et alterum quaerit cuius animum ita cum suō misceat ut faciat ūnum ex
duōbus. Quid enim dulcius quam habēre quīcum[19] audeās sīc loquī ut tēcum? (Ci-
25 cero, *Dē Amīcitiā,* excerpts from Chs. 5, 6, 15, 21)

VII. CICERO ON WAR

Quaedam officia sunt servanda etiam adversus[1] eōs ā quibus iniūriam accēpimus.
Atque in rē pūblicā maximē cōnservanda sunt iūra bellī. Nam sunt duo genera
dēcertandī[2]: ūnum per disputātiōnem,[3] alterum per vim. Illud est proprium[4] hom-
inis, hoc bēluārum[5]; sed bellum vī gerendum est sī disputātiōne ūtī nōn licet.
5 Quārē suscipienda quidem bella sunt ut sine iniūriā in pāce vīvāmus; post autem
victōriam eī cōnservandī sunt quī nōn crūdēlēs,[6] nōn dūrī in bellō fuērunt, ut
maiōrēs nostrī Sabīnōs[7] in cīvitātem etiam accēpērunt. At Carthāginem omnīnō
sustulērunt; etiam Corinthum sustulērunt—quod nōn approbō[8]; sed crēdō eōs hoc
fēcisse nē locus ipse ad bellum faciendum hortārī posset. Meā quidem sententiā,[9]
10 pāx quae nihil īnsidiārum habeat semper quaerenda est. Ac aequitās[10] bellī fētiālī[11]

---

[9]**molestus, -a, -um,** troublesome
[10]**abundantia, -ae**
[11]**quemquam,** *Locī Ant.* IV, n. 6
[12]**cāritās, -tātis,** *f.,* affection
[13]**bene-volentia, -ae,** goodwill
[14]**dīligat,** *deliberative subjunct.,* would esteem
[15]**inops, -opis,** bereft of
[16]**supellex, -lectilis,** *f.,* furniture
[17]**mercēs, -ēdis,** *f.,* pay, reward
[18]**trāns-ferō,** transfer, direct
[19]**habēre quīcum** = habēre eum cum quō
VOCĀBVLA: equidem, potestās, trānsferō.

VII
[1]**adversus,** *prep. + acc.,* toward
[2]**dēcertō** (1), fight (to a decision)
[3]**disputātiō, -ōnis,** *f.,* discussion
[4]**proprius, -a, -um,** characteristic of
[5]**bēlua, -ae,** wild beast
[6]**crūdēlis, -e,** cruel
[7]**Sabīnī, -ōrum**
[8]**approbō** (1), approve
[9]**sententiā:** *abl. here expressing accordance*
[10]**aequitās, -tātis,** *f.,* fairness, justice
[11]**fētiālis, -e,** fetial, *referring to a college of priests who were con-*
cerned with treaties and the ritual of declaring war

iūre populī Rōmānī perscrīpta est.[12] Quārē potest intellegī nūllum bellum esse iūstum nisi quod aut rēbus repetītīs[13] gerātur aut ante dēnūntiātum sit.[14]

Nūllum bellum dēbet suscipī ā cīvitāte optimā nisi aut prō fidē aut prō salūte. Illa bella sunt iniūsta quae sine causā sunt suscepta. Nam extrā[15] ulcīscendī[16] aut

15 prōpulsandōrum[17] hostium causam nūllum bellum cum aequitāte gerī potest. Noster autem populus sociīs[18] dēfendendīs terrārum[19] omnium potītus est.[20] (**Cicero,** *Dē Officiīs* 1.11.34–36 and *Dē Rē Pūblicā* 3.23.34–35)

VIII. HANNIBAL; THE SECOND PUNIC WAR

Hannibal,[1] fīlius Hamilcaris,[2] Carthāgine nātus est. Odium patris ergā Rōmānōs sīc cōnservāvit ut numquam id dēpōneret.[3] Nam post bellum Pūnicum,[4] cum ex patriā in exsilium expulsus esset, nōn relīquit studium bellī Rōmānīs īnferendī.[5] Quārē, cum in Syriam[6] vēnisset, Antiochō[7] rēgī haec locūtus est ut hunc quoque

5 ad bellum cum Rōmānīs indūcere[8] posset:

"Mē novem annōs nātō, pater meus Hamilcar, in Hispāniam[9] imperātor proficīscēns Carthāgine, sacrificium[10] dīs fēcit. Eōdem tempore quaesīvit ā mē vellemne sēcum proficīscī. Cum id libenter audīvissem et ab eō petere coepissem nē dubitāret mē dūcere, tum ille 'Faciam,' inquit, 'sī mihi fidem quam quaerō de-

10 deris.' Tum mē ad āram[11] dūxit et mē iūrāre[12] iussit mē numquam in amīcitiā cum Rōmānīs futūrum esse. Id iūs iūrandum[13] patrī datum usque ad hanc aetātem ita cōnservāvī ut nēmō sit quī plūs odiī ergā Rōmānōs habeat."

Hāc igitur aetāte Hannibal cum patre in Hispāniam profectus est. Post multōs annōs, Hamilcare et Hasdrubale[14] interfectīs, exercitus eī imperium trādidit. Sīc

15 Hannibal, quīnque et vīgintī annōs nātus, imperātor factus est. Tribus annīs omnēs gentēs Hispāniae superāvit et trēs exercitūs maximōs parāvit. Ex hīs ūnum in Āfricam[15] mīsit, alterum cum frātre in Hispāniā relīquit, tertium in Italiam sēcum dūxit.

Ad Alpēs[16] vēnit, quās nēmō umquam ante eum cum exercitū trānsierat.

---

[12]**per-scrībō**, write out, place on record
[13]**re-petō**, seek again
[14]**dēnūntiō** (1), declare officially
[15]**extrā**, *prep. + acc.,* beyond
[16]**ulcīscor, -ī, ultus sum,** avenge, punish
[17]**prōpulsō** (1), repel
[18]**socius, -iī,** ally
[19]**terrārum:** *depends on* **potītus est**
[20]**potior, -īrī, potītus sum,** + *gen.* (*or abl.*), get possession of
VOCĀBVLA: **dēcertō, proprius, crūdēlis, potior.**

VIII
[1]**Hannibal, -alis,** *m., illustrious general who led the Carthaginian forces against the Romans in the Second Punic (= Carthaginian) War, 218–202* B.C.

[2]**Hamilcar, -aris,** *m.*
[3]**dē-pōnō**
[4]**Pūnicus, -a, -um**
[5]**bellum īn-ferō,** make war on
[6]**Syria, -ae**
[7]**Antiochus, -ī**
[8]**in-dūcō**
[9]**Hispānia, -ae,** Spain
[10]**sacrificium, -iī**
[11]**āra, -ae,** altar
[12]**iūrō** (1), swear
[13]**iūs iūrandum, iūris iūrandī,** *n.,* oath
[14]**Hasdrubal, -alis,** *m., next in command after Hamilcar*
[15]**Āfrica, -ae**
[16]**Alpēs, -ium,** *f. pl.,* the Alps

20　Alpicōs[17] cōnantēs prohibēre eum trānsitū occīdit[18]; loca patefēcit; itinera mūnīvit[19]; effēcit[20] ut[21] elephantus īre posset quā[22] anteā[23] ūnus homō vix[24] poterat rēpere.[25] Sīc in Italiam pervēnit et, Scīpiōne[26] superātō, Etrūriam[27] petīvit. Hōc in itinere tam gravī morbō[28] oculōrum adfectus est[29] ut posteā numquam dextrō oculō bene ūterētur.

25　　　Multōs ducēs exercitūsque Rōmānōs superāvit; longum est omnia proelia[30] ēnumerāre.[31] Post Cannēnsem[32] autem pugnam nēmō eī in aciē[33] in Italiā restitit.[34] Cum autem P. Scīpiō tandem[35] in Āfricam invāsisset,[36] Hannibal, ad patriam dēfendendam revocātus, Zamae[37] victus est. Sīc post tot annōs Rōmānī sē perīculō Pūnicō līberāvērunt. (**Nepos,** *Hannibal,* excerpts)

IX. AUTOBIOGRAPHICAL NOTES BY HORACE

Nūlla fors[1] mihi tē, Maecēnās,[2] obtulit: optimus Vergilius et post hunc Varius[3] dīxērunt quid essem. Ut ad tē vēnī, singultim[4] pauca locūtus (nam pudor[5] prohibēbat plūra profārī[6]), ego nōn dīxī mē clārō patre nātum esse sed nārrāvī quod eram. Respondēs,[7] ut tuus mōs est, pauca. Abeō et post nōnum mēnsem[8] mē

5　revocās iubēsque esse in amīcōrum numerō. Hoc magnum esse dūcō, quod[9] placuī tibi, quī bonōs ā turpibus sēcernis[10] nōn patre clārō sed vītā et pectore pūrō.[11]

　　　Atquī[12] sī mea nātūra est mendōsa[13] vitiīs mediocribus ac paucīs sed aliōquī[14] rēcta,[15] sī neque avāritiam neque sordēs[16] quisquam[17] mihi obiciet,[18] sī pūrus sum et īnsōns[19] (ut mē laudem!) et vīvō cārus amīcīs, causa fuit pater meus. Hic enim,

10　cum pauper in parvō agrō esset, tamen nōluit mē puerum in lūdum Flāviī[20] mit-

[17]**Alpicī, -ōrum,** men of the Alps

[18]**occīdō, -ere, -cīdī, -cīsum,** cut down

[19]**mūniō (4),** fortify, build

[20]**efficiō,** bring it about, cause

[21]**ut . . . posset:** *noun clause of result, obj. of* **effēcit**

[22]**quā,** *adv.,* where

[23]**anteā,** *adv.,* before, formerly

[24]**vix,** *adv.,* scarcely

[25]**rēpō, -ere, rēpsī, rēptum,** crawl

[26]**Scīpiō, -ōnis,** *m., father of the Scipio mentioned below*

[27]**Etrūria, -ae,** *district north of Rome, Tuscany*

[28]**morbus, -ī,** disease

[29]**adficiō,** afflict

[30]**proelium, -iī,** battle

[31]**ēnumerō (1)**

[32]**Cannēnsis pugna,** battle at Cannae, *where in 216* B.C. *Hannibal cut the Roman army to shreds*

[33]**aciēs, -ēī,** battle line

[34]**resistō, -ere, -stitī,** + *dat.,* resist

[35]**tandem,** *adv.,* at last, finally

[36]**invādō, -ere, -vāsī, -vāsum,** go into, invade

[37]**Zama, -ae,** *city south of Carthage in North Africa*

VOCĀBVLA: **occīdō, efficiō, quā, anteā, vix, proelium, tandem.**

IX

[1]**fors, fortis,** *f.,* chance, accident

[2]**Maecēnās, -ātis,** *m., Augustus' unofficial prime minister and Horace's patron*

[3]**Varius, -iī,** *an epic poet*

[4]**singultim,** *adv.,* stammeringly

[5]**pudor, -ōris,** *m.,* bashfulness, modesty

[6]**profor (1),** speak out

[7]**respondēs, abeō, revocās, iubēs:** *in vivid narration the pres. tense was often used by the Romans with the force of the perf. This is called the "historical pres."*

[8]**mēnsis, -is,** *m.,* month

[9]**quod,** the fact that

[10]**sēcernō, -ere, -crēvī, -crētum,** separate

[11]**pūrus, -a, -um**

[12]**atquī,** *conj.,* and yet

[13]**mendōsus, -a, -um,** faulty

[14]**aliōquī,** *adv.,* otherwise

[15]**rēctus, -a, -um,** straight, right

[16]**sordēs, -ium,** *f. pl.,* filth

[17]**quisquam,** anyone

[18]**ob-iciō,** cast in one's teeth

[19]**īnsōns,** *gen.* **-ontis,** guiltless

[20]**Flāvius, -iī,** *teacher in Horace's small home town of Venusia*

tere sed ausus est mē Rōmam ferre ad artēs discendās quās senātōrēs[21] suōs filiōs docent. Ipse mihi paedagōgus[22] incorruptissimus[23] erat. Mē līberum servāvit nōn sōlum ab omnī factō sed etiam ab turpī opprobriō.[24] Quārē laus illī ā mē dēbētur et grātia[25] magna.

15   Sīc Rōmae nūtrītus sum[26] atque doctus sum quantum[27] īrātus Achillēs Graecīs nocuisset. Deinde bonae Athēnae mihi plūs artis adiēcērunt,[28] scīlicet[29] ut vellem rēctum ā curvō[30] distinguere[31] atque inter silvās[32] Acadēmī[33] quaerere vēritātem. Sed dūra tempora mē illō locō grātō ēmōvērunt et aestus[34] cīvīlis[35] bellī mē tulit in arma Brūtī.[36] Tum post bellum Philippēnse[37] dīmissus sum[38] et audāx[39] paupertās

20   mē humilem et pauperem coēgit versūs facere. (**Horace,** *Saturae* 1.6 and *Epistulae* 2.2; excerpts in prose form)

X. HORACE LONGS FOR THE SIMPLE, PEACEFUL COUNTRY LIFE ON HIS SABINE FARM

Ō rūs, quandō tē aspiciam?[1] Quandō mihi licēbit nunc librīs veterum auctōrum, nunc somnō et ōtiō ūtī sine cūrīs sollicitae[2] vītae? Ō noctēs cēnaeque deōrum! Sermō[3] oritur[4] nōn dē vīllīs[5] et domibus aliēnīs[6]; sed id quaerimus quod magis ad nōs pertinet[7] et nescīre malum est: utrum dīvitiīs an virtūte hominēs fiant beātī; 5   quid nōs ad amīcitiam trahat, ūsus[8] an rēctum[9]; et quae sit nātūra bonī[10] et quid sit summum bonum.

    Inter haec Cervius[11] fābulam nārrat. Mūs[12] rūsticus,[13] impulsus[14] ab urbānō mūre, domō rūsticā ad urbem abiit ut, dūrā vītā relictā, in rēbus iūcundīs cum illō vīveret beātus. Mox, autem, multa perīcula urbāna expertus, rūsticus "Haec vīta,"

---

[21]senātor, -ōris, *m.*

[22]paedagōgus, -ī, *slave who attended a boy at school*

[23]in-corruptus, -a, -um, uncorrupted

[24]opprobrium, -iī, reproach

[25]grātia, -ae, gratitude

[26]nūtriō (4), nourish, bring up

[27]quantum, *acc. as adv.*

[28]ad-iciō, add

[29]scīlicet (scīre-licet), *adv.,* naturally, of course, clearly, namely

[30]curvus, -a, -um, curved, wrong

[31]distinguō, -ere, -stīnxī, -stīnctum, distinguish

[32]silva, -ae, wood, forest

[33]Acadēmus, -ī; *Plato used to teach in the grove of Academus.*

[34]aestus, -ūs, tide

[35]cīvīlis, -e; *after the assassination of Julius Caesar on the Ides of March, 44* B.C., *civil war ensued between the Caesarians, led by Antony and Octavian, and the "Republicans," led by Brutus and Cassius.*

[36]Brūtus, -ī

[37]Philippēnsis, -e, at Philippi, *where in 42* B.C. *Brutus was defeated*

[38]dī-mittō, discharge

[39]audāx, -ācis, daring, bold

VOCĀBVLA: sēcernō, quisquam, grātia, silva, audāx.

X

[1]aspiciō, -ere, -spexī, -spectum, look at, see

[2]sollicitus, -a, -um, troubled, anxious

[3]sermō, -ōnis, *m.,* conversation

[4]orior, *Locī Ant. V n. 15*

[5]vīlla, -ae

[6]aliēnus, -a, -um, belonging to another

[7]per-tineō, pertain

[8]ūsus, -ūs, advantage

[9]rēctum, -ī, the right

[10]bonum, -ī, the good

[11]Cervius, -iī, *a rustic friend*

[12]mūs, mūris, *m/f.,* mouse

[13]rūsticus, -a, -um, rustic, country

[14]im-pellō, urge, persuade

10 inquit, "nōn est mihi necessāria.[15] Valē; mihi silva cavusque[16] tūtus[17] ab īnsidiīs placēbit." (**Horace**, *Saturae* 2.6, excerpts in prose form)

XI. WHY NO LETTERS?

C.[1] Plīnius Fabiō[2] Suō S.[3]

Mihi nūllās epistulās[4] mittis. "Nihil est," inquis, "quod scrībam." At hoc ipsum scrībe: nihil esse quod scrībās; vel[5] illa verba sōla ā quibus maiōrēs nostrī incipere solēbant: "Sī valēs, bene est; ego valeō." Hoc mihi sufficit[6]; est enim maximum. Mē
5   lūdere[7] putās? Sēriō[8] petō. Fac ut sciam quid agās. Valē. (**Pliny**, *Epistulae* 1.11)

XII. WHAT PLINY THINKS OF THE RACES

C. Plīnius Calvisiō[1] Suō S.

Hoc omne tempus inter tabellās[2] ac libellōs iūcundissimā quiēte[3] cōnsūmpsī. "Quemadmodum,[4]" inquis, "in urbe potuisti?" Circēnsēs[5] erant quō genere spectāculī[6] nē levissimē quidem teneor. Nihil novum, nihil varium,[7] nihil quod semel
5   spectāvisse nōn sufficiat. Quārē mīror tot mīlia virōrum tam puerīliter[8] identidem[9] cupere currentēs equōs vidēre. Valē. (**Pliny**, *Epistulae* 9.6)

XIII. PLINY ENDOWS A SCHOOL

Nūper cum Cōmī[1] fuī, vēnit ad mē salūtandum[2] fīlius amīcī cuiusdam. Huic ego "Studēs?" inquam. Respondit: "Etiam." "Ubi?" "Mediolānī.[3]" "Cūr nōn hīc?" Et pater eius, quī ipse puerum ad mē addūxerat, respondit: "Quod nūllōs magistrōs hīc habēmus." Huic aliīsque patribus quī audiēbant ego: "Quārē nūllōs?" inquam.
5   "Nam ubi iūcundius līberī[4] vestrī discere possunt quam hīc in urbe vestrā et sub oculīs patrum? Atque ego, quī nōndum[5] līberōs habeō, prō rē pūblicā nostrā quasi prō parente tertiam partem eius pecūniae dabō quam cōnferre vōbīs placēbit.

---

[15] necessārius, -a, -um
[16] cavus, -ī, hole
[17] tūtus, -a, -um, safe
VOCĀBVLA: aspiciō, orior, tūtus.

XI
[1] C. = Gāius
[2] Fabius, -iī
[3] S. = salūtem (dīcit)
[4] epistula, -ae, letter
[5] vel, or, *an optional alternative;* aut means or *without any option*
[6] sufficiō, suffice, be sufficient
[7] lūdō, -ere, lūsī, lūsum, play, jest
[8] sēriō, *adv.,* seriously
VOCĀBVLA: vel, sufficiō.

XII
[1] Calvisius, -ī
[2] tabella, -ae, writing pad

[3] quiēs, -ētis, *f.,* quiet
[4] quem-ad-modum, *adv.,* how
[5] Circēnsēs (lūdī), games, *races in the Circus Maximus*
[6] spectāculum, -ī
[7] varius, -a, -um, different
[8] puerīliter, *adv., based on* puer
[9] identidem, *adv.,* repeatedly
VOCĀBVLA: quiēs, quemadmodum, varius.

XIII
[1] Cōmum, -ī, Como, *Pliny's birthplace in N. Italy*
[2] salūtō (1), greet
[3] Mediolānum, -ī, Milan
[4] līberī, -ōrum, children
[5] nōndum, *adv.,* not yet
VOCĀBVLA: līberī, nōndum.

Nihil enim melius praestāre līberīs vestrīs, nihil grātius patriae potestis." (**Pliny,** *Epistulae* 4.13)

XIV. LARGE GIFTS—YES, BUT ONLY BAIT

"Mūnera[1] magna tamen mīsit." Sed mīsit in hāmō[2];
  et piscātōrem[3] piscis[4] amāre potest? (**Martial** 6.63.5–6)

XV. THE LORD'S PRAYER

Et cum ōrātis nōn eritis sīcut[1] hypocritae,[2] quī amant in synagōgīs[3] et in angulīs[4] plateārum[5] stantēs ōrāre ut videantur ab hominibus: āmēn[6] dīcō vōbīs, recēpērunt mercēdem[7] suam. Tū autem cum ōrābis, intrā[8] in cubiculum[9] tuum et, clausō[10] ōstiō[11] tuō, ōrā Patrem tuum in absconditō[12]; et Pater tuus quī videt in abscōnditō

5 reddet[13] tibi. . . . Sīc ergō[14] vōs ōrābitis: Pater noster quī es in caelīs, sānctificētur[15] nōmen tuum; adveniat rēgnum[16] tuum; fīat voluntās[17] tua sīcut in caelō et[18] in terrā. Pānem[19] nostrum supersubstantiālem[20] dā nōbīs hodiē, et dīmitte[21] nōbīs dēbita[22] nostra, sīcut et nōs dīmittimus dēbitōribus[23] nostrīs; et nē indūcās nōs in temptātiōnem[24]: sed līberā nōs ā malō. (*Vulgate, Matthew* 6.5–6, 9–13)

XVI. CAEDMON'S ANGLO-SAXON VERSES AND THE DIFFICULTIES OF TRANSLATION

Cum Caedmon[1] corpus somnō dedisset, angelus[2] Dominī eī dormientī "Caedmon," inquit, "cantā[3] mihi prīncipium creātūrārum.[4]" Et statim[5] coepit cantāre in laudem Deī creātōris[6] versūs quōs numquam audīverat, quōrum hic est sēnsus:

XIV
METER: elegiac couplet.
[1]mūnus, mūneris, *n.*, gift
[2]hāmus, -ī, hook
[3]piscātor, -ōris, *m.*, fisherman
[4]piscis, -is, *m.*, fish
VOCĀBVLA: mūnus.

XV
[1]sīcut, *adv. and conj.*, just as
[2]hypocrita, -ae, *m.*, hypocrite
[3]synagōga, -ae, synagogue
[4]angulus, -ī, corner
[5]platea, -ae, street
[6]āmēn, *adv.*, truly, verily
[7]mercēs, -ēdis, *f.*, wages, reward
[8]intrō (1), enter
[9]cubiculum, -ī, bedroom, room
[10]claudō, -ere, clausī, clausum, close
[11]ōstium, -iī, door
[12]in abscōnditō, in (a) secret (place)
[13]red-dō, -dere, -didī, -ditum, give back, answer, requite

[14]ergō, *adv.*, therefore
[15]sānctificō (1), treat as holy
[16]rēgnum, -ī, kingdom
[17]voluntās, -tātis, *f.*, will, wish
[18]et, also
[19]pānis, -is, *m.*, bread
[20]supersubstantiālis, -e, necessary to the support of life
[21]dī-mittō, send away, dismiss
[22]dēbitum, -ī, that which is owing, debt (*figuratively*) = sin
[23]dēbitor, -ōris, *m.*, one who owes something, one who has not yet fulfilled his duty
[24]temptātiō, -ōnis, *f.*
VOCĀBVLA: sīcut, claudō, reddō, ergō, rēgnum, voluntās.

XVI
[1]Caedmon, *Anglo-Saxon poet of the 7th cent.*
[2]angelus, -ī, angel
[3]cantō (1), sing
[4]creātūra, -ae, creature
[5]statim, *adv.*, immediately
[6]creātor, -ōris, *m.*

"Nunc laudāre dēbēmus auctōrem rēgni[7] caelestis,[8] potestātem[9] creatōris et cōn-
5   silium illīus, facta Patris glōriae, quī, omnipotēns[10] custōs[11] hūmānī generis, fīliīs
hominum caelum et terram creāvit." Hic est sēnsus, nōn autem ōrdō[12] ipse ver-
bōrum quae dormiēns ille cantāvit; neque enim possunt carmina, quamvīs[13]
optimē composita,[14] ex aliā in aliam linguam ad verbum[15] sine dētrīmentō[16] suī
decōris[17] ac dignitātis trānsferrī.[18] (**Bede**, *Historia Ecclēsiastica Gentis Anglōrum*
4.24; 8th cent.)

XVII. WHO WILL PUT THE BELL ON THE CAT'S NECK?

Mūrēs[1] iniērunt cōnsilium quō modō sē ā cattō[2] dēfendere possent et quaedam sa-
pientior quam cēterae āit: "Ligētur[3] campāna[4] in collō[5] cattī. Sīc poterimus eum
eiusque īnsidiās vītāre." Placuit omnibus hoc cōnsilium, sed alia mūs "Quis igitur,"
inquit, "est inter nōs tam audāx[6] ut campānam in collō cattī ligāre audeat?" Re-
5   spondit ūna mūs: "Certē nōn ego." Respondit alia: "Certē nōn ego audeō prō tōtō
mundō cattō ipsī appropinquāre.[7]" Et idem cēterae dīxērunt.
    Sīc saepe hominēs, cum quendam āmovendum esse arbitrantur et contrā eum
insurgere[8] volunt, inter sē dīcunt: "Quis appōnet sē contrā eum? Quis accūsābit[9]
eum?" Tum omnēs, sibi timentēs, dīcunt: "Nōn ego certē! Nec ego!" Sīc illum
10   vīvere patiuntur. (**Odo de Cerinton**, *Nārrātiōnēs*, 12th cent.)

XVIII. THE DEVIL AND A THIRTEENTH-CENTURY SCHOOLBOY

In illā ecclēsiā[1] erat scholāris[2] parvus. Cum hic diē quādam[3] versūs compōnere ex
eā māteriā[4] ā magistrō datā nōn posset et trīstis sedēret, diabolus[5] in fōrmā ho-
minis vēnit. Cum dīxisset: "Quid est, puer? Cūr sīc trīstis sedēs?" respondit puer:
"Magistrum meum timeō quod versūs compōnere nōn possum dē themate[6] quod
5   ab eō recēpī." Et ille: "Vīsne mihi servīre sī ego versūs tibi compōnam?" Puer, nōn

---

[7]**rēgnum, -ī**, kingdom
[8]**caelestis, -e**, *adj. of* **caelum**
[9]**potestās, -tātis**, *f.,* power
[10]**omni-potēns**
[11]**custōs, -tōdis**, *m.,* guardian
[12]**ōrdō, -inis**, *m.,* order
[13]**quamvīs**, *adv. and conj.,* although
[14]**com-pōnō**, put together, compose
[15]**ad verbum**, to a word, literally
[16]**dētrīmentum, -ī**, loss
[17]**decor, -ōris**, *m.,* beauty
[18]**trāns-ferō**
VOCĀBVLA: **statim, rēgnum, potestās, custōs, ōrdō,
compōnō.**

XVII
[1]**mūs, mūris**, *m./f.,* mouse
[2]**cattus, -ī** (*late Lat. for* **fēles, -is**), cat

[3]**ligō** (1), bind
[4]**campāna, -ae** (*late Lat. for* **tintinnābulum**), bell
[5]**collum, -ī**, neck
[6]**audāx, -ācis**, daring, bold
[7]**appropinquō** (1), + *dat.,* approach
[8]**īnsurgō, -ere, -surrēxī, -surrēctum**, rise up
[9]**accūsō** (1)
VOCĀBVLA: **audāx, appropinquō.**

XVIII
[1]**ecclēsia, -ae**, church
[2]**scholāris, -is**, *m.,* scholar
[3]**diē quādam: diēs** *is sometimes f., esp. when referring to a spe-
cific day.*
[4]**māteria, -ae**, material
[5]**diabolus, -ī**, devil
[6]**thema, -atis**, *n.,* theme, subject

intellegēns quod[7] ille esset diabolus, respondit: "Etiam, domine, parātus sum facere quidquid iusseris—dummodo versūs habeam et verbera[8] vītem." Tum, versibus statim[9] dictātīs,[10] diabolus abiit. Cum puer autem hōs versūs magistrō suō dedisset, hic, excellentiam[11] versuum mīrātus, timuit, dūcēns scientiam in illīs dīvīnam,[12] nōn hūmānam. Et ait: "Dīc mihi, quis tibi hōs versūs dictāvit?" Prīmum puer respondit: "Ego, magister!" Magistrō autem nōn crēdente et verbum interrogātiōnis[13] saepius repetente, puer omnia tandem[14] cōnfessus est.[15] Tum magister "Fīlī," inquit, "ille versificātor[16] fuit diabolus. Cārissime, semper illum sēductōrem[17] et eius opera cavē.[18]" Et puer diabolum eiusque opera relīquit. (**Caesar of Heisterbach**, *Mīrācula* 2.14; 13th cent.)

---

[7] **quod**, that, *introducing an ind. state., common in Medieval Lat.*
[8] **verbera, -um,** *n.,* blows, a beating
[9] **statim,** *adv.,* immediately
[10] **dictō** (1), dictate
[11] **excellentia, -ae**
[12] **dīvīnus, -a, -um; dīvīnam** *is pred. acc.*
[13] **interrogātiō, -ōnis,** *f.*

[14] **tandem,** *adv.,* at last
[15] **cōnfiteor, -ērī, -fessus sum**
[16] **versificātor, -ōris,** *m.,* versifier
[17] **sēductor, -ōris,** *m.,* seducer
[18] **caveō, -ēre, cāvī, cautum,** beware, avoid
VOCĀBVLA: **statim, tandem, cōnfiteor, caveō.**

LOCĪ IMMŪTĀTĪ

Locī Immūtātī는 **Locī Antīquī**의 독해를 모두 마치고, 라틴어 고전을 원문 그대로 읽어봄으로써 자신의 실력을 시험해 보고자 원하는 자들을 위해 제공되었다. 아래 글들은 전혀 다듬지 않은 있는 그대로의 것이지만, 그러나 어떤 대목은 생략되기도 하였는데, 이들은 으레 점 세 개로 표기하였다. 그리고 적절히 개작되지 않은 이러한 문학 자료에는 자연적으로 주석이 과하다 싶을 정도로 달리게 되지만, 그러나 무엇보다도 어휘와 관련된 주석이 훨씬 더 많다. **Locī Antīquī**의 경우에서처럼, 여기에 나오는 단어들이 1장부터 40장까지의 **Vocābula**에 소개되지 않았다면, 처음 한두 차례 등장할 때는 뜻을 풀어놓았고, 또한 그 대부분은 필요할 때 쉽게 찾아볼 수 있도록 이 책 뒷부분에 있는 라틴어-영어 **Vocābula**에 포함시켰다. 새롭게 접하는 문법적 원칙들을 다룰 때는 각주에 간단한 설명을 달거나 부록을 참조하게 하였다.

항상 그렇듯이, 시간을 들여서 각 구절을 적어도 한두 번은 큰 소리로 읽으면서 시작하고, 항상 의미 파악을 우선으로 삼으면서 읽어라. 부연하면, 번역을 하려고 하기 전에, 저자가 말하고 있는 바를 분명히 파악하려는 시도를 하라.

I. A DEDICATION

> Cui dōnō[1] lepidum[2] novum libellum
> āridō[3] modo[4] pūmice[5] expolītum[6]?
> Cornēlī,[7] tibi, namque[8] tū solēbās
> meās esse aliquid putāre nūgās,[9]
> 5   iam tum cum ausus es ūnus Ītalōrum[10]
> omne aevum[11] tribus explicāre[12] chartīs,[13]

I

METER: Phalaecean, or hendecasyllabic.

[1]**dōnō** (1), (= dō), present, dedicate
[2]**lepidus, -a, -um**, pleasant, neat
[3]**āridus, -a, -um**, dry, arid
[4]**modo**, *adv.*, just now
[5]**pūmex, -icis**, *m.*, pumice stone. *The ends of a volume were smoothed with pumice.*
[6]**expoliō** (4), smooth, polish

[7]*Cornelius Nepos, biographer and historian; see Introd.*
[8]*strong form of* **nam** = for (indeed, surely)
[9]**nūgae, -ārum**, trifles, nonsense
[10]**Ītalī, -ōrum**, the Italians; *initial* **i-** *long here for meter. This work, now lost, was apparently less annalistic than most histories by Romans.*
[11]**aevum, -ī**, time
[12]**explicō** (1), unfold, explain
[13]**charta, -ae**, leaf of (papyrus) paper; *here* = volume

doctīs—Iupitter!—et labōriōsīs.[14]
Quārē habē tibi quidquid hoc libellī[15]
quālecumque,[15] quod, Ō patrōna[16] virgō,
10 plūs ūnō maneat[17] perenne[18] saeclō.[19] (**Catullus** 1)

II. HOW MANY KISSES[1]

Quaeris quot mihi bāsiātiōnēs[2]
tuae, Lesbia, sint satis superque.[3]
Quam magnus numerus Libyssae[4] harēnae[5]
laserpīciferīs[6] iacet Cyrēnīs,[7]

. . .

5 aut quam sīdera multa, cum tacet nox,
fūrtīvōs[8] hominum vident amōrēs,
tam tē[9] bāsia multa bāsiāre[10]
vēsānō[11] satis et super Catullō est. (**Catullus** 7.1–4, 7–10)

III. DEATH OF A PET SPARROW

Lūgēte,[1] Ō Venerēs[2] Cupīdinēsque[3]
et quantum est hominum[4] venustiōrum[5]!
Passer[6] mortuus est meae puellae,
passer, dēliciae[7] meae puellae,
5 quem plūs illa oculīs suīs amābat.
Nam mellītus[8] erat, suamque nōrat[9]
ipsam[10] tam bene quam puella mātrem;

---

[14] labōriōsus, -a, -um, laborious
[15] libellī, *gen. of whole; lit.* whatever kind of book this is of whatsoever sort; *i.e.,* this book such as it is. quāliscumque, quālecumque, of whatever sort *or* kind
[16] patrōna, -ae, protectress; protectress maiden (**virgō**) = Muse
[17] let *or* may it remain
[18] perennis, -e, lasting, perennial
[19] saeclum, *syncopated form of* saeculum, -ī, age, century

II
METER: Phalaecean.
[1] *This poem is obviously a companion piece to Catullus 5 (see Capvt XXXI).*
[2] bāsiātiō, -ōnis, *f.,* kiss
[3] and to spare, and more
[4] Libyssus, -a, -um, Libyan
[5] harēna, -ae, sand (*cf.* arena)
[6] laserpīcifer, -a, -um, bearing laserpicium, *a medicinal plant*
[7] Cȳrēnae, -ārum, Cyrene, city of North Africa; *short* y *here for meter.*
[8] fūrtīvus, -a, -um, stealthy, furtive (**fūr,** thief)

[9] *subj. of* bāsiāre
[10] bāsiō (1), to kiss kisses = to give kisses; bāsiāre *is subj. of* est satis.
[11] vēsānus, -a, -um, mad, insane

III
METER: Phalaecean.
[1] lūgeō, -ēre, lūxī, lūctum, mourn, grieve
[2] Venus, -eris, *f.,* Venus; *here pl. as* Cupīdinēs *is.*
[3] Cupīdō, -inis, *m.,* Cupid, *often in the pl. as is Gk. Eros and as we see in art.*
[4] *gen. of whole with* quantum: how much of people there is = all the people there are
[5] venustus, -a, -um, charming, graceful; venustiōrum = more charming (*than ordinary men*)
[6] passer, -eris, *m.,* sparrow (*a bird which, incidentally, was sacred to Venus*)
[7] dēliciae, -ārum, delight, darling, pet
[8] mellītus, -a, -um, sweet as honey
[9] *contracted form* = nōverat (*from* nōscō)
[10] suam . . . ipsam, its very own (mistress)

nec sēsē[11] ā gremiō[12] illius movēbat,
    sed circumsiliēns[13] modo hūc[14] modo illūc[15]
10 ad sōlam dominam usque pīpiābat.[16]
    Quī[17] nunc it per iter tenebricōsum[18]
    illūc unde negant redīre quemquam.[19]
    At vōbīs male sit, malae tenebrae[20]
    Orcī,[21] quae omnia bella dēvorātis;[22]
15 tam bellum mihi[23] passerem abstulistis.[24]
    Ō factum male! Iō[25] miselle[26] passer!
    Tuā nunc operā[27] meae puellae
    flendō[28] turgidulī[29] rubent[30] ocellī.[31] (Catullus 3)

IV. FRĀTER AVĒ, ATQUE VALĒ[1]

Multās per gentēs et multa per aequora[2] vectus[3]
    adveniō hās miserās, frāter, ad īnferiās,[4]
ut tē postrēmō[5] dōnārem[6] mūnere[7] mortis
    et mūtam[8] nēquīquam[9] adloquerer[10] cinerem,[11]
5 quandoquidem[12] fortūna mihī[13] tētē[14] abstulit[15] ipsum,
    heu miser indignē[16] frāter adempte[17] mihī.
Nunc tamen intereā[18] haec,[19] prīscō[20] quae mōre parentum

---

[11]sēsē = sē (acc.)

[12]gremium, -iī, lap

[13]circumsiliō (4), jump around

[14]hūc, adv., hither, to this place

[15]illūc, adv., thither, to that place

[16]pīpiō (1), chirp

[17]quī = et hic, conjunctive use of the rel. at the beginning of a sent.

[18]tenebricōsus, -a, -um, dark, gloomy

[19]Locī Ant. IV n. 6.

[20]tenebrae, -ārum, darkness

[21]Orcus, -ī, Orcus, the underworld

[22]dēvorō (1), devour, consume

[23]dat. of separation

[24]auferō, auferre, abstulī, ablātum, take away

[25]iō, exclamation of pain, oh!, or of joy, hurrah!

[26]misellus, -a, -um, diminutive of miser, wretched, poor, unhappy; a colloquial word

[27]tuā operā, thanks to you: opera, -ae, work, pains, effort

[28]fleō, -ēre, flēvī, flētum, weep

[29]turgidulus, -a, -um, (somewhat) swollen

[30]rubeō, -ēre, be red

[31]ocellus, -ī, diminutive of oculus

IV

METER: elegiac couplet.

[1]Catullus journeyed to Bithynia on the staff of Memmius, the governor, apparently for two prime reasons. He undoubtedly wanted to get away from Rome in order to regain his equilibrium and fortitude after his final break with the notorious Lesbia. The present poem shows that he also deeply desired to carry out the final funeral rites for his dearly beloved brother, who had died in a foreign land far from his loved ones.

[2]aequor, -oris, n., flat surface, the sea

[3]vehō, -ere, vexī, vectum, carry

[4]īnferiae, -ārum, offerings in honor of the dead

[5]postrēmus, -a, -um, last

[6]dōnō (1), present you with; cf. the idiom in Locī Im. I line 1.

[7]mūnus, -eris, n., service, gift

[8]mūtus, -a, -um, mute, silent

[9]nequīquam, adv., in vain

[10]ad-loquor, address

[11]cinis, -eris, m. but occasionally f. as here, ashes (cf. incinerator)

[12]quandoquidem, conj., since

[13]dat. of separation. Final -ī is long here because of meter.

[14]= tē

[15]Locī Im. III n. 24

[16]indignē, adv., undeservedly

[17]adimō, -ere, -ēmī, -ēmptum, take away; adēmpte, voc. agreeing with frāter

[18]intereā, adv., meanwhile

[19]n. acc. pl., obj. of accipe

[20]prīscus, -a, -um, ancient

trādita sunt trīstī mūnere ad īnferiās,
accipe frāternō[21] multum[22] mānantia[23] flētū,[24]

10   atque in perpetuum,[25] frāter, avē[26] atque valē. (**Catullus 101**)

V. VITRIOLIC DENUNCIATION[1] OF THE LEADER OF A CONSPIRACY AGAINST THE ROMAN STATE

Quō usque[2] tandem abūtēre,[3] Catilīna, patientiā nostrā? Quam diū etiam furor[4] iste tuus nōs ēlūdet[5]? Quem ad fīnem sēsē[6] effrēnāta[7] iactābit[8] audācia[9]? Nihilne[10] tē nocturnum[11] praesidium[12] Palātī,[13] nihil urbis vigiliae,[14] nihil timor populī, nihil concursus[15] bonōrum omnium, nihil hic mūnītissimus[16] habendī senātūs locus, nihil

5   hōrum ōra[17] vultūsque mōvērunt? Patēre tua cōnsilia nōn sentīs? Cōnstrictam[18] iam omnium hōrum scientiā tenērī coniūrātiōnem[19] tuam nōn vidēs? Quid proxima,[20] quid superiōre[21] nocte ēgerīs, ubi fuerīs, quōs convocāverīs,[22] quid cōnsilī cēperīs, quem nostrum[23] ignōrāre[24] arbitrāris?

      Ō tempora[25]! Ō mōrēs! Senātus haec intellegit, cōnsul videt; hic tamen vīvit.

10   Vīvit? Immō[26] vērō[27] etiam in senātum venit, fit pūblicī cōnsilī particeps,[28] notat[29] et dēsignat[30] oculīs ad caedem[31] ūnum quemque nostrum. Nōs, autem, fortēs virī, satis facere reī pūblicae vidēmur sī istīus furōrem ac tēla[32] vītāmus. Ad mortem tē, Catilīna, dūcī iussū[33] cōnsulis iam prīdem[34] oportēbat, in tē cōnferrī pestem[35] quam tū in nōs māchināris[36] . . .

---

[21]**frāternus, -a, -um,** fraternal, of a brother, a brother's

[22]**multum,** *adv. with* **mānantia**

[23]**mānō** (1), flow, drip with; **mānantia** *modifies* **haec** *in line 7.*

[24]**flētus, -ūs,** weeping, tears

[25]**in perpetuum,** forever

[26]**avē = salvē**

V

[1]*For the general situation of this speech see the introductory note to the reading passage in Capvt XXX. Since Cicero as yet lacked evidence that would stand in court, this speech is a magnificent example of bluff; but it worked to the extent of forcing Catiline (though not the other leaders of the conspiracy) to leave Rome for his army encamped at Fiesole near Florence.*

[2]**quō usque,** how far

[3]= **abūtēris; ab-ūtor** + *abl.*, abuse

[4]**furor, -ōris,** *m.,* madness

[5]**ēlūdō, -ere, -lūsī, -lūsum,** mock, elude

[6]**quem ad fīnem = ad quem fīnem; sēsē = sē**

[7]**effrēnātus, -a, -um,** unbridled; *cf.* **frēnum,** bridle, *and the frenum of the upper lip*

[8]**iactō** (1), *frequentative form of* **iaciō,** toss about, vaunt

[9]**audācia, -ae,** boldness, audacity

[10]**nihil** = *strong* **nōn;** not at all

[11]**nocturnus, -a, -um,** *adj. of* **nox**

[12]**praesidium, -iī,** guard

[13]**Palātium, -ī,** the Palatine hill. *From the sumptuous dwellings on the Palatine comes our word "palace."*

[14]**vigilia, -ae,** watch; *pl.,* watchmen, sentinels

[15]**concursus, -ūs,** gathering

[16]**mūnītus, -a, -um,** fortified

[17]*here* = expression

[18]**cōnstringō, -ere, -strīnxī, -strictum,** bind, curb

[19]**coniūrātiō, -ōnis,** *f.,* conspiracy (a swearing together)

[20]**proximus, -a, -um,** nearest, last (*sc.* **nocte**)

[21]**superiōre** (*sc.* **nocte**) = the night before

[22]**con-vocō**

[23]*gen. of* **nōs** (*Capvt XI*)

[24]**ignōrō** (1), be ignorant, not know

[25]*The acc. was used in exclamatory expressions.*

[26]**immō,** *adv.,* on the contrary; nay more

[27]**vērō,** *adv.,* in fact

[28]**particeps, -cipis,** *m.,* participant

[29]**notō** (1), mark out, note

[30]**dēsignō** (1), mark out, designate, choose

[31]**caedēs, -is,** *f.,* slaughter

[32]**tēlum, -ī,** weapon

[33]**iussū,** *chiefly in abl.,* by *or* at the command of

[34]**iam prīdem,** *adv.,* long ago

[35]**pestis, -is,** *f.,* plague, destruction

[36]**māchinor** (1), contrive (*cf. "machine"*); **in nōs,** **in** + *acc. sometimes means* against (**contrā**)

15   Habēmus senātūs cōnsultum[37] in tē, Catilīna, vehemēns[38] et grave. Nōn deest[39] reī pūblicae cōnsilium, neque auctōritās[40] huius ōrdinis[41]; nōs, nōs, dīcō apertē,[42] cōnsulēs dēsumus . . . At nōs vīcēsimum[43] iam diem patimur hebēscere[44] aciem[45] hōrum auctōritātis. Habēmus enim eius modī[46] senātūs cōnsultum, . . . quō ex[47] senātūs cōnsultō cōnfestim[48] tē interfectum esse, Catilīna, convēnit.[49] Vīvis, et

20   vīvis nōn ad dēpōnendam,[50] sed ad cōnfirmandam[51] audāciam. Cupiō, patrēs cōnscrīptī,[52] mē esse clēmentem[53]; cupiō in tantīs reī pūblicae perīculīs mē nōn dissolūtum[54] vidērī, sed iam mē ipse inertiae[55] nēquitiaeque[56] condemnō.[57]

    Castra[58] sunt in Italiā contrā populum Rōmānum in Etrūriae[59] faucibus[60] collocāta[61]; crēscit in diēs singulōs[62] hostium numerus; eōrum autem castrōrum

25   imperātōrem ducemque hostium intrā[63] moenia atque adeō[64] in senātū vidēmus, intestīnam[65] aliquam cotīdiē perniciem[66] reī pūblicae mōlientem[67] . . .

    Quae[68] cum ita sint, Catilīna, perge[69] quō[70] coepistī. Ēgredere[71] aliquandō[72] ex urbe; patent portae; proficīscere. Nimium diū tē imperātōrem tua illa Mānliāna[73] castra dēsīderant. Ēdūc tēcum etiam omnēs tuōs; sī minus,[74] quam plūrimōs;

30   pūrgā[75] urbem. Magnō mē metū līberāveris dum modo inter mē atque tē mūrus[76] intersit.[77] Nōbīscum versārī[78] iam diūtius nōn potes; nōn feram, nōn patiar, nōn sinam[79] . . .

    Quamquam[80] nōn nūllī[81] sunt in hōc ōrdine quī aut ea quae imminent[82] nōn videant, aut ea quae vident dissimulent[83]; quī[84] spem Catilīnae mollibus[85] sententiīs

---

[37]cōnsultum, -ī, decree

[38]vehemēns, *gen.* -entis, emphatic, vehement

[39]dē + sum, be wanting, fail + *dat.*

[40]auctōritās, -tātis, *f.,* authority

[41]ōrdō, -dinis, *m.,* class, order

[42]*adv.,* openly

[43]vīcēsimus, -a, -um, twentieth

[44]hebēscō, -ere, grow dull

[45]aciēs, -ēī, sharp edge

[46]eius modī, of this sort; *modifies* cōnsultum

[47]*here* = in accordance with; *with* quō . . . cōnsultō

[48]cōnfestim, *adv.,* at once

[49]convenit, -īre, -vēnit, *impers.,* it is fitting

[50]dē + pōnō, put aside

[51]cōnfirmō (1), strengthen

[52]patrēs cōnscrīptī, senators

[53]clēmēns, *gen.* -entis, merciful, gentle

[54]dissolūtus, -a, -um, lax

[55]inertia, -ae, inactivity; *example of gen. of thing charged:* "I con-demn myself *on a charge of inactivity,* find myself guilty of inactivity."

[56]nēquitia, -ae, worthlessness; *gen. of charge*

[57]condemnō (1), find guilty, condemn

[58]castra, -ōrum, a camp (*n. pl. form but sg. meaning*)

[59]Etrūria, -ae, Etruria

[60]faucēs, -ium, *f. pl.,* jaws, narrow pass

[61]collocō (1), to position

[62]in diēs singulōs, from day to day

[63]intrā, *prep. + acc.,* within

[64]adeō, *adv.,* so even

[65]intestīnus, -a, -um, internal

[66]perniciēs, -ēī, slaughter, destruction

[67]mōlientem *modifies* ducem *and has* perniciem *as its obj.*

[68]= et haec, *conjunctive use of the rel. pron.*

[69]pergō, -ere, -rēxī, -rēctum, proceed, continue

[70]quō, *adv.,* where. *A few lines before these words Cicero said:* cōnfirmāstī (you asserted) tē ipsum iam esse exitūrum (*from* ex-eō).

[71]ēgredior, -ī, -gressus sum, go out, depart. *What is the form of* ēgredere?

[72]quandō, *adv.,* at some time, at last

[73]*Manlius was in charge of Catiline's army at Fiesole.*

[74]minus = nōn omnēs

[75]pūrgō (1), cleanse

[76]mūrus, -ī, wall

[77]inter-sum

[78]versor (1), dwell, remain

[79]sinō, -ere, sīvī, situm, allow

[80]quamquam, *conj.,* and yet

[81]nōn nūllī, not none = some, several

[82]immineō, -ēre, overhang, threaten

[83]dissimulō (1), conceal

[84]quī = et hī

[85]mollis, -e, soft, weak

35 aluērunt coniūrātiōnemque nāscentem nōn crēdendō corrōborāvērunt[86]; quōrum[87]
auctōritātem secūti,[88] multī nōn sōlum improbī,[89] vērum[90] etiam imperītī,[91] sī in
hunc animadvertissem,[92] crūdēliter[93] et rēgiē[94] factum esse[95] dīcerent. Nunc intel-
legō, sī iste, quō intendit,[96] in Mānliāna castra pervēnerit,[97] nēminem tam stultum
fore[98] quī nōn videat coniūrātiōnem esse factam, nēminem tam improbum quī
40 nōn fateātur.

Hōc autem ūnō interfectō, intellegō hanc reī pūblicae pestem paulīsper[99]
reprimī,[100] nōn in perpetuum[101] comprimī[102] posse. Quod sī[103] sē ēiēcerit,[104] sēcumque
suōs[105] ēdūxerit, et eōdem[106] cēterōs undique[107] collēctōs[108] naufragōs[109] adgregārit,[110]
exstinguētur[111] atque dēlēbitur nōn modo haec tam adulta[112] reī pūblicae pestis, vērum
45 etiam stirps[113] ac sēmen[114] malōrum omnium . . . Quod sī[103] ex tantō latrōciniō[115] iste
ūnus tollētur, vidēbimur fortasse ad[116] breve quoddam tempus cūrā et metū esse
relevātī;[117] perīculum autem residēbit[118] . . .

Quārē sēcēdant[119] improbī; sēcernant[120] sē ā bonīs; ūnum in locum congre-
gentur[121]; mūrō dēnique (id quod saepe iam dīxī) sēcernantur ā nōbīs; dēsinant[122]
50 īnsidiārī[123] domī suae[124] cōnsulī, circumstāre[125] tribūnal[126] praetōris urbānī,[127] ob-
sidēre[128] cum gladiīs cūriam,[129] malleolōs[130] et facēs[131] ad īnflammandam[132] urbem
comparāre[133]; sit dēnique īnscrīptum[134] in fronte[135] ūnīus cuiusque quid dē rē pūblicā
sentiat. Polliceor[136] hoc vōbīs, patrēs cōnscrīptī,[52] tantam in nōbīs cōnsulibus fore[98]

---

[86] corrōborō (1), strengthen; *cf. corroborate*

[87] quōrum = et eōrum

[88] secūtī, *partic. going with* multī

[89] improbus, -a, -um, wicked, depraved

[90] vērum etiam = sed etiam

[91] imperītus, -a, -um, inexperienced

[92] animadvertō, -ere, -vertī, -versum, notice; *with* in + *acc.* = in-
flict punishment on. *This is a mixed condition of what general
category?*

[93] crūdēliter, *adv. of* crūdēlis

[94] rēgiē, *adv.,* in the fashion of a king, tyrannically

[95] *Sc.* id *as subject.*

[96] intendō, -ere, -tendī, -tēnsum, intend; *parenthetical clause*

[97] per-veniō ad *or* in + *acc.,* arrive at, reach; pervēnerit = *perf.
subjunct. for a fut. perf. indic. in a more vivid condition. For
the subjunct. in a subordinate clause in ind. state., see App.*

[98] fore = futūrus, -a, -um, esse

[99] paulīsper, *adv.,* for a little while

[100] re-primō, press back, check

[101] = semper

[102] comprimō, -ere, -pressī, -pressum, suppress

[103] quod sī, but if

[104] *fut. perf. indic. What kind of condition?*

[105] suōs (virōs)

[106] eōdem, *adv.,* to the same place

[107] undique, *adv.,* from all sides

[108] colligō, -ligere, -lēgī, -lēctum, gather together

[109] naufragus, -ī, (shipwrecked) ruined man

[110] adgregō (1), gather; adgregārit = adgregāverit

[111] exstinguō, -ere, -stīnxī, -stīnctum, extinguish

[112] adultus, -a, -um, mature

[113] stirps, stirpis, *f.,* stem, stock

[114] sēmen, -inis, *n.,* seed

[115] latrōcinium, -iī, brigandage; band of brigands

[116] *here = for*

[117] relevō (1), relieve

[118] re-sideō (= sedeō), -ēre, -sēdī, -sessum, (sit down), remain

[119] sē-cēdō (sē = apart, away). *Why subjunct.?*

[120] sēcernō, -ere, -crēvī, -cretum, separate

[121] congregō (1), gather together

[122] dēsinō, -ere, -sīvī, -situm, cease

[123] īnsidior (1), plot against + *dat.*

[124] domī suae, *loc.* Catiline had tried to have Cicero assassinated.

[125] circum-stō, -āre, -stetī, stand around, surround

[126] tribūnal, -ālis, *n.*

[127] praetor urbānus, *judicial magistrate who had charge of civil
cases between Roman citizens*

[128] obsideō, -ere, -sēdī, -sessum, besiege, beset

[129] cūria, -ae, senate house

[130] malleolus, -ī, firebrand

[131] fax, facis, *f.,* torch

[132] īnflammō (1), set on fire

[133] = parāre

[134] īn-scrībō

[135] frōns, frontis, *f.,* forehead

[136] polliceor, -ērī, -licitus sum, promise

dīligentiam,[137] tantam in vōbīs auctōritātem,[40] tantam in equitibus[138] Rōmānīs
55 virtūtem, tantam in omnibus bonīs cōnsēnsiōnem,[139] ut Catilīnae profectiōne[140]
omnia patefacta, illūstrāta,[141] oppressa, vindicāta[142] esse videātis.

Hīsce[143] ōminibus,[144] Catilīna, cum summā reī pūblicae salūte,[145] cum tuā peste
ac perniciē,[146] cumque eōrum exitiō quī sē tēcum omnī scelere parricīdiōque[147]
iūnxērunt, proficīscere ad impium[148] bellum ac nefārium.[149] Tū, Iuppiter, quī
60 eīsdem[150] quibus haec urbs auspiciīs ā Rōmulō[151] es cōnstitūtus,[152] quem Statōrem[153]
huius urbis atque imperiī vērē nōmināmus,[154] hunc et huius sociōs ā tuīs cēterīsque
templīs,[155] ā tēctīs[156] urbis ac moenibus, ā vītā fortūnīsque cīvium arcēbis[157], et
hominēs bonōrum inimīcōs,[158] hostēs patriae, latrōnēs[159] Italiae, scelerum foedere[160]
inter sē ac nefāriā societāte[161] coniūnctōs,[162] aeternīs[163] suppliciīs[164] vīvōs mortuōsque
65 mactābis.[165] (**Cicero**, *In Catilīnam Ōrātiō I*, excerpts)

VI. THE ARREST AND TRIAL OF THE CONSPIRATORS[1]

Rem pūblicam, Quirītēs,[2] vītamque[3] omnium vestrum, bona,[4] fortūnās, coniugēs[5]
līberōsque[6] vestrōs, atque hoc domicilium[7] clārissimī imperī, fortūnātissimam
pulcherrimamque urbem, hodiernō[8] diē deōrum immortālium summō ergā vōs
amōre, labōribus, cōnsiliīs, perīculīs meīs, ē flammā[9] atque ferrō ac paene[10] ex fau-

---

[137] dīligentia, -ae

[138] eques, equitis, *m.*, horseman, knight. *Here the* equitēs *are the wealthy business class in Rome.*

[139] cōnsēnsiō, -ōnis, *f.*, agreement, harmony

[140] profectiō, -ōnis, *f.*, departure; *cf.* profiscīscor

[141] illūstrō (1), bring to light

[142] vindicō (1), avenge, punish

[143] hīs-ce = hīs + *intensive enclitic* -ce; *abl. case with* ōminibus

[144] ōmen, ōminis, *n.*, omen: with these omens *or* with these words which I have uttered as omens, *abl. of attendant circumstance without* cum.

[145] cum . . . salūte (peste, exitiō) *abl. of attendant circumstance with* cum, *here indicating the result:* to the safety of state, to your own destruction. . . .

[146] perniciēs, -ēī, disaster, calamity

[147] parricīdium, -iī, murder

[148] impius, -a, -um, wicked, disloyal

[149] nefārius, -a, -um, infamous, nefarious

[150] eīsdem auspiciīs quibus haec urbs (cōnstitūta est); auspicia, -ōrum, auspices

[151] Rōmulus, -ī, *the founder of Rome*

[152] cōnstituō, -ere, -stituī, -stitūtum, establish

[153] Stator, -ōris, *m.*, the Stayer (of flight), the Supporter, Jupiter Stator

[154] nōminō (1), name, call (*cf.* nōmen)

[155] templum, -ī, temple

[156] tēctum, -ī, roof, house

[157] arceō, -ēre, -uī, ward off

[158] inimīcus, -ī, personal enemy; inimīcōs, hostēs, *etc. are in apposition with* hominēs.

[159] latrō, -ōnis, *m.*, robber, bandit

[160] foedus, -eris, *n.*, treaty, bond

[161] societās, -tātis, *f.*, fellowship, alliance (*cf.* socius)

[162] con (together) + iungō: coniūnctōs *modifies* latrōnēs, *etc.*

[163] aeternus, -a, -um, eternal

[164] supplicium, -iī, punishment

[165] mactō (1), punish, pursue. *The basic structure of the sent. is this:*
Tū (quī . . . es cōnstitūtus, quem . . . nōmināmus) hunc et sociōs ā templīs . . . fortūnīsque cīvium arcēbis; et hominēs (inimīcōs . . . coniūnctōs) suppliciīs vīvōs mortuōsque mactābis.

VI

[1] *Cicero here tells how, shortly after his first speech against Catiline, he secured the written evidence necessary for the trial and conviction of the conspirators.*

[2] fellow-citizens, *an old word of uncertain origin*

[3] *The Romans regularly used the sg. even when referring to a number of people; we use the pl., "lives."*

[4] *n. pl.*, good things = goods

[5] coniūnx, -iugis, *f.*, wife (*cf.* coniungō)

[6] līberī, -ōrum, children

[7] domicilium, -iī, home (*cf.* domus)

[8] hodiernus diēs, this day, today (*cf.* hodiē)

[9] flamma, -ae, flame

[10] paene, *adv.*, almost

5   cibus[11] fātī ēreptam et vōbīs cōnservātam ac restitūtam[12] vidētis[13] . . . Quae[14] quoniam in senātū illūstrāta, patefacta, comperta[15] sunt per mē, vōbīs iam expōnam breviter, Quirītēs, ut[16] et[17] quanta[18] et quā ratiōne investīgāta[19] et comprehēnsa sint, vōs, quī ignōrātis et exspectātis, scīre possītis.

      Prīncipiō, ut[20] Catilīna paucīs ante diēbus[21] ērūpit[22] ex urbe, cum sceleris suī

10   sociōs, huiusce[23] nefāriī bellī ācerrimōs ducēs, Rōmae relīquisset, semper vigilāvī[24] et prōvīdī,[25] Quirītēs, quem ad modum[26] in tantīs et tam absconditīs[27] īnsidiīs salvī esse possēmus. Nam tum cum ex urbe Catilīnam ēiciēbam (nōn enim iam vereor huius verbī invidiam, cum illā[28] magis[29] sit timenda, quod[30] vīvus exierit) — sed tum cum[31] illum exterminārī[32] volēbam, aut[33] reliquam[34] coniūrātōrum manum simul[35]

15   exitūram[36] aut eōs quī restitissent[37] īnfirmōs sine illō ac dēbilēs[38] fore[39] putābam. Atque ego, ut vīdī, quōs maximō furōre et scelere esse īnflammātōs sciēbam, eōs nōbīscum esse et Rōmae remānsisse, in eō[40] omnēs diēs noctēsque cōnsūmpsī ut quid agerent, quid mōlīrentur, sentīrem ac vidērem . . . Itaque, ut comperī lēgātōs[41] Allobrogum[42] bellī Trānsalpīnī[43] et tumultūs[44] Gallicī[45] excitandī[46] causā, ā

20   P. Lentulō[47] esse sollicitātōs,[48] eōsque in Galliam[49] ad suōs cīvēs eōdemque itinere cum litterīs mandātīsque[50] ad Catilīnam esse missōs, comitemque[51] eīs adiūnctum esse[52] T. Volturcium,[53] atque huic esse ad Catilīnam datās litterās, facultātem[54] mihi

---

[11]**faucēs, -ium,** *f. pl.,* jaws; a narrow passage

[12]**restituō, -ere, -stituī, -stitūtum,** restore

[13]*The outline of the sent. is this:* Rem pūblicam (. . . urbem) amōre deōrum (. . . perīculīs meīs) ē flammā (. . . faucibus fātī) ēreptam (. . . restitūtam) vidētis.

[14]*conjunctive use of the rel.; n. nom. pl.*

[15]**comperiō, -īre, -perī, -pertum,** find out

[16]*introduces* **possītis**

[17]**et . . . et**

[18]*nom. n. pl., subj. of* **comprehēnsa sint**

[19]**investīgō** (1), track out, investigate

[20]**ut** + *indic., here* = ever since

[21]*before by a few days (abl. of degree of difference, see S.S.)* = a few days ago; *actually some three weeks before*

[22]**ērumpō, -ere, -rūpī, -ruptum,** burst forth

[23]**huius + ce,** an intensifying suffix

[24]**vigilō** (1), watch, be vigilant

[25]**prō-videō,** foresee, make provision

[26]**quem ad modum,** how

[27]**absconditus, -a, -um,** hidden

[28]**illā (invidia)**

[29]*compar. of* **magnopere**

[30]*This clause is a noun clause in apposition with* **illā (invidia).** *The perf. subjunct.* **(exierit)** *is used in informal ind. state. indicating what people may say:* he went out alive **(vīvus).**

[31]**tum cum,** *mere repetition of* **tum cum** *above as Cicero starts the sent. over again.*

[32]**exterminō** (1), banish **(ex + terminus,** boundary)

[33]**aut . . . exitūram (esse) aut . . . fore putābam**

[34]**reliquus, -a, -um,** remaining, the rest of

[35]**simul,** *adv.,* at the same time

[36]**ex-eō; exitūram (esse)**

[37]**restō, -āre, -stitī,** stay behind, remain

[38]**dēbilis, -e,** helpless, weak

[39]= **futūrōs esse**

[40]**in eō ut sentīrem et vidērem quid . . . mōlīrentur:** in this that I might see . . . ; *the* **ut***-clause of purpose is in apposition with* **eō.**

[41]**lēgātus, -ī,** ambassador

[42]**Allobrogēs, -um,** *m. pl.,* the Allobroges, *a Gallic tribe whose ambassadors had come to Rome to make complaints about certain Roman magistrates.*

[43]**Trānsalpīnus, -a, -um,** Transalpine

[44]**tumultus, -ūs,** *m.,* uprising

[45]**Gallicus, -a, -um,** Gallic

[46]**excitō** (1), excite, arouse

[47]*Publius Lentulus after having been consul in 71 b.c. was removed from the Senate on grounds of moral turpitude. He was now one of the leading conspirators and at the same time he was holding the office of praetor.*

[48]**sollicitō** (1), stir up

[49]**Gallia, -ae,** Gaul

[50]**mandātum, -ī,** order, instruction

[51]**comes, -itis,** *m.,* companion

[52]**ad-iungō**

[53]*Titus Volturcius, an errand-boy for Lentulus*

[54]**facultās, -tātis,** *f.,* opportunity

oblātam putāvī ut—quod[55] erat difficillimum quodque ego semper optābam[56] ab dīs immortālibus—tōta rēs nōn sōlum ā mē sed etiam ā senātū et ā vōbis manifestō[57]
25 dēprehenderētur.[58]

Itaque hesternō[59] diē L. Flaccum et C. Pomptīnum praetōrēs,[60] fortissimōs atque amantissimōs[61] reī pūblicae[62] virōs, ad mē vocāvī, rem exposuī, quid fierī[63] placēret ostendī. Illī autem, quī omnia dē rē pūblicā praeclāra[64] atque ēgregia[65] sentīrent,[66] sine recūsātiōne[67] ac sine ūllā morā negōtium[68] suscēpērunt et, cum
30 advesperāsceret,[69] occultē[70] ad pontem[71] Mulvium pervēnērunt atque ibi in proximīs vīllīs[72] ita bipertītō[73] fuērunt ut Tiberis[74] inter eōs et pōns interesset.[75] Eōdem[76] autem et ipsī sine cuiusquam suspīciōne[77] multōs fortēs virōs ēdūxerant, et ego ex praefectūrā[78] Reātīnā[79] complūrēs[80] dēlēctōs[81] adulēscentēs, quōrum operā[82] ūtor assiduē[83] in rē pūblicā, praesidiō[84] cum gladiīs mīseram. Interim,[85] tertiā ferē[86]
35 vigiliā[87] exāctā, cum iam pontem Mulvium magnō comitātū[88] lēgātī Allobrogum ingredī[89] inciperent ūnāque[90] Volturcius, fit in eōs impetus[91]; ēdūcuntur[92] et ab illīs gladiī et ā nostrīs.[93] Rēs praetōribus erat nōta sōlīs, ignōrābātur ā cēterīs. Tum interventū[94] Pomptīnī atque Flaccī pugna[95] sēdātur.[96] Litterae, quaecumque[97] erant in eō comitātū, integrīs[98] signīs praetōribus trāduntur; ipsī, comprehēnsī, ad mē,
40 cum iam dīlūcēsceret,[99] dēdūcuntur. Atque hōrum omnium scelerum improbissimum[100] māchinātōrem,[101] Cimbrum Gabīnium,[102] statim[103] ad mē nihildum[104]

---

[55]**quod**, a thing which. *The antecedent of* **quod** *is the general idea in the* **ut**-*clause*

[56]**optō** (1), desire

[57]**manifestō**, *adv.*, clearly

[58]**dēprehendō** (cf. **comprehendō**), detect, comprehend

[59]**hesternō diē**, yesterday

[60]*Though praetors were judicial magistrates, they did possess the imperium by which they could command troops.*

[61]most loving of the state = very patriotic

[62]*obj. gen.; see App.*

[63]**fierī**, *subj. of* **placēret** (it was pleasing) *used impersonally*

[64]**praeclārus, -a, -um**, noble

[65]**ēgregius, -a, -um**, excellent, distinguished

[66]*subjunct. in a characteristic clause*

[67]**recūsātiō, -ōnis**, *f.*, refusal

[68]**negōtium, -iī**, business, matter

[69]**advesperāscit, -ere, -perāvit**, *impers. inceptive*, it is approaching evening (*cf.* vespers)

[70]**occultē**, *adv.*, secretly

[71]**pōns, pontis**, *m.*, bridge; *the Mulvian bridge across the Tiber near Rome*

[72]**vīlla, -ae**, country house

[73]**bipertītō**, *adv.*, in two divisions

[74]**Tiberis, -is**, *m.*, the Tiber

[75]**inter-sum**, be between

[76]**eōdem**, *adv.*, to the same place

[77]**suspīciō, -ōnis**, *f.*, suspicion

[78]**praefectūra, -ae**, prefecture, *a city of the Roman allies governed by a Roman prefect*

[79]**Reātīnus, -a, -um**, of Reate, *a Sabine town about forty miles from Rome.*

[80]**complūrēs, -a**, *pl. adj.*, very many

[81]**dēligō, -ere, -lēgī, -lēctum**, choose, select

[82]**opera, -ae**, help; *why abl.?*

[83]**assiduē**, *adv.*, constantly

[84]**praesidiō**, as a guard, *dat. of purpose (S.S.)*

[85]**interim**, *adv.*, meanwhile

[86]**ferē**, *adv.*, about, almost; *usually follows the word it modifies*

[87]**vigilia, -ae**, watch. *The night was divided into four watches.*

[88]**comitātus, -ūs**, company, retinue. *The abl. of accompaniment may be used without* **cum** *in military expressions.*

[89]**ingredior, -gredī, -gressus sum**, enter on

[90]and together with (them)

[91]**impetus, -ūs**, attack

[92]**ēdūcuntur . . . gladiī**, swords were drawn

[93]**nostrīs** (virīs)

[94]**interventus, -ūs**, intervention

[95]**pugna, -ae**, fight

[96]**sēdō** (1), settle, stop (*not to be confused with* **sedeō**, sit)

[97]**quīcumque, quaecumque, quodcumque**, whoever, whatever

[98]**integer, -gra, -grum**, untouched, whole

[99]**dīlūcēscit, -ere, -lūxit**, it grows light, dawn comes

[100]**improbus, -a, -um**, wicked

[101]**māchinātor, -ōris**, *m.*, contriver, plotter

[102]**Cimber Gabīnius**

[103]**statim**, *adv.*, immediately

[104]**nihil-dum**, nothing yet

suspicantem,[105] vocāvī. Deinde item[106] arcessītus est[107] L. Statilius, et post eum C. Cethēgus. Tardissimē[108] autem Lentulus vēnit . . .

Senātum frequentem[109] celeriter, ut vīdistis, coēgī. Atque intereā[110] statim ad-
45 monitū[111] Allobrogum C. Sulpicium praetōrem, fortem virum, mīsī quī ex aedibus[112] Cethēgī, sī quid tēlōrum[113] esset, efferret[114]; ex quibus[115] ille maximum sīcārum[116] numerum et gladiōrum extulit.[117]

Intrōdūxī[118] Volturcium sine Gallīs; fidem pūblicam[119] iussū[120] senātūs dedī; hortātus sum ut ea quae scīret sine timōre indicāret.[121] Tum ille dīxit, cum vix[122]
50 sē ex magnō timōre recreāsset,[123] ā P. Lentulō sē habēre ad Catilīnam mandāta et litterās ut servōrum praesidiō ūterētur,[124] ut ad urbem quam prīmum[125] cum exercitū accēderet; id[126] autem eō cōnsiliō ut,[127] cum urbem ex[128] omnibus partibus, quem ad modum[129] discrīptum distribūtumque erat,[130] incendissent[131] caedemque[132] īnfīnītam[133] cīvium fēcissent, praestō[134] esset ille[135] quī et fugientēs exciperet[136] et sē
55 cum hīs urbānīs ducibus coniungeret.[137]

Intrōductī autem Gallī iūs iūrandum[138] sibi et litterās ab Lentulō, Cethēgō, Statiliō ad suam gentem datās esse dīxērunt atque ita sibi ab hīs et ā L. Cassiō esse praescrīptum[139] ut equitātum[140] in Italiam quam prīmum mitterent[141] . . .

Ac nē longum sit,[142] Quirītēs, tabellās[143] prōferrī[144] iussimus quae ā quōque

---

[105]**suspicor** (1), suspect
[106]**item**, *adv.*, likewise
[107]**arcessō, -ere, -īvī, -ītum,** summon
[108]**tardē,** *adv.*, slowly
[109]**frequēns,** *gen.* **-entis,** crowded, full
[110]**intereā,** *adv.*, meanwhile
[111]**admonitus, -ūs,** warning, suggestion
[112]**aedēs, -ium,** *f. pl.*, house
[113]**tēlum, -ī,** weapon; **tēlōrum** *is gen. of whole with* **quid:** anything of weapons = any weapons
[114]*rel. clause of purp.:* **quī = ut is**
[115]*Antecedent is* **aedibus.**
[116]**sīca, -ae,** dagger
[117]**efferō: ex-ferō**
[118]**intrō-dūcō** = *Eng.* introduce
[119]promise of protection in the name of the state
[120]**iussus, -ūs,** command
[121]**indicō** (1), indicate, make known
[122]**vix,** *adv.*, hardly
[123]*The perf. endings in* **-āvi-, -ēvi-, -ōvi-** *often contract to* **-ā-, -ē-, -ō-,** *respectively. So here* **rĕcreāvĭsset** *has contracted to* **recreāsset.** *Perfs. in* **-īvi-** *may lose the* **v** *but the two resultant vowels rarely contract to* **ī** *except before* **ss** *and* **st: audīverat, audierat; audīvisse, audīsse; quaesīssent**
[124]*jussive noun clause with* **mandāta et litterās**
[125]**quam prīmum,** as soon as possible
[126](that he should do) this (**id**) with this plan (in mind) that . . .
[127]*The rest of the sentence can be outlined thus:* **ut (cum . . . par-**

tibus [**quem ad modum . . . distributum erat**] **incendissent et . . . fēcissent) praestō esset ille (quī et . . . exciperet et . . . coniungeret)**
[128]*here* in
[129]**quem ad modum,** as
[130]*impers. pass. verbs:* as had been marked out and assigned
[131]**incendō, -ere, -cendī, -cēnsum,** set fire to
[132]**caedēs, -is, f.,** slaughter
[133]**īnfīnītus, -a, -um,** unlimited
[134]**praestō,** *adv.*, on hand, ready
[135]**ille** = Catiline
[136]**ex-cipiō,** pick up, capture
[137]**con + iungō.** *Why are* **exciperet** *and* **coniungeret** *in the subjunct.?*
[138]**iūs, iūrandum, iūris iūrandī, n.,** oath
[139]**prae-scrībō,** order, direct; **esse praescrīptum,** *impers. pass.* (it had been commanded to themselves, **sibi**) *but translate as personal:* they had been directed.
[140]**equitātus, -ūs,** cavalry
[141]*jussive noun clause depending on* **esse praescrīptum**
[142]to be brief
[143]**tabella, -ae,** tablet: *very shallow trays, not unlike the modern slate, filled with wax on which writing was done with a sharp-pointed stilus. Two of these closed face to face, tied together with a string, and sealed with wax and the impression of a signet ring, were the equivalent of a modern letter in an envelope.*
[144]**prō-ferō**

60 dīcēbantur datae.[145] Prīmum ostendimus Cethēgō signum; cognōvit. Nōs līnum[146]
incīdimus[147]; lēgimus. Erat scrīptum ipsīus[148] manū Allobrogum senātuī et populō
sēsē[149] quae eōrum lēgātīs cōnfîrmāsset[150] factūrum esse; ōrāre ut item illī face-
rent quae sibi eōrum lēgātī recēpissent. Tum Cethēgus (quī paulō[151] ante aliquid
tamen dē gladiīs ac sīcīs, quae apud ipsum erant dēprehēnsa,[152] respondisset dīx-
65 issetque[153] sē semper bonōrum ferrāmentōrum[154] studiōsum[155] fuisse) recitātīs lit-
terīs dēbilitātus[156] atque abiectus[157] cōnscientiā,[158] repente conticuit.[159]

Intrōductus est Statilius; cognōvit et signum et manum suam. Recitātae sunt
tabellae in eandem ferē sententiam; cōnfessus est.

Tum ostendī tabellās Lentulō, et quaesīvī cognōsceretne signum. Adnuit[160] . . .

70 Leguntur eādem ratiōne ad senātum Allobrogum populumque litterae. Sī quid dē
hīs rēbus dīcere vellet,[161] fēcī potestātem.[162] Atque ille prīmō quidem negāvit. Post[163]
autem aliquantō,[164] tōtō iam indiciō[165] expositō atque ēditō,[166] surrēxit; quaesīvit ā
Gallīs quid sibi esset cum eīs, quam ob rem[167] domum suam vēnissent, itemque ā
Volturciō. Quī cum illī breviter cōnstanterque[168] respondissent per quem ad eum
75 quotiēnsque[169] vēnissent, quaesīssentque[170] ab eō nihilne sēcum[171] esset dē fātīs
Sibyllīnīs[172] locūtus, tum ille subitō, scelere dēmēns,[173] quanta cōnscientiae vīs esset
ostendit. Nam cum id posset īnfitiārī,[174] repente praeter opīniōnem[175] omnium
cōnfessus est . . .

Gabīnius deinde intrōductus, cum prīmō impudenter[176] respondēre coepisset,
80 ad extrēmum[177] nihil ex eīs[178] quae Gallī īnsimulābant[179] negāvit.

---

[145]datae (esse); datae *is nom. f. pl. to agree with* quae (tabellae),
the subj. of dīcēbantur.

[146]līnum, -ī, string

[147]incīdō, -ere, -cīdī, -cīsum, cut

[148](Cethēgī) ipsīus: *emphatic because letters were often written by
an amanuensis, a slave to whom the letter was dictated.*

[149]sēsē = sē (*i.e.,* Cethegus), *subj. of* factūrum esse *and also of*
ōrāre

[150]cōnfîrmō (1), assert, declare; *subjunct. in ind. state.* (*see S.S.*)

[151]a little before (before by a little), *abl. of degree of difference*
(*see S.S.*)

[152]dēprehendō, -ere, -hendī, -hēnsum, seize

[153]respondisset dīxissetque, *subjs. in rel. clause of characteristic,
which have the force of a concessive clause* (= although)

[154]ferrāmentum, -ī, weapon

[155]studiōsus, -a, -um, fond of (*i.e., he was a collector.*)

[156]dēbilitō (1), weaken

[157]abiectus, -a, -um, downcast

[158]cōnscientia, -ae, knowledge, conscience

[159]conticēscō, -ere, -ticuī, become silent

[160]adnuō, -ere, -nuī, nod assent

[161]vellet, *subjunct. because it is a subordinate clause in an implied
ind. state. for Cicero's original words:* sī quid . . . dīcere vīs

[162]potestās, -tātis, *f.,* power, opportunity

[163]= posteā

[164]aliquantō, *abl. of degree of difference* (by somewhat) *equivalent
to an adv.:* somewhat, a little

[165]indicium, -iī, evidence, information

[166]ē-dō, -ere, -didī, -ditum, give forth, publish

[167]quam ob rem = quārē

[168]constanter, *adv.,* consistently, steadily

[169]quotiēns, *adv.,* how often

[170]*contracted form, n. 122 above*

[171]sēcum: *an ind. reflexive referring to the subj. of* quaesīssent;
translate to them.

[172]fāta Sibyllīna, *a collection of ancient prophecies for which the
Romans had very high respect. By these Lentulus had sought to
prove to the Allobroges that he was destined to hold the regnum
and imperium at Rome.*

[173]dē-mēns, *gen.* -mentis, out of one's mind

[174]īnfitior (1), deny

[175]opīniō, -ōnis, *f.,* expectation

[176]impudenter, *adv.,* impudently

[177]ad extrēmum, at the last, finally

[178]eīs = *n. pl.,* those things

[179]īnsimulō (1), charge

Ac mihi[180] quidem, Quirītēs, cum[181] illa[182] certissima vīsa sunt argūmenta atque indicia sceleris, tabellae, signa, manūs, dēnique ūnīus cuiusque cōnfessiō,[183] tum multō[184] certiōra illa, color,[185] oculī, vultūs, taciturnitās.[186] Sīc enim obstupuerant,[187] sīc terram intuēbantur,[188] sīc fūrtim nōn numquam inter sēsē aspiciēbant ut nōn

85   iam ab aliīs indicārī[189] sed indicāre sē ipsī vidērentur.

Indiciīs expositīs atque ēditīs, Quirītēs, senātum cōnsuluī[190] dē summā rē pūblicā[191] quid fierī placēret. Dictae sunt ā prīncipibus ācerrimae ac fortissimae sententiae, quās senātus sine ūllā varietāte[192] est secūtus . . .

Quibus prō tantīs rēbus, Quirītēs, nūllum ego ā vōbīs praemium virtūtis,

90   nūllum īnsigne[193] honōris, nūllum monumentum laudis postulō[194] praeterquam[195] huius diēī memoriam sempiternam[196] . . .

Vōs, Quirītēs, quoniam iam est nox, venerātī[197] Iovem illum custōdem huius urbis ac vestrum, in vestra tēcta[198] discēdite; et ea, quamquam[199] iam est perīculum dēpulsum,[200] tamen aequē ac[201] priōre nocte custōdiīs vigiliīsque dēfendite. Id

95   nē vōbīs diūtius faciendum sit atque ut in perpetuā pāce esse possītis prōvidēbō.

(**Cicero**, *In Catilīnam Ōrātiō III*, excerpts)

DĒ VĪTĀ ET MORTE (VII–IX)

VII. SOCRATES' "EITHER-OR" BELIEF[1]

Quae est igitur eius ōrātiō quā[2] facit eum Platō ūsum apud iūdicēs iam morte multātum?[3]

"Magna mē," inquit "spēs tenet iūdicēs, bene mihi ēvenīre[4] quod mittar[5] ad mortem. Necesse[6] est enim sit[7] alterum dē duōbus, ut aut[8] sēnsūs omnīnō omnēs

5   mors auferat aut in alium quendam locum ex hīs locīs morte migrētur.[9] Quam ob

---

[180] *depends on* vīsa sunt

[181] cum . . . tum, not only . . . but also (*cf.* nōn sōlum . . . sed etiam)

[182] illa argūmenta atque indicia (*i.e.*, tabellae . . . cōnfessiō) certissima vīsa sunt

[183] cōnfessiō, -ōnis, *f.* = *Eng.*

[184] *lit.* more certain by much. *What kind of abl. is* multō? (*see S.S.*)

[185] color . . . taciturnitās, *in apposition with* illa, *which is nom. n. pl.* color, -ōris, *m.*, = *Eng.*

[186] taciturnitās, -tātis, *f.*, silence (*cf.* taciturn)

[187] obstupēscō, -ere, -stupuī, become stupefied, be thunderstruck

[188] intueor, -ērī, -tuitus sum, look at

[189] indicō (1), accuse (*cf.* indicium, *n. 165 above*)

[190] cōnsulō, -ere, -suluī, -sultum, consult, ask advice of

[191] highest interest of the state

[192] varietās, -tātis, *f.*, variation

[193] īnsigne, -is, *n.*, sign, symbol

[194] postulō (1), request, demand

[195] except

[196] sempiternus, -a, -um, eternal

[197] veneror (1), worship

[198] tēctum, -ī, roof; house

[199] quamquam, *conj.*, although

[200] dēpellō, drive off, avert

[201] equally as = just as

VII

[1] *As part of his demonstration that death is not an evil, Cicero cites Socrates' views as given in Plato's "Apology," Socrates' defense of his life before the jury that finally condemned him to death.*

[2] *quā . . . ūsum, which Plato represents him as using;* quā, *abl. with the partic.* ūsum

[3] *multō,* (1), punish, sentence

[4] *ē-veniō, turn out; impers. infin. in ind. state.*

[5] *subordinate clause in ind. state.*

[6] necesse, *indecl. adj.,* (it is) necessary

[7] *Supply* ut *before* sit: *that there be one of two possibilities, with the* ut . . . migrētur *clause in apposition with* duōbus

[8] aut . . . aut

[9] migrō (1), depart, migrate; migrātur *as impers. pass., one departs*

rem,[10] sīve[11] sēnsus exstinguitur morsque eī somnō similis est quī nōn numquam
etiam sine vīsīs[12] somniōrum[13] plācātissimam[14] quiētem adfert, dī bonī, quid lucrī
est ēmorī[15]! Aut quam multī diēs reperīrī possunt quī tālī noctī antepōnantur?
Cui sī similis futūra est[16] perpetuitās[17] omnis cōnsequentis[18] temporis, quis[19] mē
10   beātior?

"Sin[20] vēra[21] sunt quae dīcuntur, migrātiōnem[22] esse mortem in eās ōrās[23] quās
quī[24] ē vītā excessērunt[25] incolunt,[26] id multō[27] iam beātius est . . . Haec peregrīnā-
tiō[28] mediocris vōbīs vidērī potest? Ut vērō colloquī[29] cum Orpheō, Mūsaeō,[30]
Homērō, Hēsiodō[31] liceat, quantī[32] tandem aestimātis[33]? . . . Nec enim cuiquam[34]
15   bonō malī[35] quicquam ēvenīre potest nec vīvō nec mortuō[36] . . .

"Sed tempus est iam hinc[37] abīre mē, ut moriar, vōs, ut vītam agātis. Utrum
autem sit melius, dī immortālēs sciunt; hominem quidem scīre arbitror nēminem."[38]
(**Cicero,** *Tusculānae Disputātiōnēs* 1.40.97–1.41.99, excerpts)

VIII. A MORE POSITIVE VIEW ABOUT IMMORTALITY[1]

Artior[2] quam solēbāt[3] somnus (mē) complexus est[4] . . . (et) Āfricānus sē ostendit
eā fōrmā[5] quae mihi ex imāgine[6] eius quam ex ipsō erat nōtior.[7] Quem ubi agnōvī,[8]
equidem cohorruī[9], . . . quaesīvī tamen vīveretne ipse et Paulus[10] pater et aliī quōs
nōs exstīnctōs[11] arbitrārēmur.

5   "Immō vērō," inquit, "hī vīvunt quī ē corporum vinclīs tamquam ē carcere[12]

[10] = quāre

[11] = sī

[12] vīsum, -ī, vision

[13] somnium, -iī, dream

[14] plācātus, -a, -um, peaceful

[15] ē-morior, die (off)

[16] futūra est, is going to be

[17] perpetuitās, -tātis, *f.,* perpetuity

[18] cōn-sequor

[19] quis (est)

[20] sīn, *conj.,* but if

[21] (ea) sunt vēra

[22] migrātiō, -ōnis, *f.,* the noun of migrō, *n. 9 above*

[23] ōra, -ae, shore, region

[24] (eī) quī

[25] ex-cēdō = discēdō

[26] incolō, -ere, -uī, inhabit

[27] *abl. of degree of difference* (S.S.)

[28] peregrīnātiō, -ōnis, *f.,* travel abroad

[29] col-loquor, talk with, converse (*cf.* colloquial)

[30] *Orpheus and Musaeus were famous poets and musicians before the time of Homer*

[31] *Hesiod, a Gk. epic poet chronologically next after Homer.*

[32] quantī (pretiī), of how much (value), *gen. of indef. value.* quantī . . . aestimātis, how valuable, pray, do you estimate this is?

[33] aestimō (1), estimate, value

[34] quisquam, quiddam (quicquam), anyone, anything; cuiquam *modified by* bonō: to any good man

[35] malī (*gen.*) *depends on* quicquam: anything of evil = any evil

[36] vīvō *and* mortuō *modify* cuiquam bonō.

[37] hinc, *adv.,* from this place

[38] hominem . . . nēminem, no man

VIII

[1] *In these excerpts Scipio Africanus Minor (the Younger, hero of the Third Punic War in 146 B.C.) tells how the deceased Scipio Africanus Maior (the Elder, hero of the Second Punic War who defeated Hannibal in 202 B.C.) appeared to him in a dream and discoursed on the nature of life here and hereafter.*

[2] artus, -a, -um, deep (sleep); narrow

[3] solēbat (esse)

[4] complector, -ī, -plexus sum, embrace

[5] *abl. of description*

[6] imāgō, -inis, *f.,* image; *here* = portrait mask of an ancestor. *The* imāginēs *of a Roman patrician's ancestors were displayed in the atrium of the house.*

[7] nōtus, -a, -um, known, familiar

[8] agnōscō (*cf.* cognōscō), recognize

[9] cohorrēscō, -ere, -horruī, shudder

[10] L. Aemilius Paulus, *father of Africanus Minor*

[11] exstīnctōs (esse): exstinguō

[12] carcer, -eris, *n.,* prison

ēvolāvērunt[13]; vestra vērō quae dīcitur vīta mors est. Quīn[14] tū aspicis ad tē ve-
nientem Paulum patrem?"

Quem ut vīdī, equidem vim[15] lacrimārum prōfūdī. Ille autem mē complexus[4]
atque ōsculāns[16] flēre[17] prohibēbat. Atque ego ut prīmum[18] flētū[19] repressō[20] loquī
10   posse coepī, "Quaesō,[21]" inquam, "pater sānctissime[22] atque optime, quoniam haec
est vīta, ut Āfricānum audiō dīcere, quid moror[23] in terrīs? Quīn[24] hūc[25] ad vōs
venīre properō[26]?

"Nōn est ita,[27]" inquit ille. "Nisi enim deus is,[28] cuius hoc templum[29] est omne
quod cōnspicis,[30] istīs tē corporis custōdiīs līberāverit, hūc tibi aditus[31] patēre nōn
15   potest. Hominēs enim sunt hāc lēge[32] generātī,[33] quī tuērentur[34] illum globum[35]
quem in hōc templō medium vidēs, quae terra dīcitur, iīsque[36] animus datus est
ex illīs sempiternīs ignibus quae sīdera et stēllās vocātis . . . Quārē et tibi, Pūblī,[37]
et piīs omnibus retinendus[38] est animus in custōdiā corporis, nec iniussū[39] eius ā
quō ille[40] est vōbīs datus ex hominum vītā migrandum est, nē mūnus[41] hūmānum
20   adsignātum[42] ā deō dēfūgisse[43] videāminī . . . Iūstitiam[44] cole[45] et pietātem,[46] quae
cum sit magna[47] in parentibus et propinquīs,[48] tum[49] in patriā maxima est. Ea
vīta via est in caelum et in hunc coetum[50] eōrum quī iam vīxērunt et corpore
laxātī[51] illum incolunt locum . . . quem vōs, ut ā Graīs accēpistis, orbem lacteum,[52]
nuncupātis.[53]" . . .

---

[13]ē-volō (1), fly away; *not to be confused with* volō, velle
[14]quīn aspicis: why, don't you see?
[15]vim = cōpiam
[16]ōsculor (1), kiss
[17]fleō, -ēre, flēvī, flētum, weep
[18]ut prīmum, as soon as
[19]flētus, -ūs, *noun of* fleō, *n. 17 above*
[20]re-primō (premō)
[21]quaesō, -ere, *commonly exclamatory:* I beg you!, pray tell!, please
[22]sānctus, -a, -um, holy
[23]moror (1), delay, wait
[24]why not?
[25]hūc, *adv.*, to this place, here
[26]properō (1), hasten
[27]= that is not the way
[28]*order* = is deus
[29]templum, -ī, sacred area, temple
[30]cuius . . . cōnspicis: whose this temple is *or* to whom belongs this temple—everything which you behold. *Apparently, as he says* hoc templum, *he makes a sweeping gesture with his arm to indicate the universe and then adds* omne quod cōnspicis *to make this even clearer.* cōnspiciō = aspiciō
[31]aditus, -ūs, approach, entrance
[32]*abl. of accordance:* in accordance with this law, on this condition

[33]generō (1), create
[34]tueor, -ērī, tūtus sum, watch, protect. *Why subjunct.?*
[35]globus, -ī, sphere, globe
[36]*i.e.*, hominibus
[37]Pūblius, praenomen (*first name*) *of Africanus Minor*
[38]re-tineō, retain, preserve
[39]iniussū, *abl. as adv.*, without the command (of); *cf.* iussū
[40]ille (animus)
[41]mūnus, -eris, *n.*, duty, service
[42]adsignō (1), assign
[43]dē-fugiō, flee from, avoid
[44]iūstitia, -ae, justice (*cf.* iūstus)
[45]colō, -ere, -uī, cultum, cultivate, cherish
[46]pietās, -tātis, *f.*, loyalty, devotion
[47]important
[48]propinquus, -ī, relative
[49]here = surely
[50]coetus, -ūs, gathering, company
[51]laxō (1), set free
[52]orbis (-is) lacteus (-ī), *m.*, the Milky Way (orb), *which Cicero here says is a term received from the Greeks* (ut ā Graīs, *i.e.* Graecīs, accēpistis), *who called it* galaxias kyklos (= lacteus orbis); *cf. our word* galaxy.
[53]nuncupō (1) = appellō

25   Et ille, "Tū vērō ... sīc habētō[54] nōn esse tē mortālem, sed corpus hoc[55]; nec enim tuīs[56] es quem fōrma ista dēclārat,[57] sed mēns cuiusque is est quisque, nōn ea figūra[58] quae digitō dēmōnstrārī potest. Deum tē igitur scītō[59] esse; sīquidem[60] deus est quī viget,[61] quī sentit, quī meminit,[62] quī prōvidet, quī tam regit et moderātur[63] et movet id corpus cui praepositus est[64] quam[65] hunc mundum ille prīnceps deus."[66] (**Cicero**, excerpts from *Somnium Scīpiōnis* 2ff. = *Dē Rē Pūblicā* 6.10 ff.)

IX. ON CONTEMPT OF DEATH[1]

Sed quid[2] ducēs et prīncipēs nōminem[3] cum legiōnēs[4] scrībat Catō[5] saepe alacrēs[6] in eum locum profectās[7] unde reditūrās sē nōn arbitrārentur? Parī animō Lacedaemoniī[8] in Thermopylīs[9] occidērunt, in quōs[10] Simōnidēs:

    Dīc, hospes,[11] Spartae[12] nōs tē[13] hīc vīdisse iacentīs,[14]

5   dum sānctīs patriae lēgibus obsequimur.[15]

    Virōs commemorō.[16] Quālis[17] tandem Lacaena? Quae, cum fīlium in proelium mīsisset et interfectum[18] audīsset, "Idcircō,[19]" inquit, "genueram[20] ut esset quī[21] prō patriā mortem nōn dubitāret occumbere.[22]"

    ... Admoneor[23] ut aliquid etiam dē humātiōne[24] et sepultūrā[25] dīcendum[26]

10   exīstimem[27] ... Sōcratēs, rogātus ā Critōne[28] quem ad modum sepelīrī[29] vellet, "Multam vērō," inquit, "operam,[30] amīcī, frūstrā[31] cōnsūmpsī. Critōnī enim nostrō

---

[54]**habētō**, *fut. imperat.,* you shall consider; consider

[55]*sc.* **esse mortāle**

[56]**tuīs**, to your (friends), *dat. depending on* **dēclārat**

[57]**dēclārō** (1) = *Eng.*

[58]= **fōrma**

[59]**scītō**, *another fut. imperat.,* you shall know; know

[60]**sīquidem**, *conj.,* since

[61]**vigeō -ēre, -uī** be strong, be active

[62]**meminī, meminisse**, *defective, found only in perf. system,* remember

[63]**moderor** (1), control

[64]**prae-pōnō**, put in charge of

[65]**as**

[66]*From the preceding clause sc.* **regit**, *etc. as verbs*

IX

[1]*If death is such a great evil, how can the following attitudes be explained?*

[2]**quid**, *as adv.,* why? (= **cūr?**)

[3]**nōminō** (1), name, mention (*cf.* **nōmen**)

[4]**legiō, -ōnis,** *f.,* legion

[5]**Catō, -ōnis,** *m.,* Cato, *the famous censor, who wrote a now-lost history of Rome called the Origines.*

[6]**alacer, -cris, -cre**, eager, happy. *We should use an adv. instead of a pred. adj.:* eagerly

[7]**profectās** (esse); **reditūrās** (esse)

[8]**Lacedaemoniī, -ōrum,** *m.,* Spartans

[9]**Thermopylae, -ārum**; *480* B.C.

[10]on whom Simonides (wrote); *Simonides a 6th-cent. Gk. poet famous esp. for his poems and epigrams in the elegiac couplet.*

[11]**hospes, -itis,** *m.,* stranger

[12]**Sparta, -ae,** *f.,* Sparta, *dat. depending on* **dīc**

[13]**tē vīdisse nōs**

[14]= **iacentēs**

[15]**ob-sequor** + *dat.,* obey

[16]**commemorō** (1), call to mind mention (*cf.* **memoria**)

[17]*What kind of person, then, was the Spartan woman?* **quālis, -e,** what kind of

[18](eum) interfectum (esse)

[19]**idcircō**, *adv.,* for that reason

[20]**gignō, -ere, genuī, genitum**, beget (*cf.* generate), bear

[21](the kind of person) who

[22]**occumbō, -ere, -cubuī, -cubitum,** meet

[23]**ad-moneō** = **moneō**, remind

[24]**humātiō, -ōnis,** *f.,* burial (*cf.* **humus**, earth)

[25]**sepultūra, -ae**, funeral (*cf.* sepulchre)

[26]**dīcendum** (esse)

[27]**exīstimō** (1), think

[28]**Critō, -ōnis,** *m.,* Crito, *a friend of Socrates*

[29]**sepeliō, -īre, -īvī, -pultum,** bury

[30]**opera, -ae**, effort, pains

[31]**frūstrā**, *adv.,* in vain (*cf.* frustrate)

nōn persuāsī mē hinc āvolātūrum,[32] neque meī[33] quicquam relictūrum[34] . . . Sed, mihi crēde, (Critō), nēmō mē vestrum,[35] cum hinc excesserō,[36] cōnsequētur.[37] . . .

Dūrior Diogenēs[38] Cynicus prōicī[39] sē iussit inhumātum.[40] Tum amīcī, "Vo-
15 lucribusne[41] et ferīs[42]?" "Minimē[43] vērō," inquit; "sed bacillum[44] propter[45] mē, quō abigam,[46] pōnitōte.[47]" "Quī[48] poteris?" illī; "nōn enim sentiēs." "Quid igitur mihi ferārum laniātus[49] oberit[50] nihil sentientī[51]?" (**Cicero,** *Tusculānae Disputātiōnēs* 1.42.101–43.104, excerpts)

X. LITERATURE: ITS VALUE AND DELIGHT[1]

Quaerēs ā nōbīs, Grattī, cūr tantō opere[2] hōc homine dēlectēmur.[3] Quia[4] suppe-
ditat[5] nōbīs ubi[6] et animus ex hōc forēnsī[7] strepitū[8] reficiātur[9] et aurēs convīciō[10] dēfessae[11] conquiēscant[12] . . . Quārē quis tandem mē reprehendat,[13] aut quis mihi iūre[14] suscēnseat,[15] sī,[16] quantum[17] cēterīs ad suās rēs obeundās[18] quantum ad fēstōs[19]
5 diēs lūdōrum celebrandōs,[20] quantum ad aliās voluptātēs et ad ipsam requiem[21] animī et corporis concēditur[22] temporum, quantum aliī tribuunt[23] tempestīvīs[24]

---

[32]ā-volō (1); avolātūrum (esse), *infin. in ind. state. with* persuāsī
[33]meī, *gen. of* ego, *depending on* quicquam.
[34]relictūrum (esse)
[35]*gen. of* vōs
[36]ex-cēdō, *cf.* discēdō
[37]cōnsequor, -ī, -secūtus sum, overtake, catch
[38]*Diogenes, the Cynic philosopher, famed for his asceticism and independence*
[39]prō-iciō (iaciō), throw out
[40]inhumātus, -a, -um, unburied
[41]volucris, -is, *f.*, bird
[42]fera, -ae, wild beast; *dat. with* prōicī *understood*
[43]minimē, *adv.*, no, not at all
[44]bacillum, -ī, staff (*cf.* bacillus, *a New Latin form*)
[45]*here* = near
[46]abigō, -ere, -ēgī, -āctum, drive away; *sc.* volucrēs et ferās. *Why subjunct.?*
[47]*fut. imperat.* = you shall put
[48]quī, *adv.*, how?
[49]laniātus, -ūs, lacerating
[50]obsum, -esse, -fuī, -futūrus, be against, hurt. *Why does* oberit *have the dat.* mihi?
[51]sentientī *modifies* mihi *and has* nihil *as its obj.*

X
[1]*In the course of a speech defending the citizenship of the poet Archias against the charges of a certain Grattius, Cicero pronounced one of the world's finest encomiums on the inestimable value and delight of literature.*
[2]tantō opere, so greatly (*cf.* magnopere)
[3]homine, *the poet Archias.*
[4]quia, *conj.*, because
[5]suppeditō (1), supply

[6]the means by which
[7]forēnsis, -e, of the forum. *By Cicero's time the Forum was primarily the political and legal center of Rome.*
[8]strepitus, -ūs, din
[9]re-ficiō, refresh, revive
[10]convīcium, -iī, wrangling
[11]dēfessus, -a, -um, exhausted
[12]conquiēscō, -ere, -quiēvī, -quiētum, find rest
[13]reprehendō, -ere, -hendī, -hēnsum, censure; reprehendat, *deliberative, or dubitative, subjunct. The deliberative subjunct. is used in questions implying doubt, indignation, or impossibility.* Quis mē reprehendat: who is to blame me (I wonder)?
[14]iūre = cum iūre, *abl. of manner that has virtually become an adv.:* rightly
[15]suscēnseō, -ēre, -uī, be incensed, + *dat.*
[16]sī *introduces* sūmpserō. *The only real difficulty with this complex clause is the involvement of the* quantum *clauses. Although these clauses should be read and understood in the order in which they stand, the following outline may prove a welcome guide.* Quis mē reprehendat . . . sī ego tantum temporum ad haec studia sūmpserō quantum temporum cēterīs ad suās rēs (fēstōs diēs, voluptātēs, *etc.*) concēditur, quantum temporum aliī tribuunt convīviīs (alveolō pilae)?
[17]quantum (temporum)
[18]ob-eō, attend to
[19]fēstus, -a, -um, festive
[20]celebrō (1), celebrate
[21]requiēs, -ētis, *acc.* requiētem *or* requiem, rest
[22]concēdō, grant, concede
[23]tribuō, -ere, -uī, -ūtum, allot
[24]tempestīvus, -a, -um, timely; here = early, *beginning in the afternoon so as to be conveniently prolonged.*

convīviīs,[25] quantum dēnique alveolō,[26] quantum pilae,[27] tantum[28] mihi egomet[29] ad haec studia recolenda[30] sūmpserō[31]? Atque hoc ideō[32] mihi concēdendum est magis quod ex hīs studiīs haec quoque crēscit ōrātiō et facultās,[33] quae, quantacumque[34]
10 est in mē, numquam amīcōrum perīculīs dēfuit[35] . . .

Plēnī omnēs sunt librī, plēnae sapientium vōcēs, plēna exemplōrum[36] vetustās[37]; quae iacērent in tenebrīs[38] omnia, nisi litterārum lūmen[39] accēderet. Quam multās nōbīs imāginēs[40]—nōn sōlum ad intuendum,[41] vērum[42] etiam ad imitandum[43]— fortissimōrum virōrum expressās[44] scrīptōrēs et Graecī et Latīnī reliquērunt! Quās
15 ego mihi semper in administrandā[45] rē pūblicā prōpōnēns[46] animum et mentem meam ipsā cōgitātiōne[47] hominum excellentium[48] cōnfōrmābam.[49]

Quaeret quispiam,[50] "Quid? illī ipsī summī virī quōrum virtūtēs litterīs prōditae sunt,[51] istāne doctrīnā[52] quam tū effers[53] laudibus ērudītī fuērunt[54]?" Difficile est hoc dē omnibus cōnfīrmāre,[55] sed tamen est certum quid respondeam . . . : sae-
20 pius ad laudem atque virtūtem nātūram sine doctrīnā quam sine nātūrā valuisse[56] doctrīnam. Atque īdem[57] ego contendō,[58] cum ad nātūram eximiam[59] et illūstrem[60] accesserit[61] ratiō quaedam cōnfōrmātiōque[62] doctrīnae, tum illud nesciō quid[63] praeclārum ac singulāre[64] solēre exsistere[65] . . .

Quod sī nōn hic tantus frūctus ostenderētur, et sī ex hīs studiīs dēlectātiō
25 sōla peterētur, tamen, ut opīnor, hanc animī remissiōnem hūmānissimam ac līberālissimam iūdicārētis. Nam cēterae[66] neque temporum[67] sunt neque aetātum omnium neque locōrum; at haec studia adulēscentiam alunt, senectūtem oblectant,

---

[25]convīvium, -iī, banquet

[26]alveolus, -ī, gaming board

[27]pila, -ae, ball (*cf.* pill)

[28]tantum (temporum) . . . quantum, as much . . . as

[29]ego-met, *an emphatic form of* ego

[30]re-colō, -ere, -uī, -cultum, renew

[31]sūmō, -ere, sūmpsī, sūmptum, take

[32]ideō, *adv.*, for this reason, therefore

[33]facultās, -tātis, *f.*, skill. *Combine with* ōrātiō *and translate:* this oratorical skill.

[34]quantuscumque, -acumque, -umcumque, however great

[35]dē-sum, be lacking

[36]exemplum, -ī, example; exemplōrum *also goes with* plēnī *and* plēnae.

[37]vetustās, -tātis, *f.*, antiquity

[38]tenebrae, -ārum, darkness

[39]lūmen, -inis, *n.*, light

[40]imāgō, -ginis, *f.*, portrait, picture

[41]intueor, gaze on, contemplate

[42]vērum, *conj.*, but

[43]imitor (1), imitate

[44]ex-primō (premō), describe, portray

[45]administrō (1), manage

[46]prō-pōnō, put forward, set before; prōpōnēns *has* quās *as dir. obj. and* mihi *as ind. obj.*

[47]cōgitātiō, -ōnis, *f.*, thought; *cf.* cōgitō

[48]excellēns, *gen.* -entis, superior, remarkable

[49]cōnfōrmō (1), mold

[50]quispiam, quaepiam, quidpiam, someone

[51]prōdō, -ere, -didī, -ditum, transmit, reveal

[52]doctrīna, -ae, instruction

[53]efferō, -ferre, extulī, ēlātum, lift up, extol

[54]ērudiō (4), educate, train

[55]cōnfīrmō (1), assert

[56]valuisse ad laudem, to be powerful toward praise = to have led to praise; *infin. in ind. state.*

[57]idem ego, I the same person = I also

[58]maintain

[59]eximius, -a, -um, extraordinary

[60]illustris, -e, noble, brilliant

[61]accēdō *here* = be added

[62]cōnfōrmātiō, -ōnis, *f.*, molding, shaping

[63]nesciō quis, nesciō quid, *indef. pron., lit.* I know not who/what = some (uncertain) person *or* thing; *the* nesciō *remains unchanged in this phrase.*

[64]singulāris, -e, unique, extraordinary

[65]exsistō, -ere, -stitī, arise, appear, exist

[66]cēterae (remissiōnēs *or* dēlectātiōnēs)

[67]*gen. of possession used in pred.* = pred. gen.; *sc.* omnium *with each gen.:* the other delights do not belong to all times . . .

rēs secundās ōrnant, adversīs perfugium ac sōlācium praebent, dēlectant domī, nōn impediunt forīs, pernoctant nōbīscum, peregrīnantur, rūsticantur. (**Cicero**, *Prō Archiā* 6.12–7.16, excerpts).

ANECDOTES FROM CICERO (11–15)

XI. DEATH OF A PUPPY (EXAMPLE OF AN OMEN)

L. Paulus[1] cōnsul iterum, cum eī[2] bellum[3] ut cum rēge Perse[4] gereret[5] obtigisset,[6] ut eā ipsā diē domum ad vesperum rediit, fīliolam[7] suam Tertiam,[8] quae tum erat admodum[9] parva, ōsculāns[10] animadvertit[11] trīsticulam.[12] "Quid est,[13]" inquit, "mea Tertia? Quid[14] trīstis es?" "Mī pater," inquit, "Persa[15] periit." Tum ille artius[16] puel-

5 lam complexus,[17] "Accipiō," inquit, "mea fīlia, ōmen.[18]" Erat autem mortuus catel-lus[19] eō nōmine. (**Cicero**, *Dē Dīvīnātiōne* 1.46.103)

XII. TOO CONSCIENTIOUS (AN EXAMPLE OF IRONY)

Est huic fīnitimum[1] dissimulātiōnī[2] cum honestō[3] verbō vitiōsa[4] rēs appellātur: ut cum Āfricānus cēnsor[5] tribū[6] movēbat eum centuriōnem[7] quī in Paulī pugnā[8] nōn adfuerat,[9] cum ille sē custōdiae causā dīceret in castrīs[10] remānsisse quaereretque cūr ab eō notārētur[11]: "Nōn amō," inquit, "nimium dīligentēs." (**Cicero**, *Dē Ōrātōre* 2.67.272)

XI

[1] *L. Aemilius Paulus Macedonicus was the father of Scipio Afri-canus Minor. As consul in 168 B.C. he brought the war with Macedonia to a successful conclusion by the defeat of the Mac-edonian King, Perseus. This explains why, before setting out against Perseus, he interpreted the chance words* **Persa periit** *as a favorable omen. The Romans believed seriously in the im-portance of omens.*

[2] *dat. with* **obtigisset**

[3] *obj. of* **gereret**

[4] **Perseus, -eī; Perse** *abl.*

[5] **ut . . . gereret,** *noun clause subj. of* **obtigisset**

[6] **obtingō, -ere, -tigī,** touch, fall to one's lot

[7] **fīli (a)** *with the diminutive ending* -ola, little daughter

[8] **Tertia,** *a name meaning third. The Romans often used ordinal numerals as names, though commonly without strict regard to the number of children they had; e.g.,* **Secundus, Quīntus, Sextus, Decimus.**

[9] **admodum,** *adv.,* very

[10] **ōsculor (1),** kiss

[11] **anim-ad-vertō,** turn the mind to, notice, observe

[12] **trīsticulus, -a, -um,** rather sad, *diminutive of* **tristis**

[13] What is it? What is the matter?

[14] **quid** = **cūr**

[15] **Persa,** *the name of her pet*

[16] **artius,** *adv.,* closely

[17] **complector, -ī, -plexus sum,** embrace

[18] **ōmen, -inis,** *n.,* omen, sign; *i.e., the omen of his victory over Perseus*

[19] **catellus, -ī,** puppy

XII

[1] **fīnitimus, -a, -um,** neighboring; akin to: **est fīnitinum,** it is akin to

[2] **dissimulātiō, -ōnis,** *f.,* irony

[3] **honestus, -a, -um,** honorable, fine

[4] **vitiōsus, -a, -um,** faulty, bad

[5] **cēnsor, -ōris,** *m.,* censor, *Roman magistrate among whose duties was the assigning of citizens to their proper rank according to their property and service and the removal of names from the census rolls when citizens proved unworthy of citizenship.*

[6] **tribus, -ūs,** *f.,* tribe, *a political division of the Roman people*

[7] **centuriō, -ōnis,** *m.,* centurion

[8] **pugna, -ae,** battle

[9] **ad-sum,** be present

[10] **castra, -ōrum,** camp

[11] **notō (1),** mark, *here with the* **nota cēnsōria** *placed opposite a citizen's name to indicate his removal from the citizen list in disgrace.*

XIII. QUAM MULTA NŌN DĒSĪDERŌ!

Sōcratēs, in pompā[1] cum magna vīs[2] aurī[3] argentīque[4] ferrētur, "Quam multa nōn dēsīderō!" inquit.

Xenocratēs,[5] cum lēgātī ab Alexandrō[6] quīnquāgintā[7] eī talenta[8] attulissent (quae erat pecūnia temporibus illīs, Athēnīs praesertim,[9] maxima), abdūxit lēgātōs
5 ad cēnam in Acadēmīam[10]; iīs apposuit[11] tantum quod satis esset, nūllō apparātū.[12] Cum postrīdiē[13] rogārent eum cui numerārī[14] iubēret, "Quid? Vōs hesternā,[15]" inquit, "cēnulā[16] nōn intellēxistis mē pecūniā nōn egēre?" Quōs cum trīstiōrēs vīdisset, trīgintā[17] minās[18] accēpit nē aspernārī[19] rēgis līberālitātem[20] vidērētur.

At vērō Diogenēs[21] līberius,[22] ut[23] Cynicus, Alexandrō rogantī ut dīceret sī quid
10 opus[24] esset: "Nunc quidem paululum,[25]" inquit, "ā sōle.[26]" Offēcerat[27] vidēlicet[28] aprīcantī.[29] (**Cicero**, *Tusculānae Disputātiōnēs* 5.32.91–92)

XIV. WHAT MAKES A GOOD APPETITE

Dārēus[1] in fugā[2] cum aquam turbidam[3] et cadāveribus[4] inquinātam[5] bibisset, negāvit umquam sē bibisse iūcundius. Numquam vidēlicet sitiēns[6] biberat. Nec ēsuriēns[7] Ptolemaeus[8] ēderat,[9] cui cum peragrantī[10] Aegyptum,[11] comitibus[12] nōn cōnsecūtīs[13] cibārius[14] in casā pānis datus esset, nihil vīsum est illō pāne iūcundius.
5 Sōcratem ferunt,[15] cum usque ad vesperum contentius[16] ambulāret quaesītumque

---

XIII

[1] **pompa, -ae**, parade
[2] **vīs** here = quantity (*cf.* cōpia)
[3] **aurum, -ī**, gold
[4] **argentum, -ī**, silver
[5] **Xenocratēs, -is**, *pupil of Plato and later head of the Academy*
[6] **Alexander, -drī**
[7] *indecl. adj.*, fifty
[8] **talentum, -ī**, a talent, a large sum of money
[9] **praesertim**, *adv.*, especially
[10] **Acadēmīa, -ae**, the Academy, *a gymnasium in a grove just outside of Athens. Here Plato established his school, which might be called the first European university.*
[11] **ap-pōnō**, place near, serve
[12] **apparātus, -ūs**, equipment, splendor
[13] **postrīdiē**, *adv.*, on the next day
[14] **numerō** (1), count, pay out; *sc.* pecūniam *as subj. of* numerārī
[15] **hesternus, -a, -um**, of yesterday
[16] **cēnula, -ae**, diminutive of cēna
[17] *indecl. adj.*, thirty
[18] **mina, -ae**, a Greek coin
[19] **aspernor** (1), spurn, despise
[20] **līberālitās, -tātis**, *f.*, generosity
[21] *Locī Im. IX n. 38*
[22] **līberius**, *adv.*, freely, boldly
[23] as a Cynic, being a Cynic

[24] **opus** (*indecl.*) **est,** is necessary: if he needed anything
[25] **paululum**, *adv.*, a little
[26] *i.e.,* you are blocking my sunlight
[27] **officiō, -ere, -fēcī, -fectum** + *dat.*, be in the way, obstruct
[28] **vidē-licet**, *adv.* (you may see), clearly, evidently
[29] **aprīcor** (1), sun oneself

XIV

[1] *Darius III, defeated by Alexander the Great in 331* B.C. *The spelling* **Dārīus** *reflects later Gk. pronunciation.*
[2] **fuga, -ae**, flight
[3] **turbidus, -a, -um**, turbid, roiled
[4] **cadāver, -eris**, *n.*, corpse (*cf.* cadaverous)
[5] **inquinātus, -a, -um**, polluted
[6] **sitiō** (4), be thirsty
[7] **ēsuriō** (4), be hungry
[8] *Which Egyptian king of this name is unknown.*
[9] **edō, -ere, ēdī, ēsum**, eat (*cf.* edible)
[10] **per-agrō** (1), wander through
[11] **Aegyptus, -ī**, *f.*, Egypt
[12] **comes, -itis**, *m.*, companion
[13] **cōn-sequor**
[14] **cibārius . . . pānis**, ordinary (coarse) bread; **pānis, -is**, *m.*
[15] **ferō** *here* = report, say
[16] **contentē**, strenuously, *adv. from* **contendō**, struggle

esset[17] ex eō quārē id faceret, respondisse sē, quō[18] melius cēnāret, obsōnāre[19] ambulandō famem.[20]

Quid? Vīctum[21] Lacedaemoniōrum in philitiīs[22] nōnne vidēmus? Ubi[23] cum tyrannus cēnāvisset Dionȳsius, negāvit sē iūre[24] illō nigrō quod cēnae[25] caput erat
10   dēlectātum.[26] Tum is quī illa coxerat,[27] "Minimē mīrum[28]; condīmenta[29] enim dēfuērunt.[30]" "Quae tandem?" inquit ille. "Labor in vēnātū,[31] sūdor,[32] cursus ad Eurōtam,[33] famēs, sitis.[34] Hīs enim rēbus Lacedaemoniōrum epulae[35] condiuntur.[36]"

Cōnfer sūdantēs,[37] ructantēs,[38] refertōs[39] epulīs tamquam opīmōs bovēs.[40] Tum intellegēs quī voluptātem maximē sequantur, eōs minimē cōnsequī[41]; iūcundi-
15   tātemque[42] vīctūs[43] esse in dēsīderiō,[44] nōn in satietāte.[45] (**Cicero,** *Tusculānae Disputātiōnēs* 5.34.97–98 and 100, excerpts)

XV. THEMISTOCLES; FAME AND EXPEDIENCY

Themistoclēs fertur[1] Serīphiō[2] cuidam in iūrgiō[3] respondisse, cum ille dīxisset nōn eum suā sed patriae glōriā splendōrem[4] assecūtum[5]: "Nec hercule,[6]" inquit, "sī ego Serīphius essem, nec tū, sī Athēniēnsis[7] essēs, clārus umquam fuissēs." (**Cicero,** *Dē Senectūte,* 3.8)
5   Themistoclēs, post victōriam eius bellī quod cum Persīs[8] fuit, dīxit in cōntiōne[9] sē habēre cōnsilium reī pūblicae salūtāre,[10] sed id scīrī nōn opus esse.[11] Postulāvit[12] ut aliquem populus daret quīcum[13] commūnicāret.[14] Datus est Aristīdēs.

---

[17] it had been asked of him, he had been asked
[18] quō, *regularly used instead of* ut *to introduce a purp. containing a compar.*
[19] obsōnō (1), buy provisions, *here* = provide (an appetite)
[20] famēs, -is, *f.,* hunger
[21] vīctus, -ūs, living, mode of living, food
[22] philitia, -ōrum, public meals (*for Spartan citizens of military age*)
[23] ubi = *among the Lacedaemonians*
[24] iūs, iūris, *n.,* soup
[25] *dat. of purp.* (S.S.)
[26] dēlectātum (esse)
[27] coquō, -ere, coxī, coctum, cook (*cf.* concoct)
[28] mīrus, -a, -um, wonderful, surprising
[29] condīmentum, -ī, seasoning, condiment
[30] dē-sum, be lacking
[31] vēnātus, -ūs, hunting
[32] sūdor, -ōris, *m.,* sweat
[33] at the Eurotas (Eurōtās, -ae, *m., river on which Sparta was located*)
[34] sitis, -is, *f.,* thirst
[35] epulae, -ārum, banquet
[36] condiō (4), season, spice
[37] sūdō (1), sweat
[38] ructō (1), belch
[39] refertus, -a, -um, stuffed, crammed, + *abl.*

[40] opīmus, -a, -um, fertile, fat; **bōs, bovis,** *m.,* ox
[41] cōn-sequor, follow up, gain
[42] iūcunditās, -tātis, *f.,* pleasure, charm
[43] *n. 21 above; here* = food
[44] dēsīderium, -iī, desire
[45] satietās, -tātis, *f.,* abundance, satisfy

XV
(*For more about Themistocles and Aristides see selections 19 and 20 below.*)
[1] is said, is reported
[2] Serīphius, -iī, *inhabitant of Seriphos, a small island in the Aegean Sea.*
[3] iūrgium, -iī, quarrel
[4] splendor, -ōris, *m.,* distinction, honor
[5] as-sequor = ad-sequor, gain, attain
[6] hercule, *a mild oath,* by Hercules
[7] Athēniēnsis, -e, Athenian
[8] Persae, -ārum, *m.,* the Persians
[9] cōntiō, -ōnis, *f.,* assembly
[10] salūtāris, -e, salutary, advantageous; *modifies* cōnsilium
[11] opus est, it is necessary
[12] postulō (1), demand, request
[13] quīcum, quī = *old abl. form* + cum, with whom
[14] commūnicō (1), communicate, share

Huic[15] ille (dixit) classem[16] Lacedaemoniōrum, quae subducta esset[17] ad Gythēum,[18] clam[19] incendī[20] posse, quō factō frangī[21] Lacedaemoniōrum opēs necesse esset.[22]

10   Quod Aristīdēs cum audīsset, in cōntiōnem magnā exspectātiōne[23] vēnit dīxitque perūtile[24] esse cōnsilium quod Themistoclēs adferret, sed minimē honestum. Itaque Athēniēnsēs, quod honestum nōn esset, id nē ūtile quidem putāvērunt, tōtamque eam rem, quam nē audierant quidem, auctōre Aristīde[25] repudiāvērunt.[26] (**Cicero**, *Dē Officiīs* 3.11.48–49)

XVI. GET THE TUSCULAN COUNTRY HOUSE READY[1]

Tullius[2] S.D.[3] Terentiae[4] Suae

In Tusculānum[5] nōs ventūrōs[6] putāmus aut Nōnīs[7] aut postrīdiē.[8] Ibi ut[9] sint omnia parāta. Plūrēs[10] enim fortasse[11] nōbīscum erunt et, ut arbitror, diūtius ibi commorābimur.[12] Lābrum[13] sī in balneō[14] nōn est, ut[15] sit; item[16] cētera quae sunt

5   ad vīctum et ad valētūdinem[17] necessāria.[18] Valē. Kal. Oct.[19] dē Venusīnō.[20] (**Cicero**, *Epistulae ad Familiārēs* 14.20)

XVII. LIVY ON THE DEATH OF CICERO[1]

M. Cicerō sub adventum[2] triumvirōrum[3] cesserat urbe . . . Prīmō in Tusculānum[4] fūgit; inde trānsversīs[5] itineribus in Formiānum,[6] ut ab Caiētā[7] nāvem cōnscēn-

---

[15]**huic** = *the last mentioned, Aristides*

[16]**classis, -is,** *f.,* fleet

[17]**sub-dūcō,** beach; *subjunct. because subordinate clause in ind. state. (see S.S.). Because of their shallow draft and small size, ancient ships were more often beached than anchored.*

[18]**Gythēum, -ī,** *the port of Sparta*

[19]**clam,** *adv.,* secretly

[20]**incendō, -ere, -cendī, -cēnsum,** set on fire, burn

[21]**frangō, -ere, frēgī, frāctum,** break, crush

[22]**necesse** (*indecl. adj.*) **est,** it is necessary

[23]**exspectātiō, -ōnis,** *f.,* expectation, *abl. of attendant circumstance*

[24]**per-ūtilis, -e,** very useful, advantageous

[25]**auctōre Aristīde,** *abl. abs.*

[26]**repudiō** (1), reject

[8]**postrīdiē,** *adv.,* the day after

[9]**(curā) ut,** take care that

[10]**plūrēs,** several people

[11]**fortasse,** *adv.,* perhaps

[12]**com-moror** (1), remain

[13]**lābrum, -ī,** a wash basin or a bath

[14]**balneum, -ī,** bathroom

[15]**(cūrā) ut**

[16]**item,** *adv.,* likewise

[17]**valētūdō, -inis,** *f.,* health

[18]**necessārius, -a, -um** = *Eng.*

[19]**Kalendīs Octōbribus,** on the Kalends of October = October 1st

[20]*Sent from his estate at Venusia, in Apulia. The year is said to be 47* B.C.

XVI

[1]*A homely little letter which serves as an antidote to Cicero's usually lofty concerns.*

[2]**(Mārcus) Tullius (Cicerō)**

[3]**salūtem dīcit**

[4]**Terentia, -ae,** wife of Cicero

[5]**Tusculānum, -ī,** Tusculan estate (**praedium**) *southeast of Rome in Latium*

[6]**ventūrōs (esse)**

[7]**Nōnae, -ārum,** the Nones *were the seventh day in March, May, July, October; the fifth day in other months.*

XVII

[1]*In 43* B.C.

[2]**adventus, -ūs,** arrival

[3]**triumvirī, -ōrum,** commission of three men, *the second triumvirate composed of Antony, Octavian, and Lepidus*

[4]**his Tusculan villa**

[5]**trānsversus, -a, -um,** transverse, crosswise

[6]**Formiānum, -ī,** estate near Formiae, *which was nearly 100 miles south of Rome on the Appian Way near the sea*

[7]**Caiēta, -ae,** *a sea-coast town not far from Formiae*

sūrus,[8] proficīscitur. Unde aliquotiēns[9] in altum[10] provectum,[11] cum modo ventī adversī rettulissent, modo ipse iactātiōnem[12] nāvis ... patī nōn posset, taedium[13]

5 tandem eum et fugae[14] et vītae cēpit, regressusque[15] ad superiōrem vīllam ... "Moriar," inquit, "in patriā saepe servātā." Satis cōnstat[16] servōs fortiter fidēliterque parātōs fuisse ad dīmicandum,[17] ipsum dēpōnī lectīcam[18] et quiētōs[19] patī quod sors[20] inīqua[21] cōgeret iussisse. Prōminentī[22] ex lectīcā praebentīque immōtam cervīcem[23] caput praecīsum est.[24]

10 Manūs quoque, scrīpsisse in Antōnium aliquid exprobrantēs,[25] praecīdērunt. Ita relātum caput ad Antōnium, iussūque eius inter duās manūs in Rōstrīs positum,[26] ubi ille cōnsul, ubi saepe cōnsulāris,[27] ubi eō ipsō annō adversus[28] Antōnium ... (quanta nūlla umquam hūmāna vōx[29]!) cum admīrātiōne[30] ēloquentiae[31] audītus fuerat. Vix attollentēs[32] prae lacrimīs oculōs, hominēs intuērī[33] trucīdāta[34] membra[35]

15 eius poterant. Vīxit trēs et sexāgintā[36] annōs ... Vir magnus, ācer, memorābilis[37] fuit, et in cuius laudēs persequendās[38] Cicerōne laudātōre opus[39] fuerit.[40] (**Livy** 120.50)

XVIII. MILTIADES AND THE BATTLE OF MARATHON[1]

Eīsdem temporibus Persārum rēx Dārēus, ex Asiā in Eurōpam[2] exercitū trāiectō,[3] Scythīs[4] bellum īnferre[5] dēcrēvit. Pontem fēcit in Histrō[6] flūmine, quā[7] cōpiās

---

[8]as he was going to board ship (cōnscendō, -ere, -scendī, -scēnsum, ascend)

[9]aliquotiēns, *adv.*, several times

[10]altum, -ī, the deep, the sea

[11]prō-vehō, -ere, -vexī, -vectum, carry forward; provectum (having sailed out) *goes with* eum *below*

[12]iactātiō, -ōnis, *f.*, tossing

[13]taedium, -iī, weariness, disgust

[14]fuga, -ae, flight; fugae *depends on* taedium

[15]regredior, -ī, -gressus sum, go back

[16]cōnstat, it is agreed

[17]dīmicō (1), fight (to the finish)

[18]lectīca, -ae, litter

[19](eōs) quiētōs, them quiet, *subj. of* patī; *but we say:* them quietly. (quiētus, -a, -um)

[20]sors, sortis, *f.*, lot

[21]inīquus, -a, -um, unfavorable, unjust (in-aequus)

[22]prōmineō, -ēre, -uī, jut out, step forth: (eī) prōminentī, for him stepping forth = as he stepped forth, *dat. of ref. or interest*

[23]cervīx, -vīcis, *f.*, neck

[24]praecīdō, -ere, -cīdī, cīsum (prae-caedō, cut), cut off—*by the soldiers whom Antony had sent to execute Cicero in reprisal for Cicero's "Philippics" denouncing Antony. Such were the horrors of the proscriptions.*

[25]exprobrō (1), reproach, charge: (militēs), exprobrantēs (manūs) scrīpsisse aliquid, manūs praecīdērunt

[26]positum, *sc.* est

[27]cōnsulāris, -is, *m.*, ex-consul

[28]adversus, *prep. + acc.*, against

[29]quanta ... vōx (fuerat), how great no voice had been = greater than any voice had been

[30]admīrātiō, -ōnis, *f.* = *Eng.*

[31]ēloquentia, -ae, *f.*; ēloquentiae, *obj. gen.* (*S.S.*)

[32]attollō, -ere, raise, lift

[33]intueor, -ērī, -tuitus sum, look at

[34]trucīdō (1), cut to pieces, butcher

[35]membrum, -ī, member (of the body), limb

[36]*indecl. adj.*, sixty

[37]memorābilis, -e, remarkable, memorable

[38]per-sequor, follow up, set forth

[39]opus est + *abl.* = there is need of (Cicero)

[40]fuerit, *perf. subjunct., potential subjunct.*, there would be need of

XVIII

[1]*490 B.C., the first major battle of the Persian wars and one of the most illustrious victories in the apparently unending conflict between democracies and autocracies (despotisms): the relatively few Athenians, practically alone, against the hordes of the Persian autocracy.*

[2]Eurōpa, -ae, Europe

[3]trāiciō, -ere, -iēcī, -iectus, transfer

[4]Scythae, -ārum, *m.*, the Scythians, *a nomadic people of southeastern Europe*; Scythīs, *dat. with compound verbs*

[5]bellum īn-ferō (-ferre, -tulī, -lātus), make war upon, + *dat.*

[6]Hister, -trī, the Danube

[7]quā, *rel. adv. instead of rel. pron.*, where, by which, *referring to* pontem

trādūceret.[8] Eius pontis, dum ipse abesset,[9] custōdēs[10] relīquit prīncipēs quōs
sēcum ex Iōniā et Aeolide[11] dūxerat; quibus singulārum[12] urbium perpetua dederat
5   imperia. Sīc enim facillimē putāvit sē[13] Graecā linguā loquentēs[14] quī Asiam inco-
lerent[15] sub suā retentūrum[16] potestāte, sī amīcīs suīs oppida[17] tuenda[18] trādidisset.[19]
In hōc[20] fuit tum numerō Miltiadēs.[21] Hic, cum crēbrī[22] adferrent nūntiī[23] male rem
gerere Dārēum premīque ā Scythīs, hortātus est pontis custōdēs nē ā Fortūnā[24]
datam occāsiōnem līberandae Graeciae dīmitterent.[25]
10   Nam sī cum eīs cōpiīs, quās sēcum trānsportārat,[26] interīsset Dārēus, nōn
sōlum Eurōpam fore[27] tūtam,[28] sed etiam eōs quī Asiam incolerent Graecī genere[29]
līberōs ā Persārum futūrōs dominātiōne[30] et perīculō. Id facile efficī[31] posse;[32] ponte
enim rescissō[33] rēgem vel[34] hostium ferrō vel inopiā[35] paucīs diēbus interitūrum.
Ad hoc cōnsilium cum plērīque[36] accēderent, Histiaeus[37] Mīlēsius . . . [dīxit] adeō[38]
15   sē abhorrēre[39] ā cēterōrum cōnsiliō ut nihil putet ipsīs ūtilius quam cōnfirmārī[40]
rēgnum[41] Persārum. Huius cum sententiam plūrimī essent secūtī, Miltiadēs . . .
Chersonēsum relīquit ac rūrsus[42] Athēnās dēmigrāvit.[43] Cuius[44] ratiō etsī nōn
valuit, tamen magnopere est laudanda cum amīcior omnium libertātī quam suae
fuerit dominātiōnī.
20   Dārēus autem, cum ex Eurōpā in Asiam redīsset, hortantibus amīcīs ut Grae-
ciam redigeret[45] in suam potestātem, classem quīngentārum[46] nāvium comparāvit[47]

[8] trā (= trāns)-dūcō. *Why the subjunct. in the rel. clause?*

[9] ab-sum, be away, be absent; abesset, *subjunct. of implied ind.*
state., the thought in his mind being: "while I shall be away"

[10] as guards

[11] Ionia and Aeolis, *Gk. sections of Asia Minor*

[12] singulī, -ae, -a (*pl.*), separate, one each

[13] sē, *acc., subj. of* retentūrum (esse)

[14] the Greek-speaking peoples, *obj. of* retentūrum

[15] incolō, -ere, -uī, inhabit

[16] retentūrum (esse); re-tineō

[17] oppidum, -ī, town; *occasionally* city

[18] tuenda, (the towns) to be protected = the protection of the
towns (tueor, -ērī, tūtus sum, look at, protect)

[19] *fut. more vivid condition in ind. state.:* eōs retinēbō sī amīcīs
oppida trādiderō.

[20] hōc *modifies* numerō. *Note carefully that a characteristic of
Nepos' style is the fondness for separating modifiers from the
words which they modify. Be sure to match up such separated
words accurately according to the rules of agreement.*

[21] Miltiadēs, -is, *m.*, Miltiades, *Athenian general, hero of Mara-
thon, who many years before the Battle of Marathon had been
sent by the Athenians to rule over the Thracian Chersonesus, a
peninsula west of the Hellespont.*

[22] crēber, -bra, -brum, numerous

[23] nūntius, -iī, messenger

[24] Fortūna *is here regarded as a person (deity). Why is* ā *used?*

[25] dī-mittō, let go, lose

[26] trānsportō (1), transport, take across; trānsportārat = trāns-
portāverat

[27] *ind. state. depending on the idea of saying in* hortātus est *of the
preceding sent.; direct form:* sī Dārēus interierit, Eurōpa erit
tūta. inter-eō, perish

[28] tūtus, -a, -um

[29] *abl. of specification (S.S.),* Greek in race *or* by race

[30] dominātiō, -ōnis, *f.* = *Eng.*

[31] ef-ficiō, accomplish

[32] *still ind. state.*

[33] rescindō, -ere, rescidī, rescissum, cut down

[34] vel . . . vel, either . . . or

[35] inopia, -ae, need, privation

[36] plērīque, -ōrumque, most people, very many (plērusque,
-aque, -umque, the greater part, very many)

[37] Histiaeus, -ī, *tyrant of Miletus in Asia Minor*

[38] adeō, *adv.*, so, to such a degree

[39] ab-horreō, -ēre, -uī, shrink from, be averse to

[40] cōnfirmō (1), strengthen

[41] *subj. of* cōnfirmārī

[42] rūrsus, *adv.*, again

[43] dēmigrō (1), depart (*cf.* migrate)

[44] *conjunctive use of rel.*

[45] redigō, -ere, -ēgī, -āctum, reduce

[46] quīngentī, -ae, -a, 500

[47] comparāvit *here = strong form of* parāvit

eīque[48] Dātim praefēcit[49] et Artaphernem,[50] eīsque ducenta[51] (mīlia) peditum,[52] decem equitum[53] mīlia dedit—causam interserēns[54] sē hostem esse Athēniēnsibus quod eōrum auxiliō Iōnes[55] Sardīs[56] expugnāssent[57] suaque[58] praesidia interfēcissent.

25   Illī praefectī[59] rēgiī,[60] classe ad Euboeam[61] appulsā[62] celeriter Eretriam[63] cēpērunt, omnēsque eius gentis cīvēs abreptōs[64] in Asiam ad rēgem mīsērunt. Inde[65] ad Atticam[66] accessērunt ac suās cōpiās in campum[67] Marathōna[68] dēdūxērunt. Is abest ab oppidō circiter[69] mīlia passuum[70] decem.

Hōc tumultū[71] Athēniēnsēs tam propinquō[72] tamque magnō permōtī[73] auxi-
30   lium nūsquam[74] nisi ā Lacedaemoniīs petīvērunt Phīdippumque,[75] cursōrem eius generis quī hēmerodromoe[76] vocantur, Lacedaemonem[77] mīsērunt ut nūntiāret quam celerrimō opus esse[78] auxiliō. Domī autem creant[79] decem praetōrēs,[80] quī exercituī praeessent,[81] in eīs Miltiadem; inter quōs magna fuit contentiō[82] utrum moenibus sē dēfenderent an obviam[83] īrent hostibus aciēque[84] dēcernerent. Ūnus[85]
35   Miltiadēs maximē nītēbātur[86] ut prīmō tempore castra fierent[87] . . .

Hōc tempore nūlla cīvitās Athēniēnsibus auxiliō[88] fuit praeter Plataeēnsēs[89]; ea

[48]eī (= classī), *dat. with compounds*

[49]prae-ficiō, + *dat.*, put in charge *or* command of

[50]Dātis, -tidis, *acc.* Dātim, Datis, *a general;* Artaphernēs, -is, Artaphernes, *nephew of Darius*

[51]ducentī, -ae, -a, 200

[52]pedes, -itis, *m.*, foot-soldier

[53]eques, -itis, *m.*, horseman

[54]interserō, -ere, allege

[55]Iōnes, -um, *m.*, the Ionians, *a Gk. people inhabiting the central western coast of Asia Minor;* -es, *Gk. ending*

[56]Sardēs, -ium, *acc.* Sardīs, Sardis, *capital of the Persian province of Lydia in western Asia Minor*

[57]expugnō (1), take by storm

[58]sua, *refers to Sardis*

[59]praefectus, -ī, commander, deputy

[60]rēgius, -a, -um, royal

[61]Euboea, -ae, Euboea, *a large island off the eastern shore of central Greece*

[62]appellō, -ere, -pulī, -pulsum, drive, bring to land

[63]Eretria, -ae, Eretria, *a city of the western central coast of Euboea*

[64]ab-ripiō = ēripiō; abreptōs . . . mīsērunt, they carried away and sent to

[65]inde, *adv.*, from that place

[66]Attica, -ae, Attica, *district in central Greece of which the capital was Athens (somewhat unusually called an* oppidum *in the next sentence)*

[67]campus, -ī, field, plain

[68]Marathōn, -ōnis, *acc.* -ōna, *f.*, Marathon

[69]circiter, *adv.*, about

[70]passus, -ūs, pace (ca. 5'); mīlia passuum, thousands of paces = miles

[71]tumultus, -ūs, disturbance, uprising

[72]propinquus, -a, -um, near, neighboring

[73]per-moveō, move thoroughly, trouble

[74]nūsquam, *adv.*, nowhere

[75]Phīdippus, -ī, Phidippus, *an Athenian courier* (cursor, -ōris, *m.*, runner)

[76]hēmerodromus, -ī (-dromoe, *Gk. nom. pl.*), day runner (*Gk. word*), *professional runner. Herodotus says that Phidippus (or Phidippides) covered the 140 miles between Athens and Sparta in two days.* Quī *agrees with* hēmerodromoe *rather than* generis *since a rel. pron. agrees with a pred. noun rather than with the antecedent.*

[77]Lacedaemōn, -onis, *f.*, Lacedaemonia, Sparta

[78]opus est + *abl.* (*of means*), there is need of, *an impers. construction in which* opus *remains indecl.;* opus esse, *infin. in ind. state. with* auxiliō *in abl.*

[79]creant, *historical pres.*

[80]praetor, -ōris, *m.*, called stratēgoi, generals, *by the Athenians*

[81]prae-sum + *dat.*, be in charge of; *why subjunct.?*

[82]contentiō, -ōnis, *f.*, controversy

[83]obviam (*adv.*) īre + *dat.*, go to meet

[84]aciēs, -ēī, line of battle

[85]alone, *i.e., of the ten generals*

[86]nītor, -ī, nīxus sum, strive labor

[87]that a camp should be made = to take the field

[88]*dat. of purp.* (S.S.)

[89]Plataeēnsēs, -ium, *m. pl.*, the men of Plataea, *a city in Boeotia just over the border from Attica*

mīlle mīsit mīlitum.[90] Itaque hōrum adventū[91] decem mīlia armātōrum[92] complēta sunt,[93] quae manus mīrābilī[94] flagrābat[95] pugnandī cupiditāte; quō[96] factum est[97] ut plūs quam collēgae[98] Miltiadēs valēret.[99]

40   Eius ergō auctōritāte impulsī[100] Athēniēnsēs cōpiās ex urbe ēdūxērunt locō-que[101] idōneō castra fēcērunt. Dein[102] posterō[103] diē sub montis rādīcibus[104] aciē regiōne[105] īnstrūctā[106] nōn apertissimā[107]—namque[108] arborēs multīs locīs erant rārae[109]—proelium commīsērunt[110] hōc cōnsiliō ut et montium altitūdine[111] tegeren-tur[112] et arborum tractū[113] equitātus[114] hostium impedīrētur, nē multitūdine[115] clau-

45 derentur.[116] Dātis, etsī nōn aequum locum[117] vidēbat suīs, tamen frētus[118] numerō cōpiārum suārum cōnflīgere[119] cupiēbat, eōque[120] magis quod, priusquam[121] Lace-daemoniī subsidiō[122] venīrent, dīmicāre ūtile arbitrābātur.

    Itaque in aciem peditum centum (mīlia), equitum decem mīlia prōdūxit proe-liumque commīsit. In quō[123] tantō[124] plūs[125] virtūte valuērunt Athēniēnsēs ut decem-

50 plicem[126] numerum hostium prōflīgārint,[127] adeōque eōs perterruērunt ut Persae nōn castra sed nāvēs petierint. Quā pugnā nihil adhūc[128] exsistit[129] nōbilius[130]; nūlla enim umquam tam exigua[131] manus tantās opēs prōstrāvit.[132] (**Nepos**, *Miltiadēs* 3–5, excerpts)

---

[90] mīlle *here = a noun with gen. of whole* mīlitum. *This is regular with* mīlia *but uncommon with* mīlle.
[91] adventus, -ūs, approach
[92] armātī, -ōrum, armed men
[93] compleō, -ēre, -plēvī, -plētum, fill out, complete
[94] mīrābilis, -e, wonderful, extraordinary; *modifies* cupiditāte
[95] flagrō (1), burn, be excited
[96] because of which = and because of this
[97] it happened that
[98] collēga, -ae, *m.*, colleague
[99] plūs . . . valēret, he had power more than = he had more power or influence than, he prevailed over. valēret, *why subjunct.?*
[100] impellō, -ere, -pulī, -pulsum, impel
[101] locō, *place where, no prep. necessary with* locō
[102] dein = deinde
[103] posterus, -a, -um, next following
[104] rādīx, -īcis, *f.*, root, base
[105] regiō, -ōnis, *f.*, region
[106] īnstruō, -ere, -strūxī, -strūctum, draw up (battle line)
[107] *interlocked word order:* aciē īnstrūctā (in) regiōne nōn aper-tissimā; apertus, -a, -um, open
[108] namque, *conj., more emphatic form of* nam
[109] rārus, -a, -um, scattered: there were scattered trees
[110] proelium committere, join battle
[111] altitūdō, -inis, *f.*, height
[112] tegō, -ere, tēxī, tēctum, cover, protect

[113] tractus, -ūs, dragging
[114] equitātus, -ūs, cavalry
[115] multitūdō, -inis, *f.*, large number
[116] claudō, *here* enclose, surround
[117] locum (esse) nōn aequum suīs
[118] frētus, -a, -um, + *abl.*, relying on
[119] cōnflīgō, -ere, -flīxī, -flīctum, fight (*cf.* conflict)
[120] eō, *adv.*, on that account
[121] priusquam *and* antequam, before, + *indic. denote an actual fact;* + *subjunct. denote anticipation as here:* before they could come
[122] *dat.*
[123] in quō (proeliō)
[124] *abl. of degree of difference* (S.S.)
[125] they were strong by so much more (strength) in respect to courage = they were so much more powerful in the matter of courage
[126] decemplex, *gen.* -plicis, tenfold
[127] prōflīgō (1), overthrow; prōflīgārint = -gāverint. *Why sub-junct.?*
[128] ad-hūc, *adv.*, thus far, hitherto
[129] exsistō, -ere, -stitī, arise, exist, be
[130] nōbilis, -e, famous
[131] exiguus, -a, -um, small, scanty. "Never did so many owe so much to so few."
[132] prōsternō, -ere, -strāvī, -strātum, overthrow, throw down

XIX. THEMISTOCLES AND THE BATTLE OF SALAMIS[1]

Themistoclēs[2] ad (bellum Corcȳraeum[3]) gerendum praetor ā populō factus, nōn sōlum praesentī[4] bellō sed etiam reliquō[5] tempore ferōciōrem reddidit cīvitātem. Nam cum pecūnia pūblica, quae ex metallīs[6] redībat, largītiōne[7] magistrātuum[8] quotannīs[9] interīret,[10] ille persuāsit populō ut eā pecūniā classis centum nāvium
5 aedificārētur.[11] Quā[12] celeriter effectā, prīmum Corcȳraeōs frēgit,[13] deinde maritimōs praedōnēs[14] cōnsectandō[15] mare tūtum reddidit. In quō[16] ... perītissimōs[17] bellī nāvālis[18] fēcit Athēniēnsēs. Id quantae salūtī[19] fuerit ūniversae[20] Graeciae, bellō cognitum est Persicō.[21] Nam cum Xerxēs[22] et marī et terrā[23] bellum ūniversae īnferret Eurōpae, cum tantīs cōpiīs eam invāsit[24] quantās neque ante nec posteā habuit
10 quisquam. Huius enim classis mīlle et ducentārum nāvium longārum[25] fuit, quam duo mīlia onerāriārum[26] sequēbantur. Terrestris[27] autem exercitus septingenta[28] (mīlia) peditum, equitum quadringenta[29] mīlia fuērunt.[30]

Cuius dē adventū[31] cum fāma in Graeciam esset perlāta[32] et maximē Athēniēnsēs petī dīcerentur propter pugnam Marathōniam, mīsērunt Delphōs[33] cōn-
15 sultum[34] quidnam[35] facerent[36] dē rēbus suīs. Dēlīberantibus[37] Pȳthia[38] respondit ut moenibus ligneīs[39] sē mūnīrent.[40] Id respōnsum[41] quō[42] valēret cum intellegeret

XIX

[1] 480 B.C. *The Battle of Salamis was the naval counterpart of Marathon, except that this time Athens had the help of Sparta.*

[2] **Themistoclēs, -is,** *or* **-ī,** Themistocles, *a talented Athenian politician.*

[3] **Corcȳraeus, -a, -um,** Corcyraen; *Corcyra, a large island off the northwest coast of Greece. Actually Nepos is in error about Themistocles' command in the Corcyraean affair but he is correct about the tremendous importance of Themistocles' big-navy policy.*

[4] **praesēns,** *gen.* **-entis,** present

[5] **reliquus, -a, -um,** remaining, rest of

[6] **metallum, -ī,** a mine, *silver mines at Laurium in Attica south of Athens*

[7] **largītiō, -ōnis,** *f.,* generosity, liberality

[8] **magistrātus, -ūs,** civil office; civil officer, magistrate

[9] **quotannīs,** *adv.,* annually

[10] **inter-eō,** be lost, perish (*cf.* **pereō**): **interīret,** *subjunct. introduced by* **cum**; *the subj. is* **pecūnia.**

[11] **aedificō** (1), build (*cf.* edifice)

[12] **quā** (classe)

[13] **frangō, -ere, frēgī, frāctum,** break, overcome

[14] **maritimus (-a, -um** = *Eng.; cf.* **mare**) **praedō (-ōnis,** *m.,* robber) = pirate; *obj. of* **cōnsectandō**

[15] **cōnsector** (1), pursue, hound (*cf.* **cōnsequor**)

[16] **in** (doing) which

[17] **perītus, -a, -um,** + *gen.,* skilled in; *obj. complement*

[18] **nāvālis, -e;** *cf.* **nāvis**

[19] **quantae salūtī,** *dat. of purp. with a dat. of ref.,* Graeciae (S.S.)

[20] **ūniversus, -a, -um,** entire, whole, as a whole

[21] **Persicus, -a, -um,** Persian; *the Second Persian War*

[22] **Xerxēs, -is** *or* **-ī,** *m.,* Xerxes, *son of Darius and king of the Persians,* 485–465 B.C.

[23] **marī et terrā** (*or* **terrā marīque**) *abl. of place where, without a prep., regular in this formula*

[24] **invādō, -ere, -vāsī, -vāsum,** move against, invade

[25] **nāvium longārum,** of 1,200 men-of-war; his fleet was of 1,200 ships = his fleet consisted of ...

[26] **onerāria, -ae** (**nāvis**), transport

[27] **terrestris exercitus,** land army

[28] **septingentī, -ae, -a,** seven hundred

[29] **quadringentī, -ae, -a,** four hundred

[30] *Though the subj.,* **exercitus,** *is sg.,* **fuērunt** *is pl. according to the idea of plurality which precedes it.*

[31] **adventus, -ūs,** approach, arrival

[32] **per-ferō**

[33] *acc. of place to which. At Delphi was the famous oracle of Apollo.*

[34] *acc. supine of* **cōnsulō** *to express purp.* = to consult

[35] **quisnam, quidnam,** who *or* what in the world

[36] *both ind. quest. and deliberative subjunct.*

[37] **dēlīberō** (1), deliberate; (**eīs**) **dēlīberantibus,** *dat.*

[38] **Pȳthia, -ae,** the Pythian priestess, *who gave the response of Apollo*

[39] **ligneus, -a, -um,** wooden

[40] **mūniō** (4), fortify, defend

[41] **respōnsum, -ī,** *the noun of* **respondeō,** *subj. of* **valēret**

[42] **quō** (*adv.*) **valēret,** *lit.* in what direction this was strong or valid = in what way this applied *or* what this meant

nēmō, Themistoclēs persuāsit cōnsilium esse[43] Apollinis ut in nāvēs sē suaque[44] cōnferrent: eum[45] enim ā deō significārī[46] mūrum ligneum. Tālī cōnsiliō probātō, addunt[47] ad superiōrēs (nāvēs) totidem[48] nāvēs trirēmēs,[49] suaque omnia quae

20   moverī poterant partim[50] Salamīna,[51] partim Troezēna[52] dēportant.[53] Arcem[54] sacer-dōtibus paucīsque maiōribus nātū[55] ad sacra[56] prōcūranda[57] trādunt; reliquum[5] op-pidum relinquunt.

    Huius[58] cōnsilium plērīsque cīvitātibus[59] displicēbat[60] et in terrā dīmicārī[61] magis placēbat. Itaque missī sunt dēlēctī[62] cum Leōnidā,[63] Lacedaemoniōrum rēge,

25   quī Thermopylās[64] occupārent[65] longiusque barbarōs[66] prōgredī nōn paterentur. Iī vim hostium nōn sustinuērunt,[67] eōque locō omnēs interiērunt.[10]

    At classis commūnis Graeciae trecentārum[68] nāvium, in quā ducentae[68] erant Athēniēnsium,[69] prīmum apud Artemīsium[70] inter Euboeam continentem-que[71] terram cum classiāriīs[72] rēgiīs[73] cōnflīxit.[74] Angustiās[75] enim Themistoclēs

30   quaerēbat, nē multitūdine[76] circumīrētur.[77] Hinc etsī parī proeliō[78] discesserant, tamen eōdem locō nōn sunt ausī manēre, quod erat perīculum nē,[79] sī pars nāvium adversāriōrum[80] Euboeam superāsset,[81] ancipitī[82] premerentur perīculō. Quō[83] fac-

---

[43]**esse.** *The infin. shows that this is ind. state. with* **persuādeō** *and not the more common jussive noun clause introduced by* **ut**: he persuaded (them) that it was the advice of Apollo that they should betake . . .

[44]**sua,** their things = their possessions

[45]**eum mūrum ligneum,** that wooden wall (= the ships)

[46]**significō** (1), signify; mean; **significārī,** *ind. state, depending on a verb of saying understood*

[47]**ad-dō, -dere, -didī, -ditum,** add

[48]**totidem,** *indecl. adj.,* just as many

[49]**trirēmis, -e,** having three banks of oars

[50]**partim,** *adv.,* partly

[51]**Salamīs, -īnis,** *acc.* **Salamīna,** *f.,* Salamis, *island on west coast of Attica; acc. of place to which (islands as well as cities and towns)*

[52]**Troezēn, -ēnis,** *acc.* **Troezēna,** *f.,* Troezen, *southeastern part of Argolis, across the Saronic Gulf from Athens.*

[53]**dēportō** (1), carry off

[54]*the acropolis of the city of Athens.*

[55]**maiōrēs nātū,** those greater in respect to birth = old men, elders

[56]**sacer, -cra, -crum,** sacred; **sacra,** *n. pl.* sacred vessels, *or* rites

[57]**prōcūrō** (1), take care of

[58]*i.e.,* Themistocles'

[59]**plērīsque cīvitātibus,** *i.e.,* the allies of the Athenians; *dat. with* **displicēbat**

[60]**dis-placeō**

[61]**dīmicārī,** *impers. pass., lit.* that it be fought, *but translate* that the war be fought. *The infin.* **dīmicārī** *is subj. of* **placēbat.**

[62]**dēlēctus, -a, -um,** chosen, picked; chosen men

[63]**Leōnidās, -ae,** *m.,* Leonidas

[64]**Thermopylae, -ārum,** Thermopylae, *a mountain pass near the southern border of Thessaly*

[65]**occupō** (1), seize

[66]**barbarus, -a, -um,** foreign, uncivilized, barbarian (*commonly applied by a kind of ethnocentrism to those not of the Gk. and Roman civilization*)

[67]**sustineō, -ēre, -tinuī, -tentum,** sustain; *the subj. is* **iī** (= **eī**).

[68]*See App. under Numerals (cardinals 200 and 300);* **ducentae** (**nāvēs**)

[69]*pred. gen. of possession:* were of the Athenians = belonged to the Athenians

[70]**apud Artemīsium,** near Artemisium, *promontory at northern tip of Euboea*

[71]**continēns terra, continentis terrae,** the mainland

[72]**classiārius, -iī,** a marine (*lit.* a soldier of the fleet)

[73]**rēgius, -a, -um,** royal

[74]**cōnflīgō, -ere, -flīxī, -flīctum,** to fight

[75]**angustiae, -ārum,** narrow place

[76]**multitūdō, -inis,** *f.,* large number, multitude

[77]**circum-eō,** surround

[78]**parī proeliō,** the battle was a draw

[79]**nē** = lest, *similar to the construction after verbs of fearing*

[80]**adversārius, -a, -um,** hostile; **adversārius, -iī,** opponent, enemy

[81]*a simple fut. condition in a* **nē**- *clause* The original thought was sī pars superāverit, . . . premēmur; *the fut. perf. indic.* **superāverit** *becomes pluperf. subjunct.* **superāsset.**

[82]**anceps,** *gen.* **ancipitis,** two-headed, double

[83]**quō** = **quārē**

tum est ut[84] ab Artemīsiō discēderent et exadversum[85] Athēnās apud Salamīna classem suam cōnstituerent.[86]

35   At Xerxēs, Thermopylīs expugnātīs, prōtinus accessit astū,[87] idque, nūllīs dē- fendentibus, interfectīs sacerdōtibus quōs in arce invēnerat, incendiō[88] dēlēvit. Cuius flammā perterritī[89] classiāriī cum manēre nōn audērent et plūrimī hortāren- tur ut domōs[90] suās discēderent moenibusque sē dēfenderent, Themistoclēs ūnus restitit[91] et ūniversōs parēs esse posse[92] aiēbat,[93] dispersōs[94] testābātur[95] peritūrōs;

40 idque Eurybiadī,[96] rēgī Lacedaemoniōrum, quī tum summae[97] imperiī praeerat,[98] fore[99] adfīrmābat.[100]

    Quem cum minus quam vellet movēret, noctū[101] dē servīs suīs[102] quem habuit[103] fidēlissimum ad rēgem mīsit ut eī nūntiāret suīs verbīs[104] adversāriōs eius[105] in fugā[106] esse; quī[107] sī discessissent,[108] maiōre cum labōre . . . (eum) bellum

45 cōnfectūrum, cum singulōs[109] cōnsectārī cōgerētur; quōs sī statim aggrederētur,[110] brevī (tempore) ūniversōs oppressūrum . . . Hāc rē audītā barbarus, nihil dolī[111] subesse[112] crēdēns, postrīdiē aliēnissimō[113] sibi locō, contrā[114] opportūnissimō[115] hos- tibus, adeō angusto marī[116] cōnflīxit ut eius multitūdō nāvium explicārī nōn potue- rit[117] . . . Victus ergō est magis etiam cōnsiliō Themistoclī quam armīs Graeciae . . .

50 Sīc ūnīus virī prūdentiā[118] Graecia līberāta est Eurōpaeque succubuit[119] Asia.

    Haec (est) altera victōria quae cum Marathōniō possit comparārī tropaeō.[120] Nam parī modō apud Salamīna parvō numerō nāvium maxima post hominum memoriam classis est dēvicta.[121] (**Nepos**, *Themistoclēs* 2–4, excerpts)

---

[84] *result clause, subj. of* **factum est**: = the result was that

[85] **exadversum,** *prep. + acc.,* opposite

[86] **cōnstituō, -ere, -stituī, -stitūtum,** draw up, establish

[87] **astū,** *n. indecl.,* the city (= Athens), *obj. of* **accessit**

[88] **incendium, -iī,** burning, fire. *The marks of this fire can still be seen on some of the marble pieces later built into the wall of the Acropolis.*

[89] **per-terreō**

[90] *place to which without a prep. as in the sg.* **domum**

[91] **resistō, -ere, -stitī,** make a stand, resist

[92] **universōs . . . posse,** all together (united) they could be equal (*to the Persians*)

[93] *imperf. of* **ait**

[94] **di-spergō, -ere, -spersī, -spersum,** scatter

[95] **testor** (1), testify, declare

[96] **Eurybiadēs, -is,** *m.,* Eurybiades; **Eurybiadī** *depends on* **adfīr-mābat.**

[97] **summa, -ae,** highest place

[98] **summae imperiī** (*gen. of whole*) **praeerat,** he was in charge of the highest part of the command = he was commander-in-chief

[99] *Subj. of* **fore** (= futūrum esse) *is* **id.**

[100] **adfīrmō** (1), assert, declare

[101] **noctū,** *adv.,* at night

[102] **(illum) dē servīs suīs,** that one of his slaves

[103] considered

[104] in his (Themistocles') own words, *i.e.,* in his own name

[105] **adversāriōs** (= **hostēs**) **eius** (= **rēgis**)

[106] **fuga, -ae,** flight

[107] **quī** = et eī

[108] **sī discessissent . . . (eum) bellum cōnfectūrum (esse),** *another simple fut. condition in ind. state.:* sī discesserint (*fut. perf.*), tū bellum cōnficiēs . . . ; **cōnficiō, -ere, -fēcī, -fectum,** finish, accomplish.

[109] one at a time

[110] **aggredior, -gredī, -gressus sum,** attack

[111] **dolus, -ī,** deceit, trick. *What kind of gen. is* **dolī**?

[112] **sub-sum,** be under, be concealed

[113] **aliēnus, -a, -um,** foreign, unfavorable

[114] **contrā,** *adv.,* on the contrary

[115] **opportūnus, -a, -um,** advantageous, *referring to* **locō**

[116] *abl. of place where without a prep.*

[117] *The perf. subjunct. is not uncommon in result clause in histori-cal sequence.*

[118] **prūdentia, -ae,** foresight, discretion

[119] **succumbō, -ere, -cubuī,** submit, succumb

[120] **Marathōniō tropaeō,** trophy *or* victory at Marathon

[121] **dē-vincō,** conquer completely

XX. ARISTIDES THE JUST

Aristīdēs,[1] Lȳsimachī[2] filius, Athēniēnsis, aequālis[3] ferē fuit Themistoclī[4] atque cum eō dē prīncipātū[5] contendit . . . In hīs autem cognitum est quantō[6] antistāret[7] ēloquentia innocentiae.[8] Quamquam enim adeō excellēbat[9] Aristīdēs abstinentiā[10] ut ūnus post hominum memoriam . . . cognōmine[11] "Iūstus" sit appellātus, tamen ā
5   Themistocle collabefactus[12] testulā[13] illā[14] exsiliō[15] decem annōrum[16] multātus est.[17]

Quī quidem cum intellegeret reprimī[18] concitātam[19] multitūdinem nōn posse, cēdēnsque animadvertisset quendam scrībentem ut patriā pellerētur,[20] quaesīsse ab eō[21] dīcitur quārē id faceret aut quid Aristīdēs commīsisset cūr[22] tantā poenā dignus dūcerētur. Cui ille respondit sē ignōrāre[23] Aristīdēn, sed sibi nōn placēre[24]
10 quod tam cupidē labōrāsset ut praeter cēterōs "Iūstus" appellārētur. Hic decem annōrum lēgitimam[25] poenam nōn pertulit. Nam postquam[26] Xerxēs in Graeciam dēscendit,[27] sextō ferē annō quam[28] erat expulsus, populī scītō[29] in patriam restitūtus est.[30]

Interfuit[31] autem pugnae nāvālī apud Salamīna quae facta est priusquam[32]
15 poenā līberārētur. Īdem[33] praetor fuit Athēniēnsium apud Plataeās[34] in proeliō quō fūsus[35] (est) barbarōrum exercitus Mardoniusque[36] interfectus est . . . Huius aequitāte[37] factum est,[38] cum in commūnī classe esset Graeciae simul cum Pau-

XX

[1] **Aristīdēs, -is,** *m.,* Aristides, *Athenian statesman and general*

[2] **Lȳsimachus, -ī,** Lysimachus

[3] **aequālis, -is,** *m.,* an equal in age, a contemporary

[4] **Themistoclī,** *here gen. of possession*

[5] **prīncipātus, -ūs,** first place, leadership

[6] *abl. of degree of difference (S.S.) depending on the idea of comparison in* **antistāret:** how much

[7] **anti-stō, -āre, -stetī,** stand before = excel

[8] **innocentia, -ae,** harmlessness; integrity. *Why dat.?*

[9] **excellō, -ere, -uī, -celsum,** excel; **excellēbat:** *note that* **quamquam** (although) *is used with the indic.*

[10] **abstinentia, -ae,** self-restraint, *esp. in matters involving public funds,* uprightness; **abstinentiā,** *abl. of specification (S.S.).*

[11] **cognōmen, -minis,** *n.,* here = epithet, apellative. *Of the three regular Roman names* (**praenōmen, nōmen, cognōmen**) *the* **cognōmen** *(cf.* **cognōscō***) seems to have originated as a kind of nickname.*

[12] **collabefiō, -fierī, -factus sum,** be overthrown, be ruined

[13] **testula, -ae,** little potsherd; ostracism; **testulā** *abl. of accordance or perhaps means. Look up the interesting history of ostracism, a political safety valve against tyranny.*

[14] **illā,** *in the unusual position of following its noun* = that famous

[15] **exsiliō,** *abl. of penalty* (= *a form of abl. of means*)

[16] **decem annōrum,** *gen. of description*

[17] **multō** (1), punish

[18] **re-primō, -ere, -pressī, -pressum,** press back, check

[19] **concitō** (1), arouse, excite

[20] *jussive noun clause,* writing that he should be driven out

[21] **eō,** *i.e., the* **quendam** *above*

[22] (what he had committed) that

[23] **ignōrō** (1), not know, be unacquainted with

[24] **sibi nōn placēre** (*impers.*), it was not pleasing to him = he was displeased (because . . .)

[25] **lēgitimus, -a, -um,** fixed by law, legal

[26] **postquam,** *conj. + perf. indic.,* after

[27] **dēscendō, -ere, -scendī, -scēnsum,** descend, march on

[28] **quam = postquam;** post *sometimes omitted after an ordinal number in the abl. of time construction*

[29] **scītum, -ī,** decree (*cf. plebiscite*)

[30] **restituō, -ere, -stituī, -stitūtum,** restore

[31] **inter-sum + dat.,** be present at, take part in

[32] **priusquam** + *subjunct.*

[33] the same man = he also

[34] **Plataeae, -ārum,** Plataea

[35] **fundō, -ere, fūdī, fūsum,** pour out, rout

[36] **Mardonius, -iī,** Mardonius, *Persian general under Xerxes in command of the "barbarians"*

[37] **aequitās, -tātis,** *f.,* equity, fairness; **aequitāte,** *abl. of cause (S.S.).*

[38] **factum est . . . ut summa imperiī trānsferrētur,** it happened that the chief command was transferred; **ut . . . trānsferrētur,** *noun clause of result used as subj. of* **factum est**

saniā[39] (quō duce[40] Mardonius erat fugātus[41]), ut summa imperiī[42] maritimī ab Lacedaemoniīs trānsferrētur ad Athēniēnsēs; namque ante id tempus et marī et
20   terrā ducēs erant Lacedaemoniī. Tum autem et intemperantiā[43] Pausaniae et iūstitiā factum est Aristīdis ut omnēs ferē cīvitātēs Graeciae ad Athēniēnsium societātem[44] sē applicārent[45] et adversus barbarōs hōs ducēs dēligerent[46] sibi.

Quōs[47] quō[48] facilius repellerent,[49] sī forte[50] bellum renovāre[51] cōnārentur, ad classēs aedificandās exercitūsque comparandōs[52] quantum pecūniae quaeque[53] cīvi-
25   tās daret, Aristīdēs dēlēctus est quī cōnstitueret,[54] eiusque arbitriō[55] quadringēna[56] et sexāgēna talenta quotannīs Dēlum[57] sunt conlāta; id enim commūne aerārium[58] esse voluērunt. Quae omnis pecūnia posterō[59] tempore Athēnās trānslāta est. Hic quā[60] fuerit[61] abstinentiā, nūllum est certius indicium[62] quam quod,[63] cum tantīs rēbus praefuisset,[64] in tantā paupertāte dēcessit,[65] ut quī[66] efferrētur vix relīquerit.
30   Quō[67] factum est ut fīliae eius pūblicē[68] alerentur et dē commūnī aerāriō dōtibus[69] datīs collocārentur.[70] (**Nepos**, *Aristīdēs*, excerpts)

XXI. TIMOLEON[1]

Diōne[2] Syrācūsīs interfectō, Dionȳsius[3] rūrsus Syrācūsārum potītus est.[4] Cuius adversāriī opem ā Corinthiīs[5] petiērunt ducemque, quō in bellō ūterentur, pos-

---

[39]**Pausaniās, -ae,** *m.,* Pausanias, *a Spartan, victor over the Persians at Plataea in 479* B.C. *but a person whose selfish ambition was too great to permit his continuing long as commander-in-chief of the united Gk. forces*

[40]*abl. abs.*

[41]**fugō** (1), put to flight, rout; *not to be confused with* **fugiō**

[42]*Locī Im. XIX n. 97–98*

[43]**intemperantia, -ae,** intemperance, arrogance

[44]**societās, -tātis,** *f.,* confederacy, alliance

[45]**applicō** (1), attach

[46]**dēligō, -ere, -lēgī, -lēctum** = **legō**

[47] = **barbarōs**

[48]*Locī Im. XIV n. 18*

[49]**re-pellō**

[50]**forte,** *adv.,* by chance

[51]*If* **novus** *is new, what must the verb* **re-novō** (1) *mean?*

[52]*Both gerundive phrases belong in the* **quantum** *clause*

[53]**quaeque cīvitās: quaeque,** *f. adj. form of* **quisque**

[54]**cōnstituō, -ere, -stituī, -stitūtum,** establish, decide; **quī cōnstitueret,** *rel. clause of purp., which has as its obj. the* **quantum . . . daret** *clause*

[55]**arbitrium, -ī,** judgment, decision; **arbitriō,** *what kind of abl.?*

[56]**quadringēna et sexāgēna** (*distributive numerals*) **talenta quotannīs,** 460 talents each year

[57]**Dēlos, -ī,** *f.,* Delos, *small island in the center of the Cyclades in the Aegean*

[58]**aerārium, -iī,** treasury

[59]**posterus, -a, -um,** coming after (post), later

[60]**quā abstinentiā,** *abl. of description,* of what integrity he was = how great was his integrity

[61]*perf. subjunct., ind. quest. depending on* **indicium**

[62]**indicium, -iī,** indication, proof

[63]the fact that

[64]**prae-sum** + *dat.,* be in charge of

[65]**dē-cēdō,** depart, die

[66]**quī** = *old form of abl.:* with **efferrētur** = by which he might be buried = enough to bury him

[67]**quō,** *adv.,* wherefore

[68]**pūblicē,** *adv.,* at public expense

[69]**dōs, dōtis,** *f.,* dowry

[70]**collocō** (1), place, settle in marriage

XXI

[1]*Timoleon, who came from a noble family at Corinth, was a great champion of liberty against tyranny. By 334* B.C. *he was in Sicily fighting the Carthaginians, expelling tyrants, and establishing democracies.*

[2]**Diōn, Diōnis,** *m.,* Dion, *relative and friend of the tyrant Dionysius the Elder. With the aid of Plato he tried—but in vain—to give a noble pattern to the life of Dionysius the Younger, who followed his father in tyranny. After finally exiling Dionysius the Younger from Syracuse, he himself ruled tyrannically and was assassinated in 353* B.C.

[3]**Dionȳsius, -iī,** Dionysius the Younger

[4]**potior** + *gen. or abl.*

[5]**Corinthiī, -ōrum,** Corinthians

tulārunt. Hūc Tīmoleōn[6] missus incrēdibilī[7] fēlīcitāte[8] Dionȳsium tōtā Siciliā dē-
pulit.[9] Cum (eum) interficere posset, nōluit, tūtōque[10] ut Corinthum[11] pervenīret
5   effēcit,[12] quod utrōrumque[13] Dionȳsiōrum opibus Corinthiī saepe adiūtī fuerant . . .
eamque praeclāram victōriam dūcēbat in quā plūs esset clēmentiae quam crūdē-
litātis[14] . . .

   Quibus rēbus cōnfectīs,[15] cum propter diūturnitātem[16] bellī nōn sōlum re-
giōnēs[17] sed etiam urbēs dēsertās[18] vidēret, conquīsīvit[19] . . . colōnōs.[20] Cīvibus ve-
10   teribus sua[21] restituit, novīs[22] bellō vacuēfactās[23] possessiōnēs[24] dīvīsit[25]; urbium
moenia disiecta[26] fānaque[27] dētēcta[28] refēcit[29]; cīvitātibus lēgēs lībertātemque red-
didit . . . Cum tantīs esset opibus[30] ut etiam invītīs[31] imperāre posset, tantum[32]
autem amōrem habēret omnium Siculōrum[33] ut nūllō recūsante rēgnum obtinēre[34]
licēret, māluit sē dīligī quam metuī. Itaque, cum prīmum[35] potuit, imperium
15   dēposuit ac prīvātus[36] Syrācūsīs . . . vīxit. Neque vērō id imperītē[37] fēcit, nam quod
cēterī rēgēs imperiō potuērunt, hic benevolentiā[38] tenuit . . .

   Hic cum aetāte iam prōvectus esset,[39] sine ūllō morbō lūmina[40] oculōrum
āmīsit. Quam calamitātem[41] ita moderātē[42] tulit ut . . . (nēmō) eum querentem
audierit[43] . . . Nihil umquam neque īnsolēns[44] neque glōriōsum[45] ex ōre eius exiit.
20   Quī quidem, cum suās laudēs audīret praedicārī,[46] numquam aliud dīxit quam[47] sē
in eā rē maximē dīs agere grātiās . . . quod, cum Siciliam recreāre cōnstituissent,
tum sē potissimum[48] ducem esse voluissent. Nihil enim rērum hūmānārum sine
deōrum nūmine[49] gerī putābat . . .

---

[6]**Tīmoleōn, -ontis,** *m.,* Timoleon

[7]**incrēdibilis, -e,** incredible

[8]**fēlīcitās, -tātis,** *f.,* happiness, good fortune

[9]**dē-pellō**

[10]**tūtō,** *adv.,* safely

[11]**Corinthus, -ī,** *f.,* Corinth, *on the Isthmus of Corinth*

[12]*Locī Ant. VIII n. 20–21*

[13]**uterque, utraque, utrumque,** each; *here* = both

[14]**crūdēlitās, -tātis,** *f.,* cruelty

[15]*These words refer not only to the expulsion of Dionysius, but also to a great victory over the Carthaginians in Sicily as recounted in the omitted passages.*

[16]**diūturnitās, -tātis,** *f.,* long duration

[17]**regiō, -ōnis,** *f.,* region; *here* = country districts

[18]**dēsertus, -a, -um,** deserted

[19]**con-quīrō, -ere, -quīsīvī, -quīsītum** (quaerō), seek out, gather together

[20]**colōnus, -ī,** settler, colonist

[21]**sua,** *n. pl.*

[22]**novīs** (colōnīs)

[23]**vacuē-faciō,** make empty

[24]**possessiō, -ōnis,** *f.,* possession, property

[25]**dīvidō, -ere, dīvīsī, dīvīsum,** divide, distribute

[26]**dis-iciō,** throw apart, scatter

[27]**fānum, -ī,** shrine, temple (*cf. profane, fanatic, fan = devotee*)

[28]**dē-tegō, -ere, -tēxī, -tēctum,** unroof, uncover (*cf. detect*)

[29]**re-ficiō**

[30]**tantīs . . . opibus:** *abl. of description*

[31]**(Siculīs) etiam invītīs,** (the Sicilians) even against their will

[32]**tantum . . . licēret:** cum, although, *introduces this clause as well as the preceding one.*

[33]**Siculī, -ōrum,** the Sicilians

[34]**obtineō, -ēre, -tinuī, -tentum,** occupy, hold

[35]**cum prīmum,** as soon as

[36]**prīvātus, -ī,** private citizen; as a private citizen, he . . .

[37]**imperītē,** *adv.,* unskillfully, ignorantly

[38]**benevolentia, -ae,** good-will, kindness

[39]**prō-vehō, -ere, -vexī, -vectum,** carry forward

[40]**lūmen, -minis,** *n.,* light; sight

[41]**calamitās, -tātis,** *f.,* misfortune

[42]**moderātē,** *adv.,* with moderation

[43]*perf. subjunct. in historical sequence*

[44]**īnsolēns,** *gen.* -entis, arrogant, insolent

[45]**glōriōsus, -a, -um,** *here* = boastful

[46]**praedicō** (1), declare, relate

[47]**aliud quam,** other than

[48]**potissimum,** *adv.,* especially, above all

[49]**nūmen, -minis,** *n.,* divine power, command

Proelia maxima nātālī[50] suō diē fēcit omnia; quō factum est ut[51] eius diem
25   nātālem fēstum[52] habēret ūniversa Sicilia . . .

Cum quīdam Dēmaenetus[53] in cōntiōne[54] populī dē rēbus gestīs[55] eius dētra-
here[56] coepisset ac nōnnūlla inveherētur[57] in Timoleonta, dīxit nunc dēmum[58] sē
vōtī esse damnātum[59]; namque hoc ā dīs immortālibus semper precātum[60] ut tālem
lībertātem restitueret Syrācūsānīs in quā cuivīs[61] licēret dē quō vellet impūne[62]
30   dīcere.[63]

Hic cum diem suprēmum obīsset, pūblicē[64] ā Syrācūsānīs in gymnasiō,[65] quod
Tīmoleontēum[66] appellātur, tōtā celebrante[67] Siciliā, sepultus est.[68] (**Nepos**, *Tīmo-
leōn* 2–5, excerpts)

XXII. HORACE'S "CARPE DIEM"

Tū nē quaesierīs[1]—scīre nefās[2]—quem mihi, quem[3] tibi
fīnem dī dederint, Leuconoē,[4] nec Babylōniōs
temptārīs[5] numerōs.[6] Ut melius,[7] quidquid erit, patī.

. . .

Spem longam[8] resecēs.[9] Dum loquimur, fūgerit invida[10]
5   aetās. Carpe diem, quam minimum[11] crēdula[12] posterō.[13] (**Horace**, *Odes* 1.11,
excerpts)

---

[50]nātālis diēs, nātālis diēī, *m.*, birthday

[51]quō . . . ut, *Locī Im. XX n. 38, 67*

[52]fēstus, -a, -um, festive

[53]Dēmaenetus, -ī, Demaenetus, *an enemy of Timoleon*

[54]cōntiō, -ōnis, *f.*, assembly

[55]rēs gestae, rērum gestārum (*lit.* things done), exploits, deeds

[56]dē-trahō, detract, disparage

[57]nōnnūlla *is n. acc. pl.*—invehor, -ī, -vectus sum (*deponent form of* in-vehō), + in + *acc.*, make an attack on, inveigh against: nōnnūlla inveherētur in, he made some attacks on

[58]dēmum, *adv.*, at last

[59]damnō (1) + *gen.*, condemn on the charge of; vōtī damnārī, to be condemned to pay a vow = to have a vow *or* prayer granted

[60]precor (1), beseech

[61]*dat. of* quī-vīs, quae-vīs, quid-vīs (quod-vīs), *indef.*, anyone at all, anything at all

[62]impūne, *adv.*, with impunity

[63]dīcere, *subj. of* licēret

[64]pūblicē, *adv. of* pūblicus

[65]gymnasium, -iī, gymnasium, *which in Gk. had a much broader meaning than it does in Eng.*

[66]Tīmoleontēum, the Timoleonteum (gymnasium)

[67]celebrō (1), celebrate

[68]sepeliō, -īre, -pelīvī, -pultum, bury

XXII
METER: Greater Asclepiad.

[1]nē quaesierīs (= quaesīverīs): nē + *perf. subjunct.* = *a colloquial prohibition* (*negative command*), do not seek

[2]nefās, *n., indecl.*, wrong, sin; nefās (est), it is wrong

[3]quem . . . quem, *modifies* fīnem

[4]Leuconoē, -es, *f.*, Leuconoē, *a Gk. name*

[5]temptō (1), try; temptārīs = temptāveris, *another neg. command*

[6]numerōs, *calculations employed by astrologers in casting horoscopes; "Babylonian" because astrology was associated with the East. With the decay of belief in the old-time religion in Rome during the 1st cent.* B.C., *astrology and superstitions prospered. Apparently Leuconoë had visited a fortune teller.*

[7]ut melius (est), how (much) better it is

[8]*i.e., projected too far into the future*

[9]resecō, -āre, -secuī, -sectum, cut off, prune back; resecēs, *poetic use of the pres. subjunct.* (*jussive*) *for the pres. imperat.*

[10]invidus, -a, -um, envious

[11]minimum, *adv.* = minimē

[12]crēdulus, -a, -um, believing in, trusting + *dat.*; crēdula, *nom. f. sg. agreeing with the subj. of* carpe, *i.e.* Leuconoē

[13]posterō (diēī), *dat.*

XXIII. INTEGER VĪTAE

Integer[1] vītae scelerisque pūrus[2]
nōn eget Maurīs[3] iaculīs[4] neque arcū[5]
nec venēnātīs[6] gravidā[7] sagittīs,[8]
    Fusce,[9] pharetrā.[10]

. . .

5   Namque mē silvā lupus[11] in Sabīnā[12]
dum meam cantō[13] Lalagēn[14] et ultrā
terminum[15] cūrīs vagor[16] expedītīs[17]
    fūgit[18] inermem.[19]

. . .

    Pōne mē pigrīs[20] ubi nūlla campīs
10 arbor aestīvā[21] recreātur aurā,[22]
quod[23] latus mundī nebulae[24] malusque[25]
    Iuppiter urget[26];
pōne sub currū[27] nimium propinquī
sōlis in terrā domibus negāta:
15 dulce[28] rīdentem Lalagēn amābō
    dulce loquentem. (**Horace,** *Odes* 1.22.1–4, 9–12, 17–24)

XXIII

METER: Sapphic stanza.

[1]**integer, -gra, -grum,** untouched, blameless; (**vir**) **integer vītae** (*poetic gen. of specification*), the person blameless in his life

[2]**pūrus, -a, -um,** pure, free from; **sceleris,** *poetic gen. of separation or specification*

[3]**Maurus, -a, -um,** Moorish (= Mauritanian)

[4]**iaculum, -ī,** missile, javelin (*cf.* **iaciō**)

[5]**arcus, -ūs,** bow

[6]**venēnātus, -a, -um,** poisonous, dipped in poison

[7]**gravidus, -a, -um,** laden (with); *cf.* **gravis**

[8]**sagitta, -ae,** arrow

[9]**Fuscus, -ī,** Fuscus, *a literary man and a close, sometimes waggish, friend of Horace*

[10]**pharetra, -ae,** quiver

[11]**lupus, -ī,** wolf

[12]**Sabīnus, -a, -um,** Sabine; *cf. Locī Ant. X*

[13]**cantō** (1), sing about; **dum** + *historical pres. to denote continued action in past time:* while I was singing about

[14]**Lalagē, -ēs,** *acc.* **Lalagēn** (*Gk. noun*), *f.,* Lalage, *name of a girl— a most mellifluous name!*

[15]**terminus, -ī,** boundary (*cf.* **terminus,** term, terminate)

[16]**vagor** (1), wander, ramble (*cf. vagary, vagabond*)

[17]**expediō** (4), disentangle, set free; **cūrīs expedītīs,** *abl. abs.*

[18]*Note the interlocked word order of this stanza, which is so characteristic of Lat. poetry:* **mē** (*obj. of* **fūgit**) *at the beginning modified by* **inermem** *at the end;* **silvā in Sabīnā,** *place where phrase interrupted by* **lupus** *subj. of* **fūgit;** *all this separated from the main verb by a double* **dum** *clause*

[19]**inermis, -e,** unarmed; *cf.* **integer vītae . . . nōn eget iaculīs.**

[20]**piger, -gra, -grum,** lazy, sluggish, torpid (*because frozen*), *modifying* **campīs** (**campus, -ī,** field) *in a place-where phrase without a prep.* (*the omission of a prep. is common in poetry*). *The order of the thought is:* **pōne mē** (**in**) **pigrīs campīs ubi . . .**

[21]**aestīvus, -a, -um,** summer (*cf.* **aestās**)

[22]**aura, -ae,** breeze

[23]= (or put me) in eō latere mundī quod . . . ; **latus, -eris,** *n.,* side, region

[24]**nebula, -ae,** mist, fog

[25]**malus** = inclement, *because Jupiter is here god of the weather*

[26]**urgeō, -ēre, ursī,** urge, press, oppress

[27]**currus, -ūs,** chariot

[28]**dulce,** *poetic for* **dulciter.** *These exquisitely mellifluous last lines somewhat onomatopoetically suggest the dulcet timbre of Lalage's voice and laugh.*

XXIV. AUREA MEDIOCRITĀS—THE GOLDEN MEAN

Rēctius[1] vīvēs, Licinī,[2] neque altum[3]
semper urgendō[4] neque, dum procellās[5]
cautus[6] horrēscis,[7] nimium premendō
    lītus[8] inīquum.[9]

5   Auream[10] quisquis mediocritātem[11]
dīligit, tūtus[12] caret obsolētī[13]
sordibus[14] tēctī, caret invidendā[15]
    sōbrius[16] aulā.[17]

Saepius ventīs agitātur[18] ingēns
10   pīnus[19] et celsae[20] graviōre cāsū[21]
dēcidunt[22] turrēs[23] feriuntque[24] summōs
    fulgura[25] montēs.

Spērat[26] īnfestīs,[27] metuit secundīs[28]
alteram[29] sortem[30] bene praeparātum[31]
15   pectus.[32] Īnfōrmēs[33] hiemēs[34] redūcit
    Iuppiter[35]; īdem[36]

summovet.[37] Nōn, sī male[38] nunc, et ōlim[39]
sīc erit: quondam[40] citharā[41] tacentem

XXIV

METER: Sapphic stanza.

[1] **rēctius**, *adv.*, rightly, well, suitably
[2] **Licinī**, *voc. of* **Licinius**, *a person who seems to have been wanting in the virtue of moderation*
[3] the deep (sea)
[4] *i.e.*, heading out to the deep
[5] **procella, -ae**, storm, gale
[6] **cautus, -a, -um**, cautious, circumspect; *with* **dum . . . horrēscis**, while you in your caution . . .
[7] **horrēscō, -ere, horruī**, begin to shudder at, begin to dread
[8] **altum** *and* **lītus** = *extremes*
[9] **inīquus, -a, -um**, unequal; *here* = treacherous
[10] **aureus, -a, -um**, golden
[11] **mediocritās, -tātis**, *f.*, moderation, the mean between extremes. *Note that Horace does not say that "mediocrity" is golden! The idea of* (**aurea**) **mediocritās** *was common in Gk. ethical thought, and Aristotle made it a cardinal virtue in his "Ethics."*
[12] **tūtus caret**, secure (*in his philosophy of the "golden mean"*) he is free from . . .
[13] **obsolētus, -a, -um**, worn out, dilapidated
[14] **sordēs, -ium**, *f. pl.*, dirt, filth; **sordibus**, *what kind of abl.?*
[15] **invidendā**, sure to be envied
[16] **sōbrius, -a, -um**, sober-minded, moderate, in his sobriety
[17] **aula, -ae**, palace
[18] **agitō** (1), agitate, toss
[19] **pīnus, -ī**, *f.*, pine

[20] **celsus, -a, -um**, high, lofty
[21] **cāsus, -ūs**, fall, destruction
[22] **dēcidō, -ere, -cidī**, fall down (*cf.* **cadō**)
[23] **turris, -is**, *f.*, tower
[24] **feriō** (4), strike
[25] **fulgur, -uris**, *n.*, lightning, thunderbolt
[26] anticipates, expects
[27] **īnfestus, -a, -um**, unsafe, dangerous, adverse; **īnfestīs** (**rēbus**) *dat., lit.:* for his adverse circumstances (= in adversity) he anticipates the other (= the opposite) fortune (**sortem**)
[28] **secundīs** (**rēbus**) *balances* **īnfestīs**: for his favorable circumstances (= in prosperity) he apprehends the opposite fortune.
[29] **alter**, the other of two; *here* = the opposite
[30] **sors, sortis**, *f.*, lot, fortune; **sortem**, *obj. of* **spērat** *and* **metuit**
[31] **prae-parō** (1), make ready in advance, prepare: well prepared (*by the philosophy of life which Horace is here enunciating*)
[32] *subj. of* **spērat** *and* **metuit**
[33] **īnfōrmis, -e**, shapeless, hideous, horrid
[34] **hiems, hiemis**, *f.*, stormy weather, winter
[35] **Jupiter** *as god of sky and weather*
[36] **īdem**, the same god = he also
[37] **sum-moveō**, remove, drive away, *sc.* **hiemēs**
[38] **male (est)**, it is bad, things are bad
[39] **et ōlim**, also in the future
[40] *here* = sometimes
[41] **cithara, -ae**, lyre

suscitat[42] Mūsam,[43] neque semper arcum

20   tendit[44] Apollō.[45]

Rēbus angustīs[46] animōsus[47] atque

fortis appārē[48]; sapienter[49] īdem[50]

contrahēs[51] ventō nimium secundō

    turgida[52] vēla.[53] (**Horace**, *Odes* 2.10)

XXV. LĀBUNTUR ANNĪ

Ēheu![1] fugācēs,[2] Postume, Postume,

lābuntur[3] annī; nec pietās[4] moram

    rūgīs[5] et īnstantī[6] senectae[7]

        adferet indomitaeque[8] mortī.

. . .

5   Frūstrā[9] cruentō[10] Mārte[11] carēbimus

frāctīsque[12] raucī[13] flūctibus[14] Hadriae[15];

    frūstrā[9] per autumnōs[16] nocentem

        corporibus[17] metuēmus Austrum.[18]

Vīsendus[19] āter[20] flūmine languidō[21]

10 Cōcȳtos[22] errāns et Danaī genus[23]

    īnfāme[24] damnātusque[25] longī

---

[42]**suscitō** (1), arouse; **suscitat**, *subj. is* **Apollō**

[43]**Mūsa, -ae**, a Muse

[44]**tendō, -ere, tetendī, tēnsum**, stretch

[45]**Apollō, -inis,** *m.,* Apollo, *god of the sun, prophecy, poetry, and music; also god of archery, pestilence, and medicine. Apollo has two aspects: happy and constructive* (**Mūsam**); *unhappy and destructive* (**arcum**).

[46]**rēbus angustīs**, *abl. abs., when things are narrow (=* **difficult**), *i.e., in adversity*

[47]**anim-ōsus, -a, -um (-ōsus,** *suffix* = full of), spirited

[48]**appāreō, -ēre, -uī, -itum**, show one's self; **appārē,** *analyze the form carefully.*

[49]*here* = if you are wise

[50]*see n. 36 above*

[51]**con-trahō**, draw in, shorten

[52]**turgidus, -a, -um**, swollen

[53]**vēlum, -ī,** sail

XXV

METER: Alcaic stanza.

[1]**ēheu,** *cf.* **heu.** *This sigh is emphasized by the repetition of Postumus' name.*

[2]**fugāx,** *gen.* **-ācis,** fleeting

[3]**lābor, -ī, lāpsus sum,** slip, glide

[4]**pietās, -tātis,** *f.,* loyalty, devotion, piety

[5]**rūga, -ae,** wrinkle (*cf. corrugated*)

[6]**īnstāns,** *gen.* **-antis,** pressing, urgent

[7]**senecta, -ae** = **senectūs**

[8]**indomitus, -a, -um,** untamable, invincible

[9]**frūstrā,** *adv.,* in vain. *What is the significance of its emphatic position?*

[10]**cruentus, -a, -um,** bloody

[11]**Mārs, Mārtis,** *m.,* Mars, *god of war;* **Mārte,** *what abl.?*

[12]**frangō, -ere, frēgī, frāctum,** break

[13]**raucus, -a, -um,** hoarse, noisy

[14]**flūctus, -ūs,** wave; **frāctīs flūctibus,** broken waves = breakers

[15]**Hadria, -ae,** *m.,* Adriatic Sea

[16]**autumnus, -ī,** autumn, *unhealthy part of the year because of the Sirocco*

[17]*depends on* **nocentem**

[18]**auster, -trī,** the south wind, *the Sirocco blowing from the Sahara*

[19]**vīsō, -ere, vīsī, vīsum,** visit; **vīsendus (est)**

[20]**āter, ātra, ātrum,** dark, *modifying* **Cōcȳtos**

[21]**languidus, -a, -um,** sluggish, weak

[22]**Cōcȳtos, -ī,** *m.,* Cocytus, the river of wailing, *one of the rivers surrounding Hades;* **Cōcȳtos,** *Gk. nom.*

[23]**Danaī genus,** *the offspring of* **Danaüs,** *whose 49 daughters murdered their husbands and in Hades were punished by having to pour water eternally into a sieve*

[24]**īnfāmis, -e,** infamous

[25]**damnō** (1) condemn

Sīsyphus[26] Aeolidēs[27] labōris.[28]

Linquenda[29] tellūs[30] et domus et placēns

uxor, neque hārum, quās colis, arborum

15 tē praeter invīsās[31] cupressōs[32]

ūlla[33] brevem dominum[34] sequētur. (**Horace,** *Odes* 2.14.1–4, 13–24)

XXVI. A SENSE OF BALANCE IN LIFE

Vīvitur[1] parvō bene cui[2] paternum[3]

splendet[4] in mēnsā tenuī[5] salīnum,

nec levēs[6] somnōs timor aut cupīdō

sordidus[7] aufert.[8]

5 Quid[9] brevī fortēs[10] iaculāmur[11] aevō

multa? Quid[12] terrās aliō calentēs

sōle mūtāmus? Patriae quis exsul[13]

sē quoque fūgit?[14]

Scandit[15] aerātās[16] vitiōsa nāvēs

10 cūra nec turmās[17] equitum relinquit,

ōcior[18] cervīs[19] et agente nimbōs[20]

ōcior Eurō.[21]

Laetus[22] in praesēns[23] animus quod ultrā est

---

[26]**Sīsyphus, -ī,** Sisyphus, *who was condemned eternally to roll up a hill a stone which rolled down again—an exquisite nightmare*

[27]**Aeolidēs, -ae,** *m.,* son of Aeolus

[28]*After verbs of accusing, condemning, and acquitting the gen. can be used to express the charge or the penalty involved.*

[29]**linquenda (est),** *balancing* **vīsendus** *in contrast;* **linquō** = **relinquō**

[30]**tellūs, -ūris,** *f.,* earth, land

[31]**invīsus, -a, -um,** hated, hateful

[32]**cupressus, -ī,** *f.,* cypress (tree); **invīsās** *because they were used at funerals and were planted near tombs*

[33]**neque ūlla hārum arborum,** nor any = and none . . .

[34]**brevem dominum,** *in apposition with* **tē; brevem,** *implying that life is brief*

XXVI

METER: Sapphic stanza.

[1]**vīvitur parvō bene (ab eō) cui,** it is lived on little well by him for whom: **vīvitur,** *impers. pass.* = he lives well on little (*i.e., not in abject poverty and not in the lap of luxury*).

[2]**cui,** *dat. of ref. but most easily translated by* whose

[3]**paternum salīnum (salīnum, -ī),** paternal salt-cellar; *the long list of words derived from* **sāl** *provides some idea of the importance of salt and the salt-cellar.*

[4]**splendeō, -ēre,** shine

[5]**tenuis, -e,** plain, simple

[6]**levis, -e,** *here* = gentle

[7]**sordidus, -a, -um,** sordid (*cf.* **sordēs** *Locī Im. XXIV n. 14*); **cupīdō** *is m. in Horace.*

[8]**auferō (ab-ferō)**

[9]= **cūr**

[10]**fortēs (virī) brevī aevō (aevum, -ī,** time, life)

[11]**iaculor (1),** aim at

[12]**Quid . . . mūtāmus,** *lit.* why do we exchange lands warmed by another sun? *The expression is poetic and in part illogical but the sense is clear:* why do we exchange our lands for those warmed by another sun? "The pasture is always greener . . ."

[13]**exsul, exsulis,** *m.,* exile; *with* **patriae quis,** who an exile of (from) his native land

[14]**fūgit,** *perf.,* has ever fled

[15]**scandō, -ere, scandī, scānsum,** climb up

[16]**aerātus, -a, -um,** fitted with bronze, *probably referring to the bronze beaks of the men-of-war (longae nāvēs), which were faster than the ordinary ships—though even these cannot outstrip anxiety.*

[17]**turma, -ae,** a troop of cavalry (**equitum,** *Locī Im. XVIII n. 53*). *A person cannot ride fast enough to escape care.*

[18]**ōcior, -ius,** *adj. in compar. degree,* swifter, *agreeing with* **cūra**

[19]**cervus, -ī,** stag

[20]**nimbus, -ī,** rain cloud

[21]**Eurus, -ī,** wind (from the southeast)

[22]**laetus, -a, -um,** happy, joyful

[23]**praesēns,** *gen.* **-entis,** present; **in praesēns (tempus)** for the present (*cf. the* **carpe diem** *philosophy*)

ōderit[24] cūrāre et amāra[25] lentō[26]

15 temperet[27] rīsū[28]: nihil est ab omnī

parte[29] beātum. (**Horace**, *Odes* 2.16.13–28)

XXVII. DIĒS FĒSTUS

Hic diēs[1] vērē mihi fēstus ātrās

eximet[2] cūrās: ego nec tumultum

nec morī per vim metuam tenente

Caesare[3] terrās.

5 Ī, pete unguentum,[4] puer,[5] et corōnās,[6]

et cadum[7] Mārsī[8] memorem[9] duellī,

Spartacum[10] sī quā[11] potuit vagantem

fallere[12] testa.[13] (**Horace**, *Odes* 3.14.13–20)

XXVIII. A MONUMENT MORE LASTING THAN BRONZE

Exēgī monumentum aere perennius[1]

rēgālīque[2] sitū[3] pȳramidum[4] altius,[5]

quod nōn imber[6] edāx,[7] nōn Aquilō[8] impotēns[9]

possit dīruere[10] aut innumerābilis[11]

5 annōrum seriēs[12] et fuga temporum.

Nōn omnis moriar, multaque pars meī

vītābit Libitīnam[13] . . . (**Horace**, *Odes* 3.30.1–7)

---

[24]**ōderit**, *perf. subjunct., jussive,* let (the **laetus animus**) refuse to (hate to) be anxious about (**cūrāre**)

[25]**amārus, -a, -um,** bitter, disagreeable; **amāra,** *n. pl.*

[26]**lentus, -a, -um,** pliant, tenacious, slow, lingering; *here* = tolerant, quiet

[27]**temperō** (1), control, temper

[28]**rīsus, -ūs,** laughter (*cf.* **rīdeō**)

[29]**ab omnī parte,** from every part = in every respect, completely

XXVII
METER: Sapphic stanza.

[1]**Hic diēs,** *referring to Augustus' return from the campaign of 27–25 B.C. in Spain*

[2]**eximō, -ere, -ēmī, -ēmptum,** take away

[3]**Caesar** = Augustus. *When C. Octavius was adopted by his great-uncle, C. Iulius Caesar, his name became C. Iulius Caesar Octavianus, to which the senate added the title of Augustus in 27 B.C.*

[4]**unguentum, -ī,** ointment, perfume

[5]**puer** = slave; *cf. Fr. garçon*

[6]**corōna, -ae,** crown, wreath

[7]**cadus, -ī,** wine jar

[8]**Mārsus, -a, -um,** Marsian; **duellum** = *old form of* **bellum: Mārsī duellī,** *of the Marsian, or Social, War of 91–88 B.C., by which*

the socii (allies) of Rome in Italy gained full citizenship; i.e., a 65-year-old wine

[9]**memor,** *gen.* **-oris,** mindful

[10]**Spartacus, -ī,** Spartacus, *the gladiator who led the slaves in revolt against Rome, 73–71 B.C.*

[11]**quā,** *adv.,* anywhere *or* in any way

[12]**fallō, -ere, fefellī, falsum,** deceive, escape the notice of

[13]**testa, -ae,** jug

XXVIII
METER: Lesser Asclepiad.

[1]**perennis, -e,** lasting (throughout the year)

[2]**rēgālis, -e,** royal

[3]**situs, -ūs,** site, situation; *here* = structure

[4]**pȳramis, -idis,** *f.,* pyramid

[5]**altus, -a, -um,** high; **altius** *agrees with* **monumentum.**

[6]**imber, -bris,** *m.,* storm

[7]**edāx,** *gen.* **edacis,** greedy, destructive

[8]**aquilō, -ōnis,** *m.,* north wind

[9]**impotēns,** *gen.* **-ntis,** powerless (*to injure my monument*)

[10]**dīruō, -ere, -ruī, -rutum,** raze, destroy

[11]**in-numerābilis, -e** = *Eng.*

[12]**seriēs, -ēī,** succession

[13]**Libitīna, -ae,** Libitina, *goddess of funerals;* death

XXIX. THE OTHER PERSON'S FAULTS AND OUR OWN

Pērās[1] imposuit[2] Iuppiter nōbīs duās:
propriīs[3] replētam[4] vitiīs post tergum[5] dedit,[6]
aliēnīs[7] ante pectus[8] suspendit[9] gravem.
Hāc rē vidēre nostra mala nōn possumus;
5   aliī simul[10] dēlinquunt,[11] cēnsōrēs[12] sumus. (**Phaedrus**, *Fābulae* 4.10)

XXX. SOUR GRAPES

Famē[1] coācta vulpēs[2] altā in vīneā[3]
ūvam[4] appetēbat,[5] summīs saliēns[6] vīribus.
Quam[7] tangere ut nōn potuit, discēdēns ait:
"Nōndum mātūra[8] est; nōlō acerbam sūmere.[9]"
5   Quī facere[10] quae nōn possunt verbīs ēlevant,[11]
adscrībere[12] hoc dēbēbunt exemplum sibī. (**Phaedrus**, *Fābulae* 4.3)

XXXI. THE FOX AND THE TRAGIC MASK

Persōnam[1] tragicam[2] forte[3] vulpēs vīderat.
"Ō quanta speciēs,[4]" inquit, "cerebrum[5] nōn habet!"
Hoc illīs dictum est quibus honōrem et glōriam
Fortūna tribuit,[6] sēnsum commūnem abstulit. (**Phaedrus**, *Fābulae* 1.7)

XXIX
METER: Iambic trimeter.
Phaedrus: freedman of Augustus, who made extensive use of
   Aesop's fables.
[1]**pēra, -ae**, wallet
[2]**im-pōnō**, + *dat.*, put on
[3]**proprius, -a, -um**, one's own, *here* = our own
[4]**repleō, -ēre, -plēvī, -plētum**, fill; (pēram) replētam
[5]**tergum, -ī**, back
[6]**dedit**, *here* = put
[7]**aliēnus, -a, -um**, belonging to another; **aliēnīs (vitiīs)**, *abl. with*
   gravem
[8]*sc.* nostrum
[9](alteram pēram) gravem . . . suspendit
[10]simul = simul ac, as soon as
[11]**dēlinquō, -ere, -līquī, -lictum**, fail, commit a crime
[12]**cēnsor, -ōris**, *m.*, censor; censurer, severe judge

XXX
METER: Iambic trimeter.
[1]**famēs, -is**, *abl.* **-e**, appetite, hunger

[2]**vulpēs, -is**, *f.*, fox
[3]**vīnea, -ae**, vineyard
[4]**ūva, -ae**, bunch of grapes
[5]**ap-petō** (= **ad-petō**), reach toward, desire (*cf. appetite*); **ap-
   petēbat**, *note the force of the imperf.*
[6]**saliō, -īre, -uī, saltum**, jump
[7]**quam** = ūvam
[8]**mātūrus, -a, -um**, ripe
[9]**sūmō, -ere, sūmpsī, sūmptum**, take
[10]*complem. infin. with* possunt
[11]**ēlevō** (1), disparage, weaken
[12]**ad-scrībō**, assign

XXXI
METER: Iambic trimeter.
[1]**persōna, -ae**, mask *worn by actors*
[2]**tragicus, -a, -um**, tragic
[3]**forte**, *adv.*, by chance
[4]**speciēs, -ēī**, appearance, form
[5]**cerebrum, -ī**, brain
[6]**tribuō, -ere, -uī, -ūtum**, allot, assign, give

XXXII. THE STAG AT THE SPRING

Ad fontem[1] cervus, cum bibisset, restitit,[2]
et in liquōre[3] vīdit effigiem[4] suam.
Ibi dum rāmōsa[5] mīrāns[6] laudat cornua,
crūrumque[7] nimiam[8] tenuitātem[9] vituperat,[10]
5   vēnantum[11] subitō vōcibus conterritus,[12]
per campum fugere coepit, et cursū levī
canēs[13] ēlūsit.[14] Silva tum excēpit ferum,[15]
in quā retentīs[16] impedītus cornibus,
lacerārī[17] coepit morsibus[18] saevīs[19] canum.
10 Tunc moriēns vōcem hanc ēdidisse[20] dīcitur:
"Ō mē īnfēlīcem[21]! quī nunc dēmum[22] intellegō
ūtilia mihi quam[23] fuerint quae[24] dēspexeram,[25]
et quae laudāram,[26] quantum lūctūs[27] habuerint." (**Phaedrus**, *Fābulae* 1.12)

XXXIII. THE FOX GETS THE RAVEN'S CHEESE

Quī sē laudārī gaudet verbīs subdolīs,[1]
ferē dat poenās turpī paenitentiā.[2]
Cum dē fenestrā corvus[3] raptum cāseum[4]
comēsse[5] vellet, celsā residēns[6] arbore,
5   hunc vīdit vulpēs; deinde sīc coepit loquī:
"Ō quī tuārum, corve, pennārum[7] est nitor[8]!

XXXII

METER: Iambic trimeter.
[1]**fōns, fontis,** *m.,* spring
[2]**restō, -āre, restitī,** remain (standing)
[3]**liquor, -ōris,** *m.,* liquid
[4]**effigiēs, -ēī,** image, likeness
[5]**rāmōsus, -a, -um,** branching
[6]**mīror** (1), marvel at, wonder
[7]**crūs, crūris,** *n.,* leg
[8]**nimius, -a, -um,** excessive
[9]**tenuitās, -tātis,** *f.,* thinness
[10]**vituperō** (1), blame, find fault with
[11]**vēnor** (1), hunt; **vēnantum,** *gen. pl. of pres. partic.*
[12]**con-territus**
[13]**canis, -is,** *m./f.,* dog
[14]**ēlūdō, -ere, -lūsī, -lūsum,** evade
[15]**ferus, -ī,** wild animal
[16]**re-tentus, -a, -um,** held back, held fast
[17]**lacerō** (1), tear to pieces (*cf.* lacerate)
[18]**morsus, -ūs,** bite
[19]**saevus, -a, -um,** fierce, savage

[20]**ēdō, -ere, -didī, -ditum,** give out, utter
[21]**mē īnfēlīcem,** *acc. of exclamation*
[22]**dēmum,** *adv.,* at last
[23]**ūtilia . . . quam = quam ūtilia**
[24](**ea, those things**) **quae**
[25]**dēspiciō, -ere, -spexī, -spectum,** look down on, despise
[26]**= laudāveram**
[27]**lūctus, -ūs,** grief, sorrow

XXXIII

METER: Iambic trimeter.
[1]**subdolus, -a, -um,** deceitful
[2]**paenitentia, -ae,** repentance
[3]**corvus, -ī,** raven
[4]**cāseus, -ī,** cheese
[5]**comedō, comedere** or **comēsse, -ēdī, -ēsum,** eat up
[6]**resideō, -ēre, -sēdī, -sessum,** sit, be sitting
[7]**penna, -ae,** feather
[8]**nitor, -ōris,** *m.,* brightness, beauty; **quī est nitor,** what (= how great) is the beauty

Quantum decōris[9] corpore et vultū geris![10]
Sī vōcem habērēs, nūlla prior[11] āles[12] foret."[13]
At ille stultus, dum vult vōcem ostendere,
10   ēmīsit[14] ōre cāseum, quem celeriter
dolōsa[15] vulpēs avidīs[16] rapuit dentibus.[17] (**Phaedrus**, *Fābulae* 1.13.1–10)

XXXIV. THE ASS AND THE OLD SHEPHERD

In prīncipātū[1] commūtandō[2] cīvium
nīl praeter dominī nōmen mūtant pauperēs.
Id esse vērum parva haec fābella[3] indicat.
Asellum[4] in prātō[5] timidus[6] pāscēbat[7] senex.
5   Is, hostium clamōre[8] subitō[9] territus,
suādēbat[10] asinō fugere nē possent capī.
At ille lentus:[11] "Quaesō,[12] num bīnās[13] mihī
clītellās[14] impositūrum[15] victōrem[16] putās?"
Senex negāvit. "Ergō quid rēfert meā[17]
10   cui serviam clītellās dum portem[18] meās?" (**Phaedrus**, *Fābulae* 1.15)

XXXV. THE TWO MULES AND THE ROBBERS

Mūlī[1] gravātī[2] sarcinīs[3] ībant duō.
Ūnus ferēbat fiscōs[4] cum pecūniā;
alter tumentēs[5] multō saccōs[6] hordeō.[7]
Ille onere[8] dīves, celsā cervīce[9] ēminēns[10]

---

[9]decor, decōris, *m.*, grace, beauty
[10]you bear, *i.e.,* have in your body and face; (**in**) corpore, *preps. often omitted in poetry*
[11]prior, *pred. adj. after* foret, better, finer
[12]āles, ālitis, *f.,* bird
[13]foret = esset
[14]ē-mittō
[15]dolōsus, -a, -um, crafty, cunning
[16]avidus, -a, -um, greedy, eager
[17]dēns, dentis, *m.,* tooth

[11]lentus, -a, -um, slow, motionless, apathetic
[12]quaesō, -ere, beg, beseech, = quaerō
[13]bīnās clītellās, two pairs of panniers (*i.e., instead of the present single pair*); bīnī, -ae, -a, *distributive numeral used with a regularly pl. noun*
[14]clītellae, -ārum, a pair of panniers, baskets
[15]im-pōnō = in + pōnō
[16]victor, -ōris = *Eng.*
[17]what difference does it make to me, *highly idiomatic*
[18]portō (1), bear, carry

XXXIV
METER: Iambic trimeter.
[1]prīncipātus, -ūs, rule, dominion
[2]com-mūtō (1), change
[3]fābella, -ae, fable
[4]asellus, -ī, a little ass, *diminutive of* asinus, -ī, an ass (*verse 6*)
[5]prātum, -ī, meadow
[6]timidus, -a, -um, timid
[7]pāscō, -ere, pāvī, pāstum, pasture
[8]clāmor, -ōris, *m.,* shouting
[9]subitus, -a, -um, sudden
[10]suādeō, -ēre, suāsī, suāsum, urge

XXXV
METER: Iambic trimeter.
[1]mūlus, -ī, mule
[2]gravō (1), load, burden
[3]sarcina, -ae, bundle, pack
[4]fiscus, -ī, basket
[5]tumeō, -ēre, swell, be swollen
[6]saccus, -ī, sack
[7]hordeum, -ī, barley
[8]onus, -eris, *n.,* burden, load
[9]cervīx, -vīcis, *f.,* neck
[10]ēmineō, -ēre, -minuī, stand out, be conspicuous

5   clārumque collō[11] iactāns[12] tintinnābulum[13];
    comes[14] quiētō[15] sequitur et placidō[16] gradū.[17]
    Subitō latrōnēs[18] ex īnsidiīs advolant,[19]
    interque caedem ferrō mūlum lancinant[20];
    dīripiunt[21] nummōs,[22] neglegunt vīle[23] hordeum.
10 Spoliātus[24] igitur cāsūs[25] cum flēret suōs,
    "Equidem," inquit alter, "mē contemptum gaudeō.
    Nam nihil āmīsī, nec sum laesus[26] vulnere."
    Hōc argūmentō tūta est hominum tenuitās[27];
    magnae perīclō[28] sunt opēs obnoxiae.[29] (**Phaedrus**, *Fābulae* 2.7)

XXXVI. DELIGHTS OF THE COUNTRY

C.[1] Plīnius Calpurniō Macrō[2] Suō S.[1]

Bene est[3] mihi quia[4] tibi est bene. Habēs uxōrem tēcum, habēs fīlium; fru-
eris[5] marī, fontibus, viridibus,[6] agrō, vīllā amoenissimā.[7] Neque enim dubitō esse
amoenissimam,[8] in quā sē composuerat[9] homō[10] fēlīcior antequam[11] "fēlīcissimus"
fieret. Ego in Tuscīs[12] et vēnor[13] et studeō, quae[14] interdum[15] alternīs,[16] interdum
5   simul[17] faciō; nec tamen adhūc[18] possum prōnūntiāre utrum sit difficilius capere
aliquid an scrībere. Valē. (**Pliny**, *Epistulae* 5.18)

---

[11]**collum, -ī,** neck
[12]**iactō** (1), toss
[13]**tintinnābulum, -ī,** bell, *a delightfully onomatopoetic word*
[14]**comes, comitis,** *m./f.,* companion
[15]**quiētus, -a, -um,** quiet
[16]**placidus, -a, -um,** placid, gentle
[17]**gradus, -ūs,** step
[18]**latrō, -ōnis,** *m.,* bandit, robber
[19]**advolō** (1), fly, hasten
[20]**lancinō** (1), mangle
[21]**dīripiō, -ere, -ripuī, -reptum,** plunder
[22]**nummus, -ī,** currency, money
[23]**vīlis, -e,** cheap
[24]**spoliō** (1), rob
[25]**cāsus, -ūs,** accident
[26]**laedō, -ere, laesī, laesum,** injure
[27]**tenuitās, -tātis,** *f.,* poverty
[28]**perīclum, -ī,** *early Lat. form, used instead of* **periculum** *in classical Lat. poetry whenever it was metrically convenient*
[29]**obnoxius, -a, -um,** subject to, exposed to

XXXVI
[1]*Locī Ant. XI n. 1 and 3*
[2]**Calpurnius Macer**

[3]it is
[4]**quia,** *conj.,* because
[5]**fruor, -ī, frūctus sum** + *abl.,* enjoy (*cf.* **frūctus, -ūs**)
[6]**viridis, -e,** green; **viridia,** *gen.* **viridium,** *n. pl. as a noun,* green things, greenery
[7]**amoenus, -a, -um,** pleasant
[8]**amoenissimam,** *agreeing with* **vīllam** *understood as subj. of* **esse**
[9]**sē compōnere,** to compose oneself, to rest
[10]the man, *apparently referring to a former owner who had been happier* (**fēlīcior**) *on this estate as an ordinary person* (**homō**) *before he could realize his ambition of becoming "most happy"* (**fēlīcissimus**), *i.e., before he could achieve some very high position which did not give him supreme happiness after all.*
[11]**antequam** + *subjunct.*
[12]*lit.* in the Tuscans = on my Tuscan estate
[13]**vēnor** (1), hunt
[14]**quae,** *n. pl. referring to* **vēnor** *and* **studeō** *as antecedents*
[15]**interdum,** *adv.,* sometimes, at times
16**alternīs,** *adv.,* alternately, by turns
[17]**simul,** *adv.,* at the same time, simultaneously. *In another letter* (1.6), *Pliny tells how he combined hunting and studying in one operation.*
[18]**adhūc,** *adv.,* thus far, till now

XXXVII. MORE COUNTRY PLEASURES

C. Plīnius Canīniō[1] Suō S.

Studēs an[2] piscāris[3] an vēnāris an simul omnia? Possunt enim omnia simul fierī ad Lārium[4] nostrum. Nam lacus[5] piscem,[6] ferās[7] silvae quibus lacus cingitur,[8] studia altissimus iste sēcessus[9] adfatim[10] suggerunt.[11] Sed sīve[12] omnia simul sīve
5   aliquid facis, nōn possum dīcere "invideō"; angor[13] tamen . . . Numquamne hōs artissimōs laqueōs[14] . . . abrumpam?[15] Numquam, putō. Nam veteribus negōtiīs[16] nova accrēscunt,[17] nec tamen priōra peraguntur[18]; tot nexibus,[19] tot quasi catēnīs[20] maius in diēs[21] occupātiōnum[22] agmen[23] extenditur.[24] Valē. (**Pliny**, *Epistulae* 2.8, excerpts)

XXXVIII. HAPPY MARRIED LIFE

C. Plīnius Geminō Suō S.

Grave vulnus Macrinus noster accēpit: āmīsit[1] uxōrem singulāris[2] exemplī . . . Vīxit cum hāc trīgintā novem annīs[3] sine iūrgiō,[4] sine offēnsā.[5] Quam illa reverentiam[6] marītō[7] suō praestitit, cum ipsa summam merērētur![8] Quot quantāsque
5   virtūtēs ex dīversīs[9] aetātibus sūmptās collēgit et miscuit! Habet quidem Macrinus grande[10] sōlācium, quod tantum bonum tam diū tenuit; sed hinc[11] magis exacerbātur[12] quod āmīsit. Nam fruendīs voluptātibus crēscit carendī dolor. Erō ergō

XXXVII

[1] *Pliny and Caninius were fellow townsmen from Comum (Como) at the south end of beautiful Lake Larius (Como) in northern Italy.*
[2] **an,** *in questions,* or
[3] **piscor** (1), to fish
[4] **Lārius, -iī,** Lake Larius (now Lake Como)
[5] **lacus, -ūs,** lake
[6] **piscis, -is,** *m.,* fish
[7] **fera** (*sc.* **bēstia**), **-ae,** wild animal
[8] **cingō, -ere, cīnxī, cīnctum,** surround, gird
[9] **sēcessus, -ūs,** retreat, summer place
[10] **adfatim,** *adv.,* sufficiently, abundantly
[11] **sug-gerō, -ere, -gessī, -gestum,** furnish, afford, supply
[12] **sīve . . . sīve, (sī-ve),** if . . . or if, whether . . . or
[13] **angō, -ere,** torment
[14] **artus, -a, -um,** close, narrow; **laqueus, -ī,** noose, cord
[15] **ab-rumpō, -ere, -rūpī, -ruptum,** break off, sever. *Pliny is tied up in Rome.*
[16] **negōtium, -iī,** business; duty
[17] **accrēscō, -ere, -crēvī, -crētum,** increase; **nova** (**negōtia**) **accrēscunt** (**veteribus negōtiīs**) new duties increase by . . . *or* are added to . . .

[18] **per-agō,** complete
[19] **nexus, -ūs,** coils, obligations
[20] **catēna, -ae,** chain
[21] **in diēs,** from day to day
[22] **occupātiō, -ōnis,** *f.,* occupation, employment
[23] **agmen, -minis,** *n.,* line of march, column
[24] **ex-tendō, -ere, -tendī, -tentum,** extend, increase

XXXVIII

[1] he lost (*not* sent away)
[2] **singulāris, -e,** extraordinary
[3] *The abl. is sometimes used instead of the acc. to express the idea of extent of time.*
[4] **iūrgium, -iī,** quarrel
[5] **offēnsa, -ae,** hatred, affront
[6] **reverentia, -ae,** respect
[7] **marītus, -ī,** husband
[8] **mereor, -ērī, meritus sum,** deserve
[9] **dīversus, -a, -um,** diverse, different
[10] **grandis, -e,** great
[11] **hinc,** *here* = from this cause
[12] **exacerbō** (1), exasperate; embitter

suspēnsus[13] prō homine amīcissimō dum[14] admittere[15] āvocāmenta[16] et cicātrīcem[17] patī possit, quam nihil aequē ac[18] necessitās[19] ipsa et diēs[20] longa et satietās[21] dolōris

10   indūcit.[22] Valē. (**Pliny,** *Epistulae* 8.5, excerpts)

XXXIX. FAITHFUL IN SICKNESS AND IN DEATH

C. Plīnius Nepōtī Suō S.

(. . . Fannia[1]) neptis[2] Arriae[3] illīus[4] quae marītō[5] et sōlācium mortis et exemplum fuit. Multa referēbat[6] aviae[7] suae nōn minōra hōc,[8] sed obscūriōra,[9] quae tibi exīstimō tam mīrābilia legentī[10] fore[11] quam mihi audientī fuērunt.

5   Aegrōtābat[12] Caecīna Paetus, marītus eius, aegrōtābat et filius, uterque mortiferē,[13] ut vidēbātur. Fīlius dēcessit[14] eximiā[15] pulchritūdine,[16] parī verēcundiā,[17] et parentibus nōn minus ob[18] alia cārus quam quod fīlius erat. Huic illa ita fūnus[19] parāvit . . . ut ignōrāret marītus. Quīn immō,[20] quotiēns[21] cubiculum[22] eius intrāret,[23] vīvere filium atque etiam commodiōrem[24] esse simulābat[25]; ac persaepe[26]

10   interrogantī[27] quid ageret puer respondēbat, "Bene quiēvit,[28] libenter cibum[29] sūmpsit." Deinde, cum diū cohibitae[30] lacrimae vincerent prōrumperentque,[31] ēgrediēbātur; tunc sē dolōrī dabat. Satiāta, siccīs[32] oculīs, compositō vultū redībat,

---

[13]**suspēnsus, -a, -um,** in suspense, anxious

[14]**dum,** *conj.,* until, *used with the subjunct. to imply intention or expectancy*

[15]**ad-mittō,** admit, receive

[16]**āvocāmentum, -ī,** diversion

[17]**cicātrīx, -trīcis,** *f., scar, which implies healing*

[18]**aequē ac,** equally as, quite so well as

[19]**necessitās (-tātis,** *f.***) ipsa,** necessity itself, sheer necessity

[20]**here** = time

[21]**satietās, -tātis,** *f.,* satiety

[22]**in-dūcō,** bring on, induce

XXXIX

[1]**Fannia (est)**

[2]**neptis, -is,** *f.,* granddaughter

[3]**Arria, -ae,** Arria (Maior), *brave wife of Caecina Paetus. When, because of his part in a conspiracy against the emperor Claudius, he had to commit suicide in 42 A.D., Arria committed suicide with him, actually setting him an example as indicated at the end of the letter.* (*Cf.* **"Paete, Nōn Dolet,"** *Capvt XXXIX*).

[4]**ille,** the famous, *when immediately following its noun*

[5]**marītō,** *dat.*

[6]**referēbat,** *subj.* = Fannia, *who related these episodes during a conversation with Pliny on the preceding day.*

[7]**avia, -ae,** grandmother; **aviae,** *gen. case*

[8]**hōc,** *abl. of comparison, referring to the rel. clause of the preceding sent.*

[9]**obscūrus, -a, -um,** obscure, unknown

[10]**legentī,** to be construed with **tibi**

[11]**fore** = **futūra esse,** *fut. infin. in ind. state. depending on* **exīstimō** (1), think

[12]**aegrōtō** (1), be sick

[13]**mortiferē,** *adv.* (**mors-ferō**), fatally

[14]**dē-cēdō,** go away, die (*cf.* deceased)

[15]**eximius, -a, -um,** extraordinary

[16]**pulchritūdō, -dinis,** *f.,* beauty; **eximiā pulchritūdine,** *abl. describing* **fīlius** *but more easily translated if we supply a word like* **puer: fīlius dēcessit—(puer) eximiā pulchritūdine,** *etc.*

[17]**verecūndia, -ae,** modesty

[18]**ob,** *prep. + acc.,* on account of; toward

[19]**fūnus, -eris,** *n.,* funeral

[20]**quīn immō,** why, on the contrary

[21]**quotiēns,** *adv.,* as often as

[22]**cubiculum, -ī,** bedroom

[23]**intrō** (1), enter; **intrāret:** *in Silver Lat. the imperf. subjunct. of customary action is often found in place of the indic.*

[24]**commodus, -a, -um,** suitable, satisfactory; *here* = better

[25]**simulō** (1) pretend

[26]**per-saepe,** *adv.,* very often

[27]**interrogō** (1), ask, inquire (*cf.* **rogō**); (**marītō**) **interrogantī**

[28]**quiēscō, -ere, -ēvī, -ētus,** rest, be quiet

[29]**cibus, -ī,** food

[30]**cohibeō, -ere, -uī, -itum,** hold together, hold back, restrain

[31]**prōrumpō, -ere, -rūpī, -ruptum,** burst forth

[32]**siccus, -a, -um,** dry; **siccīs oculīs** *abl. abs.*

tamquam orbitātem[33] forīs relīquisset.[34] Praeclārum quidem illud[35] eiusdem: ferrum stringere,[36] perfodere[37] pectus, extrahere[38] pugiōnem,[39] porrigere[40] marītō, addere[41] vōcem immortālem ac paene[42] dīvīnam,[43] "Paete, nōn dolet." . . . Valē. (**Pliny,** *Epistulae* 3.16, excerpts)

XL. A SWEET, BRAVE GIRL

C. Plīnius Marcellīnō Suō S.

Trīstissimus haec tibi scrībō, Fundānī nostrī fīliā minōre dēfūnctā,[1] quā puellā[2] nihil umquam fēstīvius,[3] amābilius,[4] nec longiōre vītā . . . dignius vīdī. Nōndum annōs trēdecim implēverat,[5] et iam illī[6] anīlis[7] prūdentia, mātrōnālis[8] gravitās[9] erat, et tamen suāvitās[10] puellāris[11] . . . Ut[12] illa patris cervīcibus[13] inhaerēbat[14]! Ut nōs, amīcōs paternōs,[15] et amanter[16] et modestē[17] complectēbātur![18] Ut nūtrīcēs,[19] ut paedagōgōs,[20] ut praeceptōrēs[21] prō suō quemque officiō dīligēbat! Quam studiōsē,[22] quam intelligenter[23] lēctitābat[24]! . . .

Quā illa temperantiā,[25] quā patientiā, quā etiam cōnstantiā[26] novissimam valētūdinem[27] tulit! Medicīs obsequēbātur;[28] sorōrem, patrem adhortābātur[29]; ipsamque sē dēstitūtam[30] corporis vīribus vigōre[31] animī sustinēbat.[32] Dūrāvit[33] hic[34] illī usque ad extrēmum,[35] nec aut spatiō[36] valētūdinis aut metū mortis īnfrāctus est[37] . . . Ō trīste plānē[38] acerbumque fūnus[39] . . . Iam dēstināta erat[40] ēgregiō[41]

---

[33]orbitās, -tātis, *f.*, bereavement, loss
[34] *What kind of condition in the* **tamquam** *clause?*
[35]that deed; *sc.* **fuit**
[36]stringō, -ere, -strīnxī, strictus, draw; **stringere,** *infin. in apposition with* **illud**
[37]perfodiō, -ere, -fōdī, -fossum, pierce (*lit.* dig through)
[38]ex-trahō
[39]pugiō, -ōnis, *m.*, dagger
[40]porrigō, -ere, -rēxī, -rēctum, hold out, extend
[41]ad-dō, -ere, -didī, -ditum, add
[42]paene, *adv.*, almost
[43]dīvīnus, -a, -um = *Eng.*

XL
[1]dēfungor, -ī, -fūnctus sum, finish *or* complete life, die
[2]puellā, *abl. of comparison*
[3]fēstīvus, -a, -um, pleasant, agreeable
[4]amābilis, -e, lovable, lovely
[5]impleō, -ēre, -plēvī, -plētum, fill up, complete
[6]*dat. of possession (S.S.)*
[7]anīlis, -e, of an old woman
[8]mātrōnālis, -e, of a matron, matronly
[9]gravitās, -tātis, *f.*, seriousness, dignity
[10]suāvitās, -tātis, *f.*, sweetness
[11]puellāris, -e, girlish
[12]how
[13]cervīx, -īcis, *f.*, *usually pl.* (cervīcēs) *as here*, neck
[14]inhaereō, -ēre, -haesī, -haesum, cling

[15]paternus, -a, -um, paternal, of a father
[16]amanter, *adv. of* **amāns**
[17]modestē, *adv.*, modestly
[18]complector, -ī, -plexus sum, hold in the arms, embrace
[19]nūtrīx, -īcis, *f.*, nurse
[20]paedagōgus, -ī, tutor (*slave who escorted children*)
[21]praeceptor, -ōris, *m.*, teacher (*in a school, not a private tutor*)
[22]studiōsē, *adv. of* **studiōsus**, full of studium
[23]intellegenter, *adv. of* **intelligēns**
[24]lēctitō (1), read (eagerly)
[25]temperantia, -ae, self-control
[26]cōnstantia, -ae, firmness
[27]valētūdō, -dinis, *f., here* = bad health, illness
[28]ob + sequor, obey
[29]adhortor = hortor
[30]dēstituō, -ere, -stituī, -stitūtum, desert, abandon
[31]vigor, -ōris, *m.*, vigor; **vigōre,** *abl. of means with* **sustinēbat**
[32](puella) sustinēbat sē ipsam
[33]dūrō (1), endure
[34]hic (vigor animī)
[35]extrēmum, -ī = fīnis
[36]spatium, -iī, space, duration
[37]īnfringō, -ere, -frēgī, -frāctum, break
[38]plānē, *adv.*, clearly
[39]*here* = mors
[40]dēstinō (1), bind, engage
[41]ēgregius, -a, -um, excellent, distinguished

15 iuvenī,[42] iam ēlēctus[43] nūptiārum[44] diēs, iam nōs vocātī. Quod gaudium quō maerōre[45] mūtātum est!

Nōn possum exprimere[46] verbīs quantum animō vulnus accēperim cum audīvī Fundānum ipsum praecipientem,[47] quod[48] in vestēs,[49] margarīta,[50] gemmās[51] fuerat ērogātūrus,[52] hoc in tūs[53] et unguenta et odōrēs[54] impenderētur[55] . . . Sī quās ad eum dē dolōre tam iūstō litterās mittēs, mementō[56] adhibēre[57] sōlācium . . .

20 molle[58] et hūmānum. (**Pliny,** *Epistulae* 5.16, excerpts)

XLI. PLINY'S CONCERN ABOUT A SICK FREEDMAN

C. Plīnius Valeriō Paulīnō Suō S.

Videō quam molliter[1] tuōs[2] habeās[3]; quō simplicius[4] tibi cōnfitēbor quā indulgentiā[5] meōs tractem.[6] Quod sī essem nātūrā asperior et dūrior, frangeret mē tamen īnfirmitās[7] lībertī[8] meī Zōsimī,[9] cui tantō maior hūmānitās[10] exhibenda[11] est, quantō

5 nunc illā magis eget. Homō probus,[12] officiōsus,[13] litterātus[14]; et ars quidem eius et quasi īnscrīptiō[15]—cōmoedus . . . Ūtitur et citharā perītē.[16] Īdem tam commodē[17] ōrātiōnēs et historiās[18] et carmina legit ut hoc sōlum didicisse videātur.

Haec tibi sēdulō[19] exposuī quō magis scīrēs quam multa ūnus mihi et quam iūcunda ministeria[20] praestāret. Accēdit longa iam cāritās[21] hominis, quam ipsa

---

[42]**iuvenis, -is,** *m.,* young man

[43]**ē-ligō** = **legō**

[44]**nūptiae, -ārum,** wedding

[45]**maeror, -ōris,** *m.,* grief

[46]**ex-primō** (= **premō**), express

[47]**praecipiō, -ere, -cēpī, -ceptum,** direct

[48]*The antecedent is* **hoc** *in the following line.*

[49]**vestis, -is,** *f.,* garment, clothes

[50]**margarītum, -ī,** pearl

[51]**gemma, -ae,** jewel

[52]**ērogō** (1), *pay out, spend;* **fuerat ērogātūrus** (*act. periphrastic*), he had been about to spend, had intended to spend (*on clothes, jewels, etc., for the wedding*)

[53]**tūs, tūris,** *n.,* incense

[54]**odor, -ōris,** *m.,* perfume

[55]**impendō, -ere, -pendī, -pēnsum,** expend; **impenderētur,** *subjunct. in a jussive noun clause*

[56]**meminī, meminisse,** *defective verb,* remember; **mementō,** *fut. imperat.,* remember

[57]**adhibeō, -ere, -hibuī, -hibitum,** use, furnish

[58]**mollis, -e,** soft, gentle

XLI

[1]**molliter,** *adv. of* **mollis**

[2]**tuōs** (**servōs et lībertōs**); *so* **meōs** *below*

[3]treat

[4]**simpliciter,** *adv.,* frankly, candidly; **quō simplicius** by which (*degree of difference*) more frankly = the more frankly

[5]**indulgentia, -ae,** kindness

[6]**tractō** (1), handle, treat

[7]**īnfirmitās, -tātis,** *f.,* illness, weakness

[8]**lībertus, -ī,** freedman (*a slave who had somehow secured his freedom*) *in contrast to a* **līber vir** (*one who was born free*). *A freedman commonly remained closely attached to his former master.*

[9]**Zōsimus, -ī,** Zosimus, apparently a Greek

[10]**hūmānitās, -tātis,** *f.,* kindness

[11]**ex-hibeō,** show, exhibit

[12]**probus, -a, -um,** honorable, fine

[13]**officiōsus, -a, -um,** obliging, courteous

[14]**litterātus, -a, -um,** well-educated; *Gk. slaves esp. were often well educated.*

[15]**īnscrīptiō, -ōnis,** *f.,* here = label, *a placard hung around a slave's neck in the slave market to indicate his special abilities.*—**cōmoedus, -ī,** comic actor, *often a slave trained to read at dinners scenes from famous comedies. Although this was Zosimus' specialty, we find him in the next two sents. surprisingly versatile and talented.*

[16]**perītē,** *adv.,* skillfully

[17]**commodē,** *adv.,* fitly, satisfactorily

[18]**historia, -ae** = *Eng.*

[19]**sēdulō,** *adv.,* carefully

[20]**ministerium, -iī,** service

[21]**cāritās, -tātis,** *f.,* dearness, affection (*cf.* **cārus**)

10   perīcula auxērunt[22] ... Ante aliquot[23] annōs,[24] dum intentē instanterque[25] prō-
nūntiat, sanguinem[26] reiēcit[27]; atque ob hoc in Aegyptum[28] missus ā mē, post lon-
gam peregrīnātiōnem[29] cōnfīrmātus[30] rediit nūper. Deinde ... veteris īnfīrmitātis[31]
tussiculā[32] admonitus,[33] rūrsus sanguinem reddidit.[34]

Quā ex causā dēstināvī[35] eum mittere in praedia[36] tua quae Forō Iūliī[37] pos-
15   sidēs.[38] Audīvī enim tē referentem esse ibi āera[39] salūbrem[40] et lac[41] eius modī
cūrātiōnibus[42] accommodātissimum.[43] Rogō ergō scrībās[44] tuīs[45] ut illī vīlla, ut
domus[46] pateat ... Valē. (**Pliny**, *Epistulae* 5.19, excerpts)

XLII. ON BEHALF OF A PENITENT FREEDMAN (42–43)

C. Plīnius Sabīniānō Suō S.

Lībertus tuus, cui suscēnsēre[1] tē dīxerās, vēnit ad mē ... Flēvit multum, mul-
tum rogāvit, multum etiam tacuit; in summā,[2] fēcit mihi fidem paenitentiae.[3]
Vērē crēdō ēmendātum[4] quia dēlīquisse[5] sē sentit. Īrāsceris, sciō; et īrāsceris me-
5   ritō,[6] id quoque sciō; sed tunc praecipua[7] mānsuētūdinis[8] laus cum īrae causa
iūstissima est. Amāstī[9] hominem et, spērō, amābis; interim[10] sufficit[11] ut exōrārī[12] tē
sinās[13] ... Nē torserīs[14] illum, nē torserīs etiam tē; torquēris[15] enim, cum tam lēnis[16]
īrāsceris. Vereor nē videar nōn rogāre sed cōgere, sī precibus[17] eius meās iūnxerō.

---

[22] augeō, -ēre, auxī, auctum, increase
[23] aliquot, *indecl. adj.*, several, some
[24] ante ... annōs, several years ago
[25] earnestly and emphatically
[26] sanguis, -inis, *m.*, blood
[27] re-iciō, reject, spit out
[28] Aegyptus, -ī, *f.*, Egypt
[29] peregrīnātiō, -ōnis, *f.*, travel *or* sojourn abroad
[30] cōnfīrmō (1), strengthen
[31] īnfīrmitās, -tātis, *f.*, weakness, sickness
[32] tussicula, -ae, slight cough
[33] ad-monitus = monitus
[34] reddidit = reiēcit
[35] dēstinō (1), intend, resolve
[36] praedium, -iī, country seat
[37] Forum Iūliī, Forī Iūliī, Forum of Julius, *modern* Fréjus, *a coastal town of southern France;* Forō, *place where*
[38] possideō, -ēre, -sēdī, -sessum, possess, own
[39] āēr, āeris, *m.*, air; āera = *Gk. acc. sg.*
[40] salūbris, -e, healthful; *still so regarded*
[41] lac, lactis, *n.*, milk; *i.e., for the milk cure*
[42] cūrātiō, -ōnis, *f.*, cure
[43] accommodātus, -a, -um, suited
[44] (ut) scrībās: ut *is sometimes omitted in such clauses*
[45] tuīs, your servants

[46] ut vīlla (pateat), ut domus pateat: *i.e., he is to have access to the great house itself as well as to the estate.*

XLII

[1] suscēnseō, -ēre, -cēnsuī, -cēnsum, + *dat.*, be angry with
[2] summa, -ae, sum
[3] paenitentia, -ae, repentance
[4] ēmendō (1), correct; (eum) ēmendātum (esse)
[5] dēlinquō, -ere, -līquī, -lictum, fail (in duty), commit a crime
[6] meritō, *adv.*, rightly (with merit)
[7] praecipuus, -a, -um, special; *sc.* est
[8] mānsuētūdō, -inis, *f.*, gentleness, mildness
[9] *contracted form* = amāvistī
[10] interim, *adv.*, meanwhile (*cf.* intereā)
[11] sufficit, *subj.* = ut-*clause*
[12] ex-ōrō, *stronger form of* ōrō
[13] sinō, -ere, sīvī, situm, allow, permit
[14] torqueō, -ēre, torsī, tortum, twist, torture; nē torserīs, *Locī Im. XXII n. 1*
[15] torquēris, you are tormented = you torment yourself (*reflexive use of the pass.*)
[16] lēnis, -e, gentle, kind; *agreeing with subj. of* īrāsceris: you, such a gentle person
[17] prex, precis, *f.*, prayer

Iungam tamen tantō plēnius[18] et effūsius,[19] quantō[20] ipsum[21] ācrius sevēriusque[22]
10 corripuī[23] . . . Valē. (**Pliny,** *Epistulae* 9.21, excerpts)

XLIII. THANKS FOR A FRIEND'S CLEMENCY

C. Plīnius Sabīniānō Suō S.

Bene fēcistī[1] quod lībertum[2] aliquandō[3] tibi cārum redūcentibus[4] epistulīs[5] meīs
in domum,[6] in animum recēpistī. Iuvābit hoc tē, mē certē iuvat; prīmum,[7] quod tē
tam tractābilem[8] videō ut in īrā regī possīs; deinde, quod tantum mihi tribuis[9] ut
5 vel[10] auctōritātī meae pāreās vel precibus indulgeās.[11] Igitur laudō et grātiās agō . . .
Valē. (**Pliny,** *Epistulae* 9.24, excerpts)

XLIV. SELECTION OF A TEACHER

C. Plīnius Mauricō Suō S.

Quid ā tē mihi iūcundius potuit iniungī[1] quam ut praeceptōrem frātris tuī
līberīs quaererem? Nam beneficiō[2] tuō in scholam[3] redeō et illam dulcissimam
aetātem quasi resūmō.[4] Sedeō inter iuvenēs, ut solēbam, atque etiam experior quan-
5 tum apud illōs auctōritātis[5] ex studiīs habeam. Nam proximē[6] frequentī[7] audītōriō[8]
inter sē cōram[9] multīs ōrdinis[10] nostrī clārē[11] loquēbantur: intrāvī, conticuērunt[12];
quod[13] nōn referrem, nisi ad illōrum magis laudem quam ad meam pertinēret[14] . . .
Cum omnēs quī profitentur[15] audierō, quid dē quōque sentiam scrībam efficiamque,[16]
quantum tamen epistulā cōnsequī[17] poterō, ut ipse omnēs audīsse videāris. Dēbeō
10 enim tibi, dēbeō memoriae frātris tuī hanc fidem, hoc studium, praesertim[18] super[19]

[18]**plēnē,** *adv. of* **plēnus**
[19]**effūsē,** *adv.,* profusely, unrestrainedly
[20]**tantō . . . quantō,** the more . . . the more, *abl. of degree of dif-
ference (S.S.)*
[21](**lībertum**) **ipsum**
[22]**sevērē,** *adv.,* seriously, severely
[23]**cor-ripiō, -ere, -ripuī, -reptum,** seize, accuse, blame

XLIII

[1]you did well because = thank you for
[2]**lībertum,** *in thought, the obj. of both* **redūcentibus** *and* **recēpistī**
[3]**aliquandō,** *adv.,* once
[4]**re-dūcō**
[5]**epistulīs,** *here pl. of a single letter (the preceding one) on the anal-
ogy of* **litterae, -ārum**
[6]*Both prepositional phrases, connected by* et *understood, depend
on* **recēpistī**
[7]**prīmum,** *adv.,* first
[8]**tractābilis, -e,** tractable, compliant
[9]**tribuō, -ere, -buī, -būtum,** attribute, ascribe
[10]**vel . . . vel,** either . . . or
[11]**indulgeō, -ēre, -dulsī, -dultum,** yield to, gratify

XLIV

[1]**in-iungō,** enjoin, impose
[2]**beneficiō tuō,** thanks to you
[3]**schola, -ae,** school
[4]**re-sūmō, -ere, -sūmpsī, -sūmptum,** resume
[5]*gen. with* **quantum**
[6]**proximē,** *adv.,* very recently
[7]**frequēns,** *gen.* **-entis,** crowded
[8]**audītōrium, -iī,** lecture room, school; **audītōriō,** *place where
without a prep.*
[9]**cōram,** *prep. + abl.,* in the presence of
[10]*i.e., the senatorial order*
[11]**clārē** (*adv. of* **clārus**), *here* = loudly
[12]**conticēscō, -ere, -ticuī,** become silent
[13]**quod,** *having as antecedent the whole preceding idea*
[14]**pertineō, -ēre, -uī, -tentum,** pertain to
[15]**profiteor, -ērī, -fessus sum,** teach, *a late meaning of the word*
[16]**efficiō . . . ut,** *Locī Ant. VIII n. 20–21*
[17]**cōn-sequor,** accomplish
[18]**praesertim,** *adv.,* especially
[19]**super,** *prep. + abl.,* about

tantā rē. Nam quid magis interest vestrā[20] quam ut līberī . . . dignī illō patre, tē patruō[21] reperiantur? . . . Valē. (**Pliny,** *Epistulae* 2.8 excerpts)

XLV. THE OLD BOY DYED HIS HAIR

Mentīris[1] iuvenem tīnctīs,[2] Laetīne,[3] capillīs,[4]
  tam subitō corvus quī modo cycnus[5] erās.
Nōn omnēs fallis[6]; scit tē Prōserpina[7] cānum[8]:
  persōnam capitī dētrahet[9] illa[10] tuō. (**Martial** 3.43)

XLVI. FAKE TEARS

Āmissum[1] nōn flet cum sōla est Gellia[2] patrem;
  sī quis adest, iussae[3] prōsiliunt[4] lacrimae.
Nōn lūget[5] quisquis laudārī, Gellia, quaerit;
  ille dolet vērē quī sine teste[6] dolet. (**Martial** 1.33)

XLVII. EVEN THOUGH YOU DO INVITE ME—I'LL COME!

Quod convīvāris[1] sine mē tam saepe, Luperce,[2]
  invēnī noceam quā ratiōne tibi.
Īrāscor: licet[3] usque vocēs mittāsque[4] rogēsque—
  "Quid faciēs?" inquis. Quid faciam? Veniam! (**Martial** 6.51)

XLVIII. PRO-*CRAS*-TINATION

Crās tē vīctūrum,[1] crās dīcis, Postume,[2] semper.
  Dīc mihi, crās istud,[3] Postume, quando venit?

---

[20]**interest vestrā,** interests you (*highly idiomatic*)
[21]**patruus, -ī,** (paternal) uncle; **tē patruō** *is in the same construction as* **illō patre.**

XLV
METER: Elegiac couplet.
[1]**mentior, -īrī, -ītus sum,** lie, declare falsely, *here* = imitate
[2]**tingō, -ere, tīnxī, tīnctus,** wet, dye
[3]**Laetīnus, -ī,** Laetinus
[4]**capillī, -ōrum,** hair
[5]**cycnus, -ī,** swan
[6]**nōn ōmnēs (fallis)** *seems to imply that the hair dyes were good enough to deceive at least some people.*
[7]**Prōserpina, -ae,** Proserpina, *goddess of the underworld, and so of death*
[8]**cānus, -a, -um,** gray; **tē (esse) cānum**
[9]**dē-trahō**
[10]**illa** = Proserpina

XLVI
METER: Elegiac couplet.
[1]**āmissum patrem**
[2]**Gellia, -ae,** Gellia

[3]at her bidding; *how literally?*
[4]**prōsiliō** (4), leap forth
[5]**lūgeō, -ēre, lūxī, lūctum,** mourn
[6]**testis, -is,** *m.,* witness

XLVII
METER: Elegiac couplet.
[1]**convīvor** (1), to feast
[2]**Lupercus, -ī,** Lupercus
[3]**licet usque (ut) vocēs** (it is even permitted that you call), you may even invite me, *or even though you invite me*
[4]*i.e., send a slave as a special messenger*

XLVIII
METER: Elegiac couplet.
[1]**vīctūrum,** *sc.* **esse**
[2]*No doubt Martial intended to have us think of Horace's Postumus in Locī Im. XXV above.*
[3]**crās istud,** that "tomorrow" of yours, *subj. of* **venit**
[4]**petendum (est)**

Quam longē est crās istud? ubi est? aut unde petendum[4]?
Numquid[5] apud Parthōs Armeniōsque[6] latet[7]?

5 Iam crās istud habet Priamī[8] vel Nestoris[9] annōs.
Crās istud quantī[10] dīc mihi possit emī[11]?
Crās vīvēs? Hodiē iam vīvere, Postume, sērum[12] est.
Ille sapit quisquis, Postume, vīxit heri. (**Martial** 5.58)

XLIX. ISSA

Issa[1] est passere[2] nēquior[3] Catullī:
Issa est pūrior ōsculō columbae;[4]
Issa est blandior[5] omnibus puellīs;
Issa est cārior Indicīs[6] lapillīs[7];

5 Issa est dēliciae[8] catella[9] Pūblī.[10]

Hanc tū, sī queritur,[11] loquī putābis.
Sentit trīstitiamque[12] gaudiumque.

. . .

Hanc nē lūx rapiat suprēma[13] tōtam,
pictā[14] Pūblius exprimit[15] tabellā

10 in quā tam similem vidēbis Issam[16]
ut sit tam similis sibī nec[17] ipsa.
Issam dēnique pōne cum tabellā:
aut utramque putābis esse vēram
aut utramque putābis esse pictam. 355

---

[5]**numquid latet**, it does not lie hidden, does it?

[6]among the Parthians and Armenians, *i.e., at land's end in the East*

[7]**lateō, -ēre, -uī**, lie hidden

[8]**Priamus, -ī**, Priam, *aged king of Troy*

[9]**Nestōr, -oris**, Nestor, *Gk. leader famed for his years and wisdom*

[10]**quantī**, *gen. of indef. value*: at what price, for how much can that tomorrow be bought

[11]**emō, -ere, ēmī, ēmptum**, buy

[12]**sērus, -a, -um**, late; **sērum**, *pred. adj. in n. to agree with* **hodiē vīvere**, *which is subj. of* **est**

XLIX

METER: Hendecasyllabic.

[1]**Issa**, *colloquial and affectionate form for* **Ipsa** *and here used as the name of a pet dog*

[2]**passer Catullī**, *see Locī Im. III*

[3]**nēquam**, *indecl. adj.; compar.* **nēquior, -ius**, worthless, good for nothing, mischievous

[4]**columba, -ae**, dove

[5]**blandus, -a, -um**, flattering, caressing, coaxing

[6]**Indicus, -a, -um**, of India

[7]**lapillus, -ī**, precious stone, gem

[8]*see Locī.Im. III*

[9]**catella, -ae**, little dog

[10]**Pūblī** = **Pūbliī**, *gen. sg. of* **Pūblius**

[11]*here* = whimper

[12]**trīstitia, -ae**, sadness

[13]**lūx (diēs) suprēma** = **mors**

[14]**pingō, -ere, pīnxī, pictum**, paint; **pictā tabellā**, by a painted tablet = in a painting

[15]**exprimō, -ere, -pressī, pressum**, express, portray

[16]**tam similem . . . Issam**: an Issa (*of the painting*) so similar (*to the real Issa*)

[17]**nec** *here* = not even

자습 문제(SELF-TUTORIAL EXERCISES)

이 연습 문제들은 다양한 유형의 독자들을 위해 이 책의 잠재력이 증대되기를 바라는 의도로 포함되었다.

1. **Repetītiō est māter memoriae.** 언어를 공부하는 데 있어서 반복의 중요성은 재론의 여지가 없다. 앞의 정규 단원들에서 이미 상당한 정도의 반복이 성취되었지만, 이에 족하지 않고 아래 자습 문제들은 그러한 학습을 더 요구하고 있다. 이 문제들에 사용된 句와 문장은 형태나 구문에서 당면한 요점이 현저히 드러나도록 세심하게 다듬어 단순화시켰다. 그리고 그 단어들은 정식 수업에서 가르쳐지는 어휘들에 의도적으로 국한시켰는데, 이들은 본 자습문제들을 다루기 전에 확실하게 암기해야 한다. 이 문제들의 성격 자체와 목적 때문에, 거기에 실린 문장들이 감동적이라고 주장할 수는 없을 것이다. 라틴어를 공부하는 목적이 가치 있는 고전들을 읽기 위함인데, 그러한 글들의 변죽을 이 책의 핵심인 **Sententiae Antīquae**와 고대 작가들에게서 나온 독해 구절들에서 다소나마 발견할 수 있다. 그러나 반사적인 언어 체득을 위해 반복적 연습을 추가로 하기 원한다면, 여기 이 문제들이 그 도구가 될 수 있을 것이다. 다른 곳에서 이미 권한 바대로, 반드시 모든 라틴어 단어들과 문장들을 항상 큰 소리로 주의 깊게 읽어라. 이러한 훈련은 눈으로만이 아니라 귀를 통해서도 배울 수 있게 하고, 언어 실습의 많은 이점들을 제공할 수 있을 것이다.

2. 정규 라틴어 교육과정에 등록한 학생들에게 이 자습문제들과 해답들은 복습과 자신의 실력을 평가하는 데 귀중한 자료가 될 뿐만 아니라 시험 준비에도 도움이 될 것이다.

3. 또한 라틴어를 혼자서 공부하거나 복습하기를 원하는 자들에게도 이 자습문제들은 확실히 유익한데, 왜냐하면 그 문제들을 스스로 풀어보고 해답을 통해 오답을 확인함으로써 자신의 실력을 평가할 수 있기 때문이다. 더욱이 해답의 도움으로 이 문제 풀이를 모두 마치면, 이 책에 실린 통상적인 문제들과 씨름하는 데 더욱 더 자신감을 갖게 될 것이다.

4. 모든 학생들은 해답의 영어 문장들을 라틴어로 다시 옮기고, 자습문제의 해당 라틴어 문장들을 통해 그 번역을 확인해 봄으로써 간단한 라틴어 작문에 대한 자신의 실력을 테스트할 수 있다.

5. 일반적으로 번역 문제들에서는 각각의 경우 어휘에 제시된 어떤 단어의 여러 의미들 중 하나만이 사용될 것이다. 때로는 번역 문제들이 다소 형식적인 문체로 되어 있는데, 그 이유는 좀더 라틴어답게 표현할 수 있도록 하기 위함이다. 특히 이런 식의 문장들은 문학적 표현 연습보다는 라틴어를 이해하는 훈련을 의도한 것이다. 번역에 있어서 세련된 문학적 표현은 가장 바람직한 것이며, 이 책의 다른 문제들과 관련해서도 연마되어야 한다.

6. 자신의 실력을 테스트하기에 편하도록 해답들은 자습문제들 뒤에 따로 실어 놓았다. 따라서 강사가 원한다면 그 문제들은 강의실에서도 연습을 위해서 사용될 수 있을 것이다.

자신의 실력을 알아보기 위한 가장 확실한 방법은 해답을 보기 전에 자신의 답을 써놓는 것임은 두말 할 필요가 없다.

7. 마지막으로 다시 한 번 강조하건데, 최대한의 학습 효과를 얻기 위해서는 모든 라틴어 낱말들과 구절들 및 문장들을 큰 소리로 읽어야 하며, 이 문제들을 풀기 전에 각 단원의 내용을 어휘에 이르기까지 철저히 공부해야 한다.

EXERCISES FOR Capvt I

1. Give the English pronouns equivalent to each of the following Latin personal endings: (1) -t, (2) -mus, (3) -ō, (4) -nt, (5) -s, (6) -tis.
2. Name the following forms and translate each: (1) monēre, (2) vidēre, (3) valēre, (4) dēbēre.
3. Name the following forms and translate each: (1) vocāre, (2) servāre, (3) dare, (4) cōgitāre, (5) laudāre, (6) amāre, (7) errāre.
4. Name the following forms and translate each: (1) vocā, (2) servā, (3) dā, (4) cōgitā, (5) laudā, (6) amā, (7) monē, (8) vidē, (9) valē.
5. Name the following forms and translate each: (1) vocāte, (2) servāte, (3) date, (4) cōgitāte, (5) laudāte, (6) amāte, (7) monēte, (8) vidēte, (9) valēte.
6. Translate the following words: (1) vocat, (2) cōgitāmus, (3) amant, (4) dēbēs, (5) videt, (6) vident, (7) dēbēmus, (8) valēs, (9) errātis, (10) vidēmus, (11) amat, (12) vidētis, (13) errās, (14) dant, (15) servāmus, (16) dat, (17) amant, (18) vidēs.

7. Monent mē sī errō. 8. Monet mē sī errant. 9. Monēte mē sī errat. 10. Dēbēs monēre mē. 11. Dēbētis servāre mē. 12. Nōn dēbent laudāre mē. 13. "Quid dat?" "Saepe nihil dat." 14. Mē saepe vocant et (*and*) monent. 15. Nihil video. Quid vidēs? 16. Mē laudā sī nōn errō, amābō tē. 17. Sī valētis, valēmus. 18. Sī valet, valeō. 19. Sī mē amat, dēbet mē laudāre. 20. Cōnservāte mē. 21. Nōn dēbeō errāre. 22. Quid dēbēmus laudāre? 23. Videt; cōgitat; monet.

EXERCISES FOR Capvt II

1. Give the Latin for the definite article "the" and the indefinite article "a."
2. Name the Latin case for each of the following constructions or ideas: (1) direct object of a verb; (2) possession; (3) subject of a verb; (4) means; (5) direct address; (6) indirect object of a verb.
3. Name the case, number, and syntactical usage indicated by each of the following endings of the 1st declension: (1) -ās; (2) -a; (3) -am; (4) -ae (pl.).
4. Name the case(s) and number indicated by the following endings, and wherever possible name the English preposition(s) which can be associated with them: (1) -ārum; (2) -ā; (3) -ae; (4) -īs.
5. Translate the following nouns and state the syntactical usage of each as indicated by its ending: (1) puellam; (2) puella; (3) puellās; (4) puellae (plural form); (5) patriās; (6) patriam; (7) patria; (8) patriae (pl.); (9) pecūniam; (10) pecūnia; (11) poenās; (12) poenam.
6. Translate the following nouns in accordance with their case endings: (1) puellae (sg.); (2) puellārum; (3) Ō patria; (4) patriae (sg.); (5) pecūniā; (6) pecūniae (sg.); (7) poenīs; (8) poenā; (9) poenārum.

7. Given the following nominative singular forms, write the Latin forms requested in each instance: (1) **multa pecūnia** in the genitive and the accusative singular; (2) **magna fāma** in dat. and abl. sg.; (3) **vīta mea** in gen. sg. and nom. pl.; (4) **fortūna tua** in acc. sg. and pl.; (5) **magna patria** in gen. sg. and pl.; (6) **fortūna mea** in abl. sg. and pl.; (7) **magna poena** in dat. sg. and pl.; (8) **multa philosophia** in dat. and abl. pl.

8. Translate each of the following phrases into Latin according to the case either named or indicated by the English preposition in each instance: (1) by much money; (2) of many girls; (3) to/for my country; (4) great life (as direct object of a verb); (5) by your penalties; (6) many countries (subject of a verb); (7) to/for many girls; (8) of my life; (9) O fortune; (10) girl's; (11) girls'; (12) girls (direct address); (13) the girls (direct object of a verb); (14) the girls (subject of a verb).

9. Valē, patria mea. 10. Fortūna puellae est magna. 11. Puella fortūnam patriae tuae laudat. 12. Ō puella, patriam tuam servā. 13. Multae puellae pecūniam amant. 14. Puellae nihil datis. 15. Pecūniam puellae videt. 16. Pecūniam puellārum nōn vidēs. 17. Monēre puellās dēbēmus. 18. Laudāre puellam dēbent. 19. Vīta multīs puellīs fortūnam dat. 20. Vītam meam pecūniā tuā cōnservās. 21. Fāma est nihil sine fortūnā. 22. Vītam sine pecūniā nōn amātis. 23. Sine fāmā et fortūnā patria nōn valet. 24. Īram puellārum laudāre nōn dēbēs. 25. Vītam sine poenīs amāmus. 26. Sine philosophiā nōn valēmus. 27. Quid est vīta sine philosophiā?

EXERCISES FOR Capvt III

1. Name the case, number, and syntactical usage indicated by each of the following endings of masculines of the 2nd declension: (1) -um; (2) -ī (pl.); (3) -us; (4) -ōs; (5) -e.

2. Name the case(s) and number of the following endings, and name the English preposition which can be associated with each: (1) -ō; (2) -ōrum; (3) -ī (sg.); (4) -īs.

3. Translate the following nouns and state the syntactical usage of each as indicated by its ending: (1) fīliōs; (2) fīliī (pl.); (3) fīlium; (4) populum; (5) popule; (6) populus; (7) vir; (8) virōs; (9) virī (pl.); (10) virum; (11) amīce; (12) amīcī (pl.); (13) amīcōs; (14) amīcum.

4. Translate the following in accordance with their case endings: (1) fīliōrum meōrum; (2) fīliō meō; (3) populī Rōmānī (sg.); (4) populō Rōmānō; (5) virīs; (6) virī (sg.); (7) virōrum; (8) amīcōrum paucōrum; (9) amīcīs paucīs; (10) amīcō meō; (11) amīcī meī (sg.); (12) multīs puerīs.

5. Given the following nom. sg. forms, write the Latin forms requested in each instance: (1) **populus Rōmānus** in gen. and abl. sg.; (2) **magnus vir** in acc. and abl. pl.; (3) **puer meus** in dat. and abl. pl.; (4) **magnus numerus** in dat. and abl. sg.; (5) **magnus vir** in voc. sg. and pl.; (6) **fīlius meus** in gen. sg. and pl.

6. Translate the following phrases into Latin according to the case named or indicated by the English preposition in each instance: (1) of many boys; (2) to/for the Roman people; (3) my sons (object of verb); (4) O my sons; (5) a great number (obj. of verb); (6) by the great number; (7) O great man; (8) to/for many boys; (9) the great man (subj. of verb); (10) of the Roman people.

7. Valē, mī amīce. 8. Populus Rōmānus sapientiam fīliī tuī laudat. 9. Ō vir magne, populum Rōmānum servā. 10. Numerus populī Rōmānī est magnus. 11. Multī puerī puellās amant. 12. Fīliō meō nihil datis. 13. Virōs in agrō videō. 14. Amīcum fīliī meī vidēs.

15. Amīcum fīliōrum tuōrum nōn videt. 16. Dēbēmus fīliōs meōs monēre. 17. Dēbent fīlium tuum laudāre. 18. Vīta paucīs virīs fāmam dat. 19. Mē in numerō amīcōrum tuōrum habēs. 20. Virī magnī paucōs amīcōs saepe habent. 21. Amīcus meus semper cōgitat. 22. Fīlius magnī virī nōn semper est magnus vir. 23. Sapientiam magnōrum virōrum nōn semper vidēmus. 24. Philosophiam, sapientiam magnōrum virōrum, laudāre dēbētis.

EXERCISES FOR Capvt IV

1. A 2nd-declension neuter has the same forms as the regular 2nd-declension masculine except in three instances. Name these three instances and give their neuter endings.
2. Name the case(s), number, and syntactical usage indicated by each of the following endings of the 2nd-declension neuter nouns: (1) -a; (2) -um.
3. Name the case(s) and number of the following 2nd-declension neuter endings and name the English preposition(s) which can be associated with each: (1) -ō; (2) -ōrum; (3) -ī; (4) -īs.
4. Translate the following neuter nouns and state the syntactical usage of each as indicated by its ending: (1) bella; (2) bellum; (3) officium; (4) officia; (5) perīcula.
5. Translate the following phrases in accordance with their case endings: (1) bellōrum malōrum; (2) bellō malō; (3) bellī malī; (4) bellīs malīs; (5) officiī magnī; (6) officiīs magnīs; (7) perīculō parvō.
6. Given the following nom. sg. forms, write the Latin forms requested in each instance: (1) **bellum parvum** in nom. and acc. pl.; (2) **ōtium bonum** in acc. sg. and pl.; (3) **perī-culum magnum** in gen. sg. and pl.; (4) **officium vērum** in acc. and abl. sg.
7. Translate the following phrases into Latin in accordance with the case named or indicated by the English preposition in each instance: (1) O evil war; (2) to/for great duty; (3) by the great danger; (4) good leisure (object of verb); (5) by many wars; (6) of good leisure; (7) by the dangers of many wars; (8) small wars (subject of verb); (9) small wars (obj. of verb); (10) O foolish wars; (11) the small war (subj.)

8. Ōtium est bonum. 9. Multa bella ōtium nōn cōnservant. 10. Perīculum est magnum. 11. In magnō perīculō sumus. 12. Et ōtium perīcula saepe habet. 13. Vīta nōn est sine multīs perīculīs. 14. Bonī virī ōtium amant. 15. Stultus vir perīcula bellī laudat. 16. Ōtium bellō saepe nōn cōnservāmus. 17. Populus Rōmānus ōtium bonum nōn semper habet. 18. Patriam et ōtium bellīs parvīs saepe servant. 19. Multae puellae sunt bellae. 20. Vērī amīcī sunt paucī. 21. Amīcus meus est vir magnī officiī. 22. Officia magistrī sunt multa et magna. 23. Vir parvī ōtiī es. 24. Virī magnae cūrae estis. 25. Sine morā cūram officiō dare dēbēmus. 26. Sine oculīs vīta est nihil.

EXERCISES FOR Capvt V

1. Identify the *personal* endings of the future and imperfect tenses of the first two conjugations.
2. Are these the same as the endings of the present tense? If not, point out the differences.
3. Identify the future and imperfect tense signs in the first two conjugations.
4. How, in effect, can the following verb endings be translated: (1) -bāmus; (2) -bit; (3) -bitis; (4) -bō; (5) -bunt; (6) -bat?
5. When an adjective of the 1st and 2nd declensions has the masculine ending in *-er,* how can you tell whether the *e* survives in the other forms or is lost?

6. How do English words like *liberty, pulchritude,* and *nostrum* help with the declension of Latin adjectives?
7. Translate the following forms: (1) manēbant; (2) manēbit; (3) manēbimus; (4) dabam; (5) dabitis; (6) dabit; (7) vidēbis; (8) vidēbimus; (9) vocābant; (10) vocābis; (11) habēbis; (12) habēbant.
8. Translate into Latin: (1) we shall give; (2) you (sg.) were remaining; (3) they will see; (4) we shall call; (5) he was calling; (6) you (pl.) will see; (7) I shall see; (8) they were saving; (9) we shall have; (10) we were having; (11) he will have; (12) he has.

9. Magister noster mē laudat et tē crās laudābit. 10. Līberī virī perīcula nostra superābant. 11. Fīliī nostrī puellās pulchrās amant. 12. Amīcus noster in numerō stultōrum nōn remanēbit. 13. Culpās multās habēbāmus et semper habēbimus. 14. Perīcula magna animōs nostrōs nōn superant. 15. Pulchra patria nostra est lībera. 16. Līberī virī estis; patriam pulchram habēbitis. 17. Magistrī līberī officiō cūram dabant. 18. Malōs igitur in patriā nostrā superābimus. 19. Sī īram tuam superābis, tē superābis. 20. Propter nostrōs animōs multī sunt līberī. 21. Tē, Ō patria lībera, semper amābāmus et semper amābimus. 22. Sapientiam pecūniā nōn cōnservābitis. 23. Habetne animus tuus satis sapientiae?

EXERCISES FOR Capvt VI
1. What connection can be traced between the spelling of *complementary* in the term *complementary infinitive* and the syntactical principle?
2. In the verb **sum** and its compounds what do the following personal endings mean: (1) -mus; (2) -nt; (3) -s; (4) -t; (5) -ō; (6) -m; (7) -tis?
3. If the verb **possum** is composed of **pot + sum,** where among the various forms is the **t** changed to **s** and where does it remain unchanged?
4. Translate the following random forms: (1) erat; (2) poterat; (3) erit; (4) poterit; (5) sumus; (6) possumus; (7) poterāmus; (8) poterimus; (9) poteram; (10) eram; (11) erō; (12) poterō; (13) erunt; (14) poterunt; (15) poterant; (16) esse; (17) posse.
5. Translate into Latin: (1) we are; (2) we were; (3) we shall be; (4) we shall be able; (5) he is able; (6) he will be able; (7) he was able; (8) to be able; (9) they were able; (10) they are able; (11) they will be able; (12) they are; (13) to be; (14) I was able.

6. Patria vestra erat lībera. 7. Poteram esse tyrannus. 8. Amīcus vester erit tyrannus. 9. Ubi tyrannus est, ibi virī nōn possunt esse līberī. 10. In patriā nostrā herī nōn poterat remanēre. 11. Tyrannī multa vitia semper habēbunt. 12. Tyrannōs superāre nōn poterāmus. 13. Tyrannum nostrum superāre dēbēmus. 14. Tyrannus bonōs superāre poterat; sed ibi remanēre nōn poterit. 15. Poteritis perīcula tyrannī vidēre. 16. Vitia tyrannōrum tolerāre nōn possumus. 17. Īnsidiās tyrannī nōn tolerābās. 18. Ōtium in patriā vestrā nōn potest esse perpetuum. 19. Dēbēs virōs līberōs dē tyrannīs monēre. 20. Magister vester librōs pulchrōs semper amābat. 21. Librī bonī vērīque poterant patriam cōnservāre. 22. Librīs bonīs patriam vestram cōnservāre poteritis. 23. Tyrannī sapientiam bonōrum librōrum superāre nōn poterunt. 24. Malī librōs bonōs nōn possunt tolerāre.

EXERCISES FOR Capvt VII
1. In the 3rd declension do the case endings of feminine nouns differ from those of masculine nouns as they do in the 1st and 2nd declensions already learned?

2. Do neuter nouns of the 3rd declension have any case endings which are identical with those of neuter nouns of the 2nd declension? If so, name them.
3. Name the gender(s) and case(s) indicated by each of the following endings in the 3rd declension: (1) -ēs; (2) -a; (3) -em.
4. Name the case(s) and number of the following 3rd-declensional endings: (1) -ibus; (2) -ī; (3) -e; (4) -em; (5) -um; (6) -is; (7) -ēs.
5. To indicate the gender of the following nouns give the proper nominative singular form of **magnus, -a, -um** with each: (1) tempus; (2) virtūs; (3) labor; (4) cīvitās; (5) mōs; (6) pāx; (7) rēx; (8) corpus; (9) vēritās; (10) amor.
6. Translate the following phrases in accordance with their case endings wherever possible; where they are nominative or accusative so state: (1) labōre multō; (2) labōrī multō; (3) labōris multī; (4) labōrēs multī; (5) pācis perpetuae; (6) pāce perpetuā; (7) pācī perpetuae; (8) cīvitātum parvārum; (9) cīvitātem parvam; (10) cīvitātēs parvās; (11) cīvitātēs parvae; (12) cīvitāte parvā; (13) tempora mala; (14) tempus malum; (15) temporī malō; (16) temporum malōrum; (17) temporis malī; (18) mōrī tuō; (19) mōre tuō; (20) mōris tuī; (21) mōrēs tuī; (22) mōrēs tuōs; (23) mōrum tuōrum.
7. Translate the following phrases into Latin in accordance with the case named or indicated by the English preposition: (1) to/for great virtue; (2) great virtue (subject); (3) great virtues (object of verb); (4) of great virtues; (5) with great courage; (6) our time (obj. of verb); (7) our times (subj.); (8) our times (obj.); (9) to/for our times; (10) to/for our time; (11) of our time; (12) of our times; (13) my love (obj.); (14) my loves (obj.); (15) to/for my love; (16) by my love; (17) of my love; (18) of my loves.

8. Meum tempus ōtiō est parvum. 9. Virtūs tua est magna. 10. Pecūnia est nihil sine mōribus bonīs. 11. Virtūtēs hominum multōrum sunt magnae. 12. Mōrēs hominis bonī erunt bonī. 13. Hominī litterās dabunt. 14. Hominēs multōs in cīvitāte magnā vidēre poterāmus. 15. Magnum amōrem pecūniae in multīs hominibus vidēbāmus. 16. Paucī hominēs virtūtī cūram dant. 17. Cīvitās nostra pācem hominibus multīs dabit. 18. Pāx nōn potest esse perpetua. 19. Sine bonā pāce cīvitātēs temporum nostrōrum nōn valēbunt. 20. Post multa bella tempora sunt mala. 21. In multīs cīvitātibus terrīsque pāx nōn poterat valēre. 22. Sine magnō labōre homō nihil habēbit. 23. Virgō pulchra amīcōs mōrum bonōrum amat. 24. Hominēs magnae virtūtis tyrannōs superāre audēbant. 25. Amor patriae in cīvitāte nostrā valēbat.

EXERCISES FOR Capvt VIII

1. (1) In the 3d conjugation what tense is indicated by the stem vowel ē? (2) Can you think of some mnemonic device to help you remember this important point?
2. (1) In the 3d conjugation what tense is indicated by the vowels i, ō, u? (2) What mnemonic device may help here?
3. State the person, number, and tense indicated by the following 3d conjugation endings: (1) -imus; (2) -ēs; (3) -unt; (4) -et; (5) -itis; (6) -ēmus; (7) -ō; (8) -ent; (9) -it; (10) -ētis; (11) -is; (12) -am; (13) -ēbant.
4. What form of the verb does each of the following endings indicate: (1) -e; (2) -ere; (3) -ite?
5. Given the verbs **mittō, mittere,** *send;* **agō, agere,** *do;* **scrībō, scrībere,** *write,* translate each of the following forms according to its ending: (1) mittēbant; (2) mittit;

(3) mittunt; (4) mittam; (5) mitte; (6) mittimus; (7) mittēbātis; (8) mittis; (9) mittite; (10) mittitis; (11) mittet; (12) mittēmus; (13) agit; (14) agent; (15) agunt; (16) agētis; (17) agēbāmus; (18) agam; (19) agēmus; (20) agis; (21) agitis; (22) scrībet; (23) scrībunt; (24) scrībam; (25) scrībēbam; (26) scrībitis; (27) scrībēmus; (28) scrībit; (29) scrībis; (30) scrībent; (31) scrībe.

6. Given **pōnō, pōnere,** *put,* translate the following phrases into Latin: (1) they were putting; (2) we shall put; (3) put (imperative sg.); (4) he puts; (5) they will put; (6) I shall put; (7) you (sg.) were putting; (8) you (pl.) will put; (9) put (imperat. pl.); (10) we put; (11) you (pl.) are putting; (12) he will put.

7. Quid agunt? Quid agētis? 8. Hominem ad mē dūcēbant. 9. Dūc hominem ad mē, et hominī grātiās agam. 10. Dum tyrannus cōpiās dūcit, possumus nihil agere. 11. Litterās ad virginem scrībit. 12. Librum magnum scrībēbās. 13. Librōs bonōs scrībēs. 14. Librōs dē pāce scrībēmus. 15. Cōpiamne librōrum bonōrum habētis? 16. Magister multōs puerōs docet. 17. Puerī magistrō grātiās nōn agunt. 18. Paucī cīvitātī nostrae grātiās agēbant. 19. Tyrannus magnās cōpiās ex cīvitāte nostrā dūcet. 20. Magna cōpia pecūniae hominēs ad sapientiam nōn dūcit. 21. Librīne bonī multōs ad ratiōnem dūcent? 22. Dūcimusne saepe hominēs ad ratiōnem? 23. Ratiō hominēs ad bonam vītam dūcere potest. 24. Agitisne bonam vītam? 25. Amīcō bonō grātiās semper agite.

EXERCISES FOR Capvt IX

1. Explain the term *demonstrative* pronoun and adjective.
2. Translate each of the following according to case(s) and number, indicating also the gender(s) in each instance:

(1) illī	(10) illīs	(19) huius	(28) ūnā
(2) illa	(11) illō	(20) hunc	(29) tōtī
(3) illīus	(12) illārum	(21) hōs	(30) tōtīus
(4) ille	(13) hōc	(22) huic	(31) tōta
(5) illā	(14) hoc	(23) hōrum	(32) tōtum
(6) illud	(15) haec	(24) hās	(33) nūllīus
(7) illōrum	(16) hae	(25) hīs	(34) nūllī
(8) illae	(17) hāc	(26) ūnīus	(35) nūlla
(9) illōs	(18) hanc	(27) ūnī	(36) nūllōs

3. How can the presence of a noun be helpful in determining the form of a modifying demonstrative?
4. Translate the following phrases into Latin in the declensional forms indicated:

(1) this girl (nom.)	(10) that girl (nom.)
(2) these girls (nom.)	(11) those times (nom.)
(3) these times (acc. pl.)	(12) those times (acc.)
(4) to/for this time	(13) that time (nom.)
(5) to/for this boy	(14) to/for this state alone
(6) of this time	(15) of this state alone
(7) of that time	(16) to/for that boy alone
(8) by this book	(17) to/for that girl alone
(9) by that book	(18) of that girl alone

(19) of tyrants alone
(20) the whole state (acc.)
(21) of the whole country
(22) to/for the whole country
(23) of no reason
(24) no reason (acc.)
(25) no girls (nom.)
(26) to/for no book

(27) no books (acc.)
(28) to/for one state
(29) to/for one girl
(30) of one time
(31) of one war
(32) to/for the other book
(33) by another book

5. Hī tōtam cīvitātem dūcent (dūcunt, dūcēbant). 6. Ille haec in illā terrā vidēbit (videt, vidēbat). 7. In illō librō illa dē hōc homine scrībō (scrībam, scrībēbam). 8. Ūnus vir istās cōpiās in hanc terram dūcit (dūcet). 9. Magister haec alterī puerō dat. 10. Hunc librum dē aliō bellō scrībimus (scrībēmus). 11. Tōta patria huic sōlī grātiās agit (aget, agēbat). 12. Tōtam cūram illī cōnsiliō nunc dant. 13. Amīcus huius hanc cīvitātem illō cōnsiliō cōnservābit. 14. Alter amīcus tōtam vītam in aliā terrā aget. 15. Hic vir sōlus mē dē vitiīs huius tyrannī monēre poterat. 16. Nūllās cōpiās in alterā terrā habēbātis. 17. Illī sōlī nūlla perīcula in hōc cōnsiliō vident. 18. Nōn sōlum mōrēs sed etiam īnsidiās illīus laudāre audēs. 19. Propter īnsidiās enim ūnīus hominis haec cīvitās nōn valēbat.

EXERCISES FOR Capvt X

1. Name the conjugation indicated by each of the following endings: (1) -ere; (2) -ēre; (3) -īre; (4) -āre.

2. State the person, number, and tense indicated by the following endings from the 4th conjugation and the **-iō** 3d: (1) -iunt; (2) -iēs; (3) -īs; (4) -iēbāmus; (5) -īmus; (6) -ī; (7) -iētis; (8) -īte; (9) -ītis; (10) -iō; (11) -it; (12) -e; (13) -iēbās.

3. State three points at which **-iō** verbs of the 3d conjugation differ from verbs of the 4th conjugation.

4. Translate the following in accordance with their specific forms:

(1) veniet	(6) audiētis	(11) venīre	(16) faciunt
(2) venit	(7) audītis	(12) facit	(17) facis
(3) veniunt	(8) venīte	(13) faciet	(18) faciam
(4) venient	(9) veniēs	(14) faciēmus	(19) faciēs
(5) audīs	(10) venī	(15) facimus	(20) facere

5. Given **sentiō, sentīre,** *feel,* and **iaciō, iacere,** *throw,* translate the following phrases into Latin:

(1) I shall feel	(8) feel (imperat. sg.)	(15) throw (imperat. sg.)
(2) we shall feel	(9) he will feel	(16) you (pl.) are throwing
(3) he feels	(10) we feel	(17) we shall throw
(4) you (pl.) feel	(11) he is throwing	(18) throw (imperat. pl.)
(5) they will feel	(12) he will throw	(19) to throw
(6) they do feel	(13) I shall throw	(20) you (sg.) are throwing
(7) to feel	(14) we are throwing	

6. Ex hāc terrā fugiēbāmus. 7. Cum fīliā tuā fuge. 8. In illum locum fugient. 9. Tempus fugit; hōrae fugiunt; senectūs venit. 10. Venīte cum amīcīs vestrīs. 11. In patriam

vestram veniēbant. 12. Ō vir magne, in cīvitātem nostram venī. 13. Fīliam tuam in illā cīvitāte inveniēs. 14. Parvam pecūniam in viīs invenīre possunt. 15. Tyrannus viam in hanc cīvitātem invenit. 16. Illōs cum amīcīs ibi capiētis. 17. Ad tē cum magnīs cōpiīs venīmus. 18. Invenietne multam fāmam glōriamque ibi? 19. Iste bellum semper faciēbat. 20. Istī hominēs pācem nōn facient. 21. Multī hominēs illa faciunt sed haec nōn faciunt. 22. Officium nostrum facimus et faciēmus. 23. Magnam cōpiam librōrum faciam. 24. Puerī cum illō virō bonō vīvēbant. 25. In librīs virōrum antīquōrum multam philosophiam et sapientiam inveniētis.

EXERCISES FOR Capvt XI

1. Name the nominative singular and plural of the following: (1) 3d personal pronoun; (2) 1st per. pron.; (3) 2nd per. pron.
2. Translate the following pronouns in accordance with case(s) and number; where a form is nom. or acc. so specify.
    (1) vōbīs; (2) nōbīs; (3) nōs; (4) vōs; (5) tuī; (6) meī; (7) mihi; (8) tibi; (9) tē; (10) mē.
3. Translate the following third-person pronouns in accordance with their gender(s), number(s), and case(s): (1) eōs; (2) eās; (3) eōrum; (4) eārum; (5) eius; (6) eā; (7) ea; (8) eō; (9) eī; (10) eīs; (11) eae; (12) id.
4. Give the Latin for the following:

(1) his	(10) to her	(19) it (n. acc.)
(2) her (possess.)	(11) by/with/from her	(20) you (emphatic nom. pl.)
(3) their (m.)	(12) by/withfrom him	(21) you (emphatic nom. sg.)
(4) their (f.)	(13) to/for you (pl.)	(22) you (acc. pl.)
(5) them (f.)	(14) to/for you (sg.)	(23) us
(6) them (m.)	(15) they (m.)	(24) we
(7) them (n.)	(16) they (n.)	(25) to/for us
(8) its	(17) they (f.)	(26) I (emphatic form)
(9) to him	(18) to/for it	(27) to/for me

5. Hī tibi id dabunt. 6. Ego vōbīs id dabam. 7. Vōs eīs id dōnum dabitis. 8. Eī idem dabō. 9. Nōs eī ea dabimus. 10. Ille mihi id dabit. 11. Vōbīs librōs eius dabimus. 12. Nōbīs librōs eōrum dabis. 13. Pecūniam eōrum tibi dabimus. 14. Pecūniam eius mihi dabunt. 15. Eōs librōs ad eam mittēmus. 16. Librum eius ad tē mittam. 17. Ille autem pecūniam eōrum ad nōs mittēbat. 18. Eās cum eā mittimus. 19. Eum cum eīs mittō. 20. Eōs cum amīcīs eius mittēmus. 21. Tū mē cum amīcō eōrum mittēs. 22. Vōs mēcum ad amīcum eius mittēbant. 23. Nōs tēcum in terram eōrum mittit. 24. Eās nōbīscum ad amīcōs eōrum mittent. 25. Eum vōbīscum ad amīcōs eōrum mittam. 26. Tē cum eō ad mē mittent.

EXERCISES FOR Capvt XII

1. Name the principal parts of a Latin verb in their regular sequence.
2. Give the principal parts of **mittō,** labeling and translating each one.
3. What is the major difference between the perfect and imperfect tenses?
4. You must be able to tell from what verb any specific verb form comes. Practice on the following list by naming the first principal part of each of the verbs in the list.

(1) mīsērunt	(6) āctum	(11) remānserant	(16) dīxērunt
(2) laudāveram	(7) est	(12) scrīpsimus	(17) erat
(3) vincēbāmus	(8) dedimus	(13) fuit	(18) vīxī
(4) dictum	(9) futūrum	(14) fēcit	(19) faciēbās
(5) fēcistī	(10) ēgimus	(15) fugere	(20) vīsum

5. Translate the following endings of the perfect system according to person, number, and tense in each instance, using these conventions: -ī = I (perfect) . . . ; **-eram** = I had . . . ; **-erō** = I shall have . . . ; (1) -istis; (2) -it; (3) -ērunt; (4) -istī; (5) -imus; (6) -erat; (7) -erimus; (8) -erāmus; (9) -erās; (10) -erint; (11) -erant; (12) -erit; (13) -erātis.

6. Translate the following in accordance with the person, number, and tense of each:

(1) vidēbant	(10) vīxistī	(19) fugit	(28) remānsimus
(2) vīderant	(11) vīxērunt	(20) fūgit	(29) remānserāmus
(3) vīdistī	(12) vincet	(21) fugiunt	(30) vēnit
(4) fēcit	(13) vīcit	(22) fūgērunt	(31) venit
(5) faciēbat	(14) vīcimus	(23) servāvit	(32) veniēbātis
(6) fēcerāmus	(15) vincimus	(24) servāvērunt	(33) vēnistis
(7) fēcimus	(16) dedistī	(25) servāvistis	(34) vēnērunt
(8) faciēmus	(17) dederātis	(26) servāverat	(35) veniunt
(9) fēcērunt	(18) dedimus	(27) servāverit	(36) vēnerant

7. Illī fūgerant (fugient; fugiunt; fugiēbant; fūgērunt). 8. Hī remānsērunt (remanent; remanēbunt; remanēbant; remānserant). 9. Rēx Asiam vīcerat (vincit; vīcit; vincet). 10. Rēgēs Asiam vīcērunt (vincent; vincunt; vīcerant). 11. Rēgēs Asiam habuērunt (habent; habēbunt; habuerant). 12. Caesar in eandem terram vēnerat (vēnit; venit; veniet). 13. Caesar eadem dīxit (dīcit; dīxerat; dīcet). 14. Vōs nōbīs pācem dedistis (dabitis; dabātis; dederātis). 15. Tū litterās ad eam mīsistī (mittēs; mittis; mīserās). 16. Eōs in eādem viā vīdimus (vidēmus; vīderāmus). 17. Diū vīxerat (vīxit; vīvet). 18. Id bene fēcerās (faciēs; fēcistī; facis). 19. Cīvitātem eōrum (eius) servāvī (servābō; servābam; servāveram). 20. Eum in eōdem locō invēnērunt (invēnerant; invenient). 21. Deus hominibus lībertātem dederat (dedit; dat; dabit). 22. Mihi grātiās ēgērunt (agent; agēbant; ēgerant; agunt). 23. Vōs fuistis (erātis; estis; eritis; fuerātis) virī līberī.

EXERCISES FOR Capvt XIII

1. State the essential nature of reflexive pronouns, showing how, as a logical consequence, they differ from other pronouns.
2. Explain why the declension of reflexive pronouns begins with the genitive rather than with the nominative.
3. In what reflexive pronouns is the spelling the same as that of the corresponding simple pronoun?
4. Translate the following reflexive forms in accordance with their case(s) and number(s): (1) mihi; (2) tē; (3) nōbīs; (4) sibi; (5) vōs; (6) sē; (7) vōbīs.
5. Explain why the singular of **suus** can mean *their own* as well as *his own,* and the plural can mean *his own* as well as *their own.*

6. Explain why **eōrum** always means *their* and **eius** always means *his* (*her, its*) regardless of whether the nouns on which they depend are singular or plural.

7. Although **sē** and **ipse** can both be translated into English by *himself,* explain the basic difference between the Latin words.

8. Caesar eōs servāvit. 9. Caesar eum servābat. 10. Caesar sē servāvit. 11. Rōmānī sē servāvērunt. 12. Rōmānī eōs servāvērunt. 13. Rōmānī eum servāvērunt. 14. Caesar amīcum suum servāvit. 15. Caesar amīcōs suōs servāvit. 16. Caesar amīcum eius servāvit. 17. Caesar amīcōs eius servāvit. 18. Caesar amīcum eōrum servāvit. 19. Caesar amīcōs eōrum servāvit. 20. Rōmānī amīcum suum servāvērunt. 21. Rōmānī amīcōs suōs servāvērunt. 22. Rōmānī amīcum eōrum servāvērunt. 23. Rōmānī amīcōs eōrum servāvērunt. 24. Rōmānī amīcum eius servāvērunt. 25. Rōmānī amīcōs eius servāvērunt. 26. Caesar ipse eum servāvit. 27. Caesar ipse sē servāvit. 28. Caesarem ipsum servāvērunt. 29. Amīcum Caesaris ipsīus servābant. 30. Amīcum Rōmānōrum ipsōrum servāvērunt. 31. Amīcus Caesaris ipsīus sē servāvit. 32. Amīcī Caesaris ipsīus sē servāvērunt. 33. Amīcus Caesaris ipsīus eum servāvit. 34. Ipsī amīcī Caesaris eum servāvērunt. 35. Nōs nōn servāvērunt. 36. Nōs servāvimus. 37. Rōmānōs ipsōs servāvimus. 38. Rōmānī ipsī tē nōn servāvērunt. 39. Tū tē servāvistī. 40. Tū Rōmānōs ipsōs servāvistī. 41. Mihi nihil dabat. 42. Mihi nihil dedī. 43. Sibi nihil dedit. 44. Sibi nihil dedērunt. 45. Eīs nihil dedērunt. 46. Eī nihil dedērunt. 47. Mē vīcī. 48. Mē vīcērunt. 49. Īram eōrum vīcērunt. 50. Īram suam vīcērunt. 51. Īram suam vīcit. 52. Fīliōs suōs vīcit. 53. Fīliōs suōs vīcērunt.

EXERCISES FOR Capvt XIV

1. In what specific case ending of all i-stem nouns does the characteristic i appear?

2. What are the other i-stem peculiarities of neuters in -e, -al, and -ar?

3. Translate each of the following according to its case(s) and number; when a form is nom. or acc. label it as such.

(1) arte	(9) corporum	(17) rēgum	(25) virōs
(2) artium	(10) partis	(18) rēgī	(26) virī
(3) artēs	(11) partibus	(19) nōmina	(27) vīrēs
(4) marī	(12) partium	(20) animālia	(28) vīris
(5) maribus	(13) urbe	(21) animālī	(29) vīs
(6) mare	(14) urbī	(22) animālis	(30) vim
(7) maria	(15) urbium	(23) animālium	(31) vīribus
(8) corpora	(16) urbēs	(24) vīrium	(32) vī

4. Of the forms in #3 above, list those which are i- stem forms.

5. Translate the following phrases into Latin:

(1) by/with/from great force
(2) great man (acc.)
(3) of great strength
(4) to/for great force
(5) of many citizens
(6) by/with/from a good citizen
(7) to/for many citizens
(8) many seas (nom.)
(9) by/with/from a great sea
(10) a great sea (acc.)
(11) great force (acc.)
(12) of many men (vir)
(13) by/with/from great strength
(14) great strength (acc.)

6. What kind of idea is expressed by each of the following ablatives? (1) cum rēge; (2) oculīs meīs; (3) cum cūrā; (4) labōre meō.

7. Translate each of the following verb forms and name the verb from which each comes: (1) cucurrērunt; (2) currēbāmus; (3) cucurristī; (4) trāxerāmus; (5) trahet; (6) trahunt; (7) gerēbat; (8) gerit; (9) gerunt; (10) gerēmus; (11) tenent; (12) tenēbunt; (13) tenuērunt; (14) tenuimus.

8. Multa bella cum Rōmānīs gessit. 9. Cīvitātem magnā cum sapientiā gerēbant. 10. Ipse cīvitātem vī cōpiārum tenuit. 11. Illa animālia multōs hominēs in mare trāxērunt. 12. Hoc magnā cum arte dīxistī. 13. Cum cūrā trāns urbem cucurrimus. 14. Magnā cum parte cīvium ad nōs veniēbat. 15. Iūra cīvium vī vincet. 16. Eum ad mortem trāns terram eius trāxistis. 17. Nōs cum cīvibus multārum urbium iungēmus. 18. Rēgī ipsī hās litterās cum virtūte scrīpsit. 19. Vīs illōrum marium erat magna. 20. Artem Graecōrum oculīs meīs vīdī. 21. Sententiās multās pulchrāsque ex virīs antīquīs trāximus.

22. Name the type of ablative found in each of the following sentences above: 8, 9, 10, 12, 13, 14, 15, 17, 18, 20.

EXERCISES FOR Capvt XV

1. State the difference between cardinal and ordinal numerals.
2. What cardinals are declined?
3. What ordinals are declined?
4. State the form or possible forms of each of the following: (1) duōbus; (2) mīlle; (3) tria; (4) duo; (5) quīnque; (6) mīlia; (7) decem; (8) duābus; (9) centum; (10) trium; (11) vīgintī; (12) octō.
5. Why is the genitive of the whole so called?
6. What construction did the Romans use after cardinal numerals?
7. Translate each of the following phrases.

(1) ūnus cīvis	(9) centum ex cīvibus
(2) decem cīvēs	(10) mīlle cīvēs
(3) pars cīvium	(11) tria mīlia cīvium
(4) trēs cīvēs	(12) quid novī
(5) trēs ex sex cīvibus	(13) multum laudis
(6) quīnque ex cīvibus	(14) satis pecūniae
(7) quīnque cīvēs	(15) nihil aquae
(8) centum cīvēs	

8. When the Romans put a word of time in the ablative case without a preposition, what kind of ideas did they express?

9. Study the ablatives in the following sentences. Then translate the sentences and name the type of ablative found in each one.

(1) Cum amīcīs veniēbat.	(4) Paucīs hōrīs librum scrīpsit.
(2) Ūnā hōrā veniet.	(5) Illō tempore librum scrīpsit.
(3) Eōdem tempore vēnit.	(6) Cum cūrā librum scrībēbat.

10. Illō tempore sōlō illa tria perīcula timuit; sed mortem semper timēbat. 11. Istī duo rēgēs pecūniam inter mīlia cīvium iaciēbant. 12. Iste ūnus tyrannus sē semper laudābat. 13. Cīvēs illārum quīnque urbium lībertātem exspectābant. 14. Urbem duābus hōrīs

sapientiā suā cōnservāvērunt. 15. In urbem cum tribus ex amīcīs meīs veniēbam. 16. Bella magna cum virtūte gerēbātis. 17. Itaque centum Rōmānī mīlle Graecōs vīcērunt. 18. Patrēs fīliōs suōs saepe timēbant—et nunc multum timōris habent. 19. Vīdistīne duōs patrēs nostrōs eō tempore? 20. Ubi satis lībertātis invēnistis? 21. Tribus hōrīs vēnērunt, et idem nōbīs dīcēbat. 22. Parvum argūmentī intellegēbam. 23. Nūllam partem vītārum nostrārum mūtāvimus. 24. Cīvitās nostra lībertātem et iūra cīvium cōnservābat. 25. Rōmānī mōrēs temporum antīquōrum laudābant. 26. Duo patrēs quattuor ex fīliīs mīsērunt. 27. Decem virī satis sapientiae et multum virtūtis habuērunt. 28. Quid novī, mī amīce?

EXERCISES FOR Capvt XVI

1. If one has carefully learned the declension of **cīvis** and **mare** one can easily decline the 3d-declension adjective **fortis, forte** with the exception of one form. What is that form?
2. (1) Adjectives of the 3d declension may be classified as adjectives of 3 endings, 2 endings, or 1 ending. Which type is by far the most common? (2) In what one case do adjectives of 1 and 3 endings differ from those of 2 endings?
3. Cite and label three endings in which adjectives of the 3d declension show themselves to be i-stems.
4. Of the endings of the 3d-declension adjectives none is likely to cause recognition difficulty except perhaps the ablative singular. What is the normal ending of the ablative singular in all genders?
5. Can 3d-declension adjectives be used with nouns of the 1st or the 2nd declension?
6. Translate the following phrases in accordance with their case(s) and number. When they are nom. or acc., so indicate.

(1) dulcī puellae	(8) omnia nōmina	(15) beātō hominī
(2) dulcī puellā	(9) omnia maria	(16) omnī marī
(3) dulcī mātre	(10) omnī parte	(17) omnī bonae artī
(4) dulcī mātrī	(11) omnium partium	(18) omnī bonā arte
(5) beātae mātrī	(12) omnium rēgum	(19) omnis bonae artis
(6) beātā mātre	(13) omnium bellōrum	(20) vī celerī
(7) omnia bella	(14) beātō homine	

7. Aetās longa saepe est difficilis. 8. Aetās difficilis potest esse beāta. 9. Quam brevis erat dulcis vīta eius! 10. Memoria dulcis aetātis mīlia hominum adiuvat. 11. Librum brevem centum hōrīs scrīpsistī. 12. In omnī marī haec duo animālia potentia inveniēbāmus. 13. In omnī terrā multa mīlia virōrum fortium vidēbitis. 14. Celer rūmor (celeris fāma) per omnem terram cucurrit. 15. Illud bellum breve erat difficile. 16. Omnia perīcula sex hōrīs superāvimus. 17. Tyrannus potēns patriam eōrum vī celerī vincet. 18. Brevī tempore omnia iūra cīvium mūtābit. 19. Difficilem artem lībertātis dulcis nōn intellēxērunt, nam parvum sapientiae habuērunt. 20. Hominēs officia difficilia in omnibus terrīs timent.

EXERCISES FOR Capvt XVII

1. Define the terms "antecedent" and "relative pronoun."
2. (1) What determines the *case* of the Latin relative pronoun? (2) What determines the *gender* and the *number* of the relative pronoun?

3. State in what ways a relative agrees with its antecedent.
4. Name (1) the English relative pronoun which refers to persons and (2) the one which refers to anything else. (3) Since in Latin the one relative pronoun serves both purposes, what two English meanings does it have?
5. Translate the following in accordance with their case(s) and number(s). When a form is nom. or acc., so indicate if the translation does not make the point clear.

(1) cui	(4) cuius	(7) quā	(10) quās
(2) quōs	(5) quibus	(8) quī	(11) quōrum
(3) quae	(6) quod	(9) quem	(12) quam

6. Cīvem laudāvērunt quem mīserātis. 7. Decem cīvēs laudāvērunt quōs mīserātis. 8. Cīvem laudāvērunt quī patriam servāverat. 9. Centum cīvēs laudāvērunt quī patriam servāverant. 10. Cīvem laudāvērunt cuius fīlius patriam servāverat. 11. Cīvēs laudāvērunt quōrum septem fīliī patriam servāverant. 12. Cīvem laudāvērunt cui patriam commīserant. 13. Multōs ex cīvibus laudāvērunt quibus patriam commīserant. 14. Cīvem laudāvērunt quōcum vēnerant. 15. Cīvēs laudāvērunt quibuscum vēnerant. 16. Cum cīve vēnit cui vītam suam commīserat. 17. Tyrannī iūra cīvium dēlent quōs capiunt. 18. Tyrannus urbem dēlēvit ex quā mīlia cīvium fūgerant. 19. Tyrannus urbem dēlēvit in quam illī novem cīvēs fūgerant. 20. Tyrannus urbēs dēlēvit ex quibus cīvēs fūgerant. 21. Tyrannus urbēs dēlēvit in quās cīvēs fūgerant. 22. Perīculum superāvit quod timuimus. 23. Perīcula superāvit quae timuimus. 24. Puellīs quās laudābat librōs dedit. 25. Vir cuius fīliam amās in urbem veniēbat. 26. Virō cuius fīliam amās vītam suam commīsit. 27. Mātrem adiuvābat, quae multum virtūtis habuit. 28. Mātribus quae multōs fīliōs habuērunt rēx pecūniam dabat.

EXERCISES FOR Capvt XVIII

1. Define the term "passive voice" by explaining the etymology of "passive."
2. What is the difference between the ablative of means and the ablative of agent in both meaning and construction?
3. (1) What one letter occurs in 5 of the 6 passive personal endings and can thus be regarded as the peculiar sign of the passive?
   (2) Does this characteristically passive letter occur in any of the corresponding active personal endings?
4. Give the English pronoun by which each of the following passive endings can be translated: (1) -mur; (2) -tur; (3) -r; (4) -ntur; (5) -ris; (6) -minī.
5. (1) Name the tense signs of the imperfect and the future in the passive voice of the 1st and 2nd conjugations.
   (2) Are these the same as the tense signs in the active voice?
6. If -**bar** can be translated "I was being . . ." and -**bor**, "I shall be . . . ," translate each of the following: (1) -bimur; (2) -bāminī; (3) -bātur; (4) -beris; (5) -buntur; (6) -bāmur; (7) -bitur; (8) -bāris; (9) -biminī; (10) -bantur.

7. Mē terrent; ab eīs terreor; vī eōrum terreor. 8. Tyrannus hanc urbem dēlēbat. 9. Haec urbs ā tyrannō dēlēbātur; īnsidiīs dēlēbitur. 10. Ab amīcīs movēbātur; cōnsiliīs eōrum movēbātur. 11. Vīribus hominum nōn dēlēmur, sed possumus īnsidiīs dēlērī. 12. Nōn bellō dēlēbiminī, sed amōre ōtiī et cōnsiliīs hominum malōrum. 13. Tū ipse nōn mūtāris, sed nōmen tuum mūtātur. 14. Mīlia hominum amōre pecūniae tenentur. 15. Aliī ab

tyrannīs tenēbantur. 16. Paucī amōre vēritātis amīcitiaeque tenēbuntur. 17. Puer ab amīcīs cōnservābitur. 18. Librī huius generis puerīs ā magistrō dabantur. 19. Lībertās populō ab rēge tertiō brevī tempore dabitur. 20. Patria nostra ā cīvibus fortibus etiam nunc servārī potest. 21. Fortūnā aliōrum monērī dēbēmus. 22. Cōnsiliīs istīus tyrannī quī trāns mare vīvit terrēmur; sed lībertātem amāmus et bellum magnā cum virtūte gerēmus. 23. Ab amīcīs potentibus adiuvābimur. 24. Omnēs virōs nostrōs laudāmus, quī virtūte et vēritāte moventur, nōn amōre suī.

EXERCISES FOR Capvt XIX

1. Name the two basic verbal elements (1) of which the perfect passive indicative of all verbs is composed, and (2) of which the pluperfect passive indicative is composed.
2. In translation how does (1) **vir missus est** differ from **vir mittitur,** and (2) **vir missus erat,** from **vir mittēbātur?**
3. What is the use of the interrogative pronoun?
4. In what forms does the interrogative pronoun differ conspicuously in spelling from the relative?
5. By what two syntactical criteria can the interrogative pronoun be distinguished from the relative even when both have the same spelling?
6. Translate the following in accordance with their forms:

(1) movētur	(6) dēlēbantur	(11) tenēbāmur
(2) mōtus est	(7) dēlētī sunt	(12) mūtātus erat
(3) mōtum erat	(8) tenēmur	(13) mūtātus est
(4) movēbātur	(9) tentī sumus	(14) mūtātur
(5) dēlētī erant	(10) tentī erāmus	(15) mūtābātur

7. Translate the following forms of the interrogative pronoun: (1) cuius?; (2) quem?; (3) quī?; (4) quid?; (5) quōrum?; (6) cui?; (7) quās?; (8) quis?; (9) quae?

8. Ā quō liber parātus est (parātus erat, parābātur)? 9. Magister ā quō liber parātus est labōre superātur. 10. Cui liber datus est (dabātur, datus erat)? 11. Quī puer servātus est? 12. Puerum quī servātus est ego ipse vīdī. 13. Cuius duo fīliī servātī sunt? 14. Senem cuius fīliī servātī sunt numquam vīdī. 15. Quis missus est? 16. Ā cīve quī missus erat pāx et lībertās laudātae sunt. 17. Quī missī sunt? 18. Ā decem cīvibus quī missī erant amīcitia laudāta est. 19. Quōs in urbe vīdistī? 20. Ubi sunt trēs novī amīcī quōs in urbe vīdistī? 21. Quae ā tē ibi inventa sunt? 22. Ubi sunt tria corpora quae ā tē ibi inventa sunt? 23. Ā quibus hoc dictum est? 24. Quibus hoc dictum est? 25. Octō hominēs miserī quibus haec dicta sunt ex urbe fūgērunt. 26. Quōrum fīliī ab eō laudātī sunt? 27. Patrēs quōrum fīliī laudātī sunt eī grātiās agent. 28. Quid vōs terret? 29. Quod perīculum vōs terret? 30. At perīculum quod vōs terret ā cīvibus fortibus victum est.

EXERCISES FOR Capvt XX

1. Indicate the force of the following masculine and feminine endings of the 4th declension: (1) -um; (2) -uum; (3) -ū; (4) -us; (5) -ūs; (6) -uī.
2. Translate the following nouns in accordance with their case forms:

(1) manuī	(3) manuum	(5) manūs
(2) manus	(4) manū	(6) frūctibus

(7) frūctum	(10) frūctū	(13) senātus
(8) frūctūs	(11) senātūs (sg.)	(14) senātū
(9) frūctuum	(12) senātuī	

3. (1) What gender predominates in the 4th declension?
   (2) Name the noun which is the most common exception to this rule.
4. (1) Explain the difference of idea between the ablative of place from which and the ablative of separation.
   (2) Which of the two is regular with verbs of freeing, lacking, and depriving?
   (3) Which of the two is regular with verbs of motion?
5. State any differences of construction between them.

6. Quis ad nōs eō tempore vēnit? 7. Senex magnae fāmae ex patriā suā ad senātum nostrum fūgit. 8. Quid novī ab eō dictum est? 9. Hoc ab illō virō dictum est: "Lībertāte carēmus." 10. Nōs servitūte et gravī metū līberāte. 11. Cōpiae nostrae bellum longum contrā ācrēs manūs tyrannī gessērunt. 12. Illae manūs ācrēs quās tyrannus contrā nōs illā ex terrā mīsit ā nōbīs victae sunt. 13. Post haec cīvēs quī tyrannum timuērunt ex patriā suā in cīvitātem nostram ductī sunt. 14. Eōs sceleribus istīus tyrannī līberāvimus. 15. Nunc omnī metū carent. 16. Fīliī eōrum bonōs librōs in lūdīs nostrīs cum studiō legunt. 17. Itaque mīlle versūs manibus suīs scrīpsērunt. 18. Hī centum versūs nōbīs grātiās magnās agunt. 19. In hīs versibus senātus populusque Rōmānus laudantur. 20. Nam illī miserī nunc frūctūs pācis et multum lībertātis sine metū habent. 21. Quoniam aliōs adiūvimus, etiam nōs ipsī frūctum magnum habēmus. 22. Virī bonī cōpiā hōrum frūctuum numquam carēbunt. 23. Aetāte nostrā multī hominēs vītam in metū et servitūte agunt. 24. Dēbēmus illōs miserōs metū līberāre. 25. Nam quis potest beātus esse sī aliī hominēs frūctibus pācis lībertātisque carent?

26 What idea is expressed by each of the following ablatives, respectively? tempore (6), patriā (7), eō (8), virō (9), metū (10), nōbīs (12), patriā (13), sceleribus (14), metū (15), studiō (16), manibus (17), cōpiā (22), aetāte (23), metū (24).

EXERCISES FOR Capvt XXI
1. Give the passive personal endings of the present and future tenses.
2. Repeat *aloud* the present and future passive of the model verbs **agō, audiō,** and **capiō.**
3. How can the present passive infinitive be distinguished from the active in the 1st, 2nd, and 4th conjugations? Illustrate by changing the following active infinitives into passive ones: (1) sentīre; (2) movēre; (3) servāre; (4) scīre; (5) tenēre. Translate each.
4. What is exceptional about the form of the present passive infinitive of the 3d conjugation? Illustrate by changing the following active infinitives into passive ones: (1) mittere; (2) iacere; (3) tangere; (4) trahere. Translate each.
5. Translate each of the following in accordance with its form:

(1) mittar	(7) rapitur	(13) raperis	(19) tangēminī
(2) mitteris	(8) rapiētur	(14) rapiēris	(20) sciēris
(3) mittēris	(9) rapī	(15) tanguntur	(21) scīris
(4) mittī	(10) rapimur	(16) tangentur	(22) sciētur
(5) mittuntur	(11) rapientur	(17) tangī	(23) scītur
(6) mittor	(12) rapiuntur	(18) tangeris	(24) scīrī

6. Quis mittitur (mittētur, mittēbātur, missus est)? 7. Ā quō hae litterae mittentur (missae sunt, mittuntur)? 8. Cuius manū illae litterae scrīptae sunt (scrībentur)? 9. Quid dictum est (dīcēbātur, dīcētur, dīcitur)? 10. "Quis rapiētur?" "Tū rapiēris." 11. "Quī rapientur?" "Vōs rapiēminī." 12. Diū neglegēris/neglegēminī (neglēctus es/neglēctī estis). 13. Post multās hōrās līberātī sumus (līberābimur). 14. Cīvitātis causā eum rapī iussērunt. 15. Lībertātis causā cīvitās nostra ab alterō virō gerī dēbet. 16. Animus eius pecūniā tangī nōn poterat. 17. Amor patriae in omnī animō sentiēbātur (sentiētur, sentītur, sēnsus est). 18. Amōre patriae cum aliīs cīvibus iungimur (iungēbāmur, iungēmur). 19. Amīcitia nōn semper intellegitur, sed sentītur. 20. Sapientia et vēritās in illīs duōbus hominibus nōn invenientur (inveniuntur, inventae sunt). 21. Sapientia etiam multā pecūniā nōn parātur (parābitur, parāta est). 22. Vēritās saepe nōn scītur (sciētur, scīta est), quod studium eius est difficile. 23. Nōn sine magnō labōre vēritās inveniētur (inventa est, potest invenīrī). 24. Aliī studiō pecūniae atque laudis trahuntur; nōs dēbēmus amōre vēritātis sapientiaeque trahī.

EXERCISES FOR Capvt XXII

1. As **u** is characteristic of the 4th declension, what vowel is characteristic of the 5th declension?

2. List the case endings of the 5th declension which are enough like the corresponding endings of the 3rd declension that they can be immediately recognized without difficulty.

3. (1) What is the gender of most nouns of the 5th declension?
   (2) Name the chief exception.

4. Translate each of the following in accordance with its case(s) and number(s). Where a form is nom. or acc., so state.

(1) speī	(6) fidē	(11) diēbus	(16) reī
(2) spērum	(7) fidem	(12) rem	(17) ignium
(3) spem	(8) fideī	(13) rērum	(18) ignem
(4) spēbus	(9) diērum	(14) rē	(19) ignibus
(5) spēs	(10) diēs	(15) rēbus	(20) ignēs

5. Name the type of adverbial idea in each of the following, and then translate the sentence.

(1) In urbe remānsit.	(4) Cum eīs vēnit.	(7) Illud igne factum est.
(2) Ūnā hōrā veniet.	(5) Ex urbe vēnit.	(8) Id ab eīs factum est.
(3) Eō tempore vēnit.	(6) Igne carent.	(9) Id cum fidē factum est.

6. Concerning each of the following adverbial ideas, state whether in Latin the ablative alone expresses the idea, or whether the Romans used a preposition with the ablative, or whether a preposition was sometimes used and sometimes not. Base your answers on the rules learned thus far.

(1) personal agent	(5) means
(2) accompaniment	(6) manner
(3) separation	(7) place from which
(4) place where	(8) time when or within when

7. Eō tempore lībertātem illōrum decem cīvium cum fidē cōnservāvit. 8. Rem pūblicam magnā cum cūrā gessit. 9. Rēs pūblica magnā cūrā ab eō gesta est. 10. Multae rēs bonae in mediā urbe vīsae sunt. 11. Eō diē multās rēs cum spē parāvērunt. 12. Ignem ex manibus puerī ēripuimus. 13. Quīnque diēbus Cicerō rem pūblicam ē perīculō ēripiet. 14. Duās rēs pūblicās metū līberāvistī. 15. Terra hominēs frūctibus bonīs alit. 16. Incertās spēs eōrum virtūte suā aluit. 17. Hāc aetāte spēs nostrae ā hīs tribus tyrannīs tolluntur. 18. Septem ex amīcīs nostrīs ex illā rē pūblicā magnō cum metū vēnērunt. 19. Tōta gēns in fīnēs huius reī pūblicae magnā cum manū amīcōrum ūnō diē vēnit. 20. Nōn omnēs virī līberī audent sē cum hāc rē pūblicā iungere. 21. Sī illī fidē carent, nūlla spēs est amīcitiae et pācis. 22. Bona fidēs et amor huius reī pūblicae possunt nōs cōnservāre. 23. Tōtam vītam huic reī pūblicae dedistī.

24. What idea is expressed by each of the following ablatives? (The numbers refer to the sentences.) (7) tempore, fidē; (8) cūrā; (9) cūrā; (10) urbe; (11) diē, spē; (13) diēbus, perīculō; (14) metū; (15) frūctibus; (16) virtūte; (17) aetāte, tyrannīs; (18) rē pūblicā, metū; (19) manū, diē; (21) fidē.

EXERCISES FOR Capvt XXIII

1. State what Latin participle is indicated by each of the following endings and give the English suffix or phrase which can be used as an approximate equivalent in each instance: (1) -tus; (2) -ns; (3) -sūrus; (4) -ntem; (5) -tūrus; (6) -ndus; (7) -sus; (8) -ntēs; (9) -sī; (10) -tīs. Such forms should be practiced aloud until you have an immediate linguistic reflex to each one. These reflexes can be tested in the following exercise.

2. Translate the following participles in accordance with their tense and voice.

(1) futūrus	(7) versus	(13) faciendus	(19) datī
(2) pressūrus	(8) versūrus	(14) rapientēs	(20) datūrōs
(3) premēns	(9) dictus	(15) raptūrōs	(21) dantem
(4) pressus	(10) dīcēns	(16) cupīta	(22) mōtus
(5) premendus	(11) dictūrus	(17) cupientēs	(23) moventem
(6) vertēns	(12) factus	(18) dandum	(24) mōtūrī

3. Translate the following participles or participial phrases into Latin in their nom. sg. m. form.

(1) (having been) seen	(10) (having been) conquered
(2) seeing	(11) about to conquer
(3) about to see	(12) conquering
(4) to be written	(13) about to join
(5) about to write	(14) joining
(6) (having been) written	(15) (having been) dragged
(7) sending	(16) dragging
(8) (having been) sent	(17) about to throw
(9) about to send	(18) (having been) thrown

4. Captus nihil dīxit. 5. Servitūte līberātus, vītam iūcundam aget. 6. Dōna dantibus grātiās ēgit. 7. Aliquem dōna petentem nōn amō. 8. Hominī multam pecūniam cupientī pauca dōna sōla dabat. 9. Ad lūdum tuum filium meum docendum mīsī. 10. Iste, aliam

gentem victūrus, magistrōs librōsque dēlēre cupiēbat. 11. Hīs īnsidiīs territī, vītam miseram vīvēmus. 12. Diū oppressī, sē contrā opprimentem tyrannum vertere coepērunt. 13. Illī quattuor virī miserī, ā tyrannō vīsī, trāns fīnem cucurrērunt. 14. Ōrātor, tyrannum timēns, iūcunda semper dīcēbat. 15. Aliquem nōs timentem timēmus. 16. Hī vincentēs omnia iūra cīvium victōrum tollent. 17. Ille miser fugitūrus cōnsilium trium amīcōrum petēbat. 18. Senex, ab duōbus ex amīcīs monitus, ad nōs fūgit. 19. Ipse, ā sene secundō adiūtus, pecūniā carentibus multās rēs dabat. 20. Quis, hīs perīculīs līberātus, deīs grātiās nōn dabit? 21. Iūnctī vōbīscum, rem pūblicam cōnservābimus. 22. Fidem habentibus nihil est incertum.

EXERCISES FOR Capvt XXIV

1. (1) What are the two essential parts of a regular ablative absolute in Latin?
   (2) Can the noun or pronoun of an ablative absolute also appear as the subject or the object of the verb?
2. (1) Explain the term "absolute."
   (2) Guided by the examples in Capvt XXIV, p. 237, tell what punctuation usually indicates an ablative absolute, and show how this harmonizes with the term "absolute."
3. Should the ablative absolute always be translated literally? Explain.
4. Name five subordinating conjunctions in English which may be used to translate the ablative absolute depending on the requirements of the context.
5. State whether the Romans would have regarded any or all of the following sentences as incorrect, and explain why. (Examples in Capvt XXIV will help you.)
   (1) Urbe captā, Caesar eam dēlēvit.
   (2) Caesar, urbem captus, eam dēlēvit.
   (3) Caesar urbem captam dēlēvit.
   (4) Urbe captā, Caesar multās gentēs dēlēvit.
6. (1) What idea is expressed by the -ndus participle (gerundive) + sum?
   (2) Explain the agreement of the -ndus, -nda, -ndum participle.
   (3) What Latin verb + the infinitive expresses a similar idea?
7. (1) Explain the syntax of **mihi** in the following sentence: Cīvitās mihi cōnservanda est.
   (2) Fill out the blank in the following sentence with the Latin for "by me" and explain the construction: Cīvitās—cōnservāta est.

8. Hīs duōbus virīs imperium tenentibus, rēs pūblica valēbit. 9. Hāc fāmā nārrātā, dux urbem sine morā relīquit. 10. Omnī cupiditāte pecūniae glōriaeque ex animō expulsā, ille dux sē vīcit. 11. Omnis cupiditās rērum malārum nōbīs vincenda est sī bonam vītam agere cupimus. 12. Cīvibus patriam amantibus, possumus habēre magnās spēs. 13. Omnēs cīvēs istum tyrannum timēbant, quī expellendus erat. 14. Tyrannō superātō, cīvēs lībertātem et iūra recēpērunt. 15. At tyrannō expulsō, alius tyrannus imperium saepe accipit. 16. Quis imperium accipiēns adiuvāre cīvitātem sōlam, nōn sē, cupit? 17. Multīs gentibus victīs, tōtum mundum tenēre cupīvistī. 18. Servitūs omnis generis per tōtum mundum opprimenda est. 19. Sī rēs pūblica nostra valet, nihil tibi timendum est. 20. Patria nostra cuique adiuvanda est quī nostrum modum vītae amat. 21. Omnia igitur iūra cīvibus magnā cūrā cōnservanda sunt. 22. Officiīs ā cīvibus relictīs,

rēs pūblica in magnō perīculō erit. 23. Hīs rēbus gravibus dictīs, ōrātor ā nōbīs laudātus est. 24. Vēritās et virtūs omnibus virīs semper quaerendae sunt. 25. Vēritāte et virtūte quaesītīs, rēs pūblica cōnservāta est.

26. From the above sentences list:
    A. 10 instances of the ablative absolute.
    B. 7 instances of the **-ndus sum** construction (passive periphrastic).
    C. 5 instances of the dative of agent.
    D. 2 instances of the ablative of agent.

EXERCISES FOR Capvt XXV

1. Review the present active and passive infinitives of all four conjugations.
2. If **-tūrus (-sūrus)** marks the future active participle, what form logically is **-tūrus (-sūrus) esse?**
3. If **-tus (-sus)** marks the perfect passive participle, what form logically is **-tus (-sus) esse?**
4. With what do the participial elements of the above infinitives (the **-tūrus, -tūra, -tūrum** and the **-tus, -a, -um**) agree?
5. To what English verb phrase is the Latin ending **-isse** equivalent? Repeat this sufficiently so that when you see **-isse** your linguistic reflex automatically and instantly gives you the proper tense and voice of the infinitive.
6. Now try your reflexes by translating the following forms in accordance with their tense and voice.

(1) mōvisse	(11) sustulisse	(21) quaesītum esse
(2) mōtus esse	(12) trāxisse	(22) expulsum esse
(3) mōtūrus esse	(13) tetigisse	(23) relictōs esse
(4) movērī	(14) amāvisse	(24) data esse
(5) dīcī	(15) vīcisse	(25) datūra esse
(6) scīrī	(16) vīxisse	(26) versūrum esse
(7) servārī	(17) trāctōs esse	(27) pressūrōs esse
(8) rapī	(18) vīsam esse	(28) raptūrōs esse
(9) mittī	(19) raptum esse	(29) iussūrum esse
(10) crēdidisse	(20) missōs esse	(30) tāctūrōs esse

7. Explain the difference between a direct and an indirect statement.
8. Indicate what verbs in the following list may introduce an indirect statement and give their meanings.

(1) mittō	(7) videō	(13) audiō	(19) ostendō
(2) nūntiō	(8) nesciō	(14) sentiō	(20) spērō
(3) rīdeō	(9) parō	(15) agō	(21) iungō
(4) intellegō	(10) crēdō	(16) scrībō	(22) putō
(5) accipiō	(11) terreō	(17) audeō	(23) amō
(6) cupiō	(12) neglegō	(18) gerō	(24) negō

9. In what main categories can we list most verbs which frequently introduce indirect statements?

10. In English the indirect statement most often appears as a "that" clause, though an infinitive with subject accusative is sometimes used ("I believe that he is brave"; "I believe him to be brave"). What is the form of the indirect statement in classical Latin?
11. In what case did the Romans put the subject of an infinitive?
12. In Latin indirect statement does the tense of the infinitive depend on the tense of the verb of saying? In other words, must a present infinitive be used only with a present main verb, a perfect only with a perfect main verb, etc.?
13. What time relative to that of the main verb does each of the following infinitive tenses indicate: (1) perfect; (2) future; (3) present?

14. Sciō tē hoc fēcisse (factūrum esse, facere). 15. Scīvī tē hoc fēcisse (factūrum esse, facere). 16. Crēdidimus eōs ventūrōs esse (vēnisse, venīre). 17. Crēdimus eōs ventūrōs esse (vēnisse, venīre). 18. Crās audiet (A) eōs venīre (i.e., crās); (B) eōs vēnisse (e.g., heri); (C) eōs ventūrōs esse (e.g., paucīs diēbus). 19. Hodiē audit (A) eōs venīre (hodiē); (B) eōs vēnisse (heri); (C) eōs ventūrōs esse (mox, *soon*). 20. Heri audīvit (A) eōs venīre (heri); (B) eōs vēnisse (e.g., prīdiē, *the day before yesterday*); (C) eōs ventūrōs (paucīs diēbus). 21. Spērant vōs eum vīsūrōs esse. 22. Sciō hoc ā tē factum esse. 23. Nescīvī illa ab eō facta esse. 24. Negāvērunt urbem ab hostibus capī (captam esse). 25. Scītis illōs esse (futūrōs esse, fuisse) semper fidēlēs. 26. Scīvistis illōs esse (futūrōs esse, fuisse) semper fidēlēs. 27. Putābant tyrannum sibi expellendum esse. 28. Crēdimus pācem omnibus ducibus quaerendam esse. 29. Dīcit pācem ab decem ducibus quaerī (quaesītam esse). 30. Dīxit duōs ducēs pācem quaesītūrōs esse (quaerere, quaesīvisse). 31. Hostēs spērant sē omnēs rēs pūblicās victūrōs esse. 32. Bene sciō mē multa nescīre; nēmō enim potest omnia scīre.

33. All infinitives except one in the above sentences are infinitives in indirect statement. Name that one exception.
34. Explain the syntax of the following words by stating in each instance (A) the form and (B) the reason for the form: (14) tē; fēcisse; (16) eōs; (17) ventūrōs esse; (21) eum; (22) hoc; (23) eō; (24) hostibus; (25) fidēlēs; (27) sibi; (28) pācem; ducibus; (29) ducibus; (30) pācem; (31) rēs pūblicās.

EXERCISES FOR Capvt XXVI

1. (1) In the comparison of adjectives, to what English ending does the Latin -**ior** correspond?
   (2) What mnemonic aid can be found in their superficial similarity?
2. (1) To what English adjectival ending does -**issimus** correspond?
   (2) Can any mnemonic device be found here?
3. (1) To what part of an adjective are -**ior** and -**issimus** normally added?
   (2) Illustrate by adding these endings to the following adjectives: **turpis**; **vēlōx**, gen. **vēlōcis**, *swift*; **prūdēns**, gen. **prūdentis**, *prudent*.
4. If **acerbus** means *harsh* give (1) three possible forces of the comparative **acerbior** and (2) two possible forces of the superlative **acerbissimus**.
5. Give the meaning of **quam** (1) with the comparative degree (e.g., hic erat acerbior quam ille) and (2) with the superlative (e.g., hic erat quam acerbissimus).
6. What case follows **quam**, *than?*

7. (1) Do most adjectives of the 3rd declension have consonant stems or i-stems?
(2) Do comparatives have consonant stems or i-stems?

8. Nūntiāvērunt ducem quam fortissimum vēnisse. 9. Lūce clārissimā ab quattuor virīs vīsā, cōpiae fortissimae contrā hostēs missae sunt. 10. Istō homine turpissimō expulsō, senātus cīvibus fidēliōribus dōna dedit. 11. Beātiōrēs cīvēs prō cīvibus miseriōribus haec dulcia faciēbant. 12. Hic auctor est clārior quam ille. 13. Quīdam dīxērunt hunc auctōrem esse clāriōrem quam illum. 14. Librōs sapientiōrum auctōrum legite, sī vītam sapientis-simam agere cupitis. 15. Sex auctōrēs quōrum librōs lēgī sunt acerbiōrēs. 16. Quibus-dam librīs sapientissimīs lēctīs, illa vitia turpiōra vītāvimus. 17. Hic vir, quī turpia vitia sua superāvit, fortior est quam dux fortissimus. 18. Quis est vir fēlīcissimus? Is quī vītam sapientissimam agit fēlīcior est quam tyrannus potentissimus. 19. Remedium vitiōrum vestrōrum vidētur difficilius. 20. Ille dux putāvit patriam esse sibi cāriōrem quam vītam. 21. Manus adulēscentium quam fidēlissimōrum senātuī quaerenda est.

EXERCISES FOR Capvt XXVII

1. (1) What is peculiar about the comparison of adjectives in which the masculine of the positive degree ends in -er?
(2) Does this hold for adjectives of any declension or only for those of the 1st and 2nd declension?
2. (1) What is peculiar about the comparison of **facilis?**
(2) Do all adjectives in -lis follow this rule? Be specific.
3. Some of the most common adjectives are the most irregular in their comparison. To illustrate how helpful English can be in learning these irregular forms, write each of the following Latin words on a separate line:

parvus, malus, bonus, (prō), magnus, superus, multus;

and then, choosing from the following list, write opposite each of them the English words which suggest the comparative and the superlative respectively:

pessimist, prime, minus, ameliorate, summit, maximum, supreme, optimist, plus, superior, pejorative, prior, major, minimum.

4. Translate the following:

(1) bellum minus	(13) fidēs minima	(25) plūrēs labōrēs
(2) bellum pessimum	(14) mare minus	(26) ducēs optimī
(3) bellum maius	(15) in marī minōre	(27) ducēs maiōrēs
(4) bella priōra	(16) maria maiōra	(28) ducēs meliōrēs
(5) liber simillimus	(17) frūctūs optimī	(29) dōna minima
(6) liber difficilior	(18) frūctus peior	(30) dōna plūra
(7) puer minimus	(19) hominēs ācerrimī	(31) dōna prīma
(8) puer melior	(20) hominēs ācriōrēs	(32) plūs laudis
(9) puella pulcherrima	(21) hominēs plūrēs	(33) plūrēs laudēs
(10) puella pulchrior	(22) labor difficillimus	(34) cīvēs pessimī
(11) puellae plūrimae	(23) labor suprēmus	(35) cīvēs meliōrēs
(12) fidēs maior	(24) plūs labōris	(36) cīvēs līberrimī

5. Facillima saepe nōn sunt optima. 6. Difficilia saepe sunt maxima. 7. Meliōra studia sunt difficiliōra. 8. Pessimī auctōrēs librōs plūrimōs scrībunt. 9. Hī librī peiōrēs sunt quam librī auctōrum meliōrum. 10. Puer minor maius dōnum accēpit. 11. Illa rēs pūblica minima maximās spēs habuit. 12. Plūrēs virī crēdunt hoc bellum esse peius quam prīmum bellum. 13. Dux melior cum cōpiīs maiōribus veniet. 14. Ācrēs ducēs ācriōrēs cōpiās ācerrimōrum hostium saepe laudābant. 15. Tyrannō pessimō expulsō, cīvēs ducem meliōrem et sapientiōrem quaesivērunt. 16. Meliōrī ducī maius imperium et plūs pecūniae dedērunt. 17. Cīvēs urbium minōrum nōn sunt meliōrēs quam eī urbium maximārum. 18. Nōs nōn meliōrēs sumus quam plūrimī virī priōrum aetātum. 19. Maiōrēs nostrī Apollinem (Apollō, acc.) deum sōlis appellābant.

EXERCISES FOR Capvt XXVIII

1. What does the subjunctive usually indicate in Latin—a fact or something other than a fact?
2. Is the subjunctive more or less common in Latin than it is in English?
3. What vowel is the sign of the present subjunctive (1) in the 1st conjugation and (2) in the other conjugations?
4. When the verb of the *main clause* is in the subjunctive, what is the force of this subjunctive?
5. What idea is expressed by the subjunctive in a *subordinate clause* introduced by **ut** or **nē**?
6. In this chapter when **nē** is used with a *main verb* in the subjunctive, what kind of subjunctive is it?
7. Did the Roman prose-writers of the classical period use the infinitive to express purpose as we do in English?
8. Whenever in the following list a form is subjunctive, so label it, indicating also its person and number. The indicative forms are to be translated in accordance with their person, number, and tense.

(1) mittet	(11) audiēmur	(21) līberēminī
(2) mittat	(12) audiāmur	(22) līberābiminī
(3) mittit	(13) audīmur	(23) dēlentur
(4) det	(14) ēripiās	(24) dēleantur
(5) dat	(15) ēripis	(25) vincēris
(6) crēdant	(16) ēripiēs	(26) vinceris
(7) crēdunt	(17) sciuntur	(27) vincāris
(8) crēdent	(18) scientur	(28) dīcimus
(9) movent	(19) sciantur	(29) dīcēmus
(10) moveant	(20) līberāminī	(30) dīcāmus

9. Ille dux veniat. Eum exspectāmus. 10. Cīvēs turpēs ex rē pūblicā discēdant ut in pāce vīvāmus. 11. Sī illī duo amīcōs cupiunt, vēra beneficia faciant. 12. Beneficia aliīs praestat ut amētur. 13. Haec verba fēlīcia vōbīs dīcō nē discēdātis. 14. Patriae causā haec difficillima faciāmus. 15. Illīs miserīs plūs pecūniae date nē armīs contrā hostēs careant. 16. Putat eōs id factūrōs esse ut īram meam vītent. 17. Arma parēmus nē lībertās nostra tollātur. 18. Armīsne sōlīs lībertās nostra ē perīculō ēripiētur? 19. Nē sapientēs librōs difficiliōrēs scrībant. 20. Satis sapientiae enim ā librīs difficiliōribus nōn accipiēmus.

21. Meliōra et maiōra faciat nē vītam miserrimam agat. 22. Haec illī auctōrī clārissimō nārrā ut in librō eius scrībantur. 23. Vēritātem semper quaerāmus, sine quā maximī animī nōn possunt esse fēlīcēs.

24. Explain the syntax of the following words (i.e., copy the words each on a new line, state the form, and give the reason for that form): (9) veniat; (10) discēdant, vīvāmus; (11) faciant; (12) praestat, amētur; (13) discēdātis; (14) faciāmus; (15) date, armīs, careant; (16) eōs, factūrōs esse, vītent; (17) parēmus, tollātur; (18) armīs, ēripiētur; (19) scrībant; (20) accipiēmus; (21) faciat, agat; (22) nārrā, scrībantur; (23) quaerāmus.

EXERCISES FOR Capvt XXIX

1. What is the easy rule for the recognition and the formation of the imperfect subjunctive active and passive?
2. Does this rule apply to such irregular verbs as **sum** and **possum?**
3. The indicatives in the following list are to be translated according to their forms. The subjunctives are to be so labeled, with indication also of their tense, person, and number.

(1) vocāret	(11) dīcat	(21) possīmus
(2) invenīrent	(12) dīcet	(22) essent
(3) vidērēmus	(13) dīcit	(23) accipiās
(4) dīcerem	(14) sint	(24) accipiēs
(5) ēriperēs	(15) posset	(25) acciperēs
(6) servet	(16) possit	(26) expellēminī
(7) servārētis	(17) discēderent	(27) expellerēminī
(8) videat	(18) discēdent	(28) expellāminī
(9) inveniēs	(19) discēdant	(29) movērentur
(10) inveniās	(20) dēmus	(30) moventur

4. How can the idea of result be expressed in Latin?
5. How can result clauses be distinguished from purpose clauses?
6. When and where is the imperfect subjunctive used?

7. Optimōs librōs tantā cum cūrā lēgērunt ut multum sapientiae discerent. 8. Bonōs librōs cum cūrā legēbāmus ut sapientiam discerēmus. 9. Optimī librī discipulīs legendī sunt ut vēritātem et mōrēs bonōs discant. 10. Sapientissimī auctōrēs plūrēs librōs scrībant ut omnēs gentēs adiuvāre possint. 11. Animī plūrimōrum hominum tam stultī sunt ut discere nōn cupiant. 12. At multae mentēs ita ācrēs sunt ut bene discere possint. 13. Quīdam magistrī discipulōs tantā cum arte docēbant ut ipsī discipulī quidem discere cuperent. 14. Imperium istīus tyrannī tantum erat ut senātus eum expellere nōn posset. 15. Omnēs cīvēs sē patriae dent nē hostēs lībertātem tollant. 16. Caesar tam ācer dux erat ut hostēs mīlitēs Rōmānōs nōn vincerent. 17. Dūcimusne aliās gentēs tantā cum sapientiā et virtūte ut lībertās cōnservētur? 18. Tanta beneficia faciēbātis ut omnēs vōs amārent. 19. Tam dūrus erat ut nēmō eum amāret. 20. Mīlia cīvium ex eā terrā fugiēbant nē ā tyrannō opprimerentur. 21. Lībertātem sīc amāvērunt ut numquam ab hostibus vincerentur.

22. Explain the syntax of the following words: (7) discerent; (8) discerēmus; (9) discant; (10) scrībant, possint; (11) cupiant; (12) possint; (13) cuperent; (14) posset; (15) dent,

tollant; (16) vincerent; (17) cōnservētur; (18) amārent; (19) amāret; (20) opprimeren-
tur; (21) vincerentur.

EXERCISES FOR Capvt XXX

1. As the form of the imperfect subjunctive active is the present active infinitive plus
   personal endings, how can the pluperfect subjunctive active be easily recognized?
2. As the pluperfect indicative passive is the perfect passive particle + **eram** (i.e., the
   imperfect indicative of **sum**), what parallel rule holds for the pluperfect subjunctive
   passive?
3. If **positus est** is the perfect indicative passive, what most naturally is **positus sit?**
4. What forms of the active indicative do the forms of the perfect subjunctive active re-
   semble in most instances?
5. State the tense, voice, person, and number of each of the following subjunctives:

(1) ponerētur	(5) posuerint	(9) darent	(13) dedissēs
(2) posuissem	(6) ponerēmus	(10) datī essēmus	(14) darētur
(3) positī sint	(7) posuissētis	(11) det	(15) dederīmus
(4) ponāmur	(8) positus esset	(12) datus sīs	(16) dedissent

6. (1) Name the primary tenses of the indicative.
   (2) Name the primary tenses of the subjunctive.
   (3) Name the historical tenses of the indicative.
   (4) Name the historical tenses of the subjunctive.
7. (1) What time does the present subjunctive indicate relative to that of a primary main
   verb?
   (2) What time does the imperfect subjunctive indicate relative to that of a historical
   main verb?
   (3) What time does the perfect subjunctive indicate relative to that of a primary main
   verb?
   (4) What time does the pluperfect subjunctive indicate relative to that of a secondary
   main verb?

8. Ubi dux est (fuit)? 9. Rogant ubi dux sit (fuerit). 10. Rogābant ubi dux esset (fuis-
set). 11. Rogābunt ubi dux sit (fuerit). 12. Nesciō ubi pecūnia posita sit. 13. Scīsne ubi
pecūnia ponātur? 14. Scīvērunt ubi pecūnia ponerētur. 15. Nescīvit ubi pecūnia posita
esset. 16. Vōbīs dīcēmus cūr mīles hoc fēcerit (faciat). 17. Mihi dīxērunt cūr mīles hoc
fēcisset (faceret). 18. Dīc mihi quis vēnerit (veniat). 19. Ōrātor rogāvit cūr cēterī cīvēs
haec cōnsilia nōn cognōvissent. 20. Ducī nūntiāvimus cēterōs mīlitēs in illam terram
fugere (fūgisse). 21. Ducī nūntiāvimus in quam terram cēterī mīlitēs fugerent (fūgissent).
22. Audīvimus cīvēs tam fidēlēs esse ut rem pūblicam cōnservārent. 23. Audīvimus quid
cīvēs fēcissent ut rem pūblicam cōnservārent. 24. Quaerēbant quōrum in rē pūblicā pāx
invenīrī posset. 25. Cognōvimus pācem in patriā eōrum nōn inventam esse. 26. Illī stultī
semper rogant quid sit melius quam imperium aut pecūnia. 27. Nōs quidem putāmus
pecūniam ipsam nōn esse malam; sed crēdimus vēritātem et lībertātem et amīcitiam
esse meliōrēs et maiōrēs. 28. Haec cupimus ut vītam pulchriōrem agāmus; nam pecūnia
sōla et imperium possunt hominēs dūrōs facere, ut fēlicēs nōn sint. 29. Dēnique omnia
expōnat ut iam comprehendātis quanta scelera contrā rem pūblicam commissa sint.

30. Explain the syntax of the following: (15) posita esset; (16) fēcerit; (17) fēcisset; (18) vēnerit; (20) fugere; (21) fugerent; (22) esse, cōnservārent; (23) fēcissent, cōnservārent; (24) posset; (25) inventam esse; (26) sit; (27) esse; (28) agāmus, sint; (29) expōnat, comprehendātis, commissa sint.

EXERCISES FOR Capvt XXXI

1. Name the three possible meanings of **cum** + the subjunctive.
2. When **tamen** follows a **cum**-clause, what does **cum** regularly mean?
3. (1) To what conjugation does **ferō** belong?
   (2) State the irregularity which the following forms of **ferō** have in common: ferre, fers, fert, fertis, ferris, fertur.
4. In the following list label the subjunctives and translate the rest according to their forms.

(1) ferat	(6) ferunt	(11) fertis	(16) tulisse
(2) fert	(7) ferent	(12) ferēris	(17) lātūrus esse
(3) ferret	(8) ferant	(13) ferris	(18) ferendus
(4) feret	(9) fertur	(14) fer	(19) lātus esse
(5) ferre	(10) ferte	(15) ferrī	(20) tulisset

5. Cum hoc dīxissēmus, illī vīgintī respondērunt sē pācem aequam oblātūrōs esse. 6. Cum sē in aliam terram contulisset, tamen amīcōs novōs invēnit. 7. Cum amīcitiam nōbīs offerant, eīs auxilium offerēmus. 8. Cum perīculum magnum esset, omnēs cōpiās et arma brevī tempore contulērunt. 9. Quid tū fers? Quid ille fert? Dīc mihi cūr haec dōna offerantur. 10. Cum exposuisset quid peteret, negāvistī tantum auxilium posse offerrī. 11. Cum dōna iūcunda tulissent, potuī tamen īnsidiās eōrum cognōscere. 12. Cum cōnsilia tua nunc comprehendāmus, īnsidiās tuās nōn ferēmus. 13. Tanta mala nōn ferenda sunt. Cōnfer tē in exsilium. 14. Dēnique hī centum cīvēs reī pūblicae auxilium ferant. 15. Putābam eōs vīnum nāvibus lātūrōs esse. 16. Cum mīlitēs nostrī hostēs vīcissent, tamen eīs multa beneficia obtulērunt. 17. Cum cognōvisset quanta beneficia cēterī trēs offerrent, ipse aequa beneficia obtulit. 18. Cīvibus miserīs gentium parvārum satis auxiliī dēbēmus offerre. 19. Cum cōnsul haec verba dīxisset, senātus respondit pecūniam ad hanc rem collātam esse.

20. Explain the syntax of the following words: (5) dīxissēmus, oblātūrōs esse; (6) contulisset; (7) offerant; (8) esset; (9) offerantur; (10) exposuisset, peteret; (11) tulissent; (12) comprehendāmus; (13) cōnfer; (14) ferant; (15) nāvibus, lātūrōs esse; (16) vīcissent; (17) offerrent; (19) dīxisset.

EXERCISES FOR Capvt XXXII

1. What is the regular positive ending (1) of adverbs made from adjectives of the 1st and the 2nd declensions and (2) of adverbs made from adjectives of the 3rd declension?
2. In English what adverbial ending is equivalent to the Latin adverbial -ē or **-iter?**
3. Do all Latin adverbs of the positive degree end in -ē or **-iter?**
4. (1) What is the ending of the comparative degree of an adverb in Latin?
   (2) With what form of the adjective is this identical?
   (3) In English how is the comparative degree of the adverb usually formed?

5. How does the base of the superlative degree of a Latin adverb compare with that of the corresponding adjective?
6. Translate each of the following adverbs in two ways: (1) līberius; (2) līberrimē.
7. Translate each of the following adverbs in accordance with its form.

(1) iūcundē	(6) breviter	(11) minimē	(16) minus
(2) iūcundius	(7) celerrimē	(12) magis	(17) facile
(3) iūcundissimē	(8) peius	(13) diūtius	(18) maximē
(4) melius	(9) fidēlius	(14) male	(19) gravissimē
(5) fidēlissimē	(10) facilius	(15) miserius	(20) celerius

8. (1) What is the stem of **volō** in the indicative?
   (2) What is the stem of **volō** in the present and the imperfect subjunctive?
9. To what other irregular verb is **volō** similar in the present subjunctive?
10. Label the subjunctives in the following list and translate the other forms.

(1) volēs	(7) māllēmus	(13) voluisse	(19) voluistī
(2) velīs	(8) voluissēs	(14) volunt	(20) vellet
(3) vīs	(9) volam	(15) voluimus	(21) nōlunt
(4) vellēs	(10) volēbant	(16) velle	(22) nōllet
(5) māvult	(11) volet	(17) voluerat	(23) mālit
(6) velīmus	(12) vultis	(18) voluērunt	(24) nōlet

11. Quīdam mālunt crēdere omnēs esse parēs. 12. Quīdam negant mentēs quidem omnium hominum esse parēs. 13. Hī dīvitiās celerrimē invēnērunt; illī diūtissimē erunt pauperēs. 14. Hic plūrimōs honōrēs quam facillimē accipere vult. 15. Nōlīte hanc scientiam āmittere. 16. Cīvēs ipsī rem publicam melius gessērunt quam ille dux. 17. Ibi terra est aequior et plūs patet. 18. Nōs ā scientiā prohibēre nōlent virī līberī; sed tyrannī maximē sīc volunt. 19. Tyrannus cīvēs suōs ita male opprimēbat ut semper līberī esse vellent. 20. Plūrima dōna līberrimē offeret ut exercitus istum tyrannum adiuvāre velit. 21. Cum auxilium offerre minimē vellent, nōluimus eīs beneficia multa praestāre. 22. Cum hostēs contrā nōs celeriter veniant, volumus nostrōs ad arma quam celerrimē vocāre. 23. Cum lībertātem lēgēsque cōnservāre vērē vellent, tamen scelera tyrannī diūtissimē ferenda erant. 24. Māvult haec sapientius facere nē hanc quidem occāsiōnem āmittat. 25. Nōlī discēdere, mī amīce.

EXERCISES FOR Capvt XXXIII

1. (1) What form of the verb is found in both clauses of a future less vivid condition?
   (2) Explain why this construction is called "less vivid" as compared with the simple future (or "future more vivid")
2. (1) Name the specific type of condition (A) that has the imperfect subjunctive in both clauses and (B) that has the pluperfect subjunctive in both clauses.
   (2) In each of these conditions which part of the sentence is essentially the same in both Latin and English?
3. What is the regular negative of the conditional clause in Latin?
4. What type of Latin condition is translated by "should . . . would" and hence can be called a "should-would condition"?
5. What is the meaning of **quis, quid** after **sī, nisi, nē,** and **num?**

6. Sī ratiō dūcit, fēlīx es. 7. Sī ratiō dūcet, fēlīx eris. 8. Sī ratiō dūcat, fēlīx sīs. 9. Sī ratiō dūceret, fēlīx essēs. 10. Sī ratiō dūxisset, fēlīx fuissēs. 11. Sī pecūniam amās, sapientiā carēs. 12. Sī pecūniam amābis, sapientiā carēbis. 13. Sī pecūniam amēs, sapientiā careās. 14. Sī pecūniam amārēs, sapientiā carērēs. 15. Sī pecūniam amāvissēs, sapientiā caruissēs. 16. Sī vēritātem quaerimus, scientiam invenīmus. 17. Sī vēritātem quaerēmus, scientiam inveniēmus. 18. Sī vēritātem quaerāmus, scientiam inveniāmus. 19. Sī vēritātem quaererēmus, scientiam invenīrēmus. 20. Sī vēritātem quaesīvissēmus, scientiam invēnissēmus. 21. Nisi īram vītābitis, duōs amīcōs āmittētis. 22. Nisi īram vītāvissētis, quīnque amīcōs āmīsissētis. 23. Nisi īram vītētis, multōs amīcōs āmittātis. 24. Nisi īram vītārētis, multōs amīcōs āmitterētis. 25. Nisi īram vītātis, multōs amīcōs āmittitis. 26. Nisi īram vītāvistis, multōs amīcōs āmīsistis. 27. Sī quis bonōs mōrēs habet, eum laudāmus. 28. Sī quis bonōs mōrēs habuisset, eum laudāvissēmus. 29. Sī quis bonōs mōrēs habeat, eum laudēmus. 30. Sī quis bonōs mōrēs habuit, eum laudāvimus (laudābāmus). 31. Sī quis bonōs mōrēs habēret, eum laudārēmus. 32. Sī quis bonōs mōrēs habēbit, eum laudābimus. 33. Sī istī vincent, discēdēmus. 34. Sī istī vincant, discēdāmus. 35. Sī istī vīcissent, discessissēmus. 36. Sī librōs bene lēgissēs, melius scrīpsissēs. 37. Sī librōs bene legēs, melius scrībēs. 38. Sī librōs bene legās, melius scrībās.

39. Name in sequence the types of conditions found in sentences 6–10 and 21–26.

EXERCISES FOR Capvt XXXIV

1. State the chief peculiarity of deponent verbs.
2. Write a synopsis of the following verbs in the 6 tenses of the indicative and the 4 tenses of the subjunctive as indicated:
   (1) **cōnor** in the 1st person plural.
   (2) **loquor** in the 3d person singular.
3. (1) Write, label, and translate all the participles of **patior**.
   (2) Write, label, and translate all the infinitives of **patior**.
4. Using the proper form of **illud cōnsilium** fill in the following blanks to complete the idea suggested by the English sentence in each instance.
   (1) He will not follow that plan: nōn sequētur _____.
   (2) He will not use that plan: nōn utētur _____.
   (3) He will not permit that plan: nōn patiētur _____.
5. Explain the proper form of **illud cōnsilium** in #4 (2) above.
6. Name the *active forms* found in deponent verbs.
7. Give the imperative forms of (1) **cōnor** and (2) **loquor**, and translate each one.
8. Translate the following participles: (1) locūtus; (2) mortuus; (3) cōnātus; (4) passus; (5) secūtus; (6) ēgressus; (7) profectus.
9. In the following list label any subjunctive forms and translate the rest:

(1) ūtētur	(6) ūsus esset	(11) patī	(16) patitur
(2) ūtātur	(7) ūsūrum esse	(12) passī sunt	(17) patiēmur
(3) ūtitur	(8) patiēris	(13) passum esse	(18) arbitrētur
(4) ūterētur	(9) pateris	(14) patientēs	(19) arbitrārētur
(5) ūsus	(10) patere	(15) patiātur	(20) patiendum est

10. Arbitrātur haec mala patienda esse. 11. Cōnābimur haec mala patī. 12. Nisi morī vīs, patere haec mala. 13. Maxima mala passus, homō miser mortuus est. 14. Tyrannus

arbitrātus est eōs duōs haec mala diū passūrōs esse. 15. Cum tria bella passī essent, istum tyrannum in exsilium expellere ausī sunt. 16. Sī hunc ducem novum sequēminī, lībertāte et ōtiō ūtēminī. 17. Hīs verbīs dictīs, eum sequī ausī sumus. 18. Haec verba locūtī, profectī sumus nē in eō locō miserō morerēmur. 19. Cum vōs cōnsiliō malō ūsōs esse arbitrārētur, tamen vōbīscum līberē locūtus est. 20. Sī quis vīnō eius generis ūtī audeat, celeriter moriātur. 21. Eōdem diē fīlius eius nātus est et mortuus est. 22. Omnibus opibus nostrīs ūtāmur ut patria nostra servētur. 23. Cum in aliam terram proficīscī cōnārētur, ā mīlitibus captus est. 24. Arbitrābar eum ex urbe cum decem amīcīs ēgressūrum esse. 25. Eā nocte profectus, Caesar ad quandam īnsulam clārissimam vēnit. 26. Sī meliōribus librīs ūsī essent, plūra didicissent. 27. Sī multōs amīcōs habēre vīs, nōlī esse superbus.

28. Name the type of condition found above in each of the following sentences: 12, 16, 20, 26.
29. Explain the syntax of the following: (14) passūrōs esse; (17) verbīs; (18) locūtī, morerēmur; (19) cōnsiliō, arbitrārētur; (21) diē; (22) ūtāmur; (25) nocte; (26) librīs.

EXERCISES FOR Capvt XXXV

1. A certain number of verbs, which in English apparently take a direct object, in Latin take a dative. In lieu of a good rule to cover such verbs, what procedures can prove helpful?
2. Some other verbs also, when compounded with certain prepositions, may take a dative.
   (1) What is the concept that underlies this?
   (2) Do all compound verbs take the dative?
3. Copy each of the following verbs on a new line; after it write that one of the three forms **eī, eum, eō** which is in the case required by the verb; and then translate the whole expression, using the pronoun to mean "him" generally and "it" where necessary.

(1) cognōscunt	(7) patiuntur	(13) superant	(19) persuādent
(2) ignōscunt	(8) invenient	(14) crēdunt	(20) ūtuntur
(3) serviunt	(9) nocent	(15) carent	(21) pellunt
(4) servant	(10) iuvant	(16) student	(22) parcunt
(5) parāvī	(11) placent	(17) hortantur	(23) imperant
(6) pāruī	(12) iaciunt	(18) sequuntur	(24) iubent

4. Ducem servāvit. 5. Ducī servīvit. 6. Servī aliīs hominibus serviunt. 7. Virī fortēs aliōs servant. 8. Ille servus fīliō meō servīvit et eum servāvit. 9. Sī quis sibi sōlī serviet, rem pūblicam numquam servābit. 10. Sī quis hunc labōrem suscēpisset, mīlle virōs servāvisset. 11. Deī mihi ignōscent; vōs, ō cīvēs, tōtī exercituī ignōscite. 12. Sī Deum nōbīs ignōscere volumus, nōs dēbēmus aliīs hominibus ignōscere. 13. Mihi nunc nōn crēdunt, neque umquam duōbus fīliīs meīs crēdere volent. 14. Illī amīcī sunt mihi cārissimī. 15. Cum bonā fidē carērēs, tibi crēdere nōn poterant. 16. Huic ducī pāreāmus ut nōbīs parcat et urbem servet. 17. Nisi Caesar cīvibus placēbit, vītae eius nōn parcent. 18. Litterīs Latīnīs studeō, quae mihi placent etiam sī amīcīs meīs persuadēre nōn possum. 19. Vēritātī et sapientiae semper studeāmus et pāreāmus. 20. Optimīs rēbus semper studēte sī vērē esse fēlīcēs vultis. 21. Hīs rēbus studentēs, et librīs et vītā ūtāmur. 22. Vir

bonus nēminī nocēre vult: omnibus parcit, omnēs iuvat. 23. Praemia mea sunt simillima tuīs.

24. Explain the syntax of the following: (5) ducī; (8) eum; (9) sibi; (11) exercituī; (12) hominibus; (13) filiīs; (14) mihi; (15) fidē; (16) ducī, pāreāmus, servet; (17) cīvibus, vītae; (18) litterīs, amīcīs; (21) rēbus, librīs, ūtāmur; (22) omnibus; (23) tuīs.

EXERCISES FOR Capvt XXXVI

1. We have already learned how the Romans expressed indirect statements (Capvt XXV) and indirect questions (Capvt XXX). Now after a verb having the connotation of command, how did the Romans express an indirect command?
2. List some common Latin verbs which can take an indirect command.
3. In the following list label the subjunctives and translate the other forms.

(1) fīet	(6) fīunt	(10) fierent	(14) fierem
(2) fit	(7) fīēbant	(11) fīmus	(15) fīant
(3) fīat	(8) fīēs	(12) fīent	(16) faciendus
(4) fieret	(9) factus esse	(13) fīs	(17) fīāmus
(5) fierī			

4. Dīxit eōs litterīs Latīnīs studēre. 5. Dīxit cūr litterīs Latīnīs studērent. 6. Dīxit ut litterīs Latīnīs studērent. 7. Ab eīs quaesīvimus cūr philosophiae Graecae studērent. 8. Quaerisne ut nātūram omnium rērum cognōscāmus? 9. Tē moneō ut hīs sapientibus parcās. 10. Mīlitēs monuit nē eīs pācem petentibus nocērent. 11. Nōbīs imperābit nē hostibus crēdāmus. 12. Tibi imperāvit ut ducī pārērēs. 13. Tē rogō cūr hoc fēcerīs. 14. Tē rogō ut hoc faciās. 15. Ā tē petō ut pāx fīat. 16. Ā mē petēbant nē bellum facerem. 17. Eum ōrāvī nē rēgī turpī pārēret. 18. Vōs ōrāmus ut discipulī ācerrimī fīātis. 19. Nōlī esse similis istī tyrannō dūrō. 20. Caesar cūrāvit ut imperium suum maximum in cīvitāte fieret. 21. Ōrātor nōs hortātus est ut līberae patriae nostrae cum studiō servīrēmus. 22. Nōbīs persuāsit ut aequīs lēgibus semper ūterēmur. 23. Cōnāmur ducī persuādēre nē artibus et lēgibus patriae noceat. 24. Tyrannus imperat ut pecūnia fīat; et pecūnia fit. At ille stultus nōn sentit hanc pecūniam sine bonā fidē futūram esse nihil. 25. Plūrēs quidem discipulōs hortēmur ut linguae Latīnae studeant.

26. Explain the syntax of the following: (4) studēre; (5) studērent; (6) studērent; (7) studērent; (8) cognōscāmus; (9) parcās; (10) eīs, pācem; (11) hostibus; (13) fēcerīs; (14) faciās; (16) facerem; (18) fīātis; (22) lēgibus; (23) lēgibus; (24) futūram esse; (25) hortēmur.

EXERCISES FOR Capvt XXXVII

1. (1) Name the tenses and moods in which the stem of īre is changed to e before a, o, and u.
   (2) Otherwise, what is the stem of eō in the indicative, subjunctive, imperative, and infinitives?
2. State the nominative singular and the nominative plural of the present participle of eō.
3. Write a synopsis of eō in the 2nd singular and the 3d plural indicative and subjunctive active.

4. In the following list label the subjunctives and translate the other forms.

(1) iimus	(7) itūrus esse	(13) iī	(19) euntēs
(2) īmus	(8) euntem	(14) ībat	(20) ībō
(3) īrēmus	(9) iērunt	(15) ierant	(21) iit
(4) ībimus	(10) eunt	(16) ierim	(22) ībāmus
(5) īssēmus	(11) eant	(17) īret	(23) īsset
(6) eāmus	(12) ībunt	(18) īsse	(24) eat

5. State how the Romans regularly expressed the following place concepts and translate the English example into Latin:
   (1) place from which: from (out of) that land.
   (2) place where: in that land; on that island.
   (3) place to which: into (to) that land.

6. State the general rules for these place constructions when the name of a city is involved.

7. Define the locative case, and state the nature of the locative forms.

8. State how the Romans expressed each of the following time concepts and translate the English example:
   (1) time when: on the same day.
   (2) time how long: for many days.
   (3) time within which: in one day.

9. What is peculiar about the principal parts of **licet**? Explain. Translate into Latin "You may go."

10. Translate each of the following words or phrases in accordance with the principles of this chapter.

(1) ūnum diem	(7) paucīs diēbus	(13) domum
(2) ūnō diē	(8) eādem nocte	(14) Athēnīs
(3) illō diē	(9) multōs diēs	(15) domī
(4) Rōmā	(10) in nāvem	(16) Athēnās
(5) Rōmae	(11) in nāve	(17) domō
(6) Rōmam	(12) ex nāve	(18) paucās hōrās

11. Paucīs hōrīs Rōmam ībimus. 12. Nōs ad urbem īmus; illī domum eunt. 13. Ut saepe fassī sumus, tibi nōn licet Rōmā Athēnās īre. 14. Cūr domō tam celeriter abīstī? 15. Rōmam veniunt ut cum frātre meō Athēnās eant. 16. Nōlīte abīre Rōmā. 17. Frātre tuō Rōmae interfectō, hortābāmur tē ut Athēnās redīrēs. 18. Sī in fīnēs hostium hōc tempore eat, paucīs hōrīs pereat. 19. Negāvit sē velle in istā terrā multōs diēs remanēre. 20. Dīxistī tē domum Athēnīs ūnā hōrā reditūrum esse. 21. Ā tē petō ut ex nāve ad īnsulam brevī tempore redeās. 22. Eīs diēbus solitī sumus Athēnīs esse. 23. Sī amīcīs eius Rōmae nocuissent, Rōmam brevissimō tempore redīsset. 24. Cum frāter meus domī remanēret, ego tamen in novās terrās domō abiī. 25. Rōmānī, sī quid malī loquī volēbant, saepe dīcēbant: "Abī in malam rem." 26. Eīs persuādet ut Latīnae studeant.

27. Explain the syntax of the following words: (11) hōrīs, Rōmam; (12) domum; (13) Rōmā, Athēnās, īre; (14) domō; (15) Rōmam; (17) frātre; (18) tempore, eat, hōrīs; (19) velle, diēs; (20) domum, Athēnīs, hōrā, reditūrum esse; (21) tempore,

redeās; (22) diēbus, Athēnīs; (23) amīcīs, Rōmae, redīsset; (24) domī, terrās, domō; (26) studeant.

EXERCISES FOR Capvt XXXVIII

1. What does a relative clause with the indicative tell about the antecedent?
2. What does a relative clause with the subjunctive tell about its antecedent, and what is the nature of the antecedent?
3. What is the basic difference between the dative of indirect object and the dative of reference?
4. How are supines formed and what are their functions?

5. Amīcus meus quī cōnsulem dēfendit ipse erat vir clārissimus. 6. At nēmō erat quī istum hominem turpem dēfenderet. 7. Quid est quod virī plūs metuant quam tyrannum? 8. Quis est quī inter lībertātem et imperium tyrannī dubitet? 9. Rōmae antīquae erant quī pecūniam plūs quam rem pūblicam amārent. 10. Abeat ā patriā iste homō malus quī odium omnium cīvium bonōrum passus est. 11. Catilīna (= Catiline), quī tantās īnsidiās contrā rem pūblicam fēcerat, ex urbe ā Cicerōne expulsus est. 12. Istī ducī in exsilium abeuntī quae vīta potest esse iūcunda? 13. Quis est quī tantum dolōrem ferre possit? 14. Nisi quis iūcundus bonusque erit, vītam vērē fēlīcem mihi nōn vīvet. 15. Cōnsulī nōn crēdent quī opera turpia faciat. 16. Nōlī crēdere eī quī sit acerbus amīcīs. 17. Cicerō erat cōnsul quī rem pūblicam salūtī suae antepōneret. 18. Scīvērunt quārē cōnsulem tam fortem sequī vellēmus. 19. Nihil sciō quod mihi facilius esse possit. 20. Ducem quaerō quem omnēs laudent. 21. Rōmam ībant rogātum lībertātem. 22. Rōmānī, quī decem rēs pūblicās Graecās exercitibus suīs cēperant, ipsī—mīrābile dictū—Graecīs artibus captī sunt! 23. Virīs antīquīs nihil erat quod melius esset quam virtūs et sapientia. 24. Nihil metuendum est quod animō nocēre nōn possit.

25. Analyze the relative clauses in the following pair of sentences, showing how they differ in their force: 5 and 6.
26. Explain the syntax of the following words: (7) metuant; (8) dubitet; (9) Rōmae, amārent; (10) abeat, passus est; (11) fēcerat; (12) ducī, potest; (13) possit; (14) erit, mihi; (15) cōnsulī; (16) amīcīs; (17) salūtī, antepōneret; (18) vellēmus; (19) mihi, possit; (21) rogātum; (22) cēperant, dictū; (23) virīs; (24) animō, possit.

EXERCISES FOR Capvt XXXIX

1. (1) Define the term *gerund*.
   (2) What is the ending of the gerund in English?
   (3) How is the gerund declined in Latin?
   (4) As a noun, what is the syntax of the gerund in Latin?
   (5) What serves in place of the nominative of the gerund in Latin?
2. (1) What part of speech is the Latin gerundive?
   (2) What mnemonic device may help you to remember this?
   (3) As an adjective, what is the syntax of the gerundive?
   (4) How is the gerundive declined?
   (5) How can the gerundive be distinguished from the gerund in Latin usage (though not in English translation)?

3. (1) How is the Latin gerund to be translated?
    (2) How is a noun-gerundive phrase usually best translated?
    (3) For example, translate:
        (A) Discimus legendō cum cūrā (gerund).
        (B) Discimus librīs legendīs cum cūrā (gerundive).

4. Experiendō discimus. 5. Ad discendum vēnērunt. 6. Sē discendō dedit. 7. Discendī causā ad lūdum tuum vēnērunt. 8. Puer cupidus discendī ad lūdum iit. 9. Metus moriendī eum terrēbat. 10. Spēs vīvendī post mortem multōs hortātur. 11. Cōgitandō eōs superāvit. 12. Sē dedit—

(1) glōriae quaerendae.
(2) bellō gerendō.
(3) pecūniae faciendae.
(4) imperiō accipiendō.
(5) cīvitātibus dēlendīs.
(6) huic ducī sequendō.
(7) patriae servandae.
(8) pācī petendae.

(9) iniūriīs oppugnandīs.
(10) librīs scrībendīs.
(11) librīs legendīs.
(12) philosophiae discendae.
(13) litterīs Latīnīs discendīs.
(14) vēritātī intellegendae.
(15) sapientiae quaerendae.
(16) hominibus adiuvandīs.

13. Rōmam vēnit—

(1) ad hoc opus suscipiendum.
(2) ad lūdōs Rōmānōs videndōs.
(3) ad aedificia vetera videnda.
(4) ad pācem petendam.

(5) huius operis suscipiendī causā.
(6) philosophiae discendae causā.
(7) novōrum librōrum legendōrum causā.
(8) lūdōs vīsum.

14. Librum scrīpsit—

(1) dē dolōre ferendō.
(2) dē metū superandō.
(3) dē bonā vītā vīvendā.
(4) dē rē pūblicā gerendā.

(5) dē bellō gerendō.
(6) dē lībertāte dēfendendā.
(7) dē hostibus vincendīs.
(8) dē dōnīs dandīs.

15. Sapientiōrēs fīmus—

(1) Latīnīs litterīs legendīs.
(2) philosophiā discendā.
(3) vītā experiendā.

(4) metū vincendō.
(5) vēritāte sequendā.

16. Nōs ipsōs adiuvāmus—

(1) bonīs librīs semper legendīs.
(2) virīs miserīs metū līberandīs.

(3) auxiliō offerendō.
(4) aliīs adiuvandīs.

17. Multum tempus cōnsūmpsit—

(1) in cōgitandō (loquendō, currendō).
(2) in hīs operibus faciendīs.
(3) in viā inveniendā.

(4) in exercitū parandō.
(5) in cōpiīs parandīs.

18. Tempus huic librō sōlī scrībendō habuit.

EXERCISES FOR Capvt XL

1. Explain the essential differences involved in introducing questions with **-ne, nōnne,** and **num.**
2. What word is used to introduce a positive fear clause? a negative fear clause? Can you explain why this is the opposite of what one might expect?
3. In order for a noun to function as either a descriptive genitive or a descriptive ablative, what condition must be met?

4. Magnopere vereor ut imperātor nōbīs satis auxiliī mittat. 5. Fuit fēmina maximā virtūte et fidē atque simillima mātrī. 6. Nōlī timēre nē omnēs virī et fēminae magnōrum animōrum Rōmā discēdant. 7. Id quidem est facile dictū sed difficile factū! 8. Parentibus placitum domum vēnērunt. 9. Nōnne vīs audīre aliquid bonī? 10. Vīsne habēre multum sapientiae? Studē Latīnae! 11. Imperāvit tribus mīlitibus ut pācem petītum Rōmam adīrent. 12. Num dubitās hoc dīcere, mī amīce? 13. Tū mē hortāris ut sim animō magnō et spem salūtis habeam, sed timeō nē sim īnfīrmior. 14. Ego dīvitiās sapientiae antepōnō. Nōn enim arbitror hominēs vītam fēlīcem sine cōpiā pecūniae reperīre posse. 15. Plūrimī autem virī dīvitēs multum metūs sentiunt. 16. Pauperēs saepe sunt fēlīciōrēs et minus metūs habent. 17. Pecūnia ipsa nōn est mala: sed rēs mentis animīque plūs opis ad fēlīciter vīvendum offerunt. 18. Novem ex ducibus nōs hortātī sunt ut plūs auxiliī praestārēmus. 19. Quīnque ex custōdiīs interfectīs, pater meus cum duōbus ex fīliīs et cum magnō numerō amīcōrum in illam terram līberam fūgit. 20. Numquam satis ōtiī habēbit; at aliquid ōtiī melius est quam nihil. 21. Nostrīs temporibus omnēs plūs metūs et minus speī habēmus. 22. Magna fidēs et virtūs omnibus virīs reperiendae sunt.

자습 문제 해답

KEY FOR Capvt I

1. (1) he, she, it; (2) we; (3) I; (4) they; (5) you (sg.); (6) you (pl.)
2. The forms are present active infinitives of the 2nd conjugation. (1) to advise/warn; (2) to see; (3) to be strong; (4) to owe.
3. The forms are present active infinitives of the 1st conjugation. (1) to call; (2) to save; (3) to give; (4) to think; (5) to praise; (6) to love; (7) to err.
4. The forms are present active imperatives 2nd person singular of the 1st or the 2nd conjugations. (1) call; (2) save; (3) give; (4) think; (5) praise; (6) love; (7) advise/warn; (8) see; (9) be strong/good-bye.
5. The forms are present active imperatives 2nd person plural of the 1st or the 2nd conjugations. (1) call; (2) save; (3) give; (4) think; (5) praise; (6) love; (7) advise/warn; (8) see; (9) be strong/good-bye.
6. (1) he/she/it calls, is calling, does call; (2) we think; (3) they love; (4) you (sg.) owe/ought; (5) he sees; (6) they see; (7) we owe/ought; (8) you (sg.) are strong; (9) you (pl.) err/are mistaken; (10) we see; (11) he/she/it loves; (12) you (pl.) see; (13) you (sg.) err; (14) they give; (15) we save; (16) he gives; (17) they love; (18) you (sg.) see.

7. They warn me if I err. 8. He warns me if they err. 9. Warn me if he errs. 10. You (sg.) ought to warn me. 11. You (pl.) ought to save me. 12. They ought not to praise me. 13. "What does he give?" "He often gives nothing." 14. They often call me and advise me. 15. I see nothing. What do you see? 16. Praise me, please, if I do not make a mistake. 17. If you (pl.) are well, we are well. 18. If he is well, I am well. 19. If he (she) loves me, he (she) ought to praise me. 20. Save me. 21. I ought not to err. 22. What ought we to praise? 23. He sees; he ponders; he advises.

KEY FOR Capvt II

1. In classical Latin there was no regular definite or indefinite article. The words *the* and *a* have to be added in the English translation according to the sense of a Latin passage. Thus **puella** may mean *the girl* or *a girl*, and **puellae** may mean *the girls* or *girls* according to the Latin context. Often in an isolated sentence *the* and *a* can be used interchangeably, or perhaps no article at all need be used.
2. (1) acc. case; (2) gen. case; (3) nom. case; (4) abl.; (5) voc.; (6) dat.
3. (1) acc. pl. as direct object of a verb; (2) nom. sg. as subject of a verb or voc. sg. for direct address; (3) acc. sg. as direct object; (4) nom. pl. subject, or voc. for direct address.

4. (1) gen. pl., of; (2) abl. sg., by/with/from, etc.; (3) gen. sg., of; dat. sg., to/for; nom. pl.; voc. pl.; (4) dat. pl., to/for; abl. pl., by/with/from, etc.

5. (1) girl, direct obj. of verb; (2) girl, subject or vocative; (3) girls, object; (4) girls, subj. or voc.; (5) countries, obj.; (6) country, obj.; (7) country, subj. or voc.; (8) countries, subj. or voc.; (9) money, obj.; (10) money, subj. or voc.; (11) penalties, obj.; (12) penalty, obj.

6. (1) of the girl, girl's, or to/for the girl; (2) of the girls, girls'; (3) O fatherland; (4) of or to/for the fatherland; (5) by/with, etc., money; (6) of or to/for money; (7) to/for or by/with, etc., penalties; (8) by/with etc., a penalty; (9) of penalties.

7. (1) multae pecūniae, multam pecūniam; (2) magnae fāmae, magnā fāmā; (3) vītae meae, vītae meae; (4) fortūnam tuam, fortūnās tuās; (5) magnae patriae, magnārum patriārum; (6) fortūnā meā, fortūnīs meīs; (7) magnae poenae, magnīs poenīs; (8) multīs philosophiīs, multīs philosophiīs.

8. (1) multā pecūniā; (2) multārum puellārum; (3) meae patriae; (4) magnam vītam; (5) tuīs poenīs; (6) multae patriae; (7) multīs puellīs; (8) meae vītae; (9) Ō fortūna; (10) puellae; (11) puellārum; (12) puellae; (13) puellās; (14) puellae.

9. Farewell (goodbye), my native land. 10. The fortune of the girl (the girl's fortune) is great. 11. The girl is praising the fortune of your (sg.) country. 12. O girl, save your country. 13. Many girls love money. 14. You (pl.) are giving nothing to the girl, *or* you give nothing to a girl. 15. He sees the money of the girl, *or* the girl's money. 16. You (sg.) do not see the girls' money. 17. We ought to warn the girls. 18. They ought to praise the girl. 19. Life gives (good) fortune to many girls. 20. You (sg.) are saving my life by *or* with your money. 21. Fame is nothing without fortune. 22. You (pl.) do not like life without money. 23. A country is not strong without fame and fortune. 24. You (sg.) ought not to praise the anger of the girls. 25. We like a life without punishments. 26. We are not strong without philosophy. 27. What is life without philosophy?

KEY FOR Capvt III

1. (1) acc. sg., obj.; (2) nom. pl. as subj., voc. pl. for direct address; (3) nom. sg., subj.; (4) acc. pl. obj.; (5) voc. sg., direct address.

2. (1) dat. sg., to/for; abl. sg., by/with, etc.; (2) gen. pl., of; (3) gen. sg., of; (4) dat. pl., to/for; abl. pl., by/with, etc.

3. (1) sons, obj.; (2) sons, subj. or direct address; (3) son, obj.; (4) people, obj.; (5) people, direct address; (6) people, subj.; (7) man, subj. or direct address; (8) men, obj.; (9) men, subj. or direct address; (10) man, obj.; (11) friend, direct address; (12) friends, subj. or direct address; (13) friends, obj.; (14) friend, obj.

4. (1) of my sons; (2) to/for my son, by/with, etc., my son; (3) of the Roman people; (4) to/for the Roman people, by/with, etc., the Roman people; (5) to/for the men, by/with, etc., the men; (6) of the man; (7) of the men; (8) of a few friends; (9) to/for or by/with, etc., a few friends; (10) to/for or by/with, etc., my friend; (11) of my friend; (12) to/for or by/with, etc., many boys.

5. (1) populī Rōmānī, populō Rōmānō; (2) magnōs virōs, magnīs virīs; (3) puerīs meīs, puerīs meīs; (4) magnō numerō, magnō numerō; (5) magne vir, magnī virī; (6) filiī meī, filiōrum meōrum.

6. (1) multōrum puerōrum; (2) populō Rōmānō; (3) filiōs meōs; (4) Ō filiī meī; (5) mag-

num numerum; (6) magnō numerō; (7) Ō vir magne; (8) multīs puerīs; (9) vir magnus; (10) populī Rōmānī.

7. Good-bye, my friend. 8. The Roman people praise your (sg.) son's wisdom. 9. O great man, save the Roman people. 10. The number of the Roman people is great. 11. Many boys love girls. 12. You (pl.) are giving nothing to my son. 13. I see men in the field. 14. You (sg.) see the friend of my son. 15. He does not see your (sg.) sons' friend. 16. We ought to warn my sons. 17. They ought to praise your (sg.) son. 18. Life gives fame to few men. 19. You (sg.) consider me in the number (circle) of your friends. 20. Great men often have few friends. 21. My friend is always thinking. 22. The son of a great man is not always a great man. 23. We do not always see (understand) the wisdom of great men. 24. You (pl.) ought to praise philosophy, the wisdom of great men.

KEY FOR Capvt IV

1. Nom. sg. in -um; nom. and acc. pl. in -a. Actually the vocative should also be added here; but henceforth, since aside from the singular of 2nd-declension masculines in -us the vocatives follow the rule of having the same form as the nominative, little specific mention is made of the vocative.
2. (1) nom. pl. as subject; acc. pl. as obj.; (2) nom. sg. as subj.; acc. sg. as obj.
3. (1) dat. sg., to/for; abl. sg., by/with, etc.; (2) gen. pl., of; (3) gen. sg., of; (4) dat. pl., to/for; abl. pl., by/with, etc.
4. (1) wars, subj. or obj.; (2) war, subj. or obj.; (3) duty, subj. or obj.; (4) duties, subj. or obj.; (5) dangers, subj. or obj. Of course any of these forms could also be vocative.
5. (1) of evil wars; (2) to/for evil war, by/with, etc., evil war; (3) of evil war; (4) to/for evil wars, by/with, etc., evil wars; (5) of great duty or service; (6) to/for great duties, by/with, etc., great duties; (7) to/for small danger, by/with, etc., small danger.
6. (1) bella parva, bella parva; (2) ōtium bonum, ōtia bona; (3) perīculī magnī, perīculōrum magnōrum; (4) officium vērum, officiō vērō.
7. (1) Ō bellum malum; (2) officiō magnō; (3) perīculō magnō; (4) ōtium bonum; (5) multīs bellīs; (6) ōtiī bonī; (7) perīculīs multōrum bellōrum; (8) bella parva; (9) bella parva; (10) Ō bella stulta; (11) bellum parvum.

8. Peace (leisure) is good. 9. Many wars do not preserve peace. 10. The danger is great. 11. We are in great danger. 12. And leisure often has dangers. 13. Life is not without many dangers. 14. Good men love peace. 15. The foolish man praises the dangers of war. 16. Often we do not preserve the peace by war. 17. The Roman people do not always have good peace. 18. They often save the fatherland and peace by small wars. 19. Many girls are pretty. 20. True friends are few. 21. My friend is a man of great service. 22. The duties of a teacher are many and great. 23. You (sg.) are a man of little leisure. 24. You (pl.) are men of great care. 25. We ought to give attention to duty without delay. 26. Life is nothing without eyes.

KEY FOR Capvt V

1. future: -ō, -s, -t, -mus, -tis, -nt; imperfect: -m, -s, -t, -mus, -tis, -nt.
2. They are the same in the future, but the imperfect has -m instead of -ō in the first pers. sg.

3. future: **-bi-** (**-b-** in 1st pers. sg.; **-bu-** in 3d pers. pl.); imperfect: **-bā-** (with the -a- shortened before -**m**, -**t**, and -**nt**).
4. (1) we were; (2) he will; (3) you (pl.) will; (4) I shall; (5) they will; (6) he was.
5. By learning the vocabulary form of the adjective: **līber, lībera, līberum, pulcher, pulchra, pulchrum**; and often by learning English derivatives.
6. They show whether the **e** of a masculine in -**er** survives throughout the rest of the paradigm; liberty, **līber, lībera, līberum**; pulchritude, **pulcher, pulchra, pulchrum**.
7. (1) they were remaining, remained; (2) he will remain; (3) we shall remain; (4) I was giving, I gave; (5) you (pl.) will give; (6) he will give; (7) you (sg.) will see; (8) we shall see; (9) they were calling, called; (10) you (sg.) will call; (11) you (sg.) will have; (12) they were having, had.
8. (1) dabimus; (2) manēbās; (3) vidēbunt; (4) vocābimus; (5) vocābat; (6) vidēbitis; (7) vidēbō; (8) servābant; (9) habēbimus; (10) habēbāmus; (11) habēbit; (12) habet.

9. Our teacher praises me and he will praise you tomorrow (sg.). 10. Free men were overcoming our dangers. 11. Our sons love pretty girls. 12. Our friend will not stay in the company (number) of fools. 13. We used to have many faults and always shall have. 14. Great dangers do not overcome our courage. 15. Our beautiful country is free. 16. You (pl.) are free men; you will have a beautiful country. 17. Free teachers were giving attention to duty. 18. Therefore, we shall overcome evil men in our country. 19. If you (sg.) overcome (lit., will overcome) your anger, you will overcome yourself. 20. Because of our courage many men are free. 21. Free fatherland, we always used to love you and we always shall love (you). 22. You (pl.) will not preserve wisdom by means of money. 23. Does your (sg.) soul possess enough wisdom?

KEY FOR Capvt VI

1. See Capvt VI, p. 59, s.v. "Complementary Infinitive."
2. (1) we; (2) they; (3) you (sg.); (4) he, she, it; (5) I; (6) I; (7) you (pl.).
3. See p. 58-59.
4. (1) he, she, it was; (2) he, etc., was able; (3) he will be; (4) he will be able; (5) we are; (6) we are able; (7) we were able; (8) we shall be able; (9) I was able; (10) I was; (11) I shall be; (12) I shall be able; (13) they will be; (14) they will be able; (15) they were able; (16) to be; (17) to be able.
5. (1) sumus; (2) erāmus; (3) erimus; (4) poterimus; (5) potest; (6) poterit; (7) poterat; (8) posse; (9) poterant; (10) possunt; (11) poterunt; (12) sunt; (13) esse; (14) poteram.

6. Your (pl.) country was free. 7. I was able to be a tyrant. 8. Your friend will be a tyrant. 9. Where (there) is a tyrant, there men cannot be free. 10. He could not remain in our country yesterday. 11. Tyrants will always have many faults. 12. We were not able to overcome the tyrants. 13. We ought to overcome our tyrant. 14. The tyrant was able to overcome (the) good men; but he will not be able to remain there. 15. You (pl.) will be able to see the dangers of a tyrant. 16. We cannot tolerate the faults of tyrants. 17. You (sg.) were not tolerating (did not tolerate) the treachery of the tyrant. 18. The peace in your (pl.) country cannot be perpetual. 19. You (sg.) ought to warn free men about tyrants. 20. Your (pl.) teacher always used to like (liked) fine books. 21. Good and true books were able to save the country. 22. You (pl.) will be able to save your country with good

books. 23. Tyrants will not be able to overcome the wisdom of good books. 24. Bad men cannot tolerate good books.

KEY FOR Capvt VII
1. No.
2. Yes: nom. and acc. pl.
3. (1) nom. and acc. pl. of m. and f.; (2) nom. and acc. pl. n.; (3) acc. sg. m. and f.
4. (1) dat. and abl. pl.; (2) dat. sg.; (3) abl. sg.; (4) acc. sg. m. and f.; (5) gen. pl.; (6) gen. sg.; (7) nom. and acc. pl. m. and f.
5. (1) magnum tempus; (2) magna virtūs; (3) magnus labor; (4) magna cīvitās; (5) magnus mōs; (6) magna pāx; (7) magnus rēx; (8) magnum corpus; (9) magna vēritās; (10) magnus amor.
6. (1) by/with much labor; (2) to/for much labor; (3) of much labor; (4) many labors (nom.); (5) of perpetual peace; (6) by/with perpetual peace; (7) to/for perpetual peace; (8) of small states; (9) a small state (acc.); (10) small states (acc.); (11) small states (nom.); (12) by a small state; (13) bad times (nom. or acc. pl.); (14) bad time (nom. or acc. sg.); (15) to/for a bad time; (16) of bad times; (17) of a bad time; (18) to/for your habit; (19) by your habit; (20) of your habit; (21) your character (nom.); (22) your character (acc.); (23) of your character.
7. (1) magnae virtūtī; (2) magna virtūs; (3) magnās virtūtēs; (4) magnārum virtūtum; (5) magnā virtūte; (6) tempus nostrum; (7) tempora nostra; (8) tempora nostra; (9) temporibus nostrīs; (10) temporī nostrō; (11) temporis nostrī; (12) temporum nostrōrum; (13) amōrem meum; (14) amōrēs meōs; (15) amōrī meō; (16) amōre meō; (17) amōris meī; (18) amōrum meōrum.

8. My time for leisure is small. 9. Your (sg.) courage is great. 10. Money is nothing without good character. 11. The virtues of many human beings are great. 12. The character of a good man will be good. 13. They will give a letter to the man. 14. We were able to see many men in the great state. 15. We used to see (saw, were seeing) a great love of money in many men. 16. Few men give attention to excellence. 17. Our state will give peace to many men. 18. Peace cannot be perpetual. 19. Without good peace the states of our times will not be strong. 20. Times are bad after many wars. 21. In many states and lands peace could not be strong. 22. Without great labor the man will have nothing. 23. The beautiful maiden loves friends of good character. 24. Men of great courage were daring to overcome tyrants. 25. Love of country was strong in our state.

KEY FOR Capvt VIII
1. (1) Future. (2) It may be helpful to note that our word "future" ends in -e. The -a- in the 1st sg. is the only exception among six forms.
2. (1) Present. (2) The vowel alternation is the same seen in the future of 1st–2nd conjugation verbs.
3. (1) 1st pers. pl. pres.; (2) 2nd sg. fut.; (3) 3d pl. pres.; (4) 3d sg. fut.; (5) 2nd pl. pres.; (6) 1st pl. fut.; (7) 1st sg. pres.; (8) 3d pl. fut.; (9) 3d sg. pres.; (10) 2nd pl. fut.; (11) 2nd sg. pres.; (12) 1st sg. fut.; (13) 3d pl. impf.
4. (1) imper. sg.; (2) pres. infin.; (3) imper. pl.
5. (1) they were sending; (2) he is sending; (3) they are sending; (4) I shall send; (5) send (sg.); (6) we are sending; (7) you (pl.) were sending; (8) you (sg.) are sending; (9) send

(pl.); (10) you (pl.) send; (11) he will send; (12) we shall send; (13) he does; (14) they will do; (15) they are doing; (16) you (pl.) will do; (17) we were doing; (18) I shall do; (19) we shall do; (20) you (sg.) are doing; (21) you (pl.) are doing; (22) he will write; (23) they are writing; (24) I shall write; (25) I was writing; (26) you (pl.) are writing; (27) we shall write; (28) he is writing; (29) you (sg.) are writing; (30) they will write; (31) write!

6. (1) pōnēbant; (2) pōnēmus; (3) pōne; (4) pōnit; (5) pōnent; (6) pōnam; (7) pōnēbās; (8) pōnētis; (9) pōnite; (10) pōnimus; (11) pōnitis; (12) pōnet.

7. What are they doing? What will you (pl.) do? 8. They were leading the man to me. 9. Lead (sg.) the man to me, and I shall thank the man. 10. While the tyrant leads the troops, we can do nothing. 11. He is writing a letter to the maiden. 12. You (sg.) were writing a great book. 13. You (sg.) will write good books. 14. We shall write books about peace. 15. Do you (pl.) have an abundance of good books? 16. The teacher teaches many boys. 17. The boys do not thank the teacher. 18. Few men were thanking our state. 19. The tyrant will lead great forces out of our state. 20. A great abundance of money does not lead men to wisdom. 21. Will good books lead many men to reason? 22. Do we often lead men to reason? 23. Reason can lead men to a good life. 24. Are you (pl.) leading a good life? 25. Always thank (pl.) a good friend.

KEY FOR Capvt IX

1. See p. 87.

2. (1) to/for that (m., f., n.); those (nom. m.)
(2) that (nom. f.); those (nom./acc. n.)
(3) of that (m., f., n.)
(4) that (nom. m.)
(5) by that (f.)
(6) that (nom./acc. n.)
(7) of those (m., n.)
(8) those (nom. f.)
(9) those (acc. m.)
(10) to/for by/with/from those (m., f., n.)
(11) by that (m., n.)
(12) of those (f.)
(13) by this (m., n.)
(14) this (nom./acc. n.)
(15) this (nom. f.); these (nom./acc. n.)
(16) these (nom. f.)
(17) by this (f.)
(18) this (acc. f.)
(19) of this (m., f., n.)
(20) this (acc. m.)
(21) these (acc. m.)
(22) to this (m., f., n.)
(23) of these (m., n.)
(24) these (acc. f.)
(25) to/for these; by these (m., f., n.)
(26) of one (m., f., n.)
(27) to/for one (m., f., n.)
(28) by one (f.)
(29) to/for the whole (m., f., n.); whole (nom. pl. m.)
(30) of the whole (m., f., n.)
(31) the whole (nom. f.); whole (nom./acc. pl. n.)
(32) the whole (acc. m.; nom./acc. n.)
(33) of no (sg. m., f., n.)
(34) to/for no (sg. m., f., n.); no (nom. pl. m.)
(35) no (nom. sg. f.; nom./acc. pl. n.)
(36) no (acc. pl. m.)

3. See text and examples on p. 88-89.

4. (1) haec puella
(2) hae puellae
(3) haec tempora
(4) huic temporī
(5) huic puerō
(6) huius temporis
(7) illīus temporis
(8) hōc librō
(9) illō librō

(10) illa puella	(18) illīus puellae sōlīus	(26) nūllī librō
(11) illa tempora	(19) tyrannōrum sōlōrum	(27) nūllōs librōs
(12) illa tempora	(20) tōtam cīvitātem	(28) ūnī cīvitātī
(13) illud tempus	(21) tōtīus patriae	(29) ūnī puellae
(14) huic cīvitātī sōlī	(22) tōtī patriae	(30) ūnīus temporis
(15) huius cīvitātis sōlīus	(23) nūllīus ratiōnis	(31) ūnīus bellī
(16) illī puerō sōlī	(24) nūllam ratiōnem	(32) alterī librō
(17) illī puellae sōlī	(25) nūllae puellae	(33) aliō librō

5. These men will lead (lead, were leading) the whole state. 6. That man will see (sees, was seeing/saw) these things in that land. 7. In that book I am writing (I shall write, I was writing) those things about this man. 8. One man is leading (will lead) those forces into this land. 9. The teacher gives these things to the other boy. 10. We are writing (shall write) this book about another war. 11. The whole country thanks (will thank, was thanking) this man alone. 12. They are now giving their entire attention to that plan. 13. This man's friend will save this state by that plan. 14. The other friend will lead (his) entire life in another land. 15. This man alone was able to warn me about the faults of this tyrant. 16. You (pl.) had no forces in the other land. 17. Those men alone see no dangers in this plan. 18. You (sg.) dare to praise not only the character but also the treachery of that man. 19. In fact, on account of the treachery of one man this state was not strong.

KEY FOR Capvt X

1. (1) 3d; (2) 2nd; (3) 4th; (4) 1st.
2. (1) 3d pl. pres.; (2) 2nd sg. fut.; (3) 2nd sg. pres.; (4) 1st pl. impf.; (5) 1st pl. pres.; (6) imper. sg.; (7) 2nd pl. fut.; (8) imper. pl.; (9) 2nd pl. pres.; (10) 1st sg. pres.; (11) 3d sg. pres.; (12) imper. sg. (13) 2nd sg. impf. Note: nos. 3, 5, 6, 8, 9 are 4th only; 12 is 3d only. The chief difference is the -ī- of the 4th and the -i- of the 3d. See p. 100.
3. (1) pres. infin.; (2) imper. sg.; (3) short stem vowels in 2nd sg. and 1st and 2nd pl. of pres. indic. and in the imper. pl.

4.
(1) he will come	(11) to come
(2) he is coming	(12) he makes/does
(3) they are coming	(13) he will make/do
(4) they will come	(14) we shall make
(5) you (sg.) hear	(15) we are making
(6) you (pl.) will hear	(16) they make
(7) you (pl.) hear	(17) you (sg.) make
(8) come (pl.)	(18) I shall make
(9) you (sg.) will come	(19) you (sg.) will make
(10) come (sg.)	(20) to make

5.
(1) sentiam	(6) sentiunt	(11) iacit	(16) iacitis
(2) sentiēmus	(7) sentīre	(12) iaciet	(17) iaciēmus
(3) sentit	(8) sentī	(13) iaciam	(18) iacite
(4) sentītis	(9) sentiet	(14) iacimus	(19) iacere
(5) sentient	(10) sentīmus	(15) iace	(20) iacis

6. We were fleeing from this land. 7. Flee (sg.) with your daughter. 8. They will flee into that place. 9. Time flees; the hours flee; old age is coming. 10. Come (pl.) with your

friends. 11. They were coming into your country. 12. O great man, come into our state. 13. You (sg.) will find your daughter in that state. 14. They can find little money in the streets. 15. The tyrant is finding a way into this state. 16. You (pl.) will capture those men there with (their) friends. 17. We are coming to you with great forces. 18. Will he find much fame and glory there? 19. That man was always making war. 20. Those men (of yours *or* such men) will not make peace. 21. Many men do those things but do not do these things. 22. We are doing and will do our duty. 23. I shall make a great supply of books. 24. The boys were living with that good man. 25. In the books of ancient men you (pl.) will find much philosophy and wisdom.

KEY FOR Capvt XI

1. (1) **is, ea, id** and **eī, eae, ea**; (2) **ego** and **nōs**; (3) **tū** and **vōs**.
2. (1) to/for you (pl.); by/with/from you; (2) to/for us; by/w/from us; (3) we (nom.); us (acc.); (4) you (nom. pl.); you (acc. pl.); (5) of you (sg.); (6) of me; (7) to/for me; (8) to/for you (sg.); (9) you (acc. sg.); by/w/from you; (10) me (acc.); by/w/from me.
3. (1) them (m.); (2) them (f.); (3) their (m., n.); (4) their (f.); (5) his, her, its; (6) by/with/from her; (7) she (nom.); they (nom. and acc. pl. n.); (8) by/with/from him, it; (9) to/for him, her, it; they (m. nom.); (10) to/for them (m., f., n.); by/with/from them; (11) they (nom. f.); (12) it (nom. or acc. sg.). N.B. in the sg. any one of the three Latin genders of **is, ea, id** may be translated by *it* when the antecedent of the pronoun is a word which in English is neuter. For instance, suppose that in a preceding sentence the word **pāx** appears. Then we read: **Sine eā nūlla cīvitās valet.** The Latin feminine **eā** becomes English *it* because in English *peace* is regarded as neuter.

4.

(1) eius	(8) eius	(15) eī	(22) vōs
(2) eius	(9) eī	(16) ea	(23) nōs
(3) eōrum	(10) eī	(17) eae	(24) nōs
(4) eārum	(11) eā	(18) eī	(25) nōbīs
(5) eās	(12) eō	(19) id	(26) ego
(6) eōs	(13) vōbīs	(20) vōs	(27) mihi
(7) ea	(14) tibi	(21) tū	

5. These men will give it to you (sg.). 6. *I* was giving it to you (pl.). 7. *You* (pl.) will give this gift to them. 8. I shall give the same thing to him (her, it). 9. We shall give them (= those things) to him (her). 10. That man will give it to me. 11. We shall give you (pl.) his books. 12. You (sg.) will give us their (m.) books. 13. We shall give their money to you (sg.). 14. They will give his (her) money to me. 15. We shall send these/those books to her. 16. I shall send his (her) book to you (sg.). 17. That man, however, was sending their money to us. 18. We are sending them (f.) with her. 19. I am sending him with them. 20. We shall send them with his (her) friends. 21. *You* (sg.) will send me with their friend. 22. They were sending you (pl.) with me to his friend. 23. He is sending us with you (sg.) into their land. 24. They will send them (f.) with us to their friends. 25. I shall send him with you (pl.) to their friends. 26. They will send you (sg.) with him to me.

KEY FOR Capvt XII

1. (1) pres. act. indic.; (2) pres. act. infin.; (3) perf. act. indic.; (4) perf. pass. partic.
2. (1) **mittō**, pres. act. indic., *I send*
    (2) **mittere**, pres. act. infin., *to send*

(3) **mīsī**, perf. act. indic., *I sent*

(4) **missum**, perf. pass. partic., *having been sent, sent*

3. The perfect is like a "snapshot" of a past, completed action; the imperfect looks at continuing or progressive past action, like a video.

4.
(1) mittō	(6) agō	(11) remaneō	(16) dīcō
(2) laudō	(7) sum	(12) scrībō	(17) sum
(3) vincō	(8) dō	(13) sum	(18) vīvō
(4) dīcō	(9) sum	(14) faciō	(19) faciō
(5) faciō	(10) agō	(15) fugiō	(20) videō

5. (1) you (pl. perf.) . . . ; (2) he (perf.) . . . ; (3) they (perf.) . . . ; (4) you (sg. perf.) . . . ; (5) we (perf.) . . . ; (6) he had . . . ; (7) we shall have . . . ; (8) we had . . . ; (9) you (sg.) had . . . ; (10) they will havev (11) they had . . . ; (12) he will have . . . ; (13) you (pl.) had. . . .

6.
(1) they saw, were seeing	(19) he flees
(2) they had seen	(20) he fled
(3) you (sg.) saw	(21) they flee
(4) he did	(22) they fled
(5) he was doing	(23) he saved
(6) we had done	(24) they saved
(7) we did	(25) you (pl.) saved
(8) we shall do	(26) he had saved
(9) they did	(27) he will have saved
(10) you (sg.) lived	(28) we remained
(11) they lived	(29) we had remained
(12) he will conquer	(30) he came
(13) he conquered	(31) he comes
(14) we conquered	(32) you (pl.) were coming
(15) we conquer	(33) you (pl.) came
(16) you (sg.) gave	(34) they came
(17) you (pl.) had given	(35) they come
(18) we gave	(36) they had come

7. Those men had fled (will flee; are fleeing; were fleeing; fled). 8. These men remained (remain; will remain; were remaining; had remained). 9. The king had conquered (is conquering; conquered; will conquer) Asia. 10. The kings conquered (will conquer; are conquering; had conquered) Asia. 11. Kings possessed (possess; will possess; had possessed) Asia. 12. Caesar had come (came; is coming; will come) into the same land. 13. Caesar said (says; had said; will say) the same things. 14. *You* (pl.) gave (will give; were giving; had given) us peace. 15. *You* (sg.) sent (will send; are sending; had sent) a letter to her. 16. We saw (see; had seen) them in the same street. 17. He had lived (lived; will live) a long time. 18. You (sg.) had done (will do; did; are doing) it well. 19. I saved (shall save; was saving; had saved) their (his) state. 20. They found (had found; will find) him in the same place. 21. God had given (gave; gives; will give) liberty to men. 22. They thanked (will thank; were thanking; had thanked; thank) me. 23. *You* (pl.) were (were; are; will be; had been) free men.

KEY FOR Capvt XIII

1. See p. 128, s.v. "Reflexive Pronouns."
2. See p. 128, s.v. "Declension of Reflexive Pronouns."
3. In pronouns of the first and the second persons.
4. (1) to/for myself.
   (2) yourself (sg. acc.); by/with/from yourself.
   (3) to/for ourselves; by/with/from ourselves.
   (4) to/for himself (herself, itself); to/for themselves.
   (5) yourselves (acc.).
   (6) himself (acc.); by/with/from himself; themselves (acc.); by/with/from themselves.
   (7) to/for yourselves; by/with/from yourselves.
5. Since **suus, -a, -um** is an adjective, it must agree in number with the noun which it modifies. Since **suus** is a reflexive, it means *his own* or *their own* according to whether the subject of the verb is singular or plural. See, for example, sentences 15 and 20 below.
6. **Eōrum** and **eius** are fixed genitives of possession; and therefore, they do not, like **suus,** agree with the nouns on which they depend. See, for example, sentences 16–19 below.
7. See p. 130, s.v. "The Intensive Pronoun." **Sē**, being reflexive, is used in the predicate and refers to the subject. **Ipse** can be used to emphasize a noun or pronoun in any part of a sentence. See, for example, sentences 27, 28, and 31 below.

8. Caesar saved them. 9. Caesar was saving him (= another person). 10. Caesar saved himself. 11. The Romans saved themselves. 12. The Romans saved them (= others). 13. The Romans saved him. 14. Caesar saved his own friend. 15. Caesar saved his own friends. 16. Caesar saved his (= another's) friend. 17. Caesar saved his (= another's) friends. 18. Caesar saved their friend. 19. Caesar saved their friends. 20. The Romans saved their (own) friend. 21. The Romans saved their (own) friends. 22. The Romans saved their (= others') friend. 23. The Romans saved their (= others') friends. 24. The Romans saved his friend. 25. The Romans saved his friends. 26. Caesar himself saved him. 27. Caesar himself saved himself. 28. They saved Caesar himself. 29. They were saving the friend of Caesar himself. 30. They saved the friend of the Romans themselves. 31. The friend of Caesar himself saved himself. 32. The friends of Caesar himself saved themselves. 33. The friend of Caesar himself saved him. 34. Caesar's friends themselves saved him. 35. They did not save us. 36. We saved ourselves. 37. We saved the Romans themselves. 38. The Romans themselves did not save you. 39. *You* (sg.) saved yourself. 40. *You* (sg.) saved the Romans themselves. 41. He was giving nothing to me. 42. I gave nothing to myself. 43. He gave nothing to himself. 44. They gave nothing to themselves. 45. They gave nothing to them (= others). 46. They gave nothing to him. 47. I conquered myself. 48. They conquered me. 49. They conquered their (= others') anger. 50. They conquered their own anger. 51. He conquered his own anger. 52. He conquered his own sons. 53. They conquered their own sons.

KEY FOR Capvt XIV

1. In the gen. pl.
2. -ī in abl. sg.; -ia in nom. and acc. pl.

3. (1) by/with/from art
    (2) of the arts
    (3) arts (nom. or acc.)
    (4) to/for the sea; by/with/from the sea
    (5) to/for the seas; by/with/from the seas
    (6) the sea (nom. or acc.)
    (7) the seas (nom. or acc.)
    (8) bodies (nom. or acc.)
    (9) of bodies
    (10) of a part
    (11) to/for parts; by/with/from parts
    (12) of parts
    (13) by/with/from/the city
    (14) to/for the city
    (15) of cities
    (16) cities (nom. or acc.)
    (17) of the kings
    (18) to/for the king
    (19) names (nom. or acc.)
    (20) animals (nom. or acc.)
    (21) to/for an animal; by/with/from an animal
    (22) of an animal
    (23) of animals
    (24) of strength
    (25) men (acc.)
    (26) of the man; men (nom.)
    (27) strength (nom. or acc. pl.)
    (28) to/for men; by/with/from men
    (29) force (nom.); of force
    (30) force (acc.)
    (31) to/for strength; by/with/from strength
    (32) to/for force; by/with/from force

4. (2); (4) as abl.; (7); (12); (15); (20); (21) as abl; (23); (24); (30); (32) as abl.

5. (1) vī magnā
    (2) virum magnum
    (3) vīrium magnārum
    (4) vī magnae
    (5) cīvium multōrum
    (6) cīve bonō
    (7) cīvibus multīs
    (8) maria multa
    (9) marī magnō
    (10) mare magnum
    (11) vim magnam
    (12) virōrum multōrum
    (13) vīribus magnīs
    (14) vīrēs magnās

6. (1) accompaniment; (2) means; (3) manner; (4) means

7. (1) they ran (currō); (2) we were running (currō); (3) you (sg.) ran (currō); (4) we had dragged (trahō); (5) he will drag (trahō); (6) they are dragging (trahō); (7) he was managing (gerō); (8) he manages (gerō); (9) they manage (gerō); (10) we shall manage (gerō); (11) they hold (teneō); (12) they will hold (teneō); (13) they held (teneō); (14) we held (teneō).

8. He waged many wars with the Romans. 9. They were managing the state with great wisdom. 10. He himself held the state by the power of troops. 11. Those animals dragged many men into the sea. 12. You (sg.) said this with great skill. 13. We ran with care (carefully) across the city. 14. He was coming to us with a large part of the citizens. 15. He will conquer the rights of the citizens by force. 16. You (pl.) dragged him to death across his land. 17. We shall join ourselves with the citizens of many cities. 18. He wrote this letter to the king himself with courage (courageously). 19. The violence of those seas was great. 20. I have seen the art of the Greeks with my own eyes. 21. We have drawn many beautiful thoughts from the ancients.

22. 8, accompaniment; 9, manner; 10, means; 12, manner; 13, manner; 14, accompaniment; 15, means; 17, accompaniment; 18, manner; 20, means.

KEY FOR Capvt XV

1. See p. 150.
2. See p. 150-51.

3. See p. 151.
4. (1) dat./abl. pl. m. and n.; (2) indecl. adj. agreeing with noun in any case; (3) nom./acc. pl. n.; (4) nom. pl. m. and n., acc. pl. n.; (5) any form in pl.; (6) nom./acc. pl. n.; (7) any form in pl.; (8) dat./abl. pl. f.; (9) any form in pl.; (10) gen. pl. any gender; (11) any form in pl.; (12) any form in pl.
5. The word which indicates the whole number or amount out of which a part is taken is normally put in the genitive case. See p.151, s.v. "Genitive of the Whole."
6. **Ex or dē** + abl.
7. (1) one citizen
   (2) ten citizens
   (3) part of the citizens
   (4) three citizens
   (5) 3 of the 6 citizens
   (6) 5 of the citizens
   (7) 5 citizens
   (8) 100 citizens
   (9) 100 of the citizens
   (10) 1000 citizens
   (11) 3000 citizens
   (12) what (is) new?
   (13) much praise
   (14) enough money
   (15) no water
8. Time when, at which, within which.
9. (1) He used to come (was coming, kept coming) with his friends. Ablative of accompaniment.
   (2) He will come in one hour. Abl. of time within which.
   (3) He came at the same time. Abl. of time when.
   (4) He wrote the book in a few hours. Time within which.
   (5) At that time he wrote a book. Time when.
   (6) He was writing the book with care. Manner.

10. At that time alone he feared those three dangers; but he always used to fear (was afraid of) death. 11. Those two kings used to throw money among the thousands of citizens. 12. That one tyrant (of yours) always used to praise himself. 13. The citizens of those five cities kept expecting liberty. 14. They saved the city in two hours by their own wisdom. 15. I used to come into the city with three of my friends. 16. You (pl.) used to wage great wars with courage (= courageously). 17. Therefore a hundred Romans conquered a thousand Greeks. 18. Fathers often used to fear their own sons—and now they have much (of) fear. 19. Did you (sg.) see our two fathers at that time? 20. Where did you (pl.) find enough freedom? 21. They came in three hours, and he kept saying the same thing to us. 22. I understood little of the argument. 23. We have changed no part of our lives. 24. Our state used to preserve the liberty and rights of the citizens. 25. The Romans used to praise the customs of ancient times. 26. The two fathers sent four of their sons. 27. The ten men had enough wisdom and much virtue. 28. What's new, my friend?

KEY FOR Capvt XVI

1. Abl. sg. m. and f.: **fortī** as compared with **cīve**.
2. (1) The adjective of 2 endings.
   (2) Nom. sg. m. and f.: fortis, fortis; ācer, ācris; potēns, potēns.
3. -ī, in the abl. sg. of all genders; **-ium,** in the gen. pl. of all genders; -ia, in the nom. and acc. n. pl.
4. -ī.
5. Yes.
6. (1) to/for a sweet girl
   (2) by/with/from a sweet girl
   (3) by/with/from a sweet mother
   (4) to/for a sweet mother
   (5) to/for a happy mother
   (6) by/with/from a happy mother

(7) all wars, nom. or acc. pl.

(8) all names, nom. or acc. pl.

(9) all seas, nom. or acc. pl.

(10) by/with/from every part

(11) of all parts

(12) of all kings

(13) of all wars

(14) by/with/from a happy man

(15) to/for a happy man

(16) to/for or by/with/from every sea

(17) to/for every good art

(18) by/with/from every good art

(19) of every good art

(20) to/for, by/with/from swift force

7. A long life is often difficult. 8. A difficult life can be happy. 9. How brief was his sweet life! 10. The memory of a sweet period of life helps thousands of men. 11. You (sg.) wrote a short book in a hundred hours. 12. In every sea we kept finding these two powerful animals. 13. In every land you (pl.) will see many thousands of brave men. 14. Swift rumor ran through every land. 15. That short war was difficult. 16. We overcame all dangers in six hours. 17. The powerful tyrant will conquer their country with swift violence. 18. In a short time he will change all the rights of the citizens. 19. They did not understand the difficult art of sweet liberty, for they had little wisdom. 20. Men fear difficult duties in all lands.

KEY FOR Capvt XVII

1. See Capvt XVII, p. 170-71, s.v. "Usage and Agreement."

2. (1) Its use in its own clause. (2) The antecedent.

3. In gender and number.

4. (1) who. (2) which. (3) who, which.

5. (1) to/for whom or which, m. sg.

   (2) whom or which, m. pl.

   (3) who/which, nom. sg. f.
      who/which, nom. pl. f.
      which, nom. or acc. pl. n.

   (4) of whom/which, whose, sg.

   (5) to/for or by/with/from whom/which, pl.

   (6) which, nom. or acc. n. sg.

   (7) by/with/from whom/which, f. sg.

   (8) who/which, m. sg. and pl.

   (9) whom/which, m. sg.

   (10) whom/which, f. pl.

   (11) of whom/which, whose, m. and n. pl.

   (12) whom/which, f. sg.

6. They praised the citizen whom you (pl.) had sent. 7. They praised the ten citizens whom you (pl.) had sent. 8. They praised the citizen who had saved the country. 9. They praised the hundred citizens who had saved the country. 10. They praised the citizen whose son had saved the country. 11. They praised the citizens whose seven sons had saved the country. 12. They praised the citizen to whom they had entrusted the country. 13. They praised many of the citizens to whom they had entrusted the country. 14. They praised the citizen with whom they had come. 15. They praised the citizens with whom they had come. 16. He came with the citizen to whom he had entrusted his own life. 17. Tyrants destroy the rights of the citizens whom they capture. 18. The tyrant destroyed

the city from which thousands of citizens had fled. 19. The tyrant destroyed the city into which those nine citizens had fled. 20. The tyrant destroyed the cities from which the citizens had fled. 21. The tyrant destroyed the cities into which the citizens had fled. 22. He overcame the danger which we feared. 23. He overcame the dangers which we feared. 24. He gave books to the girls whom he was praising. 25. The man whose daughter you (sg.) love kept coming into the city. 26. He entrusted his own life to the man whose daughter you (sg.) love. 27. He used to help the mother, who had much courage. 28. The king used to give money to the mothers who had many sons.

KEY FOR Capvt XVIII

1. See p. 180-81 s.v. "The Passive Voice."
2. See p. 181 s.v. "Ablative of Personal Agent." Note that "agent" is a person; "means" is something other than a person.
3. (1) The letter **r**.
   (2) No.
4. (1) we; (2) he; (3) I; (4) they; (5) you (sg.); (6) you (pl.).
5. (1) **-bā-**, imperf.; **-bi-** (**-bō-**, **-be-**, **-bu-**), fut.
   (2) Yes, with the minor exception of **-be-** in the 2nd pers. sg.
6. (1) we shall be . . . ; (2) you (pl.) were being . . . ; (3) he was being . . . ; (4) you (sg.) will be . . . ; (5) they will be . . . ; (6) we were being . . . ; (7) he will be . . . ; (8) you (sg.) were being . . . ; (9) you (pl.) will be . . . ; (10) they were being. . . .

7. They terrify me; I am terrified by them; I am terrified by their violence. 8. The tyrant was destroying this city. 9. This city was being destroyed by the tyrant; it will be destroyed by a plot. 10. He used to be aroused (moved) by his friends; he used to be aroused by their plans. 11. We are not being destroyed by the strength of men, but we can be destroyed by a plot. 12. You (pl.) will be destroyed not by war but by love of leisure and by the plans of evil men. 13. You yourself (sg.) are not being changed, but your name is being changed. 14. Thousands of men are possessed by the love of money. 15. Others used to be held by tyrants. 16. A few will be possessed by love of truth and friendship. 17. The boy will be saved by his friends. 18. Books of this sort used to be given to the boys by the teacher. 19. Liberty will be given to the people by the third king in a short time. 20. Our country can even now be saved by brave citizens. 21. We ought to be warned by the fortune of other men (others). 22. We are terrified by the plans of that tyrant who lives across the sea; but we love liberty, and we shall wage war with great courage. 23. We shall be helped by powerful friends. 24. We praise all our men, who are moved by courage and truth, not by love of themselves.

KEY FOR Capvt XIX

1. (1) The perfect passive participle plus the present of **sum**.
   (2) The perfect passive participle plus the imperfect of **sum**.
2. (1) **Vir missus est** = *a man was (has been) sent;* **vir mittitur** = *a man is (is being) sent.*
   (2) **Vir missus erat** = *a man had been sent;* **vir mittēbātur** = *a man was being (used to be) sent.*
3. An interrogative pronoun introduces a question.
4. **quis** (nom. sg. m. and f.); **quid** (nom. and acc. sg. n.).

5. See p. 189.
6. (1) he is (is being) moved
   (2) he was (has been) moved
   (3) it had been moved
   (4) he was being moved
   (5) they had been destroyed
   (6) they were being destroyed
   (7) they were destroyed
   (8) we are held

   (9) we were held
   (10) we had been held
   (11) we were being held
   (12) he had been changed
   (13) he was (has been) changed
   (14) he is (is being) changed
   (15) he was being changed

7. (1) whose (sg.)?
   (2) whom (sg.)?
   (3) who (pl.)?
   (4) what (nom. and acc. sg.)?
   (5) whose (pl.)?

   (6) to whom (sg.)?
   (7) whom (f. pl.)?
   (8) who (sg.)?
   (9) who (f. pl.)?; what (n. nom. and acc. pl.)?

8. By whom was the book prepared (had been prepared; was being prepared)? 9. The teacher by whom the book was prepared is overcome with work. 10. To whom was the book given (was being given, had been given)? 11. What boy was saved? 12. I myself saw the boy who was saved. 13. Whose (sg.) two sons were saved? 14. I never saw the old man whose sons were saved. 15. Who (sg.) was sent? 16. Peace and liberty were praised by the citizen who had been sent. 17. Who (pl.) were sent? 18. Friendship was praised by the ten citizens who had been sent. 19. Whom (pl.) did you (sg.) see in the city? 20. Where are the three new friends whom you (sg.) saw in the city? 21. What things were found by you (sg.) there? 22. Where are the three bodies which were found there by you (sg.)? 23. By whom was this (thing) said? 24. To whom was this said? 25. The eight wretched men to whom these things were said fled from the city. 26. Whose sons were praised by him? 27. The fathers whose sons were praised will thank him. 28. What terrifies you? 29. What danger terrifies you? 30. But the danger which terrifies you has been conquered by brave citizens.

KEY FOR Capvt XX

1. (1) object, acc. sg.; (2) of, pl.; (3) by/with/from, sg.; (4) subject, sg.; (5) of (sg.); subject or object (pl.); (6) to/for, sg.
2. (1) to/for a hand (band)
   (2) a hand (subj.)
   (3) of hands
   (4) by/with/from a hand
   (5) of a hand; hands (subj./obj.)
   (6) to/for or by/with/from fruits
   (7) fruit (obj.)

   (8) of fruit; fruits (subj./obj.)
   (9) of fruits
   (10) by/with/from fruit
   (11) of the senate
   (12) to/for the senate
   (13) the senate (subj.)
   (14) by/with/from the senate
3. (1) Masculine; (2) **manus.**
4. (1) The ablative of place from which = motion apart; the ablative of separation = distance apart.
   (2) The ablative of separation.
   (3) The ablative of place from which.
5. Place from which regularly has a preposition (**ab, dē, ex**); for separation, see p. 199.

6. Who came to us at that time? 7. An old man of great fame fled from his country to our senate. 8. What new was said by him? 9. This (thing) was said by that man: "We lack liberty." 10. Free us from slavery and heavy fear. 11. Our forces waged long war against the tyrant's fierce bands. 12. Those fierce bands which the tyrant sent against us from that land were conquered by us. 13. After this (*lit.* these things) the citizens who feared the tyrant were led from their own country into our state. 14. We freed them from the crimes of that tyrant. 15. Now they lack (are free from) every fear (anxiety). 16. Their sons eagerly (with zeal) read good books in our schools. 17. And so they have written a thousand verses with their own hands. 18. These one hundred verses give great thanks to us. 19. In these verses the senate and the Roman people are praised. 20. For those unfortunate men now have the fruits of peace and much liberty without fear. 21. Since we have helped others, even we ourselves have great enjoyment. 22. Good men will never lack an abundance of these fruits. 23. In our age many human beings pass their life in fear and slavery. 24. We ought to free those unfortunate men from fear. 25. For who can be happy if other human beings lack the enjoyments of peace and liberty?

26. (6) time when; (7) place from which; (8) agent; (9) agent; (10) separation; (12) agent; (13) place from which; (14) separation; (15) separation; (16) manner; (17) means; (22) separation; (23) time when; (24) separation.

KEY FOR Capvt XXI

1. See p. 206-07.
2. Check with paradigms on p. 206-07 and repeat them until you can say them without hesitation; listen to the CDs if you have them.
3. In the passive infinitive the final -e of the active infinitive has been changed to -ī: (1) **sentīrī**, *to be felt;* (2) **movērī**, *to be moved;* (3) **servārī**, *to be saved;* (4) **scīrī**, *to be known;* (5) **tenērī**, *to be held.*
4. The whole active ending -ere is changed to -ī: (1) **mittī**, *to be sent;* (2) **iacī**, *to be thrown;* (3) **tangī**, *to be touched;* **trahī**, *to be drawn.*
5.

(1) I shall be sent	(13) you (sg.) are seized
(2) you (sg.) are sent	(14) you (sg.) will be seized
(3) you (sg.) will be sent	(15) they are touched
(4) to be sent	(16) they will be touched
(5) they are sent	(17) to be touched
(6) I am sent	(18) you (sg.) are touched
(7) he is seized	(19) you (pl.) will be touched
(8) he will be seized	(20) you (sg.) will be known
(9) to be seized	(21) you (sg.) are known
(10) we are seized	(22) he will be known
(11) they will be seized	(23) he is known
(12) they are seized	(24) to be known

6. Who is being sent (will be sent, used to be sent, was sent)? 7. By whom will this letter be sent (was sent, is sent)? 8. By whose hand was that letter written (will be written)? 9. What was said (was being said, will be said, is said)? 10. "Who (sg.) will be seized?" "You (sg.) will be seized." 11. "Who (pl.) will be seized?" "You (pl.) will be seized." 12. For a long time you (sg./pl.) will be neglected (were neglected). 13. After many hours we

were freed (shall be freed). 14. For the sake of the state they ordered him to be seized. 15. For the sake of liberty our state ought to be managed by the other man. 16. His soul could not be touched by money. 17. In every soul the love of country used to be felt (will be felt, is felt, was felt). 18. We are joined (used to be joined, will be joined) to (*lit.*, with) other citizens by love of country. 19. Friendship is not always understood, but it is felt. 20. Wisdom and truth will not be found (are not found, were not found) in those two men. 21. Wisdom is not obtained (will not be obtained, was not obtained) by even a great deal of (= much) money. 22. Truth often is not known (will not be known, was not known), because the study of it is difficult. 23. Not without great labor will truth be found (was found, can be found). 24. Others are drawn by eagerness for (*lit.*, of) money and fame; we ought to be drawn by love of truth and wisdom.

KEY FOR Capvt XXII

1. ē.

2. **-em, -ē; -ēs, -ēbus, -ēs, -ēbus** (also **-eī**, dat., and **-ērum**, gen.)

3. (1) Feminine. (2) **Diēs.**

4.   (1) of hope; to/for hope
    (2) of hopes
    (3) hope (acc.)
    (4) to/for or by/with/from hopes
    (5) hope (nom.); hopes (nom., acc.)
    (6) by/with/from faith
    (7) faith (acc.)
    (8) of or to/for faith
    (9) of days
    (10) day (nom.); days (nom., acc.)
    (11) to/for or by/with/from days
    (12) thing (acc.)
    (13) of things
    (14) by/with/from a thing
    (15) to/for or by/with/from things
    (16) of or to/for a thing
    (17) of fires
    (18) fire (acc.)
    (19) to/for or by/with/from fires
    (20) fires (nom., acc.)

5.   (1) place where; he remained in the city.
    (2) time within which; he will come in one hour.
    (3) time when; he came at that time.
    (4) accompaniment; he came with them.
    (5) place from which; he came from the city.
    (6) separation; they lack fire.
    (7) means; that was done by fire.
    (8) agent; it was done by them.
    (9) manner; it was done faithfully (with faith).

6.   (1) **ab** + abl.
    (2) **cum** + abl.
    (3) abl. alone after verbs of freeing, lacking, and depriving; with other verbs **ab, dē, ex** is often used.
    (4) **in** + abl.
    (5) abl. alone
    (6) **cum** + abl.; **cum** may be omitted when the noun is modified by an adj.
    (7) **ab, dē, ex** + abl.
    (8) abl. alone.

7. At that time he faithfully preserved the liberty of those ten citizens. 8. He managed the state with great care (= very carefully). 9. The state was managed by him with great

care. 10. Many good things were seen in the middle of the city. 11. On that day they prepared many things hopefully. 12. We snatched the fire from the hands of the boy. 13. In five days Cicero will rescue the republic from danger. 14. You (sg.) freed the two republics from fear. 15. The earth nourishes human beings with good fruits. 16. He nourished their uncertain hopes by his own courage. 17. In this age our hopes are being destroyed by these three tyrants. 18. Seven of our friends came from that state with great fear. 19. The whole clan came into the territory of this state with a large band of friends in one day. 20. Not all free men dare to join themselves with this republic. 21. If those men lack faith, there is no hope of friendship and peace. 22. Good faith and the love of this republic can save us. 23. You (sg.) have given (your) whole life to this state.

24. (7) time when; manner; (8) manner; (9) manner; (10) place where; (11) time when; manner; (13) time within which; separation; (14) separation; (15) means; (16) means; (17) time when; agent; (18) place from which; manner; (19) accompaniment; time within which; (21) separation.

KEY FOR Capvt XXIII

1. (1) perf. pass. = having been . . . or Eng. perf. partic.
    (2) pres. act. = -īng
    (3) fut. act. = about to . . .
    (4) pres. act. = -ing
    (5) fut. act. = about to . . .
    (6) fut. pass. = (about) to be . . .
    (7) perf. pass. = having been . . .
    (8) pres. act. = -ing.
    (9) perf. pass. = having been (e.g., nom. pl.)
    (10) perf. pass. = having been (dat. or abl. pl.)

2. | | |
    |---|---|
    | (1) about to be | (13) (about) to be done |
    | (2) about to press | (14) seizing |
    | (3) pressing | (15) about to seize |
    | (4) (having been) pressed | (16) (having been) desired |
    | (5) (about) to be pressed | (17) desiring |
    | (6) turning | (18) (about) to be given |
    | (7) (having been) turned | (19) (having been) given |
    | (8) about to turn | (20) about to give |
    | (9) (having been) said | (21) giving |
    | (10) saying | (22) (having been) moved |
    | (11) about to say | (23) moving |
    | (12) (having been) done | (24) about to move |

3. | | | | |
    |---|---|---|---|
    | (1) vīsus | (6) scrīptus | (11) victūrus | (15) tractus |
    | (2) vidēns | (7) mittēns | (12) vincēns | (16) trahēns |
    | (3) vīsūrus | (8) missus | (13) iūnctūrus | (17) iactūrus |
    | (4) scrībendus | (9) missūrus | (14) iungēns | (18) iactus |
    | (5) scrīptūrus | (10) victus | | |

4. When captured (*lit.,* having been captured) he said nothing. 5. Freed from slavery he will lead a pleasant life. 6. He thanked those giving the gifts. 7. I do not like some-

one seeking gifts. 8. To a man desiring much money he used to give only a few gifts. 9. I sent my son to your school to be taught. 10. That man, when about to conquer another people, kept wishing to destroy (their) teachers and books. 11. Terrified by this plot we shall live a wretched life. 12. Long oppressed, they began to turn themselves against the oppressing tyrant. 13. Those four unfortunate men, when seen by the tyrant, ran across the border. 14. The orator, because he feared the tyrant, always used to say pleasing things. 15. We fear someone fearing us. (= who fears us). 16. These men, if they conquer, will take away all the rights of the conquered citizens. 17. That wretched man on the point of fleeing kept seeking the advice of his three friends. 18. The old man, warned by two of his friends, fled to us. 19. Having himself been helped by the second old man, he kept giving many things to those lacking money. 20. Who, when freed from these dangers, will not thank the gods? 21. Joined with you (pl.), we shall save the republic. 22. To those having faith nothing is uncertain.

KEY FOR Capvt XXIV

1. (1) A noun (pronoun) + participle in abl.
   (2) No. (See p. 236.)
2. (1) See p. 236.
   (2) As a rule commas separate an abl. abs. from the rest of the sentence. This makes it appear somewhat apart from the rest of the sentence.
3. No. Since this "absolute" construction is not too commonly favored in English, the literal translation if regularly adhered to would make rather clumsy English.
4. When, since, after, although, if. (See p. 236-37.)
5. (1) Incorrect because the noun (**urbe**) of the abl. abs. is used (through its pronoun **eam**) as the object.
   (2) Incorrect because **captus** means *having been* captured, not *having* captured.
   (3) Correct because **urbem captam** (*the captured city*) stands as the natural object of **dēlēvit**.
   (4) Correct because **urbe captā** is a normal abl. abs., the noun of which is not used elsewhere as subject or object.
6. (1) Obligation or necessity.
   (2) It is really a predicate adjective; and so it naturally agrees with the subject of **sum**.
   (3) Dēbeō + infin., though **dēbeō** more often expresses the idea of moral obligation.
7. (1) **Mihi** is dat. of agent.
   (2) **Ā mē**; abl. of agent.

8. If (since, etc.) these two men hold the power, the republic will be strong. 9. When (since, etc.) this rumor had been reported, the leader left the city without delay. 10. When every desire for (*lit.*, of) money and glory had been banished from his soul, that leader conquered himself. 11. Every desire for evil things ought to be conquered by us (= we ought to conquer . . .) if we wish to lead a good life. 12. If (since, etc.) the citizens love (their) country, we can have great hopes. 13. All citizens kept fearing that tyrant (of yours), who had to be banished. 14. When the tyrant had been overcome, the citizens regained their liberty and rights. 15. But after a tyrant has been expelled, another tyrant often gets the power. 16. Who in taking the power desires to help the state alone, not himself? 17. When many peoples had been conquered, you (sg.) desired to possess

the whole world. 18. Slavery of every sort must be checked throughout the whole world. 19. If our republic is strong, nothing is to be feared by you (sg.). 20. Our country ought to be helped by each one who likes our mode of life. 21. All rights, therefore, ought to be preserved by the citizens with great care. 22. When duties have been deserted by the citizens, the state will be in great danger. 23. When these important things had been said, the orator was praised by us. 24. Truth and virtue ought always to be sought by all men. 25. When (since) truth and virtue had been sought, the republic was saved.

26. A. (8) virīs tenentibus; (9) fāmā nārrātā; (10) cupiditāte expulsā; (12) cīvibus amantibus; (14) tyrannō superātō; (15) tyrannō expulsō; (17) gentibus victīs; (22) officiīs relictīs; (23) rēbus dictīs; (25) vēritāte . . . quaesītīs.

B. (11) vincenda est; (13) expellendus erat; (18) opprimenda est; (19) timendum est; (20) adiuvanda est; (21) cōnservanda sunt; (24) quaerendae sunt.

C. (11) nōbīs; (19) tibi; (20) cuique; (21) cīvibus; (24) virīs.

D. (22) ā cīvibus; (23) ā nōbīs.

KEY FOR Capvt XXV

1. See p. 246-47, 586.
2. Future active infinitive.
3. Perfect passive infinitive.
4. They agree with the subject of the infinitive. See p. 246.
5. Since it is the ending of the perfect active infinitive, -isse in effect means "to have. . . ."

6.
(1) to have moved	(16) to have lived
(2) to have been moved	(17) to have been drawn
(3) to be about to move	(18) to have been seen
(4) to be moved	(19) to have been seized
(5) to be said	(20) to have been sent
(6) to be known	(21) to have been sought
(7) to be saved	(22) to have been expelled
(8) to be seized	(23) to have been left
(9) to be sent	(24) to have been given
(10) to have believed	(25) to be about to give
(11) to have destroyed	(26) to be about to turn
(12) to have drawn	(27) to be about to press
(13) to have touched	(28) to be about to seize
(14) to have loved	(29) to be about to order
(15) to have conquered	(30) to be about to touch

7. See p. 247-48.

8.
(2) nūntiō, I announce	(14) sentiō, I feel, think
(4) intellegō, I understand	(16) scrībō, I write
(7) videō, I see	(19) ostendō, I show
(8) nesciō, I do not know	(20) spērō, I hope
(10) crēdō, I believe	(22) putō, I think
(13) audiō, I hear	(24) negō, I say that . . . not, deny

9. Saying, knowing, thinking, perceiving, etc. See p. 248.
10. The infinitive with subject accusative; not a "that" clause.
11. The accusative.

12. No.

13. (1) The perfect infinitive = time *before* that of the main verb.

　　(2) The future infinitive = time *after* that of the main verb.

　　(3) The present infinitive = the *same time* as that of the main verb. See p. 250.

14. I know that you did (will do, are doing) this (thing). 15. I knew that you had done (would do, were doing) this. 16. We believed that they would come (had come, were coming). 17. We believe that they will come (came, are coming). 18. Tomorrow he will hear (A) that they are coming (i.e., tomorrow); (B) that they came (e.g., yesterday) *or* that they have come; (C) that they will come (e.g., in a few days). 19. Today he hears (A) that they are coming (today); (B) that they came (yesterday); (C) that they will come (soon). 20. Yesterday he heard (A) that they were coming (yesterday); (B) that they had come (e.g., the day before yesterday); (C) that they would come (in a few days). 21. They hope that you (pl.) will see him. 22. I know that this was done by you. 23. I did not know that those things had been done by him. 24. They said that the city was not being captured by the enemy (had not been captured). 25. You (pl.) know that those men are (will be, were/have been) always faithful. 26. You (pl.) knew that those men were (would be, had been) always faithful. 27. They kept thinking that the tyrant ought to be driven out by them (by themselves). 28. We believe that peace ought to be sought by all leaders. 29. He says that peace is being sought (was sought) by the ten leaders. 30. He said that the two leaders would seek (were seeking, had sought) peace. 31. The enemy hope that they will conquer all states. 32. I well know that I do not know many things, for no one can know all things.

33. **Scīre** (sentence 32) is a complementary infinitive depending on **potest.**

34.

Word	Form	Reason
(14) tē	acc.	subj. of infin. (fēcisse)
(14) fēcisse	perf. act. infin.	indir. state.
(16) eōs	acc.	subj. of infin. (ventūrōs esse)
(17) ventūrōs esse	fut. act. infin.	indir. state.
(21) eum	acc.	obj. of infin. (vīsūrōs esse)
(22) hoc	acc.	subj. of infin. (factum esse)
(23) eō	abl.	agent
(24) hostibus	abl.	agent
(25) fidēlēs	acc.	pred. adj. agreeing with illōs
(27) sibi	dat.	agent with pass. periphrastic
(28) pācem	acc.	subj. of infin. (quaerendam esse)
(28) ducibus	dat.	agent with pass. periphr.
(29) ducibus	abl.	agent
(30) pācem	acc.	obj. of infin. (quaesitūrōs esse)
(31) rēs pūblicās	acc.	obj. of infin.

KEY FOR Capvt XXVI

1. (1) Latin -**ior** corresponds to English -*er.*

　　(2) They have a slight similarity in sound and they both have a final -**r** as a sign of the comparative.

2. (1) Latin -**issimus** corresponds to English -*est.*
   (2) The **s**'s which they have in common suggest **s** as a sign of the superlative.
3. (1) They are added to the *base* of the adjective. (See p. 257-58.)
   (2) turpior, turpissimus; vēlōcior, vēlōcissimus; prūdentior, prūdentissimus
4. (1) **Acerbior** = harsher, rather harsh, too harsh.
   (2) **Acerbissimus** = harshest, very harsh.
5. (1) **Quam** with the comparative = *than* (this man was harsher than that one).
   (2) **Quam** with the superlative = *as . . . as possible, -st possible* (this man was as harsh as possible, the harshest possible).
6. There is no fixed case after **quam**, which is an adverb or conjunction of comparison. The second word of a comparison, which comes after **quam**, is put in the same case as that of the first of the two words compared. (See p. 259.)
7. (1) Most have **i**-stems.
   (2) Comparatives have consonant stems. (Note, incidentally, that *comparative* and *consonant* both begin with the same sound.)

8. They announced that the bravest possible leader had come. 9. After a very clear light had been seen by the four men, the bravest troops were sent against the enemy. 10. When that very base man had been banished, the senate gave gifts to the more faithful citizens. 11. The more fortunate citizens used to do these pleasant things on behalf of the more unfortunate citizens. 12. This author is more famous than that one. 13. Certain men said that this author was more famous than that one. 14. Read the books of wiser authors if you wish to lead the wisest (a very wise) life. 15. The six authors whose books I have read are too (rather) harsh. 16. After certain very wise books had been read, we avoided those baser faults. 17. This man, who has overcome his base faults, is braver than the very brave leader. 18. Who is the happiest man? He who leads the wisest life is happier than the most powerful tyrant. 19. The cure of your vices seems rather (too) difficult. 20. That leader thought that his country was dearer to him than life. 21. A band of the most faithful young men possible ought to be sought by the senate.

KEY FOR Capvt XXVII
1. (1) and (2)—see p. 267.
2. (1) and (2)—see p. 267.
3.

Positive	*Comparative*	*Superlative*
parvus	minus (minor, minus)	minimum (minimus)
malus	pejorative (peior)	pessimist (pessimus)
bonus	ameliorate (melior)	optimist (optimus)
(prō)	prior (prior)	prime (prīmus)
magnus	major (maior)	maximum (maximus)
superus	superior (superior)	supreme (suprēmus)
multus	plus (plūs)	summit (summus)

4. (1) a smaller war
   (2) the worst (very bad) war
   (3) a greater war
   (4) former wars
   (5) a very similar book
   (6) a more difficult book
   (7) the smallest boy
   (8) the better boy
   (9) a very (most) beautiful girl
   (10) a more beautiful girl

(11) very many girls
(12) greater faith
(13) very small faith
(14) a smaller sea
(15) in a smaller sea
(16) larger seas
(17) the best fruits
(18) worse fruit
(19) the fiercest (very fierce) men
(20) fiercer men
(21) more men
(22) most (very) difficult labor
(23) the last (supreme) labor
(24) more labor
(25) more labors
(26) the best leaders
(27) greater leaders
(28) better leaders
(29) the smallest gifts
(30) more gifts
(31) the first gifts
(32) more praise
(33) more praises
(34) the worst citizens
(35) better citizens
(36) very free citizens

5. The easiest things often are not the best. 6. The difficult things are often the greatest. 7. The better pursuits are more (rather) difficult. 8. The worst authors write very many books. 9. These books are worse than the books of better authors. 10. The smaller boy received a larger gift. 11. That very small republic had the greatest hopes. 12. More men believe that this war is worse than the first war. 13. A better leader will come with greater forces. 14. Fierce leaders often used to praise the fiercer forces of the fiercest enemy. 15. When the very evil tyrant had been banished, the citizens sought a better and a wiser leader. 16. They gave the better leader greater power and more money. 17. Citizens of the smaller cities are not better than those of the largest cities. 18. We are not better than very many men of former ages. 19. Our ancestors used to call Apollo the god of the sun.

KEY FOR Capvt XXVIII

1. Something other than a fact; e.g., the jussive and purpose clauses learned in this chapter. See p. 278.
2. See p. 278.
3. (1) ē; (2) ā (except that in the 3rd and 4th conjugations the forms **dūcam** and **audiam** are identical in the future indicative and the present subjunctive).
4. Command, called "jussive."
5. Purpose.
6. Jussive.
7. No. (See p. 281.)
8. (1) he will send
    (2) subjunct., 3rd sg.
    (3) he is sending
    (4) subjunct., 3rd sg.
    (5) he gives
    (6) subjunct., 3rd pl.
    (7) they believe
    (8) they will believe
    (9) they move
    (10) subjunct., 3rd pl.
    (11) we shall be heard
    (12) subjunct., 1st pl. pass.
    (13) we are heard
    (14) subjunct., 2nd sg.
    (15) you (sg.) are seizing
    (16) you (sg.) will seize
    (17) they are known
    (18) they will be known
    (19) subjunct., 3rd pl. pass.
    (20) you (pl.) are freed
    (21) subjunct., 2d. pl. pass.
    (22) you (pl.) will be freed

(23) they are destroyed
(24) subjunct., 3rd pl. pass.
(25) you (sg.) will be conquered
(26) you (sg.) are conquered

(27) subjunct., 2nd sg. pass.
(28) we say
(29) we shall say
(30) subjunct., 1st pl.

9. Let that leader come. We are awaiting him. 10. Let the base citizens depart from (our) republic so that we may live in peace. 11. If those two men desire friends, let them do real kindnesses. 12. He shows kindnesses to others in order to be loved (so that he may be loved). 13. I say these happy words to you so that you may not depart. 14. Let us do these very difficult things for the sake of our country. 15. Give more money to those unfortunate people so that they may not lack arms against the enemy. 16. He thinks that they will do it to avoid my anger. 17. Let us prepare arms so that our liberty may not be taken away. 18. Will our freedom be rescued from danger by arms alone? 19. Let philosophers not write too difficult books. 20. For (= the truth is) we shall not receive enough wisdom from too difficult books. 21. Let him do better and greater things so that he may not lead a most wretched life. 22. Tell these things to that very famous author so that they may be written in his book. 23. Let us always seek the truth, without which the greatest souls cannot be happy.

24.

Word	Form	Reason
(9) veniat	pres. subjunct.	command (jussive)
(10) discēdant	pres. subjunct.	command
vīvāmus	pres. subjunct.	purpose
(11) faciant	pres. subjunct.	command
(12) praestat	pres. indic.	statement of fact
amētur	pres. subjunct.	purpose
(13) discēdātis	pres. subjunct.	purpose
(14) faciāmus	pres. subjunct.	command
(15) date	imper.	command in 2nd per.
armīs	abl.	separation
careant	pres. subjunct.	purpose
(16) eōs	acc.	subj. of infin.
factūrōs esse	fut. act. infin.	indirect statement
vītent	pres. subjunct.	purpose
(17) parēmus	pres. subjunct.	command
tollātur	pres. subjunct.	purpose
(18) armīs	abl.	means
ēripiētur	fut. indic.	fact
(19) scrībant	pres. subjunct.	command
(20) accipiēmus	fut. indic.	fact
(21) faciat	pres. subjunct.	command
agat	pres. subjunct.	purpose
(22) nārrā	imper.	command in 2nd per.
scrībantur	pres. subjunct.	purpose
(23) quaerāmus	pres. subjunct.	command

KEY FOR Capvt XXIX

1. Present active infinitive + personal endings. See p. 289.
2. Yes.
3. (1) impf. subjunct., 3 sg.
   (2) impf. subjunct., 3 pl.
   (3) impf. subjunct., 1 pl.
   (4) impf. subjunct., 1 sg.
   (5) impf. subjunct., 2 sg.
   (6) pres. subjunct., 3 sg.
   (7) impf. subjunct., 2 pl.
   (8) pres. subjunct., 3 sg.
   (9) you (sg.) will find
   (10) pres. subjunct., 2 sg.
   (11) pres. subjunct., 3 sg.
   (12) he will say
   (13) he says
   (14) pres. subjunct., 3 pl.
   (15) impf. subjunct., 3 sg.
   (16) pres. subjunct., 3 sg.
   (17) impf. subjunct., 3 pl.
   (18) they will depart
   (19) pres. subjunct., 3 pl.
   (20) pres. subjunct., 1 pl.
   (21) pres. subjunct., 1 pl.
   (22) impf. subjunct., 3 pl.
   (23) pres. subjunct., 2 sg.
   (24) you will receive
   (25) impf. subjunct., 2 sg.
   (26) you (pl.) will be banished
   (27) impf. subjunct., 2 pl.
   (28) pres. subjunct., 2 pl.
   (29) impf. subjunct., 3 pl.
   (30) they are moved
4. **Ut** or **ut nōn** + subjunctive.
5. See p. 290-91.
6. See p. 290.

7. They read the best books with such great care that they learned much wisdom. 8. We used to read good books with care so that we might learn wisdom. 9. The best books ought to be read by students in order that they may learn the truth and good character. 10. Let the wisest authors write more books so that they may be able to help all peoples. 11. The souls of very many men are so foolish that they do not wish to learn. 12. But many minds are so keen that they can learn well. 13. Some teachers used to teach their pupils so skillfully (with such great skill) that even the pupils themselves wanted to learn. 14. The power of that tyrant was so great that the senate could not drive him out. 15. Let all citizens dedicate (give) themselves to the country so that the enemy may not take away their liberty. 16. Caesar was such a keen leader that the enemy did not conquer the Roman soldiers. 17. Are we leading other peoples with such great wisdom and courage that liberty is being preserved? 18. You (pl.) used to do such great kindnesses that all loved you. 19. He was so harsh that no one loved him. 20. Thousands of citizens kept fleeing from that land in order not to be oppressed by the tyrant. 21. They so loved liberty that they were never conquered by the enemy.

22. | Word | | Form | Reason |
|---|---|---|---|
| (7) | discerent | impf. subjunct. | result |
| (8) | discerēmus | impf. subjunct. | purpose |
| (9) | discant | pres. subjunct. | purpose |
| (10) | scrībant | pres. subjunct. | command |
| | possint | pres. subjunct. | purpose |
| (11) | cupiant | pres. subjunct. | result |
| (12) | possint | pres. subjunct. | result |
| (13) | cuperent | impf. subjunct. | result |

(14) posset	impf. subjunct.	result
(15) dent	pres. subjunct.	command
tollant	pres. subjunct.	purpose
(16) vincerent	impf. subjunct.	result
(17) cōnservētur	pres. subjunct.	result
(18) amārent	impf. subjunct.	result
(19) amāret	impf. subjunct.	result
(20) opprimerentur	impf. subjunct.	purpose
(21) vincerentur	impf. subjunct.	result

KEY FOR Capvt XXX

1. It is the perfect active infinitive (-isse) + personal endings; e.g., **pōnere-m** and **posuisse-m**.
2. It is the perfect passive participle + **essem** (the imperfect subjunctive of **sum**); e.g., **positus eram** and **positus essem**.
3. **Positus sit** is perfect subjunctive passive.
4. The future perfect indicative.
5. (1) impf. pass., 3 sg. (9) impf. act., 3 pl.
   (2) pluperf. act., 1 sg. (10) pluperf. pass., 1 pl.
   (3) perf. pass., 3 pl. (11) pres. act., 3 sg.
   (4) pres. pass., 1 pl. (12) perf. pass., 2 sg.
   (5) perf. act., 3 pl. (13) pluperf. act., 2 sg.
   (6) impf. act., 1 pl. (14) impf. pass., 3 sg.
   (7) pluperf. act., 2 pl. (15) perf. act., 1 pl.
   (8) pluperf. pass., 3 sg. (16) pluperf. act., 3 pl.
6. (1) Present and future. See p. 301-02.
   (2) Present and perfect.
   (3) The past tenses.
   (4) Imperfect and pluperfect.
7. (1) The same time or time after (contemporaneous or subsequent). See p. 302.
   (2) The same time or time after.
   (3) Time before (prior).
   (4) Time before (prior).

8. Where is (was) the leader? 9. They ask where the leader is (was). 10. They kept asking where the leader was (had been). 11. They will ask where the leader is (was). 12. I do not know where the money was put. 13. Do you (sg.) know where the money is being put? 14. They knew where the money was being put. 15. He did not know where the money had been put. 16. We shall tell you (pl.) why the soldier did (does) this. 17. They told me why the soldier had done (was doing) this. 18. Tell me who came (is coming). 19. The orator asked why the other citizens had not learned these plans. 20. We announced to the leader that the other soldiers were fleeing (had fled) into that land. 21. We announced to the leader into what land the other soldiers were fleeing (had fled). 22. We heard that the citizens were so faithful that they preserved the state. 23. We heard what the citizens had done to preserve the state. 24. They kept inquiring in whose state peace could be found. 25. We learned that peace had not been found in their country. 26. Those foolish men

always ask what is better than power or money. 27. We certainly think that money itself is not bad; but we believe that truth and liberty and friendship are better and greater. 28. These things we desire so that we may live a finer life; for money alone and power can make men harsh, so that they are not happy. 29. Finally, let him explain all things so that you (pl.) may now understand what great crimes have been committed against the republic.

30. | Word | Form | Reason |
|---|---|---|
| (15) posita esset | pluperf. subjunct. | ind. quest. |
| (16) fēcerit | perf. subjunct. | ind. quest. |
| (17) fēcisset | pluperf. subjunct. | ind. quest. |
| (18) vēnerit | perf. subjunct. | ind. quest. |
| (20) fugere | pres. infin. | ind. state. |
| (21) fugerent | impf. subjunct. | ind. quest. |
| (22) esse | pres. infin. | ind. state. |
| cōnservārent | impf. subjunct. | result |
| (23) fēcissent | pluperf. subjunct. | ind. quest |
| cōnservārent | impf. subjunct. | purpose |
| (24) posset | impf. subjunct. | ind. quest. |
| (25) inventam esse | perf. infin. | ind. state. |
| (26) sit | pres. subjunct. | ind. quest. |
| (27) esse | pres. infin. | ind. state. |
| (28) agāmus | pres. subjunct. | purpose |
| sint | pres. subjunct. | result |
| (29) expōnat | pres. subjunct. | jussive |
| comprehendātis | pres. subjunct. | purpose |
| commissa sint | pres. subjunct. | ind. quest. |

KEY FOR Capvt XXXI

1. When (circumstantial, which is to be distinguished from **cum** temporal), since, although.
2. Although.
3. (1) The 3rd conjugation.
   (2) They lack the connecting vowel **e/i**, which is seen in the corresponding forms of **dūcō**. (See p. 312-13.)
4. (1) pres. subjunct. act., 3 sg.
    (2) he bears
    (3) impf. subjunct. act., 3 sg.
    (4) he will bear
    (5) to bear
    (6) they bear
    (7) they will bear
    (8) pres. subjunct. act., 3 pl.
    (9) he is borne
    (10) bear (2 pl.)
    (11) you (pl.) bear
    (12) you (sg.) will be borne
    (13) you (sg.) are borne
    (14) bear (2 sg.)
    (15) to be borne
    (16) to have borne
    (17) to be about to bear
    (18) to be borne (gerundive)
    (19) to have been borne
    (20) pluperf. subjunct. act., 3 sg.

5. When we had said this, those twenty men replied that they would offer a just peace. 6. Although he had gone into another country, nevertheless he found new friends. 7. Since they offer us friendship, we shall offer them aid. 8. Since the danger was great, they brought all their troops and arms together in a short time. 9. What do *you* (sg.) bring? What does he bring? Tell me why these gifts are offered. 10. When he had explained what he was seeking, you (sg.) said that such great aid could not be offered. 11. Although they had brought pleasing gifts, I was able nevertheless to recognize their treachery. 12. Since we now understand your plans, we will not endure your treachery. 13. Such great evils are not to be endured. Go (betake yourself) into exile. 14. Finally, let these hundred citizens bear aid to the republic. 15. I kept thinking that they would bring the wine in ships (*lit.,* by ships). 16. Although our soldiers had conquered the enemy, nevertheless they offered them many kindnesses. 17. When he had learned what great benefits the other three men were offering, he himself offered equal benefits. 18. We ought to offer sufficient aid to the unfortunate citizens of small nations. 19. When the consul had spoken these words, the senate replied that money had been brought together for this purpose.

20. *Word*

	Word	Form	Reason
(5)	dīxissēmus	pluperf. subjunct.	**cum** circumstantial
	oblātūrōs esse	fut. infin.	ind. state.
(6)	contulisset	pluperf. subjunct.	**cum** *although*
(7)	offerant	pres. subjunct.	**cum** *since*
(8)	esset	impf. subjunct.	**cum** *since*
(9)	offerantur	pres. subjunct.	ind. quest.
(10)	exposuisset	pluperf. subjunct.	**cum** circumstantial
	peteret	impf. subjunct.	ind. quest.
(11)	tulissent	pluperf. subjunct.	**cum** *although*
(12)	comprehendāmus	pres. subjunct.	**cum** *since*
(13)	cōnfer	imper. 2 sg.	command
(14)	ferant	pres. subjunct.	jussive (command)
(15)	nāvibus	abl. pl.	means
	lātūrōs esse	fut. infin.	ind. state.
(16)	vīcissent	pluperf. subjunct.	**cum** *although*
(17)	offerrent	impf. subjunct.	ind. quest.
(19)	dīxisset	pluperf. subjunct.	**cum** circumstantial

KEY FOR Capvt XXXII

1. (1) **-ē**; (2) **-iter** (e.g., līberē, celeriter).
2. The ending *-ly* (e.g., freely, quickly).
3. No. For example, see the list on p. 322.
4. (1) **-ius** (e.g., līberius, celerius).
   (2) It is identical with the nom. and acc. n. sg.
   (3) It is usually formed by using *more* (*too, rather*) with the positive degree of the adverb (e.g., more/too freely, more quickly).
5. The base is the same in both instances.
6. (1) **līberius** = more/too/rather freely.
   (2) **līberrimē** = most/very freely.

7. (1) pleasantly
    (2) more/too pleasantly
    (3) most/very pleasantly
    (4) better
    (5) very faithfully
    (6) briefly
    (7) very quickly
    (8) worse
    (9) more faithfully
    (10) more easily

    (11) very little, least of all
    (12) more, rather
    (13) longer
    (14) badly
    (15) more wretchedly
    (16) less
    (17) easily
    (18) especially, most of all
    (19) very seriously
    (20) more swiftly

8. (1) **vol-**; (2) **vel-**. See p. 324.
9. It is similar to **sum**. See p. 266.
10. (1) you (sg.) will wish
    (2) pres. subjunct., 2 sg.
    (3) you (sg.) wish
    (4) impf. subjunct., 2 sg.
    (5) he prefers
    (6) pres. subjunct., 1 pl.
    (7) impf. subjunct., 1 pl.
    (8) pluperf. subjunct., 2 sg.
    (9) I shall wish
    (10) they kept wishing
    (11) he will wish
    (12) you (pl.) wish

    (13) to have wished
    (14) they wish
    (15) we wished
    (16) to wish
    (17) he had wished
    (18) they wished
    (19) you (sg.) wished
    (20) impf. subjunct., 3 sg.
    (21) they do not wish
    (22) impf. subjunct., 3 sg.
    (23) pres. subjunct., 3 sg.
    (24) he will not wish

11. Certain men prefer to believe that all men are equal. 12. Certain men say that all men's minds at least are not equal. 13. These men obtained wealth very quickly; those will be poor for a very long time. 14. This man wishes to get very many honors as easily as possible. 15. Do not lose this knowledge. 16. The citizens themselves managed the state better than the leader. 17. There the land is more level and is more open. 18. Free men will not wish to keep us from knowledge; but tyrants especially so wish. 19. The tyrant used to oppress his citizens so badly that they always wished to be free. 20. He will offer very many gifts very freely so that the army may be willing to help that tyrant. 21. Since they had very little wish to offer aid, we were unwilling to show them many favors. 22. Since the enemy are coming swiftly against us, we want to call our men to arms as quickly as possible. 23. Although they truly wanted to preserve their liberty and laws, nevertheless the crimes of the tyrant had to be endured very long. 24. He prefers to do these things more wisely so that he may not lose this occasion at least. 25. Do not leave, my friend.

KEY FOR Capvt XXXIII

1. (1) The present subjunctive. (2) See p. 335.
2. (1) (A) Present contrary to fact; (B) past contrary to fact.
    (2) The conditional clause. See p. 335.
3. **Nisi.**
4. The future less vivid condition.
5. See *Vocābula* p. 336.

6. If reason leads, you (sg.) are happy. 7. If reason leads, you will be happy. 8. If reason should lead, you would be happy. 9. If reason were leading, you would be happy. 10. If reason had led, you would have been happy. 11. If you (sg.) love money, you lack wisdom. 12. If you love money, you will lack wisdom. 13. If you should love money, you would lack wisdom. 14. If you were in love with money, you would lack wisdom. 15. If you had loved money, you would have lacked wisdom. 16. If we seek the truth, we find knowledge. 17. If we seek the truth, we shall find knowledge. 18. If we should seek the truth, we would find knowledge. 19. If we were seeking the truth, we would find knowledge. 20. If we had sought the truth, we would have found knowledge. 21. If you do not avoid anger, you will lose your two friends. 22. If you had not avoided anger, you would have lost your five friends. 23. If you should not avoid anger (if you should fail to avoid anger), you would lose many friends. 24. If you were not avoiding anger, you would be losing many friends. 25. If you do not avoid anger, you are losing many friends. 26. If you did not avoid anger, you lost many friends. 27. If anyone has a good character, we praise him. 28. If anyone had had a good character, we would have praised him. 29. If anyone should have a good character, we would praise him. 30. If anyone had a good character, we praised (used to praise) him. 31. If anyone were in possession of a good character, we would praise him. 32. If anyone has a good character, we shall praise him. 33. If those men win, we shall depart. 34. If those men should win, we would depart. 35. If those men had won, we would have departed. 36. If you had read books well, you would have written better. 37. If you read books well, you will write better. 38. If you should read books well, you would write better.

39. (6) simple present   (21) simple fut.
   (7) simple fut.   (22) past contrary to fact
   (8) fut. less vivid   (23) fut. less vivid
   (9) pres. contrary to fact   (24) pres. contrary to fact
  (10) past contrary to fact   (25) simple present
                        (26) simple past

KEY FOR Capvt XXXIV

1. See p. 345.

2.

	Indicative	
Pres.	cōnāmur	loquitur
Impf.	cōnābāmur	loquēbātur
Fut.	cōnābimur	loquētur
Perf.	cōnātī sumus	locūtus est
Pluperf.	cōnātī erāmus	locūtus erat
Fut. Perf.	cōnātī erimus	locūtus erit
	Subjunctive	
Pres.	cōnēmur	loquātur
Impf.	cōnārēmur	loquerētur
Perf.	cōnātī sīmus	locūtus sit
Pluperf.	cōnātī essēmus	locūtus esset

3. (1) Participles

Pres.	patiēns,	*suffering*
Perf.	passus,	*having suffered*
Fut.	passūrus,	*about to suffer*
Ger.	patiendus,	*to be endured*

(2) Infinitives

Pres.	patī,	*to suffer*
Perf.	passus esse,	*to have suffered*
Fut.	passūrus esse,	*to be about to suffer*

4. (1) illud cōnsilium; (2) illō cōnsiliō; (3) illud cōnsilium
5. Ablative (of means) with special deponent verbs. See p. 349.
6. Pres. partic.; fut. partic.; fut. infin.; e.g., **patiēns, passūrus, passūrus esse** in 3 above.
7. (1) cōnor   (2) loquor
    2 sg. cōnāre, *try*   loquere, *speak*
    2 pl. cōnāminī, *try*   loquiminī, *speak*

8. (1) locūtus, *having said*   (5) secūtus, *having followed*
   (2) mortuus, *having died*   (6) ēgresssus, *having gone out*
   (3) cōnātus, *having tried*   (7) profectus, *having set out*
   (4) passus, *having suffered*

9. (1) he will use   (11) to endure
   (2) pres. subjunct., 3 sg.   (12) they endured
   (3) he uses   (13) to have endured
   (4) impf. subjunct., 3 sg.   (14) enduring
   (5) having used   (15) pres. subjunct., 3 sg.
   (6) pluperf. subjunct., 3 sg. (16) he endures
   (7) to be about to use   (17) we shall endure
   (8) you (sg.) will endure   (18) pres. subjunct., 3 sg.
   (9) you (sg.) are enduring (19) impf. subjunct., 3 sg.
   (10) endure (imper.)   (20) it must be endured

10. He thinks that these evils ought to be endured. 11. We shall try to endure these evils. 12. If you do not wish to die, endure these evils. 13. Having endured the greatest evils, the poor man died. 14. The tyrant thought that those two men would endure these evils a long time. 15. When they had endured three wars, they dared to force that tyrant into exile. 16. If you follow this new leader, you will enjoy liberty and leisure. 17. When these words had been said, we dared to follow him. 18. Having spoken these words, we set out so that we might not die in that miserable place. 19. Although he thought that you had used a bad plan, nevertheless he spoke with you freely. 20. If anyone should dare to use wine of that sort, he would quickly die. 21. His son was born and died on the same day. 22. Let us use all our resources so that our country may be saved. 23. When he tried to set out into another land, he was captured by soldiers. 24. I kept thinking that he would go out of the city with his ten friends. 25. Having set out that night, Caesar came to a certain very famous island. 26. If they had used better books, they would have learned more. 27. If you wish to have many friends, do not be arrogant.

28. (12) simple pres.; (16) simple fut.; (20) fut. less vivid; (26) past contrary to fact.

29. *Word* | *Form* | *Reason*

(14) passūrōs esse	fut. infin.	ind. state.
(17) verbīs	abl.	abl. abs.
(18) locūtī	nom. pl. of perf. partic.	agrees with subject of verb
morerēmur	impf. subjunct.	purpose
(19) cōnsiliō	abl.	special deponents
arbitrārētur	impf. subjunct.	**cum** *although*
(21) diē	abl.	time when
(22) ūtāmur	pres. subjunct.	jussive
(25) nocte	abl.	time when
(26) librīs	abl.	special deponents

KEY FOR Capvt XXXV

1. See p. 361.
2. See p. 362-63.
3.
    (1) eum; they recognize him.
    (2) eī; they forgive him.
    (3) eī; they serve him.
    (4) eum; they save him.
    (5) eum; I prepared him.
    (6) eī; I obeyed him.
    (7) eum; they endure him.
    (8) eum; they will find him.
    (9) eī; they injure him.
    (10) eum; they help him.
    (11) eī; they please him.
    (12) eum; they throw him.
    (13) eum; they overcome him.
    (14) eī; they trust him.
    (15) eō; they lack it.
    (16) eī; they study it.
    (17) eum; they urge him.
    (18) eum; they follow him.
    (19) eī; they persuade him.
    (20) eō; they use it (him).
    (21) eum; they strike him.
    (22) eī; they spare him.
    (23) eī; they command him.
    (24) eum; they order him.

4. He saved the leader. 5. He served the leader. 6. Slaves serve other men. 7. Brave men save others. 8. That slave served my son and saved him. 9. If anyone serves himself alone, he will never save the republic. 10. If someone had undertaken this work, he would have saved a thousand men. 11. The gods will pardon me; you, O citizens, pardon the whole army. 12. If we want God to forgive us, we ought to forgive other men. 13. They do not trust me now, and they will never be willing to trust my two sons. 14. Those friends are very dear to me. 15. Since you lacked good faith, they could not trust you. 16. Let us obey this leader so that he may spare us and save the city. 17. If Caesar does not please the citizens, they will not spare his life. 18. I am studying Latin literature, which I like (pleases me) even if I cannot persuade my friends. 19. Let us always study and obey truth and wisdom. 20. Always study the best subjects if you wish to be truly happy. 21. As we study these subjects, let us enjoy both books and life. 22. A good man wishes to harm nobody; he spares all, he helps all. 23. My rewards are very similar to yours.

24. *Word*	*Form*	*Reason*
(5) ducī	dat.	special verbs
(8) eum	acc.	obj. of **servāvit**
(9) sibi	dat.	special verbs
(11) exercituī	dat.	special verbs
(12) hominibus	dat.	special verbs
(13) fīliīs	dat.	special verbs
(14) mihi	dat.	dat. with adjs.
(15) fidē	abl.	separation
(16) ducī	dat.	special verbs
pāreāmus	pres. subjunct.	jussive
servet	pres. subjunct.	purpose
(17) cīvibus	dat.	special verbs
vītae	dat.	special verbs
(18) litterīs	dat.	special verbs
amīcīs	dat.	special verbs
(21) rēbus	dat.	special verbs
librīs	abl.	special depon. verbs
ūtāmur	pres. subjunct.	jussive
(22) omnibus	dat.	special verbs
(23) tuīs	dat.	dat. with adjs.

KEY FOR Capvt XXXVI

1. Indirect command = **ut** (**nē**) + subjunctive. See p. 371.
2. Imperō, dīcō, cūrō, moneō, hortor, persuādeō, petō, quaerō, ōrō, rogō. See p. 371-72.
3.
   (1) it will be made/done, he will become
   (2) it is made/done, he becomes
   (3) pres. subjunct., 3 sg.
   (4) impf. subjunct., 3 sg.
   (5) to be made/done, to become
   (6) they are made/done, they become
   (7) they were being made/done, they were becoming
   (8) you (sg.) will be made, become
   (9) to have been made/done, become
   (10) impf. subjunct., 3 pl.
   (11) we are made, become
   (12) they will be made, become
   (13) you (sg.) are made, become
   (14) impf. subjunct., 1 sg.
   (15) pres. subjunct., 3 pl.
   (16) gerundive, to be made/done
   (17) pres. subjunct., 1 pl.

4. He said that they were studying Latin literature. 5. He told why they were studying Latin literature. 6. He said that they should study Latin literature (he told them to study . . .). 7. We asked them why they were studying Greek philosophy. 8. Do you ask that we learn (= ask us to learn) the nature of all things? 9. I warn you to spare these wise men. 10. He warned the soldiers not to injure those seeking peace. 11. He will command us not to trust the enemy. 12. He commanded you to obey the leader. 13. I ask you why you did this. 14. I ask you to do this. 15. I beg of you that peace be made. 16. They kept begging me not to make war. 17. I begged him not to obey the disgraceful king. 18. We beg you to become very keen pupils. 19. Do not be like that harsh tyrant. 20. Caesar took care that his power be made greatest in the state. 21. The speaker urged us to serve our free country eagerly. 22. He persuaded us that we should always use just laws. 23. We are

trying to persuade the leader not to harm the arts and laws of the country. 24. A tyrant commands that money be made; and money is made. But that fool does not perceive that this money will be nothing without good faith. 25. Let us urge more students certainly to study the Latin language.

26.

Word	Form	Reason
(4) studēre	pres. infin.	ind. state.
(5) studērent	impf. subjunct.	ind. quest.
(6) studērent	impf. subjunct.	jussive noun
(7) studērent	impf. subjunct.	ind. quest.
(8) cognōscāmus	pres. subjunct.	jussive noun
(9) parcās	pres. subjunct.	jussive noun
(10) eīs	dat.	special verbs
pācem	acc.	obj. **petentibus**
(11) hostibus	dat.	special verbs
(13) fēcerīs	perf. subjunct.	ind. quest.
(14) faciās	pres. subjunct.	jussive noun
(16) facerem	impf. subjunct.	jussive noun
(18) fīātis	pres. subjunct.	jussive noun
(22) lēgibus	abl.	special depon. verbs
(23) lēgibus	dat.	special verbs
(24) futūram esse	fut. infin.	ind. state.
(25) hortēmur	pres. subjunct.	jussive

KEY FOR Capvt XXXVII

1. (1) Present indicative and present subjunctive.
   (2) It is ī-.

2. Nom. sg. = **iēns**; nom. pl. = **euntēs.**

3. In writing the synopsis of a verb one should follow the sequence of tenses in the indicative and the subjunctive as given above in #2 of the Key of Capvt XXXIV. If this is done there is no need to label the tenses.

   Eō 2nd sg.: Indicative—īs, ībās, ībis, īstī, ierās, ieris.
   Subjunctive—eās, īrēs, ierīs, īssēs.
   Eō 3d pl.: Indicative—eunt, ībant, ībunt, iērunt, ierant, ierint.
   Subjunctive—eant, īrent, ierint, īssent.

4. (1) we went
   (2) we are going
   (3) impf. subjunct., 1 pl.
   (4) we shall go
   (5) pluperf. subjunct., 1 pl.
   (6) pres. subjunct., 1 pl.
   (7) to be about to go
   (8) going (acc. sg.)
   (9) they went
   (10) they are going
   (11) pres. subjunct., 3 pl.
   (12) they will go
   (13) I went
   (14) he was going
   (15) they had gone
   (16) perf. subjunct., 1 sg.
   (17) impf. subjunct., 3 sg.
   (18) to have gone
   (19) going (nom./acc. pl.)
   (20) I shall go
   (21) he went
   (22) we were going
   (23) pluperf. subjunct., 3 sg.
   (24) pres. subjunct., 3 sg.

5. (1) **ab, dē, ex** + abl.; ab (ex) eā terrā.
   (2) **in** + abl.: in eā terrā; in eā īnsulā.
   (3) **in** or **ad** + acc.: in (ad) eam terram.
6. (1) Place from which = abl. without a preposition.
   (2) Place where = locative without a preposition.
   (3) Place to which = accusative without a preposition.
7. The locative is the case which expresses the idea of "place where" when **domus** or the name of a city, town, or small island is used; for Forms, see p. 384.
8. (1) Time when = abl. without a prep.: eōdem diē.
   (2) Time how long = acc. usually without a prep.: multōs diēs.
   (3) Time within which = abl. without a prep.: ūnō diē.
9. Since an impersonal verb lacks the 1st and the 2nd persons sg. and pl., the 1st and the 3rd principal parts are given in the 3rd pers. sg. See p. 385, *Vocābula,* s.v. **licet. Licet tibi īre.**
10. (1) (for) one day
    (2) in one day
    (3) on that day
    (4) from Rome
    (5) at Rome
    (6) to Rome
    (7) in a few days
    (8) on the same night
    (9) (for) many days
    (10) into the ship
    (11) in the ship
    (12) out of the ship
    (13) home (= to home)
    (14) at/from Athens
    (15) at home
    (16) to Athens
    (17) from home
    (18) (for) a few hours

11. In a few hours we shall go to Rome. 12. We are going to the city; they are going home. 13. As we have often admitted, you may not (are not permitted to) go from Rome to Athens (*lit.,* to go is not permitted to you). 14. Why did you leave home (go away from home) so quickly? 15. They are coming to Rome in order to go to Athens with my brother. 16. Do not go away from Rome. 17. When your brother had been killed at Rome, we kept urging you to return to Athens. 18. If he should go into the territory of the enemy at this time, he would perish in a few hours. 19. He said that he did not want to stay in that country of yours many days. 20. You said that you would return home from Athens in one hour. 21. I beg of you to return from the ship to the island in a short time. 22. In those days we were accustomed to be at Athens. 23. If they had injured his friends at Rome, he would have returned to Rome in a very short time. 24. Although my brother stayed at home, I nevertheless went away from home into new lands. 25. The Romans, if they wanted to say something bad, often used to say: "Go to the devil." 26. He is persuading them to study Latin.

27. (11) **horīs** = abl.: time within which; **Rōmam** = acc.: place to which; (12) **domum** = acc.: place to which; (13) **Rōmā** = abl.: place from; **Athēnās** = acc.: place to; **īre** = pres. infin.: subject of **licet**; (14) **domō** = abl.: place from; (15) **Rōmam** = acc.: place to; (18) **frātre** = abl.: abl. abs.; (18) **tempore** = abl.: time when; **eat** = pres. subjunct.: fut. less vivid; **horīs** = abl.: time within; (19) **velle** = pres. infin.: ind. state.; **diēs** = acc.: time how long; (20) **domum** = acc.: place to; **Athēnīs** = abl.: place from; **horā** = abl.: time within; **reditūrum esse** = fut. infin.: ind. state.; (21) **tempore** = abl. time within; **redeās** = pres. subjunct.: jussive noun clause; (22) **diēbus** = abl.: time when; **Athēnīs** = locative: place where; (23) **amīcīs** = dat.: special verbs; **Rōmae** = locative: place where; **redīsset** = pluperf. subjunct.: past contrary to fact condit.; (24) **domī** =

locative: place where; **terrās** = acc.: place to; **domō** = abl.: place from; (26) **studeant** = pres. subjunct.: jussive noun clause.

KEY FOR Capvt XXXVIII

1. A relative clause with the indicative tells a *fact* about the antecedent.
2. A relative clause with the subjunctive tells a *characteristic* of the antecedent, indicates it to be a person or thing of such a sort. See p. 396.
3. See p. 397.
4. See p. 397-98.

5. My friend who defended the consul was himself a very famous man. 6. But there was no one who would defend that base fellow. 7. What is there which men fear more than a tyrant? 8. Who is there who would hesitate between liberty and the command of a tyrant? 9. At ancient Rome there were those who loved money more than the state. 10. Let that evil man depart from his country—he who has endured the hatred of all good citizens. 11. Catiline, who had made such a great plot against the state, was driven from the city by Cicero. 12. What life can be pleasant for that leader as he goes off into exile? 13. Who is there who would be able to bear such pain? 14. If a person is not agreeable and good, he will not live a truly happy life, it seems to me. 15. They will not trust a consul who would do base deeds. 16. Do not trust a man who is harsh to his friends. 17. Cicero was a consul who would place the state before his own safety. 18. They knew why we wanted to follow such a brave consul. 19. I know nothing which could be easier for me. 20. I am seeking a leader whom all men would praise. 21. They were going to Rome to ask for freedom. 22. The Romans, who had captured ten Greek republics with their own armies, were themselves—amazing to say—taken captive by the Greek arts! 23. For the ancient men there was nothing which was better than courage and wisdom. 24. Nothing is to be feared which cannot injure the soul.

25. The **quī ... dēfendit** states a fact about the **amīcus;** it does not describe his character. The subjunctive clause in #6 tells what kind of person the imagined **nēmō** might be.
26. Syntax: (7) **metuat** = pres. subjunct.: characteristic; (8) **dubitet** = pres. subjunct.: characteristic; (9) **Rōmae** = loc.: place where; **amārent** = impf. subjunct.: characteristic; (10) **abeat** = pres. subjunct.: jussive; **passus est** = perf. indic. rel. clause of fact; (11) **fēcerat** = pluperf. indic.: rel. clause of fact; (12) **ducī** = dat.: reference; **potest** = pres. indic.: main verb in a direct question; (13) **possit** = pres. subjunct.: characteristic; (14) **erit** = fut. indic.: simple fut. condit.; **mihi** = dat.: ref.; (15) **cōnsulī** = dat.: special verbs; (16) **amīcīs** = dat.: dat. with adjs.; (17) **salūtī** = dat.: compound verb; **antepōneret** = impf. subjunct.: characteristic; (18) **vellēmus** = impf. subjunct.: ind. quest.; (19) **mihi** = dat.: ref.; **possit** = pres. subjunct.: characteristic; (21) **rogātum** = acc. supine: purpose; (22) **cēperant** = pluperf. indic.: rel. clause of fact; **dictū** = abl. supine: respect; (23) **virīs** = dat.: ref.; (24) **animō** = dat.: special verbs; **possit** = pres. subjunct.: characteristic.

KEY FOR Capvt XXXIX

1. (1) See p. 407 s.v. "The Gerund."
   (2) See p. 407.

(3) See p. 407.

(4) It is used as a noun is used, except not as a subject or direct object. See p. 407-08.

(5) The infinitive; see p. 408.

2. (1) See p. 407 s.v. "The Gerundive."

(2) The gerund*ive* is an adject*ive*.

(3) As an adjective it modifies a noun or pronoun and agrees with that noun or pronoun in gender, number, and case.

(4) The gerundive (e.g., **laudandus, -a, -um**) is declined as **magnus, -a, -um** is. See p. 408.

(5) Since the gerund has only the endings **-ī, -ō, -um, -ō**, any feminine or any plural ending on an **-nd-** base is bound to indicate a gerundive; and also, if an **-nd-** form agrees with a noun as an adjectival modifier, it must be a gerundive.

3. (1) The Latin gerund is normally translated by the English gerund in *-ing* with any attending noun constructions or adverbial modifiers.

(2) The gerundive is to be translated as if it were a gerund with an object and any adverbial modifiers. In other words, both the gerund and the gerundive are to be translated in the same way. See p. 408-09.

(3) (A) We learn by reading with care.

    (B) We learn by reading books with care.

4. We learn by experiencing. 5. They came to learn (for learning). 6. He gave (devoted) himself to learning. 7. They came to your school to learn (for the sake of learning). 8. The boy went to the school desirous of learning (eager to learn). 9. The fear of dying kept terrifying him. 10. The hope of living after death encourages many people. 11. By thinking (= by using his head) he overcame them.

12. He devoted (gave) himself—(1) to seeking glory. (2) to waging war. (3) to making money. (4) to getting power. (5) to destroying states. (6) to following this leader. (7) to saving his country. (8) to seeking peace. (9) to attacking wrongs. (10) to writing books. (11) to reading books. (12) to learning philosophy. (13) to learning Latin literature. (14) to understanding the truth. (15) to seeking wisdom. (16) to helping human beings.

13. He came to Rome—(1) to undertake this work. (2) to see the Roman games. (3) to see the old buildings. (4) to seek peace. (5) for the sake of undertaking this work (to undertake . . .). (6) for the sake of learning philosophy (to learn . . .). (7) for the sake of reading new books (to read . . .). (8) to see the games.

14. He wrote a book—(1) about enduring pain. (2) about overcoming fear. (3) about living a good life. (4) about managing the state. (5) about waging war. (6) about defending liberty. (7) about conquering the enemy. (8) about giving gifts.

15. We become wiser—(1) by reading Latin literature. (2) by learning philosophy. (3) by experiencing life. (4) by conquering fear. (5) by following truth.

16. We help our very selves—(1) by always reading good books. (2) by freeing unfortunate men from fear. (3) by offering aid. (4) by helping others.

17. He consumed much time—(1) in thinking (speaking, running). (2) in doing these tasks. (3) in finding the way. (4) in preparing an army. (5) in preparing supplies (troops).

18. He had time for writing this book only.

KEY FOR Capvt XL

1. See p. 418.
2. Positive fear clauses are introduced by **nē**; negative clauses by **ut**.
3. The noun must itself be modified by an adjective.

4. I greatly fear that the general may not send us enough help. 5. She was a woman of the greatest courage and loyalty and in fact very like her mother. 6. Do not fear that all the men and women of great courage will depart from Rome. 7. This is, indeed, easy to say but difficult to do! 8. They came home to please their parents. 9. You do wish to hear something good, don't you? 10. Do you wish to have much wisdom? Study Latin! 11. He ordered the three soldiers to go to Rome to seek peace. 12. You do not hesitate to say this, do you, my friend? 13. You urge me to be of great courage and to have hope of safety, but I fear that I may be too weak. 14. For my part I place wealth ahead of wisdom. For I do not think that human beings can find a happy life without a great deal of money. 15. However, very many rich men experience much fear. 16. Poor men are often happier and have less fear. 17. Money itself is not bad; but the things of the mind and the soul offer more help for living happily. 18. Nine of the leaders urged us to supply more aid. 19. When five of the guards had been killed, my father fled into that free land with two of his sons and with a large number of friends. 20. Never will he have enough leisure; yet some leisure is better than nothing. 21. In our times we all have too much of fear and too little of hope. 22. Great faith and courage must be found by all men.

부록 (APPENDIX)

어원론 보충 자료

    음성학적 변화의 두 가지 법칙

    접두사

    접미사

보충 구문론

SVMMĀRIVM FŌRMĀRVM

어원론 보충 자료

음성학적 변화의 두 가지 법칙들

"Phonetic"(음성학)은 그리스어 **phōnḗ**(소리, 음성, 말; cf. phonograph, phonology, symphony, telephone)에서 파생된 용어이다. 따라서, 음성학적 변화는 원래의 말소리가 이런 저런 이유로 변화되는 것을 의미한다. 라틴어에서 많이 나타나는 이러한 변화들 중에서, 아래의 두 가지 법칙은 아마도 초학자들에게 매우 중요할 것이다.

A. 모음 약화(*Vowel weakening*)는 복합어들의 중간에 위치한 음절들에서 보통 나타나는데, 그 패턴을 정리하면 아래와 같다.

    1. ă > ĭ 하나의 자음 또는 **ng** 앞에서.
       ă > ĕ 두 개의 자음들 앞에서.

        căpiō, căptum: ac-cĭpiō, ac-cĕptum

        făciō, făctum: per-fĭciō, per-fĕctum

        făcilis: dif-fĭcilis

        cădō, cāsum: oc-cĭdō, oc-cāsum (장모음 **ā**는 불변인 것에 유의하라.)

        tăngō, tăctum: con-tĭngō, con-tăctum

2. **ĕ > ĭ** 하나의 자음 앞에서.

        tĕneō: con-tĭneō (그러나 contentum)

        prĕmō: com-prĭmō (그러나 compressum)

3. **ae > ī.**

        quaerō, quaesītum: re-quīrō, re-quīsītum

        laedō, laesum: col-līdō, col-līsum

        caedō, caesum: in-cīdō, in-cīsum; oc-cīdō, oc-cīsum

        aestimō: ex-īstimō

4. **au > ū.**

        claudō: in-clūdō, ex-clūdō

        causor: ex-cūsō

B. 접두사의 마지막 자음이 기본 단어의 첫 번째 자음으로 "동화"(assimilation) 되는 현상이 흔히 나타난다.

    ad-capiō > ac-cipiō   **in-mortālis > im-mortālis**

    dis-facilis > dif-ficilis   **in-ruō > ir-ruō**

접두사

여기에 열거된 접두사들은 라틴어 단어들뿐만 아니라 영어의 파생어들을 분석하는 데에도 도움이 되는 중요한 것들이다. 라틴어 접두사들은 달리 표시된 경우를 제외하면 원래 형태 그대로 영어로 유입되었다. 한편 라틴어 접두사들은 거의 다 전치사로도 흔히 사용되었다; 그러나 "비분리"라고 표시된 소수의 것들은 단지 접두사로만 나타난다.

ā-, ab-, *away, from.*

    ā-vocō, *call away* (avocation)

    ā-vertō, *turn away* (avert)

ā-mittō, *send away, let go, lose*

ab-sum, *be away* (absent)

ab-eō, *go away*

ab-dūcō, *lead away* (abduct)

ad- (**ac-, af-, ag-, al-, an-, ap-, ar-, as-, at-**로 동화), *to, towards, in addition.*

ad-vocō, *call to, call* (advocate)

ad-dūcō, *lead to* (adduce)

ad-mittō, *send to, admit*

ac-cēdō, *go to, approach* (accede)

ac-cipiō (**ad-capiō**), *get, accept*

ap-pōnō, *put to* (apposition)

as-sentiō, *feel towards, agree to, assent*

ante-, *before.*

ante-pōnō, *put before, prefer*

ante-cēdō, *go before, precede, excel* (antecedent)

circum-, *around.*

circum-dūcō, *lead around*

circum-veniō, *come around, surround* (circumvent)

circum-stō, *stand around* (circumstance)

com- (**com = cum**; 또한 **con-, cor-, col-, co-**로 나타난다), *with, together;* 강의적 효과: *completely, very, greatly, deeply, forcibly.*

con-vocō, *call together* (convoke)

con-dūcō, *lead together* (conduct)

com-pōnō, *put together, compose* (component)

com-mittō, *send together, bring together, entrust* (commit)

cōn-sentiō, *feel together, agree* (consent)

cō-gō (**co-agō**), *drive together, force* (cogent)

com-pleō, *fill completely, fill up* (complete)

cōn-servō, *save completely, preserve* (conserve)

con-cēdō, *go completely, go away, yield, grant* (concede)

con-tendō, *stretch greatly, strive, hurry* (contend)

col-laudō, *praise greatly* 또는 *highly*

cor-rōborō, *strengthen greatly* (corroborate)

contrā-, *against, opposite.* (라틴어에서는 접두사로 사용된 경우가 흔치 않지만, 영어에서는 꽤 자주 쓰이는 특히 *counter-*의 형태를 취한다.)

    contrā-dicō, *speak against* 또는 *opposite, oppose, rely* (contradict)

    contrā-veniō (후기 라틴어), *come against, oppose* (contravene)

dē-, *down, away, aside, out, off;* 강의적 효과: *utterly, completely.*

    dē-dūcō, *lead down* 또는 *away, drawn down* (deduce, deduct)

    dē-pōnō, *put aside, lay aside, entrust* (deponent, deposit)

    dē-mittō, *send down, throw down, let fall* (demit)

    dē-veniō, *come from, arrive at, reach*

    dē-vocō, *call away* 또는 *off*

    dē-cēdō, *go away* (decease)

    dē-mēns, *out of one's mind, demented*

    dē-certō, *fight it out, fight to the finish*

dis- (**dif-, dī-;** 비분리), *apart, away, not.*

    dis-pōnō, *put apart in different places, arrange* (disposition)

    dis-cēdō, *go away, depart*

    dī-mittō, *send away in different directions, let go* (dismiss)

    dif-ferō, dī-lātus, *bear apart, scatter, put off, differ* (different, dilate)

    dis-similis, *not similar, unlike, dissimilar*

    dif-ficilis, *not easy, difficult*

ē-, ex- (ef-), *from out, forth;* 강의적 효과: *exceedingly, up.*

    ē-dūcō, *lead out* (educe)

    ex-cēdō, *go out, from, away; go beyond* (exceed)

    ē-mittō, *send out, forth* (emit)

    ē-vocō, *call out, forth* (evoke)

    ex-pōnō, *put out, set forth, explain* (exponent, exposition)

    ē-veniō, *come out, forth; turn out, happen* (event)

    ef-ficiō (**ex-faciō**), *produce, accomplish, perform* (efficient, effect)

    ex-pleō, *fill up, complete*

    ex-asperō, *roughen exceedingly, irritate* (exasperate)

in- (**im-, il-, ir-;** 영어에서는 *en-*이나 *em-*으로도 나타난다), *in, into, on, upon, against.* (아래 **in-**도 보라.)

    in-vocō, *call in, call upon* (invoke)

in-dūcō, *lead in* 또는 *into, introduce, impel* (induce)

im-mittō, *send into, send against, let loose against*

im-pōnō, *put in, lay upon* (impose)

in-veniō, *come upon, find* (invent)

in-clūdō, *shut in, shut* (include, enclose)

in-vādō, *go into, move against* (invade)

ir-ruō, *rush into* 또는 *upon*

il-līdō (in-laedō), *strike* 또는 *dash against*

in-genium (in + gen- < gignō, *beget, give birth to*), *inborn nature, natural capacity, talent, character* (engine, ingenious)

in- (im-, il-, ir-; 비분리 접두사; 영어 *un-*과 뿌리가 같다), *not, un-.*

in-certus, *not certain, uncertain*

in-iūstus, *not just, unjust* (cf. injustice)

īn-fīnītus, *not limited, unlimited* (infinite)

īn-fīrmus, *not firm, weak* (infirm)

im-mortālis, *not mortal, deathless* (immortal)

il-litterātus, *unlearned, ignorant* (illiterate)

ir-revocābilis, *not-call-back-able, unalterable* (irrevocable)

inter-, *between, among.*

inter-veniō, *come between; interrupt* (intervene)

inter-cēdō, *go between* (intercede)

inter-mittō, *place between, leave off* (intermittent)

inter-pōnō, *put between, bring forward* (interpose)

inter-rēgnum, *period between two reigns* (interregnum)

intrō-, *within, in.* (부사로도 사용된다)

intrō-dūcō, *lead in* (introduce)

intrō-mittō, *send in*

intrō-spiciō, *look within* (introspect)

ob- (oc-, of-, op-), *towards, to, opposite, against, over.*

ob-dūcō, *lead toward* 또는 *against*

ob-veniō, *come opposite, meet*

oc-currō, *run to meet, meet* (occur)

of-ferō, *bear towards, furnish* (offer)

op-pōnō, *put opposite, set against, oppose* (opposition)

per- (pel-), *through;* 강의적 효과: *thoroughly, very, completely.*

    per-dūcō, *lead through* 또는 *along*

    per-veniō, *come through to, arrive at, reach*

    per-ferō, *carry through, bear thoroughly, endure*

    per-mittō, *let go through, entrust, allow* (permit)

    per-ficiō (-faciō), *do thoroughly, accomplish, finish* (perfect)

    per-facilis, *very easy*

    per-paucus, *very small*

    pel-lūcidus, *shining through, transparent*

post-, *after.*

    post-pōnō, *put after, esteem less, disregard* (postpone)

    post-ferō, *put after, esteem less, disregard* (postpone)

    post-scrībō, *write after, add* (postscript)

prae-, *before, in front, forth;* 강의적 효과: *very.* (영어에서는 *pre-*로 철자되기도 한다)

    prae-moneō, *warn before, forewarn* (premonition)

    prae-cēdō, *go before, excel* (precede)

    prae-pōnō, *put before, place in command of, prefer* (preposition)

    prae-mittō, *send before* 또는 *forth, set before* (premise)

    prae-scrībō, *write before, order* (prescribe, prescription)

    prae-ferō, *bear before, set before, prefer*

    prae-clārus, *very noble, very famous, excellent*

prō-, *before, in front, forth, out, away, instead of, for* (영어에서는 *pur-*로 나타날 때도 있다)

    prō-vocō, *call forth* 또는 *out, challenge, excite* (provoke)

    prō-videō, *see ahead, foresee, care for* (provide, provision, purvey)

    prō-dūcō, *lead before* 또는 *out, bring forth, prolong* (produce)

    prō-cēdō, *go forward, advance* (proceed)

    prō-pōnō, *put in front, set forth, declare* (proponent, purpose)

    prō-mittō, *send forth, assure* (promise)

    prō-cōnsul, *one who served in place of a consul* (proconsul)

re- (red-; 비분리**),** *back again.*

    re-vocō, *call back, recall* (revoke)

re-dūcō, *lead back* (reduce)

re-cēdō, *go back, retire* (recede)

re-pōnō, *put back, replace, restore* (repository)

re-mittō, *send back, give up* (remit)

red-dō, *give back, restore, return*

red-eō, *go back, return*

sē- (비분리), *apart, aside, without.*

sē-dūcō, *lead aside, separate* (seduce)

sē-cēdō, *go apart, withdraw, retire* (secede)

sē-pōnō, *put aside, select*

sē-moveō, *move aside, separate*

sē-cūrus, *without care, untroubled, serene* (secure)

sub- (**suc-, suf-, sug-, sup-, sur-, sus-**), *under, up (from beneath); rather, somewhat, a little, secretly.*

sub-dūcō, *draw from under, withdraw secretly*

suc-cēdō, *go under, go up, approach, prosper* (succeed)

sup-pōnō, *put under; substitute* (supposition, supposititious)

sub-veniō, *come under, help* (subvene, subvention)

sus-tineō (-teneō), *hold up, support, endure* (sustain)

super- (영어에서는 *sur-*로도 나타난다), *over, above.*

super-pōnō, *place over* 또는 *upon, set over* (superposition)

super-sedeō, *sit above* 또는 *upon, be superior to, be above, refrain from, desist* (supersede)

super-sum, *be over and above, be left, survive*

superō, *be above, surpass, conquer* (insuperable)

superbus, *above others, haughty, proud* (superb)

super-vīvō, *survive*

super-ficiēs, *surface*

trāns- (**trā-**), *across, over.*

trāns-mittō, *send across, cross over* (transmit)

trā-dūcō, *lead across* (traduce)

trāns-eō, *go across* (transition)

trā-dō, *give over, surrender, hand down* (tradition)

접미사

매우 많은 라틴어 접미사들 중에서, 좀더 중요한 것들을 몇 개만 골라서 영어 동의어들과 함께 여기에 열거하였다.

1. 행위자(*agent, doer, one who*)를 나타내는 접미사.

-tor 또는 **-sor,** m.; **-trīx,** f. (영어 -er를 참조하라)

>   **victor (vincō, victum,** *conquer*), *conqueror, victor*
>   **scrīptor (scrībō, scrīptum,** *write*), *writer*
>   **lēctor, lēctrīx (legō, lēctum,** *read*), *reader*
>   **ōrātor (ōrō, ōrātum,** [*speak*], *plead*), *speaker, orator*
>   **repertor, repertrīx (reperiō, repertum,** *discover*), *discoverer*
>   **auctor (augeō, auctum,** *increase*), *increaser, author*
>   **līberātor (līberō, līberātum,** *free*), *liberator*
>   **tōnsor (tondeō, tōnsum,** *shave, clip*), *barber*
>   **amātor (amō, amātum,** *love*), *lover*

이 명사들은 완료 분사 어간을 토대로 형성되었다.

2. 행위 또는 행위의 결과를 나타내는 접미사 (**-or, -ium, -tiō**).

-or (영어 -*or*)

>   **amor (amō,** *love*), *love, amour*
>   **timor (timeō,** *fear*), *fear*
>   **dolor (doleō,** *suffer pain*), *pain, suffering, grief*
>   **error (errō,** *go astray, err*), *error*
>   **terror (terreō,** *frighten, terrify*), *fright, terror*

-ium (영어 -*y;* **-ium** 앞에 위치한 **c** 또는 **t**는 -*ce*로 된다)

>   **studium (studeō,** *be eager*), *eagerness, study*
>   **colloquium (colloquor,** *talk with*), *talk, conference, colloquy*
>   **imperium (imperō,** *command*), *command, power*
>   **odium (ōdī,** *hate*), *hate*
>   **aedificium (aedificō,** *build*) *building, edifice*
>   **silentium (silēns, silentis,** *silent*), *silence*

-tiō, -tiōnis, 또는 **-siō, -siōnis** (영어 -*tion* 또는 -*sion*)

>   **admonitiō (admoneō, admonitum,** *admonish*), *admonition*
>   **ratiō (reor, ratum,** *reckon, think*), *reckoning, plan, reason* (*ration*)

ōrātiō (**ōrō, ōrātum,** [*speak*], *plead*), *oration*

nātiō (**nāscor, nātum,** *be born*), *birth, nation*

occāsiō (**occidō, occāsum,** *fall down*) *a befalling, occasion.*

3. 성질이나 상태, 또는 조건을 나타내는 접미사 (**-ia, -tia, -tās, -tūdō**).

-ia (영어 *-y*)

miseria (**miser,** *miserable*), *misery*

īnsānia (**īnsānus,** *insane*), *insanity*

victōria (**victor,** *victor*), *victory*

invidia (**invidus,** *envious*), *envy*

iniūria (**iniūrus,** *wrong, unjust*), *injustice, injury*

-tia (영어 *-ce*)

amīcitia (**amīcus,** *friendly*), *friendship*

sapientia (**sapiēns,** *wise*), *wisdom, sapience*

scientia (**sciēns,** *knowing*), *knowledge, science*

iūstitia (**iūstus,** *just*), *justice*

dīligentia (**dīligēns,** *diligen*t), *diligence*

-tās, -tātis (영어 *-ty*)

lībertās (**liber,** *free*), *freedom, liberty*

vēritās (**vērus,** *true*), *truth, verity*

paupertās (**pauper,** *poor*), *poverty*

cupiditās (**cupidus,** *desirous, greedy*), *greed, cupidity*

gravitās (**gravis,** *heavy, grave*), *weight, seriousness, gravity*

celeritās (**celer,** *swift*), *swiftness, celerity*

-tūdō, -tūdinis (영어 *-tude*)

multitūdō (**multus,** *much, many*), *multitude*

magnitūdō (**magnus,** *large, great*), *magnitude*

pulchritūdō (**pulcher,** *beautiful*), *beauty, pulchritude*

sōlitūdō (**sōlus,** *alone*), *solitude*

sollicitūdō (**sollicitus,** *agitated, solicitous*), *solicitude*

4. "가득한"(*full of*)을 뜻하는 형용사적 접미사 (**-ōsus**).

-ōsus, -ōsa, -ōsum (영어 *-ous* 또는 *-ose*)

studiōsus (**studium,** *zeal*), *full of zeal, eager* (*studious*)

> imperiōsus (**imperium**, *command*), *full of command, imperious*
> perīculōsus (**perīculum**, *danger*), *full of danger, dangerous*
> vitiōsus (**vitium**, *fault, vice*), *faulty, vicious*
> verbōsus (**verbum**, *word*), *wordy, verbose*

5. "가능한"(*able to be* 또는 *able to*), "가치 있는"(*worthy to be*)을 뜻하는 형용사적 접미사 (**-bilis**).

-bilis, -bile (영어 *-able, -ible, -ble*)
> laudābilis (**laudō**, *praise*), *worthy to be praised, laudable*
> amābilis (**amō**, *love*), *worthy to be loved, lovable, amiable*
> incrēdibilis (**crēdō**, *believe*), *not worthy to be believed, incredible*
> mōbilis (**moveō**, *move*), *able to be moved, movable, mobile*
> inexpugnābilis (**expugnō**, *conquer*), *unconquerable*
> stabilis (**stō**, *stand*), *able to stand, stable*

6. "적합한"을 뜻하는 형용사적 접미사 (**-ālis** 또는 **-āris**, **-ānus**, **-icus**).

-ālis, -āle, 또는 **-āris, -āre** (영어 *-al* 또는 *-ar*)
> mortālis (**mors**, *death*), *pertaining to death, mortal*
> vītālis (**vīta**, *life*), *pertaining to life, vital*
> fātālis (**fātum**, *fate*), *fatal*
> populāris (**populus**, *people*), *popular*
> vulgāris (**vulgus**, *the common people*), *common, vulgar*

-ānus, -āna, -ānum (영어 *-an* 또는 *-ane*)
> Rōmānus (**Rōma**, *Rome*), *pertaining to Rome, Roman*
> hūmānus (**homō**, *man*), *pertaining to man, human, humane*
> urbānus (**urbs**, *city*), *urban, urbane*
> mundānus (**mundus**, *world*), *worldly, mundane*

-icus, -ica, -icum (영어 *-ic*)
> domesticus (**domus**, *house*), *pertaining to the house, domestic*
> pūblicus (**populus**, *people*), *pertaining to the people, public*
> rūsticus (**rūs**, *country*), *rustic*
> cīvicus (**cīvis**, *citizen*), *civic*
> classicus (**classis**, *class*), *pertaining to the classes, of the highest class; classic*

보충 구문론

아래의 구문들은 일년의 초급 과정을 마친 후에도 계속해서 라틴어를 공부하려고 하는 학생들을 위해 마련되었다. 이 구문들 중 다수는 이 책의 40章에 걸친 정식 단원들 곳곳에서 이미 마주친 적이 있는데, 그것들은 구문론적인 표찰들을 굳이 붙이지 않더라도 쉽게 번역할 수 있는 경우가 자주 있지만, 여기에 그 목록을 좀더 까다로운 항목들과 함께 열거해 놓는 것이 현명할 듯싶다.

재료의 속격 (GENITIVE OF MATERIAL)

이 속격은 어떤 사물이 만들어진 재료를 나타낸다.

> pōculum **aurī**, *a goblet of gold*
> Numerus **hostium** crēscit, *the number of the enemy is increasing.*
> Mōns **aquae** secūtus est et tempestās trēs nāvēs cīnxit aggere **harēnae**,
> *a mountain of water followed and the storm surrounded three ships*
> *with a mound of sand.*

목적어의 속격 (OBJECTIVE GENITIVE)

목적어의 속격은 동사적 의미를 지닌 명사에 지배되므로, 그러한 뜻을 지닌 동사의 목적어처럼 다루어지며, 번역할 때 가끔은 *for*가 사용된다.

> amor **laudis**, *love of praise* (= amat laudem, *he loves praise.*)
> cupiditās **pecūniae**, *greed for money* (= cupit pecūniam, *he longs for*
> *money.*)
> metus **mortis**, *fear of death* (= metuit mortem, *he fears death.*)
> spēs **salūtis**, *hope for safety* (= spērat salūtem, *he hopes for safety.*)
> Fēmina erat dux **factī**, *a woman was the leader of the enterprise* (= dūxit
> factum.)
> laudātor **temporis** āctī, *a praiser of the past* (= laudat tempus āctum.)

목적의 여격 (DATIVE OF PURPOSE)

여격은 어떤 사람이나 사물이 돕는 목적을 표현할 수 있다. 관계의 여격(38章)은 목적의 여격과 결부되어 나타나기도 하는데, 이러한 결합을 "이중적 여격" 구문이라고 일컫는다.

Petītiō mea **tibi** (관계의 여격) summae **cūrae** (목적의 여격) est, *my candidacy is (for) the greatest concern to you.*

Ea rēs **mihi** (관계) summae **voluptātī** (목적) erat, *that matter was for the greatest pleasure to me = gave me the greatest pleasure.*

Illī **nōbīs** (관계) **auxiliō** (목적) vēnērunt, *they came as an aid to us.*

Hōs librōs **dōnō** (목적) mīsit, *he sent these books as a gift.*

Hoc mē iuvat et **mihi** (관계) **mellī** (목적) est, *this gratifies me and is (as) honey to me.*

Optant locum **tēctō** (목적), *they desire a place for a roof (building).*

소유의 여격

여격은 **sum**과 함께 사용되어 소유의 개념을 표현할 수 있다.

Liber est **mihi,** *a book is to me = I have a book.*

(다음 문장과 비교하라: liber est **meus,** *the book is mine.*)

Illī maior turba clientium est, *that man has a greater throng of retainers.*

Sunt **tibi** animus et mōrēs, *you have a soul and character.*

Haec **eīs** semper erunt, *they will always have these things.*

Prūdentia est illī **puellae,** *that girl has prudence.*

Ō virgō, nōn **tibi** est vultus mortālis, *O maiden, you do not have the face of a mortal.*

Sī umquam **mihi** fīlius erit . . . , *if I ever have a son . . . .*

관점 또는 상세의 탈격

탈격은 동사나 형용사가 어떤 세밀한 점에서 타당한지를 말하고자 할 때 사용될 수 있다.

Hī omnēs **linguā, īnstitūtīs, lēgibus** inter sē differunt, *these all differ from one another in language, customs, and laws.*

Illī **virtūte** omnibus (dat.) praestābant, *those men used to excel all in courage.*

Id genus erat intractābile **bellō,** *that race was unmanageable in war.*

Quis est praestantior aut **nōbilitāte** aut **probitāte** aut **studiō** optimārum artium? *Who is more outstanding in nobility or integrity or the pursuit of the finest arts?*

Ager bene cultus est über **ūsū** et ōrnātus **speciē,** *a field well cultivated is rich in usefulness and beautiful in appearance.*

Asia omnibus terrīs (dat.) antecellit **übertāte** agrōrum et **varietāte** frūctuum et **multitūdine** eārum quae exportantur, *Asia excels all lands in richness of fields and variety of fruits and large number of those things which are exported.*

원인의 탈격

탈격은 원인이나 이유를 나타내는 데 사용될 수 있다.

Miser **timōre** dēlīrat, *the wretched man is insane with fear.*

Corpora eōrum **metū** dēbilia sunt, *their bodies are weak from fear.*

Aper **dentibus** timētur, *the boar is feared because of his teeth.*

Nihil arduum mortālibus est; caelum ipsum **stultitiā** petimus, *nothing is (too) arduous for mortals; we seek the sky itself in our folly.*

Odiō tyrannī in exsilium fūgit, *because of his hatred of the tyrant he fled into exile.*

Bonī **amōre** virtūtis peccāre ōdērunt, *good men because of their love of virtue hate to sin.*

차이 정도의 탈격

비교의 의미를 지닌 부사들과 비교급들에 관련된 탈격은 그 비교에서 차이 나는 정도를 나타내는 데 사용될 수 있다.

Tantō melius, *the better by so much = so much the better.*

Senex nōn facit ea quae iuvenis, at **multō** maiōra et meliōra facit, *an old man does not do the things which a young man does, but he does much greater and better things (greater by much).*

Multō ācrius iam vigilābō, *I shall now watch much more keenly.*

Rōmam **paucīs** post **diēbus** vēnistī, *you came to Rome a few days afterwards (afterwards by a few days).*

Aberat ab eā urbe **tribus mīlibus** passuum, *he was three miles from that city (was away by three miles).*

Bonae Athēnae **paulō** plūs artis adiēcērunt, *good Athens added a little more skill (more by a little).*

간접 서술에서의 종속절

간접 서술에서 종속절은 가정법 동사를 취하는 것이 통례인데, 만일 직접 서술이었다면 그것은 직설법을 취했을 것이다.

> Lēgit librōs quōs mīserās, *he read the books which you had sent.*
> Dīxit sē lēgisse librōs quōs **mīsissēs**, *he said that he had read the books which you had sent.*

> Eī malī quī in urbe manent īnfirmī erunt sine duce, *those evil men who remain in the city will be weak without their leader.*
> Putō eōs malōs quī in urbe **maneant** īnfirmōs futūrōs esse sine duce, *I think that those evil men who remain in the city will be weak without their leader.*

> Sī id crēdet, errābit. *If he believes this, he will be wrong.*
> Dīcō sī id **crēdat** eum errātūrum esse. *I say that if he believes this he will be wrong.*

목적어 부정사

보완 부정사는 대격 주어를 취하지 않는다(6章을 보라). 그러나 대격 주어를 수반한 부정사가 동사의 목적어로 사용된 경우에는 목적어 부정사라고 일컫는다.

Volunt venīre, *they wish to come.* (보완 부정사)

Iussit eōs venīre, *he ordered them to come.* (목적어 부정사)

Nōn possum loquī, *I cannot speak.* (보완 부정사)

Nōn patitur mē loquī, *he does not permit me to speak.* (목적어 부정사)

Nōn audet īre, *he does not dare to go.* (보완 부정사)

Coēgērunt eum īre, *they forced him to go.* (목적어 부정사)

SVMMĀRIVM FŌRMĀRVM

명사 — 곡용

제1곡용	제2곡용				제3곡용	
porta, -ae	amīcus, -ī	puer, -ī	ager, -grī	dōnum, -ī	rēx, rēgis	corpus, -oris
f., *gate*	m., *friend*	m., *boy*	m., *field*	n., *gift*	m., *king*	n., *body*
Sg.						
N. port-a	amīc-us[1]	puer	ager	dōn-um	rēx	corpus
G. port-ae	amīc-ī	puer-ī	agr-ī	dōn-ī	rēg-is	corpor-is
D. port-ae	amīc-ō	puer-ō	agr-ō	dōn-ō	rēg-ī	corpor-ī
A. port-am	amīc-um	puer-um	agr-um	dōn-um	rēg-em	corpus
Ab. port-ā	amīc-ō	puer-ō	agr-ō	dōn-ō	rēg-e	corpor-e
Pl.						
N. port-ae	amīc-ī	puer-ī	agr-ī	dōn-a	rēg-ēs	corpor-a
G. port-ārum	amīc-ōrum	puer-ōrum	agr-ōrum	dōn-ōrum	rēg-um	corpor-um
D. port-īs	amīc-īs	puer-īs	agr-īs	dōn-īs	rēg-ibus	corpor-ibus
A. port-ās	amīc-ōs	puer-ōs	agr-ōs	dōn-a	rēg-ēs	corpor-a
Ab. port-īs	amīc-īs	puer-īs	agr-īs	dōn-īs	rēg-ibus	corpor-ibus

제3곡용 (I-어간)			제4곡용		제5곡용
cīvis, -is	urbs, -is	mare, -is	frūctus, -ūs	cornū, -ūs	diēs, -ēī
m., *citizen*	f., *city*	n., *sea*	m., *fruit*	n., *horn*	m., *day*
Sg.					
N. cīv-is	urb-s	mar-e	frūct-us	corn-ū	di-ēs
G. cīv-is	urb-is	mar-is	frūct-ūs	corn-ūs	di-ēī
D. cīv-ī	urb-ī	mar-ī	frūct-uī	corn-ū	di-ēī
A. cīv-em	urb-em	mar-e	frūct-um	corn-ū	di-em
Ab. cīv-e	urb-e	mar-ī	frūct-ū	corn-ū	di-ē
Pl.					
N. cīv-ēs	urb-ēs	mar-ia	frūct-ūs	corn-ua	di-ēs
G. cīv-ium	urb-ium	mar-ium	frūct-uum	corn-uum	di-ērum
D. cīv-ibus	urb-ibus	mar-ibus	frūct-ibus	corn-ibus	di-ēbus
A. cīv-ēs	urb-ēs	mar-ia	frūct-ūs	corn-ua	di-ēs
Ab. cīv-ibus	urb-ibus	mar-ibus	frūct-ibus	corn-ibus	di-ēbus

*Vīs*는 불규칙: Sg., N., vīs, G. (vīs), D. (vī), A. vim, Ab. vī; Pl. N. vīrēs, G. vīrium, D. vīribus, A. vīrēs, Ab. vīribus.

[1] **amīcus** 같은 명사들과 **magnus** 같은 남성 형용사들의 단수 호격은 **-e**로 끝난다. **fīlius** 및 **-ius**로 된 이름의 단수 호격은 **-ī** 모음 한 개로 끝난다(**fīlī, Vergilī**); 한편 **-ius**로 된 남성 형용사의 단수 호격은 **-ie**로 끝난다(**ēgregius; ēgregie**). 이러한 경우들을 제외하면, 호격은 모든 곡용들에서 주격과 동일한 형태를 취한다.

형용사 — 곡용

제1곡용과 제2곡용

	기본형 -us, -a, -um			기본형 -er, -era, -erum; -er, -ra, -rum		
M.	**F.**	**N.**		**M.**	**F.**	**N.**
	단수				단수[2]	
N.	magnus	magna	magnum	līber	lībera	līberum
G.	magnī	magnae	magnī	līberī	līberae	līberī
D.	magnō	magnae	magnō	līberō	līberae	līberō
A.	magnum	magnam	magnum	līberum	līberam	līberum
Ab.	magnō	magnā	magnō	līberō	līberā	līberō
	복수				단수[2]	
N.	magnī	magnae	magna	pulcher	pulchra	pulchrum
G.	magnōrum	magnārum	magnōrum	pulchrī	pulchrae	pulchrī
D.	magnīs	magnīs	magnīs	pulchrō	pulchrae	pulchrō
A.	magnōs	magnās	magna	pulchrum	pulchram	pulchrum
Ab.	magnīs	magnīs	magnīs	pulchrō	pulchrā	pulchrō

제3곡용

	두 어미 fortis, forte *brave*		세 어미 ācer, ācris, ācre *keen, severe*		한 어미 potēns[3] *powerful*		비교급[5] fortior, fortius *braver*	
	M. & F.	**N.**	**M. & F.**	**N.**	**M. & F.**	**N.**	**M. & F.**	**N.**
Sg.								
N.	fortis	forte	ācer ācris	ācre	potēns	potēns	fortior	fortius
G.	fortis		ācris		potentis		fortiōris	
D.	fortī		ācrī		potentī		fortiōrī	
A.	fortem	forte	ācrem	ācre	potentem	potēns	fortiōrem	fortius
Ab.	fortī		ācrī		potentī		fortiōre	
Pl.								
N.	fortēs	fortia	ācrēs	ācria	potentēs	potentia	fortiōrēs	fortiōra
G.	fortium		ācrium		potentium		fortiōrum	
D.	fortibus		ācribus		potentibus		fortiōribus	
A.	fortēs[4]	fortia	ācrēs[4]	ācria	potentēs[4]	potentia	fortiōrēs	fortiōra
Ab.	fortibus		ācribus		potentibus		fortiōribus	

[2] 복수는 단수 형태의 어간을 그대로 사용하고, 여기에 복수 어미들만 첨가하면 된다.

[3] 현재 분사들은 **potēns**의 곡용을 따른다; 단, 그것들이 순수한 분사로 사용되는 경우에는 단수 탈격에서 **-e**를 갖는다.

[4] **-īs**(복수 대격)에 대해서는 16장을 보라.

[5] 불규칙한 **plūs**에 대해서는 27장을 보라.

대명사

지시 대명사

	hic, *this*			ille, *that*		
	M.	**F.**	**N.**	**M.**	**F.**	**N.**
Sg.						
N.	hic	haec	hoc	ille	illa	illud
G.	huius	huius	huius	illīus	illīus	illīus
D.	huic	huic	huic	illī	illī	illī
A.	hunc	hanc	hoc	illum	illam	illud
Ab.	hōc	hāc	hōc	illō	illā	illō
Pl.						
N.	hī	hae	haec	illī	illae	illa
G.	hōrum	hārum	hōrum	illōrum	illārum	illōrum
D.	hīs	hīs	hīs	illīs	illīs	illīs
A.	hōs	hās	haec	illōs	illās	illa
Ab.	hīs	hīs	hīs	illīs	illīs	illīs

	관계 대명사			의문대명사[6]		강의형		
	quī, *who, which*			quis, *who?*		ipse, *himself, etc.*		
	M.	**F.**	**N.**	**M. & F.**	**N.**	**M.**	**F.**	**N.**
Sg.								
N.	quī	quae	quod	quis	quid	ipse	ipsa	ipsum
G.	cuius	cuius	cuius	cuius	cuius	ipsīus	ipsīus	ipsīus
D.	cui	cui	cui	cui	cui	ipsī	ipsī	ipsī
A.	quem	quam	quod	quem	quid	ipsum	ipsam	ipsum
Ab.	quō	quā	quō	quō	quō	ipsō	ipsā	ipsō
Pl.								
N.	quī	quae	quae	(복수 형태는 관계		ipsī	ipsae	ipsa
G.	quōrum	quārum	quōrum	대명사의 그것과		ipsōrum	ipsārum	ipsōrum
D.	quibus	quibus	quibus	동일하다.)		ipsīs	ipsīs	ipsīs
A.	quōs	quās	quae			ipsōs	ipsās	ipsa
Ab.	quibus	quibus	quibus			ipsīs	ipsīs	ipsīs

6 의문 형용사 **quī? quae? quod?** (*what? which? what kind of?*)의 곡용은 관계 대명사의 그것과 동일하다.

대명사

지시 대명사

is, *this, that, he, she, it*			idem, *the same*		
M.	**F.**	**N.**	**M.**	**F.**	**N.**
Sg.					
N.	is	ea	id	īdem	eadem	idem
G.	eius	eius	eius	eiusdem	eiusdem	eiusdem
D.	eī	eī	eī	eīdem	eīdem	eīdem
A.	eum	eam	id	eundem	eandem	idem
Ab.	eō	eā	eō	eōdem	eādem	eōdem
Pl.						
N.	eī, iī	eae	ea	eīdem, īdem	eaedem	eadem
G.	eōrum	eārum	eōrum	eōrundem	eārundem	eōrundem
D.	eīs, iīs	eīs, iīs	eīs, iīs	eīsdem[7]	eīsdem	eīsdem
A.	eōs	eās	ea	eōsdem	eāsdem	eadem
Ab.	eīs	eīs	eīs	eīsdem	eīsdem	eīsdem

불규칙 형용사[8]			인칭 대명사[9]		재귀대명사[9]
sōlus, *alone, only*					suī, *himself,*
M.	**F.**	**N.**	ego, *I*	tū, *you*	*herself, itself*
Sg.					
N.	sōlus	sōla	sōlum	ego	tū	—
G.	sōlīus	sōlīus	sōlīus	meī	tuī	suī[10]
D.	sōlī	sōlī	sōlī	mihi	tibi	sibi
A.	sōlum	sōlam	sōlum	mē	tē	sē[11]
Ab.	sōlō	sōlā	sōlō	mē	tē	sē[11]
Pl.						
N.	sōlī	sōlae	sōla	nōs	vōs	—
G.	sōlōrum	sōlārum	sōlōrum	nostrum / nostrī	vestrum / vestrī	suī
D.	sōlīs	sōlīs	sōlīs	nōbīs	vōbīs	sibi
A.	sōlōs	sōlās	sōla	nōs	vōs	sē[11]
Ab.	sōlīs	sōlīs	sōlīs	nōbīs	vōbīs	sē[11]

[7] 또한 **īsdem**으로도 나타난다.

[8] 이와 유사하게 곡용되는 단어들: **ūnus, tōtus, ūllus, nūllus, alius, alter, uter, neuter** (9章).

[9] 일인칭과 이인칭 대명사들의 모든 형태들은 단수와 복수 주격을 제외하면 재귀 대명사로도 사용될 수 있다.

[10] 이 형태들은 재귀적으로만 쓰인다. 삼인칭의 비재귀적 형태들은 **is**, **ea**, **id**로 충당된다(11章과 13章을 보라).

[11] **sēsē** 형태도 자주 발견된다.

형용사의 등급

원급	비교급	최상급
규칙		
longus, -a, -um (*long*)	longior, -ius	longissimus, -a, -um
fortis, -e (*brave*)	fortior, -ius	fortissimus, -a, -um
fēlīx, *gen.* fēlicis, (*happy*)	fēlīcior, -ius	fēlīcissimus, -a, -um
sapiēns, *gen.* sapientis (*wise*)	sapientior, -ius	sapientissimus, -a, -um
facilis, -e (*easy*)	facilior, -ius	facillimus, -a, -um
līber, -era, -erum (*free*)	līberior, -ius	līberrimus, -a, -um
pulcher, -chra, -chrum (*beautiful*)	pulchrior, -ius	pulcherrimus, -a, -um
ācer, ācris, ācre (*keen*)	ācrior, -ius	ācerrimus, -a, -um
불규칙		
bonus, -a, -um (*good*)	melior, -ius	optimus, -a, -um
magnus, -a, -um (*large*)	maior, -ius	maximus, -a, -um
malus, -a, -um (*bad*)	peior, -ius	pessimus, -a, -um
multus, -a, -um (*much*)	—, plūs	plūrimus, -a, -um
parvus, -a, -um (*small*)	minor, minus	minimus, -a, -um
(prae, prō)	prior, -ius (*former*)	prīmus, -a, -um
superus, -a, -um (*that above*)	superior, -ius	summus (suprēmus), -a, -um

부사의 등급

원급	비교급	최상급
규칙		
longē (*far*)	longius	longissimē
fortiter (*bravely*)	fortius	fortissimē
fēlīciter (*happily*)	fēlīcius	fēlīcissimē
sapienter (*wisely*)	sapientius	sapientissimē
facile (*easily*)	facilius	facillimē
līberē (*freely*)	līberius	līberrimē
ācriter (*keenly*)	ācrius	ācerrimē
불규칙		
bene (*well*)	melius	optimē
magnopere (*greatly*)	magis	maximē
male (*badly*)	peius	pessimē
multum (*much*)	plūs	plūrimē
parum (*little*)	minus	minimē
(prae, prō)	prius (*before*)	prīmum; prīmō
diū (*a long time*)	diūtius	diūtissimē

수사 (NUMERALS)

기수(Cardinals)	서수(Ordinals)	로마자 표기
1. ūnus, -a, -um	prīmus, -a, -um	I
2. duo, duae, duo	secundus, alter	II
3. trēs, tria	tertius	III
4. quattuor	quārtus	IIII; IV
5. quīnque	quīntus	V
6. sex	sextus	VI
7. septem	septimus	VII
8. octō	octāvus	VIII
9. novem	nōnus	VIIII; IX
10. decem	decimus	X
11. ūndecim	ūndecimus	XI
12. duodecim	duodecimus	XII
13. tredecim	tertius decimus	XIII
14. quattuordecim	quārtus decimus	XIIII; XIV
15. quīndecim	quīntus decimus	XV
16. sēdecim	sextus decimus	XVI
17. septendecim	septimus decimus	XVII
18. duodēvīgintī	duodēvīcēsimus	XVIII
19. ūndēvīgintī	ūndēvīcēsimus	XVIIII; XIX
20. vīgintī	vīcēsimus	XX
21. vīgintī ūnus, ūnus et vīgintī	vīcēsimus prīmus	XXI
30. trīgintā	trīcēsimus	XXX
40. quadrāgintā	quadrāgēsimus	XXXX, XL
50. quinquāgintā	quīnquāgēsimus	L
60. sexāgintā	sexāgēsimus	LX
70. septuāgintā	septuāgēsimus	LXX
80. octōgintā	octōgēsimus	LXXX
90. nōnāgintā	nōnāgēsimus	LXXXX; XC
100. centum	centēsimus	C
101. centum ūnus	centēsimus prīmus	CI
200. ducentī, -ae, -a	duocentēsimus	CC
300. trecentī	trecentēsimus	CCC
400. quadringentī	quadringentēsimus	CCCC
500. quīngentī	quīngentēsimus	D
600. sescentī	sescentēsimus	DC
700. septingentī	septingentēsimus	DCC
800. octingentī	octingentēsimus	DCCC
900. nōngentī	nōngentēsimus	DCCCC
1000. mīlle	mīllēsimus	M
2000. duo mīlia	bis mīllēsimus	MM

수사들의 곡용

1) **ūnus**의 곡용에 관해서는 9章 또는 위의 **sōlus**를 보라; 2) **duo, trēs, mīlle**에 관해서는 15章을 보라; 3) **trecentī**부터 **nōngentī**까지의 수들은 복수 형태만 취하며 **ducentī, -ae, -a**와 같이 곡용된다; 4) 서수들은 **prīmus, -a, -um**처럼 곡용된다; 5) 그 밖의 다른 형태들은 곡용되지 않는다.

제1-4활용

기본어

1*st:* laudō	laudāre	laudāvī	laudātum
2*nd:* moneō	monēre	monuī	monitum
3*rd:* agō	agere	ēgī	āctum
4*th:* audiō	audīre	audīvī	audītum
3*rd* (**-iō**): capiō	capere	cēpī	captum

직설법 능동태

현재

laudō	moneō	agō	audiō	capiō
laudās	monēs	agis	audīs	capis
laudat	monet	agit	audit	capit
laudāmus	monēmus	agimus	audīmus	capimus
laudātis	monētis	agitis	audītis	capitis
laudant	monent	agunt	audiunt	capiunt

미완료

laudābam	monēbam	agēbam	audiēbam	capiēbam
laudābās	monēbās	agēbās	audiēbās	capiēbās
laudābat	monēbat	agēbat	audiēbat	capiēbat
laudābāmus	monēbāmus	agēbāmus	audiēbāmus	capiēbāmus
laudābātis	monēbātis	agēbātis	audiēbātis	capiēbātis
laudābant	monēbant	agēbant	audiēbant	capiēbant

미래

laudābō	monēbō	agam	audiam	capiam
laudābis	monēbis	agēs	audiēs	capiēs
laudābit	monēbit	aget	audiet	capiet
laudābimus	monēbimus	agēmus	audiēmus	capiēmus
laudābitis	monēbitis	agētis	audiētis	capiētis
laudābunt	monēbunt	agent	audient	capient

완료

laudāvī	monuī	ēgī	audīvī	cēpī
laudāvistī	monuistī	ēgistī	audīvistī	cēpistī
laudāvit	monuit	ēgit	audīvit	cēpit
laudāvimus	monuimus	ēgimus	audīvimus	cēpimus
laudāvistis	monuistis	ēgistis	audīvistis	cēpistis
laudāvērunt	monuērunt	ēgērunt	audīvērunt	cēpērunt

과거완료

laudāveram	monueram	ēgeram	audīveram	cēperam
laudāverās	monuerās	ēgerās	audīverās	cēperās
laudāverat	monuerat	ēgerat	audīverat	cēperat
laudāverāmus	monuerāmus	ēgerāmus	audīverāmus	cēperāmus
laudāverātis	monuerātis	ēgerātis	audīverātis	cēperātis
laudāverant	monuerant	ēgerant	audīverant	cēperant

미래완료

laudāverō	monuerō	ēgerō	audīverō	cēperō
laudāveris	monueris	ēgeris	audīveris	cēperis
laudāverit	monuerit	ēgerit	audīverit	cēperit
laudāverimus	monuerimus	ēgerimus	audīverimus	cēperimus
laudāveritis	monueritis	ēgeritis	audīveritis	cēperitis
laudāverint	monuerint	ēgerint	audīverint	cēperint

가정법 능동태

현재

laudem	moneam	agam	audiam	capiam
laudēs	moneās	agās	audiās	capiās
laudet	moneat	agat	audiat	capiat
laudēmus	moneāmus	agāmus	audiāmus	capiāmus
laudētis	moneātis	agātis	audiātis	capiātis
laudent	moneant	agant	audiant	capiant

미완료

laudārem	monērem	agerem	audīrem	caperem
laudārēs	monērēs	agerēs	audīrēs	caperēs
laudāret	monēret	ageret	audīret	caperet
laudārēmus	monērēmus	agerēmus	audīrēmus	caperēmus
laudārētis	monērētis	agerētis	audīrētis	caperētis
laudārent	monērent	agerent	audīrent	caperent

완료

laudāverim	monuerim	ēgerim	audīverim	cēperim
laudāverīs	monuerīs	ēgerīs	audīverīs	cēperīs
laudāverit	monuerit	ēgerit	audīverit	cēperit
laudāverīmus	monuerīmus	ēgerīmus	audīverīmus	cēperīmus
laudāverītis	monuerītis	ēgerītis	audīverītis	cēperītis
laudāverint	monuerint	ēgerint	audīverint	cēperint

과거완료

laudāvissem	monuissem	ēgissem	audīvissem	cēpissem
laudāvissēs	monuissēs	ēgissēs	audīvissēs	cēpissēs
laudāvisset	monuisset	ēgisset	audīvisset	cēpisset
laudāvissēmus	monuissēmus	ēgissēmus	audīvissēmus	cēpissēmus
laudāvissētis	monuissētis	ēgissētis	audīvissētis	cēpissētis
laudāvissent	monuissent	ēgissent	audīvissent	cēpissent

명령법 현재 능동태

laudā	monē	age	audī	cape
laudāte	monēte	agite	audīte	capite

직설법 수동태

현재

laudor	moneor	agor	audior	capior
laudāris(-re)	monēris(-re)	ageris(-re)	audīris(-re)	caperis(-re)
laudātur	monētur	agitur	audītur	capitur
laudāmur	monēmur	agimur	audīmur	capimur
laudāminī	monēminī	agiminī	audīminī	capiminī
laudantur	monentur	aguntur	audiuntur	capiuntur

미완료

laudābar	monēbar	agēbar	audiēbar	capiēbar
laudābāris(-re)	monēbāris(-re)	agēbāris(-re)	audiēbāris(-re)	capiēbāris(-re)
laudābātur	monēbātur	agēbātur	audiēbātur	capiēbātur
laudābāmur	monēbāmur	agēbāmur	audiēbāmur	capiēbāmur
laudābāminī	monēbāminī	agēbāminī	audiēbāminī	capiēbāminī
laudābantur	monēbantur	agēbantur	audiēbantur	capiēbantur

미래

laudābor	monēbor	agar	audiar	capiar
laudāberis(-re)	monēberis(-re)	agēris(-re)	audiēris(-re)	capiēris(-re)
laudābitur	monēbitur	agētur	audiētur	capiētur
laudābimur	monēbimur	agēmur	audiēmur	capiēmur
laudābiminī	monēbiminī	agēminī	audiēminī	capiēminī
laudābuntur	monēbuntur	agentur	audientur	capientur

완료

laudātus[12] sum	monitus sum	āctus sum	audītus sum	captus sum
laudātus es	monitus es	āctus es	audītus es	captus es
laudātus est	monitus est	āctus est	audītus est	captus est
laudātī sumus	monitī sumus	āctī sumus	audītī sumus	captī sumus
laudātī estis	monitī estis	āctī estis	audītī estis	captī estis
laudātī sunt	monitī sunt	āctī sunt	audītī sunt	captī sunt

과거완료

laudātus eram	monitus eram	āctus eram	audītus eram	captus eram
laudātus erās	monitus erās	āctus erās	audītus erās	captus erās
laudātus erat	monitus erat	āctus erat	audītus erat	captus erat
laudātī erāmus	monitī erāmus	āctī erāmus	audītī erāmus	captī erāmus
laudātī erātis	monitī erātis	āctī erātis	audītī erātis	captī erātis
laudātī erant	monitī erant	āctī erant	audītī erant	captī erant

미래완료

laudātus erō	monitus erō	āctus erō	audītus erō	captus erō
laudātus eris	monitus eris	āctus eris	audītus eris	captus eris
laudātus erit	monitus erit	āctus erit	audītus erit	captus erit
laudātī erimus	monitī erimus	āctī erimus	audītī erimus	captī erimus
laudātī eritis	monitī eritis	āctī eritis	audītī eritis	captī eritis
laudātī erunt	monitī erunt	āctī erunt	audītī erunt	captī erunt

가정법 수동태

현재

lauder	monear	agar	audiar	capiar
laudēris(-re)	moneāris(-re)	agāris(-re)	audiāris(-re)	capiāris(-re)
laudētur	moneātur	agātur	audiātur	capiātur
laudēmur	moneāmur	agāmur	audiāmur	capiāmur
laudēminī	moneāminī	agāminī	audiāminī	capiāminī
laudentur	moneantur	agantur	audiantur	capiantur

미완료

laudārer	monērer	agerer	audīrer	caperer
laudārēris(-re)	monērēris(-re)	agerēris(-re)	audirēris(-re)	caperēris(-re)
laudārētur	monērētur	agerētur	audīrētur	caperētur
laudārēmur	monērēmur	agerēmur	audīrēmur	caperēmur
laudārēminī	monērēminī	agerēminī	audīrēminī	caperēminī
laudārentur	monērentur	agerentur	audīrentur	caperentur

[12] 분사 **laudātus (-a, -um)**, **monitus (-a, -um)**
등은 서술적 형용사로 사용되며, 따라서 그 어미들은
주어의 성·수·격에 맞추어 변화한다.

완료

laudātus sim	monitus sim	āctus sim	audītus sim	captus sim
laudātus sīs	monitus sīs	āctus sīs	audītus sīs	captus sīs
laudātus sit	monitus sit	āctus sit	audītus sit	captus sit
laudātī sīmus	monitī sīmus	āctī sīmus	audītī sīmus	captī sīmus
laudātī sītis	monitī sītis	āctī sītis	audītī sītis	captī sītis
laudātī sint	monitī sint	āctī sint	audītī sint	captī sint

과거완료

laudātus essem	monitus essem	āctus essem	audītus essem	captus essem
laudātus essēs	monitus essēs	āctus essēs	audītus essēs	captus essēs
laudātus esset	monitus esset	āctus esset	audītus esset	captus esset
laudātī essēmus	monitī essēmus	āctī essēmus	audītī essēmus	captī essēmus
laudātī essētis	monitī essētis	āctī essētis	audītī essētis	captī essētis
laudātī essent	monitī essent	āctī essent	audītī essent	captī essent

명령법 현재 수동태

명령법의 수동 형태들은 사실상 이태 동사들에서만 발견된다(34章을 보라)

분 사

능동

현재	laudāns	monēns	agēns	audiēns	capiēns
미래	laudātūrus	monitūrus	āctūrus	audītūrus	captūrus

수동

완료	laudātus	monitus	āctus	audītus	captus
미래	laudandus	monendus	agendus	audiendus	capiendus

부정사

능동

현재	laudāre	monēre	agere	audīre	capere
완료	laudāvisse	monuisse	ēgisse	audīvisse	cēpisse
미래	laudātūrus esse	monitūrus esse	āctūrus esse	audītūrus esse	captūrus esse

수동

현재	laudārī	monērī	agī	audīrī	capī
완료	laudātus esse	monitus esse	āctus esse	audītus esse	captus esse
미래	laudātum īrī	monitum īrī	āctum īrī	audītum īrī	captum īrī

이태동사

기본어

제1활용	hortor	hortārī	hortātus sum (*urge*)
제2활용	fateor	fatērī	fassus sum (*confess*)
제3활용	sequor	sequī	secūtus sum (*follow*)
제4활용	mōlior	mōlīrī	mōlītus sum (*work at*)
제3활용(-iō)	patior	patī	passus sum (*suffer*)

직설법

현재

hortor	fateor	sequor	mōlior	patior
hortāris(-re)	fatēris(-re)	sequeris(-re)	mōlīris(-re)	pateris(-re)
hortātur	fatētur	sequitur	mōlītur	patitur
hortāmur	fatēmur	sequimur	mōlīmur	patimur
hortāminī	fatēminī	sequiminī	mōlīminī	patiminī
hortantur	fatentur	sequuntur	mōliuntur	patiuntur

미완료

hortābar	fatēbar	sequēbar	mōliēbar	patiēbar
hortābāris(-re)	fatēbāris(-re)	sequēbāris(-re)	mōliēbāris(-re)	patiēbāris(-re)
hortābātur	fatēbātur	sequēbātur	mōliēbātur	patiēbātur
hortābāmur	fatēbāmur	sequēbāmur	mōliēbāmur	patiēbāmur
hortābāminī	fatēbāminī	sequēbāminī	mōliēbāminī	patiēbāminī
hortābantur	fatēbantur	sequēbantur	mōliēbantur	patiēbantur

미래

hortābor	fatēbor	sequar	mōliar	patiar
hortāberis(-re)	fatēberis(-re)	sequēris(-re)	mōliēris(-re)	patiēris(-re)
hortābitur	fatēbitur	sequētur	mōliētur	patiētur
hortābimur	fatēbimur	sequēmur	mōliēmur	patiēmur
hortābiminī	fatēbiminī	sequēminī	mōliēminī	patiēminī
hortābuntur	fatēbuntur	sequentur	mōlientur	patientur

완료

hortātus sum	fassus sum	secūtus sum	mōlītus sum	passus sum
hortātus es	fassus es	secūtus es	mōlītus es	passus es
hortātus est	fassus est	secūtus est	mōlītus est	passus est
hortātī sumus	fassī sumus	secūtī sumus	mōlītī sumus	passī sumus
hortātī estis	fassī estis	secūtī estis	mōlītī estis	passī estis
hortātī sunt	fassī sunt	secūtī sunt	mōlītī sunt	passī sunt

과거완료

hortātus eram	fassus eram	secūtus eram	mōlītus eram	passus eram
hortātus erās	fassus erās	secūtus erās	mōlītus erās	passus erās
hortātus erat	fassus erat	secūtus erat	mōlītus erat	passus erat
hortātī erāmus	fassī erāmus	secūtī erāmus	mōlītī erāmus	passī erāmus
hortātī erātis	fassī erātis	secūtī erātis	mōlītī erātis	passī erātis
hortātī erant	fassī erant	secūtī erant	mōlītī erant	passī erant

미래완료

hortātus erō	fassus erō	secūtus erō	mōlītus erō	passus erō
hortātus eris	fassus eris	secūtus eris	mōlītus eris	passus eris
hortātus erit	fassus erit	secūtus erit	mōlītus erit	passus erit
hortātī erimus	fassī erimus	secūtī erimus	mōlītī erimus	passī erimus
hortātī eritis	fassī eritis	secūtī eritis	mōlītī eritis	passī eritis
hortātī erunt	fassī erunt	secūtī erunt	mōlītī erunt	passī erunt

가정법

현재

horter	fatear	sequar	mōliar	patiar
hortēris(-re)	fateāris(-re)	sequāris(-re)	mōliāris(-re)	patiāris(-re)
hortētur	fateātur	sequātur	mōliātur	patiātur
hortēmur	fateāmur	sequāmur	mōliāmur	patiāmur
hortēminī	fateāminī	sequāminī	mōliāminī	patiāminī
hortentur	fateantur	sequantur	mōliantur	patiantur

미완료

hortārer	fatērer	sequerer	mōlīrer	paterer
hortārēris(-re)	fatērēris(-re)	sequerēris(-re)	mōlīrēris(-re)	paterēris(-re)
hortārētur	fatērētur	sequerētur	mōlīrētur	paterētur
hortārēmur	fatērēmur	sequerēmur	mōlīrēmur	paterēmur
hortārēminī	fatērēminī	sequerēminī	mōlīrēminī	paterēminī
hortārentur	fatērentur	sequerentur	mōlīrentur	paterentur

완료

hortātus sim	fassus sim	secūtus sim	mōlītus sim	passus sim
hortātus sīs	fassus sīs	secūtus sīs	mōlītus sīs	passus sīs
hortātus sit	fassus sit	secūtus sit	mōlītus sit	passus sit
hortātī sīmus	fassī sīmus	secūtī sīmus	mōlītī sīmus	passī sīmus
hortātī sītis	fassī sītis	secūtī sītis	mōlītī sītis	passī sītis
hortātī sint	fassī sint	secūtī sint	mōlītī sint	passī sint

과거완료

hortātus essem	fassus essem	secūtus essem	mōlītus essem	passus essem
hortātus essēs	fassus essēs	secūtus essēs	mōlītus essēs	passus essēs
hortātus esset	fassus esset	secūtus esset	mōlītus esset	passus esset
hortātī essēmus	fassī essēmus	secūtī essēmus	mōlītī essēmus	passī essēmus
hortātī essētis	fassī essētis	secūtī essētis	mōlītī essētis	passī essētis
hortātī essent	fassī essent	secūtī essent	mōlītī essent	passī essent

명령법 현재

hortāre	fatēre	sequere	mōlīre	patere
hortāminī	fatēminī	sequiminī	mōlīminī	patiminī

분사

현재	hortāns	fatēns	sequēns	mōliēns	patiēns
완료	hortātus	fassus	secūtus	mōlītus	passus
미래	hortātūrus	fassūrus	secūtūrus	mōlītūrus	passūrus
동형	hortandus	fatendus	sequendus	mōliendus	patiendus

부정사

현재	hortārī	fatērī	sequī	mōlīrī	patī
완료	hortātus esse	fassus esse	secūtus esse	mōlītus esse	passus esse
미래	hortārtūrus esse	fassūrus esse	secūtūrus esse	mōlītūrus esse	passūrus esse

불규칙 동사

기본어

sum	esse	fuī	futūrum	(*be*)
possum	posse	potuī		(*be able, can*)
volō	velle	voluī		(*wish, be willing*)
nōlō	nōlle	nōluī		(*not to wish, be unwilling*)
mālō	mālle	māluī		(*prefer*)
eō	īre	iī	itum	(*go*)

직설법[13]

현재

sum	possum	volō	nōlō	mālō	eō
es	potes	vīs	nōn vīs	māvīs	īs
est	potest	vult	nōn vult	māvult	it
sumus	possumus	volumus	nōlumus	mālumus	īmus
estis	potestis	vultis	nōn vultis	māvultis	ītis
sunt	possunt	volunt	nōlunt	mālunt	eunt

미완료

eram	poteram	volēbam	nōlēbam	mālēbam	ībam
erās	poterās	volēbās	nōlēbās	mālēbās	ībās
erat	poterat	volēbat	nōlēbat	mālēbat	ībat
erāmus	poterāmus	volēbāmus	nōlēbāmus	mālēbāmus	ībāmus
erātis	poterātis	volēbātis	nōlēbātis	mālēbātis	ībātis
erant	poterant	volēbant	nōlēbant	mālēbant	ībant

미래

erō	poterō	volam	nōlam	mālam	ībō
eris	poteris	volēs	nōlēs	mālēs	ībis
erit	poterit	volet	nōlet	mālet	ībit
erimus	poterimus	volēmus	nōlēmus	mālēmus	ībimus
eritis	poteritis	volētis	nōlētis	mālētis	ībitis
erunt	poterunt	volent	nōlent	mālent	ībunt

완료

fuī	potuī	voluī	nōluī	māluī	iī
fuistī	potuistī	voluistī	nōluistī	māluistī	īstī
fuit	potuit	voluit	nōluit	māluit	iit
fuimus	potuimus	voluimus	nōluimus	māluimus	iimus
fuistis	potuistis	voluistis	nōluistis	māluistis	īstis
fuērunt	potuērunt	voluērunt	nōluērunt	māluērunt	iērunt

과거완료

fueram	potueram	volueram	nōlueram	mālueram	ieram
fuerās	potuerās	voluerās	nōluerās	māluerās	ierās
etc.	etc.	etc.	etc.	etc.	etc.

미래완료

fuerō	potuerō	voluerō	nōluerō	māluerō	ierō
fueris	potueris	volueris	nōlueris	mālueris	ieris
etc.	etc.	etc.	etc.	etc.	etc.

가정법

현재

sim	possim	velim	nōlim	mālim	eam
sīs	possīs	velīs	nōlīs	mālīs	eās
sit	possit	velit	nōlit	mālit	eat
sīmus	possīmus	velīmus	nōlīmus	mālīmus	eāmus
sītis	possītis	velītis	nōlītis	mālītis	eātis
sint	possint	velint	nōlint	mālint	eant

13 이 목록의 동사들은 수동태를 갖지 않는 것에 유의하라 (그러나 **eō**의 비인칭적 수동태는 이 책에 나오지는 않았지만 관용적으로 사용되었다.)

미완료

essem	possem	vellem	nōllem	māllem	īrem
essēs	possēs	vellēs	nōllēs	māllēs	īrēs
esset	posset	vellet	nōllet	māllet	īret
essēmus	possēmus	vellēmus	nōllēmus	māllēmus	īrēmus
essētis	possētis	vellētis	nōllētis	māllētis	īrētis
essent	possent	vellent	nōllent	māllent	īrent

완료

fuerim	potuerim	voluerim	nōluerim	māluerim	ierim
fuerīs	potuerīs	voluerīs	nōluerīs	māluerīs	ierīs
fuerit	potuerit	voluerit	nōluerit	māluerit	ierit
fuerīmus	potuerīmus	voluerīmus	nōluerīmus	māluerīmus	ierīmus
fuerītis	potuerītis	voluerītis	nōluerītis	māluerītis	ierītis
fuerint	potuerint	voluerint	nōluerint	māluerint	ierint

과거완료

fuissem	potuissem	voluissem	nōluissem	māluissem	īssem
fuissēs	potuissēs	voluissēs	nōluissēs	māluissēs	īssēs
fuisset	potuisset	voluisset	nōluisset	māluisset	īsset
fuissēmus	potuissēmus	voluissēmus	nōluissēmus	māluissēmus	īssēmus
fuissētis	potuissētis	voluissētis	nōluissētis	māluissētis	īssētis
fuissent	potuissent	voluissent	nōluissent	māluissent	īssent

명령법 현재

es	——	——	nōlī	——	ī
este	——	——	nōlīte	——	īte

분 사

현재 ——	potēns	volēns	nōlēns	——	iēns(*gen.*euntis)
완료 ——	——	——	——	——	itum
미래 futūrus	——	——	——	——	itūrus
동형 ——	——	——	——	——	eundum

부정사

현재 esse	posse	velle	nōlle	mālle	īre
완료 fuisse	potuisse	voluisse	nōluisse	māluisse	īsse
미래 futūrus esse *or* fore	——	——	——	——	itūrus esse

불규칙 동사: **ferō, ferre, tulī, lātum**, *to bear, carry*

직설법

현재		미완료		미래	
능동	수동	능동	수동	능동	수동
ferō	feror	ferēbam	ferēbar	feram	ferar
fers	ferris(-re)	ferēbās	ferēbāris(-re)	ferēs	ferēris(-re)
fert	fertur	ferēbat	ferēbātur	feret	ferētur
ferimus	ferimur	ferēbāmus	ferēbāmur	ferēmus	ferēmur
fertis	feriminī	ferēbātis	ferēbāminī	ferētis	ferēminī
ferunt	feruntur	ferēbant	ferēbantur	ferent	ferentur

완료		과거완료		미래완료	
능동	수동	능동	수동	능동	수동
tulī	lātus sum	tuleram	lātus eram	tulerō	lātus erō
tulistī	lātus es	tulerās	lātus erās	tuleris	lātus eris
tulit	lātus est	tulerat	lātus erat	tulerit	lātus erit
etc.	etc.	etc.	etc.	etc.	etc.

가정법

현재		미완료		완료	
능동	수동	능동	수동	능동	수동
feram	ferar	ferrem	ferrer	tulerim	lātus sim
ferās	ferāris(-re)	ferrēs	ferrēris(-re)	tulerīs	lātus sīs
ferat	ferātur	ferret	ferrētur	tulerit	lātus sit
ferāmus	ferāmur	ferrēmus	ferrēmur	etc.	etc.
ferātis	ferāminī	ferrētis	ferrēminī		
ferant	ferantur	ferrent	ferrentur		

		과거완료	
		tulissem	lātus essem
		tulissēs	lātus essēs
		tulisset	lātus esset
		etc.	etc.

명령법 현재		분사		부정사	
능동	수동	능동	수동	능동	수동
fer	——	현재 ferēns		ferre	ferrī
ferte	——	완료	lātus	tulisse	lātus esse
		미래 lātūrus	ferendus	lātūrus esse	lātum īrī

불규칙 동사: **fīō, fierī, factus sum,** *to happen, become; be made, be done*

직설법

현재	미완료	미래	완료	과거완료	미래완료
fīō	fīēbam	fīam	factus sum	factus eram	factus erō
fīs	fīēbās	fīēs	factus es	factus erās	factus eris
fit	fīēbat	fīet	factus est	factus erat	factus erit
fīmus	fīēbāmus	fīēmus	factī sumus	factī erāmus	factī erimus
fītis	fīēbātis	fīētis	factī estis	factī erātis	factī eritis
fīunt	fīēbant	fīent	factī sunt	factī erant	factī erunt

가정법

현재	미완료	완료	과거완료
fīam	fīerem	factus sim	factus essem
fīās	fīerēs	factus sīs	factus essēs
fīat	fīeret	factus sit	factus esset
fīāmus	fīerēmus	factī sīmus	factī essēmus
fīātis	fīerētis	factī sītis	factī essētis
fīant	fīerent	factī sint	factī essent

분사	부정사
현재 ——	fierī
완료 factus	factus esse
미래 faciendus	factum īrī

명령법: fī, fīte

VOCĀBVLA: 영어-라틴어

동사 바로 뒤의 괄호 안에 있는 아라비아 숫자 (1)은 그것이 제1활용의 규칙동사이고, 따라서 그 기본어들이 **-āre, -āvī, -ātum**으로 끝난다는 것을 나타낸다(또는 이태동사이면 **-ārī, -ātus sum**). 접두사들과 접미사들에 관해서는 부록의 해당 항목들을 보라. 라틴어 단어들에 대한 보다 자세한 뜻풀이는 라틴어 -영어 **Vocābula**를 보라.

A

abandon, relinquō, -ere, -liquī -lictum
able (be), possum, posse, potuī
about (concerning), dē + *abl.*
absolute ruler, tyrannus, -ī, *m.*
abundance, cōpia, -ae, *f.*
accomplish, faciō, -ere, fēcī, factum; **be accomplished**, fīo, fierī, factus sum
across, trāns + *acc.*
advice, cōnsilium, -iī, *n.*
advise, moneō, -ēre, -uī, -itum
affect, adficiō, -ere, -fēcī, -fectum
afraid (be), metuō, -ere, -uī
after, post + *acc.*
afterwards, posteā
after all, postrēmum
again, iterum
against, contrā + *acc.*
age, aetās, -tātis, *f.*
alas, heu, vae
all, omnis, -e
alone, sōlus, -a, -um
also, quoque
although, cum + *subjunct.*
always, semper
among, inter + *acc.*
ancestors, maiōrēs, maiōrum, *m. pl.*
ancient, antīquus, -a, -um
and, et, -que, ac, atque
anger, īra, -ae, *f.*
angry, īrātus, -a, -um

animal, animal, -mālis, *n.*
announce, nūntiō (1)
another, alius, -a, -ud
answer, respondeō, -ēre, -spondī, -spōnsum
any, ūllus, -a, -um; aliquis, aliquid
any (anyone, anything, *after* sī, nisi, nē, num), quis, quid
argument, argūmentum, -ī, *n.*
army, exercitus, -ūs, *m.*
arms, arma, -ōrum, *n. pl.*
arrest, comprehendō, -ere, -ī, -hēnsum
arrogant, superbus, -a, -um
art, ars, artis, *f.*
as, ut + *indic.*
as . . . as possible, quam + *superlative*
Asia, Asia, -ae, *f.*
ask, rogō (1)
assure (I assure you, you may be assured), *use personal pron. in dat. case* (*dat. of ref., e.g.,* tibi)
at (= *time*), *abl. of time;* (= *place*), *loc. of names of cities*
Athens, Athēnae, -ārum, *f. pl.*
attack, oppugnō (1)
author, auctor, -tōris, *m.*
avert, āvertō, -ere, -ī, -versum
away from, ab + *abl.*

B

bad, malus, -a, -um
band, manus, -ūs, *f.*
banish, expellō, -ere, -pulī, -pulsum
base, turpis, -e
be, sum, esse, fuī, futūrum

beard, barba, -ae, *f.*
beautiful, pulcher, -chra, -chrum; bellus, -a, -um
beauty, fōrma, -ae, *f.*
because, quod
become, fīō, fierī, factus sum
before, ante + *acc.*
beg, ōrō (1)
began, coepī, coepisse, coeptum (*pres. system supplied by* incipiō)
begin, incipiō, -ere, -cēpī, -ceptum (*see* **began** *above*)
believe, crēdō, -ere, -didī, -ditum
benefit, beneficium, -iī, *n.*
best, optimus, -a, -um
better, melior, -ius
blind, caecus, -a, -um
body, corpus, -poris, *n.*
(be) born, nāscor, -ī, nātus sum
book, liber, -brī, *m.*
both . . . and, et . . . et
boy, puer, puerī, *m.*
brave, fortis, -e
brief, brevis, -e
bright, clārus, -a, -um
bring, ferō, ferre, tulī, lātum
bring (back), referō, -ferre, -ttulī, -lātum
brother, frāter, -tris, *m.*
bull, bōs, bovis, *m./f.*
but, sed, at
by (= *agent*), ā *or* ab + *abl.*; (= *means*), *simple abl.*

C
Caesar, Caesar, -saris, *m.*
call, vocō (1); appellō (1)
can, possum, posse, potuī
capture, capiō, -ere, cēpī, captum
care, cūra, -ae, *f.*
certain (definite, sure), certus, -a, -um; (*indef.*) quīdam, quaedam, quiddam (*pron.*) *or* quoddam (*adj.*)
certainly, certē
change, mūtō (1)
character, mōrēs, mōrum, *m. pl.*
cheer, recreō (1)
Cicero, Cicerō, -rōnis, *m.*
citizen, cīvis, -is, *m./f.*
citizenship, cīvitās, -tātis, *f.*
city, urbs, urbis, *f.*
come, veniō, -īre, vēnī, ventum
come back, reveniō, -īre, -vēnī, -ventum
comfort, sōlācium, -iī, *n.*
command (*noun*), imperium, -iī, *n.;* (*verb*), imperō (1)

common, commūnis, -e
commonwealth, rēs pūblica, reī pūblicae, *f.*
compare, comparō (1)
complain, queror, -ī, questus sum
concerning, dē + *abl.*
confess, fateor, -ērī, fassus sum
conquer, superō (1); vincō, -ere, vīcī, victum
conspirators, coniūrātī, -ōrum, *m. pl.*
constellation, sīdus, -deris, *n.*
consul, cōnsul, -sulis, *m.*
country, patria, -ae, *f.;* terra, -ae, *f.*
courage, virtūs, -tūtis, *f.*
create, creō (1)
custom, mōs, mōris, *m.*
crime, scelus, -leris, *n.*

D
danger, perīculum, -ī, *n.*
dare, audeō, -ēre, ausus sum
daughter, fīlia, -ae, *f.* (*dat. and abl. pl.* fīliābus)
day, diēs, -ēī, *m.*
dear, cārus, -a, -um
death, mors, mortis, *f.*
dedicate, dēdicō (1)
deed, factum, -ī, *n.*
defend, dēfendō, -ere, -ī, -fēnsum
delay, mora, -ae, *f.*
delight, dēlectō (1)
deny, negō (1)
depart, discēdō, -ere, -cessī, -cessum; abeō, -īre, -iī, -itum
deprived of (be), careō, -ēre, -uī, -itūrum
descendant, nepōs, -pōtis, *m.*
desire (*verb*), cupiō, -ere, -īvī, -ītum; dēsīderō (1); (*noun*), voluptās, -tātis, *f.*
despise, contemnō, -ere, -tempsī, -temptum
destroy, dēleō, -ēre, -ēvī, -ētum
destruction, exitium, -ī, *n.*
die, morior, -ī, mortuus sum
difficult, difficilis, -e
dignity, dignitās, -tātis, *f.*
dine, cēnō (1)
dinner, cēna, -ae, *f.*
discover, reperiō, -īre, -pperī, -pertum
disgraceful, turpis, -e
dissimilar, dissimilis, -e
do, faciō, -ere, fēcī, factum; **be done,** fīō, fierī, factus sum
doctor, medica, -ae, *f.;* medicus, -ī, *m.*
drag, trahō, -ere, trāxī, tractum
dread (*verb*), metuō, -ere, -uī; (*noun*), metus, -ūs, *m.*
drive out, expellō, -ere, -pulī, -pulsum

E

eagerness, studium, -iī, *n.*
ear, auris, -is, *f.*
easy, facilis, -e
eight, octō
either, uter, utra, utrum
either . . . or, aut . . . aut
eleven, ūndecim
emperor, imperātor, -tōris, *m.*
end, fīnis, -is, *m.*
endure, ferō, ferre, tulī, lātum; patior, -ī, passus sum
enemy, hostis, -is, *m.* (*usually pl.*)
enjoy, ūtor, -ī, ūsus sum + *abl.*
enjoyment, frūctus, -ūs, *m.*
enough, satis
entire, tōtus, -a, -um
entrust, committō, -ere, -mīsī, -missum
envy, (be) envious, invideō, -ēre, -vīdī, -vīsum + *dat.*
err, errō (1)
esteem, dīligō, -ere, -lēxī, -lēctum
even, etiam; **not even,** nē . . . quidem
ever, umquam
every(one), omnis, -e
evil (*adj.*), malus, -a, -um; (*noun*), malum, -ī, *n.*
exhibit, ostendō, -ere, -ī, -tentum
expect, exspectō (1)
expel, expellō, -ere, -pulī, -pulsum
eye, oculus, -ī, *m.*

F

face, vultus, -ūs, *m.*
faith, fidēs, -eī, *f.*
faithful, fidēlis, -e
fall, cadō, -ere, cecidī, casūrum
false, falsus, -a, -um
fame, fāma, -ae, *f.*
family, familia, -ae, *f.*
farmer, agricola, -ae, *m.*
father, pater, -tris, *m.*
fault, culpa, -ae, *f.*; vitium, -iī, *n.*
fear (*verb*), timeō, -ēre, -uī; (*noun*), metus, -ūs, *m.*; timor, -mōris, *m.*
feel, sentiō, -īre, sēnsī, sēnsum
feeling, sēnsus, -ūs, *m.*
ferocious, ferōx, *gen.* ferōcis
few, paucī, -ae, -a (*pl.*)
fidelity, fidēs, -eī, *f.*
fierce, ācer, ācris, ācre; ferōx, *gen.* ferōcis
fifth, quīntus, -a, -um
finally, dēnique

find, inveniō, -īre, -vēnī, -ventum
first (*adj.*), prīmus, -a, -um; (*adv.*) prīmum, prīmō
five, quīnque
flee, fugiō, -ere, fūgī, fugitūrum
follow, sequor, -ī, secūtus sum
foolish, stultus, -a, -um
for (*conj.*), nam, enim; (= **since, because**), quod, quoniam; (*prep.*), prō + *abl.; often simply the dat. case.*
force, vīs, vīs, *f.*
forces (troops), cōpiae, -ārum, *f. pl.*
forgive, ignōscō, -ere, -nōvī, -nōtum + *dat.*
former, prior, prius
fortunate, fortūnātus, -a, -um
fortune, fortūna, -ae, *f.*
forum, forum -ī, *n.*
four, quattuor
free (*verb*), līberō (1); (*adj.*), līber, -era, -erum
freedom, lībertās, -tātis, *f.*
freely, līberē
friend, amīca, -ae, *f.*; amīcus, -ī, *m.*
friendly, amīcus, -a, -um
friendship, amīcitia, -ae, *f.*
frighten, terreō, -ēre, -uī, -itum
from (away), ab; (**out**) ex; (**down**) dē: *all* + *abl.*
fruit, frūctus, -ūs, *m.*
full, plēnus, -a, -um

G

game, lūdus, -ī, *m.*
gate, porta, -ae, *f.*
general, dux, ducis, *m.*; imperātor, -tōris, *m.*
gift, dōnum, -ī, *n.*
girl, puella, -ae, *f.*
give, dō, dare, dedī, datum
(be) glad, gaudeō, -ēre, gāvīsus sum
glory, glōria, -ae, *f.*
go, eō, īre, iī, itum
go astray, errō (1)
go away, abeō, -īre, -iī, -itum
god, deus, -ī, *m.* (*voc. sg.* deus, *nom. pl.* deī *or* dī, *dat. and abl. pl.* dīs)
goddess, dea, -ae, *f.* (*dat. and abl. pl.* deābus)
good, bonus, -a, -um
gratitude, grātia, -ae, *f.*
great, magnus, -a, -um
greedy, avārus, -a, -um
Greek, Graecus, -a, -um; **a Greek,** Graecus, -ī, *m.*
grieve, doleō, -ēre, -uī, -itūrum
ground, humus, -ī, *f.*; terra, -ae, *f.*
guard, custōdia, -ae, *f.*

H

hand, manus, -ūs, *f.*

happy, beātus, -a, -um; fēlīx, *gen.* fēlīcis

harm, noceō, -ēre, -uī, -itum + *dat.*

harsh, dūrus, -a, -um; acerbus, -a, -um

have, habeō, -ēre, -uī, -itum

he, is; *often indicated only by the personal ending of verb*

head, caput, -pitis, *n.*

healthy, sānus, -a, -um

hear, audiō, -īre, -īvī, -ītum

heart (in one's), *use personal pron. in dat. case* (*dat. of ref., e.g.,* mihi, tibi)

heavy, gravis, -e

help (*verb*), adiuvō, -āre, -iūvī, -iūtum; (*noun*), auxilium, -iī, *n.*

her (*possessive*) eius (*not reflexive*); suus, -a, -um (*reflexive*)

herself, suī (*reflexive*); ipsa (*intensive*)

hesitate, dubitō (1)

high, altus, -a, -um

higher, altior, -ius; superior, -ius

himself, suī (*reflexive*); ipse (*intensive*)

his, eius (*not reflexive*); suus, -a, -um (*reflexive*)

hold, teneō, -ēre, -uī, tentum

home, domus, -ūs, *f.;* **at home,** domī; **(to) home,** domum; **from home,** domō

honor, honor, -nōris, *m.*

hope (*noun*), spēs, -eī, *f.;* (*verb*), spērō (1)

horn, cornū, -ūs, *n.*

horse, equus, -ī, *m.*

hour, hōra, -ae, *f.*

house, casa, -ae, *f.*

however, autem (*postpositive*)

how great, quantus, -a, -um

how many, quot

human, hūmānus, -a, -um

human being, homō, -minis, *m.*

humane, hūmānus, -a, -um

humble, humilis, -e

hundred, centum

hurt, noceō, -ēre, -uī, -itum + *dat.*

I

I, ego, meī; *often expressed simply by the personal ending of verb*

if, sī; **if . . . not,** nisi

ill, malum, -ī, *n.*

illustrious, clārus, -a, -um

immortal, immortālis, -e

in, in + *abl.*

infancy, īnfantia, -ae, *f.*

injustice, iniūria, -ae, *f.*

into, in + *acc.*

invite, invītō (1)

iron, ferrum, -ī, *n.*

it, is, ea, id; *often indicated only by personal ending of verb.*

Italy, Italia, -ae, *f.*

itself, suī (*reflexive*); ipsum (*intensive*)

J

join, iungō, -ere, iūnxī, iūnctum

judge, iūdex, -dicis, *m.*

judgment, iūdicium, -iī, *n.*

just, iūstus, -a, -um

K

keen, ācer, ācris, ācre

keenly, ācriter

kindness, beneficium, -iī, *n.*

king, rēx, rēgis, *m.*

kiss, bāsium, -iī, *n.*

knee, genū, -ūs, *n.*

know, sciō, -īre, -īvī, -ītum; **not know,** nesciō, -īre, -īvī, -ītum

knowledge, scientia, -ae, *f.*

L

labor, labor, -bōris, *m.*

lack, careō, -ēre, -uī, -itūrum + *abl.*

land, patria, -ae, *f.;* terra, -ae, *f.*

language, lingua, -ae, *f.*

large, magnus, -a, -um

Latin, Latīnus, -a, -um

law, lēx, lēgis, *f.*

lead, dūcō, -ere, dūxī, ductum

leader, dux, ducis, *m.*

learn (*in the academic sense*), discō, -ere, didicī; (*get information*), cognōscō, -ere, -nōvī, -nitum

leave, abeō, -īre, -iī, -itum

left, sinister, -tra, -trum

leisure, ōtium, -iī, *n.*

let (someone do something), *express this with jussive subjunct.*

letter (epistle), litterae, -ārum, *f. pl.*

liberty, lībertās, -tātis, *f.*

life, vīta, -ae, *f.*

light, lūx, lūcis, *f.*

listen (to), audiō, -īre, -īvī, -ītum

literature, litterae, -ārum, *f. pl.*

little, parvus, -a, -um; **little book,** libellus, -ī, *m.*

live, vīvō, -ere, vīxī, vīctum; **live one's life,** vītam agō, -ere, ēgī, āctum

long (for a long time), diū

lose, āmittō, -ere, -mīsī, -missum

love (*verb*), amō (1); (*noun*), amor, amōris, *m.*

loyal, fidēlis, -e

luck, fortūna, -ae, *f.*

M

make, faciō, -ere, fēcī, factum

man, vir, virī, *m.;* homō, -minis, *m.; often expressed by m. of an adj.*

many, multī, -ae, -a

master, magister, -trī, *m.;* dominus, -ī, *m.*

may (*indicating permission to do something*), licet + *dat.* + *infin.*

me. *See* I.

memory, memoria, -ae, *f.*

mercy, clēmentia, -ae, *f.*

method, modus, -ī, *m.*

middle, medius, -a, -um

mind, mēns, mentis, *f.*

mix, misceō, -ēre, -uī, mixtum

mob, vulgus, -ī, *n. (sometimes m.)*

modest, pudīcus, -a, -um

money, pecūnia, -ae, *f.*

monument, monumentum, -ī, *n.*

moon, lūna, -ae, *f.*

more, plūs, plūris; *compar. of adj. or adv.*

most, plūrimus, -a, -um; *superl. of adj. or adv.*

mother, māter, -tris, *f.*

mountain, mōns, montis, *m.*

move, moveō, -ēre, mōvī, mōtum

much, multus, -a, -um

murder, necō (1)

must, dēbeō, -ēre, -uī, -itum; *or, for pass., use pass. periphrastic*

my, meus, -a, -um (*m. voc. sg.* mī)

myself (*reflexive*), meī, mihi, *etc.;* (*intensive*) ipse, ipsa

N

name, nōmen, -minis, *n.*

narrate, nārrō (1)

nation, gēns, gentis, *f.*

nature, nātūra, -ae, *f.*

neglect, neglegō, -ere, -glēxī, -glēctum

neighbor, vīcīna, -ae, *f.;* vīcīnus, -ī, *m.*

neither . . . nor, neque . . . neque

never, numquam

nevertheless, tamen

new, novus, -a, -um

night, nox, noctis, *f.*

nine, novem

no, nūllus, -a, -um

nobody, no one, nēmō, *m./f.; for decl. see Lat.-Eng. Vocab.*

not, nōn; nē *with jussive, jussive noun, and purp-clauses;* ut *with fear clauses*

nothing, nihil (*indecl.*), *n.*

now, nunc

number, numerus, -ī, *m.*

O

obey, pāreō, -ēre, -uī + *dat.*

offer, offerō, -ferre, obtulī, oblātum

office, officium, -iī, *n;* honor, honōris, *m.*

often, saepe

old, antīquus, -a, -um; senex, senis

old man, senex, senis, *m.*

on (= *place*), in + *abl.;* (= *time*), *simple abl.*

on account of, propter + *acc.*

once, semel

one, ūnus, -a, -um

only (*adv.*), tantum; (*adj.*), sōlus, -a, -um

opinion, sententia, -ae, *f.;* (**in one's**) **opinion,** *use personal pron. in dat. case* (*dat. of ref., e.g.,* mihi, tibi)

opportunity, occāsiō, -ōnis, *f.*

or, aut

oration, ōrātiō, -ōnis, *f.*

orator, ōrātor, -tōris, *m.*

order, iubeō, -ēre, iussī, iussum; imperō (1) + *dat.* **(in) order to,** ut (+ *subjunct.*); **in order not to,** nē (+ *subjunct.*)

other, another, alius, alia, aliud; **the other (of two),** alter, -era, -erum; (**all) the other,** cēterī, -ae, -a

ought, dēbeō, -ēre, -uī, -itum; *or, for pass., use pass. periphrastic*

our, noster, -tra, -trum

out of, ex + *abl.*

overcome, superō (1)

overpower, opprimō, -ere, -pressī, -pressum

own, his own, suus, -a, -um; **my own,** meus, -a, -um

P

pain, dolor, -lōris, *m.*

part, pars, partis, *f.*

passage, locus, -ī, *m.*

passion, cupiditās, -tātis, *f.*

patience, patientia, -ae, *f.*
pay. *See* penalty.
peace, pāx, pācis, *f.*
penalty, poena, -ae, *f.;* pay the penalty, poenās dare
people, populus, -ī, *m.*
perceive, sentiō, -īre, sēnsī, sēnsum
perhaps, fortasse
period (of time), aetās, -tātis, *f.*
perish, pereō, -īre, -iī, -itum
permit, patior, -ī, passus sum; it is permitted, licet,
    licēre, licuit (*impers.*)
perpetual, perpetuus, -a, -um
persuade, persuādeō, -ēre, -suāsī, -suāsum + *dat.*
philosopher, sapiēns, -entis, *m.;* philosopha, -ae, *f.;*
    philosophus, -ī, *m.*
philosophy, philosophia, -ae, *f.*
place, locus, -ī, *m.; pl.,* loca, -ōrum, *n.*
plan, cōnsilium, -iī, *n.*
pleasant, iūcundus, -a, -um
please, placeō, -ēre, -uī, -itum + *dat.; with a request,*
    amābō tē
pleasure, voluptās, -tātis, *f.*
plebeians, plēbs, plēbis, *f.*
plot, īnsidiae, -ārum, *f. pl.*
poem, carmen, -minis, *n.*
poet, poēta, -ae, *m.*
point out, dēmōnstrō (1)
(as . . . as) possible (*or* greatest possible, brightest
    possible, *etc.*), quam + *superl. of adj. or adv.*
poverty, paupertās, -tātis, *f.*
power (command), imperium, -iī, *n.*
powerful, potēns, *gen.* potentis
praise (*verb*), laudō (1); (*noun*), laus, laudis, *f.*
prefer, mālō, mālle, māluī
prepare, parō (1)
preserve, cōnservō (1)
press, premō, -ere, pressī, pressum
pretty, bellus, -a, -um; pulcher, -chra, -chrum
priest, sacerdōs, -dōtis, *m.*
prohibit, prohibeō, -ēre, -uī, -itum
promise, prōmittō, -ere, -mīsī, -missum
provided that, dummodo + *subjunct.*
pupil, discipula, -ae, *f.;* discipulus, -ī, *m.*
pursuit, studium, -iī, *n.*
put, pōnō, -ere, posuī, positum

Q
queen, rēgīna, -ae, *f.*
quick, celer, -eris, -ere
quickly, celeriter, cito

R
raise, tollō, -ere, sustulī, sublātum
rather: *express this with compar. degree of adj. or adv.*
read, legō, -ere, lēgī, lēctum
real, vērus, -a, -um
reason, ratiō, -ōnis, *f.*
receive, accipiō, -ere, -cēpī, -ceptum
recite, recitō (1)
recognize, recognōscō, -ere, -nōvī, -nitum
refuse, recūsō (1)
regain, recipiō, -ere, -cēpī, -ceptum
region, loca, -ōrum, *n.*
remain, remaneō, -ēre, -mānsī, -mānsum
report, nūntiō (1)
republic, rēs pūblica, reī pūblicae, *f.*
reputation, fāma, -ae, *f.*
rescue, ēripiō, -ere, -uī, -reptum
rest, the rest, cēterī, -ae, -a
restrain, teneō, -ēre, -uī, -tentum
return (go back), redeō, -īre, -iī, -itum
return (in return for), prō + *abl.*
riches, dīvitiae, -ārum, *f. pl.*
right (*noun*), iūs, iūris, *n.;* (*adj.*), dexter, -tra, -trum
road, via, -ae, *f.*
Roman, Rōmānus, -a, -um
Rome, Rōma, -ae, *f.*
rose, rosa, -ae, *f.*
rule (*noun*), regnum, -ī, *n.;* (*verb*), regō, -ere, rēxī,
    rēctum
rumor, rūmor, -mōris, *m.*
run, currō, -ere, cucurrī, cursum

S
sad, tristis, -e
safe, salvus, -a, -um
safety, salūs, -lūtis, *f.*
sailor, nauta, -ae, *m.*
sake (for the sake of), *gen.* + causā
salt, sāl, salis, *m.*
same, īdem, eadem, idem
satisfy, satiō (1)
save, servō (1); cōnservō (1)
say, dīcō, -ere, dīxī, dictum
school, lūdus, -ī, *m.*
sea, mare, -is, *n.*
second, secundus, -a, -um; alter, -era, -erum
see, videō, -ēre, vīdī, vīsum
seek, petō, -ere, -īvī, -ītum; quaerō, -ere, -sīvī, -sītum
seem, videor, -ērī, vīsus sum
seize, rapiō, -ere, -uī, raptum

senate, senātus, -ūs, *m.*

send, mittō, -ere, mīsī, missum

serious, gravis, -e

serve, serviō, -īre, -īvī, -ītum + *dat.*

service, officium, -iī, *n.*

seven, septem

she, ea; *often indicated only by the personal ending of verb*

ship, nāvis, -is, *f.*

short, brevis, -e

show, ostendō, -ere, -ī, -tentum; dēmōnstrō (1)

shun, vītō (1); fugiō, -ere, fūgī, fugitūrum

sign, signum, -ī, *n.*

similar, similis, -e

since, quoniam + *indic.;* cum + *subjunct.; abl. abs.*

sister, soror, -rōris, *f.*

six, sex

skill, ars, artis, *f.*

slave, servus, -ī, *m.;* **slavegirl,** serva, -ae, *f.*

slavery, servitūs, -tūtis, *f.*

sleep (*verb*), dormiō, -īre, -īvī, -itum; (*noun*), somnus,
   -ī, *m.*

slender, gracilis, -e

small, parvus, -a, -um

so, ita, sīc (*usually with verbs*), tam (*usually with adjs.*
   and advs.); **so great,** tantus, -a, -um

soldier, mīles, -litis, *m.*

some, a certain one (*indef.*), quīdam, quaedam,
   quiddam; (*more emphatic pron.*), aliquis, aliquid

some . . . others, aliī . . . aliī

son, fīlius, -iī, *m.*

soon, mox

sort, genus, -neris, *n.*

soul, animus, -ī, *m.*

sound, sānus, -a, -um; salvus, -a, -um

spare, parcō, -ere, pepercī, parsūrum + *dat.*

speak, dīcō, -ere, dīxī, dictum; loquor, -ī, locūtus sum

spirit, spīritus, -ūs, *m.*

stand, stō, stāre, stetī, statum

star, stēlla, -ae, *f.*

start, proficīscor, -ī, -fectus sum

state, cīvitās, -tātis, *f.;* rēs pūblica, reī pūblicae, *f.*

story, fābula, -ae, *f.*

street, via, -ae, *f.*

strength, vīrēs, -ium, *f. pl.*

strong, fortis, -e; **be strong,** valeō, -ēre, -uī, -itūrum

student, discipula, -ae, *f.;* discipulus, -ī, *m.*

study (*noun*), studium, -iī, *n.;* (*verb*), studeō, -ēre, -uī
   + *dat.*

suddenly, subitō

summer, aestās, -tātis, *f.*

sun, sōl, sōlis, *m.*

support, alō, -ere, -uī, altum

suppose, opīnor, -ārī, -ātus sum; putō (1)

suppress, opprimō, -primere, -pressī, -pressum

supreme power, imperium, -iī, *n.*

sure, certus, -a, -um

surrender, trādō, -ere, -didī, -ditum

sweet, dulcis, -e

swift, celer, -eris, -ere

sword, ferrum, -ī, *n.;* gladius, -iī, *m.*

Syracuse, Syrācūsae, -ārum, *f. pl.*

T

talk, loquor, -ī, -cūtus sum

teach, doceō, -ēre, -uī, doctum

teacher, magister, -trī, *m.;* magistra, -ae, *f.*

tear, lacrima, -ae, *f.*

tell, dīcō, -ere, dīxī, dictum

ten, decem

terrify, terreō, -ēre, -uī, -itum

territory, fīnēs, -ium, *m. pl.*

than, quam; *or simple abl.*

thank, grātiās agō, -ere, ēgī, āctum + *dat.*

that (*demonstrative*), ille, illa, illud; is, ea, id; **that (of
   yours),** iste, ista, istud

that (*subord. conj.*), *not expressed in ind. state.;* ut (*purp.
   and result*); nē (*fear*)

that . . . not, nē (*purp.*); ut . . . nōn (*result*); ut (*fear*)

that (*rel. pron.*), quī, quae, quod

their, suus, -a, -um (*reflexive*); eōrum, eārum (*not
   reflexive*)

them. *See* **he, she, it.**

then, tum, deinde

there, ibi

therefore, igitur (*postpositive*)

these. *See* **this,** *demonstrative.*

they. *See* **he, she, it;** *often expressed simply by the personal
   ending of verb*

thing, rēs, reī, *f.; often merely the n. of an adj.*

think, putō (1); arbitror, -ārī, -ātus sum

third, tertius, -a, -um

this, hic, haec, hoc; is, ea, id

those. *See* **that,** *demonstrative.*

thousand, mīlle (*indecl. adj. sg.*), mīlia, -ium, *n.* (*noun
   in pl.*)

three, trēs, tria

through, per + *acc.*

throughout, per + *acc.*

throw, iaciō, -ere, iēcī, iactum

thus, sīc

time, tempus, -poris, *n.;* (period of) time, aetās, -tātis, *f.*
to (*place to which*), ad + *acc.;* (*ind. obj.*), dat.; (*purp.*), ut
  + *subjunct.,* ad + *gerund or gerundive*
today, hodiē
tolerate, tolerō (1)
tomorrow, crās
too, nimis, nimium; *or use compar. degree of adj. or adv.*
touch, tangō, -ere, tetigī, tāctum
travel (abroad), peregrīnor, -ārī, -ātus sum
trivial, levis, -e
troops, cōpiae, -ārum, *f. pl.*
Troy, Trōia, -ae, *f.*
true, vērus, -a, -um
truly, vērē
trust, crēdō, -ere, -didī, -ditum + *dat.*
truth, vēritās, -tātis, *f.*
try, experior, -īrī, expertus sum
turn, vertō, -ere, -ī, versum
twenty, vīgintī
two, duo, duae, duo
type, genus, -neris, *n.*
tyrant, tyrannus, -ī, *m.*

U

unable (be), nōn possum
uncertain, incertus, -a, -um
under, sub + *abl.* (= *place where*), + *acc.* (= *place to which*)
understand, intellegō, -ere, -lēxī, -lēctum; comprehendō,
  -ere, -ī, -hēnsum
unfortunate, miser, -era, -erum
unless, nisi
unwilling (be), nōlō, nōlle, nōluī
urban, urbāne, urbānus, -a, -um
urge, hortor, -ārī, -ātus sum
use, ūtor, -ī, ūsus sum + *abl.*

V

Vergil, Vergilius, -iī, *m.*
verse, versus, -ūs, *m.*
very, *express this by the superl. degree of adj. or adv.*
vice, vitium, -iī, *n.*
virtue, virtūs, -tūtis, *f.*

W

wage, gerō, -ere, gessī, gestum
walls, moenia, -ium, *n. pl.*
want, volō, velle, voluī
war, bellum, -ī, *n.*

warn, moneō, -ēre, -uī, -itum
water, aqua, -ae, *f.*
we. *See* I; *often expressed simply by the personal ending
  of verb*
wealth, dīvitiae, -ārum, *f. pl.*
weapons, arma, -ōrum, *n. pl.*
well, bene
what (*pron.*), quid; (*adj.*), quī, quae, quod
whatever, quisquis, quidquid
when, *participial phrase; abl. abs.;* cum + *subjunct.;*
  (*interrog.*), quandō; (*rel.*), ubi
whence, unde, *adv.*
where, ubi
wherefore, quārē
which (*rel. pron. and interrog. adj.*), quī, quae, quod
while, dum
who (*rel.*), quī, quae, quod; (*interrog.*), quis, quid
whole, tōtus, -a, -um
why, cūr
wicked, malus, -a, -um
wife, uxor, uxōris, *f.*
willing (be), volō, velle, voluī
window, fenestra, -ae, *f.*
wine, vīnum, -ī, *n.*
wisdom, sapientia, -ae, *f.*
wise, sapiēns, *gen.* sapientis
wisely, sapienter
wish, cupiō, -ere, -īvī, -ītum; volō, velle, voluī
with, cum + *abl.; abl. of means* (*no prep.*)
without, sine + *abl.*
woman, fēmina, -ae, *f.; often expressed by f. of an adj.*
word, verbum, -ī, *n.*
work, labor, -bōris, *m.;* opus, operis, *n.*
world, mundus, -ī, *m.*
worse, peior, -ius
worst, pessimus, -a, -um
write, scrībō, -ere, scrīpsī, scrīptum
writer, scrīptor, -tōris, *m.*

Y

year, annus, -ī, *m.*
yesterday, heri
yield, cēdō, -ere, cessī, cessum
you, tū, tuī; *often expressed simply by the personal ending
  of verb*
young man, adulēscēns, -centis, *m.*
your (*sg.*), tuus, -a, -um; (*pl.*), vester, -tra, -trum
yourself (*reflexive*), tuī, tibi, *etc.;* (*intensive*), ipse, ipsa
youth, iuvenis, -is, *m.*

VOCĀBVLA: 라틴어–영어

어휘 표제어 바로 뒤의 아라비아 숫자는 그 단어를 처음으로 소개한 **Vocābula**
가 속한 章을 가리킨다. 동사 바로 뒤의 괄호로 묶은 아라비아 숫자 (1)은 그것
이 제1활용의 규칙 동사이며, 그 기본어들이 **-āre**, **-āvī**, **-ātum**으로 끝난다는 것
을 나타낸다. 접두사들과 접미사들에 관해서는 부록의 관련 항목들을 보라.

A

ā *or* **ab**, *prep.* + *abl.*, from, away from; by (*agent*). 14

abeō, -īre, -iī, -itum, go away, depart, leave. 37

absconditus, -a, -um, hidden, secret

absēns, *gen.* **-sentis**, *adj.*, absent, away. 37

absum, -esse, āfuī, āfutūrum, be away, be absent

abundantia, -ae, *f.*, abundance

ac. *See* **atque.**

accēdō, -ere, -cessī, -cessum, come near, approach. 36

accipiō, -ere, -cēpī, -ceptum, take, receive, accept. 24

accommodō (1), adjust, adapt

accūsātor, -tōris, *m.*, accuser

accūsō (1), accuse

ācer, ācris, ācre, sharp, keen, eager, severe, fierce. 16

acerbitās, -tātis, *f.*, harshness

acerbus, -a, -um, harsh, bitter, grievous. 12

Achillēs, -is, *m.*, Achilles, Greek hero, chief character in the *Iliad*

aciēs, -ēī, *f.*, sharp edge, keenness, line of battle

acquīrō, -ere, -quīsīvī, -quīsītum, acquire, gain

ācriter, *adv.*, keenly, fiercely. 32

ad, *prep.* + *acc.*, to, up to, near to. 8

addiscō, -ere, -didicī, learn in addition

addūcō, -ere, -dūxī, -ductum, lead to, induce

adeō, -īre, -iī, -itum, go to, approach. 37

adferō, -ferre, attulī, allātum, bring to. 31

adficiō, -ere, -fēcī, -fectum, affect, afflict, weaken

adiciō, -ere, -iēcī, -iectum, add

adiuvō, -āre, -iūvī, -iūtum, help, aid, assist; please. 4

admīror, -ārī, -ātus sum, wonder at, admire

admittō, -ere, -mīsī, -missum, admit, receive, let in. 17

admoneō = moneō

adnuō, -ere, -nuī, nod assent

adoptō (1), wish for oneself, select, adopt

adsum, -esse, -fuī, -futūrum, be near, be present, assist

adūlātiō, -ōnis, *f.*, fawning, flattery

adulēscēns, -centis, *m. and f.*, young man or woman. 12

adulēscentia, -ae, *f.*, youth, young manhood; youthfulness. 5

adultus, -a, -um, grown up, mature, adult

adūrō, -ere, -ussī, -ustum, set fire to, burn, singe

adveniō, -īre, -vēnī, -ventum, come (to), arrive

adversus, -a, -um, facing, opposite, adverse. 34

adversus, *prep.* + *acc.*, toward, facing; against

advesperāscit, advesperāscere, advesperāvit, *impers.*, evening is coming on, it is growing dark

aedificium, -iī, *n.*, building, structure. 39

aegrē, *adv.*, with difficulty, hardly, scarcely

aequitās, -tātis, *f.*, justice, fairness, equity

aequus, -a, -um, level, even, calm, equal, just, favorable. 22

aes, aeris, *n.*, bronze. 40

aestās, -tātis, *f.*, summer. 35

aestus, -ūs, *m.*, heat, tide

aetās, -tātis, *f.*, period of life, life, age, an age, time. 16

aeternus, -a, -um, eternal

Agamemnon, -nonis, *m.*, Agamemnon, commander-in-chief of the Greek forces at Troy

ager, agrī, *m.*, field, farm. 3

agō, -ere, ēgī, āctum, drive, lead, do, act; *of time or life*, pass, spend; **grātiās agere** + *dat.*, thank. 8

agricola, -ae, *m.*, farmer. 3

agrīcultūra, -ae, *f.*, agriculture

āit, āiunt, he says, they say, assert. 25

Alexander, -drī, *m.,* Alexander the Great, renowned Macedonian general and king, 4th cent., B.C.

aliēnus, -a, -um, belonging to another (*cf.* alius), foreign, strange, alien

aliōquī, *adv.,* otherwise

aliquī, aliqua, aliquod, *indef. pronominal adj.,* some

aliquis, aliquid (*gen.* alicuius; *dat.* alicui), *indef. pron.,* someone, somebody, something. 23

aliter, *adv.,* otherwise

alius, alia, aliud, other, another; aliī . . . aliī, some . . . others. 9

alō, -ere, aluī, altum, nourish, support, sustain, increase; cherish. 13

alter, -era, -erum, the other (of two), second. 9

altus, -a, -um, high, deep

ambitiō, -ōnis, *f.,* a canvassing for votes; ambition; flattery

ambulō (1), walk. 39

āmēn, *adv. from Hebrew,* truly, verily, so be it

amīca, -ae, *f.,* (female) friend. 3

amīcitia, -ae, *f.,* friendship. 10

amiculum, -ī, *n.,* cloak

amīcus, -a, -um, friendly. 11

amīcus, -ī, *m.,* (male) friend. 3

āmittō, -ere, -mīsī, -missum, send away; lose, let go. 12

amō (1), love, like; amābō tē, please. 1

amor, amōris, *m.,* love. 7

āmoveō, -ēre, -mōvī, -mōtum, move away, remove

an, *adv. and conj. introducing the second part of a double question (see* utrum*), or; used alone,* or, can it be that

ancilla, -ae, *f.,* maidservant

angelus, -ī, *m.,* angel

angulus, -ī, *m.,* corner

angustus, -a, -um, narrow, limited

anima, -ae, *f.,* air, breath; soul, spirit. 34

animal, -mālis, *n.,* a living creature, animal. 14

animus, -ī, *m.,* soul, spirit, mind; animī, -ōrum, high spirits, pride, courage. 5

annus, -ī, *m.,* year. 12

ante, *prep.* + *acc.,* before (*in place or time*), in front of; *adv.,* before, previously. 13

anteā, *adv.,* before, formerly

antepōnō, -ere, -posuī, -positum, put before, prefer + *dat.* 35

antīquus, -a, -um, ancient, old-time. 2

Apollō, -linis, *m.,* Phoebus Apollo, god of sun, prophecy, poetry, etc.

apparātus, -ūs, *m.,* equipment, splendor

appellō (1), speak to, address (as), call, name. 14

approbō (1), approve

appropinquō (1) + *dat.,* approach, draw near to

aptus, -a, -um, fit, suitable

apud, *prep.* + *acc.,* among, in the presence of, at the house of. 31

aqua, -ae, *f.,* water. 14

āra, -ae, *f.,* altar

arānea, -ae, *f.,* spider's web

arbitror, -ārī, -ātus sum, judge, think. 34

arbor, -boris, *f.,* tree. 38

arcus, -ūs, *m.,* bow

argentum, -ī, *n.,* silver, money

argūmentum, -ī, *n.,* proof, evidence, argument. 19

arma, -ōrum, *n.,* arms, weapons. 28

arō (1), plow

ars, artis, *f.,* art, skill. 14

arx, arcis, *f.,* citadel, stronghold. 23

as, assis, *m.,* an as (a small copper coin roughly equivalent to a cent). 31

Asia, -ae, *f.,* Asia, commonly the Roman province in Asia Minor. 12

asper, -era, -erum, rough, harsh. 21

aspiciō, -ere, -spexī, -spectum, look at, behold

assentātor, -tōris, *m.,* yes-man, flatterer

astrum, -ī, *n.,* star, constellation

at, *conj.,* but; but, mind you; but, you say; *a more emotional adversative than* sed. 19

āter, ātra, ātrum, dark, gloomy

Athēnae, -ārum, *f. pl.,* Athens. 37

Athēniēnsis, -e, Athenian; Athēniēnsēs, -ium, the Athenians

atque *or* ac, *conj.,* and also, and even, and in fact. 21

atquī, *conj.,* and yet, still

auctor, -tōris, *m.,* increaser; author, originator. 19

auctōritās, -tātis, *f.,* authority

audācia, -ae, *f.,* daring, boldness, audacity

audāx, *gen.* audācis, daring, bold

audeō, -ēre, ausus sum, dare. 7

audiō, -īre, -īvī, -ītum, hear, listen to. 10

audītor, -tōris, *m.,* hearer, listener, member of an audience. 16

auferō, -ferre, abstulī, ablātum, bear away, carry off

Augustus, -ī, *m.,* Augustus, the first Roman emperor

aureus, -a, -um, golden

auris, -is, *f.,* ear. 14

aurum, -ī, *n.,* gold

aut, *conj.,* or; aut . . . aut, either . . . or. 17

autem, *postpositive conj.,* however; moreover. 11

auxilium, -iī, *n.,* aid, help. 31

avāritia, -ae, *f.,* greed, avarice

avārus, -a, -um, greedy, avaricious. 3

āvehō, -ere, -vexī, -vectum, carry away

āvertō, -ere, -vertī, -versum, turn away, avert. 23
āvocō (1), call away, divert

B

balbus, -a, -um, stammering, stuttering
barba, -ae, *f.,* beard
bāsium, -iī, *n.,* kiss. 4
beātus, -a, -um, happy, fortunate, blessed. 10
bellicus, -a, -um, relating to war, military
bellum, -ī, *n.,* war. 4
bellus, -a, -um, pretty, handsome, charming. 4
bene, *adv. of* **bonus,** well, satisfactorily, quite. 11
　　(*compar.* **melius;** *superl.* **optimē.** 32)
beneficium, -iī, *n.,* benefit, kindness, favor. 19
benevolentia, -ae, *f.,* good will, kindness
bēstia, -ae, *f.,* animal, beast
bibō, -ere, bibī, drink. 30
bis, *adv.,* twice
bonus, -a, -um, good, kind. 4 (*compar.* **melior;** *superl.*
　　optimus. 27)
bōs, bovis, *m./f.,* bull, ox, cow
brevis, -e, short, small, brief. 16
brevitās, -tātis, *f.,* shortness, brevity
breviter, *adv.,* briefly
Britannia, -ae, *f.,* Britain
Brundisium, -iī, *n.,* important seaport in S. Italy
Brūtus, -ī, *m.,* famous Roman name: L. Junius Brutus,
　　who helped establish the Roman republic; M. Junius
　　Brutus, one of the conspirators against Julius Caesar

C

C., abbreviation for the common name **Gāius**
cadō, -ere, cecidī, cāsūrum, fall. 12
caecus, -a, -um, blind. 17
caelestis, -e, heavenly, celestial
caelum, -ī, *n.,* sky, heaven. 5
Caesar, -saris, *m.,* Caesar, especially Gaius Julius
　　Caesar. 12
calamitās, -tātis, *f.,* misfortune, disaster
calculus, -ī, *m.,* pebble
campana, -ae, *f.,* bell (*late Lat.*)
candidus, -a, -um, shining, bright, white; beautiful. 33
canis, -is (*gen. pl.* **canum**)*, m./f.,* dog
canō, -ere, cecinī, cantum, to sing about
cantō (1), sing
capillus, -ī, *m.,* hair (*of head or beard*)
capiō, -ere, cēpī, captum, take, capture, seize, get. 10
captō (1), grab, seek to get, hunt for (legacies, etc.)
caput, -pitis, *n.,* head; leader; beginning; life; heading,
　　Capvt XI
carbō, -bōnis, *m.,* coal, charcoal

careō, -ēre, -uī, -itūrum + *abl. of separation,* be without,
　　be deprived of, want, lack, be free from. 20
cāritās, -tātis, *f.,* dearness, affection
carmen, -minis, *n.,* song, poem. 7
carpō, -ere, carpsī, carptum, harvest, pluck; seize. 36
Carthāgō, -ginis, *f.,* Carthage (city in N. Africa). 24
cārus, -a, -um, dear. 11
casa, -ae, *f.,* house, cottage, hut. 21
cāsus, -ūs, *m.,* accident, chance
catēna, -ae, *f.,* chain
Catilīna, -ae, *m.,* L. Sergius Catiline, leader of the
　　conspiracy against the Roman state in 63 B.C.
Catullus, -ī, *m.,* Gaius Valerius Catullus, 1st cent. B.C.
　　lyric poet
cattus, -ī, *m.,* cat (*late word for classical* **fēlēs, -is**)
causa, -ae, *f.,* cause, reason; case, situation; **causā** *with a
　　preceding gen.,* for the sake of, on account of. 21
caveō, -ēre, cāvī, cautum, beware, avoid
cavus, -ī, *m.,* hole
cēdō, -ere, cessī, cessum, go, withdraw; yield to, submit,
　　grant. 28
celer, -eris, -ere, swift, quick, rapid. 16
celeritās, -tātis, *f.,* speed, swiftness
celeriter, swiftly, quickly
cēna, -ae, *f.,* dinner. 26
cēnō (1), dine. 5
centum, *indecl. adj.,* a hundred. 15
cernō, -ere, crēvī, crētum, distinguish, discern, per-
　　ceive. 22
certē, *adv.,* certainly
certus, -a, -um, definite, sure, certain, reliable. 19
cervus, -ī, *m.,* stag, deer
cēterī, -ae, -a, the remaining, the rest, the other. 30
Cicerō, -rōnis, *m.,* Marcus Tullius Cicero. 8
cicūta, -ae, *f.,* hemlock (*poison*)
cinis, -neris, *m.,* ashes
circēnsēs, -ium, *m. pl.* (*sc.* **lūdī**), games in the Circus
cito, *adv.,* quickly. 17
cīvīlis, -e, civil, civic
cīvis, -is, *m./f.,* citizen. 14
cīvitās, -tātis, *f.,* state, citizenship. 7
clārus, -a, -um, clear, bright; renowned, famous,
　　illustrious. 18
claudō, -ere, clausī, clausum, shut, close
clēmentia, -ae, *f.,* mildness, gentleness, mercy. 16
coepī, coepisse, coeptum (*defective verb; pres. system
　　supplied by* **incipiō**), began. 17
coërceō, -ēre, -uī, -itum, curb, check, repress
cōgitō (1), think, ponder, consider, plan. 1
cognōscō, -ere, -nōvī, -nitum, become acquainted with,
　　learn, recognize; *in perf. tenses,* know. 30

cōgō, -ere, coēgī, coāctum, drive *or* bring together, force, compel. 36

colligō, -ere, -lēgī, -lēctum, gather together, collect

collocō (1), place, put, arrange

collum, -ī, *n.,* neck

colō, -ere, coluī, cultum, cultivate; cherish

color, -ōris, *m.,* color

commemorō (1), remind, relate, mention

commisceō, -ēre, -uī, -mixtum, intermingle, join

committō, -ere, -mīsī, -missum, entrust, commit. 15

commūnis, -e, common, general, of/for the community. 20

comparō (1), compare

compōnō, -ere, -posuī, -positum, put together, compose

comprehendō, -ere, -hendī, -hēnsum, grasp, seize, arrest; comprehend, understand. 30

concēdō, -ere, -cessī, -cessum, yield, grant, concede

concilium, -iī, *n.,* council

condō, -ere, -didī, -ditum, put together or into, store; build, found, establish. 29

cōnferō, -ferre, contulī, collātum, bring together, compare; confer, bestow; sē cōnferre, take oneself, *i.e.,* go. 31

cōnfīdō, -ere, -fīsus sum, have confidence in, believe confidently, be confident

cōnfiteor, -ērī, -fessus sum, confess

congregō (1), gather together, assemble

coniciō, -ere, -iēcī, -iectum, throw, hurl, put with force; put together, conjecture

coniūrātiō, -ōnis, *f.,* conspiracy

coniūrātī, -ōrum, *m. pl.,* conspirators. 20

cōnor, -ārī, -ātus sum, try, attempt. 34

cōnscientia, -ae, *f.,* consciousness, knowledge; conscience

cōnscius, -a, -um, conscious, aware of

cōnservō (1), preserve, conserve, maintain. 1

cōnsilium, -iī, *n.,* counsel, advice, plan, purpose; judgment, wisdom. 4

cōnsistō, -ere, -stitī + in, depend on

cōnstō, -āre, -stitī, -stātūrum + ex, consist of

cōnsuēscō, -ere, -suēvī, -suētum, become accustomed

cōnsul, -sulis, *m.,* consul. 11

cōnsulō, -ere, -suluī, -sultum, look out for, have regard for

cōnsultum, -ī, *n.,* decree

cōnsūmō, -ere, -sūmpsī, -sūmptum, use up, consume. 30

contemnō, -ere, -tempsī, -temptum, despise, scorn. 36

contendō, -ere, -tendī, -tentum, strive, struggle, contend, hasten. 29

contineō, -ēre, -tinuī, -tentum, hold together, keep, enclose, restrain, contain. 21

contingō, -ere, -tigī, -tāctum, touch closely, befall, fall to one's lot

contrā, *prep. + acc.,* against. 19

contundō, -tundere, -tudī, -tūsum, beat, crush, bruise, destroy. 36

conturbō (1), throw into confusion

convertō, -ere, -vertī, -versum, turn around, cause to turn

convocō (1), call together, convene

cōpia, -ae, *f.,* abundance, supply; cōpiae, -ārum, supplies, troops, forces. 8

cōpiōsē, *adv.,* fully, at length, copiously

Corinthus, -ī, *f.,* Corinth

cornū, -ūs, *n.,* horn. 20

corōna, -ae, *f.,* crown

corpus, -poris, *n.,* body. 7

corrigō, -ere, -rēxī, -rēctum, make right, correct

corrōborō (1), strengthen

corrumpō, -ere, -rūpī, -ruptum, ruin, corrupt

cōtīdiē, *adv.,* daily, every day. 36

crās, *adv.,* tomorrow. 5

creātor, -tōris, *m.,* creator

creātūra, -ae, *f.,* creature (*late Lat.*)

crēber, -bra, -brum, thick, frequent, numerous

crēdō, -ere, crēdidī, crēditum, believe, trust. 25; + *dat.* 35

creō (1), create. 12

crēscō, -ere, crēvī, crētum, increase. 34

crūdēlis, -e, cruel

crūstulum, -ī, *n.,* pastry, cookie

cubiculum, -ī, *n.,* bedroom, room

culpa, -ae, *f.,* fault, blame. 5

culpō (1), blame, censure. 5

cultūra, -ae, *f.,* cultivation

cum, *conj., with subjunct.,* when, since, although; *with indic.,* when. 31

cum, *prep. + abl.,* with. 10

cūnctātiō, -ōnis, *f.,* delay

cūnctātor, -tōris, *m.,* delayer

cūnctor (1), delay

cupiditās, -tātis, *f.,* desire, longing, passion; cupidity, avarice. 10

cupīdō, -dinis, *f.,* desire, passion. 36

cupidus, -a, -um, desirous, eager, fond; + *gen.,* desirous of, eager for. 39

cupiō, -ere, cupīvī, cupītum, desire, wish, long for. 17

cūr, *adv.,* why. 18

cūra, -ae, *f.,* care, attention, caution, anxiety. 4

cūrō (1), care for, attend to; heal, cure; take care. 36

currō, -ere, cucurrī, cursum, run, rush, move quickly. 14

cursus, -ūs, *m.,* running, race; course. 28

curvus, -a, -um, curved, crooked, wrong

custōdia, -ae, *f.,* protection, custody; *pl.,* guards. 32

custōs, -tōdis, *m.,* guardian, guard

D

damnō (1), condemn

Dāmoclēs, -is, *m.,* Damocles, an attendant of Dionysius

dē, *prep. + abl.,* down from, from; concerning, about. 3

dea, -ae, *f.* (*dat. and abl. pl.* **deābus**), goddess. 6

dēbeō, -ēre, -uī, -itum, owe, ought, must, should. 1

dēbilitō (1), weaken

dēcernō, -ere, -crēvī, -crētum, decide, settle, decree. 36

dēcertō (1), fight it out, fight to the finish, contend

decimus, -a, -um, tenth. 15

dēcipiō, -ere, -cēpi, -ceptum, deceive

decor, -cōris, *m.,* beauty, grace

dēcrētum, -ī, *n.,* decree

dēdicō (1), dedicate. 28

dēfendō, -ere, -fendī, -fēnsum, ward off, defend, protect. 20

dēficiō, -ere, -fēcī, -fectum, fail

dēgustō (1), taste

dehinc, *adv.,* then, next. 25

deinde, *adv.,* thereupon, next, then. 18

dēlectātiō, -ōnis, *f.,* delight, pleasure, enjoyment. 27

dēlectō (1), delight, charm, please. 19

dēleō, -ēre, dēlēvī, dēlētum, destroy, wipe out, erase. 17

dēlīberō (1), consider, deliberate

dēmēns, *gen.* **-mentis,** *adj.,* out of one's mind, insane, foolish

dēmittō, -ere, -mīsī, -missum, let down, lower

dēmōnstrō (1), point out, show, demonstrate. 8

Dēmosthenēs, -is, *m.,* Demosthenes, the most famous Greek orator, 4th cent. B.C.

dēnique, *adv.,* at last, finally. 29

dēns, dentis, *m.,* tooth

dēpōnō, -ere, -posuī, -positum, put down, lay aside

dēportō (1), carry off

dēsīderō (1), desire, long for, miss. 17

dēsidiōsus, -a, -um, lazy

dēsinō, -ere, -sīvī, -situm, cease, leave off

dēsipiō, -ere, act foolishly

dēstinātus, -a, -um, resolved, resolute, firm

dētrīmentum, -ī, *n.,* loss, detriment

deus, -ī, *m.* (*voc. sg.* **deus,** *nom. pl.* **deī** *or* **dī,** *dat. and abl. pl.* **dīs**), god. 6

dēvocō (1), call down *or* away

dexter, -tra, -trum, right, right-hand. 20

diabolus, -ī, *m.,* devil

dīcō, -ere, dīxī, dictum, say, tell, speak; call, name. 10

dictāta, -ōrum, *n. pl.,* things dictated, lessons, precepts

dictātor, -tōris, *m.,* dictator

dictō (1), say repeatedly, dictate

diēs, -ēī, *m.,* day. 22

difficilis, -e, hard, difficult, troublesome. 16

digitus, -ī, *m.,* finger, toe. 31

dignitās, -tātis, *f.,* merit, prestige, dignity. 38

dignus, -a, -um + *abl.,* worthy, worthy of. 29

dīligēns, *gen.* **-gentis,** *adj.,* diligent, careful. 27

dīligenter, *adv.,* diligently

dīligentia, -ae, *f.,* diligence

dīligō, -ere, dīlēxī, dīlēctum, esteem, love. 13

dīmidium, -iī, *n.,* half

dīmittō, -ere, -mīsī, -missum, send away, dismiss

Dionÿsius, -iī, *m.,* Dionysius, tyrant of Syracuse

discēdō, -ere, -cessī, -cessum, go away, depart. 20

discipula, -ae, *f.,* learner, pupil, disciple. 6

discipulus, -ī, *m.,* learner, pupil, disciple. 6

discō, -ere, didicī, learn. 8

disputātiō, -ōnis, *f.,* discussion

disputō (1), discuss

dissimilis, -e, unlike, different. 27

dissimulō (1), conceal

distinguō, -ere, -stīnxī, -stīnctum, distinguish

diū, *adv.,* long, for a long time. 12

dīves, *gen.* **dīvitis** *or* **dītis,** *adj.,* rich, wealthy. 32

dīvīnus, -a, -um, divine, sacred

dīvitiae, -ārum, *f. pl.,* riches, wealth. 13

dō, dare, dedī, datum, give, offer. 1

doceō, -ēre, -uī, doctum, teach. 8

doctrīna, -ae, *f.,* teaching, instruction, learning

doctus, -a, -um, taught, learned, skilled. 13

doleō, -ēre, -uī, -itūrum, grieve, suffer; hurt, give pain. 31

dolor, -lōris, *m.,* pain, grief. 38

domesticus, -a, -um, domestic; civil

domina, -ae, *f.,* mistress, lady. 40

dominātus, -ūs, *m.,* rule, mastery, tyranny

dominicus, -a, -um, belonging to a master; the Lord's

dominus, -ī, *m.,* master, lord. 40

domus, -ūs (-ī), *f.,* house, home; **domī,** at home; **domum,** (to) home; **domō,** from home. 37

dōnum, -ī, *n., gift,* present. 4

dormiō, -īre, -īvī, -ītum, sleep. 31

dubitō (1), doubt, hesitate. 30

dubium, -iī, *n.,* doubt

dūcō, -ere, dūxī, ductum, lead; consider, regard; prolong. 8

dulcis, -e, sweet, pleasant, agreeable. 16

dum, *conj.,* while, as long as; at the same time that; until. 8

dummodo, *conj., with subjunct.,* provided that, so long as. 32

duo, duae, duo, two. 15

dūrō (1), harden, last, endure

dūrus, -a, -um, hard, harsh, rough, stern, unfeeling, hardy, tough, difficult. 29

dux, ducis, *m.*, leader, guide, commander, general. 23

E

ē. *See* ex.

ecclēsia, -ae, *f.*, church (*ecclesiastical Lat.*)

ēducō (1), bring up, educate. 23

ēdūcō, -ere, -dūxī, -ductum, lead out

efferō, -ferre, extulī, ēlātum, carry out; bury; lift up, exalt

efficiō, -ere, -fēcī, -fectum, accomplish, perform, bring about, cause

effugiō, -ere, -fūgī, -fugitūrum, flee from, flee away, escape

egeō, -ēre, eguī + *abl. or gen.*, need, lack, want. 28

ego, meī, I. 11

ēgredior, -ī, -gressus sum, go out, depart. 34

ēiciō, -ere, -iēcī, -iectum, throw out, drive out. 15

elementum, -ī, *n.*, element, first principle

elephantus, -ī, *m.*, elephant. 31

ēloquēns, *gen.* -quentis, *adj.*, eloquent

ēloquentia, -ae, *f.*, eloquence

ēmendō (1), correct, emend

emō, -ere, ēmī, ēmptum, buy

ēmoveō, -ēre, -mōvī, -mōtum, move away, remove

enim, *postpositive conj.*, for, in fact, truly. 9

Ennius, -iī, *m.*, Quintus Ennius, early Roman writer

ēnumerō (1), count up, enumerate

eō, īre, iī (*or* īvī), itum, go. 37

epigramma, -matis, *n.*, inscription, epigram

epistula, -ae, *f.*, letter, epistle

equa, -ae, *f.*, horse. 23

eques, equitis, *m.*, horseman

equidem, *adv. especially common with 1st pers.*, indeed, truly, for my part

equitātus, -ūs, *m.*, cavalry

equus, -ī, *m.*, horse. 23

ergā, *prep. + acc.*, toward. 38

ergō, *adv.*, therefore

ēripiō, -ere, -ripuī, -reptum, snatch away, take away, rescue. 22

errō (1), wander; err, go astray, make a mistake, be mistaken. 1

error, -rōris, *m.*, a going astray, error, mistake

et, *conj.*, and; even (= etiam); et . . . et, both . . . and. 2

etiam, *adv.*, even, also. 11

etsī, *conj.*, even if (et-sī), although. 38

ēveniō, -īre, -vēnī, -ventum, come out, turn out, happen

ēventus, -ūs, *m.*, outcome, result

ex *or* ē, *prep + abl.*, out of, from within, from; by reason of, on account of; *following cardinal numerals*, of. Ex *can be used before consonants or vowels;* ē, *before consonants only.* 8

excellentia, -ae, *f.*, excellence, merit

excipiō, -ere, -cēpī, -ceptum, take out, except; take, receive, capture. 24

exclāmō (1), cry out, call out

exclūdō, -ere, -clūsī, -clūsum, shut out, exclude

excrusiō (1), torture, torment

excūsātiō, -ōnis, *f.*, excuse

exemplar, -plāris, *n.*, model, pattern, original. 14

exemplum, -ī, *n.*, example, model

exeō, -īre, -iī, -itum, go out, exit. 37

exercitus, -ūs, *m.*, army. 32

exigō, -igere, -ēgī, -āctum (ex + agō), drive out, force out, extract, drive through, complete, perfect. 36

eximius, -a, -um, extraordinary, excellent

exitium, -iī, *n.*, destruction, ruin. 4

expellō, -ere, -pulī, -pulsum, drive out, expel, banish. 24

experior, -īrī, -pertus sum, try, test; experience. 39

expleō, -ēre, -plēvī, -plētum, fill, fill up, complete. 28

explicō (1), unfold; explain; spread out, deploy. 40

expōnō, -ere, -posuī, -positum, set forth, explain, expose. 30

exquīsītus, -a, -um, sought-out, exquisite, excellent

exsilium, -iī, *n.*, exile, banishment. 31

exspectō (1), look for, expect, await. 15

exstinguō, -ere, -stīnxī, -stīnctum, extinguish

externus, -a, -um, foreign

extorqueō, -ēre, -torsī, -tortum, twist away, extort

extrā, *prep. + acc.*, beyond, outside

extrēmus, -a, -um, outermost, last, extreme

F

Fabius, -iī, *m.*, Roman name; especially Quintus Fabius Maximus Cunctator (the Delayer), celebrated for his delaying tactics (Fabian tactics) against Hannibal

fābula, -ae, *f.*, story, tale; play. 24

facile, *adv.*, easily. 32

facilis, -e, easy; agreeable, affable. 16

faciō, -ere, fēcī, factum, make, do, accomplish, 10; *pass.*: fīō, fierī, factus sum. 36

factum, -ī, *n.*, deed, act, achievement. 13

facultās, -tātis, *f.*, ability, skill, opportunity, means

falsus, -a, -um, false, deceptive

fāma, -ae, *f.*, rumor, report; fame, reputation. 2

familia, -ae, *f.*, household, family. 19

fās (*indecl.*), *n.*, right, sacred duty; fās est, it is right, fitting, lawful

fateor, -ērī, fassus sum, confess, admit. 34

fatīgō (1), weary, tire out. 40

fātum, -ī, *n.*, fate; death; *often pl.*, the Fates. 29

faucēs, -ium, *f. pl.*, jaws; narrow passage.

fēlīciter, *adv.*, happily. 32

fēlīx, *gen.* -līcis, *adj.*, lucky, fortunate, happy. 22

fēmina, -ae, *f.*, woman. 3

fenestra, -ae, *f.*, window. 21

ferē, *adv.*, almost, nearly, generally

ferō, ferre, tulī, lātum, bear, carry, bring; suffer, endure, tolerate; say, report. 31

ferōx, *gen.* -rōcis, fierce, savage. 25

ferrum, -ī, *n.*, iron, sword. 22

ferus, -a, -um, wild, uncivilized, fierce

festīnātiō, -ōnis, *f.*, haste

festīnō (1), hasten, hurry

fīcus, -ī *and* -ūs, *f.*, fig tree

fidēlis, -e, faithful, loyal. 25

fidēs, -eī, *f.*, faith, trust, trustworthiness, fidelity; promise, guarantee, protection. 22

fīlia, -ae, *f.* (*dat. and abl. pl.* fīliābus), daughter. 3

fīlius, -iī, *m.*, son. 3

fīnis, -is, *m.*, end, limit, boundary; purpose; fīnēs, -ium (boundaries) territory. 21

fīō, fierī, factus sum, occur, happen; become, be made, be done. 36

fīrmus, -a, -um, firm, strong; reliable. 38

flamma, -ae, *f.*, flame, fire

fleō, -ēre, flēvī, flētum, weep

flūctus, -ūs, *m.*, billow, wave

flūmen, -minis, *n.*, river. 18

fluō, -ere, flūxī, flūxum, flow. 18

for, fārī, fātus sum, speak (prophetically), talk, foretell. 40

forīs, *adv.*, out of doors, outside. 37

fōrma, -ae, *f.*, form, shape, beauty. 2

formīca, -ae, *f.*, ant

fōrmō (1), form, shape, fashion

fors, fortis, *f.*, chance, fortune

forsan, *adv.*, perhaps

fortasse, *adv.*, perhaps. 36

fortis, -e, strong, brave. 16

fortiter, *adv.*, bravely. 32

fortūna, -ae, *f.*, fortune, luck. 2

fortūnātē, *adv.*, fortunately

fortūnātus, -a, -um, lucky, fortunate, happy. 13

forum, -ī, *n.*, market place, forum. 26

foveō, -ēre, fōvī, fōtum, comfort, nurture, support. 35

frāter, -tris, *m.*, brother. 8

frōns, frontis, *f.*, forehead, brow, front

frūctus, -ūs, *m.*, fruit; profit, benefit, enjoyment. 20

frūgālitās, -tātis, *f.*, frugality

frūstrā, *adv.*, in vain

fuga, -ae, *f.*, flight

fugiō, -ere, fūgī, fugitūrum, flee, hurry away; escape; go into exile; avoid, shun. 10

fugitīvus, -ī, *m.*, fugitive, deserter, runaway slave

fugō (1), put to flight, rout

fulgeō, -ēre, fulsī, flash, shine

furor, -rōris, *m.*, rage, frenzy, madness

fūrtificus, -a, -um, thievish

fūrtim, *adv.*, stealthily, secretly. 30

G

Gāius, -iī, *m.*, Gaius, a common praenomen (first name); usually abbreviated to C. in writing

Gallus, -ī, *m.*, a Gaul. The Gauls were a Celtic people who inhabited the district which we know as France.

gaudeō, gaudēre, gāvīsus sum, be glad, rejoice. 23

gaudium, -iī, *n.*, joy, delight

geminus, -a, -um, twin. 25

gēns, gentis, *f.*, clan, race, nation, people. 21

genū, genūs, *n.*, knee. 20

genus, generis, *n.*, origin; kind, type, sort, class. 18

gerō, -ere, gessī, gestum, carry; carry on, manage, conduct, wage, accomplish, perform. 8

gladius, -iī, *m.*, sword

glōria, -ae, *f.*, glory, fame. 5

gracilis, -e, slender, thin. 27

Graecia, -ae, *f.*, Greece. 19

Graecus, -a, -um, Greek; Graecus, -ī, *m.*, a Greek. 6

grātia, -ae, *f.*, gratitude, favor; grātiās agere + *dat.*, to thank. 8

grātus, -a, -um, pleasing, agreeable; grateful. 37

gravis, -e, heavy, weighty; serious, important; severe, grievous. 19

gravitās, -tātis, *f.*, weight, seriousness, importance, dignity

graviter, *adv.*, heavily, seriously

gustō (1), taste

H

habeō, -ēre, -uī, -itum, have, hold, possess; consider, regard. 3

hāmus, -ī, *m.*, hook

Hannibal, -balis, *m.*, Hannibal, celebrated Carthaginian general in the 2nd Punic War, 218–201 B.C.

hasta, -ae, *f.*, spear. 23

haud, *adv.*, not, not at all (*strong negative*)

heri, *adv.*, yesterday. 5

heu, *interj.*, ah!, alas! (*a sound of grief or pain*). 33

hic, haec, hoc, *demonstrative adj. and pron.*, this, the latter; *at times weakened to* he, she, it, they. 9

hīc, *adv.*, here. 25

hinc, *adv.,* from this place, hence

hodiē, *adv.,* today. 3

Homērus, -ī, *m.,* Homer, the Greek epic poet

homō, hominis, *m.,* human being, man. 7

honor, -nōris, *m.,* honor, esteem; public office. 30

hōra, -ae, *f.,* hour, time. 10

horrendus, -a, -um, horrible, dreadful

hortor, -ārī, -ātus sum, urge, encourage. 34

hortus, -ī, *m.,* garden

hospes, -pitis, *m.,* stranger, guest; host

hostis, -is, *m.,* an enemy (of the state); hostēs, -ium, the enemy. 18

hui, *interj., sound of surprise or approbation not unlike our "whee"*

hūmānitās, -tātis, *f.,* kindness, refinement

hūmānus, -a, -um, pertaining to man, human; humane, kind; refined, cultivated. 4

humilis, -e, lowly, humble. 27

humus, -ī, *f.,* ground, earth; soil. 37

hypocrita, -ae, *m.,* hypocrite (*ecclesiastical Lat.*)

I

iaceō, -ēre, -uī, lie; lie prostrate; lie dead. 25

iaciō, -ere, iēcī, iactum, throw, hurl. 15

iaculum, -ī, *n.,* dart, javelin

iam, *adv.,* now, already, soon. 19

iānua, -ae, *f.,* door. 35

ibi, *adv.,* there. 6

īdem, eadem, idem, the same. 11

identidem, *adv.,* repeatedly, again and again

idōneus, -a, -um, suitable, fit, appropriate. 37

igitur, *postpositive conj.,* therefore, consequently. 5

ignārus, -a, -um, not knowing, ignorant

ignis, -is, *m.,* fire. 22

ignōscō, -ere, -nōvī, -nōtum + *dat.,* grant pardon to, forgive, overlook. 35

illacrimō (1) + *dat.,* weep over

ille, illa, illud, *demonstrative adj. and pron.,* that, the former; the famous; *at times weakened to* he, she, it, they. 9

illūdō, -ere, -lūsī, -lūsum, mock, ridicule

imāgō, -ginis, *f.,* image, likeness

imitor, -ārī, -ātus sum, imitate

immineō, -ēre, overhang, threaten

immodicus, -a, -um, beyond measure, immoderate, excessive

immortālis, -e, not subject to death, immortal. 19

immōtus, -a, -um, unmoved; unchanged; unrelenting. 37

impedīmentum, -ī, *n.,* hindrance, impediment

impediō, -īre, -īvī, -ītum, impede, hinder, prevent. 38

impellō, -ere, -pulī, -pulsum, urge on, impel

impendeō, -ēre, hang over, threaten, be imminent

imperātor, -tōris, *m.,* general, commander-in-chief, emperor. 24

imperiōsus, -a, -um, powerful, domineering, imperious

imperium, -iī, *n.,* power to command, supreme power, authority, command, control. 24

imperō (1), give orders to, command + *dat.* + ut. 35

impleō, -ēre, implēvī, implētum, fill up, complete

imprīmīs, *adv.,* especially, particularly

imprōvidus, -a, -um, improvident

impudēns, *gen.* -dentis, *adj.,* shameless, impudent

impudenter, *adv.,* shamelessly, impudently

impūnītus, -a, -um, unpunished, unrestrained, safe

in, *prep.* + *abl.,* in, on, 3; + *acc.,* into, toward, against. 9

inānis, -e, empty, vain

incertus, -a, -um, uncertain, unsure, doubtful

incipiō, -ere, -cēpī, -ceptum, begin, commence. 17

inclūdō, -ere, -clūsī, -clūsum, shut in, inclose

incorruptus, -a, -um, uncorrupted, genuine, pure

incrēdibilis, -e, incredible

indicō (1), indicate, expose, accuse

indignus, -a, -um, unworthy

indūcō, -ere, -dūxī, -ductum, lead in, introduce, induce

industria, -ae, *f.,* industry, diligence

industrius, -a, -um, industrious, diligent

ineō, -īre, -iī, -itum, go in, enter; enter into, begin. 37

ineptiō, -īre, play the fool, trifle

inexpugnābilis, -e, impregnable, unconquerable

īnfantia, -ae, *f.,* infancy

īnferi, -ōrum, *m. pl.,* those below, the dead

īnferō, -ferre, intulī, illātum, bring in, bring upon, inflict

īnfīnītus, -a, -um, unlimited, infinite

īnfīrmus, -a, -um, not strong, weak, feeble. 38

īnflammō (1), set on fire, inflame

īnfōrmis, -e, formless, deformed, hideous

īnfortūnātus, -a, -um, unfortunate

ingenium, -iī, *n.,* nature, innate talent. 29

ingēns, *gen.* -gentis, *adj.,* huge. 16

ingrātus, -a, -um, unpleasant, ungrateful

iniciō, -ere, -iēcī, -iectum, throw on *or* into, put on; inspire

inimīcus, -ī, *m.,* (personal) enemy

inīquus, -a, -um, unequal, unfair, unjust

initium, -iī, *n.,* beginning, commencement. 33

iniūria, -ae, *f.,* injustice, injury, wrong. 39

iniūstus, -a, -um, unjust

inops, *gen.* -opis, *adj.,* poor, needy

inquam. *See* inquit.

inquit, *defective verb,* he says, *placed after one or more words of a direct quotation; other forms:* inquam, I say, inquis, you say. 22

īnsānia, -ae, *f.,* insanity, folly

īnsciēns, *gen.* -entis, unknowing, unaware

īnscrībō, -ere, -scrīpsī, -scrīptum, inscribe, entitle

īnsidiae, -ārum, *f. pl.,* ambush, plot, treachery. 6

īnsōns, *gen.* -sontis, guiltless, innocent

īnstituō, -ere, -stituī, -stitūtum, establish, institute

īnsula, -ae, *f.,* island. 23

īnsurgō, -ere, -surrēxī, -surrēctum, rise up

integer, -gra, -grum, untouched, whole, unhurt

intellegō, -ere, -lēxī, -lēctum, understand. 11

intempestīvus, -a, -um, untimely

inter, *prep.* + *acc.,* between, among. 15

intercipiō, -ere, -cēpī, -ceptum, intercept

interdum, *adv.,* at times, sometimes

intereā, *adv.,* meanwhile

interficiō, -ere, -fēcī, -fectum, kill, murder. 37

interrogātiō, -ōnis, *f.,* interrogation, inquiry

intrō (1), walk into, enter

intrōdūcō, -ere, -dūxī, -ductum, lead in, introduce

intus, *adv.,* within

invādō, -ere, -vāsī, -vāsum, enter on, move against, assail

inveniō, -īre, -vēnī, -ventum, come upon, find. 10

inventor, -tōris, *m.,* inventor

invēstīgō (1), track out, investigate

invictus, -a, -um, unconquered; unconquerable

invideō, -ēre, -vīdī, -vīsum, be envious; + *dat.,* look at with envy, envy, be jealous of. 31

invidia, -ae, *f.,* envy, jealousy, hatred. 31

invīsus, -a, -um, hated; hateful

invītō (1), entertain; invite, summon. 26

invītus, -a, -um, unwilling, against one's will

iocus, -ī, *m.,* joke, jest

ipse, ipsa, ipsum, *intensive pron.,* myself, yourself, himself, herself, itself, *etc.;* the very, the actual. 13

īra, -ae, *f.,* ire, anger. 2

īrāscor, -ī, īrātus sum, be angry

īrātus, -a, -um, angered, angry. 35

irrītō (1), excite, exasperate, irritate

is, ea, id, *demonstrative pron. and adj.,* this, that; *personal pron.,* he, she, it. 11

iste, ista, istud, *demonstrative pron. and adj.,* that of yours, that; such (*as you have, as you speak of*); *sometimes with contemptuous force, e.g.,* that despicable, that wretched. 9

ita, *adv. used with adjs., verbs, and advs.,* so, thus. 29

Italia, -ae, *f.,* Italy. 15

itaque, *adv.,* and so, therefore. 15

iter, itineris, *n.,* journey; route, road. 37

iterō (1), repeat

iterum, *adv.,* again, a second time. 21

iubeō, -ēre, iussī, iussum, bid, order, command. 21

iūcunditās, -tātis, *f.,* pleasure, charm

iūcundus, -a, -um, agreeable, pleasant, gratifying. 16

iūdex, -dicis, *m.,* judge, juror. 19

iūdicium, -iī, *n.,* judgment, decision, opinion; trial. 19

iūdicō (1), judge, consider

iungō, -ere, iūnxī, iūnctum, join. 13

Iuppiter, Iovis, *m.,* Jupiter, Jove

iūrō (1), swear

iūs, iūris, *n.,* right, justice, law. 14; iūs iūrandum, iūris iūrandī, *n.,* oath

iussū, *defective noun, abl. sg. only, m.,* at the command of

iūstus, -a, -um, just, right. 40

iuvenis, -is (*gen. pl.* iuvenum), *m./f.,* a youth, young person

iuvō, -āre, iūvī, iūtum, help, aid, assist; please. 4

L

lābor, -ī, lāpsus sum, slip, glide

labor, -bōris, *m.,* labor, work, toil. 7

labōrō (1), labor; be in distress. 21

labrum, -ī, *n.,* lip

lacessō, -ere, -īvī, -ītum, harass, attack

lacrima, -ae, *f.,* tear. 40

lacūnar, -nāris, *n.,* paneled ceiling

laetāns, *gen.* -tantis, *adj.,* rejoicing

laetus, -a, -um, happy, joyful

Latīnus, -a, -um, Latin. 22

laudātor, -tōris, *m.,* praiser

laudō (1), praise. 1

laus, laudis, *f.,* praise, glory, fame. 8

lēctor, -tōris, *m.,* reader. 36

lēctrīx, -trīcis, *f.,* reader. 36

lectus, -ī, *m.,* bed

lēgātus, -ī, *m.,* ambassador, deputy

legiō, -ōnis, *f.,* legion

legō, -ere, lēgī, lēctum, pick out, choose; read. 18

lēnis, -e, smooth, gentle, kind

lentē, *adv.,* slowly

Lentulus, -ī, *m.,* P. Cornelius Lentulus Sura, chief conspirator under Catiline, left in charge of the conspiracy when Catiline was forced to flee from Rome

Lesbia, -ae, *f.,* Lesbia, the name which Catullus gave to his sweetheart

levis, -e, light; easy, slight, trivial. 17

lēx, lēgis, *f.,* law, statute. 26

libellus, -ī, *m.,* little book. 17

libenter, *adv.,* with pleasure, gladly. 38
līber, -era, -erum, free. 5
liber, -brī, *m.,* book. 6
līberālis, -e, of, relating to a free person; worthy of a free man, decent, liberal, generous. 39
līberālitās, -tātis, *f.,* generosity, liberality
līberātor, -tōris, *m.,* liberator
līberē, *adv.,* freely. 32
līberī, -ōrum, *m. pl.,* (one's) children
līberō (1), free, liberate. 19
lībertās, -tātis, *f.,* liberty, freedom. 8
libō (1), pour a libation of, on; pour ritually; sip; touch gently. 39
licet, licēre, licuit, *impers. + dat. and infin.,* it is permitted, one may. 37
ligō (1), bind, tie
līmen, -minis, *n.,* threshold. 26
lingua, -ae, *f.,* tongue; language. 25
linteum, -ī, *n.,* linen, napkin
littera, -ae, *f.,* a letter of the alphabet; litterae, -ārum, a letter (epistle); literature. 7
lītus, -toris, *n.,* shore, coast. 23
locō (1), place, put
locuplētō (1), enrich
locus, -ī, *m.,* place; passage in literature; *pl.,* loca, -ōrum, *n.,* places, region; locī, -ōrum, *m.,* passages in literature. 9
longē, *adv.,* far. 32
longinquitās, -tātis, *f.,* distance, remoteness
longus, -a, -um, long. 16
loquāx, *gen.* -quācis, *adj.,* talkative, loquacious
loquor, -ī, locūtus sum, say, speak, tell, talk. 34
lucrum, -ī, *n.,* gain, profit
lūdō, -ere, lūsī, lūsum, play
lūdus, -ī, *m.,* game, sport; school. 18
lūna, -ae, *f.,* moon. 28
lupus, -ī, *m.,* wolf
lūx, lūcis, *f.,* light. 26
luxuria, -ae, *f.,* luxury, extravagance

M

Maecēnās, -ātis, *m.,* Maecenas, unofficial "prime minister" of Augustus, and patron and friend of Horace
magis, *adv.,* more, rather
magister, -trī, *m.,* master, schoolmaster, teacher. 4
magistra, -ae, *f.,* mistress, schoolmistress. 4
magnanimus, -a, -um, great-hearted, brave, magnanimous. 23
magnopere, *adv.,* greatly, exceedingly (*compar.* magis; *superl.* maximē). 32

magnus, -a, -um, large, great; important. 2 (*compar.* maior; *superl.* maximus. 27); maiōrēs, -um, *m. pl.,* ancestors. 27
maiestās, -tātis, *f.,* greatness, dignity, majesty
maior. *See* magnus.
maiōrēs, -um, *m. pl.,* ancestors. 27
male, *adv.,* badly, ill, wrongly (*compar.* peius; *superl.* pessimē). 32
mālō, mālle, māluī, to want (something) more, instead; prefer. 32
malum, -ī, *n.,* evil, misfortune, hurt, injury. 30
malus, -a, -um, bad, wicked, evil. 4 (*compar.* peior; *superl.* pessimus. 27)
mandātum, -ī, *n.,* order, command, instruction
maneō, -ēre, mānsī, mānsum, remain, stay, abide, continue. 5
manus, -ūs, *f.,* hand; handwriting; band. 20
Mārcellus, -ī, *m.,* Marcellus, Roman general who captured Syracuse in 212 B.C.
Mārcus, -ī, *m.,* Marcus, a common Roman first name, usually abbreviated to M. in writing
mare, -is, *n.,* sea. 14
marītus, -ī, *m.,* husband
māter, -tris, *f.,* mother. 12
māteria, -ae, *f.,* material, matter
mātrimōnium, -iī, *n.,* marriage
maximus. *See* magnus.
medica, -ae, *f.,* doctor, physician. 12
medicus, -ī, *m.,* doctor, physician. 12
mediocris, -e, ordinary, moderate, mediocre. 31
meditor, -ārī, -ātus sum, reflect upon, practice
medius, -a, -um, middle; *used partitively,* the middle of. 22
mel, mellis, *n.,* honey
melior. *See* bonus.
meminī, meminisse, *defective,* remember
memor, *gen.* -moris, *adj.,* mindful
memoria, -ae, *f.,* memory, recollection. 15
mendōsus, -a, -um, full of faults, faulty
mēns, mentis, *f.,* mind, thought, intention. 16
mēnsa, -ae, *f.,* table; dining; dish; course; mēnsa secunda, dessert. 26
mēnsis, -is, *m.,* month
merces, -cēdis, *f.,* pay, reward, recompense
merīdiānus, -a, -um, of midday, noon; southern
merus, -a, -um, pure, undiluted. 33
mēta, -ae, *f.,* turning point, goal, limit, boundary. 40
metuō, -ere, metuī, fear, dread; be afraid for + *dat.* 38
metus, -ūs, *m.,* fear, dread, anxiety. 20
meus, -a, -um (*m. voc.* mī), my. 2
mīles, mīlitis, *m.,* soldier. 23

mīlitāris, -e, military

mīlle, *indecl. adj. in sg.,* thousand; **mīlia, -ium,** *n., pl. noun,* thousands. 15

minimus. *See* **parvus.**

minor. *See* **parvus.**

minuō, -ere, minuī, minūtum, lessen, diminish. 30

mīrābilis, -e, amazing, wondrous, remarkable. 38

mīror, -ārī, -ātus sum, marvel at, admire, wonder. 35

mīrus, -a, -um, wonderful, surprising, extraordinary

misceō, -ēre, miscuī, mixtum, mix, stir up, disturb. 18

miser, -era, -erum, wretched, miserable, unfortunate. 15

miserē, *adv.,* wretchedly

misericordia, -ae, *f.,* pity, mercy

mītēscō, -ere, become *or* grow mild

mītis, -e, mild, gentle; ripe

mittō, -ere, mīsī, missum, send, let go. 11

modo, *adv.,* now, just now, only; **modo . . . modo,** at one time . . . at another

modus, -ī, *m.,* measure, bound, limit; manner, method, mode, way. 22

moenia, -ium, *n. pl.,* walls of a city. 29

molestus, -a, -um, troublesome, disagreeable, annoying

mōlior, -īrī, mōlītus sum, work at, build, undertake, plan. 34

molliō, -īre, -īvī, -ītum, soften; make calm *or* less hostile. 29

mollis, -e, soft, mild, weak

moneō, -ēre, -uī, -itum, remind, warn, advise, 1; **moneō eum ut** + *subjunct.* 36

monitiō, -ōnis, *f.,* admonition, warning

mōns, montis, *m.,* mountain. 20

mōnstrum, -ī, *n.,* portent; monster

monumentum, -ī, *n.,* monument. 40

mora, -ae, *f.,* delay. 4

morbus, -ī, *m.,* disease, sickness. 9

morior, -ī, mortuus sum, die. 34

mors, mortis, *f.,* death. 14

mortālis, -e, mortal. 18

mortuus, -a, -um, dead. 28

mōs, mōris, *m.,* habit, custom, manner; **mōrēs, mōrum,** habits, morals, character. 7

moveō, -ēre, mōvī, mōtum, move; arouse, affect. 18

mox, *adv.,* soon. 30

mulier, -eris, *f.,* woman. 39

multō (1), punish, fine

multum, *adv.,* much (*compar.* **plūs;** *superl.* **plūrimum**). 32

multus, -a, -um, much, many, 2 (*compar.* **plūs;** *superl.* **plūrimus.** 27)

mundus, -ī, *m.,* world, universe. 21

mūnīmentum, -ī, *n.,* fortification, protection

mūniō, -īre, -īvī, -ītum, fortify, defend; build (a road)

mūnus, -neris, *n.,* service, office, function, duty; gift

mūs, mūris, *m./f.,* mouse

Mūsa, -ae, *f.,* a Muse (one of the goddesses of poetry, music, etc.)

mūtātiō, -ōnis, *f.,* change

mūtō (1), change, alter; exchange. 14

N

nam, *conj.,* for. 13

nārrō (1), tell, narrate, report. 24

nāscor, -ī, nātus sum, be born, spring forth, arise. 34

nāsus, -ī, *m.,* nose. 40

nāta, -ae, *f.,* daughter. 29

nātālis, -is (*sc.* **diēs**), *m.,* birthday

nātiō, -ōnis, *f.,* nation, people

nātūra, -ae, *f.,* nature. 10

nauta, -ae, *m.,* sailor. 2

nāvigātiō, -ōnis, *f.,* voyage, navigation

nāvigō (1), sail, navigate. 17

nāvis, -is, *f.,* ship. 21

nē, *conj. with subjunct.,* that . . . not, in order that . . . not, in order not to, 28, 36; that, 40; *adv. in* **nē . . . quidem,** not . . . even. 29

-ne, *interrog. suffix attached to the first word of a sent., typically the verb or another word on which the question hinges, to introduce a question whose answer is uncertain.* 5

nec. *See* **neque.**

necessārius, -a, -um, necessary

necesse, *indecl. adj.,* necessary, inevitable. 39

necō (1), murder, kill. 7

nefās (*indecl.*), *n.,* wrong, sin

neglegō, -ere, -lēxī, -lēctum, neglect, disregard. 17

negō (1), deny, say that . . . not. 25

nēmō, (nullīus), nēminī, nēminem, (nūllō, -ā), *m./f.,* no one, nobody. 11

nepōs, -pōtis, *m.,* grandson, descendant. 27

neque *or* nec, *conj.,* and not, nor; **neque . . . neque,** neither . . . nor. 11

nesciō, -īre, -īvī, -ītum, not to know, be ignorant. 25

neuter, -tra, -trum, not either, neither. 9

nēve, and not, nor (*used to continue* **ut** *or* **nē** + *subjunct.*)

niger, -gra, -grum, black

nihil (*indecl.*), *n.,* nothing. 1, 4

nihilum, -ī, *n.,* nothing

nimis *or* nimium, *adv.,* too, too much, excessively; *in a positive sense,* exceedingly, very. 9

nisi, if . . . not, unless, except. 19

niveus, -a, -um, snowy, white

noceō, -ēre, nocuī, nocitum + *dat.,* do harm to, harm, injure. 35

nōlō, nōlle, nōluī, not . . . wish, be unwilling. 32

nōmen, nōminis, *n.,* name. 7

nōn, *adv.,* not. 1

nōndum, *adv.,* not yet

nōnne, *interrog. adv. which introduces questions expecting the answer "yes."* 40

nōnnūllus, -a, -um, some, several

nōnnumquam, sometimes

nōnus, -a, -um, ninth

nōs. *See* ego.

nōscō, -ere, nōvī, nōtum, become acquainted with, learn, recognize; *in perf. tenses,* know. 30

noster, -tra, -trum, our, ours. 5

notārius, -iī, *m.,* writer of shorthand, stenographer

novem, *indecl. adj.,* nine. 15

novus, -a, -um, new, strange. 7

nox, noctis, *f.,* night. 26

nūbēs, -is, *f.,* cloud. 14

nūbō, -ere, nūpsī, nūptum, cover, veil; + dat. (*of a bride*) be married to, marry. 35

nūllus, -a, -um, not any, no, none. 9

num, *interrog. adv.:* (1) *introduces dir. questions which expect the answer "no"*; (2) *introduces ind. questions and means* whether. 40

numerus, -ī, *m.,* number. 3

numquam, *adv.,* never. 8

nunc, *adv.,* now, at present. 6

nūntiō (1), announce, report, relate. 25

nūntius, -iī, *m.,* messenger, message

nūper, *adv.,* recently. 12

nūtriō, -īre, -īvī, -ītum, nourish, rear

O

Ō, *interj.,* O!, oh! 2

obdūrō (1), be hard, persist, endure

obeō, -īre, -iī, -itum, go up against, meet; die. 37

obiciō, -ere, -iēcī, -iectum, offer; cite (*as grounds for condemnation*)

oblectō (1), please, amuse, delight; pass time pleasantly. 36

obruō, -ere, -ruī, -rutum, overwhelm, destroy

obsequium, -iī, *n.,* compliance

obstinātus, -a, -um, firm, resolved

occāsiō, -ōnis, *f.,* occasion, opportunity. 28

occidō, -ere, -cidī, -cāsum (cadō, fall), fall down; die; set (*of the sun*). 31

occīdō, -ere, -cīdī, -cīsum (caedō, cut), cut down; kill, slay

occultē, *adv.,* secretly

occupō (1), seize

oculus, -ī, *m.,* eye. 4

ōdī, ōdisse, ōsūrum (*defective verb*), hate. 20

odium, -ī, *n.,* hatred. 38

Oedipūs, -podis, *m.,* Oedipus, Greek mythical figure said to have murdered his father and married his mother

offerō, -ferre, obtulī, oblātum, offer. 31

officium, -iī, *n.,* duty, service. 4

ōlim, *adv.,* once, long ago, formerly; some day, in the future. 13

omittō, -ere, -mīsī, -missum, let go, omit

omnīnō, *adv.,* wholly, entirely, altogether; *with negatives,* at all. 40

omnipotēns, *gen.* -tentis, *adj.,* all-powerful, omnipotent

omnis, -e, every, all. 16

onerō (1), burden, load

onus, oneris, *n.,* burden, load

opera, -ae, *f.,* work, pains, help

opīnor, -ārī, -ātus sum, suppose. 40

oportet, -ēre, oportuit (*impers.*), + *infin.,* it is necessary, proper, right. 39

oppōnō, -ere, -posuī, -positum, set against, oppose

opportūnē, *adv.,* opportunely

opportūnus, -a, -um, fit, suitable, advantageous, opportune

opprimō, -ere, -pressī, -pressum, suppress, overwhelm, overpower, check. 23

opprobrium, -iī, *n.,* reproach, taunt, disgrace

oppugnō (1), fight against, attack, assault, assail. 39

ops, opis, *f.,* help, aid; opēs, opum, power, resources, wealth. 33

optimus. *See* bonus.

optō (1), wish for, desire

opus, operis, *n.,* a work, task; deed, accomplishment. 38

ōrātiō, -ōnis, *f.,* speech. 38

ōrātor, -tōris, *m.,* orator, speaker. 23

orbis, -is, *m.,* circle, orb; orbis terrārum, the world, the earth

ōrdō, ōrdinis, *m.,* rank, class, order

orior, -īrī, ortus sum, arise, begin, proceed, originate

ōrnō (1), equip, furnish, adorn. 39

ōrō (1), speak, plead; beg, beseech, entreat, pray. 36

ōs, ōris, *n.,* mouth, face. 14

ōsculum, -ī, *n.,* kiss. 29

ostendō, -ere, -tendī, -tentum, exhibit, show, display. 23

ōstium, -iī, *n.,* entrance, door

ōtium, -iī, *n.,* leisure, peace. 4

ovis, -is, *f.,* sheep

P

paedagōgus, -ī, *m.,* slave who attended children (*particularly at school*)

pāgānus, -ī, *m.,* a countryman, peasant; pagan

palam, *adv.*, openly, plainly

palma, -ae, *f.*, palm

pānis, -is, *m.*, bread

pār, *gen.* paris, *adj.*, equal, like. 32

parcō, -ere, pepercī, parsūrum + *dat.*, be lenient to, spare. 35

parēns, -rentis, *m./f.*, parent. 28

pāreō, -ēre, -uī + *dat.*, be obedient to, obey. 35

pariēs, -ietis, *m.*, wall

pariō, -ere, peperī, partum, beget, produce

parmula, -ae, *f.*, little shield

parō (1), prepare, provide; get, obtain. 19

pars, partis, *f.*, part, share; direction. 14

parum, *adv.*, little, too little, not very (much) (*compar.* minus; *superl.* minimē). 32

parvus, -a, -um, small, little, 4 (*compar.* minor; *superl.* minimus. 27)

passer, -seris, *m.*, sparrow

patefaciō, -ere, -fēcī, -factum, make open, open; disclose, expose. 25

pateō, -ēre, -uī, be open, lie open; be accessible; be evident. 32

pater, -tris, *m.*, father. 12

patiēns, *gen.* -entis, *adj.*, patient; + *gen.*, capable of enduring

patientia, -ae, *f.*, suffering; patience, endurance. 12

patior, -ī, passus sum, suffer, endure; permit. 34

patria, -ae, *f.*, fatherland, native land, (one's) country. 2

patrōnus, -ī, *m.*, patron, protector

paucī, -ae, -a, *usually pl.*, few, a few. 3

pauper, *gen.* -peris, *adj.*, of small means, poor. 32

paupertās, -tātis, *f.*, poverty, humble circumstances. 32

pāx, pācis, *f.*, peace. 7

peccō (1), sin, do wrong

pectus, -toris, *n.*, breast, heart. 35

pecūnia, -ae, *f.*, money. 2

peior. *See* malus.

pellō, -ere, pepulī, pulsum, strike, push; drive out, banish. 24

per, *prep.* + *acc.*, through; *with reflexive pron.*, by. 13

percipiō, -ere, -cēpī, -ceptum, gain, learn, perceive

perdō, -ere, perdidī, perditum, destroy, ruin, lose

pereō, -īre, -iī, -itum, pass away, be destroyed, perish. 37

peregrīnor, peregrīnārī, peregrīnātus sum, travel abroad, wander. 37

perfectus, -a, -um, complete, perfect

perferō, -ferre, -tulī, -lātum, bear, endure, suffer

perficiō, -ere, -fēcī, -fectum, do thoroughly, accomplish, bring about

perfugium, -iī, *n.*, refuge, shelter. 24

perīculōsus, -a, -um, dangerous

perīculum, -ī, *n.*, danger, risk. 4

perimō, -ere, -ēmī, -ēmptum, destroy

perītus, -a, -um, skilled, expert

permittō, -ere, -mīsī, -missum, permit, allow

perniciōsus, -a, -um, destructive, pernicious

pernoctō (1), spend *or* occupy the night. 39

perpetuus, -a, -um, perpetual, lasting, uninterrupted, continuous. 6

perscrībō, -ere, -scrīpsī, -scrīptum, write out, place on record

persequor, -ī, -secūtus sum, follow up, pursue, take vengeance on

Persicus, -a, -um, Persian

persuādeō, -ēre, -suāsī, -suāsum, succeed in urging, persuade, convince

perterreō, -ēre, -uī, -itum, frighten thoroughly, terrify

pertineō, -ēre, -uī, -tentum, pertain to, relate to, concern

perturbō (1), throw into confusion, trouble, disturb, perturb

perveniō, -īre, -vēnī, -ventum + ad, come through to, arrive at, reach

pēs, pedis, *m.*, lower leg, foot. 38

pessimus. *See* malus.

pestis, -is, *f.*, plague, pestilence, curse, destruction

petō, -ere, petīvī, petītum, seek, aim at, beg, beseech, 23; petō ab eō ut + *subjunct.* 36

philosopha, -ae, *f.*, philosopher. 33

philosophia, -ae, *f.*, philosophy, love of wisdom. 2

philosophus, -ī, *m.*, philosopher. 33

piger, -gra, -grum, lazy, slow, dull

pīpiō (1), chirp, pipe

piscātor, -tōris, *m.*, fisherman

piscis, -is, *m.*, fish

placeō, -ēre, -uī, -itum + *dat.*, be pleasing to, please. 35

plācō (1), placate, appease

plānē, *adv.*, plainly, clearly

platea, -ae, *f.*, broad way, street

Platō, -tōnis, *m.*, Plato, the renowned Greek philosopher

plēbs, plēbis, *f.*, the common people, populace, plebeians. 33

plēnus, -a, -um, full, abundant, generous. 6

plūrimus. *See* multus.

plūs. *See* multus.

poēma, -matis, *n.*, poem

poena, -ae, *f.*, penalty, punishment; poenās dare, pay the penalty. 2

poēta, -ae, *m.*, poet. 2

pōmum, -ī, *n.*, fruit, apple

pōnō, -ere, posuī, positum, put, place, set. 27

pōns, pontis, *m.*, bridge

populus, -ī, *m.*, the people, a people, nation. 3

porta, -ae, *f.,* gate, entrance. 2

possessiō, -ōnis, *f.,* possession, property

possum, posse, potuī, be able, can, have power. 6

post, *prep. + acc.,* after, behind. 7

posteā, *adv.,* afterwards. 24

postpōnō, -ere, -posuī, -positum, put after, consider secondary

postquam, *conj.,* after

postrēmum, *adv.,* after all, finally; for the last time. 40

potēns, *gen.* -tentis, *pres. partic. of* possum *as adj.,* able, powerful, mighty, strong. 16

potestās, -tātis, *f.,* power, ability, opportunity

potior, -īrī, potītus sum + *gen.* or *abl.,* get possession of, possess, hold

potius, *adv.,* rather, preferably

prae, *prep. + abl.,* in front of, before. 26

praebeō, -ēre, -uī, -itum, offer, provide. 32

praeceptum, -ī, *n.,* precept

praeclārus, -a, -um, noble, distinguished, famous, remarkable

praeferō, -ferre, -tulī, -lātum, bear before, display; place before, prefer

praeficiō, -ere, -fēcī, -fectum, put in charge of

praemittō, -ere, -mīsī, -missum, send ahead *or* forward

praemium, -iī, *n.,* reward, prize. 35

praesidium, -iī, *n.,* guard, detachment, protection

praestō, -āre, -stitī, -stitum, excel (+ *dat.*); exhibit, show, offer, supply. 28

praesum, -esse, -fuī, be at the head of, be in charge of

praeter, *prep. + acc.,* besides, except; beyond, past. 40

praetereō, -īre, -iī, -itum, go by, pass, omit

praeteritus, -a, -um, *perf. partic. of* praetereō *as adj.,* past

premō, -ere, pressī, pressum, press; press hard, pursue. 23

pretium, -iī, *n.,* price, value, reward

prex, precis, *f.,* prayer

prīmō, *adv.,* at first, first, at the beginning. 30

prīmum, *adv.,* first, in the first place; quam prīmum, as soon as possible

prīmus. *See* prior. 27

prīnceps, *gen.* -cipis, chief; *m./f. noun,* leader, prince, emperor. 28

prīncipium, -iī, *n.,* beginning. 12

prior, prius, *compar. adj.,* former, prior; prīmus, -a, -um, first, foremost, chief, principal. 27

prīstinus, -a, -um, ancient, former, previous. 38

prius, *adv.,* before, previously

prīvātus, -ī, *m.,* private citizen

prīvō (1), deprive

prō, *prep. + abl.,* in front of, before, on behalf of, in return for, instead of, for, as. 12

probitās, -tātis, *f.,* uprightness, honesty, probity. 18

probō (1), approve; recommend; test. 27

prōcōnsul, -sulis, *m.,* proconsul, governor of a province

prōditor, -tōris, *m.,* betrayer, traitor

proelium, -iī, *n.,* battle

prōferō, -ferre, -tulī, -lātum, bring forward, produce, make known, extend

proficīscor, -ī, -fectus sum, set out, start. 34

profor, -ārī, -ātus sum, speak out

prōfundō, -ere, -fūdī, -fūsum, pour forth

prohibeō, -ēre, -uī, -itum, prevent, hinder, restrain, prohibit. 20

prōiciō, -ere, -iēcī, -iectum, throw forward *or* out

prōmittō, -mittere, -mīsī, -missum, send forth, promise. 32

prōnūntiō (1), proclaim, announce; declaim; pronounce. 20

prōpōnō, -ere, -posuī, -positum, put forward, propose

proprius, -a, -um, one's own, peculiar, proper, personal, characteristic

propter, *prep. + acc.,* on account of, because of. 5

prōtinus, *adv.,* immediately. 22

prōvideō, -ēre, -vīdī, -vīsum, foresee, provide, make provision

proximus, -a, -um (*superl. of* propior), nearest, next

prūdēns, *gen.* -dentis, *adj.,* wise, prudent

prūdenter, *adv.,* wisely, discreetly

prūdentia, -ae, *f.,* foresight, wisdom, discretion

pūblicus, -a, -um, of the people, public; rēs pūblica, reī pūblicae, *f.,* the state

pudīcus, -a, -um, modest, chaste. 26

pudor, -dōris, *m.,* modesty, bashfulness

puella, -ae, *f.,* girl. 2

puer, puerī, *m.,* boy; *pl.* boys, children. 3

puerīliter, *adv.,* childishly, foolishly

pugna, -ae, *f.,* fight, battle

pugnō (1), fight. 29

pulcher, -chra, -chrum, beautiful, handsome; fine. 5

pulchrē, *adv.,* beautifully, finely. 32

pulchritūdō, -dinis, *f.,* beauty

pūniō, -īre, -īvī, -ītum, punish

pūrgō (1), cleanse

pūrus, -a, -um, pure, free from

putō (1), reckon, suppose, judge, think, imagine. 25

Pȳthagorās, -ae, *m.,* Pythagoras, Greek philosopher and mathematician of 6th cent. B.C.

Q

quā, *adv.,* by which route, where

quadrāgintā, *indecl. adj.,* forty

quaerō, -ere, quaesīvī, quaesītum, seek, look for, strive for; ask, inquire, inquire into. 24

quam, *adv.,* how, 16; *conj. (after compar.),* than, 26; as . . . as possible *(before superl.),* 26

quamvīs, *adv. and conj.,* however much, however; although

quandō, *interrog. and rel. adv. and conj.,* when; **sī quandō,** if ever. 5

quantus, -a, -um, how large, how great, how much. 30

quārē, *adv.,* because of which thing, therefore, wherefore, why. 6

quārtus, -a, -um, fourth. 15

quasi, *adv. or conj.,* as if, as it were. 39

quattuor, *indecl. adj.,* four. 15

-que, *enclitic conj.,* and. *It is appended to the second of two words to be joined.* 6

quemadmodum, *adv.,* in what manner, how

queror, -ī, questus sum, complain, lament. 38

quī, quae, quod, *rel. pron.,* who, which, what, that. 17

quī? quae? quod?, *interrog. adj.,* what? which? what kind of?; *sometimes with exclamatory force,* what (a)! what sort of! 19

quia, *conj.,* since, because

quid, what, why. *See* **quis.**

quīdam, quaedam, quiddam *(pron.) or* **quoddam** *(adj.),* *indef. pron. and adj.:* as *pron.,* a certain one *or* thing, someone, something; *as adj.,* a certain. 26

quidem, *postpositive adv.,* indeed, certainly, at least, even; **nē . . . quidem,** not even. 29

quiēs, -ētis, *f.,* quiet, rest, peace

quīn, *adv.,* indeed, in fact. 40

quīn etiam, *adv.,* why even, in fact, moreover

Quīntus, -ī, *m.,* Quintus, a Roman praenomen, abbreviated to **Q.** in writing

quis? quid?, *interrog. pron.,* who? what? which? 19

quis, quid, *indef. pron., after* **sī, nisi, nē,** *and* **num,** anyone, anything, someone, something. 33

quisquam, quidquam *(or* **quicquam),** *indef. pron. and adj.,* anyone, anything

quisque, quidque, *indef. pron.,* each one, each person, each thing. 13

quisquis, quidquid, *indef. pron.,* whoever, whatever. 23

quō, *adv.,* to which *or* what place, whither, where

quod, *conj.,* because. 11

quōmodo, *adv.,* in what way, how

quondam, *adv.,* formerly, once. 22

quoniam, *conj.,* since, inasmuch as. 10

quoque, *adv.,* also, too. 17

quot, *indecl. adj.,* how many, as many. 27

quotiēnscumque, *adv.,* however often, whenever

R

rapiō, -ere, rapuī, raptum, seize, snatch, carry away. 21

rārus, -a, -um, rare

ratiō, -ōnis, *f.,* reckoning, account; reason, judgment, consideration; system, manner, method. 8

recēdō, -ere, -cessī, -cessum, go back, retire, recede

recipiō, -ere, -cēpī, -ceptum, take back, regain; admit, receive. 24

recitō (1), read aloud, recite. 17

recognōscō, -ere, -nōvī, -nitum, recognize, recollect. 38

recordātiō, -ōnis, *f.,* recollection

recreō (1), restore, revive; refresh, cheer. 36

rēctus, -a, -um, straight, right; **rēctum, -ī,** *n.,* the right, virtue

recuperātiō, -ōnis, *f.,* recovery

recuperō (1), regain

recūsō (1), refuse. 33

reddō, -ere, -didī, -ditum, give back, return

redeō, -īre, -iī, -itum, go back, return. 37

redūcō, -ere, -dūxī, -ductum, lead back, bring back

referō, -ferre, -ttulī, -lātum, carry back, bring back; repeat, answer, report. 31

rēgīna, -ae, *f.,* queen. 7

rēgius, -a, -um, royal

rēgnum, -ī, *n.,* rule, authority, kingdom

regō, -ere, rēxī, rēctum, rule, guide, direct. 16

relegō, -ere, -lēgī, -lēctum, read again, reread

relevō (1), relieve, alleviate, diminish

relinquō, -ere, -līquī, -lictum, leave behind, leave, abandon. 21

remaneō, -ēre, -mānsī, -mānsum, remain, stay behind, abide, continue. 5

remedium, -iī, *n.,* cure, remedy. 4

remissiō, -ōnis, *f.,* letting go, release; relaxation. 34

removeō, -ēre, -mōvī, -mōtum, remove

repente, *adv.,* suddenly. 30

reperiō, -īre, -pperī, -pertum, find, discover, learn; get. 40

repetītiō, -ōnis, *f.,* repetition

repetō, -ere, -īvī, -ītum, seek again, repeat

rēpō, -ere, rēpsī, rēptum, creep, crawl

repugnō (1) + *dat.,* fight against, be incompatible with

requiēscō, -ere, -quiēvī, -quiētum, rest. 37

requīrō, -ere, -quīsīvī, -sītum, seek, ask for; miss, need, require. 36

rēs, reī, *f.,* thing, matter, property, business, affair; **rēs pūblica, reī pūblicae,** state, commonwealth. 22

resistō, -ere, -stitī, make a stand, resist, oppose

respondeō, -ēre, -spondī, -spōnsum, answer. 29

restituō, -ere, -stituī, -stitūtum, restore

retrahō, -ere, -trāxī, -tractum, drag *or* draw back

reveniō, -īre, -vēnī, -ventum, come back, return

revertor, -ī, -vertī *(perf. is act.),* **-versum,** return

revocō (1), call back, recall

rēx, rēgis, *m.*, king. 7
rhētoricus, -a, -um, of rhetoric, rhetorical
rīdeō, -ēre, rīsī, rīsum, laugh, laugh at. 24
rīdiculus, -a, -um, laughable, ridiculous. 30
rogō (1), ask, ask for. 30; **rogō eum ut** + *subjunct.,* 36
Rōma, -ae, *f.,* Rome. 14
Rōmānus, -a, -um, Roman. 3
rosa, -ae, *f.,* rose. 2
rōstrum, -ī, *n.,* beak of a ship; Rōstra, -ōrum, the Rostra, speaker's platform
rota, -ae, *f.,* wheel
rotundus, -a, -um, wheel-shaped, round
rūmor, -mōris, *m.,* rumor, gossip. 31
ruō, -ere, ruī, rutum, rush, fall, be ruined
rūs, rūris, *n.,* the country, countryside. 37
rūsticor, -ārī, -ātus sum, live in the country. 34
rūsticus, -a, -um, rustic, rural

S

sabbatum, -ī, *n.,* the Sabbath
sacculus, -ī, *n.,* little bag, purse
sacrificium, -iī, *n.,* sacrifice
sacerdōs, sacerdōtis, *m.,* priest. 23
sacrilegus, -a, -um, sacrilegious, impious
saepe, *adv.,* often. 1
saeta equīna, -ae -ae, *f.,* horse-hair
sagitta, -ae, *f.,* arrow
sāl, salis, *m.,* salt; wit. 33
salsus, -a, -um, salty, witty
salūbris, -e, healthy, salubrious
salūs, salūtis, *f.,* health, safety; greeting. 21
salūtō (1), greet
salveō, -ēre, be well, be in good health. 1
salvus, -a, -um, safe, sound. 6
sānctificō (1), sanctify, treat as holy
sānctus, -a, -um, sacred, holy
sānitās, -tātis, *f.,* health, soundness of mind, sanity
sānō (1), heal
sānus, -a, -um, sound, healthy, sane. 5
sapiēns, *gen.* -entis, *adj.,* wise, judicious; *as a noun, m.,* a wise man/woman, philosopher. 25
sapienter, *adv.,* wisely, sensibly. 32
sapientia, -ae, *f.,* wisdom. 3
sapiō, -ere, sapīvī, have good taste; have good sense, be wise. 35
satiō (1), satisfy, sate. 3
satis, *indecl. noun, adj., and adv.,* enough, sufficient(ly). 5
sator, -tōris, *m.,* sower, planter; begetter, father. 38
satura, -ae, *f.,* satire. 16
saxum, -ī, *n.,* rock, stone. 40
scabiēs, -ēī, *f.,* the itch, mange

scelerātus, -a, -um, criminal, wicked, accursed
scelestus, -a, -um, wicked, accursed, infamous
scelus, -leris, *n.,* evil deed, crime, sin, wickedness. 19
schola, -ae, *f.,* school
scientia, -ae, *f.,* knowledge, science, skill. 18
sciō, -īre, -īvī, -ītum, know. 21
scrībō, -ere, scrīpsī, scrīptum, write, compose. 8
scrīptor, -tōris, *m.,* writer, author. 8
sēcernō, -ere, -crēvī, -crētum, separate
secundus, -a, -um, second; favorable. 6
sēcūrus, -a, -um, free from care, untroubled, safe
sed, *conj.,* but. 2
sedeō, -ēre, sēdī, sessum, sit. 34
sēductor, -tōris, *m.* (*ecclesiastical Lat.*), seducer
semel, *adv.,* a single time, once, once and for all, simultaneously. 31
semper, *adv.,* always. 3
senātor, -tōris, *m.,* senator
senātus, -ūs, *m.,* senate. 20
senectūs, -tūtis, *f.,* old age. 10
senex, senis, *adj. and n.,* old, aged; old man. 16
sēnsus, -ūs, *m.,* feeling, sense. 20
sententia, -ae, *f.,* feeling, thought, opinion, vote; sentence. 2
sentiō, -īre, sēnsī, sēnsum, feel, perceive, think, experience. 11
septem, *indecl. adj.,* seven. 15
sepulchrum, -ī, *n.,* grave, tomb
sequor, -ī, secūtus sum, follow. 34
serēnō (1), make clear, brighten; cheer up, soothe. 36
sēriō, *adv.,* seriously
sērius, -a, -um, serious, grave
sermō, -mōnis, *m.,* conversation, talk
serō, -ere, sēvī, satum, sow
serva, -ae, *f.,* slave. 24
serviō, -īre, -īvī, -ītum + *dat.,* be a slave to, serve. 35
servitūs, -tūtis, *f.,* servitude, slavery. 20
servō (1), preserve, keep, save, guard. 1
servus, -ī, *m.,* slave. 24
sevēritās, -tātis, *f.,* severity, sternness, strictness
sī, *conj.,* if. 1
sīc, *adv.* (*most commonly with verbs*), so, thus. 29
sīcut, *adv. and conj.,* as, just as, as it were
sīdus, -deris, *n.,* constellation, star. 29
signum, -ī, *n.,* sign, signal, indication; seal. 13
silentium, -iī, *n.,* silence
silva, -ae, *f.,* forest, wood
similis, -e, similar to, like, resembling. 27
simplex, *gen.* -plicis, *adj.,* simple, unaffected
simulātiō, -ōnis, *f.,* pretense
sine, *prep.* + *abl.,* without. 2

singulī, -ae, -a, *pl.,* one each, single, separate

singultim, *adv.,* stammeringly

sinister, -tra, -trum, left, left-hand; harmful, ill-omened. 20

sitiō, -īre, -īvī, be thirsty

socius, -iī, *m.,* companion, ally

Sōcratēs, -is, *m.,* Socrates

sōl, sōlis, *m.,* sun. 27

sōlācium, -iī, *n.,* comfort, relief. 24

soleō, -ēre, solitus sum, be accustomed. 37

sōlitūdō, -dinis, *f.,* solitude, loneliness

sollicitō (1), stir up, arouse, incite

sollicitūdō, -dinis, *f.,* anxiety, concern, solicitude

sollicitus, -a, -um, troubled, anxious, disturbed

Solōn, -lōnis, *m.,* Solon, Athenian sage and statesman of the 7th-6th cent. B.C.

sōlum, *adv.,* only, merely; **nōn sōlum . . . sed etiam,** not only . . . but also. 9

sōlus, -a, -um, alone, only, the only. 9

somnus, -ī, *m.,* sleep. 26

Sophoclēs, -is, *m.,* Sophocles, one of the three greatest writers of Greek tragedy

sopor, -pōris, *m.,* deep sleep

sordēs, -dium, *f. pl.,* filth; meanness, stinginess

soror, -rōris, *f.,* sister. 8

spargō, -ere, sparsī, sparsum, scatter, spread, strew

spectāculum, -ī, *n.,* spectacle, show

spectō (1), look at, see. 34

speculum, -ī, *n.,* mirror. 33

spernō, -ere, sprēvī, sprētum, scorn, despise, spurn

spērō (1), hope for, hope. 25

spēs, -eī, *f.,* hope. 22

spīritus, -ūs, *m.,* breath, breathing; spirit, soul. 20

stabilis, -e, stable, steadfast

stadium, -iī, *n.,* stadium

statim, *adv.,* immediately, at once

statua, -ae, *f.,* statue

stēlla, -ae, *f.,* star, planet. 28

stilus, -ī, *m.,* stilus (*for writing*)

stō, stāre, stetī, statum, stand, stand still *or* firm. 13

studeō, -ēre, -uī + *dat.,* direct one's zeal to, be eager for, study. 35

studiōsus, -a, -um, full of zeal, eager, fond of

studium, -iī, *n.,* eagerness, zeal, pursuit, study. 9

stultus, -a, -um, foolish; **stultus, -ī,** *m.,* a fool. 4

suāvis, -e, sweet. 33

sub, *prep.* + *abl. with verbs of rest,* + *acc. with verbs of motion,* under, up under, close to, down to/into, to/at the foot of. 7

subitō, *adv.,* suddenly. 33

subitus, -a, -um, sudden

subiungō, -ere, -iūnxī, -iūnctum, subject, subdue

sublīmis, sublīme, elevated, lofty; heroic, noble. 38

subrīdeō, -rīdēre, -rīsī, -rīsum, smile (down) upon. 35

succurrō, -ere, -currī, -cursum, run up under, help

sufficiō, -ere, -fēcī, -fectum, be sufficient, suffice

suī (sibi, sē, sē), *reflexive pron. of 3rd pers.,* himself, herself, itself, themselves. 13

sum, esse, fuī, futūrum, be, exist. 4; **est, sunt** *may mean* there is, there are. 1

summa, -ae, *f.,* highest part, sum, whole

summus, -a, -um. *See* **superus.**

sūmō, -ere, sūmpsī, sūmptum, take, take up, assume

sūmptus, -ūs, *m.,* expense, cost

supellex, -lectilis, *f.,* furniture, apparatus

superbus, -a, -um, arrogant, overbearing, haughty, proud. 26

superior. *See* **superus.**

superō (1), be above, have the upper hand, surpass, overcome, conquer. 5

superus, -a, -um, above, upper; **superī, -ōrum,** *m.,* the gods (*compar.* **superior, -ius,** higher; *superl.* **suprēmus, -a, -um,** last, *or* **summus, -a, -um,** highest). 27

supplicium, -iī, *n.,* punishment

suprā, *adv. and prep.* + *acc.,* above

suprēmus. *See* **superus.**

surculus, -ī, *m.,* shoot, sprout

surgō, -ere, surrēxī, surrēctum, get up, arise. 29

suscipiō, -ere, -cēpī, -ceptum, undertake. 25

suspendō, -ere, -pendī, -pēnsum, hang up, suspend; interrupt. 38

sustineō, -ēre, -uī, -tentum, hold up, sustain, endure

suus, -a, -um, *reflexive possessive adj. of 3rd pers.,* his own, her own, its own, their own. 13

synagōga, -ae, *f.,* synagogue

Syrācūsae, -ārum, *f. pl.,* Syracuse. 37

T

tabella, -ae, *f.,* writing tablet; **tabellae, -ārum,** letter, document

taceō, -ēre, -uī, -itum, be silent, leave unmentioned. 28

tālis, -e, such, of such a sort. 34

tam, *adv. used with adjs. and advs.,* so, to such a degree; **tam . . . quam,** so . . . as. 29

tamen, *adv.,* nevertheless, still. 8

tamquam, *adv.,* as it were, as if, so to speak. 29

tandem, *adv.,* at last, finally

tangō, -ere, tetigī, tāctum, touch. 21

tantum, *adv.,* only. 26

tantus, -a, -um, so large, so great, of such size. 29

tardus, -a, -um, slow, tardy

tēctum, -ī, *n.,* roof, house

tegō, -ere, tēxī, tēctum, cover, hide, protect

temeritās, -tātis, *f.,* rashness, temerity

temperantia, -ae, *f.,* moderation, temperance, self-control

tempestās, -tātis, *f.,* period of time, season; weather, storm. 15

templum, -ī, *n.,* sacred area, temple

temptātiō, -ōnis, *f.,* trial, temptation

tempus, -poris, *n.,* time; occasion, opportunity. 7

tendō, -ere, tetendī, tentum *or* tēnsum, stretch, extend; go

teneō, -ēre, -uī, tentum, hold, keep, possess, restrain. 14

terō, -ere, trīvī, trītum, rub, wear out

terra, -ae, *f.,* earth, ground, land, country. 7

terreō, -ēre, -uī, -itum, frighten, terrify. 1

tertius, -a, -um, third. 15

thema, -matis, *n.,* theme

Themistoclēs, -is, *m.,* Themistocles, celebrated Athenian statesman and military leader who advocated a powerful navy at the time of the Persian Wars

timeō, -ēre, -uī, fear, be afraid of, be afraid. 15

timor, -mōris, *m.,* fear. 10

titulus, -ī, *m.,* label, title; placard

toga, -ae, *f.,* toga, the garb of peace

tolerō (1), bear, endure, tolerate. 6

tollō, -ere, sustulī, sublātum, raise, lift up; take away, remove, destroy. 22

tondeō, -ēre, totondī, tōnsum, shear, clip

tōnsor, -sōris, *m.,* barber

tōnsōrius, -a, -um, of *or* pertaining to a barber, barber's

tot, *indecl. adj.,* so many, as many; tot . . . quot, as many . . . as. 40

tōtus, -a, -um, whole, entire. 9

tractō (1), drag about; handle, treat, discuss

trādō, -ere, -didī, -ditum, give over, surrender, hand down, transmit, teach. 33

tragoedia, -ae, *f.,* tragedy

trahō, -ere, trāxī, tractum, draw, drag; derive, acquire. 8

trāns, *prep. + acc.,* across. 14

trānseō, -īre, -iī, -itum, go across, cross; pass over, ignore. 39

trānsferō, -ferre, -tulī, -lātum, bear across, transfer, convey

trānsitus, -ūs, *m.,* passing over, transit; transition. 39

trēdecim, *indecl. adj.,* thirteen. 15

tremō, -ere, tremuī, tremble

trepidē, *adv.,* with trepidation, in confusion

trēs, tria, three. 15

trīgintā, *indecl. adj.,* thirty

trīstis, -e, sad, sorrowful; joyless, grim, severe. 26

triumphus, -ī, *m.,* triumphal procession, triumph

Trōia, -ae, *f.,* Troy. 23

Trōiānus, -a, -um, Trojan

tū, tuī, you. 11

Tullius, -iī, *m.,* Cicero's family name

tum, *adv.,* then, at that time; thereupon, in the next place. 5

tumultus, -ūs, *m.,* uprising, disturbance

tumulus, -ī, *m.,* mound, tomb

tunc, *adv.,* then, at that time

turba, -ae, *f.,* uproar, disturbance; mob, crowd, multitude. 14

turpis, -e, ugly; shameful, base, disgraceful. 26

tūtus, -a, -um, protected, safe, secure

tuus, -a, -um, your, yours (*sg.*). 2

tyrannus, -ī, *m.,* absolute ruler, tyrant. 6

U

ubi, *rel. adv. and conj.,* where; when; *interrog.,* where? 6

ulcīscor, -ī, ultus sum, avenge, punish for wrong done

ūllus, -a, -um, any. 9

ultimus, -a, -um, farthest, extreme; last, final. 25

ultrā, *adv. and prep. + acc.,* on the other side of, beyond. 22

umbra, -ae, *f.,* shade; ghost

umerus, -ī, *m.,* shoulder, upper arm

umquam, *adv.,* ever, at any time. 23

unde, *adv.,* whence, from what *or* which place; from which, from whom. 30

ūnus, -a, -um, one, single, alone. 9

urbānus, -a, -um, of the city, urban, urbane, elegant. 26

urbs, urbis, *f.,* city. 14

usque, *adv.,* all the way, up (to), even (to), continuously, always. 31

ūsus, -ūs, *m.,* use, experience, skill, advantage

ut, *conj.; A. with subjunct., introducing* (1) *purp.,* in order that, that, to (28); (2) *result,* so that, that (29); (3) *jussive noun clauses,* to, that (36); (4) *fear clauses,* that . . . not (40); *B. with indic.,* just as, as, when. 24

uter, utra, utrum, either, which (of two). 9

ūtilis, -e, useful, advantageous. 27

ūtilitās, -tātis, *f.,* usefulness, advantage

ūtor, -ī, ūsus sum + *abl.,* use; enjoy, experience. 34

utrum . . . an, *conj.,* whether . . . or. 30

uxor, -ōris, *f.,* wife. 7

V

vacō (1), be free from, be unoccupied

vacuus, -a, -um, empty, devoid (of), free (from)

vae, *interj.,* alas, woe to. 34

valeō, -ēre, -uī, -itūrum, be strong, have power; be well, fare well; **valē (valēte)**, good-bye. 1

valētūdō, -dinis, *f.*, health, good health, bad health

varius, -a, -um, various, varied, different

-ve, *conj.*, or 33

vehemēns, *gen.* **-mentis**, *adj.*, violent, vehement, emphatic, vigorous

vehō, -ere, vexī, vectum, carry, convey

vel, *conj.*, or (*an optional alternative*)

vēlōx, *gen.* **-lōcis**, *adj.*, swift

vēndō, -ere, vēndidī, vēnditum, sell. 38

venia, -ae, *f.*, kindness, favor, pardon

veniō, -īre, vēnī, ventum, come. 10

ventitō (1), come often

ventus, -ī, *m.*, wind. 39

Venus, -neris, *f.*, Venus, goddess of grace, charm, and love

verbera, -rum, *n. pl.*, blows, a beating

verbum, -ī, *n.*, word. 5

vērē, *adv.*, truly, really, actually, rightly

vereor, -ērī, veritus sum, show reverence for, respect; be afraid of, fear. 40

Vergilius, -iī, *m.*, Vergil, the Roman epic poet

vēritās, -tātis, *f.*, truth. 10

vērō, *adv.*, in truth, indeed, to be sure, however. 29

versus, -ūs, *m.*, line, verse. 20

vertō, -ere, vertī, versum, turn, change. 23

vērus, -a, -um, true, real, proper. 4

vesper, -peris *or* **-perī**, *m.*, evening; evening star. 28

vespillō, -lōnis, *m.*, undertaker

vester, -tra, -trum, your, yours (*pl.*). 6

vestiō, -īre, -īvī, -ītum, clothe

vetus, *gen.* **-teris**, *adj.*, old. 34

via, -ae, *f.*, road, street, way. 10

vīcīna, -ae, *f.*, neighbor. 21

vīcīnus, -ī, *m.*, neighbor. 21

vicissitūdō, -dinis, *f.*, change, vicissitude

victor, -tōris, *m.*, victor

victōria, -ae, *f.*, victory. 8

vīctus, -ūs, *m.*, living, mode of life

videō, -ēre, vīdī, vīsum, see, observe; understand, 1; **videor, -ērī, vīsus sum**, be seen, seem, appear. 18

vigilō (1), be awake, watch, be vigilant

vigor, -gōris, *m.*, vigor, liveliness

vīlla, -ae, *f.*, villa, country house

vincō, -ere, vīcī, victum, conquer, overcome. 8

vinculum, -ī, *n.*, bond, chain. 36

vīnum, -ī, *n.*, wine. 31

vir, virī, *m.*, man, hero. 3

virgō, -ginis, *f.*, maiden, virgin. 7

virtūs, -tūtis, *f.*, manliness, courage; excellence, virtue, character, worth. 7

vīs, vīs, *f.*, force, power, violence; **vīrēs, vīrium**, strength. 14

vīta, -ae, *f.*, life, mode of life. 2

vitiōsus, -a, -um, full of vice, vicious

vitium, -iī, *n.*, fault, vice, crime. 6

vītō (1), avoid, shun. 14

vīvō, -ere, vīxī, vīctum, live. 10

vīvus, -a, -um, alive, living. 30

vix, *adv.*, hardly, scarcely, with difficulty

vocō (1), call, summon. 1

volō, velle, voluī, wish, want, be willing, will. 32

volō (1), fly

voluntārius, -a, -um, voluntary

voluntās, -tātis, *f.*, will, wish

voluptās, -tātis, *f.*, pleasure. 10

vōs. *See* **tū.**

vōx, vōcis, *f.*, voice, word. 34

vulgus, -ī, *n.* (*sometimes m.*), the common people, mob, rabble. 21

vulnus, -neris, *n.*, wound. 24

vultus, -ūs, *m.*, countenance, face, 40.

X

Xenophōn, -phontis, *m.*, Xenophon, Greek general and author

ABBREVIĀTIŌNĒS

인용된 저자들과 작품들

Aug., St. Augustine
  Conf., Confessions
Caes., Caesar
  B Civ., Bellum Civile
  B Gall., Bellum Gallicum
Catull., Catullus
  Carm., Carmina
Cic., Cicero
  Amic., De Amicitia
  Arch., Pro Archia
  Att., Epistulae ad Atticum
  Cat., In Catilinam
  De Or., De Oratore
  Div., De Divinatione
  Fam., Epistulae ad Familiares
  Fin., De Finibus
  Inv. rhet., De Inventione Rhetorica
  Leg., De Legibus
  Marcell, Pro Marcello
  Nat. D., De Natura Deorum
  Off., De Officiis
  Or., Orator
  Phil., Orationes Philippicae
  Pis., In Pisonem
  Planc., Pro Plancio
  Q Fr., Epistulae ad Quintum Fratrem
  Rep., De Republica
  Rosc. Am., Pro Sexto Roscio Amerino
  Sen., De Senectute
  Sull., Pro Sulla
  Tusc., Tusculanae Disputationes
  Verr., In Verrem

Hor., Horace
  Ars.P., Ars Poetica (Epist. 2.3)
  Carm., Carmina or Odes
  Epist., Epistulae
  Epod., Epodi
  Sat., Saturae or Sermones
Juv., Juvenal
  Sat., Saturae
Liv., Livy
  Urbe Cond., Ab Urbe Condita
Lucr., Lucretius
  Rer. Nat., De Rerum Natura
Mart., Martial
  Epig., Epigrammata
Macrob., Macrobius
  Sat., Saturnalia
Nep., Nepos
  Att., Atticus
  Cim., Cimon
  Milt., Miltiades
Ov., Ovid
  Am., Amores
  Ars. Am., Ars Amatoria
  Her., Heroides
  Met., Metamorphoses
Pers., Persius
  Sat., Saturae
Petron., Petronius
  Sat., Satyricon
Phaedr., Phaedrus
  Fab., Fabulae

Plaut., Plautus
 Aul., Aulularia
 Mil., Miles Gloriosus
 Mostell., Mostellaria
 Pers., Persa
 Stich., Stichus
Plin., Pliny (the Elder)
 HN, Naturalis Historia
Plin., Pliny (the Younger)
 Ep., Epistulae
Prop., Propertius
 El., Elegiae
Publil. Syr., Publilius Syrus
 Sent., Sententiae
Quint., Quintilian
 Inst., Institutio Oratoria
Sall., Sallust
 Cat., Bellum Catilinae
Sen., Seneca (the Elder)
 Controv., Controversiae
Sen., Seneca (the Younger)
 Brev. Vit., De Brevitate Vitae
 Clem., De Clementia
 Cons. Polyb., Ad Polybium de Consolatione
 Ep., Epistulae Morales

Suet., Suetonius
 Aug., Divus Augustus
 Caes., Julius Caesar
Tac., Tacitus
 Ann., Annales
 Dial., Dialogus de Oratoribus
Ter., Terence
 Ad., Adelphoe
 An., Andria
 Heaut., Heautontimorumenos
 Hec., Hecyra
 Phorm., Phormio
Veg., Vegetius
 Mil., De Re Militari
Vell., Velleius Paterculus
 Hist. Rom., Historia Romana
Verg., Vergil
 Aen., Aeneid
 Ecl., Eclogues
 G., Georgics
Vulg., Vulgate
 Eccles., Ecclesiastes
 Exod., Exodus
 Gen., Genesis

기타 일반적인 약어들

abl.	ablative case		complem.	complementary
abs.	absolute		conj.	conjunction
acc.	accusative case		dat.	dative case
act.	active voice		decl.	declension
A.D.	after Christ (Lat. *annō dominī*, lit., *in the year of the Lord*)		depon.	deponent
			dir. obj.	direct object
adj.	adjective		ed.	edition; edited by
adv.	adverb		e.g.	for example (Lat. *exemplī grātiā*)
App.	Appendix		Eng.	English
B.C.	before Christ		esp.	especially
ca.	about (Lat. *circā*)		etc.	and others (Lat. *et cētera*)
cent.	century		Exerc.	*Exercitātiōnēs*
cf.	compare (Lat. *cōnfer*)		f.	feminine gender
Ch(s).	Chapter(s)		ff.	and the following (lines, pages)
compar.	comparative (degree)		Fr.	French

fut.	future tense		obj.	object *or* objective
fut. perf.	future perfect tense		Occ.	Occitan
gen.	genitive case		p.	page(s)
Ger.	German		partic.	participle
Gk.	Greek		pass.	passive voice
ibid.	in the same place (Lat. *ibidem*)		perf.	perfect (present perfect) tense
id.	the same (Lat. *idem*)		pers.	person
i.e.	that is (Lat. *id est*)		pl.	plural
imperat.	imperative mood		pluperf.	pluperfect (past perfect) tense
imperf.	imperfect tense		Port.	Portuguese
impers.	impersonal		pred.	predicate
indecl.	indeclinable		prep.	preposition
indef.	indefinite		pres.	present tense
indic.	indicative mood		pron.	pronoun
ind. obj.	indirect object		purp.	purpose
ind. quest.	indirect question		ref.	reference
ind. state.	indirect statement		rel.	relative
infin.	infinitive		Rom.	Romanian
interj.	interjection		Russ.	Russian
interrog.	interrogative		S.A.	*Sententiae Antīquae*
Introd.	Introduction		sc.	supply, namely (Lat. *scīlicet*)
irreg.	irregular		sent.	sentence
It.	Italian		sg.	singular
Lat.	Latin		Sp.	Spanish
lit.	literal(ly)		S.S.	Supplementary Syntax
loc.	locative case		subj.	subject
Locī Ant.	*Locī Antīquī*		subjunct.	subjunctive mood
Locī Im.	*Locī Immūtātī*		superl.	superlative
m.	masculine gender		s.v.	under the word (Lat. *sub verbō*)
mid.	middle		voc.	vocative case
n.	note *or* neuter gender		Vocab.	Vocabulary/*Vocābula*
no(s).	number(s)		vs.	as opposed to, in comparison with (Lat. *versus*)
nom.	nominative case			

INDEX

I. 문법 관련 항목

II. 인명과 지명

III. 고전에서 발췌한 구절 제목(저자 순)

SENTENTIAE ANTĪQVAE의 출전

1. (1) Pers., Sat. 6.27. (2) Plaut., Mostell. 1.3.30. (3) Suet., Aug. 25 (4) Hor., Sat. 1.2.11. (5) Sen., Clem. 1.2.2. (6) Cic., Sest. 67.141. (7) Cic., Cat. 4.3. (8) Verg., Aen. 3.121 and 4.173 and 184. (9) Ter., Heaut. 190 et passim. (10) Cic., Fam. 2.16.4. (11) Hor., Sat. 1.9.78. (12) Hor., Sat. 1.10.81–83. (13) Cic., Cat. 1.12.30. (14) Cic., Inv. rhet. 1.1.1. (15) Publil. Syr. 321.

2. (1) Plaut., Stich. 5.2.2. (2) Verg., Aen. 3.121. (3) Ter., Ad. 5.8.937. (4) Cic., Marcell. 4.12. (5) Cic., Verr. 2.4.54. (6) Hor., Sat. 2.7.22–24. (7) Sen., Ep. 8.1. (8) Sen., Ep. 17.5. (9) Cic., Fin. 3.1.2. (10) Sen., Ep. 8.5. (11) Sen., Ep. 18.14, De Ira 1.1.2; cf. Capvt XVI S.A.8. (12). Sen., Ep. 18.15. (13) Sen., Ep. 115.16. (14) Hor., Carm. 3.11.45. (15) Cic., Pis. 10.22.

3. (1) Cic., Cat. 4.1. (2) Hor., Sat. 2.6.41. (3) Phaedr., Fab. I. Prologus 4. (4) Cic., Tusc. 5.3.9. (5) Hor., Sat. 2.7.84 and 88. (6) Nep., Cim. 4. (7) Hor., Epist. 1.2.56. (8) Sen., Ep. 94.43. (9) Publil. Syr., 56. (10) Publil. Syr. 697. (11) Sen., Clem. 1.2.2.

4. (1) Cic., Amic. 15.54. (2) Ter., Heaut. 2.3.295–296. (3) Ter., Ad. 5.9.961. (4) Hor., Sat. 1.4.114. (5) Proverbial; cf. Cic., Phil. 12.2.5. (6) Hor., Carm. 2.16.27–28. (7) Sen., De Ira II 18ff. and III init.; cf. Ter., Phor. 1.4.185. (8) Verg., Ecl. 5.61. (9) Hor., Sat. 1.1.25. (10) Ter., Ad. 4.5.701–702. (11) Catull. 5.7. (12) Vulg., Eccles. 1.15. (13) Cic., Amic. 21.79. (14) Pers., Sat. 6.27. (15) Cic., Cat. 1.4.9.

5. (1) Cic., Cat. 1.9.23. (2) Cic., Cat. 1.13.31. (3) Cic., Off. 1.20.68. (4) Ov., Her. 3.85. (5) Cic., Fam. 14.3.1 (6) Ter., Ad. 5.8.937. (7) Ter., Ad. 5.9.992–993. (8) Cic., Att. 2.2. (9) Sen., Cons. Polyb. 9.6. (10) Ter., Ad. 5.8.937. (11) Sen., Ep. 17.5. (12) Verg., Ecl. 5.78. (13) Hor., Epist. 2.3.445–446 (Ars Poetica).

6. (1) Cic., Tusc. 5.20.57. (2) Cic., Tusc. 5.21.61. (3) Cic., Cat. 3.1.3. (4) Cic., Cat. 3.12.29. (5) Cic., Cat. 1.6.13. (6) Liv. 21.1.2. (7) Cic., Arch. 3.5. (8) Sen., Ep. 73.16. (9) Publil. Syr. 302. (10) Publil. Syr. 282.

7. (1) Ter., Heaut. 1.1.77. (2) Vulg., Eccles. 1.10. (3) Hor., Carm. 3.1.2–4. (4) Hor., Sat. 2.7.22–23. (5) Hor., Epist. 1.16.52. (6) Mart. 12.6.11–12. (7) Hor., Sat. 1.6.15–16. (8) Cic.; cf. graffiti. (9) Sen., Ep. 82.2. (10) Cic., Phil. 10.10.20. (11) Hor., Sat. 1.9.59–60. (12) Cic., Cat. 3.12.29. (13) Vulg., Luke 2.14.

8. (1) Ter., Ad. 5.4.863. (2) Ter., Heaut. 3.1.432. (3) Laberius; see Macrob. 2.7. (4) Cic., Cat. 3.1.3. (5) Publil. Syr. 507; also Macrob. 2.7. (6) Sen., Ep. 8.3. (7) Catull. 49. (8) Liv. 26.50.1. (9) Cic., Tusc. 1.42.98. (10) Cic., Arch. 11.26. (11) Cic., Marcell. 5.15. (12) Hor., Epist. 2.2.65–66. (13) Hor., Epist. 1.2.1–2. (14) Sen., Ep. 106.12. (15) Sen., Ep. 7.8. (16) Liv. 22.39.21.

9. (1) Ter., Phor. 4.5.727. (2) Ter., Phor. 4.3.670. (3) Ter., Heaut. 4.3.709. (4) Cic., Amic. 27.102. (5) Ter., Phor. 3.3.539. (6) Cic., Cat. 1.13.31. (7) Cic., Cat. 1.4.9. (8) Mart. 10.72.4. (9) Liv. 22.39.10.

10. (1) Cic., Off. 1.20.68. (2) Ter., Ad. 4.3.593. (3) Ter., Ad. 3.2.340. (4) Mart. 6.70.15. (5) Cic., Clu. 18.51. (6) Lucr. 6.93–95. (7) Pers. 5.153. (8) Hor., Epod. 13.3–4. (9) Cic., Sen. 19.67. (10) Verg., Georg. 3.284. (11) Verg., Aen. 3.395. (12) Publil. Syr. 764. (13) Cic., Amic. 24.89.

11. (1) Hor., Sat. 2.5.33. (2) Ter., Ad. 1.1.49. (3) Plin., Ep. 1.11.1. (4) Plin., Ep. 5.18.1. (5) Ter., Hec. 1.2.197. (6) Cic., Cat. 1.8.20. (7) Cic., Marcell. 11.33. (8) Cic., Fam. 1.5.b.2. (9) Liv. 120. (10) Hor., Epist. 2.2.58. (11) Mart. 12.47. (12) Cic., Amic. 21.80.

12. (1) Vulg., Gen. 1.1 and 27. (2) Suet., Caes. 37. (3) Ter., Hec. 3.5.461. (4) Cic., Sen. 19.68. (5) Sen., Brev. Vit.; see Duff, Silver Age p. 216. (6) Ter., Phor. 2.1.302. (7) Cic., Sen. 7.22. (8) Cic., Off. 1.24.84. (9) Tac., Ann. 1.1.1. (10) Laber. in Macrob. 2.7.

13. (1) Caes., B Gall. 1.21. (2) Cic., Sull. 24.67. (3) Cic. Cat. 3.10. (4) Cic., Amic. 21.80. (5) Publil. Syr. 206. (6) Sen., Ep. 7.8. (7) Sen., Ep. 80.3. (8) Phaedr. 4.21.1.

14. (1) Vulg., Gen. 1.10. (2) Lucr. 5.822–823. (3) Verg., Ecl. 2.33. (4) Hor., Sat. 1.1.33–34. (5) Ter., Phor. 3.2.506. (6) Hor., Carm. 3.1.13. (7) Ennius in Cic., Rep. 3.3.6. (8) Sall., Cat. 3.4. (9) Hor., Carm. 3.30.6–7. (10) Hor., Epist. 2.3.268–269. (11) Cic., Sen. 6.17. (12) Hor., Epist. 1.11.27.

15. (1) Ter., Hec. 3.4.421–422. (2) Cic., Fam. 16.9.2. (3) Cic., Arch. 3.5. (4) Tac., Ann. 12.32. (5) Cic., Cat. 3.2.3. (6) Cic., Verr. 2.5.62. (7) Catull. 3.5 and 10. (8) Ter., Ad. 5.4 passim. (9) Cic., Tusc. 5.20.58.

16. (1) Phaedr., 3.7.1. (2) Verg., G. 1.145. (3) Ter., Phor. 1.4.203. (4) Cic., Or. 59.200. (5) Verg., Aen. 3.657–658. (6) Verg., Aen. 4.569–570. (7) Mart. 7.85.3–4. (8) Hor.,

Epist. 1.2.62; cf. Capvt II S.A. 11. (9) Servius on Aen. 1.683. (10) Hor., Carm. 2.16.27–28. (11) Phaedr., Fab. 1. Prologus 3–4. (12) Cic., Leg. 1.22.58. (13) Sen., Clem. 1.19.6. (14) Sen. Brev. Vit. (15) Cic., Sen. 19.70. (16) Vell. 2.66.3 (cf. Duff., Silver Age p. 91).

17. (1) Ter., Phor. 2.1.287–288. (2) Cic., N.D. 3.34.83. (3) Cic., Cat. 1.12.30. (4) Publil. Syr. 321. (5) Hor., Epist. 1.2.40–41. (6) Publil. Syr. 353. (7) Publil. Syr. 232. (8) Cic., Amic. 15.54. (9) Publil. Syr. 86. (10) Cic., Amic. 25.92. (11) Cic., Amic. 27.102. (12) Sen., Ep. 7.1 and 8.

18. (1) Verg., Aen. 5.231. (2) Tac., Ann. 15.59. (3) Cic., Cat. 1.3.6. (4) Publil. Syr. 393. (5) Ov., Met. 4.428. (6) Plin., Ep. 9.6.1. (7) Cic., Fam. 9.20.3. (8) Lucr. 3.830–831. (9) Publil. Syr. 37. (10) Cic., Marcell. 2.7. (11) Ennius (See Duff, Golden Age p. 148.) (12) Hor., Sat. 1.2.11. (13) Juv. 1.74.

19. (1) Lucr. 1.112. (2) Cic., Cat. 3.5.13. (3) Cic., Sest. 67.141. (4) Ter., Hec. 1.2.132. (5) Cic., Cat. 1.4.9. (6) Cic., Planc. 33.80. (7) Cic., Amic. 15.55.

20. (1) Mart. 13.94.1. (2) Cic., Fin. 5.29.87. (3) Cic., Amic. 12.42. (4) Cic., De Or. 1.61.261. (5) Hor., Carm. 1.38.1. (6) Hor., Sat. 1.3.66. (7) Cic., Sen. 5.15. (8) Sen., Clem. 1.6.2–3. (9) Cic., Off. 1.2.4. (10) Quint, Inst. 8.3.41. (11) Hor., Carm. 1.22.1–2. (12) Cic., Fam. 16.9.3. (13) Cic., Cat. 3.5.10.

21. (1) Publil. Syr. 507. (2) Mart. 1.86.1–2. (3) Cic., Cat. 1.11.27. (4) Hor., Epod. 16.1–2. (5) Cic., Amic. 6.22. (6) Cic., Sen. 19.69. (7) Cic., N.D. 2.62.154. (8) Cic., Sen. 17.59. (9) Phaedr., App. 27. (10) Vulg., Job 28.12. (11) Liv., 22.39.19.

22. (1) Cic., Att. 9.10.3. (2) Hor., Carm. 2.3.1–2. (3) Cic., Rep. 3.31. (4) Cic., Cat. 1.1.3. (5) Cic., Marcell. 10.32. (6) Cic., Cat. 1.12.30. (7) Cic., Cat. 3.1.1. (8) Liv. 32.33.10. (9) Plaut., Aul. 4.10.772. (10) Cic., Amic. 17.64. (11) Hor., Epist. 2.3.148–149. (12) Verg., Georg. 2.490 and 493. (13) Sen., Ep. 17.12. (14) Hor., Epist. 1.1.19. (15) Hor., Sat. 1.1.106–107. (16) Mart. 10.76.1

23. (1) Cic., Cat. 1.2.6. (2) Liv. 44.42.4. (3) Hor., Sat. 1.1.68–69. (4) Cic., N.D. 2.4.12. (5) Hor., Epist. 2.1.156. (6) Nep., Att. 4. (7) Quint., Inst. Praef. 5. (8) Hor., Sat. 1.10.72. (9) Quint., Inst. 11.3.157. (10) Cic., N.D. 3.33.82. (11) Cic., Sen. 3.9. (12) Hor., Epist. 1.16.66. (13) Sen., Ep. 61.3. (14) Hor., Epist. 1.18.71.

24. (1) Cf. Plutarch, Cato ad fin. (2) Plin., HN 33.148. (3) Caes., B Civ. 2.43. (4) Cic., Rosc. Am. 1.3. (5) Cic., Marcell. 8.24. (6) Hor., Carm. 3.14.14–16. (7) Cic., Rep. 2.30. (8) Tac., Dial. 5. (9) Caes., B. Gall. 2.20

25. (1) Ter., Heaut. Prolog. 18. (2) Cic., 1.11.27. (3) Cic., Cat. 1.11.27. (4) Cic., Cat. 3.2.4. (5) Cic., Cat. 4.10.22. (6) Cic., Off. 1.1.1. (7) Ter., Phor. 4.1.581–582. (8) Cic., Sen. 16.56. (9) Ennius in Cic., Div. 2.56.116. (10) Cic., Tusc. 1.42.101. (11) Cic., Tusc. 5.37.108. (12) Cic., quoted in Dumesnil's Lat. Synonyms s.v. abnuere. (13) Cic., Tusc., 5.40.118. (14) Cic., Sen. 21.77. (15) Cic., Sen. 19.68. (16) Plin., Ep. 7.9.15.

26. (1) Cic., Sen. 16.55. (2) Cic., Cat. 1.3.6. (3) Sen., Controv. 6.7.2; Publil. Syr. 253. (4) Cic., Cat. 3.1.5. (5) Sen., Ep. 61.3. (6) Ov., Her. 17.71–72. (7) Hor., Epod. 2.1,7,8. (8) Cic.,

Amic. 26.99. (9) Cic., Sen. 19.68. (10) Mart. 1.107.1–2. (11) Mart. 14.208. (12) Cic., Off. 1.22.74. (13) Catull. 12.

27. (1) Ov., Met. 7.21–22. (2) Mart. 1.16.1. (3) Ter., Ad. 5.5.884, 5.7.922. (4) Plin., Ep. 10.88. (5) Cic., Sen. 6.19. (6) Cic., Off. 1.22.78. (7) Cic., Off. 1.22.77. (8) Cic., Sen. 2.5. (9) Sen., Ep. 17.9. (10) See Capvt IV S.A.7. (11) Cic., Marcell. 3.8. (12) Cic., Tusc. 5.20.57–5.21.62. (13) Verg., Aen. 7.312.

28. (1) Liv. 22.39.21. (2) Cic., Off. 1.22.77. (3) Cic., Cat. 1.7.18. (4) Ter., Phor. 5.5.831. (5) Hor., Epod. 13.3–4. (6) Sen., Ep. 80.3. (7) Sen. (8) Diog. Laert.: a Latin translation from his Greek. (9) Quint., Inst. 2.2.5. (10) Cic., Amic. 24.89. (11) Ov., Ars Am. 1.97. (12) Verg., Aen. 1.1–2.

29. (1) Verg., Ecl. 10.69. (2) Verg., Aen. 4.653, 655 (3) Ter., Phor. 3.2.497–498. (4) Hor., Epist. 1.1.40. (5) Juv. 1.30. (6) Cic., Cat. 1.1.3. (7) Cic., Phil. 10.10.20. (8) Cic., Phil. 4.5.9. (9) Nep., Milt. 5. (10) Cic., De Or. 1.61.260. (11) Hor., Ars P. (Epist. 2.3) 335–336. (12) Ter., Heaut. 4.2.675. (13) Cic., Off. 1.23.80. (14) Cic., Amic. 9.29.

30. (1) Cic., Cat. 4.3.6. (2) Phaedr. 3.7.1. (3) Hor., Sat. 1.5.67–68. (4) Verg., Ecl. 8.43. (5) Hor., Sat. 1.4.16. (6) Cic., Marcell. 10.30. (7) Lucr. 1.55–56. (8) Lucr. 2.4. (9) Hor., Epist. 1.2.1–4. (10) Hor., Epist. 1.18.96–97, 100–101. (11) Sen., Ep. 115.14. (12) Prop. 2.15.29–30. (13) Cic., Tusc. 1.41.99.

31. (1) Cic., Cat. 1.6.15. (2) Cic., Amic. 12.42. (3) Cic., Cat. 1.5.10 and 1.9.23. (4) Hor., Carm. 1.14.1–2. (5) Cic., Marcell. 7.22. (6) Cic., Q. Fr. 1.2.4.14. (7) Cic., Cat. 3.5.12. (8) Cic., Sen. 10.33. (9) Liv. 45.8. (10) Ter., Ad. 2.1.155. (11) Ter., Phor. 1.2.137–138. 12. Cic., Cluent. 53.146.

32. (1) Publil. Syr. 512. (2) Cic., Cat. 1.5.10. (3) Hor., Epist. 1.6.29. (4) Ter., Ad. 5.9.996. (5) Ter., Heaut. 4.1.622. (6) Cic., Sen. 3.7. (7) Ter., Ad. 4.5.701. (8) Caes., B Gall. 3.18. (9) Plaut., Trin. 2.2.361. (10) Publil. Syr. 129. (11) Sall., Cat. 8. (12) Cic., Fin. 3.7.26. (13) See Capvt XVIII S.A. 11. (14) Sen., Ep. 80.6. (15) Hor., Sat. 1.1.25–26. 16. Hor., Epist. 2.3.102–103 (Ars Poetica).

33. (1) Veg., Mil. Prolog. 3. (2) Cic., Off. 1.22.76. (3) Cic., Sull. 31.87. (4) Cic., Q. Fr. 1.3.5. (5) Phaedr. App. 18. (6) Hor., Sat. 2.7.22–24. (7) Publil. Syr. 412. (8) Hor., Carm. 4.10.6. (9) Juv. 3.152–153. (10) Cic., Cat. 1.5.10. (11) Quint., Inst. 4.5.13.

34. (1) Verg., Aen. 3.188. (2) Hor., Sat. 1.3.68–69. (3) Cic., N.D. 2.62.154. (4) Cf. Sen., De Ira 2.9.1 and Cic., Tusc. 3.9.19. (5) Cic., Cat. 1.5.10. (6) Hor., Carm. 3.16.17. (7) Cic., Fam. 7.10.1. (8) Publil. Syr. 350. (9) Mart. Bk. I Praef. 1–2. (10) Cic., Sen. 19.69. (11) Ter., Heaut. 1.2.239–240. (12) Cic., Amic. 6.22. (13) Cic., De Or. 2.67.274. (14) Verg., Aen. 1.199.

35. (1) Sen., cf. Ep. 8.7; and Hor., Sat. 2.7.83 ff. and Epist. 1.16.66. (2) Publil. Syr. 290. (3) Publil. Syr. 99. (4) Hor., Sat. 1.1.86–87. (5) Cic., Fin. 1.18.60, 4.24.65; De Or. 1.3.10 et passim. (6) Publil. Syr. 767 and 493. (7) Vulg., Gen. 1.26. (8) Cic., Rep. 2.24.59. (9) Caes., B Gall. 4.23 and 5.45. (10) Quint., Inst. 10.1.112. (11) Hor., Epist. 2.2.41–42. (12) Publil. Syr. 687. (13) Hor., Sat. 2.2.135–136. (14) Verg., Aen. 1.630. (15) Publil. Syr. 288. (16) Aug., Conf. 10.20.29. (17) Plaut. Pers. 3.1.332.

36. (1) Vulg., Gen. 1.3. (2) Lucr. 1.205. (3) Ter., Heaut. 2.3.314. (4) Caes., B Civ. 2.43. (5) Ter., Ad. 3.4.505. (6) Ter., Heaut. 5.5.1049 and 1067. (7) Hor., Carm. 1.11.7–8. (8) Pers. 5.151–152. (9) Sen., Ep. 61.2. (10) Cic., Sen. 8.26. (11) Hor., Epist. 2.2.206–211. (12) Hor., Carm. 1.24.19–20. (13) Ov., Am. 1.2.10. (14) Cic., Amic. 5.7. (15) Cic., Arch. 2.3. (16) Pseudo-Sen., Proverbs 104. (17) Publil. Syr. 107.

37. (1) Hor., Epist. 2.3.68. (2) Verg., Aen. 6.127. (3) Ov., Ars Am. 3.62–65. (4) Ter., Hec. 1.2.132; Ad. 1.1.26. (5) Ter., Ad. 5.5.882. (6) Ter., Ad. 4.1.517, 4.2.556. (7) Hor., Sat. 1.9.1. (8) Cic., Tusc. 5.21.62. (9) Cic., Verr. 2.4.54.120. (10) Ter., Hec. 3.4.421 and 423. (11) Cic., Cat. 1.9.23. (12) Nep., Att. 8; Cic., Phil. 2.12.28, Tusc. 5.37.109 (names changed). (13) Cic., Att. 12.50. (14) Cic., Sen. 7.24. (15) Prop., 2.15.23–24. (16) Ter., An. 64–65.

38. (1) Caes., B Gall. 1.31. (2) Cic., Cat. 1.4.9. (3) Cat., 4.7.16. (4) Cic., Amic. 7.23. (5) Cic., Cat. 1.6.13. (6) Cic., Amic. 15.53. (7) Cic., Cat. 1.7.18. (8) Cic., Cat. 4.11.24. (9) Verg., Ecl. 1.7. (10) Cic., Fam. 4.5.6. (11) Sen., Ep. 17.11. (12) Cic., Marcell. 4.11. (13) Plin., Ep. 5.16.4–5. (14) Hor., Carm. 1.37.1–2. (15) Ov., Am. 1.11.18. (16) Plaut., Stich. 139.

39. (1) Cic., Cat. 1.12.30. (2) Cic., Cat. 1.13.32. (3) Cic., Off. 1.22.74. (4) Publil. Syr. 762. (5) Cic., Off. 1.25.89. (6) Cic., Verr. 2.4.54. (7) Cic., Off. 3.32.113. (8) Cic., Sest. 2.5 (9) Cic., Sen. 5.15. (10) Cic., Att. 2.23.1. (11) Publil. Syr. 704. (12) Cic., Leg. 1.23.60. (13) Verg., Aen. 4.175. (14) Cic., Fam. 5.12.4. (15) Cic., De Or. 2.87.3.

40. (1) Cic., Cat. 4.7.14. (2) Hor., Carm. 3.30.6–7. (3) Cic., Tusc. 1.41.97. (4) Ter., Ad. 5.4.856. (5) Sen., Ep. 7.7. (6) Plin., Ep. 9.6.2. (7) Lucr. 4.1286–87. (8) Cic., Fam. 14.12. (9) Liv.: see Locī Im. XVII. (10) Cic., Marcell. 10.32. (11) Catull. 43.1–3. (12) Ter., Heaut. 1.1.77. (13) Cic., Amic. 21.81. (14) Vulg., Exod. 20.11. (15) Caes., B Gall. 1.47. (16) Cic., Cat. 1.4.8. (17) Cic., Planc. 42.101.

저자들에 관하여

프레드릭 M. 휠록(1902-1987)은 하버드 대학교에서 A.B., A.M. 및 Ph.D. 학위를 받았다. 그는 오랫동안 다음과 같은 여러 대학교들에서 탁월한 강의 경력을 쌓았다: Haverford College, Harvard University, the College of the City of New York, Brooklyn College, Cazenovia Junior College(이곳에서는 학장으로 봉직했다), the Darrow School for Boys(New Lebanon, NY), the University of Toledo(1968년에 이 대학교에서 전임 교수로 은퇴하였다), Florida Presbyterian(지금은 Eckerd) College(여기서는 객원 교수로 있었다). 그는 본문 비평과 고문서학 및 라틴어 연구 분야에서 다수의 논문들과 평론들을 발표하였다. 저서로는 *Wheelock's Latin*(원제목은 *Latin: An Introductory Course Based on Ancient Authors*) 외에도 *Wheelock's Latin Reader*(원제목은 *Latin Literature: A Book of Readings*)와 *Quintilian as Educator*(H. E. Butler 번역; 휠록 교수의 서문과 주석)가 있다. 휠록 교수는 American Classical League와 American Philological Association, 그리고 Classical Association of the Atlantic States의 회원이었다. Ward Briggs 교수가 저술한 휠록 박사의 전기는 그의 책 *A Biographical Dictionary of American Classicists*(Westport, CT: Greenwood Press, 1994)에 실렸고, 또한 *The Classical Outlook*의 2003년 겨울호에도 나왔다. 프레드릭은 은퇴한 후에 Amherst, New Hampshire와 Kent, Connecticut에서 살았으며, 그의 곁에는 50년을 해로한 사랑하는 아내 Dorothy Rathbone Wheelock이 있었다. 그의 유족으로는 선생으로서 집안의 전통을 계승한 두 딸들, Martha Wheelock과 Deborah Wheelock Taylor, 그리고 손자녀인 Vanessa Taylor Sands와 Ian Taylor가 있다.

리차드 A. 라플뢰르(Richard A. LaFleur)는 버지니아 대학교에서 라틴어 전공으로 B.A.와 M.A.를 취득하고, 듀크 대학교에서 고전 연구로 Ph.D. 학위를 받았다. 그는 1972년 이래로 조지아 대학교에서 가르치는 한편 북미에서 가장 큰 고전학 연구 프로그램들 중 하나를 21년 동안 주도했고, 1998년에는 프랭클린 고전학 석좌 교수로 임명되었다. 그는 라틴어와 라틴 문학 및 라틴어 교수법에 관한 책들을 많이 펴냈는데, 그들 중에는 다음과 같은 책들이 포함되어 있다: *The Teaching of Latin in American Schools: A Profession in Crisis, Latin Poetry for the Beginning Student, Love and Transformation: An Ovid Reader, Latin for the 21st Century: From Concept to Classroom, A Song of War: Readings from Vergil's Aeneid* (Alexander G. McKay 공저), *Scribblers, Scvlptors, and Scribes, Wheelock's Latin*과 *Wheelock's Latin Reader*의 개정판들, 그리고 *Workbook for Wheelock's Latin* (Paul Comeau 공저). 또한 라플뢰르 교수는 거의 25년 간 *The Classical Outlook*의 편집자로 일하였으며, American Classical League의 회장직도 역임했다. 그는 National Endowment for the Humanities를 위시한 여러 기관들로부터 100만불 이상의 연구비를 기부받았을 뿐만 아니라, 교수직을 잘 수행하여 국가와 州 및 지방 단체로부터 여러 상들을 받았는데, 여기에는 고전학 교수 분야에서의 탁월한 능력으로 American Philological Association에서 받은 상도 포함되어 있다. 그는 자녀 셋(Jean-Paul, Caroline, Kimberley)과 손자녀 다섯(Zachary, Jackson, Lucas, Anna Caroline, Charlotte)을 두었으며, 그의 아내 Alice가 Georgia, Athens 근처의 Oglethorpe 호수 기슭에 그들을 위해 디자인한 집에서 아내와 함께 즐겁게 살고 있다.

CREDITS

Page 165: Scala / Art Resource, NY

Page 176: The Philadelphia Museum of Art / Art Resource, NY

Page 184: Vanni / Art Resource, NY

Page 194: Vanni / Art Resource, NY

Page 204: Bildarchiv Preussischer Kulturbesitz / Art Resource, NY

Page 211: Vanni / Art Resource, NY

Page 213: Robert I. Curtis

Page 221: © François Guenet / Art Resource, NY

Page 222: Alinari / Art Resource, NY

Page 233: Erich Lessing / Art Resource, NY

Page 234: Scala / Art Resource, NY

Page 234: Scala / Art Resource, NY

Page 242: Erich Lessing / Art Resource, NY

Page 245: Erich Lessing / Art Resource, NY

Page 255: Timothy McCarthy / Art Resource, NY

Page 263: Scala / Art Resource, NY

Page 274: Vanni / Art Resource, NY

Page 295: Erich Lessing / Art Resource, NY

Page 306: Alinari / Art Resource, NY

Page 309: public domain (from *CIL*)

Page 318: Scala / Art Resource, NY

Page 319, both objects: Erich Lessing / Art Resource, NY

Page 341: Alinari / Art Resource, NY

Page 344: Robert I. Curtis

Page 354: © The Trustees of the British Museum / Art Resource, NY

Page 359: Yale University Art Gallery / Art Resource, NY

Page 380: Robert I. Curtis

Page 381: Robert I. Curtis

Page 388: James C. Anderson, Jr.

Page 393: Scala / Art Resource, NY

Page 404: Bildarchiv Preussischer Kulturbesitz/Art Resource, NY; photo: Alfredo Dagli Orti

Page 414: Timothy McCarthy / Art Resource, NY

Page 425: Gilles Mermet / Art Resource, NY

Page 429: Scala / Art Resource, NY

옮긴이는 장로회 신학대학교 대학원에서 구약학을 전공하였고,
현재는 비블리카 아카데미아에서 히브리어 성경과 헬라어 성경을
연구하고 가르치는 한편, 라틴어 신학원서 강독을 지도하고 있다.

휠록 라틴어 문법 제7판

Wheelock's Latin 7th edition
프레드릭 M. 휠록 지음, 리차드 A. 라플뢰르 개정

발행일 2020년 12월 30일
옮긴이 이 영 근
발행처 비블리카 아카데미아
　　　　주소 서울시 광진구 아차산로 78길 44
　　　　　　　크레스코 빌딩 102호
　　　　전화 (02) 456-3123
　　　　팩스 (02) 456-3174
　　　　홈페이지 www.biblica.net
　　　　전자우편 biblica@biblica.net
　　　　신고번호 제2013-8호 (2013년 2월 15일)

값은 표지에 기재되어 있음
ISBN 979-11-956637-3-6

WHEELOCK'S LATIN IS BETTER THAN EVER!

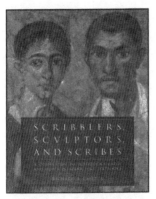

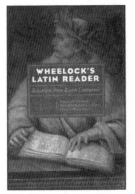